**Balg-Alengrin
Unseld
Medizinisches Wörterbuch
Dictionnaire médical**

Französisch–Deutsch | Deutsch–Französisch

Marie-Christine Balg-Alengrin

Unseld
Medizinisches Wörterbuch
Dictionnaire médical

Französisch–Deutsch | Deutsch–Französisch

Begründet von
Dr. med. Dieter Werner Unseld†, Hechingen

Fortgeführt von
Dr. med. Marie-Christine Balg-Alengrin, Le Rieulong, Frankreich
Dr. med. Georg Balg†, Le Rieulong, Frankreich

Bearbeitet von
Dr. med. Marie-Christine Balg-Alengrin, Le Rieulong, Frankreich

Zuschriften an
lektorat@dav-medien.de

Anschrift der Bearbeiterin
Dr. med. Marie-Christine Balg-Alengrin
Le Rieulong
F-81140 Puycelsi

> Hinweis: Um die Lesbarkeit zu verbessern, verzichten wir auf die gleichzeitige Nennung männlicher und weiblicher Sprachformen. Alle personenbezogenen Begriffe beziehen sich unterschiedslos auf Menschen jeden Geschlechts.

Alle Angaben in diesem Werk wurden sorgfältig geprüft. Dennoch können Bearbeiterin und Verlag keine Gewähr für deren Richtigkeit übernehmen.

Ein Markenzeichen kann markenrechtlich geschützt sein, auch wenn ein Hinweis auf etwa bestehende Schutzrechte fehlt.

Bibliografische Information der Deutschen Nationalbibliothek
Die Deutsche Nationalbibliothek verzeichnet diese Publikation in der Deutschen Nationalbibliografie; detaillierte bibliografische Daten sind im Internet unter https://portal.dnb.de abrufbar.

Jede Verwertung des Werkes außerhalb der Grenzen des Urheberrechtsgesetzes ist unzulässig und strafbar. Das gilt insbesondere für Übersetzungen, Nachdrucke, Mikroverfilmungen oder vergleichbare Verfahren sowie für die Speicherung in Datenverarbeitungsanlagen.

5. Auflage 2022
ISBN 978-3-8047-5090-6 (Print)
ISBN 978-3-8047-5091-3 (E-Book, PDF)
MedPharm Scientific Publishers, an imprint of
Wissenschaftliche Verlagsgesellschaft Stuttgart

© 2022 Wissenschaftliche Verlagsgesellschaft Stuttgart
Birkenwaldstraße 44, D-70191 Stuttgart
www.wissenschaftliche-verlagsgesellschaft.de
Printed in Germany

Satz: primustype Hurler GmbH, Notzingen
Druck und Bindung: Eberl-Koesel, Altusried-Krugzell
Umschlaggestaltung: deblik, Berlin

Inhaltsverzeichnis

Vorwort VI
Vorbemerkungen VIII

Erster Teil
Französisch–Deutsch 1

Zweiter Teil
Deutsch–Französisch 349

Sommaire

Préface VII
Remarques XII

Première partie
Français–Allemand 1

Deuxième partie
Allemand–Français 349

Vorwort zur 5. Auflage

Grundlage des vorliegenden französisch-deutschen medizinischen Wörterbuchs ist die von D. W. Unseld konzipierte englisch-deutsche Version, welche zeitgleich bereits in ihrer 13. Auflage erschienen ist.

Seit dem Erscheinen der letzten Auflage haben zahlreiche neue Begriffe in die Medizin und ihre Grenzgebiete Eingang gefunden und sind zu festen Bestandteilen des ärztlichen Sprachschatzes geworden. Dieser Tatsache wurde dadurch Rechnung getragen, dass die Zahl der Stichwörter in dieser Auflage erheblich erweitert wurde – um nahezu 5.000 Begriffe.

Dabei war ich bestrebt, meine Bemühungen ganz auf die Handlichkeit und Zuverlässigkeit des Buches und auf das Beiseitelassen unnötigen Ballastes zu fokussieren. Bei dieser Zielsetzung konnte unter Berücksichtigung des Umstandes, dass beim Benutzer des Buches grundsätzliche Kenntnisse der fremden Sprache vorausgesetzt werden dürfen, auf terminologische Erläuterungen weitgehend und auf phonetische Bezeichnungen vollkommen verzichtet werden.

Das Wörterbuch ist auf die praktischen Bedürfnisse von Ärzten, Zahnärzten, Tierärzten, Pharmazeuten, Psychologen, Biologen, Chemikern, Physikern und Fachübersetzern ausgerichtet und orientiert sich daher am aktuellen Sprachalltag. Dabei wurden auch für die direkte Kommunikation (Gespräch, Brief) besonders wichtige Ausdrücke berücksichtigt.

Um die heute im Vordergrund der Sprachgewohnheiten stehende Übersetzung eines Stichwortes rasch zu finden, sind nur die wichtigsten Übersetzungsmöglichkeiten angegeben. Damit bleiben Format und Übersichtlichkeit des Wörterbuches trotz seiner mehr als 65.000 Stichworte praxistauglich.

Le Rieulong, im Frühjahr 2022   M. C. Balg-Alengrin

Préface à la cinquième édition

Le présent volume est la cinquième édition de l'ouvrage conçu à partir de la version originale du dictionnaire médical allemand-anglais de D. W. Unseld, plus exactement à partir de la treizième édition revue et complétée par M. C. Balg-Alengrin.

Depuis la publication de la dernière édition, une multitude de termes ont été intégrés dans le domaine de la médecine et les sciences voisines et ils sont devenus une partie intégrante du vocabulaire médical. C'est la raison pour laquelle le nombre de mots-clés dans cette édition a été considérablement augmenté par à peu près 5.000 termes.

Dans ce contexte je me suis efforcé de mettre l'accent sur la maniabilité et la fiabilité du livre et de laisser de côté les lests inutiles. Dans ce but, compte tenu du fait que la connaissance de base de la langue étrangère peut être supposée pour l'utilisateur du livre, les explications terminologiques ont été largement supprimées et les désignations phonétiques ont été complètement supprimées.

Ce dictionnaire est destiné à répondre aux besoins pratiques – lectures mais aussi communication directe (conversation, courrier…) – des médecins, dentistes, vétérinaires, pharmaciens, psychologues, biologistes, chimistes, physiciens, auteurs de traductions scientifiques et infirmières. Comme « le Unseld » anglais-allemand, la présente version français-allemand traite du langage de tous les jours.

Notre objectif essentiel étant de permettre de trouver rapidement la traduction la plus efficace, nous avons voulu choisir le(s) mot(s) actuellement le plus en usage dans le langage courant des diverses spécialités, renonçant aux expressions plus rares ou sujettes à interprétation complexe. Dans ce contexte et malgré un nombre de mots supérieur à 65.000, le dictionnaire garde les avantages de format réduit et de clarté élevé de la version allemand-anglais.

Le Rieulong, au printemps 2022　　　　　　　　　　M. C. Balg-Alengrin

Vorbemerkungen für den deutschen Benutzer

1. Die lateinischen „nomina anatomica" sind international und deswegen in der Regel nicht aufgeführt. Lediglich Körperteile, welche in einer der beiden oder in beiden Sprachen im klinischen Gebrauch vorzugsweise mit abweichender oder besonderer Bezeichnung benannt werden, sind angegeben.

2. Für manche Begriffe (Diagnosen, Symptome u. a.) gibt es sowohl im Deutschen als auch im Französischen synonyme Bezeichnungen. Findet man also einen Begriff nicht, empfiehlt es sich, nach dem entsprechenden lateinischen bzw. medizinischen Pendant zu suchen.
Beispiel: Durchfall m. (volkssprachl.) → Diarrhö f. (fachsprachl.)

3. Manche Wörter sind unter dem Stichwort des Sammelbegriffes eingeordnet.
Beispiel: Mandelsäure f. → Säure f., Mandel-

4. Es ist zu beachten, dass im Französischen – von hier nicht weiter interessierenden Ausnahmen abgesehen – nur Eigennamen mit großen Anfangsbuchstaben geschrieben werden.

5. **Abkürzungen (Genus/Numerus):**
m.	männlich
f.	weiblich
n.	sächlich
pl.	Plural

   Abkürzungen (Wortart/Eigenschaft):
adject.	Adjektiv
intrans.	intransitiv
trans.	transitiv

   Abkürzungen (Fachbereiche):
anatom.	Anatomie
atom.	Atomwissenschaft
bakteriol.	Bakteriologie
biochem.	Biochemie
biol.	Biologie
botan.	Botanik

cardiol./kardiol.	Kardiologie
chem.	Chemie
chir.	Chirurgie
chromatogr.	Chromatographie
cytol.	Zytologie
dent.	Zahnheilkunde
dermatol.	Dermatologie
electr./elektr.	Elektrizitätslehre
embryol.	Embryologie
endokrinol.	Endokrinologie
enzymol.	Enzymologie
galen.	Galenik
genet.	Genetik
gyn.	Gynäkologie
histol.	Histologie
homöop.	Homöopathie
immunol.	Immunologie
math.	Mathematik
med.	Medizin
neurol.	Neurologie
obstetr.	Obstetrik/Geburtshilfe
ophthalm.	Ophthalmologie
opt.	Optik
osteol.	Osteologie
parasitol.	Parasitologie
pharm.	Pharmakologie
phys.	Physik
psych.	Psychologe
radiol.	Radiologie
rheumatol.	Rheumatologie
roentg.	Röntgenkunde/Radiologie
therap.	Therapie
traumatol.	Traumatologie
veter./vétér.	Veterinärmedizin
virol.	Virologie
zool.	Zoologie

6. Die Umlaute ä, ö, ü sind – wie heute üblich geworden – bei der alphabetischen Einordnung nicht besonders berücksichtigt.

7. Bei deutschen Wörtern wurde in einschlägigen Fällen die Schreibung mit Z bzw. mit K der Schreibung mit C vorgezogen. Wenn unter den Anfangsbuchstaben Z oder K kein Eintrag gefunden werden kann, empfiehlt es sich, unter dem Anfangsbuchstaben C zu suchen.
   Beispiel: cobalt m. (frz.)   Cobalt n., Kobalt m. (dt.)
               Kobalt m. (dt.)   cobalt m. (frz.)
               Cobalt n. (dt.)   cobalt m. (frz.)

8. Zusammengesetze Substantive sind im Deutschen häufig, im Französischen viel seltener. Im Französischen erfolgt die Präzisierung eines Begriffes oft erst mit einer Wortgruppe.
   Beispiel: Gefühlsverarmung = manque de réponse émotionnelle

9. Der Bindestrich wird in der französischen Sprache immer mehr zur Ausnahme. Er wird oft sogar auch dann vermieden, wenn dadurch in bestimmten Fällen eine besondere Aufmerksamkeit beim Lesen des Wortes erforderlich wird (Akzentuierung).
   Beispiele: proinsuline an Stelle von pro-insuline
               thiouracile an Stelle von thio-uracile

10. Die französischen Adjektive werden nur für das Maskulinum angegeben. Die Umwandlung der gebräuchlichsten Endungen ins Femininum folgt den bekannten Regeln:

Maskulinum	**Femininum**
-al	-ale
-el	-elle
-eux	-euse
-ien	-ienne
-teur	-trice

11. Manche Begriffe sind streng genommen nicht übersetzbar, da sie landesspezifisch sind. Die angegebene „Übersetzung" dienst als Verständnishilfe des Begriffes.
    Beispiele: Einweisungsschein = lettre pour hospitalisation
    Medizinalassistent = médecin assistant des hôpitaux en stage

12. Eine Besonderheit der täglichen Umgangssprache besteht darin, dass die Titel „médecin, dentiste und vétérinaire" im Französischen – unabhängig vom Geschlecht seines Trägers – immer ihr männliches Geschlecht behalten. Die anpassende Umschreibung „Madame le médecine" z. B. ist nicht üblich.

Remarques pour l'utilisateur français

1. Il ne nous a pas paru nécessaire de reprendre tous les « nomina anatomica », la plupart étant internationalement admis. On trouvera surtout ici les parties du corps désignées de façon particulière dans l'une des deux langues.

2. Certains termes (symptômes, syndromes et d'autres encore) ont aussi bien en allemand qu'en français plusieurs dénominations synonymes. Si l'expression recherchée ne se trouve pas d'emblée, il est recommandé de chercher à un terme de même sens, éventuellement au nom latin.
   Par exemple : colique f. (vulgaire) → diarrhée f. (terme médical)

3. Dans la partie allemand-français on trouve certains mots à la rubrique du mot commun.
   Par exemple : Mandelsäure f. → Säure f., Mandel-

4. **Abréviation (genre/nombre) :**
m.	masculin
f.	féminin
n.	neutre
pl.	pluriel

   Abréviation (catégorie/propriété) :
adject.	adjectif
intrans.	intransitif (-ive)
trans.	transitif (-ive)

   Abréviation (spécialités) :
anatom.	anatomie
atom.	science de l'atome
bakteriol.	bactériologie
biochem.	biochimie
biol.	biologie
botan.	botanique
cardiol./kardiol.	cardiologie
chem.	chimie

chir.	chirurgie
chromatogr.	chromatographie
cytol.	cytologie
dent.	odontologie
dermatol.	dermatologie
electr./elektr.	électricité
embryol.	embryologie
endokrinol.	endocrinologie
enzymol.	enzymologie
galen.	galénique
genet.	génétique
gyn.	gynécologie
histol.	histologie
homöop.	homéopathie
immunol.	immunologie
math.	mathématique
med.	médicine
neurol.	neurologie
obstetr.	obstétrique
ophthalm.	ophthalmologie
opt.	optique
osteol.	ostéologie
parasitol.	parasitologie
pharm.	pharmacologie
phys.	physique
psych.	psychologie
radiol.	radiologie
rheumatol.	rheumatologie
roentg.	radiologie
therap.	thérapie
traumatol.	traumatologie
veter./vétér.	médecine vétérinaire
virol.	virologie
zool.	zoologie

5. Les lettres ä, ö, ü, ne modifient pas l'ordre alphabétique qui reste le même qu'avec a, o, u.
6. Certains mots allemands s'écrivant avec Z ou K, nous avons le plus souvent préféré cette orthographe, peuvent aussi, s'écrire avec un C. Si le mot ne se trouve pas à Z ou à K, il est recommandé de chercher à un terme de même sens, éventuellement au nom latin, commencé par C.

> **Remarque :**
> Le vocabulaire scientifique allemand est à la base latin, langue internationale au moment du grand développement des sciences au XXIème siècle, mais il existe en même temps un libre choix permanent d'écriture avec des variantes germanisées. Ainsi la lettre C peut être K ou Z; E peut être Ä ou Ö; I peut être J; U peut être Y et inversement. Nous avons utilisé intentionnellement ces diverses orthographes pour mieux faire comprendre cette caractéristique fondamentale du vocabulaire scientifique allemand.

Par exemple : cobalt m. (frz.)   Cobalt n., Kobalt m. (dt.)
               Kobalt m. (dt.)   cobalt m. (frz.)
               Cobalt n. (dt.)   cobalt m. (frz.)

7. Nous avons évité le plus souvent possible l'utilisation du trait d'union, gênant pour l'ordre alphabétique.
   Par exemple : proinsuline au lieu de pro-insuline

8. S'il n'existe parfois aucun terme correspondant exactement dans les deux langues, cela tient par exemple à des différences d'organisation administrative entre les deux pays. La traduction donnée n'a qu'une valeur d'orientation.
   Par exemple : Einweisungsschein = lettre pour hospitalisation

9. L'indication de marques ou dénomination commerciales, même si aucune précision n'est donnée, ne permet pas l'utilisation de la dénomination en dehors des règles et lois de protection en Vigueur.

Erster Teil
Französisch–Deutsch

Première partie
Français–Allemand

A

à croissance lente langsam wachsend
à croissance rapide schnellwachsend
à déclaration obligatoire meldepflichtig
à demi éveillé halbwach
à demi mort de faim halbverhungert
à demi ouvert halboffen
à dent cônique haplodont
à effet court kurzwirkend
à effet prolongé langwirkend
à jeun nüchtern (mit leerem Magen)
à l'origine d'encéphalites enzephalitogen
à l'origine de douleur schmerzerzeugend
à mailles serrées engmaschig
à médiation cellulaire zellvermittelt
à plusieurs entrées mehrtorig
à poitrine développée vollbrüstig
à prescription obligatoire rezeptpflichtig
à réaction lente reagierend, langsam
à réaction rapide reagierend, schnell
à sang chaud warmblütig
à thorax étroit engbrüstig
à trois dimensions dreidimensional
à une dimension eindimensional
abacavir m. Abacavir n.
abactérien abakteriell
abaisse-langue m. Mundspatel f., Zungendrücker m.
abamectine f. Abamectin n.
abandon m. Verwahrlosung f.
abattage m. Schlachten n.
abattoir m. Schlachthaus n.
abattre schlachten
abaxial abaxial
abcès m. Abszess m.
abcès alvéolaire m. Alveolarabszess m.
abcès amygdalien m. Mandelabszess m.
abcès apical m. Wurzelspitzenabszess m.
abcès chaud m. heißer Abszess m.
abcès de Brodie m. Brodiescher Abszess m.
abcès du foie m. Leberabszess m.
abcès du pied m. Hufabszess m. (veter.)
abcès du poumon m. Lungenabszess m.
abcès du psoas m. Psoasabszess m.
abcès froid m. kalter Abszess m.
abcès gingival m. Zahnfleischabszess m.
abcès hypostatique m. Senkungsabszess m.
abcès péritonsillaire m. Peritonsillarabszess m.
abcès stercoral m. Kotabszess m.
abcès tardif m. Spätabszess m.
abciximab m. Abciximab n.
abdomen m. Abdomen n., Bauch m.
abdomen dur m. brettharte Bauchdeckenspannung f.
abdomen météorisé m. Blähbauch m.
abdomen sans préparation m. (ASP) Abdomen-Übersicht f.
abdominal abdominal
abdominalgie f. Abdominalgie f.
abdominoantérieur abdominoanterior
abdominocentèse f. Abdominozentese f.
abdominocystique abdominozystisch
abdominogénital abdominogenital
abdominoinguinal ventroinguinal
abdominomédian ventromedian
abdominopérineal abdominoperineal
abdominopostérieur abdominoposterior, ventroposterior
abdominoscope m. Abdominoskop n.
abdominoscopie f. Abdominoskopie f.
abdominoscopique abdominoskopisch
abdominoscrotal abdominoskrotal
abdominothoracique abdominothorakal
abdominovaginal abdominovaginal
abdominovésical abdominovesikal
abducteur m. Abduktor m.
abduction f. Abduktion f.
aberrant aberrierend
aberration f. Aberration f., Abweichung f.
abétalipoprotéinémie f. Abetalipoproteinämie f.
abêtir verdummen (trans.)
abêtir, s' verdummen (intrans.), verblöden
abiétine f. Abietin n.
abiogénèse f. Abiogenese f.
abiogénétique abiogenetisch
abiose f. Abiose f.
abiotique abiotisch
abiotrophie f. Abiotrophie f.
abiotrophique abiotrophisch
abiurétique abiuretisch
ablactation f. Ablaktation f.
ablastine f. Ablastin n.
ablation f. Ablatio f., Entfernung (Beseitigung) f.
ablation de la croûte f. Krustenentfernung f.
ablation du faisceau de His f. His-Bündel-Ablation f.
ablépharie f. Fehlen n. des Augenlides
ablutiomanie f. Waschzwang m.
ablution f. Abwaschung f.
abomasite f. Abomasitis f., Labmagenentzündung f.
abomasopexie f. Abomasopexie f.

abomasus m. Abomasus m., Labmagen (veter.) m.
abondance f. Abundanz f.
abord m. Zugang m.
abortif m. Abortivum n.
abortif abortiv
aboulie f. Abulie f., Willensmangel m.
aboulique abulisch
aboulomanie f. Abulomanie f.
abrachie f. Abrachie f.
abrachiocéphalie f. Abrachiozephalie f.
abraser abhobeln, abradieren, ausschaben
abrasif m. Schleifmittel n.
abrasif abrasiv
abrasion f. Abrasio f., Abrasion f., Abrieb m., Ausschabung f.
abréaction f. Abreaktion f.
abréagir abreagieren
abréviation f. Abkürzung f.
abrupt abrupt
abscisse f. Abszisse f.
absence de bruit respiratoire f. aufgehobenes Atmen n.
absence de descente de la tête f. Kopfhochstand m. (obstetr.)
absence de douleur f. Schmerzlosigkeit f.
absence de pouls f. Pulslosigkeit f.
absence de vie f. Leblosigkeit f.
absentéisme m. Arbeitsversäumnis n.
absolu absolut
absorbabilité f. Absorptionsfähigkeit f.
absorbant m. Absorbens n.
absorbant absorbierend
absorber absorbieren, aufsaugen
absorptiométrie f. Absorptiometrie f.
absorption f. Absorption f., Aufnahme f.
absorption d'eau f. Wasseraufnahme f.
abstenir, s' sich enthalten
abstinence f. Abstinenz f.
abstinent abstinent, enthaltsam
abstraction f. Abstraktion f.
abstrait abstrakt
abus m. Missbrauch m.
académicien m. Akademiker m.
académicienne f. Akademikerin f.
académie f. Akademie f.
académique akademisch
acalculie f. Akalkulie f.
acamprosate m. Acamprosat n.
acanthocéphalus m. Akanthozephalus m.
acanthocyanose f. Akanthozyanose f.
acantholyse f. Acantholyse f., Akantholyse f.
acantholytique acantholytisch, akantholytisch
acanthome m. Akanthom n.
acanthose f. Akanthose f.
acanthosis nigricans f. Acanthosis nigricans f.
acapnie f. Akapnie f.
acarapis m. Acarapis m.
acarbose m. Acarbose f.
acardie f. Akardie f.
acare m. Krätzemilbe f., Milbe f.
acare des oiseaux m. Vogelmilbe f.
acarophobie f. Krätzephobie f.
acatalasie f. Akatalasie f.
acataphasie f. Akataphasie f.
accabler überlasten
accélérateur d'électrons m. Elektronenbeschleuniger m.
accélérateur de particules m. Teilchenbeschleuniger m.
accélérateur linéaire m. Linearbeschleuniger m.
accélération f. Akzeleration f., Beschleunigung f.
accélérer akzelerieren
accent m. Akzent m.
accentuation f. Akzentuation f.
accentuer akzentuieren
accepteur m. Akzeptor m.
accès m. Anfall m.; Zutritt m.
accès d'étouffement m. Erstickungsanfall m.
accès de fièvre m. Fieberanfall m.
accès de glaucome aigu m. Glaukomanfall m.
accès handicapé m. Zugang für Behinderte m.
accessibilité f. Zugänglichkeit f.
accessible zugänglich
accident m. Unfall m.
accident de la circulation m. Verkehrsunfall m.
accident de ski m. Ski-Unfall m.
accident de travail (AT) m. Arbeitsunfall m.
accident transfusionnel m. Transfusionszwischenfall m.
accidentel zufällig
acclimatation f. Akklimatisierung f.
acclimater akklimatisieren
accommodation f. Akkommodation f.
accommoder akkommodieren
accouchement m. Entbindung f., Gebären n., Geburt f., Niederkunft f.
accouchement (déroulement de l') m. Geburtsvorgang m.
accouchement accéléré m. Schnellentbindung f.
accouchement au forceps m. Zangenentbindung f.

accouchement par le siège m.   Steißgeburt f.
accouchement précipité m.   Sturzgeburt f.
accouchement sans douleur m.   schmerzlose Geburt f.
accouchement, en cours d'   gebärend
accouchement, provocation de l' f.   Geburtseinleitung f.
accoucher   entbinden
accouplement m.   Paarung f.
accoupler   paaren
accoutumance f.   Gewöhnung f.
accoutumer   gewöhnen
accoutumer, s'   sich gewöhnen
accrétion f.   Accretio f.
accroissement m.   Steigerung f.
accroître   vermehren
accroupi, être   hocken
accumuler   akkumulieren, ansammeln
acébutolol m.   Azebutolol n.
acéclofénac m.   Aceclofenac n.
acédapsone f.   Acedapson n.
acélastine f.   Azelastin n.
acélate m.   Azelat n.
acélidine f.   Acelidin n.
acémétacine f.   Acemetacin n.
acénocoumarol m.   Acenocoumarol n.
acéphalie f.   Azephalie f.
acerbe   herb
acétabuloplastie f.   Acetabuloplastik f., Azetabuloplastik f.
acétacétate m.   Azetazetat n.
acétacétyle m.   Azetazetyl n.
acétal m.   Azetal n.
acétaldéhyde m.   Azetaldehyd n.
acétamide m.   Azetamid n.
acétamidine f.   Azetamidin n.
acétaminofluorène m.   Azetaminofluoren n.
acétanilide m.   Acetanilid n., Azetanilid n.
acétarsone f.   Azetarson n.
acétate m.   Acetat n., Azetat n.
acétate d'aluminium m.   essigsaure Tonerde f.
acétate de cuivre m.   Kupferazetat n.
acétate de plomb m.   Bleiazetat n.
acétate de potassium m.   Kaliumazetat n.
acétate de zinc m.   Zinkazetat n.
acétazolamide m.   Acetazolamid n., Azetazolamid n.
acétidine f.   Azetidin n.
acéto-acidose f.   Ketoazidose f.
acétobromanilide m.   Azetobromanilid n.
acétobutolol m.   Azetobutolol n.
acétoglycosurie f.   Azetoglykosurie f.
acétohexamide m.   Azetohexamid n.
acétol m.   Azetol n.
acétolase f.   Azetolase f.
acétoménaphtone f.   Azetomenadion n.
acétonaphtone f.   Azetonaphthon n.
acétone m.   Aceton n.
acétonémie f.   Azetonämie f., Ketonämie f.
acétonémique   azetonämisch
acétonide m.   Acetonid n., Azetonid n.
acétonitrate m.   Azetonitrat n.
acétonitrile m.   Azetonitril n.
acétonorésorcinol m.   Azetonresorzin n.
acétonurie f.   Azetonurie f., Ketonurie f.
acétonyle m.   Azetonyl n.
acétophénazine f.   Azetophenazin n.
acétophénétidine f.   Acetophenetidin n., Azetophenitidin n.
acétophénone f.   Azetophenon n.
acétopyrine f.   Azetopyrin n.
acétosal m.   Azetosal n.
acétrizoate m.   Acetrizoat n.
acétylacétone f.   Azetylazeton n.
acétylation f.   Azetylierung f.
acétylcholine f.   Acetylcholin n., Azetylcholin n.
acétylcholinestérase f.   Azetylcholinesterase f.
acétylcystéine f.   Azetylzystein n.
acétylcytidine f.   Azetylzytidin n.
acétyldigitoxine f.   Azetyldigitoxin n.
acétyldigoxine f.   Acetyldigoxin n., Azetyldigoxin n.
acétylene m.   Azetylen n.
acétyler   azetylieren
acétylglucosamine f.   Azetylglukosamin n.
acétylglycine f.   Azetylglyzin n.
acétylhistidine f.   Azetylhistidin n.
acétylhydrazine f.   Azetylhydrazin n.
acétyllysine f.   Azetyllysin n.
acétylméthadol m.   Azetylmethadol n.
acétylphénylhydrazine f.   Azetylphenylhydrazin n.
acétylsalicylamide m.   Azetylsalizylamid n.
acétylsérotonine f.   Azetylserotonin n.
acétyltannin m.   Azetyltannin n.
acétylthymol m.   Azetylthymol n.
acétyltransférase f.   Azetyltransferase f.
acexamate m.   Acexamat n.
achalasie f.   Achalasie f.
acharnement thérapeutique m.   Lebensverlängerung um jeden Preis f.
acheilie f.   Acheilie f.
achèvement m.   Beendigung f.
achever   beendigen
achillée f.   Schafgarbe f.
achillodynie f.   Achillodynie f.
achillotomie f.   Achillotomie f.

achlorhydrie f. Achlorhydrie f.
achlorhydrique achlorhydrisch
acholie f. Acholie f.
acholurie f. Acholurie f.
acholurique acholurisch
achondrogenèse f. Achondrogenesis f.
achondroplasie f. Achondroplasie f.
achoppement syllabique f. Silbenstolpern n.
achorèse f. Achorese f.
achrestique achrestisch
achromasie f. Achromasie f., Farbenblindheit f.
achromate m. Achromat m.
achromatique achromatisch
achromatocyte m. Achromatozyt m.
achromatopsie f. Achromatopsie f.
achromie f. Achromie f.
achromobacter m. Achromobacter m.
achylie f. Achylie f.
achylique achylisch
achymie f. Achymie f.
acidalbumine f. Azidalbumin n.
acide m. Säure f.
acide abiétinique m. Abietinsäure f.
acide absinthique m. Absinthsäure f.
acide acétique glacial m. Eisessig m.
acide acétique m. Essigsäure f.
acide acéto-acétique m. Azetessigsäure f.
acide acétylaminohydroxyphénylarsonique m. Azetylaminohydroxyphenylarsonsäure f.
acide acétylénique m. Azetylensäure f.
acide acétylepsilonaminocaproïque m. Azetylepsilonaminokapronsäure f.
acide acétylneuraminique m. Azetylneuraminsäure f.
acide acétylsalicylique m. Azetylsalizylsäure f.
acide acétyltannique m. Azetylgerbsäure f.
acide acéxamique m. Azetamidokapronsäure f.
acide aconitique m. Akonitsäure f.
acide acrylique m. Akrylsäure f.
acide acylneuraminique m. Acylneuraminsäure f.
acide adénosine diphosphorique m. Adenosindiphosphorsäure f.
acide adénosine phosphorique m. Adenosinphosphorsäure f.
acide adénosine triphosphorique m. Adenosintriphosphorsäure f.
acide adénylique m. Adenylsäure f.
acide adipique m. Adipinsäure f.
acide aétianique m. Aetiansäure f.
acide agaricique m. Agarizinsäure f.

acide aldarique m. Aldarsäure f.
acide aldonique m. Aldonsäure f.
acide alendronique m. Alendronsäure f.
acide alginique m. Alginsäure f.
acide aliphatique m. aliphatische Säure f.
acide alkoxycarboxylique m. Alkoxykarbonsäure f.
acide allantoxanique m. Allantoxansäure f.
acide allanturique m. Allantursäure f.
acide alloxanique m. Alloxansäure f.
acide amidotrizoïque m. Amidotrizoesäure f.
acide aminé à chaîne ramifiée m. verzweigtkettige Aminosäure f.
acide aminé m. Aminosäure f.
acide aminoacétique m. Aminoessigsäure f.
acide aminoadipique m. Aminoadipinsäure f.
acide aminobenzoïque m. Aminobenzoesäure f.
acide aminobutyrique m. Aminobuttersäure f.
acide aminocaproïque m. Aminokapronsäure f.
acide aminoglutamique m. Aminoglutarsäure f.
acide aminohydroxybutyrique m. Aminohydroxybuttersäure f.
acide aminoisobutyrique m. Aminoisobuttersäure f.
acide aminolévulinique m. Aminolävulinsäure f. (ALS)
acide aminométhylcyclohexane carboxylique m. Aminomethylzyklohexankarbonsäure f.
acide aminopénicillanique m. Aminopenicillansäure f.
acide aminosalicylique m. Aminosalizylsäure f.
acide aminovalérianique m. Aminobaldriansäure f.
acide anthranilique m. Anthranilsäure f.
acide antisense nucleïque m. Antisense-Nuklein-Säure f.
acide arachidique m. Arachinsäure f.
acide arachidonique m. Arachidonsäure f.
acide argininosuccinique m. Argininbernsteinsäure f.
acide aristolochique m. Aristolochiasäure f.
acide aromatique m. aromatische Säure f.
acide arsanilique m. Arsanilsäure f.
acide arsénieux m. Arsenige Säure f.
acide arsénique m. Arsensäure f.
acide arsinique m. Arsinsäure f.
acide arsonique m. Arsonsäure f.

acide aryloxyacétique m. Aryloxyessigsäure f.
acide ascorbique m. Askorbinsäure f.
acide aspartique m. Asparaginsäure f.
acide aurique m. Goldsäure f.
acide barbitutique m. Barbitursäure f.
acide béhénique m. Behensäure f.
acide benzilique m. Benzilsäure f.
acide benzoique m. Benzoesäure f.
acide bétaoxybutyrique m. Betaoxybuttersäure f.
acide bichloracétique m. Bichloressigsäure f.
acide biliaire m. Gallensäure f.
acide borique m. Borsäure f.
acide borosalicylique m. Borsalizylsäure f.
acide boswellinique m. Boswelliasäure f.
acide bromphénoxytropionique m. Bromphenoxytropionsäure f.
acide butanetricarboxylique m. Butantrikarbonsäure f.
acide butoxyacétique m. Butoxyessigsäure f.
acide butyléthylbarbiturique m. Butylethylbarbitursäure f.
acide butyrique m. Buttersäure f.
acide cacodylique m. Kakodylsäure f.
acide camphoglucuronique m. Kamphoglukuronsäure f.
acide camphorique m. Kampfersäure f.
acide cantharidique m. Kantharidinsäure f.
acide caprique m. Caprinsäure f., Kaprinsäure f.
acide caproïque m. Capronsäure f., Kapronsäure f.
acide caprylique m. Caprylsäure f., Kaprylsäure f.
acide carbaminocarboxylique m. Carbaminocarbonsäure f.
acide carbamique m. Carbamidsäure f., Aminoameisensäure f., Karbamidsäure f.
acide carbonique m. Carbonsäure f., Kohlensäure f.
acide carboxyglutamique m. Karboxylglutaminsäure f.
acide carboxylique m. Karbonsäure f.
acide carminéacétique m. Karminessigsäure f.
acide céphalinique m. Cephalinsäure f.
acide céphalosporanique m. Cephalosporansäure f.
acide cérébronique m. Cerebronsäure f.
acide cérotinique m. Cerotinsäure f.
acide cétoglutarique m. Ketoglutarsäure f.
acide cétoisocaproïque m. Ketoisokapronsäure f.
acide cétolithocholique m. Ketolithocholsäure f.
acide cétosuccinique m. Ketobernsteinsäure f.
acide cétylique m. Cetylsäure f.
acide chaulmoogrique m. Chalmoograsäure f.
acide chélidonique m. Chelidonsäure f.
acide chénodésoxycholique m. Chenodesoxycholsäure f.
acide chloracétique m. Chloressigsäure f.
acide chloreux m. Chlorige Säure f.
acide chlorhydrique libre m. freie Salzsäure f.
acide chlorhydrique m. Salzsäure f.
acide chlorique m. Chlorsäure f.
acide chlorogénique m. Chlorogensäure f.
acide cholanique m. Cholansäure f.
acide cholatique m. Cholalsäure f.
acide cholestérinique m. Cholesterinsäure f.
acide cholique m. Cholsäure f.
acide chondroïtine-sulfate m. Chondroitinschwefelsäure f.
acide chondroïtique m. Chondroitinsäure f.
acide chromique m. Chromsäure f.
acide chromotropique m. Chromotropsäure f.
acide chrysophanique m. Chrysophansäure f.
acide cinnamique m. Zimtsäure f.
acide citrique m. Zitronensäure f.
acide clamidoxique m. Clamidoxinsäure f.
acide clavulanique m. Clavulansäure f.
acide clodronique m. Chlodronsäure f.
acide clofibrique m. Clofibrinsäure f.
acide clupanodonique m. Clupanodonsäure f.
acide crésylique m. Kresylsäure f.
acide cromoglicique m. Cromoglicinsäure f.
acide crotonique m. Krotonsäure f.
acide cyanhydrique m. Blausäure f., Zyanwasserstoffsäure f.
acide cyanique m. Cyansäure f., Zyansäure f.
acide cyanurique m. Cyanursäure f.
acide cyclohexane sulfamique m. Cyclohexansulfaminsäure f.
acide cystéinesulfonique m. Zysteinsulfonsäure f.
acide cystéique m. Zysteinsäure f.
acide cytidylique m. Cytidylsäure f.
acide décanoïque m. Decansäure f.
acide décénoïque m. Decensäure f.
acide décylénique m. Decylsäure f.
acide déhydroacétique m. Dehydroessigsäure f.

acide déhydrocholique m. Dehydrocholsäure f.
acide deltaaminolévulinique m. Deltaaminolävulinsäure f.
acide désoxycholique m. Desoxycholsäure f.
acide désoxyribonucléique m. Desoxyribonukleinsäure f.
acide dextronique m. Dextronsäure f.
acide diacétique m. Azetessigsäure f.
acide diaminoacétique m. Diaminoessigsäure f.
acide diaminopimélique m. Diaminopimelinsäure f.
acide dibasique m. zweibasige Säure f.
acide dicarboxylique m. Dikarbonsäure f.
acide dichloracétique m. Dichloressigsäure f.
acide diéthylbarbiturique m. Diäthylbarbitursäure f., Diethylbarbitursäure f.
acide diéthylène triamine pentaacétique m. Diethylentriaminpentaessigsäure f.
acide dihydrofolique m. Dihydrofolsäure f.
acide dihydrolipoïque m. Dihydroliponsäure f.
acide dihydroxybenzoïque m. Dihydroxybenzoesäure f.
acide dihydroxybutyrique m. Dihydroxybuttersäure f.
acide dihydroxypalmitique m. Dihydroxypalmitinsäure f.
acide dihydroxyphénylacétique m. Dihydroxyphenylessigsäure f.
acide dihydroxyphénylglycolique m. Dihydroxymandelsäure f.
acide dihydroxypropionique m. Dihydroxypropionsäure f.
acide dioxovalérianique m. Dioxovaleriansäure f.
acide diphosphoglycérique m. Diphosphoglyzerinsäure f.
acide diphosphonique m. Diphosphonsäure f.
acide dithionique m. Dithionsäure f.
acide docosanoïque m. Docosansäure f.
acide docosapentaénoïque m. Docosapentaensäure f.
acide dodécanoïque m. Dodecansäure f.
acide édétique m. Edetinsäure f.
acide élaïdique m. Elaidinsäure f.
acide ellagique m. Benzoarsäure f., Ellagsäure f.
acide énanthique m. Heptansäure f.
acide epsilon-aminocaproïque m. Epsilonaminokapronsäure f.
acide ergotinique m. Ergotinsäure f.
acide érucique m. Erucasäure f.
acide érythronique m. Erythronsäure f.
acide étacrynique m. Ätacrynsäure f., Etacrynsäure f.
acide éthoxiacétique m. Ethoxyessigsäure f.
acide éthylènediaminetétraacétique m. Äthylendiamintetraessigsäure f., Ethylendiamintetraessigsäure f.
acide éthylmalonique m. Äthylmalonsäure f., Ethylmalonsäure f.
acide étianique m. Etiansäure f.
acide étidronique m. Etidronsäure f.
acide eugénique m. Eugensäure f.
acide faible m. schwache Säure f.
acide filicique m. Filixsäure f.
acide flavaspidique m. Flavaspidsäure f.
acide flufénamique m. Flufenaminsäure f.
acide fluoroacétique m. Fluoressigsäure f.
acide fluorocarboxylique m. Fluorkarbonsäure f.
acide folinique m. Folinsäure f.
acide folique m. Folsäure f.
acide formiminoglutamique m. Formiminoglutaminsäure f.
acide formique m. Ameisensäure f.
acide formyltétrahydrofolique m. Formyltetrahydrofolsäure f.
acide fort m. starke Säure f.
acide fumarique m. Fumarsäure f.
acide fusidinique m. Fusidinsäure f.
acide galacturonique m. Galakturonsäure f.
acide gallique m. Gallussäure f.
acide gammaaminobutyrique m. Gamma-aminobuttersäure f.
acide gammahydroxybutyrique m. Gammahydroxybuttersäure f.
acide gastrique m. Magensäure f.
acide gentisique m. Gentisinsäure f.
acide gluconique m. Glukonsäure f.
acide glucosaccharique m. Glukozuckersäure f.
acide glucuronique m. Glukuronsäure f.
acide glutaconique m. Glutakonsäure f.
acide glutaminique m. Glutaminsäure f.
acide glutamylglutaminique m. Glutamylglutaminsäure f.
acide glutarique m. Glutarsäure f.
acide glutinique m. Glutinsäure f.
acide glycérique m. Glyzerinsäure f.
acide glycérophosphorique m. Glyzerophosphorsäure f.
acide glycocholique m. Glykocholsäure f.
acide glycogallique m. Glykogallussäure f.
acide glycolique m. Glykolsäure f.

acide glycolithocholique m. Glykolithocholsäure f.
acide glycolurique m. Glycolursäure f.
acide glycyrrhizique m. Glycyrrhizinsäure f.
acide glyoxylique m. Glyoxylsäure f.
acide gras m. Fettsäure f.
acide guanidinoacétique m. Guanidinoessigsäure f.
acide guanidinosuccinique m. Guanidinobernsteinsäure f.
acide guanylique m. Guanylsäure f.
acide gulonique m. Gulonsäure f.
acide helvellique m. Helvellasäure f.
acide heptacosanoïque m. Heptacosansäure f.
acide hexadécanoïque m. Hexadecansäure f.
acide hexadécénoïque m. Hexadecensäure f.
acide hexanoïque m. Hexansäure f.
acide hexonique m. Hexonsäure f.
acide hexosédiphosphorique m. Hexosediphosphorsäure f.
acide hexuronique m. Hexuronsäure f.
acide hippurique m. Hippursäure f.
acide homogentisique m. Homogentsinsäure f.
acide homopipéridinique m. Homopiperidinsäure f.
acide homovanilique m. Homovanillinsäure f.
acide humique m. Huminsäure f.
acide hyaluronique m. Hyaluronsäure f.
acide hydracrylique m. Hydrakrylsäure f.
acide hydrazoïque m. Stickstoffwasserstoffsäure f.
acide hydriodé m. Jodwasserstoffsäure f.
acide hydriodique m. Jodwasserstoffsäure f.
acide hydrobromique m. Bromwasserstoffsäure f.
acide hydrochlorique m. Salzsäure f.
acide hydrofluorique m. Fluorwasserstoffsäure f., Flusssäure f.
acide hydroxamique m. Hydroxamsäure f.
acide hydroxyanthranilique m. Hydroxyanthranilsäure f.
acide hydroxybutyrique m. Hydroxybuttersäure f.
acide hydroxycarboxylique m. Hydroxykarbonsäure f.
acide hydroxycholanique m. Hydroxycholansäure f.
acide hydroxycyanique m. Hydroxyzyansäure f.
acide hydroxyheptadécatriénoïque m. Hydroxyheptadecatriensäure f.

acide hydroxyicosatétraénoïque m. Hydroxyicosatetraensäure f.
acide hydroxyindolacétique m. HIES Hydroxyindolessigsäure f.
acide hydroxyméthylglutarique m. Hydroxymethylglutarsäure f.
acide hydroxyoxoadipique m. Hydroxyoxoadipinsäure f.
acide hydroxyoxoglutarique m. Hydroxyoxoglutarsäure f.
acide hydroxyphénylacétique m. Hydroxyphenylessigsäure f.
acide hydroxyphényl-lactique m. Hydroxyphenylmilchsäure f.
acide hydroxyphénylpyruvique m. Hydroxyphenylbrenztraubensäure f.
acide hydroxytétradécanoïque m. Hydroxytetradecansäure f.
acide hypobromé m. Unterbromige Säure f.
acide hypochloré m. Unterchlorige Säure f.
acide hyponitré m. Untersalpetrige Säure f.
acide hypophosphoré m. Unterphosphorige Säure f.
acide hypophosphorique m. Unterphosphorsäure f.
acide hyposulfuré m. Unterschwefelige Säure f.
acide ibandronique m. Ibandronsäure f.
acide ichiba m. Ichibasäure f.
acide icosanique m. Eicosasäure f., Icosansäure f.
acide icosapentaénoïque m. Icosapentaensäure f.
acide icosatétraénoïque m. Icosatetraensäure f.
acide icosatriénoïque m. Icosatriensäure f.
acide idonique m. Idonsäure f.
acide idosaminique m. Idosaminsäure f.
acide iduronique m. Iduronsäure f.
acide igasurique m. Igasursäure f.
acide imidazolacétique m. Imidazolessigsäure f.
acide iminé m. Iminosäure f.
acide indacrynique m. Indacrynsäure f.
acide indolacétique m. Indolessigsäure f.
acide inosique m. Inosinsäure f.
acide insaturé m. ungesättigte Säure f.
acide iobenzaminique m. Iobenzaminsäure f.
acide iocarmique m. Iocarminsäure f.
acide iocétarnique m. Iocetaminsäure f.
acide iodique m. Jodsäure f.
acide iodogorgoïque m. Jodgorgosäure f., Jodgorgosäure f.
acide iodoxamique m. Iodoxaminsäure f.

acide ioglicique m.   Ioglicinsäure f.
acide ioglycamique m.   Ioglycaminsäure f.
acide iopanoïque m.   Iopansäure f.
acide iophénoxique m.   Iophenoxinsäure f.
acide iopronique m.   Iopronsäure f.
acide iotalamique m.   Iotalaminsäure f.
acide iotroxique m.   Iotroxinsäure f.
acide ioxaglique m.   Ioxaglinsäure f.
acide ioxitalamique m.   Ioxitalaminsäure f.
acide isocitrique m.   Isozitronensäure f.
acide isonicotinique m.   Isonikotinsäure f.
acide isopropylacétique m.   Isopropylessigsäure f.
acide isovalérianique m.   Isovaleriansäure f.
acide kynurique m.   Kynurensäure f.
acide lactique m.   Milchsäure f.
acide lactobionique m.   Laktobionsäure f.
acide laurique m.   Laurinsäure f.
acide lévulinique m.   Lävulinsäure f.
acide libre m.   freie Säure f.
acide lignocérique m.   Lignocerinsäure f.
acide linoléique m.   Linolsäure f.
acide linolénique m.   Linolensäure f.
acide lipoïque m.   Liponsäure f.
acide lithocholique m.   Lithocholsäure f.
acide lysergique m.   Lysergsäure f.
acide maléique m.   Maleinsäure f.
acide malique m.   Äpfelsäure f.
acide malonique m.   Malonsäure f.
acide manganique m.   Mangansäure f.
acide mannitique m.   Mannitsäure f.
acide mannuronique m.   Mannuronsäure f.
acide margarique m.   Margarinsäure f.
acide méconique m.   Mekon f.
acide méfénamique m.   Mefenaminsäure f.
acide mélissique m.   Melissinsäure f.
acide mercaptoéthanesulfonique m.   Merkaptoethansulfonsäure
acide mercapturique m.   Merkaptursäure f.
acide métaphosphorique m.   Metaphosphorsäure f.
acide méthacrylique m.   Methakrylsäure f.
acide méthanoïque m.   Methansäure f.
acide méthylmalonique m.   Methylmalonsäure f.
acide méthyloctadécanoïque m.   Methyloktadecansäure f.
acide mévalonique m.   Mevalonsäure f.
acide monobasique m.   einbasige Säure f.
acide monocarboxylique m.   Monokarbonsäure f.
acide monochloracétique m.   Monochloressigsäure f.
acide morruique m.   Lebertranfettsäure f.
acide mucique m.   Schleimsäure f.
acide mucoïtine sulfurique m.   Mukoitinschwefelsäure f.
acide muramique m.   Muraminsäure f.
acide mycocéranique m.   Mykoceransäure f.
acide mycophénolique m.   Mykophenolsäure f.
acide myristique m.   Myristinsäure f.
acide nalidixique m.   Nalidixinsäure f.
acide naphtalène sulfonique m.   Naphthalinsulfonsäure f.
acide nervonique m.   Nervonsäure f.
acide neuraminique m.   Neuraminsäure f.
acide nicotinique m.   Nikotinsäure f.
acide niflumique m.   Nifluminsäure f.
acide nitré m.   Salpetrige Säure f.
acide nitrique m.   Salpetersäure f.
acide nitromuriatique m.   Königswasser n.
acide nitrosonitrique m.   rauchende Salpetersäure f.
acide nonacosanoïque m.   Nonacosansäure f.
acide nucléique m.   Nukleinsäure f.
acide octacosanoïque m.   Montansäure f.
acide octadécadiénoïque m.   Oktadecadiensäure f.
acide octadécanoïque m.   Oktadecansäure f.
acide octadécatriénoique m.   Oktadecatriensäure f.
acide octanoïque m.   Oktansäure f.
acide oléique m.   Ölsäure f.
acide orotique m.   Orotsäure f.
acide orthoaminosalicylique m.   Orthoaminosalizylsäure f.
acide orthophosphorique m.   Orthophosphorsäure f.
acide osmique m.   Osmiumsäure f.
acide oxalacétique m.   OES, Oxalessigsäure f.
acide oxalique m.   Kleesäure f., Oxalsäure f.
acide oxaloacétique m.   Oxalessigsäure f.
acide oxalosuccinique m.   Oxalbernsteinsäure f.
acide oxoadipique m.   Oxoadipinsäure f.
acide oxobutyrique m.   Oxobuttersäure f.
acide oxocarboxylique m.   Oxokarbonsäure f.
acide oxoisocaproïque m.   Oxoisokapronsäure f.
acide oxoisovalérianique m.   Oxoisobaldriansäure f., Oxoisovaleriansäure f.
acide oxolinique m.   Oxolinsäure f.
acide oxosuccinique m.   Oxobernsteinsäure f.
acide oxyacétique m.   Oxyessigsäure f.
acide oxyphénylglycolique m.   Oxymandelsäure f.
acide palmitique m.   Palmitinsäure f.
acide palmitoléique m.   Palmitoleinsäure f.

acide pantothénique m.   Pantothensäure f.
acide paraaminobenzoïque m.   Paraaminobenzoesäure f.
acide paraaminohippurique m.   Paraaminohippursäure f.
acide paraaminosalicylique m.   Paraaminosalizylsäure f.
acide paraffinique m.   Paraffinsäure f.
acide pélargonique m.   Pelargonsäure f.
acide pénicillanique m.   Penicillansäure f.
acide pénicillique m.   Penicillsäure f.
acide pentacosanoïque m.   Pentacosansäure f.
acide pentadécanoïque m.   Pentadecansäure f.
acide pentanoïque m.   Pentansäure f.
acide peracétique m.   Peressigsäure f.
acide perborique m.   Perborsäure f.
acide perchlorique m.   Perchlorsäure f.
acide permanganique m.   Permangansäure f.
acide phénique m.   Karbolsäure f.
acide phénolsulfonique m.   Phenolsulfonsäure f.
acide phénylacétique m.   Phenylessigsäure f.
acide phénylchinolinecarboxylique m.   Phenylchinolinkarbonsäure f.
acide phényléthylbarbiturique m.   Phenylethylbarbitursäure f.
acide phénylglycolique m.   Mandelsäure f.
acide phénylsalicylique m.   Phenylsalicylsäure f.
acide phosphatidique m.   Phosphatidsäure f.
acide phosphiné m.   Phosphinige Säure f.
acide phosphinique m.   Phosphinsäure f.
acide phosphonique m.   Phosphonsäure f.
acide phosphonoacétique m.   Phosphonoessigsäure f.
acide phosphonoformique m.   Phosphonoameisensäure f.
acide phosphoré m.   Phosphorige Säure f.
acide phosphoribosylimidazolacétique m.   Phosphoribosylimidazolessigsäure f.
acide phosphorique m.   Phosphorsäure f.
acide phosphotungstique m.   Phosphorwolframsäure f.
acide phtalique m.   Phthalsäure f.
acide phytanique m.   Phytansäure f.
acide phytique m.   Fytinsäure f., Phytinsäure f.
acide picolinique m.   Pikolinsäure f.
acide picrique m.   Pikrinsäure f.
acide pimélique m.   Pimelinsäure f.
acide pipécolique m.   Pipecolinsäure f.
acide pipémidique m.   Pipemidsäure f.
acide pipéridinique m.   Piperidinsäure f.

acide plasmanique m.   Plasmansäure f.
acide polyacrylique m.   Polyakrylsäure f.
acide polycytidylique m.   Polycytidylsäure f.
acide polyène m.   Polyensäure f.
acide polyinsaturé m.   mehrfach ungesättigte Säure f.
acide polysulfonique m.   Polysulfonsäure f.
acide polythymidylique m.   Polythymidylsäure f.
acide propionique m.   Propionsäure f.
acide propylpentanoïque m.   Propylpentansäure f.
acide prostadiénoïque m.   Prostadiensäure f.
acide prostanoïque m.   Prostansäure f.
acide pyrazolique m.   Pyrazolsäure f.
acide pyridinetricarboxylique m.   Pyridintrikarbonsäure f.
acide pyrogallique m.   Pyrogallussäure f.
acide pyroglutamique m.   Pyroglutaminsäure f.
acide pyromucique m.   Brenzschleimsäure f.
acide pyrophosphorique m.   Pyrophosphorsäure f.
acide pyrosulfurique m.   rauchende Schwefelsäure f.
acide pyruvique m.   Brenztraubensäure f.
acide quinique m.   Chinasäure f.
acide quinolinecarbonique m.   Chinolinkarbonsäure f.
acide quinolinique m.   Chinolinsäure f.
acide ranélique m.   Ranelicsäure f.
acide résiduel m.   Säurerest m.
acide résorcylique m.   Resorzylsäure f.
acide rétinoïque m.   Retinsäure f.
acide ribonique m.   Ribonsäure f.
acide ribonucléique m.   Ribonukleinsäure f.
acide ricinolique m.   Rizinolsäure f.
acide risédronique m.   Risedronsäure f.
acide rosolique m.   Rosolsäure f.
acide saccharique m.   Zuckersäure f.
acide salicylé m.   Salizylige Säure f.
acide salicylique m.   Salizylsäure f.
acide santalinique m.   Santalinsäure f.
acide santoninique m.   Santoninsäure f.
acide saturé m.   gesättigte Säure f.
acide sébacique m.   Sebazinsäure f.
acide séléneux m.   Selenige Säure f.
acide sélénique m.   Selensäure f.
acide sens nucléïque m.   Sense-Nukleinsäure f.
acide sialique m.   Sialinsäure f.
acide silicique m.   Kieselsäure f.
acide silicowolframique m.   Wolframatokieselsäure f.
acide sorbique m.   Sorbinsäure f.

acide sozoïodolique m.	Sozojodolsäure f.
acide stéarique m.	Stearinsäure f.
acide subérique m.	Suberinsäure f.
acide succinique m.	Bernsteinsäure f.
acide sulfaloxique m.	Sulfaloxinsäure f.
acide sulfaminique m.	Sulfaminsäure f.
acide sulfanilique m.	Sulfanilsäure f.
acide sulfinique m.	Sulfinsäure f.
acide sulfonique m.	Sulfonsäure f.
acide sulfosalicylique m.	Sulfosalizylsäure f.
acide sulfuré m.	Schwefelige Säure f.
acide sulfurique m.	Schwefelsäure f.
acide tannique m.	Gerbsäure f.
acide tartrique m.	Weinsäure f.
acide taurocholique m.	Taurocholsäure f.
acide tauroursodésoxycholique m.	Tauroursodeoxycholsäure f.
acide téichoïque m.	Teichonsäure f.
acide téichuronique m.	Teichuronsäure f.
acide tellurique m.	Tellursäure f.
acide tétrabasique m.	vierbasige Säure f.
acide tétracosanoïque m.	Tetracosansäure f.
acide tétradécanoïque m.	Tetradecansäure f.
acide tétraméthylhexadécanoïque m.	Tetramethylhexadecansäure f.
acide thioacétique m.	Thioessigsäure f.
acide thioaminopropionique m.	Thioaminopropionsäure f.
acide thioctique m.	Thioktsäure f.
acide thiocyanique m.	Rhodansäure f., Thiozyansäure f.
acide thiosulfurique m.	Thioschwefelsäure f.
acide thiothiazolidinecarboxylique m.	Thiothiazolidinkarbonsäure f.
acide thréonique m.	Threonsäure f.
acide thymidylique m.	Thymidylsäure f.
acide tiaprofénique m.	Tiaprofensäure f.
acide tiénylique m.	Tienylsäure f.
acide tiludronique m.	Tiludronsäure n.
acide tranexamique m.	Tranexamsäure f.
acide tribasique m.	dreibasige Säure f.
acide tricarboxylique m.	Trikarbonsäure f.
acide trichloroacétique m.	Trichloressigsäure f.
acide tricosanoïque m.	Tricosansäure f.
acide triiodobenzoïque m.	Trijodbenzoesäure f.
acide triiodothyroacétique m.	Trijodthyroessigsäure f.
acide triméthylacétique m.	Trimethylessigsäure f.
acide triméthyloctacosanoïque m.	Trimethyloktacosansäure f.
acide triphosphorique m.	Triphosphorsäure f.
acide tropique m.	Tropasäure f.
acide tuberculostéarique m.	Tuberkulostearinsäure f.
acide undécylénique m.	Undecylensäure f.
acide undécylique m.	Undecylsäure f.
acide uridinediphosphoglucuronique m.	Uridindiphosphoglukuronsäure f.
acide uridylique m.	Uridylsäure f.
acide urique m.	Harnsäure f.
acide uronique m.	Uronsäure f.
acide ursodésoxycholique m.	Ursodesoxycholsäure f.
acide valérianique m.	Baldriansäure f., Valeriansäure f.
acide valproique m.	Valproinsäure f.
acide vanadique m.	Vanadinsäure f.
acide vanillique m.	Vanillesäure f.
acide vanylmandélique m.	Vanillinmandelsäure f.
acide xanoxique m.	Xanoxinsäure f.
acide xanthique m.	Xanthinsäure f.
acide xanthurénique m.	Xanthurensäure f.
acide xanthylique m.	Xanthylsäure f.
acide xénazoïque m.	Xenazoesäure f.
acide xényhéxénique m.	Diphenesensäure f.
acide xylonique m.	Xylonsäure f.
acide zoledronique m.	Zoledronsäure f.
acide	sauer
acidémie f.	Azidämie f.
acidémie propionique f.	Propionazidämie f.
acidémique	azidämisch
acidifier	ansäuern, sauer machen, säuern
acidimètre m.	Azidimeter n.
acidité f.	Säuregehalt m.
acidité gastrique f.	Magensäure f.
acidité totale f.	Gesamtazidität f.
acidocilline f.	Acidocillin n.
acidodéoxythymidine f.	Azidodesoxythymidin n.
acidomètre m.	Azidimeter n.
acidophile	azidophil
acidorésistance f.	Säureresistenz f.
acidorésistant	säurebeständig, säureresistent
acidose de jeûne f.	Hungerazidose f.
acidose f.	Acidose f., Azidose f.
acidose lactique f.	Laktatazidose f., Laktazidose f.
acidothymidine f.	Acidothymidin n., Azidothymidin n.
acidulé	säuerlich
acidurie f.	Azidurie f.
acidurie glutarique f.	Glutarazidurie f.
acier m.	Stahl m.
acier inoxydable m.	rostfreier Stahl m.
acier spécial m.	Edelstahl m.

acinésie spermique f. Akinospermie f.
acinesthésie f. Akinästhesie f.
acineux azinös
acinotubulaire azinotubulär
acitrétine f. Acitretin n.
aclarubicine f. Aclarubicin n.
acluracile m. Acluracil n.
acné f. Acne f., Akne f.
acné chlorique f. Chlorakne f.
acné miliaire f. Hautgrieß m.
acné rosacée f. Rosazea f.
acnémie f. Aknemie f.
acoasme m. Akoasma n.
aconit m. Aconit n., Akonit n.
aconitine f. Aconitin n., Akonitin n.
acouphène m. Ohrgeräusch n.
acouplement m. Begattung f.
acoupler begatten
acousticofacial akustikofazial
acoustique f. Akustik f.
acoustique akustisch
acquis erworben
acridine f. Akridin n.
acriflavine f. Akriflavin n.
acrisorcine f. Acrisorcin n.
acroasphyxie f. Akroasphyxie f.
acrocentrique akrozentrisch
acrocéphalie f. Akrozephalie f.
acrocéphalosyndactylie f. Akrozephalosyndaktylie f.
acrocyanose f. Akrozyanose f.
acrocyanotique akrozyanotisch
acrodermatite f. Akrodermatitis f.
acrodynie f. Akrodynie f.
acrodynie infantile de Selter-Swift-Feer f. Feersche Krankheit f.
acrogérie f. Akrogerie f.
acrohyperhidrose f. Akrohyperhidrose f.
acrokératose f. Akrokeratose f.
acroléine f. Acrolein n.
acromégalie f. Akromegalie f.
acromégalique akromegal
acromicrie f. Akromikrie f.
acromioclaviculaire akromioklavikulär
acromioscapulaire akromioskapulär
acromiothoracique akromiothorakal
acroostéolyse f. Akroosteolyse f.
acropachie f. Akropachie f.
acroparesthésie f. Akroparästhesie f.
acroparesthésique akroparästhetisch
acrosarcomatose de Kaposi f. Kaposi-Syndrom n.
acrosine f. Akrosin n.
acrosome m. Akrosom n.
acrylamide m. Acrylamid n., Akrylamid n.

acrylate m. Acrylat n., Akrylat n.
acryle m. Akryl n.
acrylonitrile m. Akrylonitril n.
acte compulsif m. Zwangshandlung f.
acte d'accoucher m. Geburtsakt m.
acte manqué m. Fehlleistung f.
ACTH (hormone corticotrope) f. Corticotropin (ACTH) n.
actif aktiv
actif en surface oberflächenaktiv
actinide m. Actinid n., Aktinid n.
actinique aktinisch
actinium m. Aktinium n.
actinobacillose f. Aktinobazillose f.
actinologique strahlenkundlich
actinomyces m. Actinomyces m.
actinomycétome m. Aktinomyzetom n.
actinomycine f. Actinomycin n., Aktinomycin n.
actinomycose f. Actinomycose f., Aktinomykose f.
actinomycosique aktinomykotisch
actinothérapie f. Aktinotherapie f., Strahlentherapie f.
actinouranium m. Aktinouran n.
action f. Aktion f.
action de masse, loi d' f. Massenwirkungsgesetz n.
action de remplacement f. Ersatzhandlung f.
action en état d'émotion f. Affekthandlung f.
action tampon f. Pufferung f.
activateur m. Aktivator m.
activateur tissulaire du plasminogène m. Gewebsplasminogenaktivator m.
activation f. Aktivierung f.
activer aktivieren
activité f. Aktivität f., Betriebsamkeit f., Tätigkeit f.
activité cardiaque f. Herzarbeit f.
activité cérébrale f. Hirntätigkeit f.
activité de repos f. Ruhetätigkeit f.
activité gonadotrope totale f. TGA (totale gonadotrope Aktivität) f.
activité insulinoïde f. ILA (insulinartige Aktivität) f.
actol m. Aktol n.
actomyosine f. Aktomyosin n.
actualiser aktualisieren
acuité f. Akuität f., Schärfe (Sinnesorgan) f.
acuité visuelle f. Sehschärfe f.
acupuncture f. Akupunktur f.
acupression f. Akupressur f.
acyanoblepsie f. Blaublindheit f.
acyclique azyklisch
acycloguanosine f. Acycloguanosin n.

acylase f. Azylase f.
acyldécarboxylase f. Acyldecarboxylase f.
acyldéhydrogénase f. Acyldehydrogenase f., Azyldehydrogenase f.
acyle m. Acyl n., Azyl n.
acyléthanolamine f. Acylethanolamin n.
acylguanidine f. Acylguanidin n.
acyluréidométhylpénicilline f. Acylureidomethylpenicillin n.
acyluréidopénicilline f. Acylureidopenicillin n.
adactylie f. Adaktylie f.
adalinumab m. Adalinumab n.
adamantanamine f. Adamantanamin n.
adamantine f. Adamantin n.
adamantinome m. Adamantinom n.
adamantoblaste m. Adamantoblast m.
adamantotome m. Schmelzmesser n., Schmelzspalter m.
adamantoylcytarabine f. Adamantoylcytarabin n.
adamsite f. Adamsit n.
adapalène m. Adapalen n.
adaptateur m. Adapter m.
adaptation f. Adaptation f., Angleichung f., Anpassung f.
adaptation à l'obscurité f. Dunkelanpassung f.
adaptation d'un bandeau f. Bandanpassung f.
adaptation de la prothèse f. Zahnprothesenanpassung f. (dent.)
adaptation de la teinte f. Farbanpassung f. (dent.)
adaptation des lunettes f. Brillenanpassen n.
adaptation exacte f. Feineinstellung f.
adapter adaptieren, anpassen
adaptinose f. Adaptinose f.
Addison, maladie d' f. Morbus Addison m.
addisonisme m. Addisonismus m.
addictif Sucht erzeugend
addiction f. Sucht f.
addiction à l'écran f. Bildschirm-Sucht f.
additif m. Additiv n., Zusatz m.
addition f. Beimischung f.
adducteur m. Adduktor m.
adduction f. Adduktion f.
adéfovir m. Adefovir n.
adélomorphe adelomorph
adémétionine f. Ademetionin n.
adénine f. Adenin n.
adénite f. Adenitis f.
adénite sudoripare f. Schweißdrüsenabszess m.
adénitique adenitisch

adénoacanthome m. Adenoacanthom n.
adénoangiosarcome m. Adenoangiosarkom n.
adénoblaste m. Adenoblast m.
adénocarcinome m. Adenocarcinom n.
adénocèle f. Adenozele f.
adénochondrome m. Adenochondrom n.
adénofibrome m. Adenofibrom n.
adénographie f. Adenographie f.
adénohypophyse f. Hypophysenvorderlappen m.
adénoïde adenoid
adénoïdectomie f. Adenoidektomie f.
adénoïdien adenoid
adenoïdite f. Adenoiditis f.
adénolipomatose f. Adenolipomatose f.
adénolymphome m. Adenolymphom n.
adénomateux adenomatös
adénomatose pulmonaire f. Hetzseuche f. (veter.)
adénome m. Adenom n.
adénome myxoïde m. Myxadenom n.
adénome prostatique m. Prostataadenom n.
adénome sébacé m. Adenoma sebaceum n.
adénome sudorifère m. Adenoma sudoriferum n.
adénome thyroïdien m. Schilddrüsenadenom n.
adénomyome m. Adenomyom n.
adénopathie caséeuse f. Tyrom n.
adénopathie cervicale f. Halslymphknotenschwellung f.
adénopathie hilaire f. Hiluslymphknotenerkrankung f.
adénosclérose f. Adenosklerose f.
adénosine f. Adenosin n.
adénosine triphosphate f. Adenosintriphosphat n.
adénosquameux adenosquamös
adénotome m. Adenotom n.
adénotomie f. Adenotomie f.
adénovirus m. Adenovirus n.
adénylate m. Adenylat n.
adénylcyclase f. Adenylcyclase f.
adeps lanae anhydricus m. Adeps lanae anhydricus m.
adeps lanae m. Adeps lanae m.
adéquat adäquat, angemessen
adermine f. Adermin n.
adhérence f. Bride f., Verwachsung f.
adhérence foetomembraneuse f. Simonartscher Strang m.
adhérences gastriques f.pl. Magenverwachsung f.
adhésif m. Heftpflaster n.

adhésif festhaftend, verklebend
adhésion f. Adhäsion f.
adhésion de la prothèse f. Prothesenhaftung f.
adhésion des orteils f. Zehenverwachsung f.
adhésion pleurale f. Pleuraadhäsion f.
adiabatique adiabatisch
adiadococinésie f. Adiadochokinesie f.
adiaphorèse f. Adiaphorese f.
adinazolam m. Adinazolam n.
adipeux adipös, fett, fettig
adipocire f. Adipocire n., Leichenwachs n
adipocyte m. Adipozyt m., Fettzelle f., Lipozyt m.
adipokine f. Adipokin n.
adiponécrose f. Adiponekrose f.
adiponectine f. Adiponectin n.
adipose f. Fettsucht f.
adiposité f. Adipositas f.
adiposité douloureuse f. Adipositas dolorosa f.
adiposogénital adiposogenital
adiposogigantisme m. Adiposogigantismus m.
adipostate m. Adipostat n.
adipsie f. Adipsie f.
adiurétine f. Adiuretin n.
adjuvant m. Adjuvans n.
adjuvant adjuvant
administrateur m. Verwalter m.
administration f. Applikation f., Darreichung f., Verabreichung f.; Verwaltung f.
administration hospitalière f. Krankenhausverwaltung f.
administrer applizieren, verabreichen; verwalten
admission à l'hôpital f. Krankenhausaufnahme f.
admission f. Annahme f. (Zulassung f.), Aufnahme f.
ADN (acide désoyxyribonucléique) m. DNS (Desoxyribonukleinsäure) f.
ADN complémentaire (ADNc) m. Kopie-DNS f.
ADN recombinant m. Rekombinanten-DNS f.
adolescence f. Adoleszenz f., Jünglingsalter n.
adolescent m. Adoleszent m.
adonidine f. Adonidin n.
adonite f. Adonit n.
adontie f. Adontie f.
adoptif adoptiv
adoption f. Adoption f.
adoucir lindern
adoucissant reizmildernd

adoucisseur m. Enthärtungsmittel n.
ADP (acide adénosine diphosphorique m.) Adenosindiphosphorsäure f.
adragant m. Traganth m.
adrénaline f. Adrenalin n.
adrénergique adrenergisch
adrénochrome m. Adrenochrom n.
adrénocorticotrope adrenokortikotrop
adrénocorticotrophine (ACTH) f. Kortikotropin n., adrenokortikotropes Hormon n.
adrénogénital adrenogenital
adrénolytique adrenolytisch
adrénomédullaire adrenomedullär
adrénotrope adrenotrop
adriamycine f. Adriamycin n.
adsorber adsorbieren
adsorption f. Adsorption f.
adulte m. erwachsene Person f.
adulte handicapé m. behinderte erwachsene Person f.
adulte adult, erwachsen
adynamie f. Adynamie f.
aération f. Belüftung f., Lüftung f.
aérémie des caissons f. Caissonkrankheit f.
aérer belüften, lüften
Aerobacter aerogenes m. Bacillus lactis aerogenes m.
aérobie m. Aerobier m.
aérobie aerob
aérocystoscopie f. Aerozystoskopie f.
aérocystoscopique aerozystoskopisch
aérodymamique f. Aerodynamik f.
aérodynamique aerodynamisch
aérogramme m. Aerogramm n.
aérographie f. Aerographie f.
aérographique aerographisch
aéromammographie f. Aeromammographie f.
aéroneuropathie f. Aeroneurose f.
aérophagie f. Aerophagie f., Luftschlucken n.
aérosol m. Aerosol m.
aérosyringite f. Aerosyringitis f.
affaiblir schwächen
affaiblir, s' erschlaffen
affaiblissement m. Schwächung f.
affamé hungrig
affect m. Affekt m.
affecter affizieren, angreifen
affectif affektiv
affection f. Affektion f., Befall m., Erkrankung f., Krankheit f.
affection à échinocoque f. Echinokokkenkrankheit f.
affection à ixodidés f. Zeckenbefall m., Ixodiasis f.

affection à knémidokoptes f. Knemidokoptiasis f.
affection à spirillum f. Spirillose f.
affection auriculaire par les tiques f. Ohrenzeckenkrankheit f.
affection cardiaque f. Herzleiden n.
affection de Brocq.f. Brocqsche Krankheit f.
affection de longue durée (ALD) f. Langzeiterkrankung (kassenärztl.)
affection des oreilles f. Ohrenleiden n.
affection du système pilaire f. Trichonose f.
affection gynécologique f. Frauenkrankheit f.
affection herpétique f. Herpetismus m.
affection méningée f. Meningiose f.
affection par nématodes f. Nematodenbefall m.
affection pellagreuse f. Pellagrose f.
affection syphilitique f. Syphilose f.
affection systémique f. Systemerkrankung f.
affection tératoïde f. Teratose f.
affection valvulaire cardiaque f. Herzklappenfehler m.
affection valvulaire f. Klappenfehler m.
affectivité f. Affektivität f., Thymopsyche f.
afférence f. Afferenz f.
afférent afferent, zuführend
affichage numérique m. Digitalanzeige f.
affinité (chem.) f. Verwandtschaft f., Affinität f.
afflux m. Afflux m., Zufluss m.
affusion (d'après Kneipp) f. Guss (nach Kneipp) m.
afibrinogénémie f. Afibrinogenämie f.
aflatoxine f. Aflatoxin n.
AFP (alpha-1-foetoprotéine) f. AFP (Alpha-1-Foetoprotein) n.
agalactie f. Agalaktie f.
agammaglobulinémie f. Agammaglobulinämie f.
aganglionose f. Aganglionose f.
agar m. Agar m.
agar amidon m. Stärkeagar m.
agar de Dieudonné m. Dieudonné-Agar m.
agar de Drigalski m. Drigalski-Agar m.
agar de Löffler m. Löffler-Agar m.
agar-dextrose m. Dextrose-Agar m.
agar-fuchsine m. Fuchsin-Agar m.
agar-gélatine m. Gelatine-Agar m.
agar-glucose m. Glukose-Agar m.
agar-pomme de terre-sang m. Kartoffel-Blut-Agar m.
agar-sang m. Blut-Agar m.
agar-sel biliaire m. Gallensalz-Agar m.
agar-sérum m. Serum-Agar m.
agar-tellurite m. Tellurit-Agar m.
agar-vert brillant m. Brillantgrün-Agar m.
agaricine f. Agarizin n.
agar-liquide d'ascite m. Ascites-Agar m.
agaric m. Blätterpilz m.
agaric du mélèze m. Lärchenschwamm m.
agaric tue-mouche m. Fliegenpilz m.
agarose m. Agarose f.
agastrique agastrisch
agate f. Achat m.
âge m. Alter n., Lebensalter n.
âge adulte m. Erwachsenenalter n.
âge avancé m. höheres Alter n.
âge préscolaire m. Vorschulalter n.
âge scolaire m. Schulalter n.
agénitalisme m. Agenitalismus m.
agenouiller, s' knien
agent m. Agens n.
agent inhibiteur m. Hemmstoff m.
agent nocif m. Noxe f.
agent pathogène m. Krankheitserreger m.
agent polisseur m. Poliermittel n.
agglomération cellulaire f. Zellverband m.
agglomération f. Agglomerat n.
agglutinable agglutinabel
agglutination froide f. Kälteagglutination f.
agglutiner agglutinieren
agglutinine f. Agglutinin n.
agglutinine froide f. Kälteagglutinin n.
agglutinine saline f. Salzagglutinin n.
aggravation f. Aggravation f., Verschlimmerung f.
aggraver aggravieren, erschweren, verschlimmern
agir wirken
agissant rapidement schnellwirkend
agitateur m. Rührmaschine f., Schüttelapparat m.
agitation f. Agitation f., Rastlosigkeit f., Unruhe f.
agitation motrice f. motorische Unruhe f.
agitation violente f. Tobsucht f.
agité agitiert, unruhig
aglossie f. Aglossie f.
aglycone m. Aglukon n., Aglykon n.
agnathie f. Agnathie f.
agneau m. Hammel m., Lamm n.
agneler lammen
agnosie f. Agnosie f.
agnosie auditive f. Seelentaubheit f.
agnosie digitale f. Fingeragnosie f.
agnosie symbolique f. Symbolagnosie f.
agnosie tactile f. Astereognosie f.
agnosie visuelle f. Seelenblindheit f.
agonal agonal

agonie f. Agonie f., Todeskampf m.
agoniste m. Agonist m.
agoraphobie f. Agoraphobie f., Platzangst f.
agrafage m. Verklammerung f.
agrafe f. Klammer f., Spange f., Wundklammer f.
agrafe annulaire f. Ringklammer f.
agrafe d'appui f. Auflageklammer f.
agrafe de fixation f. Befestigungsklammer f.
agrafe de tension f. Zugklammer f.
agrafe double f. Doppelarmklammer f.
agrafe drainage f. Drainageklammer f., Dränageklammer f.
agrafe en épingle â cheveux f. Haarnadelklammer f.
agrafe métallique f. Drahtklammer f.
agrafer klammern
agrammatisme m. Agrammatismus m., Akataphasie f.
agrandir vergrößern
agrandissement m. Vergrößerung f.
agranulocytaire agranulozytär
agranulocytose f. Agranulozytose f.
agraphie f. Agraphie f.
agréable angenehm
agrégabilité f. Aggregierfähigkeit f.
agrégat m. Aggregat n., Gemenge n.
agrégation f. Aggregation f.
agréger aggregieren
agressif aggressiv
agressine f. Aggressin n.
agression f. Aggression f.
agressivitée f. Agressivität f.
agryphie f. Agryphie f.
AGS (syndrome adrénogénital) m. AGS (adrenogenitales Syndrom) n.
agueusie f. Ageusie f.
agyrie f. Agyrie f.
aide f. Gehilfin f.
aide m. Gehilfe m.
aide puéricultrice f. Kinderpflegerin f.
aide sociale f. Sozialhilfe f., Wohlfahrt f.
aide soignant m. Krankenpflegehelfer m.
aide soignante f. Krankenpflegehelferin f.
aigreurs f. pl. Sodbrennen n.
aigu akut
aiguille f. Nadel f.
aiguille (radiculaire) f. Wurzelnadel f.
aiguille à biopsie de Silverman f. Vim-Silverman-Nadel f.
aiguille à ponction f. Punktionsnadel f.
aiguille boomerang f. Bumerangnadel f.
aiguille d'anesthésie f. Anästhesienadel f.
aiguille d'autopsie f. Sektionsnadel f.
aiguille d'exploration f. Untersuchungsnadel f.
aiguille de ponction lombaire f. Lumbalpunktionsnadel f.
aiguille de radium f. Radiumnadel f.
aiguille de Silverman f. Silverman-Nadel f.
aiguille de suture f. chirurgische Nadel f.
aiguille neurologique f. Nervnadel f.
aiguiser schärfen
ail m. Knoblauch m.
aile du nez f. Nasenflügel m.
aile f. Flügel m.
aile iliaque f. Darmbein n.
aimant m. Magnet m.
aimant oculaire m. Augenmagnet m.
aine f. Leiste (med.) f.
air m. Luft f.
air alvéolaire m. Alveolarluft f.
air ambiant m. Raumluft f.
air chaud m. Heißluft f.
air complémentaire m. Komplementärluft f.
air comprimé m. Druckluft f., Pressluft f.
air de réserve m. Reserveluft f.
air météorisant m. Blähluft f.
air repulsé m. Pendelluft f.
air résiduel m. Residualluft f.
aire d'arrêt f. Anschlagfläche f. (dent.)
aire d'occlusion f. Okklusionszone f.
aire déservie f. Versorgungsgebiet n.
aisselle f. Achselhöhle f.
ajmaline f. Ajmalin n.
ajouter zufügen
ajustement m. Angleichung f., Anpassung f., Justierung f.
ajuster ajustieren, anpassen, justieren
akinésie f. Akinesie f.
akinétique akinetisch
alabamine f. Alabamin n.
alaisoir (pour canal radiculaire) m. Wurzelkanalerweiterer m.
alanine f. Alanin n.
alaniser alanieren
alantolactone f. Alantolakton n.
alanylalanine f. Alanylalanin n.
alanylhistidine f. Alanylhistidin n.
alanylleucine f. Alanylleucin n.
alarme f. Alarm m.
alarmer alarmieren
alastrim m. Alastrim n.
alastrofloxacine f. Alastrofloxacin n.
albâtre m. Alabaster m.
albentazole m. Albentazol n.
albinisme m. Albinismus m.
albinos m. Albino m.
albinos albinotisch

albuginée f. Albuginea f.
albuginéotomie f. Albugineotomie f.
albumine f. Albumin n., Eiweiß n.
albumine bovine f. Rinderalbumin n.
albumine de l'oeuf f. Hühnereiweiß n.
albumine humaine f. Humanalbumin n.
albuminoïde Albuminoid
albuminomètre m. Albuminometer n.
albuminurie f. Albuminurie f.
albuminurique albuminurisch
albumose f. Albumose f.
alcali m. Alkali n.
Alcaligenes faecalis m. Bacillus faecalis alcaligenes m.
alcalin basisch
alcalinisation f. Alkalisation f., Alkalisierung f.
alcaliniser alkalisieren
alcalinité f. Alkalinität f.
alcalique alkalisch
alcaloïde m. Alkaloid n.
alcaloïde de la pervenche m. Vincaalkaloid n.
alcaloïde tropa m. Tropa-Alkaloid n.
alcalose f. Alkalose f.
alcalose, en état d' alkalotisch
alcane m. Alkan n.
alcaptone m. Alkapton n.
alcaptonurie f. Alkaptonurie f.
alcène m. Alken n.
alclofénac m. Alclofenac n.
alcool m. Alkohol m.
alcool absolu m. absoluter Alkohol m.
alcool allylique m. Allylalkohol m.
alcool amylique m. Amylalkohol m., Fuselöl n.
alcool aromatique m. aromatischer Alkohol m.
alcool butylique m. Butylalkohol m.
alcool cétylique m. Cetylalkohol m.
alcool dénaturé m. vergällter Alkohol m.
alcool déshydraté m. dehydrierter Alkohol m.
alcool dilué m. verdünnter Alkohol m.
alcool éthylique m. Äthylalkohol m., Ethylalkohol m., Spiritus m.
alcool insaturé m. Alkohol, ungesättigter m.
alcool méthylique m. Methylalkohol m.
alcool primaire m. primärer Alkohol m.
alcool propylique m. Propyl-Alkohol m.
alcool secondaire m. sekundärer Alkohol m.
alcool tertiaire m. tertiärer Alkohol m.
alcoolique f. Alkoholikerin f.
alcoolique m. Alkoholiker m.
alcoolique alkoholisch

Alcooliques Anonymes m. pl. A. A. (Anonyme Alkoholiker m. pl.)
alcoolisme m. Alkoholismus m.
alcoolodépendance f. Alkoholsucht f.
alcoyle m. Alkyl n.
alcuronium m. Alcuronium n.
aldéhyde de glycérine m. Glyzerinaldehyd m.
aldéhyde f. ou m. Aldehyd m.
aldicarb m. Aldicarb n.
aldocorticostérone f. Aldokortikosteron n.
aldohexose m. Aldohexose f.
aldol m. Aldol n.
aldolase f. Aldolase f.
aldométasone f. Aldometason n.
aldose m. Aldose f.
aldostérone f. Aldosteron n.
aldostéronisme m. Aldosteronismus m.
aldrine f. Aldrin n.
alendronate m. Alendronat n.
aléne f. Ahle f.
alerter alarmieren
alésoir m. Räumahle f.
aleucémique aleukämisch
aleucie f. Aleukie f.
aleudrine f. Aleudrin n.
aleurate m. Aleurat n.
aleuronate m. Aleuronat n.
alexie f. Alexie f.
alexine f. Alexin n.
alèze f. Krankenunterlage f.
alfacalcidol m. Alfacalcidol n.
alfadolone m. Alfadolon n.
alfentanil m. Alfentanil n.
alfuzosine f. Alfuzosin n.
algésie f. Algesie f.
algésimètre m. Algesimeter n.
algie f. Algie f.
alginate m. Alginat n.
algodystrophie f. Algodystrophie f.
algolagnie f. Algolagnie f.
algophobie f. Algophobie f.
algorithme m. Algorithmus m.
algose f. Algose f.
algue f. Alge f.
algurie f. Algurie f.
alicyclique alizyklisch
aliénation mentale f. Geistesstörung f., Irrsinn m.
aliéné geistesgestört, gemütskrank, irre
alifédrine f. Alifedrin n.
alignement normal des dents m. normale Zahnausrichtung f.
alimémazine f. Alimemazin n.
aliment m. Speise f.

alimentaire alimentär
alimentaire, d'origine ernährungsbedingt
alimentation f. Ernährung f., Kost f.
alimentation hypernutritive f. Vollwertkost f.
alimentation normale f. Normalkost f.
alimentation normale f. Vollkost f.
alimentation par purées f. Breikost f.
alimentation, concernant l' ernährungsmäßig
aliments de lest m. pl. unverdauliche Nahrungsbestandteile m. pl.
alinidine f. Alinidin n.
aliphatique aliphatisch
alité bettlägerig
alizapride f. Alizaprid n.
alizarine f. Alizarin n.
alkali volatil m. Salmiakgeist m.
alkoxyde m. Alkoxid n.
alkylamine f. Alkylamin n.
alkyle m. Alkyl n.
alkyler alkylieren
alkyne f. Alkin n.
allaité, âge d'être m. Säuglingsalter n.
allaiter säugen, stillen (an der Brust ernähren)
allantoïnate m. Allantoinat n.
allantoïne f. Allantoin n.
allassothérapie f. Umstimmungsbehandlung f.
allèle m. Allel m.
allèle allel
allélomorphe allelomorph
allélomorphie f. Allelomorphie f.
allélomorphisme m. Allelie f.
aller plus mal sich verschlimmern
allergène m. Allergen n.
allergie f. Allergie f.
allergie à la farine f. Mehlallergie f.
allergie à la plume f. Federallergie f.
allergie alimentaire f. Nahrungsmittelallergie f.
allergie au gluten f. Glutenallergie f.
allergie au lactose f. Lactoseallergie f.
allergie croisée f. Kreuzallergie f.
allergique allergisch
allergologie f. Allergologie f.
allergologique allergologisch
allergologue f. Allergologin f.
allergologue m. Allergologe m.
alliage m. Legierung f.
alliage argent-palladium m. Silber-Palladium-Legierung f.
alliage argent-palladium m. Silber-Palladium-Legierung n.
alliage chrome-nickel m. Chrom-Nickel-Legierung f.
alliage d'argent m. Silberlegierung f.
alliage d'or m. Goldlegierung f.
alliage en fusion Aufbrenntechnik f. (dent.)
alliage or-platine m. Platin-Gold-Legierung f.
alliage, faire un legieren
allicine f. Allicin n.
allithiamine f. Allithiamin n.
alloanticorps m. Alloantikörper m.
alloantigène m. Alloantigen n.
allobiose f. Allobiose f.
allobiotique allobiotisch
allocation f. Allokation f.
allocation familiale f. Kinderbeihilfe f., Kindergeld n.
allocentrique allozentrisch
allocinésie f. Allokinese f.
allogénique allogen
allogreffe f. Homotransplantat n.
allongé liegend
allonger strecken, verlängern
allopathe f. Allopathin n.
allopathe m. Allopath m.
allopathie f. Allopathie f.
allopathique allopathisch
allopregnandiol m. Allopregnandiol n.
allopregnane f. Allopregnan n.
allopregnanolone f. Allopregnanolon n.
allopsychique allopsychisch
allopsychose f. Allopsychose f.
allopurinol m. Allopurinol n.
allorythmie f. Allorhythmie f.
allorythmique allorhythmisch
allose m. Allose f.
allotropie f. Allotropie f.
allotropique allotrop
allotypique allotypisch
alloxane m. Alloxan n.
alloxanthine f. Alloxanthin n.
alloxazine f. Alloxazin n.
alloxine f. Alloxin n.
allyle m. Allyl n.
allylestrénol m. Allylestrenol n.
almadrate m. Almadrat n.
almotriptane m. Almotriptan n.
aloès m. Aloe f.
aloïne f. Aloin n.
alopecia areata f. alopecia areata f.
alopécie f. Alopezie f., Haarausfall m.
alopécie séborrhéique f. seborrhoische Alopezie f.
alphaadrénergique alphaadrenergisch
alpha-agoniste m. Alpha-Agonist m.

alphabétique alphabetisch
alphabloquant m. Alpha-Hezeptoren-Blocker m.
alphacalcidole f. Alphacalcidol f.
alphaglobuline f. Alphaglobulin n.
alpha-I-foetoprotéine (AFP) f. Alpha-1-Foetoprotein (AFP) n.
alphalipoproteine f. Alphalipoprotein f.
alphaméthyldopa m. Alpha-Methyldopa n.
alphamimétique alphamimetisch
alprazolam m. Alprazolam n.
alprénolol m. Alprenolol n.
alprostadil m. Alprostadil n.
altéplase f. Ateplase f.
altération f. Alteration f., Zerrüttung f.
altération de la couleur f. Verfärbung f.
altération de la personnalité f. Wesensänderung f.
altérations de la personnalité f. pl. Persönlichkeitsveränderungen f. pl.
altérations séniles f. pl. Altersveränderungen f. pl.
alternant alternierend
alternatif alternierend, alternativ
altrétamine f. Altretamin n.
altrose m. Altrose f.
aluminate m. Aluminat n.
alumine f. Tonerde f.
aluminium m. Aluminium n.
aluminose f. Aluminose f.
alun m. Alaun n.
alvéobronchiolite f. Alveobronchiolitis f.
alvéolaire alveolär
alvéole f. Alveole f.
alvéole dentaire f. Zahnalveole f.
alvéolé wabig
alvéolectomie f. Alveolektomie f.
alvéolite f. Alveolitis f.
alvéoloartériel alveoloarteriell
alvéolocapillaire alveolokapillär
alvéoloclasie f. Alveoloklasie f.
alvéolodentaire alveolodental, dentoalveolär
alvéololabial alveololabial
alvéololingual alveololingual
alvéolonasal alveolonasal
alvéolopalatin alveolopalatal
alvéoloplastie f. Alveoloplastik f.
alvéolotomie f. Alveolotomie f.
alvéoloveineux alveolovenös
alvéolyse f. Alveolarpyorrhö f., Alveolyse f.
alymphie f. Alymphie f.
alymphocytose f. Alymphozytose f.
alymphoplasie f. Alymphoplasie f.
amaigri abgemagert
amaigrissement m. Abmagerung f., Gewichtsabnahme f.
amalgame m. Amalgam n., Amalgamfüllung f.
amalgame quaternaire m. Vierstoffamalgam n.
amalgamer amalgamieren
amanite phalloide f. Knollenblätterpilz m.
amantadine f. Amantadin n.
amastie f. Amastie f.
amateur, en laienhaft
amaurose f. Amaurose f.
amaurotique amaurotisch
ambénonium m. Ambenonium n.
ambivalence f. Ambivalenz f.
ambivalent ambivalent
amblyopie f. Amblyopie f.
ambroxol m. Ambroxol n.
ambulance f. Krankenwagen m.
ambulance médicalisée f. (SAMU) m. Notarztwagen m.
ambulant ambulant
amcinonide m. Amcinonid n.
âme f. Gemüt n., Seele f.
amélanotique amelanotisch
amélie f. Amelie f.
amélioration f. Besserung f., Relief n., Verbesserung f.
amélioration de l'humeur f. Stimmungsaufhellung f.
améliorer ausbessern, bessern, verbessern
améloblaste m. Ameloblast m.
améloblastome m. Adamantinom n., Ameloblastom n.
amélodentinal adamantodentinal, amelodentinal
amélogenèse f. Amelogenese f.
aménorrhée f. Amenorrhöe f.
aménorrhéique amenorrhoisch
amer bitter
américium m. Americium n.
amétropie f. Ametropie f.
amézinium m. Amezinium n.
amiante m. Asbest m.
amibe f. Amöbe f.
amibicide m. amöbizides Mittel n.
amibicide amöbizid
amiboide amöboid
amicilline f. Amicillin n.
amicrobiose f. Amikrobiose f.
amidase f. Amidase f.
amide f. Amid n.
amide acide m. Säureamid n.
amide de chloral m. Chloralamid n.
amidon m. Stärke (chem.) f.

amidotrizoate m. Amidotrizoat n.
amifostine f. Amifostin n.
amikacine f. Amikacin n.
amiloride m. Amilorid n.
amimie f. Amimie f.
aminase f. Aminase f.
amine f. Amin n.
aminoacridine f. Aminoacridin n.
aminobenzoate m. Aminobenzoat n.
aminobiphosphate m. Aminobiphosphat n.
aminofluoride m Aminofluorid n.
aminoglucoside m. Aminoglykosid n.
aminoglutéthimide m. Aminoglutethimid n.
aminométhane m. Aminomethan n.
aminonitrothiazol m. Aminonitrothiazol n.
aminopeptidase f. Aminopeptidase f.
aminophénazol m. Aminophenazol n.
aminophénazone f. Aminophenazon n.
aminophylline f. Aminophyllin n.
aminoplastique aminoplastisch
aminoprotéase f. Aminoprotease f.
aminopyrine f. Aminopyrin n., Dimethylaminophenazon n.
aminoquinoléine f. Aminochinolin n.
aminosalicylate m. Aminosalizylat n.
aminoterminal aminoterminal
aminothiazole m. Aminothiazol n.
aminotransférase f. Aminotransferase f.
amiodarone f. Amiodaron n.
amisulpride m. Amisulprid n.
amithiazone f. Thioazetazon n.
amitose f. Amitose f.
amitotique amitotisch
amitryptiline f. Amitryptilin n.
AMM (autorisation de mise sur le marché) (pharm.) f. Verkaufszulassung (pharm.) f.
ammoniacal ammoniakalisch, ammoniakhaltig
ammoniaque f. Ammonium n.
ammoniaque gaz m. Ammoniak n.
ammoniémie f. Ammoniämie f.
amnésie f. Amnesie f., Gedächtnisverlust m.
amnésie ponctuelle f. Gedächtnislücke f.
amnésique amnestisch
amniocentèse f. Amniozentese f.
amniogène amniogen
amniographie f. Amniographie f.
amniographique amniographisch
amnionite f. Amnionitis f.
amnioscope m. Amnioskop n.
amnioscopie f. Amnioskopie f.
amnioscopique amnioskopisch
amniotique amniotisch
amniotomie f. Amniotomie f.
amobarbital m. Amobarbital n.

amodiaquine f. Amodiaquin n.
amoindrir vermindern
amorphe amorph
amotiochirurgie f. Amotiochirurgie f.
amoxicilline f. Amoxicillin n.
AMP cyclique (adénosine monophosphate cyclique) m. cAMP (cyclisches Adenosinmonophosphat) n.
ampère m. Ampere n.
amphétamine f. Amphetamin n.
amphiarthrose f. Amphiarthrosis f.
amphibien m. Amphibie f.
amphibole amphibol
amphicyte m. Kapselzelle f.
amphorique amphorisch
amphotère amphoter
amphotéricine f. Amphotericin n.
ampicilline f. Ampicillin n.
amplificateur m. Verstärker m.
amplificateur terminal m. Endverstärker m.
amplification de gène f. Genamplifikation f.
amplitude f. Amplitude f.
ampoule f. Ampulle (anatom.) f.; Ampulle f. (pharm.); Blase f., Glühlampe f.
ampoule cristalline f. Kristallampulle f.
ampouler ampullieren
amprenavir m. Amprenavir n.
amprolium m. Amprolium n.
ampullaire ampullär
amputation f. Amputation f.
amputation de Pirogoff f. Pirogoffsche Amputation f.
amputation du bras d'après Krukenberg f. Krukenbergarm m.
amputation du membre inférieur d'après Gritti f. Grittische Amputation f.
amputation vitale f. Vitalamputation f.
amputé (e) m./f. Amputierte(r) f./m.
amputer amputieren
amputer un membre ein Glied absetzen
amrinone f. Amrinon n.
amsacrine f. Amsacrin n.
amusie f. Amusie f.
amygdale f. Mandel f. (med.), Tonsille f.
amygdale linguale f. Tonsilla lingualis f., Zungenmandel f.
amygdale palatine f. Gaumenmandel f., Tonsilla palatina f.
amygdale pharyngienne f. Rachenmandel f., Tonsilla pharyngea f.
amygdalectomie f. TE (Tonsillektomie) f.
amygdalectomiser tonsillektomieren
amygdaline f. Amygdalin n.
amygdalite f. Tonsillitis f.
amygdalotome m. Tonsillotom n.

amygdalotomie f.   Tonsillotomie f.
amylase f.   Diastase (enzymol.) f.
amyle m.   Amyl n.
amylène m.   Amylen n.
amylène hydraté m.   Amylenhydrat n.
amyloïde m.   Amyloid n.
amyloïde   amyloid
amyloïdisme splénique m.   Schinkenmilz f., Wachsmilz f.
amyloïdose f.   Amyloidose f., Amylose f.
amyloïdotique   amyloidotisch
amylolyse f.   Amylolyse f.
amylopectine f.   Amylopektin n.
amylopectinose f.   Amylopektinose f.
amylosulfate m.   Amylosulfat n.
amyoplasie f.   Amyoplasie f.
amyostatique   amyostatisch
amyotrophie f.   Amyotrophie f., Muskelatrophie f.
amyotrophique   amyotrophisch
anabiose f.   Anabiose f.
anabolique m.   Anabolikum n.
anabolique   anabolisch
anabolisme m.   Anabolismus m.
anacholie f.   Anacholie f.
anachorèse f.   Anachorese f.
anachorétique   anachoretisch
anacide   anazid
anacidité f.   Anazidität f.
anaclitique   anaklitisch
anacousie f.   Anakousie f.
anaérobie m.   Anaerobier m.
anaérobie   anaerob
anal   anal
analbuminémie f.   Analbuminämie f.
analeptique m.   Analeptikum n., analeptisches Mittel n.
analeptique   analeptisch
analgésie f.   Analgesie f.
analgésique m.   Analgetikum n., analgetisches Mittel n.
analgésique   analgetisch
analgétique   schmerzstillend
analogie f.   Analogie f.
analogue m.   Analogon n.
analogue   analog
analyse f.   Analyse f.
analyse d'urine f.   Harnanalyse f., Urinanalyse f.
analyse de gaz f.   Gasanalyse f.
analyse spectrale f.   Spektralanalyse f.
analyses des dépenses f.   Kostenanalyse f.
analyser   analysieren
analyseur m.   Analysator m.
analytique   analytisch

anamnése f.   Anamnese f., Krankengeschichte f., Vorgeschichte f.
anamnestique   anamnestisch
anamorphose f.   Anamorphose f.
anaphase f.   Anaphase f.
anaphorèse f.   Anaphorese f.
anaphylactique   anaphylaktisch
anaphylactoïde   anaphylaktoid
anaphylatoxine f.   Anaphylatoxin n., Apotoxin n.
anaphylaxie f.   Anaphylaxie f.
anaplasie f.   Anaplasie f.
anaplasmose f.   Anaplasmose f.
anaplastique   anaplastisch
anarthrie f.   Anarthrie f.
anasarque f.   Anasarka f.
anastigmate m.   Anastigmat m.
anastigmate   anastigmatisch
anastigmatique   anastigmatisch
anastomose f.   Anastomose f.
anastomose de nerf de Jacobson f.   Jacobsonsche Anastomose f.
anastomose latérolatérale f.   Seit-zu-Seit-Anastomose f.
anastomose latéroterminale f.   Seit-zu-End-Anastomose f.
anastomose portocavale f.   portocavale Anastomose f.
anastomose termino-latérale f.   End-zu-Seit-Anastomose f.
anastomose termino-terminale f.   End-zu-End-Anastomose f.
anastomoser   anastomosieren
anastomosite f.   Anastomositis f.
anastomotique   anastomotisch
anatomie f.   Anatomie f.
anatomique   anatomisch
anatomiste f.   Anatomin f.
anatomiste m.   Anatom m.
anatoxine f.   Anatoxin n.
anavenin m.   Anavenin n.
ancrage m.   Anker m., Verankerung f. (dent.)
ancrage annulaire m.   Ringanker m. (dent.)
ancrage cavalier m.   Reiterverankerung f. (dent.)
ancrage de bridge m.   Brückenanker m., Brückenverankerung f.
ancrer   verankern
Ancylostoma duodenale f.   Ankylostoma duodenale n.
andradiol m.   Andradiol n.
androgène m.   Androgen n.
androgène   androgen
androgénisation f.   Androgenisierung f.
androgynie f.   Androgynie f.

andrologie f.   Andrologie f.
andrologique   andrologisch
androstanazole m.   Androstanazol n.
androstane m.   Androstan n.
androstanediol m.   Androstandiol n.
androstanedione f.   Androstandion n.
androstérone f.   Androsteron n.
androtrope   androtrop
androtropie f.   Androtropie f.
anéantir   vernichten
anémie f.   Anämie f., Blutarmut f.
anémie aplasique f.   aplastische Anämie f.
anémie de Cooley f.   Cooleysche Anämie f.
anémie érythroblastique f.   Erythroblastenanämie f., Mittelmeeranämie f.
anémie ferriprive f.   Anämie durch Eisenmangel f.
anémie infectieuse f.   Infektanämie f.
anémie mégaloblastique f.   Megaloblastenanämie f.
anémie pernicieuse f.   perniziöse Anämie f.
anémique   anämisch, blutarm
anencéphalie f.   Anenzephalie f.
anergie f.   Anergie f.
anergique   anergisch
anérythropsie f.   Rotblindheit f.
anesthésie f.   Anästhesie f., Betäubung f.
anesthésie en selle f.   Reithosenanästhesie f.
anesthésie endotrachéale f.   Endotrachealnarkose f.
anesthésie générale f.   Allgemeinnarkose f.
anesthésie locale f.   Leitungsanästhesie f., Lokalanästhesie f.
anesthésie par inhalation f.   Inhalationsnarkose f.
anesthésie par le froid f.   Kälteanästhesie f.
anesthésie superficielle f.   Oberflächenanästhesie f.
anesthésier   anästhesieren, betäuben (narkotisieren)
anesthésiologie f.   Anästhesiologie f.
anesthésiologique   anästhesiologisch
anesthésique m.   Anästhetikum n., Betäubungsmittel n.
anesthésique   anästhetisch
anesthésiste f.   Anästhesistin f., Fachgebietsärztin für Anästhesie m.
anesthésiste m.   Anästhesist m., Fachgebietsarzt für Anästhesie m.
anétodermie f.   Anetodermie f.
aneuploïde   aneuploid
aneuploïdie f.   Aneuploidie f.
aneurine f.   Aneurin n.
aneusomie f.   Aneusomie f.
anévrismal   aneurysmatisch

anévrisme m.   Aneurysma n.
anévrisme cardiaque m.   Herzaneurysma n.
anévrisme de l'aorte m.   Aortenaneurysma n.
anévrisme racémeux m.   Rankenaneurysma n.
anévrismectomie f.   Aneurysmektomie f.
angéite f.   Angütis f., Vaskulitis f.
angéitique   angütisch
angiectasie f.   Angiektasie f., Gefäßerweiterung f.
angiectomie f.   Angiektomie f.
angine f.   Angina f.
angine agranulocytaite f.   Angina agranulocytica f.
angine de Ludwig f.   Angina Ludovici f.
angine de poitrine f.   Angina pectoris f.
angine de Vincent f.   Angina Plaut-Vincent f.
angine folliculaire f.   Angina follicularis f.
angine lacunaire f.   Angina lacunaris f.
angine tabagique f.   Tabakangina f.
angineux   anginös
angioblaste m.   Angioblast m.
angioblastome m.   Angioblastom n.
angiocardiogramme m.   Angiokardiogramm n.
angiocardiographie f.   Angiokardiographie f.
angiocardiographique   angiokardiographisch
angioendothélium m.   Angioendothelium n.
angiofibrome m.   Angiofibrom n.
angiographie f.   Angiographie f., Vasographie f.
angiographie intraveneuse avec soustraction osseuse f.   ISA (intravenöse Subtraktionsangiographie) f.
angiographique   angiographisch
angioimmunoblastique   angioimmunoblastisch
angiokératome m.   Angiokeratom n.
angiokératose f.   Angiokeratose f.
angiolipomatose f.   Angiolipomatose f.
angiologie f.   Angiologie f.
angiologique   angiologisch
angiolymphome m.   Angiolymphom n.
angiolyse f.   Angiolyse f.
angiomatose f.   Angiomatose f.
angiomatose de la rétine de von Hippel f.   Netzhautangiomatose f.
angiomatose encéphalotrigéminée de Sturge-Weber f.   Sturge-Webersches Krankheit f.
angiomatose encéphalotrigéminée f.   Sturge-Weber-Syndrom n.
angiome m.   Angiom n.
angiome cirsoïde m.   Rankenangiom n.

angiome serpigineux de Hutchinson m. Angioma serpiginosum n.
angiomyome m. Angiomyom n.
angiomyoneurome m. Angiomyoneurom n.
angiomyosarcome m. Angiomyosarkom n.
angionévropathique angioneurotisch
angiopathie f. Angiopathie f.
angioplastie f. Angioplastik f., Gefäßplastik f.
angioplastie au LASER f. LASER-Angioplastie f.
angioplastie coronaire transluminale per cutanée f. PTCA (perkutane transluminale coronare Angioplastik) f.
angioplastie coronarienne f. Koronarangioplastie f.
angioplastie rotative f. Rotationsangioplastie f.
angiorécepteur m. Angiorezeptor m.
angiosarkome m. Angiosarkom n.
angioscope m. Angioskop n.
angioscopique angioskopisch
angiospasme m. Angiospasmus m., Gefäßspasmus m., Vasospasmus m.
angiospastique angiospastisch, vasospastisch
angiostornie f. Angiostomie f., Vasostomie f.
angiostrongylose f. Angiostrongyliasis f.
angiotensinase f. Angiotensinase f.
angiotensine f. Angiotensin n., Hypertensin n.
angiotensinogène m. Angiotensinogen n.
angiotomie f. Angiotomie f.
angiotonine f. Angiotonin n.
angle m. Flexur f., Winkel m.
angle anodique m. Anodenwinkel m.
angle costophrénique m. Zwerchfellrippenwinkel m.
angle de Garland m. Garlandsches Dreieck n.
angle de l'oeil m. Augenwinkel m.
angle de la chambre antérieure m. Kammerwinkel des Auges m.
angle de la mâchoire m. Kieferwinkel m.
angle de la paupière m. Lidwinkel m.
angle de prise de vue m. Bildwinkel m.
angle iridocornéen m. Kammerwinkel des Auges m.
angle mésial m. Mesialwinkel m.
angle ponto-cérébelleux m. Kleinhirnbrückenwinkel m.
angle visuel m. Blickwinkel m., Gesichtswinkel m.
angoisse f. Angst f.
angoisse de la mort f. Todesangst f.
angor au repos m. Ruhe-Angina f.
angor d'effort m. Belastungsangina f.

angulaire eckig, winkelig
angulation f. Knickung f., Winkelbildung f.
angulation urétérale f. Ureterknickung f.
anhédonisme m. Anhedonie f.
anhépatique anhepatisch
anhidrose f. Anhidrose f.
anhidrotique m. Anthidrotikum n.
anhidrotique anhidrotisch, anthidrotisch
anhydrase f. Anhydrase f.
anhydrase carbonique f. Carboanhydrase f., Karboanhydrase f.
anhydrémie f. Anhydrämie f.
anhydrémique anhydrämisch
anhydride m. Anhydrid n.
anhydride acide m. Säureanhydrid n.
anhydrique anhydrisch
anhydrométhylènecitrate m. Anhydromethylenzitrat n.
anictérique anikterisch
aniléridine f. Anileridin n.
aniline f. Anilin n.
aniline, intoxication par l' f. Anilinvergiftung f.
anilisme m. Anilinvergiftung f.
animal animalisch, tierisch
animal à sang chaud m. Warmblüter m.
animal à sang froid m. Kaltblüter m.
animal domestique m. Haustier n.
animal rampant m. Kriechtier n.
animal utilisé en expérience m. Versuchstier n.
animaux reproducteurs m. pl. Zuchtvieh n.
animé belebt
animer beleben
anion m. Anion n.
aniridie f. Aniridie f.
anis m. Anis m.
anis, huile d' f. Anisöl n.
anisakiase f. Anisakiasis f.
anisate m. Anisat n.
anisindione f. Anisindion n.
anisine f. Anisin n.
anisochromasie f. Anisochromasie f.
anisochromatique anisochromatisch
anisocorie f. Anisokorie f.
anisocytose f. Anisozytose f.
anisodonte anisodont
anisognathe anisognath
anisol m. Anisol n.
anisomastie f. Anisomastie f.
anisomélie f. Anisomelie f.
anisomérique anisomerisch
anisométrope anisometrop
anisométropie f. Anisometropie f.
anisopéristaltique anisoperistaltisch

anisophygmie f. Anisophygmie f.
anisotonique anisotonisch
anisotrope anisotrop
anisotropine f. Anisotropin n.
ankyloblépharon m. Ankyloblepharon n.
ankyloglossie f. Ankyloglossie f.
ankylopoïétique ankylopoetisch
ankylosant ankylosierend
ankylose f. Ankylose f.
ankylose de l'épaule f. Schultersteife f.
ankylosé ankylotisch
ankylostome m. Hakenwurm m.
ankylostomiase f. Ankylostomiasis f.
anneau m. Ring m.
anneau de Cannon m. Cannonring m.
anneau cornéen de Fleischer m. Fleischerscher Kornealring m.
anneau de Bandl m. Bandlsche Furche f.
anneau de Cabot m. Cabotscher Ring m.
anneau de Newton m. Newtonscher Ring m.
anneau de serrage m. Klemmring m.
anneau de ténia m. Bandwurmglied n.
anneau de Waldeyer m. Rachenring m.
anneau du bassin m. Beckenring m.
anneau inguinal m. Inguinalring m., Leistenring m.
anneau ombilical m. Nabelring m.
année de naissance f. Geburtsjahr n.
annexe f. Adnex m.
annexite juxta-utérine f. Mesometritis f.
annexopexie f. Adnexheftung f.
annoncer ankündigen, anzeigen
annulaire ringförmig
annulation f. Löschung f.
annulé abgesagt
annuloaortique annuloaortal
annuloplastie f. Annuloplastik f.
anode f. Anode f., Antikathode f.
anode tournante f. Drehanode f.
anodontie f. Anodontie f.
anogénital anogenital
anomalie f. Anomalie f.
anomalie de position f. Lageanomalie f.
anomalie du septum auriculaire f. Vorhofseptumdefekt m.
anomalie du septum interventriculaire f. Ventrikelseptumdefekt m.
anomalie primaire du septum auriculaire f. Primumtyp eines Vorhofseptumdefekts m.
anomalie secondaire du septum auriculaire f. Secundumtyp eines Vorhofseptumdefekts m.
anomalie septale cardiaque f. kardialer Septumdefekt m.
anomalie vasculaire f. Gefäßanomalie f.
anomalie vasculopulmonaire de Scimitar f. Scimitarsyndrom n.
anomérique anomer
anonyme anonym
anopérinéal anoperineal
anophèle m. Anopheles f.
anophtalmie f. Anophthalmie f.
anoplastie f. Anusplastik f.
anopsie f. Anopsie f.
anorchidie f. Anorchie f., Anorchismus m.
anorchie f. Anorchie f.
anorectal anorektal
anorexiant m. Appetitzügler m.
anorexie f. Anorexie f.
anorexigène anorexigen
anorganique anorganisch
anormal aberrierend, abnorm, anomal, anormal, regelwidrig
anormalité f. Abnormität f.
anosmie f. Anosmie f.
anosognosie f. Anosognosie f.
anostose f. Anostose f.
anotie f. Anotie f.
anovésical anovesikal
anovulation f. Anovulation f.
anovulatoire anovulatorisch
anoxémie f. Anoxämie f.
anoxémique anoxämisch
anoxie f. Anoxämie f., Anoxie f.
anse f. Schleife f., Schlinge f.
anse à amygdales f. Tonsillenschlinge f.
anse afférente f. zuführende Schlinge f.
anse aveugle f. blinde Schlinge f.
anse d'anastomose f. Anastomosenschenkel m.
anse de Henle f. Henlesche Schleife f.
anse en platine f. Platinöse f.
anse métallique f. Drahtschlinge f.
anse nasale f. Nasenschlinge f.
anse oculaire f. Augenschlinge f.
anse pour ablation de polypes de l'oreille f. Ohrpolypenschlinge f.
anse sigmoïde f. Sigmoid n.
antacide m. Antacidum n., Antazidum n.
antacide antacid, antazid
antagglutinine f. Antagglutinin n.
antagonisme m. Antagonismus m.
antagoniste m. Antagonist m.
antagoniste de calcium m. Kalziumantagonist m.
antagoniste antagonistisch
antalgique m. Analgetikum n., analgetisches Mittel n., schmerzstillendes Mittel n.
antalgique analgetisch, schmerzlindernd

antazoline f. Antazolin n.
antécédants m. pl. Vorgeschichte f.
antéfixation f. Antefixation f.
antéflexion f. Anteflexion f.
antégrade antegrad
anténatal antenatal, vorgeburtlich
antenne f. Antenne f., Fühler m.
antéposition f. Anteposition f., Vorlagerung f.
antérieur-gauche linksanterior
antéroapical anteroapikal
antérocclusion f. Vorbissstellung f.
antérodorsal anterodorsal
antérograde anterograd
antéroinférieur anteroinferior
antéropostérieur anteroposterior
antéroseptal anteroseptal
antérosupérieur anterosuperior
antéversion f. Anteversion f.
antéverti antevertiert
anthaptène m. Anthapten n.
anthélix m. Anthelix f.
anthelminthique m. Anthelminthikum n., Wurmmittel n.
anthelminthique anthelminthisch
anthracène m. Anthrazen n.
anthracose f. Anthrakose f.
anthracosique anthrakotisch
anthracycline f. Anthracyclin n.
anthraline f. Anthralin n.
anthramine f. Anthramin n.
anthraquinone f. Anthrachinon n.
anthrarobine f. Anthrarobin n.
anthrax m. Anthrax m., Karbunkel m.
anthropologique anthropologisch
anthropologue f. Anthropologin f.
anthropologue m. Anthropologe m.
anthropométrie f. Anthropometrie f.
anthropométrique anthropometrisch
anthropozoonose f. Anthropozoonose f.
antiacide antazid
antiadhésif antiadhäsiv
antiagrégant plaquettaire m. Thrombozytenaggregationshemmer m.
antialcoolique f. Alkoholgegnerin f.
antialcoolique m. Alkoholgegner m.
antiallergique m. Antiallergikum n.
antiallergique antiallergisch
antiandrogène m. Antiandrogen n.
antianémique antianämisch
antiangineux antianginös
antianticorps m. Anti-Antikörper m.
antiantitoxine f. Anti-Antitoxin n.
antiapoplectique antiapoplektisch
antiarthritique antiarthritisch

antiarythmique antiarrhythmisch
antiarythmisant m. Antiarrhythmikum n.
antiasthmatique m. Antiasthmatikum n.
antiasthmatique antiasthmatisch
antibactérien antibakteriell
antibiliaire antibiliös
antibiotique m. Antibiotikum n.
antibiotique antibiotisch
antiblennorragique antigonorrhoisch
antibradycardique antibradykard
anticancéreux m. Antikrebsmittel n.
anticarcinogène antikarzinogen
anticarie antikariös
anticaries kariesverhütend
anticatarrhal antikatarrhalisch
anticathode f. Anode f.
anticellulaire antizellulär
anticétogène antiketogen
anticholinergique m. Anticholinergikum n.
anticholinergique anticholinergisch
anticholinestérase m. Anticholinesterase f.
antichymotrypsine f. Antichymotrypsin n.
anticoagulant antikoagulierend
anticoagulant oraux direct (AOD) m. direktes orales Antikoagulans (DOAK) n.
anticodon m. Anticodon m.
anticomplément m. Antikomplement n.
anticomplémentaire antikomplementär
anticonceptionnel antikonzeptionell, empfängnisverhütend
anticongestif m. abschwellendes Mittel n.
anticonvulsif antikonvulsiv
anticonvulsivant m. Antikonvulsivum n.
anticorps m. Antikörper m.
anticorps anti PD-1 m. pl. PD-1-Antikörper m. pl.
anticorps anti-peroxydase m. pl. Peroxidase-Antikörper m. pl.
anticorps anti-thyréoglobuline m. pl. Thyreoglobulin-Antikörper m. pl.
anticorps bispécifiques m. pl. bispezifische Antikörper m. pl.
anticorps de Wegener f. Wegener-Antikörper m.
anticorps froid m. Kälteantikürper m.
anticorps monoclonaux m. pl. monoklonale Antikörper m. pl.
anticorps spermique m. Sperma-Antikörper m.
anticorps, excédent d' m. Antikörperüberschuss m.
anticorps, manque d' m. Antikörpermangel m.
anticyclique antizyklisch
anticytokine m. Antizytokin n.

anticytolysine f. Antizytolysin n.
antidémential antidementiell
antidémentif m. Antidementivum n.
antidépresseur m. Antidepressivum n.
antidépressif antidepressiv
antidiabétique m. Antidiabetikum n.
antidiabétique antidiabetisch
antidiabétogène antidiabetogen
antidiphtérique antidiphtherisch
antidiurétique m. Antidiuretikum n.
antidiurétique antidiuretisch
antidote m. Antidot n., Gegengift n.
antidromique antidrom
antidyspeptique antidyspeptisch
antiémétique m. Antiemetikum n.
antiémétique antiemetisch
antienzyme f. Antienzym n.
antiépileptique m. Antiepileptikum n.
antiépileptique antiepileptisch
antiestrogéne m. Antiöstrogen m.
antifébrile antifebril
antiferment m. Aneiferment n.
antifibrillatoire antifibrillatorisch
antifibrine f. Acetanilid n.
antifibrinolysine f. Antifibrinolysin n.
antifibrinolytique antifibrinolytisch.
antifibrotique antifibrotisch
antiflux m. Antiflussmittel n.
antifolate m. Antifolat n.
antifongique antifungal, antimykotisch
antifungique antifungal
antigène m. Antigen n.
antigène antithyréoglobuline m. Antithyreoglobulinantigen n.
antigène Australie m. Australiaantigen n.
antigène carcino-embryonnaire (CEA) m. karzinoembryogenes Antigen n. carcinoembryogenes Antigen n.
antigène cellulaire m. Zellantigen n.
antigène complet m. Vollantigen n.
antigène cryptique m. Kryptantigen n.
antigène d'enveloppe m. Mantelantigen n.
antigène de Gold m. karzinoembryogenes Antigen n.
antigène de surface m. Oberflächenantigen n.
antigéne nucléaire m. Kernantigen n.
antigène partiel m. Partialantigen n.
antigène précoce m. Frühantigen n.
antigène-polypeptide tissulaire m. Gewebspolypeptidantigen n.
antigénicité f. Antigenität f.
antigénique antigen
antiglobuline f. Antiglobulin n.

antiglucocorticoïde m. Antiglukokorticoid n.
antihémolytique antihämolytisch
antihémophilique antihämophil
antihémorragique antihämorhagisch
antihéparinique m. Heparinhemmer m.
antiherpétique m. Antiherpeticum n.
antiherpétique antiherpetisch
antihistaminique m. Antihistaminikum n.
antihistaminique antihistaminisch
antihyaluronidase f. Antihyaluronidase f.
antihypertenseur antihypertonisch
anti-idiotipyque antiidiotypisch
anti-infectieux antiinfektiös
anti-inflammatoire antiinflammatorisch
antiinflammatoire entzündungshemmend, entzündungswidrig
anti-ischémique antiischämisch
antilipolyse f. Antilipolyse f.
antilipolytique antilipolytisch
antilope f. Antilope f.
antilymphocytaire antilymphozytär
antimétabolique antimetabolisch
antimétabolite m. Antimetabolit m.
antimicrobien antimikrobiell
antimitotique m. Mitosehemmstoff m.
antimoine m. Antimon n.
antimoniate m. Antimonat n.
antimonylgluconate m. Antimonylglukonat n.
antimuscarinique m. Antimuskarinmittel n.
antimycotique m. Antimykotikum n.
antimycotique antimykotisch
antinéoplasique antineoplastisch
antineuralgique m. Antineuralgikum n.
antineuralgique antineuralgisch
antineuronal antineuronal
antinévritique antineuritisch
antinociceptif antinoziceptiv
antinucléaire antinukleär
antioxydant m. antioxidierendes Mittel n.
antioxydatif m. Antioxidativum n.
antioxydatif antioxidativ
antipaludéen m. Malariamittel n.
antiparasitaire antiparasitär
antiparkinsonien m. Parkinsonmittel n., Mittel gegen Parkinson
antipathie f. Antipathie f.
antipathique unsympathisch
antipéristaltique antiperistaltisch
antipéristaltisme m. Antiperistaltik f.
antiperspirant m. Anthidrotikum n.
antiphagocytaire antiphagozytär
antiphlogistique antiphlogistisch
antiphlogistique m. Antiphlogistikum n.

antiphospholipide m. Antiphospholipid n.
antiplasmine f. Antiplasmin n.
antipolymère antipolymer
antiprolifératif antiproliferativ
antiprotéase f. Antiprotease f.
antiprurigineux antipruriginös, juckreizstillend
antipsychotique m. antipsychotisches Mittel n.
antipsychotique antipsychotisch
antipyrétique m. Antipyretikum n., Fiebermittel n.
antipyrétique antipyretisch, fiebersenkend
antipyrine f. Antipyrin n.
antirachitique antirachitisch
antirhumatismal m. Antirheumatikum n.
antirhumatismal non-stéroïdien m. NSAR (nichtsteroidales Antirheumatikum.) n.
antirhumatismal antirheumatisch
antirongeurs rodentizid
antirouille m. Rostschutzmittel n.
antiséborrhéique m. Antiseborrhoikum n.
antiséborrhéique antiseborrhoisch
antisécréteur antisekretorisch
antisepsie f. Antisepsis f.
antiseptique m. Antiseptikum n.
antiseptique antiseptisch, keimtötend
antisérotonine m. Antiserotonin n.
antisérum m. Antiserum n.
antisialogogue speichelhemmend
antisome m. Antisom n.
antispasmodique m. Antispastikum n., Spasmolytikum n.
antispasmodique antispastisch, krampflösend
antistaphylolysine f. Antistaphylolysin n.
antistreptodornase f. Antistreptodornase f.
antistreptokinase (AKS) f. Antistreptokinase f.
antistreptolysine f. Antistreptolysin n.
antisyphilitique m. Antiluetikum n., Antisyphilitikum n.
antisyphilitique antisyphilitisch
antitachycardique antitachycard
antitétanique antitetanisch
antithrombine f. Antithrombin n.
antithrombique m. Antithrombotikum n.
antithrombokinase f. Antithrombokinase f.
antithromboplastique antithromboplastisch
antithrombotique antithrombotisch
antitoxine f. Antitoxin n.
antitoxine de gangrène gazeuse f. Gasgangränantitoxin n.
antitoxine diphtérique f. Diphtherieantitoxin n.

antitoxine tétanique f. Tetanusantitoxin n.
antitoxique antitoxisch
antitragus m. Antitragus m.
antitrichomonas m. Trichomonadenmittel n.
antituberculeux antituberkulös
antitussif m. hustenstillendes Mittel n.
antitussif hustenlindernd, hustenstillend
antiurokinase f. Antiurokinase f.
antivénéneux m. Gegengift n.
antiviral m. Antivirusmittel n.
antivitamine f. Antivitamin n.
antixérophtalmique antixerophthalmisch
antracycline f. Anthrazyklin n.
antral antral
antre m. Antrum n.
antre de Highmore m. Kieferhöhle f.
antrectomie f. Antrektomie f.
antrocystectomie f. Antrozystektomie f.
antroduodénal antroduodenal
antronasal antronasal
antroposophie f. Antroposophie f.
antroscope m. Antroskop n.
antroscopie f. Antroskopie f.
antroscopique antroskopisch
antrostomie f. Antrostomie f.
antrotomie f. Antrotomie f.
antrotympanique antrotympanisch
antrum m. Antrum n.
anuclée kernlos
anurie f. Anurie f., Harnsperre f.
anurique anurisch
anus m. After m.
anus artificiel m. Kunstafter m.
anus contre nature m. Anus praeternaturalis m.
anuscope m. Anoskop n., .Anuskop n.
anuscopie f. Anoskopie f., Anuskopie f.
anxiété de base f. Grundangst f.
anxiété diurne f. Tagangst f.
anxiolyse f. Anxiolyse f.
anxiolytique m. angstlösendes Mittel n., anxiolytisches Mittel n.
anxiolytique angstlösend, anxiolytisch
AOD (anticoagulant oraux direct) m. DOAK (direktes orales Antikoagulans n.)
aorte f. Aorta f.
aorte abdominale f. Bauchaorta f.
aortite f. Aortitis f.
aortocoronaire aortokoronar
aortofémoral aortofemoral
aortographie f. Aortographie f.
aortoiliaque aortoiliakal
aortoiliofémoral aortoiliofemoral
aortoplastie f. Aortenplastik f.

apaisement m. Beruhigung f.
apaiser stillen (beruhigen)
apalcilline f. Apalcillin n.
apallique apallisch
aparalytique aparalytisch
apareunie f. Apareunie f.
apathie f. Apathie f., psychische Abstumpfung f.
apathique apathisch
apatite f. Apatit m.
APC virus m. Adenovirus n.
apepsie f. Apepsie f.
apeptique apeptisch
apériodique aperiodisch
apesanteur f. Schwerelosigkeit f.
apex orbitaire, syndrome de l' m. Orbitaspitzensyndrom n.
apex radiculaire m. Wurzelspitze f., Zahnwurzelspitze f.
apexcardiogramme m. (ACG) Apexkardiogramm n. (AKG)
apexcardiographie f. Apexkardiographie f.
apexogramme m. Apexkardiogramm n.
apexographique apexkardiographisch
aphagie f. Aphagie f.
aphakie f. Aphakie f.
aphasie f. Aphasie f.
aphasie nominale f. Wortfindungsstörung f.
aphasiologie f. Aphasiologie f.
aphasique aphasisch
aphone aphonisch, stimmlos
aphonie f. Aphonie f.
aphrodisiaque m. Aphrodisiakum n.
aphte m. Aphthe f.
apical apikal
apicite f. Apizitis f.
apicogramme m. Apikogramm n.
apicolyse f. Apikolyse f.
apicostomie f. Apikostomie f.
apicotomie f. Apikotomie f.
apiol m. Apiol n.
apixaban m. Apixaban n.
aplanat m. Aplanat m.
aplanation f. Applanation f.
aplanétique aplanatisch
aplanir ebnen
aplanocytose f. Aplanozytose f.
aplasie f. Aplasie f.
aplasique aplastisch
aplatir abflachen
aplatissement m. Verflachung f.
apnée f. Apnoe f.
apnée du sommeil f. Schlafapnoe f.
apnéique apnoisch
apocrine apokrin

apoenzyme f. Apoenzym n.
apoferritine f. Apoferritin n.
apolipoprotéine f. Apolipoprotein n.
apomorphine f. Apomorphin n.
aponévroplastie f. Faszienplastik f.
aponévrose f. Aponeurose f., Faszie f.
apophysaire apophysär
apophyse f. Apophyse f., Knochenvorsprung m.
apophyse articulaire f. Gelenkfortsatz m.
apophyse coracoide f. Processus coracoideus m.
apophyse épineuse f. Dornfortsatz m.
apophyse mastoïde f. Mastoid n., Warzenfortsatz m.
apophyse transverse f. Querfortsatz m.
apophyse zygomatique f. Jochfortsatz m., Processus zygomaticus m.
apophysite f. Apophysitis f.
apoplectiforme apoplektiform
apoplectique apoplektisch
apoplexie f. Apoplexie f.
apoplexie cérébrale f. Gehirnschlag m., Schlaganfall m.
apoprotéine f. Apoprotein n.
apotoxine f. Apotoxin n.
appareil m. Apparat m., Gerät n.
appareil à affichage visuel m. Sichtanzeigegerät n.
appareil à distiller m. Destillierapparat m.
appareil à inhalations m. Inhalationsapparat m.
appareil à micro-ondes m. Mikrowellentherapiegerät n.
appareil à moulage m. Gussmaschine f.
appareil à mouler sous pression m. Druckgussgerät n.
appareil à ondes courtes m. Kurzwellentherapiegerät n.
appareil à perfusion m. Infusionsgerät n.
appareil à pipetter m. Pipettiergerät n.
appareil à pneumothorax m. Pneumothoraxapparat m.
appareil à quatre valves m. Vierventilgerät n.
appareil à six valves m. Sechsventilgerät n.
appareil à soudure m. Lötgerät n.
appareil à tension m. Blutdruckapparat m.
appareil à usages multiples m. Allzweckmaschine f.
appareil acoustique m. Hörapparat m.
appareil cardiorespiratoire m. Herz-Lungen-Maschine f.
appareil d'aide à la marche m. Gehwagen m.
appareil d'alarme m. Lärmapparat m.
appareil d'anesthésie m. Narkoseapparat m.

appareil d'électrocardiographie à enregistrement sur bande m. EKG-Bandspeichergerät n.
appareil d'entraînement m. Übungsgerät n.
appareil d'exploration pulpaire m. Pulpenprüfgerät n.
appareil d'insertion m. Einführgerät n.
appareil d'orthodontie m. Zahnregulierungsapparat m.
appareil d'oxygénothérapie m. Sauerstofftherapiegerät n.
appareil de chauffage m. Heizgerät n.
appareil de contention m. Halteapparat m.
appareil de Golgi m. Golgi-Apparat m.
appareil de mesure de coagulation m. Gerinnungsmessgerät n.
appareil de mesure de la résistance cutanée m. Hautwiderstandsmessgerät n.
appareil de mesure du débit cardiaque m. Herzleistungsmessgerät n.
appareil de mesure m. Messvorrichtung f.
appareil de microdosage m. Mikrodosiergerät n.
appareil de radiologie m. Röntgenapparat m.
appareil de recuit m. Glühapparat m.
appareil de suture m. Nähapparat m.
appareil de suture par agrafe m. Klammernahtinstrument m.
appareil de titrage m. Titriergerät n.
appareil de Zander m. Zanderapparat m.
appareil digestif m. Verdauungsapparat m.
appareil extenseur m. Extensionsvorrichtung f.
appareil frigorifique m. Gefrierapparat m.
appareil locomoteur m. Bewegungsapparat m.
appareil pour aérosol m. Aerosolapparat m.
appareil pour fusion de la cire m. Wachsschmelzer m.
appareil respiratoire m. Respirationstrakt m.
appareil urinaire m. Harntrakt m.
appareillage d'extension de la colonne vertébrale de Glisson m. Glisson-Schlinge f.
appareillage m. Apparatur f.
appareillage pour transfusion indirecte m. Apparat zur indirekten Bluttransfusion m.
apparenté verwandt
appariement m. Paarung f.
apparier paaren
apparition de la pilosité pubienne f. Pubarche f.
appauvrissement m. Verarmung f.
appendectomie f. Appendektomie f.

appendice m. Anhangsgebilde n., Appendix m.
appendice auriculaire cardiaque m. Herzohr n.
appendice vermiculaire m. Blinddarm m., Wurmfortsatz m.
appendice xiphoïde m. Schwertfortsatz m., Xiphoid m.
appendicite f. Appendizitis f.
appétit m. Appetit m.
applanatoire applanatorisch
applicabilité f. Anwendbarkeit f.
applicateur m. Applikator m.
applicateur de radium m. Radiumträger m.
application f. Anlegung f., Anwendung f., Applikation f.
application de pommade f. Salbenanwendung f.
appliquer un mordant beizen (dent.)
appliquer anwenden, applizieren
apport m. Versorgung f., Zufuhr f.
apport alimentaire par gastrostomie f. Magenfistelernährung f.
apport de cocaïne m. Kokainisierung f.
apport de sang m. Blutversorgung f.
apposition f. Apposition f.
appositionnel appositional
apprendre erfahren
apprenti m. Auszubildender m., Lehrling m.
apprentie f. Auszubildende f.
apprêt m. Haftlack m. (dent.)
approche f. Annäherung f.
approfondir vertiefen
approfondissement m. Vertiefung f.
approvisionnement m. Verpflegung f.
appui à la marche m. Beinstütze f.
appui cervical m. Halsstütze f.
appui tête m. Kopfhalter m.
appuyer stemmen
apraclonidine f. Apraclonidin n.
apraxie f. Apraxie f.
apraxique apraktisch
âpre herb
après la mort postmortal
après la phase aigue postakut
aprindine f. Aprindin n.
aprobarbital m. Aprobarbital n.
aprosexie f. Aprosexie f.
aprotinine f. Aprotinin n.
aptamère m. Aptamer n.
apte à participer à la compétition wettbewerbsfähig
apte au travail arbeitsfähig
apte au vol fliegertauglich
aptitude f. Fähigkeit f.

aptitude à conduire f.   Fahrtauglichkeit f.
aptitude au travail f.   Arbeitsfähigkeit f.
aptitude visuelle f.   Sehkraft f., Sehvermögen n.
aptyalisme m.   Aptyalismus m.
apudome m.   Apudom n.
aquaporine f.   Aquaporin n.
aqueduc m.   Aquädukt m.
aqueduc de Sylvius m.   Aquaeductus Sylvii m.
aqueduc du mésencéphale m.   Aquaeductus Sylvii m.
aqueux   wässerig, wässrig
aquocobalamine f.   Aquokobalamin n.
arabinofuranose m.   Arabinofuranose f.
arabinofuranosidase f.   Arabinofuranosidase f.
arabinogalactane m.   Arabinogalaktan n.
arabinose m.   Arabinose f.
arabinoside m.   Arabinosid n.
arabinosurie f.   Arabinosurie f.
arabinoxylane m.   Arabinoxylan n.
arabitol m.   Arabit (Alkohol) m.
arachidonate m.   Arachidonat n.
arachnides m. pl.   Arachnida n. pl.
arachnitis f.   Arachnitis f.
arachnodactylie f.   Arachnodaktylie f.
arachnoïdite f.   Arachnitis f., Arachnoiditis f.
arachnophobie f.   Arachnophobie f.
aragonite f.   Aragonit m.
araignée f.   Spinne f.
araignée venimeuse f.   Giftspinne f.
aramite f.   Aramin n.
arbitraire   willkürlich
arborisation f.   Arborisation f.
arbovirus m.   Arbovirus n.
arbre bronchique m.   Bronchialbaum m.
arbre généalogique m.   Stammbaum m.
arbre vasculaire m.   Gefäßbaum m.
arbutine f.   Arbutin n.
arc m.   Bogen m.
arc branchial m.   Kiemenbogen m.
arc costal m.   Rippenbogen m.
arc d'extension m.   Dehnungsbogen m., Extensionsbügel m. dent.
arc Edgewise m.   Kantenbogen m.
arc facial m.   Gesichtsbogen m.
arc métallique m.   Drahtbogen m.
arc réflexe m.   Reflexbogen m.
arc sénile de la cornée m.   Arcus senilis m.
arc vertébral m.   Wirbelbogen m.
arcade f.   Arkade f., Bogen (Gewölbe) m.
arcade alvéolaire f.   Alveolarbogen m.
arcade dentaire f.   Zahnbogen m.

arcade fémorale f.   Leistenband n., Poupartsches Band n.
arcade zygomatique f.   Jochbogen m.
arceau m.   Gewölbe n.
archaïque   archaisch
arche géminée f.   Zwillingsbogen m.
archébiose f.   Abiogenese f.
archétype m.   Archetyp m., Urtyp m.
architectonie f.   Architektonik f.
architectonique   architektonisch
archive f.   Archiv n.
archives centrales f. pl.   Zentralarchiv n.
archives radiologiques f. pl.   Röntgenarchiv n.
arciforme   bogig
aréactivité f.   Reaktionsunfähigkeit f.
arécaïdine f.   Arecaidin n.
arécoline f.   Arecolin n.
aréflexie f.   Areflexie f.
aréflexie pupillaire f.   Pupillenstarre f.
aréflexique   reflexlos
arégénératif   aregenerativ
arénation f.   Sandbad n.
arénavirus m.   Arenavirus n.
aréolaire   areolär
arête f.   Grat m.
argent m.   Silber n.
argentaffine   argentaffin
argentaffinome m.   Argentaffinom n.
argentamine f.   Argentamin n.
argenter   versilbern
argentophile   argentophil
argentum proteinicum m.   Argentum proteinicum n.
arginase f.   Arginase f.
arginine f.   Arginin n.
argininosuccinase f.   Argininosukzinase f
argininosuccinate m.   Argininosukzinat n.
argon m.   Argon n.
argyrie f.   Argyrie f.
argyrophile   argyrophil
argyrose f.   Argyrie f.
ariboflavinose f.   Ariboflavinose f.
arimidex m.   Arimidex n.
arithmomanie f.   Arithmomanie f., Zählzwang m., Zwangszählen n.
armature du bridge f.   Brückengerüst n.
armoire à instruments f.   Instrumentenschrank m.
armoire à pharmacie f.   Arzneischrank m., Medikamentenschrank m.
ARN (acide ribonucléique) m.   RNS (Ribonukleinsäure) f.
ARN de transfert m.   Transfer-RNS f.

ARN messager m. Botschafter-RNS f., Messenger-RNS f.
arninoacidurie f. Aminoazidurie f.
arnylomaltase f. Amylomaltase f.
aromathérapie f Aromatherapie f.
aromatique aromatisch
arôme m. Aroma n., Geschmackstoff m., Würze f.
arqué bogig
arrachement m. Abriss m., Riss m.
arrêt m. Stillstand m.
arrêt cardiaque m. Herzstillstand m.
arrêt circulatoire m. Kreislaufstillstand m.
arrêt de maturation m. Reifungsstillstand m.
arrêt de travail m. Arbeitsunfähigkeit f., AU (Arbeitsunfähigkeit) f.
arrêter aufhalten, zum Stillstand bringen
arrhénoblastome m. Arrhenoblastom n.
arriéré zurückgeblieben
arrière-plan m. Hintergrund m.
arrondir abrunden
arrosion f. Arrosion f.
arsanilate m. Arsanilat n.
arsenate m. Arsenat n.
arsenic m. Arsen n.
arsenic trioxydé m. Arsenik n.
arsénical arsenhaltig (fünfwertig)
arsénieux arsenhaltig (dreiwertig)
arsenite f. Arsenit n.
arsine f. Arsin n.
arsonate m. Arsonat n.
art de guérir m. Heilkunst f.
art du diagnostic m. Diagnostik f.
artefact m. Artefakt n., Kunstprodukt n.
artère basilaire f. Arteria basilaris f.
artère brachiale f. Arteria brachialis f.
artère carotide externe f. Arteria carotis externa f.
artère carotide interne f. Arteria carotis interna f.
artère carotide primitive f. Arteria carotis communis f.
artère centrale de la rétine f. Arteria centralis retinae f.
artère cérébelleuse f. Arteria cerebelli f.
artère cérébrale f. Arteria cerebri f.
artère circonflexe fémorale f. Arteria circumflexa femoris f.
artère communicante f. Arteria communicans f.
artère coronaire f. Arteria coronaris f.
artère crurale f. Arteria femoralis f.
artère diaphragmatique f. Arteria phrenica f.
artère épigastrique f. Arteria epigastrica f.
artère fémorale f. Arteria femoralis f.
artère fémorale profonde f. Arteria profunda femoris f.
artère frontale f. Arteria frontalis f.
artère gastrique f. Arteria gastrica f.
artère gastroépiploïque f. Arteria gastroepiploica f.
artère hélicine f. Korkzieherarterie f.
artère hémorroïdale f. Arteria haemorrhoidalis f.
artère hépatique f. Arteria hepatica f.
artère honteuse f. Arteria pudendalis f.
artère humérale f. Arteria brachialis f.
artère hypogastrique f. Arteria hypogastrica f.
artère iléocolique f. Arteria ileocolica f.
artère iliaque f. Arteria iliaca f.
artère labiale f. Arteria labialis f.
artère lacrymale f. Arteria lacrimalis f.
artère latyngée f. Arteria laryngea f.
artère linguale f. Arteria lingualis f.
artère mammaire f. Arteria mammaria f.
artère maxillaire f. Arteria maxillaris f.
artère méningée f. Arteria meningica f.
artère mésentérique f. Arteria mesenterica f.
artère obturatrice f. Arteria obturatoria f.
artère occipitale f. Arteria occipitalis f.
artère ombilicale f. Arteria umbilicalis f.
artère ovarienne f. Arteria ovarica f.
artère palatine f. Arteria palatina f.
artère pancréatico-duodénale f. Arteria pancreaticoduodenalis f.
artère périnéale f. Arteria perinealis f.
artère péronière f. Arteria fi'bularis f., Arteria peronea f.
artère poplitée f. Arteria poplitea f.
artère pulmonaire f. Arteria pulmonalis f.
artère radiale f. Arteria radialis f.
artère rénale f. Arteria renalis f.
artère rétinienne angiospastique argentée f. Silberdrahtarterie f.
artère rétinienne f. Retinalarterie f.
artère sousclavière f. Arteria subclavia f.
artère sousorbitaire f. Arteria infraorbitalis f.
artère spermatique f. Arteria spermatica f.
artère splénique f. Arteria lienalis f.
artère temporale f. Arteria temporalis f.
artère terminale f. Endarterie f.
artère thoracique f. Arteria thoracalis f.
artère thyroïdienne f. Arteria thyreoidea f.
artère tibiale f. Arteria tibialis f.
artère utérine f. Arteria uterina f.
artère vertébrale f. Arteria vertebralis f.
artérialisation f. Arterialisierung f.

artérialiser arterialisieren
artériectomie rotative f. Rotationsarteriektomie f.
artériel arteriell
artériocapillaire arteriokapillär
artériogramme m. Arteriogramm n.
artériographie f. Arteriographie f.
artériographique arteriographisch
artériolaire arteriolär
artériole f. Arteriole f.
artérioloscléreux arteriolosklerotisch
artérioscléreux arteriosklerotisch
artériosclérose f. Arteriosklerose f.
artériosclérose coronaire f. Koronarsklerose f.
artérioveneux arteriovenös
artérite f. Arterütis f.
artète intercostale f. Arteria intercostalis f.
artète ophtalmique f. Arteria ophthalmica f.
artète susorbitaire f. Arteria supraorbitalis f.
arthralgie f. Arthralgie f., Gelenkschmerz m.
arthralgique arthralgisch
arthrectomie f. Arthrektomie f.
arthrite f. Arthritis f.
arthrite de Lyme f. Lyme-Krankheit f.
arthrite infectieuse f. Infektarthritis f.
arthrite rheumatoïde f. rheumatoide Arthritis f.
arthrite rhumatoïde f. Gelenkrheumatismus, primär chronischer m.
arthrite tardive f. im Alter beginnende Arthritis f.
arthritique arthritisch
arthritisme m. Arthritismus m.
arthrocentèse f. Arthrozentese f.
arthrodèse f. Arthrodese f.
arthrographie f. Arthrographie f.
arthrographique arthrographisch
arthrogrypose f. Arthrogrypose f.
arthrolyse f. Arthrolyse f.
arthropathie f. Arthropathie f.
arthropathie climactérique f. klimakterische Arthropathie f.
arthrophyte m. Gelenkmaus f.
arthroplastie f . Gelenkplastik f.
arthroplastie f. Arthroplastie f.
arthropodes m. pl. Arthropoda n. pl.
arthroscope m. Arthroskop n.
arthroscopique arthroskopisch
arthrose déformante f. Arthrosis deformans f.
arthrose interépineuse f. Baastrupsche Krankheit f.
arthrotomie f. Arthrotomie f.
artichaud m. Artischocke f.

article à usage unique m. Einmalartikel m., Einwegartikel m.
article dentaire m. Dentalartikel m.
articulaire artikulär
articulateur m. Artikulator m., Bissgerät n.
articulation f. Artikulation f., Gelenk n.
articulation à rotation axiale f. Axialrotationsgelenk n.
articulation ballottante f. Schlottergelenk n., Wackelgelenk n.
articulation cochléaire f. Schraubgelenk n.
articulation cotyloïde f. Pfannengelenk n.
articulation de Chopart f. Chopartsches Gelenk n.
articulation de la hanche f. Hüftgelenk n.
articulation de Lisfranc f. Lisfrancsches Gelenk n.
articulation du doigt f. Fingergelenk n.
articulation du genou f. Kniegelenk n.
articulation du pied f. Hufgelenk n. (veter.)
articulation éllipsoïde f. Ellipsoidgelenk n.
articulation en charnière f. Scharniergelenk n.
articulation en pivot f. Drehgelenk n., Radgelenk n.
articulation intervertébrale f. Wirbelgelenk n.
articulation irritée f. Reizgelenk n.
articulation orbiculaire f. Kugelgelenk n., Nussgelenk n.
articulation par emboitement f. Sattelgelenk n.
articulation sacro-iliaque f. Sakroiliakalgelenk n.
articulation scapulohumérale f. Schultergelenk n.
articulation talocalcanéenne f. hinteres Sprunggelenk n.
articulation talocalcanéonaviculaire f. vorderes Sprunggelenk n.
articulation temporomandibulaire f. Kaugelenk n., Unterkiefergelenk n.
articulation temporomaxillaire f. Kiefergelenk n.
articulé dentaire m. Biss m.
articulé mésiodistal m. Mesialbiss m.
articulé gegliedert
articuler artikulieren
artificiel artifiziell, künstlich
artiodactyles m. pl. Paarhufer m. pl.
aryépiglottique aryepiglottisch
arylamidase f. Arylamidase f.
arylarsonate m. Arylarsonat n.
arylation f. Arylierung f.

arylcyclohexylamine f. Arylzyklohexylamin n.
aryle m. Aryl n.
arylsulfatase f. Arylsulfatase f.
arylsulfate m. Arylsulfat n.
arythmie f. Arrhythmie f.
arythmie sinusienne f. Sinusarrhythmie f.
arythmique arrhythmisch
arythmisant arrhythmieerzeugend
ASA (acide acétylsalicylique) m. ASS (Acetylsalizylsäure) f.
asa foetida f. Asa foetida f.
asbestose f. Asbestose f.
ascaride m. Spulwurm m.
ascaridiase f. Askaridiasis f.
ascaris m. Askaris m.
ascendant aszendierend, aufsteigend
ascenseur réservé aux lits m. Bettenaufzug m.
ascite f. Aszites m.
ascorbate m. Ascorbat n., Askorbat n.
asémie f. Asemie f.
asepsie f. Asepsis f.
aseptique aseptisch
asésamie f. Asesamie f.
asexué geschlechtslos
asialie f. Asialie f.
asidérose f. Asiderose f.
asile m. Asyl n.
asocaïnol m. Asocainol n.
asocial asozial
asparaginase f. Asparaginase f.
asparaginate m. Asparaginat n.
asparagine f. Asparagin n.
aspartate m. Aspartat n.
asparte m. Aspart f.
aspartate-aminotransférase f. Aspartataminotransferase f.
aspartylglycosylamine f. Aspartylglycosylamin n.
aspécifique unspezifisch
aspect clinique m. Krankheitserscheinung f.
aspect denté m. Zähnelung f.
asperger benetzen
aspergillose f. Aspergillose f.
aspermatisme m. Aspermatismus m.
aspermie f. Aspermatismus m., Aspermie f.
aspersion f. Benetzung f.
asphyxie f. Asphyxie f., Erstickung f.
asphyxique asphyktisch
aspidinol m. Aspidinol n.
aspirateur m. Aspirator m., Saugapparat m.
aspiration f. Aspiration f., Sog m.
aspiration de calcul f. Steinabsaugung f.
aspirer absaugen, aspirieren, einsaugen

assainir bereinigen
assemblage m. Gefüge n.
assemblée f. Gesellschaft f.
assimilation f. Angleichung f., Assimilation f., Verarbeitung f.
assimiler assimilieren
assis sitzend
assistance f. Assistenz f., Fürsorge f.
assistance aux personnes âgées f. Altenfürsorge f.
assistance externe f. Außenfürsorge f.
assistance respiratoire de longue durée f. Langzeitbeatmung f.
assistant m. Assistent m.
assistant médical m. Arzthelfer m.
assistant social m. Fürsorger m.
assistante dentaire f. zahnärztliche Helferin f.
assistante en chirurgie dentaire f. Zahnarzthelferin f.
assistante médicale f. Arzthelferin f.
assistante sociale f. Fürsorgerin f.
assister assistieren
associatif assoziativ
association f. Assoziation f.
association de diarrhée et vomissements f. Brechdurchfall m.
association hospitalière f. Krankenhausgesellschaft f.
association médicale f. Ärzteverein m.
associé begleitend
associer assoziieren
assoiffé durstig
assortiment m. Sortiment n.
assurance accident f. Unfallversicherung f.
assurance de l'hôpital f. Krankenhausversicherung f.
assurance invalidité f. Invalidenversicherung f.
assurance maladie f. Krankenversicherung f.
assurance maladie privée f. Privatkrankenversicherung f.
assurance responsabilité civile f. Haftpflichtversicherung f.
assurance sociale f. Sozialversicherung f.
assurance vie f. Lebensversicherung f.
assurer sichern
astasie f. Astasie f.
astatine f. Astat n.
astatique astatisch
astéatose f. Asteatose f.
astémizole m. Astemizol n.
aster m. Aster m.
astéréognosie f. Astereognosie f.
asthénie f. Asthenie f.

asthénique   asthenisch
asthénopie f.   Asthenopie f.
asthmatique m./f.   Asthmatiker(in) m./(f.)
asthmatique   asthmatisch
asthme m.   Asthma n.
asthme bronchique m.   Asthma bronchiale n., Bronchialasthma n.
asthme cardiaque m.   Asthma cardiale n., Herzasthma n.
asticot m.   Made f.
astigmatique   astigmatisch
astigmatisme m.   Astigmatismus m., Stabsichtigkeit f.
astigmomètre m.   Astigmometer n.
astringent m.   Adstringens n.
astringent   adstringierend
astroblastome m.   Astroblastom n.
astrocytaire   astrozytär
astrocyte m.   Astrozyt m.
astrocytome m.   Astrozytom n.
astronautique f.   Astronautik f.
astrovirus m.   Astrovirus n.
asymétrie f.   Asymmetrie f.
asymétrique   asymmetrisch
asymétrogammagramme m.   Asymmetrogammagramm n.
asymptomatique   asymptomatisch, symptomlos
asynchrone   asynchron
asynchronie f.   Asynchronie f.
asynclitique   asynklitisch
asynclitisme m.   Asynklitismus m.
asynclitisme postérieur m.   Litzmannsche Obliquität f.
asynergie f.   Asynergie f.
asynergique   asynergisch
asystolie f.   Asystolie f.
ataractique m.   Ataraktikum n.
ataraxie f.   Ataraxie f.
atavique   atavistisch
atavisme m.   Atavismus m.
ataxie f.   Ataxie f.
ataxie f.   Ataxie f.
ataxique   ataktisch
Atazanavir m.   Atazanavir n.
atélectasie f.   Atelektase f.
atélectasie en plaque f.   Plattenatelektase f.
atélectasie lobaire f.   Lappenatelektase f.
atélectasie marginale f.   Randatelektase f.
atélectasique   atelektatisch
ateliers protégés m. pl.   beschützende Werkstätte f. pl.
aténolol m.   Atenolol n.
athérogène   atherogen
athéromateux   atheromatös
athérome m.   Atherom n.
athérosclérose f.   Atherosklerose f.
athérosclérotique   atherosklerotisch
athérosclérotique   athétose f. Athetose f.
athérothrombose f.   Atherothrombose f.
athétosique   athetotisch
athlète m.   Athlet m.
athlétique   athletisch
athmosphérique   athmosphärisch
athyréose f.   Athyreose f.
athyroïdie f.   Athyreose f.
atlantoaxial   atlantoepistropheal
atlantomastoïdien   atlantomastoidal
atlantooccipital   atlantookzipital
atlanto-odontoïdien   atlanto-odontoid
atlas m.   Atlas m.
atmokausis f.   Atmokausis f.
atmosphère f.   Atmosphere f.
atome m.   Atom n.
atomique   atomar
atomisation f.   Atomisierung f.
atomiseur m.   Zerstäuber m.
atonie f.   Atonie f.
atonie f.   Atonie f., Erschlaffung f.
atonie gastrique f.   Magenatonie f.
atonie pupillaire f.   Pupillatonie f.
atonique   schlaff
atopique   atopisch
atopique   atopisch
atorvastatine f.   Atorvastatin n.
atovaquone f.   Atovaquon n.
atoxyle m.   Atoxyl n.
ATP (acide adénosine triphosphorique) m.   ATP (Adenosintriphosphorsäure) f.
atransferrinémie f.   Atransferrinämie f.
atraumatique   atraumatisch, nichttraumatisch
atrésie f.   Atresie f.
atrésie vaginale f.   Vaginalatresie f.
atrésique   atresisch, atretisch
atrial   atrial
atrichie f.   Atrichie f.
atrioseptopexie f.   Atrioseptopexie f.
atrioseptostomie f.   Atrioseptostomie f.
atrioventriculaire   atrioventrikulär
atrophie f.   Atrophie f., Schwund m.
atrophia infantum f.   Pädatrophie f.
atrophie cutanée f.   Hautatrophie f.
atrophie de compression f.   Druckatrophie f.
atrophie du cortex cérébral f.   Hirnrindenatrophie f.
atrophie granuleuse f.   Granularatrophie f.
atrophie jaune aigue du foie f.   akute gelbe Atrophie f.

atrophie musculaire progressive f. progressive Muskelatrophie f.
atrophie optique f. Optikusatrophie f.
atrophie par inactivité f. Inaktivitätsatrophie f.
atrophie pigmentaire f. Pigmentatrophie f.
atrophier, s' verkrüppeln
atrophique atrophisch
atrophoderma m. Atrophoderma n.
atropine f. Atropin m.
atropinisation f. Atropinisierung f.
attache f. Bändelung f., Befestigung f. (dent.)
attachement m. Befestigung f., Geschiebe n. (dent.)
attachement à boule m. Kugelschiene f. (dent.)
attachement à glissière m. Riegelgeschiebe n.
attachement à la mère m. Mutterbindung f.
attachement à poli m. Schmirgelgeschiebe n. (dent.)
attachement à verrou f. Einriegelgeschiebe n.
attachement barre conjonctrice m. Steggeschiebe n. (dent.)
attachement de Ash m. Ash-Geschiebe n. (dent.)
attachement parallèle m. Parallelgeschiebe n.
attachement rainuré m. Schlitzgeschiebe n.
attachement-friction m. Reibgeschiebe n. (dent.)
attaque f. Anfall m., Attacke f.
attaque cardiaque f. Herzattacke f.
attaque vasculaire cérébrale (AVC) m. zerebraler vaskulärer Anfall m.
attaquer befallen
atteindre befallen
atteint d'amusie amusisch
atteinte f. Befall m.
atteinte des phanères f. Phanerose f.
atteinte du cément f. Zementose f.
atteinte polysystémique f. Vielsystembefall m.
attelle f. Schiene f.
attelle articulaire f. Gelenkschiene f.
attelle d'abduction f. Abduktionsschiene f.
attelle d'ancrage f. Ankerschiene f. (dent.)
attelle de Cramer f. Cramer-Schiene f.
attelle de marche f. Gehschiene f.
attelle de nuit f. Nachtschiene f.
attelle du genou f. Knieschiene f.
attelle en papier maché f. Pappschiene f.
attelle métallique f. Drahtschiene f., Kramerschiene f.
attelle nasale f. Nasenschiene f.
attelle péricoronaire f. Kronenschiene f.
attelle pour fracture maxillaire f. Kieferfrakturschiene f.
attelle protectrice f. Schutzschiene f.
attention f. Aufmerksamkcit f.
atténuer lindern
attestation f. Attest n.
attestation de déplacement f. Ortswechselbescheinigung f., Reisebescheinigung f.
attester attestieren
atticoantrotomie f. Atticoantrotomie f.
attique m. Epitympanum n., Paukendach n.
attirer anziehen
attitude f. Haltung f.
attitude intra-utérine f. Fruchthaltung f.
attitude psychique, mauvaise f. psychische Fehlhaltung f.
attitude, d' lagemäßig
attitude, dû à l' haltungsbedingt
attraction f. Anziehung f.
atypie f. Atypie f.
atypie cellulaire f. Zellatypie f.
atypique atypisch
aubépine f. Crataegus oxyacantha m., Weißdorn m.
audibilité f. Hörbarkeit f.
audible hörbar
audiofréquence f. Tonfrequenz f.
audiologie f. Audiologie f.
audiologique audiologisch
audiomètre m. Audiometer n.
audiométrie f. Audiometrie f.
audiométrie tonale f. Reintonaudiometrie f.
audiométrique audiometrisch
audiopsychique audiopsychisch
audiovisuel audiovisuell
auditif auditorisch
audition f. Hören n., Sprechprobe f.
audition colorée f. Psychochromästhesie f.
audition directionnelle f. Richtungshören n.
auge f. Trog m.
augmentation de la tension f. Blutdruckanstieg m.
augmentation de pression f. Druckanstieg m.
augmentation des forces f. Kraftsteigerung f.
augmentation du contraste f. Kontrastverstärkung f.
augmenter erhöhen
aumônerie de l'hôpital f. Krankenhausseelsorge f.
aura f. Aura f.
auranofine f. Auranofin n.
auriculaire aurikulär

auriculomédecine f. Aurikulomedizin f.
auriculothérapie f. Aurikulotherapie f.
auriculoventriculaire aurikuloventrikulär
auroallylthiouréidobenzoate m. Auroallylthioureidobenzoat m.
aurothioglucose m. Aurothioglukose f.
aurothiomalate m. Aurothiomalat n.
auscultation f. Auskultation f.
auscultatoire auskultatorisch
ausculter abhorchen, auskultieren
autacoïde m. Lokalhormon n.
auteur f. Autorin f.
auteur m. Autor m.
autisme m. Autismus m.
autiste autistisch
autistique autistisch
autoadaptif autoadaptiv
autoadaptione f. autoadaptione f.
autoagglutination f. Autoagglutination f.
autoagression f. Autoagression f.
autoanalyse f. Autoanalyse f.
autoanalyseur m. Autoanalyzer m.
autoanticorps m. Auto-Antikörper m.
autoantigène m. Autoantigen n.
autocannibalisme m. Autokannibalismus m.
autocastration f. Autokastration f., Selbstkastration f.
autochtone autochthon
autoclave m. Autoklav m.
autocondannation f. Selbstverdammung f.
autocritique f. Selbstkritik f.
autodigestion f. Selbstverdauung f.
autodurcissant selbsthärtend (dent.)
autoérotique autoerotisch
autogène autogen
autogreffe f. Autotransplantat n.
autoguérison f. Selbstheilung f.
autohémolyse f. Autohämolyse f.
autohémolysine f. Autohämolysin n., Autolysin n.
autohémolytique autohämolytisch
autohypnose f. Autohypnose f.
autoimmun autoimmun
autoimmunisation f. Autoimmunisation f., Selbstimmunisierung f.
autoimmunité f. Autoimmunität f.
autoinduction f. Selbstinduktion f.
autoinfection f. Autoinfektion f.
autointoxication Autointoxikation f.
autoisolysine f. Autoisolysin n.
autologue autolog
autolysat m. Autolysat n.
autolyse f. Autolyse f.
autolyser autolysieren
autolysine f. Autolysin n.

autolytique autolytisch
automatique automatisch
automatisation f. Automatisation f., Automatisierung f.
automatiser automatisieren
automatisme m. Automatik f., Automatismus m.
automatisme ambulatoire m. Poriomanie f.
automatisme cardiaque m. Herzautomatismus m.
automatisme de la prise de cliché m. Belichtungsautomatik f.
automédication f. Selbstmedikation f.
automutilation f. Selbstbeschädigung f., Selbstverstümmelung f.
autonettoyage m. Selbstreinigung f.
autonome autonom
autonomie f. Autonomie f.
autopharmacologique autopharmakologisch
autophonie f. Autophonie f.
autoplastie f. Autoplastie f., Autoplastik f.
autopolymère m. Autopolymerisat n.
autoprécipitine f. Autopräzipitin n.
autopréservation f. Selbsterhaltung f.
autoprotection f. Selbstschutz m.
autopsie f. Leichenöffnung f., Obduktion f.
autopsier obduzieren
autopsychique autopsychisch
autopsychose f. Autopsychose f.
autoradiographie f. Autoradiographie f.
autoradiographique autoradiographisch
autoréactif autoreaktiv
autorécepteur m. Autorezeptor m.
autorégulation f. Autoregulation f., Selbstregulierung f.
autorelaxation f. Selbstentspannung f.
autorisation f. Zulassung f.
autorisation de mise sur le marché (AAM) (pharm.) f. Verkaufszulassung (pharm.) f.
autorités gouvernementales f. pl. Regierungsbehörde f.
autoscopie f. Autoskopie f.
autosome m. Autosom n.
autosomie f. Autosomie f.
autosomique autosomal
autosuggestion f. Autosuggestion f.
autotoxine f. Autotoxin f.
autotransfusion f. Autotransfusion f.
autotransplantation f. Autotransplantation f.
autotrophique autotroph
autovaccin m. Autovakzine f.
autovaccination f. Autovakzination f.
aux cheveux blancs weißhaarig
auxiliaire auxiliär
auxiliairement hilfsweise

auxiliaires soignants m. pl. pflegerisches Hilfspersonal n.
auxine f. Auxin n.
avaler schlucken
avaler de travers sich verschlucken
avance des spermatozoïdes Y sur les X f. Zertation f.
avant vorangehend
avant bras m. Unterarm m.
AVC (attaque vasculaire cérébrale) m. zerebraler vaskulärer Anfall m.
avec contrôle informatisée computerassistiert
avec lésions cérébrales hirngeschädigt
avenine f. Avenin n.
aversion f. Unlust f.
avertissement m. Warnung f.
aveugle f. Blinde f.
aveugle m. Blinder m.
aveugle blind
avia influenza f. Geflügelpest f.
aviaire aviär
avide de plaisir genusssüchtig
avidité f. Avidität f.
avirulent avirulent
avis médical m. ärztlicher Rat m.
avital avital
avitaminose f. Avitaminose f.
AVK m. Antivitamin K n.
Avogadro, loi d' f. Avogadrosches Gesetz n.
avoir des domaines communs ineinandergreifen
avoir des rapports sexuels verkehren, geschlechtlich
avoir faim hungern
avoir les règles menstruieren
avoir soif dürsten
avoir un accident verunglücken
avortement m. Abort m. Fehlgeburt f.
avortement artificiel m. künstliche Fehlgeburt f.
avortement complet m. Abortus completus m.
avortement criminel m. Abortus criminalis m., Abtreibung (gyn.) f.
avortement épidémique m. seuchenhafter Abortus m. (veter.)
avortement fébrile m. Abortus febrilis m.
avortement habituel m. Abortus habitualis m.
avortement imminent m. Abortus imminens m., drohende Fehlgeburt f.
avortement incomplet m. Abortus incompletus m.
avortement provoqué m. Abortus artificialis m.
avortement septique m. septische Fehlgeburt f.
avortement tubaire m. Tubarabort m.
avorter abortieren, verwerfen (veter.)
avulsion d'une dent f. Zahnextraktion f.
axanthopsie f. Axanthopsie f., Gelbblindheit f.
axe m. Achse f.
axe d'ouverture m. Öffnungsachse f.
axe de la dent m. Zahnachse f.
axe du bassin m. Beckenachse f.
axe électrique du coeur m. Herzachse f.
axe visuel m. Sehachse f.
axenique axenisch
axérophtol m. Axerophthol n.
axial axial
axile axial
axillaire axillar
axillobilatéral axillobilateral
axillofémoral axillofemoral
axillounilatéral axillounilateral
axiobuccocervical axiobukkozervikal
axiobuccogingival axiobukkogingival
axiobuccolingual axiobukkolingual
axiodistal axiodistal
axiodistocervical axiodistozervikal
axiodistogingival axiodistogingival
axiodistoincisal axiodistoinzisal
axiodistooccusal axiodistookklusal
axiogingival axiogingival
axioincisal axioinzisal
axiomésiocervical axiomesiozervikal
axiomésiodistal axiomesiodistal
axiopulpaire axiopulpal
axioversion f. Axioversion f.
axolotl m. Axolotl m.
axone m. Achsenzylinderfortsatz m., Axon n.
axoplasme m. Axoplasma n.
axotomie f. Axotomie f.
Ayersa, syndrome de m. Ayerzasche Krankheit f.
ayurvéda m. Ayurveda m.
azaadénine f. Azaadenin n.
azaconazole m. Azaconazol n.
azahypoxanthine f. Azahypoxanthin n.
azapétine f. Azapetin n.
azapropazone f. Azapropazon n.
azarabine f. Azarabin n.
azathioprine f. Azathioprin n.
azauracil m. Azauracil n.
azauridine f. Azauridin n.
azipramine f. Azipramin n.
azobenzène m. Azobenzen n.

azolantimycotique m.   Azol-Antimykotikum n.
azole m.   Azol n.
azolitmine f.   Azolitmin n.
azoospermie f.   Azoospermie f.
azorubine, épreuve à l' f.   Azorubinprobe f.
azosémide m.   Azosemid n.
azote m.   Stickstoff m.
azote de l'urée m.   Harnstoffstickstoff m.
azote restant m.   Reststickstoff m.
azoté   stickstoffhaltig
azoté, non   stickstofffrei
azotémie f.   Azotämie f.
azotémique   azotämisch
azothiopine f.   Azothiopin n.
azouridine f.   Azouridin n.
azthréonam m.   Aztreonam n.
azulène m.   Azulen n.
azur m.   Azur m.
azurophile   azurophil
azurophilie f.   Azurophilie f.
azygographie f.   Azygographie f.

B

babésiose f. Babesiose f.
babeurre m. Buttermilch f.
bacampicilline f. Bacampicillin n.
bacillaire bazillär
bacille Bacillus m., s. auch Bazillus, Bazillus m.; Stäbchen (bakteriol.) n.
bacille acidorésistant m. säurefestes Stäbchen n.
bacille d'Eberth m Typhusbazillus m.
bacille de Bordet-Gengou m. Bordet-Gengouscher Keuchhustenbazillus m.
bacille de Calmette et Guérin m. Bacillus Calmette-Guérin m.
bacille de Doederlein m. Döderleinscher Bazillus m.
bacille de Flexner m. Flexner-Bazillus m.
bacille de Frisch m Rhinosklerombazillus m.
bacille de Hansen m. Leprabazillus m.
bacille de Koch m. Kochscher Bazillus m.
bacille de la morve m. Rotzbazillus m.
bacille de Morax et Axenfeld m. Diplokokkus Morax-Axenfeld m.
bacille de Pfeiffer m. Influenzabazillus m.
bacille de Shiga m. Ruhrbazillus (Shiga-Kruse) m, Shiga-Kruse-Bazillus m.
bacille de Yersin m Pestbazillus m.
bacille diphtérique m. Diphtheriebazillus m.
bacille du smegma m Smegmabazillus m.
bacille dysentérique (Flexner) m. Ruhrbazillus Flexner m.
bacille encapsulé m. Kapselbazillus m.
bacille paratyphique A m. Paratyphus-A-Bazillus m.
bacille paratyphique B m. Paratyphus-B-Bazillus m.
bacille paratyphique C m. Paratyphus-C-Bazillus m.
bacille pseudodiphtérique m. Pseudodiphtheriebazillus m.
bacille tuberculeux m. Tuberkelbazillus m.
bacillémie f. Bazillämie f.
bacilliforme bazilliform
bacillogène bazillogen
bacillophobie f. Bazillophobie f.
bacillose f. Bazillose f.
bacillurie f. Bazillurie f.
bacillus anthracis m. Bacillus anthracis m.
bacitracine f. Bacitracin n.
baclofène m. Baclofen n.
bactéricide m. bakterizides Mittel n.
bactéricide bakterizid

bactérie f. Bacterium n., s. auch Bakterium, Bakterium n.
bactériémie f. Bakteriämie f.
bactériémique bakteriämisch
bactérien bakteriell
bactériocholie f. Bakteriocholie f.
bactériologie f. Bakteriologie f.
bactériologique bakteriologisch
bactériologue f. Bakteriologin f.
bactériologue m. Fachgebietsarzt für Bakteriologie m., Bakteriologe m.
bactériolyse f. Bakteriolyse f.
bactériolytique bakteriolytisch
bactériophage m. Bakteriophage m.
bactériophagie f. Bakteriophagie f.
bactériophobie f. Bakteriophobie f.
bactériostatique bakteriostatisch
bactériotrope bakteriotropisch
Bacterium granulosis m. Noguchia granulosis f.
bactériurie f. Bakteriurie f.
Bacteroïdes m. Bakteroides n.
baculovirus m. Baculovirus n.
bagasosse f. Bagasosse f.
baigner baden
baignoire f. Badewanne f.
bâillement m. Gähnen n.
bâillement convulsif m. Gähnkrampf m.
bâiller gähnen
bâillon m. Kieferknebel m.
bain Bad n.
bain à quatre cellules m. Vierzellenbad n
bain aux extraits de pin m. Fichtennadelbad n.
bain carbo-gazeux m. Kohlendioxidbad n.
bain complet m. Vollbad n.
bain d'air m. Luftbad n.
bain d'étuve m. Schwitzbad n
bain d'huile m. Ölbad n.
bain de bouche m. Mundspülung f.
bain de boue m. Moorbad n, Schlammbad n.
bain de bras m. Armbad n.
bain de cire m. Wachsbad n.
bain de fixage m. Fixierbad n.
bain de lumière m. Lichtbad n.
bain de mer m. Seebad n.
bain de pied m. Fussbad n.
bain de pieds alterné m. Wechselfussbad n.
bain de siège m. Sitzbad n.
bain de soleil m. Sonnenbad n.
bain de vapeur m. Dampfbad n.

bain électro-lumineux de la tête m. Kopflichtbad n.
bain gradué m. ansteigendes Bad n.
bain hydroélectrique m. Stangerbad n.
bain hyperthermique m. Überwärmungsbad n.
bain local m. Teilbad n.
bain minéral m. Mineralbad n.
bain moussant m. Schaumbad n.
bain oxygéné m. Sauerstoffbad m.
bain permanent m. Dauerbad n.
bain salé m. Solbad n.
bain sulfureux m. Schwefelbad n.
bain traitant m. Medizinalbad n.
bain-marie m. Wasserbad n.
bains m.pl. Bäderabteilung f.
baïonnette f. Bayonett n.
baisse de la natalité f. Geburtenrückgang m.
baisse de pression f. Druckabfall m.
balance f. Waage f.
balancelle f. Schaukelbett n.
balanite f. Balanitis f.
balanitique balanitisch
balanoposthite f. Balanoposthitis f.
balantidiase f. Balantidiasis f.
Balantidium coli m. Balantidium coli n.
balayage m. Scan m.
balbutiement m. Stammeln n.
balbutiement infantile m. Lallen n.
balistocardiogramme m. Ballistokardiogramm n.
balistocardiographie f. Ballistokardiographie f.
balistocardiographique ballistokardiographisch
ballisme m. Ballismus m.
ballon m. Ballon m.
ballon en verre m. Kolben (Flasche) m
ballon gonflable m. Aufblasballon m.
ballon intra-utérin m. Metreurynter m.
ballottement m. Ballottement n.
balnéologie f. Balneologie f.
balnéologique balneologisch
balnéothérapie f. Balneotherapie f.
banc de massage m. Massagebank f.
bandage m. Bandage f, Binde f, Verband m.
bandage abdominal m. Bauchbinde f.
bandage amidonné m. Stärkeverband m.
bandage compressif m. Kompressionsverband m.
bandage croisé en huit m. Achtertourenverband m.
bandage de Desault m. Desault-Verband m.
bandage de Velpeau m. Velpeauscher Verband m.

bandage en sac à dos m. Rucksackverband m.
bandage herniaire f. Bruchband n.
bandage imbriqué m. Dachziegelverband m.
bandage mentonnière m. Kinnschleuder f.
bandage plâtré m. Gipsverband m.
bandage pour anus artificiel m. Kunstafterbandage f.
bandage protecteur m. Schutzverband m
bandager bandagieren
bandagiste m. Bandagist m.
bande f. Band n., Binde f., Streifen m.
bande amidonnée f. Stärkebinde f.
bande de flanelle f. Flanellbinde f.
bande de gaze f. Mullbinde f, Musselinbinde f.
bande élastique d'Esmarch f. Esmarchsche Binde f.
bande en coton f. Baumwollbinde f.
bande ombilicale f Nabelbinde f.
bande vidéo f. Videoband n.
bandeau m. Kronenband n.
bandelette obturante f. Schlussleiste f.
bander verbinden (Verband anlegen)
Bang, maladie de f. Morbus abortus Bang m.
banistérine f. Banisterin n.
banque d'organes: reins f. Nierenbank f.
banque de greffons tissulaires f. Gewebebank f.
banque de peau f. Hautbank f.
banque des os f. Knochenbank f.
banque du sang f. Blutbank f.
banque du sperme f. Samenbank f.
banquette (d'examen) f. Untersuchungsliege f.
banthine f. Banthin n.
baquet m. Kübel n.
baragnosie f. Baragnosie f.
barbe f. Bart m.
barbiturique m. Barbiturat n.
barbotage m. Barbotage n.
baresthésie f. Baresthesie f.
barodontalgie f. Barodontalgie f.
barorécepteur m. Barorezeptor m.
baroréflexe m. Baroreflex m.
barotraumatisme m. Barotrauma n.
barre de connexion f. Steg (dent.) m.
barre f. Bügel m.
barre transversale f. Querbügel (dent.) m.
barrer verlegen (verstopfen)
barrière f. Barriere f., Schranke f.
barrière hémato-encéphalique f. Blut-Liquorschranke f.
barrière placentaire f. Plazentaschranke f.
bartholinite f. Bartholinitis f.

bartonella m. Bartonella f.
bartonellose f. Bartonelliasis f.
barylalie f. Barylalie f.
baryum m. Barium n.
bas de compression m. Strumpf, Kompressions- m.
bas élastique compressif m. Kompressionsstrumpf m.
bas élastique m. Gummistrumpf m., Strumpf, elastischer m.
bas en caoutchouc m. Gummistrumpf, m.
basal basal
basaliome m. Basaliom n.
bas-dosé niedrigdosiert
base f. Aufstellung f, Base f. (chem), Basis f.
base (d'une prothèse dentaire) f. Gaumenplatte (eines künstlichen Gebisses) f.
base cire f. Wachsbasis f.
base de la couronne f. Kronenbasis f.
base de prothèse f. Prothesenfuss m.
base du crâne f. Schädelbasis f.
base excess (BE) m. Basenüberschuss m.
Basedow, maladie de f. Morbus Basedow m.
basicité f. Basizität f.
baside f. Basidie f.
basidiospore m. Basidiospore f.
basifiant basenbildend
basilaire basilär
basilic m. Basilikum m.
basiliximab m. Basiliximab m.
basinasal basinasal
basion m. Basion n.
basiotripsie f. Basiotripsie f.
basique basisch
basitemporal basitemporal
basivertébral basivertebral
basocellulaire basozellulär
basophile basophil
basophilie f. Basophilie f.
basophobie f. Basophobie f.
basse fréquence f. Niederfrequenz f.
basse molécularité, de niedermolekular
basse pression f. Niederdruck m., Tiefdruck m.
bassin m. Becken n, Becken n. (anat), Bettschüssel f., Steckbecken n.
bassin aplati m. plattes Becken n.
bassin de Nägele m. Nägelebecken n
bassin dystrophique m. Assimilationsbecken n.
bassin en bec m. Schnabelbecken n.
bassin en entonnoir m. trichterförmiges Becken n.
bassin généralement élargi m. allgemein erweitertes Becken n.
bassin généralement rétréci m. allgemein verengtes Becken n.
bassin rachitique m. rachitisches Becken n.
bassinet m. Becken der Niere n., Nierenbecken n.
bâtard m. Bastard m.
bathmotrope bathmotrop
bathochromie f. Bathochromie f.
bathyesthésie f. Bathyästhesie f.
bathyprismique bathyprismatisch
batiment de logement des infirmières m. Schwesternwohnheim n.
batiste f. Batist m.
bâton de cire m. Wachsstab m.
baton olfactif m. Riechstift m.
bâtonnet m. Stab m.
bâtonnet en verre m. Glasstange f.
bâtonnet, en forme de stabförmig
bâtonnets et cônes de la rétine m. pl. Stäbchen und Zapfen der Netzhaut pl.
bâtonnets et cônes de la rétine m. pl. Stäbchen und Zapfen der Netzhaut des Auges pl.
battement m. Flattern n, Schlag m., Schlagen n.
battement apexial m. Herzspitzenstoß m.
battement cardiaque m. Herzschlag m, Herzclagen m.
battement de sabots m. Hufschlag m.
batterie f. Batterie f.
battre pulsieren, schlagen
baume m. Balsam m.
baume d'Algérie m. Mekkabalsam m.
baume de Canada m. Canadabalsam m.
baume de tolu m. Tolubalsam m.
baume du Pérou m. Perubalsam m.
BDNF (brain-derived neurotrophic factor) m. neurotropher Faktor des Gehirns m., Wachstumsfaktor BDNF m.
béate f. Beatin n.
bec m. Schnabel m.
bec à gaz m. Brenner m.
bec Bunsen m. Bunsenbrenner m.
bec crochu m. Habichtschnabel m.
bec de lièvre m. Hasenscharte f, Lippen-Kieferspalte f.
bec en corne de vache m. Kuhhornschnabel m.
béchique hustenstillend
béclométhasone f. Beclomethason n.
Becquerel m. Becquerel n.
bégaiement m. Stottern n.
bégayer stottern
béhénate m. Behenat n.
bélier m. Schafbock m, Widder m.
belladone f. Belladonna f, Tollkirsche f.

bémégride m. Bemegrid n.
bémétizide m. Bemetizid n.
bénazine f. Benazin n.
bendamustine f. Bendamustin n.
bendazol m. Bendazol n.
bendrofluazide m. Bendrofluazid n.
bendroflumétiazide m. Bendroflumethiazid n.
bénéfique heilbringend
bénétonide m. Benetonid n.
benfotiamine f. Benfotiamin n.
bénignité f. Gutartigkeit f.
bénin gutartig
benjoin m. Benzoe n.
bénorilate m. Benorilat n.
benoxaprofène m. Benoxaprofen n.
bensérazide f. Benserazid n.
bentyl m. Bentyl n.
benzaldéhyde f. Benzaldehyd n.
benzalkonium m. Benzalkonium n.
benzamide m. Benzamid n.
benzanilide m. Benzanilid n.
benzanthrène m. Benzanthren n.
benzanthrone m. Benzanthron n.
benzatropine f. Benzatropin n.
benzbromarone f. Brenzbromaron n.
benzéthonium m. Benzethonium n.
benzidine f. Benzidin n.
benzilate m. Benzilat n.
benzimidazole m. Benzimidazol n.
benzine f. Benzin (chem) n.
benziodarone f. Benziodaron n.
benznidazole m. Benznidazol n.
benzoate m. Benzoat n.
benzoate de sodium m. Natriumbenzoat n
benzocaïne f. Benzocain n.
benzocycloheptathiophène m. Benzozykloheptathiophen n.
benzodiazépine f. Benzodiazepin n.
benzodioxane m. Benzodioxan n.
benzofurane m. Benzofuran n.
benzol m. Benzol n.
benzonaphtol m. Benzonaphthol n.
benzonatate m. Benzonatat n.
benzonitrile m. Benzonitril n.
benzophénone f. Benzophenon n.
benzopyrène m. Benzpyren n.
benzoquinone f. Benzochinon n.
benzothiazépine f. Benzothiazepin n.
benzothiazidine f. Benzothiazidin n.
benzotropine f. Benztropin n.
benzoyle m. Benzoyl n.
benzphétamine f. Benzphetamin n.
benzydamine f. Benzydamin n.

benzylbenzoate m. Benzoesäurebenzylester n.
benzyle m. Benzyl n.
benzylmorphine f. Benzylmorphin n.
benzylorange m. Benzylorange n.
benzylpyrimidine f. Benzylpyrimidin n.
béphénium m. Bephenium n.
bépridil m. Bepridil n.
béquille f. Krücke f.
berceau m. Wiege f.
béribéri m. Beriberi f.
berkélium m. Berkelium n.
béryllose f. Berylliose f.
béryllium m. Beryllium n.
bésilate m. Besilat n.
besoin m. Drang m., Bedarf m, Benürfnis n.
besoin d'air m. Lufthunger m.
bêta-adrénergique beta-adrenerg
bêta-agoniste m. Beta-Agonist m.
bêta-alaninémie f. Beta-Alaninämie f.
bêtabloquant m. Betarezeptorenblocker m.
bêtacarotène m. Betacarotin n.
bêtaglobuline f. Betaglobulin n.
bêtahistidine f. Betahistidin n.
bétail m. Vieh n.
bétaïne f. Betain n.
bêtalactamase f. Betalactamase f.
bêtalactame m. Betalactam n.
bétaméthasone f. Betamethason n.
bêta-sécrétase f. Beta-Sekretase f.
bêtathérapie f. Betatron-Therapie f.
bétatoxol m. Betaxolol n.
bêtatron m. Betatron n.
bétazole m. Betazol n.
bête dumm
béthanidine f. Bethanidin n.
beurre de cacao m. Kakaobutter f.
bévacizumab n. Bevacizumab n.
bévantolol m. Bevantolol n.
bézafibrate m. Bezafibrat n.
biberon m. Saugfläschchen n.
bibliothèque f. Bibliothek f.
bibliothèque de l'hôpital f. Krankenhausbibliothek f.
bibliothérapie f. Bibliotherapie f.
bicaméré doppeltkammerig
bicamérisé zweikammerig
bicarbonate m. Bikarbonat n.
bicarbonate de potassium m. Kaliumbikarbonat n.
bicarbonate de sodium m. Natriumbikarbonat n.
bicarbonate de soude m. doppeltkohlensaures Natron n.
bicentrique bizentrisch

bichlorure m. Bichlorid n.
bichlorure de mercure m. Quecksilberbichlorid n.
biclonal biklonal
bicolore zweifarbig
bicombinaison f. Zweifachkombination f.
biconcave bikonkav
biconvexe bikonvex
bicyclique bizyklisch
bidimensionnel zweidimensional
bidirectionnel bidirektional
bien portant gesund
bière f. Totenbahre f.
bifasciculaire bifaszikulär
bifocal bifokal
bifonazole m. Bifonazol n.
bifurcation f. Gabelung f., Abzweigung f., Bifurkation f.
bifurcation carotidienne f. Karotisgabel f.
bigéminisme m. Bigeminie f.
biguanide m. Biguanid n.
bilabial bilabial
bilan occlusif m. Bissanalyse f.
bilatéral doppelseitig, beiderseitig, beidseitig, bilateral
bilatéralité f. Beidseitigkeit f.
bile f. Galle f.
bilharzie f. Bilharziom n.
bilharziose f. Bilharziose f.
biliaire biliär, gallig
bilieux biliös, gallig
biliflavine f. Biliflavin n.
bilifuscine f. Bilifuszin n.
bilirubine f. Bilirubin n.
bilirubine directe f. direkt reagierendes Bilirubin n.
bilirubine indirecte f. indirekt reagierendes Bilirubin n.
bilirubine totale f. Gesamtbilirubin n.
bilirubinémie f. Bilirubinämie f.
bilirubinurie f. Bilirubinurie f.
biliverdine f. Biliverdin n.
bilophodonte bilophodont
bimanuel bimanuell
bimaxillaire bimaxillär
bimétal m. Bimetall n.
binaire binär, dual
binaural binaural
binauriculaire diotisch
binoculaire binokulär
biocatalyseur m. Biokatalysator m.
biochimie f. Biochemie f.
biochimique biochemisch
biochimiste f. Biochemikerin f.
biochimiste m. Biochemiker m.

bioclimatologie f. Bioklimatologie f.
biocontrôle m. Steuerung, biologische f.
biocontrôler steuern, biologisch
biodisponibilité f. Bioverfügbarkeit f.
bioélectrique bioelektrisch
bioessai m. Bioassay m.
bioéthique f. Bioethik f.
bioéthique bioethisch
biofeedback m. Biofeedback m.
biogène biogen
biogenèse f. Biogenese f.
biogénétique biogenetisch
biologie f. Biologie f.
biologie appliquée f. angewandte Biologie f.
biologie moléculaire f. Molekularbiologie f.
biologique biologisch
biologiste f. Biologin f.
biologiste m. Biologe m.
bioluminiscence f. Biolumineszenz f.
biomasse f. Biomasse f.
biomécanique biomechanisch
biomédecine f. Biomedizin f.
biomédical biomedizinisch
biométéorologie f. Biometeorologie f.
biométéorologique biometeorologisch
biométrie f. Biometrie f.
biométrique f. Biometrik f.
biométrique biometrisch
biomicroscopie f. Biomikroskopie f.
biomonitoring m. Biomonitoring n.
bionateur m. Bionator m.
bionique f. Bionik f.
biopharmacie f. Biopharmazie f.
biophore m. Biophor n.
biophysique f. Biophysik f.
bioprothèse f. Bioprothese f.
biopsie f. Biopsie f.
biopsie à l'aiguille f. Nadelbiopsie f.
biopsie à l'aiguille fine f. Feinnadelbiopsie f.
biopsie à l'emporte-pièce f Stanzbiopsie f.
biopsie ganglionnaire scalénique f Skalenus-Lymphknotenbiopsie f.
biopsie hépatique f. Leberbiopsie f.
biopsie musculaire f. Muskelbiopsie f.
biopsie par aspiration f. Saugbiopsie f.
biopsie pulmonaire f. Lungenbiopsie f.
biopsie rectale f. Mastdarmbiopsie f.
biopsie rénale f. Nierenbiopsie f.
bioptique bioptisch
bioscopie f. Bioskopie f.
biosphère f. Biosphäre f.
biostabilité f. Biostabilität f.
biostatistique f. Biostatistik f.
biostatistique biostatistisch
biosynthèse f. Biosynthese f.

biosynthétique biosynthetisch
biotélémétrie f. Biotelemetrie f.
biotine f. Biotin n.
biotinidase f. Biotinidase f.
biotope m. Biotop n.
biotransformation f. Biotransformation f.
biotropisme m. Biotropie f.
biovulaire zweieiig
bioxydation f. Bioxidation f.
bipariétal biparietal
bipartite zweigeteilt
bipartition f. Zweiteilung f.
bipède m. Zweifüsser m.
bipède zweibeinig, zweifüssig
bipéridène m. Biperiden n.
biphasique biphasisch
biphényle m. Biphenyl n.
biphosphate de sodium m. Natriumbiphosphat n.
biplan biplan
bipolaire bipolar, zweipolig
bipupillaire bipupillär
bipyridine f. Bipyridin n.
biréfracteur doppelbrechend
biréfringeant doppeltbrechend
biréfringent doppelbrechend
bisacodyl m. Bisacodyl n.
bisazoté bisdiazotiert
bischloréthyl-nitroso-urée f. Bis-Chlorethyl-Nitroso-Harnstoff m.
biscotte f. Zwieback m.
biscuit m. Biskuit m.
bisexuel bisexuell
bishydroxycoumarine f. Bishydroxycoumarin n.
bismuth m. Bismut n., Wismut n.
bismuth subgallique m. Bismutum subgallicum n.
bismuth subnitrique m. Bismutum subnitricum n.
bison m. Bison m.
bispécifique bispezifisch
bistable bistabil
bistouri m. Bistouri m., Iridektomiemesser n., Lappenmesser n., Messer n.
bistouri (coupe ligature) m. Ligaturmesser n.
bisulfate m. Bisulfat n.
bisulfate de quinine m. Chininbisulfat n.
bisulfate de sodium m Natriumbisulfat n.
bisulfite m. Bisulfit n.
bisulfite de sodium m. Natriumbisulfit n.
bisulfure m. Bisulfid n.
bitartrate m. Bitartrat n.

bitartrate de potassium m. Kaliumbitartrat n.
bitemporal bitemporal
bithionate m. Bithionat n.
bitionolate m. Bitionolat n.
bitropique biotrop
bituminate m. Bituminat n.
bituminose f. Bituminose f.
bituminosulfonate m. Bituminosulfonat n.
biuret m. Biuret n.
bivalence f. Bivalenz f., Zweiwertigkeit f.
bivalent bivalent, zweiwertig
bivalirudine f. Bivalirudin n.
biventral biventral
biventriculaire biventrikulär
blanc d'œuf m. Eiweiss n., Eiklar n.
blanchir weissen
blanchissant m. Bleichmittel n.
blaste m. Blast m., Blastzelle f.
blastème m. Blastem n.
blasticidine f. Blasticidin n.
blastique blastisch
blastocyste m. Blastozyste f.
blastoderme m. Blastoderm n., Keimscheibe f.
blastogenèse f. Blastogenese f.
blastogénèse f. Knospung f.
blastogénétique blastogenetisch
blastomateux blastomatös
blastomatose f. Blastomatose f.
blastome m. Blastom n.
blastomère f. Blastomere f.
blastomycète m. Sprosspilz m.
blastomykose f. Blastomykose f.
blastopathie f. Blastopathie f.
blastophtorie f. Blastophthorie f.
blastula f. Blastula f.
blastulation f. Blastulation f.
blennorragie f. Blennorhagie f.
blennorragique blennorrhagisch
bléomycine m. Bleomycin n.
blépharectomie f. Blepharektomie f.
blépharite f. Blepharitis f.
bléphar-adénite f. Liddrüsenentzündung f.
blépharoplastie f. Blepharoplastik f.
blépharoptose f. Blepharoptose f.
blépharospasme m. Blepharospasmus m.
blépharostat m. Lidhalter m., Augenlidhalter m.
blessé verwundet
blessé à la tête kopfverletzt
blessé grave m. schwerverletzte Person f.
blesser verletzen, verwunden
blessure f. Verletzung f., Verwundung f, Wunde f.

blessure avec rétention de la balle f. Steckschuss m.
blessure d'entrée du projectile f. Einschusswunde f.
blessure de la tête f. Kopfverletzung f.
blessure de sortie du projectile f. Ausschusswunde f.
blessure lacérée f. Risswunde f.
blessure par arme à feu f. Schusswunde f.
blessure par contusion f. Quetschwunde f
blessure par la selle f. Satteldruck (veter.) m.
blessure perforante f. Stichwunde f.
blessure sportive f. Sportverletzung f.
bleu blau
bleu alcian m. Alcianblau n.
bleu d'indigo m. Indigoblau n.
bleu de Berlin m. Berlinblau n.
bleu de bromophénol m. Bromphenolblau n.
bleu de bromothymol m. Bromthymolblau n.
bleu de méthylène m. Methylenblau n.
bleu de Prusse m. Preussisch Blau n.
bleu de thymol m. Thymolblau n.
bleu de toluidine m. Toluidinblau n.
bleu de Turnbull m. Turnbullblau n.
bleu Evans m. Evans-Blau n.
bleu trypane m. Trypanblau n
blinatumomab n. Blinatumomab n.
bloc Block m.
bloc à l'alcool m. Alkoholblockade f.
bloc atrioventriculaire m. atrioventrikulärer Block m.
bloc auriculaire m. Ohrblock m
bloc cardiaque fonctionnel dissocié de Mobitz m. Mobitz-Block m.
bloc cardiaque m. Herzblock m.
bloc complet m. Austrittsblock m.
bloc d'arborisation m Arborisationsblock m., Verzweigungsblock m.
bloc de branche droit m. Rechtsschenkelblock m, rechtsseitiger Schenkelblock m.
bloc de branche gauche m. Linksschenkelblock m, linksseitiger Schenkelblock m.
bloc de branche m. His-Bündel-Block m.
bloc de polymérisation m. Blockpolymerisat n.
bloc de sortie m. Austrittsblock m.
bloc en selle m. Sattelblock m
bloc muqueux m. Mukosa-Block m.
bloc sino-auriculaire m. SA-Block, sinuatrialer Block m.
bloc sympathique m. Sympathikusblockade f.
bloc trifasciculaire m. tri-faszikulärer Block m.

bloc vertébral m. Blockwirbel m.
blocage m. Blockieren n., Blockade f., Drossel (techn) f, Sperrung f., Verblockung f.
blocage de l'expression affective m. Affektstauung f.
blocage du ganglion stellaire m. Stellatumblockade f.
blond blond
bloquant des récepteurs à l'angiotensine m. ARB (Angiotensin-Rezeptorblocker) m.
bloquant du facteur Xa m. Faktor-Xa-Inhibitor m.
bloquer ausblocken, blockieren
blouse d'OP f. Operationshemd n.
blouse de protection f. Schutzkittel m.
BNP (peptide natriuretique B; brain natriuretic peptide) m. natriuretisches Peptid Typ B (kardiol.) n.
bobine f. Spule f.
bobine d'induction f. Spule , Induktions f.
Boeck , syndrome de m. Morbus Boeck m.
boeuf m. Ochse m.
boisson f. Getränk n.
boisson alcoolisée f. alkoholisches Getränk n.
boite à instruments chirurgicaux f. Operationsbesteckkasten m.
boite à instruments f. Besteckkasten m.
boite pour expédition f Versandgefäss n
boiter hinken, humpeln, lahmen
bol m. Bolus m.
boldine f. Boldin n.
bolet satan m. Satanpilz m.
bolus m. Bolus m.
bombardement m. Bombardierung f.
bombarder bombardieren
bombésine f. Bombesin n.
bonne santé f. Wohlbefinden n.
bonnet m. Kappe f.
bonnet phrygien m. phrygische Mütze f.
bopindolol m. Bopindolol n.
borane m. Boran n.
borate m. Borat n.
borate de sodium m. Natriumborat n.
borate de soude m. Borax n.
bord Rand m, Saum m.
bord alvéolaire m. Alveolarrand m.
bord d'une plaie m. Wundrand m.
bord de cire mordue f. Bisswachswall m.
bord de la langue m. Zungenrand m.
bord gingival m. Zahnfleischrand m.
bord occlusal m. Bisswall m.
bordant umfänglich
bordetella m. Bordetella f.

bordure f. Einfassung f., Leiste f.
bore m. Bor n.
borglycérine f. Borglyzerin n.
borgne einäugig
borisme m. Borvergiftung f.
Bornavirus Borna-Virus n.
bornéol m. Borneol n.
bornyval m. Bornyval n.
Borrelia duttonii f. Spirochaeta Duttoni f.
Borrelia novyi f. Spirochaeta Novyi f.
Borrelia recurrentis f. Spirochaeta Obermeieri f.
Borrelia vincenti f. Spirillum Vincenti n.
borreliose de Lime f. Lime-Krankheit f.
bortésomib m. Bortesomid n.
bosétane m. Bosetan n.
bosse f. Beule f., Höcker m.
boswellia f. Boswellia f.
botanique f. Botanik f.
botanique f. Botanik f.
botanique botanisch
botaniste f. Botanikerin f.
botaniste m. Botaniker m.
botox m. Botox n.
botriomycome m. Botriomykom n.
botryomykose f. Botryomykose f.
botulinumtoxine f. Botulinumtoxin n.
botulisme m. Botulismus m., Wurstvergiftung f., Lebensmittelvergiftung f.
bouc m. Bock m.
bouchage f. Abstöpselung f.
bouche f. Mund m.
bouche à bouche m. Mund-zu-Mund-Beatmung f.
bouche de tapir f. Tapirlippe f.
boucher abstöpseln
bouchon m. Pfropf m., Stöpsel m.
bouchon de cérumen m. Cerum obturans n, Ohrschmalzpfrof m., Zeruminalpfropf m.
bouchon de Dittrich m. Dittrichscher Pfropf m.
bouchon en caoutchouc m. Gummistöpsel m.
bouchon muqueux m. Schleimpfropf m.
boucle métallique f. Drahtumschlingung f.
boue f. Schlammm m.
boue sapropélique f. Faulschlamm m.
bouffée f. Wallung f.
bouffée de chaleur f. Hitzewallung f.
bouffi aufgedunsen, gedunsen
bougie m. Bougie m.
bougie Berkefeld f. Berkefeldfilter m.
bougie de Hegar f. Hegarstift m.
bougirage m. Bougierung f.
bouillie f. Brei m.
bouillir sieden
bouilloire f. Kochkessel m.
bouillon m. Bouillon f., Brühe f.
bouillon de viande m. Fleischbrühe f.
bouillotte f. Wärmflasche f.
boulimie f. Bulimie f.
bourdonnements m. pl. Tinnitus m.
bourdonnements d'oreilles m. pl. Ohrensausen n.
bourgeon m. Knospe f.
bourgeon charnu m. wildes Fleisch n., Granulation f.
bourgeon épithélial m. Epithelknospe f.
bourgeonnement m. Knospung f.
bourrage m. Ausstopfung f.
bourrelet m. Wulst m.
bourrelet des jointures des doigts m. Fingerknöchelpolster n.
bourrelet endocardique m. Endokardkissen n.
bourrelet gingival m. Zahnfleischrandwulst m.
bourrelet marginal m. Randwulstbildung f.
bourrelet périoplique m. Hufballen m.
bourrer ausstopfen
bourse f. Bursa f.
bourse séreuse f. Schleimbeutel m.
bourses f.pl. Hodensack m.
boursouflé gedunsen
bout de sein m. Brustwarzenhütchen n.
bout du doigt m. Fingerspitze f.
bout du nez m. Nasenspitze f.
bouteille f. Flasche f.
bouteille d'oxygène f. Sauerstoffflasche f.
bouteille de gaz f. Gasflasche f.
bouteille de perfusion f. Infusionsflasche f.
bouton m. Knopf m, Pickel (med.) m.
bouton m. (dermatol) Finne f.
bouton d'Alep m. Aleppobeule f., Orientbeule f.
bovin bovin
brachialgie f. Brachialgie f.
brachiocéphale brachiozephal
brachycéphale brachyzephal
brachycéphalie f. Brachyzephalie f.
brachydactylie f. Brachydaktylie f.
brachygnathie f. Brachygnathie f.
brachymétropie f. Brachymetropie f.
bradsot m. Bradsot m., Magenpararauschbrand m.
brady-arrythmie f. Bradyarrhythmie f.
bradycardie f. Bradykardie f.
bradycardique bradykard
bradycinétique bradykinetisch
bradykinésie f. Bradykinesie f.

bradykinine f. Bradykinin n.
bradylalie f. Bradylalie f.
bradyphrasie f. Bradyphrasie f.
bradyphrénie f. Bradyphrenie f.
bradypnée f. Bradypnoe f.
bradytéléocinèse f. Bradyteleokinese f.
bradytrophie f. Bradytrophie f.
bradytrophique bradytroph
bradyurie f. Bradyurie f.
braille m. Blindenschrift f.
brancard m. Trage f.
branche f. Ast m, Branche (med) f., Schenkel m., Zweig m.
branche perforante de la veine fémorale f. Vena perforans f.
branchement m. Netzanschluss m.
branchial branchial, branchiogen
branchie f. Kieme f.
branler wanken
bras m. Arm m.
bras ballant m. Gelenkarm m.
brassard m. Armstütze f.
brassard de la Croix Rouge m. Rotkreuzarmbinde f.
brasure f. Hartlot n.
brasure majeure f. Hauptlot n.
Braxton-Hicks, manoeuvre de f. Wendung, nach Braxton Hicks f.
brèche f. Lücke f.
bregma m. Bregma n.
Bremsstrahlung m. Bremsstrahlung f.
breuvage m. Trank (veter.) m.
brevet de spécialité m. Patent n.
breveté patentiert
bride f. Band n., Bride f., Strang m.
bride isolée f. Einzelstrang m.
bridge m. Brücke f., Zahnbrücke f. (dent.)
bridge à deux piliers m. Zweipfeilerbrücke f.
bridge à inter court m. Kurzspannbrücke f.
bridge à plusieurs inters m. mehrspannige Brücke f.
bridge amovible m. abnehmbare Brücke f.
bridge antérieure m. Frontbrücke f.
bridge arc m. Bügelbrücke f.
bridge cantilever m. Auslegerbrücke f., Kragbrücke f., Schwebebrücke f.
bridge coulé monolithique m. Vollgussbrücke f.
bridge couronne jacket m. Jacketkronenbrücke f.
bridge en matière synthétique m. Kunststoffbrücke f.
bridge en or m. Goldbrücke f.
bridge fixé m. festsitzende Brücke f.

bridge free end m. Schwebebrücke (dent.) f., Freiend-Brücke f.
bridge pontique m. Ponticbrücke f.
bridge suspension m. Hängebrücke f.
briser brechen
brisure f. Knick m.
broche d'extension f. Drahtzug m., Expansionsdraht m.
broche vissée f. Gewindestift m.
brochure f. Broschüre f.
bromacétone f. Bromazeton n.
bromate m. Bromat n.
bromazépam m. Bromazepam n.
brome m. Brom n.
bromélaïne f. Bromelain n.
broméline f. Bromelin n.
bromhexine f. Bromhexin n.
bromide d'ammonium m. Ammoniumbromid n.
bromide de potassium m. Kaliumbromid n.
bromindione f. Bromindion n.
bromique bromhaltig
bromisme m. Bromismus m.
bromobenzène m. Brombenzol n.
bromocriptine f. Bromocriptin n.
bromoforme bromoform
bromopride m. Bromoprid n.
bromosalicylate m. Bromsalizylat n.
bromphéniramine f. Brompheniramin n.
bromure m. Bromid n.
bromure d'hexaméthonium m. Hexamethoniumbromid n.
bromure d'ipratropium m. Ipratropiumbromid n.
bromure de potassium m. Kaliumbromid n.
bromure de sodium m. Natriumbromid n.
bromure de tétraéthylammonium m. Tetraethylammoniumbromid n.
bronchadénite f. Bronchadenitis f.
bronchial bronchial
bronchiectasie f. Bronchiektase f.
bronchiectasique bronchiektatisch
bronchiloquie f. Bronchiloquie f.
bronchioalvéolaire bronchioalveolär
bronchiolaire bronchiolär
bronchiolite f. Bronchiolitis f.
bronchite f. Bronchialkatarrh m., Bronchitis f.
bronchoadénite f. Bronchoadenitis f.
bronchoalvéolaire bronchoalveolär
bronchoconstriction f. Bronchokonstriktion f.
bronchogramme m. Bronchogramm n.
bronchographie f. Bronchographie f.
bronchographique bronchographisch

broncholithiase f. Broncholithiasis f.
bronchologie f. Bronchologie f.
bronchologique bronchologisch
broncholyse f. Broncholyse f.
broncholytique broncholytisch
bronchomoteur bronchomotorisch
bronchophonie f. Bronchophonie f.
bronchoplastie f. Bronchoplastik f.
bronchopleural bronchopleural
bronchopleuropneumonie f. Bronchopleuropneumonie f.
bronchopneumonie f. Bronchopneumonie f.
bronchopneumonique bronchopneumonisch
broncho-pyorrhée f. Bronchoblenorrhö f.
bronchoscope m. Bronchoskop n.
bronchoscopie f. Bronchoskopie f.
bronchoscopique bronchoskopisch
bronchospirométrie f. Bronchospirometrie f.
bronchosténose f. Bronchostenose f.
bronchotomie f. Bronchotomie f.
bronchovésiculaire bronchovesikulär
bronzage f. Bräune f.
bronzage solaire m. Sonnenbräune f.
bronzer bräunen
brosser abbürsten
brotizolam m. Brotizolam n.
brouillage m. Verwischung f.
brouillard m. Grauschleier m.
brouillard avec fumée m. Nebel mit Rauch m.
brouillard épais m. Nebel, dichter m.
brouillé trüb, verwischt
broxuridine f. Broxuridin n.
broyer verreiben
broyeur m. Kollermühle f.
brucella f. Brucelle f.
Brucella abortus f. Brucella abortus f.
Brucella melitensis f. Brucella melitensis f.
brucellose f. Bangsche Krankheit f., Brucellose f.
bruit m. Geräusch n.
bruit à la percussion m. Klopfschall m.
bruit d'éjection protosystolique m. Klick m.
bruit d'ouverture m. Öffnungston m.
bruit de caille m. Mövenschrei-Geräusch n.
bruit de cuir neuf m. Lederknarren n.
bruit de fermeture des valvules pulmonaires m. Pulmonalton m
bruit de fond m. Grundgeräusch n.
bruit de frottement m. Reibegeräusch n.
bruit de galop m. Galopprhythmus m.
bruit de Korotkoff m. Korotkoff-Ton m.
bruit de locomotive m. Lokomotivgeräusch n.
bruit de moulin m. Mühlradgeräusch n.
bruit dédoublé m. Herzton, gespaltener m.
bruit du coeur m. Geräusch, Herz- n, Herzton m.
bruit pathologique du coeur m. Herzgeräusch n.
bruit respiratoire bronchique m. Bronchialatmen n.
bruit respiratoire bronchovésiculaire m. bronchovesikuläres Atemgeraüsch n.
bruit respiratoire diminué m. abgeschwächtes Atemgeräusch n.
bruit respiratoire m. Atmungsgeräusch n., Atemgeräusch n.
bruit valvulaire m. Herzklappengeräusch n.
bruit vasculaire m. Gefässton m.
bruit veineux de nonnes m. Nonnensausen n
bruits intestinaux m.pl. Darmgeräusch n.
brûler einbrennen, verbrennen
brûlure f. Verbrennung f.
brûlure électrique f. Strommarke f.
brûlure par un acide f. Verätzung (traumatol.) f.
brûlures (premier/second/troisième degré) f. pl. Verbrennungen (ersten/zweiten/dritten Gades) f. pl.
brume f. Nebel m.
brun de Bismarck m. Bismarckbraun n.
brun schwarzhaarig
brun rouille rostbraun
brunir bräunen
brunissoir m. Polierinstrument n., Zahnpoliergerät n.
brushite f. Brushit f.
bruxomanie f. Bruxomanie f.
bubon m. Bubo m.
bubon de la peste m. Pestbeule f.
buccal bukkal
buccale , respiration f. Mundatmung f.
buccoaxial bukkoaxial
buccoaxiocervical bukkoaxiozervikal
buccodentaire dentobukkal
buccodistal bukkodistal
buccogingival bukkogingival
buccolabial bukkolabial
buccolingual bukkolingual
buccomésial bukkomesial
bucconasal bukkonasal
bucco-occlusal bukkookklusal
buccopharyngé bukkopharyngeal
buccoproximal proximobukkal
buccopulpaire bukkopulpal
bucindolol m. Bucindolol n.
buclosamide f. Buclosamid n.
budipine f. Budipin n.

buée f. Dampf m.
Buerger, maladie de f. Winiwarter-Buerger-sche Krankheit f
bufétolol m. Bufetolol n.
bufétonine f. Bufetonin n.
buféxamac m. Bufexamac n.
buformine f. Buformin n.
bulbaire bulbär
bulbe m. Zwiebel f.
bulbe rachidien m. Nachhirn n.
bulbite f. Bulbitis f.
bulbogastrone f. Bulbogastron n.
bulbomimique bulbomimisch
bulbonucléaire bulbonuklear
bulboscope m. Bulboskop n.
bulboscopie f. Bulboskopie f.
bulboscopique bulboskopisch
bulbo-uréthral bulbourethral
bulboventriculaire bulboventrikulär
bulle f. Blase f.
bulle d'air f. Luftblase f.
bulletin de sortie m. Entlassungsschein m.
bulleux bullös
bullose f. Bullose f.
bumétanide m. Bumetanid n.
bungarotoxine f. Bungarotoxin n.
bunitrolol m. Bunitrolol n.
bunodonte bunodont
bunolol m. Bunolol n.
bunolophodonte bunolophodont
bunosélénodonte bunoselenodont
bunyavirus m. Bunya-Virus n.
buphénine f. Buphenin n.
buphtalmie f. Buphthalmus m.
bupivacaïne f. Bupivacain n.
bupranolol m. Bupranolol n.
buprénorphine f. Buprenorphin n.
bupropion m. Bupropion n.
burette f. Bürette f.
burimamide m. Burimamid n.
burin m. Meissel m.
burkholderie f. Burkholderie f.

burning feet syndrome m. Burning-Feet-Syndrom n.
burnout m. Burn-out m.
bursectomie f. Bursektomie f.
bursite f. Bursitis f.
bursopathie f. Bursopathie f.
buséréline f. Buserelin n.
busulfan m. Busulfan n.
but m. Ziel n
butaclamol m. Butaclamol n.
butadiène m. Butadien n.
butalamine f. Butalamin n.
butambène m. Butamben n.
butamine f. Butamin n.
butandiol m. Butandiol n.
butane m. Butan n.
butapérazine f. Butaperazin n.
butazone f. Butazon n.
butée f. Endpfeiler m., Widerlager n.
butenal m. Butenal n.
butoprozine f. Butoprozin n.
butylacrylate m. Butylacrylat n.
butyldopamine f. Butyldopamin n.
butylène m. Butylen n.
butylparabène m. Butylparaben n.
butylpipéridine f. Butylpiperidin n.
butyramide m. Butyramid n.
butyrate m. Butyrat n.
butyrocholinestérase f. Butyrocholinesterase f.
butyrolactone f. Butyrolakton n.
butyrophénone f. Butyrophenon n.
butyryl m. Butyryl n.
butyrylcholinestérase f. Butyrylcholinesterase f.
buvable trinkbar
buvant mal trinkfaul
by-pass m. Bypass m.
byssinose f. Byssinose f.
Bywatter, syndrome de m. Crush-Syndrom n.

C

cabergoline f. Cabergolin n.
cabine f. Kabine f.
cabine (de déshabillage) f. Umkleideraum m.
cabine pressurisée f. Überdruckkammer f.
cabinet de consultation m. Sprechzimmer n., Arztpraxis f.
cabinet de groupe m. Gemeinschaftspraxis f., Gruppenpraxis f.
cabinet de médecine générale m. Allgemeinpraxis f.
cabinet du dentiste m. Zahnarztpraxisraum m.
cabinet du médecin m. Praxisräume des Arztes f. pl.
cabinet médical m. Arztpraxis f., ärztliche Praxis f.
câble m. Kabel n.
câble de raccordement m. Verbindungskabel n.
cable de secteur m. Netzkabel n.
cacao m. Kakao m.
cachectique kachektisch
cachet m. Tablette f., Waffel f. (dent.)
cacheter versiegeln
cachexie f. Kachexie f.
cachexie palustre f. Malariakachexie f.
cachou m. Katechu n.
cacodylate m. Kakodylat n.
cacodylate de sodium m. Natriumkakodylat n.
cacodyle m. Kakodyl n.
cadavérine f. Cadaverin n., Kadaverin n.
cadavre m. Leiche f.
cadmium m. Cadmium n.
cadre m. Rahmen m.
cadre d'aide à la marche m. Laufgestell n.
caducité f. Gebrechlichkeit f.
caduque f. Decidua f., Dezidua f.
caduque foetale f. Decidua capsularis f.
caduque gravidique f. Decidua graviditis f.
caduque marginale f. Decidua marginalis f.
caduque menstruelle f. Decidua menstruationis f.
caduque pariétale f. Decidua parietalis f.
caduque utéro-placentaire f. Decidua basalis f.
caduque decidual
caecal zökal
caecum m. Coecum n., Zökum n.
cafard tropical m. Tropenkoller m.
caféine f. Coffein n., Koffein n.
caféine citratée f. Coffeinum citricum n.
caféine-benzoate de sodium f. Coffeinum benzoicum n.
cage de Faraday f. Faradayscher Käfig m.
cage thoracique f. Brustkasten m.
caillé m. Sauermilch f.
caillette f. Abomasus m.
caillot m. Gerinnsel n., Koagel n.
caillot cruorique m. Cruorgerinnsel n.
caillot rond m. Kugelthrombose f.
caillot sanguin m. Blutgerinnsel m.
caisse d'assurance maladie f. Krankenkasse f.
caisse du tympan f. Paukenhöhle f., Mesotympanum n.
cal m. Kallus m.
calamine f. Galmei m.
calcanéen kalkaneal
calcanéocuboïdien kalkaneokuboid
calcanéodynie f. Kalkaneodynie f.
calcanéonaviculaire kalkaneonavikular
calcanéopéronéen kalkaneofibular
calcanéoplantaire calcaneoplantar, kalkaneoplantar
calcidol m. Calcidol n.
calciductine f. Calciductin n.
calcifédiol m. Calcifediol n.
calciférol m. Calciferol n.
calcification f. Kalzifikation f., Verkalkung f.
calcification cartilagineuse f. Knorpelverkalkung f.
calcifier kalzifizieren, verkalken
calcination f. Kalzination f.
calcineurine f. Calcineurin n.
calcinose f. Calcinose f., Kalzinose f.
calcipénie f. Kalkmangel m.
calciphylaxie f. Calciphylaxie f., Kalziphylaxie f.
calcipotriol m. Calcipotriol n.
calciprive kalzipriv
calciprotéine f. calciumbindendes Protein (CaBP) n.
calcitonimone f. Calcitonimon n.
calcitonine f. Calcitonin n.
calcitriol m. Calcitriol n.
calcium m. Calcium n., Kalzium n.
calciurie f. Kalziurie f.
calcul m. Berechnung f. (math.); Stein m.
calcul biliaire m. Gallenstein m.
calcul bloqué m. Steineinklemmung f.
calcul de l'urétère m. Harnleiterstein m.
calcul du calice m. Kelchstein m.

calcul en bois de cerf m. Nierenbeckenausgussstein m.
calcul en corail m. Korallenstein m.
calcul mûriforme m. Maulbeerstein m.
calcul pancréatique m. Pankreasstein m.
calcul rénal m. Nierenstein m.
calcul salivaire m. Speichelstein m.
calcul tonsillaire m. Tonsillenstein m.
calcul uratique m. Uratstein m.
calcul urinaire m. Harnstein m.
calcul vésical m. Blasenstein m.
calculatrice f. Rechenmaschine f.
cale f. Keil m., Verkeilung f.
cale griffe m. Krallenheber m.
calfater abdichten
calfeutrer abdichten
calibrage m. Eichung f.
calibration f. Kalibrierung f.
calibre m. Kaliber n.
calibrer kalibrieren
calice m. Kelch m.
californium m. Californium n.
calleux hornig, kallös
callosité f. Callositas f., Hautschwiele f., Schwiele f.
callosotomie f. Kallosotomie f.
calmant m. Beruhigungsmittel n.
calmant beruhigend
calmer beruhigen, lindern, ruhigstellen, sedieren
calmoduline f. Calmodulin n.
calomel m. Kalomel n.
calorie f. kleine Kalorie f.
calorigène kalorigen
calorimètre m. Kalorimeter n.
calorimétrie f. Kalorimetrie f.
calorimètrique kalorimetrisch
calorique kalorisch
calot d'OP m. Operationsmütze f.
calotte f. Kalotte f.
calotte, de la tegmental
camarade m. Genosse m.
camazépam m. Camazepam n.
cambium m. Kambium n.
cambrillon m. Senkfußeinlage f.
camisole de force f. Zwangsjacke f.
camomille f. Kamille f.
camphre m. Campher m., Kampfer m.
camphre mentholé m. Franzbrandwein m.
campimètre m. Kampimeter n.
campimétrie f. Kampimetrie f.
campimétrique kampimetrisch
camptodactylie f. Kamptodaktylie f.
camptothécine f. Camptothecin n.
Campylobacter m. Campylobacter m.

camsilate m. Camsilat n.
camsylate m. Camsylat n.
canal m. Gang (Durchgang) m., Kanal m.
canal alvéolaire m. Alveolarkanal m.
canal anal m. Analkanal m.
canal artériel de Botal m. Botallischer Gang m., Ductus arteriosus botalli m.
canal artériel m. Ductus arteriosus m.
canal biliaire m. Gallengang m.
canal central de coulée m. zentraler Gusskanal m., Hauptgusskanal m.
canal central m. Zentralkanal m.
canal chloride m. Chloridkanal m.
canal cholédoque m. Ductus choledochus m., Gallengang m.
canal cystique m. Ductus cysticus m.
canal d'écoulement m. Abflusskanal m.
canal de coulée m. Gusskanal m., Wachsgusskanal m. (dent.)
canal de Havers m. Haverssches Kanälchen n.
canal de Wirsung m. Ductus wirsungianus m.
canal déférent m. Samenleiter m., Vas deferens n.
canal dentaire m. Zahnkanal m.
canal fémoral m. Adduktorenkanal m.
canal hépatique m. Ductus hepaticus m.
canal hetniaire m. Bruchkanal m.
canal inguinal m. Leistenkanal m.
canal interdentaire m. Interdentalkanal m.
canal ions m. Ionenkanal m.
canal lacrymal m. Ductus lacrimalis m.
canal lymphatique m. Lymphgang m.
canal mandibulaire m. Mandibularkanal m.
canal maxillaire m. Maxillarkanal m.
canal pancréatique m. Ductus pancreaticus m.
canal pulpaire m. Pulpenkanal m.
canal rachidien m. Wirbelkanal m.
canal radiculaire m. Wurzelkanal m., Zahnwurzelkanal m.
canal semicirculaire m. Bogengang m.
canal thoracique m. Ductus thoracicus m., Milchbrustgang m.
canal thyréoglosse m. Ductus thyreoglossus m.
canal vertébral m. Spinalkanal m.
canal vidien m. Canalis pterygoideus m.
canaliculaire kanalikulär
canalisation f. Kanalisation f.
canard m. Schnabeltasse f.
cancer m. Krebs m. (med.)
cancer bronchique m. Bronchialkarzinom n.
cancer colloïdal m. Kolloidkrebs m.

cancer cutané m.   Hautkrebs m.
cancer de l'estomac m.   Magenkrebs m.
cancer de l'oesophage m.   Speiseröhrenkrebs m.
cancer de la langue m.   Zungenkrebs m.
cancer de la prostate m.   Prostatakarzinom n.
cancer des fumeurs de pipe m.   Pfeifenraucherkrebs m.
cancer des ramoneurs m.   Schornsteinfegerkrebs m.
cancer du col de l'utérus m.   Kollumkarzinom n.
cancer du colon m.   Dickdarmkrebs m.
cancer du corps de l'utérus m.   Korpuskarzinom n.
cancer du fumeur m.   Raucherkrebs m.
cancer du goudron m.   Teerkrebs m.
cancer du poumon m.   Lungenkrebs m.
cancer du rein m.   Nierenkrebs m.
cancer du sein m.   Brustkrebs m., Mammakarzinom n.
cancer en cuirasse m.   Panzerkrebs m.
cancer rectal m.   Mastdarmkrebs m.
cancer squirrheux m.   Scirrhus m.
cancer testiculaire m.   Hodenkrebs m.
cancéreux   krebsartig
cancérigène   karzinogen
cancérogène   kanzerogen, krebserzeugend
cancérogenèse f.   Kanzerogenese f.
cancérophobie f.   Karzinophobie f.
cancéropole m.   Krebszentrum m.
cancérostase f.   Karzinostase f.
cancérostatique m.   Kanzerostasemittel n.
cancérostatique   kanzerostatisch
cancérotoxique   kanzerotoxisch
cancrelat m.   Kakerlak n.
cancroide m.   Kankroid n.
cancroide   kankroid
candela f.   Candela f.
candicidine f.   Candicidin n.
candida m.   Monilia f.
candidat m.   Bewerber m., Prüfling m.
candidate f.   Bewerberin f.
candidature f.   Bewerbung f.
canine f.   Eckzahn m.
cannabine f.   Cannabin n.
cannabinoïde m.   Cannabinoid n.
cannabinol m.   Cannabinol n.
cannabisme m.   Cannabismus m.
cannabisme m.   Haschischsucht f.
canneler   kannelieren
cannelle f.   Zimt m.
cannibalisme m.   Kannibalismus m.
cantharidine f.   Cantharidin n.
canthaxanthine f.   Canthaxanthin n.

canthoplastie f.   Kanthoplastie f.
cantilever m.   Anhänger m. (dent.)
canule f.   Kanüle f.
canule à ailettes f.   Flügelkanüle f.
canule à ballonnet f.   Ballonkanüle f.
canule de Belloc f.   Bellocqsche Röhre f.
canule de conversation f.   Sprechkanüle f.
canule de lavage f.   Spülkanüle f.
canule de saignée de Strauss f.   Straußsche Kanüle f.
canule larynx artificiel f.   Sprechventilkanüle f.
canule pour le prélèvement de sang f.   Blutentnahmekanüle f.
canule trachéale f.   Trachealkanüle f.
canule tympanique f.   Paukenspülröhrchen n.
caoutchouc m.   Gummi m., Kautschuk m.
caoutchouc mousse m.   Schaumgummi m.
caoutchouc vulcanisé m.   Hartgummi m.
capable   fähig
capable de gagner sa vie   erwerbsfähig
capable de procréer   zeugungsfähig
capable de résorption   resorptionsfähig
capacitation f.   Kapazitation f.
capacité f.   Fähigkeit f., Inhalt m., Kapazität f.
capacité auditive f.   Hörvermögen n.
capacité d'adaptation f.   Anpassungsfähigkeit f.
capacité d'allaiter f.   Stillfähigkeit f.
capacité de cohésion f.   Kohäsionsvermögen n.
capacité de concentration f.   Konzentrationsvermögen n.
capacité de contracter une affaire f.   Geschäftsfähigkeit f.
capacité de diffusion f.   Diffusionskapazität f.
capacité de discernement f.   Einsichtsfähigkeit f.
capacité de fixation en fer de sérum f.   Eisenbindungskazität (EBK) f.
capacité de fixation f.   Bindungskapazität f.
capacité de gagner sa vie f.   Erwerbsfähigkeit f.
capacité de perception f.   Wahrnehmungsvermögen n.
capacité de procréer   Zeugungsfähigkeit f.
capacité de réalisation f.   Leistungsfähigkeit f.
capacité de résistance f.   Widerstandsfähigkeit f.
capacité de résorption f.   Resorptionsfähigkeit f.
capacité de rétention f.   Retentionsfestigkeit f.

capacité de tester f.   Testierfähigkeit f.
capacité résiduelle f.   Residualkapazität f.
capacité respiratoire maximum f.   Atemgrenzwert m.
capacité vitale f.   Vitalkapazität f.
capacité vitale forcée f.   forcierte Vitalkapazität f.
capacités olfactives f. pl.   Geruchsvermögen n.
capacités visuelles f. pl.   Sehleistung f.
capécitabine f.   Capecitabin n.
capillaire m.   Kapillare f.
capillaire   kapillär
capillarité f.   Kapillarität f.
capillaroscopie f.   Kapillarmikroskopie f.
capillaroscopique   kapillarmikroskopisch
capnimètre m.   Kapnometer n.
capnimétrie f.   Kapnometrie f.
capnimétrique   kapnometrisch
capnographie f   Kapnographie f.
capnographique   kapnographisch
capobénate m.   Capobenat n.
capping m.   Kappenbildung f.
capréomycine f.   Capreomycin n.
caproate m.   Caproat n., Kaproat n.
caprofène m.   Caprofen n.
caprylate m.   Caprylat n., Kaprylat n.
capsicum m.   Capsicum n.
capside f.   Capsid n., Kapsid n.
capsomére m.   Kapsomer n.
capsule f.   Kapsel f.
capsule articulaire f.   Gelenkkapsel f.
capsule d évaporation f.   Abdampfschale f.
capsule de Bowman f.   Bowmansche Kapsel f.
capsule de Glisson f.   Glissonsche Kapsel f.
capsule gélatineuse f.   Gelatinekapsel f.
capsulectomie f.   Kapsulektomie f.
capsulite f.   Tenonitis f.
capsulotome m.   Kapselmesser n.
capsulotomie f.   Kapsulotomie f.
capteur m.   Messfühler m., Sensor m.
captodiamine f.   Captodiamin n.
captopril m.   Captopril n.
caractère m.   Charakter m.
caractère douloureux m.   Schmerzhaftigkeit f.
caractère grenu m.   Körnigkeit f.
caractère inadéquat m.   Inadäquanz f.
caractère infectieux m.   Infektiosität f.
caractère mutagène m.   Mutagenität f.
caractère polycrote m.   Polykrotie f.
caractère radical m.   Radikalität f.
caractère réfractaire m.   Refraktäreigenschaft f.
caractère sexuel m.   Geschlechtsmerkmal n.
caractères physiques m. pl.   Körperbeschaffenheit f.
caractériser   charakterisieren
caractéristique f.   Charakteristik f.
caractéristique   charakteristisch, eigentümlich, kennzeichnend
caractéristiques physiques f. pl.   Leibesbeschaffenheit f.
caractérologie f.   Charakterkunde f.
carbachol m.   Carbachol m., Karbachol n.
carbacrylamine f.   Karbakrylamin n.
carbamate m.   Karbamat n.
carbamazépine f.   Carbamazepin n., Karbamazepin n.
carbamazine f.   Carbamazin n., Karbamazin n.
carbamoylbétaméthylcholine f.   Karbamoylbetamethylcholin n.
carbamoylphosphate m.   Karbamoylphosphat n.
carbamoyltransférase f.   Karbamoyltransferase f.
carbamylase f.   Karbamylase f.
carbamyle m.   Karbamyl n.
carbamylphosphate m.   Carbamylphosphat n.
carbapénem m.   Carbapenem n.
carbaril m.   Carbaril n.
carbaryle m.   Karbaryl n.
carbazide m.   Karbazid n.
carbazone f.   Karbazon n.
carbécilline f.   Carbecillin n.
carbénicilline f.   Karbenicillin n.
carbénoxolone f.   Carbenoxolon n., Karbenoxolon n.
carbide m.   Karbid n.
carbidopa m.   Carbidopa n.
carbimazol m.   Carbimazol n., Karbimazol n.
carbimide m.   Karbimid n.
carbinol m.   Carbinol n., Karbinol n.
carbohydrase f.   Karbohydrase f.
carboligase f.   Karboligase f.
carboline f.   Karbolin n.
carbométrie f.   Kapnometrie f.
carbomycine f.   Carbomycin n.
carbonate m.   Karbonat n., kohlensaures Salz n.
carbonate d'ammoniaque m.   Hirschhornsalz n.
carbonate de calcium m.   Calciumcarbonat n., Kalziumkarbonat n.
carbonate de magnésium m.   Magnesiumkarbonat n.
carbonate de potassium m.   Kaliumkarbonat n.

carbonate de sodium m.   Natriumkarbonat n.
carbone m.   Kohlenstoff m.
carbone disulfide m.   Schwefelkohlenstoff m.
carbonisation f.   Verkohlung f.
carboniser   verkohlen
carbonyle m.   Carbonyl n., Karbonyl n.
carbo-pémétrexed m.   Carbo-Pemetrexed n.
carbophile   carbophil, karbophil
carborundum m.   Karborund n.
carboxamide m.   Carboxamid n., Karboxamid n.
carboxyestérase f.   Karboxyesterase f.
carboxyhémoglobine f.   Karboxyhämoglobin n.
carboxykinase f.   Karboxykinase f.
carboxylase f.   Carboxylase f., Karboxylase f.
carboxylation f.   Karboxylierung f.
carboxyle m.   Karboxyl n.
carboxyler   karboxylieren
carboxyméthylcellulose f.   Karboxymethylzellulose f.
carboxyméthylsine f.   Karboxymethylsin n.
carboxypeptidase f.   Carboxypeptidase f., Karboxypeptidase f.
carboxyterminal   karboxyterminal, carboxyterminal
carbromal m.   Carbromal n.
carburant m.   Kraftstoff m.
carbure d'hydrogène m.   Kohlenwasserstoff m.
carbure de silicium m.   Siliziumkarbid n.
carbutamide m.   Carbutamid n., Karbutamid n.
carbutérol m.   Carbuterol n.
carcino-embryonnaire   carcinoembryonal, karzinoembryonal
carcinogenèse f.   Karzinogenese f.
carcinoide m.   Karzinoid n.
carcinolyse f.   Karzinolyse f.
carcinolytique   karzinolytisch
carcinomateux   karzinomatös
carcinomatose f.   Karzinomatose f.
carcinome m.   Karzinom n.
carcinome annulaire m.   Ringwallkarzinom n.
carcinome cirrhotique m.   szirrhöses Karzinom n.
carcinome d'amputation m.   Stumpfkarzinom n.
carcinome villeux m.   Zottenkarzinom n.
carcinosarcome m.   Karzinosarkom n.
carcinose f.   Karzinose f.
cardamome f.   Kardamom n.
Cardarelli, signe de m.   Oliver-Cardarelli-Zeichen n.

cardia m.   Kardia f.
cardiaque   kardial
cardinal   kardinal
cardioaccélération f.   Herzbeschleunigung f.
cardiogénique   kardiogen
cardiogramme m.   Kardiogramm n.
cardiographie f.   Kardiographie f.
cardiographie magnétoscopique f.   Magnetokardiographie f.
cardiographie polaire f.   Polarkardiographie f.
cardiographique   kardiographisch
cardiolipine f.   Cardiolipin n.
cardiologie f.   Kardiologie f.
cardiologique   kardiologisch
cardiologue f.   Kardiologin f., Herzspezialistin f.
cardiologue m.   Kardiologe m., Herzspezialist m.
cardiolyse f.   Kardiolyse f.
cardiomalacie f.   Herzerweichung f., Kardiomalazie f.
cardiomégalie f.   Herzvergrößerung f., Kardiomegalie f.
cardiomyocyte m.   Kardiomyozyt m.
cardiomyopathie f.   Kardiomyopathie f.
cardiomyoplastie f.   Kardiomyoplastie f.
cardiooesophagien   kardioösophageal
cardioomentopexie f.   Kardioomentopexie f.
cardiopathie f.   Herzkrankheit f., Kardiopathie f.
cardiopathie coronarienne f.   KHK f. (koronare Herzkrankheit)
cardiopathie mûriforme f.   Maulbeerherzkrankheit f.
cardiopathique   kardiopathisch
cardiophobie f.   Herzangst f.
cardioplégie f.   Kardioplegie f., Herzschlag (pathol.) m.
cardioportal   kardioportal
cardioprotecteur   kardioprotektiv
cardiopulmonaire   kardiopulmonal, pneumokardial
cardiorespiratoire   kardiorespiratorisch
cardiosclérose f.   Kardiosklerose f.
cardiosélectif   kardioselektiv
cardiosélectivité f.   Kardioselektivität f.
cardiospasme m.   Cardiospasmus m.
cardiothérapie f.   Herzbehandlung f.
cardiothermographie f.   Kardiothermographie f.
cardiotocographe m.   Kardiotokograph m.
cardiotocographie f.   Kardiotokographie f.
cardiotocographique   kardiotokographisch
cardiotonique accessoire m.   Digitaloid n.

cardiotonique herzstärkend, kardiotonisch
cardiotoxicité f. Kardiotoxizität f.
cardiotoxicose f. Herzkrankheit, hyperthyreotische f.
cardiotoxique kardiotoxisch
cardiovasculaire kardiovaskulär
cardioversion f. Kardioversion f.
cardite f. Karditis f.
carénal karinal
carence f. Karenz f., Mangel m.
carence en fer f. Eisenmangel m.
carène f. Karina f.
carénone f. Carenon n.
caréonate m. Careonat n.
carfluzépate m. Carfluzepat n.
carie f. Zahnfäule f., Fraß m. (med.), Karies f.
carié kariös
caries, provoquant des karieserzeugend
carinamide m. Carinamid n.
carindacilline f. Carindacillin n.
carinoïde carinal
carisoprodol m. Carisoprodol n.
carmin m. Karmin n.
carminatif m. blähungswidriges Mittel n., Carminativum n.
carminatif blähungswidrig, carminativ
carmustine f. Carmustin n.
carnification f. Karnifikation f.
carnifier karnifizieren
carnitine f. Carnitin n., Karnitin n.
carnivore m. Karnivore m.
carnivore fleischfressend
carnosinase f. Karnosinase f.
carnosine f. Carnosin n., Karnosin n.
caroncule f. Karunkel m.
caroncule duodénale f. Vatersche Papille f.
caroténase f. Karotinase f.
carotène m. Karotin n.
caroténoïde m. Karotinoid n.
carotidogramme m. Karotispulskurve f.
carotte f. Karotte f.
carpe m. Handwurzel f.
carphologie f. Floccilegium n., Flockenlesen n., Krozidismus m.
carpien karpal
carpométacarpien karpometakarpal
carpopédal karpopedal
carragéen m. Irländisches Moos n.
carragheen m. Carragen n.
carré m. Quadrat m.
carte de l'activité électrique cérébrale f. Kartierung der elektrischen Hirntätigkeit f.
carte perforée f. Lochkarte f.
cartilage m. Knorpel m.
cartilage articulaire m. Gelenkknorpel m.
cartilage aryténoïde m. Aryknorpel m.
cartilage aryténoïdien m. Aryknorpel m.
cartilage corniculé m. Santorinischer Knorpel m.
cartilage cricoïde m. Ringknorpel m.
cartilage cunéiforme de Wrisberg m. Wrisbergscher Knorpel m.
cartilage de Luschka m. Luschkascher Knorpel m.
cartilage du sabot m. Hufknorpel m.
cartilage thyroïde m. Schildknorpel m.
cartilage voméronasal m. Vomeronasalknorpel m.
cartilagineux kartilaginär, knorpelig
cartothèque f. Kartothek f.
cartrizoate m. Cartrizoat n.
carvi m. Kümmel m.
caryoblaste m. Karyoblast m.
caryocinèse f. Karyokinese f.
caryoclasie f. Karyoklasie f.
caryogamie f. Karyogamie f.
caryogramme m. Kariogramm n.
caryolyse f. Karyolyse f.
caryolytique karyolytisch
caryométrie f. Karyometrie f.
caryorrhexis m. Karyorrhexis f.
caryosome m. Karyosom n.
caryotrope karyotrop
caryotype m. Karyotyp m.
caryotypique karyotypisch
cas m. Fall (Casus) m.
cas limite m. Grenzfall m.
cascade f. Kaskade f.
cascade de coagulation f. Gerinnungskaskade f.
caséeux käsig
caséification f. Tyrose f., Verkäsung f.
caséifier verkäsen
caséinate m. Kaseinat n.
caséine f. Kasein n.
caséinogénate m. Kaseinogenat n.
caséinogène m. Kaseinogen n.
caspase f. Caspase f.
caspofungine f. Caspofungin n.
casser brechen
cassette f. Kassette f. (radiol.)
cassette sériée f. Serienkassette f.
castrat m. Kastrat m.
castration f. Entmannung f., Kastration f.
castration par irradiation f. Strahlenkastration f.
castration unilatérale f. Semikastration f.
casuistique kasuistisch
catabiose f. Katabiose f.
catabiotique katabiotisch

catabolique katabolisch
catabolisant m. Katabolikum n.
cataboliser katabolisieren
catabolisme m. Katabolismus m.
catabolite m. Katabolit m.
catalase f. Catalase f., Katalase f.
catalepsie f. Katalepsie f.
cataleptique kataleptisch
catalogue m. Katalog m.
catalysateur m. Katalysator m.
catalyse f. Katalyse f.
catalyser katalysieren
catalytique katalytisch
catamnèse f. Katamnese f.
catamnestique katamnestisch
cataphorèse f. Kataphorese f.
cataphorétique kataphoretisch
cataplasie f. Anaplasie f., Kataplasie f.
cataplasme m. Breiumschlag m., Kataplasma n., Umschlag m.
cataplasme de moutarde m. Senfpflaster n.
cataplastique kataplastisch
cataplexie f. Kataplexie f.
cataplexie affective f. affektiver Tonusverlust m.
cataracte f. Cataracta f., Katarakt f., grauer Star m., Star (med.) m.
cataracte capsulaire f. Cataracta capsularis f., Kapselstar m.
cataracte centrale f. Zentralstar m.
cataracte corticale f. Cataracta corticalis f., Rindenstar m.
cataracte d'irradiation f. Strahlenkatarakt f.
cataracte débutante f. Cataracta incipiens f.
cataracte des souffleurs de verre f. Glasbläserstar m.
cataracte fusiforme f. Cataracta fusiformis f., Spindelstar m.
cataracte hypermûre f. Cataracta hypermatura f.
cataracte lamellaire f. Cataracta lamellaris f.
cataracte lenticulaire f. Cataracta lenticularis, Linsenstar m.
cataracte mûre f. Cataracta matura f.
cataracte nucléaire f. Cataracta nuclearis f., Kernstar m.
cataracte polaire f. Cataracta polaris f., Polstar m.
cataracte ponctuée f. Cataracta punctata f.
cataracte punctiforme f. punktförmiger Star m.
cataracte secondaire f. Nachstar m.
cataracte sénile f. Altersstar m.
cataracte tumescente f. Cataracta intumescens f.
cataracte zonulaire f. Cataracta zonularis f., Schichtstar m.
catarrhal katarrhalisch
catarrhe m. Katarrh m.
catarrhe tubaire m. Syringitis f.
catatacte adhérente f. Cataracta accreta f.
catatonie f. Katatonie f.
catatonique katatonisch
catéchine f. Catechin n., Katechin n.
catéchol m. Katechol n.
catécholamine f. Brenzkatechinamin n., Katecholamin n.
catégorie f. Kategorie f.
catgut m. Catgut n., Katgut m.
catharsis f. Katharsis f.
cathartique kathartisch
cathepsine f. Kathepsin n.
cathéter m. Katheter m.
cathéter à ballonnet m. Ballonkatheter m.
cathéter à demeure m. Dauerkatheter m.
cathéter cardiaque m. Herzkatheter m.
cathéter d'irrigation m. Spülkatheter m.
cathéter de Bozeman m. Bozemanscher Katheter m.
cathéter de Mercier m. Mercierscher Katheter m.
cathéter de Nélaton m. Nélatonkatheter m.
cathéter de Pezzer m. Pezzerscher Katheter m.
cathéter enroulable m. Einrollkatheter m.
cathéter flottant m. Einschwemmkatheter m.
cathéter Fogarty m. Fogartykatheter m.
cathéter trachéal m. Trachealkatheter m.
cathéter urétéral m. Harnleiterkatheter m.
cathéter veineux central m. Zentralvenenkatheter m.
cathéter veineux m. Venenkatheter m.
cathétériser katheterisieren
cathétérisme m. Katheterismus m.
cathétérisme cardiaque m. Herzkatheterisierung f.
cathétérisme laryngé m. Intubation f.
cathétérisme par bougie m. Bougierung f.
cathode f. Kathode f.
cathode incandescente f. Glühkathode f.
cation m. Kation n.
cationique kationisch
cauchemard m. Abdrücken n., Albtraum m.
cauchemars m. pl. Alpdrücken n.
caudal kaudal
caudale, en direction kaudalwärts
causal kausal, ursächlich, verursachend
causalgie f. Kausalgie f.
causalgique kausalgisch

cause f. Ursache f.
cause partielle f. Teilursache f.
causer auslösen, bewirken, hervorrufen, verursachen
caustique m. Ätzmittel n.
caustique ätzend, kaustisch
cautère m. Ätzmittel n., Glüheisen n. (med.), Kauter m.
cautérisant m. Kaustikum n.
cautérisation f. Kaustik f., Kauterisation f., Verätzung (therap.) f.
cautériser ätzen, ausbrennen, kauterisieren, wegbrennen
caverne f. Kaverne f.
caverneux kavernös
cavernome m. Kavernom n.
cavernoscopie f. Kavernoskopie f.
cavernosographie f. Kavernosographie f.
cavernosométrie f. Kavernosometrie f.
cavernostomie f. Kavernostomie f.
cavitaire kavitär
cavité f. Aussparung f., Grube f., Höhle f., Kavität f.
cavité abdominale f. Bauchhöhle f.
cavité articulaire f. Gelenkhöhle f.
cavité buccale f. Mundhöhle f.
cavité cotyloïde f. Hüftgelenkspfanne f.
cavité glénoïde f. Gelenkpfanne f.
cavité médullaire f. Marksinus m.
cavité pulpaire f. Pulpenhöhle f.
cavité thoracique f. Brusthöhle f.
cavité vestibulaire f. Backentasche f.
cavités pneumatiques paranasales f. pl. NNH (Nasennebenhöhlen) f. pl.
cavographie f. Cavographie f., Kavographie f.
cavoligature f. Kavaligatur f.
CCP (peptide cycliqué citrulliné) m. CCP (cyclisches citrulliniertes Peptid) n.
CEA (antigène carcino-embryonnaire) m. CEA (carcinoembryogenes Antigen) n.
cébocéphalie f. Zebozephalie f.
cécité f. Blindheit f., Erblindung f.
cécité au jaune et au bleu f. Blaugelbblinheit f.
cécité corticale f. Rindenblindheit f.
cécité musicale f. Notenblindheit f.
cécité verbale f. Wortblindheit f.
céfacétrile m. Cefacetril n.
céfaclor m. Cefaclor n.
céfadroxil m. Cefadroxil n.
céfalexine f. Cefalexin n.
céfaloridine f. Cefaloridin n.
céfamandole m. Cefamandol n.
céfapirine f. Cefapyrin n.
céfazoline f. Cefazolin n.
cefdinir m. Cefdinir n.
céfluroximaxétil m. Cefluroximaxetil n.
céfménoxime m. Cefmenoxim n.
céfopérazone f. Cefoperazon n.
céfotaxime f. Cefotaxim n.
céfotétane m. Cefotetan n.
céfotiam m. Cefotiam n.
céfoxitine f. Cefoxitin n.
céfradine f. Cefradin n.
céftazidime m. Cefcazidim n.
céftisoxime m. Ceftisoxim n.
céftriaxone f. Ceftriaxon n.
céfuroxime m. Cefuroxim n.
ceinture f. Gürtel m., Sitzgurt m.
ceinture abdominale f. Bauchhalter m.
ceinture de sécurité f. Sicherheitsgurt m.
ceinture médicale f. Leibbinde f.
ceinture scapulaire f. Schultergürtel m.
célécoxib m. Celecoxib n.
cellobiase f. Zellobiase f.
celloïdine f. Zelloidin n.
cellulaire zellenförmig, zellulär
cellulairement stable zellständig
cellulase f. Zellulase f.
cellule f. Zelle f.
cellule à mucus f. Schaumzelle f.
cellule adélomorphe f. Hauptzelle f.
cellule adventicielle f. Adventitiazelle f.
cellule alpha f. Alpha-Zelle f.
cellule auditive de l'organe de Corti f. Haarzelle des Cortischen Organes f.
cellule B f. B-Zelle f.
cellule basale f. Basalzelle f.
cellule béta f. Beta-Zelle f.
cellule brillante f. Glitzerzelle f.
cellule C f. C-Zelle f.
cellule caliciforme f. Becherzelle f.
cellule capsulaire f. Mantelzelle f.
cellule cardiaque de lésion f. Herzfehlerzelle f.
cellule chargée en lipide f. Fettspeicherzelle f.
cellule chevelue f. pathologische Haarzelle f.
cellule cible f. Schießscheibenzelle f., Zielscheibenzelle f.
cellule claire f. Klarzelle f.
cellule conjonctive f. Inozyt m.
cellule de compression f. Windkessel m.
cellule de comptage f. Messkammer f., Zählkammer f.
cellule de Ferrata f. Ferratazelle f.
cellule de Hargrave f. LE-Zelle f.
cellule de Heidenhain f. Hauptzelle f.
cellule de Hürthle f. Hürthlezelle .f.

cellule de l'épidérme Blamenteux f. Stachelzelle f.
cellule de la névroglie f. Gliazelle f.
cellule de Langerhans f. Langerhanssche Zelle f.
cellule de Paneth f. Panethsche Zelle f.
cellule de remplissage f. Füllkörper m.
cellule de revêtement f. Belegzelle f.
cellule délomorphe f. Belegzelle f.
cellule du tissu réticulé f. Retikulumzelle f.
cellule effectrice f. Effektorzelle f.
cellule en bague à sceau f. Siegelringzelle f.
cellule en panier f. Korbzelle f.
cellule épendymaire f. Glioblast m.
cellule étoilée de Kupffer f. Kupffersche Sternzelle f.
cellule fille f. Tochterzelle f.
cellule fusiforme f. Spindelzelle f.
cellule ganglionnaire f. Ganglienzelle f.
cellule géante f. Riesenzelle f.
cellule germinative f. Keimzelle f.
cellule gliale fusiforme posthypophysaire f. Pituizyt m.
cellule globoïde f. Globoidzelle f.
cellule granuleuse f. Granularzelle f.
cellule gustative f. Geschmackszelle f.
cellule intermédiaire f. Übergangszelle f.
cellule intersticielle f. Zwischenzelle f.
cellule interstitielle de Leydig f. Leydigsche Zwischenzelle f.
cellule jeune f. Blastzelle f.
cellule juxtaglomérulaire f. Justaglomerularzelle f.
cellule LE f. LE-Zelle f.
cellule leucocytaire jeune f. jugendlicher Leukozyt m.
cellule lymphoïde f. Lymphoidzelle f.
cellule lymphoïde nulle f. Nullzelle f.
cellule mastoïdienne f. Warzenfortsatzzelle f.
cellule mémorisante f. Gedächtniszelle f.
cellule mère f. Mutterzelle f.
cellule migratrice f. Wanderzelle f.
cellule mitrale f. Mitralzelle f.
cellule monochromatophile f. monochromatophile Zelle f.
cellule mûriforme f. Maulbeerzelle f.
cellule musculaire f. Muskelzelle f.
cellule naevique f. Naevozyt m., Naevuszelle f.
cellule nerveuse f. Nervenzelle f.
cellule NK (natural killer cell) f. Killerzelle f.
cellule nouvelle f. Frischzelle f.
cellule olfactive f. Riechzelle f.
cellule pacemaker f. Pacemakerzelle f.
cellule pavimenteuse f. Pflasterzelle f.

cellule pigmentaire f. Pigmentzelle f.
cellule principale f. Hauptzelle f.
cellule pyramidale f. Pyramidenzelle f.
cellule ronde f. Rundzelle f.
cellule sensorielle f. Sinneszelle f.
cellule souche f. Stammzelle f.
cellule spermique f. Samenzelle f.
cellule stellaire f. Sterzelle f.
cellule T f. T Zelle f.
cellule T helper f. Helferzelle f.
cellule thécale f. Thekazelle f.
cellule vacuolochromatique du rhinosclérome f. Mikuliczsche Zelle f.
cellule vitreuse f. Milchglaszelle f.
cellules CAR-T f. pl. CAR-T-Zellen (chimäre Antigenrezeptor-T-Zellen) f. pl.
cellulite f. Zellgewebsentzündung f.
cellulose f. Zellstoff m., Zellulose f.
cément m. Zement m.
cémenter zementieren
cémentification f. Zementbildung f.
cémentite f. Zementitis f.
cémentoblaste m. Zementoblast m.
cémentoclasie f. Zementoklasie f.
cémentoclaste m. Zementoklast m.
cémentocyte m. Zementozyt m.
cémentodentinien zementodentinal
cémentome m. Zementom n.
cendre f. Asche f.
cénesthésie f. Zönästhesie f.
centigramme m. Zentigramm n.
centilitre m. Zentiliter n.
centimètre m. Zentimeter n.
central zentral
centralisation f. Zentralisation f., Zentralisierung f.
centralisation circulatoire f. Kreislaufzentralisierung f.
centre m. Mittelpunkt m., Zentrum n.
centre anticancéreux m. Krebsklinik f.
centre cérébral du langage m. Sprachzentrum n.
centre d'information m. Beratungsstelle f.
centre de consultation maternelle m. Mütterberatungszentrum n.
centre de l'audition m. Hörzentrum n.
centre de médecine sociale m. Sozialstation f.
centre de pansements m. Hauptverbandplatz m.
centre de soins de postcure m. Nachsorgekrankenhaus n.
centre de soins m. Behandlungszentrum n.
centre germinal m. Keimzentrum n.
centre gustatif m. Geschmackszentrum n.

centre hospitalier universitaire (CHU) m. Universitätsklinik f.
centre moteur du langage de Broca m. Brocasches Zentrum n.
centre moteur m. motorisches Zentrum n.
centre nerveux m. Nervenzentrum n.
centre olfactif m. Riechzentrum n.
centre réflexe m. Reflexzentrum n.
centre respiratoire m. Atemzentrum n.
centre visuel m. Sehzentrum n.
centrifugation f. Zentrifugierung f.
centrifugé m. Zentrifugat n.
centrifuge zentrifugal
centrifuger zentrifugieren
centrifugeuse f. Zentrifuge f.
centriole m. Zentralkörperchen n., Zentriol n.
centripète zentripetal
centroblaste m. Zentroblast m.
centroblastique zentroblastisch
centrocytaire zentrozytär
centrocyte m. Zentrozyt m.
centroencéphalique zentrenzephal
centrolécithique zentrolezithal
centrolobaire zentrolobär
centrolobulaire zentrilobulär
centromère m. Kinetochor n., Zentromer n.
centroplasme m. Zentroplasma n.
centrosome m. Zentralkörper m., Zentrosom n.
centrotemporal zentrotemporal
céphadrine f. Cephadrin n.
céphalalgie f. Cephalalgie f.
céphalée f. Kopfschmerz m.
céphalée de Cluster f. Clusterkopfschmerz m.
céphalée de tension f. Spannungskopfschmerz m.
céphalexine f. Cephalexin n.
céphalhématome m. Kephalhämatom n.
céphaline f. Cephalin n., Kephalin n.
céphalocèle f. Kephalozele f.
céphalomètre m. Kephalometer n.
céphalométrie f. Kephalometrie f., Schädelmessung f.
céphalométrique kephalometrisch
céphalopancréatectomie f. Zephalopankreatektomie f.
céphaloridine f. Cephaloridin n.
céphalosporinase f. Cephalosporinase f.
céphalosporine f. Cephalosporin n.
céphalotine f. Cephalotin n.
céphalotomie f. Kephalotomie f.
céphalotripsie f. Kephalotripsie f.
céphalozine f. Cephalozin n.

céramidase f. Zeramidase f.
céramide f. Ceramid n., Zeramid n.
céramique f. Keramik f.
céramique, en keramisch
céramiste f. Keramikerin f.
céramiste m. Keramiker m.
cérasine f. Kerasin n.
cercaire f. Zerkarie f.
cerclage m. Zerklage f.
cercle m. Kreis m.
cercle vicieux m. Circulus vitiosus m.
cercosporose f. Zerkosporose f.
cercueil m. Sarg m.
céréale f. Zerealie f.
cérébelleux zerebellar
cérébellorubrospinal zerebellorubrospinal
cérébellostriaire striozerebellar
cérébellovestibulaire zerebellovestibulär
cérébral cerebral, zerebral
cérébromaculaire zerebromakulär
cérébromalacie f. Gehirnerweichung f.
cérébroméningé zerebromeningeal
cérébrone f. Zerebron n.
cérébrosclérose f. Zerebralsklerose f.
cérébrosidase f. Zerebrosidase f.
cérébroside m. Zerebrosid
cérébrosidose f. Zerebrosidose f.
cérébrospinal zerebrospinal
cérébrotendineux zerebrotendinös
cérébrovasculaire zerebrovaskulär
cérium m. Cer n., Zer n.
cérivastatine f. Cerivastatin n.
céroïde m. Ceroid n., Zeroid n.
certificat m. Attest n., Zertifikat n., Zeugnis n.
certificat d'aptitude au travail, faire un Gesundschreiben n.
certificat de décès m. Todesbescheinigung f.
certificat de décès m. Totenschein m.
certificat de vaccination m. Impfschein m.
certificat médical m. ärztliches Zeugnis n., ärztliches Attest n., ärztliche Bescheinigung f.
certification f. Zertifizierung f.
certifier zertifizieren
certoparine f. Certoparin n.
céruléine f. Caerulein n.
cérulétide m. Ceruletid n.
céruloplasmine f. Coeruloplasmin n.
cérumen m. Ohrenschmalz m., Ohrschmalz m., Zerumen n.
cérumineux zeruminal
cerveau m. Gehirn n., Hirn n.
cerveau électronique m. Elektronengehirn n.
cervelet m. Kleinhirn n.

cervical zervikal
cervicite f. Kolpitis f.
cervicoaxial zervikoaxial
cervicobrachial zervikobrachial
cervicobuccal zervikobukkal
cervicolingual zervikolingual
cervicoscopie f. Zervikoskopie f.
cervicothoracique zervikothorakal
cervicovaginal zervikovaginal
césarienne f. Kaiserschnitt m., Schnittentbindung f.
césarienne de Porro f. Porro-Operation f.
césium m. Caesium n., Zäsium n.
cessation f. Aufhören n.
cesser aufhören
cestode m. Cestode m., Zestode f.
cétiprolol m. Cetiprolol n.
cétoacide m. Ketosäure f.
cétobémidone f. Zetobemidon n., Cetobemidon n.
cétocomposé m. Ketoverbindung f.
cétogène ketogen
cétoglutarate m. Ketoglutarat n.
cétoheptose m. Ketoheptose f.
cétohexokinase f. Ketohexokinase f.
cétohexose m. Ketohexose f.
cétoisocaproate m. Ketoisokaproat n.
cétoisovalériate m. Ketoisovaleriat n.
cétolaurate m. Ketolaurat n.
cétolytique ketolytisch
cétone f. Keton n.
cétonémie f. Ketonämie f.
cétonurie f. Ketonurie f.
cétopipérazine f. Ketopiperazin n.
cétoplastique ketoplastisch
cétose m. Ketose (Ketozucker) f.
cétose (acidocétose) f. Ketose (Azidose) f.
cétosique ketotisch
cétostéroïde m. Ketosteroid n.
cétotétrose m. Ketotetrose f.
cétothiolase f. Ketothiolase f.
cétylpyridinium m. Cetylpyridinium n.
cévadille f. Sabadille f.
chaîne f. Kette f.
chaîne courte f. kurze Kette f.
chaîne de télévision f. Fernsehkette f.
chaîne fermée f. geschlossene Kette f.
chaîne latérale f. Seitenkette f.
chaîne légère f. leichte Kette f., Leichtkette f.
chaîne longue f. lange Kette f.
chaîne lourde f. schwere Kette f.
chaîne ouverte f. offene Kette f.
chaîne réflexe f. Kettenreflex m.
chaine respiratoire f. Atmungskette f.
chaîne, en- kettenartig

chair f. Fleisch n.
chair de poule f. Gänsehaut f.
chaise percée f. Nachtstuhl m.
chalarose f. Chalarose f.
chalaze f. Hahnentritt m. (veter.)
chalazion m. Chalazion n., Hagelkorn n.
chaleur f. Hitze f., Wärme f.
chaleur du corps f. Körperwärme f.
chaleur fébrile f. Fieberhitze f.
chalicose f. Chalikose f.
chambre f. Kammer f.
chambre antérieure de l'oeil f. vordere Augenkammer f.
chambre antérieure f. Vorderkammer f.
chambre climatique f. Klimakammer f.
chambre de Boyden f. Boydenkammer f.
chambre de diffusion f. Diffusionskammer f.
chambre du patient f. Krankenzimmer n.
chambre froide pour les corps f. Leichenkühlraum m.
chambre hypobare f. Unterdruckkammer f.
chambre noire f. Dunkelkammer f.
chambre postérieure Hinterkammer f.
chambre postérieure de l'oeil f. hintere Augenkammer f.
chambre pulpaire f. Pulpenkammer f.
champ auditif m. Hörbereich m.
champ élevé m. Hochfeld n.
champ fixé m. Stehfeld n.
champ inférieur m. Unterfeld n.
champ lumineux m. Leuchtfeld n.
champ magnétique m. Magnetfeld n.
champ obscur m. Dunkelfeld n.
champ opératoire m. Operationsgebiet n.
champ pulmonaire apical m. Lungenspitzenfeld n.
champ pulmonaire inférieur m. Lungenunterfeld n.
champ pulmonaire m. Lungenfeld n.
champ pulmonaire moyen m. Lungenmittellappen m.
champ pulmonaire supérieur m. Lungenoberfeld n.
champ visuel m. Gesichtsfeld n.
champignon m. Pilz m.
champignon comestible m. essbarer Pilz m.
champignon vénéneux m. Giftpilz m.
chance f. gutes Risiko n.
chanceler taumeln
chancre m. Schanker m.
chancre syphilitique m. syphilitischer Primäraffekt m.
chancreux schankrös
chancroïde m. weicher Schanker m.
changeant unstet

changement m. Umschlag (Änderung) m., Veränderung f.
changement d'hôte m. Wirtswechsel m.
changement de hauteur m. Höhenverstellung f.
changement de position m. Lageveränderung f.
changement de syndrome m. Syndromwechsel m.
changement de temps m. Witterungsumschlag m.
changer de couleur verfärben
changeur d'échantillon m. Probenwechsler m.
changeur de cassette m. Kassettenwechsler m.
changeur de film m. Filmwechsler m.
chanvre m. Hanf m.
chapelet rachitique m. rachitischer Rosenkranz m.
charbon m. Milzbrand m.
charbon activé m. Aktivkohle f.
charbon activé m. Carbo medicinalis f.
charbon animal m. Tierkohle f.
charbon de bois m. Holzkohle f.
charbon symptomatique m. Rauschbrand m.
chardon de Marie m. Mariendistel m.
charge f. Belastung f., Ladung f., Last f.
charge consécutive f. Nachbelastung f.
charge de production f. Herstellungscharge f.
charge permanente f. Dauerbelastung f.
charge utile f. Nutzlast f.
charge volumique f. Volumenbelastung f.
chargé(e) de cours m./(f.) Dozent(in) m./(f.)
charger beladen, belasten, laden
chariot m. Transportwagen m.
chariot (pour le transport des malades) m. Krankentransportwagen m.
chariot d'anesthésie m. Narkosewagen m.
chariot pour les corps m. Leichenmulde f.
charlatan m. Quacksalber m.
charlatane f. Quacksalberin f.
charlatanisme m. Quacksalberei f.
charnière f. Scharnier n.
charnière du bridge f. Brückenscharnier n.
charnu fleischig
charogne f. Aas (veter.) n.
charogne f. Aas (veter.) n.
charpente osseuse f. Knochengerüst n.
chat m. Katze f.
châtaigne f. Kastanie f.
chatouillement m. Kitzeln n.
chatouiller kitzeln
châtrer kastrieren
chaud warm
chauffer erhitzen, wärmen
chauve haarlos, kahl, kahlköpfig
chaux f. Kalk m.
chaux éteinte f. Kalziumhydroxid n.
chaux sodée f. Natronkalk n.
chef de clinique m. Oberärztin f., Oberarzt m.
chef de service m. Chefarzt m.
chéilectomie f. Cheilektomie f.
chéilite f. Cheilitis f.
cheilognathouranoschizis m. Wolfsrachen m.
chéiloplastie f. Lippenplastik f.
chéiloschizis m. Lippenspalte f.
chéilose f. Cheilose f.
chélatase f. Chelatase f.
chélate m. Chelat n.
chélateur m. Chelatbildner m.
chélidoine f. Chelidonium n.
chéloïde f. Keloid n.
chéloïde cicatricielle f. Narbenkeloid n.
chémodectome m. Chemodektom n.
chémonucléolyse f. Chemonukleolyse f.
chémoprophylaxie f. Chemoprophylaxe f.
chémorécepteur m. Chemorezeptor m.
chémorésistance f. Chemoresistenz f.
chémorésistant chemoresistent
chémosis m. Chemosis f.
chemothérapie f. Chemotherapie f.
chéoplastie f. Cheoplastik f.
chéoplastique cheoplastisch
chercheur m. Finder m., Forscher m.
chérubinisme m. Cherubismus m.
cheval bai m. Braune (veter.) f.
cheval blanc m. Schimmel (Pferd) m.
chevêtre m. Capistrum n., Halfterverband m.
cheveu m. Haar n.
cheveux gris, aux grauhaarig
cheville f. Fußgelenk n., Knöchel m., oberes Sprunggelenk n.; Bolzen m., Dübel m., Pflock m.
cheville en valgus f. Knickfuß m.
chiasma m. Chiasma n.
chiasmatique chiasmatisch
chicot m. Zahnstumpf m.
chimère f. Chimäre f., Schimäre f.
chimérique chimärisch
chimie f. Chemie f.
chimie des colloïdes f. Kolloidchemie f.
chimie physiologique f. physiologische Chemie f.
chimiocinétique f. Chemokinetik f.
chimiocinétique chemokinetisch

chimioembolisation f. Chemoembolisation f.
chimiokine f. Chemokin n.
chimioprotecteur m. Chemoprotektor m.
chimioradiothérapie f. Chemioradiotherapie f.
chimiosensitif chemosensitiv
chimiosensoriel chemosensorisch
chimiotactique chemotaktisch
chimiotactisme m. Chemotaxis f.
chimiotaxie f. Chemotaxis f.
chimiothérapeutique chemotherapeutisch
chimiothérapie f. Chemotherapie f.
chimique chemisch
chimisme m. Chemismus m.
chimiste f. Chemikerin f.
chimiste m. Chemiker m.
chinone f. Chinon n.
chinoside m. Chinosid n.
chinosol m. Chinosol n.
chiot m. Welpe m.
chique f. Sandfloh m.
chiragra f. Chiragra f.
chiral chiral
chiropraticien m. Chiropraktiker m.
chiropraxie f. Chiropraxis f.
chiropraxique chiropraktisch
chirothérapie f. Chirotherapie f.
chirurgical chirurgisch
chirurgie f. Chirurgie f.
chirurgie à coeur ouvert f. Chirurgie am offenen Herzen f.
chirurgie abdominale f. Bauchchirurgie f.
chirurgie buccale f. Mundchirurgie f.
chirurgie cardiaque f. Herzchirurgie f.
chirurgie cérébrale f. Hirnchirurgie f.
chirurgie d'urgence f. Notfallchirurgie f.
chirurgie dentaire conservatrice f. konservierende Zahnheilkunde f.
chirurgie dentaire f. Zahnheilkunde f.
chirurgie esthétique f. plastische Chirurgie f.
chirurgie générale f. allgemeine Chirurgie f.
chirurgie infantile f. Kinderchirurgie f.
chirurgie majeure f. große Chirurgie f.
chirurgie maxillaire f. Kieferchirurgie f.
chirurgie optique f. Augenchirurgie f.
chirurgie pulmonaire f. Lungenchirurgie f.
chirurgie reconstructive f. Wiederherstellungschirurgie f.
chirurgie thoracique f. Thoraxchirurgie f.
chirurgie vasculaire f. Gefäßchirurgie f.
chirurgie vétérinaire f. Tierchirurgie f.
chirurgien chef du service m. Chefchirurg m.
chirurgien m. Chirurg m., Fachgebietsarzt für Chirurgie m.
chirurgien vétérinaire m. Tierchirurg m.
chirurgienne f. Chirurgin f.
chitine f. Chitin n.
chitosamine f. Chitosamin n.
Chlamydia f. Chlamydie f.
chloasma m. Chloasma n.
chloracétate m. Chlorazetat n.
chloral m. chloral m.
chloralose f. Chloralose f.
chlorambucil m. Chlorambucil n.
chloramine f. Chloramin n.
chloramphénicol m. Chloramphenicol n.
chlorate m. Chlorat n.
chlordane m. Chlordan n.
chlordantoïne f. Chlordantoin n.
chlordécone f. Chlordecon n.
chlordiazépoxide m. Chlordiazepoxid n.
chlordinitrobenzène m. Chlordinitrobenzol n.
chlore m. Chlor n.
chlore résiduel m. Restchlor n.
chlorer chlorieren
chloréthylcyclohexyl-nitroso-urée f. Chloräthyl-Cyclohexyl-Nitroso-Hamstoff, m.
chloréthyle m. Chloräthyl n.
chlorhexadol m. Chlorhexadol n.
chlorhexidine f. Chlorhexidin n.
chlorhydrique muriatisch
chlorite f. Chlorit n.
chlormadinone f. Chlormadinon n.
chlorméthiazole m. Chlormethiazol n.
chlorobutanol m. Trichlorisobutylalkohol m.
chlorocyte m. Chlorozyt m.
chlorodontie f. Chlorodontie f.
chloroforme m. Chloroform n.
chloroformisation f. Chloroformierung f.
chloroguanide m. Chloroguanid n.
chloroiodoquine f. Iodchloroxychinolin n.
chlorolymphosarcome m. Chlorolymphosarkom n.
chlorome m. Chlorom n.
chloromyélome m. Chloromyelom n.
chlorophénol m. Chlorophenol n.
chlorophylle f. Clorophyll n.
chloroprène m. Chloropren n.
chloroprive chloropriv
chloropurine f. Chloropurin n.
chloroquine f. Chloroquin n.
chlorose f. Bleichsucht f.
chlorose f. Chlorose f.
chlorothiazide m. Chlorothiazid n.
chlorotique bleichsüchtig, chlorotisch
chlorotrianisène m. Chlortrianisen n.

chloroxazone f. Chloroxazon n.
chlorphénésine f. Chlorphenesin n.
chlorphéniramine f. Chlorpheniramin n.
chlorphénol m. Chlorphenol n.
chlorphénoxamine f. Chlorphenoxamin n.
chlorphentermine f. Chlorphentermin n.
chlorpromazine f. Chlorpromazin n.
chlorpropamide m. Chlorpropamid n.
chlorprotixène m. Chlorprotixen n.
chlorquinaldol m. Chlorquinaldol n.
chlortalidone f. Chlortalidon n.
chlortétracycline f. Chlortetracyclin n.
chlorure m. Chlorid n.
chlorure calcique m. Chlorkalk m.
chlorure d'ammonium m. Ammoniumchlorid n.
chlorure d'éthyle m. Chlorethyl n.
chlorure de calcium m. Calciumchlorid n., Chlorkalzium n., Kaliumchlorid n.
chlorure de chaux m. Chlorkalk m.
chlorure de potassium m. Chlorkalium n., Kaliumchlorid n.
chlorure de sodium m. Kochsalz n., Natriumchlorid n.
chlorure de triphényltétrazolium m. TTC (Triphenyltetrazoliumchlorid) n.
chlorure de zinc m. Zinkchlorid n.
chlorure mercureux m. Kalomel n., Quecksilberchlorid n.
chlorure mercuriel m. Merkurochlorid n.
chlorzotocine f. Chlorzotocin n.
chlorzoxazone f. Chlorzoxazon n.
choanal choanal
choane f. Choane f.
choc m. Puff (med.) m., Schock m., Stoß m.
choc d'explosion m. Explosionsschock m.
choc de la pointe du coeur m. Spitzenstoß m.
choc en dôme m. hebender Spitzenstoß m.
choc nerveux m. Nervenschock m.
choc par insuffisance circulatoire aigue m. Kreislaufschock m.
choc toxique, syndrome de m. toxisches Schocksyndrom n.
choix de l'objet m. Objektwahl f.
choix des dates m. Terminwahl f.
cholagogue m. Cholagogum n.
cholagogue cholagog
cholane m. Cholan n.
cholangiocellulaire cholangiozellulär
cholangiogramme m. Cholangiogramm n.
cholangiographie f. Cholangiographie f.
cholangiographie transhépatique percutanée f. PTC (perkutane transhepatische Cholangiographie) f.
cholangiographique cholangiographisch
cholangiolite f. Cholangiolitis f.
cholangiome m. Cholangiom n.
cholangiométrie f. Cholangiometrie f.
cholangiopancréaticographie f. Cholangiopankreatikographie f.
cholangiopancréatographie endoscopique par voie rétrograde f. ERCP (endoskopische retrograde Choangiopankreatikographie) f.
cholangioscopie f. Cholangioskopie f.
cholangiostomie f. Cholangiostomie f.
cholangiotomie f. Cholangiotomie f.
cholangite f. Cholangitis f.
cholangitique cholangitisch
cholanthrène m. Cholanthren n.
cholate m. Cholat n.
cholécalciférol m. Cholecalciferol n.
cholécystectomie f. Cholezystektomie f.
cholécystite f. Cholezystitis f.
cholécystitique cholezystitisch
cholécystoduodénostomie f. Cholezystoduodenostomie f.
cholécystogastrostomie f. Cholezystogastrostomie f.
cholécystogramme m. Cholezystogramm n.
cholécystographie f. Cholezystographie f.
cholécystographique cholezystographisch
cholécystoiléostomie f. Cholezystoileostomie f.
cholécystojéjunostomie f. Cholezystojejunostomie f.
cholécystokinine f. Cholecystokinin (CCK) n.
cholécystolithiase f. Cholezystolithiasis f.
cholécystopathie f. Cholezystopathie f.
cholécystopexie f. Cholezystopexie f.
cholécystostomie f. Cholezystostomie f.
cholédochoduodénostomie f. Choledochoduodenostomie f.
cholédochoectomie f. Choledochektomie f.
cholédochoentérostomie f. Choledochoenterostomie f.
cholédochojéjunostomie f. Choledochojejunostomie f.
cholédocholithiase f. Choledocholithiasis f.
cholédocholithotomie f. Choledocholithotomie f.
cholédochoplastie f. Choledochusplastik f.
cholédochorraphie f. Choledochorraphie f.
cholédochoscopie f. Choledochoskopie f.
cholédochostomie f. Choledochostomie f.
cholédochotomie f. Choledochotomie f.
cholélithiase f. Cholelithiasis f.
cholélitholyse f. Cholelitholyse f.
cholémie f. Cholämie f.

cholémique cholämisch
cholépéritonite f. gallige Peritonitis f.
choléra asiatique m. Cholera asiatica f.
choléra des volailles m. Geflügelcholera f.
choléra du porc Schweinepest f.
cholérèse f. Cholerese f.
cholérétique m. Choleretikum n.
cholérétique choleretisch
cholestase f. Cholestase f.
cholestatique cholestatisch, cholostatisch
cholestéatome m. Cholesteatom n.
cholestérase f. Cholesterase f.
cholestérol m. Cholesterin n.
cholestérol total m. Gesamtcholesterin n.
cholestyramine f. Cholestyramin n.
choline f. Cholin n.
cholinergique cholinergisch
cholinestérase f. Cholinesterase f.
cholostase f. Cholostase f.
cholurie f. Cholurie f.
chondrification f. Knorpelbildung f., Verknorpelung f.
chondrine f. Chondrin n.
chondriome m. Chondriom n.
chondrite f. Chondritis f.
chondroadénome m. Chondroadenom n.
chondroangiome m. Chondroangiom n.
chondroblaste m. Chondroblast m.
chondroblastome m. Chondroblastom n.
chondrocalcinose f. Chondrokalzinose f.
chondroclaste m. Chondroklast m.
chondrocyte m. Chondrozyt m.
chondrodermite f. Chondrodermatitis f.
chondrodysplasie f. Chondrodysplasie f.
chondrodystrophie f. Chondrodystrophie f.
chondroectodermique chondroektodermal
chondrogène chondrogen
chondrogenèse f. Chondrogenese f., Knorpelbildung f.
chondroïtinase f. Chondroitinase f.
chondroïtine f. Chondroitin n.
chondrolyse f. Chondrolyse f.
chondromalacie f. Chondromalazie f.
chondromatose f. Chondromatose f.
chondrome m. Chondrom n.
chondromyxome m. Chondromyxom n.
chondroostéodystrophie f. Chondroosteodystrophie f.
chondroplastie f. Chondroplastik f.
chondroplastique chondroplastisch
chondrosarcome m. Chondrosarkom n.
chondrotomie f. Chondrotomie f.
chordés m. pl. Chordata n. pl.
chordite f. Chorditis f.
chordite tubéreuse (des chanteurs) f. Sängerknötchen n.
chordoblastome m. Chordoblastom n.
chordome m. Chordom n.
chordotomie f. Chordotomie f.
chorée de Huntington f. Corea Huntington f.
chorée de Sydenham f. Chorea Sydenham f.
choréiforme choreiform
choréique choreatisch
choréo-athétoïde choreoathetoid
choréo-athétose f. Choreoathetose f.
choréomanie f. Choreomanie f.
chorial chorial
chorio-allantoïde m. Chorioallantois f.
chorioangiome m. Chorioangiom n.
choriocarcinome m. Chorionkarzinom n.
chorio-épithéliome m. Choriom n., Chorionkarzinom n.
chorioïdectomie f. Chorioidektomie f.
chorioïdite f. Chorioiditis f.
chorioïdopathie f. Chorioidopathie f.
chorioïdopathique chorioidopathisch
choriomeningite f. Choriomeningitis f.
chorion m. Chorion n.
choriorétinien chorioretinal
choriorétinite f. Chorioretinitis f.
choristie f. Choristie f.
choristome m. Choristom n.
choroïde f. Aderhaut f., Chorioidea f.
choroïdien choroidal
Christmas, facteur de m. Christmas-Faktor m.
chromaffine chromaffin
chromaffinome m. Chromaffinom n.
chromargentaffine chromargentaffin
chromate m. Chromat n.
chromatide f. Chromatide f.
chromatine f. Chromatin n.
chromatine sexuelle f. Geschlechtschromatinkörper m., Sexchromatin n.
chromatique chromatisch
chromatogène chromatogen
chromatographe à phase liquidienne m. Flüssigkeitschromatograph m.
chromatographe en phase gazeuse m. Gaschromatograph m.
chromatographie f. Chromatographie f.
chromatographie à phase liquidienne f. Flüssigkeitschromatographie f.
chromatographie en colonne f. Säulenchromatographie f.
chromatographie gazeuse f. Gaschromatographie f.

chromatographie liquidienne de pression élevée f. Hochdruckflüssigkeitschromatographie f.
chromatographique chromatographisch
chromatolyse f. Chromatolyse f.
chromatophile chromatophil
chromatophilie f. Chromatophilie f.
chromatophore m. Chromatophor n.
chromatopsie f. Chromatopsie f.
chromatose f. Chromatose f.
chromatoskiamètre m. Chromatoskiameter n.
chrome m. Chrom n.
chromhidrose f. Chromhidrose f.
chromitose f. Chromitose f.
chromoblaste m. Chromoblast m.
chromocystoscopie f. Chromozystoskopie f.
chromocystoscopique chromozystoskopisch
chromoendoscopie f. Chromoendoskopie f.
chromogène m. Chromogen n.
chromogène chromogen
chromogranine f. Chromogranin n.
chromomère m. Chromomer n.
chromonéma m. Chromonema n.
chromophile chromophil
chromophobe chromophob
chromoprotéïne f. Chromoprotein n.
chromoscope m. Chromoskop n.
chromoscopie f. Chromoskopie f.
chromoscopique chromoskopisch
chromosome m. Chromosom n.
chromosome de Christchurch m. Christchurch-Chromosom n.
chromosome en anneau m. Ringchromosom n.
chromosome géant m. Riesenchromosom n.
chromosomes sexuels m. pl. Sexchromosomen n. pl.
chromotrope chromotrop
chromozyme m. Chromozym n.
chronaxie f. Chronaxie f.
chronaximètre m. Chronaximeter n.
chronaximétrie f. Chronaximetrie f.
chronaximétrique chronaximetrisch
chronicité f. Chronizität f.
chronifier chronifizieren
chronique chronisch
chronobiologie f. Chronobiologie f.
chronocinétique f. Chronokinetik f.
chronomédecine f. Chronomedizin f.
chronomètre m. Stoppuhr f.
chronopathologie f. Chronopathologie f.
chronopharmacologie f. Chronopharmakologie f.
chronopharmacologique chronopharmakologisch
chronotrope chronotrop
chrysarobine f. Chrysarobin n.
chrysène m. Chrysen n.
chrysoïdine f. Chrysoidin n.
chrysophanate m. Chrysophanat n.
chrysothérapie f. Goldbehandlung f.
chrysotoxine f. Chrysotoxin n.
chuchoter flüstern
chute f. Abfall (Abstieg) m., Fall (Sturz) m.
chute de cheveux f. Haarausfall m.
chute de tension f. Blutdruckabfall m.
chuter abfallen (absteigen)
Chvostek, signe de m. Chvostek-Zeichen n.
chyle m. Chylus m.
chyleux chylös
chylomicron m. Chylomicron n.
chylopéricarde m. Chyloperikard n.
chylopéritoine m. Chyloperitoneum n.
chylothorax m. Chylothorax m.
chylurie f. Chylurie f.
chyme m. Chymus m.
chymeux chymös
chymopapaïne f. Chymopapain n.
chymosine f. Labferment n.
chymotrypsine f. Chymotrypsin n.
cibenzoline f. Cibenzolin n.
cible f. Zielscheibe f.
ciblé zielgerichtet
cicatoxine f. Cicatoxin n.
cicatrice f. Narbe f.
cicatrice de constriction f. Schnürnarbe f.
cicatrice postopérative f. Operationsnarbe f.
cicatriciel narbig
cicatriciel, d'aspect narbenähnlich
cicatrisation f. Narbenbildung f., Vernarbung f.
cicatrisation (primaire/secondaire) f. Wundheilung (primäre/sekundäre) f.
cicatriser vernarben, verwachsen
ciclacilline f. Ciclacillin n.
ciclosonide m. Ciclosonid n.
ciclosporine f. Ciclosporin n.
cidofovir m. Cidofovir n.
cigarette électronique f. elektronische Zigarette (E-Zigarette) f.
ciguatera f. Ciguatera f.
ciguatoxine f. Ciguatoxin n.
cigué f. Schierling m.
cil m. Augenwimper f., Wimper f., Zilie f.
cil vibratile m. Geißel f. (biol.)
cilastatine f. Cilastatin n.
cilazapril m. Cilazapril n.
cilexetil m. Cilexetil n.

ciliaire ziliar
ciliectomie f. Ziliektomie f.
ciliospinal ziliospinal
ciment m. Zement m.
ciment de silicate m. Silikatzement m.
ciment oxyde de zinc m. Zinkzement m.
ciment silicate de zinc m. Zinksilikatzement m.
cimenter zementieren
cimétidine f. Cimetidin n.
Cimex lectularius m. Cimex lectularius m.
cinabre m. Zinnober m.
cinéangiographie f. Kineangiographie f.
cinéangiographique kineangiographisch
cinématographie f. Kinematographie f.
cinéradiographie f. Kineradiographie f., Kineröntgenographie f.
cinésie paradoxale f. Bradykinesie f.
cinésiologie f. Kinesiologie f.
cinésiologique kinesiologisch
cinesthésie f. Kinästhesie f.
cinétique f. Kinetik f.
cinétique kinetisch
cinétose f. Kinetose f.
cinétose des astronautes f. Raumfahrerkrankheit f.
cingulectomie f. Zingulektomie f.
cinnamate m. Cinnamat n.
cinnarizine f. Cinnarizin n.
cinoxacine f. Cinoxacin n.
cinquième, maladie f. fünfte Krankheit f.
cintré gewölbt
cipionate m. Cipionat n.
ciprofloxacine f. Ciprofloxacin n.
ciproximide m. Ciproximid n.
circadien zirkadian, zirkadisch
circiné zirzinär
circoncision f. Beschneidung f., Umschneidung f., Zirkumzision f.
circonférence f. Umfang m., Zirkumferenz f.
circonscrit zirkumskript
circonvulution f. Gyrus m.
circonvolution cérébrale f. Gehirnwindung f.
circonvolution postcentral/précentral f. hintere/vordere Zentralwindung f.
circuit m. Stromkreis m.
circuit contrôle m. Regelkreis m.
circuit fonctionnel m. Funktionskreis m.
circulaire kreisförmig, zirkulär
circulation f. Kreislauf m., Verkehr m., Zirkulation f.
circulation collatérale f. Kollateralkreislauf m.
circulation porte f. Pfortaderkreislauf m.
circulation pulmonaire f. kleiner Kreislauf m., Lungenkreislauf m.
circulation résiduelle f. Restkreislauf m.
circulation sanguine f. Blutkreislauf m.
circulation systémique f. großer Kreislauf m.
circulatoire zirkulatorisch
circuler zirkulieren
circumduction f. Zirkumduktion f.
circumsporozoïte m. Circumsporozoit n., Zirkumsporozoit n.
cire f. Wachs m.
cire brûlée f. Wachsausbrennen n.
cire d'abeille f. Bienenwachs m.
cire de carnauba f. Karnaubawachs m.
cire minérale f. Mineralwachs n.
cire mordue f. Wachsbiss m.
cire osseuse f. Knochenwachs n.
cireux wächsern
cirrhose f. Cirrhose f., Zirrhose f.
cirrhose adipeuse f. Fettzirrhose f.
cirrhose atrophique du foie f. Schrumpfleber f.
cirrhose congestive f. Stauungszirrhose f.
cirrhose de Laennec f. Laennecsche Zirrhose f.
cirrhose du foie f. Leberzirrhose f.
cirrhose pigmentaire diabétique f. Bronzediabetes m.
cirrhose pigmentaire f. Pigmentzirrhose f.
cirrhotique cirrhotisch, zirrhotisch
cirsoïde varizenähnlich
cisaillement m. Abscherung f.
cisailles à plâtre f. pl. Gipsschere f.
ciseau m. Meißel m.
ciseau à émail m. Schmelzmeißel m.
ciseau plat m. Flachmeißel m.
ciseau rotatif m. Drehmeißel m.
ciseaux à couronne m. pl. Kronenschlitzer m.
ciseaux à gencive m. pl. Zahnfleischschere f.
ciseaux à métal m. pl. Blechschere f.
ciseaux à ongles m. pl. Nagelschere f.
ciseaux à pansement m. pl. Verbandschere f.
ciseaux d'anatomie m. pl. anatomische Schere f.
ciseaux de chirurgie m. pl. Operationsschere f., chirurgische Schere f.
ciseaux m. pl. Schere f.
ciseaux pour couper le cordon m. pl. Nabelschnurschere f.
cisplatine m. Cis-Platinum n.
cisternal zisternal
cisternographie f. Zisternographie f.
cisternostomie f. Zisternostomie f.
cistron m. Cistron n., Zistron n.

citalopram m. Citalopram n.
citer zitieren
citerne f. Zisterne f.
citrate m. Zitrat n.
citrate de sodium m. Natriumzitrat n.
citrine f. Zitrin n.
citrochlorure m. Citrochlorid n., Zitrochlorid n.
citruliner citrullinieren
citrulline f. Citrullin n., Zitrullin n.
citrullinémie f. Citrullinämie f.
citrullinurie f. Citrullinurie f.
civière f. Trage f.
cladosporiose f. Cladosporiose f., Kladosporiose f.
cladotrichose f. Cladotrichose f., Kladotrichose f.
cladribine f. Cladribin n.
clair klar
clamp m. Halter m., Klammer f., Klemme f.
clamp à position ouverte ou fermée m. Quetschhahn m.
clamp à ressort m. Federklemme f.
clamp bronchique m. Bronchusklemme f.
clamp compressif m. Quetschklemme f.
clamp intestinal de Payr m. Payrsches Darmkompressorium n.
clamp intestinal m. Darmklemme f.
clamp proximal m. Approximalklammer f.
clamp tubulaire m. Schlauchklemme f.
clamp urétral m. Penisklemme f.
clamper abklemmen
clapotement m. Plätschergeräusch n.
clarification f. Klärung f.
clarifier klären
Clarke, colonne de f. Clarkesche Säule f.
clasmatocyte m. Klasmatozyt m.
classe f. Klasse f.
classeur m. Hefter m.
classification f. Gliederung f., Gruppierung f., Klassifikation f.
classification d'Angle f. Anglesche Einteilung f.
classification de Manchester f. Manchester-Einteilung f.
classification par stades f. Stadieneinteilung f.
classifier klassifizieren
classique klassisch
clastique klastisch
claudication f. Hinken n.
claudication intermittente f. Claudicatio intermittens f., Dysbasia intermittens f.
claustrophilie f. Claustrophilie f., Klaustrophilie f.

claustrophobie f. Claustrophobie f., Klaustrophobie f.
clavelée f. Schafspocken f. pl.
clavicepsine f. Clavicepsin n.
clavicule f. Schlüsselbein n.
clavipectoral klavipektoral
clavunalate m. Clavulanat n.
clearance de l'urée f. Harnstoffclearance f.
cléidocrânien kleidokranial
cléidotomie f. Kleidotomie f.
clémizole m. Clemizol n.
clenbutérol m. Clenbuterol n.
cliché m. Röntgenaufnahme f.
cliché en gros plan m. Nahaufnahme (roentg.) f.
cliché radiologique m. Röntgenaufnahme f.
cliché sans préparation f. Leeraufnahme (roentg.) f.
cliché sur plaque f. Übertisch-Röntgenaufnahme f.
clidinium m. Clidinium n.
clidinium m. Clidinium n.
client m. Klient m.
client(e) privé(e) m./(f.) Privatpatient(in) m./(f.)
cliente f. Klientin f.
clientèle f. Klientel n.
clignement réflexe m. Blinzelreflex m.
cligner blinzeln
clignoter blinzeln
climactérique klimakterisch
climat m. Klima n.
climatique klimatisch
climatiser klimatisieren
climatiseur m. Klimaanlage f.
climatologie f. Klimatologie f.
climatologique klimatologisch
climatothérapie f. Klimabehandlung f.
clinafloxacine f. Clinafloxacin n.
clindamycine f. Clindamycin n.
clinicien m. Kliniker m.
clinicienne f. Klinikerin f.
clinico-pathologique klinisch-pathologisch
clinique f. Klinik f., Krankenanstalt f. (private)
clinique de désintoxication f. Trinkerheilstätte f.
clinique de traumatologie f. Unfallkrankenhaus n.
clinique dentaire f. Zahnklinik f.
clinique dépendante de médecins libéraux f. Belegkrankenhaus n.
clinique des brulûres f. Brandverletztenklinik f.
clinique gynécologique f. Frauenklinik f.

clinique pédiatrique f.   Kinderklinik f.
clinique privée f.   Privatklinik f.
clinique   klinisch
clinodactylie f.   Klinodaktylie f.
clioquinol m.   Clioquinol n., Iodchloroxychinolin n., Jodchloroxychinolin n.
clip m.   Klammer f.
clitoridien   klitoral
clitoris m.   Kitzler m., Klitoris f.
clivable   spaltbar
clivage m.   Diszission f., Furchung f.
cloacal   kloakal
cloacogène   kloakogen
cloaque m.   Kloake f.
clobazam m.   Clobazam n.
clobazam m.   Clobazam n.
clobétasone f.   Clobetason n.
clobutinol m.   Clobutinol n.
clocortolone f.   Clocortolon n.
clodantoïne f.   Clodantoin n.
clodronate m.   Clodronat n.
clofazimine f.   Clofazimin n.
clofénapate m.   Clofenapat n.
clofénotane m.   Clofenotan n.
clofibrate m.   Clofibrat n.
cloison f.   Scheidewand f.
cloison nasale f.   Nasenscheidewand f., Nasenseptum n., Septum nasi n.
cloisonné   septiert
cloisonnement m.   Septierung f.
cloisonner   septieren
clométhiazole m.   Clomethiazol n.
clomifène m.   Clomifen n.
clomipramine f.   Clomipramin n.
clonage m.   Cloning n., Klonierung f.
clonal   klonal
clonalité f.   Klonalität f.
clonazépam m.   Clonazepam n.
clone m.   Klon m., Stamm (genet.) m.
cloner   klonen
clonidine f.   Clonidin n.
clonique   klonisch
clonorchiase f.   Clonorchiose f.
Clonorchis sinensis m.   Clonorchis sinensis m.
clono-tonique   klonisch-tonisch
clonus m.   Klonus m.
clonus de la rotule m.   Patellarklonus m.
clonus du pied m.   Fußklonus m.
clopamide f.   Clopamid n.
clopenthixol m.   Clopenthixol n.
clopéridol m.   Cloperidol n.
clopidogrel m.   Clopidogrel n.
Cloquet, ganglion de m.   Rosenmüllersche Drüse f.

clorazépate m.   Clorazepat n.
clore   veschließen
clorgyline f.   Clorgylin n.
clorindione f.   Clorindion n.
clortermine f.   Clortermin n.
closilate m.   Closilat n.
clostridie f.   Clostridie f.
clostridiopeptidase f.   Clostridiopeptidase f.
Clostridium botulinum m.   Bacillus botulinus m., Clostridium botulinum n.
Clostridium oedematis maligni m.   Bacillus oedematis maligni m., Clostridium oedematis maligni n.
Clostridium putrificum m.   Bacillus putrificus m., Clostridium putrificum n.
Clostridium tetani m.   Bacillus tetani m., Clostridium tetani n.
Clostridium Welchü m.   Clostridium Welchü n., Gasbazillus m.
clothixamide m.   Clothixamid n.
clotiazépam m.   Clotiazepam n.
clotrimazole m.   Clotrimazol n.
clou m.   Nagel m.
clou d'ostéosynthèse m.   Knochennagel m.
clou intramédullaire pour ostéosynthèse m.   Knochenmarksnagel m.
clouer   nageln, vernageln
clownisme m.   Clownismus m.
cloxacilline f.   Cloxacillin n.
clozapine f.   Clozapin n.
clystère m.   Einlauf m., Klistier n.
coactivation f.   Koaktivation f.
coactiver   koaktivieren
coagglutination f.   Coagglutination f., Koagglutination f.
coagglutinine f.   Koagglutinin n.
coagulabilité f.   Koagulabilität f.
coagulant   koagulationsfördernd
coagulant m.   Koagulans n.
coagulant   koagulierend
coagulase f.   Koagulase f.
coagulateur m.   Koagulationsgerät n.
coagulateur LASER m.   LASER-Koagulationsgerät n.
coagulation au LASER f.   LASER-Koagulation f.
coagulateur   koagulativ
coagulation f.   Gerinnung f., Koagulation f.
coagulation intravasculaire disséminée f.   Verbrauchskoagulopathie f.
coagulation sanguine f.   Blutgerinnung f.
coaguler   gerinnen, koagulieren
coagulogramme m.   Koagulogramm n.
coagulopathie f.   Gerinnungsstörung f., Koagulopathie f.

coallergie f. Parallergie f.
coallergique parallergisch
coaltar m. Steinkohlenteer m.
coamoxiclave m. Coamoxiclav n.
coarticulation f. Koartikulation f.
coarctation de l'aorte f. Aortenisthmusstenose f.
coaxial koaxial
cobalamine f. Cobalamin n., Kobalamin n.
cobalt m. Cobalt n., Kobalt m.
cobamide m. Cobamid n.
cobaye m. Meerschweinchen n.
cobra m. Kobra f.
cocaïne f. Cocain n., Kokain n.
cocaïne tropa f. Tropakokain n.
cocaïniser kokainisieren
cocaïnomane f. Kokainistin f.
cocaïnomane m. Kokainist m.
cocaïnomanie f. Kokainismus m.
cocancérogenèse f. Kokarzinogenese f.
cocarboxylase f. Cocarboxylase f.
coccidie f. Coccidium n., Kokzidie f.
coccidioïdomycose f. Coccidioidomykose f., Kokzidioidomykose f.
coccidiose f. Coccidiose f., Kokzidiose f.
coccidiostatique m. Coccidiostaticum n., Kokzidiostatikum n.
coccidiostatique coccidiostatisch, kokzidiostatisch
coccygodynie f. Coccygodynie f., Kokzygodynie f.
coccygopubien pubokokzygeal
cochléaire cochleär, kochleär
cochléite f. Cochleitis f.
cochléographie f. Cochleographie f., Kochleographie f.
cochléovestibulaire cochleovestibulär, kochleovestibulär
cocoamphoacétate m. Cocoamphoazetat n.
cocoate m. Cocoat n.
cocon m. Kokon n.
cocq m. Hahn m.
codage m. Codierung f., Kodierung f.
code m. Code m., Kode m.
code de déontologie médicale m. ärztliche Berufsordnung f.
codéhydrase f. Kodehydrase f.
codéhydrogénase f. Codehydrogenase f., Kodehydrogenase f.
codéine f. Codein n., Kodein n.
coder codieren, kodieren
codominance f. Kodominanz f.
codominant kodominant
codon m. Codon n.
codon non sens m. Terminatorcodon n.

coefficient m. Koeffizient m.
coelentéré m. Coelenterata n. pl.
coeliacographie f. Zöliakographie f.
coeliaque, maladie f. Zöliakie f.
coelome m. Zölom n.
coenzyme m. Coenzym n., Koenzym n.
coercition f. Zwang m.
coeur m. Gemüt n., Herz n.
coeur artificiel m. Kunstherz n.
coeur d'athlète m. Sportherz n.
coeur de grenouille m. Froschherz n.
coeur en goutte m. Tropfenherz n.
coeur globuleux m. Kugelherz n.
coeur gras m. Fettherz n.
coeur sénile m. Altersherz n.
coeur tigré m. Tigerfellherz n.
coexister koexistieren
cofacteur m. Ko-Faktor m.
coferment m. Koferment n.
coformycine f. Coformycin n.
cognitif kognitiv
cognition f. Erkenntnis f., Erkenntnisvermögen n.
cohabitation f. Kohabitation f.
cohérent kohärent
cohésion f. Kohäsion f.
cohydrogénase f. Cohydrogenase f.
coiffe f. Haube f.
coiffe f. Kopfhaube f. (dent.)
coïlocytose f. Koilozytose f.
coïlonychie f. Koilonychie f.
coin m. Keil m., Winkelstück n.
coin de la dent m. Zahnwinkel m.
coin ouvre-bouche m. Mundkeil m.
coincement m. Einkeilung f.
coincer einkeilen, verkeilen
coïncidence f. Koinzidenz f.
coït m. Coitus m., Kohabitation f., Koitus m.
col m. Cervix m.
col (de l'utérus) m. Zervix f., Gebärmutterhals m.
col de la vessie m. Blasenhals m.
col du fémur m. Schenkelhals m.
cola m. Kola f.
colation f. Kolation f.
colature f. Kolation f.
colchicine f. Colchizin n., Kolchizin n.
colchique m. Herbstzeitlose f.
colécalciférol m. Colecalciferol n.
colectomie f. Kolektomie f., Kolektomie f.
coléreux cholerisch
colérique cholerisch
colestipol m. Colestipol n.
coléstyramine f. Colestyramin n.
colibacille m. Colibazillus m., Kolibazillus m.

colica mucosa f. Colica mucosa f.
colicine f. Kolizin n.
co-linéaire colinear
colipyélite f. Colipyelitis f.
colique f. Kolik f.
colique de miséréré f. Miserere n.
colique hépatique f. Gallenkolik f.
colique intestinale f. Darmkolik f.
colique néphrétique f. Nierenkolik f.
colique urétérale f. Ureterkolik f.
colistiméthanesulfonate de sodium m. Colistinmethansulfonat-Natrium n.
colistine f. Colistin n.
colite f. Colitis f., Kolitis f.
colite ulcéreuse f. Colitis ulcerosa f.
colitique colitisch
collaborateur m. Mitarbeiter m.
collaboratrice f. Mitarbeiterin f.
collagénase f. Kollagenase f.
collagène m. Kollagen n.
collagène kollagen
collagénose f. Collagenose f., Kollagenose f.
collagénose mixte f. Mischkollagenose f.
collant klebrig, leimartig
collapsothérapie f. Kollapstherapie f.
collapsus m. Kollaps m.
collapsus circulatoire dû à la chaleur m. Hitzekollaps m.
collapsus circulatoire m. Kreislaufkollaps m.
collatéral kollateral
collatéralisation f. Kollaterisierung f.
collatéraliser kollaterisieren
collation (entre les repas) f. Zwischenmahlzeit f.
colle f. Kleber (Klebematerial) m.
collecter sammeln
collection fluide f. Flüssigkeitsansammlung f.
collection purulente f. Abszess m.
collègue f. Kollegin f.
collègue m. Kollege m.
coller verkleben
collet m. Zahnhals m.
collet gingival m. Kronenrand m.
collimater ausblenden
collimateur m. Kollimator m., Tiefenblende f.
collimation f. Ausblendung f.
colliquatif kolliquativ
collision f. Zusammenprall m.
collodion m. Collodium n., Kollodium n.
colloïdal colloidal, kolloidal
colloïde m. Colloid n., Kolloid n.
colloïdoosmotique kolloidosmotisch
collyre m. Augentropfen f., Collyrium n.
coloanal koloanal
coloboma m. Kolobom n.
colobome uvéal m. Uveakolobom n.
colocolostomie f. Kolokolostomie f.
cologastrostomie f. Kologastrostomie f.
côlon m. Dickdarm m.
colonie f. Kolonie f.
colonnaire säulenförmig
colonne f. Säule f.
colonne antérieure f. Vordersäule f.
colonne vertébrale cervicale f. Halswirbelsäule f., (HWS) f.
colonne vertébrale f. Wirbelsäule f.
colonne vertébrale lombaire f. Lendenwirbelsäule f., (LWS) f.
colonne vertébrale thoracique f. Brustwirbelsäule (BWS) f.
colonographie f. Klonographie f.
colonoscope m. Colonoskop n., Kolonoskop n.
colonoscopie f. Colonoskopie f., Kolonoskopie f.
colonoscopique colonoskopisch, kolonoskopisch
colopexie f. Colopexie f., Kolopexie f.
colophane f. Kolophonium n.
coloplication f. Coloplicatio f., Kolonfaltung f.
coloproctostomie f. Koloproktosomie f.
coloptose f. Coloptose f., Koloptose f.
coloquinte f. Colocynthe f., Kolocynthe f., Kolozynthe f.
colorable färbbar, tingible
colorant m. Farbstoff m.
colorant azoïque m. Azo-Farbstoff m.
colorant de Burri m. Burritusche f.
coloration f. Färben n., Färbung f., Tinktion f.
coloration capsulaire f. Kapselfärbung f.
coloration de Giemsa f. Giemsafärbung f.
coloration de Gram f. Gramfärbung f.
coloration de Löffler f. Löfflerfärbung f.
coloration de van Gieson f. Gieson-Färbung f.
coloration différentielle f. Gegenfärbung f.
coloration différentielle, faire une gegenfärben
coloration double f. Doppelfärbung f.
coloration du noyau f. Kernfärbung f.
coloration fluorescente f. Fluorchromierung f.
coloration immédiate f. Schnellfärbung f.
coloration vitale f. Vitalfärbung f.
coloré au vert brillant brillantgrün
colorectal colorektal, kolorektal

colorer färben, tingieren
colorimètre m. Kolorimeter n.
colorimétrie f. Kolorimetrie f.
colorimétrique kolorimetrisch
coloscope m. Coloskop n., Koloskop n.
coloscopie f. Coloskopie f., Koloskopie f.
coloscopique coloskopisch, koloskopisch
colostomie f. Colostomie f., Kolostomie f.
colostrum m. Colostrum n.
colostrum m. Kolostrum n., Vormilch f.
colotomie f. Colotomie f., Kolotomie f.
colpeurynter m. Kolpeurynter m.
colpocèle f. Kolpozele f.
colpocléisis f. Kolpokleisis f.
colpocoeliotomie f. Kolpozöliotomie f.
colpocystocèle f. Kolpozystozele f.
colpocystoplastie f. Blasenscheidenplastik f.
colpodynie f. Kolpodynie f.
colpopérinéoplastie f. Kolpoperineoplatik f., Scheiden-Dammplastik f.
colpophotographie f. Kolpofotografie f.
colpoplastie f. Scheidenplastik f.
colpoplastie colique f. Dickdarmscheide f.
colporraphie f. Kolporrhaphie f.
colposcope m. Kolposkop n.
colposcopie f. Kolposkopie f.
colposcopique kolposkopisch
colpostat m. Kolpostat m.
colpotomie f. Kolpotomie f.
columelle f. Columella f.
columelle f. Modiolus m.
coma m. Coma n., Koma n.
coma artificiel m. künstliches Koma n.
comateux comatös, komatös
combinaison azoique f. Azo-Verbindung f.
combinaison de deux laits f. Zwiemilch f.
combinaison jetable f. Einmalanzug m.
combustible m. Brennstoff m.
combustion f. Verbrennung f.
comédon m. Komedo m., Mitesser m.
comestible essbar
comité m. Komitee n.
comité de direction de l'hôpital m. Krankenhausvorstand m.
comité de gestion de l'hôpital m. Krankenhausausschuss m.
commande à pied f. Fußschalter m.
commensalisme m. Kommensalismus m.
commissural kommissural
commissure f. Kommissur f.
commissure des lèvres f. Mundwinkel m.
commissurotomie f. Kommissurotomie f.
commotion cérébrale f. Commotio cerebri f., Gehirnerschütterung f.
communication f. Kommunikation f.

communication personnelle f. persönliche Mitteilung f.
communiquer kommunizieren
commutateur m. Schalter m.
commutateur central m. Hauptschalter m.
commutateur séquentiel m. Stufenschalter m.
commutation (electr.) f. Umschaltung f.
compact kompakt
compagne f. Genossin f.
comparable vergleichbar
comparer vergleichen
compartiment m. Kompartiment n.
compas m. Zirkel m.
compatibilité f. Kompatibilität f., Verträglichkeit f.
compatible kompatibel, verträglich
compensateur kompensatorisch
compensation f. Ersatz m., Kompensation f.
compensatoire kompensatorisch
compenser ausgleichen, kompensieren
compétence f. Kompetenz f.
compétent kompetent
compétitif kompetitiv
compétition f. Wettbewerb m.
compétitivement wettbewerbsmäßig
complément m. Ergänzung f., Komplement n., Vervollständigung f.
complémentaire ergänzend, komplementär
complet vollständig
complexe m. Komplex m.
complexe à chaîne courte m. kurzkettige Verbindung f.
complexe à chaîne longue m. langkettige Verbindung f.
complexe d'Eisenmenger m. Eisenmengerkomplex m.
complexe d'infériorité m. Minderwertigkeitskomplex m.
complexe d'Oedipe m. Ödipuskomplex m.
complexe de Jokaste m. Jokastekomplex m.
complexe immun m. Immunkomplex m.
complexe insulinique m. Mischinsulin n.
complexe maternel m. Mutterkomplex m.
complexe polymère m. Mischpolymerisat n.
complexe QRS m. Kammeranfangsschwankung f.
complexe symptomatique m. Symptomenkomplex m.
complexe vitamine B m. Vitamin-B-Komplex m.
complexe komplex
complexométrie f. Chelometrie f., Komplexometrie f.
complexométrique komplexometrisch

compliance f. Kooperationsbereitschaft f.
complication f. Komplikation f., Zwischenfall m.
complication tardive f. Spätkomplikation f.
complications, sans komplikationslos
compliqué kompliziert
compliquer erschweren
comportement m. Benehmen n.
comportemental verhaltensbezogen, verhaltensmäßig
composante f. Komponente f.
composé m. Verbindung (chem.) f.
composè aliphatique m. aliphatische Verbindung f.
composé cyclique m. zyklische Verbindung f.
composé ferreux m. zweiwertige Eisenverbindung f.
composé ferrique m. dreiwertige Eisenverbindung f.
composé insaturé m. ungesättigte Verbindung f.
composé sultam m. Sultam-Verbindung f.
composite de calage m. Mischblock m. (dent.)
composition f. Zusammensetzung f.
compréhension f. Auffassung f., Verstand m.
compréhension verbale f. Sprachverständnis n.
comprendre verstehen
compresse f. Kompresse f.
compresse humide d'après Priessnitz f. Prießnitzwickel m.
compresseur m. Kompressor m.
compression f. Druck m., Einsparung f., Kompression f., Stauchung f., Zusammendrücken n.
comprimé m. Tablette f.
comprimé à mâcher m. Kautablette f.
comprimé sur PVC m. PVC-Gerüst-Tablette f.
comprimer komprimieren, zusammendrücken
compte gouttes m. Tropfenzähler m., Tropfer m.
compte rendu de radiographie m. Röntgenbericht m.
compte rendu m. Bericht m.
compter zählen, auszählen
compteur m. Zähler m.
compteur à scintillation m. Szintillationszähler m.
compteur de particules m. Teilchenzähler m.
compteur du débit sanguin m. Stromuhr f.
compteur Geiger m. Geiger-Zählrohr n.
compulsion f. Zwang (psych.) m.

concave hohl, konkav
concavité f. Konkavität f.
concavoconvexe konkavkonvex
concentration d'ions hydrogène f. Wasserstoffionenkonzentration f.
concentration inhibitrice minimale (MIC) f. MHK (minimale Hemmkonzentration) f.
concentration maximale admissible (CMA) f maximal zulässige Konzentration f.
concentration maximale permise sur le lieux de travail f. MAK (maximale Arbeitsplatzkonzentration) f.
concentré m. Kondensat n., Konzentrat n.
concentrer konzentrieren, verdichten
concentrique konzentrisch
concept m. Vorstellungsbild n.
conception f. Empfängnis f.
concernant de nombreux os polyostotisch
conchoscopie f. Konchoskopie f.
conchotome m. Conchotom n., Konchotom n.
conchotomie f. Conchotomie f., Konchotomie f.
conclinaison f. Konklination f.
concomitant begleitend
concordance f. Konkordanz f., Übereinstimmung f.
concordant konkordant
concret konkret
concrétion f. Konkrement n., Konkretion f.
concrétion môlaire f. Steinmole f.
concurrence f. Konkurrenz f.
condensat éthylène-eau m. Makrogol n.
condensateur m. Kondensor m.
condensation f. Kondensation f., Verdichtung f.
condensé m. Kondensat n.
condionnement de l'air m. Klimaanlage f.
condition f. Bedingung f., Kondition f., Zustand m.
condition du test f. Versuchsbedingung f.
conditionné bedingt
conditionnel bedingt, konditional, konditionell
conditionnement m. Konditionierung f.
conditions de l'environnement f. pl. Umweltbedingungen f. pl.
condom m. Kondom n.
conducteur m. Konduktor m.
conducteur du son schalleitend
conducteur thermique m. Wärmeleiter m.
conductibilité thermique f. Wärmeleitfähigkeit f.
conductible leitfähig

73

conduction f. Konduktion f., Leitung f. (phys.), Überleitung f.
conduction du son f. Schalleitung f.
conduction du son f. Schallleitung f.
conduction osseuse du son f. Knochenleitung des Schalls f.
conduction osseuse f. Knochenleitung f.
conductométrie f. Konduktometrie f.
conductrice f. Konduktorin f.
conduire, se sich verhalten
conduit m. Gang (Durchgang) m., Kanal m.
conduit auditif m. Gehörgang m.
conduit lacrymal m. Tränengang m.
conduite f. Verhalten n.
conduite automobile f. Autofahren n.
conduite d'air f. Luftleitung f.
conduite d'eau f. Wasserleitung f.
condurango m. Condurango f.
condylaire kondylär
condylomateux kondylomatös
condylomatose f. Kondylomatose f.
condylome m. Kondylom n.
condylome acuminé m. Condyloma acuminatum n., Feigwarze f.
cône m. Kegel m., Konus m.
cône focalisant m. Zentrierkonus m. dent.
cônes et bâtonnets (de la rétine) m. pl. Zapfen (m.) und Stäbchen (n.) (der Retina) pl.
confabulation f. Konfabulation f.
confabulatoire konfabulatorisch
confabuler konfabulieren
conférence f. Konferenz f.
confidentiel vertraulich
configuration f. Konfiguration f.
configurer konfigurieren
confinement m. Ausgangsbeschränkung f.
conflit m. Konflikt m.
confluence f. Konfluenz f.
confluent konfluierend
conformation physique f. Körperbau m.
conforme à la nature naturgemäß
conforme aux règles regelrecht
confus verwirrt
confusion f. Konfusion f., Verwirrung f.
confusion mentale f. Geistesverwirrung f.
congédier entlassen
congénital angeboren, kongenital
congestif kongestiv
congestion f. Blutandrang m., Blutversackung f., Kongestion f., Stauung f.
congestion pelvienne f. spastische Parametropathie f.
congestion pulmonaire f. Lungenstauung f.
congestion veineuse cervicale f. Halsvenenstauung f.
congestion veineuse f. Venenstauung f.
congestionner stauen
conglomérat m. Konglomerat n.
conglomération f. Zusammenballung f.
conglutination f. Konglutination f.
conglutinine f. Conglutinin n., Konglutinin n.
conglutinogène m. Konglutinogen n.
congrès m. Kongreß m., Tagung f.
congruent kongruent
conidie f. Konidie f.
conidiospore f. Exospore f.
conine f. Coniin n., Koniin n.
coniomètre m. Koniometer n.
coniosporose f. Koniosporose f.
coniotomie f. Koniotomie f.
conique konisch
conisation f. Konisation f.
conjonctival conjunctival, konjunktival
conjonctive f. Bindehaut f., Konjunktiva f.
conjonctivite blennorragique f. Blennorrhö f., Gonoblennorrhö f.
conjonctivite épidémique des piscines f. Schwimmbadkonjunktivitis f.
conjonctivite épidémique mucopurulente f. epidemische mukopurulente Konjunktivitis f.
conjonctivite f. Augenbindehautentzündung f., Bindehautentzündung f., Conjunctivitis f., Konjunktivitis f.
conjonctivite printannière f. Frühjahrskonjunktivitis f.
conjonctivoglandulaire konjunktivoglandulär
conjonctivoplastie f. Bindehautplastik f.
conjugaison f. Konjugation f.
conjugal ehelich
conjugase f. Konjugase f.
conjugué m. Konjugat n.
conjugué konjugiert
conjuguer konjugieren
Conn, syndrome de m. Conn-Syndrom n.
connecter schalten
connectif eine Verbindung betreffend
conotronculaire konotrunkal
consanguinité f. Blutverwandtschaft f., Inzucht f.
conscience f. Bewusstsein n., Gewissen n.
conscience intentionnelle f. Bewusstheit f.
consciencieux gewissenhaft
conseil m. Beratung f., Rat m.
conseiller beraten; einen Rat geben, raten
consensuel konsensuell
consensus m. Konsens m.

consentement m. Einverständniserklärung f., Einwilligung f., Zustimmung f.
consentement informé m. Einverständniserklärung nach Aufklärung f., Zustimmungserklärung nach Aufklärung f.
conservateur m. Konservierungsmittel n.
conservateur konservativ
conservation f. Aufbewahrung f., Erhaltung f.
conserve f. Konserve f.
conserve de plasma f. Plasmakonserve f.
conserve de sang f. Blutkonserve f.
conserver konservieren
consigne d'emploi f. Betriebsanleitung f.
consignes de sécurité f. pl. Sicherheitsvorschriften f. pl.
consistance f. Konsistenz f.
consistométrie f. Konsistometrie f.
consistométrique konsistometrisch
consolidation f. Konsolidierung f., Verfestigung f.
consolider konsolidieren
consommation f. Verbrauch m.
consommation d'eau f. Wasserverbrauch m.
consommation d'oxygène f. Sauerstoffverbrauch m.
consomption f. Aufbrauch m., Auszehrung f., Schwindsucht f., Verschmächtigung f.
consonne f. Konsonant m.
constant konstant
constante f. Konstante f.
constante d'Avogadro f. Loschmidt-Konstante f.
constante diélectrique f. Dielektrizitätskonstante f.
constatation f. Erkenntnis f.
constipation f. Hartleibigkeit f., Obstipation f., Stuhlverstopfung f., Verstopfung f.
constipé obstipiert, verstopft
constiper den Stuhlgang stopfen
constitutif konstitutiv
constitution f. Beschaffenheit f., Konstitution f., Körperverfassung f.
constitution lymphatique f. Status lymphaticus m.
constitutionnel anlagebedingt, konstitutionell
constricteur m. Konstriktor m.
constricteur konstriktorisch
constrictif konstriktorisch
constriction f. Einschnürung f., Konstriktion f.
constructif konstruktiv
construction f. Bau m.
consultant m. Konsiliararzt m.

consultante f. Konsiliarärztin f.
consultation f. Beratung f., Konsilium n., Konsultation f.
consultation du conseiller conjugal f. Eheberatung f.
consultations sur rendez-vous f. pl. Bestellpraxis f.
consumer, se ausglühen
contact m. Berührung f., Kontakt m.
contact des faces occlusales m. Okklusionskontakt m.
contagieux ansteckend
contagion f. Ansteckung f.
contagiosité f. Infektiosität f.
contamination f. Kontamination f.
contaminer anstecken, kontaminieren, verseuchen
contenance f. Fassungsvermögen n., Gehalt m. (phys.)
contenant de l'air lufthaltig
contenant de l'antimoine antimonhaltig
contenant de l'oxygène sauerstoffhaltig
contenant du potassium kaliumhaltig
contenir enthalten
contenu m. Inhalt m.
contiguïté f. Kontiguität f.
continence f. Kontinenz f.
continence intestinale f. Continentia alvi f.
continent kontinent
continuellement kontinuierlich
continuité f. Kontinuität f.
contour m. Kontur f.
contourné konturiert
contourner umgehen
contraceptif m. Antikonzipiens n., Kontrazeptivum n.
contraceptif oral m. Antibabypille f., orales Kontrazeptivum n.
contraception f. Empfängnisverhütung f., Kontrazeption f.
contracter kontrahieren
contracter une maladie sich eine Krankheit zuziehen
contracter, se zusammenziehen n.
contractile kontraktil
contractilité f. Kontraktilität f.
contraction f. Kontraktion f., Zusammenziehung f.
contraction cardiaque ectopique f. Systole nichtsinusalen Ursprungs f.
contraction prémonitoire f. Vorwehe f.
contracture f. Kontraktur f.
contracture articulaire f. Gelenkkontraktur f.

contracture cicatricielle f. Narbenkontraktur f.
contracture de flexion f. Beugekontraktur f.
contrainsulaire kontrainsulär
contraire au goût geschmackwidrig
contrasexuel gegengeschlechtlich
contraste m. Kontrast m.
contraversion, en kontraversiv
contre courant m. Gegenstrom m.
contre électrophorèse f. Gegenstromelektrophorese f.
contre extension f. Gegenextension f.
contre incision f. Gegeninzision f.
contre indication f. Gegenanzeige f.
contre jour m. Gegenlicht n.
contre mesure f. Gegenmaßnahme f.
contre occupation f. Gegenbesetzung f.
contre ouverture f. Gegenöffnung f.
contre pulsation f. Gegenpulsation f.
contre régulation f. Gegenregulation f.
contre traction f. Gegenzug m.
contre transfert m. Gegenübertragung f.
contrecoup m. Gegenstoß m., Contrecoup m.
contreindication f. Kontraindikation f.
contreindiqué kontraindiziert
contribution f. Beitrag m.
contrôlabilité f. Steuerbarkeit f.
contrôlable steuerbar
contrôlant la croissance wachstumsregulierend
controlatéral kontralateral
contrôle m. Kontrolle f.
contrôle de la précision m. Genauigkeitsprüfung f.
contrôle de qualité f. Qualitätskontrolle f.
contrôle de santé m. Gesundheitsüberwachung f.
contrôle des naissances m. Geburtenkontrolle f.
controle du poids m. Gewichtskontrolle f.
contrôle final m. Abschlusskontrolle f., Endkontrolle f.
contrôle programmé, sous programmgesteuert
contrôle radiologique m. Röntgenkontrolle f.
contrôler kontrollieren
controrégulateur gegenregulatorisch
controversé kontrovers
contusion f. Kontusion f., Prellung f.
contusion cérébrale f. Contusio cerebri f., Gehirnprellung f.
convaincant glaubhaft
convalescence f. Genesung f., Rekonvaleszenz f.
convalescent m. Rekonvaleszent m.
convalescente f. Rekonvaleszentin f.
convallamaroside m. Convallamarin n.
convallarine f. Convallarin n.
convallatoxine f. Convallatoxin n.
convention f. Konvention f.
conventionné kassenzulässig
convergence f. Konvergenz f.
convergent konvergent
converger konvergieren
conversion f. Konversion f.
convertase f. Convertase f., Konvertase f.
convertine f. Konvertin n.
convertir konvertieren, umwandeln
convertisseur d'image m. Bildwandler m.
convexe konvex
convexité f. Konvexität f.
convexoconcave konvexokonkav
convulsif konvulsiv, krampfhaft
convulsion f. Konvulsion f., Krampf m., Zuckung f.
convulsion émotive f. Affektkrampf m.
convulsivant m. krampfauslösendes Mittel n.
convulsivant krampfauslösend
Coombs, test de m. Coombs-Test m.
coopératif kooperativ
coopération f. Kooperation f.
coopérativité f. Kooperationsfähigkeit f.
coopérer kooperieren
coordination f. Koordination f.
coordonnée f. Koordinate f.
coordonner koordinieren
copieux kopiös
copolymère m. Kopolymer n.
copolymérisation f. Kopolymerisation f., Mischpolymerisation f.
coprécipitation f. Kopräzipitation f.
coprémie f. Koprämie f.
coprolagnie f. Koprolagnie f.
coprolalie f. Koprolalie f.
coprolithe m. Kotstein m.
coprophagie f. Koprophagie f.
coprophile koprophil
coprophilie f. Koprophilie f.
coproporphyrine f. Koproporphyrin n.
coprostane m. Koprostan n.
coprostanol m. Koprosterin n.
coprostase f. Koprostase f.
coque (urgences) f. Schutzschale (Notfall) f.
coqueluche f. Keuchhusten m., Pertussis f.
cor m. Clavus m., Hühnerauge n.
coraco-acromial korakoakromial
coraco-brachial korakobrachial

coraco-claviculaire korakoklavikulär
coracoïde rabenschnabelartig
corde f. Chorda f.
corde postérieure de la moelle grise f Hintersäule (der grauen Rückenmarkssubstanz) f.
corde vocale f. Stimmband n., Stimmlippe f.
corde vocale supérieure f. Taschenband n., Taschenfalte f.
cordectomie f. Cordektomie f.
cordon m. Chorda f., Funikulus m.
cordon antérieur m. Vorderstrang m.
cordon dorsal de la moelle blanche m. Hinterstrang (der weißen Rückenmarkssubstanz) m.
cordon latéral de la moelle blanche m. Seitenstrang (der weißen Rückenmarkssubstanz) m.
cordon latéral m. Seitenstrang (neurol.) m.
cordon médullaire m. Markstrang m.
cordon ombilical m. Nabelschnur f.
cordon postérieur m. Hinterstrang m.
cordon spermatique m. Samenstrang m., Funiculus spermaticus m.
cordotomie f. Chordotomie f., Cordotomie f.
core de la couronne m. Kronenkern m.
corécepteur m. Korezeptor m.
corépresseur m. Corepressor m.
coriandre m. Koriander m.
corindon m. Korund n.
corne f. Horn n.
corné hornartig, hornig
corne d'Ammon f. Ammonshorn n.
corne frontale f. Vorderhorn n.
corne inférieure f. Unterhorn n.
corne latérale f. Seitenhorn n.
corne occipitale des ventricules latéraux du cerveau f. Hinterhorn n.
cornée f. Hornhaut (des Auges) f.
cornéen korneal
cornéoscléreux korneoskleral
cornet nasal m. Nasenmuschel f.
corniculé hornförmig
cornue f. Retorte f.
cornutine f. Cornutin n., Kornutin n.
coronaire coronar
coronal koronal
coronarien koronar
coronarite f. Koronaritis f.
coronarographie f. Koronarographie f.
coronarographique koronarographisch
coronavirus m. Coronavirus n.
coronavirus 2 du SRAS (SRAS-CoV-2) n. SARS-Coronavirus 2 (SARS-CoV-2) n.

corps m. Körper m., Leib m.; Leiche f.
corps acétonique m. Azetonkörper m.
corps calleux m. Corpus callosum n.
corps caverneux m. Schwellkörper m.
corps cétonique m. Ketonkörper m.
corps ciliaire m. Ciliarkörper m., Ziliarkörper m.
corps d'Auer m. Auerstäbchen n.
corps de Heinz m. Heinzsches Innenkörperchen n.
corps de Howell-Jolly m. Howell-Jolly-Körper n.
corps de Jolly m. pl. Jollykörper m. pl.
corps de l'ongle m. Nagelplatte f.
corps de Lewy m. Lewysches Körperchen n.
corps de Nissl m. Nisslsches Körperchen n.
corps du bridge m. Brückenkörper m.
corps étranger m. Fremdkörper m.
corps genouillé m. Kniehöcker m.
corps gras neutre m. Neutralfett n.
corps intermédiaire m. Zwischenkörper m.
corps jaune m. Corpus luteum n., Gelbkörper m.
corps microscopique m. Mikrokörper m.
corps mugueux de Malpighi m. Malpighisches Körperchen n.
corps strié m. Corpus striatum n.
corps vertébral lombaire m. LWK (Lendenwirbelkörper) m.
corps vertébral m. Wirbelkörper m.
corps vitré m. Glaskörper m.
corpulence f. Korpulenz f.
corpulent dickleibig, korpulent
corpusculaire korpuskulär
corpuscule m. Körperchen n., Korpuskel m.
corpuscule basal m. Basalkörperchen n.
corpuscule chromatinien de Moore m. Geschlechtschromatinkörper m.
corpuscule de Golgi m. Golgi-Körper m.
corpuscule de Guarnieri m. Guarnierisches Körperchen n.
corpuscule de Hassal m. Hassalsches Körperchen n.
corpuscule de Pacini m. Pacinisches Körperchen n.
corpuscule du tact m. Tastkörperchen n.
correctif m. Korrigens n.
correctif korrigierend
correction f. Korrektur f.
correction chirurgicale de la difformité f. Epithese f.
correction chirurgicale de la direction des cils f. Illaqueation f.
correction de l'alignement des dents f. Zahnregulierung f.

corrélatif korrelativ
corrélation f. Korrelation f.
correspondant à l'âge altersbezogen
correspondre korrespondieren
corriger korrigieren
corrine f. Corrin n.
corrinoïde m. Corrinoid n.
corroder ätzen
corrompre, se faulen
corrosif m. ätzendes Mittel n.
corrosif ätzend, korrosiv
corrosion f. Korrosion f.
corset m. Korsett n., Mieder n.
corset de soutien m. Stützkorsett n.
cortex m. Rinde (med.) f.
cortex cérébral m. Hirnrinde f.
cortex de la scissure calcarine m. Kalkarina-Rinde f.
cortex visuel m. Kalkarina-Rinde f.
cortexolone f. Cortexolon n.
cortexone f. Cortexon n.
Corti, organe de m. Cortisches Organ n.
cortical kortikal
corticobasal kortikobasal
corticofuge kortikofugal
corticoïde m. Corticosteroid n.
corticolibérine f. Corticoliberin n.
corticomédullaire kortikomedullär
corticopète kortikopetal
corticospinal kortikospinal
corticostéroïde m. Corticosteroid n., Kortikosteroid n.
corticostérone f. Corticosteron n., Kortikosteron n.
corticostriatospinal kortikostriatospinal
corticosurrénale f. Nebennierenrinde f., NNR f
corticotrope kortikotrop
corticotrophine f. Corticotropin n., Kortikotropin n.
cortine f. Cortin n.
cortisol m. Cortisol n.
cortisone f. Cortison n.
cortodoxone f. Cortodoxon n.
corymbé korymbiform
corynébactérie f. Corynebakterie f.
Corynebacterium diphtheriae m. Diphtheriebazillus m.
Corynebacterium xerosis m. Xerosebazillus m.
corysa m. Schnupfen m.
cosmétique f. Kosmetik f.
cosmétique m. kosmetisches Mittel n.
cosmétique kosmetisch
cosmique kosmisch

costal kostal
costectomie f. Kostotomie f.
Costen, syndrome de m. Costen-Syndrom n.
costocervical kostozervikal
costoclaviculaire kostoklavikulär
costorugine f. Rippenraspatorium n.
costotome m. Rippenschere f.
costovertébral kostovertebral
cosynthase f. Cosynthase f., Kosynthase f.
cotarnine f. Cotarnin n., Kotarnin n.
côte f. Rippe f.
côte cervicale f. Halsrippe f.
côte flottante f. Costa fluctuans f.
côte lombaire f. Lendenrippe f.
côté m. Seite f.
côtes soudées f. pl. Gabelrippe f.
coton m. Baumwolle f., Watte f.
coton tige m. Wattestäbchen n.
cotrimoxale m. Cotrimoxal n.
cotylédon m. Pflanzenkeim m., Kotyledone f.
cou m. Hals m.
cou épaissi m. Stiernacken m.
couche f. Schicht (Lage) f.
couche cornée de la peau f. Hornhaut (der Oberhaut) f.
couche de demi-absorption du tissu f. Gewebe-Halbwerttiefe f.
couche de Malpighi f. Keimschicht f.
couche externe f. Außenschicht f.
couche granuleuse f. Körnerschicht f.
couche intermédiaire f. Zwischenschicht f.
couche interne f. Innenschicht f.
coucher betten
couches f. pl. Kindbett n., Wochenbett n.
coude m. Ellbogen m., Ellenbogen m., Knick m.
coudre nähen
couenne f. Schwarte f., Speckhaut f.
couler angießen, rinnen
couleur f. Farbe f.
couleur brune f. Bräune f.
couleur complémentaire f. Komplementärfarbe f.
Coulomb m. Coulomb n.
coumarine f. Coumarin n., Cumarin n., Kumarin n.
coumaryl m. Coumaryl n.
coup m. Schlag m.
coup de chaleur m. Hitzschlag m.
coup de couteau m. Messerstich m.
coup de soleil m. Sonnenbrand m.
coupe f. Schale (Gefäß) f.
coupe (histol.) f. Schnitt m.
coupe à la congélation f. Gefrierschnitt m.

coupe circuit m. elektrischer Überlastungsschutz m.
coupe en série f. Serienschnitt m.
coupe en verre f. Glasschale f.
coupe fil m. Drahtschere f., Fadenabschneider m.
coupelle à éponge f. Schwammschale f.
coupelle de coloration f. Färbeschale f.
couper abschneiden, schneiden
couper en biseau abschrägen
couper le cordon ombilical abnabeln
couple m. Paar n.
couple de rotation m. Drehmoment n.
couplé gepaart
coupler koppeln
coupure f. Ausschaltung f., Schnittwunde f.
coupure au jet d'eau f. Wasserstrahlschnitt m.
courant m. Strömung f., Strom m.
courant à basse tension m. Schwachstrom m.
courant alternatif m. Wechselstrom m.
courant d'action m. Aktionsstrom m.
courant d'activité électrique cérébrale m. Hirnaktionsstrom m.
courant d'air lamellaire m. Lamellenluftstrom m.
courant d'air m. Luftstrom m., Zugluft f.
courant d'électrode m. Elektrodenstrom m.
courant de chauffage m. Heizstrom m.
courant de haute fréquence m. Hochfrequenzstrom m.
courant de stimulation m. Reizstrom m.
courant de tube m. Röhrenstrom m.
courant direct m. Gleichstrom m.
courant électrique m. elektrischer Strom m.
courant faradique m. faradischer Strom m.
courant force m. Starkstrom m.
courant galvanique m. galvanischer Strom m.
courant inverse m. Gegenstrom m.
courant seuil m. Schwellstrom m.
courant triphasé m. Drehstrom m.
courbe f. Kurve f.
courbe d'étalonnage f. Eichkurve f.
courbe dans la journée f. Tagesprofil n.
courbe de dilution du colorant f. Farbstoffverdünnungskurve f.
courbe de dilution f. Verdünnungskurve f.
courbe de distribution f. Verteilungskurve f.
courbe de température f. Fieberkurve f.
courbé gebogen
courber biegen
courbure f. Beugung f., Krümmung f.
courbure gastrique f. Magendrehung

courge f. Kürbis m.
couronne (de la dent) f. Zahnkrone f.
couronne „thimble crown" f. Fingerhutkrone f.
couronne à bandeau f. Bandkrone f.
couronne à épaulement f. Schulterkrone f.
couronne à facette f Facettenkrone f.
couronne à pilier f. Pfeilerkrone f.
couronne à pivot f. Stiftkrone f.
couronne à tenon f. Dübelkrone f.
couronne acrylique f. Acrylatkrone f.
couronne ancrée f. Ankerkrone f. (dent.)
couronne avec évent f. gefensterte Krone f.
couronne céramo-métallique f. Keramik-Metallkrone f.
couronne cônique f. Kegelkrone f.
couronne coulée en un seul temps f. Vollgusskrone f.
couronne coulée f. Gusskrone f.
couronne creuse de revêtement f. Glockenkrone f.
couronne de Morrison f. Ringdeckelkrone f.
couronne de revêtement f. Hülsenkrone f.
couronne du sabot f. Hufkrone f.
couronne en céramique f. Keramikkrone f.
couronne en matière synthétique f. Kunststoffkrone f.
couronne en plastique f. Plastikkrone f.
couronne en porcelaine f. Porzellankrone f., Porzellanvollkrone f.
couronne équatoriale f. Monaster n.
couronne jacket f. Jacketkrone f., Mantelkrone f.
couronne métallique f. Ganzmetallkrone f., Metallkrone f.
couronne occlusale f. Aufbisskrone f.
couronne préformée f. Fertigkrone f.
couronne primaire f. Primärkrone f.
couronne sans épaulement f. schulterlose Krone f.
couronne secondaire f. sekundäre Krone f.
couronne télescope f. Teleskopkrone f.
couronne trois quarts f. Dreiviertelkrone f.
couronnement m. Überkronung f.
couronner überkronen
cours m. Kurs m., Seminar n., Vorlesung f.
cours de perfectionnement m. Kurs für Fortgeschrittene m.
cours pour débutants m. Anfängerkurs m.
court circuit m. Kurzschluss m.
court, à effet- kurzwirkend
coussin m. Kissen n.
coussin d'air m. Luftkissen n.
coussin électrique m. Heizkissen n.
coussinet plantaire m. Hufpolster n.

coût de la journée d'hôpital m. Tagespflegesatz m.
coût du traitement m. Behandlungskosten f.
coûts de santé f. pl. Gesundheitskosten f. pl.
couteau m. Messer n.
couteau à amputation m. Amputationsmesser n.
couteau à cartilage m. Knorpelmesser n.
couteau à plâtre m. Gipsmesser n.
couture f. Naht f.
couvée f. Brut f.
couvée putride f. Faulbrut f. (veter.)
couver brüten, schwelen
couvercle m. Deckel n., Klappe f.
couvercle à glissière m. Schiebedeckel m.
couvercle de protection m. Schutzklappe f.
couvert bedeckt
couverture f. Bedeckung f., Decke f.
couverture de transfert f. Transferkappe f.
couveuse f. Couveuse f.
couvre-feu m. Sperrstunde f.
couvre-objet m. Deckglas n.
couvre-oteille m. Ohrenklappe f.
couvrir bedachen, bedecken, decken, überdachen
couvrir (par sutute) übernähen
covalence f. Kovalenz f.
covalent kovalent
covariance f. Kovarianz f.
cover denture f. Cover denture m. (dent.)
COVID-19 m. COVID-19 (Coronavirus-Erkrankung 2019) f.
cowpérite f. Cowperitis f.
coxa valga f. Coxa valga f.
coxa vara f. Coxa vara f.
Coxiella burnetii f. Rickettsia Burneti f.
Coxiella f. Coxiella f.
coxite f. Coxitis f.
coxitique coxitisch
coxsackie virus m. Coxsackie-Virus m.
cozymase f. Cozymase f., Kozymase f.
CPK (créatine (phospho) kinase) f. CPK (Creatininphosphokinase) f.
crachat m. Auswurf m., Sputum n.
cracher ausspucken, speien
crachoir m. Sputumbecher m.
craie f. Kreide f.
crainte f. Furcht f.
crampe f. Krampf m.
crampe rotatoire f. Drehkrampf m.
cramponnement m. Verklammerung f.
crâne m. Schädel m.
crâne osseux m. knöcherne Hirnschale f.
crâne perforé m. Wabenschädel m.
crânial kranial

crâniectomie f. Kraniektomie f.
crânien kranial
crâniocarpotarsien kraniokarpotarsal
crâniocaudal kraniokaudal
crâniocérébral kraniozerebral
crâniocervical kraniozervikal
crânioclaste m. Kranioklast m.
crânioclaviculaire kraniokleidal
craniocorpographie f. Craniocorpographie f., Kraniokorpographie f.
crâniofacial kraniofazial
crâniohypophysaire kraniohypophysär
craniomalacie f. Weichschädel m.
crâniométaphysaire kraniometaphysär
crâniométrie f. Kraniometrie f.
crâniométrique kraniometrisch
craniopage m. Kephalopagus m.
crâniopharyngé kraniopharyngeal
crâniopharyngiome m. Kraniopharyngiom n.
cranioplastie f. Schädelplastik f.
crânioplastique kranioplastisch
crâniosacral kraniosakral
crâniosynostose f. Kraniosynostose f.
crâniotabès m. Kraniotabes f.
crâniotomie f. Kraniotomie f.
crapaud m. Kröte f.
craquelure f. Maronage f.
craquement articulaire m. Gelenkknacken n.
craquement articulaire m. Gelenkknacken n.
craquer knirschen
crataegine f. Crataegin n.
cratère m. Krater m.
cratomètre m. Kratometer n.
créatif kreativ
créatine f. Creatin n., Kreatin n.
créatine kinase f. Creatinkinase f., Kreatinkinase f.
créatine phosphate f. Kreatinphosphat n.
créatinine f. Creatinin n., Kreatinin n.
créativité f. Kreativität f.
créature f. Kreatur f.
crèche f. Kinderkrippe f.
crématoire m. Verbrennungshalle f.
crématorium m. Krematorium n.
crème f. Rahm m., Sahne f.
crème d'avoine f. Haferschleim m.
crénelé gezackt
créosol m. Kreosol n.
créosote m. Kreosot n.
crépitant krepitierend
crépitation f. Crepitatio f., Krepitation f.
crescendo m. Crescendo n.

crésol m. Kresol n.
crésol phtaléine f. Kresolphthalein n.
CREST-Syndrome m. CREST Syndrom n.
crésyle m. Kresyl n.
crête f. Leiste f.
crête alvéolaire f. Alveolarkamm m.
crête du tibia f. Schienbeinkante f.
crête iliaque f. Beckenkamm m., Darmbeinkamm m.
crête mammaire f. Milchleiste f.
crête neurale f. Neuralleiste f.
crétin m. Kretin m.
crétinisme m. Kretinismus m.
crétinoïde kretinoid
creuset m. Tiegel m.
creux m. Höhle f.
creux de la fontanelle m. Babymulde f., Säuglingsmulde f.
creux épigastrique m. Herzgrube f., Magengrube f.
creux poplité m. Kniekehle f.
creux hohl
crevasse f. Schrunde f.
crevassé rissig
CRF (corticotropin releasing factor) m. CRF m., Corticotropin-freisetzender Faktor m.
crible m. Sieb n.
cricoaryténoïde krikoarytänoid
cricoïdectomie f. Krikoidektomie f.
cricopharyngé krikopharyngeal
cricothyroïdien krikothyreoidal
cricothyrotomie f. Krikothyreoidotomie f.
cricotomie f. Krikotomie f.
criminel(le) m./(f.) Verbrecher(in) m./(f.)
criminel kriminell
crinière f. Mähne f. (veter.)
cris spasmodique m. Schreikrampf m.
crise f. Anfall m., Krise f., Krisis f.
crise avec chute f. Sturzanfall m.
crise convulsive psychasthénique f. Affektepilepsie f.
crise d'éternuements f. Ptarmus m.
crise d'hystérie f. Hysterieanfall m.
crise de convulsions f. Krampfanfall m.
crise de vertige f. Schwindelanfall m.
crise épiléptique cursive f. Kursivanfall m.
crise éveillé f. Wachanfall m.
crise parathyroïdienne f. krisenhafter, akuter Hyperparathyreoidismus m.
crise réticulocytaire f. Retikulozytenkrise f.
crise sanitaire f. Gesundheitskrise f.
crissement m. Knirschen n.
cristal m. Kristall m.
cristal de Charcot-Leyden m. Charcot-Leydenscher Kristall m.
cristal de sulfate ammoniomagnésien m. Sargdeckelkristall m.
cristallin m. Linse f. (anatom.)
cristallin kristallisch
cristallisation f. Kristallisation f.
cristalliser kristallisieren
cristallographie f. Kristallographie f.
cristallographique kristallographisch
cristalloïde m. Kristalloid n.
cristalloïde kristalloid
cristallurie f. Kristallurie f.
cristalthermographie f. Kristallthermographie f.
cristobalite f. Cristobalit n.
cristothermographie f. Cristothermographie f.
cristothermographique cristothermographisch
cristothermographie liquide f. Flüssigkristallthermographie f.
critique f. Kritik f.
critique kritisch
crochet m. Haken m.
crochet chaîne m. Kettenhaken m.
crochet pointu m. scharfer Haken m.
crochu hakenförmig
crocidisme m. Flockenlesen n., Krozidismus m.
Crohn, maladie de f. Crohnsche Krankheit f., Morbus Crohn m.
croisé gekreuzt
croisement m. Kreuzung f.
croisement tegmentaire m. Haubenkreuzung f.
croiser kreuzen
croissance f. Wachstum n., Wuchs m.
croissance lente, à langsam wachsend
croissance rapide, à schnellwachsend
Croix Rouge f. Rotes Kreuz n.
cromesilate m. Cromesilat n.
cromoglycate m. Cromoglykat n.
croscarmellose f. Croscarmellose f.
crospovidon m. Crospovidon n.
crosse de l'aorte f. Aortenbogen m.
crotonase f. Krotonase f.
crotonate m. Krotonat n.
crotonyle m. Crotonyl n., Krotonyl n.
croup m. Croup m., Krupp m.
croupal croupös, kruppös
croûte f. Borke (med.) f., Kruste f.
croûte de lait f. Milchschorf m.
croyable glaubhaft

CRP (C-réactive protéine) f. C-reaktives Protein f.
cru roh, ungekocht
crural krural
crustacés m. pl. Crustacea n. pl.
cryesthésie f. Kryästhesie f.
cryochirurgical kryochirurgisch
cryochirurgie f. Kryochirurgie f.
cryodessication f. Kryodessikation f.
cryogène kryogen
cryoglobuline f. Cryoglobulin n., Kälteglobulin n., Kryoglobulin n.
cryoglobulinémie f. Kryoglobulinämie f.
cryoprécipité m. Kryopräzipitat n., Cryopräzipitat n.
cryoscopie f. Kryoskopie f.
cryosonde f. Kältesonde f.
cryothalamotomie f. Kryothalamotomie f.
cryothérapie f. Cryotherapie f., Kälteanwendung f., Kryotherapie f.
crypte f. Krypte f.
crypte de Morgagni f. Morgagnische Krypte f.
cryptique kryptisch
cryptite f. Kryptitis f.
cryptococcose f. Kryptokokkose f.
cryptogénétique kryptogenetisch
cryptomérie f. Kryptomerie f.
cryptorchidie f. Kryptorchismus m.
cryptospermie f. Kryptospermie f.
cryptosporidiose f. Kryptosporidiose f.
cubital kubital, ulnar
cubitocarpien ulnokarpal
cubitoradial ulnoradial
cubitus, vers le ulnarwärts
cucurbitin m. Bandwurmglied n.
cuillère f. Esslöffel m., Löffel m.
cuillère à thé f. Teelöffel m.
cuillère mesure f. Messlöffel m.
cuir chevelu m. behaarte Kopfhaut f.
cuire kochen
cuisine de l'hôpital f. Krankenhausküche f.
cuisine de régime f. Diätküche f.
cuisse f. Oberschenkel m., Schenkel m.
cuisson sous vide f. Vakuumbrennverfahren n. (dent.)
cuivre m. Kupfer n.
cuivrer verkupfern
cuivreux kupferhaltig (einwertig/univalent)
cul-de-sac conjonctival m. Konjunktivalsack m.
cul-de-sac de Douglas m. Douglasscher Raum m.
culdoscope m. Kuldoskop n.
culdoscopie f. Culdoskopie f., Kuldoskopie f.
culdoscopique kuldoskopisch
culdotomie f. Kuldotomie f.
cultiver kultivieren
culture f. Kultur f.
culture bactérienne f. bakteriologische Kultur f.
culture cellulaire f. Zellkultur f.
culture d'organe f. Organkultur f.
culture de moelle f. Markkultur f.
culture de moelle osseuse f. Knochenmarkskultur f.
culture de pomme de terre f. Kartoffelkultur f.
culture de tissu f. Gewebskultur f.
culture par piqûre f. Stichkultur f.
culture pure f. Reinkultur f.
culturel kulturell
cumin m. römischer Kümmel m.
cumulatif kumulativ
cumulation f. Kumulation f.
cumuler kumulieren
cunéiforme keilförmig
cunnilingus m. Cunnilingus m.
cupréine f. Cuprein n., Kuprein n.
cuproxiline f. Cuproxilin n.
cupulogramme m. Kupulogramm n.
cupulolithiase f. Kupulolithiasis f.
cupulométrie f. Kupulometrie f.
curabilité f. Heilbarkeit f.
curable heilbar
curage m. Auskratzung f.
curare m. Kurare n., Pfeilgift n.
curarine f. Curarin n., Kurarin n.
curarisation f. Curarisierung f., Kurarisierung f.
curatelle f. Pflegschaft f.
curatif kurativ
cure f. Heilung f., Kur f.
cure d'amaigrissement f. Entfettungskur f.
cure de cinq ans f. Fünfjahresheilung f.
cure de diète absolue f. Hungerkur f.
cure de repos f. Liegekur f.
cure de sommeil f. Heilschlaf m., Schlafkur f.
cure de suralimentation f. Mastkur f.
cure en décubitus alterné f. Rollkur f.
cure Kneipp f. Kneippbehandlung f.
cure-ongles m. Nagelreiniger m.
cure-oreille m. Ohrlöffel m.
curetage m. Auskratzung f., Ausschabung f., Curettage f., Kürettage f.
curetage aspiratif m. Vakuumkürettage f.
curetage des gencives m. Zahnfleisch-Kürettage f.
curette f. Curette f., Kürette f., scharfer Löffel m.

curette à adénoïdes f.   Adenotom n.
curette à os f.   scharfer Knochenlöffel m.
curette utérine f.   Uteruskürette f.
curetter   kürettieren
Curie m.   Curie n.
curium m.   Curium n.
cuticule f.   Häutchen n.
cutter à émail m.   Schmelzschneider m.
cutter-fil métallique m.   Drahtschneider m.
cuvette f.   Schale f., Küvette f.
CV (capacité vitale) f.   VK (Vitalkapazität) f.
cyanamide m.   Zyanamid n., Cyanamid n.
cyanidanol m.   Zyanidanol n.
cyanide m.   Cyanid n.
cyanidine f.   Cyanidin n.
cyanite m.   Cyanit n., Zyanit n.
cyanoacrylate m.   Zyanoakrylat n., Cyanoacrylat n.
cyanocobalamine f.   Zyanokobalamin n.
cyanoformate m.   Zyanoformat n.
cyanopindolol m.   Zyanopindolol n.
cyanose de shunt f.   Mischzyanose f.
cyanose f.   Blausucht f., Cyanose f., Zyanose f.
cyanosé   zyanotisch
cyanotique   cyanotisch
cyanure m.   Zyanid n.
cyanure de potassium m.   Zyankali n.
cybernétique f.   Kybernetik f.
cybernétique   kybernetisch
cyclamate m.   Cyclamat n., Zyklamat n.
cyclandélate m.   Cyclandelat n.
cyclase f.   Cyclase f., Zyklase f.
cyclazocine f.   Cyclazocin n.
cycle m.   Zyklus m.
cycle de Krebs m.   Krebszyklus m.
cycle de l'acide citrique m.   Zitronensäurezyklus m.
cycle menstruel m.   Menstruationszyklus m.
cyclectomie f.   Zyklektomie f.
cyclique   cyclisch, zyklisch
cyclite f.   Cyclitis f., Zyklitis f.
cyclizine f.   Cyclizin n.
cyclobenzaprine m.   Cyclobenzaprin n.
cyclodextrine f.   Cyclodextrin n.
cyclodialyse f.   Zyklodialyse f.
cyclodiène m.   Cyclodien n.
cycloduction f.   Zykloduktion f.
cyclofuramine f.   Zyklofuramin n.
cycloguanil m.   Cycloguanil n.
cycloguanil m.   Zykloguanil n.
cyclohexane m.   Cyclohexan n., Hexamethylen n., Zyklohexan n.
cycloheximide m.   Cycloheximide n.
cyclo-oxygénase f.   Cyclooxygenase f.
cyclopentane m.   Zyklopentan n.

cyclopentaneperhydrophénanthrène m.   Zyclopentanperhydrophenanthren n.
cyclopenthiazide m.   Cyclopenthiazid n., Zyklopenthiazid n.
cyclopentolate m.   Cyclopentolat n., Zyklopentolat n.
cyclophorie f.   Zyklophorie f.
cyclophosphamide m.   Cyclophosphamid n., Zyklophosphamid n.
cyclophrénie f.   Zyklophrenie f.
cyclopie f.   Zyklopie f.
cyclopropane m.   Cyclopropan n., Zyklopropan n.
éyclosérine f.   Cycloserin n., Zykloserin n.
cyclospasme m.   Zyklospasmus m.
cyclosporine f.   Ciclosporin n., Cyclosporin n., Zyklosporin n.
cyclothiazide m.   Cyclothiazid n., Zyklothiazid n.
cyclothymie f.   Zyklothymie f.
cyclothymique m./f.   zyklothyme Person f.
cyclothymique   zyklothym
cyclotomie f.   Zyklotomie f.
cyclotron m.   Cyclotron n., Zyklotron n.
cyclovergence f.   Zyklovergenz f.
cylindraxile   neuraxonal
cylindre m.   Zylinder m.
cylindre adipeux m.   Fettzylinder m.
cylindre astrocytaire m.   Gliastift m.
cylindre cireux m.   Wachszylinder m.
cylindre de gaze m.   Verbandstofftrommel f.
cylindre de Külz m.   Komazylinder m.
cylindre en verre m.   Glaszylinder m.
cylindre gradué m.   Messzylinder m., Zylindermessglas n.
cylindre granuleux m.   granulierter Zylinder m.
cylindre hyalin m.   hyaliner Zylinder m.
cylindre urinaire m.   Harnzylinder m.
cylindrique   zylindrisch
cylindrome m.   Zylindrom n.
cylindrurie f.   Zylindrurie f.
cylindte axe m.   Achsenzylinder m.
cymarine f.   Zymarin n.
cymarose m.   Zymarose f.
cymaroside m.   Zymarosid n.
cynarine f.   Cynarin n.
CYP-1A f.   Zytokin CYP-1A n.
cyphomycose f.   Kyphomycosis f.
cyphoplastie f.   Kyphoplastie
cyphoscoliose f.   Kyphoskoliose f.
cyphoscoliotique   kyphoskoliotisch
cyphose f.   Kyphose f.
cyphosique   kyphotisch
cypionate m.   Cypionat n.

cyproheptadine f. Cyproheptadin n.
cyprotérone f. Cyproteron n., Zyproteron n.
cyproximide m. Cyproximid n.
cystadénocarcinome m. Zystadenokarzinom n.
cystadénolymphome m. Zystadenolymphom n.
cystadénome m. Cystadenom n., Kystadenom n., Zystadenom n.
cystathionine f. Zystathionin n.
cystathioninurie f. Zystathioninurie f.
cystéamine f. Zysteamin n.
cystectomie f. Zystektonlie f.
cystéine f. Zystein n.
cysticercose f. Cysticercosis f., Zystizerkose f.
cysticerque m. Finne (parasitol.) f.
cystine f. Zystin n.
Cystinose f. Abderhalden-Fanconi-Syndrom n., Zystinose f.
cystinurie f. Zystinurie f.
cystique cystisch, zystisch
cystite f. Cystitis f., Zystitis f.
cystite en plaque f. Malakoplakie f.
cystitique cystitisch
cystocèle f. Blasenbruch m., Cystocele f., Vesikozele f., Zystozele f.
cystodynie f. Reizblase f.
cystographie f. Zystographie f.
cystojéjunostomie f. Zystojejunostomie f.
cystomanomètre m. Zystomanometer n.
cystome m. Cystom n., Kystom n.
cystomètre m. Zystometer n.
cystométrie f. Zystometrie f.
cystopexie f. Blasenfixation f.
cystoplastie f. Blasenplastik f.
cystopyélite f. Zystopyelitis f.
cystorraphie f. Blasennaht f.
cystoscope m. Cystoskop n., Zystoskop n.
cystoscopie f. Cystoskopie f., Zystoskopie f.
cystoscopique cystoskopisch, zystoskopisch
cystostomie f. Zystostomie f.
cystotome m. Zystitom n.
cystotomie f. Zystitomie f.
cystouréthroscope m. Zystourethroskop n.
cytarabine f. Cytarabin n.
cytase f. Cytase f., Zytase f.
cytidine f. Cytidin n., Zytidin n.
cytidylate m. Cytidylat n.
cytoarchitectonie f. Zytoarchitektonik f.
cytoarchitectonique zytoarchitektonisch
cytochalasine f. Cytochalasin n., Zytochalasin n.
cytoblastome néoplasique m. Meristom n.
cytochimie f. Zellularchemie f., Zytochemie f.
cytochimique zytochemisch
cytochrome m. Cytochrom n., Zytochrom n.
cytochrome-P450 m. Cytochrom P450 n.
cytochrome peroxydase f. Zytochromperoxidase f.
cytocinèse f. Zytokinetik f.
cytocinétique zytokinetisch
cytodiagnostic m. Zytodiagnostik f.
cytodiagnostique zytodiagnostisch
cytogenèse f. Zytogenese f.
cytogénétique f. Zytogenetik f.
cytogénétique zytogenetisch
cytoglobine f. Cytoglobin n., Zytoglobin n.
cytohistomorphologie f. Zytohistomorphologie f.
cytohistomorphologique zytohistomorphologisch
cytohormonal zytohormonal
cytokératine f. Zytokeratin n.
cytokine f. Zytokin n.
cytokines hépatiques f. pl. Leber-Zytokine n. pl.
cytokinine f. Cytokinin n., Zytokinin n.
cytolipine f. Zytolipin n.
cytologie f. Zytologie f.
cytologie d'aspiration f. Aspirationszytologie f.
cytologique zytologisch
cytolyse f. Zytolyse f.
cytolytique zytolytisch
cytomégalie f. Zytomegalie f.
cytomégalovirus m. Zytomegalie-Virus n.
cytométaplasie f. Zellmetaplasie f.
cytométrie f. Zytometrie f.
cytométrique zytometrisch
cytomorphologie f. Zellmorphologie f.
cytopathogène zytopathogen
cytopathologie f. Zellpathologie f., Zellularpathologie f., Zytopathologie f.
cytopempsis m. Zytopempsis f.
cytophage m. Zytophage m.
cytophile zytophil
cytophysiologie f. Zellphysiologie f.
cytoplasme m. Cytoplasma n., Zellplasma n., Zytoplasma n.
cytoplasmique zytoplasmatisch
cytoprotecteur zytoprotektiv
cytoprotection f. Zytoprotektion f.
cytoréductif zytoreduktiv
cytoréduction f. Zytoreduktion f.
cytosine f. Cytosin n., Zytosin n.
cytosine-arabinoside f. Cytosin-Arabinosid n.
cytosome m. Zytosom n.
cytosphère f. Zytosphäre f.

cytosquelette m.   Zellskelet n.
cytostatique m.   Zytostatikum n.
cytostatique   zytostatisch
cytotaxine f.   Zytotaxin n.
cytothérapie f.   Zellulartherapie f.

cytotoxicité f.   Zytotoxizität f.
cytotoxine f.   Zellgift n.
cytotoxique   zytotoxisch
cytotrope   zytotrop
cytotrophoblaste m.   Zytotrophoblast m.

D

dabigatran m. Dabigatran n.
dacarbazine f. Dacarbazin n., Dakarbazin n.
daclizumab m. Daclizumab n.
dacryo-adénite f. Dakryoadenitis f., Tränendrüsenentzündung f.
dacryocanaliculite f. Dakryokanalikulitis f., Tränengangentzündung f.
dacryocystectomie f. Dakryozystektomie f.
dacryocystite f. Dakryozystitis f., Tränensackentzündung f.
dacryocystotomie f. Dakryozystotomie f.
dacryographie f. Dakryographie f.
dactinomycine f. Dactinomycin n.
dactylogramme m. Fingerabdruck m.
dactylolysis f. Daktylolyse f.
dactyloscopie f. Daktyloskopie f.
dacuronium m. Dacuronium n.
daidzéine f. Daidzein n.
dalfopristine f. Dalfopristin n.
daltéparine f. Dalteparin n.
dalton m. Dalton n.
dalton m. Dalton n.
daltonien m. farbenblinde Person f.
daltonien farbenblind
daltonisme m. Farbenblindheit f.
daltonisme rouge vert m. Rotgrünblindheit f.
damivudine f. Damivudin n.
dammar m. Dammar n.
danaparoid m. Danaparoid n.
danazol m. Danazol n.
dandinant watschelig
dandinement m. watschelnder Gang m.
dandiner, se watscheln
danger mortel m. Lebensgefahr f., Todesgefahr f.
danger public m. Gemeingefährlichkeit f.
dans l'indécision offenstehend
danse de Saint-Guy f. Veitstanz m.
dantrolène m. Dantrolen n.
dantrone m. Dantron n.
dapsone m. Dapson n.
darbepoetine f. Darbepoetin n.
dartre m. Flechte f.
date de l'accouchement f. Geburtstermin m.
date fixée f. Termin m.
date limite d'utilisation f. Verfallsdatum n.
daunomycine f. Daunomycin n.
davier m. Fasszange f., Knochenfasszange f., Zahnzange f.
dazadrol m. Dazadrol n.
dazilamine f. Dazilamin n.
dazolicine f. Dazolicin n.
de fortune behelfsmäßig
de la taille d'un oeuf hühnereigroß
déacétylase f. Deazetylase f.
déacétyle m. Deazetyl n.
débiliter entkräften
débimètre m. Flussmesser m.
débit m. Leistung f.
débit cardiaque m. Herzleistung f.
débitmètre m. Durchflussmesser m.
débloquer entblocken
débobiner abspulen
débordement m. Überfließen n.
déborder überfließen
debout aufrecht, stehend
déboxamet m. Deboxamet n.
débrisoquine f. Debrisochin n.
début de grossesse m. Frühschwangerschaft f.
débutant m. Anfänger m.
débutante f. Anfängerin f.
décalage m. Verschiebung f.
décalage de phase m. Phasenverschiebung f.
décalcification f. Entkalkung f.
décalcifier entkalken
décaméthonium m. Dekamethonium n.
décanoate m. Decanoat n.
décantation f. Dekantierung f., Klärung f.
décanter dekantieren
décanulation f. Kanülenentfernung f
décapeptide m. Dekapeptid n.
décapeptyl m. Dekapeptyl n.
décapitation f. Dekapitation f.
décapiter enthaupten
décapsulation f. Dekapsulation f.
décapsuler dekapsulieren
décarboxylase f. Dekarboxylase f.
décarboxylation f. Dekarboxylierung f.
décarboxyler dekarboxylieren
décérébration f. Enthirnung f.
décérébrer enthirnen
décès m. Todesfall m.
décharger entladen
décharné knochig
déchet m. Abfall (Überbleibsel) m.
déchiqueté gezackt
déchiqueter (avec les dents) zerbeißen
déchirement m. Zerreißung f.
déchirer reißen
déchirure des ligaments f. Bänderriss m.
déchirure mitrale des cordages f. Mitralklappensehnenfadenabriss m.

déchirure musculaire f. Muskelriss m.
déchirure périnéale f. Dammriss m.
déchirure vasculaire f. Gefäßzerreißung f.
déchloration f. Entchlorung f.
déchoir verfallen
décholestériniser entcholesterinisieren
décibel m. Dezibel n.
décidual dezidual
décilitre m. Deziliter m.
décimémide m. Decimemid n.
décimètre m. Dezimeter n.
décinormal zehntelnormal
décisif durchschlagend
décitropine f. Decitropin n.
déclancher auslösen
déclaration obligatoire, à meldepflichtig
déclinaison f. Deklinierung f.
décloxicine f. Decloxizin n.
décoction f. Abkochung f.
décollation f. Enthauptung f.
décollement m. Ablösung (Loslösung) f.
décollement de la rétine m. Netzhautablösung f.
décoller ablösen
décoloration f. Abblassen n.
décoloration bitemporale f. bitemporale Abblassung f.
décolorer entfärben
décominol m. Decominol n.
décompensation f. Dekompensation f.
décompensation circulatoire f. Kreislaufversagen n.
décompenser dekompensieren
décomplémentation f. Dekomplementierung f.
décomposant les protéines eiweißspaltend
décomposer spalten (chem.)
décomposer abbauen
décomposer, se verwesen
décomposition f. Abbau m., Verwesung f., Zersetzung f.
décompression f. Dekompression f.
décomprimer dekomprimieren
déconfinement m. Abbau der Ausgangsbeschränkungen m.
décongestionnant abschwellend
décontamination f. Dekontamination f.
décontaminer dekontaminieren
décontractant entspannend
décortication f. Ausschälung f., Dekapsulation f., Dekortikation f.
décortication du rein f. Nierendekapsulation f.
décortiquer ausschälen
découper zerschneiden

découpler entkoppeln
découverte f. Entdeckung f.
découvrir freilegen
decrescendo m. Decrescendo n.
décrire beschreiben
décroissance f. Abfall (Abstieg) m., Dekrudeszenz f.
décroissant absteigend
décroître abfallen (absteigen)
dectaflur m. Dectaflur n.
décubitus (attitude de) m. Dekubitus m.
décubitus dorsal m. Rückenlage f.
décubitus latéral m. Seitenlage f.
décussation f. Kreuzung f.
dédifférenciation f. Entdifferenzierung f.
dédifférencier entdifferenzieren
déditonium m. Deditonium n.
dédoublement m. Doppelung f.
dédoublement d'un bruit du coeur m. Spaltung eines Herztones f.
dédoubler abspalten
déduction f. Folgerung f.
défaillance f. Versagen n.
défaillance progressive f. Vorwärtsversagen n.
défaut m. Fehler m.
défaut de la parole m. Sprachfehler m.
défaut de remplissage m. Füllungsdefekt m.
défaut génétique m. Erbschaden m.
défaut par inhibition m. Hemmungsmissbildung f.
défavorable infaust, ungünstig
défécation f. Defäkation f., Stuhlgang m.
défectueux fehlerhaft
défense (zool.) f. Stoßzahn m.
défense f. Abwehr f.
défenseur m. Defensor m.
défensif defensiv
défensine f. Defensin n.
déférentite f. Deferentitis f.
déféroxamine f. Deferoxamin n.
défervescence f. Deferveszenz f.
déffaillance cardiaque f. Herzversagen n.
déffaillance de la mémoire f. Gedächtnisschwäche f.
défibrillateur m. Defibrillator m.
défibrillation f. Defibrillation f., Defibrillierung f.
défibriller defibrillieren
défibrination f. Defibrination f.
défibriner defibrinieren
défibrotide m. Defibrotid n.
déficience f. Mangel m.
déficience de la suture f. Nahtinsuffizienz f.
déficience immunitaire f. Immunmangel m.

déficience mentale f. Geistesschwäche f.
déficit m. Defizit n.
défigurer entstellen, verunstalten
défini konturiert
définition f. Bestimmung f., Definition f.
déflazacort m. Deflazacort n.
déflexion f. Abbiegung f., Deflexion f.
défloration f. Defloration f.
déformation f. Verbildung f., Verformung f., Verunstaltung f., Verzeichnung f., Entstellung f.
déformer verbilden
défosfamide m. Defosfamid n.
dégazage m. Entgasung f.
dégazer entgasen
dégel m. Auftauen n.
dégénératif degenerativ
dégénérer degenerieren, entarten
dégénérescence f. Degeneration f., Entartung f.
dégénérescence graisseuse f. Verfettung f.
dégénérescence maculaire f. Makuladegeneration f.
dégénérescence protoplasmatique myéliniforme f. Myelinose f.
dégénérescence segmentaire f. Segmentdegeneration f.
dégénérescence wallérienne f. Wallersche Degeneration f.
déglobulinisation f. Deglobulinisierung f.
déglutition f. Schluckakt m., Schlucken n.
déglycosylation f. Deglykosylierung f.
dégoût m. Ekel m.
dégradation f. Abbau m., Degradierung f., Verfall m.
dégrader abbauen, degradieren
dégraisser entfetten
dégranulateur m. Degranulator m.
dégranulation f. Degranulation f., Entgranulierung f.
dégranuler degranulieren
degré m. Gon m., Grad m., Stufe f.
degré de dépendance m. Pflegestufe f.
degré de froid m. Kältegrad m.
degré de pureté m. Reinheitsgrad m.
degré de température m. Wärmegrad m.
degré de vascularisation m. Gefäßreichtum m.
degré hygrométrique m. Feuchtigkeitsgrad m.
déhiscence après laparotomie f. Platzbauch m.
déhiscence f. Dehiszenz f.
déhydrase f. Dehydrase f.
déhydratation f. Entwässerung f.

déhydrater entwässern
déhydrocholate m. Dehydrocholat n.
déhydrocorticostérone f. Dehydrokortikosteron n.
déhydroémétine f. Dehydroemetin n.
déhydroépiandrostérone f. Dehydroepiandrosteron (DHA) n.
déhydrogénase f. Dehydrase f., Dehydrogenase f.
déhydropeptidase f. Dehydropeptidase f.
déhydrostilboestrol m. Dehydrostilbestrol n.
déhydroxylation f. Dehydroxylierung f.
déiodase f. Deiodase f.
déiodation f. Entjodierung f.
déiodinase f. Dejodinase f.
déjà vu déjà vu
déjeuner d'épreuve m. Probefrühstück n.
délabrement m. Zerfall m.
délai m. Verzögerung f.
délai d'attente m. Wartezeit f.
délantérone f. Delanteron n.
délavirdine f. Delavirdin n.
délergotrile m. Delergotril n.
délétère deletär
délétion f. Deletion f.
délétion antigénique f. Antigenverlust m.
délicat schwächlich, zart
délimitation f. Abgrenzung f., Grenze f.
délimiter abgrenzen
délirant delirant
délire m. Delirium n.
délire d' interprétation m. Beziehungswahn m.
délire d'explication m. Erklärungswahn m.
délire de filiation m. Abstammungswahn m.
délire de négation m. Verneinungswahn m.
délire de persécution m. Verfolgungswahn m.
délire de révélation m. Offenbarungswahn m.
délire des aboyeurs m. Neurophonie f.
délire hallucinatoire m. Halluzinose f.
délire messianique m. Sendungswahn m.
délirium tremens m. Delirium tremens n.
délite de culpabilité m. Versündigungswahn m.
délivrance f. Geburt f., Nachgeburt f.
délivrance post mortem f. Leichengeburt f.
delprosténate m. Delprostenat n.
deltavirus m. Deltavirus n.
demande f. Bedarf m.
demander un effort Überwindung kosten
démangeaison f. Jucken n.
démanger jucken
démarcation f. Demarkation f.

dentiste

démarche f. Gang (Gehen) m., Gangart f.
démarche ataxique f. ataktischer Gang m.
démarche dandinante f. Watschelgang m.
démarche spasmodique f. Scherengang m.
démarche tibutante f. schwankender Gang m.
démasculinisation f. Entmännlichung f.
dématérialisation f. elektronische Übertragung f.
dématérialisé elektronisch, virtuell
démécarium m. Demecarium n.
déméclocycline f. Demeclocyclin n.
démécoléine f. Demecolein n.
démécycline f. Demecyclin n.
démence f. Demenz f.
démence sénile f. Altersdemenz f.
dément(e) m./f. demente Person f.
dément dement
démentiel dementiell
démétasine f. Demetasin n.
déméthylation f. Demethylation f., Demethylierung f., Entmethylierung f.
déméthylchlortétracycline f. Demethylchlortetrazyklin n.
déméthyler demethylieren
déméthylimipramine f. Demethylimipramin n.
démexiptiline f. Demexiptilin n.
demi bain m. Halbbad n.
demi couronne f. Hohlkrone f.
demi jour m. Zwielicht n.
demi onde f. Halbwelle f.
demi saturation f. Halbsättigung f.
demi vie f. Halbwertzeit f., HWZ f.
déminéralisation f. Demineralisation f.
démoconazole m. Democonazol n.
démodulation f. Demodulation f.
démoduler demodulieren
démonstratif demonstrativ
démonstration f. Demonstration f.
démonter abmontieren
démontrer demonstrieren
démoxépam m. Demoxepam n.
démoxytocine f. Demoxytocin n.
démyélinisation f. Entmyelinisierung f.
démyéliniser entmyelinisieren
dénatonium m. Denatonium n.
dénaturation f. Denaturierung f.
dénaturer denaturieren, vergällen
dénavérine f. Denaverin n.
dendrite f. Dendrit m.
dénervation f. Denervierung f., Entnervung f.
dénerver entnerven
dengue f. Dengue f.
dénicotiser entnikotisieren
dénombrement m. Auszählung f.
dénomination commune f. Freiname (eines Medikamentes) m., Trivialbezeichnung (eines Medikamentes), f.
denpidazone f. Denpidazon n.
dense dicht
densigraphie f. Densographie f.
densimétrie f. Densometrie f.
densité f. Dichte f.
densité osseuse f. Knochendichte f.
densité virale f. Virus-Dichte f.
densitomètre m. Densitometer n.
densitométrie f. Densitometrie n.
densitométrique densitometrisch
dent f. Zahn m.
dent à venin f. Giftzahn m.
dent arrachée f. ausgeschlagener Zahn m.
dent artificielle f. Kunstzahn m.
dent cônique, à haplodont
dent d'ancrage f. Ankerzahn m., Stützzahn m. (dent.)
dent de devant f. Frontzahn m.
dent de l'oeil f. Augenzahn m.
dent de lait f. Milchzahn m.
dent de sagesse f. Weisheitszahn m.
dent en or f. Goldzahn m.
dent incluse f. eingeklemmter Zahn m.
dent mal placée f. verlagerter Zahn m.
dent permanente f. bleibender Zahn m.
dent qui saisit la proie f. Fangzahn m.
dent retenue f. Blockzahn m.
dentaire dental
dental dental
dentatorubral dentatorubral
denté gezackt, zackig
dentier m. künstliches Gebiss n.
dentier enlevable m. herausnehmbares Gebiss n.
dentier fixé m. festsitzendes, künstliches Gebiss n.
dentifrice m. Zahnpflegemittel n.
dentimètre m. Dentimeter n.
dentine f. Dentin n.
dentine couvrante f. Manteldentin n.
dentine primaire f. Primärdentin n.
dentine secondaire f. Sekundärdentin n.
dentinite f. Dentinitis f.
dentinoblaste m. Dentinoblast m.
dentinoblastome m. Dentinoblastom n.
dentinocémentaire dentinozemental
dentinogenèse f. Dentinbildung f.
dentinome m. Dentinom n.
dentiste m. Dentist m., Dentistin f., Zahnarzt m., Zahnärztin f.

dentition f. Zahnung f.
dentition restante f. Restgebiss n.
dentocémentaire dentozemental
dentofacial dentofazial
dentogingival dentogingival, gingivodental
dents f. pl. natürliches Gebiss n.
dents branlantes f. pl. Zahnlockerung f.
dents de lait f. pl. Milchgebiss n.
dents définitives f. pl. bleibendes Gebiss n.
dents irrégulières f. pl. Zahnunregelmäßigkeit f.
denture f. Gebiss n.
dénudation f. Denudation f., Freilegung f.
dénuder freilegen
déodorant m. desodorierendes Mittel n.
déodorant desodorierend
déodorisation f. Desodorierung f.
déodoriser desodorieren
déontologie f. Standeskunde f.
déoxypyridoxine f. Deoxypyridoxin n.
dépanner entstören
département m. Abteilung f.
dépassant la région überregional
dépendance f. Abhängigkeit f., Bedingtheit f.
dépendance médicamenteuse f. Arzneimittelabhängigkeit f.
dépendant abhängig (von Drogen, Alkohol), bedingt
dépendant de l'âge altersabhängig
dépendant de la dose dosisabhängig
dépendant de la fréquence frequenzabhängig
dépendant du temps zeitabhängig
dépense f. Aufwand m.
dépérir siechen, verkümmern
dépersonnalisation f. Depersonalisation f., Entpersönlichung f.
déphosphamide m. Dephosphamid n.
déphosphorylation f. Dephosphorylation f., Dephosphorylierung f.
déphosphoryler dephosphorylieren
dépigmentation f. Depigmentierung f.
dépigmenter depigmentieren
dépilatoire m. Enthaarungsmittel n., Haarentfernungsmittel n.
dépilatoire haarentfernend
dépistage m. Erkennung f., Screening n.
déplacement m. Verlagerung f.
déplacement axial m. Achsenverschiebung f.
déplacement labial Labialverschiebung f.
déplacement subphrénique du colon m. Chilaiditi-Syndrom n.
déplacement transversal m. Querverlagerung f.
déplacer verlegen (weiterleiten)

déplétion f. Depletion f.
déplomber entbleien
dépolarisation f. Depolarisation f.
dépolariser depolarisieren
dépolymérase f. Depolymerase f.
dépolymérisation f. Depolymerisierung f.
dépolymériser depolymerisieren
dépôt m. Ablagerung f., Belag m., Depot n.
dépôt d'ordures m. Mülldeponie f.
dépôt de graisse m. Fettdepot n.
dépôt dentaire m. Dentaldepot n.
dépôt urinaire couleur de briques m. Ziegelmehlsediment n.
dépourvu de cellules zellfrei
dépramine f. Depramin n.
dépressif depressiv
dépression f. Depression f., Mulde f.
dépression réactionnelle f. reaktive Depression f.
déprimé eingedrückt, gedrückt
déprodone f. Deprodon n.
déprostil m. Deprostil n.
deptropine f. Deptropin n.
dépuratif blutreinigend
dépurer klären
dépyrinisation f. Depyridinierung f.
déqualinium m. Dequalinium n.
déraciné wurzellos
déracinement m. Entwurzelung f.
dérangement m. Belästigung f.
déranger stören
déréisme m. Dereismus m.
déremboursement m. Ausschluss aus dem Kassenersatz m.
dérépression f. Derepression f.
dérivatif m. ableitendes Mittel n.
dérivatif ableitend
dérivation f. Ableitung f.
dérivation f. (ECG) Ableitung f.
dérivation de Goldberger f. Goldberger-Ableitung f.
dérivation ECG de Nehb f. Nehbsches Dreieck n.
dérivation standard f. Standardableitung f.
dérivé m. Derivat n.
dériver ableiten
dermatane m. Dermatan n.
dermatite f. Dermatitis f.
dermatite actinique f. Dermatitis actinica f.
dermatite calorique f. Calorose f.
dermatite des herbes f. Wiesendermatitis f.
dermatite du fermier f. Farmerhaut f.
dermatite exfoliative f. Dermatitis exfoliativa f.

dermatite herpétiforme f. Dermatitis herpetiformis f.
dermatite streptococcique f. Streptodermie f.
dermatitique dermatitisch
dermatoautoplastie f. Dermatoautoplastie f.
dermatofibrome m. Dermatofibrom n.
dermatofibrosarcome m. Dermatofibrosarkom n.
dermatoglyphe simiesque m. Affenfurche f.
dermatoglyphes m. pl. Tastleistenmuster der Haut n.
dermatologie f. Dermatologie f.
dermatologique dermatologisch
dermatologue f. Dermatologin f., Hautärztin f.
dermatologue m. Dermatologe m., Hautarzt m.
dermatolyse f. Dermatolyse f.
dermatome m. Dermatom n., segmentaler Hautinnervationsbezirk m.
dermatomycose f. Dermatomykose f.
dermatomyosite f. Dermatomyositis f.
dermatophobie f. Dermatophobie f.
dermatophyte m. Dermatophyt m.
dermatophytose f. Dermatophytie f.
dermatoplastie f. Hautplastik f.
dermatosclérose f. Dermatosklerose f.
dermatoscopie f. Dermatoskopie f.
dermatose Dermatose f., Hautkrankheit f.
dermatose acarienne des membres inférieurs f. Milbenseuche der Beine f.
dermatose bulleuse f. Podopompholyx m., Pompholyx m.
dermatose de la perchlornaphtaline f. Perna n.
dermatose phytotoxique f. Phytonose f.
dermatotrope dermatotrop
dermatoviscéral kutiviszeral
derme du pied m. Lederhaut des Hufs f. (veter.)
derme m. Lederhaut f.
dermite à Demodex folliculorum f. Demodexausschlag m.
dermite des neiges f. Gletscherbrand m.
dermochondrocornéen dermochondrokorneal
dermographisme m. Dermographismus m.
dermolipectomie f . Dermolipektomie f.
dermoliposclérose f. Dermolipsklerose f.
dernière dent f. Endzahn m.
dernière heure f. Todesstunde f.
dérogatoire ausnahmebedingt
derrière m. Hinterteil n.
désacétylase f. Desazetylase f.

désacétyle m. Desazetyl n.
désacidification f. Entsäuerung f.
désacidifier entsäuern
désacylase f. Desazylase f.
désaffection f. Entfremdung f.
désafférence f. Deafferentierung f.
désalaniser desalanieren
désamidase f. Desamidase f.
désamidation f. Desamidierung f.
désaminase f. Desaminase f.
désamination f. Desaminierung f.
désandrogénisation f. Desandrogenisierung f.
désarticuler exartikulieren
désaturase f. Desaturase f.
descémétite f. Descemetitis f.
descendance f. Nachkommenschaft f.
descendant m. Nachkomme m.
descendant deszendierend, absteigend
descendre de abstammen
descendre absteigen
descente f. Abstieg m., Senkung (Tiefertreten) f.
descinolone f. Descinolon n.
description f. Beschreibung f.
désenflement m. Abschwellung f.
désenfler abschwellen
désensibilisation f. Desensibilisierung f.
désensibilisation orale f. Oraldesensibilisierung f.
désensibiliser desensibilisieren
deséquilibre m. Ungleichgewicht n.
déserpidine f. Deserpidin n.
désespoir m. Verzweiflung f.
desethyloxybutidine f. Desethyloxybutidin n.
desferrioxamine f. Desferrioxamin n.
desflurane m. Desfluran n.
desglugastrine f. Desglugastrin n.
déshabillage m. Auskleidung f.
déshabiller entkleiden
déshabituer abgewöhnen
déshydrogénation f. Dehydrierung f.
désinfectant m. Desinfektionsmittel n.
désinfectant desinfizierend
désinfecter desinfizieren
désinfecter les boutons desinfizieren von Schaltern und Tasten
désinfecter les sièges desinfizieren von Sitzflächen
désinfecter les sonnettes desinfizieren von Klingeln
désinfecter les stylos desinfizieren von Schreibstiften
désinfection f. Desinfektion f.

désinfection

désinfection au scrubber f. Scheuerdesinfektion f.
désinfection des mains f. Händedesinfektion f.
désinfection du local f. Raumdesinfektion f.
désinfection finale f. Schlussdesinfektion f.
désinhiber une voie bahnen
désinhiber enthemmen
désinhibition f. Enthemmung f.
désinhibition d'une voie f. Bahnung f.
désinsertion f. Desinsertion f.
désintégration f. Abbau m., Desintegration f.
désintégrer abbauen
désintoxication f. Entgiftung f., Entzug m.
désintoxiquer entgiften, entwöhnen
désipramine f. Desipramin n.
désir sexuel m. Geschlechtstrieb m.
désirudine f. Desirudin n.
deslanoside m. Deslanosid n.
desloratadine f. Desloratadin n.
desmocyte m. Desmozyt m.
desmodontal desmodontal
desmodonte m. Desmodont m.
desmolase f. Desmolase f.
desmologie f. Desmologie f.
desmoplakine f. Desmoplakin n.
desmoplastique desmoplastisch
desmopressine f. Desmopressin n.
desmosome m. Desmosom n.
desmotéplase f. Desmoteplase f.
désoblitération f. Desobliteration f.
désogestrel m. Desogestrel n.
désomorphine f. Desomorphin n.
désonide m. Desonid n.
désordre m. Unordnung f.
désorganisation f. Desorganisation f.
desorganisé unorganisiert
désorientation f. Bewusstseinstrübung f., Desorientierung f.
désorienté bewusstseinsgetrübt, desorientiert
désorption f. Desorption f.
désoxycholate m. Desoxycholat n.
désoxycorticostérone f. Desoxykortikosteron n.
désoxydation f. Desoxydation f.
désoxyder desoxydieren
désoxygénation f. Sauerstoffentladung f.
désoxyglucose m. Deoxyglucose f., Desoxyglukose f.
désoxypyridoxine f. Desoxypyridoxin n.
désoxypyridoxine f. Desoxypyridoxin n.
désoxyribonucléase f. Desoxyribonuklease f.
désoxyribonucléotide m. Desoxyribonukleotid n.
désoxyribose f. Desoxyribose f.

désoxyriboside m. Desoxyribosid n.
désoxystreptamine f. Desoxystreptamin n.
désoxyuridine f. Desoxyuridin n.
déspécification f. Despezifizierung f.
déspiralisation f. Despiralisierung f.
desquamatif desquamativ
desquamation f. Abschuppung f., Desquamation f., Schuppung f.
desquamation épithéliale f. Epithalaxie f.
desquamer abschuppen
déssaler entsalzen
déssalinisation f. Entsalzung f.
déssèchement m. Austrocknung f.
dessécher austrocknen
dessication f. Exsikkation f.
destination f. Bestimmung f.
destructeur m. Destruktor m.
destructible zerstörbar
destructif verderblich
destruction f. Vernichtung f., Zerstörung f.
désynchronisation f. Desynchronisation f.
détachement m. Ablösung (Loslösung) f., Abstoßung f.
détacher ablösen, loslösen
détacher par trans-section durchtrennen
détartrage m. Zahnsteinentfernung f.
détartrant m. Zahnsteinentferner m.
détection précoce f. Früherkennung f.
détendre, se entspannen
détendu locker, spannungsfrei
détente f. Entspannung f.
détérénol m. Deterenol n.
détérioration f. Verschlechterung f.
détérioration du parenchyme pulmonaire f. Pneumonose f.
détérioration mentale f. geistiger Abbau m.
détérioration permanente f. Dauerschaden m.
détériorer beschädigen, verschlechtern
déterminant m. Determinante f.
détermination de la résistance f. Resistenzbestimmung f.
détermination du groupe sanguin f. Blutgruppenbestimmung f.
détermination du moment de la mort f. Todeszeitpunktbestimmung f.
détermination du sexe f. Geschlechtsbestimmung f.
détersif m. Detergens n.
détersifs m. pl. Detergentien n. pl.
detmatomanie f. Dermatomanie f.
détorubicine f. Detorubicin n.
détournement m. Ablenkung f.
détourner ablenken (psych.), abwenden, entfremden

détralfate m. Detralfat n.
détresse respiratoire f. Atemnot f.
détritus m. Detritus m.
détroit m. Isthmus m.
détroit du bassin m. Beckenöffnung f.
détroit inférieur du bassin m. Beckenausgang m.
détroit supérieur du bassin m. Beckeneingang m.
détruire töten (abtöten), zerstören
détruisant la tumeur tumorizid
détruisant les mollusques molluskizid
dette d'oxygène f. Sauerstoffschuld f.
détumescence f. Abschwellung f.
deuil m. Trauer f.
deutéranopie f. Deuteranopie f., Grünblindheit f.
deutérium m. Deuterium n.
deutéron m. Deuteron n.
dévaluer abwerten
dévasculariser devaskularisieren, entvaskularisieren
développement m. Entwicklung f.
développement du film m. Filmentwicklung f.
développement organique m. Organentwicklung f.
développement, trouble du m. Fehlentwicklung f.
développer entwickeln
développer, se gedeihen
développeuse de films radiologiques f. Röntgenfilm-Entwicklungsmaschine f.
devenir aveugle erblinden
devenir cartilagineux verknorpeln
devenir plat abflachen
dévervescence f. Temperaturabfall m.
déviation f. Abbiegung f., Abweichung f., Deviation f., Umleitung f.
déviation à gauche f. Linksverschiebung f.
déviation angulaire f. Abknickung f.
déviation de l'utérus f. Uterusverlagerung f.
déviation septale f. Septumdeviation f.
déviation standard f. Standardabweichung f.
dévitalisation f. Devitalisierung f.
dévitaliser devitalisieren
devoir de déclarer m. Anzeigepflicht f.
devoir de prescrire m. Verschreibungspflicht f.
dévorer fressen (veter.), verschlingen
dexaméthasone f. Dexamethason n.
dexamisole m. Dexamisol n.
dexbromphéniramine f. Dexbrompheniramin n.
dexcétoprofène m. Dexketoprofen n.
dexibuprofène m. Dexibuprofen n.
dexivacaïne f. Dexivacain n.
dexoxadrol m. Dexoxadrol n.
dexpanthénol m. Dexpanthenol n.
dexpropanolol m. Dexpropanolol n.
dextilidine f. Dextilidin n.
dextran m. Dextran n.
dextranomère m. Dextranomer n.
dextrine f. Dextrin n.
dextroamphétamine f. Dextroamphetamin n.
dextrocardie f. Dextrokardie f.
dextrofémine f. Dextrofemin n.
dextrogyre rechtsdrehend
dextrokardiographie f. Dextrokardiographie f.
dextrométhorphane m. Dextromethorphan n.
dextromoramide m. Dextromoramid n.
dextroposition f. Dextroposition f.
dextroposition, en dextroponiert
dextropropoxyphène m. Dextropropoxyphen n.
dextrorotation f. Rechtsdrehung f.
dextrorphane m. Dextrorphan n.
dextrose m. Dextrose f.
dextrothyroxine f. Dextrothyroxin n.
dextroversion f. Dextroversion f.
dextroversion, en dextrovertiert
dézymotiser entfermentieren
DHEA f. Dehydroepiandrosteron (DHEA) n.
diabète de Brittle m. Brittle-Diabetes m.
diabète insipide m. Diabetes insipidus m.
diabète insulinoprive m. Insulinmangeldiabetes m.
diabète néonatal m. Neugeborenendiabetes m.
diabète rénal des phosphates m. Phosphatdiabetes m.
diabète rénal m. Diabetes renalis m.
diabète sucré m. Diabetes mellitus m.
diabétique f. Diabetikerin f.
diabétique m. Diabetiker m.
diabétique diabetisch, zuckerkrank
diabétogène diabetogen
diabétologie f. Diabetologie f.
diabétologue m./f. Diabetologe m., Diabetologin f.
diacétamate m. Diacetamat n., Diazetamat n.
diacétate d'éthinodiol m. Ethinodioldiazetat n.
diacétate m. Diazetat n.
diacétolol m. Diacetolol n., Diazetolol n.
diacétyle m. Diazetyl n.
diacétylmorphine f. Diazethylmorphin n.

diacide m. Disäure f.
diacinèse f. Diakinese f.
diacoptique diakoptisch
diacrine f. diakrin n.
diacyle m. Diacyl n., Diazyl n.
diadococinésie f. Diadochokinese f.
diagnostic m. Diagnose f., Diagnostikum n.
diagnostic définitif m. endgültige Diagnose f.
diagnostic différentiel m. Differentialdiagnose (DD) f.
diagnostic erroné m. Fehldiagnose f.
diagnostic fonctionnel m. Funktionsdiagnostik f.
diagnostic immédiat m. Anhiebsdiagnose f.
diagnostic précoce m. Früherkennung f.
diagnostic préimplantatoire m. Präimplantationsdiagnostik m.
diagnostic provisoire m. vorläufige Diagnose f.
diagnostic supposé m. Verdachtsdiagnose f.
diagnostique diagnostisch
diagnostiquer diagnostizieren
diagonal diagonal
diagramme m. Diagramm n.
diakinèse f. Diakinese f.
dialdéhyde f. Dialdehyd n.
diallyle m. Diallyl n.
dialyse f. Dialyse f.
dialyse à domicile f. Heimdialyse f.
dialyse à long terme f. Langzeitdialyse f.
dialyse centrale f. Zentrumsdialyse f.
dialyse péritonéale f. Peritonealdialyse f.
dialyser dialysieren
dialyseur m. Dialysator m.
diamètre m. Durchmesser m.
diamètre antéropostérieur du détroit supérieur m. Conjugata vera f
diamètre du bassin m. Beckendurchmesser m., Konjugata f.
diamètre externe du bassin m. Conjugata externa f.
diamètre promonto-sous pubien m. Conjugata diagonalis f.
diamètre transverse m. Querdurchmesser m.
diamide m. Diamid n.
diamidine f. Diamidin n.
diamidomonoester m. Diamidomonoester m.
diamine f. Diamin n.
diaminobenzidine f. Diaminobenzidin n.
diaminocyclohexane m. Diaminozyklohexan n.
diaminodiphosphatide m. Diaminodiphosphatid n.
diaminomonophosphatide m. Diaminomonophosphatid n.
diamocaïne f. Diamocain n.
diamorphine f. Diamorphin n.
diampromide m. Diampromid n.
dianhydrogalacticol m. Dianhydrogalaktikol n.
dianisidine f. Dianisidin n.
dianisyl m. Dianisyl n.
diapason m. Stimmgabel f.
diapédèse f. Diapedese f.
diaphanoscope m. Phaneroskop n.
diaphanoscopie f. Diaphanoskopie f., Phaneroskopie f.
diaphanoscopique phaneroskopisch
diaphorase f. Diaphorase f.
diaphorèse f. Diaphorese f.
diaphorétique m. Diaphoretikum n., schweißtreibendes Mittel n.
diaphorétique diaphoretisch, schweißtreibend
diaphragmatique diaphragmatisch
diaphragme m. Blende (roentg.) f., Zwerchfell n.
diaphragme cervical m. Zervikalmatrize f.
diaphragme de Bucky m. Buckyblende f.
diaphragme de l'iris m. Irisblende f.
diaphysaire diaphysär
diaphyse f. Diaphyse f.
diaplacentaire diaplazentar
diaquoferrate m. Diaquoferrat n.
diarginyl m. Diarginyl n.
diarrhée f. Diarrhö f.
diarrhée bacillaire des poussins f. Kükenruhr f.
diarrhée blanche du veau f. weiße Kälberruhr f.
diarrhée des voyageurs f. Reisediarrhö f.
diarrhée en purée de pois f. Erbsensuppenstuhl m.
diascopie f. Diaskopie f.
diastasis m. Diastase (anatom.) f.
diastasis des muscles grands droits de l'abdomen m. Rektusdiastase f.
diastème m. Diastema n.
diastéréo-isomère m. Diastereoisomer n.
diastéréo-isomérie f. Diastereoisomerie f.
diastéréo-isomérique diastereoisomer
diastole f. Diastole f.
diastolique diastolisch
diathermie f. Diathermie f., Elektrokaustik f.
diathèse f. Diathese f.
diathèse hémorragique f. Blutungsneigung f.
diathétique diathetisch
diatrizoate m. Diatrizoat n.

diavéridine f. Diaveridin n.
diazépam m. Diazepam n.
diazépine f. Diazepin n.
diazépoxide m. Diazepoxid n.
diazine f. Diazin n.
diazocomposé m. Diazoverbindung f.
diazoréaction f. Diazoreaktion f.
diazoréaction d'Ehrlich f. Ehrlich-Reaktion f.
diazoter diazotieren
diazoxide m. Diazoxid n.
dibasique zweibasig
dibéméthine f. Dibemithin n.
dibénamine f. Dibenamin n.
dibenzanthracène m. Dibenzanthracen n.
dibenzazépine f. Dibenzazepin n.
dibenzodiazépine f. Dibenzodiazepin n.
dibenzodioxine f. Dibenzodioxin n.
dibenzoxazépine f. Dibenzoxazepin n.
dibromochloropropane m. Dibromchlorpropan n.
dibrompropamidine f. Dibrompropamidin n.
dibromsalan m. Dibromsalan n.
dibromure m. Dibromid n.
dibudinate m. Dibudinat n.
dibutyle m. Dibutyl n.
dicalutamide m. Dicalutamid n.
dicarbamate m. Dikarbamat n.
dichloracétate m. Dichlorazetat n.
dichloramine f. Dichloramin n.
dichlorbenzène m. Dichlorbenzol n.
dichloréthane m. Dichlorethan n.
dichlorisoprénaline f. Dichlorisoprenalin n.
dichlorisopropylcarbonate m. Dichlorisopropylkarbonat n.
dichlorphénamide m. Dichlorphenamid n.
dichlorure m. Dichlorid n.
dichotomie f. Dichotomie f.
dichromasie f. Dichroismus m.
dichromatique dichromatisch
dichromatopsie f. Dichromatopsie f.
diciferrone f. Diciferron n.
diclofénac m. Diclofenac n.
diclofensine f. Diclofensin n.
diclofurime m. Diclofurin n.
diclométide m. Diclometid n.
diclonixine f. Diclonixin n.
diclophénamide m. Diclophenamid n.
dicloxacilline f. Dicloxacillin n.
dicoumarine f. Dicumarin n., Dikumarin n.
dicoumarol m. Bishydroxycoumarin n., Dicumarol n., Dikumarol n.
dicrocéliase f. Dikrozöliose f.
dicrote dikrot

dicrotisme m. Dikrotie f.
dictaphone f. Diktiergerät n.
dicter diktieren
dicyandiamide m. Dicyandiamid n., Dizyandiamid n.
dicyclomine f. Dizykloverin n.
dicyclovérine f. Dicycloverin n.
didactique didaktisch
didrovaldrate m. Didrovaldrat n.
dieldrine f. Dieldrin n.
diélectrique dielektrisch
diencéphale m. Zwischenhirn n.
diencéphalique dienzephal
diène m. Dien n.
diénoestrol m. Dienestrol n.
diester m. Diester m.
diestérase f. Diesterase f.
diète f. Diät f.
diète au jus de fruit f. Saftfasten n.
diététicien m. Diätetiker m.
diététicienne f. Diätetikerin f.
diététique f. Diätetik f., Ernährungslehre f.
diététique diätetisch
diéthadione f. Dietroxin n.
diéthazine f. Diethazin n.
diéthylamide m. Diethylamid n.
diéthylcarbamazine f. Diethylkarbamazin n.
diéthyle m. Diethyl n.
diéthylèneglycol m. Diethylenglykol n.
diéthylpropionate m. Diethylpropionat n.
diéthylstilboestrol m. Diethylstilböstrol n.
difénoxine f. Difenoxin n.
différé verzögert
différence f. Differenz f.
différenciation f. Differenzierung f.
différencier differenzieren
différend m. Streitfrage f.
différent different
différentiel differential
difformité f. Deformität f., Missbildung f.
difformité cicatricielle f. Narbenverunstaltung f.
difformité du nez f. Nasendeformität f.
diffraction f. Beugung (opt.) f., Diffraktion f.
diffractométrie f. Diffraktometrie f.
diffus diffus
diffuser diffundieren
diffusion f. Diffusion f.
diflorasone f. Diflorason n.
difluanazine f. Difluanazin n.
difluprednate m. Difluprednat n.
digérer verdauen
digeste bekömmlich
digestibilité f. Verdaulichkeit f.
digestible verdaulich

digestif m. Digestivum n., Verdauungsmittel n.
digestif digestiv
digestion f. Verdauung f.
diginatigénine f. Diginatigenin n.
digipurpidase f. Digipurpidase f.
digital digital
digitale f. Digitalis n., Fingerhut (botan.) m.
digitaline f. Digitalin n., Digitoxin n.
digitalisation f. Digitalisierung f.
digitaliser digitalisieren
digitalisme m. Digitalose f.
digitogénine f. Digitogenin n.
digitonine f. Digitonin n.
digitoxigénine f. Digitoxigenin n.
digitoxose m. Digitoxose f.
digluconate m. Diglukonat n.
diglucoside m. Diglukosid n.
diglycol m. Diglykol n.
dignité f. Dignität f.
digoxigénine f. Digoxigenin n.
digoxine f. Digoxin n.
diguanidine f. Diguanidin n.
digue caoutchouc f. Kofferdam m.
dihexose m. Dihexose n.
dihexosidase f. Dihexosidase f.
dihexyvérine f. Dihexyverin n.
dihydralazine f. Dihydralazin n.
dihydrate m. Dihydrat n.
dihydrnpyridine f. Dihydropyridin n.
dihydroalprénol m. Dihydroalprenol n.
dihydrochloride m. ihydrochlorid n.
dihydrocodéine f. Dihydrocodein n.
dihydrocodéinone f. Dihydrocodeinon n.
dihydrodigoxine f. Dihydrodigoxin n.
dihydroergocryptine f. Dihydroergocryptin n.
dihydroergotamine f. Dihydroergotamin n.
dihydrofolate m. Dihydrofolat n.
dihydrophénylalanine f. Dihydrophenylalanin n.
dihydrostreptomycine f. Dihydrostreptomycin n.
dihydrotachystérol m. Dihydrotachysterin n.
dihydrotestostérone f. Dihydrotestosteron n.
dihydroxycholcalciférol m. Dihydroxycholcalciferol n.
diimide m. Diimid n.
diimide carbonique m. Karbodiimid n.
diimide m. Diimid n.
diiodide m.
diiodothyronine f. Dijodthyronin n.
diiodothyrosine f. Dijodthyrosin n.
diisobutylphthalte m. Diisobutylphthalat n.
diisocyanate m. Diisozyanat n.

diisopropylphénol m. Diisopropylphenol n.
dilatant dilatativ
dilatateur m. Dilatator m., Erweiterer m.
dilatateur de Kollmann m. Kollmanndilatator m.
dilatateur dilatativ
dilatation f. Ausdehnung f., Dilatation f., Erweiterung f.
dilatation cardiaque f. Herzdilatation f.
dilatation de l'aorte f. Aortenerweiterung f.
dilatation de l'intestin par voie rectale f. Prokteuryse f.
dilater ausdehnen, dilatieren, erweitern
dilation veineuse f. Venenerweiterung f.
dilaurate m. Dilaurat n.
dilazep m. Dilazep n.
diloxanide m. Diloxanid n.
diltiazem m. Diltiazem n.
diluant m. Verdünnungsmittel n.
diluer verdünnen
dilution f. Verdünnung f.
dilution de l'indicateur f. Indikatorverdünnung f.
dimalcate m. Dimalcat n.
dimenhydrinate m. Dimenhydrinat n.
dimension f. Dimension f.
dimension externe f. Außenmaß n.
dimension, à trois dreidimensional
dimension, à une eindimensional
dimercaprol m. Dimercaprol n.
dimère dimer
dimérisate m. Dimerisat n.
dimérisation f. Dimérisation f.
dimesna f. Dimesna f.
diméthoxyamphétamine f. Dimethoxyamphetamin n.
diméthylamine f. Dimethylamin n.
diméthylaminoazobenzène m. Dimethylaminoazobenzol n.
diméthylaminophénol m. Dimethylaminophenol n.
diméthylarginine f. Dimethylarginin n.
diméthylbiguanide m. Dimethylbiguanid n.
diméthylcystéine f. Dimethylzystein n.
diméthylguanidine f. Dimethylguanidin n.
diméthylnitrosamine f. Dimethylnitrosamin n.
diméthylsulfioxide m. DMSO (Dimethylsulfioxid) n.
diméthylsulfoxide m. Dimethylsulfoxid n.
diméthyltriazène m. Dimethyltriazen n.
diminuer abnehmen
diminuer progressivement ausschleichen

diminution f. Abklingen n., Abnahme (Verringerung) f., Nachlassen n., Verminderung f.
dimorphe dimorph
dimorphisme m. Dimorphismus m.
dinicotinate m. Dinikotinat n.
dinitrate m. Dinitrat n.
dinitrate d'isosorbide m. Isosorbiddinitrat n.
dinitrobenzène m. Dinitrobenzol m.
dinitrocrésol m. Dinitrokresol n.
dinitrophénol m. Dinitrophenol n.
dinitrotoluène m. Dinitrotoluol n.
dinophobie f. Höhenangst f.
dinoprostone f. Dinoproston n.
dinucléotidase f. Dinukleotidase f.
dinucléotide m. Dinukleotid n.
dioctyle m. Dioctyl n.
dioctylsulfosuccinate de sodium m. Natriumdioctylsulfosukzinat n.
diode f. Diode f.
diodone f. Diodon n.
diol m. Diol n.
dioléate m. Dioleat n.
dione f. Dion n.
dioptrie f. Dioptrie f.
dioxadrol m. Dioxadrol n.
dioxamate m. Dioxamat n.
dioxane m. Dioxan n.
dioxanone f. Dioxanon n.
dioxine f. Dioxin n.
dioxyde m. Dioxid n.
dioxyde d'azote m. Stickstoffdioxid n.
dioxyde de carbone m. Kohlendioxid n.
dioxygénase f. Dioxygenase f.
dipantoylferrate m. Dipantoylferrat n.
dipeptidase f. Dipeptidase f.
dipeptide m. Dipeptid n.
diphasique diphasisch
diphénicilline f. Diphenicillin f.
diphénoxylate m. Diphenoxylat n.
diphénydramine f. Diphenhydramin n.
diphénylamine f. Diphenylamin n.
diphényle m. Diphenyl n.
diphénylhydantoïne f. Diphenylhydantoin n.
diphénylméthane m. Diphenylmethan n.
diphosphatase f. Diphosphatase f.
diphosphate m. Diphosphat n.
diphosphoglycérate m. Diphosphoglyzerat n.
diphosphoglycéromutase f. Diphosphoglyzeromutase f.
diphosphonate m. Diphosphonat n.
diphosphonucléoside m. Diphosphonukleosid n.

diphosphoramidate m. Diphosphoramidat n.
diphosphorodithioate m. Diphosphorodithioat n.
diphoxazide m. Diphoxazid n.
diphtérie f. Diphtherie f.
diphtérie des volailles f. Geflügelpockendiphtherie f.
diphtérique diphtherisch
diphtéroïde diphtheroid
Diphyllobothrium latum m. Bothriocephalus latus m.
dipicrylamine f. Dipikrylamin n.
dipipanone f. Dipipanon n.
dipiprovérine f. Dipiproverin n.
dipivalylepinéphrine f. Dipivalylepinephrin n.
diplacousie f. Diplakusis f.
diplégie f. Diplegie f.
diplégique diplegisch
diplobacille m. Diplobazillus m.
diplococcus m. Diplokokkus m.
diplocoque m. Diplokokkus m.
diploé f. Diploe f.
diploïde diploid
diplophonie f. Diplophonie f.
diplopie f. Diplopie f., Doppeltsehen n.
dipolaire dipolar
diponium m. Diponium n.
diprénorphine f. Diprenorphin n.
diprobutine f. Diprobutin n.
diprophylline f. Diprophyllin n.
dipropionate m. Dipropionat n.
diprotrizoate m. Diprotrizoat n.
diproxadol m. Diproxadol n.
dipsomanie f. Dipsomanie f., Methomanie f.
dipyridamole f. Dipyridamol n.
dipyrone f. Dipyron n.
direct direkt
direction f. Leitung f. (Direktion)
directeur de l'hôpital m. Krankenhausdirektor m.
direction médiane, en medianwärts
direction orale, en oralwärts
direction proximale, en proximalwärts
direction radiale, en radialwärts
direction sacrale, en sakralwärts
direction terminale, en endwärts
direction ventrodorsale, en ventrodorsalwärts
dirigé vers l'intérieur medialwärts
dirigé vers le centre zentralwärts
diriger steuern
dirithromycine f. Dirithromycin f.

dirnéthyldithiocarbamate m. Dimethyldithiokarbamat n.
disaccharidase f. Disaccharidase f.
disaccharide m. Disaccharid n.
discal diskal
disclination f. Disklination f.
discographie f. Diskographie f.
discoïdène m. Discoiden n.
discordance f. Diskordanz f.
discordant diskordant
discret diskret
discussion f. Diskussion f.
disjonction f. Disjunktion f.
dislocation f. Dislokation f., Verrenkung f.
dislocation du ménisque (genou) f. Meniskusdislokation am Knie f.
disloquer ausrenken
dismutase f. Dismutase f.
disobutamide m. Disobutamid n.
disopyramide m. Disopyramid n.
disparaître verschwinden
disparition f. Abklingen n.
dispensaire m. Dispensarium n.
dispenser dispensieren
dispersé dispers
disperser zerstreuen (phys.)
dispersion f. Dispersion f., Streuung f., Zerstreuung (phys.) f.
disponibilité f. Verfügbarkeit f.
disponible verfügbar
disposé à la distraction ablenkbar (psych.)
dispositif m. Vorrichtung f.
disposition f. Anlage f. (Talent n.), Bereitschaft f., Disposition f., Veranlagung f., Verfügung f.
disposition à f. Anfälligkeit f.
disposition d'esprit f. Gemütsverfassung f.
disposition héréditaire f. Erbanlage f.
dispositions anticipées f. pl. Patientenverfügung f.
dispositions ministérielles f. pl. ministerielle Vorgaben f. pl.
disproportion f. Disproportion f., Missverhältnis n.
disproportionnel disproportional
disque m. Scheibe f.
disque anodique m. Anodenteller m.
disque intervertebral m. Bandscheibe f., Zwischenwirbelscheibe f.
dissection f. Dissektion f., Präparation (anatom.) f.
dissection anatomique f. Sektion (anatom.) f.
dissémination f. Disseminierung f.
disséminé disseminiert
disséquer präparieren (anatom.), sezieren
dissertation f. Dissertation f.
dissimilation f. Abbau m., Dissimilation f.
dissimiler abbauen, dissimilieren
dissociant les graisses fettspaltend
dissociation f. Dissoziation f., Spaltung f.
dissociation de l'identité f. Identitätdissoziation f.
dissociation de la personnalité f. Persönlichkeitsdissoziation f.
dissocier dissoziieren
dissolution f. Auflösung f.
dissolvant m. Lösungsvermittler m.
dissoudre auflösen, lösen
distal f distal
distance Abstand m., Distanz f., Entfernung f.
distance de sécurité f. Sicherheitsabstand m.
distance de vision f. Sehweite f.
distance focale f. Brennweite f.
distance foyer-écran f. Fokus-Schirmabstand m.
distance foyer-film f. Fokus-Filmabstand m.
distance foyer-objet f. Fokus-Objektabstand m.
distendre ausdehnen, dehnen, überdehnen
distendu aufgetrieben
distension f. Ausdehnung f., Überdehnung f.
distigmine f. Distigmin n.
distillat m. Destillat n.
distiller destillieren
distinctif apperzeptiv
distinction f. Apperzeption f., Unterscheidung f.
distinguer unterscheiden
distoangulaire distoangulär
distobuccal distobukkal
distobuccoocclusal distobukkookklusal
distobuccopulpaire distobukkopulpal
distocclusion f. Distalbiss m., Distokklusion f.
distolabial distolabial
distolingual distolingual
distomatose f. Distomiasis f., Leberegelbefall m.
distomère m. Distomer n.
distomolaire distomolar
distorsion f. Distorsion f.
distorsion f. Verzerrung f., Zerrung f.
distorsion musculaire f. Muskelzerrung f.
distoversion f. Distoversion f.
distraction f. Ablenkung (psych.) f., Zerfahrenheit f., Zerstreuung (psych.) f.
distraction f. Distraktion f.

distraire ablenken (psych.), zerstreuen (psych.)
distrait zerstreut
distributeur m. Verteiler m.
distribution f. Verteilung f.
distribution de nourriture f. Fütterung f.
disulergine f. Disulergin n.
disulfate m. Disulfat n.
disulfure m. Disulfid n.
dit sogenannt
ditazépate m. Ditazepat n.
diterpène m. Diterpen n.
dithiocarbamate m. Dithiokarbamat n.
dithiocarbamoylhydrazine f. Dithiokarbamoylhydrazin n.
dithiocarbonate m. Dithiokarbonat n.
dithiol m. Dithiol n.
dithionate m. Dithionat n.
dithizone f. Dithizon n.
dithranol m. Dithranol n.
dithymol m. Dithymol n.
ditolamide m. Ditolamid n.
diurèse f. Diurese f.
diurétique m. Diuretikum n.
diurétique de l'anse m. Schleifendiuretikum n.
diurétique diuretisch
divergence f. Diskrepanz f., Divergenz f.
divergent divergent
diversion f. Diversion f.
diverticule m. Divertikel n.
diverticule de Meckel m. Meckelsches Divertikel n.
diverticule de pulsion m. Pulsionsdivertikel n.
diverticule de traction m. Traktionsdivertikel n.
diverticulectomie f. Divertikulektomie f.
diverticulite f. Divertikulitis f.
diverticulose f. Divertikulose f.
diviser abspalten
division f. Abspaltung f., Teilung f.
division cellulaire f. Zellteilung
division de la conscience f. Bewusstseinsspaltung f.
division nucléaire f. Kernteilung f.
division réductionnelle f. Reduktionsteilung f.
divulsion f. Absprengung f.
dixanthogène m. Dixanthogen n.
dizygote dizygot
DL (dose létale) f. DL (dosis letalis) f.
DLMA (dégénérescence maculaire liée à l'âge) f. altersbedingte Makuladegeneration (AMD) f.
dobésilate m. Dobesilat n.
dobutamine f. Dobutamin n.
DOC (désoxycorticostérone) f. DOC (Desoxycorticosteron) n.
DOCA (désoxycortone) f. DOCA (Desoxycorticosteronazetat) n.
docétaxel m. Docetaxel n.
docétrizoate m. Docetrizoat n.
doconazole m. Doconazol n.
docteur m. Arzt m., Doktor m.
docteur en chirurgie dentaire m./f. Dr. med. dent. m.
docteur en médecine m/f. Dr. med. (Doktor der Medizin) m.
docteur honoris causa m. Ehrendoktor m.
doctorat m. Doktorat n.
doctorat m. Promotion f.
doctrine f. Doktrin n.
document m. Dokument n.
documentation f. Dokumentation f.
dodécyl m. Dodezyl n.
Doehle, corps de m. Döhlesches Einschlusskörperchen n.
dofamium m. Dofamium n.
dogmatique dogmatisch
dogme m. Dogma n.
doigt m. Finger m.
doigt à ressort m. schnellender Finger m.
doigt hippocratique m. Trommelschlägelfinger m.
doigtier m. Fingerling m.
dolasétrone f. Dolasetron n.
doléances f. pl. Beschwerden f. pl.
dolichocéphale dolichozephal
dolichocéphalie f. Dolichozephalie f.
dolichomélie f. Dolichomelie f.
dolichosténomélie f. Dolichostenomelie f.
domaine m. Bereich m.
dôme pleural m. Pleurakuppel f.
domestique häuslich
dominance f. Dominanz f.
dominant dominant
domiphène m. Domiphen n.
dommage m. Schaden m.
dompéridone f. Domperidon n.
don du vivant m. Lebendspende f.
donepecil m. Donepecil n
donner eingeben
donner un tour de reins, se sich verheben
donneur m. Spender m.
donneur d'organe m. Organspender m.
donneur de sang m. Blutspender m.
donneuse de sang f. Blutspenderin f.
donneuse f. Spenderin f.
donovanie f. Donovanie f.

dopa f. Dopa n.
dopage m. Aufputschen n., Doping n.
dopamine f. Dopamin n.
dopaminergique dopaminergisch
dopaoxydase f. Dopaoxydase f.
doper aufputschen
doping m. Aufputschmittel n.
Doppler-sonographie à émission continue m. Doppler-Sonographie mit kontinuierlicher Schallemission f.
Doppler-sonographie, pulsé m. gepulste Doppler-Sonographie f.
dorer vergolden
dormir schlafen
dornase f. Dornase f.
dorsal dorsal
dorsoantérieur dorsoanterior
dorsolatéral dorsolatéral
dorsolombaire dorsolumbal
dorsomédian dorsomedial
dorsopalmaire dorsovolar
dorsopostérieur dorsoposterior
dorsoventral dorsoventral
dorzolamide f. Dorzolamid n.
dos m. Rücken m.
dos creux m. Hohlrücken m.
dos de la main m. Handrücken m.
dos du nez m. Nasenrücken m.
dos du pied m. Fußrücken m.
dos plat m. Flachrücken m..
dos rond m. Rundrücken m.
dosage m. Bestimmung f., Dosierung f.
dosage augmenté m. erhöhte Dosierung f.
dosage de l'alcoolémie f. Blutalkoholbestimmung f.
dosage de l'irradiation m. Strahlendosierung f.
dosage des gaz du sang m. Blutgasmessung f.
dosage diminué m. erniedrigte Dosierung f.
dosage élevé m. hohe Dosierung f.
dosage faible m. niedrige Dosierung f.
dosage par chélation m. Chelometrie f.
dose f. Dosis f.
dose d'entretien f. Erhaltungsdosis f.
dose d'exposition f. Belichtungsdosis f., Bestrahlungsdosis f.
dose de sortie f. Austrittsdosis f.
dose efficace f. Wirkungsdosis f.
dose en profondeur f. Tiefendosis f.
dose érythème f. Erythemdosis f., Hautdosis f.
dose incidente f. Einfalldosis f.
dose journalière f. Tagesdosis f.
dose locale f. Ortsdosis f.
dose protectrice f. Schutzdosis f.

dose seuil f. Schwellendosis f.
dose simple f. Einzeldosis f.
doseur m. Dosiergerät n.
dosimètre (de film radiographique) m. Filmdosimeter n.
dosimètre m. Dosimeter n.
dosimétrie f. Dosimetrie f.
dosimétrique dosimetrisch
dossier médical m. Krankenakten f. pl.
dosulépine f. Dosulepin f.
dotéfonium m. Dotefonium n.
double doppelt, zweifach
double bride f. Doppelstrang m.
double canule f. Doppelkanüle f.
double diffusion f. Doppeldiffusion f.
double électrode f. Doppelelektrode f.
double exposition f. Doppelbelichtung f.
double fermeture de Collin f. Doppellappenverschluss m.
double image f. Doppelbild n.
double liaison f. Doppelbindung f.
double malformation f. Doppelmissbildung f.
double menton m. Doppelkinn n.
double rein en bobine m. Zwillingsspulenniere f.
double ton m. Doppelton m.
doubler doublieren
douche f. Dusche f.
douleur f. Schmerz m.
douleur (de l'accouchement) f. Geburtswehe f.
douleur à la pression f. Druckschmerz m.
douleur abdominale f. Bauchschmerz m.
douleur au relâchement f. Loslassschmerz m.
douleur continue f. beständiger Schmerz m.
douleur de la joue f. Pareidolie f.
douleur dentaire f. Dentalgie f.
douleur du moignon f. Stumpfschmerz m.
douleur du mollet f. Wadenschmerz m.
douleur expulsive f. Presswehe f.
douleur intense f. starker Schmerz m.
douleur légère f. leichter Schmerz m.
douleur nocturne f. Nachtschmerz m.
douleur permanente f. Dauerschmerz m.
douleur primaire f. Urschmerz m.
douleur propagée f. fortgeleiteter Schmerz m.
douleur radiculaire f. Wurzelschmerz m.
douleur rapportée f. Fernschmerz m.
douleur thoracique f. Brustschmerz m.
douleur, à l'origine de schmerzerzeugend
douleurs d'expulsion f. pl. Presswehen f. pl.

douleurs de l'accouchement f. pl. Wehen f. pl.
douleurs de la dilatation f. pl. Eröffnungswehen f. pl.
douleurs postpartales f. pl. Nachwehen f. pl.
douloureux schmerzhaft
douloureux à la pression druckschmerzhaft
dourine f. Beschälseuche f.
doute m. Unsicherheit (Zweifel) f.
douteux dubiös
douve du foie f. Leberegel m.
doxapram m. Doxapram n.
doxépine f. Doxepin n.
doxibétasol m. Doxibetasol n.
doxifluridine f. Doxifluridin n.
doxorubicine f. Doxorubicin n.
doxycycline f. Doxycyclin n.
doxylamine f. Doxylamin n.
doyen m. Dekan m.
dracontiase f. Drakunkulose f.
dracunculose f. Drakunkulose f.
dragée m. Dragée n.
drain m. Drain m., Drän m.
drainage m. Drainage f., Dränage f.
drainage aspirant de Redon m. Redondrainage f.
drainage cholédoque m. Gallengangsdrainage f.
drainage de Buelau m. Bülausche Drainage f.
drainage lymphatique m. Lymphdrainage f.
drainage par aspiration m. Saugdrainage f.
drainage pariétal de Monaldi m. Monaldidrainage f.
drainer ableiten (Flüssigkeit), drainieren, dränieren
dramatique dramatisch
drastique m. drastisches Mittel n.
drastique drastisch
drépanocyte m. Sichelzelle f., Drepanozyt m.
drogue f. Suchtmittel n., Droge f.
drogue dépendant süchtig
drogué drogenabhängig
droguiste f. Drogistin f.
droguiste m. Drogist m.
droit m. Rechtswissenschaft f.
droit aufrecht, gerade
droitier rechtshändig
drométrizole m. Drometrizol n.
dromographie f. Dromographie f.
dromostanolone f. Dromostanolon n.
dromotrope dromotrop
dropéridol m. Droperidol n.
dropropizine f. Dropropizin n.
drostanolone f. Drostanolon n.
drotavérine f. Drotaverin n.

drotébanol m. Drotebanol n.
drotrécogine f. Drotrecogin m.
droxypropine f. Droxypropin n.
druse f. Druse f. (med.)
dû au travail arbeitbedingt
dualisme m. Dualismus m.
dualiste dualistisch
duazomycine f. Duazomycin n.
Dubin-Johnson, maladie de f. Dubin-Johnson-Syndrom n.
ductographie f. Ductographie f.
dulcitol m. Galaktit n.
dulofibrate m. Dulofibrat n.
duloxétine f. Duloxetin n.
dumping syndrome m. Dumpingsyndrom n.
duodénal duodenal
duodénite f. Duodenitis f.
duodénobiliaire duodenobiliär
duodénocholécystostomie f. Duodenocholezystostomie f.
duodénocholédochotomie f. Duodenocholedochotomie f.
duodénogastrooesophagien duodenogastroösophagal
duodénojéjunal duodenojejunal
duodénopancréatectomie f. Duodenopankreatektomie f.
duodénostomie f. Duodenostomie f.
duodénum m. Zwölffingerdarm m., Duodenum n.
duplex m. Duplex n.
duplication f. Verdopplung f., Doppelung f., Duplikation f.
duplication aponévrotique f. Fasziendoppelung f.
duplication tandem f. Tandemduplikation f.
dupracétam m. Dupracetam n.
Dupuytren, maladie de f. Dupuytrensche Kontraktur f.
dur d'oreille schwerhörig
durable dauerhaft
dural dural
duraplastie f. Duraplastik f.
durci à froid kaltgehärtet (dent.)
durcir abbinden, härten (dent.)
durcissant à froid kalthärtend (dent.)
durcissant à la lumière lichthärtend (dent.)
durcissement m. Verhärtung f., Härten n.
durcisseur m. Härter m.
durée f. Dauer f., Laufzeit f.
durée d'action f. Wirkungsdauer f.
durée de conservation f. Haltbarkeitsdauer (bei Lagerung) f.
durée de l'essai f. Versuchsdauer f.

durée de l'hospitalisation f. Krankenhausverweildauer f.
durée de vie f. Lebensdauer f.
durée du traitement f. Behandlungsdauer f.
durée, de longue - langdauernd
dureté f. Härte f.
durillon m. Leichdorn m.
Duroziez, signe de m. Duroziezsches Doppelgeräusch n.
dydrogestérone f. Dydrogesteron n.
dynamique f. Dynamik f.
dynamique dynamisch
dynamisation f. Potenzierung (homöop.) f.
dynamiser potenzieren (homöop.)
dynamo f. Dynamo m.
dynamomètre m. Dynamometer n.
dynorphine f. Dynorphin n.
dysacousie f. Dysakusis f.
dysarthrie f. Dysarthrie f.
dysautonomie f. Dysautonomie f.
dysbasie f. Dysbasia f.
dyschézie f. Dyschezie f.
dyschondroplasie f. Dyschondroplasie f.
dyschromatique dyschromatisch
Dyschromatopsie f. Dyschromatopsie f.
dyschromie f. Dyschromie f.
dyscinétique dyskinetisch
dyscranie f. Dyskranie f.
dyscrasie f. Dyskrasie f.
dyscrasique dyskrasisch
dysdiadococinésie f. Dysdiadochokinese f.
dysembryoplasie f. Hamartie f.
dysencéphalie f. Dysenzephalie f.
dysenterie f. Ruhr f., Dysenterie f.
dysenterie amibienne f. Amöbenruhr f.
dysenterie bacillaire f. Bazillenruhr f.
dysentérique dysenterisch
dysergie f. Dysergie f.
dysergique dysergisch
dysesthésie f. Dysästhesie f.
dysfonction f. Dysfunktion f., Fehlfunktion f.
dysgénésie f. Dysgenese f.
dysgénésie gonadique f. Gonadendysgenesie f.
dysgeusie f. Dysgeusie f.
dysglossie f. Dysglossie f.
dysgnathie f. Dysgnathie f.
dysgrammatisme m. Dysgrammatismus m.
dysgraphie f. Schreibstörung f.
dyshidrie f. Dyshidrie f.
dyshidrose f. Dyshidrose f.
dyskératose f. Dyskeratose f.
dyskinésie f. Dyskinesie f.
dyslalie f. Dyslalie f.
dyslexie f. Dyslexie f., Legasthenie f.

dyslogomathie f. Dyslogomathie f.
dysmélie f. Dysmelie f.
dysménorrhée f. Dysmenorrhö f.
dysmétabolique stoffwechselgestört
dysmétabolique stoffwechselgestört
dysmnésie f. Dysmnesie f.
dysmorphie f. Dysmorphie f.
dysmorphophobie f. Dysmorphophobie f.
dysopsie f. Dysopsie f.
dysostose f. Dysostose f.
dysovarisme m. Dysovarismus m.
dyspareunie f. Dyspareunie f.
dyspepsie f. Dyspepsie f.
dyspepsie de fermentation f. Gärungsdyspepsie f.
dyspeptique dyspeptisch
dysphagie f. Schluckbeschwerden f. pl., Dysphagie f.
dysphasie f. Dysphasie f.
dysphonie f. Dysphonie f.
dysphorie f. Dysphorie f.
dysphorique dysphorisch
dysplasie f. Dysplasie f.
dysplasie cranienne f. Lückenschädel m.
dysplasie ectodermale f. Ektodermaldysplasie f.
dysplasique dysplastisch
dyspnée f. Dyspnoe f.
dyspnée au repos f. Ruhedyspnoe f.
dyspnée d'effort f. Belastungsdyspnoe f.
dyspnée d'egort f. Belastungsdsypnoe f.
dyspnée de Cheyne-Stokes f. Cheyne-Stokessches Atmen n.
dyspnée de Kussmaul f. Kußmaulsche Atmung f.
dyspnéique dyspnoisch, kurzatmig
dyspraxie f. Dyspraxie f.
dysprosium m. dysprosium n.
dysprotéinémie f. Dysproteinämie f.
dysraphie f. Dysrhaphie f.
dysraphique dysrhaphisch
dysrythmie f. Dysrhythmie f.
dysrythmique dysrhythmisch
dyssynergie f. Dyssynergie f.
dystélectasie f. Dystelektase f.
dystélectasique dystelektatisch
dysthymie f. Dysthymie f.
dysthyroidie f. Dysthyreose f.
dystocie f. Dystokie f., Geburtshindernis n.
dystonie f. Dystonie f.
dystonie neurovégétative f. vegetative Dystonie f.
dystonique dystonisch
dystopie f. Dystopie f.
dystopique dystopisch

dystrophie f. Dystrophie f.
dystrophie adiposo-génitale de Babinski-Froehlich f. Fröhlich-Syndrom n.
dystrophie de Schnyder f. Schnydersche Dystrophie f.
dystrophie du nourrisson f. Säuglingsdystrophie f.
dystrophie farineuse f. Mehlnährschaden m.
dystrophie musculaire progressive f. Dystrophia musculorum progressiva (Erb.) f.
dystrophie sympathique réflexe f. reflektorische sympathische Dystrophie f.
dystrophique dystrophisch
dysurie f. Dysurie f., schmerzhafter Harndrang m.
dysurique dysurisch

E

eau f. Wasser n.
eau de chaux f. Kalkwasser n.
eau de mélisse f. Melissengeist m.
eau de refroidissement f. Kühlwasser n.
eau de vie f. Branntwein m.
eau distillée f. Aqua destillata f.
eau lourde f. schweres Wasser n.
eau lourde f. schweres Wasser n.
eau mère f. Mutterlauge f.
eau minérale f. Brunnen (Mineralwasser) m.
eau oxygénée f. Wasserstoffsuperoxid n.
eau potable f. Trinkwasser n.
eau salée f. Salzwasser n., Sole f.
eau savonneuse f. Seifenwasser n.
eaux sales f. pl. Abwasser n.
ébauche f. Entwurf m., Rohform f.
ébauche f. (embryol.) Anlage (angeborene Eigenschaft) f.
éblouir blenden
éblouissement m. Blendung f.
ébouillanter verbrühen
éburnation f. Eburnisation f.
ECA (enzyme de Conversion de l'angiotensine) f. ACE (Angiotensin-Conversions-Enzym) n.
écailleux schuppig
écarlate m. Scharlachrot n.
écatte-joues m. Wangenhalter m.
écarter abduzieren
écarter les jambes die Beine spreizen
écarter, s' abschweifen
écarteur m. Gewebehaken m., Spreizer m., Wundhaken m.
écarteur automatique m. Wundsperrer m.
écarteur des joues m. Backenhalter m.
écarteur du muscle m. Muskelhaken m.
écarteur labial m. Lippenhalter m.
ecchondrome m. Ekchondrom n.
ecchymose f. Ekchymose f.
eccrine ekkrin
ECG (électrocardiogramme) m. EKG (Elektrokardiogramm) n.
ECG après épreuve d'effort m. Belastungs-EKG n.
ECG au repos m. Ruhe-EKG n.
ECG orthostatique m. Steh-EKG n.
ECG, complexe QRS m. EKG, QRS-Komplex m.
ECG, dérivation I, II, III f. EKG, Ableitung I, II, III f.
ECG, dérivation périphérique f. EKG, Extremitätenableitung f.
ECG, dérivation précordiale f. EKG, Brustwandableitung f.
ECG, onde P f. EKG, P-Zacke f.
ECG, onde T f. EKG, T Welle f.
ECG, onde U f. EKG, U-Welle f.
ecgonine f. Ecgonin n., Ekgonin n.
échange m. Austausch m.
échange cationique m. Kationenaustausch m.
échange gazeux m. Gasaustausch m.
échange plasmatique m. Plasmaaustausch m.
échangeur m. Austauscher m.
échangeur d'ions m. Ionenaustauscher m.
échangeur thermique m. Wärmeaustauscher m.
échantillon de sang m. Blutprobe f.
échantillon médical m. Ärztemuster n.
échantillonnier des couleurs d'émail m. Zahnfarbenschlüssel m.
échappement m. Ersatzschlag m.
écharpe f. Armtrageschlinge f., Mitella f.
échec m. Misserfolg m.
échelle graduée f. Skala f.
echinacea f. Echinacea f.
Echinococcus cysticus m. Echinococcus cysticus m.
échinostomiase f. Echinostomiasis f.
échinuriose f. Echinuriose f.
écho m. Echo n.
écho-cœur m. Echokardiographie f., Herzsonographie f., Herzultraschall m.
écho, sans echofrei
échoacousie f. Echoakusis f.
échocardiographie f. Echokardiographie f.
échocardiographique echokardiographisch
échoencéphalographie f. Echoenzephalographie f.
échographie f. Echografie f.
échographie abdominale f. abdominale Sonographie f.
échographie bidimensionnelle f. zweidimensionale Echographie f.
échographie cardiaque transœsophagienne f. transösophagale Herzechokardiographie f.
échographie en mode M f. eindimensionale Echographie f., M-Mode-Echographie f.
échographie pelvienne f. Beckenbodensonographie f.
échographique echographisch
écholalie f. Echolalie f.

échoscopie f. Echoskopie f.
échoscopique echoskopisch
échosonique echosonisch
échothiopate m. Echothiopat n.
échotomographie f. Echotomographie f., Schnittbildechographie f.
échoventriculographie f. Echoventrikulographie f.
échoventriculographique echoventrikulographisch
ECHO virus m. ECHO-Virus n.
écipramidil m. Ecipramidil n.
éclairage m. Beleuchtung f.
éclairage céphalique m. Kopflicht n.
éclaircissement m. Aufhellung f., Klärung f.
éclairer aufhellen, beleuchten
éclampsie f. Eklampsie f.
éclamptique eklamptisch
éclat m. Span m., Splitter m.
éclat osseux m. Knochenspan m.
éclatement m. Aufsplitterung f., Splitterung f.
éclissage m. Schienung f.
éclisse d'abduction f. Abduktionsschiene f.
éclisser schienen
écluse f. Schleuse f.
ecmnésie f. Ekmnesie f.
école d'infirmières f. Krankenpflegeschule f., Schwesternschule f.
école de sage-femmes f. Hebammenschule f.
école maternelle f. Kindergarten m.
école pour enfants inadaptés f. Hilfsschule f., Sonderschule f.
écolier m. Schulkind n.
écologie f. Environtologie f., Ökologie f.
écologique environtologisch, ökologisch
écologiste f. Environtologin f.
écologiste m. Environtologe m.
éconazole m. Econazol n.
économie f. Einsparung f., Ökonomie f.
économisant du temps zeitsparend
économiser einsparen
écorce f. Borke (botan.) f., Rinde (botan.) f.
écorce de quinquina f. Chinarinde f.
écorché wund
écorchure f. Abschürfung , f., Hautabschürfung f., Scheuerwunde f.
écotaxie f. Okotaxis f.
écoulement m. Abfluss m., Ausfluss m., Fluor m.
écoulement de larmes m. Tränenfluss m.
écouler, s' abfließen
écouter abhorchen
écouteur m. Kopfhörer m.
écran amplificateur d'image m. Bildverstärker m.

écran d'éclairage m. Aufhellschirm m.
écran fluorescent m. Röntgenschirm m.
écran fluoroscopique m. Leuchtschirm m.
écraser quetschen, zermalen
écrou de fixation m. Befestigungsschraube f.
ectasie f. Ektasie f.
ectasie oesophagienne f. Speiseröhrenektasie f.
ectatique ektatisch
ecthyma m. Ecthyma n., Ekthym n.
ectoderme m. Ektoderm n.
ectodermique ektodermal
ectodermose f. Ektodermose f.
ectoglie f. Ektoglia f.
ectomie f. Ektomie f.
ectoparasite m. Ektoparasit m.
ectopie f. Ektopie f.
ectopie inguinale du testicule f. Leistenhoden m.
ectopie rénale pelvienne f. Beckenniere f.
ectopique ektopisch
ectoplasme m. Ektoplasma n.
ectropion m. Ektropion n.
eczéma m. Ekzem n.
eczéma allergique m. allergisches Ekzem n.
eczéma atopique m. endogenes Ekzem n.
eczéma aux sels de chrome m. Chromatekzem n.
eczéma du nourrisson m. Säuglingsekzem n.
eczéma du pied m. Fußekzem n. (veter.)
eczéma séborrhéique m. Gneiß m.
eczéma squameux m. Schuppenausschlag m.
eczéma vaccinatoire m. Eczema vaccinatum n.
eczémateux ekzematös
eczématisation f. Ekzematisierung f.
édenté zahnlos
édétate m. Edetat n.
édisylate m. Edisylat n.
éditorial m. Herausgeberartikel m.
édrophonium m. Edrophonium n.
EDTA (éthylène diamine tétra acétate) m. EDTA (Ethylendiamintetraazetat) n.
éducation disciplinaire f. Fürsorgeerziehung f.
édulcorant m. Süßstoff m.
Edwardsielle f. Edwardsielle f.
éfavirenze f. Efavirenz f.
éfégatran m. Efegatran n.
effacer auslöschen, auswischen
effaceur m. Wischer m.
efféminitation f. Verweiblichung f.
efférent efferent
effet m. Wirkung f.

effet antiprotozoaire m.   Antiprotozoen-Wirkung f.
effet antithrombocytaire m.   antithrombozytäre Wirkung f.
effet de levier m.   Hebelwirkung f.
effet de nébulosité m.   Nubecula f.
effet Doppler m.   Doppler-Effekt m.
effet dynamique spécifique m.   spezifisch-dynamische Wirkung f.
effet en profondeur m.   Tiefenwirkung f.
effet indésirable m.   unerwünschte Wirkung f.
effet levier m.   Hebelkraft f.
effet prolongé, à   langwirkend
effet protecteur m.   Schutzwirkung f.
effet radioprotecteur m.   Strahlenschutzwirkung f.
effet secondaire m.   Nebenwirkung f.
effet shunt m.   Nebenschlussreaktion f.
effet tardif m.   Nachwirkung f.
effet tératogène m.   Teratogenität f.
effets secondaires fréquents m. pl.   häufige Nebenwirkungen f. pl.
effets secondaires inconnus m. pl.   unbekannte Nebenwirkungen f. pl.
effets secondaires peu fréquents m. pl.   gelegentliche Nebenwirkungen f. pl.
effets secondaires rares m. pl.   seltene Nebenwirkungen f. pl.
effets secondaires très fréquents m. pl.   sehr häufige Nebenwirkungen f. pl.
effets secondaires très rares m. pl.   sehr seltene Nebenwirkungen f. pl.
efficace   leistungsfähig, wirksam
efficace, très -   stark wirksam
efficacité f.   Wirksamkeit f.
efficacité masticatoire f.   Kautüchtigkeit f.
efficacité nutritive f.   Nährkraft f.
efficience f.   Leistung f.
efflorescence f.   Effloreszenz f.
effort m.   Anstrengung f.
effort excessif m.   Überbeanspruchung f.
effort physique m.   körperliche Belastung f.
effrayer   erschrecken
effritement m.   Zerbröckelung f.
effroi m.   Schrecken m.
éfloxate m.   Efloxat n.
égaliser   ausgleichen
égo-complexe m.   Ich-Komplex m.
égocentrique   egozentrisch
égophonie f.   Agophonie f.
égout m.   Abflusskanal m.
égratigner   kratzen
égratignure f.   Kratzer m.

EHPAD (etablissement d'hébergement pour personnes âgées dépendantes) m.   Pflegeinstitution für ältere behinderte Patienten f.; Pflegeheim n.
ehrlichiose (vétér.) f.   Ehrlichiose (veter.) f.
eicosanoïde m.   Eicosanoid n.
éidétique   eidetisch
einsteinium m.   Einsteinium n.
éjaculation f.   Ejakulat n., Ejakulation f., Samenerguß m.
éjaculer   ejakulieren
éjection f.   Ejektion f.
ektébine f.   Ektebin n.
élaboration du bridge m.   Brückenarbeit f.
élaïdine f.   Elaidin f.
élaïdiniser   elaidinisieren
élargir   verbreitern
élargissement m.   Dehnung f., Erweiterung f.
élargissement du champ de conscience m.   Bewusstseinserweiterung f.
élargisseur du canal de passage du nerf m.   Nervenkanalerweiterer m.
élastance f.   Elastanz f.
élastase f.   Elastase f.
élasticité f.   Elastizität f.
élastinase f.   Elastinase f.
élastine f.   Elastin n.
élastique   elastisch
élastofibrose f.   Elastofibrose f.
élastogenèse f.   Elastogenese f.
élastolysat m.   Elastolysat n.
élastomère m.   Elastomer n.
élastoprotéinase f.   Elastoproteinase f.
élastorrhexie f.   Elastorrhexis f.
élastose f.   Elastose f.
électif   elektiv
électricité f.   Elektrizität f.
électrification f.   Stromversorgung f.
électrifier   elektrifizieren
électrique   elektrisch
électrisation f.   Elektrisierung f.
électriser   elektrisieren
électroacoustique   elektroakustisch
électroacoustique f.   Elektroakustik f.
électroaimant m.   Elektromagnet m.
électroanalyse f.   Elektroanalyse f.
électroanalytique   elektroanalytisch
électroatriogramme m.   Elektroatriogramm n.
électrobiologie f.   Elektrobiologie f.
électrobiologique   elektrobiologisch
électrocardiogramme (ECG) m.   Elektrokardiogramm (EKG) n.
électrocardiogramme enregistré sur bande n.   Bandspeicherelektrokardiogramm n.

électrocardiogramme précordial m. Brustwandelektrokardiogramm n.
électrocardiographe m. Elektrokardiograph m.
électrocardiographie f. Elektrokardiographie f.
électrocardiographique elektrokardiographisch
électrocardiophonographie f. Elektrokardiophonographie f.
électrocautérisation f. Elektrokauterisation f.
électrochimique elektrochemisch
électrochirurgie f. Elektrochirurgie f.
électrochirurgique elektrochirurgisch
électrochoc m. Elektrokrampfbehandlung f., Elektroschock m.
électrocoagulateur m. Elektrokoagulator m.
électrocoagulation f. Elektrokoagulation f.
électrocochléograhie f. Elektrokochleographie f.
électrocorticographie f. Elektrokortikographie f.
électrocorticographique elektrokortikographisch
électrocytochimie f. Elektrozytochemie f.
électrocytochimique elektrozytochemisch
électrode f. Elektrode f.
électrode céphalique f. Kopfhautelektrode f.
éléctrode de coagulation f. Koagulationselektrode f.
électrode en verre f. Glaselektrode f.
électrode périphérique f. Extremitätenelektrode f.
électrode plaque f. Plattenelektrode f.
électrode ponctuelle f. Punktelektrode f.
électrode thoracique f. Brustwandelektrode f.
électrode ventouse f. Saugelektrode f.
électtode vis f. Schraubelektrode f.
éléctroencéphalogramme (EEG) m. Elektroenzephalogramm (EEG) n.
électroencéphalographe m. Elektroenzephalograph m.
électroencéphalographie f. Elektroenzephalographie f.
électroencéphalographique elektroenzephalographisch
électroendosmose f. Elektroendosmose f.
électroendosmotique elektroendosmotisch
électroentérographie f. Elek.troenterographie f.
électrofocalisation f. Elektrofokussierung f.
électrogastrographie f. Elektrogastrographie f.
électrogastrométrie f. Elektrogastrometrie f.

électrogramme m. Elektrogramm n.
électrokymographie f. Elektrokymographie f.
électrolyse f. Elektrolyse f.
électrolyte m. Elektrolyt m.
électrolytique elektrolytisch
électromagnétique elektromagnetisch
électromassage m. Elektromassage f.
électromécanique elektromechanisch
électromédical elektromedizinisch
électromètre m. Elektrometer n.
électromyogramme m. Elektromyogramm n.
électromyographie f. Elektromyographie f.
électromyographique elektromyographisch
électron accéléré m. schnelles Elektron n.
électron m. Elektron n.
électronarcose f. Elektronarkose f.
électronégatif elektronegativ
électroneurolyse f. Elektroneurolyse f.
électronique elektronisch
électronothérapie f. Betatron-Therapie f.
électronystagmographie f. Elektronystagmographie f.
électropharmacologie f. Elektropharmakologie f.
électrophile elektrophil
électrophorèse f. Elektrophorese f.
électrophorèse à flux continu f. Durchflusselektrophorese f.
électrophorèse à haute tension f. Hochspannungselektrophorese f.
électrophorèse cellulaire f. Zellelektrophorese f.
électrophorèse de gradient de densité f. Dichtegradientelektrophorese f.
électrophorèse de zone f. Zonenelektrophorese f.
électrophorèse en couche mince f. Dünnschichtelektrophorese f.
électrophorèse sur papier f. Papierelektrophorese f.
électrophotomètre m. Elektrophotometer n.
électrophotométrie f. Elektrophotometrie f.
électrophysiologie f. Elektrophysiologie f.
électrophysiologique elektrophysiologisch
élecropositif elektropositiv
électropupillographie f. Elektropupillographie f.
électropupillographique elektropupillographisch
électrorécepteur m. Elektrorezeptor m.
électrorétinographie f. Elektroretinographie f.
électrospectrographie f. Elektrospektrographie f.

électrostatique elektrostatisch
électrothérapeute m. Elektrotherapeut m.
électrothérapeutique elektrotherapeutisch
électrothérapie f. Elektrotherapie f.
électrotocographie f. Elektrotokographie f.
électrotocographique elektrotokographisch
électrotonique elektrotonisch
électrotonus m. Elektrotonus m.
électroventriculogramme m. Elektroventrikulogramm n.
électuaire m. Elektuarium n., Latwerge f.
élément m. Bestandteil m., Element n.
élément de rechange m. Ersatzteil n.
élément figuré azurophile m. Azurgranulom n.
élément figuré du sang m. Blutkörperchen n.
élément pathogène m. Krankheitsstoff m.
élément trivalent m. dreiwertiges Element n.
élémentaire elementar
élémicine f. Eiemicin n.
éléphantiasique elephantiastisch
éléphantiasis m. Elephantiasis f.
élevage m. Aufzucht f., Zucht f
élévateur m. Elevator m., Elevatorium n., Heber m.
élévateur (pour racine) m. Wurzelheber m.
élévateur nasal m. Nasenelevatorium m.
élévateur périostique nasal m. Nasenknochenhautelevator m.
élévateur pour fragment apical m. Wurzelspitzenheber m.
élévation f. Elevation f., Erhöhung f.
élève infirmier m. Krankenpflegeschüler m.
élève infirmière f. Krankenpflegeschü1erin f., Schwesternschülerin f.
élever steigern
éliminase f. Eliminase f.
élimination f. Entfernung (Beseitigung) f.; (med.) Ausscheidung f., Ausfuhr f.
élimination d'eau f. Wasserausscheidung f.
élimination de liquide f. Ausschwemmung f.
élimination des insectes f. Insektenvernichtung f.
élimination urinaire, à harnpflichtig
élimination urinaire de concrétion f. Lithurie f.
éliminer ausrotten, ausstoßen, eliminieren
ELISA (titrage immunoenzymatique utilisant un antigène adsorbé) m. ELISA (Enzymimmunoassay) m.
élixir m. Elixier m.
élixir parégorique m. Tinctura Opii camphorata f.
elliptique elliptisch
elliptocyte m. Elliptozyt m.

elliptocytose f. Elliptozytose f.
éloignement m. Entfernung (Abstand) f.
élongation d'un nerf f. Nervendehnung f.
éluat m. Eluat n.
élucider aufhellen, klären
éluer eluieren
élution f. Elution f.
émaciation f. Abmagerung f.
émacié abgemagert
émail m. Glasur f., Schmelz m.
émail (des dents) m. Zahnschmelz m.
émail fendillé m. gesprenkelter Zahnschmelz m.
émaillage f. Glasurbrand m. (dent.)
émailler glasieren
émanation f. Emanation f.
émanation du radium f. Radiumemanation f.
émasculation f. Entmannung f., Eviration f.
émasculer entmannen
embarras m. Bedrängnis f.
embarrassé verlegen (perplex)
embaumement m. Einbalsamierung f.
embaumer einbalsamieren
embolalie f. Embolalie f.
embole m. Embolus m.
embolectomie f. Embolektomie f.
embolie f. Embolie f.
embolie gazeuse f. Luftembolie f.
embolie graisseuse f. Fettembolie f.
embolie pulmonaire f. Lungenembolie f.
embolique embolisch
embolisation transcathétérienne f. Transkatheterembolisation f.
embolus m. Embolus m.
embonate m. Embonat n., Pamoat n.
embonpoint m. Fettleibigkeit f.
embouchure f. Einmündung f., Mundstück n.
embramine f. Embramin n.
embrassades f. pl. Umarmungen f. pl.
embrasure interdentaire f. Interdentaleinziehung f.
embrouiller vernebeln
embryoblaste m. Embryoblast m.
embryocardie f. Embryokardie f.
embryocide m. Fruchttötung f.
embryogenèse f. Embryogenese f.
embryologie f. Embryologie f.
embryologique embryologisch
embryon m. Embryon n., Frucht (obstetr.) f., Keim m., Leibesfrucht f.
embryonnaire embryonal
embryopathie f. Fruchtschädigung f.
embryotomie f. Embryotomie f.

embutramide m. Embrutamid n.
émédullation f. Entmarkung f.
émépronium m. Emepronium n.
émergence de la tête f. Durchtreten des Kopfes sub partu n.
émeri m. Schmirgel m.
émétine f. Emetin n.
émétique m. Brechmittel n.
émétisant brechreizverursachend
émétomanie f. Emetomanie f.
émetteur béta m. Betastrahler m.
émetteur de rayons alpha m. AlphaStrahler m.
émetteur gamma m. Gammastrahler m.
EMG (électromyogramme) m. EMG (Elektromyogramm) n.
émilium m. Emilium n.
éminence f. Prominenz f.
éminence de l'orteil f. Zehenballen m.
éminence mastoidienne f. Processus mastoideus m.
éminence thénar m. Daumenballen m.
éminences du gros et du petit orteil f. pl. Fußballen m. pl.
éminences thénar et hypothénar f. pl. Handballen m. pl.
éminent prominent
émission f. Ausstrahlung f., Emission f.
émission de champ f. Feldemission f.
émission électron m. Sekundärelektron n.
emmailloter wickeln
emménagogue emmenagog
emménagogue m. Emmenagogum n.
emmener wegführen
emmétrope emmetrop
emmétropie f. Emmetropie f., Normalsichtigkeit f.
émodine f. Emodin n.
émollient weichmachend
émollient m. weichmachendes Mittel n.
émorfazone f. Emorfazon n.
émotif empfindsam
émotionnel emotionell
émotivité f. Emotionalität f.
émoussé stumpf
empalernent m. Pfählung f.
empêchement d'allaiter m. Stillhindernis n.
empêcher behindern, hindern, verhindern
emphysémateux emphysematös
emphysème m. Emphysem n.
emphysème pulmonaire m. Lungenblähung f., Lungenemphysem n.
empiètement m. Übergreifen n.
empirer sich verschlechtern
empirisme m. Empirie f.

emplâtre m. Heftpflaster n., Pflaster n.
emplâtre adhésif m. Klebepflaster n.
emplâtre vésicatoire m. Zugpflaster n.
emploi m. Anwendung f.
emploi, mode d' m. Anwendungsart f.
employé des services de médecine préventive m. Gesundheitsfürsorger m.
employée des services d'hygiène f. Gesundheitspflegerin f.
employée des services de médecine préventive f. Gesundheitsfürsorgerin f.
employer anwenden, verwenden
empoisonnement m. Vergiftung f.
empoisonnement au sélénium m. Selenvergiftung f.
empoisonnement de l'eau m. Wasservergiftung f.
empoisonnement du sang m. Blutvergiftung f.
empoisonnement par le poisson m. Fischvergiftung f.
empoisonnement par les algues m. Algenvergiftung f.
empoisonner vergiften
emporte-pièce m. Locheisen n., Stanze f.
emporter abführen
empreinte f. Abdruck m. (dent.)
empreinte au porte-empreinte f. Löffelabdruck m.
empreinte dentaire f. Zahnabdruck m.
empreinte digitale f. Fingerabdruck m.
empreinte en plâtre f. Gipsabdruck m.
empreinte finale f. Endabdruck m. (dent.)
empreinte inlay cire f. Wachsinlayabdruck m.
empreinte mnésique f. Engramm n.
empreinte occlusale f. Okklusionsabdruck m.
empreinte partielle f. Teilabdruck m. (dent.)
empreinte pour inlay f. Inlayabdruck m.
empreinte sur cire f. Wachsabdruck m.
empreinte sur cire mordue f. Bissabdruck m. (dent.)
empyème m. Empyem n.
émulsifiant m. Emulgator m.
émulsion f. Emulsion f.
émulsion hydro-huileuse f. Öl-in-Wasser-Emulsion f., Wasser-Öl-Emulsion f.
émulsionner emulgieren
en absenciel online
en bloc en bloc
en direction distale distalwärts
en direction dorsale dorsalwärts
en état d'ébriété betrunken
en état de concevoir empfängnisfähig
en forme de coeur herzförmig

en présenciel in Präsenz
en vain erfolglos
énalapril m. Enalapril n.
énantate m. Enantat n., Önanthat n.
enanthémateux enanthemathös
énanthème m. Enanthem n.
énanthème de Koplik m. Koplicksche Flecken m pl.
énanthiomorphe enanthiomorph
énanthotoxine f. Oenanthotoxin n.
énarthrose f. Enarthrose f.
enbucrilate m. Enbucrilat n.
encaïnide m. Encainid n.
encapsulement m. Abkapselung f.
encapsuler abkapseln, einkapseln, verkapseln
enceinte schwanger
encens m. Weihrauch m.
encéphale antérieur m. Vorhirn n.
encéphalite f. Enzephalitis f.
encéphalite léthargique de Von Economo f. Enzephalitis lethargica f.
encéphalites, à l'origine d' enzephalitogen
encéphalitique enzephalitisch
encéphaloartériographie f. Enzephaloarteriographie f.
encéphalogramme m. Enzephalogramm n.
encéphalographe m. Enzephalograph m.
encéphalographique enzephalographisch
encéphalomalacie f. Enzephalomalazie f.
encéphalomyélite équine f. Pferdeenzephalomyelitis f.
encéphalopathie traumatique du boxeur f. Boxerenzephalopathie f.
enchondrome m. Enchondrom n.
enciprazine f. Enciprazin n.
enclavé eingekeilt
enclave cellulaire f. Zelleinschluss m.
enclomifène m. Enclomifen n.
enclume f. Amboss (med.) m.
encombrement m. Überfüllung f.
encombrer hindern
encoprésie f. Enkopresis f.
encre f. Tinte f.
encyprate m. Encyprat n.
endangéite f. Endangiitis f.
endangéite oblitérante f. Endangiitis obliterans f.
endangéitique endangiitisch
endartériectomie f. Endarterektomie f.
endémie f. Endemie f.
endémique endemisch
endoamnioscopie f. Endoamnioskopie f.
endoamnioscopique endoamnioskopisch
endoanévrismorraphie f. Endoaneurysmorrhaphie f.

endoantitoxine f. Endoantitoxin n.
endobronchique endobronchial
endocarde m. Endokard n.
endocardique endokardisch
endocardite f. Endokarditis f.
endocardite bactérienne f. Endokarditis lenta f.
endocardite lente maligne d'Osler f. Endokarditis lenta f.
endocervical endozervikal
endochondral endochondral
endocochléaire endokochleär
endocranien endokranial
endocrine endokrin, inkretorisch, innersekretorisch
endocrinologie f. Endokrinologie f.
endocrinologique endokrinologisch
endocrinopathie f. Endokrinopathie f.
endocytose f. Endozytose f.
endoderme m. Entoderm n.
endodésoxyribonucléase de restriction f. Restriktionsendonuklease f.
endodontie f. Endodontie f.
endodontique endodontisch
endodontologie f. Endodontologie f.
endoenzyme f. Endoenzym n.
endogène endogen
endognathion m. Endognathion n.
endogreffe f. Endotransplantat n.
endo-implant m. Endoimplantat n.
endolabyrinthite f. Endolabyrinthitis f.
endolaryngé endolaryngeal
endoleak m. Endoleakage n.
endolombaire endolumbal
endolymphe f. Endolymphe f.
endomètre m. Endometrium n.
endométriose f. Endometriose f.
endométrite f. Endometritis f.
endomitose f. Endomitose f.
endommager beschädigen
endomyocardiaque endomyokardial
endomyocardite f. Endomyokarditis f.
endomysial endomysial
endonasal endonasal
endoneural endoneural
endonucléase f. Endonuklease f.
endonucléolytique endonukleolytisch
endopéritonéal endoperitoneal
endoperoxyde m. Endoperoxid n.
endophasie f. Endophasie f.
endophlébite f. Endophlebitis f.
endophotographie f. Endophotographie f.
endophtalmite f. Endophthalmitis f.
endophyte m. Endophyt m.
endoplasmatique endoplasmatisch

endoplasme m. Endoplasma n.
endoprothèse f. Endoprothese f.
endoprothèse aortique f. Aortenendoprothese f.
endoprothèse totale f. Totalendoprothese (TEP) f.
endoprothétique endoprothetisch
endoréactif endoreaktiv
endormir, s' einschlafen
endorphine f. Endorphin n.
endosalpingite f. Endosalpingitis f.
endoscope m. Endoskop n.
endoscopie f. Endoskopie f.
endoscopie d'urgence f. Notfallendoskopie f.
endoscopique endoskopisch
endosmose f. Endosmose f.
endosmotique endosmotisch
endostal endostal
endostéome m. Endosteom n.
endostite f. Endostitis f.
endothélial endothelial
endothéliite f. Endotheliitis f.
endothélioblastome m. Endothelioblastom n.
endothéliome m. Endotheliom n.
endothéliome myxoïde m. Myxoendotheliom n.
endothéliose f. Endotheliose f.
endothélium m. Endothel n.
endothermique endotherm
endothyme endothym
endotoxine f. Endotoxin n.
endotoxique endotoxisch
endotrachéal endotracheal
endouréthral endourethral
endoutérin endouterin
endovasculaire endovaskulär
endovésical endovesikal
endralazine f. Endralazin n.
endrisone f. Endrison n.
endroit de mesure m. Messplatz m.
endurance f. Ausdauer f., Belastungsfähigkeit f., Ertragen n.
endurcir abhärten
endurer leiden
énergétique energetisch
énergétique f. Energielehre f.
énergie f. Energie f.
énergie solaire f. Sonnenenergie f.
énergie vitale f. Biotonus m.
énergique drastisch
énerver entnerven, denervieren
énestébol m. Enestebol n.
enfance f. Kindesalter n., Kindheit f.
enfant au biberon m. Flaschenkind n.
enfant né avant terme m. frühgeborenes Kind n.
enfanter gebären
enfantin kindisch
enfler anschwellen
enflurane m. Enfluran n.
enflure f. Anschwellung f.
enflure du pénis f. Penisschwellung f.
enfoncés, aux yeux hohläugig
ENG (électronystagmogramme) m. ENG (Elektronystagmogramm) n.
engagement m. Geburtsbeginn m. (obstetr.)
engelure f. Frostbeule f., Hautschaden durch Kälte m.
engelures f. pl. Perniosis f.
engendrer erzeugen, zeugen
engrarmme m. Engramm n.
éniclobrate m. Eniclobrat n.
énilconazole m. Enilconazol n.
énivrement m. Rausch m., Trunkenheit f.
énivrer berauschen
enképhalinamide m. Enkephalinamid n.
enképhaline f. Enkephalin n.
enkystement m. Abkapselung f., Einkapselung f., Verkapselung f.
enkyster abkapseln
enlacer umschlingen
enlever abtragen, entfernen
enlever le polype polypektomieren
enlever par grattage abkratzen
enlever par pincement abkneifen
énol m. Enol n.
énolase f. Enolase f.
énolase spécifique des neurones f. NSE (neuronenspezifische Enolase) f.
énolicam m. Enolicam n.
énophtalmie f. Enophthalmie f.
énostose f. Enostose f.
énoxacine f. Enoxacin n.
énoxolone f. Enoxolon n.
enpiprazole m. Enpiprazol n.
enprazépine f. Enprazepin n.
enraidissement m. Versteifung f.
enregistrement graphique prolongé m. Langzeitschreibung f.
enregistrer eintragen, registrieren
enrichir anreichern
enrichissement m. Anreicherung f.
enrober einbetten
enroué heiser
enrouement m. rauher Hals m., Heiserkeit f.
enroulement m. Windung f.
enrouler aufwickeln
enrouler, s' sich drehen
enrouleur m. Bindenwickler m.

enseignante universitaire f. Dozentin f.
enseignement m. Unterricht m.
enseignement au chevet du malade m. Unterricht am Krankenbett m.
enseignement programmé m. programmierter Unterricht m.
ensemble de cas cliniques m. Krankengut n.
ensemencement en stries m. Strichkultur f.
ensoleillement m. Besonnung f.
ensoleiller besonnen (bestrahlen)
Entamoeba histolytca f. Entamoeba histolytica f.
entéléchie f. Entelechie f.
entendement m. Verstehen n.
entendre hören
entéral enteral
entérite f. Enteritis f.
entérite à Gastrodiscoïdes hominis f. Gastrodisciasis f.
entéritique enteritisch
entéroanastomose f. Enteroanastomose f.
entérobiliaire enterobiliär
entérocèle f. Enterozele f.
entérocholécystostomie f. Enterocholezystostomie f.
entérocholécystotomie f. Enterocholezystotomie f.
entérochromaffine enterochromaffin
entéroclyse f. Enteroklyse f.
entérocolite f. Enterokolitis f.
entérocolostomie f. Enterokolostomie f.
entérocoque m. Enterokokkus m.
entérocutané enterokutan
entérocyte m. Enterozyt m.
entérogastrone f. Enterogastron n.
entéroglucagon m. Enteroglukagon n.
entérohépatique enterohepatisch
entérohépatite f. Enterohepatitis f.
entérohormone f. Enterohormon n.
entérokinase f. Enterokinase f.
entérokystome m. Enterozyste f.
entérolithiase f. Enterolithiasis f.
entérologie f. Enterologie f.
entéromésial entéromesial
entéropathie f. Enteropathie f.
entéropathie exsudative f. eiweißverlierend Enteropathie f.
entéropexie f. Enteropexie f.
entéroptose f. Enteroptose f.
entérorécepteur m. Enterorezeptor m.
entérorraphie f. Darmnaht f.
entéroscopie f. Enteroskopie f.
entéroscopique enteroskopisch
entérostomal enterostomal
entérostomie f. Enterostomie f.
entérotome m. Darmschere f.
entérotornie f. Enterotomie f.
entérotoxémie f. Enterotoxämie f.
entérotoxine f. Enterotoxin n.
entérovirus m. Enterovirus n.
enterrement m. Beerdigung f.
enterrer beerdigen
enthèse f. Enthese f.
enthésite f. Enthesitis f.
enthésopathie f. Enthesiopathie f. (Gelenkkrankheit f.)
entité f. Entität f.
entocone m. Entokon n.
entoderme m. Entoderm n.
entomologie f. Entomologie f.
entomophtora, mycose à f. Entomophthoramykose f.
entonnoir m. Trichter m.
entonnoir de séparation m. Scheidetrichter m.
entonnoir en verre m. Glastrichter m.
entopique entopisch
entorse f. Verrenkung f., Verstauchung f.
entrailles f. pl. Darm m., Eingeweide n. pl.
entraînement m. Training n.
entrainer, s' trainieren
entrave f. Fessel f. (veter.)
entrée f. Eingabe f., Einmündung f., Eintritt m.
entregreffer, s' verwachsen
entrepôt m. Speicher m.
entretien m. Wartung f.
entropion m. Entropion n.
énucléation f. Ausschälung f., Enukleation f.
énucléer ausschälen, enukleieren
énuliracil m. Enuliracil n.
énurésie f. Bettnässen n., Enuresis f.
énurésique f. Bettnässerin f.
énurésique m. Bettnässer m.
envahissement m. Ausbruch m.
enveloppe f. Hülle f.
enveloppe amniotique f. Amnion n.
enveloppe conjonctive f. Zahnsäckchen n.
enveloppe extérieure f. Schale (Rinde) f.
enveloppe protectrice f. Schutzhülle f.
enveloppe scléreuse f. Skleralschale f.
enveloppement m. Packung f., Umhüllung f., Wickel m.
enveloppement chaud m. heiße Packung f.
enveloppement humide m. feuchte Packung f., feuchter Wickel m.
enveloppement humide chaud m. feuchtwarmer Wickel m.
envelopper einhüllen, einwickeln
envie f. Lust f., Niednagel m., Penisneid m.

environnement m. Umgebung f., Umwelt f.
environnement, concernant l' environtologisch
enviroxime m. Enviroxim n.
envoi d'un patient m. Überweisung eines Patienten f.
envoyer überweisen
envoyer un patient m. einen Patienten überweisen
enzyme m. ou f. Ferment n.
enzyme branchante f. Verzweigungsenzym n.
enzyme cellulaire f. Zellenzym n.
enzyme de conversion de l'angiotensine (ECA) f. ACE (Angiotensin-Conversions-Enzym) n.
enzyme de Warburg f. Warburgsches Atmungsferment n.
enzyme débranchante f. Entzweigungsenzym n.
enzyme exocellulaire f. Exoenzym n.
enzyme malique f. Malatenzym n.
enzyme réparante f. Reparaturenzym n.
enzymologie f. Fermentlehre f.
épaissir eindicken, verdicken
épaississement d'un ongle m. Onychophym n.
épanchement m. Erguss m.
épanchement de sang m. Blutaustritt m.
épanchement péricardique m. Perikarderguss m.
épanchement pleural m. Pleuraerguss m.
épanchement sanguin m. Bluterguss m.
épargnant le sphincter sphinkterschonend
épargner schonen
éparvin m. Spat m. (veter.)
épaule f. Schulter f.
éperon m. Sporn m.
éperon du calcanéum m. Fersensporn m., Kalkaneussporn m.
épiblaste m. Epiblast m.
épicanthus m. Epikanthus m.
épicarde m. Epikard n.
épicardectomie f. Epikardektomie f.
épicardia m. Epikardia f.
épicardial epikardial
épicarine f. Epikarin n.
épice f. Gewürz n.
épicondylite f. Epikondylitis f.
épicône médullaire m. Epikonus m.
épicranien epikranial
épicrise f. Epikrise f.
épicritique epikritisch
épidémie f. Seuche f.
épiderme m. Oberhaut f.
épidermisation f. Überhäutung f.
épidiascope m. Epidiaskop n.
épididyme m. Nebenhoden m.
épididymite f. Epididymitis f.
épididymoorchite f. Epididymoorchitis f.
épidural epidural
épiduroscopie f. Epiduroskopie f.
épifascial epifaszial
épifasciculaire epifaszikulär
épigastre m. Oberbauch m.
épigastrique epigastrisch
épigénétique epigenetisch
épigénome m. Epigenom n.
épiglotte f. Epiglottis f.
épiglottique epiglottisch
épiglottite f. Epiglottitis f.
épignathe m. Epignathus m.
épilation f. Enthaarung f., Epilation f., Haarentfernung f.
épilepsie f. Epilepsie f., Fallsucht f.
épilepsie corticale de Bravais-Jackson f. Jacksonepilepsie f.
épilepsie cursive f. Prokursivanfall m.
épilepsie de réveil f. Aufwachepilepsie f.
épilepsie essentielle f. genuine Epilepsie f.
épilepsie jacksonienne f. Jacksonsche Epilepsie f.
épilepsie matinale f. Aufwachepilepsie f., morgendliche Epilepsie f.
épilepsie mineure f. Sphagiasmus m.
épilepsie myoclonique f. Myoklonusepilepsie f.
épilepsie nocturne f. nächtliche Epilepsie f.
épilepsie réflexe f. Reflexepilepsie f.
épilepsie secondaire traumatique f. traumatische Epilepsie f.
épilepsie tardive f., Spätepilepsie f.
épileptiforme epileptiform
épileptique epileptisch, fallsüchtig
épileptique f. Epileptikerin f.
épileptique m. Epileptiker m.
épileptoide epileptoid
épiler enthaaren, epilieren
épimérase f. Epimerase f.
épimère m. Epimer n.
épimérie f. Epimerie f.
épimérisation f. Epimerisation f.
épimestrol m. Epimestrol n.
épine f. Stachel m.
épinéphrine f. Adrenalin n., Epinephrin n.
épineural epineural
épineurotomie f. Epineurotomie f.
épineux dornig
épinèvre f. Epineurium n.
épipharyngite f. Epipharyngitis f.

épiphora f. Epiphora f.
épiphysaire epiphysär
épiphyse f. Epiphyse (endokrinol.) f., Epiphyse (osteol.) f., Zirbeldrüse f.
épiphysiodèse f. Epiphysiodese f.
épiphysiolyse f. Epiphysenlösung f.
épiphysite f. Epiphysitis f.
épiplocèle f. Epiplozele f.
épiploïque omental
épiploïte f. Omentitis f.
épiploon m. Epiploon n., Netz (med.) n.
épiplopexie f. Epiplopexie f.
épipodophyllotoxine f. Epipodophyllotoxin n.
épirizole m. Epirizol n.
épirubicine f. Epirubicin n.
éscléreux episkleral
ésclérite f. Episkleritis f.
épiscope m. Episkop n.
épisiotomie f. Dammschnitt m., Episiotomie f.
épisode schizophrénique m. schizophrener Schub m.
épisodique episodisch
épisome m. Episom n.
épispadias m. Epispadie f.
épistasis m. Epistase f.
épistatique epistatisch
épistaxis f. Nasenbluten n.
épistémiologie f. Erkenntniskritik f.
épitarse m. Epitarsus m.
épitaxie f. Epitaxie f.
épitestostérone f. Epitestosteron n.
épithalamique epithalamisch
épithalamus m. Epithalamus m.
épithélial epithelial
épithélioma m. Karzinom n.
épithélioma à petites cellules m. kleinzelliges Karzinom n.
épithélioma basocellulaire m. Basalzellenepitheliom n.
épithélioma colloïde m. Kolloidkarzinom n.
épithélioma cystique m. zystisches Karzinom n.
épithélioma mucipare m. Gallertkrebs m.
épithélioma squameux m. Deckzellenepitheliom n.
épithéliose f. Epitheliose f.
épithélisation f. Epithelisierung f.
épithéliser epithelisieren
épithélium m. Epithel n.
épithélium à cellules cylindriques m. Zylinderepithel n.
épithélium adamantin m. Schmelzepithel n.
épithélium cubique m. kubisches Epithel n.

épithélium de passage m. Übergangsepithel n.
épithélium germinatif m. Keimepithel n.
épithélium glandulaire m. Drüsenepithel n.
épithélium pavimenteux m. Pflasterepithel n., Plattenepithel n.
épithélium stratifié m. mehrschichtiges Epithel n.
épithélium vibratile m. Flimmerepithel n.
épithéloïde epitheloid
épithème m. Epithem n.
épitizide m. Epitizid n.
épitope m. Epitop n.
épitrochléaire epitrochlear
épitrochlée f. Epitrochlea f.
épitrochléite f. Epitrochleitis f.
épituberculose f. Epituberkulose f.
épitympanal epitympanal
épitympanite f. Epitympanitis f.
épitype m. Epityp n.
épizoonose f. Epizoonose f.
épizootique epizootisch
éplérénon m Eplerenon n.
époétine f. Epoetin n.
éponge f. Schwamm m.
éponge en caoutchouc f. Gummischwamm m.
éponger abtupfen
éponychium m. Eponychium n., Nagelhaut f.
éponyme m. Eponym n.
époophore m. Parovarium n.
époprosténol m. Epoprostenol n.
époillage m. Entlausung f.
épouse f. Gattin f.
époux m. Gatte m.
époxydation f. Epoxidation f.
époxyde m. Epoxid n.
époxyrésine f. Epoxidharz n.
éprazinone f. Eprazinon n.
épreuve f. Belastung f., Erprobung f., Probe (Test) f.
épreuve à la bromosulfonaphtaléïne f. Bromsulphthaleintest m., Bromsulfaleintest m.
épreuve croisée donneurreceveur f. Kreuzprobe f.
épreuve d'insufflation nasootique de Politzer f. Politzerverfahren n.
épreuve de Barany f. Baranyscher Versuch m.
épreuve de chauffage des urines f. Kochprobe f.
épreuve de concentration f. Konzentrationsversuch m.
épreuve de dilution f. Wasserversuch m.

épreuve de dilution (Volhard) f. renaler Verdünnungsversuch m.
épreuve de galactosutie provoquée f. Galaktosebelastungsprobe f.
épreuve de Hammarsten f. Hammarsten-Probe f.
épreuve de Marsch f. Marsch-Probe f.
épreuve des deux verres f. Zweigläserprobe f.
épreuve des trois verres f. Dreigläserprobe f.
épreuve doigtnez f. Finger-Nasen-Versuch m.
épreuve fonctionnelle pulmonaire f. Lungenfunktionsprüfung f.
épreuve orthostatique f. Stehversuch m.
épreuve talongenou f. Knie-Hackenversuch m.
éprosartan m. Eprosartan n.
éprouvé depuis longtemps altbewährt
éprouver empfinden
éprouvette f. Reagenzglas n.
eptazocine f. Eptazocin n.
eptifibatide m. Eptifibatid n.
équipotent äquipotent
épuisé erschöpft, übermüdet
épuisement m. Erschöpfung f.
épuisement nerveux m. Nervenzusammenbruch m.
épulide f. Epulis f.
équarrissage m. Abdeckerei f. (veter.)
équarrisseur m. Abdecker m. (veter.)
équarrissoir m. Reibahle f.
équation f. Gleichung f.
équidés m. pl. Einhufer m.
équilatéral gleichseitig
équilibration f. Aquilibrierung f.
équilibre m. Gleichgewicht n.
équilibre acidobasique m. Säure-Basen-Gleichgewicht n.
équilibre hydrique m. Wasseraushalt m.
équilibrer m. äquilibrieren, ausbalancieren, ausgleichen, ins Gleichgewicht bringen
équilibrométrie f. Äquilibriometrie f.
équimolaire äquimolar
équimoléculaire äquimolekular
équin equin
équipe de sauvetage f. Bergungsmannschaft f.
équipe de secours f. Rettungsmannschaft f.
équipement m. Ausrüstung f., Ausstattung f., Betriebsmaterial n., Gerät n.
équipement de poche m. Taschenbesteck n.
équipement pour changement de lit m. Umbettvorrichtung f.
équipement pour cure de sommeil f. Heilschlafgerät n.
équipement pour soulever le patient m. Patientenhebegerät n.
équipement radiologique m. Röntgenanlage f., Röntgeneinrichtung f.
équivalence f. Äquivalenz f.
équivalent äquivalent
équivalent m. äquivalent n.
équivalent acide m. Säureäquivalent n.
équivalent d'épilepsie m. epileptisches Äquivalent n.
équivalent phobique m. Angstäquivalent n.
équivalent respiratoire m. Atemäquivalent n.
équivalentgramme m. Grammäquivalent n.
éradication f. Ausrottung f., Eradikation f.
érafler ritzen
éraflure f. Abschürfung f., Schramme f.
éraflure de balle f. Streifschuss m.
erbium m. Erbium n.
érectile erektil
érectiomètre m. Erektiometer n.
érection f. Erektion f.
éreinté kreuzlahm
érepsine f. Erepsin n.
éréthisme m. Erethismus m.
ERG (éléctrorétinogramme) m. ERG (Elektroretinogramm) n.
erg m. Erg n.
ergastoplasme m. Ergastoplasma n., Kinetoplasma n.
ergochrysine f. Ergochrysin n.
ergoclavine f. Ergoclavin n.
ergocornine f. Ergocornin n.
ergocristine f. Ergocristin n.
ergocryptine f. Ergokryptin n.
ergographe m. Ergograph m.
ergographie f. Ergographie f.
ergographique ergographisch
ergomètre m. Ergometer n., Kraftmesser m.
ergométrie f. Ergometrie f.
ergométrie (bicyclette) f. Fahrradergometrie f.
ergométrine f. Ergobasin n., Ergometrin n.
ergométrique ergometrisch
ergomonamine f. Ergomonamin n.
ergonomie f. Ergonomie f.
ergosine f. Ergosin n.
ergosinine f. Ergosinin n.
ergospirométrie f. Ergospirometrie f.
ergospirométrique ergospirometrisch
ergostérol m. Ergosterin n.
ergot m. Afterklaue f.
ergot de seigle m. Mutterkorn n., Secale cornutum n.
ergotamine f. Ergotamin n.

ergotaminine f. Ergotaminin n.
ergothérapie f. Arbeitstherapie f., Ergotherapie f.
ergothionéine f. Ergothionein n.
ergotine f. Ergotin n.
ergotinine f. Ergotinin n.
ergotisme m. Ergotismus m.
ergotoxine f. Ergotoxin n.
ergotrope ergotrop
ériger erigieren
ériodictine f. Eriodictin n.
ériodictyol m. Eriodictyol n.
érosion f. Erosion f., Usur f.
érotique erotisch
érotisme m. Erotik f.
érotogène erogen
érotomanie f. Erotomanie f.
erreur au point zéro f. Nullpunktabweichung f.
erreur de mesure f. Messfehler m.
erreur, zone d' f. Fehlerbereich m.
érroné falsch
ertapénem m. Ertapenem n.
éructation f. Aufstoßen n., Rülpsen n.
éructer aufstoßen, rülpsen
éruptif eruptiv
éruption f. Ausbruch m., Ausschlag m., Durchbruch m., Eruption f.
éruption cutanée f. Hautausschlag m.
éruption dentaire f. Zahndurchbruch m.
éruptions sudorales miliaires f. pl. Schweißbläschen n. pl.
Erwinia f. Erwinie f.
érysipèle m. Erysipel n., Rose f.
érysipéloide m. Erysipeloid n., Schweinerotlauf m. (veter.)
Erysipelothrix insidiosa f. Erysipelothrix insidiosa f.
érythermalgie f. Erythermalgie f.
érythème m. Erythem n.
érythème arthritique épidémique m. Erythema arthriticum epidemicum n.
érythème induré de Bazin m. Erythema induratum n.
érythème infectieux m. Erythema infectiosum n., Ringelröteln f. pl.
érythème noueux m. Erythema nodosum n.
érythème pernio m. Frostbeule f., Hautschaden durch Kälte m., Pernio f.
érythème polymorphe m. Erythema exsudativum multiforme n.
érythrémie f. Erythrämie f.
érythrémique erythrämisch
érythritol m. Erythrit n.
érythroblaste m. Erythroblast m.

érythroblastique erythroblastisch
érythroblastome m. Erythroblastom n.
érythroblastose f. Erythroblastose f.
érythroconte m. Erythrokont m.
érythrocyanose f. Erythrozyanose f.
érythrocytaire erythrozytär
érythrocyte m. Erythrozyt m.
érythrocytose f. Erythrozytose f.
érythrodermie f. Erythrodermie f.
érythrodermique erythrodermisch
érythrodontie f. Erythrodontie f.
érythrogenèse f. Erythrogenese f.
érythrogénétique erythrogenetisch
érythrohépatique erythrohepatisch
érythrokératodermie f. Erythrokeratodermie f.
érythrokinétique erythrokinetisch
érythroleucémie f. Erythroleukämie f.
érythroltétranitrate m. Erythroltetranitrat n.
érythromélalgie f. Erythromelalgie f.
érythromélie f. Erythromelie f.
érythromycine f. Erythromycin n.
érythrophagocytose f. Erythrophagozytose f.
érythrophobie f. Erythrophobie f.
érythroplasie f. Erythroplasie f.
érythropoïèse f. Erythropoese f.
érythropoïétique erythropoetisch
érythroprosopalgie f. Erythroprosopalgie f.
érythropsie f. Erythropsie f., Rotsehen n.
érythrose f. Erythrose (chem.) f., Erythrose (dermatol.) f.
érythrotrichie f. Erythrotrichie f.
érythrulose f. Erythrulose f.
érythrurie f. Erythrurie f.
escarre f. Dekubitalgeschwür n., Schorf m., Wundliegen n.
escarre de brûlure f. Brandschorf m.
escarre de décubitus f. Dekubitus m.
escarrifié schorfig
escarrifier verschorfen
Escherichia Escherichia, Escherichie f.
Escherichia coli m. Bacillus coli communis m., Colibazillus m., Escheriachia coli f.
escitalopram m. Escitalopram n.
esculétine f. Äsculetin n., Esculetin n.
esculine f. Äsculin n.
esmolol m. Esmolol n.
ésophorie f. Esophorie f.
ésotérique esoterisch
espace de Disse m. Dissescher Raum m.
espace de Holzknecht m. Holzknechtscher Raum m.
espace interalvéolaire m. Interalveolarraum m. (dent.)

espace intercostal m.   ICR (Intercostalraum) m., Interkostalraum m., Zwischenrippenraum m.
espace interdentaire m.   Interdentium n.
espace intervertébral m.   Zwischenwirbelraum m.
espace lymphatique m.   Lymphspalte f.
espace mort m.   Totraum m.
espace rétrocardiaque m.   HHR (Hinterherzraum) m., Retrocardialraum m.
espace scalénique m.   Skalenuslücke f.
espace sousarachnoïdien m.   Subarachnoidalraum m.
espace sousdural m.   Subduralraum m.
espace vide m.   Hohlraum m.
espèce f.   Art f., Gattung f.
espoir de vie m.   Lebenserwartung f.
espoirs m. pl.   Zukunftserwartung f.
esprit m.   Geist m.
esquille f.   Knochenspan m.
essai m.   Erprobung f., Probe f., Versuch m.
essai à l'improviste m.   Stichprobe f.
essai de charge m.   Belastungsprobe f.
essai en double insu m.   Doppelblindversuch m.
essai en simple-double aveugle m.   einfacher-doppelter Blindversuch m.
essai médicamenteux in vivo chez l'animal m.   Arzneimittelprüfung am lebenden Tier f.
essai préliminaire m.   Vorversuch m.
essai récepteur m.   Rezeptorassay m.
essai sur le terrain m.   Feldversuch m.
essai thérapeutique médicamenteux m.   Arzneimittelprüfung f.
essayage m.   Anprobe f. (dent.)
essence f.   Essenz f., Kraftstoff m.
essence d'eucalyptus f.   Eukalyptusöl n.
essence de cannelle f.   Zimtöl n.
essence de girofle f.   Nelkenöl n.
essence de santal f.   Sandelöl n.
essence de térébenthine f.   Terpentinöl n.
essence de wintergreen f.   Wintergrünöl n.
essentiel   essentiell
essoufflé   atemlos, kurzatmig
essoufflement m.   Atemlosigkeit f., Kurzatmigkeit f.
essuyer   abwischen, wischen
estéolate m.   Esteolat n.
ester m.   Ester m.
ester de l'acide sulfurique m.   Schwefelsäureester m.
ester éthylique m.   Ethylester m.
ester méthylique m.   Methylester m.
estérase f.   Esterase f.
estérification f.   Veresterung f.
estérifier   verestern
estérolyse f.   Esterolyse f.
estérolytique   esterolytisch
esthésiomètre m.   Tastzirkel m.
esthésioneuroblastome m.   Ästhesioneuroblastom n.
esthétique   ästhetisch
estimation f.   Schätzung f.
estomac m.   Magen m.
estomac biloculaire m.   Sanduhrmagen m.
estomac en cascade m.   Kaskadenmagen m.
estomac en corne m.   Stierhornmagen m.
estomac en hameçon m.   Angelhakenmagen m.
estradiol m.   Estradiol n.
estramucine f.   Estramucin n.
estramustine f.   Estramustin n.
estrogène m.   Estrogen n.
estrogénique   estrogen
estropié m.   Krüppel m.
établi   feststehend
établissement de cure m.   Kuranstalt f.
étacrynate m.   Etacrynat n.
étafédrine f.   Etafedrin n.
étage inférieur de la cavité tympanique m.   Paukenboden m.
étage supérieur de la cavité tympanique m.   Epitympanum n.
étain m.   Zinn n.
étain à souder m.   Lötzinn n.
étaler   schmieren
étalon (cheval) m.   Hengst m., Zuchthengst m.
étalon m.   Eichmaß n., Normalmaß n.
étalonnage m.   Eichung f.
étalonner   eichen
étamirane f.   Etamiran n.
étanchéfication f.   Abdichtung f.
étancher   abdichten
étancher le sang   Blut stillen
état m.   Status m., Verfassung f., Zustand m.
état crépusculaire m.   Dämmerzustand m.
état d'acidose, en   azidotisch
état d'alerte m.   Alarmbereitschaft f.
état d'angoisse m.   Angstzustand m.
état d'équilibre „steady state" m.   Fließgleichgewicht n.
état d'esprit m.   Stimmungslage f.
état d'exception m.   Ausnahmezustand m.
état d'hypercalcitonie m.   Hypercalcitonismus m.
état de corrélation m.   Korrelat n.
état de demisommeil m.   Verschlafenheit f.
état de dénutrition m.   Hungerzustand m.

état de malaise m.   Kater m. (schlechtes Befinden)
état de postinfarctus m.   Zustand nach Infarkt m.
état de rêve m.   Traumzustand m.
état de santé m.   Befinden n., Gesundheitszustand m.
état de sommeil m.   Eingeschlafensein n.
état de tension m.   Spannungszustand m.
état général m.   Allgemeinbefinden n., Allgemeinzustand m.
état maladif m.   Krankheit f. (Gebrechen, Siechtum)
état nutritionnel m.   Ernährungszustand m.
état pathologique m.   Sucht (Krankheit) f.
état postapoplectique m.   Zustand nach Apoplexie m.
état postembolique m.   Zustand nach Embolie m.
état postischémique m.   Zustand nach Ischämie m.
état postopératif m.   Zustand nach Operation m.
état trouble m.   Trübung f.
état vermineux m.   Verwurmung f.
étazolate m.   Ethazolat n.
éteindre   auslöschen
étendeur m.   Ausbreiter m.
étendre   ausbreiten, dehnen
étendu   ausgedehnt
étendue f.   Ausbreitung f., Umfang m.
éternuement m.   Niesen n.
éternuer   niesen
éternuer dans le coude   in den Ellbogen niesen
éthambutol m.   Äthambutol n., Ethambutol n.
éthamoxytriphétol m.   Ethamoxytriphetol n.
éthane m.   Äthan n., Ethan n.
éthanercept m.   Ethanercept n.
éthanol m.   Äthanol m., Äthylalkohol m., Ethanol n., Ethylalkohol m.
éthanolamine f.   Äthanolamin n., Ethanolamin n., Olamin n.
éthanolaminose f.   Ethanolaminose f.
éthanolate m.   Äthanolat n., Ethanolat n.
étharine f.   Etharin n.
éther m.   Äther m., Ether m.
éther pour narcose m.   Narkoseether m.
éthinamate m.   Ethinamat n.
éthinyle m.   Äthinyl n., Ethinyl n.
éthinyloestradiol m.   Ethinylestradiol n.
éthionamide m.   Äthionamid n., Ethionamid n.
éthionate m.   Ethionat n.

éthioporphyrine f.   Äthioporphyrin n.
éthique   ethisch, sittlich
éthique f.   Ethik f.
éthistérone f.   Ethisteron n.
ethmoïdal   ethmoidal
ethmoïdectomie f.   Ethmoidektomie f., Siebbeinhöhlenausräumung f.
ethnique   ethnisch
ethnographie f.   Ethnographie f.
ethnographique   ethnographisch
ethnologie f.   Ethnologie f.
ethnologique   ethnologisch
éthoheptazine f.   Ethoheptazin n.
éthologie f.   Ethologie f.
éthosuximide m.   Ethosuximid n.
éthylamide m.   Äthylamid n., Ethylamid n.
éthylation f.   Äthylierung f., Ethylierung f.
éthyle m.   Äthyl n., Ethyl n.
éthylène m.   Athylen n., Ethylen n.
éthylènediamide f.   Ethylendiamid n.
éthylènediamine f.   Ethylendiamin n.
éthylester m.   Ethylester m.
éthylisme m.   Äthylismus m., Ethylismus m.
éthylmorphinehydrochloride m.   Ethylmorphinhydrochlorid n.
éthylsuccinate m.   Ethylsukzinat n.
étiandiolone f.   Ätiandiolon n.
étidocaïne f.   Etidocain n.
étidronate m.   Etidronat n.
étioanolone f.   Ätioanolon n.
étiologie f.   Ätiologie f.
étiologique   ätiologisch, kausal
étioporphyrine f.   Atioporphyrin n.
étiqueter   etikettieren
étodimate m.   Etodimat n.
étofibrate m.   Etofibrat n.
étoile f.   Stern m.
étonorgestrel m.   Etonorgestrel n.
étoposide m.   Etoposid n.
étoprine m.   Etoprin n.
étoricoxib m.   Etoricoxib n.
étorphine f.   Etorphin n.
étouffer   ersticken
étoxadrol m.   Etoxadrol n.
étozoline f.   Etozolin n.
étranglé   eingeklemmt (Bruch)
étranglement m.   Einklemmung f., Einschnürung f., Strangulation f.
étrangler   drosseln (verengen), einklemmen, erdrosseln, erwürgen, strangulieren
étrangler (s')   würgen
être m.   Sein n.
être accroupi   hocken
être affligé   trauern
être asexué m.   geschlechtsloses Lebewesen n.

être atteint befallen sein
être de reste abfallen, übrig bleiben
être dégoûté sich ekeln
être excité aufgeregt sein
être indisposé unpässlich sein
étrétinate m. Etretinat n.
étrier m. Stapes m., Steigbügel m.
étroit eng
étude clinique f. Feldstudie f.
étude de cas f. Fallstudie f.
étude en cohorte f. Kohortenstudie f.
étude en suivi f. Verlaufsstudie f.
étude multicentrique f. multizentrische wissenschaftliche Arbeit f.
étude pilote f. PilotStudie f.
étudiant m. Student m.
étudiant(e) en médecine m./(f.) Medizinstudent(in) m./(f.)
étudiante f. Studentin f.
étui à dissection m. Präparierbesteck n.
étuver dünsten, schmoren
eubiotique f. Eubiotik f.
eucaïne f. Eukain n.
eucapnie f. Eukapnie f.
euchinine f. Euchinin n.
euchromatine f. Euchromatin n.
euchromatopsie f. Euchromatopsie f.
euchylie f. Euchylie f.
euchymie f. Euchymie f.
eudermique hautfreundlich
eugénique eugenisch
eugénisme m. Eugenik f.
eugénol m. Eugenol n.
eugénolate m. Eugenolat n.
euglobuline f. Euglobulin n.
eugnathe eugnath
eumétabolique eumetabolisch, stoffwechselgesund
eumydrine f. Eumydrin n.
eunuchoïde eunuchoid
eunuchoïdisme m. Eunuchoidismus m.
eunuque m. Eunuch m., Kastrat m.
eupareunie f. Eupareunie f.
eupatorine f. Eupatorin n.
eupeptique eupeptisch
euphorie f. Euphorie f.
euphorique euphorisch
euphorisant euphorisierend
euploïde euploid
euploïdie f. Euploidie f.
eupocrine f. Eupocrin n.
europium m. Europium n.
euryopie f. Euryopie f.
eurytherme eurytherm
eurythmie f. Eurhythmie f.
eurythmique eurhythmisch
eusomie f. Eusomie f.
eustachite f. Eustachitis f.
eutectique eutektisch
euthanasie f. Euthanasie f.
euthyroïdien euthyreot
eutomére m. Eutomer n.
eutrophie f. Eutrophie f.
eutrophique eutrophisch
évacuation f. Entleerung f., Evakuation f.
évacuation de l'air f. Entlüftung f.
évacuer entleeren
évacuer les fèces defäkieren
évagination f. Umstülpung f.
évaluation f. Auswertung f., Bewertung f.
évaluation immédiate f. Schnellbestimmung f.
évaluer auswerten
évanoui ohnmächtig
évanouir, s' - ohnmächtig werden
évanouissement m. Ohnmacht f.
évaporation f. Verdampfung f., Verdunstung f.
évaporer verdampfen
éveillé, à demi halbwach
éveiller aufwecken, wecken
éveiller, s' aufwachen, erwachen
événement m. Erlebnis n., Vorfall (Ereignis) m.
événement traumatisant m. Traumatisierung f.
éventration f. Eventration f.
éverninomycine f. Everninomycin n.
éverser, s' ektropionieren
éversion f. Eversion f.
évident evidenzbasiert
évider aushöhlen
évidoir m. Hohlbohrer m.
éviscération f. Eviszeration f.
évitable verhütbar
éviter vermeiden
évolutif evolutiv
évolution f. Entwicklung f., Evolution f., Verlauf m.
évolution clinique f. klinischer Verlauf m., Krankheitsverlauf m.
évolution spontanée f. Selbstentwicklung f., Spontanverlauf m.
évolution, selon l' - entwicklungsmäßig
évoquer evozieren
exacerbation f. Aufflackern n., Exazerbation f.
exacerber aufflackern
exact exakt, genau
exactitude f. Genauigkeit f.

exactitude d'adaptation f. Passgenauigkeit f.
exagérer übertreiben
exaltation f. Exaltiertheit f., Überspanntheit f.
exalté exaltiert
examen m. Examinierung f., Prüfung f., Untersuchung f., Einsicht f.
examen cardiaque m. Herzuntersuchung f.
examen de contrôle m. Kontrolluntersuchung f., Nachuntersuchung f.
examen d'Etat m. Staatsexamen n.
examen de l'équilibre m. Gleichgewichtsprüfung f.
examen de l'ouïe m. Hörprüfung f.
examen de la fonction hépatique m. Leberfunktionsprüfung f.
examen de la vue m. Sehprüfung f.
examen du cadavre m. Leichenschau f.
examen du sang m. Blutuntersuchung f.
examen en série m. Reihenuntersuchung f.
examen par questions à choix multiples (QCM) m. Auswahlfragen, Examen n.
examen pour prescription des verres m. Brillenbestimmung f.
examen prénatal m. Schwangerenvorsorgeuntersuchung f.
examen radiologique m. Röntgenuntersuchung f.
examen radiologique systématique m. Röntgenreihenuntersuchung f.
examinateur m. Prüfer m.
examinatrice f. Prüferin f.
examiner examinieren, prüfen, untersuchen
examiner au microscope mikroskopisch untersuchen
examiner la bouche, lampe pour f. Mundlampe f.
exanthémateux exanthematisch
exanthème m. Ausschlag m., Exanthem n., Hautausschlag m.
exanthème subit m. Exanthema subitum n.
exanthème vésiculaire m. Bläschenausschlag m., Exanthema vesiculosum n.
exarticulation f. Exartikulation f.
excavateur m. Exkavator m.
excavation f. Exkavation f.
excavation à sec f. Trockenbohren n.
excaver aushöhlen, exkavieren
excédent m. Überschuss m.
excédent antigénique m. Antigenüberschuss m.
excentrique ekzentrisch, exzentrisch
excès m. Exzess m., Übermaß n.
excès d'apport m. Redundanz f.
excès de poids m. Übergewicht n.

excessif exzessiv, übermäßig
excipient m. Exzipiens n.
excipient pour pâtes m. Salbengrundlage f.
exciser exzidieren
excision f. Ausschneidung f., Exzision f.
excision cunéiforme f. Keilexzision f.
excision d'une plaie f. Wundauschneidung f.
excision exploratrice f. Probeexzision f.
excitabilité f. Erregbarkeit f., Reizbarkeit f.
excitable erregbar
excitant erregend
excitant m. Erregungsmittel n., Weckmittel n.
excitation f. Aufregung f., Erregung f.
exciter erregen
exclure ausschalten
exclusion f. Ausschaltung f., Ausschluss m.
excochléation f. Exkochleation f.
excoriation f. Exkoriation f., Schürfwunde f.
excorier wundreiben
excrément m. Kot m.
excreta m. pl. Exkret n.
excréter ausscheiden
excrétion f. Absonderung f., Ausscheidung f., Exkretion f., Freisetzung f., Ausfuhr f.
excrétion urinaire f. Harnausscheidung f.
excrétoire exkretorisch
excroissance f. Auswuchs m.
excursion f. Exkursion f.
excyclophorie f. Exzyklophorie f.
exemestane m. Exemestan n.
exenératiori f. Exenteration f.
exercice m. Übung f.
exercice physique m. Leibesübung f.
exercice respiratoire m. Atemübung f.
exérèse f. Exhairese f.
exérèse du phrénique f. Phrenikusexairese f.
exérèse du rein et de la capsule rénale f. Nephrokapsektomie f.
exérèse en quadrant f. Quadrantektomie f.
exergue exergonisch
exfoliatif exfoliativ
exfoliation f. Abschilferung f., Abschuppung f., Exfoliation f.
exfolier abblättern, abschilfern
exhalaison f. Ausdünstung f.
exhalation f. Exhalation f.
exhaler ausdünsten
exhibitioniste m. Exhibitionist m.
exhumation f. Exhumierung f.
exhumer exhumieren
exigeant de l'espace raumfordernd
exigeant un traitement behandlungsbedürftig
exigence f. Bedürfnis n.

existence f. Dasein n., Existenz f.
existentiel existentiell
exister existieren
exoantigène m. Exoantigen n.
exocrine exokrin
exocytose f. Exozytose f.
exodontie f. Exodontie f.
exogène exogen
exognathie f. Exognathie f.
exon m. Exon n.
exongulation f. Ausschuhen n.
exonucléase f. Exonuklease f.
exonucléolytique exonukleolytisch
exophorie f. Exophorie f.
exophtalmie f. Exophthalmus m., Glotzauge n.
exophtalmique exophthalmisch
exophytique exophytisch
exosmose f. Exosmose f.
exosmotique exosmotisch
exostose f. Exostose f., Überbein n.
expansif expansiv
expansion f. Expansion f.
expectorant m. Expektorans n.
expectoration f. Auswurf m., Expektoration f.
expectorer ausspucken, auswerfen, expektorieren
expérience f. Erfahrung f., Erlebnis n., Experiment n.
expérience sur l'animal f. Tierexperiment n., Tierversuch m.
expérimental experimentell
expérimentateur m. Experimentator m.
expérimenté erfahren (adject.), vertraut (mit)
expérimenter experimentieren
expert erfahren (adject.), sachverständig
expert m. Gutachter m., Sachverständiger m.
experte f. Gutachterin f.
expertise f. Begutachtung f., Gutachtertätigkeit f.
expertise médicale f. ärztliches Gutachten n.
expertise médicale, demander une ärztliches Gutachten einholen
expertise médicale, faire une ärztliches Gutachten abgeben
expertise, d' gutachtlich
expiration f. Ausatmung f., Exspiration f., Exspirium n.
expiration, en fin d' endexpiratorisch
expiratoire exspiratorisch
expirer ausatmen, exspirieren
explant m. Explantat n.
explantation f. Explantation f.
explanter explantieren
exploitation f. Ausnutzung f., Verwertung f.
exploiter ausnutzen
exploration f. Erforschung f., Exploration f.
exploration cardiaque fonctionnelle f. Herzfunktionsprüfung f.
exploratoire exploratorisch
explorer forschen
exploser explodieren
explosibilité f. Explosivität f.
explosif explosiv
explosion f. Explosion f.
exposant m. Exponent m.
exposé freiliegend
exposer aux rayons solaires der Sonnenbestrahlung aussetzen
exposition aux rayons f. Strahlenexposition f.
exposition radiologique f. Belichtung f.
exposition, mauvaise f. Fehlbelichtung f.
expression f. Ausdruck m., Ausdrücken n., Expression f.
expression corporelle f. Körpersprache f.
expression du visage f. Gesichtsausdruck m.
exprimer ausdrücken, auspressen, exprimieren
expulser ausstoßen, austreiben, heraustreiben
expulsion f. Ausstoßung f., Austreibung f.
exsangue ausgeblutet, blutleer
exsanguination f. Entblutung f.
exsanguiner ausbluten, blutleer machen, entbluten
exsanguinotransfusion f. Austauschtransfusion f., Blutaustausch m.
exsiccation f. Exsikkation f.
exsiccose f. Exsikkose f.
exsudat m. Absonderung f., Exsudat n.
exsudation f. Ausschwitzung f., Exsudation f.
exsudation dans la tunique interne f. Insudation f.
extase f. Ekstase f.
extenseur m. Expander m., Extensor m., Strecker m.
extensibilité f. Dehnbarkeit f.
extensible ausdehnbar, erweiterungsfähig
extension f. Dehnung f., Extension f., Streckung f.
extension par broche m. Drahtextension f.
exténuation f. Erschöpfung f.
externe extern
extérocepteur exterozeptiv
extinction f. Erlöschen n., Extinktion f.
extirpation f. Exstirpation f.
extirper ausrotten, exstirpieren

extorsion f. Extorsion f.
extraalvéolaire extraalveolär
extraamniotique extraamniotisch
extraarticulaire extraartikulär
extrabulbaire extrabulbär
extracanalaire extraduktal
extracanaliculaire extrakanalikulär
extracapillaire extrakapillär
extracapsulaire extrakapsulär
extracardiaque extrakardial
extracavitaire extrakavitär
extracellulaire extrazellulär
extrachromosomique extrachromosomal
extraciliaire extraziliär
extracoronal extrakoronal
extracorporel extrakorporal
extracortical extrakortikal
extracranien extrakranial
extracteur m. Extraktor m., Zieher m.
extracteur annulaire m. Ringstripper m.
extracteur de pivot m. Stiftzieher m.
extractible extrahierbar
extraction f. Extraktion f.
extraction d'une dent f. Zahnziehen n.
extraction par ventouse obstétricale f. Vakuumextraktion f.
extradural extradural
extrafascial extrafaszial
extrafocal extrafokal
extrafovéal extrafoveal
extragastrique extragastral
extragénital extragenital
extrahépatique extrahepatisch
extrahypophysaire extrahypophysär
extraintestinal extraintestinal
extraire extrahieren
extrait m. Extrakt m.
extrait de foie m. Leberextrakt m.
extrait de Gingko biloba m. Gingko biloba-Extrakt m.
extrait de Jaborandi m. Jaborin n.
extrait de jalap m. Jalapin n.
extrait de nerprun m. Cascara-Sagrada-Extrakt m.
extrait fluide d'ergot m. Extractum secalis cornuti fluidum n.
extrait hypophysaire du lobe antérieur m. Hypophysenvorderlappenextrakt m.
extrait liquidien m. Fluidextrakt m.
extrait parathyroïdien m. Nebenschilddrüsenextrakt m.
extrait total du lobe postérieur de l'hypophyse m. Hypophysin n.

extralobaire extralobär
extralymphatique extralymphatisch
extramaxillaire extramaxillär
extramédullaire extramedullär
extramitochondrique extramitochondrial
extramural extramural
extranodal extranodal
extranodulaire extranodulär
extranucléaire extranukleär
extraoral extraoral
extraorbitaire extraorbital
extraosseux extraossär
extraovarien extraovariell
extrapancréatique extrapankreatisch
extrapapillaire extrapapillär
extrapelvien extrapelvin
extrapéritonéal extraperitoneal
extrapleural extrapleural
extrapolation f. Extrapolierung f.
extrapoler extrapolieren
extraprostatique extraprostatisch
extrapulmonaire extrapulmonal
extrapyramidal extrapyramidal
extrarénal extrarenal
extrasensoriel außersinnlich
extraséreux extraserös
extrasphinctérien extrasphinkterisch
extrastimulation f. Extrareiz m.
extrasynovial extrasynovial
extrasystole f. Extrasystole f.
extrasystole auriculaire f. Vorhofextrasystole f.
extrasystole supraventriculaire f. supraventrikuläre Extrasystole f.
extrasystole ventriculaire f. ventrikuläre Extrasystole f.
extratemporal extratemporal
extratrachéal extratracheal
extratubaire extratubal
extrautérin extrauterin
extravaginal extravaginal
extravasation f. Blutaustritt m., Extravasat n.
extravasculaire extravaskulär
extraventriculaire extraventrikulär
extraversion, faire une extravertieren
extravertébral extravertebral
extravésicale extravesikal
extréme extrem
extrémité f. Extremität f.
extrophie f. Extrophie f.
extroversion f. Extroversion f.
extrusion f. Extrusion f.
ézétimib m. Ezetimib n.

F

fab m.   Fab n.
fabella f.   Fabella f.
fabriquer   erzeugen
face f.   Gesicht n.
face de grenouille f.   Froschgesicht n.
faces de la couronne f. pl.   Kronendeckel m.
facetté   fazettiert
facette f.   Fazette f.
facies myopathique m.   Maskengesicht n.
facilement fusible   leicht schmelzbar
facilitation f.   Förderung f.
faciobrachial   faziobrachial
faciocervical   faziozervikal
facioliasis f.   Facioliasis f.
faciolingual   faziolingual
facioplastie f.   Gesichtsplastik f.
facioscapulohuméral   fazioskapulohumeral
facioversion f.   Fazioversion f.
façon de voir f.   Betrachtungsweise f.
facteur m.   Faktor m.
facteur antinucléaire m. (FAN)   antinukleärer Faktor m. (ANF)
facteur citrovorum m.   CitrovorumFaktor m.
facteur clarifiant m.   LipocaicFaktor m.
facteur d'activation des ostéoclastes m.   osteoklastenaktivierender Faktor (OAF) m.
facteur d'activation des plaquettes (PAF) m.   thrombozytenaktivierender Faktor m.
facteur de croissance des cellules nerveuses (NGF) m.   Nervenwachstumsfaktor m.
facteur de nécrose tumorale (TNF) m.   TNF m., Tumornekrosefaktor m.
facteur de risque m.   Risikofaktor m.
facteur de transcription m.   Transkriptionsfaktor m.
facteur déclanchant m.   Auslöser m.
facteur extrinsèque m.   extrinsic factor m.
facteur Hageman m.   HagemanFaktor m.
facteur inhibiteur de la MSH m.   MIF (MSH inhibierender Faktor) m.
facteur inhibiteur de la somatotropine m.   GIF (Hemmfaktor für Somatotropin) m.
facteur intrinsèque m.   Intrinsic-Faktor m.
facteur intrinsèque de Castle m.   Castle-Faktor m.
facteur oncogène m.   Onkogen n.
facteur pathogène m.   krankheitsverursachender Faktor m., pathogener Faktor m.
facteur plaquettaire m.   Plättchenfaktor m.
facteur Rh m.   RhFaktor m.
facteur Rhésus m.   Rhesusfaktor m.
facteur rhumatoïde m.   Rheumafaktor (RF) m.
facteur stimulant une colonie m.   koloniestimulierender Faktor m.
facteur Stuart m.   StuartProwerFaktor m.
facultatif   fakultativ
faculté f.   Fähigkeit f., Fakultät f.
FAD (flavine adéninedinucléotide) f.   FAD (FlavinAdeninDinukleotid) n.
fadrozole m.   Fadrozol m.
fagopyrisme m.   Fagopyrismus m.
faible   matt, schwach
faible d'esprit   geistesschwach, schwachsinnig
faible voltage m.   Niederspannung f.
faiblesse f.   Schwäche f.
faiblesse physique f.   Körperschwäche f.
faiblir   schwach werden
faim f.   Hunger m.
faim dévorante f.   Heißhunger m.
faire défaut   mangeln
faire des éclats   absplittern
faire des efforts de vomissement   würgen, Brechreiz haben
faire des fumigations   räuchern
faire geler   gefrieren lassen
faire l'épreuve de Politzer   politzern
faire l'expérience   erfahren
faire le charlatan   quacksalbern
faire mal   schmerzen
faire opérer, se   sich operieren lassen
faire rage   rasen
faire ressort   schnappen (Gelenk)
faite un alliage par fusion   aufbrennen (dent.)
faire un arrêt de travail   krankschreiben
faire un avortement   abtreiben (gyn.)
faire un examen complet (du malade)   einen Patienten gründlich untersuchen
faire un examen de contrôle   nachuntersuchen
faire un frottis   einen Abstrich machen
faire un marquage radioactif   radioaktiv markieren
faire un pronostic   prognostizieren
faire un renvoi   aufstoßen (rülpsen)
faire une décoction   abkochen
faire une expansion   expandieren
faire une expertise   begutachten
faire une obstruction muqueuse   verschleimen

faire une radiographie eine Röntgenaufnahme anfertigen
faire une suture nähen
faisceau m. Bündel n.
faisceau de Burdach m. Burdachscher Strang m.
faisceau de Flechsig m. Flechsigsches Bündel n.
faisceau de Gowers m. Gowers Bündel, Gowerssches Bündel n.
faisceau de His m. HisBündel n., Hissches Bündel n.
faisceau de Kent m. Kentsches Bündel n.
faisceau de Meynert m. Meynertsches Bündel n.
faisceau pyramidal m. Pyramidenbahn f.
faisceau rubrospinal de von Monakow m. Monakowsches Bündel n.
fait d'entendre des voix m. Stimmenhören n.
fait d'être gaucher m. Linkshändigkeit f.
falciforme sichelförmig
familier familiär
famotidine f. Famotidin n.
fanatique fanatisch
fango m. Fango m.
fanon m. Hufhaar n., Wamme (veter.) n.
FANV (fibrillation auriculaire non valvulaire) f. nichtvalvuläres Vorhofflimmern n.
farad m. Farad n.
faradique faradisch
faradisation f. Faradisation f.
faradiser faradisieren
farine f. Mehl n.
farine d'avoine f. Hafermehl n.
farine de moutarde f. Senfmehl n.
farineux mehlig
farnésyldiphosphate m. Farnesyldiphosphat n.
fascia m. Faszie f.
fasciculé faszikulär
fasciectomie f. Fasziektomie f.
fasciite f. Fasziitis f.
fasciodèse f. Fasziodese f.
Fasciola hepatica f. Distonum hepaticum n., Fasciola hepatica f.
Fasciola, atteinte par f. Faszioliasis f.
Fasciolopsis, affection à f. Fasciolopsiasis f.
fasciotomie f. Fasziotomie f.
fatigabilité f. Ermüdbarkeit f.
fatigué abgeschlagen, müde
fatigue f. Ermattung f., Ermüdung f., Müdigkeit f.
fatigue du printemps f. Frühjahrsmüdigkeit f.

fatiguer ermüden
faune f. Fauna f.
fausse angine f. Pseudoangina f.
fausse conclusion f. Trugschluss m.
fausse côte f. falsche Rippe f.
fausse couche f. Abort m., Fehlgeburt f.
fausse membrane f. Pseudomembran f.
faussement négatif falschnegativ
faussement positif falschpositiv
faute f. Fehler m.
faute de régime f. Diätfehler m.
faute professionnelle f. Kunstfehler m.
fauteuil d'opération m. Operationsstuhl m.
fauteuil dentaire m. zahnärztlicher Stuhl m.
fauteuil gynécologique m. gynäkologischer Untersuchungsstuhl m.
fauteuil hydraulique m. Ölpumpstuhl m. (dent.)
fauteuil percé m. Toilettenstuhl m.
fauteuil roulant m. Rollstuhl m., Sitzwagen m.
faux falsch
faux f. Sichel f.
faux m. Fälschung f.
faux contact m. Wackelkontakt m.
faux croup m. Pseudokrupp m.
faux ictère m. Pseudoikterus m.
favisme m. Favismus m.
favorable günstig
favorisant l'agrégation aggregationsfördernd
favorisant l'immunotolérance tolerogen
favorisant la guérison heilungsfördernd
favorisant la pigmentation pigmentationsfördernd
favorisant la sécrétion sekretionsfördernd
favorisation f. Förderung f.
favus m. Erbgrind m., Favus m.
fazadinium m. Fazadinium n.
fébantel m. Febantel n.
fébarbamate m. Febarbamat n.
fébrile fieberhaft, fiebrig
fécal fäkal, kotig
fèces f. pl. Kot m.
fécondation f. Befruchtung f.
fécondation in vitro f. extrakorporale Befruchtung f.
féconder befruchten
fécondité f. Fruchtbarkeit f.
féculent fäkulent
fédrilate m. Fedrilat n.
felbamate m. Felbamat n.
felbinac m. Felbinac n.
félin katzenartig
fellation f. Fellatio f.
félodipine f. Felodipin n.

félypressine f. Felypressin n.
femelle f. Weibchen (veter.) n.
féminin weiblich
féminisation f. Feminisierung f.
féminiser feminisieren, verweiblichen
féminité f. Weiblichkeit f.
femme f. Gattin f., Frau f.
femme accouchée f. Puerpera f.
femme en couches f. Wöchnerin f.
fémoral femoral
fémorofémoral femorofemoral
fémorofessier glutäofemoral
fémoropoplité femoropopliteal
fémoropubien pubofemoral
fenconazole f. Fenconazol n.
fendiline f. Fendilin n.
fendre aufspalten, schlitzen, spalten
fendre, se absplittern
fénestration f. Fensterung f.
fénestration, pratiquer une fenstern
fenêtre cutanée f. Hautfenster n.
fenêtre d'observation f. Beobachtungsfenster n.
fenêtre échographique f. Echofenster n.
fénétylline f. Fenetyllin n.
fenfluramine f. Fenfluramin n.
fénofibrate m. Fenofibrat n.
fenouil m. Fenchel m.
fénovérine f. Fenoverin n.
fénoxypropazine f. Fenoxypropazin n.
fénozolone f. Fenozolon n.
fenpipramide m. Fenpipramid n.
fenquizone f. Fenquizon n.
fente f. Furche f., Schlitz m., Spalt m., Spalte f.
fente branchiale f. Kiemengang m.
fente du sabot f. Hufspalte f.
fente palpébrale f. Lidspalte f.
fer m. Eisen n.
fer à cheval m. Hufeisen n.
fer radioactif m. Radioeisen n.
fer réduit m. Ferrum reductum n.
fer rouge m. Glüheisen n.
férédétate m. Feredetat n. (veter.)
ferme fest, geschlossen
ferment m. Ferment n.
ferment de défense m. Abwehrferment n.
fermentaire fermentativ
fermentation f. Gärung f.
fermenter fermentieren
fermer abdichten
fermeture f. Abdichtung f., Verschluss m.
fermeture à ressort f. Federschloss n.
fermeture à verrou f. Durchsteckverschluss m.
fermeture à vis f. Schraubverschluss m.

fermeture baïonnette f. Bajonettverschluss m.
fermeture d'un espace f. Lückenschluss m. (dent.)
fermeture de la plaie f. Wundverschluss m.
fermeture des frontières f. Grenzsperrung f.
fermeture magnétique f. Magnetschließvorrichtung f.
fermetute de bouteille f. Flaschenverschluss m.
fermuture sous vide f. Vakuumversiegelung f.
fermium m. Fermium n.
fermoir m. Verschluss (Schloss) m.
ferreux eisenhaltig (zweiwertig)
ferricyanure m. Ferrizyanid n.
ferricytochrome m. Ferricytochrom n., Ferrizytochrom n.
ferrioxamine f. Ferrioxamin n.
ferrique eisenhaltig (dreiwertig)
ferrite f. Ferrit n.
ferritine f. Ferritin n.
ferrochélate m. Ferrochelat n.
ferrocholinate m. Ferrocholinat n.
ferrocinétique ferrokinetisch
ferrocinétique f. Ferrokinetik f.
ferroglycine f. Ferroglyzin n.
ferrolactate m. Ferrolaktat n.
ferrothérapie f. Eisentherapie f.
ferrugineux eisenhaltig
fertile fruchtbar
fertiliser fruchtbar machen
fertilité f. Fruchtbarkeit f.
férulate m. Ferulat n.
fesse f. Gesäßbacke f.
fesses f. pl. Gesäß n.
fessier glutäal
fétichisme m. Fetischismus m.
fétide fötid
feuille f. Folie f.
feuille d'argent f. Silberfolie f.
feuille de maladie f. Krankenschein m.
feuillet blastodermique m. Keimblatt n.
fève de Calabar f. Calabarbohne f., Kalabarbohne f.
fibranne f. Zellwolle f.
fibre f. Faser f.
fibre ascendante f. Kletterfaser f.
fibre collagène f. Kollagenfaser f.
fibre grillagée f. Gitterfaser f.
fibre musculaire f. Muskelfaser f.
fibre nerveuse f. Nervenfaser f.
fibre optique f. Glasfaser f.
fibreux fibrös
fibrillaire fibrillär

fibrillation f. Flimmern n.
fibrillation auriculaire f. Vorhofflimmern n.
fibrillation musculaire f. Muskelflimmern n.
fibrillation ventriculaire f. Kammerflimmern n.
fibrille f. Fibrille f.
fibriller fibrillieren
fibriller (cardiol.) flimmern
fibrilloflutter m. Flimmerflattern n.
fibrillose f. Fibrillose f.
fibrine f. Fibrin n.
fibrineux fibrinös
fibrinogène fibrinogen
fibrinogène m. Fibrinogen n.
fibrinogénopénie f. Fibrinogenopenie f.
fibrinoïde fibrinoid
fibrinokinase f. Fibrinokinase f.
fibrinolyse f. Fibrinolyse f.
fibrinolysine f. Fibrinolysin n.
fibrinolysokinase f. Fibrinolysokinase f.
fibrinolytique fibrinolytisch
fibrinopénie f. Fibrinopenie f.
fibrinopeptide m. Fibrinopeptid n.
fibroadénie f. Fibroadenie f.
fibroadénome m. Fibroadenom n.
fibroaréolaire fibroareolär
fibroblaste m. Fibroblast m.
fibroblastome m. Fibroblastom n.
fibrocarcinome m. Fibrokarzinom n.
fibrocartilage m. Faserknorpel m.
fibrocartilagineux fibrokartilaginös
fibrocystique fibrozystisch
fibrocyte m. Fibrozyt m., Inozyt m.
fibroélastose f. Fibroelastose f.
fibroépithéliome m. Fibroepitheliom n.
fibrogliome m. Fibrogliom n.
fibrohistiocytome m. Fibrohistiozytom n.
fibrohyalin fibrohyalin
fibroïde fibroid
fibrokératome m. Fibrokeratom n.
fibrolamellaire fibrolamellär
fibrolipome m. Fibrolipom n.
fibrolysine f. Fibrolysin n.
fibromateux fibromatös
fibromatose f. Fibromatose f.
fibrome m. Fibrom n.
fibromusculaire fibromuskulär
fibromyome m. Fibromyom n.
fibromyxoïde fibromyxoid
fibromyxome m. Fibromyxom n.
fibromyxosarcome m. Fibromyxosarkom n.
fibronectine f. Fibronectin n.
fibro-optique f. Fiberoptik f.
fibro-ostéite f. Fibroostitis f.
fibro-ostéoclasie f. Fibroosteoklasie f.
fibroplasie f. Fibroplasie f.
fibroplastine f. Fibroplastin n.
fibroplastique fibroplastisch
fibrosarcome m. Fibrosarkom n.
fibroscopie f. Fibroendoskopie f.
fibroscopique fibroendoskopisch
fibrose f. Fibrose f.
fibrosite f. Fibrositis f.
fibrothorax m. Pleuraschwarte f.
fibulaire fibulär
fiche de maladie f. Krankenblatt n.
fichier m. Datei f., Kartei f.
fichier d'informations m. Datenbank f.
fichier des patients m. Patientenkartei f.
fiel de boeuf m. Rindergalle f.
fièvre f. Fieber n.
fièvre à phlébotome f. Sandfliegenfieber n.
fièvre à tique f. Zeckenfieber n.
fièvre à tiques d'Afrique du Sud f. Zehntagefieber n.
fièvre à Trypanosoma gambiense f. Gambiafieber n.
fièvre aphteuse f. Maul und Klauenseuche f.
fièvre bilieuse f. Gallenfieber n.
fièvre bilieuse hémoglobinurique f. Schwarzwasserfieber n.
fièvre boutonneuse méditérranéenne f. Boutonneuse-Fieber n.
fièvre d'étiologie inconnue f. Fieber ungeklärter Ursache n.
fièvre de cinq jours f. Fünftagefieber n.
fièvre de la montée de lait f. Milchfieber n.
fièvre de la vallée du Rift f. Rifttalfieber n.
fièvre de Lassa f. Lassafieber n.
fièvre de Malte f. Maltafieber n.
fièvre de Marburg f. Marburgfieber n.
fièvre de Pontiac f. Pontiacfieber n.
fièvre de Sindbis f. Sindbisfieber n.
fièvre de Wolhynie f. Wolhynisches Fieber n.
fièvre Dengue f. Dengue-Fieber f.
fièvre des boues f. Schlammfieber n.
fièvre des champs de canne à sucre f. Zuckerrohrfieber n.
fièvre des fondeurs f. Gießerfieber n.
fièvre des Montagnes Rocheuses f. Rocky-Mountain-Fieber n.
fièvre des rizières f. Bataviafieber n., Reisfeldfieber n.
fièvre des trois jours des jeunes enfants f. Dreitagefieber n.
fièvre du chanvre f. Cannabiosis f.
fièvre du Congo f. Krim-Kongo-Fieber n.
fièvre dûe au froid humide f. Nebelfieber m.
fièvre étiocholanoloseptique f. Ätiocholanolonfieber n.

fistule

fièvre fluviale du Japon f. Tsutsugamusfieber n.
fièvre intermittente f. Wechselfieber n.
fièvre jaune f. Gelbfieber n.
fièvre jaune tropicale f. Buschgelbfieber n.
fiévre Katayama f. Katayamafieber n.
fièvre méditerranéenne familiale (FMF) f. gehäuft auftretendes Fieber der Mittelmeerländer n.
fièvre octane f. Octana f., Oktana f.
fièvre ondulante f. Febris ondulans f., undulierendes Fieber n.
fièvre paludéenne f. Malariafieber n.
fièvre papatasi f. Papatasi-Fieber n.
fièvre puerpérale f. Kindbettfieber n., Puerperalfieber n., Wochenfieber n.
fièvre Q f. Q-Fieber n.
fièvre quarte f. Malaria quartana f.
fièvre récurrente f. Rückfallfieber n.
fièvre rouge f. Coloradozeckenfieber n., Dengue f.
fièvre saline f. Salzfieber n.
fièvre secondaire au cathétérisme f. Katheterfieber n.
fièvre Spondweni f. Spondwenifieber n.
fièvre subtierce f. Malaria subtertiana f.
fièvre tierce f. Malaria tertiana f.
fièvre traumatique f. Wundfieber n.
fièvre typhoïde f. Flecktyphus m., Nervenfieber f.
fièvre urineuse f. Urosepsis f.
fièvre vaccinale f. Impffieber n.
fièvre virale de Semliki f. Semliki-Wald-Fieber n.
fièvre, avoir la fiebern
fiévreux fieberkrank
figure f. Gestalt f.
fil m. Faden m., Garn n.
fil (retors) m. Zwirn m.
fil d'argent m. Silberdraht m.
fil de cuivre m. Kupferdraht m.
fil de Florence m. Silkwormgut n.
fil de ligature m. Unterbindungsfaden m.
fil de suture en soie m. chirurgische Nähseide f., chirurgische Seide f.
fil métallique m. Draht m., Eisendraht m.
fil régulateur m. Regulierdraht m.
fil-scie de Gigli m. Giglische Säge f.
filaire f. Fadenwurm m., Filarie f.
filaire de Bancroft f. Wuchereria bancrofti f.
filament m. Faden m.
filament à incandescence m. Glühdraht m.
filament muqueux m. Schleimfaden m.
filamenteux fadenbildend, filamentös
filariose f. Filariasis f.
filariose à mansonella f. Mansonelliasis f.
filgrastim m. Filgrastim n.
filial filial
filière Charrière f. Charriére-Skala f.
filière pelvienne f. Geburtskanal m.
filiforme fadenförmig, filiform
film m. Film m.
film à plusieurs couches m. Mehrschichtfilm m.
film protecteur m. Schutzfilm m.
film radiologique m. Röntgenfilm m.
filtrable filtrabel, filtrierbar
filtration f. Filtration f., Filtrierung f.
filtre m. Filter n., Seiher m.
filtre à air m. Luftfilter m.
filtre à eau m. Wasserfilter n.
filtre acoustique m. Tonblende f.
filtre antipoussière m. Staubfilter n.
filtre barrière m. Sperrfilter n.
filtre de membrane m. Membranfilter m.
filtre de Seitz m. Seitzfilter m.
filtrer filtrieren
fimbria f. Fimbria f.
fimbriolyse f. Fimbriolyse f.
final final
finir aufhören, beendigen
fipexide m. Fipexid n.
fission nucléaire f. Kernspaltung f., Spaltung eines Atomkerns f.
fissure f. Fissur f., Ritze f.
fissure anale f. Analfissur f.
fistule f. Fistel f.
fistule alimentaire f. Ernährungsfistel f.
fistule anale f. Analfistel f.
fistule aponévrotique f. Faszienfensterung f.
fistule artérioveineuse f. arteriovenöse Fistel f.
fistule biliaire f. Gallenfistel f.
fistule coccygienne f. Steißbeinfistel f.
fistule d'alimentation de Witzel f. Witzelfistel f.
fistule d'Eck f. Ecksche Fistel f.
fistule dentaire f. Zahnfistel f.
fistule du cartilage du sabot f. Hufknorpelfistel f.
fistule gastrique f. Magenfistel f.
fistule gingivale f. Zahnfleischfistel f.
fistule intestinale f. Kotfistel f.
fistule mammaire f. Milchfistel f.
fistule rectourétérale f. Rektoureteralfistel f.
fistule rectovésicale f. Blasendarmfistel f.
fistule salivaire f. Speichelfistel f.
fistule stercorale f. Kotfistel f.
fistule vaginale f. Scheidenfistel f.

fistule vésicovaginale f. Blasenscheidenfistel f.
fistulectomie f. Fistulektomie f.
fistuleux fistulös
fistulographie f. Fistulographie f.
fistulotomie f. Fistulotomie f.
fixateur m. Fixator m., Fixiermittel n.
fixation f. Befestigung f., Bindung f., Fixierung f.
fixation de l'électrode f. Elektrodenhalter m.
fixation du bridge f. Brückenbefestigung f.
flxation par clou f. Nagelung f.
fixation par vis f. Verschraubung f.
fixation paternelle f. Vaterbindung f.
fixation utérine f. Uterusfixation f.
fixé festsitzend, feststehend
fixer fixieren
flaccidité f. Schlaffheit f.
flacon m. Fläschchen n., Kolben (Flasche) m.
flacon comptegouttes m. Tropfflasche f.
flacon d'Erlenmeyer m. Erlenmeyerkolben m.
flagellation f. Flagellation f.
flagelle m. Geißel f. (biol.)
flagellés m. pl. Flaggellata n. pl.
flagelline f. Flagellin n.
flamber ausglühen, versengen
flammé, d'aspect- flammig
flanc m. Flanke f.
flasque welk
flatulence f. Blähung f., Flatulenz f.
flatulent blähend
flavane f. Flavan n.
flavanone f. Flavanon n.
flavine f. Flavin n.
flavivirus m. Flavivirus n.
Flavobacterium m. Flavobacterium n.
flavonate m. Flavonat n.
flavone f. Flavon n.
flavonoïde flavonoid
flavonolignane m. Flavonolignan n.
flavoprotéine f. Flavoprotein n.
flavoxate m. Flavoxat n.
flécaïnide m. Flecainid n.
fléchir beugen
flegmatique phlegmatisch
fleur de lilas f. Fliederblüte f.
fleur d'oranger f. Orangenblüte f.
fleur de soufre f. Schwefelblüte f.
flexibilité f. Flexibilität f., Nachgiebigkeit f.
flexion f. Beugung f., Flexion f., Knickung f.
flocon m. Flocke f.
floconneux flockig
floculation f. Ausflockung f., Flockung f.
flore f. Flora f.
flore buccale f. Mundflora f.
flore vaginale f. Scheidenflora f.
flottation f. Flotation f., Flottieren n.
flou unscharf, verschwommen
flou m. Unschärfe f.
flou périphérique m. Randunschärfe f.
floxacine f. Floxacin n.
fluacizine f. Fluacizin n.
flubendazole m. Flubendazol n.
fluclorolone f. Fluclorolon n.
fluconazole m. Fluconazol n.
fluctuant fluktuierend
fluctuation f. Fluktuation f.
fluctuer fluktuieren
flucytosine f. Flucytosin n., Fluzytosin n.
fludrocortisone f. Fludrocortison n.
flufénamate m. Flufenamat n.
fluide flüssig
fluide m. Flüssigkeit f.
fluidification f. Lyonisierung f.
fluidographie f. Fluidographie f.
fluidographique fluidographisch
flumazénil m. Flumazenil n.
fluméthasone f. Flumethason n.
fluméthiazide m. Flumethiazid n.
flunarizine f. Flunarizin n.
flunisolide m. Flunisolid n.
flunitrazepam m. Flunitrazepam n.
fluocinolone f. Fluocinolon n.
fluocortolone f. Fluocortolon n.
fluor m. Fluor m.
fluoranile m. Fluoranil n.
fluoration f. Fluorierung f.
fluorbenside m. Fluorbenzid n.
fluordésoxithymidine f. Fluordesoxithymidin n.
fluorénal m., Fluorenal n.
fluorène m. Fluoren n.
fluorénone f. Fluorenon n.
fluorénylacétamide m. Fluorenylazetamid n.
fluorer fluorieren
fluorescéine f. Fluoreszein n.
fluorescéine de sodium f. Natriumfluoreszein n.
fluorescence f. Fluoreszenz f.
fluorite f. Fluorit n.
fluoroacétate m. Fluorazetat n.
fluoroapatite f. Fluorapatit m.
fluoroborate m. Fluorborat n.
fluorochlorohydrocarbone m. Fluorchlorkohlenwasserstoff m.
fluorocyte m. Fluorozyt m.
fluorocytosine f. Fluorozytosin n.
fluorodesoxyglucose m. Fluorodesoxyglucose m.

fluorodesoxyuridine f. Fluorodesoxyuridin n.
fluorodinitrobenzène m. Dinitrofluorbenzol n.
fluorohydrocortisone f. Fluorohydrocortison n.
fluorométholone f. Fluorometholon n.
fluorophosphate m. Fluorophosphat n.
fluoroprednisolone f. Fluoroprednisolon n.
fluoropyrimidine f. Fluoropyrimidin n.
fluoroquinolone f. Fluorchinolon n.
fluoroscopie f. Fluoroskopie f.
fluoroscopie thoracique f. Thoraxdurchleuchtung f.
fluoroscopique fluoroskopisch
fluorose f. Fluorose f.
fluorouracile m. Fluorouracil n.
fluorure m. Fluorid n.
fluorure de silicium m. Siliziumfluorid n.
fluoxacine f. Fluoxacin n.
fluoxamine f. Fluoxamin n.
fluoxétine f. Fluoxetin n.
flurandrénolide m. Fludroxycortid n.
flurane m. Fluran n.
flurocitabine f. Flurocitabin n.
flurophate m. Flurophat n.
flurotyle m. Flurotyl n.
fluroxène m. Fluroxen n.
flush m. Flush m.
fluspirilène m. Fluspirilen n.
flutamide m. Flutamid n.
flutter m. Flattern n.
flutter auriculaire m. Vorhofflattern n.
flutter médiastinal m. Mediastinalflattern n.
flutter ventriculaire m. Kammerflattern n.
fluviographe m. Fluvograph m.
fluviographique fluvographisch
flux m. Fluor m., Fluss m., Flussmittel n., Strom m.
flux urinaire m. Harnfluss m.
focal fokal
focalisation f. Fokussierung f.
focaliser fokussieren
foetal fötal, fetal
foetofoetal fetofetal
foetomaternel fetomaternal, fötomaternal
foetopathie f. Fetopathie f., Fötopathie f.
foetoplacentaire fetoplazentar, fötoplazentar
foetoprotéine f. Fetoprotein n., Fötoprotein n.
foetor m. Fötor m.
foetoscopie f. Fetoskopie f., Fötoskopie f.
foetotoxique fetotoxisch, fötotoxisch
foetus m. Fötus m., Frucht (obstetr.) f., Leibesfrucht f.
foie m. Leber f.
foie cardiaque m. Stauungsleber f.
foie de choc m. Schockleber f.
foie glacé m. Zuckergussleber f.
foie sagou m. Sagoleber f.
foie silex m. Feuersteinleber f.
folate m. Folat n.
folie f. Irrsinn m., Verrücktheit f., Wahn m., Wahnsinn m.
folinate m. Folinat n.
folinérine f. Folinerin n.
folliculaire follikulär
follicule m. Follikel m.
follicule de Graaf m. Graafscher Follikel m.
follicule pileux m. Haarbalg m.
folliculine f. Follikelhormon n.
folliculite f. Follikulitis f.
folliculite épilante f. Folliculitis decalvans f.
fomivirsène m. Fomivirsen n.
fonction f. Funktion f.
fonction circulatoire f. Kreislauffunktion f.
fonction de mastication f. Kaufunktion f.
fonction hypophysaire, trouble de la m. Hypophysenfunktionsstörung f.
fonction pompe f. Pumpfunktion f.
fonctionnaire de santé publique m. Gesundheitsbeamter m.
fonctionnel funktionell, zweckbestimmt
fonctionner funktionieren
fond m. Fundus m.
fond d'oeil m. Augenhintergrund m.
fond de cavité m. Kavitätenlack m.
fondamental fundamental
fondant m. Flussmittel n.
fondement m. Fundament n.
fondre einschmelzen, schmelzen
fongueux fungös
fontanelle f. Fontanelle f.
forage m. Bohren n., Forage f.
foramen m. Loch n.
foramen de Luschka m. Luschkasches Loch n.
foraminotomie f. Foraminotomie f.
forcé forciert, zwanghaft
force f. Kraft f.
force d'impulsion f. Triebkraft f.
force de rotation f. Drehkraft f.
force de tension f. Zugkraft f.
force musculaire f. Muskelkraft f.
forcément zwangsweise
forceps m. Geburtszange f., Zange (obstetr.) f.
forceps au détroit supérieur m. hohe Zange f.
forceps céphalique m. Schädelzange f.

forceps de Tarnier m. Achsenzugangel f.
foret m. Drillbohrer m., Knochenbohrer m.
foret diamanté m. Diamantbohrer m.
foret hélicoidal m. Spiralbohrer m.
forgé geschmiedet
formaldéhyde f. Formaldehyd m.
formamidase f. Formamidase f.
formamide m. Formamid n.
formamidine f. Formamidin n.
formant des acides säurebildend
formant des concrétions steinbildend
format m. Format n.
format de poche m. Taschenformat n.
format du film m. Filmformat n.
formateur de complexe m. Komplexbildner m.
formation f. Ausbildung f., Bildung (Entstehung) f., Gebilde n.
formation calleuse f. Kallusbildung f.
formation continue f. Fortbildung f.
formation d'infirmière f. Schwesternausbildung f.
formation d'une fistule f. Fistelbildung f.
formation de caverne f. Kavernisierung f.
formation de cavité f. Höhlenbildung f.
formation de concrétions f. Steinbildung f.
formation de croûtes f. Krustenbildung f.
formation de dépôt f. Ablagerungsvorgang m.
formation de la bile f. Gallenbildung f.
formation de mucus f. Schleimbildung f.
formation de papules f. Papelbildung f.
formation de tubercule f. Tuberkelbildung f.
formation de varices f. Varizenbildung f.
formation du complément f. Komplementbildung f.
formation interosseuse f. Osteodesmose f.
formation médicale postuniversitaire f. ärztliche Weiterbildung f.
formation pour profession soignante f. Krankenpflegeausbildung f.
formation vésiculaire f. Bläschenbildung f.
forme f. Ausgusskörper m., Form f., Gestalt f., Gussform f.
forme (d'une vitamine) f. Vitamer n.
forme commercialisée f. Handelsform f.
forme d'administration f. Darreichungsform f.
forme de l'onde f. Wellenform f.
forme de la tête à la naissance f. Konfiguration des fötalen Kopfes sub partu f.
forme de S, en S-förmig
forme de transport f. Transportform f.
forme intermédiaire f. Zwischenform f.
forme occlusale f. Bissform f.

forme retard d'un médicament f. Depotform eines Arzneimittels f.
formébolone f. Formebolon n.
formel gestaltisch
former ausbilden, formen
formiate m. Formiat n.
formiminotransférase f. Formiminotransferase f.
forminitrazole f. Forminitrazol f.
formolgélification f. Formolgelreaktion f.
formotérol m. Formoterol n.
formothione f. Formothion n.
formulaire m. Formelsammlung f., Formular n.
formule f. Formel f.
formule dentaire f. Zahnformel f.
formule érythrocytaire f. rotes Blutbild n.
formule leucocytaire f. weißes Blutbild n.
formule médicamenteuse sur ordonnance f. Rezepturarznei f.
formule sanguine f. Blutbild (BB) n.
formule structurale f. Strukturformel f.
formylase f. Formylase f.
formyle m. Formyl n.
formylglutamate m. Formylglutamat n.
formylkynurénine f. Formylkynurenin n.
formyltransférase f. Formyltransferase f.
fornicotomie f. Fornikotomie f.
fort kräftig
fort dosé hochdosiert
fortifiant roborierend
fortifiant m. Roborans n.
fortifier kräftigen, stärken
fortifier, se erstarken, sich stärken
fosfomycine f. Fosfomycin n.
fosmidomycine f. Fosmidomycin n.
fosse f. Grube f.
fosse nasale f. Nasenhöhle f.
fossette f. Delle f., Grübchen n.
fossette de Pacchioni f. Pacchionisches Grübchen n.
fotemustine f. Fotemustin n.
fou irre, verrückt
fou rire m. Lachkrampf m.
fougère f. Farn m.
fouler verstauchen
fouloir m. Stopfer m.
fouloir à amalgame m. Amalgamstopfer m.
foulure tendineuse f. Sehnenzerrung f.
four de haute fréquence m. Anlassofen m. (dent.)
four de recuit m. Glühofen m. (dent.)
four de séchage m. Trockenofen m.
fourbure f. (vétér.) Hufrehe f. (veter.)
fourche f. Gabel f.

fourchette f. Gabel f., Strahl m. (veter.)
fourchette du sabot f. Hufstrahl m.
fourmillement m. Ameisenlaufen n.
fovea f. Fovea f.
fovéal foveal
foyer m. Brennpunkt m., Fokus m., Herd (med.) m.
foyer de haute précision m. Feinstfokus m.
foyer dentaire m. Zahnfokus m.
foyer épidémique m. Seuchenherd n.
foyer précis m. Feinfokus m.
foyer rond m. Rundherd m.
fraction f. Fraktion f.
fraction protéique f. Eiweißfraktion f.
fractionné fraktioniert
fractionnement m. Fraktionierung f.
fractionner fraktionieren
fracture f. Bruch m., Fraktur f., Knochenbruch m.
fracture articulaire f. Gelenkfraktur f.
fracture avec enfoncement f. Impressionsfraktur f.
fracture basilaire f. Schädelbasisfraktur f.
fracture broyée f. Trümmerfraktur f.
fracture clivée f. Abschälungsfraktur f.
fracture comminutive f. Splitterfraktur f., Trümmerfraktur f.
fracture complexe f. komplizierte Fraktur f.
fracture d'hyperextension f. Biegungsfraktur f.
fracture de Bennett f. Bennett-Fraktur f.
fracture de Cooper f. Cooperfraktur f.
fracture de fatigue f. Ermüdungsfraktur f.
fracture de Gosselin f. Gosselin-Fraktur f.
fracture de marche f. Marschfraktur f.
fracture de Monteggia f. Monteggiafraktur f.
fracture de Stieda f. Stiedafraktur f.
fracture des marins f. Schipperfraktur f.
fracture du crâne f. Schädelbruch m.
fracture du crâne avec enfoncement de la table interne f. Schädelimpressionsfraktur f.
fracture du fémur f. Oberschenkelbruch m.
fracture en bois vert f. Grünholzfraktur f.
fracture en boutonnière f. Lochfraktur f.
fracture en écaille f. Absprengfraktur f.
fracture en motte de beurre f. Wulstbruch m.
fracture en série f. Serienfraktur f.
fracture en spirale f. Spiralfraktur f.
fracture esquilleuse f. Eierschalenfraktur f.
fracture extraarticulaire f. extraartikuläre Fraktur f.
fracture extracapsulaire f. extrakapsuläre Fraktur f.
fracture impactée f. eingekeilte Fraktur f.
fracture intracapsulaire f. intrakapsuläre Fraktur f.
fracture longitudinale f. Längsfraktur f.
fracture maxillaire f. Kieferfraktur f.
fracture ouverte f. offene Fraktur f.
fracture ouverte comminutive f. komplizierte Splitterfraktur f.
fracture par arme à feu f. Schussbruch m.
fracture par compression f. Kompressionsfraktur f.
fracture par contusion f. Quetschfraktur f.
fracture par hyperextension f. Dehnungsfraktur f.
fracture par projectile f. Schussfraktur f.
fracture périarticulaire f. periartikuläre Fraktur f.
fracture pertrochantérienne f. pertrochantere Fraktur f.
fracture simple f. einfache Fraktur f.
fracture spiroïde f. Spiralfraktur f.
fracture spontanée f. Spontanfraktur f.
fracture subcapitale f. subkapitale Fraktur f.
fracture supracondylaire f. suprakondyläre Fraktur f.
fracture transversale f. Querfraktur f.
fragile brüchig
fragilité f. Brüchigkeit f., Fragilität f.
fragilocyte m. Fragilozyt m.
fragment m. Fragment n.
fragment de racine m. Wurzelfragment n.
fragment osseux m. Knochensplitter m.
fragment radiculaire m. Wurzelsplitter m.
fragmentation f. Fragmentation f.
frai m. Laich m.
fraîcheur f. Kühle f.
frais kühl
frais d'ordonnance m. pl. Rezeptgebühr f.
fraise f. Bohrer m., Zahnbohrer m.
fraise à fissure f. Fissurenbohrer m.
fraise à rosette f. Rosenbohrer m. (dent.)
fraise conique f. Kegelbohrer m.
fraise conique à finir f. Kegelfinierer m.
fraise cylindrique f. Versenkbohrer m. (dent.)
fraise de finition f. Finierbohrer m.
fraise de haute fréquence rotative f. Hochtourenbohrer m.
fraise pour cavité f. Kavitätenbohrer m., Querkavitätenbohrer m.
fraise pour racine f. Wurzelfräse f.
fraiser fräsen
framboesia f. Frambösie f.
framboesia cutanée f. Frambösie-Exanthem n.

framycétine f. Framycetin n.
francisella f. Francisella f.
francium m. Francium n.
franguloside m. Frangulin n.
fraxiparine f. Fraxiparin n.
frayeur f. Schreck m.
frein m. Bremse f.
frein de la langue m. Zungenbändchen n.
freiner drosseln (verlangsamen)
frelon m. Hornisse f.
frémissement m. Fremitus m., schnurrendes Geräusch n., Schwirren n.
frémissement hydatique m. Hydatidenschwirren n.
frénésie f. Raserei f.
frénulotomie f. Frenulotomie f.
fréquence f. Frequenz f., Häufigkeitsquote f.
fréquence cardiaque f. Herzfrequenz f., HF f.
fréquence du pouls f. Pulsfrequenz f.
fréquence magnétique f. Magnetfrequenz f.
fréquent frequent
frères et soeurs m. pl. Geschwister (biol.) n.
friction f. Abreibung f., Einreibung f., Friktion f., Inunktion f., Reibung f.
frictionner einreiben
frictionner avec une pommade einreiben mit Salbe
frigide frigid
frigidité f. Frigidität f.
frisson m. Schauer m., Schüttelfrost m.
frissonnant fröstelnd
frissonnement m. Frösteln n.
frissonner schauern
frissons, avoir des frösteln
froid kalt
froid, avoir frieren
froissement ligamentaire m. Bänderzerrung f.
froncer falten
front m. Stirn f.
frontal frontal
frontobasal frontobasal
frontonasal frontonasal
frontooccipital frontookzipital
frontopariétal frontoparietal
frontotemporal frontotemporal
frontozygomatique frontozygomatisch
frottement péricardique m. Perikardreiben n.
frottement pleural m. Pleurareiben n.
frotter abreiben, frottieren, reiben, scheuern
frottis m. Abstrich m.
frottis sanguin m. Blutausstrich m.
frovatriptane m. Frovatriptan n.
fructofuranosidase f. Fruktofuranosidase f.
fructokinase f. Fruktokinase f.
fructolyse f. Fruktolyse f.
fructose m. Fruchtzucker m., Fruktose f.
fructosurie f. Fruktosurie f.
fruit m. Frucht f.
frustrant frustran
frustration f. Frustration f.
FSH (hormone folliculostimulante) f. FSH (follikelstimulierendes Hormon) n.
FTA-ABS (fluorescent treponemal antibody adsorbed serum) m. FTA-Abs-Test (Fluoreszenz-Treponema-pallidum-Antikörper-Absorptionstest) m.
ftalofyne f. Ftalofyn n.
fuadine f. Fuadin n.
fubéridazole m. Fuberidazol n.
fuchsine f. Fuchsin n.
fuchsine phéniquée f. Karbolfuchsin n.
fuchsinophile fuchsinophil
fuconate m. Fuconat n.
fucopentaose m. Fucopentaose f.
fucosamine f. Fucosamin n.
fucose f. Fucose f.
fucosedéhydrogénase f. Fucosedehydrogenase f.
fucosidase f. Fucosidase f.
fucoside m. Fucosid n.
fucosidose m. Fucosidose f.
fucosyllactose m. Fucosyllaktose f.
fucosyltransférase f. Fucosyltransferase f.
fugue f. Fugue f.
fuite f. Lecksein n., Undichtigkeit f.
fuite des idées f. Gedankenflucht f., Ideenflucht f.
fulgurant blitzartig
fulguration f. Blitzschlag m., Fulguration f.
fulminant fulminant
fumarase f. Fumarase f.
fumarate m. Fumarat n.
fumée f. Rauch m.
fumer rauchen
fumeur m. Raucher m.
fumeuse f. Raucherin f.
fumigation f. Ausräucherung f., Fumigation f.
fundus m. Fundus m.
fundusectomie f. Fundektomie f.
funérailles f. Bestattung f.
fungicide fungizid
fungistatique fungistatisch
fungus m. Fungus m.
funiculaire funikulär
funiculite f. Funikulitis f.
funiculus m. Funikulus m.
furaltadone f. Furaltadon n.

furane m. Furan n.
furanocoumarine f. Furanocumarin n.
furanone m. Furanon n.
furanose m. Furanose f.
furanoside m. Furanosid n.
furazone f. Furazon n.
furet m. Frettchen n.
furétonide m. Furetonid n.
fureur f. Wut f.
furoate m. Furoat n.
furoncle m. Furunkel n.
furoncle de la lèvre m. Lippenfurunkel n.
furoncle du pied m. Stollbeule f. (veter.)
furonculaire furunkulös
furonculose f. Furunkulose f.
furosémide m. Furosemid n.
furylalanine f. Furylalanin n.

fuscine f. Fuscin n., Fuszin n.
fuseau m. Spindel f.
fuseau achromatique m. Zentralspindel f.
fuseau mitotique m. Mitosespindel f.
fusible m. Sicherung (elektr.) f.
fusible à haute température schwer schmelzbar
fusidate m. Fusidat n.
fusiforme fusiform
fusion f. Fusion f., Verschmelzung f.
fusion céramométallique f. Verbundkeramik f. dent.
Fusobacterium fusiforme m. Fusobacterium fusiforme n.
fusoborréliose f. Fusoborreliose f.
fusospirillaire fusospirillär
futurologie f. Futurologie f.

G

GABA (acide gammaaminobutyrique) m. GABS (Gammaaminobuttersäure) f.
gabexate m. Gabexat n.
gadolinium m. Gadolinium n.
Gaffkya tetragena m. Mikrokokkus tetragenus m.
gain antigénique m. Antigenzuwachs m.
gain de force m. Stärkung f.
gain du poids m. Gewichtszunahme f.
gaine f. Hülle f.
gaine de myéline f. Myelinscheide f.
gaine de Schwann f. Neurilemm n.
gaine synoviale tendineuse f. Sehnenscheide f.
galactagogue galaktogog, laktagog
galactagogue m. Galaktagogum n., Laktagogum n.
galactane m. Galaktan n.
galactase f. Galaktase f.
galactocèle f. Milchzyste f.
galactocérébroside m. Galaktozerebrosid n.
galactocérébrosidose f. Galaktozerebrosidose f.
galactoflavine f. Galaktoflavin n.
galactogène milchbildend
galactogenèse f. Galaktopoese f.
galactogogue milchtreibend
galactogogue m. milchtreibendes Mittel n.
galactokinase f. Galaktokinase f.
galactolipide m. Galaktolipid n.
galactophorite f. Milchgangentzündung f.
galactorrhée f. Galaktorrhö f.
galactosamine f. Galaktosamin n.
galactosaminyltransférase f. Galaktosaminyltransferase f.
galactose m. Galaktose f.
galactosémie f. Galaktosämie f.
galactosidase f. Galaktosidase f.
galactoside m. Galaktosid n.
galactostase f. Milchstauung f.
galactosurie f. Galaktosurie f.
galactosyle m. Galaktosyl n.
galactosylhydroxylysyle m. Galaktosylhydroxylysyl n.
galactosyltransférase f. Galaktosyltransferase f.
galantamine f. Galanthamin n.
gale f. Krätze f., Räude f., Scabies f., Skabies f.
gale chorioptique f. Chorioptesräude f.
galénique galenisch
galénique f. Galenik f.
galéotomie f. Galeotomie f.

galeux räudig
gallamine f. Gallamin n.
gallate m. Gallat n.
gallium m. Gallium n.
gallon m. Gallone f.
gallopamil m. Gallopamil n.
galvanique galvanisch
galvanocautérisation f. Galvanokaustik f.
galvanomètre m. Galvanometer n.
galvanomètre à corde m. Saitengalvanometer n.
galvanotactique galvanotaktisch
gamasoïdose f. Vogelmilbenkrätze f.
gamète m. Gamet m.
gamétocyte m. Gametozyt m.
gamétogonie f. Gametogonie f.
gamétopathie f. Gametopathie f.
gammacaméra f. Gammakamera f.
gammaglobuline f. Gammaglobulin n.
gamma-GT (gammaglutamyltransférase) f. Gamma-GT (Gamma-Glutamyltransferase) f.
gammaspectrométrie f. Gammaspektrometrie f.
gammatron m. Gammatron n.
gamme d'ondes f. Wellenbereich m.
gammopathie f. Gammopathie f.
gamone f. Gamon n.
ganciclovir m. Ganciclovir n.
gangliectomie f. Gangliektomie f.
gangliocyte m. Gangliozyt m.
gangliogliome m. Gangliogliom n.
gangliome m. Gangliom n.
ganglion de Frankenhäuser m. Frankenhäusersches Ganglion n.
ganglion de Gasser m. Ganglion Gasseri n., Gassersches Ganglion n.
ganglion du tronc cérébral m. Stammganglion n.
ganglion inguinal m. Leistenlymphknoten m.
ganglion lymphatique m. Lymphknoten m.
ganglion sentinelle m. Sentinelllymphknoten m., Vorpostenlymphknoten m.
ganglion stellaire m. Ganglion stellatum n.
ganglionectomie f. Ganglionektomie f.
ganglioneuroblastome m. Ganglioneuroblastom n.
ganglioneurome m. Ganglioneurom n.
ganglionite f. Ganglionitis f.
ganglioplégique m. Ganglienblocker m., Gangtioplegikum n.

ganglioside m. Gangliosid n.
gangliosidose f. Gangliosidose f.
gangosa f. Gangosa f.
gangrène f. Gangrän n.
gangrène gazeuse f. Gasbrand m., Gasgrangrän n.
gangrène pulmonaire f. Lungengangrän n.
gangréneux brandig, gangränös
gant de plomb m. Bleihandschuh m.
gant en caoutchouc m. Gummihandschuh m.
gants d'anatomie m. pl. Sektionshandschuhe f. pl.
gants de chirurgie m. pl. Operationshandschuhe m. pl.
gants jetables m. pl. Einmalhandschuhe m. pl.
gapicomine f. Gapicomin n.
garantie de la qualité f. Qualitätssicherung f.
garde f. Bereitschaftsdienst m.
garde (être de) f. Rufbereitschaft f.
garde m. Wärter m.
garde de nuit f. Nachtwache f.
garder la distance Abstand halten
Gardnerella f. Gardnerelle f.
gargariser gurgeln
gargarisme m. Gurgelwasser n.
gargoylisme m. Gargoylismus m.
garrot (vétér.) m. Widerrist m.
garrot m. Schnürer m., Staubinde f., Abklemmvorrichtung m., Abschnürbinde f.
gastéropode m. Schnecke (zool.) f.
gastralgie f. Gastralgie f.
gastralgique gastralgisch
gastrectasie f. Gastrektasie f.
gastrectomie f. Gastrektomie f.
gastrectomie de Krönlein f. Krönleinsche Operation f.
gastrectomie de Polya f. Polya-Operation f.
gastrine f. Gastrin n.
gastrinome m. Gastrinom n.
gastrique gastrisch
gastrite f. Gastritis f.
gastrite congestive f. Stauungsgastritis f.
gastrite métaplasique f. Umbaugastritis f.
gastritique gastritisch
gastrocaméra f. Gastrocamera f., Gastrokamera f.
gastrocardiaque gastrokardial
gastrocinétique gastrokinetisch
gastrocolique gastrokolisch
gastrocolostomie f. Gastrokolostomie f.
gastrodiscoïdes m. Gastrodiscoides m.
gastroduodénal gastroduodenal
gastroduodénite f. Gastroduodenitis f.

gastroduodénostomie f. Gastroduodenostomie f.
gastroentérite f. Gastroenteritis f.
gastroentérite estivale f. Sommerbrechdurchfall m.
gastroentérocolite f. Gastroenterokolitis f.
gastroentérologie f. Gastroenterologie f.
gastroentérologique gastroenterologisch
gastroentérologue f. Gastroenterologin f.
gastroentérologue m. Gastroenterologe m.
gastroentéroptose f. Gastroenteroptose f.
gastroentérostomie f. GE (Gastroenterostomie) f.
gastrogastrostomie f. Gastrogastrostomie f.
gastrogène gastrogen
gastrojéjunal gastrojejunal
gastrojéjunostomie f. Gastrojejunostomie f.
gastrone f. Gastron n.
gastroparésie f. Gastroparese f., Magenlähmung f.
gastroparétique gastroparetisch
gastropathie f. Gastropathie f., Magenleiden n.
gastropéristaltique peristolisch
gastropéristaltisme m. Peristole f.
gastropexie f. Gastropexie f.
gastrophiliase f. Gastrophiliasis f.
gastrophrénique gastrophrenisch
gastroplastie f. Gastroplastik f., Magenplastik f.
gastroplégie f. Gastroplegie f.
gastroplication f. Gastroplicatio f., Fundoplicatio f.
gastroptose f. Gastroptose f.
gastrorésection f. Magenresektion f.
gastroscope m. Gastroskop n.
gastroscope peropératoire m. Operationsgastroskop n.
gastroscopie f. Gastroskopie f.
gastroscopique gastroskopisch
gastrospasme m. Magenkrampf m.
gastrosplénique gastrolienal
gastrostomie f. Gastrostomie f.
gastrostomie endoscopique percutanée f. PGE (perkutane endoskopische Gastrostomie) f.
gastrosuccorrhée de Reichmann f. Gastrosukkorrhö f.
gastrotomie f. Gastrotomie f.
gastrula f. Gastrula f.
gastrulation f. Gastrulation f.
gâter verderben, verpfuschen
gatifloxacine f. Gatifloxacin n.
gaucher linkshändig

Gaucher, maladie de f. Gauchersche Krankheit f.
gavage m. Überfütterung f.
gavage par sonde oesophagienne m. Sondenernährung f.
gaz m. Gas n.
gaz d'échappement m. Abgas n., Autoabgas n.
gaz du sang m. Blutgas n.
gaz hilarant m. Lachgas n.
gaz lumineux m. Leuchtgas m.
gaz propulsif m. Treibgas m.
gaz toxique m. Giftgas n.
gaz, rempli de - gasgefüllt
gaze f. Gaze f., Mull m.
gaze hydrophile f. Verbandstoff m.
gazer begasen
gazeux gasartig, gasförmig
gazoanalyseur m. Gasanalysator m.
géant m. Riese m.
geindre ächzen
gel m. Gel n.
gel amidon m. Stärke-Gel n.
gel chromatographie f. Gel-Chromatographie f.
gel diffusion f. Gel-Diffusion f.
gel filtration f. Gel-Filtration f.
gélatinase f. Gelatinase f.
gélatine f. Gallerte f., Gelatine f.
gel-résine artificielle m. Gel-Kunstharz n.
gélatine de zinc f. Zinkleim m.
gélatineux gallertig, gelatinös
gélatiniser gelatinieren
gelé erfroren
geler erfrieren, gefrieren, vereisen
gélification f. Gelierung f.
gélose f. Gelose f.
gélotripsie f. Gelotripsie f.
gelsémine f. Gelsemin n.
gelséminine f. Gelseminin n.
gelure f. Erfrierung f.
gémazocine f. Gemazocin n.
gémellologie f. Zwillingsforschung f.
géméprost m. Gemeprost n.
gémir ächzen, stöhnen
gemtuzumab m. Gemtuzumab n.
gênant hemmend
gencive f. Zahnfleisch n.
gêné behindert
gène m. Gen n.
gène autodestructeur m. Suizidgen n.
gène marqueur m. Markergen m.
gène rapporteur m. Reportergen n.
gène suppresseur tumoral m. Tumorsuppressor-Gen n.
gène-mère m. Muttergen m.
gène-transfer m. Transfer-Gen n.
gêne f. Unbehagen n.
gène inexprimé m. Gen, stilles n.
gène mutateur m. Mutatorgen n.
gène régulateur m. Regulatorgen n.
gêner behindern
général generell
généralisation f. Generalisation f.
généralisé generalisiert
générateur m. Generator m.
générateur d'impulsions m. Impulsator m.
génération f. Generation f.
génération spontanée f. Abiogenese f., Urzeugung f.
générique m. Generikum m.
genèse f. Genese f.
généticien m. Genetiker m.
généticienne f. Genetikerin f.
génétique genetisch
génétique f. Genetik f.
géniculocalcarinien genikulokalkarin
génie génétique m. Gentechnologie f.
genièvre m. Wacholder m.
géniohyoïdien geniohyoidal
génisse f. Färse f.
génital genital
génitopelvien genitopelvisch
génitospinal genitospinal
génoblaste m. Genoblast m.
génodermatose f. Genodermatose f.
génome m. Genom n.
génomique f. Genomik f.
génopathie f. Genopathie f.
génotoxique genotoxisch
genoux cagneux m. pl. X-Beine n. pl.
genre m. Gattung f.
gentamycine f. Gentamycin n.
gentiobiose f. Gentiobiose f.
gentisate m. Gentisat n.
genu recurvatum m. Genu recurvatum n.
genu valgum m. Genu valgum n., X-Bein n.
genu varum m. Genu varum n., O-Bein n.
géomédecine f. Geomedizin f.
géomédical geomedizinisch
géométrie f. Geometrie f.
géométrique geometrisch
géophagisme m. Geophagie f.
géotrichose f. Geotrichose f.
gerbille f. Gerbillus m., Rennmaus f.
gérer verwalten
gériatrie f. Geriatrie f.
gériatrique geriatrisch
germanium m. Germanium n.

germe m. Anlage (angeborene Eigenschaft) f., Keim m.
germe de plante m. Pflanzenkeim m.
germer keimen
germicide keimtötend
germicide m. keimtötendes Mittel n.
germinal germinal
germinatif germinativ
germinoblastique germinoblastisch
germinoblastome m. Germinoblastom n.
germinome m. Germinom n.
gérontologie f. Gerontologie f.
gérontologique gerontologisch
gérontologue m. Gerontologe m.
gérontoneurologie f. Gerontoneurologie f.
gérontospychiatrie f. Gerontopsychiatrie f.
gérontoxon m. Arcus senilis m.
gestaltisme m. Gestalttherapie f.
gestation f. Gestation f., Schwangerschaft f., Tragezeit f.
gestationel gestational
geste m. Gebärde f.
gestes barrière m. pl. AHA-Regeln (Abstand, Hygiene, Alltag mit Maske) f. pl.
gestion f. Verwaltung f.
gestodène m. Gestoden n.
gestose f. Gestose f., Schwangerschaftstoxikose f.
GFR (filtration glomérulaire) f. GFR (glomeruläre Filtrationsrate) f.
GHRF (growth hormone releasing factor) m. GRF (wachstumshormonfreisetzender Faktor) m.
GHRIH (somatostatine) f. GHRIH (Hemmhormon für Wachstumshormonfreisetzung) n.
giardiase f. Lambliasis f.
gibbosité pottique f. Gibbus m.
gigantisme m. Gigantismus m., Riesenwuchs m.
gigantoblaste m. Gigantoblast m.
gigantocyte m. Gigantozyt m.
gingival gingival
gingivectomie f. Gingivektomie f.
gingivite f. Gingivitis f., Zahnfleischentzündung f.
gingivolabial gingivolabial
gingivoplastie f. Gingivoplastik f.
gingivorragie f. Zahnfleischblutung f.
gingivorrhée f. Ulorrhö f.
gingivostomatite f. Gingivostomatitis f.
gingivotome m. Zahnfleischkappenstanze f.
GIP (gastric inhibitory peptide) m. GIP (gastrisch inhibierendes Polypeptid) n.
gipome m. Gipom n.

gitaline f. Gitalin n.
gitaloxigénine f. Gitaloxigenin n.
gitaloxine f. Gitaloxin n.
gitoformate m. Gitoformat n.
gitogénine f. Gitogenin n.
gitoxigénine f. Gitoxigenin n.
gitoxine f. Gitoxin n.
givrage m. Vereisung f.
glabre haarlos
glace f. Eis n.
glafénine f. Glafenin n.
glaire cervicale f. Zervixschleim m.
gland m. Eichel (med.) f.
glande f. Drüse f.
glande bulbourétrale de Méry f. Cowpersche Drüse f.
glande de Bartholin f. Bartholinsche Drüse f.
glande de Brunner f. Brunnersche Drüse f.
glande de Lieberkühn f. Lieberkühnsche Krypte f.
glande de Meibomius f. Meibomsche Drüse f.
glande de Moll f. Mollsche Drüse f.
glande de Nuhn f. Nuhnsche Drüse f.
glande de Serre f. Serresche Drüse f.
glande gastrique f. Magendrüse
glande génitale f. Geschlechtsdrüse f., Keimdrüse f.
glande intercarotidienne f. Glomus caroticum n.
glande lacrymale f. Tränendrüse f.
glande mammaire f. Brustdrüse f., Mamma f.
glande mucipare f. Schleimdrüse f.
glande parathyroïde f. Epithelkörperchen n.
glande paraurétrale de Skene f. Skenesche Drüse f.
glande parotide f. Ohrspeicheldrüse f., Parotis f.
glande pilosébacée f. Haarbalgdrüse f.
glande pinéale f. Epiphyse (endokrinol.) f., Zirbeldrüse f.
glande salivaire f. Speicheldrüse f.
glande sébacée f. Talgdrüse f.
glande sudoripare f. Schweißdrüse f.
glande surrénale f. Nebenniere f.
glande thyroïde f. Schilddrüse f., Thyreoidea f.
glandotrope glandotrop
glandulaire drüsig, glandulär
glargine f. Glargin n.
glaromètre m. Glarometer n.
glarométrie f. Glarometrie f.
glarométrique glarometrisch
glaucarubine f. Glaukarubin n.

glaucobiline f. Glaukobilin n.
glaucomateux glaukomatös
glaucome m. Glaukom n., grüner Star m.
glaucome pigmentaire m. Pigmentglaukom n.
glaziovine f. Glaziovin n.
glénohuméral glenohumeral
glénoïde glenoidal
gleptoferrone f. Gleptoferron n.
gliadine f. Gliadin n.
glibenclamide m. Gibenclamid n.
glibutimine f. Glibutimin n.
gliclazide m. Gliclazid n.
glimépiride m. Glimepirid n.
glimide m. Glimid n.
glioblastome m. Glioblastom n.
glioblastose f. Glioblastose f.
gliomatose f. Gliomatose f.
gliome m. Gliom n.
gliome muqueux m. Myxogliom n.
gliome optique m. Optikusgliom n.
gliome posthypophysaire m. Pituizytom n.
glioneuronal glioneuronal
glionodule m. Gliaknötchen n.
gliosarcome m. Gliosarkom n.
gliose f. Gliose f.
glipentide m. Glipentid n.
glipizide m. Glipizid n.
gliquidone f. Gliquidon n.
glisoxépide m. Glisoxepid n.
glissière f. Kassettenwagen m.
glitazone f. Glitazon n.
global global
globe oculaire m. Augapfel m.
globine f. Globin n.
globocellulaire rundzellig
globoside m. Globosid n.
globulaire kugelig
globule m. Kügelchen n.
globule blanc m. Leukozyt m.
globule polaire m. Polkörperchen m.
globule rouge m. Erythrozyt m.
globule rouge de mouton m. Schaferythrozyt m.
globuline f. Globulin n.
globuline antithymocytes f. Antithymozyten-Globulin n.
globuline autoimmune f. Autoimmunglobulin n.
globuline plasmatique f. Plasmaglobulin n.
glomangiome m. Glomangiom n.
glomangiose f. Glomangiose f.
glomectomie f. Glomektomie f.
glomérulaire glomerulär
glomérulite f. Glomerulitis f.
glomérulonéphrite f. Glomerulonephritis f.
glomérulopathie f. Glomerulopathie f.
glomérulosclérose f. Glomerulosklerose f.
glossectomie f. Glossektomie f.
Glossina morsitans f. Glossina morsitans f.
Glossina palpalis f. Glossina palpalis f.
glossite f. Glossitis f.
glossite de Hunter f. Huntersche Glossitis f.
glossodynie f. Glossodynie f.
glossoépiglottique glossoepiglottisch
glossolabial glossolabial
glossolalie f. Glossolalie f.
glossomanie f. Glossomanie f.
glossopalatin glossopalatinal, palatoglossal
glossopharyngien glossopharyngeal
glossoplastie f. Zungenplastik f.
glossoplégie f. Zungenlähmung f., Glossoplegie f.
glossoptose f. Glossoptose f.
glossopyrosis m. Zungenbrennen n.
glossospasme m. Glossospasmus m.
glossotomie f. Glossotomie f.
glossyskin m. Glanzhaut f.
glotte f. Glottis f., Stimmritze f.
glottique glottisch
glousse f. Henne f.
gloxazone f. Gloxazon n.
glubionate m. Glubionat n.
glucagon m. Glukagon n.
glucagonome m. Glukagonom n.
glucaldrate m. Glucaldrat n.
glucamine f. Glukamin n.
glucane m. Glukan n.
glucaspaldrate m. Glucaspaldrat n.
gluceptate m. Glukeptat n.
glucinium m. Beryllium n.
glucocérébrosidase f. Glukozerebrosidase f.
glucocérébroside m. Glukozerebrosid n.
glucocérébrosidose f. Glukozerebrosidose f.
glucocorticoide m. Glukokortikoid n.
glucogenèse f. Glukogenese f.
glucokinase f. Glukokinase f.
glucokinine f. Glukokinin n.
glucomètre m. Glukometer n.
gluconate m. Glukonat n.
gluconate de calcium m. Calciumglukonat n., Kalziumglukonat n.
gluconazole m. Glukonazol n.
gluconéogenèse f. Glukoneogenese f.
glucoplastique glukoplastisch
glucoprotéine f. Glukoprotein n.
glucopyranose m. Glukopyranose f.
glucosamine f. Glukosamin n.
glucosaminidase f. Glukosaminidase f.
glucosazone f. Glukosazon n.

glucose m.   Glukose f., Traubenzucker m.
glucose phosphatase f.   Glukosephosphatase f.
glucose phosphate m.   Glukosephosphat n.
glucosidase f.   Glukosidase f.
glucoside m.   Glukosid n.
glucoside cardiotonique m.   Herzglykosid n.
glucoside de la digitale pourprée m.   Purpureaglykosid n.
glucoside pur m.   Reinglykosid n.
glucosurie f.   Glukosurie f.
glucosyltransférase f.   Glukosyltransferase f.
glucurolactone f.   Glukurolakton n.
glucuronate m.   Glukuronat n.
glucuronidase f.   Glukuronidase f.
glucuronide m.   Glukuronid n.
glucuroniser   glukuronieren
glucuronosylcyclotransférase f.   Glukuronosylzyklotransferase f.
glucuronosyltransférase f.   Glukuronosyltransferase f.
glue f.   Kleber (Klebematerial) m.
glutamate m.   Glutamat n.
glutamate déhydrogénase f.   GLDH (Glutamatdehydrogenase) f.
glutamatergique   glutamaterg
glutaminase f.   Glutaminase f.
glutamine f.   Glutamin n.
glutamyl m.   Glutamyl n.
glutamylcyclotransférase f.   Glutamylzyklotransferase f.
glutamylcystéine f.   Glutamylzystein n.
glutamyltransférase f.   Glutamylstransferase f.
glutaral m.   Glutaral n.
glutaraldéhyde m.   Glutaraldehyd m.
glutarate m.   Glutarat n.
glutardialdéhyde f.   Glutardialdehyd m.
glutathion m.   Glutathion n.
glutéline f.   Glutelin n.
gluten m.   Gluten n., Kleber m.
gluthétimide m.   Gluthetimid n.
glyburide m.   Glyburid n.
glycane m.   Glycan n.
glycémie f.   Glykämie f.
glycémie à jeun f.   Nüchternblutzucker m.
glycémique   glykämisch
glycéraldéhyde m.   Glyzeraldehyd m.
glycérate m.   Glyzerat n.
glycératémie f.   Glyzeratämie f.
glycéride m.   Glyzerid n.
glycérine f.   Glyzerin n., Glycerol n.
glycérite m.   Glyzerit n.
glycérokinase f.   Glyzerokinase f.

glycérol m.   Glycerol n., Glyzerol n., Glyzerin, Glicerin
glycérophosphatase f.   Glyzerophosphatase f.
glycérophosphate m.   Glyzerophosphat n.
glycérophosphate déhydrogénase f.   Glyzerophosphatdehydrogenase f.
glycérophosphatide m.   Glyzerophosphatid n.
glycérophosphoryl choline f.   Glyzerophosphorylcholin n.
glycéryl m.   Glyzeryl n.
glycidaldéhyde f.   Glyzidaldehyd n.
glycinamide m.   Glyzinamid n.
glycinate m.   Glyzinat n.
glycine f.   Glycin n., Glykokoll n., Glyzin n.
glycinose f.   Glyzinose f.
glycinurie f.   Glyzinurie f.
glycocalyx m.   Glykokalix m.
glycocéramidose f.   Glykozeramidose f.
glycocolle m.   Glykokoll n.
glycocyamine f.   Glykozyamin n.
glycodiazine f.   Glycodiazin n., Glykodiazin n.
glycogénase f.   Glykogenase f.
glycogène m.   Glykogen n.
glycogenèse f.   Glykogenese f., Glykogenie f.
glycogénolyse f.   Glykogenolyse f.
glycogénolytique   glykogenolytisch
glycogénose f.   Glykogenose f., Glykogenspeicherkrankheit f.
glycol m.   Glykol n.
glycoléther m.   Glykolether m.
glycolipide m.   Glykolipid n.
glycolyse f.   Glykolyse f.
glycolytique   glykolytisch
glyconéogenèse f.   Glykoneogenese f.
glycopeptide m.   Glykopeptid n.
glycophorine f.   Glykophorin n.
glycoprive   glykopriv
glycoprotéine f.   Glykoprotein n.
glycoprotéine foetale f.   Fetuin n.
glycopyrrolate m.   Glykopyrrolat n.
glycosaminoglycane m.   Glykosaminoglykan n.
glycosidase f.   Glykosidase f.
glycoside m.   Glykosid n.
glycosyltransférase f.   Glykosyltransferase f.
glycyle m.   Glyzyl n.
glycylglycine f.   Glyzylglyzin n.
glycylhistidine f.   Glyzylhistidin n.
glycylleucine f.   Glyzylleuzin n.
glycylnorleucine f.   Glyzylnorleuzin n.
glycylsérine f.   Glyzylserin n.
glycyrrhizine f.   Glyzyrrhizin n.
glymidine f.   Glymidin n.

glyoxal m. Glyoxal n.
glyoxalase f. Glyoxalase f.
glyoxalate m. Glyoxalat n.
glyoxalyl urée f. Glyoxalylharnstoff m.
glysobuzole m. Glysobuzol n.
gnathion m. Gnathion n.
gnathométrie f. Gnathometrie f.
gnathoschisis m. Kieferspalte f.
gnatostomiasis m. Gnatostomiasis f.
gnotobiotique gnotobiotisch
GnRH (lulibérine) f. GnRH (Gonadotropin-Releasing-Hormon) n.
gobelet m. Becherglas n.
gobelet de rinçage m. Spülbecher n.
goitre m. Kropf m., Struma f.
goitre colloïdal m. Kolloidkropf m.
goitre exophtalmique m. Basedowsche Krankheit f.
goitre nodulaire m. Knotenkropf m.
goitre parenchymateux m. Parenchymkropf m.
goitre plongeant m. Tauchkropf m.
goitre pubertaire m. Adoleszentenkropf m.
goitre toxique m. toxischer Kropf m.
goitreux kropfig
gomme f. Gumma f.
gomme arabique f. Gummi arabicum n.
gomme de Karaya f. Karayagummi m.
gomme de protection f. Guargummi m.
gomme de scammonée f. Skammonium n.
gomme de silicone f. Silikongummi m.
gomme laque f. Schellack m.
gommeux gummös
Gomphocarpus uzarae m. Uzara f.
gomphose f. Gomphose f.
gon m. Gon m.
gonade f. Geschlechtsdrüse f., Keimdrüse f.
gonadectomie f. Gonadektomie f., Keimdrüsenentfernung f.
gonadoblastome m. Gonadoblastom n.
gonadolibérine (LHRH) f. Gonadoliberin n.
gonadoréline f. Gonadorelin n.
gonadotrope gonadotrop
gonadotropine f. Gonadotropin n.
gonadotropine chorionique f. Choriongonadotropin n.
gonarthrite f. Gonarthritis f., Gonitis f., Kniegelenkentzünd.ung f.
gonarthrose f. Gonarthrose f.
gonflage m. Aufblasung f.
gonflé aufgedunsen, aufgetrieben
gonflement m. Intumeszenz f.
gonfler aufblasen, quellen, schwellen
gongylonéma m. Gongylonema n.
gongylonémose f. Gongylonemiasis f.

goniomètre m. Goniometer n.
gonion m. Gonion n.
gonioscope m. Gonioskop n.
gonioscopie f. Gonioskopie f.
gonioscopique gonioskopisch
goniotomie f. Goniotomie f.
gonocoque m. Gonokokkus m.
gonocyte m. Gonozyt m.
gonocytome m. Gonozytom n.
gonomérie f. Gonomerie f.
gonorrhée f. Go f., Gonorrhö f., Tripper m.
gonorrhéique gonorrhoisch
gonosomal gonosomal
gonosome m. Gonosom n.
Gordon, signe de m. Gordonsches Zeichen n.
gorge f. Gurgel f., Rachen m., Schlund m.
goseréline f. Goserelin n.
goudron m. Teer m.
goudron de pin m. Pix liquida f.
gouge f. Hohlmeißel m.
gourme f. Druse f.
gourme équine f. Pferdestaupe f. (veter.)
gousse f. Hülse f.
goût m. Geschmack m.
goût du plaisir m. Genusssucht f.
goûter schmecken
goutte f. Gicht f., Tropfen m.
goutte à goutte tropfenweise
goutte à goutte postmictionnel m. Nachträufeln (des Harns) n.
goutte calcique f. Kalkgicht f.
goutte en suspension f. hängender Tropfen m.
goutte épaisse f. dicker Tropfen m.
goutte localisée à l'épaule f. Omagra f.
gouttelette f. Tröpfchen n.
gouttelette lipidique intracellulaire f. Liposom n.
goutter tropfen
gouttes pour l'estomac f. pl. Magentropfen m. pl.
gouttes pour le nez f. pl. Nasentropfen f. pl.
goutteux gichtig
gouttière f. Rinne f.
gouttière de Boehler f. Böhler-Schiene f.
gouttière de Kocher f. Kocherrinne f.
gracile grazil
grade m. Neugrad m.
gradient m. Gradient m.
graduation f. Gradierung f., Graduierung f.
graduel graduell
graduer graduieren
grain riziforme m. Reiskörper m.
graine f. Samen (botan.) m.

graines de lin f. pl. Leinsamen m.
graisse f. Fett n., Schmalz n.
graisse de laine anhydre f. Wollfett n.
graisser einfetten, schmieren, überfetten
 graisseux fettig
Gram négatif gramnegativ
Gram positiv grampositiv
gramicidine f. Gramicidin n.
graminol m. Graminol n.
gramme m. Gramm n.
grand angle m. Weitwinkel m.
grand comme la paume de la main handtellergroß
grand hippocampe m. Ammonshorn n.
grande courbure de l'estomac f. große Kurvatur f.
grandeur f. Größe f.
granulation f. wildes Fleisch n., Granulation f., Körnelung f., Körnung f.
granulation vitale f. Vitalgranulation f.
granule m. Körnchen n.
granuler granulieren
granuleux granulär
granulocyte m. Granulozyt m., granulierter Leukozyt m.
granulomateux granulomatös
granulomatose f. Granulomatose f.
granulome m. Granulom n.
granulome annulaire m. Granuloma annulare n.
granulome apical m. Wurzelspitzengranulom n.
granulome de Polak m. Polaksches Granulom n.
granulome ulcéreux des organes génitaux m. Granuloma venereum n.
granulomère m. Granulomer n.
granulopénie f. Granulozytopenie f.
granulopénique granulozytopenisch
granulopoièse f. Granulozytopoese f.
granulopoiétique granulozytopoetisch
granulose f. Granulose f.
graphique graphisch
graphique m. bildliche Darstellung f.
graphologie f. Graphologie f.
graphologique graphologisch
graphomanie f. Graphomanie f.
graphospasme m. Schreibkrampf m.
gras fett
gratter kratzen
grattoir m. Knochenschaber m., Schaber m.
gravelle f. Nierengrieß m., Harngrieß m.
gravement blessé schwerverletzt, schwerverwundet
gravement handicapé schwerbehindert

gravement malade todkrank
gravide trächtig (veter.)
gravier m. Grieß m.
gravimètre m. Gravimeter n.
gravimétrie f. Gravimetrie f.
gravimétrique gravimetrisch
gravitation f. Gravitation f.
greffe f. Implantat n.
greffe allogénique f. Allotransplantat n.
greffe de moelle osseuse f. Knochenmarkstransplantation f.
greffe de réseau de peau f. Maschentransplantat n.
greffe de Reverdin f. Reverdinsche Transplantation f.
greffe épidermique de Thiersch f. Thiersch-Transplantation f.
greffer aufpfropfen, implantieren, transplantieren
greffon m. Transplantat n.
greffon synthétique m. synthetisches Transplantat n.
grenouille f. Frosch m.
grenure f. Körnung f.
grépafloxacine f. Grepafloxacin n.
griffe f. Gabel f., Klaue f., Kralle f.
grille f. Gitter n., Raster (roentg.) m.
grille antidiffusante f. Rasterblende f.
grille de cristal f. Kristallgitter n.
griller rösten
grimacer, fait de m. Grimassieren n.
grincement de dents m. Zähneknirschen n.
grincer knirschen
grippal grippal
grippe f. Grippe f.
grippe asiatique f. asiatische Grippe f.
grippe aviaire f. Vogelgrippe f., Geflügelpest f.
gris grau
griséofulvine f. Griseofulvin n.
Grocco, triangle de m. Rauchfuß, Groccosches Dreieck n.
gros comme un oeuf de pigeon taubeneigroß
gros comme un pois erbsengroß
gros comme une chataigne kastaniengroß
gros comme une tête d'épingle stecknadelkopfgroß
gros intestin m. Dickdarm m.
grossesse abdominale f. Bauchhöhlenschwangerschaft f.
grossesse avancée f. fortgeschrittene Schwangerschaft f.
grossesse avancée, en état de hochschwanger

grossesse avec oedèmes, protéinurie et hypertension f. Gestose mit Ödemen, Proteinurie und Hochdruck f.
grossesse extrautérine f. Extrauteringravidität f.
grossesse gémellaire f. Zwillingsschwangerschaft f.
grossesse nerveuse f. Scheinschwangerschaft f.
grossesse pluriembryonnaire f. Mehrlingsschwangerschaft f.
grossesse tubaire f. Eileiterschwangerschaft f., Tubargravidität f.
groupe m. Gruppe f.
groupe azoïque m. Azo-Gruppe f.
groupe de muscles m. Muskelgruppe f.
groupe éthylèneimine m. Ethylenimino-Gruppe f.
groupe fonctionnel m. Wirkgruppe f.
groupe imino-éthylène Ethylenimino-Gruppe f.
groupe sanguin m. Blutgruppe f.
groupement m. Gruppierung f.
guabenxane m. Guabenxan n.
guaïacol m. Guaiakol n.
guaïazulène m. Guaiazulen n.
guamécycline f. Guamecyclin n.
guanase f. Guanase f.
guanéthidine f. Guanethidin n.
guanfacine f. Guanfacin n.
guanidase f. Guanidase f.
guanide m. Guanid n.
guanidine f. Guanidin n.
guanine f. Guanin n.
guanosine f. Guanosin n.
guanoxan m. Guanoxan n.
guanylate m. Guanylat n.
guanyle m. Guanyl n.
guanylhistamine f. Guanylhistamin n.
guanylyl m. Guanylyl n.
guêpe f. Wespe f.
guérir gesunden, heilen (intransitiv), heilen (transitiv)
guérison f. Gesundung f., Heilung f.
guérison de primière intention f. Heilung per primam intentionem f.
guérison de seconde intention f. Heilung per secundam intentionem f.
guérison définitive f. Dauerheilung f.
guérison secondaire f. Sekundärheilung f.
guérison spontanée f. Spontanheilung f.
guérisseur m. Heilpraktiker m.
guêtre f. Hufstiefel m.
gueule f. Maul (veter.) m.
gui m. Mistel f.
guide ligature m. Ligaturenführer m.
guide métallique m. Führungsdraht m.
Guillain et Barré, syndrome de m. Guillain-Barré-Syndrom n.
gulose f. Gulose f.
Gunn, signe de m. Gunn-Zeichen n.
gustatif geschmacklich
gustomètre m. Gustometer n.
gustométrique gustometrisch
guttapercha f. Guttapercha f.
guttural guttural
gymnastique f. Gymnastik f.
gymnastique dans l'eau f. Unterwassergymnastik f.
gymnastique de préparation à l'accouchement f. Schwangerengymnastik f.
gymnastique médicale f. Heilgymnastik f.
gymnastique postpartale f. Wochenbettgymnastik f.
gymnastique thérapeutique f. Krankengymnastik f.
gymnophobie f. Gymnophobie f.
gynandroblastome m. Gynandroblastom n.
gynatrésie f. Gynatresie f.
gynécologie f. Frauenheilkunde f., Gynäkologie f.
gynécologique gynäkologisch
gynécologue f. Frauenärztin f., Gynäkologin f.
gynécologue m. Fachgebietsarzt für Frauenkrankheiten m., Fachgebietsarzt für Gynäkologie m., Frauenarzt m., Gynäkologe m.
gynécomastie f. Gynäkomastie f.
gypsespath m. Gipsspat m.
gyrase f. Gyrase f.
gyrase, inhibiteur de la m. Gyrasehemmer m.

H

habénulaire   habenulär
habiller   ankleiden, anziehen
habitude f.   Gewohnheit f.
habituel   habituell, routinenmäßig
habronémose f.   Habronemiasis f.
hache f.   Beil n.
hachimycine f.   Hachimycin n.
Haemophilus conjunctivitidis m.   Koch Weecks-Bazillus m.
Haemophilus ducreyi m.   Streptobacillus Ducrey-Unna m., Streptobacterium ulceris mollis n.
hafnia m.   Hafnie f.
hafnium m.   Hafnium n.
halètement m.   paroxysmale Dyspnoe f. (veter.)
haleter   hecheln (veter.), keuchen
halistérèse f.   Halisterese f.
hallucination f.   Halluzination f.
hallucination auditive f.   Gehörshalluzination f.
hallucination gustatise f.   Geschmackshalluzination f.
hallucination olfactive f.   Geruchshalluzination f.
hallucination optique f.   optische Halluzination f.
hallucination sensorielle f.   Sinnestäuschung f.
hallucination tactile f.   Berührungshalluzination f.
hallucinatoire   wahnhaft
hallucinogène   halluzinogen
hallucinogène m.   Halluzinogen n.
hallux valgus m.   Hallux valgus m.
hallux varus m.   Hallux varus m.
halofantrine f.   Halofantrin n.
halofénate m.   Halofenat n.
halogène m.   Halogen n.
halogéner   halogenieren
haloïde   kochsalzähnlich
halomètre m.   Halometer n.
halométrie f.   Halometrie f.
halométrique   halometrisch
halopéridol m.   Haloperidol n.
haloprédone f.   Halopredon n.
haloprogestérone f.   Haloprogesteron n.
halothane m.   Halothan n.
hamaméline f.   Hamamelin n.
hamamélis m.   Hamamelis f.
hamartome m.   Hamartom n.
hamster m.   Hamster m.
hamster doré m.   Goldhamster m.
hanche f.   Hüfte f.
hanche à ressort de Morel-Lavalée f.   schnappende Hüfte f.
handicap m.   Behinderung f.
handicapé   behindert
handicapé (e) m./f.   körperbehinderte Person f.
handicapé mentalement   geistig behindert
hantavirus m.   Hantavirus n.
haphalgésie f.   Haphalgesie f.
haploïde   haploid
haploïdie f.   Haploidie f.
haplotype m.   Haplotyp m.
haptène m.   Halbantigen n., Hapten n.
haptoglobine f.   Haptoglobin n.
haptophore m.   Haptophor n.
harcèlement m.   Belästigung f.
haricot m.   Brechschale f., Nierenschale f.
haricot soja m.   Soyabohne f.
harmine f.   Harmin n.
harpon m.   Harpune f.
hasard m.   Zufall m.
haschisch m.   Haschisch m.
haustration f.   Haustrierung f.
Haute Autorité de Santé f.   Bundesinstitut für Arzneimittel n.
haute fréquence f.   Hochfrequenz f.
haute tension f.   Hochspannung f. (elektr.)
HAV (virus de l'hépatite A) m.   HAV (Hepatitis-A-Virus) n.
Hb (hémoglobine) f.   Hb (Hämoglobin) n.
hCG (gonadotrophine chorionique) f.   CG (Choriongonadotropin) n.
hCG (hormone chorionique gonadotrophique) f.   HCG (humanes Choriongonadotropin) n.
HDV (virus de l'hépatite delta) m.   HDV (Hepatitis-Delta-Virus) n.
hébéphrène   hebephren
hébéphrénie f.   Hebephrenie f.
hébéphrénie secondaire f.   Pfropfhebephrenie f.
héboïdie f.   Heboidie f.
hectique   hektisch
hectolitre m.   Hektoliter n.
hélice f.   Schnecke (biochem.) f.
hélicobacter m.   Helicobacter m.
hélioexposition f.   Besonnung f.
héliothérapie f.   Heliotherapie f.
hélium m.   Helium n.
hélix m.   Helix f.

hellébore m. Helleborus m., Nieswurz f.
helminthiase f. Helminthiasis f., Wurmbefall m.
helminthologie f. Helminthologie f.
helminthologique helminthologisch
hémagglutination f. Hämagglutination f.
hémagglutinine f. Hämagglutinin n.
hémangioendothéliome m. Hämangioendotheliom n.
hémangiome m. Blutschwamm m., Hämangiom n.
hémangiopéricytome m. Hämangioperizytom n.
hémarginate m. Hämarginat n.
hémarthrose f. blutiger Gelenkerguss m., Hämarthrose f.
hématémèse f. Bluterbrechen n., blutiges Erbrechen n., Hämatemesis f.
hématie f. Erythrozyt m.
hématies empilées f. pl. Geldrollenbildung f.
hématimètre m. Hämazytometer n.
hématine f. Hämatin n.
hématinurie f. Hämatinurie f.
hématique bluthaltig
hématoblaste m. Hämatoblast m.
hématocéle f. Hämatozele f.
hématocolpos m. Hämatokolpos m.
hématocrite m. Hämatokrit m.
hématocyturie f. Hämatozyturie f.
hématogène hämatogen
hématogonie f. Hämatogonie f.
hématoïdine f. Hämatoidin n.
hématologie f. Hämatologie f.
hématologique hämatologisch
hématologue f. Hämatologin f.
hématologue m. Hämatologe m.
hématome m. Hämatom m.
hématome céphalique m. Cephalhämatom n.
hématome en lunettes m. Brillenhämatom n.
hématome sousdural m. subdurales Hämatom n.
hématomyélie f. Hämatomyelie f.
hématopoïèse f. Blutbildung f., Hämopoese f.
hématopoïétique blutbildend, hämopoecisch
hématoporphyrine f. Hämatoporphyrin n.
hématose f. Arterialisierung f.
hématospermie f. Hämatospermie f.
hématotoxique hämatotoxisch
hématoxyline f. Hämatoxylin n.
hématozoaire de Laveran m. Laveransches Körperchen n.
hématurie f. Hämaturie f.
hème m. Häm n.

héméralopie f. Hemeralopie f., Nachtblindheit f.
hémiacétal m. Hemiazetal n.
hémiachromatopsie f. Hemiachromatopsie f.
hémialgie f. Hemialgie f.
hémiamblyopie f. Hemiamblyopie f.
hémianesthésie f. Hemianästhesie f.
hémianopsie f. Hemianopsie f.
hémianopsie binasale f. binasale Hemianopsie f.
hémianopsie bitemporale f. bitemporale Hemianopsie f., Scheuklappenhemianopsie f.
hémianopsie en quadrant f. Quadrantenhemianopsie f.
hémianopsie hétéronyme f. heteronyme Hemianopsie f.
hémianopsie homonyme f. homonyme Hemianopsie f.
hémianoptique hemianoptisch
hémiapraxie f. Hemiapraxie f.
hémiataxie f. Hemiataxie f.
hémiathétose f. Hemiathetose f.
hémiatrophie f. Hemiatrophie f.
hémiballisme m. Hemiballismus m.
hémibloc m. Hemiblock m.
hémicellulase f. Hemizellulase f.
hémicellulose f. Hemizellulose f.
hémichorée f. Halbseitenchorea f., Hemichorea f.
hémicorporectomie f. Hemikorporektomie f.
hémicraniectomie f. Hemicraniektomie f.
hémidesmosome m. Hemidesmosom n
hémiépilepsie f. Halbseitenepilepsie f., Hemiepilepsie f.
hémifacial hemifazial
hémifumarate m. Hemifumarat n.
hémigastrectomie f. Hemigastrektomie f.
hémignathie f. Hemignathie f.
hémihydrate m. Hemihydrat n.
hémihydrochlorure m. Hemihydrochlorid n.
hémihyperhidrose f. Hemihyperhidrose
hémihypertrophie f. Halbseitenhypertrophie f., Hemihypertrophie f.
hémilaminectomie f. Hemilaminektomie f.
hémilaryngectomie f. Hemilaryngektomie f.
hémilombalisation f. Hemilumbalisatic f.
hémine f. Hämin n.
héminéphrectomie f. Heminephrektomie f.
hémiparésie f. Hemiparese f.
hémiparésique hemiparetisch
hémiparesthésie f. Hemiparästhesie f.
hémipelvectomie f. Hemipelvektomie f.

hémiplégie f. Halbseitenlähmung f., Hemiplegie f.
hémiplégique hemiplegisch
hémisacralisation f. Hemisakralisation f.
hémispasme m. Hemispasmus m.
hémisphére f. Hemisphäre f.
hémisphérectomie f. Ilemisphärektomie f.
hémisphérique hemisphärisch
hémisuccinate m. Hemisukzinat n.
hémisulfate m. Hemisulfat n.
hémitartrate m. Hemitartrat n.
hémizygote hemizygot
hémobilie f. Hämobilie f.
hémoblaste m. Hämoblast m.
hémoblastose f. Hämoblastose f.
hémochromatose f. Hämochromatose f.
hémochromomètre m. Hämochromomometer n.
hémoconcentration f. Bluteindickung f.
hémocult m. Untersuchung auf Blut im Stuhl f.
hémoculture f. Blutkultur f.
hémocytoblaste m. Hämozytoblast m.
hémocytomètre de Thoma-Zeiss m. Thoma-Zeiss-Zählkammer f.
hémodialyse f. Hämodialyse f.
hémodialyseur m. Hämodialysegerät n.
hémodilution f. Hämodilution f.
hémodynamique hämodynamisch
hémodynamique f. Hämodynamik f.
hémofiltration f. Hämofiltration f.
hémoglobine f. Hämoglobin n.
hémoglobine glyquée f. glykiertes Hämoglobin n.
hémoglobinolyse f. Hämoglobinolyse f.
hemoglobinomètre m. Hämoglobinometer n.
hémoglobinopathie f. Hämoglobinopathie f.
hémoglobinurie f. Hämoglobinurie f.
hémogramme f. Blutbild (BB) n.
hémolyse f. Hämolyse f.
hémolyser hämolysieren
hémolysine f. Hämolysin n.
hémolytique hämolytisch
hémomètre m. Hämometer n.
hémoparaplégique Hemiparaplegisch
hémoperfusion f. Hämoperfusion f.
hémopéricarde m. Hämoperikard n.
hémophile hämophil
hémophile m. Bluter m.
hémophile m./f. hämophile Person f.
hémophilie f. Hämophilie f.
hémophtalmie f. Hämophthalmus m.
hémoptysie f. Hämoptoe f., Hämoptyse f.
hémoptysie violente f. Blutsturz m.
hémopyrrol m. Hämopyrrol n.
hémorragie f. Blutung f., Hämorrhagie f.
hémorragie capsulaire f. Kapselblutung f.
hémorragie cérébrale f. Hirnblutung f.
hémorragie de grossessse f. Schwangerschaftsblutung f.
hémorragie de la délivrance f. Nachgeburtsblutung f.
hémorragie de privation f. Abbruchblutung f., Entzugsblutung f.
hémorragie folliculaire f. Abbruchblutung f.
hémorragie intermenstruelle f. Zwischenblutung f.
hémorragie intestinale f. Darmblutung f.
hémorragie massive f. Massenblutung f., Verblutung f.
hémorragie menstruelle f. Menstruationsblutung f.
hémorragie occulte f. okkulte Blutung f.
hémorragie pulmonaire f. Lungenblutung f.
hémorragie récidivante f. Wiederholungsblutung f.
hémorragie secondaire f. Nachblutung f.
hémorragie sousarachnoïdienne f. Subarachnoidalblutung f.
hémorragie surrénale f. Nebennierenblutung f.
hémorragie traumatique du cerveau moyen f. Erythrom n.
hémorragie utérine f. Uterusblutung f.
hémorragique hämorrhagisch
hémorroïdal hämorrhoidal
hémorroïde f. Hämorrhoide f.
hémorroïdectomie f. Hämorrhoidektomie f.
hémosidérine f. Hämosiderin n.
hémosidérose f. Hämosiderose f.
hémostase f. Hämostase f.
hémostaséologie f. Hämostaseologie f.
hémostatique hämostatisch
hémostatique m. blutstillendes Mittel n., Hämostatikum n.
hémostyptique hämostyptisch
hémostyptique m. Hämostyptikum n.
hémothorax m. Hämatothorax m., Hämothorax m.
hémotoxine f. Blutgift n., Hämotoxin n.
hémotoxique hämotoxisch
hémoxygénase f. Hämoxygenase f.
henry m. Henry n.
hépacidine f. Hepacidin n.
héparane m. Heparan n.
héparine f. Heparin n.
héparinisation f. Heparinisierung f.
hépariniser heparinisieren
héparinoïde m. Heparinoid n.

hépatectomie f. Hepatektomie f.
hépaticocholécystojéjunostomie f. Hepatikocholezystojejunostomie f.
hépaticoduodénostomie f. Hepatikoduodenostomie f.
hépaticogastrostomie f. Hepatikogastrostomie f.
hépaticojéjunal hepatikojejunal
hépaticojéjunostomie f. Hepatikojejunostomie f.
hépaticostomie f. Hepatikostomie f.
hépaticotomie f. Hepatikotomie f.
hépatique hepatisch
hépatisation f. Hepatisation f.
hépatisé hepatisiert
hépatite f. Hepatitis f.
hépatite A/B/nonA/nonB f. Hepatitis A/B/nonA/nonB f.
hépatite virale f. Virushepatitis f.
hépatobiliaire hepatobiliär
hépatocardiaque hepatokardial
hépatocellulaire hepatozellulär
hépatocholangioduodénostomie f. Hepatocholangioduodenostomie f.
hépatocholangite f. Hepatocholangitis f.
hépatocyte m. Hepatozyt m.
hépato-érythropoïésique hepatoerythropoetisch
hépatogastrique hepatogastrisch
hépatogène hepatogen
hépatographie f. Hepatographie f.
hépatolenticulaire hepatolentikulär
hépatologie f. Hepatologie f.
hépatomégalie f. Hepatomegalie f.
hépatopathie f. Hepatopathie f.
hépatorénal hepatorenal
hépatose f. Hepatose f.
hépatosplénique hepatolienal, hepatosplenisch
hépatosplénomégalie f. Hepatosplenomegalie f.
hépatotoxicité f. Hepatotoxizität f.
hépatotoxique hepatotoxisch
hépatotrope hepatotrop
heptachlore m. Heptachlor n.
heptadécyl… Heptadecyl…
heptaène m. Heptaen n.
heptahydrate m. Heptahydrat n.
heptaminol m. Heptaminol n.
heptane m. Heptan n.
heptanoate m. Heptanoat n.
heptathiophène m. Heptathiophen n.
heptavalent siebenwertig
heptavérine f. Heptaverin n.
heptolamide m. Heptolamid n.
heptose m. Heptose f.
heptulose m. Heptulose f.
heptyle m. Heptyl n.
herbe f. Kraut n.
herbicide herbizid
herbicide m. Herbizid n.
herbier m. Kräuterbuch n.
herbivore m. Herbivore m., Pflanzenfresser m.
herbivore pflanzenfressend
héréditaire erblich, vererbbar
hérédité f. Vererbung f., Erblichkeit f., Heredität f.
hérédoataxie f. Heredoataxie f.
hérédodégénérescence f. Heredodegeneration f.
héritage m. Erbgang m.
hérité vererbt
hermaphrodisme m. Hermaphroditismus m.
hermaphrodite m. Zwitter m.
hermétique hermetisch, dicht
herniation f. Hernienbildung f.
herniation incomplète f. unvollständige Hernie f.
hernie f. Bruch m., Hernie f.
hernie adhérente avec glissement f. Gleitbruch m.
hernie cicatricielle f. Narbenbruch m.
hernie crurale f. Schenkelhernie f.
hernie de glissement f. Gleithernie f.
hernie de Littre f. Littresche Hernie f.
hernie de Malgaigne f. Malgaignesche Hernie f.
hernie de Spieghel f. Spieghelsche Hernie f.
hernie de Treitz f. Treitzsche Hernie f.
hernie diaphragmatique f. Zwerchfellhernie f.
hernie directe f. direkte Hernie f.
hernie discale f. Bandscheibenprolaps m.
hernie épigastrique f. epigastrische Hernie f.
hernie épiploïque f. Netzhernie f.
hernie étranglée f. eingeklemmte Hernie f.
hernie fémorale f. Schenkelhernie f.
hernie hiatale f. Hiatushernie f.
hernie incarcérée f. inkarzerierte Hernie f.
hernie indirecte f. indirekte Hernie f.
hernie inguinale f. Leistenbruch m., Leistenhernie f.
hernie interne f. innere Hernie f.
hernie irréductible f. irreponible Hernie f.
hernie musculaire f. Muskelhernie f.
hernie obturatrice f. Hernia obturatoria f.
hernie ombilicale f. Nabelhernie f.
hernie réductible f. reponible Hernie f.
hernie scrotale f. skrotale Hernie f.

herniorraphie f. Herniorrhaphie f.
herniotomie f. Herniotomie f.
héroïne f. Heroin n.
héroïnomanie f. Heroinsucht f.
héroïque heroisch
herpangine f. Herpangina f.
herpès m. Herpes m.
herpès cutanéomuqueux génital m. Herpes progenitalis m.
herpès labial m. Herpes labialis m.
herpès simplex m. Herpes simplex m.
herpèsvirus m. Herpesvirus n.
herpétiforme herpetiform
herpétique herpetisch
hertz m. Hertz n.
hésiter zögern
hespéridine f. Hesperidin n.
hétacilline f. Hetacillin n.
hétaflur m. Hetaflur n.
hétéroagglutination f. Heteroagglutination f.
hétéroanticorps m. Heteroantikörper m.
hétéroantigène m. Heteroantigen n.
hétéroautoplastie f. Heteroautoplastik f.
hétérocentrique heterozentrisch
hétérochromatine f. Heterochromatin n.
hétérochromatique heterochromatisch
hétérochrome heterochrom
hétérochromie f. Heterochromie f.
hétérochromosome m. Geschlechtschromosom n., Heterochromosom n.
hétérocomplément m. Heterokomplement n.
hétérocyclique heterozyklisch
hétérodesmotique heterodesmotisch
hétérodimère m. heterodimer n.
hétérodonte heterodont
hétéroduplex heteroduplex
hétérogène heterogen
hétérogénétique hetrogenetisch
hétérogonie f. Heterogonie f.
hétérogreffe f. Heterotransplantat n.
hétéroimmunité f. Heteroimmunität f.
hétéroinfection f. Heteroinfektion f.
hétéroinoculation f. Heteroinokulation f.
hétérointoxication f. Heterointoxikation f.
hétérokinèse f. Heterokinese f.
hétérokomplexe m. Heterokomplex m.
hétérolalie f. Heterolalie f.
hétérologie f. Heterologie f.
hétérologue heterolog
hétéromorphe heteromorph
hétéromorphie f. Heteromorphie f.
hétéronium m. Heteronium n.
hétéronome heteronom
hétéronyme heteronym
hétérophagie f. Heterophagie f.

hétérophile heterophil
hétérophonique heterophon
hétérophorie f. Heterophorie f.
hétéroplasie f. Heteroplasie f.
hétéroplastique heteroplastisch
hétéroploïde heteroploid
hétéropolysaccharide m. Heteropolysaccharid n.
hétérosaccharide m. Heterosaccharid n.
hétéroscopie f. Heteroskopie f.
hétérosexuel heterosexuell
hétérosome m. Heterosom n.
hétérospécifique heterospezifisch
hétérosuggestion f. Heterosuggestion f.
hétérotoxine f. Heterotoxin n.
hétérotransplantation f. Heterotransplantation f.
hétérotrope heterotrop
hétérotrophe heterotroph
hétérotrophie f. Heterotrophie f.
hétérotropie f. Heterotropie f.
hétérotypique heterotypisch
hétéroxène heteroxen
hétérozygote heterozygot
hétérozygotie f. Heterozygotie f.
hétrazépine f. Hetrazepin n.
heure, par stündlich
heures de visite f. pl. Besuchszeit f.
hexacétonide m. Hexacetonid n.
hexachlorocyclohexane m. Hexachlorozyklohexan n.
hexachlorophène m. Hexachlorophen n.
hexachlorphénol m. Hexachlorphenol n.
hexachlorure m. Hexachlorid n.
hexacyclonate m. Hexazyklonat n.
hexafluorure m. Hexafluorid n.
hexafluronium m. Hexafluronium n.
hexagonal sechseckig
hexagone artériel de Willis m. Circulus arteriosus m.
hexahydrate m. Hexahydrat n.
hexahydrique hexahydrisch
hexahydrobenzoate m. Hexahydrobenzoat n.
hexamère m. Hexamer n.
hexamérique hexamer
hexaméthonium m. Hexamethonium n.
hexaméthylène m. Hexamethylen n.
hexaméthylènediamine f. Hexamethylendiamin n.
hexaméthylènetétramine f. Hexamethylentetramin n.
hexaméthylmélamine f. Hexamethylmelamin n.

hexaméthylphosphamide m. Hexamethylphosphamid n.
hexaméthylpropylèneaminoxime m. Hexamethylpropylenaminoxim n.
hexamide m. Hexamid n.
hexane m. Hexan n.
hexanicotinate m. Hexanikotinat n.
hexanitrate m. Hexanitrat n.
hexanoate m. Hexanoat n.
hexanol m. Hexanol n.
hexaose m. Hexaose f.
hexapeptide m. Hexapeptid n.
hexaploïde hexaploid
hexapropymate m. Hexapropymat n.
hexavalent sechswertig
hexédrine f. Hexedrin n.
hexétidine f. Hexetidin n.
hexidine f. Hexidin n.
heximide m. Heximid n.
hexitol m. Hexit n.
hexobarbital m. Hexobarbital n.
hexobendine f. Hexobendin n.
hexoestrol m. Hexestrol n.
hexokinase f. Hexokinase f.
hexon m. Hexon n.
hexopeptidase f. Hexopeptidase f.
hexoprénaline f. Hexoprenalin n.
hexopyrronium m. Hexopyrronium n.
hexosamine f. Hexosamin n.
hexosaminidase f. Hexosaminidase f.
hexosane m. Hexosan n.
hexosazone f. Hexosazon n.
hexose m. Hexose f.
hexosediphosphatase f. Hexosedi phosphatase f.
hexosediphosphate m. Hexosedi phosphat n.
hexosidase f. Hexosidase f.
hexosyltransférase f. Hexosyltransferase f.
hexuronate m. Hexuronat n.
hexylamine f. Hexylamin n.
hexylcaïne f. Hexylcain n.
hexyle m. Hexyl n.
hexylrésorcine f. Hexylresorcin n.
HIAP (human inhibitory apoptose protein) f., protéine humaine d'apoptose inhibitrice f. HIAP (humanes inhibitorisches Apoptose-Protein) n.
hiatopexie f. Hiatopexie f.
hiatus m. Lücke f.
hibernation f. Hibernation f., Winterschlaf m.
hibernation artificielle f. künstlicher Winterschlaf m.
hiberner hibernieren
hibernome m. Hibernom n.

hidradénite f. Hidradenitis f.
hidradénome m. Hidradenom n.
hidrorrhée f. Hyperhidration f.
hidrosadénomes de Fox-Fordyce m. pl. Fox-Fordycesche Krankheit f.
hidrose f. Hidrose f.
hidrotique hidrotisch
hiérarchie f. Hierarchie f.
hiérarchique hierarchisch
hilaire hilär
hile m. Hilus m.
hilifuge hilifugal
hilipète hilipetal
hilite f. Hilitis f.
hippocampectomie f. Hippokampektomie f.
hippothérapie f. Hippotherapie f., Reittherapie f.
hippurate m. Hippurat n.
hippurie f. Hippurie f.
hippus pupillaire m. Irisschlottern n.
hirsutisme m. Hirsutismus m.
hirudine f. Hirudin n.
hirudinea f. Hirudinea f.
histaminase f. Histaminase f.
histamine f. Histamin n.
histaminergique histaminergisch
histidase f. Histidase f.
histidinase f. Histidinase f.
histidine f. Histidin n.
histidinémie f. Histidinämie f.
histidyle m. Histidyl n.
histidylglycine f. Histidylglyzin n.
histioblaste m. Histioblast m.
histiochimie f. Histiochemie f.
histiocytaire histiozytär
histiocyte m. Histiozyt m.
histiocytome m. Histiozytom n.
histiocytose f. Histiozytose f.
histiotrope histiotrop
histoadhésif m. Gewebe Klebstoff m.
histochimique histiochemisch
histocompatibilité f. Gewebeverträglichkeit f., Histokompatibilität f.
histocompatible gewebeverträglich
histogenèse f. Histogenese f.
histogramme m. Histogramm n.
histoire de la médecine f. Medizingeschichte f.
histologie f. Histologie f.
histologique histologisch
histologue m. Histologe m.
histolyse f. Histolyse f.
histolytique histolytisch
histomorphologie f. Histomorphologie f.
histomorphologique histomorphologisch

histomorphométrie f. Histomorphometrie f.
histomorphométrique histomorphometrisch
histone f. Histon n.
histopathologie f. Histopathologie f.
histopathologique histopathologisch
histoplasmose f. Histoplasmose f.
histotomographie f. Histotomographie f.
histotomographique histotomographisch
histotoxique f. histotoxisch
histotrope histotrop
HIV (Human Immunodeficiency Virus) m. HIV (humanes Immundefizienz-Virus) n.
hMG (human menopausal gonadotropin) f. HMG (menschliches Menopausen-Gonadotropin) n.
Hodgkin, maladie de f. Hodgkinsche Krankheit f., Morbus Hodgkin m.
holandrique holandrisch
holmium m. Holmium n.
holoblastique holoblastisch
holocellulose f. Holozellulose f.
holocrine holokrin
holodiastolique holodiastolisch
hologamie f. Hologamie f.
holographie f. Holographie f.
hologynique hologyn
holoparasite m. Holoparasit m.
holosystolique holosystolisch
holotype m. Holotyp m.
holoxénique holoxenisch
holter m. Holter m.; Langzeitaufzeichnung f.
holter ECG m. Holter-EKG n.
holter tensionnel m. Holter-Blutdruckmessung m.
homalographie f. Homalographie f.
homarginine f. Homarginin n.
homatropine f. Homatropin n.
homéogreffe f. Homöotransplantat n.
homéopathe f. Homöopath f.
homéopathe m. Homöopath m.
homéopathie f. Homöopathie f.
homéopathique homöopathisch
homéostase f. Homöostase f.
homéotransplantation f. Homöotransplantation f.
homéotypique homöotypisch
homicide m. Totschlag m.
homme m. Mann m.
homocentrique homozentrisch
homochlorcyclisine f. Homochlorcyclizin n.
homocitrulline f. Homocitrullin n.
homocyclique homozyklisch
homocystéine f. Homozystein n.

homocystéinurie f. Homozysteinurie f.
homocytotrope homozytotrop
homodesmotique homodesmotisch
homoérotique homoerotisch
homofénazine f. Homofenazin n.
homogène gleichartig, gleichmäßig, homogen
homogénéisation f. Homogenisierung f.
homogénéiser homogenisieren
homogénéité f. Homogenität f.
homogentisate m. Homogentisat n.
homogreffe f. Homotransplantat n.
homoïoplastique homoioplastisch
homolatéral homolateral
homologie f. Homologie f.
homologue allogen, homolog
homologue m. Homolog n.
homomérie f. Homomerie f.
homonome homonom
homonyme homonym
homophénazine f. Homophenazin n.
homoplastie f. Homoplastik f.
homoplastique homoplastisch
homoproline f. Homoprolin n.
homosalate m. Homosalat n.
homosérine f. Homoserin n.
homosexualité f. Homosexualität f.
homosexuel homosexuell
homosexuel m. Urning m., Uranist m., Homosexueller
homotaurine f. Homotaurin n.
homothermique homothermisch
homotransplantation f. Homotransplantation f.
homozygote homozygot
homozygotie f. Homozygotie f.
honoraire m. Honorar m.
hôpital m. Krankenanstalt f., Krankenhaus n.
hôpital (financé par la communauté publique) m. gemeinnütziges Krankenhaus n.
hôpital avec enseignement universitaire m. Lehrkrankenhaus n.
hôpital central m. Schwerpunktkrankenhaus n.
hôpital de jour m. Tagesklinik f.
hôpital de nuit f. Nachtklinik f.
hôpital de prison m. Gefängniskrankenhaus n.
hôpital militaire m. Lazarett n., Militärkrankenhaus n.
hôpital pour incurables m. Siechenhaus n.
hôpital régional m. Bezirkskrankenhaus n., Kreiskrankenhaus n.
hoquet m. Schluckauf m., Singultus m.
hordéine f. Hordein n.

hordénine f. Hordenin n.
horizon m. Gesichtskreis m., Horizont m.
horizontal horizontal
hormonal hormonell
hormone f. Hormon n.
hormone adrénocorticotrope (ACTH) f. adrenocorticotropes Hormon (ACTH) n.
hormone antidiurétique f. antidiuretisches Hormon (ADH) n., Vasopressin n.
hormone cellulaire f. Zellhormon n.
hormone corticosurrénale f. Nebennierenrindenhormon n.
hormone corticotrope f. Kortikotropin n.
hormone de croissance f. Wachstumshormon n.
hormone de maturation folliculaire f. Follikelreifungshormon n.
hormone de stimulation gonadotrope f. Gonadotropinreleasing-Hormon n.
hormone dilatatrice des mélanophores f. Intermedin n.
hormone du lobe postérieur de l'hypophyse f. Hypophysenhinterlappenhormon n.
hormone lactogèneplacentaire humaine f. menschliches Plazenta-Laktationshormon n.
hormone lutéinisante f. Luteinisierungshormon (LH) n.
hormone lutéotrope f. luteotropes Hormon (LTH) n.
hormone mélanostimulante (MSH) f. Melanoliberin n., melanozytenstimulierendes Hormon n.
hormone mélanotrope f. Melanotropin n.
hormone neurocrine f. Neurohormon n.
hormone ovarienne f. weibliches Keimdrüsenhormon n.
hormone peptidique f. Peptidhormon n.
hormone sexuelle f. Geschlechtshormon n., Sexualhormon n.
hormone stéroidienne f. Steroidhormon n.
hormone testiculaire f. männliches Keimdrüsenhormon n.
hormone thyréotrope f. thyreotropes Hormon n.
hormone thyroidienne f. Schilddrüsenhormon n.
hormone tissulaire f. Gewebshormon n.
hormonosuppression f. Hormonsuppression f.
hormonothérapie f. Hormonbehandlung f.
Horner, syndrome de m. Horner-Syndrom n.
horoptère f. Horopter m.
hors d'haleine atemlos
hors mariage außerehelich
hospice m. Pflegeanstalt f.
hospitalisation f. Aufnahme f. ins Krankenhaus, Klinikaufenthalt m., stationäre Einweisung f.,
hospitalisation d'urgence f. Notaufnahme f.
hospitalisation forcée f. Zwangshospitalisierung f.
hospitaliser, faire einliefern in ein Krankenhaus
hospitalisme m. Hospitalismus m.
hôte m. Empfänger m., Wirt m.
hôte de prédilection m. Hauptwirt m.
hôte intermédiaire m. Zwischenwirt m.
hôte paraténique m. Nebenwirt m.
hôte supplémentaire m. Zusatzwirt m.
houblon m. Hopfen m.
hPL (hormone lactogène placentaire) f. HPL (menschliches Plazentalaktogen) n.
HSV (virus de l'Herpès simplex) m. HSV (Herpes-simplex-Virus) n.
Ht (hématocrite) f. HK (Hämatokrit) m.
HTLV (Human T Leucémia Virus) m. HTLV n.
huile f. Öl n.
huile camphrée f. Kampferöl n.
huile d'amande f. Mandelöl n.
huile d'arachide f. Erdnussöl n.
huile d'olive f. Olivenöl n.
huile de cèdre f. Zedernholzöl n.
huile de Chaulmoogra f. Chaulmoograöl n.
huile de chénopode f. Oleum Chenopodii anthelminthici n., Wurmsamenöl n.
huile de croton f. Krotonöl n.
huile de foie de morue f. Lebertran m.
huile de germe de blé f. Weizenkeimöl n.
huile de goudron f. Teeröl n.
huile de graine de cotonnier f. Baumwollsamenöl n.
huile de henné f. Hennaöl n.
huile de lin f. Leinöl n.
huile de moutarde f. Senföl n.
huile de ricin f. Oleum Ricini n., Rizinusöl n.
huile de sabine f. Sabinaöl n.
huile de sassafras f. Sassafrasöl n.
huile de saumon f. Lachsöl n.
huile de sésame f. Sesamöl n.
huile de thuya f. Thujaöl n.
huile essentielle f. ätherisches Öl n.
huile iodée f. Jodöl n.
huile minérale f. Mineralöl n.
huile végétale f. Pflanzenöl n.
humain menschlich
humanité f. Menschlichkeit f.

humectation f. Anfeuchtung f.
humecter befeuchten, wässern
huméroscapulaire humeroskapulär
humeur f. Stimmung f.
humeur aqueuse f. Augenwasser n., Kammerwasser des Auges n.
humeur triste f. traurige Gemütsverstimmung f.
humide feucht
humidification f. Anfeuchtung f., Befeuchtung f.
humidifier anfeuchten
humidité f. Feuchtigkeit f.
humidité atmosphérique f. Luftfeuchtigkeit f.
humoral humoral
Hurler, maladie de f. Hurler-Syndrom n., Pfaundler-Hurlersche Krankheit f.
hyalin hyalin
hyalinisation f. Hyalinisierung f.
hyaliniser hyalinisieren
hyalinose f. Hyalinose f.
hyalite f. Glaskörperentzündung f., Hyalitis f.
hyaloïde hyaloid
hyalomère m. Hyalomer n.
hyaloplasme m. Hyaloplasma n.
hyaluronate m. Hyaluronat n.
hyaluronidase f. Hyaluronidase f.
hybridation f. Hybridation f.
hybride m. Bastard m., Hybride m.
hybridome m. Hybridom n.
hycanthone f. Hycanthon n.
hyclate m. Hyclat n.
hydantoïnate m. Hydantoinat n.
hydantoïne f. Hydantoin n.
hydarthrose f. wässriger Gelenkerguss m., Hydrarthrose f.
hydatide f. Hydatide f.
hydrabamine f. Hydrabamin n.
hydracarbazine f. Hydracarbazin n.
hydragogue hydragog
hydralazine f. Hydralazin n.
hydramine f. Hydramin n.
hydramnion m. Hydramnion n.
hydramniotique hydramniotisch
hydrargyrisme m. Merkurialismus m.
hydrase f. Hydrase f.
hydrastine f. Hydrastin n.
hydratase f. Hydratase f.
hydrate m. Hydrat n.
hydrate de calcium m. Kalziumhydroxid n.
hydrate de carbone m. KH n., Kohlenhydrat n.
hydrate de chloral m. Chloralhydrat n.
hydrate de potasse m. Ätzkali n.

hydrate de trikétohydrindène m. Triketohydrindenhydrat n.
hydration f. Hydration f.
hydraulique hydraulisch
hydrazide m. Hydrazid n.
hydrazine f. Hydrazin n.
hydrazinophthalazine f. Hydrazinophthalazin n.
hydrazone f. Hydrazon n.
hydrémie f. Hydrämie f.
hydrémique hydrämisch
hydride m. Hydrid n.
hydriodate m. Hydriodat n.
hydrique wasserhaltig
hydroa vacciniforme m. Hydroa vacciniforme n.
hydroabsorbant wasserbindend
hydrobilirubine f. Hydrobilirubin n.
hydrobromate m. Hydrobromat n.
hydrobromure m. Hydrobromid n.
hydrobulbie f. Hydrobulbie f.
hydrocarbazine f. Hydrocarbazin n.
hydrocarbone halogéné m. Halogenkohlenwasserstoff m.
hydrocarbure m. Kohlenwasserstoff m.
hydrocèle f. Hydrozele f., Wasserbruch m.
hydrocéphale normotensif m. Normaldruckhydrozephalus m.
hydrocéphalie f. Wasserkopf m.
hydrocéphalie externe f. Hydrocephalus externus m.
hydrochlorate d'ammoniaque m. Salmiak m.
hydrochlorothiazide m. Hydrochlorothiazid n.
hydrochlorure m. Hydrochlorid n.
hydrochlorure d'éthylmorphine f. Athylmorphinhydrochlorid n.
hydrochlorure de procaïne m. Procainhydrochlorid n.
hydrochlorure de quinine m. Chininhydrochlorid n.
hydrocholestérol m. Hydrocholesterin n.
hydrocodone f. Hydrocodon n.
hydrocolloïdal hydrokolloidal
hydrocolloïde m. Hydrokolloid n.
hydrocortisone f. Hydrocortison n.
hydrocupréine f. Hydrocuprein n., Hydrokuprein n.
hydrocyste m. Schweißzyste f.
hydrodynamique hydrodynamisch
hydrodynamique f. Hydrodynamik f.
hydroélectrique hydroelektrisch
hydroflumethiazide m. Hydroflumethiazid n.

hydrofraisage

hydrofraisage m. Nassbohren n.
hydrogel m. Hydrogel m.
hydrogénase f. Hydrogenase f.
hydrogénation f. Hydrierung f.
hydrogène m. Wasserstoff m.
hydrogène chloruré m. Chlorwasserstoff m.
hydrogène lourd m. schwerer Wasserstoff m.
hydrogène sulfuré m. Schwefelwasserstoff m.
hydrogènelyase f. Hydrogenlyase f.
hydrogéner hydrieren
hydrolabile hydrolabil
hydrolabilité f. Hydrolabilität f.
hydrolase f. Hydrolase f.
hydrolysable hydrolysabel
hydrolyse f. Hydrolyse f.
hydrolyser hydrolysieren
hydrolytique hydrolytisch
hydromediastin m. Hydromediastinum n.
hydromélie f. Hydromelie f.
hydrométrie f. Hydrometra f.
hydromeulage m. Naßschleifen n.
hydromorphone f. Hydromorphon n.
hydronéphrose f. Hydronephrose f.
hydronéphrotique hydronephrotisch
hydronium m. Hydronium n.
hydropathie f. Hydropathie f.
hydropectique hydropektisch
hydropéricarde m. Hydroperikard n.
hydrophile hydrophil, wasseranziehend
hydrophilie f. Hydrophilie f.
hydrophobe hydrophob, wasserabstoßend
hydrophobie f. Hydrophobie f.
hydrophtalmie f. Hydrophthalmie f.
hydropique hydropisch, wassersüchtig
hydropneumothorax m. Seropneumothorax m.
hydrops m. Hydrops m., Wassersucht f.
hydroquinone f. Hydrochinon n.
hydrorrhée f. Hydrorrhö f.
hydrosalpinx m. Hydrosalpinx f., Saktosalpinx f.
hydrosoluble wasserlöslich
hydrostatique hydrostatisch
hydrotalcite m. Hydrotalcit n.
hydrothérapeutique hydrotherapeutisch
hydrothérapie f. Hydrotherapie f.
hydrothorax m. Hydrothorax m., Serothorax m.
hydrotomie f. Hydrotomie f.
hydrotropie f. Hydrotropie f.
hydrotubation f. Hydrotubation f.
hydrouretère m. Hydroureter m.
hydroxicalciférol m. Hydroxycalciferol n.
hydroxindasol m. Hydroxindasol m.
hydroxonium m. Hydroxonium n.

hydroxyacide m. Hydroxysäure f.
hydroxyapatite f. Hydroxyapatit n.
hydroxybenzoate m. Hydroxybenzoat n.
hydroxybutyrate m. Hydroxybutyrat n.
hydroxybutyrate déshydrogénase f. HBDH (Hydroxybutyratdehydrogenase) f.
hydroxychloroquine f. Hydroxychlorochin n.
hydroxycholécalcifétol m. Hydroxycholecalciferol n.
hydroxycobalamine f. Hydroxykobalamin n.
hydroxycodéine f. Hydroxykodein n.
hydroxycorticostéroïde m. Hydroxykortikosteroid n.
hydroxyde m. Hydroxid n., Hydroxyd n.
hydroxyde de calcium m. Calciumhydroxid n.
hydroxyde de potassium m. Kaliumhydroxid n.
hydroxyde de sodium m. Natriumhydroxid n.
hydroxydopamine f. Hydroxydopamin n.
hydroxyéthylamidon m. Hydroxyethylstärke f.
hydroxylamine f. Hydroxylamin n.
hydroxylapatite f. Hydroxylapatit m.
hydroxylase f. Hydroxylase f.
hydroxylation f. Hydroxylierung f.
hydroxyle m. Hydroxyl n.
hydroxyler hydroxylieren
hydroxylysine f. Hydroxylysin n.
hydroxyméthylglutaryl Coenzyme-A réductase f. Hydroxymethyl-Glutaryl-Coenzym-A-Reduktase f.
hydroxynervone f. Hydroxynervon n.
hydroxynitrile m. Hydroxynitril n.
hydroxyprogestérone f. Hydroxyprogesteron n.
hydroxyproline f. Hydroxyprolin n.
hydroxyprolinémie f. Hydroxyprolinämie f.
hydroxyprolinurie f. Hydroxyprolinurie f.
hydroxypropylidène m. Hydroxypropyliden n.
hydroxypropylméthylcellulose f. Hydroxypropylmethylzellulose f.
hydroxyquinoléine f. Hydroxychinolin n.
hydroxystéroïde m. Hydroxysteroid n.
hydroxytoluène m. Hydroxytoluol n.
hydroxytryptamine f. Hydroxytryptamin n.
hydroxytryptophane m. Hydroxytryptophan n.
hydroxyurée f. Hydroxykarbamid n.
hydroxyzine f. Hydroxyzin n.
hygiène f. Gesundheitspflege f., Hygiene f. (Lehrfach)

hyperfonction

hygiène buccale f. Mundhygiene f.
hygiène corporelle f. Körperpflege f.
hygiène de la main f. Handhygiene f.
hygiène dentaire f. Zahnpflege f.
hygiène dentaire à l'école f. Schulzahnpflege f.
hygiénique hygienisch
hygromatose f. Hygromatose f.
hygrome m. Hygrom n.
hygrome du coude m. Ellenbogenhygrom n. (veter.)
hygromètre m. Hygrometer n.
hygrométrie f. Hygrometrie f.
hygrométrique hygrometrisch
hygronium m. Hygronium n.
hygroscopique hygroskopisch
hymécromone f. Hymecromon n.
hymen m. Hymen n.
hyménal hymenal
hymenectomie f. Hymenektomie f.
hyménite f. Hymenitis f.
hyménolepsiase f. Hymenolepsiasis f.
Hymenolepsis nana m. Zwergbandwurm m.
hyobranchial hyobranchial
hyoglossique hyoglossal
hyoscine f. Hyoscin n.
hyoscyamine f. Hyoscyamin n.
hyoscyamus m. Hyoscyamus m.
hyothyroïdien hyothyroidal
hypacousie f. Hypakusis f.
hyperabduction f. Hyperabduktion f.
hyperacide hyperazid, superazid
hyperacidifier übersäuern
hyperacidité f. Hyperazidität f., Superazidität f., Übersäuerung f.
hyperacousie f. Hyperakusis f.
hyperactif hyperaktiv
hyperactivité f. Hyperaktivität f., Superaktivität f., Überaktivität f.
hyperadrénalisme m. Hyperadrenalismus m.
hyperaigu hyperakut, perakut
hyperalbuminémie f. Hyperalbuminämie f.
hyperaldostéronisme m. Hyperaldosteronismus m.
hyperalgésie f. Hyperalgesie f.
hyperalgésique hyperalgetisch
hyperalgie f. Hyperalgie f.
hyperalphalipoproteïnémie f. Hyperalphalipoproteinämie f.
hyperaminoacidurie f. Hyperaminoazidurie f.
hyperammoniémie f. Hyperammoniämie f.
hyperargininémie f. Hyperargininämie f.
hyperbare hyperbar

hyperbétalipoprotéinémie f. Hyperbetalipoproteinämie f.
hyperbilirubinémie f. Hyperbilirubinämie f.
hyperbilirubinémique hyperbilirubinämisch
hyperbole f. Hyperbel f.
hypercalcémie f. Hypercalcämie f.
hypercalcitonisme m. Hyperkalzitoninismus m.
hypercalciurie f. Hyperkalziurie f.
hypercalorique hyperkalorisch
hypercapnie f. Hyperkapnie f.
hypercapnique hyperkapnisch
hypercémentose f. Hyperzementose f.
hyperchlorémie f. Hyperchlorämie f.
hyperchlorémique hyperchlorämisch
hyperchlorhydrie f. Hyperchlorhydrie f.
hyperchlorhydrique hyperchlorhydrisch
hypercholestérolémie f. Hypercholesterinämie f., Hypercholesterolämie f.
hyperchromatique hyperchromatisch
hyperchrome hyperchrom
hyperchromie f. Hyperchromasie f.
hypercinésie f. Hyperkinesie f.
hypercoagulabilité f. Hyperkoagulabilität f.
hypercorrection f. Überkorrektur f.
hypercorticisme m. Hyperkortizismus m.
hypercortisolisme m. Hypercortisolismus m.
hypercuprémie f. Hypercuprämie f., Hyperkuprämie f.
hyperdense hyperdens
hyperdicrotisme m. Hyperdikrotie f.
hyperdiploïde hyperdiploid
hyperémèse f. Hyperemesis f.
hyperémèse de la femme enceinte f. Schwangerschaftserbrechen n.
hyperémie f. Hyperämie f.
hyperémie passive f. Stauungshyperämie f.
hyperémique hyperämisch
hyperéosinophilie f. Hypereosinophilie f.
hyperergie f. Hyperergie f.
hyperergique hyperergisch
hyperesthésie f. Hyperästhesie f.
hyperesthétique hyperästhetisch
hyperexcitabilité f. Übererregbarkeit f.
hyperexcitable übererregbar
hyperexie f. Hyperexie f.
hyperexpression f. Überexpression f.
hyperextension f. Hyperextension f., Überstreckung f.
hyperfibrinolyse f. Hyperfibrinolyse f.
hyperfibrinolytique hyperfibrinolytisch
hyperflexibilité f. Hyperflexibilität f.
hyperflexion f. Hyperflexion f.
hyperfonction f. Hyperfunktion f., Überfunktion f.

hyperfonction adénohypophysaire f. Hypophysenvorderlappenüberfunktion f.
hyperfonction corticosurrénale f. Nebennierenrindenüberfunktion f.
hyperfonction du thymus f. Thymusdrüsenüberfunktion f.
hyperfonction hypophysaire f. Hypophysenüberfunkuon f.
hyperfonction neurohypophysaire f. Hypophysenhinterlappenüberfunktion f.
hyperforine f. Hyperforin n.
hypergalactie f. Hypergalaktie f.
hypergénitalisme m. Hypergenitalismus m.
hypergeusie f. Hypergeusie f.
hyperglobulie f. Hyperglobulie f.
hyperglobulinémie f. Hyperglobulinämie f.
hyperglucagonémie f. Hyperglukagonämie f.
hyperglycémie f. Hyperglykämie f.
hyperglycémie provoquée f. Glukosebelastung f.
hyperglycémique hyperglykämisch
hyperglycinémie f. Hyperglyzinämie f.
hypergonadisme m. Hypergonadismus m., Keimdrüsenüberfunktion f.
hyperhaute fréquence f. Superhochfrequenz f.
hyperhémique hyperämisch
hyperhidrose f. Hyperhidrose f.
hyperhomocystéinémie f. Hyperhomozysteinämie f.
hyperhydratation f. Uberwässerung f.
hypéricine f. Hypericin n.
hyperimmun hyperimmun
hyperimmunoglobuline f. Hyperimmunglobulin n.
hyperinsulinisme m. Hyperinsulinismus m.
hyperkaliémie f. Hyperkaliämie f.
hyperkératose f. Hyperkeratose f.
hyperkératose de Kyrle f. Kyrlesche Hyperkeratose f.
hyperkinésie f. Hyperkinesie f.
hyperkinésie f. défaut de concentration m. Aufmerksamkeitsdefizit n.
hyperkinétique hyperkinetisch
hyperlactacidémie f. Hyperlaktazidämie f.
hyperleptinémie f. Hyperleptinämie f.
hyperleucocytose f. Hyperleukozytose f.
hyperlipémie f. Hyperlipämie f.
hyperlipidémie f. Hyperlipidämie f.
hyperlordose f. Hohlkreuz n.
hyperlutéinisation f. Hyperluteinisierung f.
hyperlysinémie f. Hyperlysinämie f.
hypermagnésiémie f. Hypermagnesiämie f.
hypermature überreif
hyperménorrhée f. Hypermenorrhö f.
hyperméthioninémie f. Hypermethioninämie f.
hypermétrope fernsichtig, hypermetrop, hyperopisch, weitsichtig
hypermétropie f. Hypermetropie f.
hyperminéralisation f. Hypermineralisation f.
hypermobilité f. Supermotilität f.
hypermotilité f. Hypermotilität f.
hypernasalité f. Hypernasalität f.
hypernatriémie f. Hypernatriämie f.
hypernéphrome m. Grawitztumor m., Hypernephrom n.
hypernormal hypernormal, supernormal, übernormal
hyperopie f. Hyperopie f.
hyperopie axiale f. Achsenhyperopie f.
hyperornithinémie f. Hyperornithinämie f.
hyperorthognathe hyperorthognath
hyperoside m. Hyperosid n.
hyperosmie f. Hyperosmie f.
hyperosmolaire hyperosmolar
hyperosmolarité f. Hyperosmolarität f.
hyperosmose f. Hyperosmose f.
hyperostose f. Hyperostose f.
hyperostose ankylosante vertébrale f. Spondylosis hyperostotica f.
hyperoxalurie f. Hyperoxalurie f.
hyperoxalurique hyperoxalurisch
hyperoxémie f. Hyperoxie f.
hyperoxie f. Hyperoxie f.
hyperparathyroïdie f. Epithelkörperchenüberfunktion f.
hyperparathyroïdisme m. Hyperparathyreoidismus m.
hyperpathie f. Hyperpathie f.
hyperpéristaltique f. Hyperperistaltik f.
hyperphagie f. Hyperphagie f.
hyperphénylalaninémie f. Hyperphenylalaninämie f.
hyperphosphatémie f. Hyperphosphatämie f.
hyperpigmentation f. Hyperpigmentation f.
hyperplasie f. Hyperplasie f.
hyperplasie du thymus f. Thymushyperplasie f.
hyperplastique hyperplastisch
hyperploïde hyperploid
hyperpnée f. Hyperpnoe f.
hyperpolarisation f. Hyperpolarisation f.
hyperpression f. Überdruck m.
hyperproinsulinémie f. Hyperproinsulinämie f.
hyperprolactinémie f. Hyperprolaktinämie f.
hyperprolinémie f. Hyperprolinämie f.

hyperprotéinémie f. Hyperproteinämie f.
hyperpyrétique hyperpyretisch
hyperréactivité f. Hyperreaktivität f.
hyperréflexie f. Hyperreflexie f.
hypersalivation f. Hypersalivation f.
hypersarcosinémie f. Hypersarkosinämie f.
hypersécréteur hypersekretorisch
hypersécrétion f. Hypersekretion f., Suersekretion f.
hypersécrétoire hypersekretorisch
hypersegmentaire übersegmentiert
hypersegmentation f. Hypersegmentation f., Übersegmentation f.
hypersegmenté hypersegmentiert
hypersélectif superseleknv
hypersensibilisation f. Allergisierung f.
hypersensibilité f. Hypersensibilität f., Überempfindlichkeit f.
hypersensible hypersensibel, überempfindlich
hypersexualité f. Hypersexualität f.
hypersignal (imagerie) m. Hypersignal (roentg.) n.
hypersomnie f. Hypersomnie f., Schlafsucht f.
hypersplénisme m. Hypersplenie f.
hypersthénurie f. Hypersthenurie f.
hypersystole f. Hypersystole f.
hypertélorisme m. Hypertelorismus m.
hypertensif hypertensiv
hypertensine f. Hypertensin n.
hypertension f. Hochdruck m., Hypertension f.
hypertension artérielle de type Goldblat f. Goldblat-Hypertonie f.
hypertension avec pâleur f. blasser Hochdruck m.
hypertension avec rougeur congestive f. roter Hochdruck m.
hypertension d'impédance f. Widerstandshochdruck m.
hypertension essentielle f. essentielle Hypertonie f.
hypertension néphrogène f. nephrogene Hypertonie f.
hypertension portale f. portale Hypertonie f., Pfortaderhochdruck m.
hyperthermie f. Hyperthermie f., Überwärmung f.
hyperthermie avec frisson f. hitziges Fieber n.
hyperthymie f. Hyperthymie f.
hyperthymique hyperthym
hyperthyréose f. Hyperthyreose f.
hyperthyroïdie f. Hyperthyreose f.
hyperthyroïdien hyperthyreotisch
hypertonie f. Hochdruck m., Hypertonie f.
hypertonique hypertonisch
hypertrichose f. Hypertrichose f.
hypertriglycéridémie f. Hypertriglyzeridämie f.
hypertriploïde hypertriploid
hypertrophie f. Hypertrophie f.
hypertrophie cardiaque f. Herzhypertrophie f.
hypertrophie prostatique begnine f. benigne Prostatahypertrophie (BPH) f.
hypertrophie prostatique f. Prostatahypertrophie f.
hypertrophique hypertrophisch
hyperuricémie f. Hyperurikämie f.
hyperuricosurie f. Hyperurikosurie f.
hypervalinémie f. Hypervalinämie f.
hypervariable hypervariabel
hypervascularisation f. Hypervaskularisation f.
hyperventilation f. Hyperventilation f.
hypervirulent supervirulent
hyperviscosité f. Hyperviskosität f.
hypervisqueux hyperviskös
hypervitaminose f. Hypervitaminose f.
hypervolémie f. Hypervolämie f.
hyphe m. Hyphe f., Pilzfaden m.
hyphéma m. Hyphäma n.
hyphomycète m. Schimmelpilz m., Hyphomyzet m.
hyphomycose f. Hyphomykose f.
hypinose f. Hypinose f.
hypnagogique hypnagog
hypnoanalyse f. Hypnoanalyse f.
hypnoanalytique hypnoanalytisch
hypnocatharsis f. Hypnokatharsis f.
hypnogène hypnogen
hypnoïde hypnoid
hypnopompique hypnopomp
hypnose f. Hypnose f.
hypnothérapie f. Hypnotherapie f., Schlafbehandlung f.
hypnotique hypnotisch
hypnotique m. Hypnotikum n.
hypnotisation f. Hypnotisierung f.
hypnotiser hypnotisieren
hypnotiseur m. Hypnotiseur m.
hypnotisme m. Hypnotismus m.
hypoacide hypazid
hypoacidité f. Hypazidität f., Subacidität f., Subazidität f.
hypoaffectivité f. Gemütsarmut f.
hypoaldostéronisme m. Hypoaldosteronismus m.

hypoalgésie f. Hypalgesie f.
hypoalgésique hypalgetisch
hypoallergène m. hypoallergen n.
hypoalphalipoprotéinémie f. Hypoalphalipoproteinämie f.
hypoandrogénie f. Hypoandrogenismus m.
hypobare hypobar
hypobarie f. Hypobarismus m.
hypobétalipoprotéinémie f. Hypobetalipoproteinämie f.
hypoblaste m. Hypoblast m.
hypoboulie f. Hypobulie f.
hypobromite m. Hypobromit n.
hypocalcémie f. Hypokalzämie f.
hypocalcémique hypokalzämisch
hypocalorique hypokalorisch, unterkalorisch
hypocapnie f. Hypokapnie f.
hypochlorémie f. Hypochlorämie f.
hypochlorémique hypochlorämisch
hypochlorhydrie f. Hypochlorhydrie f.
hypochlorhydrique hypazid, hypochlorhydrisch
hypochlorite m. Hypochlorit n.
hypochlorite de sodium m. Natriumhypochlorit n.
hypocholestérolémie f. Hypocholesterinämie f.
hypochondre m. Hypochondrium n.
hypochondriaque m. Hypochonder m.
hypochromasie f. Hypochromasie f.
hypochromatique hypochromatisch
hypochrome hypochrom
hypochromie f. Hypochromie f.
hypochylie f. Hypochylie f.
hypocinésie f. Hypokinese f.
hypocinétique hypokinetisch
hypocoagulabilité f. Hypokoagulabilität f.
hypocomplémentémie f. Hypokomplementämie f.
hypocondriaque hypochondrisch
hypocondrie f. Hypochondrie f.
hypoconide m. Hypokonid n.
hypoconulide m. Hypokonulid n.
hypoconvertinémie f. Hypokonvertinämie f.
hypocorticisme m. Nebennierenrindenunterfunktion f.
hypocortisolisme m. Hypocortisolismus m.
hypodense hypodens
hypodermique subkutan, subdermal
hypodermose f. Hypodermose f.
hypodipsie f. Hypodipsie f.
hypodontie f. Hypodontie f.
hypodynamique hypodynamisch
hypoesthésie f. Hypästhesie f.
hypoesthétique hypästhetisch

hypofonction f. Hypofunktion f., Unterfunktion f.
hypofonction adénohypophysaire f. Hypophysenvorderlappenunterfunktion f.
hypofonction hypophysaire f. Hypophysenunterfunktion f.
hypofonction neurohypophysaire f. Hypophysenhinterlappenunterfunktion f.
hypogalactie f. Hypogalaktie f.
hypogammaglobulinémie f. Hypogammaglobulinämie f.
hypogastrique hypogastrisch
hypogénésie f. Hypogenesie f.
hypogénie f. Hypogenie f.
hypogénitalisme m. Hypogenitalismus m.
hypoglycémie f. Hypoglykämie f.
hypoglycémie spontanée f. Spontanhypoglykämie f.
hypoglycémique hypoglykämisch
hypognathe hypognath
hypognathie f. Hypognathie f.
hypogonadique hypogonadal
hypogonadisme m. Hypogonadismus m., Keimdrüsenunterfunktion f.
hypogueusie f. Hypogeusie f.
hypohéma m. Hyphäma n.
hypokaliémie f. Hypokaliämie f.
hypolastie f. Hypolastie f.
hypolipidémie f. Hypolipidämie f.
hypolipoprotéinémie f. Hypolipoproteinämie f.
hypoliquorrhée f. Hypoliquorrhö f.
hypologie f. Hypologie f.
hypomagnésémie f. Hypomagnesiämie f.
hypomane hypomanisch
hypomanie f. Hypomanie f.
hypomastie f. Hypomastie f.
hypomélanose f. Hypomelanose f.
hypoménorrhée f. Hypomenorrhö f.
hypométrie f. Hypometrie f.
hypométropie f. Hypometropie f.
hypomimie f. Hypomimie f.
hypominéralisation f. Hypomineralisation f.
hypomnésie f. Hypometrie f.
hypomotilité f. Hypomobilität f.
hyponasalité f. Hyponasalität f.
hyponatrémie f. Hyponatriämie f.
hyponatriurie f. Hyponatriurie f.
hyponoïa f. Hyponoia f.
hypo oestrogénémie f. Hypoestrogenämie f.
hypoorchidie f. Hyporchidie f.
hypo osmie f. Hyposmie f.
hypoosmotique hypoosmotisch, hyposmotisch
hypopallesthésie f. Hypopallästhesie f.

hypoparathyroïdie f.   Epithelkörperchenunterfunktion f., Hypoparathyreoidismus m.
hypophalangie f.   Hypophalangie f.
hypopharyngien   hypopharyngeal
hypopharyngoscopie f.   Hypopharyngoskopie f.
hypophonie f.   Hypophonie f.
hypophosphatasie f.   Hypophosphatasie f.
hypophosphate m.   Hypophosphat n.
hypophosphatémie f.   Hypophosphatämie f.
hypophosphaturie f.   Hypophosphatasie f
hypophosphite m.   Hypophosphit n.
hypophrasie f.   Hypophrasie n.
hypophysaire   hypophysär
hypophyse f.   Hirnanhangdrüse f., Hypophyse f.
hypophysectomie f.   Hypophysektomie f.
hypophysectomiser   hypophysektomieren
hypophysio-sphénoïdien   hypophysiosphenoidal
hypophysite f.   Hypophysitis f.
hypopion m.   Hypopion n.
hypoplasie f.   Hypoplasie f.
hypoplasique   hypoplastisch
hypoplastique   hypoplastisch
hypoploïdie f.   Hypoploidie f.
hypopraxie f.   Hypopraxie f.
hypoprotéinémie f.   Hypoproteinämie f.
hypoprothrombinémie f.   Hypoprothrombinämie f.
hypoprotidémie f.   Hypalbuminämie f.
hyporéactivité f.   Hyporeaktivität f.
hyporéflexie f.   Hyporeflexie f.
hyposalie f.   Hyposalie f.
hyposalivation f.   Hyposalivation f.
hyposensibilisation f.   Hyposensibilisierung f.
hyposidérémie f.   Hyposiderämie f.
hyposignal (imagerie) m.   Hyposignal (roentg.) n.
hyposmose f.   Hyposmose f.
hyposomie f.   Hyposomie f.
hypospadias m.   Hypospadie f.
hypospermie f.   Hypospermie f.
hypostase f.   Hypostase f.
hypostatique   hypostatisch
hyposthénurie f.   Hyposthenurie f.
hyposulfite de sodium m.   Natriumhyposulfit n.
hypotaxie f.   Hypotaxie f.
hypotélorisme m.   Hypotelorismus m.
hypotenseur   hypotensiv
hypotension f.   Hypotension f., Unterdruck m.

hypothalamique   hypothalamisch, subthalamisch
hypothalamo-hypophysiogonadique   hypothalamo-hypophysiogonadal
hypothalamotomie f.   Hypothalamotomie f.
hypothermie f.   Hypothermie f., Unterkühlung f., Untertemperatur f.
hypothermie spontanée f.   Spontanhypothermie f.
hypothermique   hypothermisch
hypothèse f.   Hypothese f.
hypothétique   hypothetisch
hypothiocyanite m.   Hypothiocyanit n.
hypothyréose f.   Hypothyreose f.
hypothyroïdie f.   Hypothyreose f.
hypothyroïdien   hypothyreotisch
hypothyroïdisme m.   Hypothyreose f.
hypotonie f.   Hypotonie f.
hypotonique   hypotonisch
hypotrichose f.   Hypotrichose f.
hypotrophie f.   Hypotrophie f.
hypotrophique   hypotroph
hypotympanotomie f.   Hypotympanotomie f.
hypoventilation f.   Hypoventilation f.
hypovitaminose f.   Hypovitaminose f.
hypovolémie f.   Hypovolämie f.
hypovolémique   hypovolämisch
hypovolition f.   Hypovolie f.
hypoxanthine f.   Hypoxanthin n.
hypoxémie f.   Hypoxämie f.
hypoxémique   hypoxämisch
hypoxie f.   Hypoxämie f., Hypoxie f.
hypoxique   hypoxisch
hypozoospermie f.   Hypozoospermie f.
hyprolose m.   Hyprolose n.
hypromellose f.   Hypromellose f.
hypsarythmie f.   Hypsarrhythmie f.
hypsocéphalie f.   Turmschädel m.
hypsochromie f.   Hypsochromie f.
hypsodonte   hypsodont
hypsophobie f.   Hypsophobie f.
hystérectomie f.   Hysterektomie f.
hystérectomie par voie abdominale f.   abdominale Hysterektomie f.
hystérésis f.   Hysterese f.
hystérie f.   Hysterie f.
hystérique   hysterisch
hystérique f.   Hysterikerin f.
hystérique m.   Hysteriker m.
hystérocèle f.   Hysterozele f.
hystérocervicotomie f.   Hysterozervikotomie f.
hystéroépilepsie f.   Hysteroepilepsie f.
hystérographie f.   Hysterographie f., Uterographie f.

hystérographique hysterographisch
hystéromucographie f. Hysteromukographie f.
hystéronarcolepsie f. Hysteronarkolepsie f.
hystéropelvioplastie f. Uteropelvioplastik f.
hystéropexie f. Hysteropexie f.
hystéroptose f. Hysteroptose f.
hystérosalpingectomie f. Hysterosalpingektomie f.
hystérosalpingographie f. Hysterosalpingographie f., Metrosalpingographie f.
hystérosalpingostomie f. Hysterosalpingostomie f.
hystérosalpingotomie f. Hysterosalpingotomie f.
hystéroscope m. Hysteroskop n.
hystétoscopique hysteroskopisch
hystérostomatotomie f. Hysterostomatotomie f.
hystérothermographie f. Uterothermographie f.
hystérotomie f. Hysterotomie f.
hystérotomie abdominale f. abdominale Hysterotomie f.
hystérotonine f. Hysterotonin n.

I

ianthinopsie f. Ianthinopsie f.
iatrogène iatrogen, medikamenteninduziert
ibandronate m. Ibandronat n.
ibudilast m. Ibudilast n.
ibuvérine f. Ibuverin n.
ichtammol m. Ammoniumbituminosulfonat n.
ichthyosarcotoxisme m. Ichthyosarkotoxismus m.
ichthyose f. Ichthyose f.
ichthyosiforme ichthyosiform
ichthyotique ichthyosiform, ichthyotisch
icosanoate m. Icosanoat n.
icosanoïde m. Icosanoid n.
ICSH (interstitial cell stimulation hormone) f. ICSH (Leydigzellstimulierendes Hormon) n.
ictère m. Gelbsucht f., Ikterus m.
ictère hyperurobilinémique m. Urobilinikterus m.
ictère néonatal m. Neugeborenenikterus m.
ictère nucléaire m. Kernikterus m.
ictère rétentionnel m. Verschlussikterus m.
ictérique gelbsüchtig, ikterisch
idéal ideal
idéal m. Ideal n.
idéation f. Ideation f.
idée f. Gedanke m., Idee f., Vorstellung (geistige) f.
idée délirante f. Wahnidee f.
idéel ideatorisch
identification f. Erkennung f., Identifizierung f.
identification, site d' m. Erkennungsstelle f.
identifier identifizieren
identique identisch
identité f. Identität f.
idéogène ideogenetisch
idinavir m. Idinavir n.
idioagglutinine f. Idioagglutinin n.
idiochromatine f. Idiochromatin n.
idiochromatique idiochromatisch
idiochromidie f. Idiochromidie f.
idiocinétique idiokinetisch
idiocratique idiokratisch
idioélectrique idioelektrisch
idiogramme m. Idiogramm n.
idioisoagglutinine f. Idioisoagglutinin n.
idioisolysine f. Idioisolysin n.
idiolalie f. Idiolalie f.
idiologisme m. Idiologismus m.
idiolysine f. Idiolysin n.

idiomusculaire idiomuskulär
idiopathique idiopathisch
idiophrasie f. Idiophrasie f.
idiosyncrasie f. Idiosynkrasie f.
idiosyncrasique idiosynkratisch
idiot m. Idiot m.
idiotie f. Idiotie f.
idiotopie f. Idiotopie f.
idiotopique idiotopisch
idiotrope idiotrop
idiotype m. Idiotyp m.
idiotypique idiotypisch
idioventriculaire idioventrikulär
idite f. Idit n.
iditol m. Idit n.
idose m. Idose f.
iduronate m. Iduronat n.
iduronidase f. Iduronidase f.
ifosfamide m. Ifosfamid n.
Ig (immunoglobuline) f. IG (Immunglobulin) n.
igname f. Yamwurzel f.
ignipuncture f. Ignipunktur f.
iléite f. Ileitis f.
iléite terminale f. Ileitis terminalis f.
iléoanal ileoanal
iléocaecal ileozökal
iléocolique ileokolisch
iléocolite f. Ileokolitis f.
iléocolostomie f. Ileokolostomie f.
iléocolotomie f. Ileokolotomie f.
iléocystoplastie f. Ileozystoplastie f.
iléocystostomie f. Ileozystostomie f.
iléocystotomie f. Ileozystotomie f.
iléoiléostomie f. Ileoileostomie f.
iléojéjunal jejunoileal
iléojéjunostomie f. Ileojejunostomie f.
iléon m. Ileum m.
iléoproctostomie f. Ileoproktostomie f.
iléorectal ileorektal
iléorraphie f. Ileorrhaphie f.
iléosacré ileosakral
iléosigmoïdostomie f. Ileosigmoidostomie f.
iléostomie f. Ileostomie f.
iléotomie f. Ileotomie f.
iléotransversostomie f. Ileotransversostomie f.
iléus m. Ileus m.
iliaque iliakal
iliococcygien iliokokzygeal
iliofémoral iliofemoral
ilioinguinal ilioinguinal

ilion m. Darmbein n.
iliopelvien iliopelvin
iliopubien iliopubisch
iliosacré iliosakral
iliotibial iliotibial
illusion f. Illusion f.
illusions f. pl. Wunschdenken n.
illusoire illusionär
illustration f. Bildgebung f.
ilomédine f. Ilomedin n.
iloprost m. Iloprost n.
îlot pancréatique de Langerhans m. Langerhanssche Insel f.
i.m. (intramusculaire) i.m. (intramuskulär)
image f. Bild n.
image consécutive f. Nachbild n.
image d'artériosclérose en fil de cuivre (FO) f. Kupferdrahtarterie f.
image de colonne vertébrale „en bambou" f. Bambusstabwirbelsäule f.
image de niveaux liquides intestinaux f. Spiegelbildung im Darm (radiol.) f.
image de section f. Schnittbild n.
image rétinienne f. Netzhautbild n.
image sur écran f. Schirmbild n.
imagerie médicale f. bildgebendes Verfahren n.
imagerie radiographique f. Radioimaging n.
imaginaire imaginär
imagination f. Einbildung f., Imagination f., Phantasie f.
imaginer, s' sich einbilden
imatimibe m. Imatimib n.
imbécilité f. Imbezillität f., Schwachsinn m.
imiclopazine f. Imiclopazin n.
imidapril m. Imidapril n.
imidazol m. Imidazol n.
imide m. Imid n.
Imiglucérase f. Imingluceraze f.
iminodipeptidurie f. Iminodipeptidurie f.
iminoglycinurie f. Iminoglycinurie f.
iminophénimide m. Iminophenimid n.
iminostilbène m. Iminostilben n.
imipramine f. Imipramin n.
imitatif imitatorisch
imitation f. Imitation f.
immatriculation f. Immatrikulation f.
immatriculer immatrikulieren
immature unreif
immaturité f. Unreife f.
immédiat unmittelbar
immersion f. Untertauchen n.
immersion huileuse f. Ölimmersion f.
immigration f. Einwanderung f.
immigrer einwandern

imminent drohend (bevorstehend)
immision f. Immission f.
immobile immobil, unbeweglich
immobilisation f. Ruhigstellung (Fixation) f.
immobiliser immobilisieren, ruhigstellen (fixieren)
immobilité f. Immobilität f., Unbeweglichkeit f.
immoral unsittlich
immun immun
immunisation f. Immunisierung f.
immunisation préventive f. Schutzimpfung f.
immuniser immunisieren
immuniser (contre) feien (gegen)
immunité f. Immunität f.
immunoadhérence f. Immunadhärenz f.
immunoadsorption f. Immunadsorption f.
immunoblaste m. Immunoblast m.
immunoblastique immunoblastisch
immunoblot m. Immunoblot m.
immunochimie f. Immunchemie f.
immunochimique immunchemisch
immunochromatographie f. Immunochromatographie f.
immunocompétent immunkompetent
immunocyte m. Immunozyt m.
immunocytologie f. Immunzytologie f.
immunocytome m. Immunozytom n.
immunodéficience expérimentale de l'animal f. Runt-Krankheit f.
immunodermatologie f. Immundermatologie f.
immunodermatologique immundermatologisch
immunodiffusion f. Immunodiffusion f.
immunoélectrophorèse f. Immunelektrophorese f.
immunoessai m. Immunoassay m.
immunofluorescence f. Immunfluoreszenz f., Immunofluoreszenz f.
immunoglobuline f. Immunglobulin n.
immunohématologie f. Immunhämatologie f.
immunohistochimie f. Immunhistochemie f.
immunohistopathologie f. Immunhistopathologie f.
immunologie f. Immunitätslehre f., Immunologie f.
immunologique immunologisch
immunomodulateur immunmodulatorisch
immunomodulation f. Immunmodulation f.
immunonéphélométrie f. Immunonephelometrie f.

immunonéphélométrique   immunonophelometrisch
immunoperoxydase f.   Immunoperoxidase f.
immunopharmacologie f.   Immunopharmakologie f.
immunopharmacologique   immunopharmakologisch
immunoprolifératif   immunoproliferativ
immunoradiométrie f.   Immunoradiometrie f.
immunoradiométrique   immunoradiometrisch
immunoréactif   immunreaktiv
immunoréaction f.   Immunoreaktion f.
immunoréactivité f.   Immunreaktionsfähigkeit f., Immunreaktivität f.
immunostimulant   immunstimulierend
immunostimulant m.   Immunstimulans n.
immunosuppressif   immunsuppressiv
immunosuppression f.   Immunosuppression f.
immunotechnique f.   Immuntechnik f.
immunothérapeutique   immuntherapeutisch
immunothérapie f.   Immunotherapie f., Immuntherapie f.
immunotoxine f.   Immunotoxin n.
imolamine f.   Imolamin n.
impalpable   nichttastbar
imparcazine f.   Imparcazin n.
impédance f.   Impedanz f.
impénétrabilité f.   Undurchdringlichkeit f.
impénétrable   undurchdringlich, undurchgängig
impératif m.   Imperativ m.
imperceptible   unmerklich
imperméable   undurchlässig, wasserdicht
impétigineux   impetiginös
impétiginisation f.   Impetiginisierung f.
impétigo m.   Impetigo m.
implant m.   Implantat n.
implant cérébral thérapeutique m.   therapeutisches Gehirnimplantat n.
implant cochléaire m.   elektronische Innenohrprothese f.
implant d'augmentation cérébrale m.   Neuroenhancement-Gehirnimplantat n.
implant de cristallin m.   Linsenimplantat n.
implant dentaire m.   Zahnimplantat n.
implantable   implantabel
implantation f.   Einbettung f., Implantation f.
implantation de radium f.   Radiumspickung f.
implantation de selles f.   Stuhltransplantation f.; Stuhlimplantat m.
implanter   implantieren

implantologie f.   Implantologie f.
implication f.   Einbeziehung f., Folgerung f., Implikation f.
imprécis   ungenau
imprégnation f.   Imprägnation f., Imprägnierung f.
imprégnation argyrique f.   Silberimprägnation f., Silberimprägnierung f.
imprégner   imprägnieren
impression f.   Eindruck m., Impression f.
impression de boule f.   Globusgefühl n.
impression sur feuille f.   Folienabdruck m.
impressionnabilité f.   Schreckhaftigkeit f.
imprévisible   unvorhersehbar
improductif   unergiebig
impromidine f.   Impromidin n.
impropre   ungeeignet
improvisé   behelfsmäßig
impuissance f.   Hilflosigkeit f., Impotenz f.
impuissant   hilflos, impotent
impulsif   impulsiv
impulsion f.   Antrieb m., Impuls f.
impulsion, manque d' m.   Antriebsschwäche f.
impur   unrein
impur (chem.)   unsauber
impureté f.   Unreinheit f., Verunreinigung f.
in vitro   in vitro
in vivo   in vivo, intravital
inaccessible   unzugänglich
inactif   inaktiv
inactivateur m.   Inaktivator m.
inactivation f.   Inaktivierung f.
inactiver   inaktivieren
inactivité f.   Inaktivität f.
inadapté aux conditions tropicales   tropenuntauglich
inadéquat   inadäquat
inamélioré   ungebessert
inanimé   unbelebt
inanition f.   Inanition f., Verhungern n.
inapaisable   unstillbar
inappétence f.   Appetitlosigkeit f., Innappetenz f.
inapte au travail   arbeitsunfähig
inattendu   unerwartet
inattention f.   Unaufmerksamkeit f., Zerstreutheit f.
inaudible   nichthörbar
incapable   unfähig
incapable de gagner sa vie   erwerbsunfähig
incapacité de contracter une affaire f.   Geschäftsunfähigkeit f.
incapacité de travailler f.   Arbeitsunfähigkeit f

incarcération f. Inkarzeration f.
incarcération épiploïque f. Netzeinklemmung f.
incarcération stercorale f. Koteinklemmung f.
incarcérer einklemmen, inkarzerieren
incarné eingewachsen
incassable unzerbrechlich
incertain unsicher (zweifelhaft)
inceste m. Inzest m.
inchangé unverändert
incidence f. Häufigkeitsquote f., Inzidenz f.
incident m. Zwischenfall m.
incinérateur m. Veraschungsgerät n., Verbrennungsofen m.
incinération f. Einäscherung f., Leichenverbrennung f., Veraschung f.
incinérer veraschen, (Leichen) verbrennen
inciser aufschneiden, einschneiden
inciseur m. Schlitzer m.
incisif inzisal
incision f. Einschnitt m., Inzision f.
incision (chir.) f. Schnitt m.
incision abdominale f. Bauchschnitt m.
incision cruciale f. Kreuzschnitt m.
incision cutanée f. Hautschnitt m.
incision de la pointe f. Spitzenbeschneidung f.
incision dorso-lombaire f. Flankenschnitt m.
incision du grand droit de l'abdomen f. Rektusschnitt m.
incision en „bouche de poisson" f. Fischmaulschnitt m.
incision en cravatte f. Kragenschnitt m.
incision longitudinale f. Längsschnitt m.
incision médiane f. Mittelschnitt m.
incision perforante f. Stichinzision f.
incision rapide f. Schnellschnitt
incision semicirculaire f. Bogenschnitt m.
incisive f. Schneidezahn m.
incisure f. Inzisur f.
inclinaison f. Inklination f., Neigung f.
inclinaison distale f. Distalneigung f.
inclinaison en avant f. Vorwärtsbeugung f.
inclusion f. Einbettung f., Einschluss m., Einschlusskörperchen n.
inclusion cytomégalique f. zytomegaler Einschluss m.
incohérence f. Inkohärenz f.
incohérent inkohärent, sprunghaft
incommode unbehaglich, unbequem
incompatibilité f. Inkompatibilität f., Unverträglichkeit f.

incompatibilité Rhésus f. Rhesusunverträglichkeit f.
incompatible inkompatibel, unverträglich
incomplet unvollständig
incongruent inkongruent
inconscience f. Bewusstlosigkeit f.
inconscient bewusstlos, unbewusst
inconstance f. Unbeständigkeit f.
inconstant unbeständig
incontinence f. Inkontinenz f.
incontinence affective f. Affektinkontinenz f.
incontinence fécale f. Stuhlinkontinenz f.
incontinence pigmentaire f. Pigmentinkontinenz f.
incontinence urinaire f. Harninkontinenz f.
incontinence urinaire d'effort f. Belastungsharninkontinenz f.
incontinent inkontinent, unenthaltsam
incontrôlable unkontrollierbar
incontrôlé unkontrolliert
inconventionnel unkonventionell
incorporation f. Aufnahme f., Einverleibung f., Inkorporation f.
incorporer einverleiben, inkorporieren
incorrect fehlerhaft, unrichtig
incrément m. Inkrement n.
incrétion f. Inkretion f.
incrustation coulée f. Inlayguss m.
incubateur m. Brutapparat m., Inkubator m.
incubation f. Bebrütung f., Inkubation f.
incuber ausbrüten, bebrüten, inkubieren
incudectomie f. Inkudektomie f.
incudomalléaire inkudomalleal
incudostapédien inkudostapedial
incurable unheilbar
incurvation f. Krümmung f.
incyclophorie f. Inzyklophorie f.
incyclotropie f. Inzyklotropie f.
incyclovergence f. Inzyklovergenz f.
indanedione f. Indandion n.
indapamide m. Indapamid n.
indécision f. Offenstehen n.
indemne unverletzt
indemnité f. Krankheitsgewinn m.
indemnité de déplacement f. Wegegeld n.
indemnité kilométrique f. Kilometergeld n.
indénolol m. Indenolol n.
indépendant unabhängig
indésirable unerwünscht
indestructible unzerstörbar
indéterminé unbestimmt
index m. Index m., Zeigefinger m.
index de choc m. Schockindex m.
index de coloration m. FI (Färbeindex) m.

index de Sokolow m. Sokolow-Index m.
index globulaire Färbeindex m.
index, épreuve de l' f. Zeigeversuch m.
indican m. Indikan n.
indicanurie f. Indikanurie f.
indicateur m. Indikator m.
indication f. Anzeigestellung f., Indikation f.
indice m. Index m.
indice d'acide m. Säurezahl f.
indice palatin m. Gaumenindex m.
indifférence f. Indifferenz f., Stumpfheit f.
indifférencié undifferenziert
indifférent indifferent
indigéré unverdaut
indigeste unverdaulich
indigestibilité f. Unverdaulichkeit f.
indigestion f. Indigestion f.
indigo m. Indigo n.
indigocarmine f. Indigokarmin n.
indigotine f. Indigotin n.
indigotinedisulfonate de sodium m. indigosulfonsaures Natrium n.
indinavir m. Indinavir n.
indiquer anzeigen, indizieren
indirect indirekt
indisposé unpässlich
indisposition f. leichte Gesundheitsstörung f., Übelbefinden n., Unpässlichkeit f.
indissocié undissoziiert
indissoluble unauflöslich, unlöslich
indistinct undeutlich
indium m. Indium n.
individu hétérozygote m. heterozygotes Individuum n.
individu homozygote m. homozygotes Individuum n.
individualiser indkividualisieren
individualité f. Individualität f.
individuation f. Individuation f.
individuel individuell
indol m. Indol n.
indolacéturie f. Indolazeturie f.
indolamine f. Indolamin n.
indolence f. Indolenz f.
indolent indolent
indolone f. Indolon n.
indolore schmerzlos
indométacine f. Indomethacin n.
indoxyle m. Indoxyl n.
indoxylurie f. Indoxylurie f.
indriline f. Indrilin n.
inducteur m. Inducer m., Induktor m.
inducteurs du sommeil m. pl. Schlafinduktoren m. pl.
inductif induktiv

induction f. Induktion f.
induction de l'anesthésie f. Narkoseeinleitung f.
induire induzieren
induration f. Induration f.
induré indurativ
indurer indurieren
inédit unveröffentlicht
inéducable unerziehbar
inefficace unwirksam
inefficacité f. Wirkungslosigkeit f.
inerte inert, regungslos
inertie utérine f. Wehenschwäche f.
inévitable unausbleiblich
inexcitable unerregbar
inexpliqué ungeklärt
inexploré unerforscht
infantile infantil, kindlich
infantilisme m. Infantilismus m.
infarcir infarzieren
infarcissement m. Infarzierung f.
infarctus m. Infarkt m.
infarctus asymptomatique m. stummer Infarkt m.
infarctus coronarien m. Coronarinfarkt m., Koronarinfarkt m.
infarctus du myocarde m. Herzinfarkt m., Herzmuskelinfarkt m.
infarctus du myocarde antérieur m. Vorderwandinfarkt m.
infarctus du myocarde latéral m. Lateralinfarkt m.
infarctus du myocarde postérieur m. Hinterwandinfarkt m.
infarctus endocardique m. Innenschichtinfarkt m.
infarctus pulmonaire m. Lungeninfarkt m.
infarctus récent m. frischer Infarkt m.
infécondité f. Unfruchtbarkeit f.
infectable ansteckungsfähig
infecter anstecken, infizieren
infectieux ansteckend, infektiös
infectiologie f. Infektiologie f.
infection f. Infekt m., Infektion f.
infection à adénovirus f. Adenovirusinfektion f.
infection à Escherichia f. Escherichiose f.
infection à gonocoque f. Gonokokkeninfektion f.
infection de la blessure f. Wundinfektion f.
infection des voies urinaires f. Harnwegsinfektion f.
infection diphtérique d'une blessure f. Wunddiphtherie f.

infection focale f. Fokalinfektion f., Herdinfektion f.
infection mixte f. Mischinfektion f.
infection par souillure f. Schmierinfektion f.
infection postsplénectomique f. Postsplenektomieinfektion f.
infection rhinopulmonaire f. Rhinopneumonitis f.
infection secondaire f. Sekundärinfektion f.
inférolatéral inferolateral
inféromédian inferomedian
inféropostérieur inferoposterior
inférotemporal inferotemporal
infertile unfruchtbar
infestation parasitaire f. Parasitenbefall m.
infiltrat m. Infiltrat n.
infiltration f. Infiltration f., Infiltrierung f.
infiltration pulmonaire f. Lungeninfiltrat n.
infiltrer infiltrieren
infinitésimal infinitesimal
infirme gebrechlich
infirmerie f. Krankenabteilung f., Sanitätseinrichtung f.
infirmier m. Krankenpfleger m., Pfleger m.
infirmier chef m. Oberpfleger m.
infirmier d'anesthésie m. Anästhesiepfleger m.
infirmier des urgences m. Rettungssanitäter m.
infirmier enseignant m. Schulpfleger m.
infirmier spécialisé m. Funktionspfleger m.
infirmier stagiaire m. Krankenpflegepraktikant f.
infirmière f. Krankenschwester f., Pflegerin f.
infirmière assistante opératoire f. Instrumentierschwester f., Operationsschwester f.
infirmière chef f. Oberschwester f.
infirmière chef du personnel soignant f. Oberin f.
infirmière d'anesthésie f. Anästhesieschwester f.
infirmière de gériatrie f. Altenpflegerin f.
infirmière de la commune f. Gemeindeschwester f.
infirmière de puériculture f. Kinderkrankenschwester f.
infirmière du service de maternité f. Wochenpflegerin f.
infirmière enseignante f. Schulschwester f., Unterrichtsschwester f.
infirmière responsable de l'unité de soins f. Stationsschwester f.
infirmière spécialisée f. Funktionsschwester f.
infirmière stagiaire f. Krankenpflegepraktikantin f.
infirmité f. Gebrechen n., Gebrechlichkeit f.
inflammable feuergefährlich
inflammation f. Entzündung f.
inflammation de l'intima f. Intimitis f.
inflammation du thymus f. Thymitis f.
inflammation du tissu adipeux f. Fettgewebeentzündung f.
inflammation du tissu feuilleté f. Hufrehe f.
inflammation du veru montanum f. Colliculitis seminalis f.
inflammation laminaire f. Rehe f. (veter.)
inflammation périanale f. Pectenitis f.
inflammation péristyloïdienne f. Styloiditis f.
inflammation sacro-iliaque f. Sakroiliitis f.
inflammation, développer une sich entzünden
inflammatoire entzündlich, inflammatorisch
inflexibilité f. Inflexibilität f.
infleximab m. Infliximab n.
influence f. Beeinflussung f.
influencer beeinflussen
influenza f. Influenza f.
influenzavirus m. Influenzavirus n.
information f. Aufklärung f., Information f.
informosome m. Informosom n.
infra-apical infraapikal
infraauriculaire infraaurikulär
infracapsulaire infrakapsulär
infracarènien infrakarinal
infrachiasmatique infrachiasmatisch
infraclusion f. Infraokklusion f.
infradiaphragmatique infradiaphragmatisch
infraduction f. Infraduktion f.
infraglottique infraglottisch
infrahyoïdien infrahyoidal
inframammaire inframammär
inframandibulaire inframandibulär
infranucléaire infranukleär
infraocclusion f. Infraokklusion f.
infraombilical infraumbilikal
infrapatellaire infrapatellar
infrarouge infrarot
infrarouge m. Infrarot n.
infrasellaire infrasellär
infraspinal infraspinal
infrasternal infrasternal
infrastructure f. Infrastruktur f.
infratemporal infratemporal
infratrachéal infratracheal
infratrochléen infratrochleär
infratubaire infratubar
infraturbinal infraturbinal

infravalvulaire infravalvulär
infravergence f. Infravergenz f.
infraversion f. Infraversion f.
infundibiliforme trichterförmig
infundibulaire infundibulär
infundibulectomie f. Infundibulektomie f.
infuser infundieren
infusion f. Infus m., Infusion f., Tee m.
infusion de tilleul f. Lindenblütentee m.
infusoire cilié m. Ciliata n. pl.
infusoires m. pl. Infusorien f. pl.
ingestion f. Ingestion f.
ingestion de nourriture f. Nahrungsaufnahme f.
inguinal inguinal
inguinoabdominal inguinoabdominal
inguinocrural inguinokrural
inguino-fessier glutäoinguinal
inguinolabial inguinolabial
inguinoscrotal inguinoskrotal
INH (isoniazide) f. INH (Isoniazid) n.
inhalateur de poche m. Tascheninhalator m.
inhalation f. Einatmung f., Inhalation f.
inhalation de fumée f. Rauchinhalation f.
inhaler einatmen, inhalieren
inhibant unterdrückend
inhibant la cholinestérase cholinesterasehemmend
inhibant la sécrétion sekretionshemmend
inhibé gehemmt
inhiber hemmen, inhibieren
inhibine f. Inhibin n.
inhibiteur hemmend
inhibiteur m. Hemmer m., Inhibitor m.
inhibiteur calcique m. Kalziumantagonist m.
inhibiteur de l'angiotensine m. Angiotensinhemmer m.
inhibiteur de l'anhydrase carbonique m. Carboanhydrasehemmer m., Karboanhydrasehemmer m.
inhibiteur de l'enzyme conversion m. Angiotensin-Converting-Enzym-Hemmer (ACE-Hemmer) m.
inhibiteur de l'ovulation m. Ovulationshemmer m.
inhibiteur de la pompe à protons m. Protonpumpenhemmer m.
inhibiteur de la xanthineoxydase m. Xanthinoxidasehemmer m.
inhibiteur des récepteurs m. Rezeptorenblocker m.
inhibiteur des récepteurs alpha 1 m. Alpha-1-Rezeptorenblocker m.
inhibition f. Hemmung f., Inhibition f., Unterdrückung f.
inhibition compétitive f. Kompetitivhemmung f.
inhibition de la maturation f. Reifungshemmung f.
inhibition protectrice f. Schutzhemmung f.
inhomogène inhomogen
inhomogénité f. Inhomogenität f.
inhumain unmenschlich
inhumanité f. Unmenschlichkeit f.
ininfluencé unbeeinflusst
inion m. Inion n.
initial initial
initiation f. Initiation f.
initier le traitement anbehandeln
injectable injizierbar
injecter einspritzen, injizieren, spritzen
injecter pour déboucher ausspritzen
injecteur m. Düse f., Injektor m.
injection f. Injektion f.
injection d'acide hyaluronique f. Hyaluronsäureinjektion f.
injection d'extrait de foie f. Leberextraktinjektion f.
injection de facteur PRP (rhumato.) f. PRP-Eigenblutbehandlung (rheumatol.) f.
injections intra-variqueuses sclérosantes f. pl. Krampfaderverödung f., Varizenverödung f.
inlay m. Gussfüllung f., Inlay n., gegossene Zahnfüllung f.
inlay cire m. Wachsinlay n.
inlay métal m. gegossene Metallfüllung f. (dent.)
inné angeboren
innervation f. Innervation f.
innerver innervieren
inocclusion dentaire f. offener Biss m.
inoculation f. Inokulation f.
inoculer einimpfen, inokulieren
inodilatateur m. Inodilatator m.
inodore geruchlos
inoffensif unschädlich
inopérabilité f. Inoperabilität f.
inopérable inoperabel
inopérant wirkungslos
inopportun unpassend
inorganique anorganisch
inosine f. Inosin n.
inositol m. Inosit n.
inotrope inotrop
inotropie f. Inotropie f.
inprévisible unberechenbar
inproquone f. Inproquon n.
inquiéter, s' sich aufregen
inquiétude f. Ruhelosigkeit f.

insalivation f. Einspeichelung f., Insalivation f., Speicheldurchmischung f.
insaliver einspeicheln
insalubre gesundheitsschädlich, unhygienisch
insaturé ungesättigt
inscription f. Beschriftung f., Eintragung f., Inskription f.
insecte m. Insekt n.
insecticide insektizid
insecticide m. Insektenvertilgungsmittel n., Insektizid n.
insélectionné unausgewählt
insémination f. Besamung f., Insemination f.
insémination artificielle f. künstliche Insemination f.
insensé wahnsinnig
insensibilité f. Gefühllosigkeit f., Taubheit (Gefühl) f., Unempfindlichkeit f.
insensible gefühllos, taub (hypästhetisch), unempfindlich
insertion f. Ansatz m., Insertion f.
insipide geschmacklos, ungenießbar
insipidité f. Geschmacklosigkeit f.
insolation f. Hitzschlag m., Sonnenstich m.
insoluble unauflösbar, unlösbar
insomniaque schlafgestört
insomnie f. Insomnie f., Pervigilium n., Schlaflosigkeit f.
insonorisation f. Schalldämpfung f.
inspecter kören (veter.)
inspecteur sanitaire des abattoirs m. Fleischbeschauer m.
inspection f. Inspektion f.
inspiration f. Einatmung f., Inspiration f.
inspiratoire inspiratorisch
inspirer einatmen, inspirieren
instabilité f. Instabilität f.
instabilité émotionnelle f. unausgeglichene Gemütsverfassung f.
instable instabil, unstabil
installations m. pl. Anlage (Konstruktion) f.
instantanément augenblicklich
instillation f. Instillation f.
instiller einträufeln, instillieren, tröpfeln
instinct m. Instinkt m., Trieb m.
instinct de troupeau m. Herdentrieb m.
instinct maternel m. Mutterinstinkt m.
instinctif instinktiv
institut m. Institut n.
institut de radiologie m. Röntgeninstitut n.
institut de virologie m. virologisches Institut n.
instrument m. Gerät n., Instrument n.
instrument à double usage m. Doppelinstrument n.
instrument d'irrigation m. Spülinstrument n.
instrument de clivage m. Spalter m.
instrument de finition m. Finierinstrument n.
instrument de mesure m. Messgerät n.
instrument de modelage m. Modellierinstrument n.
instrument de séparation m. Separierinstrument n.
instrument en rubis m. Rubininstrument n.
instrument manuel m. Handinstrument n.
instrument pour canal radiculaire m. Wurzelkanalinstrument n.
instrument pour pose de digue en caoutchouc m. Kofferdam-Instrument n. (dent.)
instrumental instrumentell
instrumentation f. Instrumentierung f.
instruments m. pl. Besteck n.
instruments chirurgicaux m. pl. Operationsbesteck n.
instruments de dissection m. pl. Sektionsbesteck n.
insuffisance f. Dekompensation f., Insuffizienz f.
insuffisance affective f. Affektschwäche f.
insuffisance aortique f. Aorteninsuffizienz f.
insuffisance cardiaque f. Herzinsuffizienz f.
insuffisance cardiaque congestive f. Stauungsinsuffizienz, kardiale f.
insuffisance cardiaque droite f. Rechtsherzinsuffizienz f.
insuffisance cardiaque droite décompensée f. dekompensierte Rechtsherzinsuffizienz f.
insuffisance cardiaque gauche f. Linksherzinsuffizienz f.
insuffisance de succion f. Saugschwäche f.
insuffisance hépathique f. Hepatargie f.
insuffisance médullaire f. Knochenmarksinsuffizienz f.
insuffisance mitrale f. Mitralinsuffizienz f.
insuffisance myocardique f. Herzmuskelinsuffizienz f.
insuffisance pulmonaire f. Pulmonalinsuffizienz f.
insuffisance pylorique f. Pylorusinsuffizienz f.
insuffisance rénale f. Nierenversagen n.
insuffisance surrénalienne f. Nebenniereninsuffizienz f.
insuffisance tricuspide f. Trikuspidalinsuffizienz f.

insuffisance vasculaire f. Gefäßschwäche f.
insuffisant insuffizient, unzureichend
insufflateur manuel m. Handbeatmungsgerät n.
insufflation f. Aufblasung f., Einblasung f., Insufflation f.
insufflation bucconasale f. Mund-zu-Nase-Beatmung f.
insufflation d'air f. Lufteinblasung f.
insufflations avec un masque à ballon f. pl. Beutelbeatmung f.
insuffler aufblasen, einblasen
insulaire insulär
insulinase f. Insulinase f.
insuline f. Insulin n.
insuline bovine f. Rinderinsulin n.
insuline de porc f. Schweineinsulin n.
insuline humaine f. Humaninsulin n.
insuline ordinaire f. Altinsulin n.
insuline retard f. Depotinsulin n.
insulinedétémir m. Insulindetemir n.
insulineglargine f. Insulinglargin n.
insulinisation f. Insulinisierung f.
insuliniser insulinisieren
insulinodépendant insulinbedürftig
insulinome m. Adenom des Inselgewebes n., Insulinom n.
insulinothérapie f. Insulinbehandlung f., Insulintherapie f.
insulinotrope insulinotrop
intact unversehrt
intégral integral
intégralité f. Ganzheit f.
intégration f. Integration f.
intégréline f. Integrelin n.
intégrer integrieren
integrité f. Integrität f.
intellect m. Intellekt m.
intelligence f. Intelligenz f.
intelligent intelligent
intensif intensiv
intensification f. Intensivierung f.
intensifier intensivieren
intensimètre m. Intensimeter n.
intensimétrie f. Intensimetrie f.
intensimétrique intensimetrisch
intensité f. Heftigkeit f., Intensität f.
intensité du champ f. Feldstärke f.
intention f. Absicht f., Zielvorstellung f., Zweck m.
intentionnel absichtlich, beabsichtigt
inter m. Zwischenglied n. (dent.)
interaction f. Interaktion f., Wechselwirkung f.
interalvéolaire interalveolär

interauriculaire interaurikulär
intercalaire interkalär
intercarpien interkarpal
intercellulaire interzellulär
intercepteur m. Interzeptor m.
interceptif interzeptiv
interception f. Interzeption f.
interchangeable austauschbar, auswechselbar
interchromosomique interchromosomal
intercinésie f. Interkinese f.
intercolumnaire interkolumnär
intercondylaire interkondylär
interconversion f. Interkonversion f., Zwischenumwandlung f.
intercorporel interkorporell
intercostal interkostal
intercostobrachial interkostobrachial
intercostohuméral interkostohumeral
intercricothyréotomie f. Interkrikothyreotomie f.
intercurrent interkurrent
intercuspidation f. Interkuspidation f.
interdental interdental
interdiction f. Verbot n.
interdigital interdigital
interdisciplinaire interdisziplinär
interfacial interfazial
interfaciculaire interfazikulär
interférence f. Interferenz f.
interférence psychogène f. psychogene Überlagerung f.
interférer interferieren
interféromètre m. Interferometer n.
interférométrie f. Interferometrie f.
interféron m. Interferon n.
interféron alpha 2b m. Interferon alpha 2b n.
interganglionnaire interganglionär
interglobulaire interglobulär
intérieur m. Inneres n.
interindividuel interindividuell
intériorisation f. Verinnerlichung f.
interlabial interlabial
interleukine f. Interleukin n.
interleukine 2 f. Interleukin-2 n.
interligne articulaire m. Gelenkspalt m.
interligne dentaire m. Interdentalraum m.
interlobaire interlobär
interlobulaire interlobulär
intermaxillaire intermaxillär
intermédiaire intermediär
intermédiaire m. Überträger m., Vermittler m.
intermédine f. Intermedin n.
intermédiolatéral intermediolateral
intermission f. Intermission f.

intermittence f. Intermission f.
intermittence, être en intermittieren
intermittent intermittierend
intermoléculaire intermolekular
interne innerlich, intern, medial
interne f. Krankenhaushilfsärztin f.
interne m. Krankenhaushilfsarzt m.
interneuronal interneuronal
interneurone m. Schaltneuron n.
interniste f. Internistin f.
interniste m. Internist m.
internodal internodal
internucléaire internukleär
interocclusal interokklusal
intéroceptif interozeptiv
interpariétal interparietal
interpédiculaire interpedikulär
interpédonculaire interpedunkulär
interphalangien interphalangeal
interpoler interpolieren
interposer interponieren
interposition f. Interposition f.
interprismatique interprismatisch
interproximal interproximal
interradiculaire interradikulär
interrénalisme m. Interrenalismus m.
interrompre unterbrechen
interrompre un traitement eine Behandlung absetzen, eine Behandlung unterbrechen
interrupteur culbuteur m. Kippschalter m.
interruption f. Unterbrechung f.
interruption d'un traitement f. Unterbrechung einer Behandlung f.
interruption d'une thérapeutique f. Absetzen einer Behandlung n.
interruption de grossesse f. Schwangerschaftsabbruch m.
intersegmentaire intersegmentär
intersexualité f. Intersexualität f.
intersexué m. Intersex m.
intersphinctérien intersphinktorisch
interstice m. Interstitium n.
interstitium m. Interstitium n.
intertarsien intertarsal
interthalamique interthalamisch
intertrabéculaire intertrabekulär
intertransversal intertransversal
intertrigineux intertriginös
intertrigo m. Intertrigo m.
intertrigo périnéal m. Wolf (med.) m.
intertrochantérien intertrochanterisch
intervalle m. Intervall n., Zwischenraum n.
intervalle de contraste m. Helligkeitsumfang m.
intervalle de mesure m. Messbereich m.
intervalvulaire intervalvulär
intervention f. Intervention f.
intervention chirurgicale f. Eingriff m.
interventriculaire interventrikulär
intervertébral intervertebral
intervilleux intervillös
intestin m. Darm m.
intestin glacé m. Zuckergussdarm m.
intestin grêle m. Dünndarm m.
intestin irritable m. Reizdarm m.
intestinal intestinal
intima f. Intima f.
intime intim
intolérance f. Intoleranz f.
intolérant intolerant
intonation f. Intonation f.
intorsion f. Intorsion f.
intoxication f. Intoxikation f.
intoxication alimentaire f. Lebensmittelvergiftung f.
intoxication au thallium f. Thalliumvergiftung f.
intoxication fluorée f. Fluorvergiftung f.
intoxication myristique f. Myristizismus m.
intoxication nicotinique f. Nikotinvergiftung f.
intoxication par l'antimoine f. Antimonvergiftung f.
intoxication par l'huile de sabine f. Sabinaölvergiftung f.
intoxication par la solanine f. Solaninvergiftung f.
intoxication par le bismuth f. Wismutvergiftung f.
intoxication par le blé sarasin f. Buchweizenvergiftung f.
intoxication par le zinc f. Zinkvergiftung f.
intoxication par les coquillages f. Muschelvergiftung f.
intoxication sabinique f. Sabinismus m.
intoxication saturnine f. Bleivergiftung f.
intoxication septique f. septische Intoxikation f.
intoxication sérique f. Serumvergiftung f.
intoxication stibiée f. Stibialismus m.
intra-abdominal intraabdominell
intraacineux intraazinös
intra-alvéolaire intraalveolär
intra-amniotique intraamniotisch
intra-aortique intraaortal
intraartériel i. a. (intraarteriell)
intra-articulaire intraartikulär
intra-auriculaire intraatrial
intrabronchique intrabronchial
intracanalaire intraduktal

intracanaliculaire intrakanalikulär
intracapillaire intrakapillär
intracapsulaire intrakapsulär
intracardiaque intrakardial
intracavitaire intrakavitär
intracellulaire intrazellulär
intracérébelleux intrazerebellar
intracérébral intrazerebral
intracervical intrazervikal
intrachromosomique intrachromosomal
intraciliaire intraziliär
intracisternal intrazisternal
intracoronaire intrakoronar
intracoronal intrakoronal
intracorporel intrakorporal
intracortical intrakortikal
intracrânien intrakraniell
intracutané intrakutan
intradermique intradermal
intraduodénal intraduodenal
intradural intradural
intraépithélial intraepithelial
intrafocal intrafokal
intragastrique intragastral
intraglandulaire intraglandulär
intraglomérulaire intraglomerulär
intrahépatique intrahepatisch
intrahypophysaire intrahypophysär
intraindividuel intraindividuell
intraité unbehandelt
intralaryngé intralaryngeal
intralingual intralingual
intralobaire intralobär
intralobulaire intralobulär
intralombaire intralumbal
intraluminaire intraluminal
intramammaire intramammär
intramaxillaire intramaxillär
intramédullaire intramedullär
intraméningé intrameningeal
intramitochondrique intramitochondrial
intramuqueux intramukosal
intramural intramural
intramusculaire intramuskulär
intramyocardique intramyokardial
intranasal intranasal
intraneural intraneural
intranodal intranodal
intranodulaire intranodulär
intranucléaire intranukleär
intraoculaire intraokulär
intraoesophagien intraaösophagal
intraoral intraoral
intraorbital intraorbital
intraosseux intraossal, intraossär

intrapancréatique intrapankreatisch
intrapapillaire intrapapillär
intrapartal intrapartal
intrapelvien intrapelvin
intrapéricardique intraperikardial
intrapéritonéal intraperitoneal
intraphase f. Interphase f.
intraplacentaire intraplazentar
intrapleural intrapleural
intraprostatique intraprostatisch
intrapulmonaire intrapulmonal
intrarectal intrarektal
intrarénal intrarenal
intrascrotal intraskrotal
intrasphinctérien intrasphinkterisch
intraspinal intraspinal
intrasplénique intralienal, intrasplenisch
intrasternal intrasternal
intrasynovial intrasynovial
intrathécal intrathekal
intrathoracique intrathorakal
intrathyroïdien intrathyreoidal
intratrachéal intratracheal
intratubaire intratubär
intrauréthral intraurethral
intrautérin intrauterin
intravaginal intravaginal
intravalvulaire intravalvulär
intravasculaire intravasal
intraveineux intravenös
intraventriculaire intraventrikulär
intravésical intravesikal
intravitreux intravitreal
intriptyline f. Intriptylin n.
introduction f. Einführung f., Introduktion f.
introduire einführen
introjection f. Introjektion f.
intron m. Intron (intervenierende Region) n.
introspection f. Selbstbeobachtung f.
introversion f. Introversion f.
introvertir introvertieren
intrusion f. Intrusion f.
intubation f. Intubation f.
intuber intubieren
intumescence f. Intumeszenz f.
intussusception f. Intussuszeption f.
inulase f. Inulase f.
inuline f. Inulin n.
inutile unbrauchbar, unnötig, zwecklos
inutilisé ungebraucht
invagination f. Einstülpung f., Intussuszeption f., Invagination f.
invalide gebrechlich, invalid, versehrt
invalide m. Invalide m.
invalidité f. Invalidität f.

invasif invasiv
invasion f. Invasion f.
invasivité f. Eindringungsvermögen n., Invasionsvermögen n.
inverse invers, revers
inversement umgekehrt
inversement proportionnel umgekehrt proportional
inversion f. Inversion f., Umkehrung f.
inversion antigénique f. Antigenumkehr f.
inversion de la joue (vétér.) f. Ausstülpung der Backe (veter.) f.
invertase f. Invertin n.
invertébré wirbellos
invertine f. Invertin n.
investigateur m. Untersuchender m.
investigation f. Erforschung f., Forschung f.
investigatrice f. Untersuchende f.
investissement de l'objet m. Objektbesetzung f.
investissement de la libido m. Libidobesetzung f.
invétéré inveteriert
invisible unsichtbar
involontaire unfreiwillig, unwillkürlich, zwanghaft
involution f. Involution f.
invulnérable unverwundbar
iodamide m. Jodamid n.
iodaminoacide m. Jodaminosäure f.
iodamphétamine f. Iodamphetamin n.
iodate m. Iodat n., Jodat n.
iodation f. Jodierung f.
iodé jodhaltig
iode m. Iod n., Jod n.
iode fixé aux protéines m. proteingebundenes Jod n.
ioder jodieren
iodide f. Jododermie f.
iodoamphétamine f. Jodamphetamin n.
iodobenzylguanidine f. Iodobenzylguanidin n., Jodobenzylguanidin n.
iodoforme m. Jodoform n.
iodohippurate m. Iodhippurat n., Jodhippurat n.
iodométrie f. Jodometrie f.
iodométrique jodometrisch
iodopsine f. Jodopsin n.
iodostéarate m. Iodostearat n., Jodostearat n.
iodothio-uracile m. Jodothiouracil n., Jodthiouracil n.
iodure m. Iodid n., Jodid n.
iodure de potassium m. Kaliumjodid n.
iodure de sodium m. Natriumjodid n.
ion m. Ion n.
ionisation f. Ionisation f.
ioniser ionisieren
ionium m. Ionium n.
ionogramme m. Ionogramm n.
ionomètre m. Ionometer n.
ionométrie f. Ionometrie f.
ionométrique ionometrisch
ionothérapeutique iontophoretisch
iontothérapie f. Iontophorese f.
iopamidol m. Iopamidol n.
iophendylate m. Iophendylat n.
iopodate m. Iopodat n.
iopydol m. Iopydol n.
iopydone f. Iopydon n.
iosulamide m. Iosulamid n.
iotalamate m. Iothalamat n.
iotrolane m. Iotrolan n.
iovastatine f. Iovastatin n.
ipatropiume m. Ipatropiom n.
ipéca m. Brechwurzel f.
ipexidine f. Ipexidin n.
ipilimumab n. Ipilimumab n.
ipragratine f. Ipragratin n.
iprazochrome m. Iprazochrom n.
iprindole m. Iprindol n.
ipronidazole m. Ipronidazol n.
iproxamine f. Iproxamin n.
iprozilamine f. Iprozilamin n.
ipsolatéral ipsilateral
ipsoversé ipsiversiv
irbésartane m. Irbesartan n.
iridectomie f. Iridektomie f.
iridectomie, pratiquer une iridektomieren
iridectropion m. Iridektropium n.
iridencleisis m. Iridenkleisis f.
iridentropion m. Iridentropion n.
iridium m. Iridium n.
iridocèle f. Iridozele f.
iridochoroidite f. Iridochoroiditis f.
iridocornéen iridokorneal
iridocyclite f. Iridozyklitis f.
iridodiagnostic m. Augendiagnose f., Irisdiagnose f.
iridodialyse f. Iridodialyse f.
iridonésis m. Iridonesis f., Irisschlottern n., Linsenschlottern f.
iridoplégie f. Iridoplegie f.
iridosclérotomie f. Iridosklerotomie f.
iridoscope m. Iridoskop n.
iridoscopique iridoskopisch
iridotomie f. Iridotomie f.
irinodécane m. Irinodecan n.
irinotécane m. Irinotecan n.
iris m. Iris f.
iris bombé m. Napfkucheniris f.

irite f. Iritis f.
IRM (imagerie par résonance magnétique) f. MRT (Magnetresonanztomographie) m.
IRM cérébral m. Kernspintomographie (MRT) des Gehirns f.
IRM de la colonne vertébrale m. Kernspintomographie (MRT) der Wirbelsäule f.
IRM du genou m. Kernspintomographie (MRT) des Knies f.
irradiation f. Bestrahlung f.
irradiation à champs mobile f. Bewegungsbestrahlung f.
irradiation au cobalt f. Kobaltbestrahlung f.
irradiation au radium f. Radiumbestrahlung f.
irradiation consécutive f. Nachbestrahlung f.
irradiation convergente f. Konvergenzbestrahlung f.
irradiation de contact f. Kontaktbestrahlung f.
irradiation pendulaire f. Pendelbestrahlung f.
irradiation rotative f. Rotationsbestrahlung f.
irradiation solaire f. Sonnenbestrahlung f.
irradiation sous lamelles de plomb f. Siebbestrahlung f.
irradiation totale f. Ganzkörperbestrahlung f.
irradiation X f. Röntgenbestrahlung f.
irradié, totalement ganzkörperbestrahlt
irradier bestrahlen, röntgenbestrahlen
irradier aux ultraviolets ultraviolett bestrahlen
irrationnel irrational
irréductible ununterdrückbar
irréflexion f. Gedankenlosigkeit f.
irrégularité f. Irregularität f., Unregelmäßigkeit f.
irrégulier entrundet, irregulär, ungleichmäßig, unregelmäßig
irrémazole m. Irremazol n.
itresponsabilité f. Unzurechnungsfähigkeit f.
irresponsable unzurechnungsfähig
irréversible irreversibel, unumkehrbar
irrévocable unwiderruflich
irrigateur m. Irrigator m.
irrigation f. Irrigation f.
irrigation sanguine f. Durchblutung f.
irritable erethisch, reizbar
irritant aufreizend, irritierend
irritation f. Reizung f.
irritation intestinale f. Darmgrimmen n., Darmreizung f.
irriter irritieren, reizen
ischémie f. Ischämie f.
ischémie cérébrale transitoire f. TIA (transitorische ischämische Attacke) f.
ischémique ischämisch
ischiocrural ischiokrural
ischiopubien ischiopubisch
ischiorectal ischiorektal
ischurie paradoxale f. Ischuria paradoxa f.
isétionate m. Isetionat n., Isoäthionat n.
isoagglutination f. Isoagglutination f.
isoagglutinine f. Isoagglutinin n.
isoalloxazine f. Isoalloxazin n.
isoamylamine f. Isoamylamin n.
isoanticorps m. Isoantikörper m.
isoantigène m. Isoantigen n.
isoarécaïdine f. Isoarecaidin n.
isobornyle m. Isobornyl n.
isobutyrate m. Isobutyrat n.
isocaproate m. Isokaproat n.
isocarboxacide m. Isocarboxazid n.
isochromatide m. Isochromatide n.
isochromatique isochromatisch
isochromosome m. Isochromosom n.
isochrone isochron
isochronie f. Isochronie f.
isocitrate m. Isozitrat n.
isocoproporphyrine f. Isokoproporphyrin n.
isocyanate m. Isozyanat n.
isocyanure m. Isozyanid n.
isocytose f. Isozytose f.
isodense isodens
isodontique isodontisch
isodose f. Isodosis f.
isodynamique isodynamisch
isoélectrique isoelektrisch
isoénergétique isoenergetisch
isoenzyme f. Isoenzym n.
isoenzyme-MB f. MB-Isoenzym n.
isoétarine f. Isoetarin n.
isoéthionate m. Isoethionat n.
isofamide f. Isofamid n.
isoflurane m. Isofluran n.
isogame isogam
isohémolysine f. Isohämolysin n.
isohydrie f. Isohydrie f.
iso-iconie f. Isoikonie f.
iso-immunisation f. Isoimmunisation f.
iso-ionie f. Isoionie f.
isolat m. Isolat n.
isolation f. Absonderung (Isolierung) f.
isolé vereinzelt
isolécithal m. Isolezithal n.
isolement m. Isolierung f.
isolement d'un organe m. Skelettierung f.

isolement en quarantaine m. Quarantäne (Isolierung) f.
isoler absondern, isolieren
isoler en clone klonieren
isoler un organe skelettieren
isologue isolog
isolysine f. Isolysin n.
isomaltase f. Isomaltase f.
isomaltose m. Isomaltose f.
isomérase f. Isomerase f.
isomère isomer
isomère m. Isomer n.
isomérie f. Isomerie f.
isométhadone f. Isomethadon n.
isométheptène m. Isomethepten n.
isométrie f. Isometrie f.
isométrique isometrisch
isométropie f. Isometropie f.
isomorphe isomorph
isomylamine f. Isomylamin n.
isomyosine f. Isomyosin n.
isoniazide f. Isoniazid n.
isonitrile m. Isonitril n.
iso-oncotique isoonkotisch
isoosmotique isoosmotisch
isopathique isopathisch
isopenténylé m. Isopentenyl n.
isopéristaltique isoperistaltisch
isophorie f. Isophorie f.
isophosphamide m. Isophosphamid n.
isopie f. Isopie f.
isoplastique isoplastisch
isopotentiel m. Isopotential n.
isoprénaline f. Isoprenalin n., Isopropylnoradrenalin n.
isoprène m. Isopren n.
isoprinosine f. Isoprinosin n.
isoprismatique isoprismatisch
isopropamide m. Isopropamid n.
isoproponal m. Isopropanol n.
isopropylartérénol m. Isopropylarterenol n.
isopropyle m. Isopropyl n.
isopropylhydrazine f. Isopropylhydrazin n.
isopropylnoradrénaline f. Isopropylnoradrenalin n.
isoptère m. Isoptere f.
isopyknose f. Isopyknose f.
isopyknotique isopyknotisch
isoquinoline f. Isochinolin n.
isorythmique isorhythmisch
isosérum m. Isoserum n.
isosexuel isosexuell
Isospora belli f. Isospora belli f.
Isospora hominis f. Isospora hominis f.
isosporiase f. Isosporiasis f.
isostérie f. Isosterie f.
isostérique isosterisch
isosthénurie f. Isosthenurie f.
isosthénurique isosthenurisch
isostimulation f. Isostimulation f.
isosulpride m. Isosulprid n.
isotachophorèse f. Isotachophorese f.
isotachophorétique isotachophoretisch
isotherme isothermisch
isothiazine f. Isothiazin n.
isothiazole m. Isothiazol n.
isothiocyanate m. Isothiozyanat n.
isothiphendyl m. Isothiphendyl n.
isotone isoton
isotonie f. Isotonie f.
isotonique isotonisch
isotope m. Isotop n.
isotransplantation f. Isotransplantation f.
isotrope isotrop
isotype m. Isotyp m.
isotypique isotypisch
isovalérylglycine f. Isovalerylglyzin n.
isovolémie f. Isovolämie f.
isovolumétrique isovolumetrisch
isovolumique isovolumisch
isoxazole m. Isoxazol n.
isoxazolidone f. Isoxazolidon n.
isoxsuprine f. Isoxsuprin n.
isozygote isozygot
isozyme m. Isozym n.
israpidine f. Israpidin n.
ISRS (inhibiteur sélectif de la recapture de la sérotonine) m. selektiver Serotonin-Wiederaufnahmehemmer (SSRI) m.
issue f. Ausgang m.
issue fatale f. tödliches Ende n.
isthme m. Isthmus m.
isthme de l'utérus m. Uterinsegment n.
isthmectomie f. Isthmektomie f.
isthmique isthmisch
itanoxone f. Itanoxon n.
itération f. Iteration f.
itraconazole m. Itraconazol n.
i.v. (intraveneux) i.v. (intravenös)
ivermectine f. Ivermectin n.
ivoire m. Dentin n.
ivre betrunken
ivresse f. Trunkenheit f.
ivresse de profondeur f. Tiefenrausch m.
ivrogne m. trunksüchtige Person f.
ixodidé m. Ixodes m.

J

jacket m. Kronenmantel m.
jackscrew m. Dehnungsschraube f. (dent.)
jactation f. Jaktation f.
jalousie f. Eifersucht f.
jalousie maniaque f. Eifersuchtswahn m.
jambe f. Bein n. (Extremität), Unterschenkel m.
jambe arquée f. O-Bein n.
jambe d'appui f. Stützbein (veter.) n.
jambe de fumeur f. Raucherbein n.
jambe en X f. X-Bein n.
jambes écartées, pas m. Spreizschritt m.
jambière f. Beinhalter m.
jardin d'enfants m. Kindergarten m.
jardinière d'enfants f. Kindergärtnerin f.
jarret m. Kniebeuge f.
jauge f. Eichmaß n.
jaune clair hellgelb
jaune d'alizarine f. Alizaringelb n.
jaune d'oeuf m. Dotter m., Eigelb n.
jaune de paranilinium m. Metanilgelb n.
jaune foncé dunkelgelb
jaune moyen mittelgelb
jaunisse f. Gelbsucht f., Ikterus m.
jéjunal jejunal
jéjunite f. Jejunitis f.
jéjunocolostomie f. Jejunokolostomie f.
jéjunoiléostomie f. Jejunoileostomie f.
jéjunojéjunostomie f. Jejunojejunostomie f.
jéjuno-jéjunostomie complémentaire f. Braunsche Anastomose f.
jéjunostomie f. Jejunostomie f.
jéjunum m. Jejunum n.
jet moyen d'urine m. Mittelstrahlharn m.
jeun, à nüchtern (mit leerem Magen)
jeune génération f. Nachwuchsgeneration f.
jeunesse f. Jugend f.
jeûner fasten

joint m. Abdichtung f., Dichtung (techn.) f.
joint vissé m. Schraubenverbindung f.
jointure f. Fuge f.
jonction f. Verbindungsstelle f.
josamycine f. Josamycin n.
joue f. Backe f., Wange f.
jouissance f. Genuss m.
joule m. Joule n.
juglon m. Juglon n.
jugulaire jugulär
jugulomaxillaire jugomaxillär
jumeau m. Zwilling m.
jumeaux dizygotes m. pl. zweieiige Zwillinge m. pl.
jumeaux faux m. pl. zweieiige Zwillinge m. pl.
jumeaux monozygotes m. pl. eineiige Zwillinge m. pl.
jumeaux Siamois m. pl. Siamesische Zwillinge m. pl.
jumeaux vrais m. pl. eineiige Zwillinge m. pl.
jument f. Stute f.
jument d'élevage f. Zuchtstute f.
juste gerade
juvénile jugendlich, juvenil
juxtaarticulaire juxtaartikulär
juxtaépiphysaire juxtaepiphysär
juxtafovéal juxtafoveal
juxtaglomérulaire juxtaglomerulär
juxtamédullaire juxtamedullär
juxtamembraneux juxtamembranös
juxtaoral juxtaoral
juxtapapillaire juxtapapillär
juxtaposition f. Juxtaposition f.
juxtapylorique juxtapylorisch
juxtaspinal juxtaspinal
juxtautérin parametran, parametrisch

K

Kala-Azar m. Kala-Azar f.
kaliurétique m. Kaliuretikum n.
kaliurie f. Kaliurese f.
kallicréine f. Kallikrein n.
kallicréinogène m. Kallikreinogen n.
kallidine f. Kallidin n.
kallidinogénase f. Kallidinogenase f.
kallidinogène m. Kallidinogen n.
kanamycine f. Kanamycin n.
kaolin m. Kaolin n.
kaolinose f. Kaolinose f.
katal m. Katal n.
kéfir m. Kefir m.
kélotomie f. Kelotomie f.
kelvin m. Kelvin n.
kératane m. Keratan n.
kératine f. Keratin n.
kératinisation f. Keratinisierung f., Verhornung f.
kératiniser verhornen
kératinocyte m. Keratinozyt m.
kératite f. keratitis f.
kératite en bandelette f. Bandkeratitis f.
kératite interstitielle f. Keratitis interstitialis f.
kératite neuroparalytique f. Keratitis neuroparalytica f.
kératite phlycténulaire f. Keratitis phlyctaenulosa f.
kératite ponctuée f. Descemetitis f.
kératocentèse f. Keratozentese f.
kératocochléaire keratokochleär
kératocône m. Keratokonus m.
kératoconjonctivite f. Keratokonjunktivitis f.
kératocyte m. Stechapfelerythrozyt m.
kératodermie f. Keratodermie f.
kératohyalin keratohyalin
kératoiritis f. Keratoiritis f.
kératolyse f. Keratolyse f.
kératolytique keratolytisch
kératomalacie f. Keratomalazie f.
kératome m. Keratom n.
kératomètre de Javal m. Javal-Ophthalmometer n.
kératoprothèse f. Keratoprothese f.
kératoscope m. Keratoskop n.
kératoscopique keratoskopisch
kératose f. Keratose f.
kératosique keratotisch
kératotomie f. Keratotomie f.
kérion m. Kerion Celci n.
kerma m. Kerma n.
kermès m. Kermesbeere f.
kétamine f. Ketamin n.
kétansérine f. Ketanserin n.
kétazocine f. Ketazocin n.
kétazolam m. Ketazolam n.
kétimipramine f. Ketimipramin n.
kétobémidone f. Ketobemidon n.
kétobutyrate m. Ketobutyrat n.
kétoconazole m. Ketoconazol n.
kétoprofène m. Ketoprofen n.
kétorolactrométhamine f. Ketorolaktromethamin n.
kétotifen m. Ketotifen n.
kétoxal m. Ketoxal n.
khellidine f. Khellidin n.
khelline f. Khellin n.
khellinine f. Khellinin n.
kilobase f. Kilobase f.
kilocalorie f. große Kalorie f., Kilokalorie f.
kilocurie m. Kilocurie n.
kilogramme m. Kilogramm n.
kilohertz m. Kilohertz n.
kilolitre m. Kiloliter m./n.
kilomètre m. Kilometer m./n.
kilovolt m. Kilovolt n.
kilowatt m. Kilowatt n.
kinase f. Kinase f.
kinésithérapeute f. Bewegungstherapeutin f.
kinésithérapeute m. Bewegungstherapeut m.
kinésithérapie f. Bewegungstherapie f.
kinesthésique kinästhetisch
kinétochore m. Kinetochor n.
kinétoscopie f. Kinetoskopie f.
kininase f. Kininase f.
kinine f. Kinin n.
kinine plasmatique f. Plasmakinin n.
kininogénase f. Kininogenase f.
kininogène m. Kininogen n.
klebsiella f. Klebsiella f.
Klebsiella ozenae m. Bacterium ozenae n.
Klebsiella pneumoniae f. Bacillus pneumoniae m., Friedländerscher Bazillus m.
kleptomane f. Kleptomanin f.
kleptomane m. Kleptomane m.
kleptomaniaque kleptomanisch
kleptomanie f. Kleptomanie f.
Klinefelter, syndrome de m. Klinefelter Syndrom n.
Köhler, maladie de f. Köhlerscher Krankheit f.
kraurosis f. Kraurose f.
krypton m. Krypton n.

kuru m.   Kuru-Syndrom n.
kwashiorkor m.   Kwashiorkor m.
kymogramme m.   Kymogramm n.
kymographe m.   Kymograph m.
kymographie f.   Kymographie f.
kymographique   kymographisch
kynuréninase f.   Kynureninase f.
kynurénine f.   Kynurenin n.
kyste m.   Cyste f., Zyste f.
kyste de rétention m.   Retentionszyste f.
kyste dermoïde m.   Dermoidzyste f.
kyste du thymus m.   Thymuszyste f.
kyste hématique de l'ovaire m.   Schokoladenzyste f.
kyste maxillaire m.   Kieferzyste f.
kyste ovarien m.   Ovarialzyste f.
kyste subchondral m.   Geröllzyste f.
kyste synovial m.   Überbein n.
kysteux   zystisch
kystique   zystisch
kystitome m.   Kystom n.

L

lab m. Rennin n.
lab-ferment m. Labferment n.
labial labial
labiale f. Lippenlaut m.
labile labil
labilité f. Labilität f.
labilité affective f. Affektlabilität f.
labioalvéolaire labioalveolar
labiodentaire dentolabial, labiodental
labioglossolaryngé labioglossolaryngeal
labiomentonnier labiomental
labionasal labionasal
labiopalatin labiopalatinal
labioproximal proximolabial
laborantin m. Laborant m.
laborantine f. Laborantin f.
laboratoire m. Labor n., Laboratorium n.
laboratoire de prothése dentaire m. zahntechnisches Labor n.
laboratoire de recherche m. Forschungslabor n.
laboratoire pharmaceutique m. Arzneimittellabor n.
labyrinthe m. Labyrinth n.
labyrinthectomie f. Labyrinthektomie f.
labyrinthique labyrinthär
labyrinthite f. Labyrinthitis f.
labyrinthotomie f. Labyrinthotomie f.
lac lacrymal m. Tränensee m.
lacération f. Risswunde f.
lacérer zerreißen
lachésine f. Lachesin n.
lâcheuse f. Drückebergerin f.
lacipidine f. Lacipidin n.
lacrymotomie f. Lakrimotomie f.
lactacidogène m. Laktazidogen n.
lactalbumine f. Laktalbumin n.
lactamase f. Lactamase f., Laktamase f.
lactame m. Lactam n.
lactase f. Laktase f.
lactate m. Laktat n.
lactate de calcium m. Calciumlaktat n., Kalziumlaktat n.
lactation f. Laktation f., Säugen n.
lacténine f. Lactenin n.
lactime m. Lactim n.
Lactobacillus acidophilus m. Lactobacillus acidophilus m.
Lactobacillus bifidus m. Lactobacillus bifidus m.
Lactobacillus bulgaricus m. Lactobacillus bulgaricus m.
lactodensimètre m. Laktodensimeter n.
lactoferrine f. Laktoferrin n.
lactoflavine f. Laktoflavin n.
lactogène laktogen
lactogluconase f. Laktogluconase f.
lactone f. Lakton n.
lactose m. Laktose f., Milchzucker m.
lactosidose f. Laktosidose f.
lactosurie f. Laktosurie f.
lactotrope laktotrop
lactovégétarien laktovegetabil
lactovégétarien(ne) m./(f.) Laktovegetarier(in) m./(f.)
lactrodectisme m. Latrodectismus m.
lactulose m. Lactulose f., Laktulose f.
lacunaire lakunär
lacune f. Lakune f., Lücke f.
lacune circonscripte de la conscience f. Bewusstseinslücke f.
lagophtalmie f. Lagophthalmus m.
laïque m. Laie m.
laisser sortir entlassen
lait m. Milch f.
lait de chèvre m. Ziegenmilch f.
lait de magnésie m. Magnesiamilch f.
lait de sorcière m. Hexenmilch f.
lait de souffre m. Schwefelmilch f.
lait de vache m. Kuhmilch f.
lait dilué à 50 % m. Halbmilch f.
lait écrémé m. Magermilch f.
lait humain m. Frauenmilch f.
lait maternel m. Muttermilch f.
laiteux milchig
laiton m. Messing m.
lallation f. Lallen n., Lamdazismus m.
lalopathie f. Lalopathie f.
lalophobie f. Lalophobie f.
laloplégie f. Laloplegie f.
lambdacisme m. Lambdazismus m.
lambeau m. Lappen m.
lambeau (de peau pour chirurgie plastique) m. Hautlappen (für plastische Chirurgie) m.
lambeau bipédiculé m. doppelt gestielter Hautlappen m.
lambeau cylindrique m. Rollhautlappen m.
lambeau de glissement m. Verschiebehautlappen m.
lambeau de peau m. Kutislappen m.
lambeau de rotation m. Rotationshautlappen m.
lambeau de tissu m. Gewebslappen m.

lambeau insulaire m. Inselhautlappen m.
lambeau ouvert m. freier Hautlappen m.
lambeau pédiculé m. Stiellappen m.
lambeaux leucocytaires de Gumprecht m. pl. Gumprechtsche Scholle f.
lambert m. Lambert n.
Lamblia intestinalis f. Lamblia intestinalis m.
lambliase f. Lambliasis f.
lame (porte-objet) f. Objektträger m.
lame dentaire f. Zahnleiste f.
lame quadrijumelle f. Vierhügelplatte f.
lame rasoir f. Rasiermesser m.
lamellaire lamellär
lamelle f. Deckglas n.
lamifibane m. Lamifiban n.
laminaire laminar
laminaire f. Laminarstift m.
laminectomie f. Laminektomie f.
laminotomie f. Laminotomie f.
lamivudine f. Lamivudin n.
lamofibane m. Lamofiban n.
lampas m. Gaumengeschwulst n. (veter.)
lampe f. Lampe f.
lampe à arc f. Kohlenbogenlampe f.
lampe à fente f. Spaltlampe f.
lampe à quartz mercurielle f. Quecksilberdampfquarzlampe f.
lampe à ultraviolets f. Ultraviolettlampe f.
lampe de dermothérapie de Kromayer f. Kromayerlampe f.
lampe de Finsen f. Finsenlampe f.
lampe de Gullstrand f. Gullstrandsche Spaltlampe f.
lampe de signalisation f. Signallampe f.
lampe frontale f. Stirnlampe f.
lamziekte f. Lamziekte f.
lanatoprost m. Lanatoprost n.
lanatoside m. Lanatosid n.
lance-poudre m. Pulverbläser m.
lancements, avec klopfend (Abszess)
lancette f. Abszessmesser n., Blutentnahmelanzette f., Lanzette f.
lancette gingivale f. Zahnfleischmesser n.
lancette ophtalmique f. Augenlanzette f.
lancinant lanzinierend
langage m. Sprache (Sprechweise) f., Sprechen n.
langage familier m. Umgangssprache f.
langage gestuel m. Zeichensprache f.
langage symbolique m. Symbolsprache f.
lange m. Windel f.
langue f. Zunge f.
langue chargée f. belegte Zunge f.

langue framboisée f. Erdbeerzunge f., Himbeerzunge f.
langue géographique f. Landkartenzunge f., Lingna geographica f.
langue hirsute f. Haarzunge f.
langue noire pileuse f. schwarze Haarzunge f., Melanotrichia linguae f.
langue plicaturée f. Lingua scrotalis f.
languette f. Lasche f.
lanoline f. Lanolin n.
lanolol m. Lanolol n.
lanostérol m. Lanosterin n.
lansoprazole m. Lansoprazol n.
lanthane m. Lanthan n.
lanthanide m. Lanthanid n.
lanthionine f. Lanthionin n.
lanugo m. Lanugo n.
LAP (leucine aminopeptidase) f. LAP (Leucin-Aminopeptidase) f.
laparoscope m. Laparoskop n.
laparoscopie f. Laparoskopie f.
laparoscopique laparoskopisch
laparotomie f. Laparotomie f.
laparotomie exploratrice f. Probelaparotomie f.
laparotomiser laparotomieren
lapiner lapinisieren
lapsus (Freud) m. Freudscher Versprecher m.
laque f. Lack m.
lard m. Schweinefett n.
large d'un doigt QF (querfingerbreit)
large de deux doigts zweiquerfingerbreit
largeur f. Breite f.
larme f. Träne f.
larmes artificielles f. pl. künstliche Tränenflüssigkeit f.
larmoiement m. Tränen n.
larmoyer tränen
laronidase f. Laronidase f.
larva migrans f. l.arva migrans f.
larvé larviert
larve f. Larve f.
larvicide m. Larvenvertilgungsmittel n.
laryngé laryngeal
laryngectomie f. Laryngektomie f.
laryngectomiser laryngektomieren
laryngite f. Laryngitis f.
laryngocèle f. Laryngozele f.
laryngographie f. Laryngographie f.
laryngographique laryngographisch
laryngologie f. Laryngologie f.
laryngologique laryngologisch
laryngologue f. Laryngologin f.
laryngologue m. Laryngologe m.

laryngomalacie f. Laryngomalazie f.
laryngopharyngien laryngopharyngeal
laryngopharyngite f. Laryngopharyngitis f.
laryngoplastie f. Kehlkopfplastik f.
laryngoscope m. Kehlkopfspiegel m., Laryngoskop n.
laryngoscopie f. Laryngoskopie f.
laryngoscopie en suspension f. Schwebelaryngoskopie f.
laryngoscopique laryngoskopisch
laryngospasme m. Laryngospasmus m.
laryngostomie f. Laryngostomie f.
laryngotomie f. Laryngotomie f.
laryngotrachéite f. Laryngotracheitis f.
laryngotrachéobronchite f. Laryngotracheobronchitis f.
laryngotrachéoscopie f. Laryngotracheoskopie f.
larynx m. Kehlkopf m., Larynx m.
lasalocide m. Lasalocid n.
laser m. Laser m.
laser de l'œil m. Augenlaser m.
laser excimer m. Excimerlaser m.
lassé abgeschlagen
lassitude f. Ermüdung f., Mattigkeit f.
latamoxef m. Latamoxef n.
latence f. Latenz f.
latent latent
latéral lateral, seitlich
latéralisation f. Lateralisation f.
latéraliser lateralisieren
latéralité f. Lateralität f.
latéroflexion f. Lateroflexion f.
latérognathie f. Laterognathie f.
latéroposition f. Lateroposition f.
latéropulsion f. Lateropulsion f.
latérotorsion f. Laterotorsion f.
latérotrusion f. Laterotrusion f.
latéroventral lateroventral
latéroversion f. Lateroversion f.
lathyrisme m. Lathyrismus m.
latitude d'exposition f. Belichtungsspielraum m.
latrines f. pl. Latrine f.
LATS (long acting thyroïd stimulator) m. LATS (langwirkender Schilddrüsenstimulator) m.
lauralkonium m. Lauralkonium n.
laurate m. Laurat n.
lauréat m. Preisträger m.
lauréate f. Preisträgerin f.
laurier-rose m. Oleander m.
lauroguadine f. Lauroguadin n.
lauryle m. Lauryl n.

LAV (Lymphadenopathy Associated Virus) m. LAV (lymphadenopathieassoziiertes Virus) n.
lavable waschbar
lavage m. Spülung f., Waschung f.
lavage d'estomac m. Magenspülung f.
lavage d'oreille m. Ohrtoilette f.
lavande f. Lavendel m.
lave-main m. Handwaschbecken n.
lavement m. Einlauf m., Klistier n.
lavement alimentaire m. Nährklistier n.
lavement baryté double m. Doppelkontrasteinlauf m.
lavement de nettoyage m. Reinigungseinlauf m.
lavement opaque m. KE m., Kontrasteinlauf m.
laver abwaschen, ausspülen, spülen, waschen
laxatif abführend, laxierend
laxatif m. Abführmittel n., Laxans n., Laxativum n.
laxité ligamentaire f. Bändererschlaffung f.
layette f. Säuglingswäsche f.
LCAT (lécithine-cholestérol acyltransférase) f. LCAT (Lecithin-Cholesterin-Acyltransferase) f.
LDH (lacticodéshydrogénase) f. LDH (Laktatdehydrogenase) f.
LE (lupus érythémateux) m. LE (Lupus Erythematodes) m.
lécithinase f. Lezithinase f.
lécithine f. Lezithin n.
lectine f. Lektin n.
lecture de la pensée f. Gedankenlesen n.
lecture sur les lèvres f. Lippenlesen n.
léflunomide m. Leflunomid n.
Legionella pneumophila f. Legionella pneumophila f.
légionellose f. Legionellose f.
légumine f. Legumin n.
légumineux leguminös
léiomyome m. Leiomyom n.
léiomyosarcome m. Leiomyosarkom n.
léiopyrrole m. Leiopyrrol n.
Leishmania donovani f. Leishmania donovani f.
leishmaniose f. Leishmaniose f.
leishmaniose cutanée f. Hautleishmaniose f.
lemnocyte f. Lemnozyt m.
lénitif m. Linderungsmittel n.
lente f. Nisse f.
lenteur f. Lahmheit f.
lenticône m. Lentikonus m.
lenticulothalamique lentikulothalamisch
lentiginose f. Lentiginose f.

lentigo m. Lentigo m.
lentille f. Linse f., Linse (Auge) f.
lentille d'approche f. Vorsatzlinse f.
lentille de contact f. Kontaktlinse f., Haftschale f.
lentille glissante f. Schiebelinse f.
lentilles échangeables f. pl. Auswechseloptik f.
léontiasis m. Leontiasis f.
lépidose f. Lepidose f.
lépirudine f. Lepirudin n.
lèpre f. Lepra f.
lèpre anesthésique f. Lepra anaesthetica f.
lèpre nodulaire f. Lepra tuberosa f.
lépreux leprös
lépride f. Leprid n.
léprologie f. Leprologie f.
léprologue f. Leprologin f.
léprologue m. Leprologe m.
léprome m. Leprom n.
lépromine f. Lepromin n.
léproserie f. Leprosorium n.
leptacline f. Leptaclin n.
leptine f. Leptin n.
leptocyte m. Leptozyt m.
leptodactylie f. Leptodaktylie f.
léptoméningite f. Leptomeningitis f.
leptoméningite à staphylocoque f. Staphylokokkenleptomeningitis f.
leptoméningitique leptomeningitisch
leptophos m. Leptophos m.
Leptospira autumnalis f. Leptospira autumnalis f.
Leptospira canicola f. Leptospira canicola f.
Leptospira grippotyphosa f. Leptospiragrippotyphosa f.
Leptospira icterohaemorrhagiae f. Leptospira icterogenes f.
leptospirose f. Leptospirose f.
leptotène m. Leptotän n.
leptothricose f. Leptothrikose f.
leptothrix m. Leptothrix m.
lercanidipine f. Lercanidipin n.
lergotrile m. Lergotril n.
lesbien lesbisch
lésion f. Läsion f.
lésion cérébrale f. Hirnverletzung f.
lésion cérébrale, ayant une hirnverletzt
lésion d'irradiation f. strahlenschaden m.
lésion d'origine posturale f. Haltungsschaden m.
lésion miliaire du poumon f. Schrotkornlunge f.
lésion myocardique Herzmuskelschaden m., Myokardschaden m.

lésion rénale f. Nierenschaden m.
lésion tardive f. Spätschaden m.
lésionectomie f. Läsionektomie f.
lésions gommeuses f. pl. Gummose f.
lessive f. Lauge f.
lessive de soude f. Natronlauge f.
létal letal
létalité f. Letalität f.
léthargie f. Lethargie f.
léthargie d'Afrique f. afrikanische Schlafkrankheit f.
létimide m. Letimid n.
létrozole m. Letrozol n.
lettre pour hospitalisation f. Einweisungsschein m.
leucanémie f. Leukanemie f.
leucémie f. Leukämie f.
leucémie aigue lymphoblastique f. akute lymphatische Leukose f. (ALL)
leucémie aigue non lymphocytaire f. (ANLL) akute nichtlymphozytäre Leukämie f. (ANLL)
leucémie aleucémique f. Aleukämie f.
leucémie lymphoïde f. lymphatische Leukämie f.
leucémie lymphoïde chronique f. chronische lymphatische Leukämie (CLL) f.
leucémie monoblastique f. Monozytenleukämie f.
leucémie myéloïde f. myeloische Leukämie f.
leucémie myéloïde aigue f. akute myeloische Leukose f. (AML)
leucémie myéloïde chronique f. chronische myeloische Leukämie (CML) f.
leucémie plasmocytaire f. Plasmazellenleukämie f.
leucémique leukämisch
leucémoïde leukämoid
leucine f. Leucin n., Leuzin n.
leucine aminopeptidase f. Leucin-Aminopeptidase f.
leucinose f. Ahornsirupkrankheit f., Leucinose f., Leuzinose f.
leucoblaste m. Leukoblast m.
leucocianidol m. Leucocianidol n.
leucocidine f. Leukozidin n.
leucocytaire leukozytär
leucocyte m. Leukozyt m.
leucocyte à bâtonnet m. stabkerniger Leucozyt m.
leucocyte à noyau polymorphe m. polymorphkerniger Leukozyt m.
leucocyte éosinophile m. eosinophiler Leukozyt n.

leucocyte non granulé m. ungranulierter Leukozyt m.
leucocyte polymorphonucléaire m. polymorphkerniger Leucozyt m.
leucocytoclasique leukozytoklastisch
leucocytolyse f. Leukozytolyse f.
leucocytopénie f. Leukozytopenie f.
leucocytose f. Leukozytose f.
leucocytotoxique leukozytotoxisch
leucocyturie f. Leukozyturie f.
leucodermie f. Leukodermie f.
leucodystrophie f. Leukodystrophie f.
leucoencéphalite f. Leukoenzephalitis f.
leucoencéphalopathie f. Leukoenzephalopathie f.
leucokératose f. Leukoplakie f.
leucolysine f. Leukolysin n.
leucomaïne f. Leukomain n.
leucomalacie f. Leukomalazie f.
leucome m. Leukom n.
leucomycine f. Leucomycin n.
leucomyélite f. Leukomyelitis f.
leuconychie f. Leukonychie f.
leucopénie f. Leukopenie f.
leucopénique leukopenisch
leucophérèse f. Leukopherese f.
leucoplasie f. Leukoplakie f.
leucoplaste m. Heftpflaster n.
leucopoïèse f. Leukopoese f.
leucopoïétique leukopoetisch
leucopsine f. Leukopsin n.
leucorrhée f. Fluor albus m., Leukorrhö f.
leucosarcomatose f. Leukosarkomatose f.
leucose f. Leukose f.
leucose lymphatique chronique (LLC) f. chronische lymphatische Leukose (CLL) f.
leucosine f. Leucosin n.
leucotaxie f. Leukotaxis f.
leucotaxine f. Leukotaxin n.
leucotoxine f. Leukotoxin n.
leucotoxique leukotoxisch
leucotrichie f. Leukotrichie f.
leucotriène f. Leukotrien n.
leukine f. Leukin n.
leuprolide m. Leuprolid n.
lévallorphan m. Lävallorphan n., Levallorphan n.
lévamisole m. Levamisol n.
lévamphétamine f. Levamphetamin n.
lévartérénol m. Levarterenol n.
lever heben
levier m. Elevatorium n., Hebel m.
levier à pédale m. Fußhebel m.
lévitation f. Levitation f.

lévocabastine f. Levocabastin n.
lévocardiogramme m. Lävokardiogrammn.
lévocarnitine f. Levocarnitin n.
lévocétirizine f. Levocetirizin n.
lévodopa f. Levodopa n.
lévofloxacine f. Levofloxacin n.
lévofuraltadone f. Levofuraltadon n.
lévogyre linksdrehend
lévomépromazine f. Levomepromazin n.
lévométhadone f. Levomethadon n.
lévométiométprazine f. Levometioprazinn.
lévophacétopérane m. Levofacetoperann.
lévorotation f. Lävorotation f., Linksdrehung f.
lévothyroxine f. Levothyroxin n.
lévoversion f. Lävoversion f.
lèvre (supérieure/inférieure) f. Lippe (obere/untere) f.
lèvre de la vulve, grande f. große Schamlippe f.
lèvre de la vulve, petite f. kleine Schamlippe f.
lèvre inférieure f. Unterlippe f.
lèvre supérieure f. Oberlippe f.
lévulinate m. Lävulinat n., Levulinat n.
lévulose m. Lävulose f.
lévulosurie f. Lävulosurie f.
levure f. Hefe f.
LH (hormone lutéinisante) f. LH (luteinisierendes Hormon) n.
LH f. ICSH (leydigzellenstimulierendes Hormon) n.
LH-RH (LH Releasing Hormon) f. LHRH (LH-freisetzendes Hormon) n.
liaison f. Bindung f., Verbindung f.
liant m. Bindemittel n.
libécillide m. Libecillid n.
libération f. Freisetzung f.
libérer freigeben, freisetzen
libidineux libidinös
libido f. Geschlechtstrieb m., Libido f.
librairie f. Bücherei f.
licence f. Lizenz f.
licenciement m. Entlassung (Kündigung) f.
licencier entlassen (kündigen)
lichen m. Flechte f., Lichen m.
Lichen chronicus simplex m. Lichen chronicus simplex m.
lichen d'Islande m. Isländisches Moos n.
Lichen niditus m. Lichen niditus m.
Lichen ruber planus m. Lichen ruber planus m.
Lichen scrofulosus m. Lichen scrofulosus m.
lichen simplex m. Neurodermatitis f.
lichénification f. Lichenifizierung f.

lichénoïde flechtenartig, lichenoid
lidamidine f. Lidamidin n.
lidocaïne f. Lidocain n.
lidoflazine f. Lidoflazin n.
lié au sexe geschlechtsgebunden
liénopancréatique lienopankreatisch
liénorénal lienorenal
lientérie f. Lienterie f.
lierre m. Efeu m.
lieue f. Meile f.
lièvre m. Hase m.
ligament m. Band n., Chorda f., Ligament n.
ligament alvéolodentaire m. Zahnhalteapparat m.
ligament collatéral m. Seitenband m.
ligament collatéral médial m. Innenband n.
ligament croisé m. Kreuzband n.
ligament de Gimbernat m. Gimbernatsches Ligament n.
ligament de Poupart m. Poupartsches Ligament n.
ligament large de l'utérus m. Mutterband, breites n.
ligament longitudinal m. Längsband n.
ligament rond de l'utérus m. rundes Mutterband n.
ligand m. Ligand m.
ligase f. Ligase f.
ligature f. Abbindung f., Ligatur f., Unterbindung f.
ligature de Stannius f. Stanniussche Ligatur f.
ligature des trompes f. Tubenligatur f.
ligature métallique f. Unterbindungsdraht m.
ligature par fil métallique f. Drahtligatur f.
ligature périvasculaire f. Umstechung f.
ligature, faire une ligieren
ligaturer abbinden, unterbinden
ligne f. Linie f.
ligne axillaire, antérieure/postérieure f. vordere/hintere Axillarlinie f.
ligne d'Ellis-Garland f. Ellis-Garlandsche Linie f.
ligne de base f. Grundlinie f.
ligne de Beau f. Beausche Furche f.
ligne de démarcation f. Demarkationslinie f., Grenzlinie f.
ligne de finition f. Abschlusslinie f. (dent.)
ligne de Fraunhofer f. Fraunhofersche Linie f.
ligne de Nélaton f. Nélatonsche Linie f.
ligne de Schoemaker f. Schoemakersche Linie f.
ligne directrice f. Richtlinie f.
ligne épiphysaire f. Epiphysenlinie f.
ligne iléoombilicale de Monro f. Monro-Richtersche Linie f.
ligne médiane f. Mittellinie f.
ligne médioclaviculaire f. MCL (Medioclavicularlinie) f., Medioklavikularlinie f.
ligne primitive f. Primitivstreifen m.
ligne spectrale f. Spektrallinie f.
ligne zéro f. Null-Linie f., Nullstrich m.
lignée f. Stamm (botan., zool.) m.
lignine f. Lignin n.
lignocaïne f. Lignocain n.
limaçon m. Schnecke (anatom.) f.
limbique limbisch
lime f. Feile f.
lime à ongles f. Nagelfeile f.
limer abfeilen, feilen
limitation f. Begrenzung f.
limite f. Grenze f., Grenzlinie f.
limite adamanto-cémentale f. Schmelz Zement-Grenze f.
limite d'âge f. Altersgrenze f.
limite d'audibilité f. Hörgrenze f.
limiter begrenzen, limitieren
linceul m. Leichentuch n.
lincomycine f. Lincomycin n.
lindane m. Lindan n.
linéaire linear
linge m. Wäsche f.
linge de corps m. Leibwäsche f.
lingoversion f. Linguaversion f.
lingual lingual
linguatula serrata f. Linguatula serrata f.
linguistique linguistisch
linguistique f. Linguistik f.
lingula f. Lingula f.
linguoalvéolaire lingua-alveolär
linguoaxial linguoaxial
linguocclusion f. Linguokklusion f.
linguodentaire linguadental
linguodental linguodental
linguodistal linguodistal
linguofacial linguofazial
linguogingival linguogingival
linguolabial linguolabial
linguoproximal proximolingual
liniment m. Liniment n.
linite f. Linitis f.
linkage m. Bindung f.
linoléate m. Linoleat n.
linoléine f. Linolein n.
liothyronine f. Liothyronin n.
lipacidurie f. Lipazidurie f.
lipase pancréatique f. Steapsin n.
lipase triglycérique f. Triglyzeridlipase f.

lipémie f. Lipämie f.
lipémique lipämisch
lipide m. Lipid n.
lipidose f. Lipidose f.
lipoamide m. Lipamid n.
lipoate m. Lipoat n.
lipoatrophie f. Lipatrophie f., Lipoatrophie f.
lipoatrophique lipoatrophisch
lipoblaste m. Lipoblast m.
lipoblastome m. Lipoblastom n.
lipobrachie f. Abrachie f.
lipochondrodystrophie f. Lipochondrodystrophie f.
lipochondrome m. Lipochondrom n.
lipochrome m. Lipochrom n.
lipodystrophie f. Lipodystrophie f.
lipoedème m. Lipödem n.
lipofuscine f. Lipofuscin n.
lipofuscinose f. Lipofuscinose f.
lipogène lipogen
lipoglucoprotéinose f. Lipoglykoproteinose f.
lipogranulomatose f. Lipogranulomatose f.
lipoïde m. Lipoid n.
lipoïdique lipoidal
lipoïdocalcinogranulomatose f. Lipoidkalzinogranulomatose f.
lipoïdoprotéinose f. Lipoidproteinose f.
lipoïdose f. Lipoidose f.
lipoïdurie f. Lipoidurie f.
lipolyse f. Lipolyse f.
lipolytique lipolytisch
lipomateux lipomatös
lipomatose f. Lipomatose f.
lipomatose cervicale de Madelung f. Madelungscher Fetthals m.
lipome m. Lipom n.
lipomucopolysaccharidose f. Lipomukopolysaccharidose f.
lipomyome m. Lipomyom n.
lipomyxome m. Lipomyxom n.
lipo-oligosaccharide m. Lipooligosaccharid n.
lipo-oxygénase f. Lipooxygenase f.
lipopeptide m. Lipopeptid n.
lipopexie f. Lipopexie f.
lipophagie f. Lipophagie f.
lipophagocytose f. Lipophagozytose f.
lipophanérose f. Fettphanerose f.
lipophile lipophil
lipopneumopathie f. Fettpneumonie f.
lipopolysaccharide m. Lipopolysaccharid n.
lipoprotéine f. Lipoprotein n.
lipoprotéine de haute/basse/très basse densité f. Lipoprotein mit hoher/niedriger/sehr niedriger Dichte n.
lipoprotéine lipase f. Lipoproteinlipase f.
lipoprotéinémie f. Lipoproteinämie f.
liposarcorne m. Liposarkom n.
liposoluble fettlöslich, öllöslich
liposuccion f. Liposuktion f.
lipotrope lipotrop
lipotropine f. Lipotropin n.
lipoxygénase f. Lipoxygenase f.
lipurie f. Lipurie f.
lipurique lipurisch
liquéfaction f. Einschmelzung f., Kolliquation f., Verflüssigung f.
liquéfier verflüssigen
liqueur de Dakin m. Dakinsche Lösung f.
liquide flüssig
liquide m. Flüssigkeit f.
liquide allantoïde m. Allantoisflüssigkeit f.
liquide amniotique m. Fruchtwasser n.
liquide cardiaque m. Herzwasser (veter.)
liquide céphalo-rachidien m. Liquor cerebrospinalis m., Zerebrospinalflüssigkeit f.
liquide de contraste m. Kontrastflüssigkeit f.
liquide de lavage m. Spülflüssigkeit f., Waschflüssigkeit f.
liquide de remplissage plasmatique m. Plasmaexpander m.
liquide de soudure m. Lötwasser n.
liquide extracellulaire m. extrazelluläre Flüssigkeit (ECF) f.
liquide intracellulaire m. intrazelluläre Flüssigkeit (ICF) f.
liquide lacrymal m. Tränenflüssigkeit f.
liquide obtenu par ponction m. Punktat n.
liquide séminal m. Samenflüssigkeit f.
liquorrhée f. Liquorrhö f.
liseré gingival m. Zahnfleischsaum m.
liseré gingival saturnin m. Bleisaum (am Zahnfleisch) m.
liseré marginal m. Randabschluss m. (dent.)
liseré matriciel m. Formband n. (dent.)
lisière f. Grenze f.
lisinopril m. Lisinopril n.
lisse glatt
lissencéphalie f. Lissenzephalie f.
liste d'attente f. Warteliste f.
Listeria monocytogenes m. Listeria monocytogenes f.
listériolysine f. Listeriolysin n.
listériose f. Listeriose f.
lisuride m. Lisurid n.
lit m. Bett n.
lit à barreaux m. Gitterbett n.

lit de l'ongle m. Nagelbett n.
lit de réanimation m. Wiederbelebungsbett m.
lit du malade m. Krankenbett n.
lit orthopédique à extension m. Streckbett n.
lit plâtré m. Gipsbett n.
lit réglable m. Niveaubett n.
lit sanitaire m. Klosettbett n.
literie f. Bettzeug n.
lithiase rénale f. Nephrolithiasis f.
lithiase salivaire f. Ptyalolithiasis f.
lithiase urétérale f. Ureterolithiasis f.
lithium m. Lithium n.
lithocholate m. Lithocholat n.
lithocystotomie f. Lithozystotomie f.
lithogène lithogen
lithogenèse f. Lithogenese f.
litholapaxie f. Litholapaxie f.
litholyse f. Litholyse f., Steinauflösung f.
litholytique litholytisch
lithotomie f. Steinschnitt m.
lithotripsie f. Lithotripsie f.
lithotripsie au LASER f. LASER-lithotripsie f.
lithotriteur m. Lithotripter m.
lithotritie f. Lithotripsie f., Steinzertrümmerung f.
litière f. Streu f.
litige m. Rechtsstreit m.
litre m. Liter m./n.
littérature f. Literatur f.
livedo m. Livedo f.
livide livid, totenblass
lividomycine f. Lividomycin n.
loa-loa f. Filaria loa f.
loase f. Loiasis f.
lobaire lobär
lobe m. Flügel m., Lappen m.
lobé gelappt
lobe antérieur de l'hypophyse m. Adenohypophyse f., HVL (Hypophysenvorderlappen) m.
lobe de Home m. Homescher Lappen m.
lobe frontal m. Stirnlappen m., Frontallappen m.
lobe inférieur m. Unterlappen m.
lobe moyen m. Mittellappen m.
lobe pariétal m. Parietallappen m.
lobe postérieur de l'hypophyse m. HHL (Hypophysenhinterlappen) m.
lobe pulmonaire m. Lungenlappen m.
lobe pulmonaire inférieur m. Lungenunterlappen m.
lobe supérieur m. Oberlappen m.
lobe temporal m. Temporallappen m.

lobectomie f. Lobektomie f.
lobéline f. Lobelin n.
lobendazole m. Lobendazol n.
lobostomie f. Lobostomie f.
lobotomie f. Lobotomie f.
lobulaire lobulär
lobulation f. Lappung f.
lobule m. Läppchen n.
lobule de l'oreille m. Ohrläppchen n.
locacité f. Redseligkeit f.
local lokal, örtlich
local m. Bau m.
localisateur m. Lokalisator m.
localisation f. Lokalisation f.
localisation de l'effet f. Wirkungsort m.
localisation de la mesure f. Messstelle f.
localisé en profondeur tiefsitzend
localiser lokalisieren
lochies f. pl. Lochien f. pl., Wochenfluss m.
lochiométrie f. Lochiometra f.
lochiostase f. Lochienstauung f.
locomoteur lokomotorisch
locomotion f. Fortbewegung f.
lodipérone f. Lodiperon f.
lodoxamide m. Lodoxamid n.
lofépramine f. Lofepramin n.
loféxidine f. Lofexidin n.
loflazépate m. Loflazepat n.
logasthénie f. Logasthenie f.
loge rénale f. Nierenlager n.
logement des animaux m. Tierstall m.
logique logisch
logoclonie f. Logoklonie f.
logopathie f. Logopathie f.
logopédie f. Logopädie f.
logopédique logopädisch
logopédiste m./f. Logopäde m., Logopädin f.
logophobie f. Logophobie f.
logorrhée f. Logorrhö f.
logosémantique logosemantisch
logothérapeute m./f. Logotherapeut(in) m./(f.)
logothérapeutique logotherapeutisch
logothérapie f. Logotherapie f.
loi d'Arndt-Schulz f. Arndt-Schulzsches Gesetz n.
loi de Boyle-Mariotte f. Boyle-Mariottesches Gesetz n.
loi de Courvoisier f. Courvoisier-Zeichen n.
loi de Gay-Lussac f. Gay-Lussacsches Gesetz n.
loi de Mendel f. Mendelsches Gesetz n.
loi du tout ou rien f. Alles-oder-Nichts-Gesetz n.
loi naturelle f. Naturgesetz n.

lois de Mendel

lois de Mendel, se conformer aux mendeln
lombaire lumbal
lombalisation f. Lumbalisation f.
lombes f. pl. Lende f.
lombodorsal lumbodorsal
lombopéritonien lumboperitoneal
lombosacré lumbosakral
lomustine f. Lomustin n.
long zeitraubend
longévité f. Langlebigkeit f.
longiligne leptosom
longitudinal longitudinal
longueur f. Körperlänge f.
longueur d'onde f. Wellenlänge f.
lonidamine f. Lonidamin n.
lopagnosie f. Lopagnosie f.
lopéramide m. Loperamid n.
loquacité f. Geschwätzigkeit f.
lorapride m. Loraprid n.
loratadine f. Loratadin n.
lorbamate m. Lorbamat n.
lordose f. Lordose f.
lordotique lordotisch
lormétazépam m. Lormetazepam n.
losange m. Raute f.
losange de Michaélis m. Michaelische Raute f.
losartane m. Losartan n.
losindole f. Losindol n.
lotifazole m. Lotifazol n.
lotion au zinc f. Zinkschüttelmixtur f.
lotion buccale f. Mundspülwasser n.
lotion oculaire f. Augenspülflüssigkeit f.
lotucaïne f. Lotucain n.
louche f. Schöpflöffel m.
loucher schielen
loupe f. Lupe f., Vergrößerungsglas n.
loupe oculaire f. Augenlupe f.
loupe otologique f. Ohrlupe f.
lourd schwer
lovastatine f. Lovastatin n.
loxapine f. Loxapin n.
loxiglumide m. Loxiglumid n.
LSD (lysergide) m. LSD (Lysergsäurediethylamid) n.
lucanthone f. Lucanthon n.
lucide luzid
luciférase f. Luciferase f.
luciférine f. Luciferin n.
luette f. Uvula f., Zäpfchen (anatom.) n.
lumbago f. Hexenschuss m., Lumbago f.
luméfantrine f. Lumefantrin n.
lumen m. Lumen n.
lumière f. Licht n.
lumière du jour f. Tageslicht n.

lumière froide f. Kaltlicht n.
lumière infra-rouge f. Rotlicht n.
luminescence f. Lumineszenz f.
luminomètre m. Luminometer n.
luminosité f. Leuchtkraft f.
lumiracoxibe m. Lumiracoxib n.
lunaire mondförmig
lunatique mondsüchtig
lunettes f. Brille f.
lunettes à oxygène f. pl. Sauerstoffbrille f.
lunettes acoustiques f. pl. Hörbrille f.
lunettes bifocales f. pl. Bifokalbrille f.
lunettes correctrices du strabisme f. pl. Schielbrille f.
lunettes d'exploration du nystagmus f. pl. Frenzelbrille f.
lunettes de lecture f. pl. Lesebrille f.
lunettes de protection f. pl. Schutzbrille f.
lunettes pour la vision à distance f. pl. Fernbrille f.
lunettes rayons X f. pl. Röntgenbrille f.
lunettes sténopéiques f. pl. Lochbrille f.
lunettes teintées f. pl. getönte Brille f.
lupoïde lupoid
lupome m. Lupom n.
lupus m. Lupus m.
lupus érythémateux m. Erythematodes m., Lupus erythematodes m.
lupus érythémateux disséminé m. generalisierter Lupus erythematodes m.
lupus pernio m. Lupus pernio m.
lupus tuberculeux m. Lupus vulgaris m.
lutéinisation f. I.uteinisierung f.
lutéiniser luteinisieren
lutéotrope luteotrop
lutétium m. Lutetium n.
lux m. Lux n.
luxation f. Luxation f.
luxer luxieren, verrenken
lyase f. Lyase f.
lycopode m. Lycopodium n.
lydase f. Lydase f.
lykopène m. Lykopin n.
lymphadénectomie f. Lymphadenektomie f.
lymphadénite f. Lymphadenitis f.
lymphadénite virale f. Katzenkratzkrankheit f.
lymphadénitique lymphadenitisch
lymphadénome m. Lymphadenom n.
lymphadénopathie f. Lymphknotenerkrankung f.
lymphadénose m. Lymphadenose f.
lymphadénose aleucémique f. aleukämische Lymphadenose f.

lymphadénose leucémique f. leukämische Lymphadenose f.
lymphangiectasie f. Lymphangiektasie f.
lymphangio-endothéliome m. Lymphangioendothelium n.
lymphangiologie f. Lymphangiologie f.
lymphangiome m. Lymphangiom n.
lymphangiomyomatose f. Lymphangiomyomatose f.
lymphangiosarcome m. Lymphangiosarkom n.
lymphangite f. Lymphangitis f.
lymphangitique lymphangitisch
lymphatique lymphatisch
lymphe f. Lymphe f.
lymphe tissulaire f. Gewebelymphe f.
lymphoblaste m. Lymphoblast m.
lymphoblastique lymphoblastisch
lymphoblastome m. Lymphoblastom n.
lymphocèle f. Lymphozele f., Lymphzyste f.
lymphocytaire lymphozytär
lymphocyte m. Lymphozyt m.
lymphocyte T m. T-Lymphozyt m.
lymphocytopénie f. Lymphozytopenie f.
lymphocytophtisie f. Lymphozytophthise f.
lymphocytopoïèse f. Lymphozytopoese f.
lymphocytose f. Lymphozytose f.
lymphocytotoxine f. Lymphozytotoxin n.
lymphocytotrope lymphozytotrop
lymphoépithélial Lymphoepithelial
lymphogène lymphogen
lymphogranulomateux lymphogranulomatös
lymphogranulomatose f. Lymphogranulomatose f.
lymphogranulomatose vénérienne f. Lymphogranuloma inguinale n.
lymphogranulome m. Lymphogranulomn.
lymphoïde lymphoid
lymphokine f. Lymphokin n.
lymphologie f. Lymphologie f.
lymphologue m./f. Lymphologe m., Lymphologin f.
lymphomateux lymphomatös
lymphomatose f. Lymphomatose f.
lymphome m. Lymphom n.
lymphome à cellules polymorphes m. gemischtzelliges Lymphom n.
lymphome de Burkitt m. Burkitt-Tumor m.
lymphome non hodgkinien m. nicht lymphogranulomatöses Lymphom n.
lymphonodektomie f. Lymphonodektomie f.
lymphopénie f. Lymphopenie f.
lymphopénique lymphopenisch
lymphoplasmacytaire lymphoplasmazytär
lymphoplasmaphérèse f. Lymphoplasmapherese f.
lymphoplasmatique lymphoplasmatisch
lymphoplasmocytaire lymphoplasmozytär
lymphoplasmocytoïde lymphoplasmozytoid
lymphopoïèse f. Lymphopoese f.
lymphopoïétique lymphopoetisch
lymphoprolifératif lymphoproliferativ
lymphoréticulaire lymphoretikulär
lymphoréticulose f. Lymphoretikulose f.
lymphorragie f. Lymphorrhö f.
lymphosarcomatose f. Lymphosarkomatose f.
lymphosarcome m. Lymphosarkom n.
lymphospécifique lymphospezifisch
lymphotoxine f. Lymphotoxin n.
lynestrénol m. Lynestrenol n.
lyophile lyophil
lyophilisation f. Gefriertrocknung f., Lyophilisierung f.
lyophiliser lyophilisieren
lyophobe lyophob
lyotrope lyotrop
lypressine f. Lypressin n.
lysate m. Lysat n.
lyse des corps de Nissl f. Tigrolyse f.
lysergamide f. Lysergamid n.
lysergide m. Lysergid n.
lysinate m. Lysinat n.
lysine f. Lysin n. (Aminosäure), Diaminokapronsäure f.
lysine (anticorps) f. Lysin (Antiköper) n.
lysine hydroxylase f. Lysinhydroxylase f.
lysis f. Lyse f., Lysis f.
lysoforme m. Lysoform n.
lysogène lysogen
lysogénie f. Lysogenie f.
lysokinase f. Lysokinase f.
lysolécithine f. Lysolezithin n.
lysolipide m. Lysolipid n.
lysophosphoglycéride m. Lysophosphoglyzerid n.
lysophospholipide m. Lysophospholipid n.
lysosomal lysosomal
lysosome m. Lysosom n.
lysozyme m. Lysozym n.
lysyle m. Lysyl n.
lysyllysine f. Lysyllysin n.
lysyloxidase f. Lysyloxidase f.
lytique lytisch
lyxylose m. Lyxulose f.

M

MAC (concentration alvéolaire minimale) f. MAK (minimale alveoläre Konzentration) f.
MAC (concentration maximale sur le lieu de travail) f. MAK (maximal akzeptable Arbeitsplatzkonzentration) f.
macaque m. Makake m.
macération f. Mazerat n., Mazeration f.
macérer mazerieren
mâchoire f., Kiefer m.
mâchoire inferieure f. Unterkiefer m.
mâchoire supérieure f. Oberkiefer m.
macroamylase f. Makroamylase f.
macroblaste m. Makroblast m.
macrocellulaire großzellig
macrocéphalique makrozephal
macrochéilie f. Makrocheilie f.
macrocirculation f. Makrozirkulation f.
macrocréatinekinase f. Makrocreatinkinase f.
macrocyclique makrozyklisch
macrocytaire makrozytär
macrocyte m. Makrozyt m.
macrodontie f. Makrodontie f.
macroenzyme f. Makroenzym n.
macrofolliculaire großfollikulär
macrogamète m. Makrogamet m.
macrogénitosomie f. Makrogenitalismus m.
macroglobuline f. Makroglobulin n.
macroglobulinémie f. Makroglobulinämie f.
macroglossie f. Makroglossie f.
macrognathie f. Makrognathie f.
macrogyrie f. Makrogyrie f.
macrohématurie f. Makrohämaturie f.
macrolécithiné makrolezithal
macrolide m. Makrolid m.
macrolymphocyte m. Makrolymphozyt m.
macromélie f. Makromelie f.
macromoléculaire makromolekular
macromolécule f. Makromolekül n.
macronucleus m. Makronukleus m.
macrophage m. Makrophage m.
macrophage chromophagocytaire m. Pigmentophage m.
macrophtalmie f. Makrophthalmie f.
macroprolactinome m. Makroprolaktinom n.
macropsie f. Makropsie f.
macroscopique makroskopisch
macrosomie f. Großwuchs m., Makrosomie f.
macrostomie f. Makrostomie f.
macrothrombocyte m. Makrothrombozyt m.
macrotie f. Makrotie f.
macrotraumatisme m. Makrotraumatismus m.
macula f. Makula f.
maculaire makulär, makulös
maculé fleckig
macule f. Fleck m.
maculocérébral makulozerebral
maculopapuleux makulopapulös
maculopathie f. Makulopathie f.
maculovésiculaire makulovesikulär
MAF (facteur d'activation des macrophages) m. MAF (makrophagenaktivierender Faktor) m.
mafénide m. Mafenid n.
magaldrate m. Magaldrat n.
magenta m. Magenta n.
magistral magistral
magnésie f. Magnesia f.
magnésium m. Magnesium n.
magnésium calciné m. Magnesiumoxid n.
magnétique magnetisch
magnétiser magnetisieren
magnétoélectrophorèse f. Magnetelektrophorese f.
magnétoencéphalogramme m. MEG (Magneto-Enzephalogramm) n.
magnétoencéphalographie f. Magnetenzephalographie f.
magnétophone m. Tonbandgerät n.
maigre hager, mager
maigreur f. Magerkeit f.
maigrir abmagern, abnehmen
maille f. Masche f.
maillechort m. Neusilber n.
mailles serrées, à engmaschig
maillet m. Hammer (aus Holz) m.
main f. Hand f.
main ballante f. Fallhand f.
main bote f. Klumphand f.
main d'accoucheur f. Geburtshelferhand f.
main de prédicateur f. Predigerhand f.
main de singe f. Affenhand f.
main en griffe f. Klauenhand f., Krallenhand f.
main fourche f. Spalthand f.
maintenance d'espace f. Lückenhalter m. (dent.), Platzhalter m. (dent.)
maintien m. Aufrechterhaltung f.
maison de repos f. Erholungsheim n.
maison de retraite f. Altenheim n., Altersheim n.

maison de soins f.   Pflegeheim m.
maison mortuaire f.   Leichenhalle f.
maître de conférences m.   Dozent m.
majoration f.   Erhöhung f.
mal   übel (krank)
mal au ventre m.   Leibschmerzen m. pl.
mal aux dents m.   Zahnschmerz m.
mal aux reins m.   Kreuzschmerz m.
mal comitial m.   genuine Epilepsie f.
mal d'altitude m.   Höhenkrankheit f.
mal de Cadeiras m.   Mal de Caderas n.
mal de l'espace m.   Weltraumkrankheit f.
mal de mer m.   Naupathie f., Seekrankheit f.
mal de Pott m.   Malum Potti n.
mal de tête m.   Kopfschmerz m.
mal des aviateurs m.   Fliegerkrankheit f.
mal des montagnes m.   Bergkrankheit f.
mal des rayons m.   Röntgenkater m., Strahlenkater m.
mal des transports m.   Reisekrankheit f.
mal du coït m.   Beschälseuche f. (veter.)
mal du pays m.   Heimweh n.
mal perforant plantaire m.   Malum perforans pedis n.
malabsorption f.   Malabsorption f.
malabsorption intestinale f.   intestinale Resorptionsstörung f.
malachite f.   Malachit m.
malacie f.   Malazie f.
malacique   malazisch
malacotique   malakotisch
malade   krank (attributiv), krank (prädikativ), krank (von Körperteilen)
malade m.   Kranker m.
malade f.   Kranke f.
malade du foie   leberkrank
malade mental m.   Geisteskranker m.
malade mentale f.   Geisteskranke f.
malade mentalement   geistesgestört
maladie f.   Affektion f., Erkrankung f., Krankheit f., Leiden n., Leidenszustand m., Übel n.
maladie allergique f.   Allergose f.
maladie artérielle oblitérante f.   arterielle Verschlusskrankheit (AVK) f.
maladie atopique f.   Allergose f.
maladie autoimmune f.   Autoimmunkrankheit f.
maladie cardiaque f.   Herzerkrankung f., Herzleiden n.
maladie cardio-vasculaire f.   Herz- und Kreislaufkrankheit f.
maladie carencielle f.   Mangelkrankheit f.
maladie coeliaque de Herter f.   Herter-Heubnersche Krankheit f.
maladie coeliaque f.   Coeliakie f., Zöliakie f.

maladie d'Abt-Letterer-Siwe f.   Abt-Letterer-Siwesche Krankheit f.
maladie d'Addison f.   Addisonsche Krankheit f.
maladie d'Albers-Schönberg f.   Albers Schönbergsche Marmorknochenkrankheit f., Marmorknochenkrankheit f.
maladie d'Alëutian f.   Aleutenkrankheit f.
maladie d'Alzheimer f.   Alzheimersche Krankheit
maladie d'Alzheimer f.   Alzheimersche Krankheit f.
maladie d'Ebstein f.   Ebsteinsche Anomalie f.
maladie d'Osler f.   Oslersche Krankheit f.
maladie de Baastrup f.   Baastrupsche Krankheit f.
maladie de Bang f.   Bangsche Krankheit f.
maladie de Banti f.   Banti-Syndromn.
maladie de Barcoo f.   Barcookrankheit f.
maladie de Barlow f.   Moeller-Barlowsche Krankheit f.
maladie de Basedow f.   Basedowsche Krankheit f.
maladie de Bechterew f.   Bechterewsche Krankheit f.
maladie de Behcet f.   Morbus Behcet m.
maladie de Biermer f.   Biermersche perniziöse Anämie f., perniziöse Anämie f.
maladie de Bloch et Sulzberger f.   Bloch-Sulzberger-Syndrom n.
maladie de Borna f.   Bornasche Krankheit f.
maladie de Bornholm f.   Bornholmkrankheit f.
maladie de Bowen f.   Bowensche Krankheit f.
maladie de Brill-Lederer f.   Lederersche Anämie f.
maladie de Brill-Symmers f.   Brill-Symmerssche Krankheit f.
maladie de Brill-Zinsser f.   Brillsche Krankheit f.
maladie de Chagas f.   Chagas-Krankheit f., amerikanische Schlafkrankheit f.
maladie de Creutzfeldt-Jacob f.   Jakob-Creutzfeldt-Krankheit f.
maladie de Cushing f.   Cushingsche Krankheit f.
maladie de Dercum f.   Dercumsche Krankheit f.
maladie de Duchenne f.   Duchennesche Krankheit f.
maladie de Fabry f.   Fabrysche Krankheit f.
maladie de Gilbert f.   konstitutionelle Hyperbilirubinämie f.
maladie de Gilchrist f.   Gilchristische Krankheit f.

maladie de Hallervorden-Spatz f.   Hallervorden-Spatzsche Krankheit f.
maladie de Hand-Schüller-Christian f.   Hand-Schüller-Christiansche Krankheit f.
maladie de Hanot f.   Hanotsche Zirrhose f.
maladie de Heubner f.   Heubnersche Krankheit f.
maladie de Hirschsprung f.   Hirschsprungsche Krankheit f.
maladie de Hodgkin m.   Lymphogranulomatose f.
maladie de Jüngling f.   Jünglingsche Krankheit f.
maladie de Kahler f.   Kahlersche Krankheit f.
maladie de Kawasaki f.   Kawasaki-Syndrom n.
maladie de Kienböck f.   Kienböcksche Krankheit f.
maladie de la mouche tsé-tsé f.   Nagana f.
maladie de la vache folle f.   Rinderwahn m.
maladie de Léo Buerger f.   Bürgersche Krankheit f.
maladie de Letterer-Siwe f.   Letterer-Siwesche Krankheit f.
maladie de Lignac-Fanconi f.   Abderhalden-Fanconi-Syndrom n.
maladie de Little f.   Littlesche Krankheit f.
maladie de Lyme f.   Lyme-Borreliose f.
maladie de Machado-Joseph f.   Machado-Josephsche Krankheit f.
maladie de Madelung f.   Madelungsche Krankheit f.
maladie de Marek f.   Mareksche Krankheit f. veter.
maladie de Menkes f.   Menkes-Syndrom n.
maladie de Meulengracht f.   Meulengrachtsche Kranheit f.
maladie de Montgomery f.   afrikanische Schweinepest f.
maladie de Newcastle f.   atypische Hühnerpest f., Newcastle-Krankheit f.
maladie de Nicolas-Favre f.   vierte Geschlechtskrankheit f., Lymphogranuloma inguinale n.
maladie de Ormund f.   Morbus Ormund m.
maladie de Osgood-Schlatter f.   Osgood-Schlattersche Krankheit f.
maladie de Pelizaeus-Merzbacher f.   Merzbacher-Pelizaeussche Krankheit f.
maladie de Peyronie f.   Induratio penis plastica f.
maladie de Pringle f.   Pringlesche Krankheit f.
maladie de Quincke f.   Quinckesche Krankheit f.
maladie de Schweinsberger f.   Schweinsberger-Krankheit f.
maladie de Senear-Usher f.   Senear-Ushersche Krankheit f.
maladie de Takayasu f.   Takayasusche Krankheit f.
maladie de Tangier f.   Tangiersche Krankheit f.
maladie de Wegner f.   Morbus Wegner m.
maladie des caissons f.   Taucherkrankheit f.
maladie des chaînes lourdes f.   Schwerkettenkrankheit f.
maladie des chiffonniers f.   Hadernkrankheit f.
maladie des herbes f.   Graskrankheit f.
maladie des légionnaires f.   Legionärskrankheit f.
maladie des transports f.   Autokrankheit f.
maladie des urines à odeur de sirop d'érable f.   Ahornsirupkrankheit f.
maladie diarrhéique f.   Diarrhose f.
maladie du barbillon f.   Läppchenkrankheit f. (veter.)
maladie du cri du chat f.   Katzenschrei-Syndrom n.
maladie du Haff f.   Haffkrankheit f.
maladie du rein f.   Nierenkrankheit f.
maladie du sommeil f.   Schlafkrankheit f.
maladie épidémique des chiens f.   Stuttgarter Hundeseuche f.
maladie glycogénique de Gierke f.   Gierkesche Krankheit f.
maladie héréditaire f.   Erbkrankheit f.
maladie infectieuse f.   Infektionskrankheit f.
maladie mentale f.   Geisteskrankheit f., Gemütskrankheit f.
maladie métabolique f.   Stoffwechselkrankheit f.
maladie motrice du mouton f.   Springkrankheit der Schafe f.
maladie nerveuse f.   Nervenkrankheit f.
maladie nutritionnelle f.   Ernährungskrankheit f.
maladie orpheline f.   seltene Krankheit f.
maladie par avitaminose f.   Vitaminmangelkrankheit f.
maladie polyvasculaire f.   Mehrgefäßerkrankung f.
maladie préliminaire f.   Vorkrankheit f.
maladie professionnelle f.   Berufskrankheit f.
maladie tropicale f.   Tropenkrankheit f.
maladie variqueuse f.   Varikose f.
maladie vasculaire f.   Gefäßkrankheit f.
maladie vénérienne f.   Geschlechtskrankheit f.

maladie vénérienne, quatrième f. vierte Geschlechtskrankheit f., Lymphogranuloma inguinale n.
maladie virale f. Viruskrankheit f.
maladif kränklich
maladif, être kränkeln
maladresse f. Unsicherheit (Ungeschicklichkeit) f.
maladroit ungeschickt, unsicher
malaise m. Unwohlsein n.
malandre f. Mauke f.
malaria f. Malaria f.
malariathérapie f. Malariatherapie f.
malassezia f. Malassezia f.
malassimilation f. Fehlassimilation f.
malathion m. Malathion n.
malaxer kneten
maldigestion f. Maldigestion f.
mâle männlich
mâle m. (Tier) Männchen n.
maléate m. Maleat n.
maléimide m. Maleimid n.
malformation f. Fehlbildung f., Missbildung f.
malformation congénitale f. Geburtsfehler m.
malformation du sacrum en pointe f. Sacrum acutum n.
malheur m. Unglücksfall m.
malignité f. Malignität f.
malignolipine f. Malignolipin n.
malin bösartig, maligne
malléable schmiedbar
malléaire malleal
malléine f. Mallein n.
malléole f. Malleolus m.
malléole externe f. äußerer Knöchel m.
malléole interne f. innerer Knöchel m.
malléollaire malleolär
malnutrition f. Fehlernährung f., Mangelernährung f.
malocclusion f. Malokklusion f.
malocclusion dentaire f. Bissanomalie f.
malodorant übelriechend
malonate m. Malat n.
malonyldialdéhyde f. Malondialdehyd m.
malonyle m. Malonyl n.
malotilate m. Malotilat n.
malposition f. Fehlstellung f.
malpropre unsauber
malrotation f. Malrotation f.
malsain gesundheitsschädlich
malt m. Malz n.
maltase f. Maltase f.
malthusianisme m. Malthusianismus m.
maltose m. Maltose f., Malzzucker m.
maltraiter misshandeln
maman, future f. werdende Mutter f.
mamelle f. Mamille f.
mamelon m. Brustwarze f., Zitze f.
mamillaire mamillär
mamillotêctal mamillotegmental
mamillothalamique mamillothalamisch
mammaire mammär
mammectomie f. Mammaabtragung f.
mammifère m. Säugetier n.
mammographe m. Mammographiegerät n.
mammographie f. Mammographie f.
mammographique mammographisch
mammoplastie f. Mammaplastik f.
mammotropine f. Mammotropin n.
manchette f. Handgelenkmanschette f., Manschette f.
manchot einarmig
mandélate m. Mandelat n.
mandibulaire mandibulär
mandibule f. Bissflügel m., Mandibula f.
mandibulofacial mandibulofazial
mandibulooculofacial mandibulookulofazial
mandibulopharyngien mandibulopharyngeal
mandrill m. Mandrell m.
mandrin m. Mandrin m. (dent.)
manganèse m. Mangan n.
manganisme m. Manganismus m.
manger essen, fressen (veter.)
maniaque manisch
manie f. Manie f., Sucht f.
manie de collection f. Sammelsucht f.
manie hyperactive f. Ergasiomanie f.
manière f. Art f.
maniérisme m. Manieriertheit f.
manifeste m. Manifest n.
manifestation f. Manifestation f.
manifestation associée f. Begleiterscheinung f.
manifestation tardive f. Spätmanifestation f.
manifeste manifest
manipulation f. Manipulation f.
manivelle tournante f. Drehkurbel f.
mannane m. Mannan n.
mannequin m. Phantom n.
mannitol m. Mannit n.
mannitol hexanitrate m. Nitromannit n.
mannokinase f. Mannokinase f.
mannosamine f. Mannosamin n.
mannose m. Mannose f.
mannosidase f. Mannosidase f.
mannoside m. Mannosid n.

mannosidose m. Mannosidose f.
manœuvre f. Handgriff (Manipulation) m., Kunstgriff m., Manöver n.
manœuvre de Jendrassik f. Jendrassikscher Handgriff m.
manœuvre de pression du fond de l'utérus f. Kristellerscher Handgriff m.
manœuvre de Schreiber f. Schreiberscher Handgriff m.
manœuvre de Smellie f. Veit-Smelliescher Handgriff m.
manœuvre de Zangemeister f. Zangemeisterscher Handgriff m.
manœuvre obstétricale de Prague f. Prager Handgriff m.
manœuvre obstétricale de Ritgen f. Ritgenscher Handgriff m.
manœuvre obstétricale de Wigand f. Wigandscher Handgriff m.
manomètre m. Manometer n.
manométrie f. Manometrie f.
manométrique manometrisch
manque d'appétit m. Appetitlosigkeit f.
manque d'expression f. Ausdrucksmangel m.
manque d'expressivité m. Ausdruckmangel m.
manque de dents m. Zahnausfall m.
manque de discernement m. mangelnde Einsichtsfähigkeit f., Uneinsichtigkeit f.
manque de goût m. Geschmacklosigkeit f.
manque de mémoire m. Merkschwäche f., Vergesslichkeit f.
manque de poids m. Untergewicht m.
manque de réponse émotionnelle m. Gefühlsverarmung f.
manque de sens critique m. Kritikschwäche f.
manquer ausbleiben, fehlen, mangeln, verfehlen
mansonella f. Mansonelle f.
manteau des hémisphères m. Hirnmantel m.
Mantoux, test de m. Mendel-Mantoux-Probe f.
manubriosternal manubriosternal
manucure-pédicure f. Hand- und Fußpflege f.
manuel manuell
manuel m. Handbuch n., Organon n.
MAO (monoamine oxydase) f. MAO (Monoaminooxydase) f.
maprotiline f. Maprotilin n.
marasme m. Marasmus m.
marastique marantisch
marbrure f. Marmorierung f., Marmorisierung f.

marc de café, en kaffeesatzartig
marche f. Gang m., Gehen n.
marche en cercle f. zirkulärer Gang m.
marche en trainant les pieds f. schlurfender Gang m.
marée f. Gezeitenwelle f.
marge f. Spielraum m.
marge de sécurité thérapeutique f. therapeutische Breite f.
marginal marginal
margination f. Margination f.
mari m. Gatte m.
mariage m. Ehe f.
marihuana f. Marihuana n.
marquage m. Markierung f.
marquage au sol m. Bodenmarkierungen f. pl.
marquage du film m. Filmbeschriftung f.
marquage radioactif m. radioaktive Markierung f.
marque f. Kennzeichen n., Marke f.
marque de strangulation f. Würgemal n.
marquer markieren
marqueur m. Marker m.
marron m. Esskastanie f.
marron d'Inde m. Rosskastanie f.
marsupial m. Beuteltier n.
marsupialisation f. Marsupialisation f.
marteau m. Hammer (aus Metall) m.
marteau à réflexes m. Reflexhammer m.
marteau de l'oreille moyenne m. Hammer (Ohr) m., Malleus m.
marteau de percussion m. Perkussionshammer m.
masculin männlich, maskulin
masculiniser maskulinisieren
masochisme m. Masochismus m.
masochiste masochistisch
masochiste f. Masochistin f.
masochiste m. Masochist m.
masque m. Mund-Nasen-Bedeckung f., Maske f.
masque obligatoire m. Maskenpflicht f.
masqué maskiert
masque à gaz m. Atemschutzgerät n.
masque buccal m. Mundschutztuch n.
masque d'anesthésie m. Narkosemaske f.
masque facial m. Gesichtsmaske f.
masque facial à valve de Kuhn m. Kuhnsche Maske f.
masque respiratoire à ballon m. Atembeutel m.
masquer maskieren
massage m. Knetung f., Massage f.
massage cardiaque m. Herzmassage f.

massage cardiaque à thorax fermé m. äußere Herzmassage f.
massage cardiaque direct m. direkte Herzmassage f.
masse f. Masse f.
masse, en massenhaft
masser kneten, massieren
masseur m. Masseur m.
masseuse f. Masseuse f.
massif massiv
mastectomie f. Ablatio mammae f., Brustabtragung f., Mammaabtragung f., Mastektomie f.
mastic m. Mastix m.
masticateur m. Kauapparat m.
mastication f. Kauakt m., Kauen n.
masticatoire mastikatorisch
mastiquer kauen
mastite f. Mastitis f.
mastitique mastitisch
mastocyte m. Mastozyt m., Mastzelle f.
mastocytome m. Mastozytom n.
mastocytose f. Mastozytose f.
mastodynie f. Mastodynie f.
mastoïdectomie f. Mastoidektomie f.
mastoïdien mastoidal
mastoïdite f. Mastoiditis f.
mastoïdite de Bezold f. Bezoldsche Mastoiditis f.
mastoïdotomie f. Mastoidotomie f.
mastoïdotympanectomie f. Mastoidotympanektomie f.
mastopathie f. Mastopathie f.
mastoptose f. Mastoptose f.
mastose f. Mastose f.
mastotomie f. Mastotomie f.
masturbation f. Masturbation f.
masturber masturbieren
masturber, se onanieren
matelas m. Matraze f.
matelas d'eau m. Wasserbett n.
matelas sanitaire m. Klosettmatratze f.
matériau de substitution m. Ersatzstoff m.
matériel materiell
matériel m. Material n., Materielle n.
matériel d'autopsie m. Obduktionsbesteck n.
matériel biologique m. Biomaterial n.
matériel de conduction m. Leitmaterial n.
matériel de suture m. Nahtmaterial n.
matériel pour expédition bactériologique m. Versandgefäß für bakteriologische Zwecke n.
maternel mütterlich
maternité f. Entbindungsanstalt f., Mutterschaft f.
maternofoetal maternofötal
mathématique mathematisch
matière de lest f. Ballastmaterial n.
matière plastique f. Kunststoff m.
matière première f. Rohmaterial n.
matinal morgendlich
matou m. Kater m. (Tier)
matrice f. Gebärmutter f., Matrize f., Uterus m.
matrice adamantine f. Schmelzmatrix f.
matrice en platine f. Platinmatrize f.
matrice unguéale f. Nagelmatrix f.
maturation f. Reifung f.
maturité f. Reife f.
maturité précoce f. Frühreife f.
maturité sexuelle f. Geschlechtsreife f.
maussaderie f. Verstimmung f.
mauvais infaust
mauvais traitement m. Misshandlung f.
mauvaise haleine f. Mundgeruch m.
mauvaise odeur f. Gestank m.
mauvaise pratique f. fehlerhafte Praxis f.
mauvaise probabilité f. schlechtes Risiko n.
maux m. pl. Beschwerden f. pl.
maxillaire maxillär
maxillaire m. Maxilla f.
maxillaire inférieur m. Unterkiefer m.
maxillofacial maxillofazial
maxillomandibulaire maxillomandibulär
maxillonasal maxillonasal
maximal maximal
maximaliser maximieren
maximum maximal
maximum m. Maximum n.
maytansinoïde m. Maytansinoide n.
maziprédone f. Mazipredon n.
MCS (sensibilité chimique multiple) f. MCS (multiple Chemikaliensensitivität) f.
MCV (volume globulaire moyen) m. MEV (mittleres Erythrozytenvolumen) n.
méat m. Gang (Durchgang) m.
méatotome m. Meatotom n.
méatotomie f. Meatotomie f.
mébanazine f. Mebanazin n.
mébendazole m. Mebendazol n.
mébénoside m. Mebenosid n.
mébévérine f. Mebeverin n.
mébolazine f. Mebolazin n.
mébutamate m. Mebutamat n.
mébutizide f. Mebutizid n.
mécamylamine f. Mecamylamin n.
mécanicien dentiste m. Zahntechniker m.
mécanique f. Mechanik f.
mécanisme m. Mechanismus m.

mécanisme d'action m. Wirkungsmechanismus m.
mécanisme de défense m. Abwehrmechanismus m.
mécanisme de la parole m. Sprechmechanismus m.
mécanocardiographie f. Mechanokardiographie f.
mécanorécepteur m. Mechanorezeptor m.
mécanothérapeutique medikomechanisch
mécanothérapie f. Mechanotherapie f.
mécarbinate m. Mecarbinat n.
mèche de gaze f. Gazestreifen m.
mécilinam m. Mecilinam n.
méclizine f. Meclizin n.
méclocycline f. Meclocyclin n.
méclofénoxate m. Meclofenoxat n.
méclorisone f. Meclorison n.
mécloxamine f. Mecloxamin n.
méconium m. Mekonium n.
mécrylate m. Mecrylat n.
médecin m. Arzt m.
médecin, (Madame le) m. Ärztin f.
médecin assistant des hôpitaux m. Assistenzarzt m.
médecin conseil m. Vertrauensarzt m., Vertrauensärztin f.
médecin consultant m. beratender Arzt m.
médecin conventionné m. Kassenarzt m., Kassenärztin f.
médecin de famille m. Hausarzt m.
médecin de l'entreprise m. Werksarzt m.
médecin de marine m. Schiffsarzt m.
médecin de santé publique m. Amtsarzt m.
médecin de santé publique m. (Madame le) Amtsärztin f.
médecin de service m. diensttuender Arzt m.
médecin des urgences m. Notarzt m., Notärztin f.
médecin donnant un pronostic m. Prognostiker(in) m./(f.)
médecin du travail m. Betriebsarzt m.
médecin fonctionnaire m. beamteter Arzt m.
médecin généraliste m. Allgemeinpraktiker m.
médecin habilité à traiter les accidents du travail m. Durchgangsarzt m.
médecin hospitalier m. Assistenzarzt m., Assistenzärztin f., Krankenhausarzt m., Krankenhausärztin f.
médecin légiste m. Leichenbeschauer m.
médecin libéral et hospitalier m. Belegarzt m., Belegärztin f., Krankenhausbelegarzt m., Krankenhausbelegärztin f.
médecin naturopathe m. Naturheilkundige f., Naturheilkundiger m.
médecin personnel m. Leibarzt m.
médecin praticien généraliste m. praktischer Arzt m.
médecin qui diagnostique m. Diagnostiker m., Diagnostikerin f.
médecin qui envoie le patient m. überweisender Arzt m.
médecin salarié m. angestellter Arzt m.
médecin scolaire m. Schularzt m., Schulärztin f.
médecine f. Medizin f.
médecine de l'aviation f. Luftfahrtmedizin f.
médecine de la procréation f. Reproduktionsmedizin f.
médecine de l'environnement Umweltmedizin f.
médecine des transports f. Reisemedizin f.
médecine des urgences f. Notfallmedizin f.
médecine du travail f. Arbeitsmedizin f.
médecine générale f. Allgemeinmedizin f.
médecine industrielle f. Gewerbemedizin f.
médecine intensive f. Intensivmedizin f.
médecine interne f. Innere Medizin f.
médecine légale f. Gerichtsmedizin f.
médecine légale f. Rechtsmedizin f.
médecine naturiste f. Naturheilkunde f.
médecine nucléaire f. Nuklearmedizin f.
médecine nucléaire f. Nuklearmedizin f.
médecine préventive f. Gesundheitsfürsorge f.
médecine psychosomatique f. Psychosomatik f.
médecine scolaire f. Schulmedizin f.
médecine spatiale f. Raumfahrtmedizin f.
médecine sportive f. Sportmedizin f.
médecine tropicale f. Tropenmedizin n.
médecine vétérinaire f. Tierheilkunde f., Veterinärmedizin f.
médial medial
médian median
médianécrose f. Medianekrose f.
médiasclérose f. Mediasklerose f., Mönckebergsche Sklerose f.
médiastin m. Mediastinum n., Mittelfell n.
médiastinal mediastinal
médiastinite f. Mediastinitis f.
médiastinopéricardite f. Mediastinoperikarditis f.
médiastinoscope m. Mediastinoskop n.
médiastinoscopie f. Mediastinoskopie f.
médiastinotomie f. Mediastinotomie f.
médiateur m., médiatrice f. Mediator m., Mediatorin f.

médiation f.   Vermittlung f.
médiation cellulaire, à   zellvermittelt
médical   ärztlich, medizinisch
médicament m.   Arzneimittel n., Heilmittel n., Medikament n.
médicament addictif m.   zur Abhängigkeit führendes Medikament n.
médicament antipsorique m.   Krätzeheilmittel n.
médicament contre la lèpre m.   Lepramittel n.
médicament délivré uniquement sur ordonnance m.   verschreibungspllichtiges Arzneimittel n.
médicament en vente libre m.   Handverkaufsmedikament n.
médicament inscrit à la Pharmacopée m.   Arzneibuchpräparat n.
médicament naturel m.   Naturarznei f.
médicament opothérapeutique m.   Organtherapeutikum n.
médicament psychotrope m.   Psychopharmakon n.
médicament retard m.   Retard-Arzneimittel n.
médicament universel m.   Allerweltsmittel n.
médicamenteuse, d'origine   arzneimittelbedingt
médication f.   Medikation f.
médico-aéronautique   luftfahrtmedizinisch
médico-légal   forensisch, gerichtsmedizinisch, medikolegal
médico-pédagogique   heilpädagogisch
médicotechnique   medizinisch-technisch
médifoxamine f.   Medifoxamin n.
médioaxillaire   medioaxillär
médiocarpien   mediokarpal
médiolatéral   mediolateral
médiosagittal   mediosagittal
médius m.   Mittelfinger m.
médoxomil m.   Medoxomil n.
médrogestone f.   Medrogeston n.
médronate m.   Medronat n.
médroxyprogestérone f.   Medroxyprogesteron n.
médrylamine f.   Medrylamin n.
médrysone f.   Medryson n.
medulla oblongata f.   Oblongata f.
médullaire   medullär
médulloblaste m.   Medulloblast m.
médulloblastome m.   Medulloblastom n.
médullographie f.   Medullographie f.
médullosurténale f.   Nebennierenmark n.
méfait m.   Verbrechen n.
méfénamate m.   Mefenamat n.
méfentidine f.   Mefentidin n.
méfiant   misstrauisch
méfloquine f.   Mefloquin n.
méfruside m.   Mefrusid n.
mégabulbe m.   Megabulbus m.
mégacaryoblaste m.   Megakaryoblast m.
mégacaryocyte m.   Megakaryozyt m.
mégacôlon m.   Megakolon n.
mégahertz m.   Megahertz n.
mégalécithique   megalezithal
mégalérythème épidémique m.   Großfleckenkrankheit f., fünfte Krankheit f., Megalerythema epidemicum n.
mégaloblaste m.   Megaloblast m.
mégaloblastose f.   Megaloblastose f.
mégalocytaire   megalozytär
mégalocyte m.   Megalozyt m.
mégalocytose f.   Megalozytose f.
mégalomanie f.   Größenwahn m.
mégaoesophage m.   Megaösophagus m.
mégasigmoïde m.   Makrosigmoid n., Megasigma n.
mégestrol m.   Megestrol n.
méglitinide m.   Meglitinid n.
méglumine f.   Meglumin n.
méiose f.   Meiose f., Reifungsteilung f.
méladrazine f.   Meladrazin n.
mélamine f.   Melamin n.
mélancolie f.   Melancholie f., Schwermut f., Tiefsinn m.
mélancolie d'involution f.   Rückbildungsmelancholie f.
mélancolique   melancholisch
mélancolique f.   Melancholikerin f.
mélancolique m.   Melancholiker m.
mélange m.   Gemenge n., Mischung f.
mélange anesthésique m.   Narkosegemisch n.
mélanger   durchmischen, mischen, vermengen
mélangeur m.   Mischer m.
mélanine f.   Melanin n.
mélanique   melanotisch
mélanoblaste m.   Melanoblast m.
mélanocarcinome m.   Melanokarzinom n.
mélanocortine f.   Melanocortin n.
mélanocyte m.   Melanozyt m.
mélanodendrocyte m.   Melanodendrozyt m.
mélanodermie f.   Graphitose f., Melanodermie f.
mélanodontie f.   Melanodontie f.
mélanogène m.   Melanogen n.
mélanoglossie f.   Melanoglossie f.
mélanokératose f.   Melanoplakie f.
mélanome m.   Melanoblastom n., Melanom n.

mélanome malin m.   schwarzer Hautkrebs m.
mélanophage m.   Melanophage m.
mélanophore m.   Melanophor m.
mélanosarcome m.   Melanosarkom n.
mélanose f.   Melanose f.
mélanotrichie f.   Melanotrichia f.
mélanurie f.   Melanurie f.
mélarsonyl m.   Melarsonyl n.
mélasamine f.   Melasamin n.
mélasme m.   Melasma n.
mélatonine f.   Melanostatin n., Melatonin n.
méléna m.   Melaena f.
mélétimide m.   Meletimid n.
mélibiose f.   Melibiose f.
mélinamide m.   Melinamid n.
mélioïdose f.   Melioidose f.
mélisse f.   Melisse f.
méloplastie f.   Meloplastik f.
mélorhéostose f.   Melorheostose f.
méloxicam m.   Meloxicam n.
melpérone f.   Melperon n.
melphalan m.   Melphalan n.
mémantine f.   Memantin n.
membrane f.   Membran f.
membrane alvéolo-dentaire f.   Wurzelhaut f., Zahnwurzelhaut f.
membrane basale f.   Basalmembran f.
membrane cellulaire f.   Zellmembran f., Zellwand f.
membrane (lame élastique postérieure) de Descemet f.   Descemetsche Membran f.
membrane de Reissner f.   Reissnersche Membran f.
membrane du tympan f.   Trommelfell n.
membrane nucléaire f.   Kernmembran f.
membrane ovocytaire f.   Oolemm n.
membrane ovulaire f.   Eihaut f.
membranes de l'oeuf m. pl.   Fruchtblase f.
membraneux   membranös
membranoprolifératif   membranproliferativ
membre m.   Glied n., Mitglied n.
membre artificiel m.   Kunstglied n.
membre fantôme m.   Phantomglied n.
membre honoraire m.   Ehrenmitglied n.
membres m. pl.   Gliedmaßen f. pl.
mémoire f.   Erinnerung f., Gedächtnis n.
mémoire à court terme f.   Kurzzeitgedächtnis n., Neugedächtnis n.
mémoire à long terme f.   Langzeitgedächtnis n.
mémoire immédiate f.   Immediatgedächtnis n.
mémoire rétrograde f.   Altgedächtnis n.
ménadiol m.   Menadiol n.
ménadione f.   Menadion n.

ménagement m.   Schonung f.
ménarché f.   Menarche f.
ménatétrénone f.   Menatetrenon n.
menbutone f.   Menbuton n.
mendélévium m.   Mendelevium n.
menhidrose f.   Menhidrose f.
Ménière, maladie de f.   Ménièrescher Symptomenkomplex m.
méningé   meningeal
méninge f.   Hirnhaut f.
méningiome m.   Meningeom n., Meningiom n.
méningiopathie f.   Meningose f.
méningisme m.   Meningismus m.
méningite f.   Hirnhautentzündung f., Meningitis f.
méningite aigue à liquide clair f.   akute aseptische Meningitis f.
méningite épidémique f.   epidemische Meningitis f.
méningite lymphocytaire f.   lymphozytäre Meningitis f.
méningite purulente f.   eitrige Meningitis f.
méningite tuberculeuse f.   tuberkulöse Meningitis f.
méningite virale f.   Virusmeningitis f.
méningitique   meningitisch
méningocèle f.   Meningozele f.
méningocoque m.   Meningokokkus m.
méningoencéphalite f.   Meningoenzephalitis f.
méningoencéphalite verno-estivale f.   Frühsommermeningoenzephalitis f., FSME f.
méningoencéphalomyélite f.   Meningoenzephalomyelitis f.
méningoradiculonévrite f.   Meningoradikuloneuritis f.
méningovasculaire   meningovaskulär
méniscectomie f.   Meniskektomie f.
méniscotome m.   Meniskusmesser n.
méniscotomie f.   Meniskotomie f.
ménisque m.   Meniskus m.
ménisque discoïde m.   Scheibenmeniskus m.
ménitrazépam m.   Menitrazepam n.
ménoctone f.   Menocton n.
ménolyse f.   Menolyse f.
ménométrorragie f.   Menometrorrhagie f.
ménopause f.   Klimakterium n., Menopause f., Wechseljahre f. pl.
ménopausique   menopausal
ménorragie f.   Menorrhagie f.
menstruation f.   Menstruation f.
menstruel   menstruell
mensuel   monatlich
mensuration f.   Messung f.

mental geistig, mental
mentalité f. Mentalität f.
menthe poivrée f. Pfefferminze f.
menthol m. Menthol n.
mentoantérieur mentoanterior
mentodorsopostérieur mentodorsoposterior
mentolabial mentolabial
menton m. Kinn n.
mentonnière f. Kinnstütze f.
mentonniere, sous submental
mentooccipital okzipitomental
mentopostérieur mentoposterior
méobentine f. Meobentin n.
mépazine f. Mepazin n.
mépenzolate m. Mepenzolat n.
mépéridine f. Meperidin n.
méphentermine f. Mephentermin n.
mépiridine f. Pethidin n.
mépivacaïne f. Mepivacain n.
méprobamate m. Meprobamat n.
mépyramine f. Mepyramin n.
méquitazine f. Mequitazin n.
méralgie f. Meralgie f.
méralgie paresthésique f. Meralgia paraesthetica f.
merbromine f. Merbromin n.
mercaptan m. Merkaptan n.
mercaptoéthanol m. Merkaptoethylalkohol m.
mercaptoéthansulfonate m. Merkaptoethansulfonat n.
mercaptopurine f. Merkaptopurin n.
mercaptovaline f. Merkaptovalin n.
merci de votre compréhension Danke für Ihr Verständnis
mercure m. Quecksilber n.
mercureux quecksilberhaltig (einwertig)
mercurique quecksilberhaltig (zweiwertig)
mercuroliutol m. Mercurobutol n.
mère f. Mutter f.
méridien meridional
méridien m. Meridian m.
méroblastique meroblastisch
mérocrine merokrin
mérogonie f. Merogonie f.
mérozoïte m. Merozoit m.
mésabolone f. Mesabolon n.
mésangiocapillaire mesangiokapillär
mésangioprolifératif mesangioproliferativ
mésangium m. Mesangium n.
mésaortite f. Mesaortitis f.
mescaline f. Meskalin n.
méséclazone f. Meseclazon n.
mésencéphale m. Mittelhirn n.
mésencéphalique mesenzephal

mésencéphalite f. Mesenzephalitis f.
mésenchymateux mesenchymal
mésenchyme m. Mesenchym n.
mésenchymome m. Mesenchymom n.
mésentère m. Gekröse n., Mesenterium n.
mésentérique mesenterial, mesenterisch
mésentérographie f. Mesenterikographie f.
mésial mesial
mésilate m. Mesilat n.
mésioangulaire mesioangulär
mésiobuccal mesiobukkal
mésiocclusion f. Mesiokklusion f.
mésiocclusodistal mesiookklusodistal
mésiodistal mesiodistal
mésiolingual mesiolingual
mésioposition f. Mesialstellung f.
mésioversion f. Mesioversion f.
mesna m. Mesna n.
mésobilifuscine f. Mesobilifuscin n.
mésobilirubine f. Mesobilirubin n.
mésobilirubinogène m. Mesobilirubinogen n.
mésoblaste m. Mesoblast m.
mésocaval mesokaval
mésocclusif mesiookklusal
mésoderme m. Mesoderm n.
mésodiastolique mesodiastolisch
mésodiencéphalique mesodienzephal
mésoexpiratoire mittelexspiratorisch
mésogastre m. Mesogastrium n.
mésogénien mesomel
mésoinositol m. Mesoinosit n.
méso inspiratoire mittelinspiratorisch
mésomérie f. Mesomerie f.
mésonéphros m. Urniere f.
mésopharynx m. Mesopharynx m.
mésoridazine f. Mesoridazin n.
mésosystolique mesosystolisch
mésothéliome m. Mesotheliom n.
mésothélium m. Mesothelium n.
mésotil m. Mesotil n.
mésotympan m. Mesotympanum n
mésotympanal mesotympanisch
mésoxalate m. Mesoxalat n.
mestanolol m. Mestanolol n.
mestérolone f. Mesterolon n.
mestranol m. Mestranol n.
mésuprine f. Mesuprin n.
mesure f. Maß n., Messung f.
mesure à faible risque f. risikoarme Maßnahme f.
mesure à haut risque f. risikoreiche Maßnahme f.
mesure comparative f. Vergleichsmessung f.
mesure d'urgence f. Sofortmaßnahme f.

mesure de contrainte f.	Zwangsmaßnahme f.
mesure de précaution f.	Vorsichtsmaßregel f.
mesure télémétrique f.	Fernmessung f.
mesurer	messen
mesures de sauvetage f. pl.	Rettungsmaßnahmen f. pl.
mesures gouvernementales f. pl.	Regierungsmaßnahmen f. pl.
mésuximide m.	Mesuximid n.
mésylate m.	Mesylat n.
méta-analytique	metaanalytisch
métabolique	metabolisch
métaboliquement	stoffwechselmäßig
métabolisable	metabolisierbar
métabolisation f.	Verstoffwechselung f.
métaboliser	metabolisieren, verstoffwechseln
métabolisme m.	Stoffwechsel m., Umsatz m.
métabolisme basal m.	Grundumsatz m., GU m.
métabolisme de repos m.	Ruhestoffwechsel n.
métabolisme glucidique m.	Zuckerstoffwechsel n.
métabolisme intermédiaire m.	Intermediärstoffwechsel m.
métabolisme lipidique m.	Fettstoffwechsel m.
métabolisme protidique m.	Eiweißstoffwechsel m.
métabolite m.	Metabolit m., Stoffwechselprodukt n.
métabolite de transport m.	Transportmetabolit m.
métacarpe m.	Mittelhand f.
métacarpien	metakarpal
métacentrique	metazentrisch
métacercaire f.	Metazerkarie f.
métacholine f.	Metacholin n.
métacholinium m.	Metacholin n.
métachromasie f.	Metachromasie f.
métachromatique	metachromatisch
métacinèse f.	Metakinese f.
métaclazépam m.	Metaclazepam n.
métahexamide m.	Metahexamid n.
métal m.	Metall n.
métal à souder	Lötmittel n.
métal doux m.	Weichmetall n.
métal léger m.	Leichtmetall n.
métal lourd m.	Schwermetall n.
métal précieux m.	Edelmetall n.
métal semi-précieux m.	Halbedelmetall n.
métallique	metallisch
métallocéramique f.	Metallkeramik f. dent.
métalloïde m.	Metalloid n., Nichtmetall n.
métallophile	metallophil
métalloprotéinase f.	Metalloproteinase f.
métallothionéine f.	Metallothionein n.
métallurgie f.	Metallurgie f.
métamfazone f.	Metamfazon n.
métamizole m.	Metamizol n.
métamorphopsie f.	Metamorphopsie f.
métamorphose f.	Metamorphose f., Verwandlung f.
métamyélocyte m.	Metamyelozyt m.
métanéphrine f.	Metanephrin n.
métanéphros m.	Nachniere f.
métaphase f.	Metaphase f.
métaphylaxie f.	Metaphylaxe f.
métaphysaire	metaphysär
métaphyse f.	Metaphyse f.
métaplasie f.	Metaplasie f.
métaplasique	metaplastisch
métapneumonique	metapneumonisch
métartériole f.	Metarteriole f.
métastase f.	Metastase f.
métastase à distance f.	Fernmetastase f.
métastasier	metastasieren
métastatique	metastatisch
métastrongylus m.	Metastrongylus m.
metatarsalgie f.	Metatarsalgie f.
métatarse m.	Mittelfuß m.
métatarsien	metatarsal
métaxalène m.	Metaxalen n.
métaxénie f.	Metaxenie f.
métazide m.	Metazid n.
métazoaire m.	Metazoon n.
métazocine f.	Metazocin n.
métencéphale m.	Hinterhirn n.
méténéprost m.	Meteneprost n.
méténolone f.	Metenolon n.
météorisme m.	Blähung f.
météorisme de la panse m.	Tympanie des Pansens f.
météorologie f.	Meteorologie f.
météorologique	meteorologisch
météorotrope	meteorotrop
métergoline f.	Metergolin n.
métescufylline f.	Metescufyllin n.
méthacrylate m.	Methakrylat n.
méthadol m.	Methadol n.
méthadone f.	Methadon n.
méthaminodiazépoxide m.	Methiaminodiazepoxid n.
méthamphétamine f.	Methamphetamin n.
méthananthéline f.	Methananthelin n.
méthandrosténolone f.	Methandrostenolon n.
méthane m.	Methan n.
méthanol m.	Methylalkohol m.
méthapiprilène m.	Metapiprilen n.

méthaqualone f. Methaqualon n.
méthasone f. Methazon n.
methémoglobine f. Methämoglobin n.
méthergoline f. Methergolin n.
méthiazide m. Methiazid n.
méthiazole m. Methiazol n.
méthicilline f. Methicillin n.
méthimazole m. Methimazol n.
méthionine f. Methionin n.
méthobromure m. Methobromid n.
méthode f. Methode f.
méthode d'incision f. Schnittführung f.
méthode de coloration f. Färbemethode f.
méthode de Gibson-Crédé f. Crédéscher Handgriff m.
méthode de Kjeldahl f. Kjeldahlverfahren n.
méthode de lavage à épuisement f. Auswaschmethode f.
méthode de mesure f. Messmethode f.
méthode de Nylander f. Nylander-Probe f.
méthode de palpation f. Abtastmethode f.
méthode de Seldinger f. Seldingertechnik f.
méthode de sevrage f. Entziehungsmethode f.
méthode de Uhlenhuth f. Uhlenhuthsches Verfahren n.
méthode de wash out f. Auswaschmethode f.
méthode tomographique f. Schichtaufnahmeverfahren n.
méthodologie f. Methodologie f.
méthodologique methodologisch
méthoptérine f. Methopterin n.
méthopyrapone f. Methopyrapon n.
méthotrexate m. Methotrexat n.
méthoxalène m. Methoxalen n., Methoxypsoralen n.
méthoxamine f. Methoxamin n.
méthoxyflurane m. Methoxyfluran n.
méthylamine f. Methylamin n.
méthylaminoacide m. Methylaminosäure f.
méthylarginine f. Methylarginin n.
méthylate m. Methylat n.
méthylation f. Methylierung f.
méthylbenzéthonium m. Methylbenzethonium n.
méthylbromure m. Methylbromid n.
méthylcholantrène m. Methylcholantren n.
méthylcholine f. Methylcholin n.
méthylcrotonylglycine f. Methy1krotonylglyzin n.
méthyldigoxine f. Methyldigoxin n.
méthyldiméthoxyamphétamine f. Methyldimethoxyamphetamin n.
méthyldiphenhydramine f. Methyldiphenhydramin n.

méthyldopa m. Methyldopa n.
méthyldopate m. Methyldopat n.
méthyle m. Metil n.
méthylène m. Methylen n.
methylènedioxymétamphétamine f. Methylendioxymetamphetamin n.
méthylènetétrahydrofolate-réductase f. Methylentetrahydrofolatreduktase f.
méthyler methylieren
méthylglycoside m. Methylglykosid n.
méthylhistamine f. Methylhistamin n.
méthylhistidine f. Methylhistidin n.
méthylhydrocortisone f. Methylhydrocortison n.
méthyliodure m. Methyliodid n.
méthylnitroso-urée f. Methylnitrosoharnstoff m.
méthylphénidate m. Methylphenidat n .
méthylphénylhydrazine f. Methylphenylhydrazin n.
méthylprednisolone f. Methylprednisolon n.
méthylrosanilinium m. Methylrosanilin n.
méthyltertbutyléther m. Methyl-tert.-butylether n.
méthylthiouracile m. Methylthiouracil n.
méthyltransférase f. Methyltransferase f.
méthysergide m. Methysergid n.
métiamide m. Metiamid n.
métier m. Beruf m.
métipranol m. Metypranol n.
métixène m. Metixen n.
métizoline f. Metizolin n.
métoclopramide m. Metoclopramid n.
métolazone f. Metolazon n.
métopimazine f. Metopimazin n.
métopisme m. Metopismus m.
métoprolol m. Metoprolol n.
métoxane m. Metoxan n.
métoxenie f. Metoxenie f.
mètre m. Meter n.
mètre à ruban m. Handmaß n.
mètre carré m. Quadratmeter m.
mètre cube m. Kubikmeter m.
métrifonate m. Metrifonat n.
métrique metrisch
métrite f. Metritis f.
métrizoate m. Metrizoat n.
métronidazole m. Metronidazol n.
métropathie hémorragique f. Metropathia haemorrhagica f.
métropathologique metropathisch
métropenem m. Metropenem n.
métrorragie f. Metrorrhagie f.
mettant la vie en danger lebensbedrohlich
mettre au lit betten

mettre au monde gebären
mettre bas werfen (veter.), abferkeln (veter.)
mettre en abduction abduzieren
mettre en adduction adduzieren
mettre en circuit einschalten
mettre en état instandsetzen
mettre en hyperextension überstrecken
mettre en marche ingangsetzen
mettre en pronation pronieren
mettre en quarantaine in Quarantäne legen
mettre en solution in Lösung bringen
mettre en supination supinieren
mettre en sûreté bergen
mettre la prise de terre erden
métyrapone f. Metyrapon n.
métyrosine f. Metyrosin n.
meulage m. Einschleifen n.
meulage à sec m. Trockenschleifen n.
meule f. Schleifgerät n.
meuler abschleifen, einschleifen
meurtre m. Mord m.
meurtre par empoisonnement m. Giftmord m.
meurtrissure f. Quetschung f.
mévalonate m. Mevalonat n.
mexilétine f. Mexiletin n.
mexréonate m. Mexreonat n.
mézépine f. Mezepin n.
miansérine f. Mianserin n.
mibéfradil m. Mibefradil n.
mibolérone f. Miboleron n.
micelle f. Micelle f., Mizelle f.
miconazole m. Miconazol n.
microabscès m. Mikroabszess m.
microagrégat m. Mikroaggregat n.
microanalyse f. Mikroanalyse f.
microanalytique mikroanalytisch
microanévrisme m. Mikroaneurysma n.
microangiopathie f. Mikroangiopathie f.
microbe m. Mikrobe m.
microbicide mikrobizid
microbien mikrobiell
microbiologie f. Mikrobiologie f.
microbiologique mikrobiologisch
microbiologiste f. Mikrobiologin f.
microbiologiste m. Mikrobiologe m.
microblaste m. Mikroblast m.
microbulbe m. Mikrobulbus m.
microcaillot m. Mikrothrombus m.
microcalorimètre m. Mikrokalorimeter n.
microcalorimétrie f. Mikrokalorimetrie f.
microcalorimétrique mikrokalorimetrisch
microcapsule f. Mikrokapsel f.
microcellulaire kleinzellig
microcentrifugeuse f. Mikrozentrifuge f.

microcéphalie f. Mikrozephalie f.
microcéphalique mikrozephal
microchimie f. Mikrochemie f.
microchimique mikrochemisch
microchirurgie f. Mikrochirurgie f.
microchirurgique mikrochirurgisch
microcirculation f. Mikrozirkulation f.
microcirculatoire mikrozirkulatorisch
microclima m. Mikroklima n.
Micrococcus m. Mikrokokkus m.
microcorie f. Mikrokorie f.
microcrânie f. Mikrokranie f.
microcristal m. Mikrokristall m.
microcristallin mikrokristallinisch
microculture f. Mikrokultur f.
microcurie m. Mikrocurie n.
microcystique kleinzystisch
microcytaire mikrozytär
microcyte m. Mikrozyt m.
microcytose f. Mikrozytose f.
microdactylie f. Mikrodaktylie f.
microdensitomètre m. Mikrodensitometer n.
microdensitométrie f. Mikrodensitometrie f.
microdensitométrique mikrodensitometrisch
microdétermination f. Mikrobestimmung f.
microdialyse f. Mikrodialyse f.
microdontie f. Mikrodontie f.
microélectrode f. Mikroelektrode f.
microélectrophorèse f. Mikroelektrophorese f.
microélément m. Mikroelement n.
microembole m. Mikroembolus f.
microencapsulement m. Mikroverkapselung f.
microfibrille f. Mikrofibrille f.
microfilaire f. Mikrofilarie f.
microfilament m. Mikrofilament m.
microfilm m. Mikrofilm m.
microfiltration f. Mikrofiltration f.
microfiltre m. Mikrofilter m.
microfloculation f. Mikroflockung f.
microfracture f. Mikrofraktur f.
microfraise f. Mikrobohrer m.
microfuite f. mikroskopische Undichtigkeit f.
microgamète m. Mikrogamet m.
microgénie f. Mikrogenie f.
microglie f. Mikroglia f.
microgliomatose f. Mikrogliomatose f.
microglobuline f. Mikroglobulin n.
microglossie f. Mikroglossie f.
micrognathie f. Mikrognathie f.
micrograin m. Mikrokorn n.
microgramme m. Mikrogramm n.

microgyrie f.   Mikrogyrie f.
microhématurie f.   Mikrohämaturie f.
microhémorragie f.   Sickerblutung f.
microinduration f.   Mikrohärte f.
microinfarctus m.   Mikroinfarkt m.
microinjection f.   Mikroinjektion f.
Microlaryngoscopie f.   Mikrolaryngoskopie f.
microlécithique   mikrolezithal
microlissencéphalie f.   Mikrolissenzephalie f.
microlitre m.   Mikroliter m.
micromanie f.   Kleinheitswahn m., Mikromanie f.
micromanipulateur m.   Mikromanipulator m.
micromanomètre m.   Mikromanometer n.
micromanométrie f.   Mikromanometrie f.
micromanométrique   mikromanometrisch
micromastie f.   Mikromastie f.
micromélie f.   Mikromelie f.
micromesure f.   Mikromessung f.
microméthode f.   Mikromethode f.
micromètre m.   Mikrometer m.
micromole f.   Mikromol n.
micromoléculaire   mikromolekular
micromolécule f.   Mikromolekül n.
micromyélie f.   Mikromyelie f.
micromyéloblaste m.   Mikromyeloblast m.
micromyélocyte m.   Mikromyelozyt m.
micron m.   Mikron n.
microneurochirurgical   mikroneurochirurgisch
microneurochirurgie f.   Mikroneurochirurgie f.
micronucléus m.   Mikrokern m.
microonde f.   Mikrowelle f.
microordinateur m.   Mikrocomputer m.
microorganisme m.   Mikroorganismus m.
microparaprotéinose f.   Mikroparaproteinose f.
microparticule f.   Mikropartikel f.
microperfusion f.   Mikroperfusion f.
microphage m.   Mikrophage m.
microphakie f.   Mikrophakie f.
microphone m.   Mikrophon n.
microphtalmie f.   Mikrophthalmie f.
microphysique f.   Mikrophysik f.
microphyte m.   Mikrophyt m.
micropinocytose f.   Mikropinozytose f.
microplaque de chauffe f.   Mikroheiztisch m.
micropolyadénie f.   Mikropolyadenie f.
micropolygyrie f.   Mikropolygyrie f.
microponction f.   Mikropunktion f.
micropsie f.   Mikropsie f.
microquantité f.   Mikroquantität f.

microradiographie f.   Mikroradiographie f.
microradiographique   mikroradiographisch
microradiologie f.   Mikroradiologie f.
microradiologique   mikroradiologisch
microrchidie f.   Mikroorchidie f.
microréaction f.   Mikroreaktion f.
microrhéologie f.   Mikrorheologie f.
microrhéologique   mikrorheologisch
microsatellite m.   Mikrosatellit m.
microscope (binoculaire/monoculaire) m.   (binokuläres/monokuläres) Mikroskop n.
microscope chirurgical m.   Operationsmikroskop n.
microscope cornéen m.   Hornhautmikroskop n.
microscope électronique m.   Elektronenmikroskop n.
microscope électronique à scintigraphie f.   Rasterelektronenmikroskop n.
microscope en contraste de phase m.   Phasenkontrastmikroskop n.
microscopie f.   Mikroskopie f.
microscopique   mikroskopisch
microsmatique   mikrosmatisch
microsome m.   Mikrosom n.
microsomie f.   Kleinwuchs m., Mikrosomie f.
microsomique   mikrosomal
microspectrophotomètre m.   Mikrospektrophotometer n.
microspectrophotométrie f.   Mikrospektrophotometrie f.
microspectrophotométrique   mikrospektrophotometrisch
microspiration f.   Mikrospiration f.
microsporidiose f.   Mikrosporidiose f.
microsporidium m.   Mikrosporidie f.
microsporie f.   Mikrosporie f.
Microsporon Audouini m.   Mikrosporon Audouini n.
Microsporon furfur m.   Mikrosporon furfur n.
Microsporon mentagrophytes m.   Mikrosporon mentagrophytes n.
Microsporon minutissimum m.   Mikrosporon minutissimum n.
microstomie f.   Mikrostomie f.
microthélie f.   Mikrothelie f.
microthrombosé   mikrothrombotisch
microthrombose f.   Mikrothrombose f.
microtie f.   Mikrotie f.
microtitrage m.   Mikrotiter m.
microtome m.   Mikrotom n.
microtome à congélation m.   Gefriermikrotom n.

microtoxicité f.   Mikrotoxizität f.
microtoxique   mikrotoxisch
microtrabécule m.   Mikrotrabekel m.
microtransfusion f.   Mikrotransfusion f.
microtraumatisme m.   Mikrotrauma n.
microtubulaire   mikrotubulär
microunité f.   Mikroeinheit f.
microvascularisation f.   kapilläre Gefäßversorgung f.
microvillosité f.   Kleinzotte f.
miction f.   Miktion f., Urinieren n., Wasserlassen n.
miction par regorgement f.   Überlaufblase f.
midi de la vie m.   Lebensmitte f.
midodrine f.   Midodrin n.
miel de rose m.   Rosenhonig m.
MIF (facteur inhibiteur de la migration) f.   MIF (migrationsinhibierender Faktor) m.
mifépristone f.   Mifepriston n.
migérose m.   Migerose f.
migraine f.   Migräne f.
migrateur   wandernd
migration f.   Migration f., Wanderung f.
migration testiculaire f.   Descensus testis m.
migrer   wandern
mildiou m.   Mehltau m.
mile m.   Meile f.
miliaire   miliar
miliaire f.   Schweißfriesel m.
miliaire à bulles claires f.   Miliaria cristallina f.
miliaire sur fond érythémateux f.   Miliaria rubra f.
milieu m.   Medium n., Milieu n., Umwelt f.
milieu d'Endo m.   Endonährboden m.
milieu de culture de Clauberg m.   Claubergscher Nährboden m.
milieu de culture m.   Nährboden m.
milieu de Drigalski m.   Drigalski-Nährboden m.
milipertine f.   Milipertin n.
militracène m.   Militracen n.
milium m.   Milium n.
milksickness f.   Milchkrankheit f. (veter.)
millepertuis m.   Johanniskraut n.
milliampère m.   Milliamper n.
millibar m.   Millibar n.
millicurie m.   Millicurie n.
milliéquivalent (mEq) m.   Milliäquivalent n.
milligramme m.   Milligramm n.
millilitre m.   Milliliter n.
millimètre m.   Millimeter n.
millimicron m.   Millimikron n.
millimole f.   Millimol n.
millisievert m.   Millisievert n.
millivolt m.   Millivolt n.
milnacipram m.   Milnacipram n.
milrinone f.   Milrinon n.
mimbane m.   Mimban n.
mimétique   mimetisch
mimétique m.   Mimetikum n.
mimétisme m.   Mimikry n.
minaprine m.   Minaprin n.
minaxolone f.   Minaxolon n.
mince   schlank
mindopérone f.   Mindoperon n.
minépentate m.   Minepentat n.
miner   unterhöhlen, unterminieren
minéral   mineralisch
minéral m.   Mineral n.
minéralisation f.   Mineralisierung f.
minéralocorticoïde m.   Mineralokortikoid n.
minéralogie f.   Mineralogie f.
miniforet m.   Miniaturbohrer m.
minimal   minimal
minimiser   minimieren
minimum   minimal
minimum m.   Minimum n.
ministère de la santé publique m.   Gesundheitsministerium n.
minocycline f.   Minocyclin n.
minoxidil m.   Minoxidil n.
minuterie f.   Schaltuhr f., Zeitschalter m.
miolécithique   miolezithal
miristalkonium m.   Miristalkonium n.
miroir m.   Spiegel m.
miroir buccal m.   Mundspiegel m.
miroir concave m.   Hohlspiegel m.
miroir dentaire m.   Zahnspiegel m.
miroir frontal m.   Stirnreflektor m.
mirtazapine f.   Mirtazapin n.
miscibilité f.   Mischbarkeit f.
miscible   mischbar
mise à la masse f.   Erdung f.
mise à mort f.   Tötung f.
mise au lit f.   Betten n.
mise en culture f.   Kultivierung f.
mise en état f.   Instandsetzung f.
mise en images f.   Bildgebung f.
mise en marche f.   Ingangsetzen n.
mise en place f.   Anbringen n.
mise en position surélevée f.   Hochlagerung f.
mise en position transversale f.   Querlagerung f.
mise en train f.   Ingangkommen n.
mise sous tutelle f.   Entmündigung f.
misonidazole m.   Misonidazol n.
missed abortion m.   verhaltene Fehlgeburt f.

mite f. Milbe f.
mitochondries f. pl. Chondriom n., Mitochondrien n. pl.
mitochondrique mitochondrial
mitogen m. Mitogen n.
mitogène mitogen
mitogenèse f. Mitogenese f.
mitoguazone f. Mitoguazon n.
mitome m. Mitom n.
mitomycine f. Mitomycin n.
mitoplasme m. Mitoplasma n.
mitopodozide m. Mitopodozid n.
mitose f. Karyokinese f., Mitose f.
mitosome m. Mitosom n.
mitostatique mitostatisch
mitostatique m. Mitostatikum n.
mitotane m. Mitotan n.
mitoténamine f. Mitotenamin n.
mitotique mitotisch
mitoxantrone f. Mitoxantron n.
mitralisation f. Mitralisation f.
mixeur sous vide m. Vakuummischer m.
mixidine f. Mixidin n.
mixoscopie f. Mixoskopie f.
mixture f. Gemisch n., Mixtur f.
mixture à agiter f. Schüttelmixtur f.
Miyagawanella f. Miyagawanella f.
mizolastine f. Mizolastin n.
mizoribine f. Mizoribin n.
MMA (mastite, métrite, agalactie) (vétér.) f. MMA (Mastitis, Metritis, Agalaktie) (veter.) f.
mnémotechnique f. Mnemotechnik f.
mnésique mnestisch
mobécarb m. Mobecarb n.
mobentoxamine f. Mobentoxamin n.
mobile beweglich, mobil
mobilisation f. Mobilisierung f.
mobiliser bewegen, mobilisieren
mobilité f. Beweglichkeit f., Mobilität f.
moctamide m. Moctamid n.
modal modal
modalité f. Modalität f.
modalité réflexe f. Reflexmuster n.
mode d'action m. Wirkungsweise f.
mode de vie m. Lebensweise f.
modèle m. Modell n., Muster n., Patrize f. (dent.)
modèle anatomique d'étude m. anatomisches Modell n.
modèle de prothèse en cire m. Wachsgebiss n.
modèle en cire m. Wachsmodell n., Wachsschablone f.
modèle en plâtre m. Gipsmodell n.
modeler modellieren
modéré mäßig
modificateur m. Modifikator m.
modification f. Modifikation f., Umstimmung f.
modifier modifizieren
modulateur m. Modulator m.
modulateur sélectif des récepteurs aux estrogènes m. selektiver Estrogenrezeptorenmodulator (SERM) m.
modulation f. Modulation f.
module m. Modul m.
moduler modulieren
moelle f. Mark n., Medulla f.
moelle cervicale f. Halsmark n.
moelle épinière f. Rückenmark n.
moelle osseuse f. Knochenmark n.
moelle sternale f. Sternalmark n.
moelle, extraire la entmarken
moelle, sans marklos
mofébutazone f. Mofebutazon n.
mofétil m. Mofetil n.
moflovérine f. Mofloverin n.
mofoxime m. Mofoxim n.
moignon m. Stummel m., Stumpf m.
moignon cervical m. Zervixstumpf m.
moignon d'amputation m. Amputationsstumpf m.
moignon de racine m. Wurzelstumpf m.
moignon ombilical m. Nabelstumpf m.
moisissure f. Schimmelpilz m., Schimmel m.
moitié du temps de gestation f. Schwangerschaftsmitte f.
mol (mole) f. Mol n.
molaire molar
molaire f. Backenzahn m., Mahlzahn m. (dent.), Molar m.
molalité f. Molalität f.
molarité f. Molarität f.
moldine f. Moldine f.
môle f. Mole f.
môle charnue f. Fleischmole f.
môle hydatiforme f. Blasenmole f.
môle sanglante f. Blutmole f.
moléculaire molekular
molécule f. Molekül n.
moléculo-génétique molekulargenetisch
molindone f. Molindon n.
mollet m. Wade f.
molluscum contagiosum m. Dellwarze f., Molluscum contagiosum n.
mollusque m. Molluske f.
molsidomine f. Molsidomin n.
molybdate m. Molybdat n.

molybdate de sodium m.   Natriummolybdat n.
molybdène m.   Molybdän n.
molybdéneux   molybdänhaltig (dreiwertig)
molybdénique   molybdänhaltig (sechswertig)
moment (phys.) m.   Hebelkraft f.
moment des consultations m.   Sprechstunde f.
moment du pic m.   Gipfelzeit f.
moment où la maladie éclate m.   Ausbruch einer Krankheit m.
momentanément   momentan
momification f.   Mumifizierung f.
monalazone f.   Monalazon n.
monaural   monaural, monotisch
mondialisation f.   Globalisierung f.
mongolisme m.   Mongolismus m.
mongoloïde   mongoloid
moniléthrix m.   Monilethrix f.
moniliase f.   Moniliasis f.
moniliforme   perlschnurartig
moniteur m.   Monitor m., Überwachungsanlage f., Überwachungsgerät n.
monitoring m.   technische Überwachung f., Monitoring n.
monitoring au lit du malade m.   dezentrale Patientenüberwachung f.
monitoring électrocardiographique prolongé m.   Langzeitelektrokardiogramm n.
monoacétate m.   Monoazetat n.
monoamide m.   Monamid n.
monoamine f.   Monamin n., Monoamin n.
monoamine oxydase f.   Monoaminoxidase n.
monoaminergique   monoaminergisch
monoamniotique   monamniotisch
monoarthrite f.   Monarthritis f.
monoarticulaire   monartikulär
monobasique   monobasisch
monobenzone f.   Monobenzon n.
monoblaste m.   Monoblast m.
monobrachie f.   Monobrachie f.
monochromateur m.   Monochromator m.
monochromatique   monochromatisch
monochromatophile   monochromatophil
monochrome   einfarbig
monoclonal   monoklonal
monocrote   monokrotisch
monoculaire   monokulär
monocyclique   monozyklisch
monocytaire   monozytär
monocyte m.   Monozyt m.
monocytose f.   Monozytose f.
monodactylie f.   Monodaktylie f.
monodiciplinaire   monodisziplinär
monogénétique   monogenetisch

monofasciculaire   monofaszikulär
monogénique   monogen
monohybride m.   Monohybride f.
monohydrate m.   Monohydrat n.
monohydrolase f.   Monohydrolase f.
monoinsuline f.   Monospeziesinsulin n.
monokine f.   Monokin n.
monolaurate m.   Monolaurat n.
monomanie f.   Monomanie f.
monomère   monomer
monomère m.   Monomer n.
monomoléculaire   monomolekular
monomorphe   monomorph
monomorphie f.   Monomorphie f.
monomphalien m.   Monomphalus m.
mononévrite f.   Mononeuritis f.
mononitrate m.   Mononitrat n.
mononitrate d'isosorbide m.   Isosorbidmononitrat n.
mononucléaire   mononukleär
mononucléé   einkernig
mononucléose f.   Mononukleose f.
mononucléose infectieuse f.   Pfeiffersches Drüsenfieber n.
mononucléotide m.   Mononukleotid n.
monoovulatoire   monoovulatorisch
monooxygénase f.   Monooxygenase f.
monoparésie f.   Monoparese f.
monophasique   monophasisch
monophénol m.   Monophenol n.
monophobie f.   Monophobie f.
monophosphate m.   Monophosphat n.
monophosphate de dibutyryladénosine m.   Dibutyryladenosinmonophosphat n.
monophosphothiamine f.   Monophosphothiamin n.
monophtalmie f.   Monophthalmie f., Monopie f.
monoplasmatique   monoplasmatisch
monoplégie f.   Monoplegie f.
monorchidie f.   Monorchismus m.
monosaccharide m.   Monosaccharid n.
monosialoganglioside m.   Monosialogangliosid n.
monosomal   monosomal
monosome m.   Monosom n.
monosomie f.   Monosomie f.
monospécifique   monospezifisch
monosporiose f.   Monosporiose f.
monostotique   monostotisch
monosulfate m.   Monosulfat n.
monosymptomatique   monosymptomatisch
monosynaptique   monosynaptisch
monothioglycérol m.   Monothioglyzerinn.

monothiopyrophosphate m. Monothiopyrophosphat n.
monotriche monotrich
monotrope monotrop
monouréide m. Monoureid n.
monovalent monovalent
monovasculopathie f. Eingefäßerkrankung f.
monoxène monoxen
monoxyde m. Monoxid n.
monoxyde de carbone m. Kohlenmonoxid n.
monozygote monozygot
monstre m. Missgeburt f.
monstre sympodique m. Sympus m.
montage en parallèle f. Parallelschaltung f.
montage expérimental m. Versuchsanordnung f.
monter aufsteigen, montieren
Montgomery, tubercule de m. Montgomerysche Drüse f.
monture de lunettes f. Brillengestell n.
mopérone f. Moperon n.
mopidamol m. Mopidamol n.
moprolol m. Moprolol n.
moral moralisch
Morax, bacille de m. Morax-Axenfeldscher Bazillus m.
moraxella f. Moraxella f.
Moraxella lacunata f. Diplokokkus Morax-Axenfeld m.
morazone f. Morazon n.
morbide morbid
morbidité f. Morbidität f.
morbiliforme morbiliform
morcellement m. Morcellement n., Zerstückelung f.
mordre abbeißen, beißen
mordus en cire m. Beißblock m.
Morgagni, syndrome de m. Morgagni-Syndrom m.
morgue f. Leichenschauhaus n.
moria f. Witzelsucht f.
moribond moribund
morne stumpf
Moro, test de m. Moroprobe f.
moroxydine f. Moroxydin n.
morphème m. Morphem n.
morphine f. Morphin n., Morphium n.
morphinique, traitement m. Morphinbehandlung f.
morphinisme m. Morphinismus m.
morphinomanie f. Morphinsucht f.
morphogenèse f. Morphogenese f.
morphogénétique morphogenetisch
morphologie f. Morphologie f.
morphologique morphologisch
morphométrie f. Morphometrie f.
morphométrique morphometrisch
morphopsie f. Morphopsie f.
morphothérapie f. Gestalttherapie f.
Morquio, maladie de f. Morquio-Syndrom n.
morrhuate m. Morrhuat n.
morsure f. Biss m.
morsure cruciale f. Kreuzbiss m.
morsure de chien f. Hundebiss m.
morsure de la langue f. Zungenbiss m.
morsure de serpent f. Schlangenbiss m.
morsuximide m. Morsuximid n.
mort abgestorben, tot
mort f. Tod m.
mort (genre de) f. Todesart f.
mort apparente f. Scheintod m.
mort cellulaire f. Zelltod m.
mort cérébrale f. Hirntod m.
mort de faim, à demi halbverhungert
mort foetale f. Fruchttod m.
mort par arrêt cardiaque f. Herztod m.
mort par syncope cardiaque brusque f. Sekundenherztod m.
mort subite du nourrisson f. plötzlicher Kindstod m., plötzlicher Säuglingstod m., Wiegentod m.
mort-né totgeboren
mort-né (enfant) m. Totgeburt f.
mortalité f. Mortalität f., Sterblichkeit f.
mortalité des nourrissons f. Säuglingssterblichkeit f.
mortel mortal, sterblich, todbringend, tödlich
mortier m. Mörser m.
morula f. Morula f.
morulation f. Morulation f.
morve f. Rotz m.
morve des chiens f. Hundestaupe f.
mosaïque f. Mosaik n.
mosaïque du tabac f. Tabak-Mosaikkrankheit f.
Moschcowitz, syndrome de m. Moschcowitz-Syndrom n.
moteur motorisch
moteur m. Motor m.
motiline f. Motilin n.
motilité f. Motilität f.
motivation f. Motivierung f.
motiver motivieren
motrétinide m. Motretinid n.
motricité f. Motorik f.
Mott, cellule de f. Mott-Zelle f.
mouche f. Fliege f.
mouche à viande f. Schmeißfliege f.
mouche cantharide f. Kantharide f.

mouche du varron f.   Dasselfliege f.
mouche tsé-tsé f.   Tsetsefliege f.
moucher, se   schneuzen
moucheron m.   Gnitze f.
moucheture f.   Tüpfelung f.
mouchoirs jetables m. pl.   Einmaltaschentücher n. pl.
moufle f.   Muffel f.
mouillé   feucht, nass
mouiller   befeuchten, nässen
moulage m.   Abguss m. (dent.), Moulage m.
moulage cannelé m.   Hohlguss m.
moulage d'expansion m.   Expansionsguss m.
moulage défectueux m.   Fehlguss m. (dent.)
moulage du bridge m.   Brückenguss m.
moulage sous vide m.   Vakuumguss m. (dent.)
moulage, faire un   gießen
moule m.   Form f., Gussform f.
mourir   sterben, verenden
mourir d'hémorragie   verbluten
mourir de soif   verdursten
moussant   schaumbildend
mousse f.   Moos n., Schaum m.
mousse de nylon f.   Schaumstoff m.
mousseline f.   Musselin m.
moustique m.   Moskito m., Schnake n., Stechmücke f.
moutarde à l'azote f.   Stickstofflost m.
moutarde-uracile f.   Uracil-Lost n.
mouton m.   Schaf m.
mouvement m.   Bewegung f.
mouvement brownien m.   Brownsche Molekularbewegung f.
mouvement de masse m.   Massenbewegung f.
mouvement de retrait m.   Rückwärtsbewegung f.
mouvement foetal m.   Kindsbewegung f. (obstetr.)
mouvement latéral m.   Seitwärtsbewegung f.
mouvement parkinsonien de roulement entre le pouce et lindex m.   Pillendreherbewegung f.
mouvement réflexe m.   Reflexbewegung f.
mouvement réflexe de mastication m.   Fressreflex m.
mouvement spontané m.   Spontanbewegung f.
moxa m.   Moxa m.
moxalactam m.   Moxalactam n.
moxaprindine f.   Moxaprindin n.
moxastine f.   Moxastin n.
moxavérine f.   Moxaverin n.
moxazocine f.   Moxazocin n.
moxibustion f.   Moxibustion f.
moxifloxacine f.   Moxifloxacin n.
moxipraquine f.   Moxipraquin n.
moxisylyte m.   Moxisylyt n.
moxnidazole m.   Moxnidazol n.
moyen curatif m.   Kurmittel n.
moyen de finition m.   Finierer m.
moyen de séparation m.   Separiermittel n.
moyenne f.   Durchschnitt m., Mittelwert m.
MSF (facteur stimulant de la MSH) m.   MRF (MSH-freisetzender Faktor) m.
MSH (hormone mélanotrope) f.   MSH (melanozytenstimulierendes Hormon) n.
mucigène   schleimbildend
mucilage m.   Mucilago n.
mucinase f.   Muzinase f.
mucine f.   Mucin n., Muzin n.
mucineux   muzinös
mucinose f.   Mucinose f., Muzinose f.
mucocèle f.   Mukozele f.
mucociliaire   mukoziliar
mucocutané   mukokutan
mucocyte m.   Mukozyt m.
mucoépidermoïde   mukoepidermoid
mucogingival   mukogingival
mucoglobuline f.   Mukoglobulin n.
mucoïde   mukoid
mucoïde m.   Mukoid n.
mucoïtine f.   Mukoitin n.
mucolipidose f.   Mukolipidose f.
mucolyse f.   Mukolyse f.
mucolytique   schleimlösend
mucolytique m.   Mukolytikum n.
mucopeptide m.   Mukopeptid n.
mucopériostal   mukopenostal
mucopolysaccharide m.   Mukopolysaccharid n.
mucopolysaccharidose f.   Mukopolysaccharidose (MPS) f.
mucoprotéide m.   Mukoproteid n.
mucoprotéine f.   Mukoprotein n.
mucormycose f.   Mukormycose f.
mucosaccharide m.   Mukosaccharid n.
mucosectomie f.   Mukosektomie f.
mucosien   mukosal
mucosité f.   Schleim m.
mucosite f.   Mukositis f.
mucostatique   mukostatisch
mucostatique m.   Mukostatikum n.
mucosulfatidose f.   Mukosulfatidose f.
mucoviscidose f.   Mukoviszidose f.
mucus nasal m.   Nasenschleim m.
mue f.   Mauserung f., Stimmbruch m.
muguet m.   Soor m.
mulet m.   Maultier n.
multiarticulaire   multiartikulär

multiaxial multiaxial
multicapacité f. Pluripotenz f.
multicapsulaire multikapsulär
multicellulaire multizellulär
multicentrique multizentrisch
multichimiosensibilité f. multiple Chemikaliensensitivität f.
multicontacts m. pl. Mehrpunktkontakt m.
multicuspidien vielzipfelig
multicystique multizystisch
multidécompensation organique f. multiples Organversagen n.
multidimensionnel mehrdimensional
multidisciplinaire multidisziplinär
multifactoriel multifaktoriell
multifocal multifokal
multiglandulaire multiglandulär
multilobulaire multilobulär
multiloculaire vielkammerig
multimère m. Multimer n.
multimorbidité f. Multimorbidität f.
multinodal multinodal
multinodulaire multinodulär
multinucléaire multinukleär
multipare f. Mehrgebärende f., Multipara f., Pluripara f.
multiphasique mehrphasig, multiphasisch
multiple multipel
multiple sclérose f. Multiple Sklerose f.
multiplication des cellules de Langerhans f. Polynesie f.
multiplier vermehren
multipolaire multipolar, pluripolar
multipotent pluripotent
multirésistance f. Multiresistenz f.
multisensoriel multisensorisch
multivalent multivalent
multivalvulaire multivalvulär
multivitaminé m. Multivitamin n.
Münchhausen, syndrome de m. Münchhausen-Syndrom n.
Münchmeyer, syndrome de m. Münchmeyer-Syndrom n.
muqueuse f. Mucosa f., Mukosa f., Schleimhaut f.
muqueuse alvéolaire f. Alveolarschleimhaut f.
muqueuse buccale f. Mundschleimhaut f.
muqueuse de Barret f. Barret Mukosa f.
muqueux mukös, schleimig
mûr reif
mur m. Wand f.
mural mural, wandständig
muramidase f. Muramidase f.
muraminidase f. Muraminidase f.
muramyldipeptide m. Muramyldipeptid n.
muréine f. Murein n.
murexide m. Murexid n.
murmure m. Geräusch n.
murmure respiratoire m. Atmungsgeräusch n.
murmure vésiculaire respiratoire m. Bläschenatemgeräusch n., Bläschenatmung f.
muromonabe m. Muromonab n.
musc m. Moschus m.
muscarine f. Muskarin n.
muscimol m. Muscimol n.
muscle m. Muskel m.
muscle cardiaque m. Herzmuskel m.
muscle extenseur m. Streckmuskel m.
muscle facial m. Gesichtsmuskel m.
muscle fléchisseur m. Flexor m.
muscle lisse m. glatter Muskel m.
muscle oculomoteur m. Augenmuskel m.
muscle papillaire m. Papillarmuskel m.
muscle pectoral m. Brustmuskel m.
muscle strié m. quergestreifter Muskel m., Skelettmuskel m.
musculaire muskulär
musculature f. Muskulatur f.
musculeux muskulös
musculocutané muskulokutan
musculomembraneux muskulomembranös
musculosquelétaire muskuloskeletal
musculotrope muskulotrop
museau m. Schnauze f.
musical musikalisch
musicothérapie f. Musiktherapie f.
mutagène mutagen
mutagène m. Mutagen n.
mutagenèse f. Mutagenese f.
mutagénétique mutagenetisch
mutant m. Mutante f.
mutarotase f. Mutarotase f.
mutarotation f. Mutarotation f.
mutase f. Mutase f.
mutation f. Mutation f.
mutilation f. Verstümmelung f.
mutilation névrotique des ongles f. Onychotillomanie f.
mutiler verstümmeln
mutisme m. Mutismus m., Stummheit f.
muton m. Muton n.
mutualisme m. Mutualismus m.
mutuel gegenseitig
muzolimine f. Muzolimin n.
myalgie f. Myalgie f.
myasthénie d'Erb-Goldflam f. Myasthenia gravis pseudoparalytica f.
myasthénique myasthenisch

myatonie f. Myatonie f.
myatrophie f. Myatrophie f.
myatrophique myatrophisch
mycélium m. Myzel n.
mycétique mykotisch
mycobactérie f. Mykobakterie f.
mycobactérien mykobakteriell
Mycobactérium m. Mycobacterium n.
Mycobacterium avium m. Mycobacterium avium n.
Mycobacterium bovis m. Mycobacterium bovis n.
Mycobacterium leprae m. Mycobacterium leprae n.
Mycobacterium smegmatis m. Mycobacterium smegmatis n.
Mycobacterium tuberculosis m. Mycobacterium tuberculosis n.
mycologie f. Mykologie f.
mycologique mykologisch
mycologue f. Mykologin f.
mycologue m. Mykologe m.
mycolytique m. schleimlösendes Mittel n.
mycophénolate m. Mycophenolat n.
mycophénolatemofétil m. Mycophenolatmofetil n.
mycoplasma m. Mycoplasma n.
mycose f. Mykose f.
mycosis fongoïde f. Mycosis fungoides f.
mycotoxicité f. Mykotoxizität f.
mycotoxicose f. Mykotoxikose f.
mycotoxine f. Mykotoxin n.
mycotoxique mykotoxisch
mydriase f. Mydriasis f.
mydriatique mydriatisch
mydriatique m. Mydriatikum n.
myéline f. Myelin n.
myélinisation f. Myelinisierung f.
myélinisé markhaltig
myélinisé, non myelinfrei
myélinolyse f. Myelinolyse f.
myélinopathie f. Myelinopathie f.
myélite f. Myelitis f.
myélitique myelitisch
myeloablatif myeloablative
myéloablation f. Myeloablation f.
myéloarchitectonie f. Myeloarchitektonik f.
myéloblaste m. Myeloblast m.
myéloblastome m. Myeloblastom n.
myéloblastose f. Myeloblastose f.
myélocathexis f. Myelokathexis f.
myélocèle f. Myelozele f.
myélocyte m. Myelozyt m.
myélodysplasie f. Myelodysplasie f.
myélofibrose f. Markfibrose f., Myelofibrose f.
myélogène myelogen
myélogenèse f. Myelogenese f.
myélogramme m. Myelogramm n.
myélographie f. Myelographie f.
myélographique myelographisch
myéloïde myeloid
myélolipome m. Myelolipom n.
myélolyse f. Myelolyse f.
myélomalacie f. Myelomalazie f.
myélomatose f. Myelomatose f.
myélome m. Myelom n.
myéloméningocèle f. Meningomyelozele f.
myéloopticoneuropathie f. Myelooptikoneuropathie f.
myélopathie f. Myelopathie f.
myéloperoxydase f. Myeloperoxidase f.
myélophtisie f. Myelophthise f.
myéloprolifératif myeloproliferativ
myéloradiculopathie f. Myeloradikulopathie f.
myélosarcome m. Myelosarkom n.
myéloscintigraphie f. Myeloszintigraphie f.
myélosclérose f. Myelosklerose f.
myélose f. Myelose f.
myélose aleucémique f. aleukämische Myelose f.
myélose érythrémique aigue f. leukämische Myelose f.
myélose funiculaire f. funikuläre Myelose f., funikuläre Spinalerkrankung f.
myélotomie f. Myelotomie f.
myiase f. Myiasis f.
myiase cutanée f. Hautmadenfraß m.
mylohyoïdien mylohyoidal
myoadénylate m. Myoadenylat n.
myoarchitectonique myoarchitektonisch
myoatrophie f. Muskelschwund m.
myoblaste m. Myoblast m.
myoblastome m. Myoblastom n.
myocarde m. Herzmuskel m., Myokard n.
myocardique myokardial
myocardite f. Myokarditis f.
myocarditique myokarditisch
myocardopathie f. Myokardose f.
myoclonie f. Myoklonie f.
myoclonique myoklonisch
myoculateur m. Myokulator m.
myocyte m. Myozyt m.
myodégénérescence f. Myodegeneration f.
myodésopsie f. Mückensehen n.
myodystrophie f. Muskeldystrophie f.
myoélectrique muskélelektrisch
myoendocardiaque myoendokardial

myofascial myofaszial
myofibrille f. Myofibrille f.
myofibroblaste m. Myofibroblast m.
myofibrome m. Myofibrom n.
myofibrose f. Myofibrose f.
myogélose f. Myogelose f.
myogène myogen
myoglobine f. Myoglobin n.
myoglobine oxydée f. Metmyoglobin n.
myoglobinémie f. Myoglobinämie f.
myoglobinurie f. Myoglobinurie f.
myoglobuline f. Myoglobulin n.
myographe m. Myograph m.
myographie f. Myographie f.
myographique myographisch
myohémoglobine f. Myohämoglobin n.
myoïde myoid
myokinase f. Myokinase f.
myokymie f. Muskelwogen n., Myokymie f.
myolipome m. Myolipom n.
myologie f. Myologie f.
myolyse f. Myolyse f.
myomälacie f. Myomalazie f.
myomateux myomatös
myome m. Myom n.
myomectomie f. Myomektomie f.
myomètre m. Myometrium n.
myométrite f. Myometritis f.
myone f. Myon n.
myonécrose f. Myonekrose f.
myonème m. Myonem n.
myoneural myoneural
myoneurome m. Myoneurom n.
myopathie f. Myopahtie f.
myopathie congénitale à axe central f. Zentralfibrillenmyopathie f.
myopathie congénitale à bâtonnets f. Stäbchenmyopathie f.
myopathique myopathisch
myope kurzsichtig, myop, myopisch
myophosphorylase f. Myophosphorylase f.
myopie f. Kurzsichtigkeit f., Myopie f.
myopie axiale f. Achsenmyopie f.
myopie crépusculaire f. Nachtmyopie f.
myoplasma m. Myoplasma n.
myoplastie f. Muskelplastik f.
myorelaxant m. Muskelrelaxans n.
myosalpingite f. Myosalpingitis f.
myosarcome m. Myosarkom n.
myosine f. Myosin n.
myosis m. Miosis f.
myosite f. Myositis f.
myosite ossifiante f. Myositis ossificans f.
myostéome traumatique m. Exerzierknochen m.
myoténotomie f. Myotenotomie f.
myothermique myothermal
myotique miotisch
myotique m. Miotikum n.
myotome m. Myotom n.
myotomie f. Myektomie f., Myotomie f.
myotonie f. Myotonie f.
myotonie congénitale de Thomsen f. Myotonia congenita (Thomsen) f.
myotonique myotonisch
myotonomètre m. Myotonometer n.
myotrope myotrop
myovasculaire myovaskulär
myringite f. Myringitis f.
myringoplastie f. Myringoplastik f.
myringostomie f. Myringostomie f.
myringotome f. Myringotom n.
myringotomie f. Myringotomie f.
myristate m. Myristat n.
myristicine f. Myristicin n.
myristine f. Myristin n.
myrophine f. Myrophin n.
myrrhe f. Myrrhe f.
myrtécaïne f. Myrtecain n.
myrtol m. Myrtol n.
mysophobie f. Mysophobie f.
mythomanie f. Mythomanie f.
mytilotoxine f. Mytilotoxin n.
myxoblastome m. Myxoblastom n.
myxochondrofibrosarcome m. Myxochondrofibrosarkom n.
myxochondrome m. Myxochondrom n.
myxochondrosarcome m. Myxochondrosarkom n.
myxocyte m. Myxozyt m.
myxoedémateux myxödematös
myxoedème m. Myxödem n.
myxofibrome m. Myxofibrom n.
myxofibrosarcome m. Myxofibrosarkom n.
myxoïde myxoid
myxolipome m. Myxolipom n.
myxomateux myxomatös
myxomatose f. Myxomatose f.
myxome m. Myxom n.
myxomyome m. Myxomyom n.
myxonévrome m. Myxoneurom n.
myxonévrose f. Myxoneurose f.
myxosarcome m. Myxosarkom n.
myxovirus m. Myxovirus n.
myxovirus influenzae m. Grippevirus n.

N

nabumétone m. Nabumeton n.
NAD (nicotinamide-adénine-dinucléotide) n. NAD (Nikotinamid-Adenin-Dinukleotid) n.
nadide m. Nadid n.
nadolol m. Nadolol n.
nadoxolol m. Nadoxolol n.
nadroparine f. Nadroparin n.
naépaïne f. Naepain n.
naevobasaliomatose f. Naevobasaliomatose f.
naevobasaliome m. Naevobasaliom n.
naevoïde naevoid
naevolipome m. Naevolipom n.
naevoxanthoépithéliome m. Naevoxanthoepitheliom n.
naevus m. Muttermal n., Naevus m.
nafivérine f. Nafiverin n.
nafomine f. Nafomin n.
nafoxidine f. Nafoxidin n.
nafronyl m. Nafronyl n.
naftifine f. Naftifin n.
naftypramide m. Naftypramid n.
nager schwimmen
nain zwergwüchsig
nain m. Zwerg m.
naissance f. Geburt f.
naissance après terme f. Spätgeburt f.
naissance d'un enfant viable f. Lebendgeburt f.
naissance prématurée f. Frühgeburt f.
naissance spontanée f. Spontangeburt f.
naissance, obligation de déclarer la f. Geburtsanzeigepflicht f.
nalbuphine f. Nalbuphin n.
naled m. Naled n.
nalidixine f. Nalidixin n.
nalmexone m. Nalmexon n.
nalorphine f. Nalorphin n.
naloxane m. Naloxan n.
naloxone f. Naloxon n.
naltrexone f. Naltrexon n.
nandrolone f. Nandrolon n.
nanisme m. Nanosomie f., Zwergwuchs m.
nanogramme m. Nanogramm n.
nanomélie f. Nanomelie f.
nanoparticule f. Nanopartikel f.
naphazoline f. Naphazolin n.
naphtaline f. Naftalin n., Naphtalin n.
naphtazone f. Naftazon n.
naphtidine f. Naphtidin n.
naphtoate m. Naphtoat n.
naphtolate m. Naphtholat n.
naphtolphtaléine f. Naphtholphthalein n.
naphtonone f. Naphthonon n.
naphtoquinone f. Naphthochinon n.
naphtyle m. Naphthyl n.
naprodoxime m. Naprodoxim n.
naproxol m. Naproxol n.
napsilate m. Napsilat n.
napsylate m. Napsylat n.
naratriptane m. Naratriptan n.
narcissisme m. Narzissmus m.
narcistique narzisstisch
narcoanalyse f. Narkoanalyse f.
narcolepsie f. Narkolepsie f.
narcoleptique narkoleptisch
narcose f. Narkose f.
narcose d'azote f. Tiefenrausch m.
narcose de base f. Basisnarkose f.
narcose par intubation f. Intubationsnarkose f.
narcotique narkotisch
narcotique m. Narkotikum n.
narcotique à effet de courte durée m. Kurznarkotikum n.
narcotiser betäuben (narkotisieren)
narcotiseur m. Narkotiseur m.
narcylène m. Narcylen n.
narine f. Nasenloch n.
nasal nasal
nasillement m. Näseln n.
nasion m. Nasion n.
nasociliaire nasoziliar
nasofrontal nasofrontal
nasolabial nasolabial
nasolacrymal nasolakrimal
nasooculaire nasookular
nasooral nasooral
nasopalatin nasopalatinal
nasopalpébral nasopalpebral
nasopharyngien nasopharyngeal
nasotrachéal nasotracheal
natalité f. Geburtenhäufigkeit f.
natalité trop élevée f. Geburtenüberschuss m.
natéglinide m. Nateglinid n.
natif nativ
natriurèse f. Natriurese f.
natriurique natriuretisch
naturel natürlich
nausée f. Brechreiz m., Ekel m., Nausea f., Übelkeit f.
naviculaire navikular

nébidrazine f. Nebidrazin n.
nébivolol m. Nebivolol n.
nébulisateur m. Vernebler m.
nébulisation f. Vernebelung f.
Necator americanus m. Necator americanus m.
nécessaire m. Bedarf m.
nécessaire de microscopie m. Mikroskopiebesteck n.
nécessaire de vaccination m. Impfbesteck n.
nécessaire pour intubation m. Intubationsbesteck n.
nécéssité de soins f. Pflegebedürftigkeit f.
nécessité urgente f. Not f.
nécrobiose f. Nekrobiose f.
nécrobiotique nekrobiotisch
nécrolyse f. Nekrolyse f.
nécrolytique nekrolytisch
nécrophile nekrophil
nécrophilie f. Nekrophilie f.
nécropsie f. Nekropsie f.
nécrorésection f. Mortalamputation f.
nécrosé abgestorben
nécrose f. Nekrose f.
nécrose de la fourchette f. Strahlfäule f. (veter.)
nécrose papillaire f. Papillennekrose f.
nécrose parcellaire f. Mottenfraßnekrose f.
nécroser nekrotisieren
nécroser, se absterben
nécrospermie f. Nekrospermie f.
nécrotique nekrotisch
nécrotomie f. Nekrotomie f.
nédocromil m. Nedocromil n.
néencéphale m. Neenzephalon n.
NEFA (acides gras non estérifiés) m. pl. FFS (freie Fettsäuren) f. pl.
négatif negativ
négation f. Negation f., Verneinung f.
négativisme m. Negativismus m.
Negri, corps de m. pl. Negrisches Körperchen n.
neige carbonique f. Kohlensäureschnee m.
Neisseria gonorrhoeae f. Gonokokkus m.
Nelfinavir m. Nelfinavir n.
Nelson, test de m. Nelson-Test m.
némaline f. Nemalin n.
némathelminthe m. Nemathelminth m.
nématode m. Nematode m.
néoadjuvant neoadjuvant
néoantigène m. Neoantigen n.
néocortical neokortikal
néodymium m. Neodym n.
néoformation f. Neubildung f.
néogenèse f. Neogenese f.

néohexaose m. Neohexaose f.
néologisme m. Neologismus m.
néon m. Neon n.
néonatal neonatal
néonatologie f. Neonatologie f.
néonatologique neonatologisch
néophobie f. Neophobie f.
néoplasie f. Neoplasie f.
néoplasme m. Neoplasma n.
néoplastique neoplastisch n.
néoptérine f. Neopterin n.
néostigmine f. Neostigmin n.
néostomie f. Neostomie f.
néostriatal neostriatal
néostriatum m. Neostriatum n.
néoténie f. Neotenie f.
néotétraose m. Neotetraose f.
néothalamus m. Neothalamus m.
néovascularisation f. Gefäßneubildung f., Neovaskularisation f., Neovaskularisierung f.
néphalomètre m. Nephalometer n.
néphalométrie f. Nephalometrie f.
néphalométrique nephalometrisch
néphélopsie f. Nephelopsie f.
néphrectomie f. Nephrektomie f., Nierenentfernung f.
néphrectomiser nephrektomieren
néphrite f. Nephritis f.
néphrite des champs f. Feldnephritis f.
néphrite en foyer f. Herdnephritis f.
néphritique nephritisch
néphroblastome m. Nephroblastom n.
néphrocalcinose f. Nephrokalzinose f.
néphrogène nephrogen
néphrogramme isotopique m. Isotopennephrogramm n.
néphrographie f. Nephrographie f.
néphrologie f. Nephrologie f.
néphrologique nephrologisch
néphrologue f. Nephrologin f.
néphrologue m. Nephrologe m.
néphron m. Nephron n.
néphronophtise f. Nephronophthise f.
néphropathie f. Nephropathie f.
néphropathie de choc f. Schockniere f.
néphropexie f. Nephropexie f.
néphroprotecteur nephroprotektiv
néphroptose f. Nephroptose f.
néphrosclérose f. Nephrosklerose f., Schrumpfniere f.
néphrosclérotique nephrosklerotisch
néphroscopie f. Renoskopie f.
néphrose f. Nephrose f.
néphrose amyloïde f. Amyloidnephrose f.
néphrose lipoïdique f. Lipoidnephrose f.

néphrosonéphrite f. Nephritis mit nephrotischem Einschlag f.
néphrostomie f. Nephrostomie f.
néphrotique nephrotisch
néphrotomie f. Nephrotomie f.
néphrotoxicité f. Nephrotoxizität f.
néphrotoxique nephrotoxisch
néphrotrope nephrotrop, renotrop
néphrourétérectomie f. Nephroureterektomie f.
neptunium m. Neptunium n.
nerf m. Nerv m., Nervus m.
nerf auditif m. Nervus acusticus m.
nerf cardiaque sympathique accélérateur m. Nervus accelerans m.
nerf cochléen m. Nervus cochlearis m.
nerf cranien m. Hirnnerv m.
nerf crural m. Nervus femoralis m.
nerf cubital m. Nervus ulnaris m.
nerf dentaire m. Zahnnerv m.
nerf facial m. Fazialis-Nerv m., Nervus facialis m.
nerf génitocrural m. Nervus genitofemoralis m.
nerf glossopharyngien m. Nervus glossopharyngeus m.
nerf grand hypoglosse m. Nervus hypoglossus m.
nerf grand sciatique m. Nervus ischiadicus m.
nerf grand sympathique m. Nervus sympathicus m., Sympathikus m.
nerf iliohypogastrique m. Nervus iliohypogastricus m.
nerf intercostal m. Nervus intercostalis m.
nerf intermédiaire de Wrisberg m. Nervus intermedius m.
nerf médian m. Nervus medianus m.
nerf moteur oculaire commun m. Nervus oculomotorius m.
nerf moteur oculaire externe m. Nervus abducens m.
nerf obturateur m. Nervus obturatorius m.
nerf olfactif m. Nervus olfactorius m.
nerf optique m. Nervus opticus m.
nerf pathétique m. Nervus trochlearis m.
nerf péronier m. Nervus peronaeus m.
nerf petit abdominoscrotal m. Nervus ilioinguinalis m.
nerf phrénique m. Nervus phrenicus m.
nerf pneumogastrique m. Nervus vagus m.
nerf radial m. Nervus radialis m.
nerf récurrent du pneumogastrique m. Nervus recurrens m.
nerf sciatique poplité externe m. Peronäusnerv m.
nerf sciatique poplité interne avec le nerf tibial postérieur m. Nervus tibialis m.
nerf sousorbitaire m. Nervus infraorbitalis m.
nerf splanchnique m. Nervus splanchnicus m.
nerf trijumeau m. Nervus trigeminus m.
nerf vestibulocochléaire m. Nervus vestibulocochlearis m.
nérium m. Nerium n.
nerveux nerval, nervös
nervone f. Nervon n.
nervosité f. Nervosität f.
nésidioblastome m. Nesidioblastom n.
nétilmicine f. Netilmycin n.
nettoyage m. Reinigung f.
nettoyage de la plaie m. Wundreinigung f.
nettoyage des WC m. Reinigung der Toiletten f.
nettoyage fréquent m. häufige Reinigung f.
nettoyant m. Reiniger m.
nettoyeur m. Putzer m.
neural neural
neuralgie f. Nervenschmerz m.
neuralgie du muscle multifide f. Multifidus-Dreieck-Syndrom n.
neuraminidase f. Neuraminidase f.
neurapraxie f. Neurapraxie f.
neurasthénie f. Nervenschwäche f., Neurasthenie f.
neurasthénique neurasthenisch
neurasthénique f. Neurasthenikerin f.
neurasthénique m. Neurastheniker m.
neurilemme m. Neurolemm n.
neurine f. Neurin n.
neurinome m. Neurinom n.
neurinome acoustique m. Akustikusneurinom n.
neurite m. Neurit m.
neuroblaste m. Neuroblast m.
neuroblastome m. Neuroblastom n.
neuroborréliose f. Neuroborreliose f.
neurochirurgical neurochirurgisch
neurochirurgie f. Neurochirurgie f.
neurochirurgien m. Neurochirurg m.
neurocirculatoire neurozirkulatorisch
neurocrinomoteur neurosekretomotorisch
neurocutané neurokutan
neurodégénérescence f. Neurodegeneration f.
neurodermatite f. Neurodermitis f.
neurodermatose f. Neurodermatose f.
neurodystrophie f. Neurodystrophie f.

neurodystrophique neurodystrophisch
neuroectodermique neuroektodermal
neuroendocrinien neuroendokrin
neuroendocrinium m. Neuroendokrinium n.
neuroendocrinologie f. Neuroendokrinologie f.
neuroentérochordal neuroenterochordal
neuroépithélial neuroepithelial
neuroépithéliome m. Neuroepitheliom n.
neuroépithélium m. Neuroepithel n., Sinnesepithel n.
neuroépithélium olfactif m. Riechepithel n.
neurofibrillaire neurofibrillär
neurofibrille f. Neurofibrille f.
neurofibromatose f. Neurofibromatose f.
neurofibrome m. Neurofibrom n.
neurofibrosarcome m. Neurofibrosarkom n.
neurofilament m. Neurofilament n.
neurogéne neurogen
neurogliocytome m. Neurogliozytom n.
neurogliomatose f. Neurogliomatose f.
neurogliome m. Neurogliom n.
neuroglycémie f. Neuroglykämie f.
neurographie f. Neurographie f.
neurohormonal neurohormonal
neurohumoral neurohumoral
neurohypophysaire neurohypophysär
neurohypophyse f. Hypophysenhinterlappen m., Neurohypophyse f.
neuroimmunologie f. Neuroimmunologie f.
neuroimmunologique neuroimmunologisch
neuroinsulaire neuroinsulär
neurokératine f. Neurokeratin n.
neurokinine f. Neurokinin n.
neurolabyrinthite f. Neurolabyrinthitis f.
neuroleptanalgésie f. Neuroleptanalgesie f., Neuroleptanästhesie f., NLA f.
neuroleptique neuroleptisch
neuroleptique m. Neuroleptikum n.
neurolipidose f. Zeramidose f.
neurologie f. Neurologie f.
neurologique neurologisch
neurologue f. Neurologin f.
neurologue m. Fachgebietsarzt für Neurologie m., Neurologe m.
neurolyse f. Neurolyse f.
neuromicrochirurgical neuromikrochirurgisch
neuromicrochirurgie f. Neuromikrochirurgie f.
neuromodulateur m. Neuromodulator m.
neuromodulation f. Neuromodulation f.
neuromonitoring m. Neuromonitoring n.
neuromusculaire neuromuskulär

neuromyélite f. Neuromyelitis f.
neuromyosite f. Neuromyositis f.
neuromyotonie f. Neuromyotonie f.
neuronal neuronal
neuronavigation f. Neuronavigation f.
neurone m. Neuron n., Neurozyt m.
neurone moteur m. Motoneuron n., motorisches Neuron n.
neurone sensitif m. sensorisches Neuron n.
neuronophagie f. Neuronophagie f.
neuroophtalmologie f. Neuroophtalmologie f.
neurootologie f. Neurootologie f.
neuropapille f. Neuropapillitis f.
neuroparalysie f. Neuroparalyse f.
neuroparalytique neuroparalytisch
neuropathie f. Neuropathie f.
neuropathique nervenkrank, neuropathisch
neuropathologie f. Neuropathologie f.
neuropathologique neuropathologisch
neuropédiatrie f. Neuropädiatrie f.
neuropeptide m. Neuropeptid n.
neuropharmacologie f. Neuropharmakologie f.
neurophrénie f. Neurophrenie f.
neurophysine f. Neurophysin n.
neurophysiologie f. Neurophysiologie f.
neurophysiologique neurophysiologisch
neuropile m. Neuropilem n.
neuroplasme m. Neuroplasma n.
neuroplasticité f. Neuroplastizität f.
neuroplastie f. Nervenplastik f.
neuroplégique neuroplegisch
neuroplégique m. Neuroplegikum n.
neuropore m. Neuroporus m.
neuroprotecteur neuroprotektiv
neuroprotection f. Neuroprotektion f.
neuropsychiatrie f. Neuropsychiatrie f.
neuropsychopharmacologie f. Neuropsychopharmakologie f.
neuroradiologie f. Neuroradiologie f.
neuroradiologique neuroradiologisch
neurorécepteur m. Neurorezeptor m.
neurorétinite f. Neuroretinitis f.
neurorraphie f. Nervennaht f.
neurosécrétion f. Neurosekretion f.
neurosécrétoire neurosekretorisch
neurosome m. Neurosom n.
neurosotropie f. Neurosebereitschaft f.
neurospore m. Neurospora f.
neurostéroïde m. Neurosteroid n.
neurostimulateur m. Neurostimulator m.
neurostimulation f. Neurostimulation f.
neurosyphilis f. Neurolues f., Neurosyphilis f.

neurosyphilitique neurosyphilitisch
neurotensine f. Neurotensin n.
neurotmésis f. Neurotmesis f.
neurotomie f. Neurotomie f.
neurotoxine f. Nervengift n., Neurotoxin n.
neurotoxique neurotoxisch
neurotoxicologie f. Neurotoxikologie f.
neurotransducteur m. Neurotransducer m.
neurotransmetteur m. Neurotransmitter m.
neurotransmission f. Neurotransmission f.
neurotrope neurotrop
neurotrophie f. Neurotrophie f.
neurotrophique neurotroph
neurotropisme m. Neurotropie f.
neurotubule m. Neurotubulus m.
neurovaccine f. Neurovakzine f.
neurovasculaire neurovaskulär
neurovégétatif neurovegetativ
neuroviscéral neuroviszeral
neurula f. Neurula f.
neutralisation f. Neutralisierung f.
neutraliser neutralisieren
neutramycine f. Neutramycin n.
neutre neutral
neutrino m. Neutrino n.
neutrocyte m. Neutrozyt m.
neutrocytose f. Neutrozytose f.
neutron m. Neutron n.
neutropénie f. Neutropenie f.
neutropénique neutropenisch
neutrophile neutrophil
neutrophile m. neutrophiler Leukozyt m.
neutrophilie f. Neutrophilie f.
névirapine f. Nevirapin n.
névralgie f. Neuralgie f.
nevralgie de Sluder du ganglion ptérygopalatin m. Sluder-Neuralgie f.
névralgie faciale f. Opalgie f., Trigeminusneuralgie f.
névralgie intercostale f. Interkostalneuralgie f.
névralgique neuralgiform, neuralgisch
névrectomie f. Neurektomie f.
névrite f. Neuritis f.
névrite alcoolique f. alkoholische Neuritis f.
névrite diphtérique f. diphtherische Neuritis f.
névrite optique f. Neuritis nervi optici f.
névrite rétrobulbaire f. retrobulbäre Neuritis f.
névritique neuritisch
névroglie f. Glia f., Neuroglia f.
névrome m. Neurom n.
névropathe nervenleidend
névropathe f. Neuropathin f.
névropathe m. Neuropath m.
névropathie f. Nervenleiden n.
névropathique neurotisch
névrosé m. Neurotiker m.
névrose f. Neurose f.
névrose à crampes douloureuses f. Krampusneurose f.
névrose cardiaque f. Cor nervosum n., Herzneurose f.
névrose collective f. Kollektivneurose f.
névrose d'angoisse f. Angstneurose f.
névrose d'appauvrissement f. Verarmungswahn m.
névrose d'appréhension f. Erwartungsneurose f.
névrose d'indemnisation f. Entschädigungsneurose f.
névrose d'infestation f. Dermatozoenwahn m.
névrose d'obsession f. Zwangsneurose f.
névrose de carrière f. Aufstiegsneurose f.
névrose de revendication f. Begehrungsneurose f., Rentenneurose f.
névrose exogène f. Fremdneurose f.
névrose gastrique f. Magenneurose f.
névrose hiérarchique f. Angsthierarchie f.
névrose professionnelle f. Beschäftigungsneurose f.
névrose sexuelle f. Sexualneurose f.
névrose vasculaire f. Angioneurose f., Vasoneurose f.
névrose viscérale f. Organneurose f.
névrosée f. Neurotikerin f.
newton (N) m. Newton n.
nexine f. Nexin n.
nez m. Nase f.
nez bouché m. Stockschnupfen m.
nez concave m. Sattelnase f.
nialamide m. Nialamid n.
niaprazine f. Niaprazin n.
nicamétate m. Nicametat n.
nicardipine f. Nicardipin n.
nicergoline f. Nicergolin n.
nicévérine f. Niceverin n.
niche f. Nische f.
niche de Haudek f. Haudeksche Nische f.
nickel m. Nickel n.
nickelé vernickelt
niclosamine f. Niclosamin n.
nicoclonate m. Nicoclonat n.
nicocortonide m. Nicocortonid n.
nicofuranose m. Nicofuranose n.
nicofurate m. Nicofurat n.
nicomorphine f. Nicomorphin n.
niconazole m. Niconazol n., Nikonazol n.

nicothiazone f. Nicothiazon n.
nicotinamide m. Nikotinamid n., Nikotinsäureamid n.
nicotinate m. Nikotinat n., Nikotinsäuresalz n.
nicotine f. Nikotin n.
nicotinoyle m. Nikotinoyl n.
nictindole m. Nictindol n.
nictitation f. Niktitation f.
nid de Betz m. Zellnest n.
nidation f. Nidation f.
nidroxyzone f. Nidroxyzon n.
Niemann-Pick, maladie de f. Niemann-Picksche Krankheit f.
nifédipine f. Nifedipin n.
nifénazone f. Nifenazon n.
nigrostriaire striatonigral
nigrostrié nigrostriär
nihilisme m. Nihilismus m.
nikéthamide m. Nikethamid n.
niludipine f. Niludipin n.
nilutamide f. Nilutamid n.
nimésulide m. Nimesulid n.
nimidane m. Nimidan n.
nimodipine f. Nimodipin n.
nimorazole m. Nimorazol n.
nimustine f. Nimustin n.
niobium m. Niob n.
niprofazone f. Niprofazon n.
niridazole m. Niridazol n.
nisobamate m. Nisobamat n.
nisoldipine f. Nisoldipin n.
nisoxétine f. Nisoxetin n.
nitacrine f. Nitacrin n.
nitarsone f. Nitarson n.
nitavirus m. Nitavirus n.
nitazoxanide m. Nitazoxanid n.
nitramine f. Nitramin n.
nitramisol m. Nitramisol n.
nitrate m. Nitrat n.
nitrate d'argent m. Höllenstein m., Silbernitrat n.
nitrate de méthyle m. Methylnitrat n.
nitrate de potassium m. Kaliumnitrat n.
nitrate de sodium m. Natriumnitrat n.
nitrazépate m. Nitrazepat n.
nitrémie f. Niträmie f.
nitrendipine f. Nitrendipin n.
nitreux nitros, stickstoffhaltig (dreiwertig)
nitride m. Nitrid n.
nitrification f. Nitrifikation f.
nitrifier nitrifizieren
nitrile m. Nitril n.
nitrique stickstoffhaltig (fünfwertig)
nitrite m. Nitrit n.

nitrite d'amyle m. Amylnitrit n.
nitrite de sodium m. Natriumnitrit n.
nitroalkyle m. Nitroalkyl n.
nitroaniline f. Nitroanilin n.
nitroaryle m. Nitroaryl n.
nitrobenzène m. Nitrobenzol n.
nitrobenzylthio-inosine f. Nitrobenzylthioinosin n.
nitrobleu m. Nitroblau n.
nitrocholine f. Nitrocholin n.
nitrofurane m. Nitrofuran n.
nitrofurantoïne f. Nitrofurantoin n.
nitrofurazone m. Nitrofurazon n.
nitroglycérine f. Nitroglyzerin n.
nitroimidazole m. Nitroimidazol n.
nitrophénol m. Nitrophenol n.
nitroprusside m. Nitroprussid n.
nitroréductase f. Nitroreduktase f.
nitrosamine f. Nitrosamin n.
nitrosourée f. Nitrosoharnstoff m.
nitrostigmine f. Nitrostigmin n.
niveau m. Niveau n., Spiegel (z. B. einer Flüssigkeit) m.
niveau liquidien m. Flüssigkeitsspiegel m.
niveaux liquides intestinaux m. pl. Dünndarmspiegelbildung f.
niveler abflachen
nivellement de la racine m. Wurzelglättung f.
nivolumab m. Nivolumab n.
nizatidine f. Nizatidin n.
nizofénone f. Nizofenon n.
nobélium m. Nobelium n.
Nocardia f. Nocardia f.
nocardiose f. Nocardiose f.
nociceptif nozizeptiv
nocodazole m. Nocodazol n.
noctambulisme m. Noktambulismus m.
nocturne nächtlich
nodal nodal
nodoc m. Nodoc n.
nodosité f. Knoten m.
nodosité de Heberden f. Heberdenscher Knoten m.
nodoventriculaire nodoventrikulär
nodulaire knotig, nodulär
nodule m. Knötchen n.
nodule chaud m. Heißer Knoten m.
nodule d'Aschoff m. Aschoffsches Knötchen n.
nodule des trayeurs m. Melkerknoten m.
nodule froid m. kalter Knoten m.
nodule rhumatismal m. Rheumaknötchen n.
nodule toxique m. warmer Knoten m.
noétien noëtisch

noeud m. Knopf m., Knoten m.
noeud chirurgical m. chirurgischer Knoten m.
noeud d'ajust m. Weiberknoten m.
noeud d'Aschoff-Tawara m. Aschoff-Tawara-Knoten m.
noeud de Keith et Flack m. Keith-Flackscher Knoten m.
noeud plat m. Schifferknoten m.
noeud sinusal m. Sinusknoten m.
nofécaïnide m. Nofecainid n.
Noguchia f. Noguchia f.
noix de bétel f. Betelnuss f.
noix de coco f. Kokosnuss f.
noix muscade f. Muskatnuss f.
noix vomique f. Nux vomica E
nom commercial m. Handelsname m.
nom de spécialité m. Handelsname m.
noma m. Noma n., Wasserkrebs m.
nombre atomique m. Ordnungszahl, Kernladungszahl f. (chem.)
nombre d'oxydation m. Oxidationszahl f.
nombre de germes m. Keimzahl f.
nombre de lits m. Bettenkapazität f.
nombre de patients vus m. Patientendurchgang m.
nombre de tours par minute m. UpM (Umdrehungen pro Minute) f. pl.
nombre total m. Gesamtzahl f.
nombril m. Nabel m.
nomenclature f. Nomenklatur f.
nomogramme m. Nomogramm n.
nomothétique nomothetisch
nomotrope nomotrop
non-angineux nichtanginös
non conducteur m. Nichtleiter m.
non-dermatophyte Nichtdermatophyt
non dilué unverdünnt
non estérifié unverestert
non fumeur m. Nichtraucher m.
non fumeuse f. Nichtraucherin f.
non guéri ungeheilt
non identique nichtidentisch
non-intentionnel unabsichtlich
non invasif nichtinvasiv
non irritant reizlos
non linéaire nichtlinear
non-microcellulaire nichtkleinzellig
non miscible unmischbar
non palpable nicht tastbar
non pathogène apathogen
non-pathologique nichtpathologisch
non physiologique unphysiologisch
non pigmenté unpigmentiert
non purulent nichteitrig

non reconnu unerkannt
non réversible nicht reversibel
non sanglant unblutig
non sédatif nichtsedierend
non spécifique nichtspezifisch
non stéroidien nichtsteroidal
non supprimable nicht unterdrückbar
non suspect unverdächtig
non tempéré ungemildert
non tropical nichttropisch
non vacciné ungeimpft
non vénérien nichtvenerisch
non viable nicht lebensfähig
nonapeptide m. Nonapeptid n.
nonapérone f. Nonaperon n.
nonapyrimine f. Nonapyrimin n.
nonivamide m. Nonivamid n.
nonoxynol m. Nonoxinol n.
noopsyché f. Noopsyche f.
noopsychisme m. Noopsyche f.
nootrope nootrop
noracimétadol m. Noracimethadol n.
noradrénaline f. Noradrenalin n.
noradrénergique noradrenergisch
noramidopyrine f. Noramidopyrin n.
notandrosténolone f. Norandrostenolon n.
norbolétone f. Norboleton n.
norbornène m. Norbornen n.
norbudrine f. Norbudrin n.
norcodéine f. Norcodein n.
nordinone f. Nordinon n.
noréphédrine f. Norephedrin n.
norépinéphrine f. Norépinephrin n.
noréthandrolone f. Noräthandrolon n., Norethandrolon n.
noréthindrone f. Norethindron n.
noréthistérone f. Norethisteron n.
norgestimate m. Norgestimat n.
norleucine f. Norleucin n.
normal normal
normalisation f. Normalisierung f.
normaliser normalisieren
normalité f. Normalität f.
normergique normergisch
norméthadone f. Normethadon n.
normoblaste m. Normoblast m.
normocclusion f. Normalbiss m.
normochromasie f. Normochromasie f.
normochrome normochrom
normochromie f. Normochromie f.
normocyte m. Normozyt m.
normogeusie f. Normogeusie f.
normoglycémique normoglykämisch
normorphine f. Normorphin n.
normosmie f. Normosmie f.

normospermie f. Normospermie f.
normotensif normoton
normothermie f. Normothermie f.
normothermique normothermisch
normovolémie f. Normovolämie f.
normoxique normoxisch
norpipanone f. Norpipanon n.
norprogestérone f. Norprogesteron n.
norpseudoéphédrine f. Norpseudoephedrin n.
nortestostérone f. Nortestosteron n.
northern blot m. Northern Blot m.
nortilidine f. Nortilidin n.
nortriptyline f. Nortriptylin n.
noscapine f. Narcotin n., Noscapin n.
nosémose f. Nosematose f.
nosiheptide m. Nosiheptid n.
nosocomial nosokomial
nosologie f. Nosologie f.
nosologique nosologisch
notalgie f. Rückenschmerz m.
notatine f. Notatin n.
noter aufzeichnen
notes f. pl. Aufzeichnung f.
notochorde f. Urwirbelsäule f.
noueux knotig
nourrice f. Amme f.
nourrir ernähren, nähren
nourrissant nährend, nahrhaft
nourrisson m. Brustkind n., Säugling n.
noutriture f. Futter n. (veter.), Nahrung f., Verpflegung f.
nouveau-né m. Neugeborenes n.
novarsénobenzol m. Neoarsphenamin n.
noxiptiline f. Noxiptilin n.
noyade f. Ertrinken n.
noyau m. Kern m.
noyau (cellulaire) m. Zellkern m.
noyau caudé m. Nucleus caudatus m.
noyau d'Edinger-Westphal m. Edingerscher Kern m.
noyau de Deiters m. Deitersscher Kern m.
noyau en fusion m. Verschmelzungskern m.
noyé m. Wasserleiche f.
noyer ertränken
noyer, se ertrinken
NSILA (non suppressible insulinlike activity) f. NSILA (nicht unterdrückbare insulinartige Aktivität) f.
nu nackt
nucal nuchal
nucléaire nukleär
nucléase f. Nuklease f.
nucléé kernhaltig
nucléinate m. Nukleinat n.

nucléine f. Nuklein n.
nucléoalbumine f. Nukleoalbumin n.
nucléocapside f. Nukleokapsid n.
nucléohistone f. Nukleohiston n.
nucléoïde nukleoid
nucléoïde m. Nukleoid n.
nucléolaire nukleolär
nucléole m. Nukleolus m.
nucléolonème m. Nukleolonema n.
nucléolyse f. Nukleolyse f.
nucléomagnétique kernmagnetisch
nucléon m. Nucleon n., Nukleon n.
nucléophile nukleophil
nucléoplasme m. Karyoplasma n., Nukleoplasma n.
nucléoprotéine f. Nukleoproteid n., Nukleoprotein n.
nucléosidase f. Nukleosidase f.
nucléoside m. Nukleosid n.
nucléosome m. Nukleosom n.
nucléotidase f. Nukleophosphatase f., Nukleotidase f.
nucléotide m. Nukleotid n.
nucléotide transférase f. Nukleotidyltransferase f.
nuclide m. Nuklid n.
nuclotixène m. Nuclotixen n.
nudité f. Nacktheit n.
nuisible schädlich
nullipare f. Nullipara f.
nullisomie f. Nullisomie f.
nummulaire münzenartig, nummulär
nummuliforme münzenförmig
nuque f. Genick n., Nacken m.
nutritif nutritiv
nutrition f. Ernährung f.
nutritionnel nutritionell
nyctalopie f. Nyktalopie f., Tagblindheit f.
nyctomètre m. Nyktometer n.
nyctométrie f. Nyktometrie f.
nyctométrique nyktometrisch
nycturie f. Nykturie f.
nylidrine f. Nylidrin n.
nympholabial nympholabial
nymphomanie f. Nymphomanie f.
nystagmogène nystagmogen
nystagmogramme m. Nystagmogramm n.
nystagmographe m. Nystagmograph m.
nystagmographie f. Nystagmographie f.
nystagmographique nystagmographisch
nystagmus m. Nystagmus m.
nystagmus aux changements de position de la tête m. Lagenystagmus m.
nystagmus de fixation m. Einstellnystagmus m.

nystagmus des mineurs m. Bergmannsnystagmus m.
nystagmus optocinétique m. Fixationsnystagmus m.
nystagmus pendulaire m. Pendelnystagmus m.
nystagmus rotatoire m. rotatorischer Nystagmus m.
nystagmus saccadé m. Rucknystagmus m.
nystatine f. Nystatin n.

O

obélion m.　Obelion n.
obèse　fettleibig
obésité f.　Fettleibigkeit f., Fettsucht f.
obésité alimentaire f.　Mastfettsucht f.
obésité du tronc f.　Stammfettsucht f.
obex m.　Obex m.
obidoxime m.　Obidoxim n.
objectif　objektiv
objectif m.　Objektiv n.
objet m.　Objekt n.
objet à usages multiples m.　Mehrzweckobjekt m.
oblativité f.　Oblativität f.
obligation f.　Pflicht f.
obligation de contrôle f.　Kontrollzwang m.
obligation de déclarer f.　Meldepflicht f.
obligatoire　verpflichtend
oblique　schief, schräg
obliquité du bassin de Nägele f.　Nägelesche Obliquität f.
obliquité pelvienne f.　Beckenobliquität f.
oblitération f.　Obliteration f., Verödung f.
oblitération coronarienne f.　Coronarverschluss m.
oblitérer　obliterieren
obnubilation f.　Benommenheit f., Bewusstseinstrübung f.
obscurcissement m.　Schwärzung (roentg.) f., Verdunkelung f.
observance f.　Kooperationsbereitschaft f.
observation　Beobachtung f.
observation accessoire f.　Nebenbefund m.
observation fortuite f.　Zufallsbefund m.
observations f. pl.　Befund m.
observations (radiographie) f. pl.　Röntgenbefund m.
observations à l'admission f. pl.　Aufnahmebefund m.
obsession f.　Besessenheit f., Zwang (psych.) m., Zwangsvorstellung f.
obsessionnel　anankastisch
obsolète　obsolet
obstétrical　geburtshilflich
obstétricien m.　Geburtshelfer m.
obstétricienne f.　Geburtshelferin f.
obstétrique f.　Geburtshilfe f.
obstructif　obstruktiv
obstruction f.　Obstruktion f., Verlegung f.
obstruction artérielle f.　Arterienverschluss m.
obstruer　verstopfen

obturateur m.　Obturator m., Verschluss (fotogr.) m.
obturation f.　Füllung f., Obturation f., Plombierung f.
obturation dentaire f.　Zahneinlage f., Zahnfüllung f.
obturation du canal radiculaire f.　Wurzelkanalfüllung f.
obturation temporaire f.　Einlage (Zahneinlage) f.
obtusion f.　Obtusion f.
occasionnel　gelegentlich
occasionnellement　gelegentlich
occipital　okzipital
occipitoantérieur　okzipitoanterior
occipitobregmatique　okzipitobregmatisch
occipitocervical　okzipitozervikal
occipitofrontal　okzipitofrontal
occipitopariétal　okzipitoparietal
occipitopostérieur　okzipitoposterior
occipitotemporal　okzipitotemporal
occiput m.　Hinterkopf m.
occlusal　okklusal
occluseur m.　Okkludator m.
occlusif　okklusif
occlusion f.　Abokklusion f., Aufbiss m. (Stomatologie), Biss m. (dent.), Okklusion f., Verschluss m.
occlusion attritionnelle f.　Deckbiss m. (dent.)
occlusion balancée f.　Okklusionsausgleich m.
occlusion bout à bout f.　Kopfbiss m. (dent.)
occlusion centrique f.　Kopfbiss m. (dent.)
occlusion coronaire f.　Koronarverschluss m.
occlusion du canal cystique f.　Zystikusverschluss m.
occlusion en rétropulsion f.　retrale Okklusion f.
occlusion intermédiaire f.　Zwischenbiss m.
occlusion latérale f.　laterale Okklusion f., Seitenbiss m.
occlusion normale f.　Neutralbiss m.
occlusion par lambeau f.　Lappenverschluss m.
occlusion postnormale f.　Rückbiss m.
occlusion profonde f.　Tiefbiss m.
occlusion protrusive f.　protrale Okklusion, f.
occlusion variable f.　Gleitbiss m.
occlusion vasculaire f.　Gefäßverschluss m.
occlusion veineuse f.　Venenverschluss m.
occlusomètre m.　Okklusometer n.

occlusométrie f.   Okklusometrie f.
occlusométrique   okklusometrisch
occupation f.   Beschäftigung f., Besetzung
occupation des lits f.   Bettenbelegung f.
ochratoxine f.   Ochratoxin f.
ochronose f.   Ochronose f.
ocrase f.   Ocrase f.
ocre m.   Ocker n.
ocrilate m.   Ocrilat n.
OCT (tomographie par cohérence optique) f.   optische Kohärenztomographie, ophthalmologische Computertomographie f.
octabenzone f.   Octabenzon n.
octadécyle m.   Octadecyl n.
octamylamine f.   Octamylamin n.
octane m.   Octan n., Oktan n.
octanoate m.   Octanoat n., Oktanoat n.
octastine f.   Octastin n.
octatropine f.   Octatropin n.
octavalent   oktavalent
octavérine f.   Octaverin n.
octazamide m.   Octazamid n.
octénidine f.   Octenidin n.
octocriléne f.   Octocrilen n.
octodrine f.   Octodrin n.
octogonal   achteckig
octopamine f.   Octopamin n., Oktopamin n.
octotiamine f.   Octotiamin n.
octovalent   achtwertig
octriptyline f.   Octriptylin n.
octrizole m.   Octrizol n.
oculaire   okulär
oculaire m.   Okular n.
oculiste m.   Augenärztin f., Augenarzt m.
oculoauriculaire   okuloaurikulär
oculocardiaque   okulokardial
oculocérébral   okulozerebral
oculocutané   okulokutan
oculodental   okulodental
oculodentodigital   okulodentodigital
oculomandibulofacial   okulomandibulofazial
oculomoteur   okulomotorisch
oculootocutané   okulootokutan
oculopharyngien   okulopharyngeal
oculopupillaire   okulopupillär
oculovasculaire   okulovaskulär
oculovertébral   okulovertebral
ocytocique m.   Wehenmittel n.
Oddi, sphincter d' m.   Sphincter Oddi m.
oddite f.   Odditis f.
odeur f.   Duft m., Geruch m.
odeur attirante f.   Duftlockstoff m.
odeur de cadavre f.   Leichengeruch m.
odontalgie f.   Odontalgie f., Zahnschmerz m.

odontoaméloblastome m.   Odontoameloblastome n.
odontoblaste m.   Odontoblast m.
odontoblastome m.   Odontoblastom n.
odontoclamis m.   Zahnkapuze f.
odontoclaste m.   Odontoklast m.
odontogène   dentogen, odontogen
odontogenèse f.   Zahnbildung f.
odontographe m.   Odontograph m.
odontoïde m.   Odontoid n.
odontologie f.   Zahnheilkunde f.
odontome m.   Odontom n.
odontophobie f.   Odontophobie f.
odontotomie f.   Odontotomie f., Zahntrepanation f.
odontotripsie f.   Odontotrypsis f.
odorat m.   Geruchsinn m.
odynophagie f.   Odynophagie f.
oedémateux   ödematös
oedème m.   Ödem n.
oedème de Calabar m.   Calabarbeule f., Kalabarbeule f.
oedème de dénutrition m.   Hungerödem n.
oedème de la luette m.   Uvulaödem n.
oedème de Quincke m.   Quincke-Ödem n.
oedème papillaire m.   Papillenödem n.
oedème pulmonaire m.   Lungenödem n.
oedème trophique m.   Trophödem n.
oedipisme m.   Ödipismus m.
oeil m.   Auge n.
oeil chassieux m.   Triefauge n.
oeil de perdrix m.   Clavus m., Hühnerauge n.
oeil luisant m.   Glanzauge n.
oeil qui coule m.   Lippitudo f.
oeillère f.   Augenklappe f.
oeillet m.   Öse f.
oesophage m.   Ösophagus m., Speiseröhre f.
oesophagectasie f.   Ösophagektasie f.
oesophagien   ösophagal
oesophagite f.   Ösophagitis f., Speiseröhrenentzündung f.
oesophagite de reflux f.   Refluxösophagitis f.
oesophagocolique   ösophagokolisch
oesophagoduodénostomie f.   Ösophagoduodenostomie f.
oesophagogastrique   ösophagogastrisch
oesophagogastrostomie f.   Ösophagogastrostomie f.
oesophagojéjunogastrostomie f.   Ösophagojejunogastrostomie f.
oesophagoplastie f.   Ösophagusplastik f., Speiseröhrenplastik f.,
oesophagoscope m.   Ösophagoskop n.
oesophagoscopie f.   Ösophagoskopie f.
oesophagoscopique   ösophagoskopisch

oesophagostomie f. Ösophagostomie f.
oestradiol m. Östradiol n., Estradiol
oestrane f. Östran n., Estran n.
oestriol m. Estriol n., Östriol n.
oestrogène östrogen
oestrogène m. Östrogen n.
oestrone f. Estron n., Follikelhormon n., Östron n.
oestrus m. Brunst f.
oeuf m. Ei n., Eizelle f.
oeuf de Naboth m. Nabothsches Ei n.
oeuf de poule m. Hühnerei n.
officiel offiziell
officinal offizinell
oftascéine f. Oftascein n.
OG (oreillette gauche) f. LA (linkes Atrium) n.
ohm m. Ohm n.
oïdiomycose f. Oidiomykose f.
oïdium m. Oidium n.
oignon m. Speisezwiebel f.
oindre salben
Olanzapine f. Olanzapin n.
oléandrine f. Oleandrin n.
oléate m. Oleat n.
oléfine f. Olefin n.
oléine f. Olein n.
oléome m. Oleom n.
oléorésine f. Oleoresin n.
oléorésine d'aspidium f. Extractum Filicis n.
oléostéarate m. Oleostearat n.
oléothorax m. Oleothorax m.
olfactif olfaktorisch
olfactogénital olfaktogenital (veter.)
olfactomètre m. Olfaktometer n.
oligémie f. Oligämie f.
oligémique oligämisch
oligoanalyse f. Spurenanalyse f.
oligoanurie f. Oligoanurie f.
oligoastrocytome m. Oligoastrozytom n.
oligoclonal oligoklonal
oligocytémie f. Oligozythämie f.
oligodactylie f. Oligodaktylie f.
oligodendroblastome m. Oligodendroblastom n.
oligodendrocyte m. Oligodendrozyt m.
oligodendroglie f. Oligodendroglia f.
oligodipsie f. Oligodipsie f.
oligodontie f. Oligodontie f.
oligodynamique oligodynamisch
oligoélément m. Spurenelement n.
oligoépilepsie f. Oligoepilepsie f.
oligogène oligogen
oligolécithique oligolezithal
oligoménorrhée f. Oligomenorrhö f.

oligomère m. Oligomer n.
oligomérie Oligomerie f.
oligomérique oligomer
oligomorphe oligomorph
oligonucléotide m. Oligonukleotid n.
oligopeptide m. Oligopeptid n.
oligophrénie f. Oligophrenie f.
oligophrénie phénylpyruvique f. Brenztraubensäureschwachsinn m., Oligophrenia phenylpyruvica f.
oligosaccharide m. Oligosaccharid n.
oligosaccharidose f. Oligosaccharidose f.
oligosialie f. Oligosialie f.
oligospermie f. Oligospermie f.
oligosymptomatique oligosymptomatisch
oligotrichie f. Oligotrichie f.
oligotrophique oligotroph
oligozoospermie f. Oligozoospermie f.
oligurie f. Oligurie f.
oligurique oligurisch
olive (bulbaire) f. Olive f.
olivocérébelleux olivozerebellar
olivopontocérébelleux olivopontozerebellar
Olmer, maladie d' f. Olmersche Krankheit f.
olmésartan m. Olmesartan n.
olsalazine f. Olsalazin n.
omalgie f. Omalgie f.
omalizumab m. Omalizumab n.
omapatrilate m. Omapatrilat n.
omarthrite f. Omarthritis f.
omasite f. Omasitis f.
omasum m. Buchmagen (veter.) m.
Omasum psalterium m. Blättermagen (veter.) m.
ombilical umbilikal
ombrageant schattengebend
ombre f. Schatten m.
ombre cardiaque f. Herzschatten m.
Ombrédanne masque d' m. Ombrédanne-Maske f.
omentopexie f. Netzanheftung f., Omentopexie f.
omentoplastie f. Netzplastik f.
oméprazole m. Omeprazol n.
omettre unterlassen
omnipotent omnipotent
omoclaviculaire omoklavikulär
omoconazole m. Omoconazol n.
omohyoïdien omohyoidal
omonastéine f. Omonastein n.
omoplate f. Schulterblatt n.
omphalectomie f. Omphalektomie f., Umbilektomie f.
omphalite f. Omphalitis f.

omphalocèle f. Nabelbruch m., Omphalocele f., Omphalozele f.
omphalopage m. Omphalopagus m.
omphalophlébite f. Omphalophlebitis f.
omphalotomie f. Abnabelung f., Omphalotomie f.
omphalotripsie f. Omphalotripsie f.
OMS (Organisation mondiale de la Santé) f. WHO (Weltgesundheitsorganisation) f.
onanie f. Ipsation f.
onanisme m. Onanie f.
onchocercome m. Onchozerkom n.
onchocercose f. Onchozerkiasis f.
oncocyte m. Onkozyt m.
oncofoetal onkofetal, onkofötal
oncogène onkogen
oncogenèse f. Geschwulstbildung f., Onkogenese f.
oncogénétique onkogenetisch
oncologie f. Onkologie f.
oncologique onkologisch
oncolyse f. Onkolyse f.
oncolytique onkolytisch
oncornavirus m. Oncornavirus n.
oncotique onkotisch
onde f. Welle f.
onde aigue f. steile Welle (EEG) f.
onde alpha f. Alpha-Welle f.
onde béta f. Beta-Welle f.
onde courte f. Kurzwelle f.
onde delta f. Delta-Welle f.
onde gamma f. Gamma-Welle f.
onde lambda f. Lambda-Welle f.
onde longue f. Langwelle f.
onde rapide f. Kammeranfangsschwankung f.
onde sonore f. Schallwelle f.
onde T f. Kammerendschwankung f.
onde thêta f. Theta-Welle f.
onde U f. U-Welle f.
onde ultracourte f. Ultrakurzwelle f.
onde ultrasonore f. Ultraschallwelle f.
onde zêta f. Zeta-Welle f.
ondes courtes f. pl. Kurzwellen f. pl.
ondes de choc f. pl. Stoßwellen f. pl.
ondes initiales du complexe ventriculaire f. pl. Kammeranfangsschwankung f.
Ondiri maladie d' f. Ondiriitis f.
ondulant undulierend
ondulation f. Undulation f.
onduler undulieren
ongle m. Nagel m.
ongle m. Huf m. (veter.)
ongle du doigt m. Fingernagel m.
ongle du pied m. Zehennagel m.

ongle hippocratique m. Uhrglasnagel m.
ongle incarné m. eingewachsener Nagel m., Unguis incarnatus m.
ongle piqueté m. Nageltritt m. (veter.)
onguent gris m. graue Salbe f.
ongulé m. Huftier n.
onirisme m. Oneirismus m.
onirogène oneirogen
oniroïde oneiroid
onirophrénie f. Oneirophrenie f.
onkostatine f. Onkostatin f.
onlay m. Onlay n.
ontoanalyse f. Daseinsanalyse f.
ontogenèse f. Ontogenese f.
ontogénétique ontogenetisch
onychauxis f. Onychauxis f.
onychie f. Onychie f.
onychoclasie f. Onychoklasie f.
onychodystrophie f. Onychodystrophie f.
onychogrypose f. Onychogrypose f.
onycholyse f. Onycholyse f.
onychomalacie f. Onychomalazie f.
onychomycose f. Onychomykose f.
onychopathie f. Onychopathie f.
onychophagie f. Nagelkauen n., Onychophagie f.
onychorrhexie f. Onychorrhexis f.
onychorrhexis m. Nagelbrüchigkeit f.
onychoschizis m. Onychoschisis f.
onychose f. Onychose f.
onyx m. Onyx m.
ooblaste m. Ooblast m.
oocéphale m. Oozephalus m.
oocinète m. Ookinet m.
oocyste m. Oozyste f.I
oocyte m. Oozyt m.
oogamie f. Oogamie f.
oogenèse f. Oogenese f.
oogonie f. Oogonie f.
oophorectomie f. Oophorektomie f.
oophyte m. Oophyt m.
oosporose f. Gosporose f.
opacifiant kontrastgebend
opacité f. Opazität f., Trübung f., Verschattung f.
opacité de la cornée f. Hornhauttrübung f.
opacité du corps vitreux f. Glaskörpertrübung f.
opacité du cristallin f. Linsentrübung f.
opacité pulmonaire en pièce de monnaie f. münzenförmige Lungenverschattung f.
opalescence f. Opaleszenz f.
opalescent opaleszierend
opaque opak
opaque à la lumière lichtundurchlässig

opérant operant
opérateur (gène) m. Operator-Gen n.
opérateur m. Operateur m.
opératif operativ
opération f. Operation f.
opération d'Alexander f. Alexander-Adams-Operation f.
opération de Bassini f. Bassini-Operation f.
opération de Billroth I/II f. Billroth-I/II-Operation f.
opération de Caldwell-Luc f. Caldwell-Luc-Operation f.
opération de Chopart f. Chopartsche Amputation f.
opération de Délorme f. Délormesche Operation f.
opération de Gigli f. Hebosteotomie f.
opération de Halsted f. Halstedsche Operation f.
opération de Killian f. Killiansche Operation f.
opération de Küster f. Küstersche Operation f.
opération de l'étrier f. Platinektomie f.
opération de Langenbeck f. Langenbecksche Operation f.
opération de Schauta f. Schauta-Operation f.
opération de transposition f. Verlagerungsoperation f.
opération de Weber-Ramstedt f. Weber-Ramstedtsche Operation f.
opération d'urgence f. Notoperation f.
opération réalisée tôt f. Frühoperation f.
opérer eine Operation vornehmen, operieren
opérer le doigt den Finger operieren
opérer un patient einen Patienten operieren
opérer un patient de l'appendicite einen Patienten wegen Appendizitis operieren
opéron m. Operon n.
ophiase f. Ophiasis f.
ophidisme m. Ophidismus m.
ophryon m. Ophryon n.
ophryosis m. Augenbrauenkrampf m.
ophryospinal ophryospinal
ophtalmie f. Ophthalmie f.
ophtalmie des neiges f. Schneeblindheit f.
ophtalmite f. Ophthalmitis f.
ophtalmoangiotonomètre m. Ophthalmoangiotonometer n.
ophtalmodiaphanoscope m. Ophthalmodiaphanoskop n.
ophtalmodiaphanoscopie f. Ophthalmodiaphanoskopie f.
ophtalmodynamomètre m. Ophthalmodynamometer n.

ophtalmodynamométrie f. Ophthalmodynamometrie f.
ophtalmofantôme m. Ophthalmophantom n.
ophtalmogénétique f. Ophthalmogenetik f.
ophtalmologie f. Ophthalmologie f.
ophtalmologique ophthalmologisch
ophtalmologiste f. Ophthalmologin f.
ophtalmologiste m. Ophthalmologe m.
ophtalmologue f. Augenärztin f.
ophtalmologue m. Augenarzt m., Fachgebietsarzt für Augenkrankheiten m.
ophtalmomètre m. Ophthalmometer n.
ophtalmomyase f. Ophthalmomyiasis f.
ophtalmopathie f. Ophthalmopathie f.
ophtalmopathie des soudeurs f. Schweißerophthalmie f.
ophtalmophacomètre m. Ophthalmophakometer n.
ophtalmophacométrie f. Ophthalmophakometrie f.
ophtalmoplastie f. Ophthalmoplastie f.
ophtalmoplégie f. Ophthalmoplegie f.
ophtalmoplégique ophthalmoplegisch
ophtalmoscope m. Funduskop n., Ophthalmoskop n.
ophtalmoscopie f. Funduskopie f., Ophthalmoskopie f.
ophtalmoscopique funduskopisch, ophthalmoskopisch
ophtalmospectroscope m. Ophthalmospektroskop n.
ophtalmospectroscopie f. Ophthalmospektroskopie f.
ophtalmostat m. Ophthalmostat m.
ophtalmotomie f. Ophthalmotomie f.
opiate m. Opiat n.
opiniazide m. Opiniazid n.
opioïde m. Opioid n.
opiomanie f. Opiumsucht f.
opisthiobasal opisthiobasal
opisthion m. Opisthion n.
opisthionasal opisthionasal
opisthogénie f. Opisthogenie f.
opisthognathie f. Opisthognathie f.
opisthotonus m. Opisthotonus m.
opistorchiase f. Opisthorchiasis f.
opistorchis m. Opisthorchis m.
opium m. Opium n.
opodeldoc fluide m. flüssiger Opodeldok m.
opodeldoc liniment m. fester Opodeldok m.
Oppenheim, signe d' m. Oppenheim-Zeichen n.
opportun opportun
opportuniste opportunistisch

opposé entgegengesetzt
opposé à la bouche aboral
oppression f. Beklemmung f.
oppression cardiaque f. Herzbeklemmung f.
opsine f. Opsin n.
opsiurie f. Opsiurie f.
opsoclonie f. Opsoklonie f.
opsomanie Opsomanie f.
opsonine f. Opsonin n.
opsonisation f. Opsonisierung f.
opsoniser opsonisieren
opsonocytophagie f. Opsonozytophagie f.
opsonocytophagique opsonozytophagisch
opticien m. Optiker m.
opticienne f. Optikerin f.
opticochiasmatique optikochiasmatisch
optimal optimal
optimalisation f. Optimierung f.
optimiser optimieren
optimiste optimistisch
optimum m. Optimum n.
optique optisch
optique f. Optik f.
optocinétique optokinetisch
optodynamomètre m. Optodynamometer n.
optogramme m. Optogramm n.
optomètre m. Optometer n.
optométrie f. Optometrie f.
optométrique optometrisch
optotype m. Optotype f., Sehzeichen n.
or m. Gold n.
or dentaire m. Zahngold n.
or doux m. Weichgold n.
or jaune m. Gelbgold n.
or laminé m. Walzgold n.
or radioactif m. Radiogold n.
oral mündlich, oral
orange orangefarben
orange f. Orange f.
orange m. Orange (Farbe) n.
orange méthylique m. Methylorange n.
orazamide m. Orazamid n.
orbiculaire orbikulär
orbiculoantérocapsulaire orbikuloanterokapsulär
orbiculociliaire orbikuloziliär
orbiculopostérocapsulaire orbikuloposterokapsulär
orbitaire orbital
orbitale f. Orbitale f.
orbite f. Augenhöhle f., Orbita f.
orbitofrontal orbitofrontal
orbitonasal orbitonasal
orbitonomètre m. Orbitonometer n.
orbitonométrie f. Orbitonometrie f.

orbitopathie f. Orbitopathie f.
orbitotemporal orbitotemporal
orbitotomie f. Orbitotomie f.
orbivirus m. Orbivirus n.
orcéine f. Orzein n.
orchidectomie f. Hodenentfernung f., Orchiektomie f.
orchidomètre m. Orchidometer n.
orchidopexie f. Orchidopexie f.
orchite f. Orchitis f.
orcine f. Orcin n.
orciprénaline f. Orciprenalin n., Orziprenalin n.
orconazole m. Orconazol n.
ordinateur m. Computer m.
ordonnance f. Rezept n., Verschreibung f.
ordonnée f. Ordinate f.
ordonner verschreiben
ordre m. Bereich m.
ordre de grandeur m. Größenordnung f.
ordre de normalité m. Regelbereich m.
oreille f. Ohr n.
oreille décollée f. abstehendes Ohr n.
oreille externe f. Außenohr n.
oreille interne f. Innenohr n.
oreille moyenne f. Mittelohr n.
oreillette cardiaque f. Herzvorhof m.
oreillette droite f. RA (rechtes Atrium) n., rechter Vorhof des Herzens m.
oreillette gauche f. linker Vorhof des Herzens m.
oreillons m. pl. Mumps m., Parotitis epidemica f., Ziegenpeter m.
orexie nocturne, syndrome d' m. Nachtessersyndrom n.
orexigène orexigen
orfvirus m. Orfvirus n.
organe m. Organ n.
organe cible m. Zielorgan n.
organe creux m. Hohlorgan n.
organe du goût m. Geschmacksorgan n.
organe génital m. Geschlechtsorgan n.
organe interne m. inneres Organ n.
organe olfactif m. Geruchsorgan n.
organe sensoriel m. Sinnesorgan n.
organe sexuel m. Geschlechtsorgan n.
organe terminal m. Endorgan n.
organe voisin m. Nachbarorgan n.
organes génitaux m. pl. Genitalien f. pl., Geschlechtsteile n. pl., Zeugungsorgane n. pl.
organes génito-urinaires m. pl. Harn und Geschlechtsorgane n. pl.
organique organisch
organisateur m. Organisator m.

organisation f. Organisation f.
Organisation mondiale de la Santé (OMS) f. Weltgesundheitsorganisation (WHO) f.
organiser organisieren
organisme m. Organismus m.
organisme hôte m. Wirtsorganismus m.
organisme receveur m. Wirtsorganismus m.
organite m. Organell n.
organogenèse f. Organbildung f., Organentwicklung f.
organoïde organoid
organoïde m. Organoid n.
organoleptique organoleptisch
organoprotecteur organerhaltend
organothérapeutique organotherapeutisch
organothérapie f. Organotherapie f.
organotrope organotrop
organotropisme m. Organotropie f.
organule m. Organelle f.
orgasme m. Orgasmus m.
orgastique orgastisch
orgelet m. Gerstenkorn n. (med.), Hordeolum n.
orgotéine f. Orgotein n.
orientation f. Orientierung f.
orienté en fonction du problème problemorientiert
orienté vers le patient patientenorientiert
orifice m. Mündung f.
orifice externe de l'oreille m. Ohrloch n.
orifice externe de l'utérus m. äußerer Muttermund m.
orifice herniaire m. Bruchpforte f.
orifice interne de l'utérus m. innerer Muttermund m.
origine f. Herkunft f., Ursprung m.
oripavine f. Oripavin n.
ORL (oreille, nez, gorge) HNO (Hals, Nase, Ohren)
orlistat m. Orlistat n.
ormétoprime m. Ormetoprim n.
ornidazole m. Ornidazol n.
ornipressine f. Ornipressin n.
ornithine f. Ornithin n.
Ornithodorus moubata m. Ornithodorus moubata m.
ornithoïde vogelartig
ornithose f. Ornithose f.
orobasal orobasal
orofacial orofazial
orofaciodigital orofaziodigital
orohypopharynx m. Orohypopharynx m.
oronasal oronasal
oropharyngien oropharyngeal
oropharynx m. Oropharynx m.

orosomucoïde m. Orosomukoid n.
orotase f. Orotase f.
orotate m. Orotat n.
orotidine f. Orotidin n.
orotidylate m. Orotidylat n.
orotidyldécarboxylase f. Orotidyldekarboxylase f.
orotidylpyrophosphorylase f. Orotidylpyrophosphorylase f.
orotrachéal orotracheal
Oroya, fièvre de f. Oroyafieber n.
orpanoxine f. Orpanoxin n.
orphanvirus m. Orphanvirus n.
orphénadrine f. Orphenadrin n.
orteil m. Zehe f.
orteil à ressort m. schnellende Zehe f.
orteil en griffe m. Krallenzehe f.
orteil en marteau m. Hammerzehe f.
orteil surnuméraire m. Überzehe f.
orteils se recouvrant m. pl. übereinanderstehende Zehen f. pl.
orténamine f. Ortenamin n.
orthèse f. Orthese f.
orthochrome orthochrom, orthochromatisch
orthochromie f. Orthochromasie f., Orthochromie f.
orthodentaire kieferorthopädisch
orthodentiste m./f. Kieferorthopäde m., Kieferorthopädin f.
orthodontie f. Kieferorthopädie f., Orthodontie f.
orthodontique orthodontisch
orthodromique orthodrom
orthogenèse f. Orthogenese f.
orthognathe orthognath
orthogonal orthogonal
orthograde orthograd
orthokine f. Orthokin n.
orthologie f. Orthologie f.
orthologique orthologisch
orthomoléculaire orthomolekular
orthomyxovirus m. Orthomyxovirus n.
orthopantomographie f. Orthopantomographie f.
orthopède m. Fachgebietsarzt für Orthopädie m.
orthopédie f. Orthopädie f.
orthopédique orthopädisch
orthopédiste f. Orthopädin f.
orthopédiste m. Orthopäde m.
orthophénylphénol m. Orthophenylphenol n.
orthophorie f. Orthophorie f.
orthophosphate m. Orthophosphat n.

orthophrénie f. Orthophrenie f.
orthopnée f. Orthopnoe f.
orthoposition f. Orthostellung f.
orthopoxvirus m. Orthopoxvirus n.
orthoptique f. Orthoptik f.
orthoptiste f. Orthoptistin f.
orthoptiste m. Orthoptist m.
orthoptoscope m. Orthoptoskop n.
orthoptoscopie f. Orthoptoskopie f.
orthorythmique orthorhythmisch
orthoscope m. Orthoskop n.
orthoscopie f. Orthoskopie f.
orthoscopique orthoskopisch
orthostase f. Orthostase f.
orthostatique orthostatisch
orthotonique orthotonisch
orthotopique orthotopisch
orthotrope orthotrop
orthovanadate m. Orthovanadat n.
ortie f. Nessel f.
os m. Knochen m.
os à moelle m. Markknochen m.
os cunéiforme m. Keilbein (Fuß, Hand) n.
os du pied m. Hufbein n.
os ethmoïde m. Siebbein n.
os hyoïde m. Zungenbein n.
os iliaque m. Hüftknochen m.
os intermaxillaire m. Zwischenkiefer m.
os propre du nez m. Hasenbein n.
os scaphoïde m. Kahnbein n.
os sésamoïde m. Sesambein n.
os sphénoïde m. Keilbein (Kopf) n.
osazone f. Osazon n.
oscillateur m. Oszillator m.
oscillation f. Oszillation f., Schwingung (elektr.) f.
oscillogramme m. Oszillogramm n.
oscillographe m. Oszillograph m.
oscillographie f. Oszillographie f.
oscillographique oszillographisch
oscillomètre m. Oszillometer n.
oscillométrie f. Oszillometrie f.
oscillométrique oszillometrisch
oscillopie f. Oszillopsie f.
oseltamivir m. Oseltamivir n.
osmadizone f. Osmadizon n.
osmate m. Osmat n.
osmiophile osmiophil
osmium m. Osmium n.
osmolalité f. Osmolalität f.
osmolarité f. Osmolarität f.
osmole m. Osmol n.
osmologie f. Osmologie f.
osmomètre m. Osmometer n.
osmométrie f. Osmometrie f.
osmométrique osmometrisch
osmophorèse f. Osmophorese f.
osmorécepteur m. Osmorezeptor m.
osmorégulation f. Osmoregulation f.
osmose f. Osmose f.
osmothérapie f. Osmotherapie f.
osmotique osmotisch
ossature f. Knochengerüst n.
osselet m. Knöchelchen n., Gehörknöchelchen n.
osséofibreux osseofibrös
osseux knöchern
ossiculectomie f. Ossikulektomie f.
ossification f. Ossifikation f., Verknöcherung f.
ossification musculaire des cavaliers f. Reiterknochen m.
ossifier verknöchern
ossifier, s' ossifizieren
ostectomie f. Ostektomie f.
ostéite f. Ostitis deformans f.
ostéite apophysaire d'Osgood-Schlatter f. Schlattersche Krankheit f.
ostéite déformante f. Ostitis deformans f.
ostéoangiolathyrisme m. Osteoangiolathyrismus m.
ostéoarthrite f. Osteoarthritis f.
ostéoarthropathie f. Osteoarthropathie f.
ostéoarthrose f. Osteoarthrose f.
ostéoarthrose interépineuse de Baastrup f. Osteoarthrosis interspinalis f.
ostéoblaste m. Osteoblast m.
ostéoblastique osteoblastisch
ostéoblastome m. Osteoblastom n.
ostéocalcine f. Osteocalcin n., Osteokalzin n.
ostéochondrite f. Osteochondritis f.
ostéochondrofibrome m. Osteochondrofibrom n.
ostéochondromatose f. Osteochondromatose f.
ostéochondrome m. Osteochondrom n.
ostéochondrosarcome m. Osteochondrosarkom n.
ostéochondrose f. Osteochondrose f.
ostéochondrose vertébrale de Scheuermann f. Osteochondrosis juvenilis Scheuermann f.
ostéoclasie f. Osteoklasie f.
ostéoclaste m. Osteoklast m.
ostéoclastique osteoklastisch
ostéoclastome m. Osteoklastom n.
ostéocyte m. Osteozyt m.
ostéodentine f. Osteodentin n.
ostéodentinome m. Osteodentinom n.
ostéodynie f. Osteodynie f.

ostéodystrophie f. Osteodystrophie f.
ostéofibrome m. Osteofibrom n.
ostéogénèse f. Knochenbildung f., Osteogenese f.
ostéogénèse imparfaite f. Osteogenesis imperfecta f.
ostéogénétique osteogenetisch
ostéogénique knochenbildend, osteogen
ostéoïde osteoid
ostéoïde m. Osteoid n.
ostéologie f. Osteologie f.
ostéologique osteologisch
ostéolyse f. Osteolyse f.
ostéolyse massive idiopathique f. kryptogenetische progressive Osteolyse f.
ostéolytique osteolytisch
ostéomalacie f. Osteomalazie f.
ostéomalacique osteomalazisch
ostéome m. Osteom n.
ostéomyélite f. Osteomyelitis f.
ostéomyélitique osteomyelitisch
ostéomyélofibrose f. Osteomyelofibrose f.
ostéon m. Osteon n.
ostéonécrose f. Osteonekrose f.
ostéoneuroendocrine osteoneuroendokrin
ostéopathie f. Osteopathie f.
ostéopétrose f. Osteopetrosis f.
ostéophyte m. Osteophyt m.
ostéoplastie f. Osteoplastik f.
ostéoplastique osteoplastisch
ostéopoïkilie f. Osteopoikilie f.
ostéoporose f. Osteoporose f.
ostéoporotique osteoporotisch
ostéoprotégérine f. Osteoprotegerin n.
ostéopsathyrose f. Osteopsathyrose f.
ostéosarcome m. Osteosarkom n.
ostéosclérose f. Osteosklerose f.
ostéosclérotique osteosklerotisch
ostéosynthèse f. Osteosynthese f.
ostéotome m. Knochenmeißel m., Osteotom n.
ostéotomie f. Osteotomie f.
ostréogrycine f. Ostreogrycin n.
otalgie f. Otalgie f.
otectomie f. Otektomie f.
othématome m. Othämatom n.
otiobiose f. Otiobiose f.
otite f. Otitis f.
otite baro-traumatique f. Barotitis f.
otite externe f. Otitis externa f.
otite labyrinthique f. Otitis interna f.
otite moyenne f. Otitis media f.
otocéphalie f. Otozephalie f.
otodental otodental
otodynie f. Otodynie f.

otogène otogen
otolithe m. Otolith m., Statolith m.
otolithique otolithisch
otologie f. Otiatrie f., Otologie f.
otologique otiatrisch, otologisch
otologiste f. Otologin f.
otologiste m. Otologe m.
otomandibulaire otomandibulär
otomastoïdite f. Otomastoiditis f.
otomycose f. Otomykose f.
otoplastie f. Ohrplastik f.
otorhinolaryngologie f. Otorhinolaryngologie f., Hals-Nasen-Ohrenheilkunde f.
otorhinolaryngologique hals-nasen-ohrenärztlich
oto-rhino-laryngologiste (ORL) m. Fachgebietsarzt für Hals-Hasen-Ohrenleiden m.
otorhinolaryngologue f. Hals-Nasen-Ohrenärztin f.
otorhinolaryngologue m. Hals-Nasen-Ohrenarzt m.
otorrhée f. Ohrenfluss m.
otosclérose f. Otosklerose f.
otoscope m. Ohrenspiegel m., Ohrspiegel m., Otoskop n.
otoscopie f. Otoskopie f.
otoscopique otoskopisch
ototoxique ototoxisch
otovertébral otovertebral
ouabaïne f. Strophanthin (g-Stroph.) n.
oublieux vergesslich
ouïe f. Gehör n., Hören n.
ouraque m. Urachus m.
outil m. Werkzeug n.
output m. Ausstoß m.
ouvert offen
ouvert, à demi halboffen
ouverture f. Apertur f., Öffnung f.
ouverture d'espace f. Lückenöffner m. (dent.).
ouvrage funèbre m. Trauerarbeit f.
ouvre-bouche m. Mundsperrer m.
ouvre-bouche en caoutchouc m. Gummikeil m.
ovaire m. Eierstock m.
ovaires f. pl. Ovarium n.
ovalbumine f. Ovalbumin n.
ovalocyte m. Ovalozyt m.
ovalocytose f. Ovalozytose f.
ovarectomie f., ovariectomie f. Eierstockentfernung f., Ovarektomie f.
ovariectomier oophorektomieren, ovariektomieren
ovarien ovariell
ovariocentèse f. Ovariozentese f.

ovariohystérectomie f. Ovariohysterektomie f.
ovariopexie f. Ovariopexie f.
ovariosalpingectomie f. Ovariosalpingektomie f.
ovariotomie f. Ovariotomie f.
ovariotubaire ovariotubal
ovariprive ovaripriv
ovarite f. Oophoritis f.
ovarohystérectomie f. Oophorohysterektomie f.
ovotestis m. Testovarium n.
ovulaire ovulär
ovulation f. Ovulation f.
ovulatoire ovulatorisch
ovule (pharm.) m. Vaginalzäpfchen n.
ovule m. Ei (med.) n., Eizelle f., Ovulum n.
oxabarzole m. Oxabarzol n.
oxabolone f. Oxabolon n.
oxacarbazépine f. Oxacarbazepin n.
oxacépam m. Oxacepam n.
oxadimédine f. Oxadimedin n.
oxalacétate m. Oxalazetat n.
oxalate m. Oxalat n.
oxalate de calcium m. Kalziumoxalat n.
oxalate de lithium m. Lithiumoxalat n.
oxalose f. Oxalose f.
oxalosuccinate m. Oxalosukzinat n.
oxalurie f. Oxalurie f.
oxanamide m. Oxanamid n.
oxandrolone f. Oxandrolon n.
oxantil m. Oxantil n.
oxaprotiline f. Oxaprotilin n.
oxazaphosphorine f. Oxazaphosphorin n.
oxazépam m. Oxazepam n.
oxazine f. Oxazin n.
oxazolam m. Oxazolam n.
oxazolidonone f. Oxazolidonon n.
oxazone f. Oxazon n.
oxdralazine f. Oxdralazin n.
oxendolone f. Oxendolon n.
oxétorone f. Oxetoron n.
oxibendazole m. Oxibendazol n.
oxibenzone f. Oxibenzon n.
oxiclipine f. Oxiclipin n.
oxiclozanide m. Oxiclozanid n.
oxidopamine f. Oxidopamin n.
oxifénamate m. Oxifenamat n.
oxime m. Oxim n.
oxiquinoline f. Oxichinolin n.
oxiramide m. Oxiramid n.
oxitriptyline f. Oxitriptylin n.
oxmétidine f. Oxmetidin n.
oxoacide m. Oxosäure f.
oxogestone f. oxogeston n.
oxoglutaramide m. Oxoglutaramid n.
oxoglutarate m. Oxoglutarat n.
oxolamine f. Oxolamin n.
oxoménazine f. Oxomenazin n.
oxonazine f. Oxonazin n.
oxophénarsine f. Oxophenarsin n.
oxophile oxophil
oxoproline f. Oxoprolin n.
oxoprolinurie f. Oxoprolinurie f.
oxostéroïde m. Oxosteroid n.
oxotrémorine f. Oxotremorin n.
oxybenzone f. Oxybenzon n.
oxybuprocaïne f. Oxybuprocain n.
oxybutinine f. Oxybutinin n.
oxycéphalie f. Oxyzephalie f., Kleeblattschädel m.
oxychlorure de zinc m. Zinkoxychlorid n.
oxyclipine f. Oxyclipin n.
oxyclozanide m. Oxyclozanid n.
oxycodone f. Oxycodon n.
oxyconazole m. Oxiconazol n., Oxyconzol n.
oxydant oxidativ, oxydativ
oxydant m. Oxidans n.
oxydase f. Oxidase f., Oxydase f.
oxydase sulfurée f. Sulfitoxidase f.
oxydase-négatif oxidasenegativ, oxydasenegativ
oxydase-positif oxidasepositiv, oxydasepositiv
oxydation f. Oxidation f., Oxydation f.
oxyde m. Oxid n., Oxyd n.
oxyde d'aluminium m. Aluminiumoxid n.
oxyde d'azote m. Stickoxid n.
oxyde de calcium m. Kalziumoxid n.
oxyde de carbone m. Kohlenmonoxid n.
oxyde de magnésium m. Magnesiumoxid n.
oxyde de mercure m. Quecksilberoxid n.
oxyde de zinc m. Zinkoxid n.
oxyder oxidieren, oxydieren
oxydimétrie f. Oxidimetrie f.
oxydipentonium m. Oxydipentonium n.
oxydoréductase f. Oxidoreduktase f.
oxydose f. Oxidose f.
oxyfédrine f. Oxifedrin n., Oxyfedrin n.
oxyfénamate m. Oxyfenamat n.
oxygénant m. Oxygenator m.
oxygénase f. Oxygenase f.
oxygénateur pompe m. Pumpoxygenator m.
oxygénation f. Oxygenierung f., Sauerstoffbeladung f.
oxygène m. Sauerstoff m.
oxygène atome m. Singulettsauerstoff m.
oxygéner oxygenieren
oxyhémoglobine f. Oxyhämoglobin n.
oxymestérone f. Oxymesteron n.

oxymétazoline f. Oxymetazolin n.
oxymétholone f. Oxymetholon n.
oxymètre m. Oxymeter n.
oxymétrie f. Oxymetrie f.
oxymétrique oxymetrisch
oxynitrilase f. Oxynitrilase f.
oxypertine f. Oxypertin n.
oxyphenbutazone f. Oxyphenbutazon n.
oxyphénol m. Brenzkatechin n.
oxyphénylurie f. Oxyphenylurie f.
oxyphile oxyphil
oxyphosphate m. Oxyphosphat n.
oxyphosphate de cuivre m. Kupferoxiphosphat n.
oxypurine f. Oxypurin n.
oxypurinol m. Oxypurinol n.
oxyquinoline f. Oxychinolin n.
oxysulfure m. Oxysulfid n.
oxytétracycline f. Oxytetracyclin n.
oxytocine f. Oxytocin n.
oxytropiumbromure m. Oxytropiumbromid n.
oxyure m. Madenwurm m.
oxyure vermiculaire m. Oxyuris vermicularis f.
oxyurose f. Oxyuriasis f.
ozeltamivir m. Ozeltamivir n.
ozène m. Stinknase f., Ozaena f.
ozocérite f. Ozokerit m.
ozone m. Ozon n.

P

pacemaker m.   Schrittmacher m.
pacemaker à fréquence fixe m.   festfrequenter Schrittmacher m.
pacemaker à impulsions auriculaires m.   ventrikelinhibierter Schrittmacher m.
pacemaker à synchronisation ventriculaire m.   ventrikelsynchronisierter Schrittmacher m.
pacemaker bifocal m.   bifokaler Schrittmacher m.
pacemaker mobile m.   wandernder Schrittmacher m.
pacemaker sentinelle m.   Demandschrittmacher m.
pacemaker séquentiel m.   sequentieller Schrittmacher m.
pacemaker stand-by m.   Stand-by-Schrittmacher m.
pachycéphalie f.   Pachyzephalie f.
pachydactylie f.   Pachydaktylie f.
pachydermie f.   Pachydermie f.
pachyglossie f.   Pachyglossie f.
pachygyrie f.   Pachygyrie f.
pachyméningite f.   Pachymeningitis f.
pachyméningopathie f.   Pachymeningose f.
paclitaxel m.   Paclitaxel n.
pacrinolol m.   Pacrinolol n.
padimate m.   Padimat n.
Paget, maladie de f.   Pagetsche Krankheit f.
PAH (acide paraaminohippurique) m.   PAH (Paraaminohippursäure) f.
palais m.   Gaumen m.
palais, voute du f.   Gaumengewölbe n.
palatal   palatal, palatinal
palatin   palatin
palatomaxillaire   palatomaxillär
palatonasal   palatonasal
palatopharyngien   palatopharyngeal
palatoplégie f.   Palatoplegie f.
palatoproximal   palatoproximal
palatoschizis m.   Gaumenspalte f.
pâle   blass, bleich
paléocinétique   paläokinetisch
paléoneurologie f.   Paläoneurologie f.
paléontologie f.   Paläontologie f.
paléopathologie f.   Paläopathologie f.
paléostriatum m.   Paläostriatum n.
paléothalamus m.   Paläothalamus m.
pâleur f.   Abblassen n., Blässe f.
paliers, sans   stufenlos
palilalie f.   Palilalie f.
palimpseste m.   Palimpsest m.

palindrome m.   Palindrom n.
palindromique   palindromisch
palingraphie f.   Palingraphie f.
palinphrasie f.   Palinphrasie f.
paliopsie f.   Palinopsie f.
palissade f.   Palisade f.
palivizumab m.   Palivizumab n.
palladium m.   Palladium n.
pallanesthésie f.   Pallanästhesie f.
pallesthésie f.   Pallästhesie f.
palliatif   behelfsmäßig, palliativ
palliatif m.   Palliativum n.
pallidectomie f.   Pallidektomie f.
pallidoansolenticulaire   pallidoansal
pallidofuge   pallidofugal
pallidomésencéphalique   pallidomesenzephalisch
pallidostrié   pallidostriär
pallidotomie f.   Pallidotomie f.
pallidum m.   Pallidum n.
pallium m.   Hirnmantel m.
palmaire   palmar, volar
palmitamide m.   Palmitamid n.
palmitate m.   Palmitat n.
palmitine f.   Palmitin n.
palmoplantaire   palmoplantar
palmure f.   Schwimmhaut f.
palmure pénienne f.   Penis palmatus m.
palpabilité f.   Tastbarkeit f.
palpable   palpabel, tastbar
palpation f.   Palpation f., Tasten n.
palpébral   palpebral
palper   palpieren, tasten
palpitant   klopfend
palpitation cardiaque f.   Herzklopfen n.
paludisme m.   Malaria f., Sumpffieber n.
paludisme à accès quotidiens m.   Malaria quotidiana f.
paludisme pulmonaire m.   Lungenmalaria f.
paludisme tropical m.   Malaria tropica f.
pamaquine f.   Pamaquin n.
pamidronate m.   Pamidronat n.
pamplemousse m.   Grapefruit n.
pampre, en forme de   pampiniform
panacée f.   Allheilmittel n., Panazee f.
panagglutinable   panagglutinabel
panagglutination f.   Panagglutination f.
panagglutinine f.   Panagglutinin n.
panaris m.   Panaritium n., Umlauf m.
panartérite f.   Panarteriitis f.
pancardite f.   Pankarditis f.
panchromatique   panchromatisch

Pancoast, cancer de m. Pancoasttumor m.
pancréas m. Bauchspeicheldrüse f., Pankreas n.
pancréatectomie f. Pankreatektomie f.
pancréatectomiser pankreatektomieren
pancréaticocholécystostomie f. Pankreatikocholezystostomie f.
pancréaticoduodénal pankreatikoduodenal
pancréaticoduodénostomie f. Pankreatikoduodenostomie f.
pancréaticojéjunal pankreatikojejunal
pancréatine f. Pancreatin n.
pancréatique pankreatisch
pancréatite f. Bauchspeicheldrüsenentzündung f., Pankreatitis f.
pancréatitique pankreatitisch
pancréatoduodénal pankreatoduodenal
pancréatoduodénectomie f. Pankreatoduodenektomie f.
pancréatoentérostomie f. Pankreatoenterostomie f.
pancréatogène pankreatogen
pancréatographie f. Pankreatikographie f., Pankreatographie f.
pancréatotrope pankreatotrop
pancréolauryl, test du m. Pankreolauryl-Test m.
pancréolithiase f. Pankreolithiasis f.
pancréolytique pankreolytisch
pancréotrope pankreotrop
pancréozymine f. Pankreozymin n.
pancytopénie f. Panzytopenie f.
pandémie f. Pandemie f.
pandémique pandemisch
Pandy, test d'hyperalbuminorachie de m. Pandy-Probe f.
pandysautonomie f. Pandysautonomie f.
panencéphalite f. Panenzephalitis f.
panendoscope m. Panendoskop n.
panesthésie f. Panästhesie f.
panidazole m. Panidazol n.
panique panisch
panique f. Panik f.
panleucopénie f. Panleukopenie f.
panmixie f. Panmixie f.
panmyélopathie f. Panmyelopathie f.
panmyélophtisie f. Panmyelophthise f.
panne de courant f. Stromausfall m.
panneau m. Schild n.
pannicule m. Panniculus m.
panniculectomie f. Pannikulektomie f.
pannus m. Pannus m.
panophtalmite f. Panophthalmitis f.
panoptique panoptisch
panostéite f. Panostitis f.

panotite f. Panotitis f.
panplégie f. Panplegie f.
panse f. Pansen m.
pansement f. Verband m.
pansement compressif m. Druckverband m.
pansement d'une plaie m. Wundverband m.
pansement d'urgence m. Notverband m.
pansement de première urgence m. Schnellverband m.
pansement huileux étanche de Billroth m. Billrothbatist m.
pansement ooclusif m. Okklusivverband m.
pansement sur éclisse m. Schienenverband m.
panser verbinden (Verband anlegen)
pansinusite f. Pansinusitis f.
pantalgie f. Pantalgie f.
panthénol m. Panthenol n.
pantographe m. Pantograph m.
pantomographie f. Pantomographie f.
pantomorphie f. Pantomorphie f.
pantoprazol m. Pantoprazol n.
pantoscopique pantoskopisch
pantothénate m. Pantothenat n.
pantotrope pantotrop
pantoyltaurine f. Pantoyltaurin n.
panuvéite f. Panuveitis f.
panzootique panzootisch
papaïne f. Papain n.
Papanicolaou, coloration de f. Papanicolaoufärbung f.
papavérine f. Papaverin n.
papavéroline f. Papaverolin n.
papayotine f. Papayotin n.
papier m. Papier n.
papier buvard m. Fließpapier n.
papier enregistreur m. Registrierpapier n.
papier filtre m. Filterpapier n.
papier radiographie m. Röntgenpapier n.
papier test m. Reagenzpapier n., Teststreifenverfahren n.
papillaire papillär
papille f. Papille f.
papille dentaire f. Zahnpapille f.
papille duodénale f. Duodenalpapille f.
papille gustative f. Geschmacksknospe f.
papille optique f. blinder Fleck m., Optikuspapille f., Sehnervpapille f., Sehnervenscheibe f.
papille pileuse f. Haarpapille f.
papillectomie f. Papillektomie f.
papillite f. Papillitis f.
papillomaculaire papillomakulös
papillomateux papillomatös
papillomatose f. Papillomatose f.

papillomavirus m. Papillomavirus n.
papillome m. Papillom n.
papillon d'handicapé m. Behindertenausweis m.
papillorétinite f. Papilloretinitis f.
papillosphinctérotomie f. Papillosphinkterotomie f.
papillotomie f. Papillotomie f.
papovavirus m. Papovavirus n.
pappataci, fièvre à f. Pappatacifieber n.
Pappenheim, coloration panoptique de f. Pappenheimfärbung f.
papule f. Papel f., Quaddel f.
papuleux papulär, papulös
papuloérythémateux papuloerythematös
papulopustuleux papulopustulös
papulose f. Papulose f.
papulosquameux papulosquamös
papulovésiculaire papulovesikulär
paquet m. Ballen m., Paket n.
par exemple z. B. (zum Beispiel)
paraaminobenzoate m. Paraaminobenzoat n.
paraannulaire paraannulär
parabène m. Paraben n.
parabiose f. Parabiose f.
parabiotique parabiotisch
parablaste m. Parablast m.
parablastome m. Parablastom n.
parabole f. Parabel f.
paracardiaque parakardial
paracellulaire parazellulär
paracentèse f. Paracentese f., Parazentese f.
paracentèse tympanique f. Parazentese des Trommelfells f.
paracentral parazentral
paracervical parazervikal
paracétamol m. Paracetamol n., Parazetamol n.
parachloromercuribenzoate m. Parachloromercuribenzoat n.
parachlorophénol m. Parachlorophenol n.
parachromatine f. Parachromatin n.
paracoccidioïdomycose f. Paracoccidioidomykose f.
paracorporel parakorporal
paracortical parakortikal
paracousie f. Parakusis f.
paracrine parakrin
paracyclique parazyklisch
paracystite f. Parazystitis f.
paracytaire parazytär
paracyte m. Parazyt m.
paracytose f. Parazytose f.
paradentaire paradental
paradentium m. Parodontium n.
paradentose f. Paradentose f.
paradesmose f. Paradesmose f.
paradigme m. Paradigma n.
paradiméthylaminobenzaldéhyde m. Paradimethylaminobenzaldehyd m.
paradipsie f. Paradipsie f.
paradontologie f. Parodontologie f.
paradontologique parodontologisch
paradoxal paradox
paradoxe m. Paradoxon n.
paraduodénal paraduodenal
parafentizide m. Parafentizid n.
paraffine f. Paraffin n.
paraffinome m. Paraffinom n.
parafolliculaire parafollikulär
paraforme f. Paraform n.
paragammacisme m. Paragammazismus m.
paragangliome m. Paragangliom n.
paraganglion m. Paraganglion n.
paragglutination f. Paragglutination f.
paraglobuline f. Paraglobulin n.
paragonimose f. Paragonimiasis f.
Paragonimus Ringeri m. Paragonimus Ringeri m.
Paragonimus Westermani m. Distonum pulmonale n., Lungenegel m., Paragonimus Westermani m.
paragrammatisme m. Paragrammatismus m.
paragranulome m. Paragranulom n.
paragraphie f. Paragraphie f.
paragueusie f. Parageusie f.
parahémophilie f. Parahämophilie f.
parahépatique parahepatisch
parahiatal parahiatal
parahypnose f. Parahypnose f.
parainfectieux parainfektiös
parainfection f. Parainfektion f.
parainfluenza f. Parainfluenza f.
parakératose f. Parakeratose f.
parakinésie f. Parakinese f.
parakinésique parakinetisch
paralalie f. Paralalie f.
paralambdacisme m. Paralambdazismus m.
paraldéhyde m. Paraldehyd m.
paraleucoblaste m. Paraleukoblast m.
paralexie f. Paralexie f.
paralingual paralingual
parallaxe f. Parallaxe f.
parallèle parallel
paralogie f. Paralogie f.
paralymphoblaste m. Paralymphoblast m.
paralysant paralytogen
paralyser lähmen, paralysieren
paralysie f. Lahmheit f., Lähmung f., Paralyse f.

paralysie à tiques f. Zeckenlähme f.
paralysie bulbaire progressiv f. progressive Bulbärparalyse f.
paralysie bulbo-spinale progressive f. progressive Bulbärparalyse f.
paralysie de la déglutition f. Schlucklähmung f.
paralysie des abducteurs des cordes vocales f. Postikusparese f.
paralysie dorsale f. Rucksacklähmung f.
paralysie du muscle grand dentelé f. Serratuslähmung f.
paralysie du voile du palais f. Gaumensegellähmung f.
paralysie équine myoglobulinurique f. Nierenverschlag (veter.)
paralysie extrapyramidale f. Paralysis agitans f.
paralysie faciale f. Gesichtslähmung f.
paralysie faciale de Bell f. Fazialislähmung f.
paralysie générale de Bayle f. Dementia paralytica f.
paralysie générale syphilitique f. progressive Paralyse f.
paralysie laryngée f. Kehlkopflähmung f.
paralysie obstétricale f. Geburtslähmung f.
paralysie par compression f. Drucklähmung f., Kompressionslähmung f.
paralysie par section médullaire f. Querschnittslähmung f.
paralysie récurrentielle f. Rekurrensparese f.
paralysie supra nucléaire progressive f. fortschreitende supranukleäre Lähmung f.
paralysie tremblante f. Schüttellähmung f.
paralysie vasculaire f. Gefäßlähmung f.
paralytique gelähmt, lahm, paralytisch
paralytique f. Paralytikerin f.
paralytique m. Paralytiker m.
paralytique m. f. gelähmte Person f.
paramagnétique paramagnetisch
paramastite f. Paramastitis f.
paramastoïdite f. Paramastoiditis f.
paramédian paramedian
paramédical paramedizinisch
paraméthadione f. Paramethadion n.
paraméthasone f. Paramethason n.
paramètre m. Parameter m., Parametrium n.
paramétrite f. Parametritis f.
paramétritique parametritisch
paramétropathie spasmodique f. vegetative Pelvipathie f.
paramimie f. Paramimie f.
paramnésie f. Paramnesie f.
paramnésie de certitude f. Erinnerungsfälschung f.

paramolaire paramolar
paramphistomose f. Paramphistomiasis f.
paramucine f. Paramuzin n.
paramunition f. Paramunisierung f., Paramunität f.
paramyéline f. Paramyelin n.
paramyéloblaste m. Paramyeloblast m.
paramyéloblastique paramyeloblastisch
Paramyoclonus multiplex m. Paramyoklonus multiplex m.
paramyotonie f. Paramyotonie f.
paramyxovirus m. Paramyxovirus n.
paranasal paranasal
paranéoplasique paraneoplastisch
paranéphrétique paranephritisch
paranéphritique paranephritisch
paraneural paraneural
paranitrosulfathiazole m. Paranitrosulfathiazol n.
paranoïa f. Paranoia f.
paranoïaque paranoisch
paranoïaque f. Paranoikerin f.
paranoïaque m. Paranoiker m.
paranoïde paranoid
paranomia f. Paranomie f.
paranormal paranormal
paraoesophagien paraösophageal
paraombilical paraumbilikal
paraovarien parovarial
paraoxonase f. Paraoxonase f.
paraoxone f. Paraoxon n.
parapancréatique parapankreatisch
paraparésie f. Paraparese f.
parapédèse f. Parapedese f.
parapemphigus m. Parapemphigus m.
parapenzolate m. Parapenzolat n.
parapharyngien parapharyngeal
paraphasie f. Paraphasie f.
paraphasique paraphasisch
paraphilie f. Paraphilie f.
paraphilique paraphil
paraphilique m. f. paraphile Person f.
paraphimosis f. Paraphimose f.
paraphonie f. Paraphonie f.
paraphrasie f. Paraphrasie f.
paraphrénie f. Paraphrenie f.
paraphrénique paraphrenisch
paraplacentaire paraplazentar
paraplégie f. Paraplegie f.
paraplégie d'Erb f. Erbsche Lähmung f.
paraplégie spastique familiale f. spastische Spinalparalyse f.
paraplégique paraplegisch
parapneumonique parapneumonisch

paraposition f.	Metastellung f., Parastellung f.
parapoxvirus m.	Parapoxvirus n.
parapraxie f.	Parapraxie f.
paraprostatique	paraprostatisch
paraprotéine f.	Paraprotein n.
paraprotéinémie f.	Paraproteinämie f.
paraprotéinurie f.	Paraproteinurie f.
parapsoriasis m.	Parapsoriasis f.
parapsychologie f.	Parapsychologie f.
parapsychologique	parapsychologisch
parapulpaire	parapulpal
parapycnomorphe	parapyknomorph
pararhizoclasie f.	Pararhizoklasie f.
pararhotacisme m.	Parärhotazismus m.
pararosaniline f.	Pararosanilin n.
parasacral	parasakral
parasagittal	parasagittal
parasalpingite f.	Parasalpingitis f.
parascarlatine f.	vierte Krankheit f.
parasialome m.	Parasialom n.
parasigmatisme m.	Parasigmatismus m.
parasitaire	parasitär
parasite m.	Parasit m., Schmarotzer m.
parasite intestinal m.	Eingeweideparasit m.
parasiticide	parasitentötend, parasitizid
parasiticide m.	parasitentötendes Mittel n.
parasitisme m.	Parasitismus m.
parasitologie f.	Parasitologie f.
parasitologique	parasitologisch
parasitophobie f.	Parasitophobie f.
parasitose f.	Parasitose f.
parasitotrope	parasitotrop
parasomnie f.	Parasomnie f.
paraspadias m.	Paraspadie f.
paraspasme m.	Paraspastik f.
parasternal	parasternal
parasympathique	parasympathisch, vagal
parasympathique m.	Parasympathikus m.
parasympatholytique	parasympathikolytisch
parasympathomimétique	parasympathikomimetisch
parasynapse f.	Parasynapse f.
parasyphilis f.	Metasyphilis f., Parasyphilis f.
parasyphilitique	metasyphilitisch, parasyphilitisch
parasystolie f.	Parasystole f.
parathion m.	Parathion n.
parathormone f.	Parathormon n., PTH n.
parathymie f.	Parathymie f.
parathyréoprive	parathyreopriv
parathyréotrope	parathyreotrop
parathyroïdectomie f.	Parathyreoidektomie f.
parathyroïdien	parathyreoidal
paratrachome m.	Paratrachom n.
paratrophique	paratroph
paratuberculeux	paratuberkulös
paratuberculose f.	Paratuberkulose f.
paratype m.	Paratyp m.
paratyphlite f.	Paratyphlitis f.
paratyphlitique	paratyphlitisch
paratyphus m.	Paratyphus m.
paratypique	paratypisch
paraunguéal	paraungual
paraurétral	paraurethral
paravaginal	paravaginal
paravalvulaire	paravavulär
paravasation f.	Paravasat n.
paraveineux	paravenös
paravertébral	paravertebral
paravésical	paravesikal
paraxazone f.	Paraxazon n.
parbendazole m.	Parbendazol n.
parconazole m.	Parconazol n.
Pardee, onde Q de f.	Pardee-Q n.
parecoxib m.	Parecoxib n.
parenchymateux	parenchymatös
parenchyme m.	Parenchym n.
parent m.	Verwandter m.
parental	elterlich, parental
parente f.	Verwandte f.
parenté f.	Blutverwandtschaft f.
parentéral	parenteral
parents m. pl.	Eltern n. pl.
pareptide m.	Pareptid n.
parésie f.	Parese f.
parésique	paretisch
paresseux	träge
paresthésie f.	Parästhesie f.
paresthésie en ceinture f.	Zonästhesie f.
paresthésique	parästhetisch
paréthoxycaïne f.	Parethoxycain n.
parfum m.	Duft m.
pargévérine f.	Pargeverin n.
pargyline f.	Pargylin n.
paridocaïne f.	Paridocain n.
pariétal	parietal, wandständig
pariétofrontal	parietofrontal
pariétooccipital	parietookzipital
pariétotemporal	parietotemporal
pariétoviscéral	parietoviszeral
Parinaud, syndrome de m.	Parinaudsyndrom n.
Parkinson, maladie de f.	Morbus Parkinson m.
parkinsonien, patient m.	Parkinson-Patient m.
parkinsonienne, patiente f.	Parkinson-Patientin f.

parkinsonisme m. Parkinsonismus m.
parodontal parodontal
parodonte m. Parodont n.
parodontite f. Paradentitis f., Parodontitis f.
parodontome m. Parodontom n.
parodontopathie f. Parodontopathie f.
parodontose f. Parodontose f.
paroi abdominale f. Bauchdecke f., Bauchwand f.
paroi alvéolaire f. Alveolarwand f.
paroi antérieure f. Vorderwand f.
paroi cardiaque f. Herzwand f.
paroi colique f. Dickdarmwand f.
paroi postérieure f. Hinterwand f.
paroi thoracique f. Brustwand f.
paroi vasculaire f. Gefäßwand f.
parole mal articulée f. verwaschene Sprache f.
parole saccadée f. skandierende Sprache f.
parombilical parumbilikal
paromphalocèle f. Paromphalozele f.
paronychose f. Paronychie f.
paroophorite f. Paroophoritis f.
parophtalmie f. Parophthalmie f.
parosmie f. Parosmie f.
parostéite f. Parostitis f.
parotidectomie f. Parotidektomie f.
parotidite f. Parotitis f.
paroxétine f. Paroxetin n.
paroxypropione f. Paroxypropion n.
paroxysmal paroxysmal
paroxysme m. Höhepunkt m., Paroxysmus m.
parsalmide m. Parsalmid n.
partenaire f. Partnerin f.
partenaire m. Partner m.
parthénogenèse f. Parthenogenese f.
participant m. Teilnehmer m.
participante f. Teilnehmerin f.
participation f. Beteiligung f.
particulaire partikulär
particularité f. Eigentümlichkeit f.
particule f. Partikel f., Teilchen n.
particule de Dane f. Dane-Partikel f.
partie f. Teil m., Partie f.
partie antérieure du pied f. Vorfuß m.
partie laryngienne du pharynx f. Hypopharynx m.
partie supérieure du corps f. Oberkörper m.
parties honteuses f.pl. Schamteile f. pl.
parties molles f. pl. Weichteile f. pl.
parties vitales f. pl. edle Körperteile n. pl.
partir abgehen
parturiente f. Gebärende f., Kreißende f.
parulie f. Parulis f.

parvispermie f. Parvispermie f.
parvovirus m. Parvovirus n.
PAS (acide paraaminosalicylique) m. PAS (Paraaminosalizylsäure) f.
pas de résection possible nicht resezierbar
pas de vis m. Gewinde n.
pascal m. Pascal n.
Paschen-Borrel, corps élémentaire de m. Paschensches Körperchen n.
passage m. Durchgang m., Passage f.
passage baryté m. Magen-Darm-Passage f. (roentg.)
passage d'animaux m. Tierpassage f.
passager vorübergehend
Passavant, bourrelet de m. Passavantscher Wulst m.
passe-fil de Deschamps m. Deschamps-Nadel f.
passif passiv
passion f. Leidenschaft f.
passivité f. Passivität f.
pasteurella f. Pasteurelle f.
pasteurella tularensis m. Bacterium tularense n.
pasteurellose aviaire f. Geflügelpasteurellose f.
pasteurisation f. Pasteurisierung f.
pasteuriser pasteurisieren
pastille f. Pastille f.
patching m. Patching n.
pâte f. Paste f.
pâte de Lassar f. Lassar-Paste f.
pâte de zinc f. Zinkpaste f.
patellaire patellar
patellectomie f. Patellektomie f.
patellite f. Patellitis f.
paternel väterlich
paternité f. Vaterschaft f.
pathergie f. Pathergie f.
pathergique pathergisch
pathétique pathetisch
pathoanatomique pathoanatomisch
pathobiochimie f. Pathobiochemie f.
pathobiologie f. Pathobiologie f.
pathobiologique pathobiologisch
pathogène krankmachend, pathogen
pathogénétique pathogenetisch
pathogénie f. Pathogenese f.
pathognomonique pathognomonisch
pathographie f. Pathographie f.
pathologie f. Pathologie f.
pathologie animale f. Tierpathologie f.
pathologique pathologisch
pathologiste f. Pathologin f.
pathologiste m. Pathologe m.

pathomimie f. Pathomimie f.
pathomorphologie f. Pathomorphose f.
pathophysiologie f. Pathophysiologie f.
patience f. Geduld f.
patient(e) m./(f.) Kranker m., Kranke f.; Patient m., Patientin f.
patient(e) accidenté(e) m./(f.) Unfallpatient(in) m./(f.)
patient(e) chronique m./(f.) Langzeitpatient(in) m./(f.)
patient(e) d'âge moyen(ne) m./(f.) Patient(in) in mittlerem Lebensalter m./(f.)
patient(e) externe m./(f.) ambulanter Patient m., ambulante Patientin f.
patient€ hospitalisé m./(f.) stationärer Patient m., stationäre Patientin f.
patient(e) posant des problèmes m./(f.) Problempatient(in) m./f.
patients assurés sociaux m. pl. Kassenpatienten m. pl.
patron m. Schablone f.
patte f. Pfote f.
patte pendante f. Hangbein (veter.) n.
paturon m. Fesselgelenk n.
Paul-Bunnell, réaction de f. Paul-Bunnell-Test m.
paume de la main f. Handfläche f.
paupière f. Augenlid n., Lid n.
pause f. Pause f.
pause compensatrice f. kompensatorische Pause f.
pauvre en cellules zellarm
pauvreté f. Armut f.
pavian m. Pavian m.
pavillon de l'oreille m. Ohrmuschel f.
pavot m. Schlafmohn m.
payet l'honoraire honorieren (Honorar bezahlen)
PBG (progesterone binding globulin) f. PBG (progesteronbindendes Globulin) n.
PCE (polyarthrite chronique évolutive) f. PCP (primär chronische Polyarthritis) f.
peau f. Haut f., Fell n., Schale f.
peau d'orange f. Orangenhaut f.
peau squameuse f. Schuppenhaut f.
peau vernie f. Glanzhaut f.
pêche-fil m. Fadenfänger m.
pectinase f. Pektinase f.
pectine f. Pektin n.
pectine estérase f. Pektase f.
pectoral hustenstillend, pektoral
pectoriloquie f. Pektoriloquie f.
pédérastie f. Päderastie f.

pédiatre f. Kinderärztin f., Pädiaterin f.
pédiatre m. Fachgebietsarzt für Kinderkrankheiten m., Kinderarzt m., Pädiater m.
pédiatrie f. Kinderheilkunde f., Pädiatrie f.
pédiatrique pädiatrisch
pédicule m. Stiel m.
pédicule vertébral m. Wirbelbogenwurzel f.
pédiculicide läusetötend
pédiculicide m. Entlausungsmittel n., läusetötendes Mittel n.
pédiculose f. Pedikulose f.
pédicure f. Fußpflege f., Fußpflegerin f.
pédicure m. Fußpfleger m.
pédicure-manicure f. Fuß- und Handpflege f.
pédieux pedal
pédigree m. Stammbaum (biol.) m.
pédoaudiologie f. Pädoaudiologie f.
pédoaudiologique pädoaudiologisch
pédonculaire pedunkulär
pédonculé gestielt
pédoncule cérébral m. Gehirnstiel m.
pédoncule d'attache m. Haftstiel m.
pédonculotomie f. Pedunkulotomie f.
pédophile pädophil
pédophilie f. Pädophilie f.
peeling au laser m. Laser-Peeling m.
PEF (pic du volume expiratoire maximal/seconde) m. MF (maximale Flussrate) f.
pefilgastrime m. Pefilgastrim n.
péfloxacine f. Pefloxacin n.
peginterférone f. Peginterferon n.
pegylation f. Pegylierung f.
pegyler pegylieren
pelage m. Fell n.
Pel-Ebstein, maladie de f. Pel-Ebsteinsche Krankheit f.
pelade f. alopecia areata f.
pelage m. Fell n.
peler schälen
peler, se sich häuten, sich schälen
Pelger-Hüet, anomalie nucléaire de f. Pelgersche Kernanomalie f.
péliome m. Peliom n.
Pelizaeus-Merzbacher, maladie de f. Pelizaeus-Merzbachersche Krankheit f.
pellagre f. Pellagra f.
pellagreux pellagrös
pellagrogène pellagragen
pellagroïde pellagroid
pellet m. Pillchen n.
pelletiérine f. Pelletierin n.
pelliculaire pellikulär
pellicule f. Schuppe f.
pelliculose f. Haarschuppenkrankheit f.

pellotine f. Pellotin n.
peloïde peloid
péloïde m. Peloid n.
pelote f. Bausch m., Pelotte f.
pelvien pelvin
pelvigraphie f. Beckenmessung f., Pelvigraphie f.
pelvimètre à compas m. Beckenzirkel m.
pelvimétrie f. Beckenmessung f., Pelvimetrie f.
pelvimétrique pelvimetrisch
pelvipathie spasmodique f. spastische Pelvipathie f.
pelvipéritonite f. Pelveoperitonitis f., Pelviperitonitis f.
pelvirectal pelvirektal
pelvis m. Becken n. (anatom.)
pelvisacré pelvisakral
pelviscopie f. Pelviskopie f.
pelviscopique pelviskopisch
pelvistomie f. Pelviostomie f.
pelvitomie f. Pelviotomie f.
pelvitrochantérien pelvitrochanterisch
pelviurétral pelviurethral
pembrolizumab m. Penbrolizumab n.
pémoline f. Pemolin n.
pemphigoïde pemphigoid
pemphigoïde m. Pemphigoide n.
pemphigus m. Pemphigus m.
pempidine f. Pempidin n.
pénalisation f. Penalisation f.
penbutolol m. Penbutolol n.
pencher kippen, verkanten
pendre hängen
pénectomie f. Penektomie f.
pénétrabilité f. Penetrabilität f.
pénétrance f. Penetranz f.
pénétrant penetrant
pénétration f. Durchdringung f., Penetration f.
pénétrer eindringen, penetrieren
penflutizide m. Penflutizid n.
pénicillamine f. Penicillamin n.
pénicillanate m. Penicillanat n.
pénicillinase f. Penicillinase f.
pénicilline f. Penicillin n.
penicilline retard f. Depotpenicillin n.
pénil m. Schamhügel m.
pénimépicycline f. Penimepicyclin n.
penis m. männliches Glied n., Penis m.
pénitis f. Penitis f.
penné gefiedert
pénoscrotal penoskrotal
penprostène m. Penprosten n.
pensée f. Denken n., Gedanke m.
pensée autistique f. autistisches Denken n.
pensée obsessionnelle f. Zwangsdenken n.
pensée onirique f. Traumdenken n.
pensée, transmission de la f. Gedankenübertragung f.
pensif nachdenklich, tiefsinnig
pension d'invalidité f. Invalidenrente f.
pentabamate m. Pentabamat n.
pentabasique pentabasisch
pentaborate m. Pentaborat n.
pentabromacétone f. Pentabromazeton n.
pentabromure m. Pentabromid n.
pentachlornitrobenzène m. Pentachlornitrobenzol n.
pentachlorure m. Pentachlorid n.
pentacyclique pentazyklisch
pentaérythrityle, tétranitrate de m. PETN (Pentaerythrityltetranitrat) n.
pentagastrine f. Pentagastrin n.
pentagestrone f. Pentagestron n.
pentahydrate m. Pentahydrat n.
pentalamide m. Pentalamid n.
pentalogie f. Pentalogie f.
pentalogie de Fallot f. Fallotsche Pentalogie f.
pentamère pentamer
pentamère m. Pentamer n.
pentamidine f. Pentamidin n.
pentane m. Pentan n.
pentapeptide m. Pentapeptid n.
pentapipéride m. Pentapiperid n.
pentaploïde pentaploid
pentaquine f. Pentaquin n.
pentasaccharide m. Pentasaccharid n.
pentasomie f. Pentasomie f.
pentastomiase f. Pentastomiasis f.
pentatrichomonas m. Pentatrichomonas m.
pentavalent fünfwertig
pentazocine f. Pentazocin n.
pentdyopent m. Pentdyopent n.
penténoate m. Pentenoat n.
pentétate m. Pentetat n.
pentétrazol m. Pentetrazol n.
pentitol m. Pentit n.
pentizidone f. Pentizidon n.
pentolate m. Pentolat n.
pentomone f. Pentomon n.
pentose m. Pentose f.
pentoside m. Pentosid n.
pentosidine f. Pentosidin n.
pentosurie f. Pentosurie f.
pentoxide m. Pentoxid n.
pentoxifylline f. Pentoxifyllin n.
pentoxyvérine f. Pentoxyverin n.
pentulose m. Pentulose f.

pentyle m. Pentyl n.
pentylénetétrazol m. Pentylentetrazol n.
péotomie f. Peotomie f.
péplomère m. Peplomer n.
peplos m. Peplos m.
pepsine f. Pepsin n.
pepsinogène m. Pepsinogen n.
pepstatine f. Pepstatin n.
peptase f. Peptase f.
peptidase f. Peptidase f.
peptide m. Peptid n.
peptide bêtaamyloïde m. Beta-Amyloid-Peptid n.
peptide cérébral m. Gehirnpeptid n.
peptide citrullé m. citrulliniertes Peptid n.
peptide natriuretique B m. natriuretisches Peptid Typ B (kardiol.) n.
peptidergique peptidergisch
peptidoglycane m. Peptidoglykan n.
peptidyl m. Peptidyl n.
peptique peptisch
peptocoque m. Peptokokkus m.
peptone m. Pepton n.
peptone de Witte f. Wittepepton n.
peptonurie f. Peptonurie f.
peracétate m. Perazetat n.
péradoxime m. Peradoxim n.
pérafensine f. Perafensin n.
péralopride m. Peraloprid n.
pératizole m. Peratizol n.
pérazine f. Perazin n.
perborate de sodium m. Natriumperborat n.
perceptible wahrnehmbar
perceptif perzeptiv, perzeptuell
perception f. Apperzeption f., Wahrnehmung f.
perception sensorielle f. Sinneswahrnehmung f.
perception sonore f. Schallwahrnehmung f.
perception spatiale f. Raumsinn m.
percer abzapfen, bohren, durchstechen, erstechen
perceuse à main f. Handbohrer m.
percevoir wahrnehmen
perchlorate m. Perchlorat n.
perchloréthylén m. Perchlorethylen n.
perchlorométhylmercaptane m. Perchlormethylmerkaptan n.
perchlorure m. Perchlorid n.
percolateur m. Perkolator m.
percolation f. Perkolation f.
percoler perkolieren
percussion f. Perkussion f.
percutané perkutan
percuter perkutieren

perdant du sodium natriumverlierend
perdant le potassium kaliumverlierend
perdre la sensibilité absterben (gefühllos werden)
perdre son sang ausbluten
père m. Vater m.
perfectionnement m. Fortbildung f.
perflunafène m. Perflunafen n.
perforateur m. Bohrer m., Perforatorium n.
perforation f. Durchbruch m., Perforation f.
perforer durchbohren, perforieren
performance f. Leistung f.
perfusé m. Perfusat n.
perfuser infundieren, perfundieren
perfuseur m. Perfusionsgerät n.
perfusion f. Infusion f., Perfusion f.
perfusion intraveineuse continue f. intravenöse Dauertropfinfusion f.
perfusion par voie sous-cutané f. subkutane Infusion f.
pergolide m. Pergolid n.
perhexiline f. Perhexilin n.
périacineux periazinös
périadénite f. Periadenitis f.
périampullaire periampullär
périamygdalien peritonsillär
périamygdalite f. Peritonsillitis f.
périanal perianal, zirkumanal
périapical periapikal
périappendicite f. Periappendizitis f.
périartériel periarteriell
périarthrite f. Periarthritis f.
périartérite noueuse f. Periarteriitis nodosa f.
périarthrite scapulo-humérale f. Periarthritis humeroscapularis f.
périarthropathie f. Periarthropathie f.
périarticulaire zirkumartikulär
périauriculaire periaurikulär
périaxial periaxial
périaxillaire periaxillär
périaxonial periaxonal
péribronchial peribronchial
péribronchiectasique peribronchiektatisch
péribronchiolaire peribronchiolär
péribronchite f. Peribronchitis f.
péribulbaire peribulbär, zirkumbulbär
péricaniculaire perikanalikulär
péricapillaire perikapillär
péricapsulaire perikapsulär
péricarde m. Herzbeutel m., Perikard n.
péricardectomie f. Perikardektomie f.
péricardiectomie f. Perikardiektomie f.
péricardiocentèse f. Perikardiozentese f.
péricardiolyse f. Perikardiolyse f.

péricardique perikardial
péricardite f. Perikarditis f.
péricardite calcifiante f. Panzerherz n.
péricardite constrictive f. Concretio pericardii f.
péricarditique perikarditisch
péricardodiaphragmatique perikardiodiaphragmatisch
péricardopleural perikardiopleural
péricardostomie f. Perikardiostomie f.
péricardotomie f. Perikardiotomie f.
péricellulaire perizellulär
péricémentique perizemental
péricémentite f. Perizementitis f.
péricémentoclasie f. Perizementoklasie f.
péricentral perizentral
péricholangite f. Pericholangitis f.
péricholécystique pericholezystisch
péricholécystite f. Pericholezystitis f.
péricholécystitique pericholezystitisch
périchondral perichondral
périchondre m. Perichondrium n.
périchondrite f. Perichondritis f.
péricolite f. Perikolitis f.
péricornéen perikorneal, zirkumkorneal
péricoronite f. Perikoronitis f.
péricystite f. Perizystitis f.
péricyte m. Perizyt m.
péricytome m. Perizytom n.
péridectomie f. Periektomie f.
péridental peridental
péridiverticulite f. Peridivertikulitis f.
périduodénite f. Periduodenitis f.
périduodénitique periduodenitisch
péridural peridural
périfocal perifokal
périfolliculaire perifollikulär
périfolliculite f. Perifollikulitis f.
périgastrique perigastrisch
périgastrite f. Perigastritis f.
périglandulaire periglandulär
périhépathique perihepatisch
périhépatite f. Perihepatitis f.
péril m. Unsicherheit (Gefahr) f.
périlabyrinthite f. Perilabyrinthitis f.
périlaryngé perilaryngeal
périlaryngite f. Perilaryngitis f.
périlleux unsicher (gefährlich)
périlobaire perilobär
périlobulaire perilobulär
périlymphe f. Perilymphe f.
périmandibulaire perimandibulär
périmastite f. Perimastitis f.
périmembraneux perimembranös
périmétazine f. Perimetazin n.

périmètre m. Perimeter n.
périmètre thoracique m. Brustumfang m.
périmétrie f. Perimetrie f.
périmétrique perimetrisch
périmétrite f. Perimetritis f.
périmétritique perimetritisch
périmusculaire perimuskulär
périmysium m. Perimysium n.
périnatal perinatal
périnatologie f. Perinatologie f.
périnatologique perinatologisch
périndropil m. Perindropil n.
périnéal perineal
périnée m. Damm (anatom.) m., Perineum n.
périnéoplastie f. Dammplastik f.
périnéphrite f. Perinephritis f.
périnéphritique perinephritisch
périneural perineural
périnèvre m. Perineurium n.
perinévrite f. Perineuritis f.
périnucléaire perinukleär
périoculaire periokulär, zirkumokulär
période f. Periode f.
période anténatale f. Vorgeburtsperiode f.
période d'allaitement f. Stillperiode f.
période d'évacuation f. Austreibungszeit (kardiol.) f.
période d'expulsion f. Austreibungszeit (obstetr.) f., Austreibungszeit (kardiol.) f.
période d'incubation f. Inkubationszeit f.
période d'observation f. Beobachtungszeitraum m.
période de collecte des urines f. Harnsammelperiode f.
période de dilatation du col f. Eröffnungsperiode (obstetr.) f.
période de la délivrance f. Nachgeburtsperiode f.
période de mise en tension f. Anspannungszeit f.
période de travail, être en kreißen
période de Wenckebach f. Wenckebachsche Periode f.
période intermenstruelle f. Intermenstruum n.
période néonatale f. Neugeborenenperiode f.
période post stimulation cardiaque f. Periode nach Schrittmacherbehandlung f.
période postmenstruelle f. Postmenstruum n.
pétiode présphygmique f. Anspannungszeit f.
périodicité f. Periodizität f.
périodique periodisch

périodontaire periodontal
périodonte m. Zahnbett n.
périodontite f. Periodontitis f.
périodontite abcédée f. Wurzelhautabszess m.
périodontoclasie f. Periodontoklasie f.
périodontopathie f. Paradentopathie f.
périombilical periumbilikal
périopératoire perioperativ
périople m. Huffett n.
périoral perioral, zirkumoral
périorbitaire zirkumorbital
périorbital periorbital
périorchite f. Periorchitis
périoste m. Knochenhaut f., Periost n.
périostique periostal
périostite f. Periostitis f.
périostitique periostitisch
périostose f. Periostose f.
péripancréatique peripankreatisch
péripancréatite f. Peripankreatitis f.
péripapillaire peripapillär
péripharyngien peripharyngeal
périphérie f. Peripherie f.
périphérique peripher
périphlébite f. Periphlebitis
péripleural peripleural
péripleurite f. Peripleuritis f.
péripolèse f. Peripolese f.
périporte periportal
périproctite f. Periproktitis f.
périproctitique periproktitisch
périprostatite f. Paraprostatitis f., Periprostatitis f.
périprothétique periprothetisch
péripulpaire zirkumpulpal
péripylorique peripylorisch
périr de froid erfrieren
périradiculaire periradikulär
périrectal pararektal, periproktisch
périrénal perirenal
périrhizoclasie f. Perirhizoklasie f.
périsalpingite f. Perisalpingitis f.
périsellaire perisellär
périsigmoïdite f. Perisigmoiditis f.
périsinusite f. Perisinusitis f.
périsinusoïdal perisinusoidal
périsplénite f. Perisplenitis f.
périsplénitique perisplenitisch
périssable verderblich
péristaltique peristaltisch
péristaltisme m. Peristaltik f.
péristaltisme rétrograde m. Retroperistaltik f.
péristase f. Peristase f.

péristatique peristatisch
péritendinite f. Peritendinitis f.
péritoine m. Bauchfell n., Peritoneum n.
péritomie f. Pannusoperation f.
péritonaliser peritonalisieren
péritonéal peritoneal
péritonéoscopie f. Peritoneoskopie f.
péritonéoveineux peritoneovenös
péritonite f. Bauchfellentzündung f., Peritonitis f.
péritonitique peritonitisch
péritrachéal peritracheal
pérityphlite f. Perityphlitis f.
pérityphlitique perityphlitisch
périunguéal parungual, periungual
périurétral periurethral
périvaginal perivaginal
périvaginite f. Perikolpitis f.
périvalvulaire perivalvulär
périvasculaire perivaskulär, zirkumvaskulär
périveineux perivenös
périveinulaire perivenolär
périventriculaire periventrikulär, zirkumventrikulär
périvésical perivesikal
perlapine f. Perlapin n.
perle épithéliale f. Hornperle f.
perlèche f. Faulecke f., Perlèche f.
perlingual perlingual
permanence f. Permanenz f.
permanent permanent
permanganate de potassium m. Kaliumpermanganat n.
permanganique übermangansauer
perméabilité f. Durchgängigkeit f., Durchlässigkeit f., Permeabilität f.
perméabilité vasculaire f. Gefäßpermeabilität f.
perméable durchgängig, passierbar, permeabel
perméation f. Permeation f.
permuter umstellen
pernasal pernasal
pernicieux perniziös
péromélie f. Peromelie f.
péroné m. Wadenbein n.
peroral peroral
peroxydase f. Peroxydase f.
peroxyde m. Peroxid n.
peroxyde d'azote m. Stickoxidul n.
peroxyde d'hydrogène, test au m. Schaumprobe f.
peroxyde de magnésium m. Magnesiumperoxid n.
peroxynitrite m. Peroxynitrit n.

peroxysome m. Peroxisom n.
perpétuel fortdauernd
perphénazine f. Perphenazin n.
perruque f. Perücke f.
persévération f. Perseveration f.
persistant persistierend
persister persistieren
personnalité f. Persönlichkeit f.
personnalité psychopathique f. psychopathische Persönlichkeit f.
personne f. Person f.
personne assurée obligatoirement f. pflichtversicherte Person f.
personne atteinte d'une maladie aigue f. akutkranke Person f.
personne atteinte de la lèpre f. leprakranke Person f.
personne ayant une achromasie f. farbenblinde Person f.
personne chargée des soins f. Pflegeperson f.
personne convalescente f. genesende Person f.
personne de contact f. Kontaktperson f.
personne de référence f. Bezugsperson f.
personne gravement handicapée f. schwerbehinderte Person f.
personne myope f. myope Person f.
personne pratiquant le contrôle f. Prüferin f.
personne prioritaire f. bevorrechtigte Person f.
personne s'opposant à la vaccination f. Impfgegner m.
personne soignante f. Krankenpflegeperson f.
personne titulaire d'un doctorat f. promovierte Person f.
personne vulnérable f. gefährdete Person f.
personnel de l'hôpital m. Krankenhauspersonal n.
personnel médical m. medizinisches Personal n.
personnel soignant m. Pflegepersonal n.
persorption f. Persorption f.
perspiration f. Ausdünstung f., Exhalation f., Perspiration f.
perspirer ausdünsten
persuasion f. Persuasion f.
persufflation f. Persufflation f.
persulfate m. Persulfat n.
pertactine f. Pertactin n.
perte f. Verlust m.
perte brutale de l'audition f. Hörsturz m., Hörverlust m.
perte d'acuité auditive f. Ertaubung f.

perte d'affectivité f. Affektabstumpfung f.
perte d'eau f. Wasserverlust m.
perte d'efficacité f. Wirkungsverlust m.
perte d'objet (psych.) f. Objektverlust m.
perte de conscience f. Bewusstseinsverlust m.
perte de fémininité f. Entweiblichung f.
perte de la vitalité pulpaire f. Pulpentod m.
perte de la vue f. Erblindung f.
perte de poids f. Gewichtsverlust m.
perte de précision f. Bewegungsunschärfe f.
perte de sels f. Salzverlust m.
perte des eaux f. Vorwasser n.
perte du réalisme f. Wirklichkeitsverlust m.
perte liquidienne f. Flüssigkeitsverlust m.
pertechnétate m. Pertechnetat n.
Perthes, maladie de f. Perthessche Krankheit f.
pertrochantérien pertrochanter
pertuberculaire pertuberkulär
perturbation f. Perturbation f., Störung f.
perturber stören
péruvoside m. Peruvosid n.
pervers pervers
perversion f. Perversion f.
perversion de frottement d'étoffes f. Friktionismus m.
perversité f. Perversität f.
pérymisial perimysial
pèse-bébé m. Säulingswaage f.
pessaire m. Pessar n.
pessaire de Hodge m. Hodge-Pessar n.
pessaire en anneau m. Ringpessar n.
pessaire en massue m. Menge-Pessar n.
pessaire occlusif de Mensinga m. Mensinga-pessar n.
pessaire utérin de Thomas m. Thomas-Pessar n.
pessimisme m. Pessimismus m.
peste f. Pest f.
peste atypique de la volaille f. atypische Geflügelpest f.
peste aviaire f. Hühnerpest f.
peste bovine f. Rinderpest f.
peste bubonique f. Beulenpest f., Bubonenpest f.
peste classique de la volaille f. klassische Geflügelpest f.
peste équine f. Paardenziekte f., Pferdepest f.
peste pneumonique f. Lungenpest f.
peste septicémique f. Pestsepsis f.
pestilent pestartig
PET scan (tomographie par émission de positons) m. Positronenemissionstomographie f.

pétéchial petechial
pétéchie f. Petechie f.
péthidine f. Pethidin n.
petit crochet m. Häkchen n.
petit enfant m. Kleinkind n.
petit-lait m. Molke f.
petit lit du nouveau-né m. Neugeborenenbettchen n.
petit mal épileptique m. petit mal n.
petite cellule épithéliomateuse f. Haferzelle f.
petite chirurgie f. kleine Chirurgie f.
petite courbure de l'estomac f. kleine Kurvatur f.
petite enfance, de la frühkindlich
petites pertes sanglantes f. uterine Schmierblutung f.
Petri, boîte de f. Petrischale f.
pétrichloral m. Petrichloral n.
pétrification f. Versteinerung f.
pétrifier versteinern
pétrissage m. Knetung f.
pétroapicite f. Petroapizitis f.
pétrole m. Petroleum n.
pétrooccipital petrookzipital
pétrosite f. Petrositis f.
pétrosphénoïdien petrosphenoidal
pétrosquameux petrosquamös
pétrotympanique petrotympanisch
Petruschky, lait de tournesol de m. Petruschkysche Lackmusmolke f.
peu féminin unweiblich
peu important geringgradig
peu invasif minimalinvasiv
peu psychologique unpsychologisch
peur f. Angst f., Angstgefühl n., Furcht f.
peur de l'école f. Schulangst f.
peur de la nuit f. Nachtangst f.
Peyer, plaque de f. Peyerscher Lymphfollikelhaufen m.
peyotl m. Peyotl m.
Pfannenstiel, incision de f. Pfannenstielscher Querschnitt m.
phacite f. Linsenentzündung f.
phacocèle f. Phakozele f.
phacogénique phakogen
phacomalacie f. Phakomalazie f.
phacomatose f. Phakomatose f.
phacome m. Phakom n.
phacomètre m. Phakometer n.
phacométrique phakometrisch
phacosclérose f. Linsenverhärtung f.
phacoscopie f. Phakoskopie f.
phacoscotasmus m. Phakoskotasmus m.
phagédénisme m. Phagedänismus m.
phagocytaire phagozytär
phagocyte m. Fresszelle f., Phagozyt m.
phagocyter phagozytieren
phagocytolyse f. Phagozytolyse f.
phagocytose f. Phagozytose f.
phagolyse f. Phagolyse f.
phagophobie f. Phagophobie f.
phagosome m. Phagosom n.
phakitis f. Phakitis f.
phako-émulsifikation f. Phakoemulsifikation f.
phalange f. Phalanx f.
phalangien phalangeal
phallique phallisch
phallite f. Phallitis f.
phalloïdine f. Phalloidin n.
phalloplastie f. Penisplastik f.
phallotoxine f. Phallotoxin n.
phanquinone f. Phanquinon n.
pharmaceutique pharmazeutisch
pharmaceutique f. Pharmazeutik f.
pharmacie f. Apotheke f., Pharmazie f.
pharmacie de l'hôpital f. Krankenhaus-Apotheke f.
pharmacie-dépendance f. Zweig-Apotheke f.
pharmacien m. Apotheker m., Pharmazeut m.
pharmacien(ne) de l'hôpital m./f. Krankenhausapotheker(in) m./(f.)
pharmacienne f. Apothekerin f., Pharmazeutin f.
pharmacochimie f. Pharmakochemie f.
pharmacochimique pharmakochemisch
pharmacochimiste m./f. Pharmakochemiker(in) m./(f.)
pharmacocinétique pharmakokinetisch
pharmacocinétique f. Pharmakokinetik f.
pharmacodépendance f. Arzneimittelsucht f.
pharmacodynamie f. Pharmakodynamik f.
pharmacodynamique pharmakodynamisch
pharmacognosie f. Pharmakognosie f.
pharmacognosique pharmakognostisch
pharmacologie f. Pharmakologie f.
pharmacologique pharmakologisch
pharmacologue f. Pharmakologin f.
pharmacologue m. Pharmakologe m.
pharmacomanie f. Pharmakomanie f.
Pharmacopée f. Arzneibuch n., Pharmakopöe f.
pharmacorésistant pharmakoresistent
pharmacopsychose f. Pharmakopsychose f.
pharmacopsychiatrie f. Pharmakopsychiatrie f.
pharmacothérapeutique pharmakotherapeutisch

pharmacothérapie f. Pharmakotherapie f.
pharyngite f. Halsentzündung f., Pharyngitis f.
pharyngite latérale f. Seitenstrangangina f.
pharyngitique pharyngitisch
pharyngoamygdalite f. Pharyngotonsillitis f.
pharyngoconjonctival pharyngokonjunktival
pharyngolaryngien pharyngolaryngeal
pharyngopalatin pharyngopalatinal
pharyngoscope m. Pharyngoskop n.
pharyngoscopie f. Pharyngoskopie f.
pharyngoscopique pharyngoskopisch
pharyngospasme m. Pharyngospasmus m.
pharyngotomie f. Pharyngotomie f.
pharynx m. Pharynx m.
phase f. Phase f.
phase de latence f. Latenzzeit f.
phase de repos f. Ruhestadium n.
phase folliculaire proliférative f. Follikelphase f.
phase orale f. orale Phase f.
phase postmitotique f. postmitotische Phase f.
phase préimplantatoire f. Präimplantationsphase f.
phase prémitotique f. prämitotische Phase f.
phase prodromale f. Prodromalstadium n.
phase progestative f. Gelbkörperphase f., Lutealphase f.
phase solide f. Festphase f.
phase terminale f. Kammerendschwankung f.
phasine f. Phasin n.
phasique phasisch
phénacémide m. Phenacemid n.
phénacétine f. Phenazetin n.
phénadoxone m. Phenadoxon n.
phénamazoline f. Phenamazolin n.
phénampromide m. Phenampromid n.
phénanthrène m. Phenanthren n.
phénanthroline f. Phenanthrolin n.
phénazapyridine f. Phenazapyridin n.
phénazine f. Phenazin n.
phénazocine f. Phenazocin n.
phénazone f. Phenazon n.
phénazopyridine f. Phenazopyridin n.
phenbrobamate m. Phenbrobamat n.
phenbutazone f. Phenbutazon n.
phencyclidine f. Phencyclidin n., Phenzyklidin n.
phendimétrazine f. Phendimetrazin n.
phénelzine f. Phenelzin n.
phénéthylamine f. Phenethylamin n.
phénéturide m. Pheneturid n.

phenglutarimide m. Phenglutarimid n.
phénicarbazide m. Phenicarbazid n.
phénidate m. Phenidat n.
phénindamine f. Phenindamin n.
phénindione f. Phenindion n.
phéniprazine f. Pheniprazin n.
phéniramine f. Pheniramin n.
phenmétrazine f. Phenmetrazin n.
phénobarbital m. Luminal n., Phenobarbital n.
phénocopie f. Phänokopie f.
phénol m. Phenol n.
phénol liquéfié m. Phenolum liquefactum n.
phénolase f. Phenolase f.
phénolate m. Phenolat n.
phénoler phenolieren
phénologie f. Phänologie f.
phénolphtaléine f. Phenolphthalein n.
phénolsulfonephtaléine f. Phenolrot n.
phénoltétrachlorphtaléïne f. Phenoltetrachlorphtalein n.
phénomène m. Phänomen n.
phénomène d'Arthus m. Arthus-Phänomen n.
phénomène d'harmonica m. Handharmonika-Phänomen n.
phénomène de Ashman m. Ashman-Phänomen n.
phénomène de flaque m. Pfützenphänomen n.
phénomène de Hochsinger m. Hochsingersches Zeichen n.
phénomène de réentrée m. Phänomen der kreisenden Erregung n.
phénoménologie f. Phänomenologie f.
phénoménologique phänomenologisch
phénotane m. Phenotan n.
phénothiazine f. Phenothiazin n.
phénotype m. Phänotyp m.
phénotypique phänotypisch
phénoxétol m. Phenoxetol n.
phénoxybenzamine f. Phenoxybenzamin n.
phenprocoumone m. Phenprocoumon n.
phenpropionate m. Phenpropionat n.
phensuximide m. Phensuximid n.
phentermine f. Phentermin n.
phentolamine f. Phentolamin n.
phénylacétylguanidine f. Phenylazetylguanidin n.
phénylalaninase f. Phenylalaninase f.
phénylalanine f. Phenylalanin n.
phénylalkylamine f. Phenylalkylamin n.
phénylbutazone f. Phenylbutazon n.
phénylbutyrate m. Phenylbutyrat n.
phénylcétonurie f. Phenylketonurie f.

phénylcyclopropylamine f. Phenylzyklopropylamin n.
phényle m. Phenyl n.
phénylène m. Phenylen n.
phénylène diamine f. Phenylendiamin n.
phényléphrine f. Phenylephrin n.
phényléthanolamine f. Phenyläthanolamin n., Phenylethanolamin n.
phényléthylamine f. Phenylethylamin n.
phényléthylbiguanide m. Phenylethylbiguanid n.
phényléthylhydrazine f. Phenylethylhydrazin n.
phénylhydrazine f. Phenylhydrazin n.
phénylmercuriborate m. Phenylmerkuriborat n.
phénylpropanolamine f. Phenylpropanolamin n.
phénylpyruvate m. Phenylpyruvat n.
phénylquinoline f. Phenylchinolin n.
phénylsulfonate m. Phenylsulfonat n.
phénylthiourée f. Phenylthioharnstoff m.
phénythilone f. Phenythilon n.
phénytoïne f. Phenytoin n.
phéochromocytome m. Phäochromozytom n.
phérormone f. Pherormon n.
phialide f. Phialide f.
philosophie f. Philosophie f.
philosophique philosophisch
phimosis m. Phimose f.
phlébectasie f. Phlebektasie f., Venektasie f.
phlébectomie f. Phlebectomie f.
phlébite f. Phlebitis f.
phlébitique phlebitisch
phlébodynamométrie f. Phlebodynamometrie f.
phlébogramme m. Phlebogramm n.
phlébographie f. Phlebographie f., Venographie f.
phlébographique phlebographisch
phlébolithe m. Phlebolith m.
phlébothrombose f. Phlebothrombose f.
phlébotomie f. Phlebotomie f., Venaesectio f., Venensektion f.
Phlebotomus papatasii m. Phlebotomus papatasii m.
phlébovirus m. Phlebovirus n.
phlegmatia f. Phlegmasie f.
phlegmon m. Phlegmone f.
phlegmoneux phlegmonös
phlogistique phlogistisch
phlorétine f. Phloretin n.
phlorhizine f. Phlorhizin n.
phloroglucine f. Phloroglucin n.

phloxine f. Phloxin n.
phlyctène f. Phlyktäne f.
phlyctène de brûlure f. Brandblase f.
phobie f. Phobie f.
phobie cardiaque f. Kardiophobie f.
phobie de la nudité f. Nudophobie f.
phobie de situation f. Situationsangst f.
phobique phobisch
phobophobie f. Phobophobie f.
phocomalacie f. Linsenerweichung f.
phocomélie f. Phokomelie f.
pholcodine f. Pholcodin n.
phon m. Phon n.
phonasthénie f. Phonasthenie f., Rhesasthenie f.
phonation f. Phonation f.
phonème m. Phonem n.
phonendoscope m. Phonendoskop m.
phonétique phonetisch
phonétique f. Phonetik f.
phoniatrie f. Phoniatrie f.
phoniatrie, spécialiste de f. Phoniatrin f.
phoniatrie, spécialiste de m. Phoniater m.
phonique phonatorisch
phonoangiographie f. Phonangiographie f.
phonocardiogramme m. Phonokardiogramm n., PKG n.
phonocardiographe m. Phonokardiograph m.
phonocardiographie f. Herzschallschreibung f., Phonokardiographie f.
phonocardiographique phonokardiographisch
phonogramme m. Phonogramm n.
phonographie f. Phonographie f.
phonographique phonographisch
phonologie f. Phonologie f.
phonologique phonologisch
phonophobie f. Phonophobie f.
phonopsie f. Phonopsie f.
phonoscope m. Phonoskop n.
phonotransducteur m. Schallkopf m.
phorbol m. Phorbol n.
phoromètre m. Phoropter m.
phosgène m. Phosgen n.
phosphagène m. Phosphagen n.
phosphamide m. Phosphamid n.
phosphane m. Phosphan n.
phosphatase f. Phosphatase f.
phosphatase acide f. Prostataphosphatase f., saure Phosphatase f.
phosphatase acide prostatique f. prostataspezifische saure Phosphatase f.
phosphate f. Fosfat n., Phosphat n.
phosphaté phosphathaltig

phosphate à haute énergie m.   energiereiches Phosphat n.
phosphate de cuivre m.   Kupferphosphat n.
phosphate de sodium m.   Natriumphosphat n.
phosphate organique m.   Organophosphat n.
phosphate terreux m.   Erdphosphat n.
phosphate triple m.   Tripelphosphat n.
phosphatidate m.   Phosphatidat n.
phosphatide m.   Phosphatid n.
phosphatidyle m.   Phosphatidyl n.
phosphatine f.   Phosphatin n.
phosphatogéne   phosphatbildend
phosphaturie f.   Phosphaturie f.
phosphide m.   Phosphid n.
phosphine f.   Phosphin n.
phosphite m.   Phosphit n.
phosphoadénosine f.   Phosphoadenosin n.
phosphocréatine f.   Phosphokreatin n.
phosphodiester m.   Phosphodiester m.
phosphodiestérase f.   Phosphodiesterase f.
phosphoénolpyruvate m.   Phosphoenolpyruvat n.
phosphofructokinase f.   Phosphofruktokinase f.
phosphoglucomutase f.   Phosphoglukomutase f.
phosphogluconate m.   Phosphoglukonat n.
phosphoglucose m.   Phosphoglukose f.
phosphoglycérate m.   Phosphoglyzerat n.
phosphoglycéride m.   Phosphoglyzerid n.
phosphokinase f.   Phosphokinase f.
phospholambane m.   Phospholamban n.
phospholipase f.   Phospholipase f.
phospholipide m.   Phospholipid n.
Phosphomanno-isomérase f.   Phosphomannoisomerase f.
phosphonate m.   Phosphonat n.
phosphonoformate m.   Phosphonoformat n.
phosphoprotéine f.   Phosphoprotein n.
phosphopyridine f.   Phosphopyridin n.
phosphore m.   Phosphor m.
phosphore organique m.   organischer Phosphor m.
phosphorer   phosphorieren
phosphorescence f.   Phosphoreszenz f.
phosphoreux   phosphorhaltig (dreiwertig)
phosphoribosylpyrophosphate m.   Phosphoribosylpyrophosphat n.
phosphoribosyltransférase f.   Phosphoribosyltransferase f.
phosphorique   phosphorhaltig (fünfwertig)
phosphorofluoridate m.   Phosphorofluoridat n.
phosphorylase f.   Phosphorylase f.
phosphorylation f.   Phosphorylierung f.
phosphoryle m.   Phosphoryl n.
phosphoryler   phosphorylieren
phosphoryléthanolamine f.   Phosphoryléthanolamin n.
phosphosérine f.   Phosphoserin n.
phosphosulfate m.   Phosphosulfat n.
phosphothiamine f.   Phosphothiamin n.
phosphotransférase f.   Phosphotransferase f.
phosphowolframate m.   Phosphowolframat n.
phot m.   Phot n.
photique   photisch
photoalgie f.   Photodynie f.
photoallergie f.   Photoallergie f.
photoallergique   photoallergisch
photobiologie f.   Photobiologie f.
photocellule f.   Photozelle f.
photochimiothérapie f   Photochemotherapie f.
photochimique   photochemisch
photochromogéne   photochromogen
photocoagulation f.   Lichtkoagulation f., Photokoagulation f.
photodermatose f.   Lichtdermatose f.
photodermie f.   Photodermie f.
photodynamique f.   Photodynamik f.
photodynamique   photodynamisch
photoélectrique   photoelektrisch
photogastroscopie f.   Photogastroskopie f.
photogénique   photogen
photographie f.   Photographie f.
photographique   photographisch
photohétérotrophie f.   Photoheterotrophie f.
photoinactivation f.   Photoinaktivierung f.
photokinésie f.   Photokinese f.
photokinésique   photokinetisch
photolyse f.   Photolyse f.
photolytique   photolytisch
photomètre m.   Photometer n.
photomètre à degrés m.   Stufenphotometer n.
photomètre de flamme m.   Flammenphotometer n.
photométrie f.   Photometrie f.
photométrie de flamme f.   Flammenphotometrie f.
photométrique   photometrisch
photomicroscopie f.   Photomikroskopie f.
photomorphose f.   Photomorphose f.
photon m.   Photon n.
photooxydation f.   Photooxidation f.
photophérèse f.   Photopherese f.
photophobie f.   Lichtscheu f., Photophobie f.
photophosphorylation f.   Photophosphorylierung f.

Photopie f. Photopie f.
photopique photopisch
photoprotection f. Lichtschutz m.
photopsie f. Photopsie f.
photopsine f. Photopsin n.
photorécepteur m. Photorezeptor m.
photoscintigraphie f. Photoszintigraphie f.
photosensibilisation f. Photosensibilisierung f.
photosensibilité f. Lichtempfindlichkeit f., Photosensibilität f.
photosensible lichtempfindlich, photosensibel
photostimulation f. Lichtstimulation f.
photosynthèse f. Photosynthese f.
phototaxie f. Phototaxis f.
photothérapie f. Lichttherapie f., Phototherapie f.
photothermolyse f. Photothermolyse f.
photothrombose f. Photothrombose f.
phototimer m. Phototimer m.
phototoxicité f. Phototoxizität f.
phototoxique phototoxisch
phototrope phototrop
phototrophique phototroph
phrénicocolique phrenikokolisch
phrénicotomie f. Phrenikotomie f.
phrénicotripsie f. Phrenikotripsie f.
phrénocolique phrenokolisch
phrénoélévation f. Zwerchfellhochstand m.
phrénologie f. Phrenologie f.
phrénologique phrenologisch
phrénologue f. Phrenologin f.
phrénologue m. Phrenologe m.
phrénoplégie f. Zwerchfelllähmung f.
phrénoptose f. Zwerchfelltiefstand m.
phrénosine f. Phrenosin f.
phrynodermie f. Phrynodermie f.
phtalamate m. Phthalamat n.
phtalamidine f. Phthalamidin n.
phtalanilide m. Phthalanilid n.
phtalate m. Phthalat n.
phtalazine f. Phthalazin n.
phtaléine f. Phthalein n.
phtalidolone f. Phthalidolon n.
phtalylsulfathiazol m. Phthalylsulfathiazol n.
phtiriase inguinale f. Filzlausbefall m.
phtiriase pubienne f. Phthiriasis inguinalis f.
phtisie f. Phthise f.
phtisie pulmonaire f. Lungenschwindsucht f.
phtisiogenèse f. Phthisiogenese f.
phtisique phthisisch, schwindsüchtig
phycomycose f. Phykomykose f.
phylaxie f. Phylaxis f.

phyllopyrrol m. Phyllopyrrol n.
phylloquinone f. Phyllochinon n.
phylogenèse f. Phylogenese f.
phylogénétique phylogenetisch
phylum m. Phylum n.
physalis m. Physalide f.
physicien m. Physiker m.
physicienne f. Physikerin f.
physicochimie physikalisch-chemisch
physiochimie f. physiologische Chemie f.
physiochimique physiologisch-chemisch
physiologie f. Physiologie f.
physiologie cellulaire f. Zellularphysiologie f.
physiologie sensorielle f. Sinnesphysiologie f.
physiologique physiologisch
physiologiste f. Physiologin f.
physiologiste m. Physiologe m.
physiopsychique physiopsychisch
physiothérapeute m./f. Physiotherapeut(in) m./(f.)
physiothérapie f. Physiotherapie f.
physiothérapique physiotherapeutisch
physique physikalisch, physisch
physique f. Physik f.
physique nucléaire f. Kernphysik f.
physiquement körperlich
physiquement handicapé körperbehindert
physostigmine f. Physostigmin n.
phytase f. Phytase f.
phytate m. Phytat n.
phytine f. Phytin n.
phytoagglutinine f. Phytoagglutinin n.
phytobézoar m. Phytobezoar m.
phyto-estrogène m. Phytoestrogen n.
phyto-estrol m. Phytoestrol n.
phytoglobuline f. Phytoglobulin n.
phytohémagglutinine f. Phytohämagglutinin n.
phytohormone f. Phytohormon n.
phytol m. Phytol n.
phytoménadione f. Phytomenadion n.
phytopharmacologie f. Phytopharmakologie f.
phytostérol m. Phytosterin n., Phytosterol
phytothérapie f. Phytotherapie f.
phytothérapique phytotherapeutisch
phytotoxine f. Phytotoxin n.
phytotoxique phytotoxisch
pial pial
pian m. Frambösie f.
pic m. Gipfel m.
pic de charge m. Spitzenbelastung f.
pica m. Pica f.

picafibrate m. Picafibrat n.
pichet m. Kanne f.
Pick, atrophie cérébrale de f. Picksche Atrophie f.
Pickwick, syndrome de m. Pickwick-Syndrom n.
piclonidine f. Piclonidin n.
picloxydine f. Picloxydin n.
picobenzide m. Picobenzid n.
picodralazine f. Picodralazin n.
picofarad m. Picofarad n.
picolamine f. Picolamin n.
picopérine f. Picoperin n.
picophosphate m. Picofosfat n., Picophosphat n.
picoprazole m. Picoprazol n.
picornavirus m. Picornavirus n.
picosulfate m. Picosulfat n.
picrate m. Pikrat n.
picrine f. Pikrin n.
picrogueusie f. Pikrogeusie f.
picrotoxine f. Pikrotoxin n.
pidolate m. Pidolat n.
pièce de travail f. Arbeitsraum m.
pied m. Fuß m., Stativ n.
pied à coulisse m. Schublehre f.
pied ballant m. Fallfuß m.
pied bot m. Klumpfuß m.
pied bot équin m. Pes equinus m., Spitzfuß m.
pied bot talus m. Hackenfuß m., Pes calcaneus m.
pied bot talus-valgus m. Pes calcaneovalgus m.
pied bot talus-varus m. Pes calcaneovarus m.
pied bot valgus m. Pes valgus m.
pied bot valgus équin m. Pes equinovalgus m.
pied bot varus m. Pes varus m.
pied bot varus équin m. Pes equinovarus m.
pied creux m. Hohlfuß m., Pes cavus m.
pied de Madura m. Madurafuß m.
pied en griffe m. Klauenfuß m.
pied étalé m. Spreizfuß m.
pied fendu m. Spaltfuß m.
pied plat m. Pes planus m., Plattfuß m., Senkfuß m.
pied plat valgus m. Pes planovalgus m.
pied, fouler le den Fuß verstauchen
piedra f. Piedra f., Tinea nodosa f.
piercing m. Piercing n.
pierre f. Stein m.
pierre à aiguiser f. Schleifstein m.
pierre d'Arkansas f. Arkansasabziehstein m.
pierre ponce f. Bimsstein m.

pierre précieuse f. Edelstein m.
piézocéramique piezokeramisch
piézochimie f. Piezochemie f.
piézoélectrique piezoelektrisch
piézoesthésie f. Drucksensibilität f.
piézogène piezogen
PIF (prolactin inhibiting factor) m. PIF (prolaktininhibierender Faktor) m.
pifarnine f. Pifarnin n.
pifénate m. Pifenat n.
pifexol m. Pifexol n.
pifoxime m. Pifoxim n.
pigment m. Pigment n.
pigment biliaire m. Gallenfarbstoff m.
pigmentation f. Pigmentation f., Pigmentierung f.
pigmenté pigmentiert
pigmenter pigmentieren
pilaire pilar
pile f. Batterie f.
pilier de bridge m. Brückenpfeiler m., Brückenträger m.
pilier du voile du palais m. Gaumenbogen m.
pilocarpine f. Pilokarpin n.
pilocytaire pilozytisch
pilocyte m. Pilozyt m.
pilomoteur pilomotorisch
pilon m. Pistill n.
pilosité pubienne f. Schamhaar n.
pilule f. Pille f.
pilule contraceptive f. Antibabypille f.
pilules de Blaud f. pl. Blaudsche Pillen f. pl.
piméclone f. Pimeclon n.
piméfylline f. Pimefyllin n.
piméthixène m. Pimethixen n.
pimétine f. Pimetin n.
pimétrémide m. Pimetremid n.
piminodine f. Piminodin n.
pimozide m. Pimozid n.
pimpernelle f. Pimpernelle f.
pincé eingeklemmt
pince f. Klemme f., Zange f.
pince à biopsie f. Biopsiezange f., Probeexzisionszange f.
pince à biopsie rectale f. Mastdarmbiopsiezange f.
pince à chalazion f. Chalazionpinzette f.
pince à crochets f. Hakenzange f.
pince à disséquer f. anatomische Pinzette f.
pince à drap f. Moskitoklemme f., Tuchklemme f.
pince à enlever les agrafes f. Klammerentfernungszange f.
pince à entropion f. Entropionpinzette f.
pince à épiler f. Epilationspinzette f.

pince à esquille f. Splitterpinzette f.
pince à extraction f. Extraktionszange f., Fremdkörperzange f.
pince à faux germes f. Abortuszange f.
pince à fixation f. Fixierpinzette f.
pince à griffes f. Hakenpinzette f., Vulsellum n.
pince à mors fenêtré (pour calculs biliaires) f. Gallensteinfasszange f.
pince à ongles f. Nagelzange f.
pince à os f. Knochenfasszange f., Knochenzange f.
pince à pansement f. Kornzange f.
pince à papier f. Bulldogklemme f.
pince à poser les agrafes f. Klammeranlegezange f.
pince à séquestre f. Fasszange f., Greifzange f., Sequesterzange f.
pince à stérilisation f. Sterilisierpinzette f.
pince à tampon f. Tamponzange f.
pince à tamponnement utérin f. Uterustamponzange f.
pince artérielle de Kocher f. Kocherklemme f.
pince chirurgicale f. chirurgische Pinzette f.
pince ciseaux f. Irispinzette f.
pince compressive f. Quetschpinzette f.
pince coupante f. Zwickzange f.
pince d'alaisage f. Dehnzange f.
pince de Bernhard f. Wundrandpinzette f.
pince de compression aortique de Sehrt f. Sehrtsches Kompressorium n.
pince de Cornet f. Deckglaspinzette f., Objektträgerpinzette f.
pince de forcipressure f. Druckklemme f.
pince de Kjeland f. Kjelandzange f.
pince de Michel f. Wundklammerpinzette f.
pince de Péan f. Péansche Klemme f.
pince de Tarnier f. Tarniersche Zange f.
pince de tension f. Drahtspannzange f.
pince dentée amygdalienne f. Tonsillenfasszange f.
pince dentée d'Asch f. Darmfasszange f.
pince dentée pour saisir le poumon f. Lungenfasszange f.
pince gouge f. Hohlmeißelzange f., Löffelzange f.
pince hémostatique f. Arterienklemme f., Gefäßklemme f.
pince orthodontique f. Orthodontiezange f.
pince porte-aiguille f. Nadelhalter m.
pince porte-vis f. Knochenschraubenhaltezange f.
pince pour ablation de l'ongle f. Nagelextraktionszange f.
pince pour ablation de polypes f. Polypenzange f.
pince pour strabisme f. Schielpinzette f.
pince tire-langue f. Zungenhalter m., Zungenzange f.
pince tord-fil f. Drahtbiegezange f.
pince universelle f. Kombinationszange f.
pincer abklemmen, klemmen, zerrzupfen, zwicken
pinces à cire f. pl. Wachszange f.
pincette f. Pinzette f.
pincette à tampon nasal f. Nasentamponpinzette f.
pinéalectomie f. Pinealektomie f.
pinéalocyte m. Pinealozyt m.
pinéalome m. Pinealom n.
pinène m. Pinen n.
pinguecula f. Pinguecula f.
pinocyte m. Pinozyt m.
pinocytose f. Pinozytose f.
pinolcaïne f. Pinolcain n.
pinta f. Pinta f.
Pinto, mal de m. Pinto-Krankheit f.
pioglitazone f. Pioglitazon n.
pipacycline f. Pipacyclin n.
pipamazine f. Pipamazin n.
pipampérone f. Pipamperon n.
pipébuzone f. Pipebuzon n.
pipécolate m. Pipecolat n.
pipémide m. Pipemid n.
pipenzolate m. Pipenzolat n.
pipéracétazine f. Piperacetazin n.
pipéramide m. Piperamid n.
pipérazine f. Piperazin n.
pipéridine f. Piperidin n.
pipéridolate m. Piperidolat n.
pipérine f. Piperin n.
pipérocaïne f. Piperocain n.
pipéthamate m. Pipethamat n.
pipette f. Pipette f.
pipetter pipettieren
pipoctanone f. Pipoctanon n.
pipofézine f. Pipofezin n.
pipothiazine f. Pipotiazin n.
pipoxizine f. Pipoxizin n.
piprazole m. Piprazol n.
piprinhydrinate m. Piprinhydrinat n.
piqûre f. Einstich m., Injektion f., Stich m.
piqûre d'abeille f. Bienenstich m.
piqûre d'insecte Insektenstich m.
piqûre de punaise f. Wanzenstich m.
piqûre de tique f. Zeckenbiss m.
piqûre venimeuse f. giftiger Stich m.
piratage de données m. Datenpiraterie f.
pirenzépine f. Pirenzepin n.

pirétanide m. Piretanid n.
piridocaïne f. Piridocain n.
piriforme birnenförmig
pirinidazole m. Pirinidazol n.
piritramide m. Piritramid n.
pirlindol m. Pirlindol n.
piroctone f. Pirocton n.
pirogliride m. Piroglirid n.
piroheptine f. Piroheptin n.
pirolate m. Pirolat n.
pirolazamide m. Pirolazamid n.
piroplasmose f. Piroplasmose f.
piroxicam m. Piroxicam n.
piroximone f. Piroximon n.
Pirquet, cutiréaction de f. Pirquet-Probe f.
pis m. Euter n.
Pit, cellule de f. Pit-Zelle f.
pitofénone f. Pitofenon n.
pituxate m. Pituxat n.
pityriasis rosé/rubra/versicolor m. Pityriasis rosea/rubra/versicolor f.
pityriasis versicolor m. Kleinpilzflechte f.
pityrosporum m. Pityrosporum n.
Pityrosporum orbiculare m. Mikrosporon furfur n.
pivalate m. Pivalat n.
pivaloylindandione f. Pivaloylindandion n.
pivenfrine f. Pivenfrin n.
pivot m. Stift m., Zapfen m. (dent.)
pivot d'ancrage m. Ankerstift m. (dent.)
pizotifène m. Pizotifen n.
PL (ponction lombaire) f. LP (Lumbalpunktion) f.
placebo m. Placebo n., Plazebo n.
placenta m. Mutterkuchen m., Plazenta f.
placenta praevia m. Placenta praevia f.
placentaire plazentar
placentation f. Plazentation f.
placentite f. Plazentitis f.
placentographie f. Plazentographie f.
placentome m. Plazentom n.
placentotoxine f. Plazentotoxin n.
placer anbringen
Placido, disque de m. Placidosche Scheibe f.
placode f. Plakode f.
plaie cavitaire f. Wundhöhle f.
plaie escarrifiée f. Wundschorf m.
plaie par morsure f. Bisswunde f.
plaindre de, se klagen über
plaintes f. pl. Beschwerden f. pl.
plaisant angenehm
plaisir anticipé m. Vorlust f.
plan eben
plan m. Ebene f.
plan corporel m. Körperebene f.
plan d'occlusion m. Okklusionsebene f.
plan de l'objet m. Objektebene f.
plan de régime m. Diätschema n.
plan frontal m. Frontalebene f.
plan oeil-oreille m. Ohr-Augen-Ebene f.
plan oto-orbital de Francfort m. Frankfurter Horizontale f.
plan pelvien m. Beckenebene f.
plan tomographique m. Schichtebene (roentg.) f.
planche f. Brett n.
plancher de la bouche m. Mundboden m.
plancher pelvien m. Beckenboden m.
planconcave planokonkav
planconvexe planokonvex
plancton m. Plankton n.
planigraphie f. Planigraphie f.
planigraphique planigraphisch
planimétrie f. Planimetrie f.
planing familial m. Familienplanung f.
planocellulaire flachzellig, planozellulär
planocyte m. Planozyt m.
planocytose f. Planozytose f.
plantain m. Plantain m.
plantaire plantar
plante f. Pflanze f.
plante du pied f. Fußsohle f.
plante médicinale f. Arzneipflanze f.
plante vénéneuse f. Giftpflanze f.
planter einstechen (Nadel)
plantigrade m. Sohlengänger m.
plaquage en porcelaine m. Porzellanverblendung f.
plaque f. Plaque f., Platte f.
plaque à ailettes f. Flügelplatte f.
plaque aspirante f. Saugplatte f.
plaque d'occlusion f. Bissplatte f. (dent.)
plaque de base f. Aufstellplatte f. (dent.), Basisplatte f.
plaque de mélange f. Mischplatte f. (dent.)
plaque de mixage f. Anrührplatte f. (dent.)
plaque de prothèse f. Prothesenplatte f.
plaque de prothèse dentaire f. Zahnprothesenplatte f.
plaque érythémateuse f. Erythroplakie f.
plaque neurale f. Neuralplatte f.
plaque pour ostéosynthèse f. Knochenplatte f.
plaque terminale f. Endplatte f.
plaque vibrante f. Rüttelplatte f.
plaquette f. Plättchen n., Täfelchen n.
plaquette (sanguine) f. Blutplättchen n.
plaquette de protection f. Strahlenschutzplakette f.
plasma m. Plasma n.

plasma

plasma congelé m.   Gefrierplasma n.
plasma frais surgelé m.   Tiefkühlfrischplasma n.
plasma germinatif m.   Keimplasma n.
plasma humain m.   Humanplasma n.
plasma sec m.   Mixoplasma n.
plasma, succédané du m.   Plasmaersatzmittel n.
plasmacytoïde   plasmazytoid
plasmal m.   Plasmal n.
plasmalogène m.   Plasmalogen n.
plasmaphérèse f.   Plasmapherese f.
plasmatique   plasmatisch
plasmide m.   Plasmid n.
plasmine f.   Plasmin n.
plasminogène m.   Plasminogen n.
plasmoblaste m.   Plasmablast m.
plasmocytaire   plasmozytär
plasmocyte m.   Plasmazelle f.
plasmocytoïde   plasmozytoid
plasmocytome m.   Plasmozytom n.
plasmocytose f.   Plasmazellenvermehrung f.
plasmodesme m.   Plasmodesma n.
plasmodicide   plasmodientötend
plasmodicide m.   Plasmodizid n.
Plasmodium falciparum m.   Plasmodium falciparum n.
Plasmodium immaculatum m.   Plasmodium immaculatum n.
Plasmodium malariae m.   Plasmodium malariae n.
Plasmodium vivax m.   Plasmodium vivax n.
plasmogamie f.   Plasmogamie f.
plasmolyse f.   Plasmolyse f.
plasmolytique   plasmolytisch
plasmome m.   Plasmom n.
plasticité f.   Plastizität f.
plastide m.   Plastid n., Trophoblast m.
plastie f.   Plastik (Operation) f.
plastie cartilagineuse f.   Knorpelplastik f.
plastie de l'aorte f.   Aortaplastik f.
plastie de la mâchoire f.   Kieferplastik f.
plastie hiatale f.   Hiatusplastik f.
plastie osseuse f.   Knochenplastik f.
plastie par lambeau f.   Lappenplastik f.
plastique   plastisch
plastique m.   Plastik (Material) n.
plastogamie f.   Plastogamie f.
plastomère m.   Plastomer n.
plastosome m.   Plastosom n.
plateau m.   Plateau n., Tablett n.
plateau à instruments m.   Instrumentenkorb m.
plateau strié m.   Kutikularsaum m.

plathelminthe m.   Plathelminth m., Plattwurm m.
platinate m.   Platinat n.
platine m.   Platin n.
plâtre m.   Gips m.
plâtre de marche m.   Gehgipsverband m.
platre du bassin m.   Beckengibsverband m.
plâtre dur m.   Hartgips m., Marmorgips m.
plâtrer   gipsen
platybasie f.   Platybasie f.
platycéphalie f.   Platyzephalie f.
platycnémie f.   Säbelscheidentibia f.
platycranie f.   Platykranie f.
platymorphisme m.   Platymorphie f.
plein   voll
plein air m.   Freiluft f.
plein de santé   kerngesund
plein de vers   madig
pléiochromie f.   Pleiochromie f.
pléiochromique   pleiochrom
pléiotrope   pleiotrop
pléocytose f.   Pleozytose f.
pléomorphe   pleomorph
pléomorphisme m.   Pleomorphie f.
pléonexie f.   Pleonexie f.
pléonostéose f.   Pleonostose f.
pléoptique f.   Pleoptik f.
plérocercoïde m.   Plerozerkoid n.
plésiomonas m.   Plesiomonas f.
plessimètre m.   Plessimeter n.
pléthore f.   Plethora f., Vollblütigkeit f.
pléthorique   blutreich, plethorisch, vollblütig
pléthysmogramme m.   Plethysmogramm n.
pléthysmographe m.   Plethysmograph m.
pléthysmographie f.   Plethysmographie f.
pléthysmographique   plethysmographisch
pleural   pleural
pleurectomie f.   Pleurektomie f.
pleurésie f.   Brustfellentzündung f., Pleuritis f.
pleurésique   pleuritisch
pleurodèse f.   Pleurodese f.
pleurodynie f.   Pleurodynie f.
pleurogène   pleurogen
pleuromuline f.   Pleuromulin n.
pleuropéricardique   pleuroperikardial
pleuropéricardite f.   Pleuroperikarditis f.
pleuropéritonéal   pleuroperitoneal
pleuropéritonéostomie f.   Pleuroperitoneostomie f.
pleuropneumolyse f.   Pleuropneumolyse f.
pleuropneumonie f.   Pleuropneumonie f.
pleuroscopie f.   Pleuroskopie f.
pleurotomie f.   Pleurotomie f.
pleuroviscéral   pleuroviszeral

pneumopéritonéographie

plèvre f.   Brustfell n., Pleura f.
plexique, atteinte f.   Plexuserkrankung f.
plexus m.   Geflecht n., Plexus m.
plexus brachial m.   Plexus brachialis m.
plexus cervical m.   Plexus cervicalis m.
plexus d'Auerbach m.   Auerbachscher Plexus m.
plexus de Meissner m.   Meissnerscher Plexus m.
plexus sacré m.   Plexus sacralis m.
plexus solaire m.   Plexus solaris m.
pli m.   Falte f.
pli palmaire m.   Handfurche f.
pliage m.   Faltung f.
plication f.   Plikation f.
plicotomie f.   Plikotomie f.
plier   falten
plieuse f.   Faltapparat m.
plissement m.   Faltung f.
pliure f.   Abknickung f., Knick m.
ploïdie f.   Ploidie f.
plomb m.   Blei n.
plombage   Füllung f., Plombe f. (dent.)
plomber   plombieren
plonger   untertauchen
plumage m.   Gefieder n.
Plummer-Vinson, syndrome de m.   Plummer-Vinson-Syndrom n.
pluriglandulaire   pluriglandulär
pluriloculaire   mehrkammerig, multilokulär
plurinucléaire   mehrkernig
pluriorificiel   pluriorifiziell
pluristratifié   mehrschichtig
plusieurs couches, à   mehrschichtig
plusieurs entrées, à   mehrtorig
plutonium m.   Plutonium n.
PMA (procréation médicalement assistée) f.   medizinisch unterstützte Fortpflanzung f.
pneumarthrogramme m.   Pneumarthrogramm n.
pneumarthrographie f.   Pneumarthrographie f.
pneumarthrographique   pneumarthrographisch
pneumarthrose f.   Pneumarthrose f.
pneumatique   pneumatisch
pneumatisation f.   Pneumatisierung f.
pneumatiser   pneumatisieren
pneumatocèle f.   Pneumatozele f.
pneumatose f.   Pneumatose f.
pneumaturie f.   Pneumaturie f.
pneumectomie f.   Pneumektomie f.
pneumobacille de Friedländer m.   Pneumobazillus Friedländer m.
pneumocolon m.   Pneumokolon n.
pneumoconiose f.   Pneumokoniose f.
pneumocoque m.   Pneumokokkus m.
Pneumocystis carinii f.   Pneumocystis carinii f.
pneumocystographie f.   Pneumozystographie f.
pneumocystose f.   Pneumozystose f.
pneumocyte m.   Pneumozyt m.
pneumoencéphalographie f.   Pneumenzephalographie f.
pneumographe m.   Pneumograph m.
pneumographie f.   Pneumographie f.
pneumographie magnétoscopique f.   Magnetopneumographie f.
pneumographique   pneumographisch
pneumolithe m.   Pneumolith m.
pneumologie f.   Pneumologie f., Pulmologie f.
pneumologique   pneumologisch, pulmologisch
pneumologue f.   Pulmologin f.
pneumologue m.   Pulmologe m.
pneumolyse f.   Pneumolyse f.
pneumomédiastin m.   Pneumomediastinum n.
pneumomètre m.   Pneumometer n.
pneumométrie f.   Pneumometrie f.
pneumométrique   pneumometrisch
pneumonectomie f.   Pneumonektomie f.
pneumonie f.   Lungenentzündung f., Pneumonie f.
pneumonie aigue interstitielle f.   akute interstitielle Pneumonie f.
pneumonie bilieuse f.   biliöse Pneumonie f.
pneumonie caséeuse f.   käsige Pneumonie f.
pneumonie de déglutition f.   Aspirationspneumonie f.
pneumonie fibreuse f.   fibröse Pneumonie f.
pneumonie hypostatique f.   hypostatische Pneumonie f.
pneumonie lobaire f.   Lobärpneumonie f.
pneumonie migratrice f.   Wanderpneumonie f.
pneumonie secondaire à l'infarctus pulmonaire f.   Infarktpneumonie f.
pneumonie virale f.   Viruspneumonie f.
pneumonique   pneumonisch
pneumopathie f.   Pneumopathie f.
pneumopathie de choc f.   Schocklunge f.
pneumopéricarde m.   Pneumoperikard n.
pneumopéritoine m.   Pneumoperitoneum n.
pneumopéritonéographie f.   Pneumoperitoneographie f.

pneumopyélographie f. Pneumopyelographie f.
pneumoradiographie f. Pneumoradiographie f.
pneumorétropéritoine m. Pneumoretroperitoneum n.
pneumoscrotum m. Pneumoskrotum n.
pneumotachogramme m. Pneumotachogramm n.
pneumotachographe m. Pneumotachograph m.
pneumotachographie f. Pneumotachographie f.
pneumotachographique pneumotachographisch
pneumothorax m. Pneumothorax m.
pneumothorax à soupape m. Ventilpneumothorax m.
pneumothorax sous tension m. Spannungspneumothorax m.
pneumothorax spontané m. Spontanpneumothorax m.
pneumotrope pneumotrop
poche f. Sack m., Tasche (anatom.) f., Tasche f.
poche à air f. Luftsack (veter.) m.
poche à air de l'estomac f. Magenblase f.
poche à urines f. Urinauffangbeutel m.
poche alvéolaire f. Alveolarspalte f.
poche d'urine f. Harnauffangbeutel m.
poche de perfusion f. Infusionsbeutel m.
poche génienne f. Wangentasche f.
poche gingivale f. Zahnfleischtasche f.
poche recevant les sécrétions f. Sekretsammelgefäß n.
poche valvulaire f. Klappentasche f.
poche vitelline f. Dottersack
poche, en sackartig
podagre f. Podagra n.
podocyte m. Podozyt m.
pododermatite verruqueuse f. Hufkrebs m.
podologie f. Podologie f.
podopathie f. Podopathie f.
podophylline f. Podophyllin n.
podophyllotoxine f. Podophyllotoxin n.
podotrochilite f. Hufrollenentzündung f.
podotrochléite f. Podotrochlitis f., Strahlbeinlahmheit f.
poids m. Gewicht n.
poids à la naissance m. Geburtsgewicht n.
poids atomique m. Atomgewicht n.
poids du corps m. Körpergewicht n.
poids moléculaire (PM) m. Mol.-Gew. n., Molekulargewicht n.
poids normal m. Normalgewicht n.
poids spécifique m. spezifisches Gewicht n.
poids, sans schwerelos
poignée f. Griff m., Handgriff m.
poignée (du câble) f. Kabelgriff m.
poignet m. Handgelenk n.
poïkilocyte m. Poikilozyt m.
poïkilocytose f. Poikilozytose f.
poïkilodermie f. Poikiloderma f., Poikilodermie f.
poïkiloïdie f. Poikiloploidie f.
poïkilosmose f. Poikilosmose f.
poïkilothermie f. Poikilothermismus m.
poïkilothymique poikilothym
poil m. Haar n.
poing m. Faust f.
point m. Punkt m.
point alvéolaire m. Alveolarpunkt m.
point culminant m. Höhepunkt m.
point d'attaque m. Angriffspunkt m.
point d'ébulition m. Siedepunkt m.
point d'inflexion m. Wendepunkt m.
point de Boas m. Boasscher Druckpunkt m.
point de Bolton m. Boltonscher Punkt m.
point de compression dû à la prothése m. Prothesendruckstelle f.
point de congélation m. Gefrierpunkt m.
point de côté m. Seitenstechen n.
point de départ m. Ausgangspunkt m.
point de fixation de suppléance m. Ersatzfixierungspunkt m.
point de fonte m. Taupunkt m.
point de fusion m. Schmelzpunkt m.
point de Mac Burney m. McBurneyscher Punkt m.
point de mesure m. Messpunkt m.
point de pression m. Druckpunkt m.
point de sortie du nerf m. NAP (Nervenaustrittspunkt) m.
point de vue m. Einsicht f.
point douloureux m. Schmerzpunkt m.
point lacrymal m. Tränenpunkt m.
point maximum m. punctum maximum m.
point ovarien hypersensible m. Hyperovarie f.
point sous-claviculaire d'Erb m. Erbscher Punkt m.
point, en forme de punktförmig
pointe f. Spitze f., Zipfel m.
pointe de la langue f. Zungenspitze f.
pointe du coeur f. Herzspitze f.
points hémorragiques m. pl. punktförmige Blutung f.
Poiseuille, loi de f. Poiseuillesches Gesetz n.
poison m. Gift n.
poitrine f. Brust f.

poitrine creuse, à hohlbrüstig
poitrine développée, à vollbrüstig
poitrine plate f. Flachbrust f.
poivre m. Pfeffer m.
polaire polar
polarimètre m. Polarimeter n.
polarimétrie f. Polarimetrie f.
polarimétrique polarimetrisch
polarisation f. optische Drehung f, Polarisation f., Polarisierung f.
polariscopie f. Polariskopie f.
polariser polarisieren
polarité f. Polarität f.
polarographe m. Polarograph m.
polarographie f. Polarographie f.
polarographique polarographisch
pôle m. Pol m.
polémique f. Polemik f.
poli m. Politur f.
police sanitaire f. Gesundheitspolizei f., Sanitätspolizei f.
policlinique f. Poliklinik f.
polidicanol m. Polidicanol n.
poliodystrophie f. Poliodystrophie f.
polioencéphalite f. Polioenzephalitis f.
poliomyélite f. Kinderlähmung f.
poliomyélite antérieure aigue f. Poliomyelitis anterior acuta f.
poliomyélitique poliomyelitisch
poliose f. Poliose f.
polir polieren, schleifen
polir à l'émeri schmirgeln
polisaponine f. Polisaponin n.
polissoir de finition m. Finierfeile f.
politique sanitaire f. Gesundheitspolitik f.
pollakiurie f. Pollakisurie f.
pollen m. Pollen m.
pollinose f. Pollenkrankheit f., Pollinose f.
pollution f. Pollution f., Umweltverschmutzung f.
pollution de l'air f. Luftverunreinigung f.
polonium m. Polonium n.
poloxalène m. Poloxalen n.
polyacryl m. Polyacryl n., Polyakryl n.
polyacrylamide m. Polyakrylamid n.
polyacrylate m. Polyakrylat n.
polyacrylonitrile m. Polyakrylonitril n.
polyadénite f. Polyadenitis f.
polyagglutination f. Polyagglutination f.
polyalgie f. Polyalgesie f.
polyamide m. Polyamid n.
polyamine f. Polyamin n.
polyanionprécipitation f. Polyanionenpräzipitation f.
polyartérite f. Polyarteriitis f.

polyarthrite f. Polyarthritis f.
polyarthrite chronique rhumatismale f. primär chronische Polyarthritis f.
polyarthrite rhumatoide aigue f. Polyarthritis rheumatica acuta f.
polyarthrite tuberculeuse de Poncet f. Poncetsches Rheumatoid n.
polyarthritique polyarthritisch
polyarticulaire polyartikulär
polyase f. Polyase f.
polyavitaminose f. Polyavitaminose f.
polyaxial polyaxial
polybasique polybasisch
polycaryocyte m. Polykaryozyt m.
polycentrique polyzentrisch
polychimiothérapeutique polychemotherapeutisch
polychimiothérapie f. Polychemotherapie f.
polychlorer polychlorieren
polycholie f. Polycholie f.
polychondrite f. Polychondritis f.
polychromasie f. Polychromasie f.
polychromatophile polychromatophil
polychromatophilie f. Polychromatophilie f.
polychrome polychromatisch, vielfarbig
polyclonal polyklonal
polycyclique polyzyklisch
polycystique polyzystisch
polycystographie f. Polyzystographie f.
polycythémie f. Polyzythämie f.
polycytose f. Polyzytose f.
polydactylie f. Polydaktylie f.
polydésoxyribonucléotide m. Polydesoxyribonukleotid n.
polydioxanone f. Polydioxanon n.
polydipsie f. Polydipsie f.
polyélectrolyte m. Polyelektrolyt m.
polyendocrinopathie f. Polyendokrinopathie f.
polyène m. Polyen n.
polyépiphysaire polyepiphysär
polyergique polyergisch
polyesthésie f. Polyästhesie f.
polyétadène m. Polyetaden n.
polyéthylène m. Polyäthylen n., Polyethylen n.
polygalactie f. Polygalaktie f.
polygalacturonase f. Polygalakturonase f.
polygalacturonate m. Polygalakturonat n.
polygéminie f. Polygéminie f.
polygénique polygen
polyglandulaire polyglandulär
polyglobulie f. Polyglobulie f.
polygonal polygonal
polyhexanide m. Polihexanid n.

polyhydroxypolycyclique polyhydroxypolyzyklisch
polyhyperménorrhée f. Polyhypermenorrhö f.
polyhypoménorrhée f. Polyhypomenorrhö f.
polyinsaturé ungesättigt, mehrfach
polyinsulaire polynesisch, multifokal
polyisoprène m. Polyisopren n.
polymédication f. Polymedikation f.
polyménorrhée f. Polymenorrhö f.
polymérase f. Polymerase f.
polymérases réaction en chaîne f. Polymerase-Kettenreaktion f.
polymère polymer
polymère m. Polymer n.
polymérie f. Polymerie f.
polymérisation f. Polymerisation f., Polymerisierung f.
polymériser polymerisieren
polymérisme m. Polymerie f.
polyméthylène m. Polymethylen n.
polymicrobien polymikrobiell
polymoléculaire hochmolekular
polymorphe polymorph
polymorphisme m. Polymorphie f.
polymyalgie f. Polymyalgie f.
polymyosite f. Polymyositis f.
polyneural polyneural
polyneuropathie f. Polyneuropathie f.
polyneuroradiculoganglionite f. Neuronitis f.
polynévrite f. Polyneuritis f.
polynévritique polyneuritisch
polynucléaire polynukleär
polynucléaire m. segmentkerniger Leukozyt m.
polynucléaire basophile m. basophiler Leukozyt m.
polynucléaire éosinophile m. eosinophiler Leukozyt m.
polynucléaire neutrophile m. neutrophiler Leukozyt m.
polynucléotide m. Polynukleotid n.
polyoestradiol m. Polyöstradiol n.
polyol m. Polyol n.
polyomavirus m. Polyomavirus n.
polyopsie f. Polyopsie f.
polyorchidie f. Polyorchidie f.
polyostéochondrite f. Polyosteochondritis f.
polyostose f. Polyostose f.
polyotie f. Polyotie f.
polyovulation f. Polyovulation f.
polypathie f. Polypathie f.
polype m. Polyp m.
polype cervical m. Zervikalpolyp m.
polype de la muqueuse nasale m. Nasenschleimhautpolyp m.
polypectomie f. Polypektomie f.
polypeptidase f. Polypeptidase f.
polypeptide m. Polypeptid n.
polypeux polypös
polyphagis f. Polyphagie f.
polyphasique polyphasisch
polyphénol m. Polyphenol n.
polyphosphate m. Polyphosphat n.
polyploïde polyploid
polyploïdie f. Polyploidie f.
polypnée f. Polypnoe f.
polypoïde polypoid
polypose f. Polypose f.
polypragmasie f. Polypragmasie f.
polyprényle m. Polyprenyl n.
polypropylène m. Polypropylen n.
polyradiculaire poliradikulär
polyradiculite f. Polyradikulitis f.
polyradiculonévrite f. Polyradikuloneuritis f.
polyribonucléotide m. Polyribonukleotid n.
polyribosome m. Polyribosom n.
polysaccharide m. Polysaccharid n.
polyscléradénite f. Polyskleradenitis f.
polysérosite f. Polyserositis f.
polysiloxane m. Polysiloxan n.
polysomie f. Polysomie f.
polysomique polysom
polysomnographie f. Polysomnographie f.
polysomnographique polysomnographisch
polysorbate m. Polysorbat n.
polyspermie f. Polyspermie f.
polystichiasis f. Polystichiasis f.
polystyrène m. Polystyrol n.
polysulfate m. Polysulfat n.
polysymptomatique polysymptomatisch
polysynaptique polysynaptisch
polythélie f. Polythelie f.
polythiazide m. Polythiazid n.
polytopie f. Polytopie f.
polytopique polytopisch
polytoxicomanie f. Polytoxikomanie f.
polytraumatisme m. Polytrauma n.
polytransfusé mehrfach transfundiert
polytraumatiser mehrfach traumatisieren, mehrfach verletzen
polytrope polytrop
polyuréthane m. Polyurethan n.
polyurie f. Polyurie f.
polyvalent polyvalent
polyvinyle m. Polyvinyl n.
polyxène polyxen
pommade f. Pomade f., Salbe f.

pommade boriquée f. Borsalbe f.
pommade d'oxyde de zinc f. Zinksalbe f.
pommade émulsifiée f. Emulsionssalbe f.
pommade nasale f. Nasensalbe f.
pommade ophtalmique f. Augensalbe f.
pommade réfrigérante f. Kühlsalbe f.
pomme d'Adam f. Adamsapfel m.
pompe f. Pumpe f.
pompe à ballon intraaortique f. IABP (intra-aortale Ballonpumpe) f.
pompe à diffusion d'huile f. Öldiffusionspumpe f.
pompe à jet d'eau f. Wasserstrahlpumpe f.
pompe à perfusion f. Infusionspumpe f.
pompe à vide f. Vakuumpumpe f.
pompe aspirante f. Saugpumpe f.
pompe de filtrage f. Filtrierpumpe f.
pomper abpumpen, auspumpen, pumpen
ponction f. Einstich m., Punktion f.
ponction cisternale f. Subokzipitalpunktion f.
ponction exploratrice f. Probepunktion f.
ponction lombaire f. Lumbalpunktion f.
ponction pleurale f. Pleurapunktion f.
ponction sous-occipitale f. SOP (Subokzipitalpunktion) f.
ponction sternale f. Sternalpunktion f.
ponction veineuse f. Venenpunktion f.
ponction ventriculaire f. Ventrikelpunktion f.
ponctionner abzapfen, einstechen, punktieren
ponctué getüpfelt
ponctuel punktuell
ponfibrate m. Ponfibrat n.
pont m. pons m.
pont de Varole m. Brücke (anatom.) f.
pont de Wheatstone m. Wheatstonesche Brücke f.
pontage m. Umgehung f.
pontique pontin
pontocérébelleux pontozerebellär, zerebellopontin
pontomédullaire pontomedullär
poplité popliteal
poplitéocrural popliteokrural
population f. Population f.
population à risque f. Risikogruppe f.
population rurale f. Landbevölkerung f.
population urbaine f. Stadtbevölkerung f.
poradénite f. Poradenitis f.
porc m. Schwein n.
porcelaine f. Porzellan n.
porcelet m. Ferkel n.
pore m. Pore f.
porencéphalie f. Porenzephalie f.
poreux porös
porion m. Porion m.
porokératose f. Porokeratose f.
porose f. Porose f.
porose cérébrale f. Porozephalose f.
porphine f. Porphin n.
porphobilinogène m. Porphobilinogen n.
porphyrie f. Porphyrie f., Porphyrismus m.
porphyrine f. Porphyrin n.
porphyrinémie f. Porphyrinämie f.
porphyrinurie f. Porphyrinurie f.
porphyropsine f. Porphyropsin n.
port m. Tragen n.
portant des dents zahntragend
portatif tragbar
porte m. Halter m., Halterung f.
porte f. Portal n., Pforte f.
porte d'entrée f. Eintrittspforte f.
porte amalgame m. Amalgamträger m.
porte empreinte métallique non perforé m. Löffelplatte f.
porte empreinte-partielle m. Teilabdrucklöffel m.
porte empreinte perforé m. Lochlöffel m.
porte fil m. Fadenführer m.
porte film m. Filmhalter m.
porte inlay m. Inlayhalter m.
porte instruments m. Instrumentenhalter m.
porte lancette m. Impffederhalter m.
porte ligature m. Ligaturenhalter m.
porte serviettes m. Serviettenhalter m.
porte tampon m. Tamponträger m.
portée f. Wurf (zool.) m.
porter eintragen, tragen
porteur m. Träger m.
porteur de canule m. Kanülenhalter m.
porteur de feuille m. Folienträger m.
porteur de germe m. Keimträger m.
porteur de germes chronique m. Dauerausscheider m.
porteur de prothèse m. Prothesenträger m.
porteur de vitamine m. Vitaminträger m.
porteuse de prothèse f. Prothesenträgerin f.
portion f. Portion f.
portion vaginale du col de l'utérus f. Portio f.
portocaval portocaval
portographie f. Portographie f.
pose-bistouri m. Messerbänkchen n.
pose de broche f. Verdrahtung f.
pose de l'inlay f. Inlayeinbettung f.
positif positiv
position f. Lage f., Position f.
position accroupie f. Hockstellung f.

position allongée f. Liegen n.
position anormale de la dent f. Zahnstellungsanomalie f.
position de décubitus ventral f. Bauchlage f.
position de la dent f. Zahnstellung f.
position de repos f. Ruhelage f.
position de Trendelenburg f. Kopftieflage f.
position de Walcher f. Walchersche Hängelage f.
position génu-cubitale f. Knie-Ellenbogen-Lage f.
position haute du diaphragme f. Hochstand (des Zwerchfells) m.
position intermédiaire, en zwischengelagert
position moyenne f. Mittellage f.
position occipitale antérieure f. vordere Hinterhauptshaltung f.
position occipitale postérieure f. hintere Hinterhauptshaltung f.
position occlusale f. Bisslage f., Okklusallage f., Okklusionslage f.
position opposée, en gegenüberliegend
position transversale f. Querstand (obstetr.) m.
position verticale (ECG) f. Steiltyp (EKG) m.
positionnel stellungsmäßig
positionnement m. Lagerung f. (in eine Lage bringen)
positionnement pour vésicotomie m. Steinschnittlage f.
positionneur m. Positioner m.
positrocéphalogramme m. Positrozephalogramm n.
positrocéphalographique positrozephalographisch
positron m. Positron n.
positrontomographie f. PET (Positronenemissionstomographie) f., Positronencomputertomographie f.
poskine f. Poskin n.
posologie f. Posologie f., Dosierung f.
possibilité de perfusion f. Perfusionsfähigkeit f.
possibilité de résection f. Resezierbarkeit f.
postagressif postaggressiv
postalimentaire postalimentär
postapoplectique postapoplektisch
postavortif postabortiv
postcardiotomique, syndrome m. Postkardiotomiesyndrom n.
postcentral postzentral
postcholécystectomique, syndrome m. Postcholezystektomiesyndrom n.
postclimactérique postklimakterisch

postcoïtal postkoital
postcommissural postkommissural
postcommissurotomie, syndrome de m. Postkommissurotomie-Syndrom n.
postcommotionnel, syndrome m. Postkommotionssyndrom n.
postcondensation f. Nachkondensation f.
postcontusionnel, syndrome m. Postkontusionssyndrom n.
postcure f. Nachkur f.
postdécharge f. Nacherregung f.
postdental postdental
postdiastolique postdiastolisch
postdiphtérique postdiphtherisch
poste de pansement m. Verbandplatz m.
poste de travail m. Arbeitsplatz m.
postencéphalitique postenzephahtisch
postépileptique postepileptisch
postérieur-gauche linksposterior
postéroinférieur posteroinferior
postérolatéral posterolateral
postéromédial posteromedial
postéromédian posteromedian
postéropariétal posteroparietal
postérotemporal posterotemporal
postérovésiculaire posterovesikulär
postexpositionnel postexpositionell
postextrasystolique postextrasystolisch
postfébrile postfebril
postganglionnaire postganglionär
postgastrectomique, syndrome m. Postgastrektomie-Syndrom n.
postglomérulaire postglomerulär
postgrippal postgrippal
posthémorragique posthämorrhagisch
posthépatique posthepatisch
posthépatitique posthepatitisch
postherpétique postherpetisch
posthite f. Posthitis f.
posthume posthum
posthypnotique posthypnotisch
postinfarctus du myocarde, syndrome de m. Postmyokardinfarkt-Syndrom n.
postischémique postischämisch
postjonctionnel postjunktional
postlactation f. Postlaktation f.
postmastectomie, syndrome de m. Postmastektomiesyndrom n.
postménopausal postmenopausal
postmitotique postmitotisch
postnasal postnasal
postnatal postnatal
postopératoire postoperativ
postorbitaire postorbital
postpartum postpartal

postpéricardiotomie, syndrome de m. Postperikardiotomiesyndrom n.
postphlébitique postphlebitisch
postpneumonique postpneumonisch
postpoliomyélitique postpoliomyelitisch
postposition f. Postposition f.
postpotentiel m. Nachpotential n.
postprandial postprandial
postpubertaire postpubertär
postsinusoïdal postsinusoidal
poststénosique poststenotisch
postsynaptique postsynaptisch
postthrombosique postthrombotisch
posttraumatique posttraumatisch
postural haltungsmäßig
posture f. Haltung f., Stellung f.
postvaccinal postvakzinal
postviral postviral
postzostérique postzosterisch
postzygotique postzygotisch
pot m. Kanne f.
Potain, aspirateur d'épanchement m. Potainscher Apparat m.
potasse f. Pottasche f.
potasse caustique f. Ätzkali n.
potassium m. Kalium n.
potence f. Bettgalgen m.
potentialisation f. Potenzierung (pharm.) f.
potentialiser potenzieren
potentiel potentiell
potentiel m. Potential n., potentiell
potentiel de défense m. Abwehrkraft f.
potentiel de pointe m. Spitzenpotential (EKG) n.
potentiel évoqué m. provoziertes Potential n.
potentiomètre m. Potentiometer n.
potentiométrie f. Potentiometrie f.
potentiométrique potentiometrisch
potion f. Trank m.
potomanie f. Potomanie f.
Pott, mal vertébral de m. Pottscher Bukkel m.
Potter, syndrome de m. Potter-Syndrom n.
pou m. Laus f.
pou de la tête m. Kopflaus f.
pou du corps m. Kleiderlaus f.
pou du pubis m. Filzlaus f.
poubelle f. Abfalleimer m.
poubelle des pansements f. Verbandstoffeimer m.
pouce m. Daumen m.
poudre f. Puder n., Pulver n.
poudre à éternuer f. Schnupfpulver m.
poudre biliaire f. Gallenpulver n.
poudre brûlée f. Pulverschmauch m.
poudre de Dover f. Doversches Puder n.
poudre de lycopode f. Bärlappsamen m.
poudre de marbre f. Marmorpulver n.
poudre dentifrice f. Zahnpulver n.
poudre effervescente f. Brausepulver n.
poudre insecticide f. Insektenpulver n.
poudre ipéca-opium f. Pulvis Ipecacuanhae opiatus m.
poudre pectorale f. Brustpulver n.
poudre pour les pieds f. Fußpuder n.
poudrer pudern
poulain femelle m. Stutenfohlen m.
poulain mâle m. Hengstfohlen m.
poule d'élevage f. Zuchthuhn n.
pouliner fohlen
pouls m. Puls m.
pouls alternant m. Pulsus alternans m.
pouls bigéminé m. Pulsus bigeminus m.
pouls capillaire m. Kapillarpuls m.
pouls capillaire sur l'ongle m. Nagelpuls m.
pouls carotidien m. Karotispuls m.
pouls déficitaire m. Pulsdefizit n.
pouls dur m. gespannter Puls m.
pouls dur d'hypertension intracranienne m. Druckpuls m.
pouls filiforme m. fadenförmiger Puls m.
pouls métallique m. Drahtpuls m.
pouls paradoxal m. Pulsus paradoxus m.
pouls pédieux m. Fußpuls m.
pouls radial m. Radialispuls m.
pouls veineux m. Venenpuls m.
pouls, sans - pulslos
poumon m. Lunge f.
poumon aréolaire m. Wabenlunge f.
poumon congestif m. Stauungslunge f.
poumon d'acier m. Eiserne Lunge f.
poumon du fermier m. Farmerlunge f.
poumon en ruche d'abeilles m. Honigwabenlunge f.
poumon floconneux m. Schneegestöberlunge f.
poumon oedémateux m. Flüssigkeitslunge f.
pouponnière f. Säuglingsheim m.
pour observation z. B. (zur Beobachtung)
pourcentage m. Prozent n.
pourcentage volumique m. Volumprozent n.
pourpre de bromocrésol m. Bromkresolpurpur m.
pourpre de crésol m. Kresolpurpur m.
pourpre visuel m. Erythropsin n., Sehpurpur m.
pourrir verfaulen
pourriture f. Fäulnis f.
pourvu de dents gezahnt

pousse couronne en buis m. Kronensetzer m.
poussée f. Schub m.
poussée de température f. Temperaturanstieg m.
pousser wachsen
pousse-seringue électrique m. elektrische Spritzenpumpe f.
poussière f. Staub m.
poussière de forage f. Bohrstaub m.
poussières domestiques f. pl. Hausstaub m.
poussin m. Küken n.
poussivité f. Dämpfigkeit f. (veter.)
poussoir m. Stoßeisen n. (dent.)
pouvoir adhésif m. Haftfestigkeit f.
pouvoir conducteur m. Leitfähigkeit f.
pouvoir curatif m. Heilkraft f.
pouvoir d'imbibition m. Quellkraft f.
pouvoir séparateur m. Auflösungsvermögen n.
povidone f. Povidon n.
präexpositionnel präexpositionell
pragmatagnosie f. Pragmatagnosie f.
pragmatique pragmatisch
pragmatisme m. Pragmatismus m.
pramipexol m. Pramipexol n.
pramivérine f. Pramiverin n.
pramocaïne f. Pramocain n.
pramoxine f. Pramoxin n.
prampine f. Prampin n.
praséodyme m. Praseodym n.
prastérone f. Prasteron n.
praticien m. praktischer Arzt m.
pratique praktisch, zweckmäßig
pratiquer praktizieren
pratiquer la résection resezieren
pratiquer une bursectomie bursektomieren
pratiquer une divulsion absprengen
praxadine f. Praxadin n.
prazépine f. Prazepin n.
praziquantel m. Praziquantel n.
préagonique präagonal
préalbumine f. Präalbumin n.
préaltéré vorgeschädigt
préamplificateur m. Vorverstärker m.
préanalytique präanalytisch
préanaphylactique präanaphylaktisch
préantral präantral
préauriculaire präaurikulär
prébétalipoprotéine f. Präbetalipoprotein n.
prébuberté f. Präpubertät f.
précancéreux präkanzerös
précancérose f. Präkanzerose f.
précapillaire präkapillär
précapillaire m. Präkapillare f.

précarcinomateux präkarzinomatös
précarieux präkariös
précaution f. Vorsichtsmaßnahme f.
précédant vorausgehend, vorhergehend
précentral präzentral
précharge f. Vorlast f.
précipitation f. Präzipitation f.
précipité m. Präzipitat n.
précipité d'oxyde jaune de mercure m. Hydrargyrum oxydatum flavum n.
précipité de chlorure mercureux m. Hydrargyrum praecipitatum album n.
précipiter fällen (chem.), niederschlagen (chem.)
précipitine f. Präzipitin n.
précipitinogène m. Präzipitinogen n.
précirrhotique präzirrhotisch
précis genau
précision f. Genauigkeit f., Präzision f.
précision de la mesure f. Messgenauigkeit f.
préclinique präklinisch, vorklinisch
précoce frühreif
précoïtal präkoital
précoma m. Präkoma n.
précomateux präkomatös
précommissural präkommissural
préconditionnement m. Präkonditionierung f.
préconscient vorbewusst
précordial präkordial
précurseur m. Vorläufer m.
prédentine f. Prädentin n.
prédestination f. Vorherbestimmung f.
prédiabète m. Prädiabetes m.
prédiabétique prädiabetisch
prédiastolique frühdiastolisch, prädiastolisch
prédigestion f. Vorverdauung f.
prédisposant prädisponierend
prédisposé anfällig
prédisposition f. Prädisposition f.
prédisposition à f. Anfälligkeit f.
prednazate m. Prednazat n.
prednazoline f. Prednazolin n.
prednicarbate m. Prednicarbat n.
prednimustine f. Prednimustin n.
prednisolamate m. Prednisolamat n.
prednisolone f. Prednisolon n.
prednisone f. Prednison n.
prednylidène m. Prednyliden n.
prédominance f. Prädominanz f.
prédominant überwertig, prädominant, vorherrschend
prédominer prädominieren, vorherrschen
prééclampsie f. Präeklampsie f.

prééclamptique präeklamptisch
préémailler vorglasieren
préépileptique präepileptisch
préexcitation f. Präexzitation f.
préexistant vorbestehend, vorherbestehend
préface f. Vorwort n.
préfénamate m. Prefenamat n.
préférence f. Prädilektion f.
préformation f. Präformation f.
préformation de caillot f. Preclotting n.
préforme test f. Proberohling m. (dent.)
préformer präformieren
préfrontal präfrontal
prégabaline f. Pregabalin n.
préganglionnaire präganglionär
Pregl, solution de f. Preglsche Lösung f.
prégnane m. Pregnan n.
prégnanolone m. Pregnanolon n.
prégnène m. Pregnen n.
prégnénolone f. Pregnenolon n.
préhépatique prähepatisch
préhypertonique prähypertonisch
préhypophysaire prähypophysär
préinvasif präinvasiv
préischémique präischämisch
préjonctionnel präjunktional
prélèvement à l'éponge m. Schwammbiopsie f.
rélèvement à la brosse m. Bürstenabstrich m.
prélèvement de sang m. Blutentnahme f.
prélèvement-échantillon m. Probe (Untersuchungsmaterial) f.
prélimbique prälimbisch
prématuré früh, vorzeitig
prématuré m. frühgeborenes Kind n.
prémaxillaire prämaxillar
prémédication f. Prämedikation f., Vorbehandlung f.
prémédiquer vorbehandeln
prémélanose f. Prämelanose f.
préménopausal präklimakterisch
préménopausique prämenopausal
prémenstruel prämenstruell
premier plan m. Vordergrund m.
première dentition f. Milchgebiss n.
première intention (de) f. erste Wahl f.
prémitotique prämitotisch
prémolaire f. Prämolar m.
prémonitoire prämonitorisch
prémorbide prämorbid
prémortel prämortal
prémunition f. Prämunität f.
prénatal pränatal
prendre einnehmen

prendre des précautions Vorkehrungen treffen
prendre froid sich erkälten, sich verkühlen
prendre soin de warten (pflegen)
prendre un bain baden
prendre une empreinte einen Abdruck nehmen
prendre une forme larvée larvieren
prénéoplasique präneoplastisch
prénettoyer vorreinigen
prénistéine f. Prenistein n.
prénovérine f. Prenoverin n.
prénuptial vorehelich
prénylamine f. Prenylamin n.
préoccupation f. Nachdenklichkeit f.
préopératoire präoperativ
préoptique präoptisch
préovulatoire präovulatorisch
préparalytique präparalytisch
préparation f. Präparat n., Präparation f., Vorbereitung f., Zubereitung f.
préparation à l'entrée à l'école d'infirmière f. Krankenpflegevorschule f.
préparation composée f. zusammengesetztes Präparat n.
préparation du moignon f. Stumpfpräparation f. (dent.)
préparation écrasée f. Quetschpräparat n.
préparation en coupes f. Slice cut m.
préparation en lamelle f. Scheibenschnitt m.
préparation microscopique f. Abstrich m.
préparation par tamponnement f. Tupfpräparat n.
préparation pharmaceutique f. Pharmakon n.
préparation vétérinaire f. Tierarznei f.
préparer präparieren, zubereiten
prépatellaire präpatellar
prépéritonéal präperitoneal
prépolir anpolieren
prépolissage m. Vorpolieren n.
prépondérance f. Präponderanz f.
prépontique präpontin
préprandial präprandial
prépsychotique präpsychotisch
prépubertaire präpubertär
prépuce m. Vorhaut f.
prépuce pendant m. überhängende Vorhaut f.
préputial präputial
préputiotomie f. Präputiotomie f.
prépylorique präpylorisch
prépyramidal präpyramidal
prérénal prärenal
présacré präsakral

presbyacousie f. Presbyakusis f.
presbyophrénie f. Presbyophrenie f.
presbyopie f. Presbyopie f.
presbyte alterssichtig, presbyop
presbytie f. Alterssichtigkeit f., Weitsichtigkeit f.
présclérose f. Präsklerose f.
présclérotique präsklerotisch
prescription f. Verordnung f.
prescription non-renouvelable f. einmalige Verordnung f.
prescription obligatoire, à rezeptpflichtig
prescription sur ordonnance f. Rezeptur f.
prescriptions thérapeutiques f. pl. Behandlungsvorschrift f.
prescrire rezeptieren, verordnen
présellaire präsellär
présence f. Vorkommen n.
présence de poux f. Verlausung f.
présence de sphacèles f. Sphakelismus m.
présénile präsenil
préséniline f. Presenilin n.
présénilité f. Präsenilität f.
présentation f. vorangehender Eiteil m. (obstetr.), Handelsform f. (pharm.)
présentation céphalique f. Schädellage f., Kopflage f.
présentation de l'épaule f. Schulterlage f.
présentation de la face f. Gesichtslage f.
présentation de la tête f. Kopflage f.
présentation droite f. Geradstand m., Längslage f.
présentation du foetus f. vorangehender Eiteil m.
présentation du front f. Stirnlage f.
présentation du siège f. Steißlage f.
présentation du sommet f. Hinterhauptslage f.
présentation foetale f. Fruchteinstellung f.
présentation frontale f. Vorderhauptshaltung f.
présentation modèle-hôpital f. Anstaltspackung f.
présentation pathologique f. Fehllage (obstetr.) f.
présentation transversale f. Querlage (obstetr.) f.
préservatif m. Gummischutz (Kondom) m., Präservativ n.
présinusoïdal präsinusoidal
présomptif präsumptiv
presse f. Kompressorium n.
presser auspressen, drängen
pression f. Drang m., Druck m.
pression auriculaire f. Vorhofdruck m.

pression d'insertion f. Verkeilungsdruck m.
pression de l'air f. Luftdruck m.
pression de remplissage f. Füllungsdruck m.
pression du liquide céphalorachidien f. Liquordruck m.
pression hydraulique f. Wasserdruck m.
pression intraoculaire f. Augeninnendruck m.
pression intraventriculaire f. Ventrikeldruck m.
pression masticatoire f. Kaudruck m.
pression météorique f. Blähdruck m.
pression moyenne f. Mitteldruck m.
pression négative f. Unterdruck m.
pression partielle f. Partialdruck m.
pression sanguine f. Blutdruck m.
pression veineuse f. Venendruck m.
pressorécepteur m. Pressorezeptor m.
pressoréceptif pressorezeptiv
prestation de maladie f. Krankengeld n.
préstenosé prästenotisch
présuicidaire präsuizidal
presure f. Lab n.
présure f. Chymase f.
présynaptique präsynaptisch
présystolique präsystolisch
prêt à injecter spritzbereit, spritzfertig
prêtant à la classification, se klassifizierbar
prétendu sogenannt
préthyroïdien präthyreoidal
prétiadil m. Pretiadil n.
prétibial prätibial
prétrachéal prätracheal
prévalence f. Prävalenz f.
prévalent prävalent
prévenir verhüten, vorbeugen
prévention f. Prävention f., Verhütung f.
prévention des accidents f. Unfallverhütung f.
prévention du cancer f. Krebsvorbeugung f.
prévertébral prävertebral
prévésical prävesikal
prévisible vorhersehbar
prévoir vorhersagen
prézygotique präzygotisch
PRF (facteur de libération de la prolactine) m. PRF (prolaktinfreisetzender Faktor) m.
priapisme m. Priapismus m.
pribécaïne f. Pribecain n.
Price-Jones, courbe de f. Price-Jonessche Kurve f.
pridéfine f. Pridefin n.
prifuroline f. Prifurolin n.
prilocaïne f. Prilocain n.
primaire primär

primaquine f.　Primaquin n.
primate m.　Primat m.
primidone f.　Primidon n.
primipare　erstgebärend
primipare f.　Erstgebärende f., Primipara f.
primordial　primordial
primvérose f.　Primverose f.
principe m.　Prinzip n.
principe actif m.　Wirkstoff m.
principe d'exclusion m.　Ausschlussprinzip n.
Prinzmetal, syndrome angineux de m.　Prinzmetal-Angina f.
prioritaire　prioritär, vorrangig
priorité f.　Priorität f.
prise f.　Griff m.; Eingriff m.; Einnahme f.; Entnahme f.; Anschluss m.
prise d'empreinte sur cire mordue f.　Bissnahme f. (dent.)
prise de la tension f.　Blutdruckmessung f.
prise de mesures f.　Prothesenanmessung f.
prise de sang f.　Blutentnahme f., Blutprobenentnahme f.
prise de secteur f.　Netzstecker m.
prise de terre f.　Erdung f.
prise répétée　erneute Einnahme f. (z. B. Medikament)
prismatique　prismatisch
prisme m.　Prisma n.
prisme de Nicol m.　Nicolsches Prisma n.
prismooptomètre m.　Prismenoptometer n.
pristinamycine f.　Pristinamycin n.
privation f.　Entziehung f., Entzug m.
privation de nourriture f.　Nahrungsmittelentzug m.
privé　privat
prix Nobel m.　Nobelpreis m.
proaccélérine f.　Proakzelerin n.
proactivateur m.　Proaktivator m.
proagrégant　aggregationsfördernd
probabilité f.　Wahrscheinlichkeit f.
probarbital m.　Probarbital n.
probénécide m.　Probenecid n.
probilifuscine f.　Probilifuszin n.
probiotique m.　Probiotikum n.
probiotique　probiotisch
problème de développement m.　Entwicklungsstörung f.
problème de vision m.　Sehstörung f.
problèmes climactériques m. pl.　Wechseljahresbeschwerden f. pl.
procaïnamide m.　Procainamid n., Prokainamid n.
procaïne f.　Procain n., Prokain n.
procalcitonine f.　Procalcitonin n.
procarbazine f.　Procarbazin n., Prokarbazin n.
procaryote m.　Prokaryot m.
procédé duplex m.　Duplexsystem n.
procédure f.　Handlungsweise f., Prozedur f., Verfahren n.
procès m.　Prozess m.
procès alvéolaire m.　Kieferkamm m.
processus d'hémolyse m.　Hämolysierung f.
processus de guérison m.　Heilungsprozess m.
prochlorpérazine f.　Prochlorperazin n.
prochromosome m.　Prochromosom n.
prochymosine f.　Prochymosin n.
procidence du cordon f.　Nabelschnurvorfall m., Nabelschnurvorlagerung f.
procidence du pied f.　Fußvorlagerung f.
procinonide m.　Procinonid n.
procoagulant m.　Prokoagulans n.
procodazole m.　Procodazol n.
procollagène m.　Prokollagen n.
proconvertine f.　Proconvertin n., Prokonvertin n.
procréation f.　Nachwuchserzeugung f., Zeugung f.
procréation médicalement assistée (PMA) f.　medizinisch unterstützte Fortpflanzung f.
proctalgie f.　Proktalgie f.
proctectomie f.　Proktektomie f.
proctitite f.　proktitisch
proctocolectomie f.　Proktokolektomie f.
proctocystotomie f.　Proktozystotomie f.
proctogène　proktogen
proctologie f.　Proktologie f.
proctologique　proktologisch
proctologue m.　Proktologe m.
proctopexie f.　Proktopexie f.
proctoscopie f.　Proktoskopie f.
proctoscopique　proktoskopisch
proctosigmoïdectomie f.　Proktosigmoidektomie f.
proctosigmoïdoscope m.　Rektoromanoskop n.
proctosigmoïdoscopie f.　Proktosigmoidoskopie f., Rektoromanoskopie f.
proctosigmoïdoscopique　proktosigmoidoskopisch
proctostomie f.　Proktostomie f.
proctotomie f.　Proktotomie f.
procyclidine f.　Procyclidin n.
prodilitine f.　Prodilitin n.
prodrome m.　Prodrom n., Vorzeichen n. (med.)
prodromique　prodromal

producteur de chaleur wärmebildend
productif ergiebig, produktiv
production f. Ausstoß m., Produktion f.
production d'une ombre f. Schattengebung f.
production de métastases f. Metastasenbildung f.
produire erzeugen, freisetzen
produit m. Produkt n.
produit alimentaire m. Nahrungsmittel n.
produit aspiré m. Aspirat n.
produit bloquant m. blockierendes Mittel n.
produit cancérigène m. Karzinogen n.
produit chimique m. Chemikalie f.
produit contre les rongeurs m. Rodentizid n.
produit d'hémolyse m. Hämolysat n.
produit d'hydrolyse m. Hydrolysat n.
produit d'ultrafiltration m. Ultrafiltrat n.
produit de contraste m. Röntgenkontrastmittel n.
produit de fission (atom.) m. Spaltprodukt n.
produit de lavage m. Waschmittel n.
produit de luxe m. Genussmittel n.
produit de marque m. Markenpräparat n.
produit de nettoyage m. Reinigungsmittel n.
produit de percolation m. Perkolat n.
produit de polymérisation m. Polymerisat n.
produit de soins corporels m. Körperpflegemittel n.
produit de traitement du ténia m. Bandwurmmittel n.
produit dialysé m. Dialysat n.
produit filtré m. Filtrat n.
produit galénique m. galenisches Mittel n.
produit homogénéisé m. Homogenat n.
produit humidifiant m. Netzmittel n.
produit médicamenteux m. Arzneiware f.
produit nootrope m. nootropes Mittel n.
produit phytosanitaire m. Pflanzenschutzmittel n.
produit pour les blessures m. Wundmittel m.
produit pustulant m. blasentreibendes Mittel n.
produit radiopharmaceutique m. Radiopharmakon n.
produit vésicant m. blasenziehendes Mittel n.
produits alimentaires m. pl. Lebensmittel n. pl.
proéminence f. Vorwölbung f.
proenzyme f. Proenzym n.
proérythroblaste m. Proerythroblast m.
proestérase f. Proesterase f.
profane m. Laie m.
profénamine f. Profenamin n.
proferment m. Proferment n.
professeur m./f. Professor(in) m./(f.)
professeur d'université m./f. Dozent(in) m./(f.)
professeur de faculté m./f. Universitätslehrer(in) m./(f.)
profession f. Beruf m.
profession exigeant un diplome universitaire f. akademischer Beruf m.
professionnel beruflich, berufsbedingt, professionell
profibrine f. Profibrin n.
profibrinolysine f. Profibrinolysin n.
profil m. Profil n.
profil d'oiseau m. Vogelgesicht n.
profondeur de champ f. Tiefenschärfe f.
profondeur de l'anesthésie f. Narkosetiefe f.
profus profus
progabide m. Progabid n.
progame progam
progastrine f. Progastrin n.
progénie f. Progenie f.
progénital progenital
progéniteur m. Progenitor m.
progérie f. Progerie f.
progestagène m. Progestagen n.
progestatif progestativ
progestatif m. Gestagen n.
progestérone f. Corpus-luteum-Hormon n., Gelbkörperhormon n., Lutein n., Luteohormon n., Progesteron n.
proglottis m. Bandwurmglied n.
proglucagon m. Proglukagon n.
proglumétacine f. Proglumetacin n.
proglumide m. Proglumid n.
prognathie f. Prognathie f.
programmable programmierbar
programmateur m. Programmierer m., Programmiergerät n.
programmation f. Programmierung f.
programmé programmiert
programmé à l'avance vorprogrammiert
programme disponible m. Abrufprogramm n.
programmer programmieren
progrès m. Besserung f., Fortschritt m.
progrès m. pl. Fortschritte m. pl.
progresser fortschreiten
progressif progredient, progressiv
progression f. Progredienz f., Progression f.
progressivement stufenweise
proheptazine f. Proheptazin n.

prohormone f. Prohormon n.
proinflammatoire proinflammatorisch
proinsuline f. Proinsulin n.
projection f. Pojektion f.
projection oblique antérieure droite f. erster Schrägdurchmesser m., Fechterstellung f.
projection oblique antérieure gauche f. zweiter Schrägdurchmesser m., Boxerstellung f.
prolaber prolabieren
prolactine f. Prolaktin n.
prolactine f. Laktationshormon n.
prolactinome m. Prolaktinom n.
prolactolibérine f. Prolaktoliberin n.
prolamine f. Prolamin n.
prolan m. Prolan n.
prolapsus m. Vorfall (Prolaps) m.
prolapsus de l'iris m. Irisprolaps m.
prolapsus du vagin m. Scheidenvorfall m.
prolapsus mitral de Barlow m. floppy valve
prolidase f. Prolidase f.
proliférant wuchernd
proliférateur m. Proliferator m.
prolifératif proliferativ
prolifération f. Proliferation f., Wucherung f.
proliférer proliferieren
proligestone f. Proligeston n.
prolinamide m. Prolinamid n.
prolinase f. Prolinase f.
proline f. Prolin n.
proline oxydase f. Prolinoxidase f.
prolintane m. Prolintan n.
prolinurie f. Prolinurie f.
prolixe weitschweifig
prologue m. Vorspiel n.
prolongation f. Verlängerung f.
prolongement m. Fortsatz m.
prolongement de Deiters m. Achsenzylinderfortsatz m.
prolongement de la vie m. Lebensverlängerung f.
prolonger prolongieren
prolylhydroxylase f. Prolylhydroxylase f.
prolylhydroxyproline f. Prolylhydroxyprolin n.
prolymphocyte m. Prolymphozyt m.
promazine f. Promazin n.
promégacaryocyte m. Promegakaryozyt m.
promégaloblaste m. Promegaloblast m.
promégestone f. Promegeston n.
promésobilifuscine f. Promesobilifuszin n.
prométaphase f. Prometaphase f.
prométhazine f. Promethazin n.
prométhium m. Promethium n.
promiscuité f. Promiskuität f.

promolate m. Promolat n.
promonocyte m. Promonozyt m.
promontoire m. Promontorium n.
promoteur m. Initiator m., Promotor m.
promotion f. Promotion f.
promoxolane m. Promoxolan n.
prompt prompt
promyélocytaire promyelozytär
promyélocyte m. Promyelozyt m.
pronation f. Pronation f.
pronéphros m. Vorniere f.
prononcer phonieren
pronostic m. Prognose f.
pronostique prognostisch
pronucléus m. Vorkern m.
propafénone f. Propafenon n.
propagation f. Ausbreitung f., Propagation f., Verbreiterung f.
propager ausbreiten
propamide m. Propamid n.
propamidine f. Propamidin n.
propane m. Propan n.
propanediol m. Propandiol n.
propanocaïne f. Propanocain n.
propanol m. Propanol n.
propanolamine f. Propanolamin n.
propanthéline f. Propanthelin n.
proparacaïne f. Proparacain n.
propatylnitrate m. Propatylnitrat n.
propazolamide m. Propazolamid n.
propédeutique propädeutisch
propédeutique f. Propädeutik f.
propénidazole m. Propenidazol n.
propentdyopent m. Propentdyopent n.
properdine f. Properdin n.
prophage m. Prophage m.
prophase f. Prophase f.
prophénamine f. Prophenamin n.
prophylactique prophylaktisch, vorbeugend
prophytaxie f. Prophylaxe f., Vorbeugung f.
propice günstig
propinétidine f. Propinetidin n.
propiolactone f. Propiolakton n.
propiomazine f. Propiomazin n.
propion m. Propion n.
propionate m. Propionat n.
propionibactérium m. Propionibakterium n.
propionitrile m. Propionitril n.
propionyle m. Propionyl n.
propiophénone f. Propiophenon n.
propipocaïne f. Propipocain n.
propisergide m. Propisergid n.
propivérine f. Propiverin n.
propizépine f. Propizepin n.
propofol m. Propofol n.

proportiomètre m. Ratimeter n.
proportion f. Proportion f., Rate f.
proportionnel proportional
propoxate m. Propoxat n.
propoxycaïne f. Propoxycain n.
propoxyphène m. Propoxyphen n.
propranolol m. Propranolol n.
propre sang m. Eigenblut n.
propriété f. Eigenschaft f., Eigentum n.
propriété d'adjuvant f. Adjuvantizität f.
propriocepteur m. Propriozeptor m.
proprioceptif propriozeptiv
proprioception f. Propriozeption f.
propulsif propulsiv
propulsion f. Propulsion f.
propylamine f. Propylamin n.
propylbutyldopamine f. Propylbutyldopamin n.
propyle m. Propyl n.
propylène m. Propylen n.
propylgallate m. Propylgallat n.
propylhexédrine f. Propylhexedrin n.
propylidène m. Propyliden n.
propyliodone f. Propyliodon n.
propylthiouracile m. Propylthiouracil n.
propypérone f. Propyperon n.
propyphénazone f. Propyphenazon n.
propyromazine f. Propyromazin n.
proquazone f. Proquazon n.
proquinolate m. Proquinolat n.
prorénine f. Prorenin n.
prorénoate m. Prorenoat n.
proscillaridine f. Proscillaridin n.
prosécrétine f. Prosekretin n.
prosecteur m. Prosektor m.
prosopagnosie f. Gesichtsblindheit f., Prosopagnosie f.
prosopalgie f. Prosopalgie f.
prosoplégie f. Gesichtslähmung f.
prosopoplégie f. Prosopoplegie f.
prospectif prospektiv
prostacycline f. Prostazyklin n.
prostaglandine f. Prostaglandin n.
prostalène m. Prostalen n.
prostanoïde m. Prostanoid n.
prostate f. Prostata f., Vorsteherdrüse f.
prostatectomie f. Prostatektomie f.
prostatique prostatisch
prostatite f. Prostatitis f.
prostatorrhée f. Prostatorrhö f.
prostatotomie f. Prostatotomie f.
prostatovésiculectomie f. Prostatovesikulektomie f.
prosthétique prosthetisch
prostitution f. Prostitution f.

prosulpride m. Prosulprid n.
prosultiamine f. Prosultiamin n.
protactinium m. Protaktinium n.
protaminase f. Protaminase f.
protamine f. Protamin n.
protanopie f. Protanopie f.
protéase f. Protease f.
protéasome m. Proteasom n.
protecteur protektiv
protecteur m. Protektor m.
protecteur fond de cavité m. Kavitätenschutzlack m.
protection f. Abschirmung f., Schutz m., Sicherung f.
protection contre les rayons X f. Röntgenstrahlenschutz m.
protection de l'environnement f. Umweltschutz m.
protection de l'oeil f. Augenschutz m.
protection de la joue f. Backenschützer m.
protection de la santé f. Gesundheitsschutz m.
protection des gonades f. Gonadenschutz m.
protection du doigt f. Fingerschützer m.
protection du nourrisson f. Säuglingsfürsorge f.
protection maternelle f. Mutterschutz m.
protection périodique f. Monatsbinde f.
protection plombée f. Bleischutz m.
protection pulpaire f. Unterfüllung f. (dent.)
protection respiratoire f. Atemschutz m.
protection sanitaire f. Gesundheitsschutz m.
protection solaire f. Sonnenschutzmittel f.
protège-joues m. Wangenschützer m.
protéger abschirmen
protéide m. Proteid n.
protéinase f. Proteinase f.
protéine f. Eiweiß n., Protein n.
protéine C réactive f. C-reaktives Protein n.
protéine de transport f. Trägerprotein n., Transportprotein n.
protéine du choc thermique f. Hitzeschock-Protein n.
protéine humaine d'apoptose inhibitrice f. HIAP (humanes inhibitorisches Apoptose-Protein) n.
protéine sérique f. Serumeiweiß n.
protéines de Bence-Jones f. pl. Bence-Jonesscher Eiweißkörper m.
protéines du liquide céphalorachidien f. Liquoreiweiß n.
protéines totales f. pl. Gesamteiweiß n.
protéines, sans eiweißfrei
protéino-composé eiweißgebunden
protéinose f. Proteinose f.

protéïnose alvéolaire f. Alveolarproteinose f.
protéinothérapie f. Proteinkörpertherapie f.
protéinurie f. Eiweißharnen n.
protéoglycane m. Proteoglykan n.
protéohormone f. Proteohormon n.
protéolipide m. Proteolipid n.
protéolyse f. Proteolyse f.
protéolytique proteolytisch
protéome m. Proteom n.
protéose f. Proteose f.
protéotoxine f. Proteotoxin n.
Proteus vulgaris m. Proteus vulgaris m.
prothéobromine f. Protheobromin n.
prothèse f. Ersatz m., Prothese f., Prothetik f.
prothèse à crochet f. Klammer-Zahnteilprothese f.
prothèse adhésive f. Haftprothese f.
prothèse amovible f. herausnehmbare Prothese f.
prothèse aortique f. Aortaprothese f.
prothèse articulaire f. Gelenkersatz m., Gelenkprothese f.
prothèse auditive f. Hörgerät n.
prothèse coulée f. Gussprothese f.
prothèse de couverture f. Deckprothese f.
prothèse de la hanche f. Hüftprothese f.
prothèse définitive f. Dauerprothese f.
prothèse dentaire f. künstliches Gebiss n., zahnärztliche Prothetik f., Zahnersatz m., Zahnprothese f.
prothèse dentaire complète f. Vollzahnprothese f.
prothèse dentaire „free-end" f. Freiendprothese f. (dent.)
prothèse dentaire immédiate f. Immepdiatprothese f. (dent.)
prothèse dentaire inférieure f. Unterkiefer-Zahnprothese f.
prothèse dentaire partielle f. Teilzahnprothese f.
prothèse dentaire provisoire f. provisorische Zahnprothese f.
prothèse dentaire supérieure f. Oberkiefer-Zahnprothese f.
prothèse fixée festsitzende Prothese f.
prothèse immédiate f. Sofortprothese f. (dent.)
prothèse magnétique f. Magnetprothese f.
prothèse partielle f. Teilprothese f.
prothèse partielle inférieure f. Unterkiefer-Teilprothese f.
prothèse partielle supérieure f. Oberkiefer-Teilprothese f.
prothèse provisoire f. Interimprothese f., Behelfsprothese f.
prothèse temporaire f. provisorische Prothese f.
prothèse totale f. Vollprothese f.
prothèse totale inférieure f. Unterkiefer-Vollprothese f.
prothèse totale supérieure f. Oberkiefer-Vollprothese f.
prothèse valvulaire f. Klappenersatz m.
prothésiste f. Prothetikerin f.
prothésiste m. Prothetiker m.
prothétique prothetisch
prothétic (dentaire) f. Zahnprothetik f., prothetische Zahnheilkunde f.
prothixène m. Prothixen n.
prothrombinase f. Prothrombinase f.
prothrombine f. Prothrombin n.
prothrombinopénie f. Prothrombinmangel m., Prothrombinopenie f.
protide m. Eiweiß (Protein) n.
protide plasmatique m. Plasmaeiweiß n.
protiofate m. Protiofat n.
protionamide m. Protionamid n.
protiréline f. Protirelin n.
protoblaste m. Protoblast m.
protocole m. Protokoll n.
protocole de soins m. Behandlungsprotokoll n.
protocône m. Protokonus m.
protodiastolique protodiastolisch
proton m. Proton n.
protoplasmatique protoplasmatisch
protoplasme m. Protoplasma n.
protoplaste m. Protoplast m.
protoporphyrine f. Protoporphyrin n.
protoporphyrinogène m. Protoporphyrinogen n.
protosystolique protosystolisch
prototoxine f. Prototoxin n.
prototype m. Prototyp m.
protovératrine f. Protoveratrin n.
protozoaire m. Protozoon n.
protozoose f. Protozoonose f.
protraction f. Protraktion f.
protriptyline f. Protriptylin n.
protrusion f. Ausstülpung f., Protrusion f., Vortreibung f.
protubérance f. Höcker m., Protuberanz f.
protubérance occipitale externe f. Inion n.
provirus m. Provirus m.
provisoirement vorläufig
provitamine f. Provitamin n.
provocation f. Provokation f., Verursachung f., Initiation f.
provoquer auslösen, provozieren, verursachen

provoquer le dégoût ekeln
provoquer une allergie allergisieren
proxazole m. Proxazol n.
proxétil m. Proxetil n.
proxibutène m. Proxibuten n.
proximal approximal, proximal
proxymétacaine f. Proxymetacain n.
proxyphylline f. Proxyphyllin n.
prozapine f. Prozapin n.
prozone f. Prozone f.
prurigineux pruriginös
prurigo nodulaire m. Prurigo mitis/nodularis m.
prurit m. Pruritus m., Jucken n.
PSA (antigène prostatique spécifique, APS) m. PSA (prostataspezifisches Antigen) n.
psalterium m. Psaltermagen m.
psammocarcinome m. Psammokarzinom n.
psammome m. Psammom n.
psammosarcome m. Psammosarkom n.
psellisme m. Psellismus m.
pseudarthrose f. Pseudarthrose f.
pseudoagglutination f. Pseudoagglutination f.
pseudoagraphie f. Pseudoagraphie f.
pseudoanéurysme m. Pseudoaneurysma n.
pseudobinaural pseudobinaural
pseudobradycardie f. Pseudobradykardie f.
pseudobulbaire pseudobulbär
pseudococaïne f. Pseudokokain n.
pseudodémence f. Pseudodemenz f.
pseudodiphtérie f. Pseudodiphtherie f.
pseudodiploidie f. Pseudodiploidie f.
pseudoéphédrine f. Pseudoephedrin n.
pseudofracture f. Pseudofraktur f.
pseudoglaucome m. Pseudoglaukom n.
pseudogliome m. Pseudogliom n.
pseudoglobuline f. Pseudoglobulin n.
pseudogonorrhée f. Pseudogonorrhö f.
pseudogoutte f. Pseudogicht f.
pseudographie f. Pseudographie f.
pseudogrossesse f. Phantomschwangerschaft f.
pseudogueusie f. Pseudogeusie f.
pseudohallucination f. Pseudohalluzination f.
pseudohermaphrodisme m. Pseudohermaphroditismus m.
pseudohermaphrodisme partiel m. Androgynie f.
pseudohernie f. Pseudohernie f.
pseudohypertrophie f. Pseudohypertrophie f.
pseudohypertrophique pseudohypertrophisch

pseudohypocalcémie f. Pseudohypokalzämie f.
pseudohypoglicémie f. Pseudohypoglykämie f.
pseudohypoparathyroidie f. Pseudohypoparathyreodismus m.
pseudohypoparathyroïdisme m. Pseudohypoparathyreoidismus m.
pseudoisochromatique pseudoisochromatisch
pseudokyste m. Pseudozyste f.
pseudolésion f. Pseudoläsion f.
pseudoleucémie f. Pseudoleukämie f.
pseudologie f. Pseudologie f.
pseudolymphome m. Pseudolymphom n.
pseudomasturbation f. Pseudomasturbation f.
pseudomembraneux pseudomembranös
Pseudomonas aeruginosa m. Bacillus pyoceaneus m., Pseudomonas aeruginosa m.
pseudomonas m. Pseudomonas m.
pseudomyxome m. Pseudomyxom n.
pseudoobstruction f. Pseudoobstruktion f.
pseudoparalysie f. Pseudoparalyse f., Scheinlähmung f.
pseudopéritonite f. Peritonismus m.
pseudophakie f. Pseudophakie f.
pseudopode m. Pseudopodie f.
pseudoprimaire pseudoprimär
pseudorage bovine f. Aujeszkysche Krankheit f., Pseudowut f.
pseudoréaction f. Pseudoreaktion f.
pseudorhumatisme infectieux m. Rheumatoid n.
pseudosclérose f. Pseudosklerose f.
pseudoséreux pseudoserös
pseudostructure f. Pseudostruktur f.
pseudotabes m. Pseudotabes f.
pseudotuberculose f. Pseudotuberkulose f.
pseudotuberculose aspergillaire f. Taubenzüchterlunge f.
pseudotype m. Pseudotyp m.
pseudounipolaire pseudounipolar
pseudouridinurie f. Pseudouridinurie f.
pseudoxanthome m. Pseudoxanthom n.
psicaïne f. Psicain n.
psilocybine f. Psilocybin n.
psilosis m. Psilose f.
psittacose f. Papageienkrankheit f.
psoralène m. Psoralen n.
psoriasiforme psoriasiform
psoriasique psoriatisch
psoriasis m. Psoriasis f., Schuppenflechte f.
psychalgie f. Psychalgie f.
psychalgique psychalgisch

psychanalyse f. Psychoanalyse f.
psychanalyste m. Psychoanalytiker m.
psychanalytique psychoanalytisch
psychasthénie f. Psychasthenie f.
psychasthénique psychasthenisch
psychataxie f. Psychataxie f.
psychédélique psychedelisch, psychodelisch
psychiatre f. Psychiaterin f.
psychiatre m. Fachgebietsarzt für Psychiatrie m., Psychiater m.
psychiatrie f. Psychiatrie f.
psychiatrie hospitalière f. Anstaltspsychiatrie f.
psychiatrique psychiatrisch
psychique psychisch, seelisch
psychisme m. Psyche f., psychischer Befund m.
psychoacoustique psychoakustisch
psychoacoustique f. Psychoakustik f.
psychoactif psychoaktiv
psychoandrologie f. Psychoandrologie f.
psychobiologie f. Psychobiologie f.
psychochimie f. Psychochemie f.
psychochirurgical psychochirurgisch
psychochirurgie f. Psychochirurgie f.
psychochirurgien m. Psychochirurg m.
psychocinésie f. Psychokinesie f.
psychocinétique psychokinetisch
psychodiagnostic m. Psychodiagnostik f.
psychodiagnostique psychodiagnostisch
psychodrame m. Psychodrama n.
psychodynamique psychodynamisch
psychodynamique f. Psychodynamik f.
psychogalvanique psychogalvanisch
psychogène psychogen
psychogénèse f. Psychogenie f.
psychogériatrie f. Alterspsychiatrie f.
psychogynologie f. Psychogynologie f.
psycholinguistique f. Psycholinguistik f.
psychologie f. Psychologie f.
psychologie animale f. Tierpsychologie f.
psychologie du subconscient f. Tiefenpsychologie f.
psychologique psychologisch
psychologue f. Psychologin f.
psychologue m. Psychologe m.
psycholyse f. Psycholyse f.
psychométrie f. Psychometrie f.
psychométrique psychometrisch
psychomoteur ideokinetisch, ideomotorisch, psychomotorisch
psychonévrose f. Psychoneurose f.
psychonévrotique psychoneurotisch
psychopathe f. Psychopathin f.
psychopathe m. Psychopath m.

psychopathie f. Psychopathie f.
psychopathique psychopathisch
psychopathologique psychopathologisch
psychopharmacologie f. Psychopharmakologie f.
psychopharmacologique psychopharmakologisch
psychophonie f. Psychophonie f.
psychophysique psychophysisch
psychoprophylaxie f. Psychoprophylaxe f.
psychoréactif psychoreaktiv
psychose f. Psychose f.
psychose atypique f. Mischpsychose f.
psychose de foule f. Massenpsychose f.
psychose de plaideur f. Prozesspsychose f.
psychose du fil barbelé f. Stacheldrahtkrankheit f.
psychose gestationnelle f. Schwangerschaftspsychose f.
psychose maniacodépressive f. manisch-depressive Psychose f.
psychose marginale f. Randpsychose f.
psychose nihiliste f. Nichtigkeitswahn m.
psychose par incarcération prolongée f. Haftpsychose f.
psychose régressive f. Involutionspsychose f.
psychose résiduelle f. Residualwahn m.
psychose schizophrénique f. schizophrene Psychose f.
psychosensoriel psychosensorisch
psychosexuel psychosexuell
psychosocial psychosozial
psychothérapeute m./f. Psychotherapeut(in) m./(f.)
psychothérapeutique psychotherapeutisch
psychothérapie f. Psychotherapie f.
psychothérapie de groupe f. Gruppenpsychotherapie f.
psychotique psychotisch
psychotogénique psychotogen
psychotomimétique psychoseimitierend, psychotomimetisch
psychotoxicologie f. Psychotoxikologie f.
psychotraumatologie f. Psychotraumatologie f.
psychotrope psychotrop
psychovégétatif psychovegetativ
psychromètre m. Psychrometer n.
psychrothérapie f. Psychrotherapie f.
ptérine f. Pteridin n.
ptérygion m. Flügelfell n., Pterygium n.
ptérygomandibulaire pterygomandibulär
ptérygomaxillaire pterygomaxillär
ptérygopalatin pterygopalatin
ptérygotympanique pterygotympanisch

ptilosis m. Ptilose f.
ptomaine f. Leichengift n., Ptomain n.
ptosé ptotisch
ptose f. Ptose f.
ptose mitrale f. Mitralklappenprolaps m.
ptyaline f. Ptyalin n.
ptyalisme m. Ptyalismus m.
ptyalocèle f. Ptyalozele f.
puanteur f. Gestank m.
pubère mannbar, pubertierend
pubertaire puberal, pubertal, pubertär
puberté f. Geschlechtsreife f., Mannbarkeit f., Pubertät f.
puberté précoce f. Pubertas praecox f.
pubien pubisch
pubiotomie f. Hebosteotomie f., Pubiotomie f.
pubis m. Schambein n.
puboprostatique puboprostatisch
puborectal puborektal
pubotibial pubotibial
pubovésical pubovesikal
puce f. Floh m.
puce de l'homme f. Pulex irritans m.
puéricultrice f. Säuglingspflegerin f.
puéril pueril
puerpéral puerperal
puerpéralité f. Puerperium n.
puissance génératrice f. Zeugungskraft f.
puissance réfringente f. Brechkraft f.
puissance sexuelle f. Potenz f.
puissant potent, wirksam, stark (pharm.)
pulmoaortique pulmoaortal
pulmonaire lungenkrank, pulmonal
pulmoplantaire pulmoplantarisch
pulmorénal pulmorenal
pulpaire pulpal, pulpär
pulpe f. Gallerte f., Kronenpulpa f., Pulpa f.
pulpe dentaire f. Zahnpulpa f.
pulpectomie f. Pulpektomie f.
pulpite f. Pulpitis f.
pulpome m. Pulpom n.
pulpose f. Pulpose f.
pulpotomie f. Pulpotomie f.
pulsatile pulsierend
pulsatille f. Pulsatilla f.
pulsation f. Pulsation f., Pulsschlag m.
pulvérisation f. Pulverisierung f.
pulvériser pulverisieren
punaise f. Bettwanze f., Wanze f.
pupillaire pupillär
pupille f. Pupille f.
pupille d'Argyll-Robertson f. Argyll-Robertson-Phänomen n.
pupillographie f. Pupillographie f.

pupillographique pupillographisch
pupillomètre m. Pupillometer n.
pur rein, unvermischt
purée f. Brei m.
pureté f. Reinheit f.
purgatif abführend
purge f. Abführmittel n.
purger abführen
purging m. Purging n.
purifié gereinigt
purinase f. Purinase f.
purine f. Purin n.
Purkinje, fibre de f. Purkinje-Faser f.
puromycine f. Puromycin n.
purpura m. Purpura f.
purpura de Henoch-Schoenlein m. Purpura Schönlein-Henoch f.
purpura de Schönlein m. Peliosis rheumatica f.
purpura thrombopénique m. thrombopenische Purpura f.
purpura thrombopénique de Werlhof m. Morbus maculosus Werlhofi m.
purulent eitrig, purulent
pus m. Eiter m.
pustulant blasentreibend
pustulation f. Pustelbildung f.
pustule f. Pustel f.
pustule maligne f. Pustula maligna f.
pustule vaccinale f. Impfpustel f.
pustule variolique f. Blatter f.
pustuleux pustulös
pustulose f. Pustulose f.
putréfaction f. Fäulnis f.
putrescent verwesend
putrescine f. Putreszin n.
putride faulig, jauchig
pyarthrose f. Pyarthrosis f.
pycnocyte m. Pyknozyt m.
pycnodysostose f. Pyknodysostose f.
pycnoïde pyknisch
pycnolepsie f. Pyknolepsie f.
pycnoleptique pyknoleptisch
pycnomorphe pyknomorph
pycnose f. Pyknose f.
pycnotique pyknotisch
pyélectasie f. Pyelektasie f.
pyélite f. Pyelitis f.
pyélite à colibacille f. Kolipyelitis f.
pyélitique pyelitisch
pyélogramme m. Pyelogramm n.
pyélographie f. Pyelographie f.
pyélographie ascendante f. retrograde Pyelographie f.

pyélographie en inspiration-expiration f. Veratmungspyelographie f.
pyélographie intraveineuse f. intravenöse Pyelographie f.
pyélographique pyelographisch
pyélolithotomie f. Pyelolithotomie f.
pyélonéostomie f. Pyeloneostomie f.
pyélonéphrite f. Pyelonephritis f.
pyélonéphritique pyelonephritisch
pyéloscopie f. Pyeloskopie f.
pyélostomie f. Pyelostomie f.
pyélotomie f. Pyelotomie f.
pyéloveineux pyelovenös
pyémie f. Pyämie f.
pyémique pyämisch
pygopage m. Pygopagus m.
pyléphlébite f. Pylephlebitis f.
pylore m. Pylorus m.
pylorectomie f. Pylorektomie f.
pylorique pylorisch
pylorogastrectomie f. Pylorogastrektomie f.
pyloroplastie f. Pylorusplastik f.
pylorospasme m. Pylorospasmus m.
pylorotomie f. Pyloromyotomie f.
pyocèle f. Pyozele f.
pyocyte m. Eiterzelle f.
pyodermie f. Pyodermie f.
pyogène pyogen
pyohémie f. Septikopyämic f.
pyométrie f. Pyometra f.
pyométrite f. Pyometritis f.
pyomyosite f. Pyomyositis f.
pyonéphrose f. Pyonephrose f.
pyopneumothorax m. Pyopneumothorax m.
pyorrhée f. Pyorrhö f.
pyorrhée alvéolaire f. Alveolarpyorrhö f.
pyosalpingite f. Pyosalpingitis f.
pyosalpingo-ovarite f. Pyosalpingo-Oophoritis f.
pyosalpinx m. Pyosalpinx m.
pyospermie f. Pyospermie f.
pyothorax m. Pyothorax m.
pyramidal pyramidal
pyranne m. Pyran n.
pyrannose m. Pyranose f.
pyranoside m. Pyranosid n.
pyrantel m. Pyrantel n.
pyrazine f. Pyrazin n.
pyrazionate m. Pyrazionat n.
pyrazole m. Pyrazol n.
pyrazolone f. Pyrazolon n.
pyrèthre m. Pyrethrum n.
pyrétogène fiebererzeugend
pyrétothérapie f. Fiebertherapie f.

pyribenzamine f. Pyribenzamin n.
pyricarbate m. Pyricarbat n.
pyridine f. Pyridin n.
pyridinium m. Pyridinium n.
pyridofylline f. Pyridofyllin n.
pyridostigmine f. Pyridostigmin n.
pyridoxal m. Pyridoxal n.
pyridoxamine f. Pyridoxamin n.
pyridoxine f. Adermin n., Pyridoxin n.
pyrilamine f. Pyrilamin n.
pyriméthamine f. Pyrimethamin n.
pyrimidine f. Pyrimidin n.
pyrimidopyrimidine f. Pyrimidopyrimidin n.
pyrithiamine f. Pyrithiamin n.
pyrithione f. Pyrithion n.
pyrithioxine f. Pyrithioxin n.
pyrithyldione f. Pyrithyldion n.
pyroctéchine f. Brenzkatechin n.
pyrogallol m. Pyrogallol n.
pyrogène pyrogen
pyrogène m. Pyrogen n.
pyroglobine f. Pyroglobin n.
pyroglobuline f. Pyroglobulin n.
pyroglutamylamide m. Pyroglutamylamid n.
pyrolagnie f. Pyrolagnie f.
pyrolyse f. Pyrolyse f.
pyromanie f. Pyromanie f.
pyrone f. Pyron n.
pyronine f. Pyronin n.
pyroninophile pyroninophil
pyrophosphatase f. Pyrophosphatase f.
pyrophosphate m. Pyrophosphat n.
pyrophosphate de sodium m. Natriumpyrophosphat n.
pyrophosphokinase f. Pyrophosphokinase f.
pyrophosphorylase Pyrophosphorylase f.
pyropoïkilocytose f. Pyropoikilozytose f.
pyrotoxine f. Pyrotoxin n.
pyrovalérone f. Pyrovaleron n.
pyroxamine f. Pyroxamin n.
pyrrocaïne f. Pyrrocain n.
pyrrolase f. Pyrrolase f.
pyrrole m. Pyrrol n.
pyrrolidine f. Pyrrolidin n.
pyrrolidone f. Pyrrolidon n.
pyrroline f. Pyrrolin n.
pyrrolnitrine f. Pyrrolnitrin n.
pyruvate m. Pyruvat n.
pyruvate kinase f. Pyruvatkinase f.
pyrvinium m. Pyrvinium n.
pyurie f. Pyurie f.
pyurique pyurisch

Q

quadrangulaire viereckig
quadranopsie f. Quadrantenanopsie f.
quadrant m. Quadrant m.
quadricuspidien vierzipfelig
quadrigéminie f. Quadrigeminie f.
quadriplégie f. Quadriplegie f.
quadrivalent vierwertig
quadrupare f. Quadripara f.
quadrupède vierbeinig, vierfüßig
quadrupède m. Vierfüßer m.
quadruplé m. Vierling m.
qualification f. Befähigung f., Qualifikation f.
qualifier qualifizieren
qualitatif qualitativ
qualité f. Beschaffenheit f., Eigenschaft f., Qualität f.
qualité d'image f. Bildqualität f.
qualités nutritives f. pl. Nahrhaftigkeit f.
quantification f. Quantifizierung f.
quantifier quantifizieren
quantitatif quantitativ
quantité f. Menge f., Quantität f., Quantum n.
quantum m. Quant n.
quarantaine f. Quarantäne f.
quartz m. Quarz m.
quatacaïne f. Quatacain n.
quaternaire quartär, quaternär
quatrième ventricule m. vierter Ventrikel m.
quazépam m. Quazepam n.
quazodine f. Quazodin n.
québrachitol m. Quebrachitol n.
Queckenstedt-Stookey, épreuve de f. Queckenstedt-Zeichen n.
quercétine f. Quercetin n.
quétiapine f. Quetiapin n.

queue f. Schwanz m.
queue d'aronde f. Schwalbenschwanz m. (dent.)
queue du pancréas f. Pankreasschwanz m.
Quick, temps de m. Quicktest m.
quifénadine f. Quifenadin n.
quilifoline f. Chilifolin n., Quilifolin n.
quinacrine f. Mepacrin n.
quinagolide m. Quinagolid n.
quinaldine f. Chinaldin n., Quinaldin n.
quinapril m. Quinapril n.
quinbolone f. Quinbolon n.
quinestrol m. Chinestrol n.
quinétalate m. Quinetalat n.
quinéthazone f. Quinethazon n., Chinethazon n.
quinfamide m. Quinfamid n.
quinidine f. Chinidin n.
quinine f. Chinin n.
quinisocaïne f. Quinisocain n.
quinocide m. quinocid n.
quinone f. Chinon n.
quinprénaline f. Quinprenalin n.
quinquavalent quinquivalent
quinte coquelucheuse f. Keuchhustenanfall m.
quintuplé m. Fünfling m.
quinupramine f. Quinupramin n.
quinupristine f. Quinupristin n.
quipazine f. Quipazin n.
quitter abgehen
quotient m. Quotient m.
quotient d'élimination m. Abklingquote f.
quotient d'élimination élevé m. hohe Abklingquote f.
quotient intellectuel (QI) m. Intelligenzquotient (IQ) m.

R

rabéprazole m.   Rabeprazol n.
rabique   tollwütig
raboter   abhobeln
raboteux   uneben
raccourcir   verkürzen
race f.   Rasse f.
racéfémine f.   Racefemin n.
racémase f.   Racemase f., Razemase f.
racémate m.   Racemat n., Razemat n.
racémétirosine f.   Racemetirosin n.
racémeux   racemös, razemös
racémique   racemisch, razemisch
racémoramide m.   Racemoramid n.
racépinéfrine f.   Racepinefrin n.
rachis m.   Rückgrat n.
rachischisis m.   Rachischisis f., Rhachischisis f.
rachitique   rachitisch
rachitisme m.   Englische Krankheit f., Rachitis f.
rachitisme tardif m.   Spätrachitis f.
racial   rassisch
racine f.   Wurzel f.
racine antérieure f.   Vorderwurzel f.
racine carrée f.   Quadratwurzel f.
racine d'aspidium f.   Rhizoma filicis
racine d'un nerf f.   Nervenwurzel f.
racine de ginseng f.   Ginseng-Wurzel f.
racine de guimauve f.   Radix Althaeae f.
racine de la dent f.   Zahnwurzel f.
racine de la langue f.   Zungenwurzel f.
racine de réglisse f.   Süßholzwurzel f.
racine des cheveux f.   Haaransatz m.
racine du nez f.   Nasenwurzel f.
racine postérieure f.   Hinterwurzel f.
racine unguéale f.   Nagelwurzel f.
raclement de gorge m.   Räuspern n.
racler   abschaben
racler la gorge, se   sich räuspern
racloir m.   Schabemesser n.
racourcissement du membre inférieur m.   Beinverkürzung f.
rad m.   Rad (radiol.) n.
radar m.   Radar m.
radiaire   strahlig
radial   radial
radian m.   Radiant m.
radiation f.   Ausstrahlung f., Strahlung f.
radiation de fond f.   Grundstrahlung f.
radiation optique de Gratiolet f.   Gratioletsche Sehstrahlung f.
radiation thermique f.   Wärmestrahlung f.

radiation utile, faisceau de m.   Nutzstrahlenbündel n.
radical   radikal
radical m.   Radikal n.
radiculaire   radikulär
radiculite f.   Nervenwurzelreizung f., Radikulitis f.
radiculographie f.   Radikulographie f.
radiculonévrite f.   Radikuloneuritis f.
radiculopathie f.   Radikulopathie f.
radiculotomie f.   Radikulotomie f.
radioactif   radioaktiv
radioactinium m.   Radioaktinium n.
radioactivité f.   Radioaktivität f.
radioanalyse f.   Radioanalyse f.
radioanalytique   radioanalytisch
radiobiologie f.   Radiobiologie f., Strahlenbiologie f.
radiocardiographie f.   Radiokardiographie f.
radiocardiographique   radiokardiographisch
radiocarpien   radiokarpal
radiochimie f.   Radiochemie f.
radiochimique   radiochemisch
radiochromate m.   Radiochromat n.
radiochromatographie f.   Radiochromatographie f.
radiochrome m.   Radiochrom n.
radiocobalt m.   Radiokobalt m.
radiocolloïde m.   Radiokolloid n.
radiocubital   radioulnar
radiodermite f.   Röntgendermatitis f., Strahlendermatitis f.
radiodiagnostic m.   Röntgendiagnose f.
radiodiagnostique   röntgendiagnostisch
radiodiagnostique f.   Röntgendiagnostik f.
radioexposition f.   Strahlenbelastung f.
radiofibrose f.   Strahlenfibrose f.
radiofilm dentaire m.   Dentalfilm m.
radiofréquence f.   Strahlenfrequenz f.
radiogène   radiogen
radioglucose m.   Radioglukose f.
radiogramme m.   Röntgenaufnahme f.
radiographie f.   Radiographie f., Röntgenaufnahme f., Röntgenbild n., Röntgenographie f., Röntgenphotographie f.
radiographie (d'ensemble) f.   Übersichtsaufnahme f.
radiographie articulaire f.   Arthrogramm n.
radiographie de contraste f.   Kontrastdarstellung f. (roentg.)
radiographie dentaire f.   Zahn-Röntgenuntersuchung f.

radiographie panoramique f. Panorama-röntgenaufnahme f.
radiographie sous plaque f. Untertisch-Röntgenaufnahme f.
radiographie sur plaque f. Obertisch-Röntgenaufnahme f.
radiographie thoracique f. Thorax-Röntgenaufnahme f.
radiographie visée f. Zielaufnahme f.
radiographique radiographisch
radiohuméral radiohumeral
radioimmunoessai m. Radioimmunoassay m., RIA m.
radioimmunologie f. Radioimmunologie f.
radioiode m. Radiojod n.
radioioder mit Radioijod versehen
radioisotope m. Radioisotop n.
radioligand m. Radioligand m.
radiologie f. Radiologie f., Strahlenheilkunde f.
radiologique radiologisch, röntgenologisch
radiologue f. Radiologin f., Röntgenologin f.
radiologue m. Röntgenologe m., Radiologe m., Fachgebietsarzt für Radiologie m.
radiolyse f. Radiolyse f.
radiomarqueur m. Radioindikator m.
radiomètre m. Radiometer n.
radionécrose f. Radionekrose f., Strahlennekrose f.
radionuclide m. Radionuklid n.
radio-oncologie f. Radioonkologie f.
radioopacité f. Strahlenundurchlässigkeit f.
radioopaque strahlenundurchlässig
radiopharmacologie f. Radiopharmakologie f.
radiophosphore m. Radiophosphor m.
radiophotographie f. Radiophotographie f.
radiophysique radiophysikalisch
radioportographie f Radioportographie f.
radioprotection f. Strahlenschutz m.
radiorécepteur essai m. Radiorezeptorassay m.
radiorésistance f. Strahlenresistenz f.
radiorésistant strahlenresistent
radioscopie f. Röntgendurchleuchtung f.
radiosensibilité f. Strahlenempfindlichkeit f.
radiosensible strahlenempfindlich
radiostrontium m. Radiostrontium n.
radiothallium m. Radiothallium n.
radiothérapie f. Röntgenbehandlung f., Strahlentherapie f.
radiothérapie d'intensité modulée f. intensitätsmodulierte Radiotherapie (IMRT) f.
radiothérapie de champ f. Feldbestrahlung f.
radiothérapie de contact f. Nahbestrahlung f.
radiothérapie en mégavoltage f. Megavolt-Strahlentherapie f.
radiothérapie profonde f. Röntgentiefenbestrahlung f.
radiothorium m. Radiothorium n.
radiotoxicité f. Strahlentoxizität f.
radiotraceur m. Radioindikator m., Radiotracer m.
radiotransparence f. Strahlendurchlässigkeit f.
radiotransparence partielle f. partielle Strahlendurchlässigkeit f.
radiotransparent strahlendurchlässig
radiotransparent, partiellement partiell strahlendurchlässig
radium m. Radium n.
radium ovoïde m. Radium-Ei n.
radiumménolyse f. Radiummenolyse f.
radon m. Radon n.
raffiner raffinieren
raffinose f. Raffinose f.
rafoxanide m. Rafoxanid n.
rafraîchir erfrischen
rafraîchissement m. Labung f.
rage f. Lähmungswut f. (veter.), Rabies f., Tollwut f., Wut f.
rager toben
ragocyte m. RA-Zelle f., Rhagozyt m.
raide steif
raideur f. Straffheit f.
raideur de la nuque f. Nackensteife f.
raidir versteifen
Raillietina f. Raillietina f.
rainure d'ancrage f. Ankerrinne f. (dent.)
rajeunir verjüngen
rajeunissement m. Verjüngung f.
râle m. Geräusch n., Rasselgeräusch n.
râle humide m. feuchtes Rasselgeräusch n.
râle sec m. trockenes Rasselgeräusch n.
ralentir verlangsamen, verzögern
ralentissement m. Verlangsamung f.
râler rasseln, röcheln
raloxifène m. Raloxifen n.
raltitrexed m. Raltitrexed n.
Raman effet m. Raman-Effekt m.
ramicotomie f. Ramikotomie f.
ramification f. Ramifikation f., Verästelung f., Verzweigung f.
ramifié verzweigt
ramifier verästeln
ramifier, se verzweigen
ramipril m. Ramipril n.
ramnodigine f. Ramnodigin n.

ramolli malazisch
ramper kriechen
Ramstedt-Weber, opération de f. Ramstedt-Webersche Operation f.
rance ranzig
randomisation f. Zufallsauswahlverfahren n.
randomiser randomisieren, unausgewählt anwenden/verwenden
ranélate m. Ranelat n.
rangée de dents f. Zahnreihe f.
rangement des films radiologiques m. Röntgenfilmlager n.
ranibizum m. Ranibizum n.
ranitidine f. Ranitidin n.
ranule f. Ranula f.
Ranvier, étranglement de m. Ranviersche Einschnürung f.
Ranvier, membrane de f. Ranviersche Membran f.
rapamycine f. Rapamycin n.
râpe f. Raspel f.
rapetissement m. Schrumpfung f.
raphé m. Raphe f.
rapidité f. Geschwindigkeit f., Schnelligkeit f.
rappel de vaccination m. Wiederholungsimpfung f.
rappeler hervorrufen
rapport m. Bericht m., Rapport m., Referat n., Verhältnis n.
rapport médical m. Krankenbericht m., Krankheitsbericht m.
rapport sexuel m. Geschlechtsverkehr m.
rapports (sexuels) m. pl. geschlechtlicher Verkehr m.
raptus m. Raptus m.
raréfaction f. Rarefizierung f.
rasburicase f. Rasburicase f.
raser rasieren
rash m. flüchtiger Hautausschlag m.
rassasié satt
rassasiement m. Sättigungsgefühl n.
rassemblement m. Versammlung f.
RAST (radioallergosorbent-test) m. Radioallergosorbent-Test m.
rat m. Ratte f.
rat musqué m. Bisamratte f.
rat Wistar m. Wistar-Ratte f.
rate f. Milz f.
rate mobile f. Wandermilz f.
rate porphyre f. Porphyrmilz f.
rate sagou f. Sagomilz f.
rate, sans milzlos
Rathke, poche de f. Rathkesche Tasche f.
rathyronine f. Rathyronin n.
raticide m. Rattengift n.

ration f. Ration f.
rationalisation f. Rationalisierung f.
rationnel rational, rationell
rauwolfia f. Rauwolfia f.
Raynaud, maladie nécrosante de f. Raynaudsches Gangrän n.
rayon m. Strahl m.
rayon alpha m. Alpha-Strahl m.
rayon béta m. Betastrahl m.
rayon cathodique m. Kathodenstrahl m.
rayon central m. Zentralstrahl m.
rayon d'action m. Reichweite f.
rayon de miel m. Wabe f.
rayon électronique m. Elektronenstrahl m.
rayon gamma m. Gammastrahl m.
rayon infrarouge m. Infrarotstrahl m.
rayon LASER m. LASER-Strahl m.
rayon lumineux m. Lichtstrahl m.
rayon MASER m. MASER-Strahl m.
rayon primaire m. Primärstrahl m.
rayonnement de freinage m. Bremsstrahlung f.
rayonnement mou (technique du) m. Weichstrahltechnik f.
rayonner strahlen
rayons diffusés m. pl. Streustrahlen m. pl.
rayons limites de Bucky m. pl. Grenzstrahl m.
rayons X m. pl. Röntgenstrahlen m. pl.
raz de marée m. Flutwelle f.
razoxane f. Razoxan n.
RBP (retinol binding protein) f. RBP (retinolbindendes Protein) n.
réabsorber rückresorbieren
réabsorption f. Rückresorption f.
réactance f. Reaktanz f.
réacteur m. Reaktor m.
réacteur nucléaire m. Kernreaktor m.
réactif reaktiv
réactif m. Reagens n.
réactif de Stokes m. Stokes-Reagens n.
réaction f. Reaktion f.
réaction à l'or colloïdal f. Goldsolreaktion f.
réaction au latex f. Latex-Tropfentest m.
réaction croisée f. Kreuzreaktion f.
réaction cutanée f. Hautreaktion f.
réaction d'antifibrinolysine f. Antifibrinolysinreaktion (AFR) f.
réaction d'opposition f. Trotzreaktion f.
réaction de défense f. Abwehrreaktion f.
réaction de dégénérescence f. Entartungsreaktion (EAR) f.
réaction de Dick f. Dick-Test m.
réaction de défense f. Abwehrreaktion f.
réaction de fermentation f. Gärungsprobe f.

réaction de fixation du complément f. KBR. (Komplementbindungsreaktion) f.
réaction de floculation f. Flockungsreaktion f.
réaction de Frei f. Freische Probe f.
réaction de Gerhardt f. Gerhardt-Probe f.
réaction de Gmelin f. Gmelin-Probe f.
réaction de Herxheimer f. Herxheimer-Reaktion f., Jarisch-Herxheimer-Reaktion f.
réaction de Legal f. Legal-Probe f.
réaction de Mantoux f. Mantoux-Probe f.
réaction de mastix f. Mastixreaktion f.
réaction de Meinicke f. Meinickereaktion f.
réaction de Nonne-Apelt f. Nonne-Apelt-Reaktion f.
réaction de Paul-Bunnell f. Hanganutziu-Deicher-Test m., Paul-Bunell-Test m.
réaction de réveil f. Weckreaktion f.
réaction de Sahli f. Sahlische Desmoidreaktion f.
réaction de Schultz-Charlton f. Auslöschphänomen n.
réaction de tonus brachial f. Armtonusreaktion f.
réaction de transfusion f. Bluttransfusionsreaktion f.
réaction du biuret f. Biuretprobe f.
réaction en chaîne f. Kettenreaktion f.
réaction immédiate f. Sofortreaktion f.
réaction intermédiaire f. Zwischenreaktion f.
réaction lente, à langsam reagierend
réaction médicamenteuse f. Arzneimittelreaktion f.
réaction psychique f. Psychoreaktion f.
réaction rapide, à schnell reagierend
réaction secondaire f. Nebenreaktion f.
réactivation f. Reaktivierung f.
réactiver reaktivieren
réactivité f. Reaktionsfähigkeit f., Reaktionsvermögen n.
réactivité à la parole f. Ansprechbarkeit f.
Read, formule du métabolisme de base de f. Readsche Formel f.
réafférence f. Reafferenz f.
réagine f. Reagin n.
réagir reagieren
réalisateur m. Realisator m.
réalisation f. Leistung f.
réalisation en pulsion f. Impulsbetrieb m.
réalisation manuelle f. Handstück n.
réaliser ausagieren, realisieren
réaliser la finition finieren
réalité f. Realität f.

réamputation f. Nachamputation f., Reamputation f.
réanimation f. Intensivbehandlung f., Reanimation f., Wiederbelebung f.
réanimer reanimieren, wiederbeleben
réattachement m. Reattachement m., Wiederanbindung f.
rebasage m. Unterfütterungsmaterial n.
rebaser unterfüttern (dent.)
rebobiner zurückspulen
rebond m. Abprall m., Rückprall m.
rebord alvéolaire m. Alveolarfortsatz m.
rebord en cire m. Wachswall m. (dent.)
réboxétine f. Reboxetin n.
rebreathing m. Rückatmung f.
recalcification f. Rekalzifizierung f.
recalcifier rekalzifizieren
recanalisation f. Rekanalisation f.
recanaliser rekanalisieren
réceptacle m. Gefäß (Behälter) n.
récepteur m. Rezeptor m.
récepteur adrénergique m. Adrenorezeptor m.
récepteur alpha m. Alpha-Rezeptor m.
récepteur béta m. Betarezeptor m.
récepteur béta-adrénergique m. Betarezeptor m.
récepteur de l'étirement m. Dehnungsrezeptor m.
réceptif empfänglich
réceptivité f. Empfänglichkeit f.
récessif rezessiv
récessivité f. Rezessivität f.
récessus m. Rezess m.
récessus hypotympanique m. Hypotympanum n.
receveur m. Empfänger m.
recharge f. Nachfüllpackung f.
réchauffement m. Wiedererwärmung f.
recherche f. Forschung f.
recherche de base Grundlagenforschung f.
recherche de paternité par le groupe sanguin f. Vaterschaftsblutgruppenbestimmung f.
recherche sur le cancer f. Krebsforschung f.
recherche sur le cerveau f. Hirnforschung f.
rechercher forschen
rechute f. Relaps m.
rechuter rückfällig werden
récidivant rückfällig
récidive f. Rezidiv n., Rückfall m.
récidive hémorragique f. Blutungsrückfall m.
récidive sérologique f. Serorezidiv n.
récidiver rezidivieren
récipient collecteur m. Sammelgefäß n.

réciproque beiderseitig, gegenseitig, reziprok
recirculant rezirkulierend
recirculation f. Rezirkulation f.
Recklinghausen, maladie de von f. Recklinghausensche Krankheit f.
réclinaison f. Reklination f.
recolorer überfärben
recombinaison f. Rekombination f.
recombinant rekombinant
recombinant m. Rekombinant m.
recombinase f. Rekombinase f.
recompensation f. Rekompensation f.
recompression f. Rekompression f.
recon m. Recon n.
réconfort m. Labung f.
réconfortement m. Kräftigung f.
reconstructeur rekonstruktiv
reconstruction f. Rekonstruktion f.
record m. Rekord m.
recourbure f. Rekurvation f.
recouvert belegt (bedeckt), überzogen
recouvert de cire wachsbeschichtet
recouvrement m. Überlappung f., Wiederauffindung f., Wiederinbesitznahme f.
recouvrement radiculaire m. Wurzelkappe f.
recouvrer zurückgewinnen
recristallisation f. Rekristallisation f.
recristalliser rekristallisieren
recrudescence f. Rekrudeszenz f.
recrutement m. Recruitment n.
rectal rektal
rectangulaire rechteckig
rectiflcateur m. Gleichrichter m.
rectification f. Rektifizierung f.
rectifler rektifizieren
rectite f. Proktitis f.
rectoabdominal rektoabdominal
rectocèle f. Rektozele f.
rectocolite f. Proktokolitis f.
rectoscope m. Rektoskop n.
rectoscopie f. Rektoskopie f.
rectoscopique rektoskopisch
rectosigmoïde m. Rektosigmoid n.
rectostomie f. Rektostomie f.
rectourétéral rektoureteral
rectoutérin rektouterin
rectovaginal rektovaginal
rectovésical rektovesikal
rectum m. Mastdarm m., Rektum n.
recuire einbrennen
recul m. Rückstoß m.
récupération f. Wiedergewinnung f.
recurarisation f. Rekurarisierung f.
récurrent rekurrierend

recyclage m. Rezyklierung f., Wiederaufbereitung f.
recycler rezyklieren, wiederaufbereiten
redégradation f. Wiederverschlimmerung f.
redislocation f. Redislokation f.
redistillation f. Redestillation f.
redressement m. Redressement n.
redressement osseux chirurgical m. Osteokampsis f.
redresser aufrichten, redressieren
réductance f. Reduktanz f.
réductase f. Reduktase f.
réduction f. Abbau m., Einrichtung f., Reduktion f., Reposition f., Verkürzung f.
réduction du poids f. Gewichtsverminderung f.
réduire abbauen, drosseln (verengen), einrenken, einrichten (z. B. eine Verrenkung), reduzieren, reponieren
réduire les dépenses Kosten senken
réduire, se schrumpfen
reduplication f. Reduplikation f.
réemboîtement m. Wiederanfügung f.
ré-entrainement m. Retraining n.
réévaluation f. Wiederauswertung f.
re-expression f. Reexpression
référence f. Beziehung f., Referenz f.
refermer, se zuheilen (Wunde)
refertilisation f. Refertilisierung f.
refixation f. Refixation f., Wiederanheftung f.
réflecteur m. Reflektor m.
réflectomètre m. Reflektometer n.
réflectométrie f. Reflektometrie f.
réflectométrique reflektometrisch
réflectoscope m. Reflektoskop n.
réflectoscopie f. Reflektoskopie f.
réflectoscopique reflektoskopisch
refléter reflektieren
réflexe reflektorisch
réflexe m. Reflex m.
réflexe absent m. fehlender Reflex m.
réflexe achilléen m. Achillessehnenreflex m.
réflexe acquis m. erworbener Reflex m.
réflexe alimentaire m. Fressreflex m.
réflexe anal m. Analreflex m.
réflexe bicipital m. Bizepsreflex m.
réflexe ciliaire m. Ziliarreflex m.
réflexe conditionné m. bedingter Reflex m.
réflexe conjonctival m. Konjunktivalreflex m.
réflexe convulsif m. Krampfreflex m.
réflexe coordonné m. koordinierter Reflex m.
réflexe cornéen m. Hornhautreflex m., Kornealreflex m.

réflexe crémastérien m. Cremasterreflex m.
réflexe croisé m. gekreuzter Reflex m.
réflexe cutané m. Hautreflex m.
réflexe cutané abdominal m. Bauchdeckenreflex m.
réflexe d'attitude m. Stellreflex m.
réflexe d'axone m. Axonreflex m.
réflexe d'étreinte (Moro) m. Umklammerungsreflex m., Mororeflex m.
réflexe d'extension musculaire m. Muskeldehnungsreflex m.
réflexe d'Oppenheim m. Oppenheimscher Reflex m.
réflexe de Babinski m. Babinski Reflex m.
réflexe de Bainbridge m. Bainbridge-Reflex m.
réflexe de Bechterew m. Bechterewscher Reflex m.
réflexe de Bechterew-Mendel m. Bechterewscher Reflex m.
réflexe de Bezold-Jarisch m. Bezold-Jarisch-Reflex m.
réflexe de défense m. Fluchtreflex m.
réflexe de déglutition m. Schluckreflex m.
réflexe de dilatation m. Dehnungsreflex m.
réflexe de frayeur m. Schreckreflex m.
réflexe de masse m. Massenreflex m.
réflexe de Mayer de la phalange basale m. Mayerscher Grundreflex m.
réflexe de Mendel-Bechterew m. Mendel-Bechterewscher Reflex m.
réflexe de Moro m. Umarmungsreflex m., Mororeflex m.
réflexe de Pavlov m. Pawlowscher Reflex m.
réflexe de perception m. Wahrnehmungsreflex m.
réflexe de posture m. Haltungsreflex m.
réflexe de saisie m. Greifreflex m.
réflexe de sommation m. Summationsreflex m.
réflexe de succion m. Saugreflex m.
réflexe extéroceptif m. Fremdreflex m.
réflexe laryngé m. Kehlkopfreflex m.
réflexe musculaire m. Muskelreflex m.
réflexe pathologique m. pathologischer Reflex m.
réflexe périostal m. Periostreflex m.
réflexe pharyngien m. Würgreflex m.
réflexe photomoteur m. Lichtreflex m.
réflexe pilomoteur m. Gänsehautreflex m.
réflexe proprioceptif m. Eigenreflex m.
réflexe psychogalvanique m. psychogalvanischer Reflex m.
réflexe pupillaire m. Pupillenreflex m.

réflexe pupillaire à l'accomodation m. Akkomodationsreflex m.
réflexe pupillaire consensuel m. konsensueller Lichtreflex m.
réflexe pyramidal de Gordon m. Gordonscher Reflex m.
réflexe pyramidal de Rossolimo m. Rossolimoreflex m.
réflexe radial m. Radiusperiostreflex m.
réflexe rénorénal m. renorenaler Reflex m.
réflexe retardé m. verzögerter Reflex m.
réflexe rotulien m. Patellarsehnenreflex m.
réflexe secondaire m. Nachreflex m.
réflexe sexuel m. Sexualreflex m.
réflexe sinocarotidien m. Karotissinusreflex m.
réflexe tendineux m. Sehnenreflex m.
réflexe tricipital m. Trizepsreflex m.
réflexe tussigène m. Hustenreflex m.
réflexe vagal m. Vagusreflex m.
réflexe vésical m. Blasenreflex m.
reflexe viscéral m. viszeraler Reflex m.
réflexion f. Besinnung f., Reflexion f.
réflexogène reflexogen
réflexothérapie f. Reflextherapie f.
reflux m. Reflux m., Rückfluss m.
reflux pyéloveineux m. pyelovenöser Reflux m.
refoulement m. Verdrängung f.
réfractaire refraktär
réfracter brechen (Optik)
réfractif refraktiv
réfraction f. Refraktion f.
réfraction des rayons f. Strahlenbrechung f.
réfractomètre m. Refraktometer n.
réfractométrie f. Refraktometrie f.
réfractométrique refraktometrisch
refracture f. Refraktur f.
réfréner zügeln
réfrigérant m. Kühlmittel n.
réfrigérateur m. Kühlschrank m.
réfrigération f. Kühlung f.
refroidi à l'air luftgekühlt
refroidi à l'eau wassergekühlt
refroidir kühlen
refroidissement m. Abkühlung f., Erkältung f.
Refsum, maladie de f. Refsum-Syndrom n.
regagner wiedergewinnen
régénératif regenerativ
régénération f. Regeneration f.
régénérer regenerieren
régime m. Diät f., Kost f.
régime additionnel m. Beikost f.
régime carné m. Fleischkost f.

régime cétogène m. ketogene Diät f.
régime cru m. Rohkost f.
régime hypercalcique m. kalziumreiche Diät f.
régime hyperprotéïné m. eiweißreiche Diät f.
régime hypervitaminé m. vitaminreiche Diät f.
régime hypoprotidique m. eiweißarme Diät f., eiweißarme Kost f.
régime hypovitaminé m. vitaminarme Kost f.
régime léger m. Schonkost f.
régime paléolithique m. paläolithische Diät f.
régime pauvre en calcium m. kalkarme Kost f.
régime pauvre en gluten m. glutenarme Diät f.
régime riche en calcium m. kalkreiche Kost f.
régime riche en protéines m. eiweißreiche Diät f.
régime riche en vitamines m. vitaminreiche Kost f.
régime sans gluten m. glutenfreie Diät f.
régime végan m. vegane Diät f.
régime végétalien m. vegane Diät f.
régime végétarien m. vegetarische Diät f.
région f. Bezirk m., Gebiet n., Region f.
région cardiaque f. Herzgegend f.
région dorsale du pied f. Rist m.
région épigastrique f. Epigastrium n.
région hypogastrique f. Hypogastrium n., Unterbauch m.
région limitrophe f. Grenzgebiet n.
région lombaire f. Lendengegend f.
région mésogastrique f. Mittelbauch m.
région palmaire de la main f. Handteller m.
région rhinopharyngée f. Nasenrachenraum m.
régional regional, regionär
registre m. Register n.
registre de vaccination m. Impfliste f.
réglable verstellbar
réglage m. Justierung f., Regulierung f.
réglage de longueur m. Längenverstellung f.
réglage du point zéro m. Nullpunkteinstellung f.
règle f. Regel f.
règle approximative f. Faustregel f.
règle de Budin f. Budinsche Regel f.
règle de Lossen f. Lossensche Regel f.
règle de positionnement f. Lagerungsregel f. (obstetr.)

règlement m. Regelung f.
régler regulieren
règles f. pl. Monatsblutung f., Regel (Menstruation) f.
réglisse f. Lakritze f.
règne animal m. Tierreich n.
régressif involutiv, regressiv
régression f. Regression f., Rückbildung f., Rückschritt m.
régulateur m. Regler m., Regulator m.
régulateur de pression m. Druckregler m.
régulateur de vitesse m. Drehzahlregler m., Geschwindigkeitsregler m.
régulation f. Regulation f., Steuerung f.
régulation d'amplification f. Verstärkungsregelung f.
régulier gleichmäßig, regelmäßig, regulär
régurgitation f. Regurgitation f.
régurgitation acide f. saures Aufstoßen n.
réhabilitation f. Rehabilitation f.
réhabiliter rehabilitieren
réhospitalisation f. Wiederaufnahme (ins Krankenhaus) f.
réhydratation f. Rehydratation f.
Reichmann, maladie de f. Reichmannsche Krankheit f.
Reil, insula de f. Reilsche Insel f.
réimplantation f. Reimplantation f., Replantation f., Wiedereinpflanzung f.
réimplanter replantieren
rein m. Niere f.
rein artificiel m. künstliche Niere f.
rein artificiel en bobine m. Spulenniere f.
rein de la femme enceinte m. Schwangerschaftsniere f.
rein des goutteux m. Gichtniere f.
rein en fer à cheval m. Hufeisenniere f.
rein en galette m. Kuchenniere f.
rein flottant m. Wanderniere f.
rein kystique m. Cystenniere f., Zystenniere f.
rein mastic m. Kittniere f.
rein spongieux m. Schwammniere f.
réinduction f. Reinduktion f.
reine des abeilles f. Weisel m.
réinfarctus m. Reinfarkt m.
réinfection f. Reinfektion f.
réinfusion f. Reinfusion f.
réinnervation f. Reinnervation f.
réinstallation f. Wiedereinrichtung f.
réintégration f. Reintegration f.
réintubation f. Reintubation f.
Reiter, syndrome de m. Reitersche Krankheit f.
rejet m. Ablehnung f., Abstoßung f.

rejet d'une greffe m. Abstoßung eines Transplantates f.
rejeton m. Nachwuchs m.
relâchement m. Erschlaffung f.
relâcher erschlaffen, lockern
rélaparotomie f. Relaparotomie f.
relation f. Beziehung f., Verkehr m.
relation lesbienne f. lesbische Liebe f.
relaxant entspannend
relaxant m. Entspannungsmittel n., Relaxans n.
relaxation autogène f. autogenes Training n.
relaxer relaxieren
relaxine f. Relaxin n.
relever les mesures vermessen (messen)
relief m. Relief n.
relief de la muqueuse m. Schleimhautrelief n.
relier verbinden (vereinigen)
rem m. rem n.
remâcher wiederkäuen
Remak, signe de m. Remak-Zeichen , n.
rémanence f. Überrest m.
remaniement m. Überarbeitung f.
remaniement osseux m. Knochenumbau m.
remarquable auffällig
rembourrer polstern
remède m. Arznei f., Heilmittel n., Medikament n.
remettre einrenken
reminéralisation f. Remineralisation f.
rémission f. Remission f.
rémitent remittierend
remnographie (RMH) f. KST f. (Kernspintomographie), kernmagnetische Resonanz f.
remplacement m. Ersatz m.
remplacer ersetzen
remplir füllen
remplissage m. Füllung f.
remplissage-drainage de la vessie m. Tidaldränage f.
remplissage liquidien m. Flüssigkeitsersatz m.
remplissage volumique m. Expander m., Volumenersatz m.
renaissance f. Wiederaufleben n.
rénal renal
rencontre f. Aneinanderstoßen n., Zusammentreffen n.
rendez-vous m. Termin m.
rendre enceinte schwängern
rendre rugueux aufrauhen
renflement nerveux m. Neuralwulst m.
renforçant la prothèse prothesenstützend. (dent.)

renforcement m. Verstärkung f.
reniflement m. Schniefen n.
renifler schnüffeln
rénine f. Renin n.
réninome m. Reninom n.
rénofacial renofazial
rénographie f. Renographie f.
renoncement m. Vermeidung f.
rénorénal renorenal
renouveler erneuern
renouvellement m. Erneuerung f.
rénovasculaire renovaskulär
rentrée f. Wiedereintritt m.
renversement m. Umpolung f.
renverser ausschütten
rénytoline f. Renytolin n.
réocclusion f. Reokklusion f.
réopération f. Nachopération f., Reoperation f.
réopérer nachoperieren
réorganisation f. Reorganisation f.
réouverture Wiedereröffnung f.
réovirus m. Reovirus n.
réoxydation f. Reoxidation f.
réoxyder reoxidieren
répaglinide m. Repaglinid n.
répandre streuen
réparable wiederherstellbar
réparation f. Reparatur f.
réparer reparieren
répartition vasculaire f. Gefäßanordnung f.
repas m. Mahl n., Mahlzeit f.
repas d'épreuve m. Probemahlzeit f.
repérage m. Ortung f.
repercolation f. Reperkolation f.
repère m. Marke f.
reperfusion f. Reperfusion f.
repeuplement m. Wiederbesiedelung f.
réplétion f. Völle f.
repli m. Falte f.
repli unguéal m. Nagelwall m.
replicase f. Replikase f.
replication f. Replikation f.
replicon m. Replikon n.
repolarisation f. Erregungsrückbildung f., Repolarisierung f.
repolariser repolarisieren
réponse f. Antwort f.
réponse immunitaire f. Immunantwort f.
repopulation f. Wiederbesiedelung f.
report m. Verschiebung f.
repos m. Ruhe f.
repos au lit m. Bettruhe f.
repose pied m. Fußstütze f.
repose tête m. Nackenrolle f.

reposer, se ruhen
repoussant abstoßend, widerlich
repousser verdrängen, zurückdrängen
repoussoir pour bandeau m. Bandtreiber m. (dent.).
représentation graphique f. bildliche Darstellung f., graphische Darstellung f.
répresseur m. Repressor m.
répressible unterdrückbar
répression f. Repression f.
réprimer unterdrücken
reprise f. Wiederaufnahme f.
reprise de l'aptitude au travail f. Wiederherstellung der Arbeitsfähigkeit f.
reproducteur fortpflanzend, Fortpflanzungs…
reproductibilité f. Reproduzierbarkeit f.
reproductible reproduzibel, reproduzierbar
reproductif reproduktiv
reproduction f. Fortpflanzung f., Reproduktion f.
reproduction organique f. Organfortpflanzung f.
reproduire fortpflanzen
reptile m. Reptil n.
répugnance f. Widerwille m.
répugnant ekelhaft
répulsion f. Repulsion f.
réquisitionner beschlagnahmen
rescinnamine f. Rescinnamin n.
réseau m. Geflecht n.
réseau croisé m. Quervernetzung f.
réseau fibreux m. Fasernetz n., Faserwerk n.
résection f. Resektion f.
résection apicale f. Wurzelspitzenamputation f., Wurzelspitzenresektion f.
résistence au suc gastrique f. Magensaftresistenz f.
résection impossible, de unresezierbar
résection polaire f. Polresektion f.
résection possible, de resezierbar
résection segmentaire f. Segmentresektion f.
résectoscope m. Resektoskop n.
réserpine f. Reserpin n.
réserve f. Reserve f.
réserve alcaline f. Alkalireserve f.
réserve centrale de lits f. Bettenzentrale f.
réserve respiratoire f. Atemreserve f.
réservé reserviert
réservoir m. Reservoir n., Tank m., Behälter m.
résidu m. Abfall (Überbleibsel) m., Rückstand m.
résidu auditif m. Hörrest m.
résiduaire residual

résilience f. Resilienz f.
résilient resilient
résine f. Harz n.
résine acrylique f. Akrylharz n.
résine artificielle f. Kunstharz n.
résineux harzig
résinoïde harzartig
résistance f. Anlauffestigkeit f. (dent.), Resistance f., Resistenz f., Widerstand m.
résistance à l'abrasion f. Abrasionsfestigkeit f.
résistance à l'épreuve f. Belastbarkeit f.
résistance à la déformation f. Verformungswiderstand m.
résistance à la torsion f. Verwindungswiderstand m.
résistance à la traction f. Zugfestigkeit f.
résistance au mèdicament f. Arzneimittelresistenz f.
résistance croisée f. gekreuzte Resistenz f.
résistance cutanée f. Hautwiderstand m.
résistance d'écoulement f. Strömungswiderstand m.
résistance de frottement f. Reibungswiderstand m.
résistance globulaire f. Erythrozytenresistenz f.
résistance torsionnelle f. Torsionswiderstand m.
résistance vasculaire f. Gefäßwiderstand m., Nachlast f.
résistant resistent
résistant au feu feuerfest
résistant au traitement therapieresistent
résistant aux acides säurefest
résistant aux sulfonamides sulfonamidresistent
résister widerstehen
résistine f. Resistin n.
résonance f. Resonanz f.
résonance magnétique f. Magnetoresoanz f.
résonance magnétique nucléaire (RMN) f. kernmagnetische Resonanz f., Kernspintomographie f.
résorantel m. Resorantel n.
résorbable resorbierbar
résorber aufsaugen, resorbieren
résorcine f. Resorzin n.
résorption f. Resorption f.
respecter respektieren
respirateur m. Beatmungsgerät n., Beatmungsmaschine f., Respirator m.
respirateur hyperbare m. Druckluftbeatmungsgerät n.

respiration f. Atem m., Atmung f., Respiration f.
respiration abdominale f. Zwerchfellatmung f., Bauchatmung f.
respiration artificielle f. künstliche Beatmung f.
respiration cellulaire f. Zellatmung f.
respiration d'oxygène f. Sauerstoffatmung f.
respiration de Biot f. Biotsche Atmung f., Biotsches Atmen n.
respiration de Cheyne-Stokes f. Cheyne-Stokessche Atmung f.
respiration de suffocation f. Schnappatmung f.
respiration forcée f. Pressatmung f.
respiration indéfinie f. unbestimmtes Atmen n.
respiration nasale f. Nasenatmung f.
respiration pénible f. schwerer Atem m.
respiration puérile f. pueriles Atmen n.
respiration spontanée f. Spontanatmung f.
respiration thoracique f. Brustatmung f.
respiratoire respiratorisch
respirer atmen, respirieren
respirophonogramme m. Respirophonogramm n.
respirophonographie f. Respirophonographie f.
respirophonographique respirophonographisch
responsabilité f. Haftbarkeit f., Verantwortung f., Zurechnungsfähigkeit f.
responsabilité civile f. Haftpflicht f.
ressentir empfinden, fühlen
resserrement m. Verengung f.
ressort m. Feder (z. B. Uhrfeder) f., Elastizität f., Zuständigkeit f.
ressort distal m. Distalfeder f.
restant restlich
reste m. Rest m., Überbleibsel n.
reste auditif m. Hörinsel f.
resténose f. Restenose f.
rester übrigbleiben, andauern
restitution f. Restitution f.
restrictif restriktiv
restriction f. Einschränkung f.
restriction de l'aptitude au travail f. MdE (Minderung der Erwerbsfähigkeit) f.
résultat de l'examen m. Befund m., Prüfungsergebnis
résultat de l'expérience m. Versuchsergebnis n.
résultat de laboratoire m. Laborbefund m.
résultat de mesure m. Messergebnis n.
résultat normal m. Normalbefund m.
résultat postérieur m. Spätergebnis n.
résultat provisoire m. Zwischenergebnis n.
résultat tardif m. Spätresultat n.
résumé m. Zusammenfassung f.
resynchronisation f. Resynchronisierung f.
resynchroniser resynchronisieren
rétablir wiederherstellen
rétablir, se genesen
rétablissement m. Erholung f., Wiederherstellung f.
retard m. Verspätung f., Verzögerung f.
retard de la conduction ventriculaire droite m. Rechtsverspätung (kardiol.) f.
retard de la conduction ventriculaire gauche m. Linksverspätung f. (kardiol.)
retardé retardiert, zurückgeblieben
retardement m. Nachhinken n., Retardation f., Verschleppung (Verzögerung) f.
retarder protrahieren
retassure f. Lunker m. (dent.)
retenant le potassium kaliumsparend
retenir verhalten, zurückhalten
rétention f. Retention f., Verhaltung f.
rétention d'eau f. Wasserretention f.
rétention de foetus mort f. verhaltene Totgeburt f.
rétention liquidenne f. Flüssigkeitsretention f.
rétention urinaire f. Harnretention f., Harnverhaltung f., Urinverhaltung f.
rethrombose f. Rethrombosierung f.
réticulaire netzartig, retikulär
réticuliforme netzförmig
réticulocyte m. Retikulozyt m.
réticulocytose f. Retikulozytose f.
réticuloendothélial retikuloendothelial
réticuloendothéliome m. Retikuloendotheliom n.
réticuloendothéliose f. Retikuloendotheliose f.
réticuloendothélium m. Retikuloendothel n.
réticulogranulomatose f. Retikulogranulomatose f.
réticulohistiocytaire retikulohistiozytär
réticulohistiocytose f. Retikulohistiozytose f.
réticulosarcome m. Retikulosarkom n., Retothelsarkom n.
réticulose f. Retikulose f.
reticulum m. Netzmagen (veter.) m.
réticulum m. Retikulum n.
rétinal m. Retinal n.
rétine f. Netzhaut f., Retina f.
rétinien retinal
rétinite f. Retinitis f.
rétinoblastome m. Retinoblastom n.

rétinodialyse f. Retinodialyse f.
rétinographie f. Retinographie f.
rétinoïde m. Retinoid n.
rétinoïde retinoid
rétinol m. Retinol n.
rétinopathie f. Retinopathie f.
rétinoscope m. Retinoskop n., Skiaskop n.
rétinoscopie f. Retinoskopie f., Skiaskopie f.
rétinoscopique retinoskopisch, skiaskopisch
retirer entziehen, zurückziehen
retour à la vie m. Wiedererweckung f.
retourner umstülpen
rétracter zurückziehen
rétracteur m. Retraktor m.
rétractile retraktil
rétraction f. Retraktion f.
retraite f. Altersrente f.
rétrécir einengen, verengen
rétrécissement m. Einengung f.
rétrécissement du bassin m. Beckenverengung f.
rétrécissement mitral m. Mitralstenose f.
rétrécissement pulmonaire m. Pulmonalstenose f.
rétrécissement rectal m. Rektumstriktur f.
rétrécissement subaortique hypertrophique congénital m. IHSS (idiopathische hypertrophische Subaortenstenose) f.
rétroauriculaire retroaurikulär
rétrobulbaire retrobulbär
rétrocaecal retrozökal
rétrocardiaque retrokardial
rétrocaval retrokaval
rétroclusion f. Kopfbiss m. (dent.)
rétrocochléaire retrokochleär
rétrocolique retrokolisch
rétrocontrôle m. Rückkopplung f.
rétrocourbure f. Rückwärtskrümmung f.
rétrocroisement m. Rückkreuzung f.
rétrocursif retrokursiv
rétrodéplacement m. Rückverlagerung f., Rückwärtsverlagerung f.
rétroéjaculation f. Retroejakulation f.
rétrofléchi retroflektiert
rétroflexion f. Retroflexion f.
rétrognathie f. Retrognathie f.
rétrograde retrograd
rétrolabyrinthique retrolabyrinthär
rétrolental retrolental
rétromamillaire retromamillär
rétromammaire retromammär
rétromandibulaire retromandibulär
rétromaxillaire retromaxillär
rétromolaire retromolar
rétronasal retronasal
rétro-occulaire retrookular
rétroorbitaire retroorbital
rétropatellaire retropatellar
rétropelvien retropelvin
rétroperfusion f. Retroperfusion f.
rétropéritonéal retroperitoneal
rétropharyngien retropharyngeal
rétroplacentaire retroplazentar
rétropneumopéritoine m. Retropneumoperitoneum n.
rétroposition f. Retroposition f.
rétroposition, en retroponiert
rétropubien retropubisch
rétropulsif retropulsiv
rétropulsion f. Retropulsion f.
rétrospectif retrospektiv
rétrospondylolisthésis m. Retrospondylolisthese f.
rétrosternal retrosternal
rétrotitrage m. Rücktitration f.
rétrotonsillaire retrotonsillär
rétrotympanique retrotympanal
retroussement m. Umstülpung f.
retroutérin retrouterin
retrouver wiederauffinden
rétrovaccin m. Retrovakzine f.
rétrovaginal retrovaginal
rétroversé retrovertiert
rétroversion f. Retroversion f.
rétroversion-flexion f. Retroversioflexion f.
rétroviral retroviral
rétrovirus m. Retrovirus n.
rétrusion f. Retrusion f.
revaccination f. Wiederimpfung f., Zweitimpfung f.
revascularisation f. Revaskularisation f.
revaskulariser revaskularisieren
rêve m. Traum m.
rêve éveillé m. Wachtraum m.
rêve fébrile m. Fiebertraum m.
réveil m. Aufwachen n., Erwachen n.
révélateur m. Entwickler m.
revendicateur m. Querulant m.
revendicatif querulatorisch
revendicatrice f. Querulantin f.
rêver träumen
réversibilité f. Reversibilität f.
réversible reversibel
réversion f. Reversion f.
révertase f. Revertase f.
revêtement m. Auflage f. (dent.), Belag m., Overlay n., Überzug m.
revêtement (couronne) f. Verblendkrone f.
revêtement péritonéal de l'utérus m. Perimetrium n.

revêtir verblenden (dent.)
révision f. Überholung (Reparatur) f.
revue f. Zeitschrift f.
revue de la littérature f. Literaturübersicht f.
revue spécialisée f. Fachzeitschrift f.
révulsif m. ableitendes Mittel n.
révulsion f. Blutableitung f.
rhabdoïde rhabdoid
rhabdomyolyse f. Rhabdomyolyse f.
rhabdomyome m. Rhabdomyom n.
rhabdomyosarcome m. Rhabdomyosarkom n.
rhabdophobie f. Rhabdophobie f.
rhabdosarcome m. Rhabdosarkom n.
rhabdovirus m. Rhabdovirus n.
rhachitome m. Wirbelsäulensäge f.
rhagade f. Rhagade f.
rhamnose m. Rhamnose f.
rhamnoside m. Rhamnosid n.
rhénium m. Rhenium n.
rhéobase f. Rheobase f.
rhéographe m. Rheograph m.
rhéographie f. Rheographie f.
rhéographique rheographisch
rhéologie f. Rheologie f.
rhéologique rheologisch
rhéoscope m. Rheoskop n.
rhéoscopie f. Rheoskopie f.
rhéostat m. Rheostat m.
rhéostose f. Rheostose f.
rhéotropisme m. Rheotaxis f.
rhinencéphale m. Riechhirn n.
rhinencéphalie f. Rhinenzephalie f.
rhinite f. Rhinitis f.
rhinite atrophique f. Rhinitis atrophicans f.
rhinite membraneuse f. Rhinitis membranacea f.
rhinite vasomotrice f. Rhinitis vasomotoria f.
rhinobasal rhinobasal
rhinogène rhinogen
rhinolalie f. Rhinolalie f.
rhinolithe m. Rhinolith m.
rhinologie f. Rhinologie f.
rhinologique rhinologisch
rhinologue f. Rhinologin f.
rhinologue m. Rhinologe m.
rhinomanométrie f. Rhinomanometrie f.
rhinomanométrique rhinomanometrisch
rhinomycose f. Rhinomykose f.
rhinomyiase f. Rhinomyiasis f.
rhinopathie f. Rhinopathie f.
rhinopharyngien rhinopharyngeal
rhinopharyngite f. Nasopharyngitis f., Rhmopharyngitis f.
rhinopharynx m. Nasopharynx m., Rhinopharynx m.
rhinophonie f. Rhinophonie f.
rhinophyma m. Rhinophym n.
rhinoplastie f. Nasenplastik f., Rhinoplastik f.
rhinorrhée f. Rhinorrhö f.
rhinosclérome m. Rhinosklerom n.
rhinoscope m. Nasenspiegel m., Rhinoskop m.
rhinoscopie f. Rhinoskopie f.
rhinoscopique rhinoskopisch
rhinosinusite f. Rhinosinusitis f.
rhinosporidiose f. Rhinosporidiose f.
rhinovirus m. Rhinovirus n.
rhizobium m. Rhizobium n.
rhizome m. Rhizom n.
rhizomélique rhizomel
rhizopodes m. pl. Rhizopoda n. pl.
rhizotomie f. Rhizotomie f.
rhizotomie postérieure de Foerster f. Förstersche Operation f.
rhodamine f. Rhodamin n.
rhodanate m. Rhodanat n.
rhodanite m. Rhodanit n.
rhodium m. Rhodium n.
rhodopsine f. Rhodopsin n.
rhombencéphale m. Rautenhirn n.
rhomboïde rhomboid
rhonchus m. Giemen n.
rhoptrie f. Toxonem n.
rhubarbe f. Rhabarber m.
rhumatismal rheumatisch
rhumatisme m. Rheumatismus m.
rhumatisme aigu fébrile m. fieberhafter akuter Rheumatismus m.
rhumatisme articulaire m. Gelenkrheumatismus m.
rhumatisme articulaire aigu (R.A.A.) m. akuter Gelenkrheumatismus m.
rhumatisme articulaire chronique m. sekundär chronische Polyarthritis f.
rhumatisme articulaire secondaire chronique m. sekundär chronischer Gelenkrheumatismus m.
rhumatisme cardiaque m. rheumatische Herzkrankheit f.
rhumatisme musculaire m. Muskelrheumatismus m.
rhumatoïde rheumatoid
rhumatologie f. Rheumatologie f.
rhumatologiquer reumatologisch
rhumatologue f. Rheumatologin f.
rhumatologue m. Rheumatologe m.
rhume m. Erkältung f., Erkältungsinfekt m.

rhume des foins m.   Heufieber n.
ribaminol m.   Ribaminol n.
ribavérine f.   Ribaverin n.
ribitol m.   Ribit n.
riboflavine f.   Riboflavin n.
ribofuranose m.   Ribofuranose f.
ribofuranoside m.   Ribofuranosid n.
ribohexose m.   Ribohexose f.
ribonucléase f.   Ribonuklease f.
ribonucléoprotéine f.   Ribonukleoprotein n.
ribonucléoside m.   Ribonukleosid n.
ribonucléotide m.   Ribonukleotid n.
riboprine f.   Riboprin n.
ribose m.   Ribose f.
riboside m.   Ribosid n.
ribosomal   ribosomal
ribosome m.   Ribosom n.
ribotide m.   Ribotid n.
riboxine f.   Riboxin n.
ribulose m.   Ribulose f.
riche en cellules   zellreich
ricin m.   Rizin n.
ricinisme m.   Rizinismus m.
ricinoléate m.   Rizinoleat n.
Rickettsia prowazekii f.   Rickettsia Prowazeki f.
rickettsie f.   Rickettsie f.
rickettsiose f.   Rickettsiose f.
ridé   runzelig
ride f.   Runzel f.
ridolyse f.   Ridolyse f.
Riedel, thyroïdite de f.   Riedel-Struma f.
Rieder, cellule de f.   Riederzelle f.
rifapentine f.   Rifapentin n.
rigide   rigid
rigidité f.   Rigidität f., Rigor m., Starre f., Steifhheit f.
rigidité cadavérique f.   Leichenstarre f., Totenstarre f.
rigidité matinale f.   Morgensteifigkeit f.
rigueur f.   Genauigkeit f.
rilmafazone f.   Rilmafazon n.
rimantadine f.   Rimantadin n.
rimexolone f.   Rimexolon n.
rinçage de bouche, appareil pour m.   Mundduschengerät n.
rince-pipettes m.   Pipettenspülgerät n.
rincer   abspülen, ausspülen
Rinne, épreuve de f.   Rinnescher Versuch m.
rire   lachen
rire m.   Lachen n.
rire convulsif m.   Zwangslachen n.
risédronate m.   Risedronat n.
risque m.   Risiko n.
risque sanitaire m.   Gesundheitsrisiko n.

RIST (radioimmunosorbent-test) m.   Radioimmunosorbent-Test m.
ritodrine f.   Ritodrin n.
ritonavir m.   Ritonavir n.
rituel m.   Ritual n.
rituel   rituell
rituel amoureux m.   Liebesvorspiel n.
rituximab m.   Rituximab n.
Rivalta, réaction de f.   Rivaltaprobe f.
rivastigmine f.   Rivastigmin n.
riz m.   Reis m.
rizatriptane m.   Rizatriptan n.
rizolipase f.   Rizolipase f.
RNA anticodon m.   Antisense-RNS f.
Roarticulation f.   Rogelenk n.
robénidine f.   Robenidin n.
robinet à deux voies m.   Zweiwegehahn m.
robinet à trois voies m.   Dreiwegehahn m.
Rochelle, sel de la m.   Rochellesalz n.
rocher m.   Felsenbein n.
rocivérine f.   Rociverin n.
roentgenologie f.   Röntgenologie f.
roentgenologue m.   Fachgebietsarzt für Röntgenologie m.
roentgenthérapie f.   Röntgentherapie f.
roentgenthérapie à faible tension f.   Niedervolt-Röntgentherapie f.
roentgenthérapie à haute tension f.   Hochvolt-Röntgentherapie f.
rofécoxib m.   Rofecoxib n.
roflurane m.   Rofluran n.
Roger, maladie de f.   Morbus Roger m.
rolétamide m.   Roletamid n.
rolicyprine f.   Rolicyprin n.
rolitétracycline f.   Rolitetracyclin n.
Romberg, signe de m.   Rombergsches-Zeichen n.
rompre   brechen, rupturieren
ronflant   schnarchend
ronfler   schnarchen
rongement m.   Abkauung f.
rongement des ongles m.   Fingernägelbeißen n.
ronger   nagen, zerfressen
rongeur m.   Nagetier n.
ronronnement m.   Katzenschnurren n.
ropirinol m.   Ropirinol n.
Rorschach, test de m.   Rorschachtest m.
rosace f.   Rosette f.
rosaniline f.   Rosanilin n.
roséole f.   Roseole f.
rosette (histol.) f.   Rosette f.
rosiglitazone f.   Rosiglitazon n.
Rossolimo, signe de m.   Rossolimo-Reflex m.
rostral   rostral

rotation f.   Drehung f., Rotation f., Umdrehung f.
rotation externe f.   Auswärtsdrehung f.
rotatoire   rotatorisch
rotavirus m.   Rotavirus n.
roténone f.   Rotenon n.
roter   rülpsen
rôtir   braten
rotor m.   Rotor m.
rotoxamine f.   Rotoxamin n.
rotule f.   Kniescheibe f.
roucoulement m.   Gurren n.
roue f.   Rad n.
rouge congo m.   Kongorot n.
rouge de bengale m.   Bengalrot n.
rouge de bromophénol m.   Bromphenolrot n.
rouge de chlorphénol m.   Chlorphenolrot n.
rouge de crésol m.   Kresolrot n.
rouge méthylique m.   Methylrot n.
rouge neutre m.   Neutralrot n.
rouge propyl m.   Propylrot n.
rouge trypane m.   Trypanrot n.
rougéole f.   Masern f.
rougeur f.   Röte f.
rougeur du visage f.   Gesichtsrötung f.
rougir   erröten, röten
rougissement m.   Erröten n., Rötung f.
rouille f.   Rost m.
rouleau de compression m.   Klemmrolle f.
rouleau de coton m.   Watterolle f.
roulement de Flint m.   Flintsches Geräusch n.
rouler   wickeln
routine f.   Routine f.
roux   rothaarig
Rovsing, signe d'appendicite de m.   Rovsing-Zeichen n.
roxarsone f.   Roxarson n.
roxatidine f.   Roxatidin n.
roxibolone f.   Roxibolon n.
roxopérone f.   Roxoperon n.
ruban adhésif m.   Klebeband n.
ruban métrique m.   Messband n.
rubéfiant   hautrötend
rubéfiant m.   hautrötendes Mittel n., Rubefaciens n.
rubéole f.   Röteln f. pl.
rubéole scarlatiforme f.   vierte Krankheit f., Rubeola scarlatinosa f., Skarlatinoid n.
rubéose f.   Rubeose f.
rubidazone f.   Rubidazon n.
rubidécane m.   Rubidecan n.
rubidium m.   Rubidium n.
rubrospinal   rubrospinal
rubrospinocérébelleux   rubrospinozerebellar
rude   schroff; rauh
rudiment m.   Rudiment n.
rudimentaire   rudimentär
rugine f.   Raspatorium n.
ruminant m.   Wiederkäuer m.
rumination f.   Rumination f., Wiederkäuen n.
Rumpel-Leede, phénomén de m.   Rumpel-Leedesches Phänomen n.
rupture f.   Durchbruch m., Ruptur f.
rupture cardiaque f.   Herzruptur f.
rupture de la poche des eaux f.   Blasensprung m.
rupture de la rate f.   Milzruptur f.
rupture de la trompe f.   Tubenruptur f.
rupture utérine f.   Uterusruptur f.
rural   ländlich
rush m.   Wallung f.
Russell, corps de m.   Russellkörperchen n.
rut m.   Brunst f.
ruthénium m.   Ruthenium n.
rutherford m.   Rutherford n.
rutilisme m.   Rutilismus m.
rutine f.   Rutin n.
rutinose m.   Rutinose f.
rutinoside m.   Rutinosid n.
ruvazone f.   Ruvazon n.
rythme m.   Rhythmus m.
rythme alpha m.   Alpha-Rhythmus m., Berger-Rhythmus m.
rythme cardiaque m.   Herzrhythmus m.
rythme d'échappement m.   Ersatzrhythmus m.
rythme foetal m.   Embryokardie f.
rythme nodal m.   Knotenrhythmus m.
rythme sinusal m.   Sinusrhythmus m.
rythmique   rhythmisch
rythmique f.   Rhythmik f.
rythmisation f.   Rhytmisierung f.
rythmogène   rhythmogen
rythmologie f.   Rhythmologie f.
rythmologique   rhythmologisch

S

s'écailler abblättern
sabal serrulata f. Sabal serrulata f.
Sabin et Feldman, dye-test de m. Sabin-Feldmantest m.
sabler mit Sand abstrahlen (dent.)
sableuse f. Abstrahlgebläse n., Sandstrahlgebläse n.
sabot m. Huf m.
sac m. Sack m.
sac de sable m. Sandsack m.
sac en plastique m. Plastikbeutel m.
sac herniaire m. Bruchsack m.
sac lacrymal m. Tränensack m.
sac, en forme de sackförmig
saccharase f. Saccharase f.
saccharate m. Saccharat n.
saccharide m. Saccharid n.
saccharification f. Verzuckerung f.
saccharimètre m. Saccharimeter n.
saccharine f. Sacharin n.
saccharogalactorrhée f. Saccharogalaktorrhö f.
saccharolytique zuckerspaltend
saccharomycète m. Saccharomyces m.
saccharomycose f. Saccharomykose f.
saccharopine f. Saccharopin n.
saccharose m. Saccharose f., Sukrose f.
saccule m. Säckchen n.
sacculocochléaire sakkulokochleär
sacralisation f. Sakralisation f.
sacré sakral
sacroantérieur sakroanterior
sacrococcygien sakrokokzygeal
sacroiliaque sakroiliakal
sacrolombaire sakrolumbal
sacropelvien sakropelvisch
sacropérinéal sakroperineal
sacropostérieur sakroposterior
sacrosciatique sakroischiadisch
sacrospinal sakrospinal
sadique sadistisch
sadique f. Sadistin f.
sadique m. Sadist m.
sadisme m. Sadismus m.
safran m. Safran m.
safranine f. Safranin n.
sage-femme f. Hebamme f.
sage-femme hospitalière f. Krankenhaushebamme f.
sagittal sagittal
saignée f. Aderlass m.
saignement m. Blutung f.
saignement récidivant m. Rezidivblutung f.
saigner bluten, zur Ader lassen
saillir beschälen
sain gesund
salacétamide m. Salacetamid n.
salafibrate m. Salafibrat n.
salantel m. Salantel n.
salazodine f. Salazodin n.
salazosulfadimidine f. Salazosulfadimidin n.
salazosulfapyridine f. Salazosulfapyridin n.
salazosulfathiazole m. Salazosulfathiazol n.
salbutamol m. Salbutamol n.
salé salzhaltig
salétamide m. Saletamid n.
saleté f. Schmutz m.
salfluvérine f. Salfluverin n.
salicylaldéhyde m. Salizylaldehyd m.
salicylamide m. Salizylamid n.
salicylanilide m. Salizylanilid n.
salicylate m. Salizylat n.
salicylate de sodium m. Natriumsalizylat n.
salicylate mercuriel m. Merkursalizylat n.
salicylazosulfapyridine f. Salizylazosulfapyridin n.
salicyle m. Salizyl n.
salicylthérapie f. Salizyltherapie f.
salidiurétique saliuretisch
salidiurétique m. Saliuretikum n.
salin salinisch
salinazide m. Salinazid n.
saline f. Saline f.
salipyrine f. Salipyrin n.
salivation f. Speichelfluss m.
salive f. Speichel m.
salle d'accouchement f. Kreißsaal m.
salle d'anatomie pathologique f. Sektionsraum m.
salle d'attente f. Wartezimmer n.
salle d'hôpital f. Krankensaal m.
salle d'opération f. Operationssaal m.
salle de désinfection f. Bettensterilisierraum m.
salle de pansement f. Verbandraum m.
salle de réveil f. Aufwachraum m.
salle de soins f. Behandlungsraum m.
salle des plâtres f. Gipsraum m.
salmétérol m. Salmeterol n.
Salmonella enteridis m. Bacillus enteridis Gärtner m.
Salmonella typhimurium m. Bacillus typhimurium m.
salmonelle f. Salmonella f.

salmonellose f. Salmonelleninfektion f.
salol m. Salol n.
salpêtre m. Salpeter m.
salpingectomie f. Salpingektomie f., Tubektomie f.
salpingite f. Salpingitis f.
salpingographie f. Salpingographie f.
salpingolyse f. Salpingolyse f.
salpingoovarectomie f. Salpingo-Oophorektomie f.
salpingoovarite f. Salpingo-Oophoritis f.
salpingostomie f. Salpingostomie f.
salpingotomie f. Salpingotomie f.
salpingourétérostomie f. Salpingoureterostomie f.
salsalate m. Salsalat n.
salsepareille f. Sarsaparille f.
salsolinol m. Salsolinol n.
salurétique saluretisch
salurétique m. Saluretikum n.
salutaire gesundheitsfördernd, heilsam
salve f. Salve f.
samarium m. Samarium n.
sanatorium m. Heilanstalt f., Sanatorium n.
sanctionner bestrafen
sandwich, technique du f. Sandwiching n.
sang m. Blut n.
sang chaud, à warmblütig
sang conservé m. konserviertes Blut n., Konservenblut n.
sang de cadavre m. Leichenblut n.
sang du cordon m. Nabelschnurblut n.
sang en circulation aller-retour m. Pendelblut n.
sang frais m. Frischblut n.
sanglant blutig (blutbefleckt)
sangloter schluchzen
sangsue f. Blutegel m.
sangsue du cheval f. Pferdeegel m.
sanguin blutstrotzend, sanguinisch
sanguinolent sanguinolent
sanitaire hygienisch, sanitär
sans anomalie ohne Befund (o.B.)
sans complications unkompliziert
sans connaissance bewusstlos
sans dérangement ungestört
sans élément pathogène pathogenfrei
sans gluten glutenfrei
sans infarctus nichtinfarziert
sans paroi wandlos
sans particularités oB (ohne Befund)
sans pyrogènes pyrogenfrei
sans sel ungesalzen
sans suture nahtlos
sans vésicules blasenfrei

santaline f. Santalin n.
santé f. Gesundheit f.
Santé Publique f. öffentliches Gesundheitswesen n.
santonine f. Santonin n.
saphénojugulaire saphenojugular
sapogénine f. Sapogenin n.
saponaire f. Saponaria f.
saponification f. Verseifung f.
saponifier verseifen
saponine f. Saponin n.
saprophytaire saprophytär
saprophyte m. Saprophyt m.
saquinavir m. Saquinavir n.
saralasine f. Saralasin n.
sarcine f. Sarzine f.
sarcocèle f. Sarkozele f.
sarcocystose f. Sarkozystose f.
sarcoïde m. Sarkoid n.
sarcoïde de Boeck f. Boecksches Sarkoid n.
sarcoïdose f. Sarkoidose f.
sarcolemme m. Sarkolemm n.
sarcolysine f. Sarcolysin n.
sarcomateux sarkomatös
sarcomatose f. Sarkomatose f.
sarcome m. Sarkom n.
sarcome à cellules fusiformes m. Spindelzellensarkom n.
sarcome à cellules géantes m. Riesenzellensarkom n.
sarcome d'Ewing m. Ewing-Tumor m.
sarcome de Rous m. Rous-Sarkom n.
sarcome globocellulaire m. Rundzellensarkom n.
sarcomère m. Sarkomer n.
sarcoplasmatique sarkoplasmatisch
sarcoplasme m. Sarkoplasma n.
sarcopsyllose f. Sarkopsyllosis f.
sarcopte m. Sarcoptes f.
sarcopte de la gale m. Krätzemilbe f.
sarcosine f. Sarcosin n.
sarcosome m. Sarkosom n.
sarcosporidiose f. Sarkosporidiose f.
sardonique sardonisch
sarmentocymarine f. Sarmentozymarin n.
sarmentogénine f. Sarmentogenin n.
sarmentose f. Sarmentose f.
sarmentus glycoside m. Sarmentusglykosid n.
sarpicilline f. Sarpicillin n.
sartane m. Sartan n.
sassafras m. Sassafras m.
satellite m. Satellit m.
satiété f. Sattheit f., Überdruss m.
satisfaction f. Befriedigung f.

satisfaction sexuelle f.   sexuelle Befriedigung f.
satisfaire   befriedigen
satisfaire un besoin   ein Bedürfnis verrichten
satisfaisant   befriedigend, zufriedenstellend
saturation f.   Sättigung f.
saturation en oxygène f.   Sauerstoffsättigung f.
saturé   gesättigt
saturer   aufsättigen, sättigen
saturnin   bleihaltig
saturnisme m.   Saturnismus m.
satyriasis m.   Satyriasis f.
sauge f.   Salbei m.
sauna m.   Sauna f.
saupoudreuse f.   Streudose f.
sautant   saltatorisch
sauvetage m.   Bergung f.
saveur f.   Geschmack m.
savoir m.   Wissen n.
savon m.   Seife f.
savon de résine m.   Resinat n.
savonneux   seifig
saxitoxine f.   Saxitoxin n.
SC (sous-cutané)   sc (subcutan)
Scadding, syndrome de m.   Scadding-Syndrom n.
scalène, syndrome du m.   Skalenus-syndrom n.
scalénectomie f.   Skalenektomie f.
scalénotomie f.   Skalenusdurchtrennung f.
scalp m.   Skalpierung f.
scalpel m.   Messer n., Skalpell n.
scalpel à cataracte m.   Starmesser n.
scalpel chirurgical m.   Operationsskalpell n.
scalpel de dissection m.   anatomisches Skalpell n.
scandale sanitaire m.   Skandal im Gesundheitswesen m.
scandale du Médiator m.   Mediator-Skandal m.
scandale du Lévothyrox m.   Levothyrox-Skandal m.
scander   skandieren
scandium m.   Scandium n., Skandium n.
scanner m.   Scanner m.
scanner complexe m.   Mischscan m.
scanographie f.   CT (Computertomographie) f., Scanner m.
scanographie générale f.   Ganzkörper-Computertomographie f.
scaphocéphalie f.   Kahnschädel m., Kielschädel m., Skaphozephalie f.
scaphoïde   kahnförmig
scapulaire   skapular

scapuloclaviculaire   skapuloklavikular
scapulohuméral   skapulohumeral
scapulopéronier   skapuloperoneal
scarificateur m.   Impffeder f.
scarification f.   Skarifikation f.
scarlatiforme   scharlachähnlich
scarlatine f.   Scharlach m.
scarlatiniforme   skarlatiniform
Scarpa, triangle de m.   Scarpasches Dreieck n.
scatole m.   Skatol n.
schéma m.   Schema n.
schéma de traitement m.   Behandlungsschema n.
schématique   schematisch
Scheuermann, maladie de f.   Scheuermannsche Krankheit f.
Schick, réaction de f.   Schicktest m.
Schiff, réactif de m.   Schiff-Reagens n.
Schiller, test de m.   Schiller-Probe f.
schistocyte m.   Schistozyt m.
schistose f.   Schistose f.
Schistosoma haematobium m.   Distonum haematobium n., Schistosoma haematobium n.
schistosomiase f.   Schistosomiasis f.
schizoaffectif   schizoaffektiv
schizogonie f.   Schizogonie f.
schizoïde   schizoid
schizonte m.   Schizont m.
schizophrène   schizophren
schizophrène f.   Schizophrene f.
schizophrène m.   Schizophrener m.
schizophrénie f.   Schizophrenie f.
schizophrénie catatonique f.   Katatonie f.
schizophrénie hébéphrénie f.   Hebephrenie f.
schizophrénie paranoïaque f.   Paranoia f.
schizophrénie secondaire f.   Pfropfschizophrenie f.
schizothymie f.   Schizothymie f.
schizothymique   schizothym
Schlemm, canal de m.   Schlemmscher Kanal m.
Schmorl, nodule de m.   Schmorlsches Knötchen n.
Schüffner, granulations de f. pl.   Schüffnersche Tüpfelung f.
Schultz-Charlton, phénomène de m.   Schultz-Charltonsches Auslöschphänomen n.
Schwabach, épreuve de f.   Schwabachscher Versuch m.
Schwann, gaine de f.   Schwannsche Scheide f.
schwannome m.   Schwannom n.
scialytique m.   Operationslampe f.

sciatique f. Ischiassyndrom n.
scie f. Säge f.
scie à amputation f. Amputationssäge f.
scie à plâtre f. Gipssäge f.
scie de Gigli f. Kettensäge f.
science f. Wissenschaft f.
science de l'avulsion dentaire f. Zahnextraktionslehre f.
science des rayonnements f. Strahlenkunde f.
sciences naturelles f. pl. Naturwissenschaft f.
scientifique wissenschaftlich
scientifique m./f. Wissenschaftler(in) m.,/(f.)
scilla f. Szilla f.
scillaridine f. Szillaridin n.
scille f. Scilla f.
scilline f. Szillin n.
scillitoxine f. Szillitoxin n.
scintigramme m. Szintigramm n.
scintigraphie f. Szintigraphie f.
scintigraphie au thallium f. Thalliumszintigraphie f.
scintigraphie myocardique f. Myokardszintigraphie f.
scintigraphie TEP/TDM au 18-FDG f. PET/CT f. (Positronenemissionstomographie/Computertomographie) mit 18-Fluordesoxyglukose als Marker
scintigraphie séquentielle f. Sequenzszintigraphie f.
scintigraphique szintigraphisch
scintillateur m. Szintillator m.
scintillation f. Flimmern n., Szintillation f.
scintillement m. Flimmern n.
scintiller flimmern
scintimammographie f. Szintimammographie f.
scintiphotographie f. Szintifotografie f.
scission f. Abspaltung f.
scissure f. Aufspaltung f., Furche f., Spalt m.
scissure perpendiculaire externe f. Affenspalte f.
sclérectomie f. Sklerektomie f.
sclérème m. Sklerem n.
scléreux skleral
sclérite antérieure f. Skleritis anterior f.
sclérite postérieure f. Skleritis posterior f.
scléritique skleritisch
scléroconjonctival sklerokonjunktival
sclérocornéen sklerokorneal
sclérodactylie f. Sklerodaktylie f.
sclérodermie f. Sklerodermie f.
scléroedème m. Sklerödem n.
sclérome m. Sklerom n.
sclérophtalmie f. Sklerophthalmie f.

sclérose f. Sklerose f., Sklerosierung f., Verkalkung f.
sclérose coronarienne f. Koronarsklerose f.
sclérose en plaques (SEP) f. MS f., multiple Sklerose f.
sclérose latérale f. Lateralsklerose f.
sclérose latérale amyotrophique f. ALS (amyotrophische Lateralsklerose) f.
sclérose sphinctérienne f. Sphinktersklerose f.
sclérose systémique progressive f. progressive Systemsklerose f.
sclérose tubéreuse f. tuberöse Sklerose f.
scléroser sklerosieren, veröden
sclérothérapie f. Sklerotherapie f., Verödungstherapie f.
sclérotique sklerotisch
sclérotique f. Lederhaut f. (ophthalm.), Sklera f.
sclérotome m. Sklerotom n.
sclérotomie f. Sklerotomie f.
scolex m. Skolex m.
scoliose f. Skoliose f.
scoliotique skoliotisch
scombrotoxine f. Scombrotoxin f.
scopolamine f. Skopolamin n.
scopolamine, bromhydrate de m. Scopolaminum hydrobromicum n.
scopulariopsidose f. Skopulariopsidose f.
scorbut m. Skorbut m.
scorbutique skorbutisch
score m. Score m.
scorie f. Schlacke f.
scorifier, se verschlacken
scorpion m. Skorpion m.
scotome m. Skotom n.
scotome annulaire m. Ringskotom n.
scotome central m. Zentralskotom n.
scotome négatif m. negatives Skotom
scotome péripapillaire m. peripapilläres Skotom n.
scotome scintillant m. Flimmerskotom n.
scotométrie f. Skotometrie f.
scotophobie f. Skotophobie f.
scotopique skotopisch
scotopsine f. Skotopsin n.
scrofule f. Skrofeln f. pl., Skrofulose f.
scrofuleux skrofulös
scrofuloderme m. Skrofuloderm n.
scrotal skrotal
scrotum m. Hodensack m., Skrotum n.
scybale f. Skybalum n.
SDH (sorbitol-déhydrogénase) f. SDH (Sorbit-Dehydrogenase) f.
séance f. Sitzung f.

seau m. Eimer m.
seau à ordures m. Abfalleimer m.
sébacé talgig
séborrhée f. Seborrhö f.
séborrhée huileuse f. Salbengesicht n.
séborrhéique seborrhoisch
sébostase f. Sebostase f.
sébotrope sebotrop
sec trocken
séchage m. Austrocknung f.
séchage au spray m. Sprühtrocknung f.
sèche-film m. Filmtrockner m.
sécher trocknen
sécheresse de la bouche f. Mundtrockenheit f.
séchoir m. Trockengerät n.
séchoir armoire m. Trockenschrank m.
séclazone f. Seclazon n.
secondaire sekundär
seconde intention (de) f. zweite Wahl f.
secondipare zweitgebärend
secondipare f. Zweitgebärende f.
secouer erschüttern
secourisme m. Erste Hilfe f.
secouriste m. Sanitäter m.
secours m. Rettung f.
secousse f. Erschütterung f.
secousse d'ouverture anodique f. Anodenöffnungszuckung f.
secousse d'ouverture cathodique f. Kathodenöffnungszuckung f.
secousse de fermeture anodique f. Anodenschließungszuckung f.
secousse de fermeture cathodique f. Kathodenschließungszuckung f.
sécovérine f. Secoverin n.
secret médical m. Arztgeheimnis n.
secret professionnel m. Schweigepflicht f.
sécrétagogue sekretagog
secrétaire f. Sekretärin f.
secrétaire m. Sekretär m.
sécrétant sezernierend
sécrétase f. Sekretase f.
sécréter abscheiden, absondern (ausscheiden), sezernieren
sécréteur m. Sekretor m.
sécrétine f. Secretin n., Sekretin n.
sécrétinome m. Sekretinom n.
sécrétion f. Absonderung (Ausscheidung) f., Sekret n., Sekretion f.
sécrétion abondante f. Sukkorrhö f.
sécrétion de base d'acide gastrique f. basale Magensäuresekretion (BAO) f.
sécrétion de la plaie f. Wundsekret n.
sécrétion interne f. Inkretion f., innere Sekretion f.
sécrétogogue m. Secretagogum n.
sécrétoire sekretorisch
sécrétolyse f. Sekretolyse f.
sécrétolytique sekretolytisch
sécrétolytique m. Sekretolytikum n.
secteur m. Netz (elektr.) n., Sektor m.
section f. Abteilung f., Sektion f.
section transversale f. Querschnitt m.
sectionner abschneiden, durchschneiden
sécurinine f. Securinin n.
sécurité f. Sicherheit f.
sédatif beruhigend, sedativ
sédatif m. Beruhigungsmittel n., Sedativum n.
sédatif de jour m. Tagessedativum n.
sédation f. Ruhigstellung f, Sedierung f.
sédation forcée f. forcierte Ruhigstellung f.
sédentaire häuslich
sédiment m. Sediment n.
sédimentation f. Sedimentierung f.
sédimentation du sang f. Blutsenkung f.
sédoheptulose f. Sedoheptulose f.
segment m. Segment n.
segment nerveux m. Neuralsegment n.
segment primordial m. Ursegment n.
segmentaire segmental
segmentation f. Furchung f., Segmentierung f.
segmenté segmentiert
segmenter, se furchen
ségrégation f. Segregation f.
sein m. Brust f., Busen m., Mamma f.
séjour à l'hôpital m. Krankenhausaufenthalt m.
sel m. Salz n.
sel biliaire m. Gallensalz n.
sel d'or m. Goldsalz n.
sel de Carlsbad m. Karlsbader Salz n.
sel de Glauber m. Glaubersalz n.
sel de la Rochelle m. Seignettesalz n.
sel disodique m. Dinatriumsalz n.
sel haloïde m. Halid n., Halogenid n.
sel minéral m. Mineralsalz n.
sel volatil m. Riechsalz n.
sélectif selektiv
sélection f. Selektion f.
sélectionneur de programme m. Programmwähler m.
sélectivité f. Selektivität f.
sélégénine f. Selegenin n.
sélénate m. Selenat n.
sélénide m. Selenid n.
sélénite m. Selenit n.

sélénium m. Selen n.
sélénodonte selenodont
sélénométhylcholestérol m. Selenomethylcholesterin n.
Selivanoff, réaction de f. Seliwanow-Probe f.
sellaire sellär
selle f. Sattel m.
selle (bridge) f. Sattelbrücke f. (dent.)
selle turcique f. Sella turcica f., Türkensattel m.
selles couleur bitume f. pl. Teerstuhl m.
selles en crottes de mouton f. pl. Schafkotstuhl m.
selles en forme de crayon f. pl. Bleistiftkot m.
selles putrides f. pl. Fäulnisstuhl m.
selles riziformes f. pl. Reiswasserstuhl m.
selles savonneuses f. pl. Seifenstuhl m.
selon la phase phasengesteuert
sémantique semantisch
sémantique f. Semantik f.
semblable ähnlich
séméiologie f. Semiologie f.
séméiologique semiologisch
semelle-support f. Plattfußeinlage f.
semen-contra m. Wurmsamen m.
semestre m. Semester n.
semialdéhyde m. Semialdehyd m.
semiautomatique halbautomatisch
semi-axial halbaxial
semicarbazide m. Semikarbazid n.
semicarbazone f. Semikarbazon n.
semicirculaire semizirkulär
semiconducteur m. Halbleiter m.
semiconscient halbbewusst
semidécussation f. Semidekussation f.
semidirect halbdirekt, semidirekt
semiessentiel semiessentiell
semiéthanolate m. Semiethanolat n.
semihydrate m. Semihydrat n.
semilunaire halbmondförmig, semilunar
semimalin semimaligne
semimembraneux semimembranös
séminaire m. Seminar n.
séminaire en vidéo m. Webinar m.
séminome m. Dysgerminom n., Seminom n.
semiovale semioval
semiperméable semipermeabel
semiquantitatif halbquantitativ, semiquantitativ
semisolide halbfest
semisynthétique halbsynthetisch, semisynthetisch
semithiocarbazone f. Semithiokarbazon n.
semiunipolaire semiunipolar
semivertical semivertikal
semoule f. Grieß m.
sémustine f. Semustin n.
senaï-virus m. Senai-Virus n.
séné m. Senna f.
sénescence f. Altern n., Seneszenz f.
sénile altersschwach, senil
sénilité f. Senilität f.
sennoside m. Sennosid n.
sens m. Sinn m.
sens d'entrée m. Eingangsrichtung f.
sens de sortie m. Ausgangsrichtung f.
sens des couleurs m. Farbensinn m.
sens des flèches m. Pfeilrichtung f.
sens du goût m. Geschmackssinn m.
sens du toucher m. Berührungssinn m., Tastsinn m.
sens statique m. Gleichgewichtssinn m.
sens thermique m. Temperatursinn m.
sensation f. Empfindung f., Gefühl n., Sensation f.
sensation de brûlure f. brennendes Gefühl n.
sensation de culpabilité f. Schuldgefühl n.
sensation de globe f. Kloßgefühl n.
sensation de lourdeur épigastrique f. Magendrücken n.
sensation de vertige f. Schwindelgefühl m.
sensation gustative f. Schmecken n.
sensibilisation f. Sensibilisierung f.
sensibiliser sensibilisieren
sensibilité f. Sensibilität f.
sensibilité au froid f. Kälteempfindlichkeit f.
sensibilité au toucher f. Berührungsempfindlichkeit f.
sensibilité aux changements de temps f. Wetterfühligkeit f.
sensibilité du film f. Filmempfindlichkeit f.
sensibilité profonde f. Tiefensensibilität f.
sensible empfindlich, sensibel
sensible à la pression druckempfindlich
sensible aux changements de temps wetterfühlig
sensing m. Sensing n.
sensitif sensitiv
sensitivité f. Sensitivität f.
sensitométrie f. Sensitometrie f.
sensitométrique sensitometrisch
sensoriel sensoriell, sensorisch
sensorimoteur sensomotorisch
sensorium m. Sensorium n.
sentiment m. Empfindung f., Gefühl n., Gemüt n.
sentiment d'ensemble m. Allgemeingefühl n.
sentiment de réplétion m. Völlegefühl n.

sentiment de sa propre valeur m. Selbstwertgefühl n.
sentiment du temps m. Zeitsinn m.
sentir fühlen, riechen, verspüren
sentir mauvais stinken
séparateur m. Separator m.
séparation f. Absonderung (Isolierung) f., Durchtrennung f., Separation f., Trennung f.
séparer absondern (isolieren), aufspalten, separieren
sépharose m. Sepharose f.
septal septal
septicémie f. Sepsis f., Septikämie f.
septicémie lente f. Sepsis lenta f.
septicémie orale f. orale Sepsis f.
septicémie postsplénectomique f. Postsplenektomiesepsis f.
septicémie puerpérale f. Puerperalsepsis f.
septicémie traumatique f. Wundsepsis f.
septique septisch
septonasal septonasal
septooptique septooptisch
septostomie f. Septostomie f.
septum m. Septum n.
septum auriculaire m. Vorhofscheidewand f., Vorhofseptum n.
septum interventriculaire m. Ventrikelseptum n., Kammerscheidewand f.
septum lucidum m. Septum pellucidum n.
séquelle f. Folgeerscheinung f.
séquelles tardives f. pl. Spätfolgen f. pl.
séquence f. Aufeinanderfolge f., Sequenz f.
séquentiel sequentiell
séquestration f. Sequesterbildung f.
séquestre m. Sequester m.
séquestre dentaire m. Zahnsequester m.
séquestre osseux inclus m. Totenlade f.
séquestrectomie f. Sequestrektomie f.
séquestrotomie f. Sequestrotomie f.
séreux serös
serfibrate m. Serfibrat n.
série f. Serie f.
série de production f. Herstellungscharge f.
série, en serienmäßig
sériel reihenmäßig
sérieux schwer (ernst)
sérine f. Serin n.
seringue f. Spritze f.
seringue à trois voies f. Dreiwegespritze f.
seringue à usage unique f. Einmalspritze f.
seringue de Pravaz f. Pravazsche Spritze f., Rekordspritze f.
seringue en verre f. Glasspritze f.
seringue métallique f. Metallspritze f.
seringue otologique f. Ohrspritze f.
seringue tout verre f. Ganzglasspritze f.
serment d'Hippocrate m. Eid des Hippokrates m.
sermétacine f. Sermetacin n.
sermoréline f. Sermorelin n.
séroconversion f. Serumkonversion f.
sérodiagnostic m. Serodiagnose f.
sérodiagnostic de Widal-Felix m. Gruber-Widal-Reaktion f.
sérofibreux serofibrös
sérofibrineux serofibrinös
sérologie f. Serologie f.
sérologique serologisch
séromembraneux seromembranös
séromuqueux seromukös
séronégatif seronegativ
séropositif seropositiv
séroprévalence f. Seroprävalenzf.
séroprophylaxie f. Serumprophylaxe f.
séropurulent seropurulent
séroréaction f. Seroreaktion f.
sérosanguinolent serosanguinolent
séroséreux seroserös
sérosite f. Serositis f.
sérosynovite f. Serosynovitis f.
sérothérapie f. Serumbehandlung f.
sérotonine f. Serotonin n.
sérotoninergique serotoninerg
sérotoninome m. Serotoninom n.
sérotympan m. Serotympanum n.
sérovaccination f. Serovakzination f.
serpent m. Schlange f.
serpent à sonnettes m. Klapperschlange f.
serpent venimeux m. Giftschlange f.
serpigineux serpiginös
serrapeptase f. Serrapeptase f.
serratia f. Serratie f.
serré straff
serrer einklemmen, klemmen
serrer les mains sich die Hand geben
sertaconazol m. Sertaconazol n.
Sertoli, cellule de f. Sertolische Zelle f.
sertraline f. Sertralin n.
sérum m. Serum n.
sérum (sanguin) m. Blutserum n.
sérum anti Rh m. Anti-Rh-Serum n.
sérum antilymphocytaire m. (ALS) Antilymphozytenserum n. (ALS)
sérum antiméningococcique m. Meningokokkenserum n.
sérum antitétanique m. Tetanusserum n.
sérum antitoxique m. Heilserum n.
sérum antivenimeux m. Schlangenserum, antitoxisches n.
sérum bovin m. Rinderserum n.

sérum de cheval m.   Pferdeserum n.
sérum physiologique m.   physiologische Kochsalzlösung f.
service m.   Abteilung f.
service après vente m.   Kundendienst m.
service d'équarrissage m.   Tierkörperbeseitigungsanstalt f.
service d'isolement m.   Isolierstation f.
service d'obstétrique m.   Entbindungsabteilung f.
service d'ophtalmologie m.   Augenabteilung f.
service de dialyse m.   Dialysestation f.
service de médecine du travail m.   gewerbeärztlicher Dienst m.
service de radiologie m.   Röntgenabteilung f.
service de santé publique m.   Gesundheitsamt n.
service de soins m.   Pflegedienst m.
service des accidents m.   Unfallstation f.
service des consultations externes m.   Ambulanz f.
service des entrées m.   Aufnahmestation f.
service des maladies contagieuses m.   Infektionsabteilung f.
service des soins m.   Behandlungsstation f.
service des soins intensifs m.   Intensivpflegestation f.
service fermé/ouvert m.   geschlossene/offene Abteilung f.
service hospitalier m.   Krankenhausabteilung f., Krankenstation f.
services de santé publique m. pl.   Gesundheitsbehörde f.
services sociaux militaires m. pl.   militärische Versorgungsbehörde f.
serviette de bain f.   Badetuch n.
servir d'intermédiaire   vermitteln
sesquichlorure m.   Sesquichlorid n.
sesquihydrate m.   Sesquihydrat n.
sesquioléate m.   Sesquioleat n.
sesquiterpène m.   Sesquiterpen n.
sessile   breitbasig aufsitzend, sessil
sétariase f.   Setariasis f.
sétazindol m.   Setazindol n.
sétiptiline f.   Setiptilin n.
seuil m.   Schwelle f.
seuil auditif m.   Hörschwelle f.
seuil d'excitabilité m.   Reizschwelle f.
seuil lumineux m.   Lichtschwelle f.
seuil olfactif m.   Riechschwelle f.
sévérité f.   Strenge f.
sévoflurane m.   Sevofluran n.
sevrage m.   Abstillen n.
sevrer   abstillen, entwöhnen

sexe m.   Geschlecht n.
sexologie f.   Sexologie f., Sexualwissenschaft f.
sexologie médicale f.   Sexualmedizin f.
sexologique   sexologisch
sexologue f.   Sexologin f.
sexologue m.   Sexologe m.
sexualité f.   Sexualität f.
sexuel   geschlechtlich, sexuell
sféricase f.   Sfericase f.
SGOT (sérum glutamo-oxaloacétique transaminase) f.   GOT (Glutaminsäure-Oxalessigsäure-Transaminase) f.
SGPT (sérum glutamopyruvique transaminase) f.   GPT (Glutaminsäure-Brenztraubensäure-Transaminase) f.
shaker m.   Schüttler m.
SHBG (sex hormone binding globulin) f.   SHHG (sexualhormonbindendes Globulin) n.
Sheehan, syndrome de m.   Sheehan-Syndrom n.
shigella f.   Shigelle f.
Shigella paradysenteriae Strong f.   Ruhrbazillus (Strong) m.
Shigella Sonnei f.   Ruhrbazillus (Sonne) m.
shigellose f.   Shigellose f.
Shrapnell, membrane flaccide de f.   Shrapnellsche Membran f.
shunt m.   Abzweigung f., Nebenleitung f., Nebenschluss m., Shunt m.
shunt gauche-droite m.   Links-Rechts-Shunt m.
shunt de Scribner m.   Scribner-Shunt m.
shunt droite-gauche m.   Rechts-Links-Shunt m.
Sia, test de floculation de m.   Sia-Test m.
sialadénite f.   Sialadenitis f., Speicheldrüsenentzündung f.
sialadénographie f.   Sialadenographie f.
sialagogue   sialagog
sialagogue m.   Sialagogum n.
sialoéjecteur m.   Speichelzieher m.
sialogramme m.   Sialogramm n.
sialogogue   speicheltreibend
sialographie f.   Sialographie f.
sialographique   sialographisch
sialolithiase f.   Sialolithiasis f.
sialome m.   Sialom n.
sialopénie f.   Sialopenie f.
sialorrhée f.   Sialorrhö f.
sialose f.   Sialose f.
sialyltransférase f.   Sialyltransferase f.
siamois, frères m. pl.   Siamesische Zwillinge m. pl.

sibutramine f. Sibutramin n.
SIDA (Syndrome d'Immuno-Défience Acquise) m. AIDS (erworbenes Immundefizienzsyndrom) n.
sidénafil m. Sidenafil n.
sidéramine f. Sideramin n.
sidéroachrestique sideroachrestisch
sidéroblaste m. Sideroblast m.
sidéroblastique sideroblastisch
sidérochrome m. Siderochrom n.
sidérocyte m. Siderozyt m.
sidéropénie f. Eisenmangel m., Sideropenie f.
sidéropénique sideropenisch
sidérophile siderophil
sidérose f. Siderose f.
sidétotique siderotisch
siège m. Steiß m.
siemens m. Siemens n.
sievert m. Sievert n.
sifflant zischend
sifflet m. Pfeife f.
sifflet de Galton m. Galtonsche Pfeife f.
sigmatisme m. Sigmatismus m.
sigmoïdectomie f. Sigmoidektomie f.
sigmoïdite f. Sigmoiditis f.
sigmoïdopexie f. Sigmoidanheftung f.
sigmoïdoproctostomie f. Sigmoidoproktostomie f.
sigmoïdoscopie f. Sigmoidoskopie f.
sigmoïdostomie f. Sigmoidostomie f.
signal m. Signal n.
signal d'avertissement m. Warnsignal n.
signature f. Signatur f.
signe m. Kennzeichen n., Krankheitszeichen n., Zeichen n.
signe caractéristique m. Merkmal n.
signe d'Abadie m. Abadie-Zeichen n.
signe d'Ahlfeld m. Ahlfeld-Zeichen n.
signe d'Amoss m. Amoss-Zeichen n., Dreifußzeichen n.
signe d'atteinte myocardique de Schapiro m. Schapiro-Zeichen n.
signe d'Erb m. Erbsches Zeichen n.
signe d'occlusion intestinale de Wahl m. Wahl-Zeichen n.
signe de Babinski m. Babinski-Zeichen n.
signe de Blumberg m. Blumberg-Zeichen n.
signe de Broadbent m. Broadbent-Zeichen n.
signe de Brudzinski m. Brudzinski-Zeichen n.
signe de Charles Bell m. Bellsches Phänomen n.
signe de croisement m. Kreuzungsphänomen n.
signe de d'Espine m. (d') Espine-Zeichen n.
signe de Dejerine m. Dejerine-Zeichen n.
signe de Gilbert m. Gilbert-Zeichen n.
signe de Graefe m. Graefe-Zeichen n.
signe de Griesinger m. Griesinger-Zeichen n.
signe de grossesse m. Schwangerschaftszeichen n.
signe de Kernig m. Kernig-Zeichen n.
signe de Küstner m. Küstner-Zeichen n.
signe de l'utérus gravide de Piskacek m. Piskaceksche Ausladung f.
signe de Lasègue m. Lasègue-Zeichen n.
signe de Mahler m. Mahler-Zeichen n.
signe de Mennell m. Mennell-Zeichen n.
signe de Moebius m. Möbius-Zeichen n.
signe de mort m. Todeszeichen n.
signe de Parrot m. Parrot-Zeichen n.
signe de Schlange m. Schlangesches Zeichen n.
signe de vie m. Lebenszeichen n.
signe du changement de son de Wintrich m. Wintrichscher Schallwechsel m.
signe du croisement de Gunn m. Gunnsches Kreuzungsphänomen n.
signe du pouce de Wartenberg m. Wartenberg-Zeichen n.
signe du trépied m. Dreifußzeichen n.
signe précurseur m. Vorbote m.
signe pyramidal m. Pyramidenbahnzeichen n.
signes d'alerte m. pl. Alarmzeichen n. pl.
significatif signifikant
significativité f. Signifikanz f.
silandrone f. Silandron n.
silencieux stumm
silhouette f. Silhouette f.
silhouette cardiaque f. Herzsilhouette f.
silicate m. Silikat n.
silicatose f. Silikatose f.
silice f. Siliziumdioxid n.
silicium m. Silizium n.
silicoanthracose f. Silikoanthrakose f.
silicofluorure m. Silikofluorid n.
silicone f. Silikon n.
silicose f. Silikose f.
silicosidérose f. Silikosiderose f.
silicotique silikotisch
silicotuberculose f. Silikotuberkulose f.
sillon m. Furche f.
sillon gingival m. Gingivaspalte f.
sillon inguéal de Beau m. Beau-Reilsche Linie f.
sillon latéral de l'ongle m. Nagelfalz m.
sillon médian sous-nasal m. Philtrum n.

sillon neural m.   Neuralrinne f.
sillon subgingival m.   Subgingivalspalt m.
sillonné   gefurcht
silos, maladie des ouvriers des f.   Silofüllerkrankheit f.
silydianine f.   Silydianin n.
silymarine f.   Silymarin n.
simfibrate m.   Simfibrat n.
simiesque   affenartig
Simmonds, maladie de f.   Simmondssche Krankheit f.
simple   einfach
simplifier   vereinfachen
simtrazène m.   Simtrazen n.
simulateur m.   Simulant m., Simulator m.
simulation f.   Simulation f.
simulatrice f.   Simulantin f.
simuler   fingieren, simulieren
simultané   simultan
simvastatine f.   Simvastatin n.
sinapisme m.   Senfpapier n.
sincalide m.   Sincalid n.
sinciput m.   Vorderhaupt n.
sinéfungine f.   Sinefungin n.
singe m.   Affe m.
singe Rhésus m.   Rhesusaffe m.
single photon emission computed tomographie (SPECT) f.   Single-Photon-Emissionscomputertomographie (SPECT) f.
sinistrocardie f.   Sinistrokardie f.
sinistroposition f.   Sinistroposition f.
sinistroposition, en   sinistroponiert
sinoauriculaire   sinuatrial
sinobronchial   sinobronchial
sinobronchique   sinubronchial
sinobronchite f.   Sinobronchitis f.
sinospiral   sinuspiral
sinoventriculaire   sinuventrikulär
sinuaortique   sinuaortal
sinus m.   Höhle f., Sinus m.
sinus carotidien m.   Carotissinus m., Karostissinus m.
sinus caverneux m.   Sinus cavernosus m.
sinus ethmoïdal m.   Siebbeinhöhle f.
sinus frontal m.   Stirnhöhle f.
sinus lymphatique m.   Lymphsinus m.
sinus maxillaire m.   Kieferhöhle f.
sinus nasal m.   Nasennebenhöhle f.
sinus sphénoïdal m.   Keilbeinhöhle f.
sinus, maladie du f.   Sinusknotensyndrom n.
sinusal   sinusal
sinusite f.   Sinusitis f.
sinusite baro-traumatique f.   Barosinusitis f.
sinusite ethmoïdale f.   Ethmoiditis f., Sinusitis ethmoidalis f.
sinusite frontale f.   Sinusitis frontalis f.
sinusite maxillaire f.   Sinusitis maxillaris f.
sinusite sphénoïdale f.   Keilbeinhöhlenentzündung f., Sinusitis sphenoidalis f.
sinusoïdal   sinusförmig, sinusoidal
sinusoïde f.   Sinusoid n.
siphon m.   Heber m., Siphon m.
siphonage de l'estomac m.   Magenaushebung f., Magenauspumpung f.
siphonage fractionné de l'estomac m.   fraktionierte Magenaushebung f.
Sipple, syndrome de m.   Sipple-Syndrom n.
sipulecel-T m.   Sipulecel-T n.
sirénomélie f.   Sirenomelie f.
sirolisme m.   Sirolismus m.
site actif m.   aktiver Site m.
site de fixation m.   Bindungsstelle f.
sitofibrate m.   Sitofibrat n.
sitogluside m.   Sitoglusid n.
sitostérine f.   Sitosterin n.
situation f.   Lage f., Situation f.
situation d'urgence f.   Notlage f.
situation émotionnelle f.   Gemütslage f.
situation sanitaire f.   Gesundheitslage f., Seuchenlage f.
situs m.   Situs m.
situs inversus m.   Situs inversus m.
situs transversus m.   Situs transversus m.
Sjögren, syndrome de m.   Sicca-Syndrom n., Sjögren-Syndrom n.
skiascopie f.   Skiaskopie f.
smegma m.   Smegma n.
SNC (système nerveux central) m.   ZNS (Zentralnervensystem) n.
Snellen, test visuel de m.   Snellensche Sehprobe f.
sobre   nüchtern (nicht trunken)
social   sozial
socialisation f.   Sozialisation f.
société f.   Gesellschaft f.
sociodémographique   soziodemograpisch
sociologie f.   Soziologie f.
sociomédical   sozialmedizinisch
sociopathie f.   Soziopathie f.
sociopathologique   soziopathisch
sociosexuel   soziosexual
sociothérapie f.   Soziotherapie f.
sodium m.   Natrium n.
sodoku m.   Rattenbisskrankheit f., Sodoku m.
sodomie f.   Sodomie f.
soif f.   Durst m.
soigner   pflegen
soin de la bouche m.   Mundpflege f.
soin de la plaie m.   Wundversorgung f.
soins m. pl.   Pflege f., Versorgung f.

soins à long terme m. pl. Langzeitpflege f.
soins aux malades m. pl. Krankenpflege f.
soins d'urgence m. pl. Notfallversorgung f.
soins de base m. pl. Grundpflege f.
soins de groupe m. pl. Gruppenpflege f.
soins domestiques m. pl. Hauspflege f.
soins en période postpartale m. pl. Wochenpflege f.
soins hospitaliers m. pl. Krankenhauspflege f.
soins infirmiers spéciaux m. pl. Sonderkrankenpflege f.
soins intensifs m. pl. Intensivpflege f.
soins maximum m. pl. Maximalversorgung f. (med.)
soins médicaux m. pl. Heilfürsorge f., ärztliche Versorgung f.
soins médicaux centraux m. pl. Zentralversorgung f. (med.)
soins médicaux de base m. pl. medizinische Grundversorgung f.
soins réguliers m. pl. Regelversorgung f.
sol m. Sol n.
solaire solar
solanine f. Solanin n.
solarium m. Solarium n.
sole f. Trachtenwand f. (veter.)
solide kräftig, solid
solidifier verfestigen
solifénacine f. Solifenacin n.
solitaire solitär
solubilisation f. Solubilisierung f.
solubiliser lösen
solubilité f. Löslichkeit f.
soluble löslich
soluble, peu schwerlöslich
soluté de Fowler m. Fowlersche Lösung f.
soluté de Lugol f. Lugolsche Lösung f.
solution f. Lösung f.
solution d'origine f. Stammlösung f.
solution de Chlumsky f. Chlumskysche-Lösung f.
solution de crésol savonneux f. Kresolseifenlösung f.
solution de Hayem f. Hayemsche Lösung f.
solution de lavage f. Spüllösung f.
solution de Mandl f. Mandlsche Lösung f.
solution de Ringer f. Ringerlösung f.
solution de Tyrode f. Tyrodelösung f.
solution de Vleminckx f. Vleminckxsche-Lösung f.
solution durcissante f. Härterlösung f.
solution hydroalcoolique f. wässrig-alkoholische Lösung f.
solution orale f. Liquidum n. (galen.)

solution standard f. Standardlösung f.
solution starter f. Starterlösung f.
solvant m. Lösungsmittel n.
solvation f. Solvation f.
solypertine f. Solypertin n.
somatique somatisch
somatogénique somatogen
somatogramme m. Somatogramm n.
somatolibérine f. Somatoliberin n.
somatologie f. Somatologie f.
somatomammotropine f. Somatomammotropin n.
somatomédine f. Somatomedin n.
somatoneurose f. Somatoneurose f.
somatosensoriel somatosensorisch
somatostatine f. Somatostatin n.
somatostatinome m. Somatostatinom n.
somatotrope somatotrop
somatotrophine f. Somatotropin n.
somite m. Primitivsegment n.
sommation f. Summation f., Summierung f.
sommeil m. Schlaf m.
sommeil réparateur m. Heilschlaf m.
somnambule somnambul
somnambule m./f. Schlafwandler(in) m./(f.)
somnambulisme m. Schlafwandeln n., Somnambulismus m.
somnifère schlafbringend
somnifère m. Schlafmittel n.
somnifère à action prolongée m. Durchschlafmittel n.
somnifère à effet de courte durée m. Einschlafmittel n.
somnographie f. Somnographie f.
somnographique somnographisch
somnolence f. Dämmerschlaf m.; kurzer, leichter Schlaf m.; Schläfrigkeit f., Somnolenz f.
somnolent schläfrig, somnolent
son m. Klang m., Schall m., Ton (Laut) m.; Kleie f.
son de blé m. Weizenkleie f.
son de riz m. Reiskleie f.
son dominant m. Oberton m.
son tympanique m. tympanitischer Schall m.
sonde f. Sonde f.
sonde à ballonnet f. Ballonkatheter m.
sonde à bouton f. Knopfsonde f.
sonde à demeure f. Dauerkatheter m., Verweilkatheter m.
sonde cannelée f. Hohlsonde f.
sonde d'alimentation f. Ernährungssonde f.
sonde d'exploration (de la poche gingivale) f. Zahnfleischtaschensonde f.

sonde d'irrigation à demeure f.   Dauerspülkatheter m.
sonde duodénale f.   Duodenalsonde f., Einhorn-Sonde f.
sonde intestinale à ballon de Miller   Abbott f. Miller-Abbott-Sonde f.
sonde magnétique f.   Magnetsonde f.
sonde nasale f.   Nasensonde f.
sonde oesophagienne f.   Magensonde f.
sonde rainurée f.   Rillensonde f.
sonde urétérale f.   Ureterkatheter m.
sonde utérine f.   Uterussonde f.
sonder   sondieren
songe m.   Traum m.
sonnette d'alarme f.   Alarmklingel f.
sonographie f.   Sonographie f.
sonographie panoramique f.   Panoramasonographie f.
sonographique   sonographisch
sonore   sonor, stimmhaft
sonorifier   beschallen
sonotomographie f.   Sonotomographie f.
sophomanie f.   Sophomanie f.
sopitazine f.   Sopitazin n.
soporeux   soporös
sorbate m.   Sorbat n.
sorbinicate m.   Sorbinicat n.
sorbitane m.   Sorbitan n.
sorbitanoléate m.   Sorbitanoleat n.
sorbitol m.   Sorbit m.
sorbitol déhydrogénase f.   Sorbitdehydrogenase f.
sorbose m.   Sorbose f.
sorte f.   Art f., Gattung f.
sortie f.   Ausgang m., Entlassung f.
sortie du nerf f.   Nervenaustritt m.
soucier, se   sich sorgen
soudan m.   Sudan m.
soudanophilie f.   Sudanophilie f.
soude f.   Soda f.
soude caustique f.   Ätznatron n., kaustisches Natron n.
souder   löten, schweißen
souder, se   zusammenwachsen
soudure f.   Zusammenwachsen n.
soudure de réparation f.   Nachlot n.
souffle m.   Atmen n.; blasendes Geräusch n.
souffle amphotique m.   amphorisches Atmen n.
souffle cardiaque m.   Herzgeräusch n.
souffler   ausblasen, blasen
soufflerie f.   Gebläse n.
soufflerie à jet f.   Strahlgebläse m.
souffrant d'insomnie   schlaflos
souffrant d'une helminthiase   wurmkrank

souffrir   kranken, leiden
soufre m.   Schwefel m.
soufre précipité m.   Sulfur praecipitatum n.
soufre sublimé m.   Sulfur sublimatum n.
souiller   schänden, verschmutzen, verunreinigen
souillure f.   Verschmutzung f.
soulagement m.   Entlastung f., Erleichterung f., Linderung f.
soulager   entlasten
soulever   anheben, heben
soulever au levier   abhebeln
soupçon m.   Verdacht m.
soupe de farine de céréales f.   Schleimsuppe f.
soupe de farine de riz f.   Reisschleim m.
soupirer   seufzen
souple   gelenkig
souplesse f.   Gelenkigkeit f.
source bibliographique f.   Literaturquelle f.
source d'images f.   Bildgeber m.
source d'infection f.   Ansteckungsquelle f.
source médicinale f.   Heilquelle f.
source thermale f.   Thermalquelle f.
sourcil m.   Augenbraue f., Braue f.
sourd   taub (gehörlos)
sourd-muet   taubstumm
souris articulaire f.   Gelenkmaus f.
sousalimentation f.   Unterernährung f.
sousalimenté   unterernährt
sousamygdalien   infratonsillär
sousaxillaire   infraaxillär
souscaréné   subkarinal
souscatégorie f.   Subkategorie f.
sousclasse f.   Subklasse f., Unterklasse f.
sousclaviculaire   infraklavikulär
souscolorer   unterfärben
souscortical   subkortikal
souscorticographie f.   Subkortikographie f.
souscostal   subkostal
souscrânien   subkapital
souscutané   subkutan
sousdéveloppé   unterentwickelt
sousdéveloppement m.   Unterentwicklung f.
sousdosage m.   Unterdosierung f.
sousdoser   unterdosieren
sousdural   subdural
sousespèce f.   Unterart f.
sousexposer   unterbelichten
sousfamille f.   Unterfamilie f.
sousgroupe m.   Untergruppe f.
soushissien   unterhalb des His-Bündels
sousincision f.   Unterschnitt m. (dent.)
sousmarin   submarin
sousmaxillaire   inframaxillär

sousmuqueux submukös
sousoccipital subokzipital
sousorbitaire infraorbital
souspatellaire subpatellar
souspériosté subperiostal
souspéritonéal subperitoneal
souspleural subpleural
sous-saturation f. Untersättigung f.
sousscapulaire subskapulär
soussternal substernal
soustemporal subtemporal
soustraction angiographie f. Subtraktionsangiographie f.
soustraction angiographie digitale f. digitale Subtraktionsangiographie (DSA) f.
soustype m. Subtypus m.
sousunguéal subungual
sousunité f. Untereinheit f.
sousxiphoïdien subxiphoidal
soutenant stützend, unterstützend
soutenir stützen, unterstützen
soutien m. Stütze f.
soutien de l'épaule m. Schulterstütze f.
soutien du dos m. Rückenstütze f.
soutien gorge m. Brusthalter m.
souvenir m. Erinnerung f.
sozoiodolate m. Sozojodolat n.
sparadrap m. Heftpflaster n., Pflasterverband m.
sparganose f. Sparganose f.
spartéine f. Spartein n.
spasme m. Krampf m., Spasmus m.
spasme bronchique m. Bronchialspasmus m.
spasme du larynx m. Larynxspasmus m.
spasme musculaire m. Muskelkrampf m., Muskelspasmus m.
spasme vasculaire m. Gefäßkrampf m.
spasme visuel m. Blickkrampf m.
spasmoanalgésique spasmoanalgetisch
spasmoanalgésique m. Spasmoanalgetikum n.
spasmodique krampfhaft
spasmolyse f. Spasmolyse f.
spasmolytique krampflösend, spasmolytisch
spasmophile spasmophil
spasmophilie f. Spasmophilie f.
spasticité f. Spastik f., Spastizität f.
spasticoataxique spastisch-ataktisch
spastique spastisch
spath m. Schwerspat
spatial räumlich
spatule f. Spatel m.
spatule à amalgame f. Amalgamlöffel m.
spatule à empreinte f. Abdrucklöffel m. (dent.)

spatule à modeler la cire f. Wachsfließer m.
spatule à plâtre f. Pflasterspatel m.
spatule en bois f. Holzspatel m.
spatule en plexiglas f. Glasspatel m.
spécial speziell
spécialisation f. Fachgebietsweiterbildung f., Spezialismus m.
spécialiser spezialisieren
spécialiste m./f. Facharzt m., Fachärztin f.; Spezialist(in) m./(f.)
spécialiste d'anatomo-pathologie m. Facharzt für Pathologie m., Fachärztin für Pathologie f.
spécialiste d'hygiène et de médecine préventive m./f. Facharzt für Hygiene m., Fachärztin für Hygiene f.; Hygieniker(in) m./(f.)
spécialiste d'optométrie m./f. Optometrist(in) m./(f.)
spécialiste de diététique m. Ernährungswissenschaftler m.
spécialiste de gériatrie m./f. Geriater(in) m./(f.)
spécialiste de l'alimentation m./f. Ernährungswissenschaftler(in) m./(f.)
spécialiste de médecine interne m. Facharzt für innere Medizin m., Fachärztin für innere Medizin m.
spécialiste de médecine sportive m./f. Sportarzt m., Sportärztin f.
spécialiste de phoniatrie m./f. Phoniater(in) m./(f.)
spécialiste de traumatologie m./f. Unfallspezialist(in) m./(f.)
spécialiste des oreilles m./f. Ohrenarzt m., Ohrenärztin f.
spécialiste des yeux f. Augenspezialist(in) m/(f.)
spécialité f. Spezialgebiet n., Spezialität f.
spécialité médicamenteuse f. Arzneimittelspezialität f.
spécificité f. Spezifität f.
spécifique spezifisch
spécifique de l'âge altersspezifisch
spécifique de l'organe organspezifisch
spécifique du groupe gruppenspezifisch
SPECT (single photon emission computed tomographie) f. SPECT (Single-Photon-Emissionscomputertomographie) f.
spectinomycine f. Spectinomycin n.
spectométrie de masse, en massenspektrometrisch
spectral spektral
spectre m. Spektrum n.
spectre d'action m. Wirkungsspektrum n.
spectre de Wiener m. Wiener-Spektrum n.

spectre large m.   Breitspektrum n.
spectrine f.   Spektrin n.
spectrochimie f.   Spektrochemie f.
spectrographie f.   Spektrographie f.
spectromètre m.   Spektrometer n.
spectromètre de masse m.   Massenspektrometer n.
spectrométrie f.   Spektrometrie f.
spectrométrie de masse tandem f.   Tandemmassenspektrometrie f.
spectrométrique   spektrometrisch
spectrophotomètre m.   Spektrophotometer n.
spectrophotométrie f.   Spektrophotometrie f.
spectrophotométrique   spektrophotometrisch
spectroscope m.   Spektroskop n.
spectroscopie f.   Spektroskopie f.
spectroscopique   spektroskopisch
spéculum m.   Spekulum n.
spéculum de l'oreille m.   Ohrtrichter m.
spéculum de Sims m.   Simssches Spekulum n.
spéculum nasal m.   Nasenspekulum n.
spéculum vaginal m.   Scheidenspekulum n., Vaginalspekulum n.
spergualine f.   Spergualin n.
spermaceti m.   Walrat m.
spermarché f.   Spermarche f.
spermase f.   Spermase f.
spermatine f.   Spermatin n.
spermatoblaste m.   Spermatoblast m.
spermatocèle f.   Spermatozele f.
spermatocystite f.   Samenblasenentzündung f., Spermatozystitis f.
spermatocyte m.   Spermatozyt m.
spermatocyte de premier ordre m.   Spermiozyt m.
spermatogenèse f.   Spermatogenese f.
spermatogénique   samenbildend
spermatogonie f.   Spermatogonium n.
spermatolyse f.   Spermatolyse f.
spermatolytique   spermatolytisch
spermatorrhée f.   Spermatorrhö f.
spermatozoïde m.   Spermatozoon n.
spermaturie f.   Semenurie f., Seminurie f., Spermaturie f.
sperme m.   Samen m. (med.), Sperma n.
spermicide   spermatozid, spermizid
spermidine f.   Spermidin n.
spermine f.   Spermin n.
spermiogénèse f.   Spermiogenese f.
sphacélation f.   Brandigwerden n.
Sphaerophorus m.   Sphaerophorus m.
sphénofrontal   sphenofrontal
sphénoïdal   sphenoidal

sphénomaxillaire   sphenomaxillär
sphénooccipital   sphenookzipital
sphénoorbital   sphenoorbital
sphénopariétal   sphenoparietal
sphénotemporal   sphenotemporal
sphénozygomatique   sphenozygomatisch
sphérique   kugelig, sphärisch
sphérocyte   Sphärozyt m.
sphérocytose f.   Sphärozytose f.
sphincter m.   Schließmuskel m., Sphinkter m.
sphinctérectomie f.   Sphinterektomie f.
sphinctéroplastie f.   Sphinkterplastik f.
sphinctérotomie f.   Sphinkterotomie f.
sphingogalactoside m.   Sphingogalaktosid n.
sphingoglucolipide m.   Sphingoglykolipid n.
sphingolipide m.   Sphingolipid n.
sphingolipidose f.   Sphingolipidose f.
sphingolipoïdose f.   Zerebrosidlipidose f.
sphingomyélinase f.   Sphingomyelinase f.
sphingomyéline f.   Sphingomyelin n.
sphingomyélinose f.   Sphingomyelinose f.
sphingophospholipide m.   Sphingophospholipid n.
sphingosine f.   Sphingosin n.
sphingosylphosphorylcholine f.   Sphingosylphosphorylcholin n.
sphygmobolomètre m.   Sphygmobolometer n.
sphygmogramme m.   Sphygmogramm n.
sphygmographe m.   Sphygmograph m.
sphygmographie f.   Sphygmographie f.
sphygmographique   sphygmographisch
sphygmomanométre m.   Blutdruckapparat m., Sphygmomanometer n.
sphygmomanomètre de Riva-Rocci m.   Riva-Rocci-Blutdruckmesser m.
sphygmomètre m.   Pulsmessgerät n., Sphygmometer n.
sphygmotonomètre m.   Sphygmotonometer n.
spica m.   Kornährenverband m., Spica f.
spiclomazine f.   Spiclomazin n.
Spielmeyer-Vogt, syndrome de m.   Spielmeyer-Vogt-Syndrom n.
spigélia f.   Spigelia f.
spigéline f.   Spigelin n.
spin nucléaire m.   Kernspin n.
spina bifida f.   Spina bifida f.
spinal   spinal
spinaliome m.   Spinaliom n.
spinobulbaire   spinobulbär
spinocellulaire   spinozellulär, stachelzellig
spinocérébelleux   spinozerebellar
spinocortical   spinokortikal
spinothalamique   spinothalamisch

spipérone f. Spiperon n.
spirale f. Spirale f.
spirale de Curschmann m. Curschmannsche Spirale f.
spirale pluristratifiée f. Mehrschichtspirale
spiralisation f. Spiralisation f.
spiramicyne f. Spiramycin n.
spiramide m. Spiramid n.
spirapril m. Spirapril n.
spirgétine f. Spirgetin n.
spirille f. Spirille f.
spirillolyse f. Spirillolyse f.
spirillum m. Spirillum m.
Spirillum buccale m. Spirillum buccale n.
Spirillum minus m. Spirillum minus n., Spirillum morsus muris n.
spiritueux hochprozentig
spiritueux m. hochprozentiges Getränk n., Spirituose f.
Spirochaeta berbera f. Spirochaeta berbera f.
Spirochaeta bronchialis f. Spirochaeta bronchialis f.
Spirochaeta dentium f. Spirochaeta dentium f.
Spirochaeta forans f. Spirochaeta forans f.
Spirochaeta morsus muris f. Spirochaeta morsus muris f.
Spirochaeta refringens f. Spirochaeta refringens f.
spirochète m. Spirochäte f., Spirochaeta f., Spironema f.
spirochétose f. Spirochätose f.
spirogermanium m. Spirogermanium n.
spirographie f. Spirographie f.
spirographique spirographisch
spirolactone f. Spirolakton n.
spiromètre m. Spirometer n.
spirométrie f. Spirometrie f.
spirométrique spirometrisch
spironolactone f. Spironolakton n.
spirorénone f. Spirorenon n.
spiroxasone f. Spirosaxon n.
spiroxatrine f. Spiroxatrin n.
splanchnicotomie f. Splanchnikotomie f.
splanchnique splanchnisch
splanchnocystique splanchnozystisch
splanchnoptose f. Splanchnoptose f.
splénectomie f. Splenektomie f.
splénectomiser splenektomieren
splénique lienal, splenisch
splénisation f. Splenisation f.
splénite f. Splenitis f.
splénogène splenogen
splénomégalie f. Splenomegalie f.

splénoportogramme m. Splenoportogramm n.
splénoportographie f. Splenoportographie f.
splénoportographique splenoportographisch
splénoptose f. Splenoptose f.
splénorénal splenorenal
splénorraphie f. Splenorrhaphie f.
spodogène spodogen
spoliation f. Beraubung f.
spondylarthrite f. Spondylarthritis f.
spondylarthrite ankylosante f. Spondylarthritis ankylopoetica f.
spondylarthrose f. Spondylarthrose f.
spondylarthrose hypertrophique f. Spondylarthrosis deformans f.
spondylite f. Spondylitis f.
spondylite ankylosante f. Spondylitis ankylopoetica f.
spondylite hypertrophique f. Spondylosis deformans f.
spondylite tuberculeuse f. Spondylitis tuberculosa f.
spondylitique spondylitisch
spondylodèse f. Spondylodese f.
spondylodiscite f. Spondylodiszitis f.
spondyloépiphysaire spondyloepiphysär
spondylogène spondylogen
spondylolisthésis m. Spondylolisthese f.
spondylolyse f. Spondylolyse f.
spondylométaphysaire spondylometaphysär
spondylopathie f. Spondylopathie f.
spondylophyte m. Spondylophyt m.
spondyloschisis m. Spaltwirbel m.
spondylose f. Spondylose f.
spongieux fungös, schwammig
spongiforme schwammförmig, spongiform
spongioblaste m. Spongioblast m.
spongioblastome m. Spongioblastom n.
spongiocyte m. Spongiozyt m.
spongioplasma m. Spongioplasma n.
spongiose f. Spongiose f.
spontané spontan
spontanéité f. Spontaneität f.
sporadique sporadisch
sporange m. Sporangium n.
spore f. Spore f.
sporicide sporenabtötend
sporoblaste m. Sporoblast m.
sporocyste m. Sporont m.
sporogénèse f. Sporogenie f.
sporogonie f. Sporogonie f.
sporomycose f. Sporomykose f.
sporotrichose f. Sporotrichose f.
sporotrichum m. Sporotrichon n.

sporozoaire m. Sporozoon n.
sporozoïte m. Sporozoit m.
sporulation f. Sporulation f.
spot focal m. Brennfleck m.
spray m. Spray m.
sprue f. Sprue f.
squalène m. Squalen n.
squameux squamös
squamomastoïdien squamomastoidal
squamopariétal squamopariétal
squamosphénoïdal squamosphenoidal
squamotympanique squamotympanisch
squelette m. Gerippe n., Skelet n.
squirrhe m. Szirrhus m.
squirrheux szirrhös
SRIF (somatostatine) f. SRIF (Hemmfaktor für Somatotropin) m.
stabilisateur m. Stabilisator m.
stabilisation f. Stabilisation f.
stabilisation d'un diabète f. Einstellung eines Diabetes f.
stabiliser stabilisieren
stabiliser un diabète einen Diabetes einstellen
stabilité f. Stabilität f.
stabilité émotionnelle f. ausgeglichene Gemütsverfassung f.
stable stabil
stachyose f. Stachyose f.
stade m. Stadium n.
stade avancé m. Spätstadium n.
stade final m. Endstadium n.
stade initial m. Anfangsstadium n., Initialstadium n.
stade intermédiaire m. Übergangsstadium n., Zwischenstadium n.
stade pachytène m. Pachytän n.
stade précoce m. Frühstadium n.
stade précurseur m. Vorstufe f.
stade zygotène m. Zygotän n.
stagnation f. Stagnation f.
stagner stagnieren
stalagmomètre m. Stalagmometer n.
stalagmométrie f. Stalagmometrie f.
stalker m. Stalker m., Stalkerin f.
stalking m. Stalking n.
stanazol m. Stanazol n.
standard m. Standard m.
standardisation f. Standardisierung f.
standardiser standardisieren
stannate m. Stannat n.
stanneux zinnhaltig (zweiwertig)
stannifère zinnhaltig
stannique zinnhaltig (vierwertig)
stanolone f. Stanolon n.

stanozolol m. Stanozolol n.
stapédectomie f. Stapedektomie f.
stapédien stapedial
stapédioténotomie f. Stapediotenotomie f.
stapédiovestibulaire stapediovestibulär
stapédolyse f. Stapedolyse f.
staphylocoagulase f. Staphylokoagulase f.
Staphylococcus albus m. Staphylococcus albus m.
Staphylococcus aureus m. Staphylococcus aureus m.
Staphylococcus citreus m. Staphylococcus citreus m.
Staphylococcus tetragenus m. Staphylococcus tetragenus m.
staphylocoque m. Staphylococcus m., Staphylokokkus m.
staphylodermie f. Staphylodermie f.
staphylokinase f. Staphylokinase f.
staphylomateux staphylomatös
staphylome m. Staphylom n.
staphylome de la cornée m. Hornhautstaphylom n.
staphyloplastique staphyloplastisch
staphyloschisis m. Uvulaspalte f.
staphylotoxine f. Staphylotoxin n.
starter m. Starter m.
stase f. Stase f.
stase leucocytaire f. Zytostase f.
stase lymphatique f. Lymphstauung f.
stase papillaire f. Stauungspapille f.
statif de la bouteille d'oxygène m. Sauerstoffflaschenständer m.
statif pour pipettes Pipettenständer m.
statine f. Statin n.
station f. Station f.
station climatique f. Kurort m.
station climatique en altitude f. Höhenkurort m.
stationnaire stationär
statique statisch
statique f. Statik f.
statistique statistisch
statistique f. Statistik f.
statistique de survie f. Überlebensstatistik f.
statistique de mortalité f. Sterblichkeitsstatistik f.
statocinétique statokinetisch
statural gestaltlich
stature f. Gestalt f., Leibesgestalt f.
statut dentaire m. Zahnstatus m.
statut métabolique m. Stoffwechselstatus m.
stavusine f. Stavusin n.
steal syndrome m. Anzapfsyndrom n.
stéapsinogène m. Steapsinogen n.

stéarate m. Stearat n.
stéarine f. Stearin n.
stéaryle m. Stearyl n.
stéatadénome m. Steatadenom n.
stéatome m. Steatom n.
stéatorrhée f. Fettstuhl m., Steatorrhö f.
stéatose f. Steatose f.
stéatose du foie f. Fettleber f.
steffimycine f. Steffimycin n.
Stein-Leventhal, syndrome de m. Stein-Leventhal-Syndrom n.
stellite m. Stellit n.
Stellwag, signe de m. Stellwag-Zeichen n.
stenbolone f. Stenbolon n.
sténocardie f. Angina pectoris f., Stenokardie f.
sténographier stenographieren
sténopéique stenopäisch
sténosé stenotisch
sténose f. Stenose f.
sténose artérielle pulmonaire f. Pulmonalarterienstenose f.
sténose bronchique f. Bronchialstenose f.
sténose de l'aorte f. Aortenstenose f.
sténose du pylore f. Pylorusstenose f.
sténose en boutonnière f. Knopflochstenose f.
sténose isthmique de l'aorte f. Aortenisthmusstenose f.
sténose laryngée f. Kehlkopfstenose f.
sténose trachéale f. Trachealstenose f.
sténose tricuspide f. Trikuspidalstenose f.
sténose urétérale f. Ureterenge f.
sténoser stenosieren
sténothermique stenotherm
sténoxénique stenoxen
stent m. Stent m.
steppage m. Steppergang m.
stercobiline f. Sterkobilin n.
stercobilinogène m. Sterkobilinogen n.
stercoral kotig, sterkoral, sterkorös
stercorémie f. Koprämie f.
stercuronium m. Stercuronium n.
stéréoauscultation f. Stereoauskultation f.
stéréochimie f. Stereochemie f.
stéréochimique stereochemisch
stéréocil m. Stereozilie f.
stéréoélectroencéphalographie f. Stereoelektroenzephalographie f.
stéréoencéphalotome m. Stereoenzephalotom n.
stéréognosie f. Stereognosie f.
stéréognosique stereognostisch
stéréogramme m. Stereogramm n.
stéréoisomère m. Stereoisomer n.
stéréoisomérie f. Stereoisomerie f.
stéréoisomérique stereoisomer
stéréomérie f. Stereomerie f.
stéréomicroscope m. Stereomikroskop n.
stéréomicroscopie f. Stereomikroskopie f.
stéréomicroscopique stereomikroskopisch
stéréophotographie f. Stereophotographie f.
stéréopsie f. Stereopsis f.
stéréoradiographie f. Stereoröntgenographie f.
stéréoscope m. Stereoskop n.
stéréoscopie f. Stereoskopie f.
stéréoscopique stereoskopisch
stéréospécifique stereospezifisch
stéréotactique stereotaktisch
stéréotaxie f. Stereotaxie f.
stéréotype stereotyp
stéréotypie f. Stereotypie f.
stéride m. Sterin n.
stérile keimfrei, steril
stérilet m. Intrauterinspirale f.
stérilisant m. Sterilisationsmittel n.
stérilisateur m. Sterilisationsapparat m., Sterilisator m.
stérilisateur sous vide m. Hochvakuum-Sterilisationsapparat m.
stérilisation f. Sterilisation f.
stérilisation à l'autoclave f. Dampfsterilisation f.
stérilisation par chaleur sèche f. Trockenhitzesterilisation f.
stérilisation par la chaleur f. Hitzesterilisation f.
stériliser keimfrei machen, sterilisieren
stérilité f. Sterilität f., Zeugungsunfähigkeit f.
stérique sterisch
sternal sternal
Sternberg, cellule de f. Sternbergsche Riesenzelle f.
sternoclaviculaire sternoklavikular
sternocostal sternokostal
sternopéricardiaque sternoperikardial
sternothyroïdien sternothyreoidal
sternotomie f. Sternotomie f.
sternum m. Brustbein n., Sternum n.
sternum, vers le sternalwärts
stéroïde m. Steroid n.
stéroïdien steroidal
stertoreux stertorös
stéthophone m. Stethophon n.
stéthoscope m. Hörrohr n., Stethoskop n.
stéthoscope à double membrane m. Doppelmembranstethoskop n.
stévaladite m. Stevaladit n.

STH (hormone somatotrope) f. STH (somatotropes Hormon) n.
sthénique sthenisch
stibamine f. Stibamin n.
stibocaptate m. Stibocaptat n.
stibogluconate m. Stiboglukonat n.
Stierlin, signe de m. Stierlin-Zeichen n.
stigmate m. Mal n., Stigma n.
stigmate costal de Stiller m. Stiller-Zeichen n.
stigmatique stigmatisch
stigmatisation f. Stigmatisierung f.
stigmatiser stigmatisieren
stigmatomètre m. Stigmatometer n.
stilbamidine f. Stilbamidin n.
stilbène m. Stilben n.
stilboestrol m. Stilbestrol n.
Still, maladie de f. Stillsche Krankheit f.
Stilling, noyau de m. Stillingscher Kern m.
stimulant stimulierend
stimulant m. Reizmittel n., Stimulans n.
stimulant de l'appétit m. appetitanregendes Mittel n.
stimulateur m. Schrittmacher m., Stimulator m.
stimulateur acoustique m. Akustikusreizgerät n.
stimulateur cardiaque à la demande m. Abrufschrittmacher m., Demand-Schrittmacher m.
stimulateur cardiaque m. Herzschrittmacher m.
stimulateur gastrique m. Magenschrittmacher m.
stimulation f. Anregung f. (Reizung f.), Stimulation f., Stimulierung f.
stimulation cardiaque auriculaire f. vorhofgesteuerte Schrittmacherbehandlung f.
stimulation cérébrale externe f. externe Gehirnstimulation f.
stimulation cérébrale profonde f. tiefe Gehirnstimulation f.
stimulation immunitaire f. Immunstimulation f.
stimulation localisée au LASER f. LASER-Stimulation f.
stimulation magnétique transcranienne f. TMS (transkranielle Magnetstimulation) f.
stimulation nerveuse f. Nervenreizung f.
stimulation thérapeutique f. Reiztherapie f.
stimuler anregen (reizen), erregen, stimulieren
stimulus m. Reiz m.
stimulus nociceptif m. Nocizeptor m.
stimulus sensoriel m. Sinnesreiz m.
stinoprate m. Stinoprat n.
stirimazole m. Stirimazol n.
stockage m. Lagerung (Aufbewahrung) f., Speicherung f.
stocker speichern
stoechiométrie f. Stöchiometrie f.
stomacal stomachal
stomachique m. Stomachikum n.
stomatite f. Mundsepsis f., Stomatitis f.
stomatite à aphtes f. Stomatitis aphthosa f.
stomatite catarrhale f. Stomatitis catarrhalis f.
stomatite fusospirillaire f. Stomatitis fusospirillaris f.
stomatite mercurielle f. Stomatitis mercurialis f.
stomatite syphilitique f. Stomatitis syphilitica f.
stomatite ulcéreuse f. Stomatitis ulcerosa f.
stomatitique stomatitisch
stomatocytose f. Stomatozytose f.
stomatogène stomatogen
stomatologie f. Stomatologie f.
strabisme m. Strabismus m.
strabisme amblyopique m. Schielamblyopie f.
strabisme convergent m. Strabismus convergens m.
strabisme convergant, avec einwärtsschielend
strabisme divergent m. Strabismus divergens m.
strabisme divergent, avec auswärtsschielend
strabisme inférieur m. Kataphorie f.
strabométrie f. Strabometrie f.
strabotomie f. Strabotomie f.
stramoine m. Stramonium n.
strangulation f. Erdrosselung f.
strangurie f. Harnzwang m.
stratification f. Schichtung f.
stratifié geschichtet
stratifier schichten
stratigraphie f. Stratigraphie f.
stréblodactylie f. Streblodaktylie f.
strephosymbolie f. Strephosymbolie f.
streptamine f. Streptamin n.
streptidine f. Streptidin n.
Streptococcus acidi lactici m. Streptococcus acidi lactici m.
Streptococcus anhaemolyticus m. Streptococcus anhaemolyticus m.
Streptococcus brevis m. Streptococcus brevis m.

Streptococcus erysipelatis m.   Streptococcus erysipelatis m.
Streptococcus haemolyticus m.   Streptococcus haemolyticus m.
Streptococcus longus m.   Streptococcus longus m.
Streptococcus mitior m.   Streptococcus mitior m.
Streptococcus mutans m.   Streptococcus mutans m.
Streptococcus puerperalis m.   Streptococcus puerperalis m.
Streptococcus pyogenes m.   Streptococcus pyogenes m.
Streptococcus salivarius m.   Streptococcus salivarius m.
Streptococcus scarlatinae m.   Streptococcus scarlatinae m.
Streptococcus viridans m.   Streptococcus viridans m.
streptocoque m.   Streptokokkus m.
streptocyte m.   Streptozyt m.
streptogramine f.   Streptogramin n.
streptodornase f.   Streptodornase f.
streptokinase f.   Streptokinase f.
streptolysine f.   Streptolysin n.
streptomycine f.   Streptomycin n.
streptomykose f.   Streptomykose f.
streptothricose f.   Streptothrikose f., Streptotrichose f.
streptothrix m.   Streptothrix f.
streptotrichose f.   Dermatophiliasis f.
stress m.   Belastung f., Stress m.
striaire   striär, striatal
striation f.   Streifenzeichnung f.
striation brillante f.   Glanzstreifen m.
striatoxine f.   Striatoxin n.
strict minimum m.   striktes Minimum m.
stricture f.   Striktur f.
stridor m.   Stridor m.
stridoreux   stridorös
strié   gestreift, streifig
strie de Nitabuch f.   Nitabuch-Streifen m.
strinoline f.   Strinolin n.
stripping m.   Stripping n.
stripping veineux m.   Venenstripping n.
stroboscope m.   Stroboskop m.
stroboscopie f.   Stroboskopie f.
stroboscopique   stroboskopisch
strobotomie f.   Schieloperation f.
stroma m.   Stroma n.
stromatose f.   Stromatose f.
Strongyloides stercoralis   Strongyloides stercoralis
strongyloïdose f.   Strongyloidose f.
strontium m.   Strontium n.
strophanthidine f.   Strophanthidin n.
strophantine f.   Strophanthin (k-Strophanthin) n.
strophomycète m.   Strophomyzet m.
strophulus m.   Strophulus m.
structural   strukturell
structuration spontanée f.   Spontanstrukturierung f.
structure f.   Gefüge n., Gerüst n., Struktur f.
structure fine f.   Feinstruktur f.
strumectomie f.   Strumektomie f.
strumigène   kropferzeugend, strumigen
strumiprive   strumipriv
strumite f.   Strumitis f.
Strümpell, phénomène pyramidal de m.   Strümpellscher Reflex m.
Strümpell-Lorrain, paraplégie de f.   Strümpellsche Krankheit f.
struvite f.   Struvit m.
strychnine f.   Strychnin n.
strychnisme m.   Strychninvergiftung f.
stupéfiant m.   Betäubungsmittel n., Rauschgift n., Rauschmittel n.
stupéfier   betäuben
stupeur f.   Stupor m.
stupide   dumm
stupidité f.   Dummheit f.
stuporeux   stuporös
stylet m.   Stilett n.
styloïde   styloid
stylomaxillaire   stylomaxillär
styptique   blutstillend, styptisch
styptique m.   blutstillendes Mittel n., Styptikum n.
styptol m.   Styptol n.
styramate m.   Styramat n.
styrène m.   Styrol n.
styrol m.   Styrol n.
subacétate m.   Subazetat n.
subacide   subacid, subazid
subacromial   subakromial
subaigu   subakut
subaortique   subaortal
subapical   subapikal
subaponévrotique   subaponeurotisch
subarachnoïdien   subarachnoidal
subaréolaire   subareolär
subathizone f.   Subathizon n.
subauriculaire   subaurikulär
subaxillaire   subaxillär
subcapsulaire   subkapsulär
subcaréné   subcarinal
subcellulaire   subzellulär
subchondral   subchondral

subchoroïdien subchorioidal
subchronique subchronisch
subcitrate m. Subzitrat n.
subclaviculaire subklavikulär
subclinique subklinisch
subconscient unterbewusst
subconscient m. Unterbewusstsein n.
subculture f. Subkultur f.
subdiaphragmatique subdiaphragmatisch
subendocardiaque subendokardial
subendothélial subendothelial
subépendymal subependymal
subépicardiaque subepikardial
subépithélial subepithelial
subérate m. Suberat n.
subérose f. Suberose f.
subfascial subfaszial
subfébrile subfebril
subfertile subfertil
subfovéal subfoveal
subfraction f. Subfraktion f.
subfragment m. Subfragment n.
subfrontal subfrontal
subgingival subgingival
subglottique subglottisch
subhépatique subhepatisch
subictérique subikterisch
subinfection f. Subinfektion f.
subintimal subintimal
subinvolution f. Subinvolution f.
subir erdulden, erfahren
subir une opération sich einer Operation unterziehen
subjacent darunterliegend
subjectif subjektiv
sublétal subletal
sublimation f. Sublimation f., Sublimierung f.
sublimé m. Sublimat n.
sublimer sublimieren
subliminaire unterschwellig
sublingual sublingual
subluxation f. Subluxation f.
submammaire submammär
submandibulaire submandibulär
submaxillaire submaxillär
submétacentrique submetazentrisch
submicroscopique submikroskopisch
submitochondrique submitochondrial
subnarcotique subnarkotisch
subnasal subnasal
subnormal subnormal, unternormal
suborbitaire suborbital
subpariétal subparietal
subpectoral subpektoral
subpéricardique subperikardial
subphrénique subphrenisch
subpial subpial
subpopulation f. Subpopulation f.
subrétinaire subretinal
subsacré pilonidal
subsalicylate de bismuth m. Bismutum subsalicylicum n.
subscléreux subskleral
subsegonde f. Subsekunde f.
subsensibilité f. unterschwellige Sensibilität f.
subséquent nachfolgend
subséreux subserös
subspécifique subspezifisch
substance f. Körper m., Substanz f.
substance alkylante f. alkylierende Substanz f.
substance amère f. Bitterstoff m.
substance autacoïde f. aglanduläres Hormon n.
substance bactéricide f. Bakterizidin n.
substance blanche f. weiße Substanz f.
substance cérébrale f. Hirnmasse f.
substance de contraste f. Kontrastmittel n.
substance en suspension f. Schwebstoff m.
substance étrangère f. Fremdstoff m.
substance expansive f. Quellstoff m.
substance fondamentale f. Grundsubstanz f.
substance granulofilamenteuse des réticulocytes f. Substantia reticulofilamentosa f.
substance grise f. graue Substanz f.
substance grise centrale f. zentrales Grau n.
substance grise du système nerveux f. graue Substanz des Nervensystems f.
substance hyaline f. Hyalin n.
substance hypertensive f. Pressorsubstanz f.
substance inhibitrice f. Hemmkörper m.
substance mère f. Muttersubstanz f.
substance nocive f. Schadstoff m.
substance nutritive f. Nährstoff m.
substance odorante f. Riechstoff m.
substance phytopharmacologique f. Phytopharmakon n.
substance phytothérapeutique f. Phytotherapeutikum n.
substance radioactive f. radioaktive Substanz f.
substantiel substantiell
substimuler untererregen
substituer substituieren
substitutiv substituierend
substitution f. Substitution f.
substrat m. Substrat n.
substructure f. Substruktur f.

subsynaptique subsynaptisch
subtarsien subtarsal
subtil subtil
subtotal subtotal
subtrochantérien subtrochanterisch
suburétral suburethral
subvaginal subvaginal
subvalvulaire subvalvulär
subvésical subvesikal
subvisuel subvisuell
suc m. Saft m.
suc cancéreux m. Krebsmilch f.
suc d'herbes m. Kräutersaft m.
suc gastrique m. Magensaft m.
succédané m. Ersatz m., Surrogat n.
succédané du plasma m. Volumenexpander m.
succédané du sang m. Blutersatz m.
succédané du sucre m. Zuckerersatz m.
succès m. Erfolg m.
succès, avec erfolgreich
succès, sans erfolglos
successif sukzessiv
succession f. Aufeinanderfolge f., Nachfolge f.
succinase f. Succinase f., Sukzinase f.
succinate m. Succinat n., Sukzinat n.
succinimide m. Sukzinimid n.
succinyle m. Sukzinyl n.
succinyltransférase f. Sukzinyltransferase f.
succion f. Saugen n.
succulence f. Sukkulenz f.
succulent sukkulent
succussion hippocratique f. Succussio Hippocratis f.
sucer absaugen, saugen
suclofénide m. Suclofenid n.
sucralfate m. Sucralfat n.
sucrase f. Sukrase f.
sucre m. Zucker m.
sucre cétonique m. Ketose (Ketozukker) f.
sucre de canne m. Rohrzucker m.
sucre interverti m. Invertzucker m.
sucre sanguin m. Blutzucker (BZ) m.
sucre urinaire m. Harnzucker m., Urinzucker m.
sucrer süßen, zuckern
sudamina f. Schweißflechte f.
sudation f. Schweißabsonderung f.
Sudeck-Leriche, atrophie de f. Sudeck-Atrophie f.
sudorifique m. Diaphoretikum n., Schwitzmittel n.
sudoripare schweißbildend
suer schwitzen

sueur f. Schweiß m.
sueur nocturne f. Nachtschweiß m.
suffisance f. Suffizienz f.
suffisant suffizient
suffocation f. Erstickung f., Suffokation f.
suffoquer nach Luft schnappen
suffusion f. Suffusion f.
sufosfamide m. Sufosfamid n.
suggérer suggerieren, vorschlagen
suggestibilité f. Suggestibilität f.
suggestible suggestibel
suggestif suggestiv
suggestion f. Andeutung f., Anregung f., Suggestion f., Vorschlag m.
suggestion verbale f. Verbalsuggestion f.
sugillation f. Strieme f., Sugillation f.
suicidaire suizidal
suicide m. Selbstmord m., Selbsttötung f., Suizid m.
suicide rationnel m. Bilanzselbstmord m.
suicider, se sich entleiben, Selbstmord verüben
suie f. Ruß m.
suif m. Talg m.
suintement m. Exsudation f.
suite f. Folgeerscheinung f.
suite d'accident f. Unfallfolge f.
suites d'insuffisance de soin de l'enfant f. pl. Kindsvernachlässigungsfolgen f. pl.
suivi m. Nachbeobachtung f., Weiterbeobachtung f.
suivi de postcure m. Nachsorge f.
sujet m. Subjekt n.
sujet avec hypertonie spastique m. Spastiker(in) m./(f.)
sujet contrôle m. Kontrollperson f.
sujet test m. Versuchsperson f.
sujet toxicomane m. suchtkranke Person f.
sujet tuberculeux m. tuberkulosekranke Person f.
sujétion f. Hörigkeit f.
sulbutiamine f. Sulbutiamin n.
sulclamide m. Sulclamid n.
sulfabenz m. Sulfabenz n.
sulfacétamide m. Sulfacetamid n.
sulfadiazine f. Sulfadiazin n.
sulfadiméthoxine f. Sulfadimethoxin n.
sulfadimidine f. Sulfadimidin n.
sulfadoxine f. Sulfadoxin n.
sulfaéthydol m. Sulfaethidol n.
sulfaguanidine f. Sulfaguanidin n.
sulfamate m. Sulfamat n.
sulfamérazine f. Sulfamerazin n.
sulfaméthoxazole m. Sulfamethoxazol n.

sulfaméthoxydiazine f. Sulfamethoxydiazin n.
sulfaméthoxypyrazine f. Sulfamethoxypyrazin n.
sulfaméthoxypyridazine f. Sulfamethoxypyridazin n.
sulfamézathine f. Sulfamezathin n.
sulfanilamide m. Sulfanilamid n.
sulfanilate m. Sulfanilat n.
sulfaphénazol m. Sulfaphenazol n.
sulfapyridine f. Sulfapyridin n.
sulfapyrimidine f. Sulfapyrimidin n.
sulfasalazine f. Sulfasalazin n.
sulfasomidine f. Sulfasomidin n.
sulfasuccinate m. Sulfasukzinat n.
sulfatase f. Sulfatase f.
sulfate m. Sulfat n.
sulfate d'ammonium ferrique m. Eisenammoniumsulfat n.
sulfate d'ésérine m. Eserinium sulfuricum n.
sulfate de baryum m. Bariumsulfat n.
sulfate de cuivre m. Kupfersulfat n.
sulfate de magnésie m. Bittersalz n.
sulfate de magnésium m. Magnesiumsulfat n.
sulfate de méthyle m. Methylsufat n.
sulfate de potassium m. Kaliumsulfat n.
sulfate de quinine m. Chininsulfat n.
sulfate de sodium m. Natriumsulfat n.
sulfate de soude m. Glaubersalz n.
sulfate de strychnine m. Strychninsulfat n.
sulfate de zinc m. Zinksulfat n.
sulfathiazol m. Sulfathiazol n.
sulfatide m. Sulfatid n.
sulfatidose f. Sulfatidose f.
sulfatiser sulfatisieren
sulfhémoglobine f. Sulfhämoglobin n.
sulfhydrate m. Sulfhydrat n.
sulfhydryle m. Sulfhydryl n.
sulfinpyrazone f. Sulfinpyrazon n.
sulfisoxazol m. Sulfisoxazol n.
sulfméthémoglobine f. Sulfmethämoglobin n.
sulfoacide m. Sulfosäure f.
sulfobituminate m. Sulfobituminat n.
sulfocystéine f. Sulfozystein n.
sulfoglycoprotéine f. Sulfoglykoprotein n.
sulfoichthiolate m. Sulfoichthiolat n.
sulfokinase f. Sulfokinase f.
sulfomucine f. Sulfomuzin n.
sulfonamide m. Sulfonamid n.
sulfonate m. Sulfonat n.
sulfonate de méthane m. Methansulfonat n.
sulfone m. Sulfon n.
sulfonyle m. Sulfonyl n.

sulfonylurée f. Sulfonylharnstoff m.
sulforméthoxine f. Sulformethoxin n.
sulfosuccinate m. Sulfosukzinat n.
sulfotransférase f. Sulfotransferase f.
sulfoximine f. Sulfoximin n.
sulfoxone f. Sulfoxon n.
sulfoxyde m. Sulfoxid n.
sulfuré schwefelhaltig
sulfure m. Sulfid n., Sulfit n.
sulfure de potasse m. Schwefelleber f.
sulfureux schwefelhaltig (zweiwertig)
sulfurique schwefelhaltig (sechswertig, vierwertig)
sulfurolyse f. Sulfitolyse f.
sulfurylase f. Sulfurylase f.
sulindac m. Sulindac n.
sulpiride m. Sulpirid n.
superfamille f. Superfamilie f.
superfécondation f. Superfekundation f.
superficiel oberflächlich, superfiziell
superflu überflüssig
superfoetation f. Superfötation f.
supergène m. Supergen n.
superhélice f. Superhelix f.
superovulation f. Superovulation f.
superoxyde m. Superoxid n.
superphosphate m. Superphosphat n.
superposition f. Überlagerung f.
superspiralisation f. Überspiralisierung f.
superstition f. Aberglaube m.
supination f. Supination f.
supplémentaire supplementär, zusätzlich
supplémentation f. Anreicherung f.
supplémentation cartilagineuse f. Viskosupplementation f.
supplémenter anreichern
support m. Einlage (Stütze) f., Ständer m.
support céphalique m. Schädelhalter m.
support de la perfusion m. Infusionsständer m.
support de séchage (des films) m. Filmtrockengestell n.
support en métal m. Metallständer m.
support pour la nuque m. Nackenstütze f.
supportant supportiv
supportant les conditions tropicales tropentauglich
supporter ertragen
supposer vermuten
suppositoire m. Suppositorium n., Zäpfchen n. (pharm.)
suppresseur m. Suppressor m.
suppressif m. unterdrückendes Mittel n.
suppression f. Suppression f.
supprimer supprimieren

suppuration f.   Eiterbildung f., Eiterung f., Vereiterung f.
suppuration d'une suture f.   Fadeneiterung f.
suppurer   eitern, vereitern
supraanal   supraanal
supraaortique   supraaortal
supraapical   supraapikal
supraauriculaire   supraaurikulär
supraaxillaire   supraaxillär
supracaréné   supracarinal
supracarènien   suprakarinal
supracervical   suprazervikal
suprachiasmatique   suprachiasmatisch
supraclaviculaire   supraklavikulär
supraclusion f.   Supraokklusion f.
supraconduction f.   Supraduktion f.
supracondylaire   suprakondylär
suprafascial   suprafaszial
suprafrontal   superfrontal
supraglottique   supraglottisch
suprahyoïdien   suprahyoidal
suprailiaque   suprailiakal
supralétal   superletal
supraliminaire   überschwellig
supramalléolaire   supramalleolär
supramammaire   supramammär
supramandibulaire   supramandibulär
supramarginal   supramarginal
supramaxillaire   supramaxillär
supramoléculaire   supramolekular
supranasal   supranasal
supranucléaire   supranukleär
supraopticohypophysaire   supraoptikohypophysär
suprapatellaire   suprapatellär
suprarénal   suprarerial
suprascapulaire   supraskapulär
suprascléreux   supraskleral
suprasegmentaire   suprasegmental
suprasellaire   suprasellär
supraspinal   supraspinal
suprasternal   suprasternal
suprathoracique   suprathorakal
supratonsillaire   supratonsillär
supratrochléen   supratrochleär
supravaginal   supravaginal
supravalvulaire   supravalvulär
supraventriculaire   supraventrikulär
supravergence f.   Supravergenz f.
supraversion f.   Supraversion f.
supravital   supravital
surabondance f.   Überfluss m.
suralimentation f.   Überernährung f.
suralimenter   überfüttern
suramine f.   Suramin n.
surcharge f.   Überforderung f., Überlastung f.
surcharger   überfordern, überladen
surcompensation f.   Überkompensation f.
surdéveloppé   überentwickelt
surdimutité f.   Taubstummheit f.
surdité f.   Schwerhörigkeit f., Taubheit (Gehör) f.
surdité corticale f.   Rindentaubheit f.
surdité labyrinthique f.   Labyrinthschwerhörigkeit f.
surdité verbale f.   Worttaubheit f.
surdosage m.   Überdosierung f.
surdose f.   Überdosis f.
surdoser   überdosieren
surélévation f.   Anhebung f.
surélever   anheben, erhöhen, hochlagern
surentraîner   übertrainieren
surexcitation f.   Übererregung f.
surexciter   überreizen
surexposer   überbelichten
surexposition f.   Überbelichtung f.
surface f.   Fläche f., Oberfläche f.
surface corporelle f.   Körperoberfläche f.
surface d'abrasion f.   Abrasionsfläche f.
surface d'appui f.   Auflagefläche f.
surface de base f.   Basisfläche f.
surface de contact f.   Kontaktfläche f.
surface de mastication f.   Kaufläche f.
surface occlusale f.   Okklusalfläche f.
surface proximale f.   Approximalfläche f.
surfactant m.   oberflächenaktive Substanz f., Surfactant n.
surgelé   tiefgefroren
surhumain   übermenschlich
surinfecter   superinfizieren
surinfection f.   Superinfektion f.
surmenage m.   Arbeitshypertrophie f., Überanstrengung f.
surmener   überanstrengen
surmoi m.   Super-Ego n., Über-Ich n.
surmonter   überwinden
surnageant   auf der Oberfläche schwimmend
surnuméraire   überzählig
surocclusion f.   Überbiss m.
surprotection f.   Überprotektion f.
surre m.   Surra f.
surrénal   adrenal
surrénalectomie f.   Adrenalektomie f., Nebennierenentfernung f.
surrénalectomier   adrenalektomieren
sursaturation f.   Übersättigung f.
sursaturer   übersättigen
sursumduction f.   Sursumduktion f.
sursumvergence f.   Sursumvergenz f.
sursumversion f.   Sursumversion f.

surtransfusion f. Übertransfusion f.
surveillance f. Beaufsichtigung f., Überwachung f.
surveillance radiologique f. Röntgenüberwachung f.
surveiller beaufsichtigen, überwachen
survivant (e) m./f. Überlebende (r) f./m.
survivre überleben
susdiaphragmatique supradiaphragmatisch
sushépatique suprahepatisch
sushissien oberhalb des His-Bündels
susinguinal suprainguinal
susombilical supraumbilikal
susorbitaire supraorbital
suspect verdächtig
suspension f. Suspension f.
suspension d'insuline-zinc f. Insulin-Zinksuspension f.
suspensoir m. Suspensorium n.
suspubien suprapubisch
sustemporal supratemporal
suture f. Nähen n., Naht f., Sutur f.
suture à points perdus f. versenkte Naht f.
suture artérielle f. Arteriennaht f.
suture continue f. fortlaufende Naht f.
suture d'un nerf f. Nervennaht f.
suture de consolidation f. Haltefaden m.
suture de Gussenbauer f. Gussenbauersche Naht f.
suture de Lembert f. Lembertnaht f.
suture de rétention f. Situationsnaht f.
suture du périnée f. Dammnaht f.
suture du tendon d'Achille f. Achillorrhaphie f.
suture en bourse f. Tabakbeutelnaht f.
suture en boutonnière f. Knopfnaht f.
suture en capiton f. Matratzennaht f.
suture en éversion f. evertierende Naht f.
suture en inversion f. invertierende Naht f.
suture lambdoïde f. Lambdanaht f.
suture métallique f. Drahtnaht f.
suture plaques de plomb f. Bleiplattennaht f.
suture point par point f. Einzelnaht f.
suture primaire f. Primärnaht f.
suture sagittale f. Pfeilnaht f.
suture secondaire f. Sekundärnaht f.
suturer vernähen, nähen
sycosis m. Sykose f.
sycosis vulgaire m. Sycosis vulgaris f.
symbiose f. Symbiose f.
symbiote m. Symbiont m.
symbiotique symbiotisch
symblépharon m. Symblepharon n.
symbole m. Symbol n.
symbolique symbolisch

symbolisation f. Symbolisation f., Symbolisierung f.
symbolophobie f. Symbolophobie f.
symbolyser symbolisieren
symélie f. Symmelie f.
symétrie f. Symmetrie f.
symétrique symmetrisch
sympathectomie f. Sympathektomie f.
sympathicoblastome m. Sympathikoblastom n.
sympathicolytique sympathikolytisch
sympathicomimétique sympatikomimetisch
sympathicotonie f. Sympathikotonie f.
sympathicotonique sympathikotonisch
sympathicotrope sympathikotrop
sympathine f. Sympathin f.
sympathique (anatom.) sympathisch (anatom.)
sympathogonie f. Sympathogonie f.
symphalangisme m. Symphalangie f.
symphyse f. Symphyse f.
symphyséotomie f. Symphyseotomie f.
sympodie f. Sympodie f.
symposium m. Symposium n.
symptomatique symptomatisch
symptomatologie f. Semiotik f., Symptomatologie f.
symptôme m. Kennzeichen n., Krankheitszeichen n., Symptom n., Zeichen n.
symptôme irritatif m. Reizerscheinung f.
symptôme majeur m. Leitsyptom n.
symptômes de privation m. pl. Entziehungsbeschwerden f. pl.
synapse f. Synapse f.
synaptique synaptisch
synaptologie f. Synaptologie f.
synarthrose f. Synarthrose f.
synarthrosique synarthrodial
syncancérogenèse f. Synkanzerogenese f.
syncarcinogenèse Synkarzinogenese f.
syncardiaque synkardial
syncheilie f. Syncheilie f.
synchondrose f. Synchondrose f.
synchrocyclotron m. Synchrozyklotron m.
synchrone synchron
synchronisation f. Synchronisation f.
synchroniser synchronisieren
synchronisme m. Synchronie f.
synchrotron m. Synchrotron n.
synchysis f. Synchyse f.
syncinésie f. Mitbewegung f., Synkinese f.
syncinétique synkinetisch
synclitique synklitisch
synclitisme m. Synklitismus m.
syncopal synkopal

syncope f.   Ohnmachtsanfall m., Synkope f.
syncope de toux f.   Hustensynkope f.
syncytial   synzytial
syncytiotrophoblaste m.   Synzytiotrophoblast m.
syncytium m.   Synzytium n.
syndactylie f.   Fingerverwachsung f., Syndaktylie f.
syndèse f.   Syndese f.
syndesmite f.   Syndesmitis f.
syndesmologie f.   Syndesmologie f.
syndesmopexie f.   Syndesmopexie f.
syndesmoplastie f.   Syndesmoplastie f.
syndesmotome m.   Syndesmotom n.
syndesmotomie f.   Syndesmotomie f.
syndrome m.   Krankheit f. (mit näherer Bezeichnung), Syndrom n.
syndrome adrénogénital m.   adrenogenitales Syndrom n.
syndrome carcinoïde intestinal m.   Hedinger-Syndrom n.
syndrome cardiaque hyperkinétique m.   hyperkinetisches Herzsyndrom n.
syndrome cervical m.   Zervikalsyndrom n.
syndrome cervicobrachial m.   Schulter-Arm-Syndrom n.
syndrome d'Adams-Stokes m.   Adams-Stokes-Syndrom n.
syndrome d'adaptation m.   Adaptationssyndrom n.
syndrome d'adaptation m.   Adaptationssyndrom n.
syndrome d'Adie m.   Adie-Syndrom n.
syndrome d'Albright m.   Albright-Syndrom n.
syndrome d'apnée de sommeil m.   Schlaf-Apnoe-Syndrom n.
syndrome d'Aschenbach m.   Aschenbach-Syndrom n.
syndrome d'Aschenbach m.   Aschenbach-Syndrom n.
syndrome d'Asperger m.   Asperger-Syndrom n.
syndrome d'automutilation m.   Selbstverletzungssyndrom n.
syndrome d'Effort m.   Effort-Syndrom n.
syndrome d'hémisection de la moelle de Brown-Séquard m.   Brown-Séquardsche Halbseitenlähmung f.
syndrome d'hyperkinésie des membres inférieurs (restless legs) m.   Restless-legs-Syndrom n.
syndrome d'immunodéficience acquis m.   erworbenes Immundefizienzsyndrom n.

syndrome de Alport m. alprénololl   Alport-Syndrom m.
syndrome de Asher m.   Asher-Syndrom n.
syndrome de Backwith-Wiedemann m.   Backwith-Wiedemann-Syndrom n.
syndrome de Bardet-Biedl m.   Bardet-Biedl-Syndrom m.
syndrome de Barrett m.   Barrett-Syndrom n.
syndrome de Bassen-Kornzweig m.   Abetalipoproteinaemie f.
syndrome de Behcet m.   Behcet-Syndrom n.
syndrome de Bloom m.   Bloom-Syndrom n.
syndrome de borderline m.   Borderlinesyndrom n.
syndrome de bradycardie-tachycardie m.   Bradykardie-Tachykardie-Syndrom n.
syndrome de Brugada-Brugada m.   Brugada-Brugada-Syndrom n.
syndrome de Burnett m.   Milch-Alkali-Syndrom n.
syndrome de carence sodée m.   Salzmangelsyndrom n.
syndrome de choc toxique m.   Toxinschocksyndrom n.
syndrome de cholostase hémolytique m.   Syndrom der eingedickten Galle n.
syndrome de Cockayne m.   Cockayne-Syndrom n.
syndrome de Déjerine-Klumpke m.   Klumpkesche Lähmung f.
syndrome de Denys-Drach m.   Denys-Drach-Syndrom n.
syndrome de dépersonnalisation m.   Depersonalisationssyndrom n.
syndrome de Determann m.   Determann-Syndrom n.
syndrome de Down m.   Down-Syndrom n.
syndrome de dripping postnasal m.   retronasaler Schleimfluss m.; postnasale intrabronchiale Schleimeinträufelung f.
syndrome de fatigue m.   Ermüdungssyndrom n.
syndrome de Felty m.   Felty-Syndrom n.
syndrome de Franceschetti-Zwahlen m.   Franceschetti-Zwahlen-Syndrom n.
syndrome de Gerstmann m.   Gerstmann-Syndrom n.
syndrome de Gilbert m.   Gilbertsyndrom n.
syndrome de Gillespie m.   Gillespiesyndrom n.
syndrome de Gitelman m.   Gitelmansyndrom n.
syndrome de Goodpasture m.   Goodpasture-Syndrom n.
syndrome de gorlin m.   Gorlin-Syndrom n.

syndrome

syndrome de Gradenigo m.   Gradenigo-Syndrom n.
syndrome de Hamman et Rich m.   Hamman-Rich-Syndrom n.
syndrome de Harada m.   Harada-Syndrom n.
syndrome de Hartnup m.   Hartnup-Syndrom n.
syndrome de Heerfordt m.   Heerfordtsche Krankheit f.
syndrome de Hellp m.   Hellp-Syndrom n.
syndrome de Hoffmann-Werdnig m.   Hoffmann-Werdnig-Syndrom n.
syndrome de Hutchinson m.   Hutchinson-Syndrom n.
syndrome de Job m.   Hiob-Syndrom n.
syndrome de Kallmann m.   Kallmannsyndrom n.
syndrome de Kartagener m.   Kartagener-Syndrom n.
syndrome de Kassabar-Merrit m.   Kassabar-Merrit-Syndrom n.
syndrome de Kennedy m.   Kennedysyndrom n.
syndrome de Kleine-Levin m.   Kleine-Levin-Syndrom n.
syndrome de Klippel-Feil m.   Klippel-Feilsche Krankheit f.
syndrome de Korsakoff m.   Korsakoffsche Psychose f.
syndrome de Kulenkampff-Tarnow m.   Kulenkampff-Tarnow-Syndrom n.
syndrome de kuru m.   Kuru-Syndrom n.
syndrome de l'apex orbitaire de Rollet m.   Malatestasyndrom n.
syndrome de l'artère voleuse m.   Anzapfsyndrom n., Steal-Syndrom n.
syndrome de la queue de cheval m.   Kaudasyndrom n.
syndrome de Landry m.   Landrysche Paralysie f.
syndrome de Laurence-Moon-Bardet Biedl m.   Laurence-Moon-Biedl-Syndrom n.
syndrome de Lennox-Gastaut m.   Lennox-Gastaut-Syndrom n.
syndrome de Libman-Sacks m.   Libman-Sacks-Syndrom n.
syndrome de Loeys-Dietz m.   Loeys-Dietz-Syndrom n.
syndrome de Lowe m.   Lowesyndrom n.
syndrome de Lown-Ganong-Levine m.   LGL-Syndrom n. (Lown-Ganong-Levine-Syndrom)
syndrome de Lutenbacher m.   Lutenbachersyndrom n.
syndrome de Lynch m.   Lynch-Syndrom n.

syndrome de Maffuci m.   Maffucisyndrom n.
syndrome de malabsorption du tryptophane m.   Tryptophanmalabsorptionssyndrom n.
syndrome de Mallory-Weiss m.   Mallory-Weiß-Syndrom n.
syndrome de Marchiafava-Micheli m.   Marciafava-Micheli-Syndrom n.
syndrome de Marfan m.   Marfan-Syndrom n.
syndrome de Marfan m.   Marfan-Syndrom n.
syndrome de Meigs m.   Meigs-Syndrom n.
syndrome de Mikulicz m.   Mikuliczsche Krankheit f.
syndrome de Milkman m.   Milkman-Syndrom n.
syndrome de Mondor m.   Mondorsche Krankheit f.
syndrome de Morgagni-Adams-Stokes m.   MASA (Morgagni-Adams-Stokesscher Anfall) m.
syndrome de Muir-Torre m.   Muir-Torre-Syndrom n.
syndrome de Paget-Schroetter m.   Paget-von-Schroetter-Syndrom n.
syndrome de pâleur-hyperthermie m.   Blässe-Hyperthermie-Syndrom n.
syndrome de Pendred m.   Pendred-Syndrom n.
syndrome de Peutz-Jeghers m.   Peutz-Jeghers-Syndrom n.
syndrome de Prader-Willi m.   Prader-Willi-Syndrom n.
syndrome de Raymond m.   Raymond-Syndrom n.
syndrome de Reichert m.   Reichert-Syndrom n.
syndrome de Roemheld m.   Roemheld-Syndrom n.
syndrome de Rothmund-Thomson m.   Rothmund-Thomson-Syndrom n.
syndrome de roulis m.   Roller-coaster-Syndrom n.
syndrome de Rubinstein-Taybi m.   Rubinstein-Taybi-Syndrom n.
syndrome de Rye m.   Rye-Syndrom n.
syndrome de Sézary m.   Sézary Syndrom n.
syndrome de Shprintzen-Goldberg m.   Shprintzen-Goldberg-Syndrom n.
syndrome de Sluder du ganglion ptérygopalatin m.   Sluder-Syndrom n.
syndrome de Snedden m.   Snedden-Syndrom n.
syndrome de sténose aortique m.   Aortenbogensyndrom n.
syndrome de Stertz m.   Stertz-Syndrom n.

syntaxique

syndrome de Stevens-Johnson m. Stevens-Johnson-Syndrom n.
syndrome de Thomas m. Thomassyndrom n.
syndrome de Unverricht-Lundberg m. Unverricht-Lundberg-Syndrom n.
syndrome de Usher m. Usher-Syndrom n.
syndrome de Vogt-Spielmeyer m. Vogt-Spielmeyer-Syndrom n.
syndrome de von Hippel-Landau m. Hippel-Lindau-Syndrom n.
syndrome de Weil-Marchesani m. Weil-Marchesani-Syndrom n.
syndrome de Wells m. Wells-Syndrom n.
syndrome de Werdnig-Hoffmann m. Werdnig-Hoffmann-Syndrom n.
syndrome de Werner m. Werner-Syndrom n.
syndrome de Williams-Beuren m. Williams-Beuren-Syndrom n.
syndrome de Zollinger-Ellison m. Zollinger-Ellison-Syndrom n.
syndrome délirant d'action extérieure m. Beeinflussungswahn m.
syndrome délirant d'observation m. Beobachtungswahn m.
syndrome délirant de conversion m. Bekehrungswahn m.
syndrome des enfants battus m. Kindesmisshandlungsfolgen f. pl.
syndrome des jambes agitées m. Restless-legs-Syndrom n.
syndrome des tubercules quadrijumeaux m. Vierhügelsyndrom n.
syndrome du bras des joueurs de golf m. Golfspielerarm m.
syndrome du canal cubital m. Ulnartunnelsyndrom n.
syndrome du quinzième jour m. Mittelschmerz m.
syndrome du tunnel carpien m. Karpaltunnelsyndrom n.
syndrome du tunnel tarsien m. Tarsaltunnelsyndrom n.
syndrome gris m. Syndrom der grauen Farbe n.
syndrome hyperkinétique m. HKS (hyperkinetisches Syndrom) n.
syndrome hypophysaire adiposogénital m. Dystrophia adiposogenitalis f.
syndrome lymphoprolifératif lié au chromosome X m. Lymphogranulomatosis X f.
syndrome oléotoxique m. toxisches Ölsyndrom n.
syndrome ovarien gonadotropine résistant m. Gonadotropin-resistentes Ovarialsyndrom n.
syndrome polykystique ovarien m. polyzystisches Ovarialsyndrom n.
syndrome post-ménopausique m. postmenopausales Syndrom n.
syndrome psychique m. Psychosyndrom n.
syndrome psychique transitoire tumoral m. Durchgangssyndrom n.
syndrome radiculaire m. Wurzelsyndrom n.
syndrome respiratoire aigu sévère m. SARS (schweres akutes respiratorisches Syndrom) n.
syndrome sinusal m. kranker Sinusknoten-Syndrom n.
syndrome thalamique m. Thalamussyndrom n.
syndrome tibial antérieur m. Tibialis-anterior-Syndrom n.
syndrome unilatéral m. Halbseitensyndrom n.
syndtome de Budd-Chiari m. Budd-Chiari-Syndrom n.
syndromique syndromisch
synéchie antérieure f. vordere Synechie f.
synéchie postérieure f. hintere Synechie f.
synéchiotomie f. Synechiotomie f.
synéchotomie f. Synechotomie f.
synergie f. Synergie f.
synergique synergetisch, synergisch
synesthésie f. Synästhesie f.
synfibrose f. Syndesmose f.
syngame syngam
syngamie f. Syngamie f.
syngénésioplastique syngenesioplastisch
syngénique syngen
synonyme synonym
synonyme m. Synonym n.
synophtalmie f. Synophthalmie f.
synoptoscope m. Synoptoskop n.
synorchidie f. Synorchidie f.
synostose f. Synostose f.
synovectomie f. Synovektomie f.
synovectomier synovektomieren
synovial synovial
synovialite f. Synovialitis f.
synovialome m. Synovialom n.
synovie f. Gelenkschmiere f., Synovia f.
synoviome m. Synoviom n.
synoviorthèse f. Synoviorthese f.
synovite f. Synovitis f.
synsialome m. Synsialom n.
syntaxe f. Syntaxis f.
syntaxique syntaktisch

synthase f. Synthase f.
synthétase f. Synthetase f.
synthétique synthetisch
synthétiser synthetisieren
syntonique synton, syntonisch
syntropie f. Syntropie f.
syphilide f. Syphilid n., Syphiloderma n.
syphiligraphie f. Syphilologie f.
syphilis f. Lues f., Syphilis f.
syphilis congénitale f. konnatale Syphilis f.
syphilis précoce latente f. latente Frühsyphilis f.
syphilis primaire f. primäre Syphilis f.
syphilis secondaire f. sekundäre Syphilis f.
syphilis tertiaire f. tertiäre Syphilis f.
syphilitique luetisch, syphilitisch
syphilitique f. Luetikerin f.
syphilitique m. Luetiker m.
syphilogène syphilogen
syphilologique syphilologisch
syphilologue (ou -graphe) f. Syphilologin f.
syphilologue m. Syphilologe m.
syphilome m. Syphilom n., Lues-Ansatz m.
syphilophobie f. Syphilophobie f.
syphon m. Syphon m.
syringectomie f. Syringektomie f.
syringobulbie f. Syringobulbie f.
syringome m. Syringom n.
syringomyélie f. Syringomyelie f.
syringotomie f. Syringotomie f.
sysarcose f. Syssarkose f.
systématique systematisch
systématique f. Systematik f.
systématisation f. Systematisierung f.
systématiser systematisieren
systématologie f. Systematologie f.
système m. System n., Trakt m.
système APUD m. APUD-System n.
système biphasique m. Zweiphasensystem n.
système d'alarme m. Alarmsystem n.
système d'arrêt m. Arretierung f.
système d'aspiration m. Absauganlage f.
système de conduction m. Reizleitungssystem n.
système de conduction cardiaque m. Erregungsleitungssystem n.
système de contention m. Fixiervorrichtung f.
système de développement des films radiographiques m. Filmentwicklungsmaschine f.
système de fermeture m. Schließvorrichtung f.
système de haut et bas (narcose) m. Pendelatmungssystem n.
système de lentilles optiques m. Linsenoptik f.
système de médicographie m. medizinisches bildgebendes System n.
système de passage m. Gangsystem n.
système de scores m. Scoresystem n.
système facilitateur ascendant m. aufsteigendes aktivierendes System n.
système HLA d'histocompatibilité m. HLA-Histokompatibilitätssystem n.
système immunitaire m. Immunsystem n.
système musculaire lisse m. glatte Muskulatur f.
système musculaire strié m. quergestreifte Muskulatur f.
système nerveux m. Nervensystem m.
système nerveux autonome m. vegetatives Nervensystem n.
système nerveux central m. Zentralnervensystem n.
système nerveux végétatif m. vegetatives Nervensystem n.
système optique à miroirs m. Spiegeloptik f.
système optique en vision latérale m. Seitblickoptik f.
système optique en vision linéaire m. Geradblickoptik f.
système optique en vision oblique m. Schrägblickoptik f.
système pluricanalaire m. Mehrkanalsystem n.
système redox m. Redoxsystem n.
système-rénine-angiotensine-aldostérone m. RAAS (Renin-Angiotensin-Aldosteron-System) n.
système réticulaire activateur m. retikuläres Aktivierungs-System n.
système réticuloendothélial m. RES n., retikuloendotheliales System n.
système solvant m. Fließmittel (chromatogr.) n.
système sympathique m. Sympathicus m.
système téléscopique m. Teleskopoptik f.
système vasculaire m. Gefäßsystem n.
système vasculaire terminal m. terminale Strombahn f.
systémique systemisch
systole f. Systole f.
systole en écho f. Umkehrsystole f.
systolique systolisch

T

TA (tension artérielle) f. RR (Blutdruck nach Riva-Rocci) m.
tabac m. Tabak m.
tabacosis m. Tabacose f., Tabakstaubvergiftung f.
tabagisme m. Tabakvergiftung f.
tabes dorsal m. Tabes dorsalis f.
tabétique tabisch
tabétique f. Tabikerin f.
tabétique m. Tabiker m.
table f. Tafel f.
table à plâtrer f. Gipstisch m.
table basculante f. Kipptisch m.
table d'examen f. Untersuchungstisch m.
table d'opération f. Operationstisch m.
table de laboratoire f. Labortisch m.
table de Stintzing f. Stintzingsche Tafel f.
table de travail f. Arbeitstisch m.
table des expositions f. Belichtungstabelle f.
table où l'on dépose les cadavres f. Leichenablegetisch m.
tableau m. Tabelle f.
tableau clinique m. klinisches Bild n.
tableau de distribution m. Schalttisch m.
tablier m. Schurz m., Schürze f., Hottentottenschürze f. (veter.)
tablier en caoutchouc m. Gummischürze f.
tablier en caoutchouc plombifère m. Bleischürze f.
taboparalysie f. Taboparalyse f.
tabou m. Tabu n.
tacalcitol m. Tacalcitol n.
tacazolate m. Tacazolat n.
tache f. Fleck m., Mal n.
tache aveugle f. blinder Fleck m.
tache cadavérique f. Totenfleck m., Leichenfleck m.
tache de Mariotte f. blinder Fleck m.
tache de rousseur f. Sommersprosse f.
tache hépatique f. Leberfleck m.
tacheté fleckig
tachitoscope m. Tachitoskop n.
tachitoscopie f. Tachitoskopie f.
tachitoscopique tachitoskopisch
tachophorèse f. Tachophorese f.
tachyarythmie f. Tachyarrhythmie f.
tachycardie f. Tachykardie f.
tachycardie paroxystique f. paroxysmale Tachykardie f.
tachycardie sinusale f. Sinustachykardie f.
tachycardique tachykard
tachykinine f. Tachykinin n.
tachylalie f. Tachylalie f.
tachymétrie f. Geschwindigkeitsmessung f.
tachyphagie f. Tachyphagie f.
tachyphylaxie f. Tachyphylaxie f.
tachypnée f. Tachypnoe f.
tachystérol m. Tachysterin n.
tachysystolie f. Tachysystolie f.
tachytrophique tachytroph
tacrolime m. Tacrolimus n.
tacrolime monohydrate m. Tacrolimusmonohydrat n.
tactile taktil
tadalafil m. Tadalafil n.
Taenia echinococcus Hundebandwurm m., Taenia echinococcus
Taenia saginata Taenia saginata
Taenia solium Taenia solium
taeniase f. Coenurose f.
taille f. Körperlänge f., Leibesgröße f., Taille f.
taille des particules f. Teilchengröße f.
talalgie f. Talalgie f.
talampicilline f. Talampicillin n.
talbutal m. Talbutal n.
talc m. Talk m.
talent m. Talent n.
talinolol m. Talinolol n.
talocrural talokrural
talofibulaire talofibular
talon m. Ferse f., Hacke f.
talonaviculaire talonavikular
talose m. Talose f.
talotibial talotibial
tamarin m. Tamarinde f.
tampon m. Bausch m., Puffer m., Tampon m., Tupfer m.
tampon occlusif m. Tamponstopfer m.
tamponnement m. Tamponade f.
tamponner abtupfen, ausstopfen, austupfen, puffern, tamponieren, tupfen
tamsulosine f. Tamsulosin n.
tanaisie f. Tanacetum n.
tangente f. Tangente f.
tangentiel tangential
tangible haptisch
tannase f. Tannase f.
tannate m. Tannat n.
tanné tanniert
tanner gerben
tannin m. Gerbstoff m., Tannin n.
tantale m. Tantal n.
taon m. Bremse (Fliege) f., Viehbremse f.

tapétochoroïdien tapetochorioidal, tapetochoroidal
tapétorétinien tapetoretinal
taraxéine f. Taraxein n.
Tardieu, tache de f. Tardieuscher Fleck m.
tarentule f. Tarantel f.
tarsalgie f. Tarsalgie f.
tarse m. Fußwurzel f.
tarse (de la paupière) m. Lidknorpel m.
tarsien tarsal
tarsite f. Tarsitis f.
tarsométatarsien tarsometatarsal
tarsotomie f. Tarsotomie f.
tart-cell f. Tart-Zelle f.
tartrate m. Tartrat n.
tartrate d'antimoine et de potassium m. Tartarus stibiatus m.
tartrate de potassium et de sodium m. Kaliumnatriumtartrat n.
tartre m. Weinstein m., Zahnbelag m.
tartre dentaire m. Zahnstein m.
tatouage m. Tätowierung f.
taureau m. Stier m.
taureau étalon m. Zuchtbulle m.
taureau, jeune m. Farren m.
taurine f. Taurin n.
taurocholate m. Taurocholat n.
taurodontisme m. Taurodontismus m.
taurolidine f. Taurolidin n.
Taussig, syndrome de m. Taussig-Syndrom n.
tautologie f. Tautologie f.
tautomérie f. Tautomerie f.
tautomérique tautomer
taux m. Quote f.
taux de mortalité m. Sterblichkeitsquote f.
taux de naissance m. Geburtsziffer f.
taux de perte m. Ausfallquote f.
taux de survie m. Überlebensrate f.
taux des naissances m. Geburtenziffer f.
taux pour cent m. Prozentsatz m.
Tawara, noeud atrio-ventriculaire de m. Tawara-Knoten m.
taxane m. Taxan n.
taxe f. Gebühr f.
taxine f. Taxin n.
taxon m. Taxon n.
taxonomie f. Taxonomie f.
taxonomique taxonomisch
Tay-Sachs, maladie de f. Tay-Sachssche Krankheit f.
TBG (globuline fixant la thyroxine) f. TBG (thyroxinbindendes Globulin) n.
tébutate m. Tebutat n.
technétate m. Technetat n.

technétium m. Technetium n.
technicien m. Techniker m.
technicien assistant de laboratoire médical m. medizinisch-technischer Laborassistent m.
technicien assistant de radiologie m. medizinisch-technischer Röntgenassistent m.
technicienne assistante de laboratoire médical f. Laborassistentin f.
technicienne assistante de radiologie f. medizinisch-technische Röntgenassistentin f.
technique f. Technik (Verfahren) f.
technique d'attachement f. Geschiebetechnik f. (dent.)
technique de cartes perforées f. Lochkartenverfahren n.
technique de coulage des modèles f. Modellgusstechnik f.
technique de coulée f. Angusstechnik f.
technique de cuisson f. Brenntechnik f.
technique de l'inlay f. Inlaytechnik f.
technique de mesure f. Messanordnung f.
technique des rayons pénétrants f. Hartstrahltechnik f.
technique des séries accélérées f. Schnellserientechnik f.
technique médicale f. Medizintechnik f.
technologie f. Technik (Wissenschaft) f., Technologie f.
technologique technologisch
tectonique tektonisch
tectospinal tektospinal
téfazoline f. Tefazolin n.
téflurane m. Tefluran n.
tégafur m. Tegafur n.
tégument m. Haut f.
Teichmann, cristal de m. Teichmannscher Kristall m.
teichopsie f. Teichopsie f.
teigne f. Dermatophytie f.
teindre färben
teint m. Gesichtsfarbe f.
teinté getönt
teinte f. Farbe f.
teinture f. Farbstoff m., Färbung f., Tinktur f.
teinture d'Arning f. Arningsche Tinktur f.
teinture d'iode f. Jodtinktur f.
teinture d'opium f. Opiumtinktur f., Tinctura Opii f.
teinture de belladone f. Tinctura Belladonnae f.
teinture de benjoin f. Tinctura Benzoes f.
teinture de noix vomique f. Tinctura Strychni f.

teinture de valériane f. Baldriantinktur f., Tinctura Valerianae f.
télangiectasie f. Teleangiektasie f.
télangiectasique teleangiektatisch
télécentrique telezentrisch
télécobaltothérapie f. Telekobaltbestrahlung f.
télécommande f. Fernbedienung f.
télédiastolique enddiastolisch, telediastolisch
téléenseignement m. Distanzunterricht m.; elektronische Lehrveranstaltung f.
télégammathérapie f. Telegamma-Therapie f.
télégonie f. Telegonie f.
télémédecine f. Telemedizin f.; elektronische Sprechstunde f., Videosprechstunde f.
télémétrie f. Telemetrie f.
télémétrique telemetrisch
télencéphale m. Endhirn n.
téléologie f. Teleologie f.
téléologique teleologisch
téléopsie f. Teleopsie f.
télépathie f. Telepathie f.
téléradiogramme m. Teleröntgenogramm n.
téléradiographie f. Teleröntgenographie f.
téléradiographie cardiaque f. Herzfernaufnahme f.
téléradiologie f. Teleradiologie f.
téléradiothérapie f. Fernbestrahlung f.
téléscope m. Teleskop n.
télésystolique endsystolisch, telesystolisch
téléthérapie f. Teletherapie f.
téléthermomètre m. Fernthermometer n.
télétraitement m. Datenverarbeitung f
télétransmission f. elektronische Datenübertragung f.
télétravail m. Home-Office n., Telearbeit f.
télévision f. Fernsehen n.
télithromycine f. Telithromycin n.
tellurate m. Tellurat n.
tellure m. Tellur n.
tellurite m. Tellurit n.
telmisartane m. Telmisartan n.
téloblaste m. Teloblast m.
télocentrique telozentrisch
télodendrion m. Telodendron n.
télolécithique telolezithal
télomérase f. Telomerase f.
télomère m. Telomer n.
télopeptide m. Telopeptid n.
télophase f. Telophase f.
télosynapse f. Telosynapse f.
télotisme m. Telotismus m.
témazolamide m. Temazolamid n.
tempe f. Schläfe f.
tempérament m. Temperament n.
tempérament lymphatique m. Lymphatismus m.
tempérance f. Enthaltsamkeit f.
température f. Temperatur f.
température ambiante f. Raumtemperatur f., Zimmertemperatur f.
température centrale f. Kerntemperatur f.
température de travail f. Arbeitstemperatur f.
température du corps f. Körpertemperatur f.
température superficielle f. Oberflächentemperatur f.
temporaire temporär
temporal temporal
temporoauriculaire temporoaurikulär
temporofrontal temporofrontal
temporomandibulaire temporomandibulär
temporomaxillaire temporomaxillär
temporooccipital temporookzipital
temporopariétal temporoparietal
temps m. Zeit f.
temps d'apparition m. Erscheinungszeit f.
temps de circulation m. Kreislaufzeit f.
temps de coagulation m. Gerinnungszeit f.
temps de collecte des urines m. Urinsammelperiode f.
temps de conduction m. Überleitungszeit f.
temps de pose m. Belichtungszeit m.
temps de prothrombine m. Prothrombinzeit f.
temps de prothrombine partiel m. partielle Thromboplastinzeit (PTT) f.
temps de relâchement postsphygmique m. Entspannungszeit (kardiol.) f.
temps de remplissage m. Füllungszeit f.
temps de saignement m. Blutungszeit f.
temps de survie m. Überlebensdauer f.
temps réel m. Echtzeit f.
ténacité f. Tenazität f.
tenailles f. pl. Kneifzange f.
tendance f. Neigung f.
tendance à couler f. Fließeigenschaft f.
tendance à la distraction f. Ablenkbarkeit (psych.) f.
tendance impulsive à se faire valoir f. Geltungstrieb m.
tendance suicidaire f. Suizidneigung f.
tendeur de la broche m. Drahtspanner m.
tendeur du cathéter m. Katheterspanner m.
tendineux sehnig, tendinös
tendinite f. Tendinitis f.
tendinite d'insertion f. Insertionstendinitis f.
tendon m. Sehne f.
tendon d'Achille m. Achillessehne f.

tendon du genou m.   Kniesehne f
tendovaginite f.   Sehnenscheidenentzündung f., Tendovaginitis f.
ténectéplase f.   Tenecteplase f.
ténesme m.   Stuhldrang m., Tenesmus m.
ténesme vésical m.   Harnzwang m., Strangurie f.
teneur f.   Gehalt m. (phys.)
teneur alcaline f.   Alkaligehalt m.
teneur en germe f.   Keimgehalt m.
ténia m.   Bandwurm m., Tänie f.
ténia bovin m.   Rinderbandwurm m.
ténia du chat m.   Katzenbandwurm m.
ténia du chien m.   Hundebandwurm m.
ténia du cochon m.   Schweinebandwurm m.
ténia du poisson m.   Fischbandwurm m.
énia du porc m.   Schweinebandwurm m.
ténia du renard m.   Fuchsbandwurm m.
téniase f.   Bandwurmbefall m.
ténicide   bandwurmtötend
ténicide m.   bandwurmtötendes Mittel n.
ténifuge   bandwurmtreibend
ténifuge m.   bandwurmtreibendes Mittel n.
téniposide m.   Teniposid n.
tennis elbow m.   Tennisellenbogen m.
ténocyclidine f.   Tenocyclidin n.
ténodèse f.   Tenodese f.
Tenon, capsule de f.   Tenonsche Kapsel f.
ténoplastie f.   Sehnenplastik f.
ténorraphie f.   Sehnennaht f., Tenorrhaphie f.
ténotome m.   Tenotom n.
ténotomie f.   Tenotomie f.
ténotomiser   tenotomieren
tenside m.   Tensid n.
tension f.   Blutdruck m., Druck m., Spannung f.
tension cranienne f.   Hirndruck m.
tension de défense abdominale f.   Abwehrspannung f., Bauchdeckenspannung f.
tension de surface f.   Oberflächenspannung f.
tension de tube f.   Röhrenspannung f.
tension musculaire f.   Muskelspannung f.
tension psychique f.   psychische Anspannung f.
tentacule (zool.) m.   Fühler m.
tentative de suicide f.   Selbstmordversuch m., Suizidversuch m.
tente du cervelet f.   Tentorium cerebelli n. (adj.: tentoriell)
tenue d'un conseil f.   Konsilium n.
ténylidone f.   Tenylidon n.
téoclate m.   Teoclat n.
téoprolol m.   Teoprolol n.

TEP (tomographie par émission de positrons) f.   PET (Positronenemissionstomographie) f.
téprotide m.   Teprotid n.
tératoblastome m.   Teratoblastom n.
tératogène   teratogen
tératogenèse f.   Teratogenese f.
tératogénétique   teratogenetisch
tératoïde   teratisch
tératome m.   Teratom n.
terbutaline f.   Terbutalin n.
terciprazine f.   Terciprazin n.
terconazole m.   Terconazol n.
térébenthine f.   Terpentin n.
terfénadine f.   Terfenadin n.
tériparatide m.   Teriparatid n.
térizidone f.   Terizidon n.
terminaison f.   Endigung f.
terminaison nerveuse f.   Nervenendigung f.
terminal   terminal
terminal m.   Terminal m.
termino-terminal   terminoterminal
terminologie f.   Terminologie f.
terminologique   terminologisch
termone f.   Termon n.
ternaire   ternär
térodiline f.   Terodilin n.
térofénamate m.   Terofenamat n.
téroxalène m.   Teroxalen n.
terpène m.   Terpen n.
terpinène m.   Terpinen n.
terre alcaline f.   Erdalkalie f.
terre d'infusoires f.   Kieselgur m.
terre rare f.   seltene Erde f.
terreux   erdig
tertiaire   tertiär
tésimide m.   Tesimid n.
tesla m.   Tesla n.
test m.   Erprobung f., Prüfung f., Test m.
test au fluordesoxyglucose m.   Fluordesoxyglucosetest (roentg.) m.
test au murexide m.   Murexidprobe f.
test blanc m.   Leerversuch m.
test cutané m.   Hauttest m.
test d'acuité visuelle m.   Sehtest m.
test d'aggrégation des plaquettes m.   Plättchenaggregationstest m.
test d'Allen et Doisy m.   Allen-Doisy-Test m.
test d'allergies m.   Läppchenprobe f., Pflasterprobe f.
test d'Aschheim et Zondek m.   Aschheim-Zondek-Test m.
test d'immunofluorescence m.   IFT (Immunfluoreszentest) m.

test d'intelligence m. Intelligenztest m.
test d'ivresse m. Berauschungsprüfung f.
test d'Obermayer m. Obermayer-Probe f.
test d'Uffelmann m. Uffelmann-Probe f.
test d'urobilinurie de Schlesinger m. Schlesinger-Probe f.
test de Benedict m. Benedict-Probe f.
test de Binet-Simon m. Binet-Simon-Test m.
test de Casoni m. Casoni-Test m.
test de chuchotement m. Flüsterprobe f.
test de dépistage m. Siebtest m.
test de détection m. Suchtest m.
test de Dold m. Dold-Test m.
test de Donath et Landsteiner m. Donath-Landsteiner-Test m.
test de Fehling m. Fehling-Probe f.
test de fonetion rénale m. Nierenfunktionsprüfung f.
test de glucosurie de Trommer m. Trommer-Probe f.
test de glucuronoacidurie de Tollens m. Tollens-Probe f.
test de grossesse m. Schwangerschaftstest m.
test de Günzburg m. Günzburg-Probe f.
test de Hunt m. Hunt-Test m.
test de Kaufmann m. Kaufmannscher Versuch m.
test de l'anneau m. Ringtest m.
test de la diastase urinaire de Wohlgemuth m. Wohlgemuth-Probe f.
test de la fonction gastrique m. Magenfunktionsprüfung f.
test de la tyrosine urinaire de Millon m. Millon-Probe f.
test de la vitalité pulpaire f. Vitalitätsprüfung f. (dent.)
test de Lieben m. Liebensche Probe f.
test de lyse des euglobulines m. Euglobulinlysistest m.
test de mélaninurie de Thormählen m. Thormählen-Probe f.
test de migration des macrophages m. Makrophagenmigrationstest m.
test de radioallergoadsorption m. RAST (Radioallergosorbent-Test) m.
test de radioimmunoadsorption m. RIST (Radioimmunosorbent-Test) m.
test de stress (cardiol.) m. Adrenalin-Test (kardiol.) m.
test de Watson-Schwartz m. Watson-Schwartz-Test m.
test de Wechsler m. Hamburg-Wechsler-Test m.
test du cache m. Abdecktest m.
test épicutané m. Epikutantest m.
test hydrostatique m. Schwimmprobe f.
test immédiat m. Schnelltest m.
test oro-pharyngé m. Nasen-Rachen-Abstrich m.
test salivaire m. Speicheltest, Spucktest m.
tester testieren
testiculaire testikulär
testicule m. Testikel m., Hoden m.
testicule mobile m. Pendelhoden m.
testolactone f. Testolakton f.
testostérone f. Testosteron n.
tétanie f. Tetanie f.
tétaniforme tetaniform
tétanique tetanisch
tétanoïde tetanoid
tétanos m. Tetanus n., Wundstarrkrampf m.
têtard m. Kaulquappe f.
tête f. Haupt n., Kopf m.
tête chauve f. Glatze f., Kahlkopf m.
tête de méduse f. Caput medusae n., Medusenhaupt n.
tête de mort f. Totenkopf m.
tête de pavot f. Mohnkapsel f.
tête du fémur f. Caput femoris n.
tête du pancréas f. Pankreaskopf m.
tête fixée à la vulve f. Einschneiden (obstetr.) n.
tête métatarsienne f. Metatarsalköpfchen n.
téterelle f. Milchpumpe f.
tétine f. Gesäuge n., Schnuller m.
tétrabarbital m. Tetrabarbital n.
tétrabasique tetrabasisch
tétrabénazine f. Tetrabenazin n.
téttaborate m. Tetraborat n.
tétrabutyle m. Tetrabutyl n.
tétracaïne f. Tetracain n.
tétrachloréthylène m. Tetrachlorethylen n.
tétrachlorodibenzodioxine f. Tetrachlorodibenzodioxin n.
tétrachlorure m. Tetrachlorid n.
tétrachlorure de carbone m. Tetrachlorkohlenstoff m.
tétracosactide m. Tetracosactid n.
tétracosapeptide m. Tetracosapeptid n.
tétracycline f. Tetracyclin n.
tétracyclique tetrazyklisch
tétrade f. Tetrade f.
tétradécanoate m. Tetradecanoat n.
tétradécapeptide m. Tetradecapeptid n.
tétradécylamine f. Tetradecylamin n.
tétradonium m. Tetradonium n.
tétraéthyle de plomb m. Tetraethylblei n.
tétraéthylpyrophosphate m. Tetraethylpyrophosphat n.
tétrafluoroborate m. Tetrafluoroborat n.

tétrafluorométhane m. Tetrafluormethan n.
tétrafluorure m. Tetrafluorid n.
tétragonal tetragonal
tétrahydrate m. Tetrahydrat n.
tétrahydrocannabinol m. Tetrahydrocannabinol n.
tétrahydrodesoxycorticostérone f. Tetrahydrodesoxycorticosteron n.
tétrahydroflurane m. Tetrahydrofluran n.
tétrahydrofolate m. Tetrahydrofolat n.
tétrahydrofurfuryldisulfure m. Terahydrofurfuryldisulfid n.
tétrahydrogestrinone f. Tetrahydrogestrinon n.
tétrahydrogétrinone f. Tetrahydrogetrinon (THG) f.
tétrahydroptéridine f. Tetrahydropteridin n.
tétrahydrouridine f. Tetrahydrouridin n.
tétraiodothyronine f. Tetrajodthyronin n.
tétralogie f. Tetralogie f.
tétralogie de Fallot f. Fallotsche Tetralogie f.
tétralogique tetralogisch
tétramérique tetramer
tétraméthylammonium m. Tetramethylammonium n.
tétramisol m. Tetramisol n.
tétranicotinate m. Tetranikotinat n.
tétranitrate m. Tetranitrat n.
tétranitrol m. Tetranitrol n.
tétranitrométhane m. Tetranitromethan n.
tétraose m. Tetraose f.
tétraparental tetraparental
tétraparèsie f. Tetraparese f.
tétrapeptide m. Tetrapeptid n.
tétraplégie f. Tetraplegie f.
tétraploïde tetraploid
tétraploïdie f. Tetraploidie f.
tétrapyrrol m. Tetrapyrrol n.
tétrasaccharide m. Tetrasaccharid n.
tétrasomie f. Tetrasomie f.
tétrasomique tetrasom
tétrazole m. Tetrazol n.
tétridamine f. Tetridamin n.
tétrochinone f. Tetroquinon n.
tétrodotoxine f. Tetrodotoxin n.
tétroquinone f. Tetrochinon n.
tétrose m. Tetrose f.
tétroxyde m. Tetroxid n.
tétrylammonium m. Tetrylammonium n.
tétryzoline f. Tetryzolin n.
texture f. Textur f.
thalamique thalamisch
thalamocortical thalamokortikal
thalamolenticulaire thalamolentikulär
thalamomamillaire thalamomamillär

thalamotectal thalamotegmental
thalamotomie f. Thalamotomie f.
thalamus m. Thalamus m.
thalassémie f. Thalassämie f., Thalassanämie f.
thalassothérapie f. Thalassotherapie f.
thalidomide m. Thalidomid n.
thallium m. Thallium n.
THAM (trishydroxyméthylaminométhane) m. THAM (Trishydroxymethylaminomethan) n.
thanatologie f. Thanatologie f.
thanatophobie f. Thanatophobie f.
thé m. Tee m.
thébacone f. Thebacon n.
thébaïne f. Thebain n.
thécal thekal
thécome m. Thekazellentumor m., Thekom n.
théine f. Thein n.
thélalgie f. Thelalgie f.
thélarché f. Thelarche f.
thélite f. Brustwarzenentzündung f., Thelitis f.
thélytoquien thelytokisch
thénalidine f. Thenalidin n.
thénium m. Thenium n.
théobromine f. Theobromin n.
théoclate m. Theoclat n.
théodrénaline f. Theodrenalin n.
théomanie f. Theomanie f.
théophyllinate m. Theophyllinat n.
théophylline f. Theophyllin n.
théorème m. Theorem n.
théorie f. Theorie f.
théorie de Helmholtz f. Helmholtzsche-Theorie f.
théorie de la connaissance f. Erkenntnistheorie f.
théorie des mouvements circulaires f. Theorie der kreisenden Erregung f.
théorie des quanta f. Quantentheorie f.
théorique theoretisch
thérapeute f. Therapeutin f.
thérapeute m. Therapeut m.
thérapeutique therapeutisch
thérapeutique f. Heilkunde f.
thérapeutique de comportement f. Verhaltenstherapie f.
thérapeutique de groupe f. Gruppentherapie f.
thérapeutique de rôle f. Rollentherapie f.
thérapeutique médicamenteuse f. Arzneimitteltherapie f.
thérapie f. Therapie f.

thérapie cellulaire f.   Zelltherapie f.
thérapie de couple f.   Paartherapie f.
thermal   thermal
thermalgie f.   Thermalgie f.
thermes m. pl.   Therme f.
thermique   thermisch
thermoablation f.   Thermoablation f.
thermoalgésie f.   Thermalgesie f.
thermoanalgésie f.   Thermoanalgésie f.
thermoanesthésie f.   Thermanästhesie f.
thermocautérisation f.   Thermokaustik f.
thermochimie f.   Thermochemie f.
thermochimiothérapie f.   Thermochemotherapie f.
thermocoagulation f.   Hitzekoagulation f., Thermokoagulation f.
thermocouple m.   Thermoelement n.
thermodilution f.   Thermodilution f.
thermodynamique   thermodynamisch
thermodynamique f.   Thermodynamik f.
thermoélectrique   thermoelektrisch
thermoesthésie f.   Thermästhesie f.
thermogène   thermogen
thermogénèse f.   Wärmebildung f.
thermogénine f.   Thermogenin n.
thermographie f.   Thermographie f.
thermographie de plaque f.   Plattenthermographie f.
thermographie infrarouge f.   Infrarotthermographie f.
thermographique   thermographisch
thermolabile   thermolabil
thermolabilité f.   Thermolabilität f.
thermoluminescence f.   Thermolumineszenz f.
thermomètre m.   Thermometer n.
thermomètre cutané m.   Hauttemperaturmessgerät n.
thermomètre électrique m.   Elektrothermometer n.
thermomètre médical m.   Fieberthermometer n.
thermométrie f.   Temperaturmessung f., Thermometrie f.
thermométrique   thermometrisch
thermophile   thermophil
thermophobie f.   Thermophobie f.
thermophore m.   Thermophor m.
thermoplacentographie f.   Thermoplazentographie f.
thermoplastique   thermoplastisch
thermoprécipitation f.   Thermopräzipitation f.
thermoradiation f.   Hitzestrahlung f.
thermorécepteur m.   Thermorezeptor m.
thermorégulateur   thermoregulatorisch
thermorégulation f.   Thermoregulation f., Wärmeregulation f.
thermorésistant   hitzebeständig, thermoresistent
thermosensibilité f.   Wärmeempfindlichkeit f.
thermostable   thermostabil
thermostat m.   Thermostat m.
thermothérapie f.   Thermotherapie f., Wärmebehandlung f.
thermotropisme m.   Thermotropie f.
thésaurismose f.   Speicherkrankheit f., Thesaurismose f.
thésaurismose cystinique f.   Zystinspeicherkrankheit f.
thiabendazole m.   Thiabendazol n.
thiabutazide m.   Thiabutazid n.
thiacétarsamide m.   Thiazetarsamid n.
thiadiazole m.   Thiadiazol n.
thiagabine f.   Thiagabin n.
thiamazole m.   Thiamazol n.
thiambutène m.   Thiambuten n.
thiambutosine f.   Thiambutosin n.
thiamine f.   Aneurin n., Thiamin n.
thiaxanthène m.   Thiaxanthen n.
thiazide m.   Thiazid n.
thiazine f.   Thiazin n.
thiazinium m.   Thiazinium n.
thiazole m.   Thiazol n.
thiazolidine f.   Thiazolidin n.
thiazolidinedione f.   Thiazolidindion n.
thiazosulfone f.   Thiazosulfon n.
thiénodiazépine f.   Thienodiazepin n.
thienopyridine f.   Thienopyridin n.
thiéthylpérazine f.   Thiethylperazin n.
thigénol m.   Thigenol n.
thimble bridge m.   Fingerhutbrücke f.
thioacétal m.   Thioazetal n.
thioacide m.   Thiosäure f.
thioalcool m.   Thioalkohol m.
thioarsénite m.   Thioarsenit n.
thioate m.   Thioat n.
thiobarbiturate m.   Thiobarbiturat n.
thiocarlide m.   Thiocarlid n.
thiocétamide m.   Thiocetamid n.
thiochrome m.   Thiochrom n.
thiocyanate m.   Thiozyanat n.
thiocyanate de sodium m.   Rhodan n.
thiocyanoacétate m.   Thiozyanoazetat n.
thiodésoxyguanosine f.   Thiodeoxyguanosin n.
thiodésoxyinosine f.   Thiodeoxyinosin n.
thiodiglycol m.   Thiodiglykol n.
thiodiphosphate m.   Thiodiphosphat n.

thioester m. Thioester m.
thioéther m. Thioäther m., Thioether m.
thiofuradène m. Thiofuraden n.
thioglucose m. Thioglukose f.
thioglycolate m. Thioglykolat n.
thioguanine f. Thioguanin n.
thiohexamide m. Thiohexamid n.
thioinosine f. Thioinosin n.
thiokinase f. Thiokinase f.
thiol m. Thiol n.
thiolase f. Thiolase f.
thiomalate m. Thiomalat n.
thionéine f. Thionein n.
thionine f. Thionin n.
thiopentone f. Thiopenton n.
thiophosphoramide m. Thiophosphoramid n.
thiopropazate m. Thiopropazat n.
thiopropérazine f. Thioproperazin n.
thiopurine f. Thiopurin n.
thiopyrophosphate m. Thiopyrophosphat n.
thiorédoxine f. Thioredoxin n.
thioridazine f. Thioridazin n.
thiosemicarbazone f. Thiosemikarbazon n.
thiosulfate m. Thiosulfat n.
thiosulfate de sodium m. Natriumthiosulfat n.
thiotépa m. Thiotepa n.
thiotétrabarbital m. Thiotetrabarbital n.
thiotixène f. Thiotixen n.
thiouracil m. Thiouracil n.
thiourée f. Thioharnstoff m.
thixotropie f. Thixotropie f.
Thomsen, maladie de f. Thomsensche Krankheit f.
thonzylamine f. Thonzylamin n.
thoracique thorakal
thoracoabdominal thorakoabdominal
thoracoacromial thorakoakromial
thoracocaustie f. Thorakokaustik f.
thoracodorsal thorakodorsal
thoracolombaire thorakolumbal
thoracolyse f. Thorakolyse f.
thoracopagus m. Thorakopagus m.
thoracoplastie f. Thorakoplastik f.
thoracoscopie f. Thorakoskopie f.
thoracostomie f. Thorakostomie f.
thoracotomie f. Thorakotomie f.
thorax m. Brustkorb m., Thorax m.
thorax en carène m. Hühnerbrust f., Kielbrust f.
thorax en entonnoir m. Schusterbrust f., Trichterbrust f.
thorax en tonneau m. fassförmiger Thorax m.
thorax étroit, à engbrüstig
thorium m. Thorium n.
thréonine f. Threonin n.
thréose m. Threose f.
thrombasthénie f. Thrombasthenie f.
thrombectomie f. Thrombektomie f.
thrombine f. Thrombin n.
thromboangéite f. Thrombangitis f.
thromboangéite oblitérante f. Thrombangitis obliterans f.
thromboangéitique thrombangitisch
thrombocyte m. Blutplättchen n., Thrombozyt m.
thrombocytémie f. Thrombozythämie f.
thrombocytolyse f. Thrombozytolyse f.
thrombocytopathie f. Thrombozytopathie f.
thrombocytopénie f. Thrombozytopenie f.
thrombocytophérèse f. Thrombozytopherese f.
thrombocytose f. Thrombozytose f.
thromboélastogramme m. Thrombelastogramm n.
thromboélastographie f. Thrombelastographie f.
thromboélastographique thrombelastographisch
thromboembolie f. Thromboembolie f.
thromboembolique thromboembolisch
thromboendartériectomie f. Thrombendarterektomie f.
thrombogenèse f. Thrombogenese f.
thromboglobulin m. Thromboglobulin n.
thrombokinase f. Thrombokinase f.
thrombolyse f. Thrombolyse f.
thrombolytique thrombolytisch
thrombopathie f. Thrombopathie f.
thrombopénie f. Thrombopenie f.
thrombopénique thrombopenisch, thrombozytopenisch
thrombophilie f. Thrombophilie f., Thromboseneigung f.
thrombophlébite f. Thrombophlebitis f.
thrombophlébitique thrombophlebitisch
thromboplastine f. Thromboplastin n.
thromboplastine intrinsèque f. Plasmathrombokinase f.
thromboplastine tissulaire f. Gewebsthrombokinase f.
thromboplastique thromboplastisch
thrombopoïèse f. Thrombopoese f.
thrombopoïétique thrombopoetisch
thrombose f. Thrombose f.
thrombosé thrombotisch
thrombose cérébrale f. Cerebralthrombose f., Koronarthrombose f.

thrombose coronarienne f. Coronarthrombose f.
thrombose de la veine porte f. Pfortaderthrombose f.
thrombose veineuse iliaque f. Beckenvenenthrombose f.
thrombose veineuse mésentérique f. Mesenterialvenenthrombose f.
thrombose veineuse superficielle/profonde f. oberflächliche, tiefe Venenthrombose f.
thrombose veineusesinusale f. Sinusvenenthrombose f.
thromboser thrombosieren
thrombospondine f. Thrombospondin n.
thrombosthénine f. Thrombosthenin n.
thromboxane f. Thromboxan n.
thrombus m. Thrombus m.
THS (traitement hormonal substitutif) m. HET (Hormonersatztherapie) f.
thulium m. Thulium n.
thuyone f. Thujon n.
thym m. Thymian m.
thymectomie f. Thymektomie f., Thymusdrüsenentfernung f.
thymectomiser thymektomieren
thymidine f. Thymidin n.
thymidine kinase f. Thymidinkinase f.
thymidylate m. Thymidylat n.
thymidylyle m. Thymidylyl n.
thymine f. Thymin n.
thymoanaleptique thymoleptisch
thymoanaleptique m. Thymoleptikum n.
thymocyte m. Thymozyt m.
thymol m. Thymol n.
thymolphtaléine f. Thymolphthalein n.
thymome m. Thymom n.
thymopentine f. Thymopentin n.
thymopoïétine f. Thymopoetin n.
thymoprive thymopriv
thymopsychisme m. Thymopsyche f.
thymosine f. Thymosin n.
thymostimuline f. Thymostimulin n.
thymotoxine f. Thymotoxin n.
thymotropisme m. Thymotropie f.
thymus m. Thymusdrüse f.
thyréolibérine f. Thyreotropin-freisetzender Faktor m.
thyréoperoxydase f. Thyreoperoxidase f.
thyréoprive thyreopriv
thyréostatique thyreostatisch
thyréostatique m. Thyreostatikum n.
thyréotoxicose f. Thyreotoxikose f.
thyréotoxique thyreotoxisch
thyréotrope thyreotrop
thyréotrophine f. Thyreotropin n.

thyroaryténoïdien thyreoarytänoidal
thyrocalcitonine f. Schilddrüsencalcitonin n., Thyreocalcitonin n.
thyrocervical thyreozervikal
thyroépiglottique thyreoepiglottisch
thyroglobuline f. Thyreoglobulin n.
thyrohyoïdien thyreohyoidal
thyroïde accessoire f. Nebenschilddrüse f.
thyroïdectomie f. Thyreoidektomie f.
thyroïdectomiser thyreoidektomieren
thyroïdine f. Thyreoidin n.
thyroïdite f. Thyreoiditis f.
thyroïdite chronique de Hashimoto f. Hashimoto-Thyreoiditis f.
thyroïdothérapie f. Schilddrüsentherapie f.
thyrotrophine f. Thyrotrophin n.
thyroxine f. Thyroxin n.
tiafibrate m. Tiafibrat n.
tiaménidine f. Tiamenidin n.
tiamiprine f. Tiamiprin n.
tianeptine f. Tianeptin n.
tiapride m. Tiaprid n.
tiaramide m. Tiaramid n.
tibia m. Schienbein n.
tibial tibial
tibialgie f. Tibialgie f.
tibiofémoral tibiofemoral
tibiopéronéen tibiofibular
tibolone f. Tibolon n.
tic m. Tic m.
tic de salaam m. Nickkrampf m., Salaamkrampf m.
ticlatone f. Ticlaton n.
ticlopidine f. Ticlopidin n.
tienopramine f. Tienopramin n.
Tietze, syndrome de m. Tietze-Syndrom n.
tifémoxone f. Tifemoxon n.
Tiffeneau, épreuve de f. Tiffeneautest m.
tiflamizole m. Tiflamizol n.
tige f. Schaft m., Stengel m.
tige pituitaire f. Hypophysenstiel m.
tige porte-coton f. Wattetäger m.
tigloïdine f. Tigloidin n.
tigroïde tigroid
tigrure f. Tigerung f.
tilidine f. Tilidin n.
tiliquinol m. Tilichinol n., Tiliquinol n.
tilorone f. Tiloron n.
tilozépine f. Tilozepin n.
timégadine f. Timegadin n.
timerfonate m. Timerfonat n.
timipérone f. Timiperon n.
timofibrate m. Timofibrat n.
timoprazole m. Timoprazol n.
tinea tonsurans f. Herpes tonsurans m.

tinidazole m. Tinidazol n.
tinisulpride m. Tinisulprid n.
tinofédrine f. Tinofedrin n.
Tinoridine f. Tinoridin n.
tintement m. Klingen n.
tiocarlide m. Tiocarlid n.
tioconazole m. Tioconazol n.
tioctilate m. Tioctilat n.
tioguanine f. Tioguanin n.
tiomergine f. Tiomergin n.
tioméstérone f. Tiomesteron n.
tiophène m. Thiophen n.
tiopinéol m. Tiopineol n.
tiopropamine f. Tiopropamin n.
tiosinamine f. Tiosinamin n.
tiotidine f. Tiotidin n.
tiotixène m. Tiotixen n.
tiotropium m. Tiotropium n.
tioxidazole m. Tioxidazol n.
tioxolone f. Tioxolon n.
tipépidine f. Tipepidin n.
tipindole f. Tipindol n.
tipranavir m. Tipranavir n.
tique f. Zecke f.
tiquinamide m. Tiquinamid n.
tire au flanc m. Drückeberger m.
tire-clou m. Nagelzieher m.
tirer ziehen, zupfen
tirofibrane m. Tirofibran n.
tiroir, signe du m. Schubladenphänomen n.
tiropramide m. Tiropramid n.
tisane de camomille f. Kamillentee m.
tisane de menthe f. Pfefferminztee m.
tisane diurétique f. Species diureticae f. pl.
tisocromide m. Tisocromid n.
tisopurine f. Tisopurin n.
tisoquone f. Tisoquon n.
tissu m. Gewebe n., Webe f.
tissu adipeux m. Fettgewebe n.
tissu adipeux souscutané m. Unterhautfettgewebe n.
tissu caoutchouté m. Gummituch n.
tissu cellulaire m. Zellgewebe n.
tissu cellulaire souscutané m. Subcutis f., Subkutis f.
tissu cicatriciel m. Narbengewebe n.
tissu conjonctif m. Bindegewebe n.
tissu de granulation m. Granulationsgewebe n.
tissu de soutien m. Stützgewebe n.
tissu des îlots pancréatiques m. Inselgewebe n.
tissu glandulaire m. Drüsengewebe n.
tissu interstitiel m. interstitielles Gewebe n.
tissu maternel m. Muttergewebe n.

tissu nerveux m. Nervengewebe n.
tissu souscutané m. Unterhaut f.
tissulaire geweblich
titane m. Titan n.
titrage m. Titration f.
titre m. Titer m.
titre d'antistreptolysine (ASL) m. Antistreptolysintiter (AST) m.
titrer titrieren
tizanidine f. Tizanidin n.
tizolémide m. Tizolemid n.
TLE (transfert linéaire d'énergie) m. LET (linearer Energietransfer) m.
T-lymphocyte m. T-Lymphozyt m.
tocaïnide m. Tocainid n.
tocofénoxate m. Tocofenoxat n.
tocofibrate m. Tocofibrat n.
tocographe m. Tokograph m.
tocographie f. Tokographie f.
tocographique tokographisch
tocologie f. Tokologie f.
tocologique tokologisch
tocolyse f. Tokolyse f., Wehenhemmung f.
tocolytique tokolytisch
tocométrie f. Tocometrie f., Tokometrie f.
tocophérol m. Tokopherol n.
tocophobie f. Tokophobie f.
togavirus m. Togavirus m.
toile d'araignée f. Spinngewebe n.
toilette f. Toilette f.
toilette d'une plaie f. Wundtoilette f.
toilettes f. pl. Toilette (Klosett) f.
toilettes publiques f. pl. Bedürfnisanstalt f.
toit du cotyle m. Hüftgelenkspfannendach n.
toit du quatrième ventricule m. Dach des vierten Ventrikels n.
tolazamide m. Tolazamid n.
tolazoline f. Tolazolin n.
tolboxane m. Tolboxan n.
tolbutamide m. Tolbutamid n.
tolcapone f. Tolcapon n.
tolciclate m. Tolciclat n.
tolérable erträglich
tolérance f. Ertragen n., Toleranz f., Verträglichkeit f.
tolérance au galactose f. Galaktosetoleranz f.
tolérance cutanée f. Hautverträglichkeit f.
tolérance gastrique f. Magenverträglichkeit f.
tolérance hydrocarbonée f. Zuckertoleranz f.
tolérant tolerant
tolérer dulden
tolfamide m. Tolfamid n.
tolindate m. Tolindat n.
toliprolol m. Toliprolol n.

tolmésoxide m. Tolmesoxid n.
tolmétine f. Tolmetin n.
tolnaftate m. Tolnaftat n.
tolnidamine f. Tolnidamin n.
tolonidine f. Tolonidin n.
toloxamine f. Toloxamin n.
tolpentamide m. Tolpentamid n.
tolpérisone f. Tolperison n.
tolpiprazole m. Tolpiprazol n.
tolpronine f. Tolpronin n.
tolpropamine f. Tolpropamin n.
tolpyrramide m. Tolpyrramid n.
tolquinzole m. Tolquinzol n.
toltérodine f. Tolterodin n.
toluène m. Toluol n.
toluide m. Toluid n.
toluidine f. Toluidin n.
toluyle m. Toluyl n.
toluylène m. Toluylen n.
tolycaïne f. Tolycain n.
tolyle m. Tolyl n.
tomber malade krank werden
Tomes, couche granuleuse de f. Tomessche Körnerschicht f.
Tomes, fibre de f. Tomes-Faser f.
tomocholangiographie f. Tomocholangiographie f.
tomodensitométrie f. Computertomographie f., Emissionscomputertomographie (ECT) f., Scanner m.
tomogramme m. Tomogramm n.
tomographe m. Tomograph m.
tomographie f. Laminographie f., Tomographie f.
tomographie électronique f. EBCT (Elektronenstrahlcomputertomographie) f.
tomographie par cohérence optique (OCT) f. optische Kohärenztomographie, ophthalmologische Computertomographie f.
tomographie par émission de positons (TEP) f. Positronenemissionstomograhie (PET) f.
tomographie par émission de positons/tomodensitométrie (TEP/TDM) Positronenemissionstomographie/Computertomographie (PET/CT) f.
tomographique laminographisch, tomographisch
tomoscintigraphie f. Tomoszintigraphie f.
tonalité f. Klangfarbe f.
tondeuse f. Haarschneidemaschine f.
tonicité f. Tonizität f.
tonifier tonisieren
tonique tonisch
tonique m. Tonikurn n.
tonoclonique tonisch-klonisch
tonofibrille f. Tonofibrille f.
tonogramme m. Tonogramm n.
tonographe m. Tonograph m.
tonographie f. Tonographie f.
tonographique tonographisch
tonomètre m. Blutdruckapparat m., Tonometer n.
tonométrie f. Tonometrie f.
tonométrique tonometrisch
tonsillaire tonsillär
tonsillectomie f. Tonsillektomie f.
tonus m. Tonus m.
tonus, sans schlapp
topectomie f. Topektomie f.
tophacé tophusartig
tophus m. Tophus m.
topique topisch
topiramate m. Topiramat n.
topodécane m. Topodecan n.
topographie f. Topographie f.
topographique topographisch
topologie f. Topologie f.
toprilidine f. Toprilidin n.
torasémide m. Torasemid n.
tordre drehen
tormentille f. Tormentille f.
torpeur f. Benommenheit f., Torpidität f.
torpide torpid
torricelli m. Torricelli n.
torsade f. Zopfbildung f.
torsion f. Drall m., Torsion f., Verwindung f.
torsion axiale f. Achsendrehung f.
torsion de l'intestin f. Darmverschlingung f.
torsion pédiculaire f. Stieldrehung f.
torsiversion f. Torsiversion f.
torticolis m. Schiefhals m., Tortikollis f.
torulopsis m. Torulopsis f.
torulose f. Torulose f.
tosactide m. Tosactid n.
tosilate m., tosylate n. Tosilat n., Tosylat n.
tosylate de brétylium m. Bretyliumtosilat n.
tosylchloramide m. Tosylchloramid n.
tôt früh
Toti, dacryorhinostomie de f. Totische Operation f.
touche-poussoir f. Drucktaste f.
toucher angrenzen, berühren
toucher m. Berührung f.
toucher, se aneinanderstoßen
tour m. Wendung f.
tour à fraiser m. zahnärztliche Bohrmaschine f.
tour de poitrine m. Brustumfang m.
tourbe f. Torf m.
tourbillon m. Wirbel m.

tourmenter quälen
tourments m. pl. Quälerei f.
tournant m. Wendepunkt m.
tourner drehen, rotieren, wenden
tourner, se sich drehen
tournesol m. Lackmus m.
tournevis m. Schraubenzieher m.
tourniquet m. Handbohrer m.
tournis m. Drehkrankheit f., Zönurose f.
tournoiement m. kreisende Erregung f.
tours par minute m. pl. Umdrehungen pro Minute f. pl.
tousser husten
tousser dans le coude in die Armbeuge husten
toussoter hüsteln
toux f. Husten m.
toux des cages f. Zwingerhusten (veter.) m.
toux irritative f. Reizhusten m.
toxémie f. Toxämie f.
toxémique toxämisch
toxicité f. Giftigkeit f., Toxizität f.
toxicodendrol m. Toxikodendrol n.
toxicodermatite f. Toxikodermatitis f.
toxicodermatose f. Toxikodermatose f.
toxicodermie f. Toxikodermie f.
toxicogénétique toxikogenetisch
toxicogénétique f. Toxikogenetik f.
toxicologie f. Toxikologie f.
toxicologique toxikologisch
toxicologue f. Toxikologin f.
toxicologue m. Toxikologe m.
toxicomanie f. Drogenabhängigkeit f., Suchtkrankheit f., Toxikomanie f.
toxicomanie médicamenteuse f. Arzneimittelsucht f.
toxicose f. Toxikose f.
toxicose focale f. Fokaltoxikose f.
toxidermie iodée f. Jododermie f.
toxine f. Toxin n.
toxine du botulisme f. Botulismustoxin n.
toxine tuberculeuse f. Tuberkulotoxin n.
toxique giftbildend, giftig, toxisch
toxique mitotique m. Mitosegift n.
toxistérol m. Toxisterin n.
toxocarose f. Toxocariasis f.
toxoïde m. Toxoid n.
toxoïde tétanique m. Tetanustoxoid n.
toxophore toxophor
toxoplasma m. Toxoplasma n.
toxoplasmose f. Toxoplasmose f.
tozalinone f. Tozalinon n.
TPHA (treponemal hemagglutination) f. TPHA (Treponema-pallidum-Hämagglutinationstest) m.

trabéculaire trabekulär
trabécule m. Trabekel n.
tracé électrique cérébral m. Hirnstromkurve f.
trace f. Spur f.
traceur m. Spürsubstanz f., Tracer m.
trachéal tracheal
trachée f. Luftröhre f., Trachea f.
trachée-artère f. Luftröhre f.
trachée en fourreau de sabre f. Säbelscheidentrachea f.
trachéite f. Tracheitis f.
trachélisme m. Trachelismus m.
trachélobregmatique trachelobregmatisch
trachélopexie f. Trachelopexie f.
trachéloplastie f. Tracheloplastik f.
trachélotomie f. Trachelotomie f.
trachéobronchique tracheobronchial
traehéobronchite f. Tracheobronchitis f.
trachéolaryngé tracheolaryngeal
trachéomalacie f. Tracheomalazie f.
trachéopharyngien tracheopharyngeal
trachéoplastie f. Luftröhrenplastik f.
trachéoscope m. Tracheoskop n.
trachéoscopie f. Tracheoskopie f.
trachéoscopique tracheoskopisch
trachéostomie f. Tracheostomie f.
trachéotomie f. Tracheotomie f.
trachéotomiser tracheotomieren
trachomateux trachomatös
trachome m. Trachom n.
traction f. Ziehen n., Zug m.
tractotomie f. Traktotomie f.
tractus biliaire m. Gallentrakt m.
traditionnel traditionell
tragus m. Tragus m.
train sanitaire m. Lazerettzug m.
training autogène de Schulz m. autogenes Training n.
traire melken
trait du visage m. Gesichtszug m.
traîte hémorragique f. Blutmelken (veter.) m.
traitement m. Behandlung f., Heilverfahren n., Verarbeitung f.
traitemeni par l'activité m. Beschäftigungstherapie f.
traitement à distance m. Fernbehandlung f.
traitement à dose massive m. Stoßbehandlung f.
traitement à l'hôpital m. stationäre Behandlung f.
traitement à la suite de l'hospitalisation m. nachstationäre Behandlung f.
traitement à long terme m. Dauerbehandlung f.

traitement ambulatoire m. ambulante Behandlung f.
traitement ambulatoire m. ambulante Behandlung f.
traitement arsenical m. Arsenbehandlung f.
traitement au cyanure m. Zyantherapie (onkol.) f.
traitement bas dosé m. niedrig dosierte Therapie f.
traitement consécutif m. Nachbehandlung f.
traitement d'entretien m. Erhaltungstherapie f.
traitement d'une blessure f. Wundbehandlung f.
traitement de Chaoul m. Chaoulsche Nahbestrahlung f.
traitement de choix m. Therapie der Wahl f.
traitement de courte durée m. Kurzbehandlung f., Kurzzeitbehandlung f.
traitement de l'ulcère gastrique d'après Sippy m. Sippykur f.
traitement de la racine m. Wurzelbehandlung f.
traitement de longue durée m. Langzeitbehandlung f.
traitement de Stroganoff m. Stroganoffsche Behandlung f.
traitement de surface m. Oberflächentherapie f.
traitement diététique m. Diätbehandlung f.
traitement du foie m. Lebertherapie f.
traitement en alternance f. Pendeltherapie f.
traitement en phase de préhospitalisation m. vorstationäre Behandlung f.
traitement en profondeur m. Tiefentherapie f.
traitement haut dosé m. Hochdosistherapie f.
traitement hormonal m. Hormonbehandlung f.
traitement hormonal substitutif (THS) m. Hormonersatztherapie (HET) f.
traitement hospitalier m. stationäre Behandlung f.
traitement inadéquat m. Fehlbehandlung f.
traitement intensif m. Intensivbehandlung f.
traitement mercuriel m. Quecksilberbehandlung f.
traitement par irradiation m. Strahlenbehandlung f.
traitement par l'eau froide m. Kaltwasserbehandlung f.
traitement par la sudation m. Schwitzkur f.
traitement par mise au repos m. Schonungsbehandlung f.
traitement par ondes de choc m. Stoßwellentherapie f.
traitement par stimulation cardiaque m. Schrittmacherbehandlung des Herzens f.
traitement par ultrasons m. Ultraschallbehandlung f.
traitement précoce m. Frühbehandlung f.
traitement préliminaire m. Vorbehandlung f.
traitement préopératoire iodé de Plummer m. Plummern n.
traitement privé m. Privatbehandlung f.
traitement spécifique m. gezielte Therapie f.
traitement stibié m. Antimonbehandlung f.
traitement ultérieur m. Weiterbehandlung f.
traitement vermifuge m. Wurmkur f.
traiter behandeln
traiter à chaud vergüten (dent.)
tralonide m. Tralonid n.
tramazoline f. Tramazolin n.
trame f. Gerüst n.
trance f. Trance f.
tranchant durchschneidend
tranchées abdominales f. pl. Bauchgrimmen n.
tranquillisant m. Tranquilizer m.
transabdominal transabdominal
transacétylase f. Transazetylase f.
transacétylation f. Transazetylierung f.
transaldolase f. Transaldolase f.
transaminase f. Transaminase f.
transaminase glutamo-oxaloacétique f. Glutaminsäure-Oxalessigsäure-Transaminase f.
transaminase glutamo-oxaloacétique sérique f. Serum-Glutaminsäure-Oxalessigsäure-Transaminase f.
transaminase glutamopyruvique f. Glutaminsäure-Brenztraubensäure-Transaminase f.
transaminase glutamopyruvique sérique f. Serum-Glutaminsäure-Brenztrauben-Säure Transaminase f.
transamination f. Transamination f.
transatrial transatrial
transauriculaire transaurikulär
transaxial transaxial
transaxillaire transaxillär
transbronchique transbronchial
transcapillaire transkapillär
transcarbamoylase f. Transkarbamoylase f.
transcardiaque transkardial
transcellulaire transzellulär
transcendant übersinnlich

transcervical transzervikal
transcétolase f. Transketolase f.
transcobalamine f. Transkobalamin n.
transconfiguration f. Transkonfiguration f.
transcortical transkortikal
transcortine f. Transcortin n.
transcranien transkranial
transcript m. Transkript n.
transcriptase f. Transcriptase f., Transkriptase f.
transcription f. Transcription f., Transkription f.
transcutané transkutan
transdermique transdermal
transdiaphragmatique transdiaphragmatisch
transducteur m. Transducer m.
transduction f. Transduktion f.
transduodénal transduodenal
transendothélial transendothelial
transethmoïdal transethmoidal
transfection f. Transfektion f.
transfectome m. Transfektom n.
transfémoral transfemoral
transférase f. Transferase f.
transférer überführen
transferrine f. Transferrin n.
transfert m. Transfer m., Verlegung (Weiterleitung) f.
transformateur m. Transformator m., Wandler m.
transformation f. Transformation f., Umformung f., Umwandlung f.
transformation maligne f. bösartige Umwandlung f.
transformer transformieren; umformen
transformylase f. Transformylase f.
transfrontal transfrontal
transfusé m. Blutempfänger m.
transfusée f. Blutempfängerin f.
transfuser transfundieren
transfusion f. Transfusion f.
transfusion de sang complet f. Vollbluttransfusion f.
transfusion sanguine f. Bluttransfusion f.
transgastrique transgastral
transgénique transgen
transglucosidase f. Transglukosidase f.
transglutaminase f. Transglutaminase f.
transhépathique transhepatisch
transhiatal transhiatal
transhydrogénase f. Transhydrase f., Transhydrogenase f.
transhydroxyméthylase f. Transhydroxymethylase f.

transillumination f. Transillumination f.
transistor m. Transistor m.
transistoriser transistorisieren
transit gastro-intestinal m. (radiol.) MDP (Röntgen-Magen-Darm-Passage) f.
transition f. Überbrückung f.
transitoire transitorisch
transjugulaire transjugulär
translaryngé translaryngeal
translation f. Translation f.
translocase f. Translokase f.
translocation f. Translokation f.
transluminaire transluminal
transmembranaire transmembranös
transméthylase f. Transmethylase f.
transméthylation f. Transmethylierung f.
transmetteur m. Transmitter m.
transmettre übertragen
transmettre héréditairement vererben
transmigration f. Durchwanderung f.
transminéralisation f. Transmineralisation f.
transmissibilité f. Übertragbarkeit f.
transmissible übertragbar, ansteckungsfähig
transmission f. Übertragung f.
transmission-tomodensitographie f. Transmissionscomputertomographie f.
transmuqueux transmukosal
transmural transmural
transmutation f. Transmutation f.
transmyocardique transmyokardial
transneuronal transneuronal
transoesophagien transösophageal
transombilical transumbilikal
transorbitaire transorbital
transpalatin transpalatal
transpapillaire transpapillär
transparence f. Transparenz f.
transparent durchsichtig, transparent
transpariétooccipital transparietookzipital
transpeptidase f. Transpeptidase f.
transpeptidation f. Transpeptidation f.
transpéritonéal transperitoneal
transpiration f. Diaphorese f., Schwitzen n., Transpiration f.
transpirer transpirieren
transplacentaire transplazentar
transplantable transplantabel
transplantation f. Transplantation f., Verpflanzung f.
transplantation cardiaque f. Herztransplantation f.
transplantation du foie f. Lebertransplantation f.
transplantation pancréatique f. Pankreastransplantation f.

transplantation rénale f. Nierentransplantation f.
transplanter verpflanzen
transpleural transpleural
transport des malades m. Krankentransport m.
transposition f. Transposition f.
transposition des gros vaisseaux f. Transposition der großen Gefäße f.
transposition des veines pulmonaires f. Lungenvenentransposition f.
transposon m. Transposon n.
transrectal transrektal
transsexualisme m. Transsexualismus m.
transsexuel transsexuell
transsonore transsonisch
transsphénoïdal transsphenoidal
transsudat m. Transsudat n.
transsudation f. Transsudation f.
transthoracique transthorakal
transthyrétine f. Transthyretin n.
transtrachéal transtracheal
transuréthral transurethral
transutérin transuterin
transvaginal transvaginal
transvalvulaire transvalvulär
transveineux transvenös
transventriculaire transventrikulär
transversal transversal
transverse querverlaufend
transversostomie f. Transversostomie f.
transversotomie f. Transversotomie f.
transvésical transvesikal
transvésiculaire transvesikulär
transvestisme m. Transvestitismus m.
trantélinium m. Trantelinium n.
tranylcypromine f. Tranylcypromin n.
trapèze (muscle) m. Trapezmuskel m.
trapézoïde trapezähnlich
trastuzumab m. Trastuzumab n.
Traube, espace de m. Traubescher Raum m.
traumatique traumatisch
traumatiser traumatisieren
traumatisme m. Trauma n.
traumatisme acoustique m. Lärmtrauma n.
traumatisme craniocérébral m. Schädelhirntrauma n.
traumatisme obstétrical m. Geburtstrauma n.
traumatisme par projection m. Schleudertrauma n.
traumatologie f. Traumatologie f., Unfallheilkunde f.
traumatophilie f. Traumatophilie f.
travail m. Arbeit f.
travail approfondi m. Durcharbeitung f.
travail de la cire m. Wachsarbeit f.
travail de nuit m. Nachtarbeit f.
travail intellectuel m. geistige Arbeit f.
travail onirique m. Traumarbeit f.
travail posté m. Schichtarbeit f.
travailler au ciseau meißeln
travailleur social m. Sozialarbeiter m.
travailleur social à l'hôpital m. Krankenhaussozialarbeiter m.
travailleuse sociale f. Sozialarbeiterin f.
travée f. Joch n.
travesti m. Transvestit m.
travestie f. Transvestitin f.
traxanox m. Traxanox n.
trazitiline f. Trazitilin n.
trazodone f. Trazodon n.
trébucher stopern
trébuchet m. Arzneiwaage f.
tréhalase f. Trehalase f.
tréhalose m. Trehalose f.
Treitz, hernie de f. Treitzsche Hernie f.
tréloxinate m. Treloxinat n.
trématode m. Trematode n.
tremblant schlotternd
tremblante f. Milchkrankheit f. (veter.), Traberkrankheit f., enzootische Zitterkrankheit f. (veter.)
tremblement m. Tremor m., Zittern n.
tremblement de grande amplitude m. grobschlägiger Tremor m.
tremblement de repos m. Ruhetremor m.
tremblement intentionnel m. Intentionstremor m.
tremblement, petit m. feinschlägiger Tremor m.
trembler zittern
trempe f. Härten n., Maische f.
tremper härten
trenbolone f. Trenbolon n.
Trendelenburg, manoeuvre de f. Trendelenburgscher Versuch m.
trengestone f. Trengeston n.
tréosulfan m. Treosulfan n.
trépan m. Bohrer m., Schädelbohrer m., Trepan m., Trephine f.
trépanation f. Fensterung f., Trepanation f.
trépanation crânienne f. Kraniofenestrie f.
trépaner trepanieren
trépibutone f. Trepibuton n.
trépidation f. Trepidation f.
trépied m. Dreifuß m.
Treponema pallidum m. Treponema pallidum n.

Treponema pertenue m.   Spirochaeta pertenuis f., Treponema pertenue n.
tréponématose f.   Treponematose f.
treptilamine f.   Treptilamin n.
très fébrile   hochfieberhaft
très fréquent   hochfrequent
très mou   überweich
très répandu   weitverbreitet
tressaillir   zucken
trétamine f.   Tretamin n.
trétinoïne f.   Tretinoin n.
TRH (hormone de libération de la thyréostimuline) f.   TRF (thyreotropinfreisetzender Faktor) m.
triacétate m.   Triazetat n.
triacétine f.   Triacetin n.
triacétyloléandomycine f.   Triazetyloleandomycin n.
triacyle m.   Triacyl n.
triacylglycérol m.   Triazylglyzerin n.
triade f.   Triade f., Trias f.
triade de Hutchinson f.   Hutchinsonsche Trias f.
triade symptomatique de la maladie de Basedow f.   Merseburger Trias f.
triallyle m.   Triallyl n.
triamcinolone f.   Triamcinolon n.
triamide m.   Triamid n.
triamine f.   Triamin n.
triaminophosphine f.   Triaminophosphin n.
triampyzine f.   Triampyzin n.
triamtérène m.   Triamteren n.
triangle m.   Dreieck n., Triangel m./f.
triangle de Bryant m.   Bryantsches Dreieck n.
triangle de Grocco m.   Grocco-Rauchfußsches Dreieck n.
triangulaire   dreieckig
triarylborane m.   Triarylboran n.
triarylphosphate m.   Triarylphosphat n.
triatome m.   Connorrhinus magistus m., Triatoma f.
triazine f.   Triazin n.
triaziquone f.   Triaziquon n.
triazolam m.   Triazolam n.
tribade f.   Tribade f.
tribadisme m.   Tribadismus m.
tribasique   dreibasig
tribénoside m.   Tribenosid n.
triborate m.   Triborat n.
tribromoéthanol m.   Tribromethylalkohol m.
tribromométhane m.   Tribrommethan n.
tribromophénol m.   Tribromphenol n.
tribromsalan m.   Tribromsalan n.
tribromure m.   Tribromid n.
tributyle m.   Tributyl n.
tributyrinase f.   Tributyrinase f.
tricellulaire   dreizellig
tricentrique   trizentrisch
trichauxis m.   Trichauxis f.
trichiasis m.   Trichiasis f.
trichine f.   Trichine f.
trichine du cochon f.   Schweinepeitschenwurm m.
Trichinella spiralis f.   Trichinella spiralis f.
trichineux   trichinös
trichinose f.   Trichinose f.
trichloréthanol m.   Trichlorethanol n.
trichloréthylène m.   Trichlorethylen n.
trichlorméthiazide m.   Trichlormethiazid n.
trichlorméthine f.   Trichlormethin n.
trichlorphénol m.   Trichlorphenol n.
trichlorure m.   Trichlorid n.
trichobézoard m.   Trichobezoar n.
trichocéphale m.   Peitschenwurm m., Trichocephalus dispar m.
trichocéphalose f.   Trichuriasis f.
trichodento-osseux   trichodentoossär
trichoépithéliome m.   Trichoepitheliom n.
trichoglossie f.   Trichoglossie f.
tricholeucocyte m.   Tricholeukozyt m.
trichome m.   Trichom n.
trichomonas m.   Trichomonas f.
Trichomonas vaginalis m.   Trichomonas vaginalis f.
trichomonase f.   Trichomonadeninfektion f., Trichomoniasis f.
trichomycose f.   Trichomykose f.
trichophytide f.   Trichophytid n.
trichophytie f.   Trichophytie f.
trichophytie de la barbe/de la tête/du corps f.   Trichophytia barbae/capitis/corporis f.
trichophytine f.   Trichophytin n.
Trichophyton acuminatum m.   Trichophyton acuminatum n.
Trichophyton gypseum m.   Trichophyton gypseum n.
Trichophyton tonsurans m.   Trichophyton tonsurans n.
Trichophyton violaceum m.   Trichophyton violaceum n.
trichopoliodystrophie f.   Trichopoliodystrophie f.
trichoptera f.   Köcherfliege f.
trichoptilose f.   Schizotrichie f., Trichoptilose f.
trichorrhexie noueuse f.   Trichorrhexis nodosa f.
trichosis m.   Trichose f.
trichosporie f.   Trichosporie f., Trichosporose f.

trichosporon m.   Trichosporon n.
trichostrongylose f.   Trichostrongyliasis f., Trichostrongylose f.
trichothiodystrophie f.   Trichothiodystrophie f.
trichotillomanie f.   Trichotillomanie f.
trichromasie f.   Trichromasie f.
trichromatique   trichromatisch
trichstatine f.   Trichostatin n.
Trichuris trichiura f.   Trichuris trichiura f.
triclabendazole m.   Triclabendazol n.
triclazate m.   Triclazat n.
triclofénate m.   Triclofenat n.
triclofylline f.   Triclofyllin n.
tricosactide m.   Tricosactid n.
tricrésol m.   Tricresol n., Trikresol n.
tricrésolamine f.   Trikresolamin n.
tricrésolformaline f.   Trikresolformalin n.
tricrésyl m.   Trikresyl n.
tricrotie f.   Trikrotie f.
tricuspidien   dreizipfelig
tricyclamol m.   Tricyclamol n.
tricyclique   trizyklisch
tridihexéthyl m.   Tridihexethyl n.
tridimensionnel   dreidimensional
triénol m.   Trienol n.
trientine f.   Trientin n.
triéthanol m.   Triäthanol n.
triéthanolamine f.   Triethanolamin n.
triéthylène m.   Triäthylen n.
triéthylènemélamine f.   Triethylenmelamin n.
triéthylènephosphoramide m.   Triethylenphosphoramid n.
triéthylènethiophosphamide m.   Triethylenthiophosphamid n.
trifasciculaire   trifaszikulär
triflumidate m.   Triflumidat n.
trifluoméprazine f.   Trifluomeprazin n.
trifluopérazine f.   Trifluoperazin n.
trifluopromazine f.   Trifluopromazin n.
trifluoride m.   Trifluorid n.
trifluridine f.   Trifluridin n.
trifocal   trifokal
trifurcation f.   Trifurkation f.
trigéminisme m.   Trigeminie f.
triglycéride m.   Triglyzerid n.
triglycol m.   Triglycol n.
trigonal   trigonal
trigone m.   Dreieck n.
trigone cérébral m.   Fornix cerebri m.
trigonite f.   Trigonitis f.
trigonométrique   trigonometrisch
trihexose m.   Trihexosid n.
trihexosidase f.   Trihexosidase f.

trihexyphénidyle m.   Trihexyphenidyl n.
trihydrate m.   Trihydrat n.
trihydroxyméthylaminométhane m.   Trihydroxymethylaminomethan n.
triiodothyronine f.   Trijodthyronin n.
triiodure m.   Trijodid n.
trijumeau m.   Drilling m.
trilactate m.   Trilaktat n.
trilobé   dreilappig
trilogie de Fallot f.   Fallotsche Trilogie f.
trimalléolaire   trimalleolär
trimébutime m.   Trimebutim n.
trimédoxime m.   Trimedoxim n.
triménone f.   Trimenon n.
trimépéridine f.   Trimeperidin n.
triméprazine f.   Trimeprazin n.
trimépropimine f.   Trimepropimin n.
trimère   trimer
trimère m.   Trimer n.
trimestre m.   Trimester n.
trimétamide m.   Trimetamid n.
trimétazidine f.   Trimetazidin n.
triméthadione f.   Trimethadion n.
triméthobenzamide m.   Trimethobenzamid n.
triméthylamine f.   Trimethylamin n.
triméthyle m.   Trimethyl n.
triméthylènediamine f.   Trimethylendiamin n.
triméthylpsoralène m.   Trimethylpsoralen n.
trimétotine f.   Trimetotin n.
trimétrexate m.   Trimetrexat n.
trimipramine f.   Trimipramin n.
trimoxamine f.   Trimoxamin n.
trinitrate m.   Trinitrat n.
trinitrobenzène m.   Trinitrobenzol n.
trinitrophénol m.   Trinitrophenol n.
trinitrotoluol m.   Trinitrotoluol n.
trinuclé   dreikernig
triokinase f.   Triokinase f.
trioléate m.   Trioleat n.
trioléine f.   Triolein n.
triolisme m.   Triolismus m.
triorthocrésylphosphate m.   Triorthokresylphosphat n.
triose m.   Triose f.
triosephosphate m.   Triosephosphat n.
trioxifène m.   Trioxifen n.
trioxopurine f.   Trioxopurin n.
trioxsalène m.   Trioxsalen n.
trioxyde m.   Trioxid n.
trioxyméthylène m.   Trioxymethylen n.
trioxypurine f.   Trioxypurin n.
tripamide m.   Tripamid n.
tripare   drittgebärend

tripare f. Drittgebärende f.
tripartite dreigeteilt
tripélennamine f. Tripelennamin n.
tripeptide m. Tripeptid n.
triphasé dreiphasig
triphényléthylène m. Triphenylethylen n.
triphénylméthane m. Triphenylmethan n.
triphosphatase f. Triphosphatase f.
triphosphate m. Triphosphat n.
triphosphonucléoside m. Triphosphonukleosid n.
triphosphopyridine f. Triphosphopyridin n.
triphosphopyridinenucléotide m. Triphosphopyridinnukleotid n.
triplé m. Triplett m.
triple combinaison f. Dreifachkombination f.
triple vaccin m. Dreifach-Impfstoff m., Tripelvakzine f.
triplégie f. Triplegie f.
triploïde triploid
triploïdie f. Triploidie f.
triplopie f. Triplopie f.
triprolidine f. Triprolidin n.
tripropylène m. Tripropylen n.
trisaccharide m. Trisaccharid n.
trishydroxyméthylaminométhane m. Trishydroxymethylaminomethan n.
trisialoganglioside m. Trisialoganglemiosid n.
trisilicate m. Trisilikat n.
trismaléate m. Trismaleat n.
trismus m. Kieferklemme f., Kiefersperre f., Trismus m.
trisomie f. Trisomie f.
trisomique trisom
triste traurig
tristesse f. Traurigkeit f.
trisulfure m. Trisulfid n.
tritanomalie f. Tritanomalie f.
tritanopie f. Tritanopie f.
tritiozine f. Tritiozin n.
tritium m. Tritium n., überschwerer Wasserstoff m.
triton m. Triton n.
tritoqualine f. Tritoqualin n.
trituration f. Trituration f., Verreibung f.
triturer triturieren
trityl m. Trityl n.
trivalence f. Dreiwertigkeit f.
trivalent dreiwertig, trivalent
trivasculopathie f. Dreigefäßerkrankung f.
trizoate m. Trizoat
trizoxime m. Trizoxim n.
trocart m. Trokar m.
trochantérien trochanterisch

trochin m. Tuberculum minus n.
trochiter m. Tuberculum majus n.
trochlée f. Rolle (anatom.) f.
trochléen trochleär
troclosène m. Troclosen n.
trofosfamide m. Trofosfamid n.
troglitazone f. Troglitazon n.
troisième ventricule m. dritter Ventrikel m.
troléandomycine f. Troleandomycin n.
trolnitrate m. Trolnitrat n.
tromantadine f. Tromantadin n.
trombicula f. Trombicula f.
trométamol m. Tris-Puffer m.
trométhamine f. Tromethamin n.
trompe f. Rüssel m.
trompe d'Eustache f. Eustachische Röhre f., Ohrtrompete f., Tube f.
trompe de Fallope f. Eileiter m., Tube f.
trompe utérine f. Eileiter m., Salpinx f.
tromper täuschen
tronc m. Rumpf m., Stamm (anatom.) m.
tronc brachiocéphalique m. Arteria anonyma f., Truncus brachiocephalicus m., Vena anonyma f.
tronc bronchique m. Stammbronchus m.
tronc cérébral m. Hirnstamm m.
tronc du nerf grand sympathique m. Grenzstrang m.
tronc nerveux m. Nervenstamm m.
tronculaire trunkal
trop remplir überfüllen
trop-plein m. Überlauf m.
tropabazate m. Tropabazat n.
tropatépine f. Tropatepin n.
tropéine f. Tropein n.
tropenziline f. Tropenzilin n.
tropéoline f. Tropäolin n.
Tropherima wipplei m. Tropherima wipplei n.
trophique trophisch
trophisme m. Trophik f.
trophochromidie f. Trophochromidie f.
trophologie f. Trophologie f.
trophonévrose f. Trophoneurose f.
trophonevrotique trophoneurotisch
trophopathie f. Ernährungsstörung f., Trophopathie f.
trophoplasma m. Trophoplasma n.
trophoplaste m. Trophoplast m.
trophotrope trophotrop
trophozoïte m. Trophozoit m.
tropicamide m. Tropicamid n.
tropigline f. Tropiglin n.
tropine f. Tropin n.
tropique tropisch

tropiques m. pl.   Tropen f. pl.
tropirine f.   Tropirin n.
tropocollagène m.   Tropokollagen n.
tropodifène m.   Tropodifen n.
tropomyosine f.   Tropomyosin n.
troponine f.   Troponin n.
trou m.   Loch n., Ohr n.
trou auditif m.   Hörlücke f.
trou de Botal m.   Botallosches Loch n.
trou de conjugaison m.   Zwischenwirbelloch n.
trouble alimentaire m.   Ernährungsstörung f.
trouble auditif m.   Hörstörung f.
trouble circulatoire m.   Kreislaufstörung f.
trouble de l'équilibration m.   Gleichgewichtsstörung f.
trouble de la conduction m.   Leitungsstörung f.
trouble de la mémoire m.   Gedächtnisstörung f.
trouble de la miction m.   Miktionsstörung f.
trouble de la parole m.   Sprachstörung f.
trouble de l'alimentation (vétér.) m.   Fressstörung (veter.) f.
trouble de l'alimentation m.   Essstörung f.
trouble dissociatif de l'identité m.   dissoziative Identitätsstörung f.
trouble du comportement m.   Verhaltensstörung f.
trouble du sommeil m.   Schlafstörung f.
trouble fonctionnel m.   Funktionsstörung f.
trouble gastrique m.   Magenbeschwerden f. pl.
trouble labyrinthique m.   Labyrinthstörung f.
trouble mental m.   Geistesgestörtheit f.
trouble psychique m.   seelische Störung f.
trouble sensitif m.   Sensibilitätsstörung f.
trouble tactile m.   Parapsis f.
trouble trophique m.   Trophonose f.
troubles des règles m. pl.   Regelstörung f. (gyn.)
troubles digestifs. m. pl.   Verdauungsstörung f.
troué   löchrig
trousse d'urgence f.   Notfallbesteck n.
trousse de pharmacie f.   Taschenapotheke f.
Trousseau, phénomène de m.   Trousseau-Zeichen n.
trovafloxacine f.   Trovafloxacin n.
troxypyrrolium m.   Troxypyrrolium n.
trypaflavine f.   Trypaflavin n.
Trypanosoma brucei m.   Trypanosoma brucei n.
Trypanosoma cruzi m.   Trypanosoma cruzi n.
Trypanosoma equiperdum m.   Trypanosoma equiperdum n.
Trypanosoma rhodesiense m.   Trypanosoma rhodesiense n.
trypanosomiase f.   Trypanosomiasis f.
tryparsamide m.   Tryparsamid n.
trypsine f.   Trypsin n.
trypsinogène m.   Trypsinogen n.
tryptamine f.   Tryptamin n.
tryptane m.   Tryptan n.
tryptase f.   Tryptase f.
tryptique   tryptisch
tryptophane m.   Tryptophan n.
tryptophanurie f.   Tryptophanurie f.
TSH (hormone thyréotrope) f.   TSH (thyreoideastimulierendes Hormon) n.
tuaminoheptane m.   Tuaminoheptan n.
tubage m.   Intubation f.
tubaire   tubar
tube m.   Rohr n., Röhre f., Tubus m.
tube à pivot m.   Stifthülse f.
tube amplificateur m.   Verstärkerröhre f.
tube d'anesthésie   Narkosetubus m.
tube d'aspiration m.   Absaugrohr n., Aspirationsrohr n., Saugrohr n.
tube d'aspiration salivaire m.   Speichelsaugrohr n.
tube d'exploration gastrique m.   Magenschlauch m.
tube de drainage m.   Drainagerohr n., Dränagerohr n.
tube digestif m.   Magendarmkanal m., Verdauungstrakt m.
tube goutte à goutte m.   Tropfrohr n.
tube intestinal m.   Darmrohr n.
tube neural m.   Neuralrohr n.
tube pharyngien de Güdel m.   Güdel-Tubus m.
tube Roentgen m.   Röntgenröhre f.
tube sous plaque m.   Untertischröhre f.
tuberculaire   tuberkulär
tubercule m.   Tuberkel m., Knoten m.
tubercule de Ghon m.   Ghonscher Tuberkel m.
tuberculeux   tuberkulös
tuberculide m.   Tuberkulid n.
tuberculine f.   Tuberkulin n.
tuberculine ancienne de Koch f.   Alttuberkulin n.
tuberculinisation f.   Tuberkulinanwendung f.
tuberculocide   tuberkulozid
tuberculoderme m.   Tuberkuloderm n.
tuberculofibrose f.   Tuberkulofibrose f.

tuberculomanie f.   Tuberkulomanie f.
tuberculome m.   Tuberkulom n.
tuberculophobie f.   Tuberkulophobie f.
tuberculose f.   Tuberkulose f.
tuberculose ancienne non évolutive f.   zum Stillstand gekommene Tuberkulose f.
tuberculose articulaire f.   Gelenktuberkulose f.
tuberculose aviaire f.   Vogeltuberkulose f.
tuberculose bovine f.   Perlsucht f.
tuberculose fermée f.   geschlossene Tuberkulose f.
tuberculose mésentérique f.   Tabes mesaraica f.
tuberculose miliaire f.   Miliartuberkulose f.
tuberculose par ingestion f.   Ingestionstuberkulose f.
tuberculose progressive f.   fortschreitende Tuberkulose f.
tuberculose pulmonaire f.   Lungentuberkulose f.
tuberculose rénale f.   Nierentuberkulose f.
tuberculose vertébrale f.   Wirbeltuberkulose f.
tuberculosilicose f.   Tuberkulosilikose f.
tuberculostatique   tuberkulostatisch
tuberculostatique m.   Tuberkulostatikum n.
tuberculotoxique   tuberkulotoxisch
tubéreux   tuberös
tubéroéruptif   tuberoeruptiv
tubérohypophysaire   tuberohypophysär
tubéroinfundibulaire   tuberoinfundibulär
tubérosité f.   Höcker m., Tuberosität f.
tubes contournés m. pl.   Tubuli contorti m. pl.
tubocurarine f.   Tubocurarin n.
tubolysine f.   Tubolysin n.
tuboovarien   tuboovarial
tubulaire   tubulär
tubule m.   Röhrchen n., Tubulus m.
tubule collecteur rénal m.   renales Sammelröhrchen n.
tubule d'écoulement m.   Ausflussröhrchen n.
tubule rénal m.   Harnkanälchen n.
tubule rénal collecteur m.   Schaltstück Harnkanälchen n.
tubule rénale contourné m.   gewundenes Harnkanälchen n.
tubule rénal droit m.   gestrecktes Harnkanälchen n.
tubule rénal intermédiaire m.   Schaltstück (Harnkanälchen) n.
tubulonécrose f.   Tubulonekrose f.
tubulopathie f.   Tubulopathie f.
tubulotoxique   tubulotoxisch

tubulovasculaire   tubulovaskulär
tubulovilleux   tubulovillös
tuclazépam m.   Tuclazepam n.
tuer   töten
tuftsine f.   Tuftsin n.
tularémie f.   Tularämie f.
tuméfaction f.   Geschwulst n., Schwellung f.
tuméfaction de compression f.   Druckgeschwulst n. (veter.)
tuménol m.   Tumenol n.
tumeur f.   Geschwulst n., Tumor m.
tumeur de Brenner f.   Brenner-Tumor m.
tumeur de Grawitz f.   Grawitztumor m.
tumeur de Klatskin f.   Klatskintumor m.
tumeur de la granulosa f.   Granulosazelltumor m.
tumeur en chou-fleur f.   Blumenkohltumor m.
tumeur glomique f.   Glomustumor m.
tumeur maligne f.   Malignom n.
tumeur mixte f.   Mischtumor m.
tumeur ovarienne f.   Ovarialgeschwulst f.
tumeur stercorale f.   Sterkorom n.
tumoral   tumorös
tungiasis m.   Tungiasis f.
tungstène m.   Wolfram m.
tunique adventice f.   Adventitia f.
tunique interne f.   Intima f.
turbellariés m. pl.   Turbellaria n. pl.
turbidimètre m.   Turbidimeter n.
turbidimétrie f.   Turbidimetrie f.
turbidimétrique   turbidimetrisch
turbinal   turbinal
turbine f.   Turbine f.
turbine hydraulique f.   Wasserturbine f.
turbinectomie f.   Konchektomie f.
turboextraction f.   Wirbelextraktion f.
turbofraise f.   Turbinenbohrer m.
turbulence f.   Turbulenz f.
turbulent   turbulent
Türck-Meynert, faisceau de m.   Türcksches Bündel n.
turgescence f.   Turgeszenz f.
turgor m.   Turgor m.
Turner, syndrome de m.   Turner-Syndrom n.
tutelle f.   Vormundschaft f.
tutocaïne f.   Tutocain n.
tuyau m.   Schlauch m.
tuyau d'écoulement m.   Abflussrohr n., Abflussschlauch m.
tuyau de drainage d'ascite m.   Aszitesabflussrohr n.
tuyau de jonction m.   Verbindungsschlauch m.
tuyau en caoutchouc m.   Gummischlauch m.

tybamate m. Tybamat n.
tylectomie f. Tylektomie f.
tylome m. Tylom n.
tylosine f. Tylosin n.
tylosis m. Tylosis f.
tympan m. Trommel f., Tympanum n.
tympanal tympanal
tympanectomie f. Tympanektomie f.
tympanique tympanisch
tympanisé gebläht
tympanisme m. Tympanie f.
tympanite f. Tympanie f., Tympanitis f.
tympanitique tympanitisch
tympanoeustachien tympanoeustachisch
tympanogramme m. Tympanogramm n.
tympanographe m. Tympanograph m.
tympanographie f. Tympanographie f.
tympanographique tympanographisch
tympanomalléaire tympanomalleal
tympanomandibulaire tympanomandibulär
tympanomastoïdien tympanomastoidal
tympanomastoïdite f. Tympanomastoiditis f.
tympanométrie f. Tympanometrie f.
tympanoplastie f. Trommelfellplastik f., Tympanoplastik f.
tympanosquameux tympanosquamosal
tympanotomie f. Tympanotomie f.
Tyndall, phénomène de m. Tyndall-Phänomen n.
type m. Typ m.
type de métabolisme m. Metabolisierungstyp m.
type droit m. Rechtstyp m.
type gauche m. Linkstyp m.
type sérologique m. Serotyp m.
typer typisieren
typhlatonie f. Typhlatonie f.
typhlite f. Typhlitis f.
typhlopexie f. Typhlopexie f.
typhlostomie f. Typhlostomie f.
typhlourétérostomie f. Typhloureterostomie f.
typhobacillose f. Typhobazillose f.
typhoïde fleckfieberartig, typhös
typhoïde f. Typhus abdominalis m.
typhoïdiforme fleckfieberförmig
typhus des broussailles m. Milbenfleckfieber n.
typhus pétéchial m. Fleckfieber n.
typhus tacheté tropical m. Buschfleckfieber n.
typification f. Typisierung f.
typique typisch
typologie f. Typologie f.
typologique typologisch
tyraminase f. Tyraminase f.
tyramine f. Tyramin n.
tyromédane m. Tyromedan n.
tyropanoate m. Tyropanoat n.
tyrosinase f. Tyrosinase f.
tyrosine f. Tyrosin n.
tyrosine mono-iodée f. Monojodtyrosin n.
tyrosinekinase f. Tyrosinkinase f.
tyrosinémie f. Tyrosinämie f.
tyrosinose f. Tyrosinose f.
tyrothricine f. Tyrothricin n.
Tyson, glande de f. Tysonsche Drüse f.

U

ubiquinone f. Ubichinon n.
ubiquitaire ubiquitär
ubiquitine f. Ubiquitin n
ubisindine f. Ubisindin n.
ulcératif ulzerativ
ulcération f. Ulkusbildung f., Ulzeration f.
ulcération buccale f. Mundulzeration f.
ulcération de compression f. Druckgeschwür n.
ulcération du pied f. Hufgeschwür n.
ulcère m. Geschwür n., Ulkus n.
ulcère crural m. Unterschenkelgeschwür n.
ulcère de l'ongle m. Klauengeschwür n.
ulcère de la cornée m. Hornhautgeschwür n., Ulcus corneae n.
ulcère duodénal m. Duodenalgeschwür n., Ulcus duodeni n., Zwölffingerdarmgeschwür n.
ulcère gastrique m. Magengeschwür n., Ulcus ventriculi n.
ulcère par traitement stéroidien m. Steroidulkus m.
ulcère peptique jéjunal m. Ulcus jejuni pepticum n.
ulcérer ulzerieren
ulcères symétriques m. pl. Abklatschgeschwür n.
ulcéreux geschwürig, ulzerös
ulcérogène ulzerogen
ulcéroglandulaire ulzeroglandulär
ulcéromembraneux ulzeromembranös
ulcéronécrotique ulzeronekrotisch
ulectomie f. Ulektomie f.
ulégyrie f. Ulegyrie f.
ulérythème m. Ulerythem n.
Ullrich, syndrome d' m. Ullrich-Syndrom n.
ulopalatopharyngoplastie f. Ulopalatopharyngoplastie f.
ultimobranchial ultimobranchial
ultracentrifugation f. Ultrazentrifugation f.
ultracentrifuger ultrazentrifugieren
ultracentrifugeuse f. Ultrazentrifuge f.
ultradur ultrahart
ultrafiltration f. Ultrafiltration f.
ultrafiltre m. Ultrafilter n.
ultrafin ultradünn, ultrafein
ultrahaute fréquence f. Ultrahochfrequenz f.
ultrahaute température f. Ultrahochtemperatur f.
ultramicroscope m. Ultramikroskop n.
ultramicroscopique ultramikroskopisch
ultramicrotome m. Ultramikrotom n.

ultraradical ultraradikal
ultrason m. Ultraschall m.
ultrasonographie f. Ultrasonographie f.
ultrasonographique ultrasonographisch
ultrastructural ultrastrukturell
ultrastructure f. Ultrastruktur f.
ultravide m. Ultrahochvakuum n.
ultraviolet ultraviolett
ultravirus m. Ultravirus n.
ululation f. Ululation f.
umbelliférone f. Umbelliferon n.
uncinariose f. Uncinariasis f.
undécanoate m. Undecanoat n.
undécénate m. Undecenat n.
undécylénate m. Undecylat n.
unguéal ungual
uniaxial uniaxial
unicellulaire einzellig
unicentrique unizentrisch
unicuspide einzipfelig
unifasciculaire unifaszikulär
unification f. Vereinheitlichung f.
unifier vereinheitlichen
unifocal unifokal
unilatéral einseitig, unilateral
uniloculaire unilokulär
unimodal unimodal
union f. Vereinigung f.
uniovulaire eineiig
unipare f. Unipara f.
unipolaire unipolar
unipotentiel unipotential
unique einzählig
unir vereinigen
unité f. Einheit f.
unité Angstroem f. Angström-Einheit f.
unité axolotl f. Axolotleinheit f.
unité d'isolement en milieu stérile f. Isoliereinheit f.
unité de Collip f. Collip-Einheit f.
unité de deux carbones f. Zweikohlenstoff Fragment n.
unité de soins f. Station f.
unité de soins intensifs cardiologiques infarctus f. Herzinfarkt-Intensivstation f.
unité internationale (IU) f. IE (Internationale Einheit) f.
unité monocarbonique f. Einkohlenstoff Fragment n.
unité Toronto f. Torontoeinheit f.
univalence f. Univalenz f.
univalent einwertig, univalent

univentriculaire univentrikulär
universel universell
université f. Universität f.
unoprostone f. Unoproston n.
uracile m. Uracil n.
uramustine f. Uramustin n.
uranium m. Uran n.
uranoplastie f. Gaumenplastik f.
uranoschisis f. Uranoschisis f.
uranyle m. Uranyl n.
urate m. Urat n.
urate monosodé m. Mononatriumurat n.
uratose f. Uratose f.
urbain städtisch
urbanisation f. Verstädterung f.
uréase f. Urease f.
urée f. Harnstoff m., Urea f.
urée sanguine f. Blutharnstoff m.
uréfibrate m. Urefibrat n.
uréide m. Ureid n.
urémie f. Urämie f.
urémique urämisch
uréopoïèse f. Harnstoffbildung f.
urétéral ureteral
uretère m. Harnleiter m., Ureter m.
urétérectomie f. Ureterektomie f.
urétérite f. Ureteritis f.
urétérocèle f. Ureterozele f.
urétérocolostomie f. Ureterokolostomie f.
urétérocystonéostomie f. Ureterozystoneostomie f.
urétérographie f. Ureterographie f.
urétéropelvien ureteropelvin
urétéroplastie f. Harnleiterplastik f.
urétéropyélonéostomie f. Ureteropyeloneostomie f.
urétérorectonéostomie f. Ureterorektoneostomie f.
urétérorénoscopie f. Ureterorenoskopie f.
utétéropyélonéphrostomie f. Ureteropyelonephrostomie f.
urétérosigmoïdostomie f. Ureterosigmoidostomie f.
urétérostomie f. Ureterostomie f.
urétérotomie f. Ureterotomie f.
urétérotrigonal ureterotrigonal
urétérotubaire ureterotubar
urétérourétéral ureteroureteral
urétérovaginal ureterovaginal
urétérovésical ureterovesikal, vesikoureteral
uréthane m. Urethan n.
urèthre f. Urethra f.
urétral urethral
urètre m. Harnröhre f., Urethra f.
urétrite f. Urethritis f.

urétrocèle f. Urethrozele f.
urétrocystographie f. Urethrozystographie f.
urétrocystométrie f. Urethrozystometrie f.
urétrographie f. Urethrographie f.
urétrométrie f. Urethrometrie f.
urétrooculoarticulaire urethrookuloartikulär
urétroplastie f. Harnröhrenplastik f.
urétroscope m. Urethroskop n.
urétroscopie f. Urethroskopie f.
urétroscopique urethroskopisch
urétrostomie f. Urethrostomie f.
urétrotomie f. Urethrotomie f.
urgence f. Dringlichkeit f., Notfall m.
urgences f. pl. Rettungsstation f.
urgent drängend, dringlich
uricaire au froid m. Kälte-Urtikaria f.
uricolytique harnsäurespaltend
uricosurique harnsäuretreibend
uricosurique m. harnsäuretreibendes Mittel n., Urikosurikum n.
uridine f. Uridin n.
uridinurie f. Uridinurie f.
uridyltransférase f. Uridyltransferase f.
uridylyle m. Uridylyl n.
urimètre m. Urimeter n.
urinable harnfähig
urinaire urinär
urinal m. Urinal n., Urinflasche f.
urine f. Urin m.
urine résiduelle f. Restharn m.
uriner harnen, urinieren
urineux urinös
urinifère harnleitend
urinogène harnbildend
urinogénèse f. Harnbildung f.
urinome m. Urinom n.
urinomètre m. Urometer n.
urique uratisch
urne f. Urne f.
urobiline f. Urobilin n.
urobilinémie f. Urobilinämie f.
urobilinogène m. Urobilinogen n.
urobilinogénurie f. Urobilinogenurie f.
urobilinurie f. Urobilinurie f.
urochrome m. Urochrom n.
urodynamique urodynamisch
urodynamique f. Urodynamik f.
uroérythrine f. Uroerythrin n.
urogénital urogenital
urographie f. Urographie f.
urographie par voie intraveineuse f. Ausscheidungsurographie f.
urographique urographisch
urokinase f. Urokinase f.

urokinine f.	Urokinin n.
urolagnie f.	Urolagnie f.
urolithe m.	Urolith m.
urolithiase f.	Urolithiasis f.
urologie f.	Urologie f.
urologique	urologisch
urologue f.	Urologin f.
urologue m.	Fachgebietsarzt für Urologie m., Urologe m.
uropepsine f.	Uropepsin n.
uropepsinogène m.	Uropepsinogen n.
uropoièse f.	Uropoese f.
uropoiétique	uropoetisch
uroporphyrie f.	Uroporphyrie f.
uroporphyrine f.	Uroporphyrin n.
uroporphyrinogène m.	Uroporphyrinogen n.
urorhodine f.	Urosein n.
urotensine f.	Urotensin n.
urothélium m.	Urothel n.
ursothérapie f.	Ursotherapie f.
urticaire f.	Nesselsucht f., Urtikaria f., Knidariasis f.
urticaire fébrile m.	Nesselfieber n.
urticarien	urtikariell
user	verschleißen
ustilaginisme m.	Ustilagismus m.
usuel	üblich
usure f.	Abnutzung f., Aufbrauch m.
utérin	uterin
utéroabdominal	uteroabdominal
utérocervical	uterozervikal
utéroovarien	uteroovariell
utéroplacentaire	uteroplazentar
utéroplastie f.	Gebärmutterplastik f.
utérosacré	sakrouterin, uterosakral
utérovaginal	uterovaginal
utérovésical	uterovesikal
utérus m.	Gebärmutter f., Uterus m.
utilisation f.	Anwendung f., Utilisation f.
utiliser	anwenden, utilisieren, verwerten
utriculaire	utrikulär
utricule m.	Utrikulus m.
utriculosacculaire	utrikulosakkulär
uvéal	uveal
uvée f.	Uvea f.
uvéite f.	Uveitis f.
uvéoméningé	uveomeningeal
uvéoparotidien	uveoparotisch
uvéoparotidite f.	Uveoparotitis f.
uvéoplastie f.	Uveaplastik f.
uvéosscléreux	uveoskleral
uviorésistant	ultraviolettresistent
uviosensible	ultraviolettempfindlich
uvula f.	Uvula (vermis) f.
uvule f.	Uvula f.
uvulite f.	Uvulitis f.
uvulotomie f.	Uvulotomie f.
uzarine f.	Uzarin n.

V

vaccin m.   Impfstoff m.
vaccin à ARN m.   RNA-Impfstoff m.
vaccin à ARN messager (ARNm)   mRNA-Impfstoff m.
vaccin à risque m.   Impfstoff mit Risiken m.
vaccin antihépatite B m.   Hepatitis-B-Impfstoff m.
vaccin antipoliomyélitique m.   Polio myelitis-Impfstoff m.
vaccin antirabique m.   Tollwutschutzimpfung f.
vaccin antityphique m.   Typhusimpfstoff m.
vaccin BCG m.   BCG-Vakzine f.
vaccin dangereux m.   gefährlicher Impfstoff m.
vaccin fractions antigéniques m.   Spaltvakzine f.
vaccin polyvalent m.   Mehrfachimpfstoff m.
vaccin trivalent m.   Dreifach-Impfstoff m.
vaccin variolique m.   Pockenlymphe f.
vaccin vivant m.   Lebendimpfstoff m.
vaccinable   impffähig
vaccinal   vakzinal
vaccinateur, médecin m.   Impfarzt m.
vaccination f.   Impfung f., Vakzination f.
vaccination antityphique f.   Typhusimpfung f.
vaccination antivariolique f.   Pockenschutzimpfung f.
vaccination BCG f.   BCG-Impfung f.
vaccination de rappel f.   Auffrischimpfung f.
vaccination obligatoire f.   Pflichtimpfung f.
vaccination orale f.   Schluckimpfung f.
vaccine f.   Kuhpocken f., Vakzine f.
vaccine (virus) f.   Vacciniavirus n.
vaccine du cheval f.   Pferdepocken f. pl.
vaccine variolique f.   Blatternvakzine f.
vacciner   impfen
vaccinide m.   Vakzinid n.
vacciniforme   vakziniform
vaccinothérapie f.   Vakzinebehandlung f.
vaccins anticancer m. pl.   Impfstoffe gegen Krebs f. pl.
vache f.   Kuh f.
vacuolaire   vakuolär
vacuole f.   Vakuole f.
vacuolisation f.   Vakuolisierung f.
vacuoliser   vakuolisieren
vacuum m.   Vakuum n.
vacuum extractor m.   Vakuumextraktor m.
vagabond m.   Vagabund m.
vagabondage m.   Vagabundentum n.
vagabonder   vagabundieren
vagin m.   Scheide f., Vagina f.
vaginal   vaginal
vaginisme m.   Vaginismus m.
vaginolabial   vaginolabial
vaginopérinéal   vaginoperineal
vaginovésical   vaginovesikal
vagolyse f.   Vagolyse f.
vagolytique   vagolytisch
vagotomie f.   Vagotomie f.
vagotomie sélective proximale f.   PSV (proximale selektive Vagotomie) f.
vagotonie f.   Vagotonie f.
vagotonique   vagotonisch
vagotrope   vagotrop
vagovagal   vagovagal
vague (nerf) m.   Vagus m.
vaisseau m.   Gefäß n.
vaisseau capillaire m.   Haargefäß n.
vaisseau lymphatique m.   Lymphgefäß n.
vaisseau sanguin m.   Blutgefäß n.
valaciclovir m.   Valaciclovir n.
valamine f.   Valamin n.
valconazole m.   Valconazol n.
valdecoxibe m.   Valdecoxib n.
valdipromide m.   Valdipromid n.
valence f.   Valenz f., Wertigkeit f.
valent (monovalent/bivalent/trivalent/tétravalent/pentavalent/hexavalent/heptavalent/octavalent)   wertig (einwertig/zweiwertig/dreiwertig/vierwertig/fünfwertig/sechswertig/siebenwertig/achtwertig)
valentiel   valent
valéramide m.   Valeramid n.
valéranilide m.   Valeranilid n.
valérate m.   Valerat n.
valérate de méthyle m.   Methylvalerat n.
valérianate m.   Valerianat n.
valériane f.   Baldrian n.
valéthamate m.   Valethamat n.
valeur f.   Stellenwert m., Wert m.
valeur maximum f.   Höchstwert m., Spitzenwert m.
valeur minimum f.   Mindestwert m.
valeur moyenne f.   Durchschnittswert m.
valeur nominale f.   Nennwert m.
valeur normale f.   Normalwert m.
valeur normale de référence f.   Normwert m.
valeur nutritive f.   Nährwert m.
valeur réelle f.   Istwert m.
valeur régulière f.   Regelbetrag m.
valeur seuil f.   Schwellenwert m.

valeur souhaitée f. Sollwert m.
valeur tampon f. Pufferungsvermögen n.
valeur thermique f. Brennwert m.
validifé f. Validität f.
valine f. Valin n.
valise de médecin f. Ärztetasche f., Arzttasche f.
valléculaire vallekulär
Valleix, point de m. Valleixscher Punkt m.
valnoctamide m. Valnoctamid n.
valofane m. Valofan n.
valpérinol m. Valperinol n.
valproate m. Valproat n.
valproïnate m. Valproinat n.
valpromide m. Valpromid n.
valsartane m. Valsartan n.
valve f. Ventil n.
valve (bulbe) f. Ventilball m.
valve d'échappement f. Abblasventil n.
valviforme klappenförmig, valviform
valvotome m. Valvotom n.
valvotomie f. Valvotomie f.
valvulaire valvulär
valvule f. Klappe f.
valvule aortique f. Aortenklappe f.
valvule cardiaque f. Herzklappe f.
valvule connivente f. Kerckringsche Falte f.
valvule de Kohlrausch f. Kohlrauschsche Falte f.
valvule iléo-colique de Bauhin f. Bauhinsche Klappe f.
valvule mitrale f. Mitralklappe f., Mitralsegel n.
valvule semilunaire f. Taschenklappe des Herzens f.
valvule sigmoïde de l'artère pulmonaire f. Pulmonalklappe f.
valvule tricuspide f. Trikuspidalklappe f.
valvule veineuse f. Venenklappe f.
valvulite f. Valvulitis f.
valvulopathie f. Klappenerkrankung f., Valvulopathie f.
valvulopathie cardiaque f. Herzklappenerkrankung f.
valvuloplastie f. Klappenplastik f., Valvuloplastie f.
valvulotome m. Valvulotom n.
valvulotomie f. Valvulotomie f.
valvyle m. Valvyl n.
vanadate m. Vanadat n.
vanadium m. Vanadium n.
vanilline f. Vanillin n.
vanitialide m. Vanitiolid n.
vanyldisulfamide m. Vanyldisulfamid n.
vapeur f. Dampf m., Dunst m.

vapeur d'eau f. Wasserdampf m.
vaporiser, se verflüchtigen
Vaquez, maladie de f. Erythrämie f., Vaquez-Oslersche Krankheit f.
vardénafil m. Vardenafil n.
variabilité f. Variabilität f.
variable variabel
variance f. Varianz f.
variant m. Variante (virol.) f.
variant variant
variation f. Variation f.
variation antigénique f. Antigenwechsel m.
variation dans la journée f. Tagesschwankung f.
variation de pression f. Druckschwankung f.
variations d'humeur f. pl. Stimmungsschwankung f.
varice f. Krampfader f., Varize f.
varicelle f. Varizellen f., pl. Wasserpocken f., pl., Windpocken f. pl.
varices oesophagiennes f. pl. Ösophagusvarizen f. pl.
varicocèle f. Varikozele f.
varicosité f. Varikosität f.
varicotomie f. Varikotomie f.
varier schwanken, varüeren
variété f. Abart f., Varietät f.
variole f. Blattern f., Pocken f. pl., Variola vera f.
variole aviaire f. Vogelpocken f.
variole du singe f. Affenpocken f. pl.
varioleux variolär, variolös
varioliforme varioliform
varioloïde f. Variolois f.
variqueux varikös
vasal vasal
Vasalva, épreuve de f. Vasalvascher Versuch m.
vasculaire vaskulär
vascularisation f. Durchblutung f., Gefäßversorgung f., Vaskularisation f., Vaskularisierung f.
vascularisé, bien/mal durchblutet, gut/schlecht
vasculariser vaskularisieren
vasculopathie f. Gefäßerkrankung f., Vaskulopathie f.
vasculotoxique vaskulotoxisch
vasectomie f. Vasektomie f.
vasectomiser vasektomieren
vaseline f. Vaselin n.
vaseline blanche f. weißes Vaselin n.
vaseline jaune f. gelbes Vaselin n.
vasoactif gefäßwirksam, vasoaktiv

vasoconstricteur gefäßverengend, vasokonstriktiv
vasoconstricteur m. Vasokonstriktor m.
vasoconstriction f. Vasokonstriktion f.
vasodilatateur gefäßerweiternd, vasodilativ
vasodilatateur m. Gefäßerweiterer m.
vasodilatation f. Gefäßerweiterung f., Vasodilatation f.
vasoépididymographie f. Vasoepididymographie f.
vasoépididymostomie f. Vasoepididymostomie f.
vasogène vasogen
vaso-inerte gefäßneutral
vasolabilité f. Vasolabilität f.
vasomoteur vasomotorisch
vasomotricité f. Gefäßbeweglichkeit f., Gefäßbewegung f.
vasoneuropathologique vasoneurotisch
vasooclusif vasookklusiv
vasoorchidostomie f. Vasoorchidostomie f.
vasopeptidase f. Vasopeptidase f.
vasoplégie f. Gefäßlähmung f.
vasopresseur vasopressorisch
vasopresseur m. Vasopressor m.
vasopressine f. Vasopressin n.
vasotocine f. Vasotocin n.
vasotomie f. Vasotomie f.
vasovagal vasovagal
vasovésiculectomie f. Vasovesikulektomie f.
Vater, papille de l'ampoule de f. Papilla, Vateri f.
VCG (vectocardiogramme) m. VKG (Vektorkardiogramm) n.
VD (ventricule droit) m. RV (rechter Ventrikel) m.
VDRL (réaction d'agglutination syphilitique) f. CMT (Cardiolipin-Mikroflockungstest) m.
veau m. Kalb m.
vecteur m. Vektor m.
vecteur de surface m. Flächenvektor m.
vectocardiogramme m. Vektorkardiogramm n.
vectocardiographie f. Vektorkardiographie f.
vectoriel vektoriell
végétal pflanzlich
végétarien vegetarisch
végétarien(ne) m./(f.) Vegetarier(in) m./(f.)
végétatif vegetativ
végétation f. Vegetation f.
végétations adénoïdes f. pl. adenoide Vegetationen f. pl.
véhicule m. Vehikel n.
veiller wachen
veiller une personne bei jemandem wachen
veine f. Vene f.
veine azygos f. Vena azygos f.
veine basilique f. Vena basilica f.
veine centrale f. Zentralvene f.
veine céphalique f. Vena cephalica f.
veine circonflexe fémorale f. Vena circumflexa femoris f.
veine épigastrique f. Vena epigastrica f.
veine fémorale f. Vena femoralis f.
veine frontale f. Stirnader f.
veine ombilicale f. Vena umbilicalis f.
veine porte f. Pfortader f.
veine pulmonaire f. Vena pulmonalis f.
veine saphène f. Vena saphena f.
veine splénique f. Milzvene f.
veine thyroïdienne f. Vena thyreoidea f.
veineux venös
veinoartériel venoarteriell
veinoconstricteur venokonstriktorisch
veinoconstriction f. Venokonstriktion f.
veinodilatateur venodilatorisch
veinographique venographisch
veinule f. Venole f.
vélamenteux velamentös
vêler kalben
vélopharyngien velopharyngeal
venant de naitre neugeboren
vénéneux giftbildend
vénéréologie f. Venereologie f.
vénéréologique venereologisch
vénéréologue f. Venereologin f.
vénéréologue m. Venereologe m., Fachgebietsarzt für Geschlechtskrankheiten m.
vénérien venerisch
venimeux giftbildend
venin m. tierisches Gift n.
venin cnidaire m. Quallengift n.
venin d'abeille m. Bienengift n.
venin d'araignée m. Spinnengift n.
venin de cobra m. Kobragift n.
venlafaxine f. Venlafaxin n.
venpocétine f. Vinpocetin n.
ventilateur m. Ventilator m.
ventilation f. Ventilation f.
ventilation assistée f. assistierte Beatmung f.
ventilation assistée à la demande f. Abrufbeatmung f.
ventilation contrôlée f. kontrollierte Beatmung f.
ventilation en pression alternée f. Wechseldruckbeatmung f.
ventilation volontaire maximum f. maximale willkürliche Ventilation f.
ventilatoire ventilatorisch

ventiler

ventiler entlüften, ventilieren
ventouse f. Saugnapf m., Schröpfkopf m.
ventouse en caoutchouc f. Gummisaugnapf m.
ventouser schröpfen
ventral ventral
ventre m. Bauch m.
ventre ballonné m. Trommelbauch m.
ventre de batracien m. Froschbauch m.
ventre en bateau m. Kahnbauch m.
ventre en besace m. Hängebauch m.
ventriculaire ventrikulär
ventriculaire droit rechtsventrikulär
ventriculaire gauche linksventrikulär
ventricule m. Kammer f., Ventrikel m.
ventricule droit m. rechter Ventrikel m.
ventricule gauche m. linker Ventrikel m.
ventricule latéral m. Seitenventrikel m.
ventriculoartériel ventrikuloarteriell
ventriculoatriostomie f. Ventrikuloatriostomie f.
ventriculoauriculaire ventrikuloatrial
ventriculocisternal ventrikulozisternal
ventriculocisternostomie f. Ventrikulozisternostomie f.
ventriculogramme m. Ventrikulogramm n.
ventriculographie f. Ventrikulographie f.
ventriculographique ventrikulographisch
ventriculomégalie f. Ventrikulomegalie f.
ventriculométrie f. Ventrikulometrie f.
ventriculomyotomie f. Ventrikulomyotomie f.
ventriculopéritonien ventrikuloperitoneal
ventriculoplastie f. Ventrikuloplastik f.
ventriculoscope m. Ventrikuloskop n.
ventriculoscopie f. Ventrikuloskopie f.
ventriculostomie f. Ventrikulostomie f.
ventrocaudal ventrokaudal
ventrodorsal ventrodorsal
ventrofixation de l'utérus f. Ventrofixation f.
ventrohystéropexie f. Ventrohysteropexie f.
ventrolatéral ventrolateral
ventromédial ventromedial
ver m. Wurm m.
ver intestinal m. Eingeweidewurm m.
ver solitaire m. Bandwurm m.
véralipide m. Veralipid n.
vérapamil m. Verapamil n.
vératre blanc m. Veratrum album n.
vératre viride m. Veratrum viride n.
vératrine f. Veratrin n.
vétazide m. Verazid n.
verbal verbal
verbaliser gebührenpflichtig verwarnen
verbascum m. Verbascum thapsus n.
verbenone f. Verbenon n.
verbigération f. Verbigeration f.
verbomanie f. Verbomanie f.
verdoglobine f. Verdoglobin n.
véreux wurmig
verge f. männliches Glied n., Phallus m.
vergence f. Vergenz f.
vergeture f. Striemen m.
vérification f. Nachprüfung f., Überprüfung f.
vérifier verifizieren
vermicide wurmtötend
vermicide m. wurmtötendes Mittel n.
vermiculaire wurmartig
vermiforme wurmförmig
vermifuge wurmtreibend
vermifuge m. Anthelminthicum n., wurmtreibendes Mittel n.
vermine f. Ungeziefer n.
vermouth m. Wermut m.
Verner-Morrison, syndrome de m. Verner-Morrison-Syndrom n.
vernir glasieren
vérofylline f. Verofyllin n.
vérotoxine f. Verotoxin n.
verrat étalon m. Zuchteber m.
verre m. Glas n.
verre de fermeture m. Verschlussglas n.
verre de lunettes m. Brillenglas n.
verre gradué m. Messbecher m.
verruciforme warzenförmig
verrucosité hyaline f. Druse f. (med)
verrue f. Warze f.
verrue pédiculée f. Stielwarze f.
verruga du Pérou f. Peruwarze f., Verruca peruviana f.
verruqueux warzig
vers le ventre ventralwärts
verser ausgießen, ausküvettieren, schütten
verser dans un ballon küvettieren
version f. Wendung f.
version céphalique f. Wendung auf den Kopf f.
version par manoeuvre externe f. äußere Wendung f.
version par manoeuvre interne f. innere Wendung f.
vert brillant m. Brillantgrün n.
vert d'indocyanine m. Indozyaningrün n.
vert de bromocrésol m. Bromkresolgrün n.
vert de Janus m. Janusgrün n.
vert de Paris m. Schweinfurter Grün n.
vertébral vertebral
vértébré m. Wirbeltier n.
vertèbre f. Vertebra f., Wirbel m.

vertèbre aplatie-concave f. Fischwirbel m.
vertèbre cervicale (corps) f. Halswirbel m., HWK (Halswirbelkörper) m.
vertèbre cunéiforme f. Keilwirbelbildung f.
vertèbre dorsale m. Brustwirbel m.
vertèbre en papillon f. Schmetterlingswirbel m.
vertèbre intermédiaire f. Übergangswirbel m.
vertèbre lombaire m. Lendenwirbel m.
vertèbre thoracique (corps) m. Brustwirbelkörper (BWK) m.
vertébroartériel vertebroarterial
vertébrobasilaire vertebrobasiliär
vertébrochondral vertebrochondral
vertébrocostal vertebrokostal
vertébrofémoral vertebrofemoral
vertébrosacré vertebrosakral
vertébrosternal vertebrosternal
vertébrotomie f. Vertebrotomie f.
vertéporfine f. Verteporfin n.
vertex m. Scheitel m.
vertical vertikal
verticomentonnier vertikomental
vertige m. Schwindel (med.) m., Vertigo f.
vertige auditif m. otogener Schwindel m.
vertige auriculaire m. Vertigo ab aure laesa f.
vertige d'ascension m. Fahrstuhlschwindel m.
vertige labyrinthique m. Labyrinthschwindel m.
vertige oscillant m. Schwankschwindel m.
vertige rotatoire m. Drehschwindel m.
vésical vesikal
vésicant blasenziehend
vésicant m. Vesicans n.
vésicoabdominal vesikoabdominal
vésicocervical vesikozervikal
vésicoombilical vesikoumbilikal
vésicopérinéal vesikoperineal
vésicoprostatique prostatikovesikal, vesikoprostatisch
vésicopubien vesikopubisch
vésicorectal vesikorektal
vésicorectovaginal vesikorektovaginal
vésicorénal vesikorenal
vésicosigmoidostomie f. Vesikosigmoidostomie f.
vésicospinal vesikospinal
vésicotomie f. Vesikotomie f.
vésicouréthral vesikourethral
vésicourétral vesikourethral
vésicoutérin vesikouterin
vésicovaginal vesikovaginal
vésiculaire vesikulär

vésiculation f. Blasenbildung f.
vésicule f. Bläschen n., Cyste f.
vésicule biliaire f. Gallenblase f.
vésicule biliaire fibroatrophique f. Schrumpfgallenblase f.
vésicule fille f. Tochterblase f.
vésicule hématique f. Blutblase f.
vésicule porcelaine f. Porzellangallenblase f.
vésicule séminale f. Samenblase f.
vésiculectomie f. Vesikulektomie f.
vésiculeux cystisch
vésiculite f. Vesikulitis f.
vésiculobronchique vesikulobronchial
vésiculobulbeux vesikulobulbös
vésiculographie f. Vesikulographie f.
vésiculopapuleux vesikulopapulär
vésiculoprostatite f. Vesikuloprostatitis f.
vésiculopustuleux vesikulopustulär
vésiculotomie f. Vesikulotomie f.
vessie f. Blase (Organ) f., Harnblase f.
vessie à colonnes f. Balkenblase f.
vessie de glace f. Eisbeutel m.
vessie natatoire f. Schwimmblase f.
vessie rétrécie f. Schrumpfblase f.
vessignon m. Gallen f. pl. (veter.)
vestibulaire vestibulär
vestibule m. Vestibulum n.
vestibulocérébelleux vestibulozerebellär
vestibulocochléaire vestibulokochleär
vestibulooculaire vestibulookulär
vestibuloplastie f. Vestibuloplastik f.
vestibulospinal vestibulospinal
vestibulotomie f. Vestibulotomie f.
vestibulourétral vestibulourethral
vestige m. Relikt n.
vêtement jetable m. Einmalkleidung f.
vêtements d'infirmière m.pl. Schwesternkleidung f.
vêtements d'OP m.pl. Operationskleidung f.
vétérinaire m. Tierarzt m., Tierärztin f., Veterinär m., Veterinärin f.
vétrabutine f. Vetrabutin n.
VG (ventricule gauche) m. LV (linker Ventrikel) m.
viabilité f. Lebensfähigkeit f.
viable lebensfähig
vibrateur m. Quirler (dent.) m., Rüttler m. (dent.), Summer m., Vibrator m.
vibrateur (conduction osseuse) m. Knochenhörer m.
vibrateur (matériau coulé) m. Gussschleuder f.
vibrateur à amalgame m. Amalgammischer m.
vibration f. Vibration f.

vibrations thoraciques f. pl. Stimmfremitus m.
vibratoire vibratorisch
vibrer schwingen, vibrieren
vibrio comma m. Vibrio comma n.
vibrisse f. Vibrissa f.
Viburnum prunifolium m. Viburnum prunifolium n.
Vicq d'Azyr, faisceau de m. Vicq d'Azyrsches Bündel n.
vidage m. Ausschüttung f.
vidarabine f. Vidarabin n.
vide leer
vide m. Vakuum n.
vidéoangiographie f. Videoangiographie f.
vidéoangiographique videoangiographisch
vidéoconférence f. Videokonferenz f.
vidéodensitométrie f. Videodensitometrie f.
vidéoécran (radiologique) m. Filmbetrachtungsgerät n.
vidéoendoscopie f. Videoendoskopie f.
vidéographie f. Videographie f.
vidéographique videographisch
vider entleeren
vider en suçant aussaugen
vie f. Leben n.
vie, qui sauve la lebensrettend
vieillir altern
vieillissant alternd
vieillissement m. Altern n., Alterung f., Überalterung f., Vergreisung f.
vierge f. Jungfrau f.
vigilambulisme m. Vigilambulismus m.
vigilance f. Vigilanz f.
vignette f. Vignette f. (Kontrollabschnitt für die Kostenerstattung durch die Krankenkasse)
vilikinine f. Vilikinin n.
villeux villös, zottig
villonodulaire villonodulär
villosité f. Zotte f.
viloxazine f. Viloxazin n.
viminol m. Viminol n.
vinaigre m. Essig m.
vinbarbital m. Vinbarbital n.
vinblastine f. Vinblastin n.
vinburnine f. Vinburnin n.
vincaleucoblastine f. Vincaleukoblastin n.
vincamine f. Vincamin n.
vincristine f. Vincristin n.
vindésine f. Vindesin n.
vineux vinös
vinformide m. Vinformid n.
vinglycinate m. Vinglyzinat n.
vinleurosine f. Vinleurosin n.
vinorelbine f. Vinorelbin n.
vinpocétine f. Vinpocetin n.
vinpoline f. Vinpolin n.
vinrosidine f. Vinrosidin n.
vinyle m. Vinyl n.
vinylpyridine f. Vinylpyridin n.
viol m. Notzucht f., Vergewaltigung f.
violence f. Gewalttätigkeit f.
violer vergewaltigen
violet cristal m. Kristallviolett n.
violet de gentiane m. Gentianaviolett n.
violet de naphtol m. Naphtholviolett n.
violet méthylique m. Methylviolett n.
viostérol m. bestrahltes Ergosterin n.
VIP (vasoactive intestinal polypeptide) m. VIP (vasoaktives intestinales Polypeptid) n.
vipère f. Viper f.
vipère commune f. Kreuzotter f.
vipome m. Vipom n.
virago f. Mannweib n.
viral viral
Virchow, glande de f. Virchowsche Drüse f.
virémie f. Virämie f.
virginal jungfräulich, virginell
virginité f. Jungfräulichkeit f., Virginität f.
viridofulvine f. Viridofulvin n.
viril männlich, viril
virilisation f. Maskulinisierung f., Vermännlichung f., Virilisierung f.
viriliser vermännlichen, virilisieren
virilisme m. Virilismus m.
virilité f. Männlichkeit f.
virion m. Virion n.
virogène m. Virogen n.
virologie f. Virologie f.
virologique virologisch
virologue m./f. Virusforscher(in) m./(f.); Virologin f., Virologe m.
virostatique virostatisch
virtopsie f. Virtopsie f.
virtuel virtuell
virulence f. Virulenz f.
virulent virulent
virulicide virozid, viruzid
virus m. Virus n
virus d'Epstein-Barr m. Epstein-Barr-Virus n.
virus d'immunodéficience humaine m. humanes Immundefizienz-Virus n., HIV n.
virus de l'encéphalite m. Enzephalitis-Virus n.
virus de l'hépatite m. Hepatitis-Virus n.

virus de la chorioméningite lymphocytaire m. lymphozytäres Choriomeningitis-Virus n.
virus de la fièvre dengue m. Dengue-Virus n.
virus de la fièvre jaune m. Gelbfieber-Virus n.
virus de la maladie des griffures de chat m. Katzenkratz-Virus n.
virus de la poliomyélite m. Poliomyelitis-Virus n.
virus de la rage m. Tollwut-Virus n.
virus de la rougeole m. Masern-Virus n.
virus de la rubéole m. Röteln-Virus n.
virus de la varicelle et du zona m. Varizellen-Zoster-Virus n.
virus de la variole m. Pocken-Virus n.
virus des oreillons m. Mumps-Virus n.
virus des verrues m. Warzen-Virus n.
virus du molluscum contagiosum m. Molluscum-contagiosum-Virus n.
virus HIV m. AIDS-Virus n., humanes Immundefizienz-Virus (HIV) n.
virus LAV/HTLV-III m. LAV/HTLV-III-Virus n.
virus lenti m. Lenti-Virus n.
virus Ross River m. Ross-River-Virus n.
virus simien m. Simian-Virus n.
virus spumeux m. Spuma-Virus n.
virus syncytial respiratoire m. respiratorisches Synzytium-Virus n.
virus visna-maedi m. Visna-Maedi-Virus n.
virus west nile m. West-Nil-Virus n.
vis f. Schraube f.
vis calante f. Myomheber m.
vis d' arrêt f. Anschlagschraube f. (dent.)
vis d'extension f. Dehnschraube f.
vis de réglage f. Regulierschraube f.
vis de serrage f. Halteschraube f.
vis plate f. Flachschraube f.
vis pour fracture osseuse f. Knochenschraube f.
vis radiculaire f. Wurzelschraube f.
visage m. Gesicht n.
visage lunaire m. Mondgesicht n., Vollmondgesicht n.
viscéral viszeral
viscères m. pl. Eingeweide n. pl.
viscérocranium m. Vizerokranium n.
viscérocutané viszerokutan
viscéromoteur viszeromotorisch
viscéropariétal viszeroparietal
viscéropleural viszeropleural
viscéroptose f. Glenardsche Krankheit f., Viszeroptose f.
viscérosensoriel viszerosensorisch
viscérotrope viszerotrop
viscine f. Viszin n.
viscoélastique viskoelastisch
viscosimètre m. Viskosimeter n.
viscosimétrie f. Viskosimetrie f.
viscosimétrique viskosimetrisch
viscosité f. Viskosität f.
visibilité f. Sichtbarkeit f.
visible sichtbar
visible, au delà du ultravisible
visière f. Visier n.
visioacoustïque visuakustisch
visiomoteur visuomotorisch
vision f. Sehen n., Vision f.
vision des couleurs, bonne f. Farbentüchtigkeit f.
vision en ligne droite f. Geradeausblick m.
vision rapprochée f. Nahesehen n.
vision scotopique f. Dämmerungssehen n., Skotopie f.
vision tubulaire f. Röhrensehen n.
visionneuse (films radiologiques) f. Röntgenfilmbetrachter m.
visiosensoriel visuosensorisch
visite f. Besuch m., Visite (klinisch) f.
visiteur médical m. Pharmaberater m.
visiteuse médicale f. Pharmaberaterin f.
visnadine f. Visnadin n.
visnafylline f. Visnafyllin n.
visqueux klebrig, viskös
visser schrauben, verschrauben
visualiser sichtbar machen
visuel visuell
visuscope m. Visuskop n.
vital vital
vitalisme m. Vitalismus m.
vitaliste vitalistisch
vitalité f. Lebensfähigkeit f., Vitalität f.
vitallium m. Vitallium n.
vitamine (A/B/C/D/E/K) f. Vitamin (A/B/C/D/E/K) n.
vitamine B 12 f. Vitamin B 12 n.
vitaminoide m. Vitaminoid n.
vitaminologie f. Vitaminologie f.
vitelline f. Vitellin n.
vitellolutéine f. Vitellolutein n.
vitesse f. Geschwindigkeit f.
vitesse d'écoulement f. Strömungsgeschwindigkeit f.
vitesse de conduction f. Leitgeschwindigkeit f.
vitesse de la lumière f. Lichtgeschwindigkeit f.
vitesse de sédimentation f. Senkung (BSG) f.

vitesse de sédimentation des hématies f. (VS) Blutkörperchensenkungsgeschwindigkeit f. (BKS)
vitesse de sédimentation du sang f. Blutsenkungsgeschwindigkeit f.
vitesse de transmission nerveuse f. Nervenleitgeschwindigkeit f.
vitesse du son f. Schallgeschwindigkeit f.
vitesse supersonique f. Überschallgeschwindigkeit f.
vitiligineux vitiliginös
vitiligo m. Vitiligo m.
vitrectomie f. Vitrektomie f.
vitreux glasig
vitriol m. Vitriol n.
vitronectine f. Vitronectin f.
vivant lebend
vividialyse f. Vividialyse f.
vividiffusion f. Vividiffusion f.
vivisection f. Vivisektion f.
vivre leben
vocal vokal
vocalisation f. Vokalisation f.
vocation f. Berufung f.
Vögtlin, unité d'hormone posthypophysaire f. Vögtlin-Einheit f.
voie f. Bahn f.
voie acoustique f. Hörbahn f.
voie aérienne f. Luftweg m.
voie de conduction f. Leitungsbahn f.
voie endoartérielle f. endoarterieller Zugang m.
voie endogène f. endogener Zugang m.
voie endovasculaire f. endovaskulärer Zugang m.
voie endoveineuse f. endovenöser Zugang m.
voie motrice f. Bewegungsbahn f.
voie nerveuse f. Nervenbahn f.
voie olfactive f. Riechbahn f.
voie transthoracique f. transthorakaler Zugang m.
voie visuelle f. Sehbahn f.
voies biliaires f. pl. Gallenwege f. pl.
voies hépatiques et biliaires f. pl. Leber und Gallenwege m. pl.
voile m. Schleier (radiol.) m.
voile du palais m. Gaumensegel n.
voir sehen
voisin benachbart
voix f. Stimme f.
voix chuchotée f. Flüstersprache f.
voix intérieure f. innere Stimme f.
vol et assassinat Raubmord m.
volaille f. Geflügel n.
volatil flüchtig, volatil
volatil, peu schwer flüchtig
volatil, très leicht flüchtig
volatilisation f. Verdunstung f., Verflüchtigung f.
volatiliser, se verdunsten
volazocine f. Volazocin n.
volitionnel willensmäßig, willentlich
Volkmann, attelle de f. Volkmannschiene f.
volontaire freiwillig
volontaire sain m. freiwilliger gesunder Proband m., freiwillige gesunde Versuchsperson f.
volonté f. Wille m.
volonté de travailler f. Arbeitswille m.
volt m. Volt n.
voltage m. Ausgangsspannung f., elektrische Spannung f.
voltage d'entrée m. Eingangsspannung f.
voltage d'utilisation m. Betriebsspannung f.
voltage de branchement m. Anschlussspannung f.
voltmètre m. Voltmeter n.
volume m. Volumen n.
volume de réserve m. Reservevolumen n.
volume expiratoire m. Exspirationsvolumen n.
volume expiratoire maximum/seconde (VEMS) m. exspiratorische Atemstromstärke f.
volume globulaire m. Erythrozytenvolumen n.
volume humoral m. Körperflüssigkeit f.
volume inspiratoire maximum/seconde (VIMS) m. inspiratorische Atemstromstärke f.
volume minute m. Minutenvolumen n.
volume-minute (cœur) m. Herzminutenvolumen n.
volume pulmonaire m. Lungenvolumen n.
volume résiduel m. Residualvolumen n.
volume respiratoire m. Atemvolumen n.
volume respiratoire/minute m. Atemminutenvolumen n.
volume sanguin m. Blutvolumen n.
volume shunt m. Shuntvolumen n.
volume systolique m. Schlagvolumen n.
volume télésystolique m. Restblutmenge (kardiol.) f.
volumétrie f. Titrimetrie f., Volumetrie f.
volumétrique titrimetrisch, volumetrisch
volumineux umfangreich, voluminös
volupté f. Wollust f.
voluptueux wollüstig
volutine f. Volutin n.
volvulus m. Volvulus m.

vomérobasilaire vomerobasilär
voméronasal vomeronasal
vomir erbrechen, sich übergeben
vomissement m. Emesis f., Erbrechen n.
vomissement bilieux m. galliges Erbrechen n.
vomissement de sang m. Bluterbrechen n.
vomissement fécaloide m. Koterbrechen n.
vomitif m. Brechmittel n.
vorace fressgierig
voracité f. Fressgier f.
voriconazole f. Voriconazol n.
vorozol m. Vorozol n.
voussure f. Beule f.
voûte f. Gewölbe n.
voûte crânienne f. Kalotte f., Schädeldach n.
voûte diaphragmatique f. Zwerchfellkuppel f.
voute palatine osseuse f. harter Gaumen m.
voûte plantaire f. Fußgewölbe n.
vraie côte f. echte Rippe f.
vrille f. Bohrer m.
vrille à plâtre f. Gipsbohrer m.
VS (vitesse de sédimentation des hématies) f. BSG (Blutsenkungsgeschwindigkeit) f.
vue f. Einblick m.
vue d'ensemble f. Überblick m.
vue trouble f. verschwommenes Sehen n., Augentrübung f.
vulcanisateur m. Vulkanisator m.
vulcaniser vulkanisieren
vulnérabilité f. Verwundbarkeit f., Vulnerabilität f.
vulnérable verwundbar, vulnerabel
vulvaire vulvär
vulvectomie f. Vulvektomie f.
vulvite f. Vulvitis f.
vulvite, de vulvitisch
vulvocrural vulvokrural
vulvovaginal vulvovaginal
vulvovaginite f. Vulvovaginitis f.
vuzine f. Vuzin n.

W

W.-C. m. Wasserklosett n., WC n.
Waaler-Rose, réaction de f. Waaler-Rose Test m.
Waldeyer, anneau de m. Waldeyerscher Rachenring m.
Wallenberg, syndrome de m. Wallenberg-Syndrom n.
warfarine f. Warfarin n.
Waterhouse-Friderichsen, syndrome de m. Waterhouse-Friderichsen-Syndrom n.
watt m. Watt n.
Weber, épreuve de f. Weberscher Versuch m.
Weber, syndrome de m. Weber-Syndrom n.
Wechsler-Bellevue, échelle d'intelligence de f. Wechsler-Skala f.
weddellite m. Weddellit m.
Wegener, granulomatose de f. Wegenersche Granulomatose f.
Weigert, coloration de f. Weigertsche Färbemethode f.
Weil, maladie de f. Weilsche Krankheit f.
Weil-Felix, réaction de f. Weil-Felix-Reaktion f.
Werdnig-Hoffmann, type de m. Werdnig-Hoffmannscher Typ m.
Werlhof, maladie de f. Werlhofsche Purpura f.
Wermer, syndrome de m. Wermer-Syndrom n.
Wertheim, opération de f. Wertheimsche Operation f.
Westphal, signe de m. Westphal-Zeichen n.
Wharton, gelée de f. Whartonsche Sulze f.
whewellite f. Whewellit m.
Whitehead, intervention de f. Whiteheadsche Operation f.
whitlockite f. Whitlockit m.
Willebrand, maladie de f. Von-Willebrand-Jürgens-Krankheit f.
Wilms, tumeur de f. Wilms-Tumor m.
Wilson, maladie de f. Wilsonsche Krankheit f.
Wipple, maladie de f. Wipplesche Krankheit f.
Wiskott-Aldrich, syndrome de m. Wiskott-Aldrich-Syndrom n.
Wolff, canal de m. Wolftscher Gang m.
Wolff, corps de m. Wolffscher Körper m.
Wolff-Parkinson-White, syndrome de m. Wolff-Parkinson-White-Syndrom n.
wolframate m. Wolframat n.
WPW m. WPW-Syndrom n.
Wucheria bancrofti f. Filaria bancrofti f.

X

xamotérol m. Xamoterol n.
xanthate m. Xanthat n.
xanthélasma m. Xanthelasma n.
xanthène m. Xanthen n.
xanthine f. Xanthin n.
xanthineoxydase f. Xanthinoxidase f.
xanthinurie f. Xanthinurie f.
xanthiol m. Xanthiol n.
xanthoastrocytome m. Xanthoastrozytom n.
xanthochrome xanthochrom
xanthochromie f. Xanthochromie f.
xanthocyanopsie f. Xanthozyanopsie f.
xanthodermie f. Xanthodermie f.
xanthodontie f. Xanthodontie f.
xanthofibrome m. Xanthofibrom n.
xanthofibrosarcome m. Xanthoobrosarkom n.
xanthogénate m. Xanthogenat n.
xanthogranulome m. Xanthogranulom n.
xanthomateux xanthomatös
xanthomatose f. Xanthomatose f.
xanthome m. Xanthom n.
xanthomonas m. Xanthomonas m.
xanthone f. Xanthon n.
xanthophylle f. Xanthophyll n.
xanthoprotéine f. Xanthoprotein n.
xanthopsie f. Gelbsehen n., Xanthopsie f.
xanthoptérine f. Xanthopterin n.
xanthosarcome m. Xanthosarkom n.
xanthosine f. Xanthosin n.
xanthosis m. Xanthose f.
xanthotoxine f. Xanthotoxin n.
xantinol m. Xantinol n.
xantocilline f. Xantocillin n.
xénipentone f. Xenipenton n.
xénoantigène m. Xenoantigen n.
xénobiotique xenobiotisch
xénobiotique m. Xenobiotikum n.
xénodiagnostic m. Xenodiagnose f.
xénodiagnostique xenodiagnostisch
xénogenèse f. Xenogenese f.
xénogénique xenogen, xenogenetisch
xénogreffe f. Transplantat exogenes n., Xenotransplantat n.
xénologie f. Xenologie f.
xénologique xenologisch
xénon m. Xenon n.
xénoparasite m. Xenoparasit m.
xénophobie f. Xenophobie f.
xénophonie f. Xenophonie f.
xénoplastie f. Xenoplastie f.
xénopsylla f. Xenopsylla f.
xénotype m. Xenotyp m.
xenthiorate m. Xenthiorat n.
xénygloxal m. Xenygloxal n.
xényrate m. Xenyrat n.
xénysalate m. Xenysalat n.
xénytropium m. Xenytropium n.
xérodermie f. Xeroderma n.
xérodermique xerodermisch
xérographie f. Xerographie f.
xérographique xerographisch
xérophtalmie f. Xerophthalmie f.
xéroradiographie f. Xeroradiographie f.
xéroradiographique xeroradiographisch
xérose f. Xerose f.
xérostomie f. Xerostomie f.
xérotomographie f. Xerotomographie f.
xérotomographique xerotomographisch
xilase f. Xilase f.
ximélagatran m. Ximelagatran n.
xinafoate m. Xinafoat n.
xinomiline f. Xinomilin n.
xipamide m. Xipamid n.
xiphocostal xiphokostal
xiphodynie f. Xiphodynie f.
xylamidine f. Xylamidin n.
xylane m. Xylan n.
xylénol m. Xylenol n.
xylidine f. Xylidin n.
xylite f. Xylit m.
xylocétose m. Xyloketose f.
xylocoumarol m. Xylocoumarol n.
xylol m. Xylol n.
xylométazoline f. Xylometazolin n.
xylopyranose m. Xylopyranose f.
xylose m. Xylose f.
xylosurie f. Xylosurie f.
xylulose m. Xylulose f.
xylulosurie f. Xylulosurie f.

Y

yaourt m. Joghurt n., Yoghurt n.
Yersinia enterocolitica f. Yersinia enterocolitica f.
yersinie f. Yersinie f.
yersiniose f. Yersiniose f.
yoga m. Yoga m.

Yohimbane m. Yohimban n.
yohimbine f. Yohimbin n.
ytterbium m. Ytterbium n.
yttrium m. Yttrium n.

Z

zalcitabine f. Zalcitabin n.
zanamivir m. Zanamivir n.
zapizolam m. Zapizolam n.
zéatine f. Zeatin n.
zéaxanthine f. Zeaxanthin n.
zéine f. Zein n.
Zenker, diverticule de m. Zenkersches Divertikel n.
zéolite f. Zeolit n.
zépastine f. Zepastin n.
zéranol m. Zeranol n.
zéro m. Null f.
zétidoline f. Zetidolin n.
zeugmatographie f. Zeugmatographie f.
zézaiement m. Lispeln n.
zézayer lispeln
zidométacine f. Zidometacin n.
zidovudine f. Zidovudin n.
Ziehl-Neelsen, coloration de f. Ziehl-Neelsen-Färbung f.
Zieve, syndrome de m. Zieve-Syndrom n.
zilantel m. Zilantel n.
zinc m. Zink n.
zinc en suspension m. Zinksuspension f.
Zinn, zonule de f. Zonula zinni f.
zinostatine f. Zinostatin n.
zinviroxime m. Zinviroxim n.
ziprasidone f. Ziprasidon n.
zirconium m. zirkonium n.
zocaïnone f. Zocainon n.
zoficonazole m. Zoficonazol n.
zogamicine f. Zogamicin n.
zolamine f. Zolamin n.
zolertine f. Zolertin n.
Zollinger-Ellison, syndrome de m. ZE-Syndrom (Zollinger-Ellison-Syndrom) n.
zolmitriptane m. Zolmitriptan n.
zolopérone f. Zoloperon n.
zolpidem m. Zolpidem n.
zomépirac m. Zomepirac n.
zona m. Gürtelrose f., Herpes zoster m., Zoster m.
zonage m. Zonierung f.
zonal zonal
zone f. Zone f.
zone cervicale f. Zervikalzone f.
zone coronale f. Koronalzone f.
zone d'adhésion f. Haftzone f.
zone d'occlusion f. Okklusionsbereich m.
zone d'occlusion latérale f. Seitenzahnokklusionszone f.
zone de croissance f. Wachstumszone f.
zone de décharge f. Entlastungszone f.
zone de fusion f. Schmelzbereich m.
zone de Head f. Headsche Zone f.
zone de Kiesselbach f. Kiesselbachscher Ort m.
zone de stress f. Belastungszone f.
zone de stress f. Belastungszone f.
zone de traitement f. Behandlungszone f.
zone de transition f. Übergangszone f.
zone desservie par l'hôpital f. Krankenhauseinzugsgebiet n.
zone détente f. Triggerzone f.
zone marginale f. Randzone f.
zone métaplasique f. Umbauzone f.
zone réflexe f. Reflexzone f.
zone scléreuse f. Sklerozone f.
zonisamide m. Zonisamid n.
zonographie f. Zonographie f.
zonulaire zonulär
zonule de Zinn f. Linsenaufhängeapparat m.
zonulite f. Zonulitis f.
zonulolyse f. Zonulolyse f.
zooanthroponose f. Zooanthroponose f.
zoogonie f. Zoogonie f.
zookinase f. Zookinase f.
zoologie f. Zoologie f.
zoologique zoologisch
zoologue f. Zoologin f.
zoologue m. Zoologe m.
zoonose f. Zoonose f.
zooparasite m. Zooparasit m.
zoophile zoophil
zoophilie f. Zoophilie f.
zoophysiologie f. Tierphysiologie f.
zoophysiologique tierphysiologisch
zoopsie f. Zoopsie f.
zoospermie f. Zoospermie f.
zoospore f. Zoospore f.
zoostérol m. Zoosterin n.
zootoxine f. Zootoxin n.
zopiclone f. Zopiclon n.
zostériforme zosterartig
zotépine f. Zotepin n.
zoxazolamine f. Zoxazolamin n.
Zuckerkandl, corps de m. Zuckerkandlsches Organ n.
zuclopenthixol m. Zuclopenthixol m.
zygodactylie f. Zygodaktylie f.
zygomaticofacial zygomatikofazial
zygomaticofrontal zygomatikofrontal
zygomaticoorbitaire zygomatikoorbital

zygomaticosphénoïdien zygomatikosphenoidal
zygomaticotemporal zygomatikotemporal
zygomatique zygomatisch
zygomaxillaire zygomaxillär
zygomycose f. Zygomykose f.
zygosporine f. Zygosporin n.
zygote zygotisch

zygote m. Zygote f.
zymase f. Zymase f.
zymogène m. Zymogen n.
zymogramme m. Zymogramm n.
zymohexase f. Zymohexase f.
zymolyse f. Zymolyse f.
zymostérol m. Zymosterin n.

Zweiter Teil
Deutsch–Französisch

Deuxième partie
Allemand–Français

A

A.A. (Anonyme Alkoholiker m. pl.) Alcooliques Anonymes m. pl.
AAF (Antiatelektasefaktor) m. surfactan factor m.
Aas (veter.) n. charogne f.
Abacavir n. abacavir m.
abakteriell abactérien
Abamectin n. abamectine f.
Abart f. variété f.
Abartikulatuion f. abarticulation f.
Abasie f. abasie f.
abaxial abaxial
abbalgen peler, s'escarrifier
Abbau m. dégradation, décomposition f.
Abbau, geistiger détérioration mentale f.
abbauen dégrader, décomposer.
Abbauzelle f. cellule poubelle f.
abbeißen mordre
abbeizen (dent.) décaper
Abbiegung f. déflection, déviation f.
abbinden ligaturer
abbinden (dent.) poser
Abbindeprozess (dent.) pose
Abbindung f. ligature f.
Abblassen n. décoloration f., pâleur f.
Abblassung, bitemporale f. décoloration bitemporale f.
Abblasventil n. valve d'échappement f.
abblättern exfolier, s'écailler
Abbremsung f. décélération f.
Abbruchblutung f. hémorragie de privation f., hémorragie folliculaire f.
abbürsten brosser
Abciximab n. abciximab m.
Abdampfschale f. capsule d'évaporation f.
Abdecker m. équarrisseur m. (vétér.)
Abdeckerei f. équarrissage m. (vétér.)
Abdecktest m. test du cache m.
Abderhalden-Fanconisches Syndrom n. Cystinose f., maladie de Lignac-Fanconi f.
abdichten calfater, calfeutrer, étancher, fermer
Abdichtung f. étanchéfication f., fermeture f., joint m.
Abdomen n. abdomen m.
Abdomen-Übersicht f. abdomen sans préparation (ASP) m.
Abdomen, akutes syndrome abdominal aigu m.
abdominal abdominal
Abdominalgie f. abdominalgie f.
abdominoanterior abdominoantérieur
abdominogenital abdominogénital
abdominoperieal abdominopérineal
abdominoposterior abdominopostérieur
Abdominoskop n. abdominoscope m.
Abdominoskopie f. abdominoscopie f.
abdominoskopisch abdominoscopique
abdominoskrotal abdominoscrotal
abdominothorakal abdominothoracal
abdominovaginal abdominovaginal
abdominovesikal abdominovésical
Abdominozentese f. abdominocentèse f.
abdominozystisch abdminocystique
Abdruck m. empreinte f. (dent.)
Abdruck, einen A. nehmen prendre une empreinte
Abdrucklöffel m. spatule f. (dent.)
Abduktion f. abduction f.
Abduktionsschiene f. attelle d'abduction f., èclisse d'abduction f.
Abduktor m. abducteur m.
Abduzenslähmung f. paralysie des abducteurs f.
abduzieren écarter, mettre en abduction
Aberration f. aberration f.
aberrierend aberrant, anormal
Abetalipoproteinämie f. abétalipoprotéinémie f., syndrome de Bassen-Kornzweig m.
Abfall (Abstieg) m. chute f., décroissance f.
Abfall (Überbleibsel) m. déchet m., résidu m.
Abfalleimer m. poubelle f, .seau à ordures m.
abfallen être de reste
abfallen (absteigen) chuter, décroître
abfeilen limer
abferkeln (veter.) mettre bas
abflachen aplatir, devenir plat, niveler
abfließen s'écouler
Abfluss m. écoulement n.
Abflusskanal m. canal d'écoulement m., égout m.
Abflussrohr n. tuyau d'écoulement m.
Abflussschlauch m. tuyau d'écoulement m.
Abformstoff (dent.) m. matériel pour empreinte m.
Abformung (dent.) empreinte f.
abführen emporter, purger
abführend laxatif, purgatif
Abführmittel n. laxatif m., purge f.
Abgas n. gaz déchappement m.
abgehen partir, quitter
abgemagert amaigri, émacié
abgesagt annulé

abgeschlagen fatigué
abgeschwächtes Atemgeräusch n. bruit respiratoire diminué m.
abgestorben mort, nécrosé
abgewöhnen déshabituer
abgrenzen délimiter
Abgrenzung f. délimitation f.
Abguss m. moulage m. dent.
abhängig (von Drogen, Alkhol) dépendant
Abhängigkeit f. dépendance f.
abhärten endurcir
abhebeln soulever au levier
abhobeln abraser, raboter
abhorchen ausculter, écouter
Abietin n. abiétine f.
Abiogenese f. abiogénèse f., archébiose f., géneration spontanée f.
abiogenetisch abiogénétique
Abiose f. abiose f.
abiotisch abiotique
Abiotrophie f. abiotrophie f.
abiotrophisch abiotrophique
abiuretisch abiorétique
abkapseln encapsuler, enkyster
Abkapselung f. encapsulement m., enkystement m.
Abkauung f. rongement m.
Abklatschgeschwür n. ulcères symétriques m. pl.
abklemmen clamper, pincer
Abklemmvorrichtung m. garrot m.
Abklingen n. diminution d'élimination m.
Abklingquote, f. quotient d'élimination m.
Abklingquote, hohe f. quotient d'élimination élevé m.
abkneifen enlever par pincement
Abknickung f. déviation angulaire f, . pliure f.
abkochen faire une décoction
Abkochung f. décoction f.
abkratzen enlever par grattage
Abkühlung f. refroidissement m.
Abkürzung f. abréviation f.
Ablagerung f. dépot m.
Ablagerungsvorgang m. formation de dépot f.
Ablaktation f. ablactation f.
Ablastin n. ablstine f.
Ablatio f. ablation f.
Ablatio mammae f. mastectomie f.
Ablehnung f. rejet m.
ableiten (Flüssigkeit) drainer
ableitend dérivatif
ableitendes Mittel n. dérivatif m. révulsif m.
Ableitung f. dérivation f., (ECG)

ablenkbar (psych.) disposé à la distraction
Ablenkbarkeit (psych.) f. tendance à la distraction f.
ablenken détourner
ablenken (psych.) distraire
Ablenkung f. détournement m.
Ablenkung (psych.) f. distraction f.
ablösen décoller, détacher
Ablösung (Loslösung) f. détachement m., d'collement m.
abmagern maigrir
Abmagerung f. amaigrissement m., émaciation f.
abmontieren démonter
abnabeln couper le cordon ombilical
Abnabelung f. omphalotomie f.
Abnahme (Verringerung) f. diminution f.
abnehmen diminuer
abnehmen (abmagern) maigrir
abnorm anomal
Abnormität f. anormalité f.
Abnutzung f. usure f.
Abokklusion f. occlusion f.
Abomasitis f. abomasite f.
Abomasopexie f. abomasopexie f.
Abomasus m. abomasus m., caillette f.
aboral opposé à la bouche
Abort m. (Fehlbegurt f.) avortement m., fausse couche f.
abortieren avorter
abortiv abortif
Abortivum n. abortif m.
Abortus artificialis m. avortement provoqué m.
Abortus completus m. avortement complet m.
Abortus criminalis m. avortement ciminel m.
Abortus febrilis m. avortement fébrile m.
Abortus habitualis m. avortement habituel m.
Abortus imminens m. avortement imminent m.
Abortus incompletus m. avortement incomplet m.
Abortus, seuchenhafter m. avortement épidémique m. (vétér.)
Abortuszange f. pince à faux germes f.
Abprall m. rebond m.
abpumpen pomper
Abrachie f. abrachie f., lipobrachie f.
Abrachiozephalie f. abrachiocéphalie f.
abradieren abraser
Abrasio f. abrasion f.
Abrasion f. abrasion f.

Abrasionsfestigkeit f.   résistance à l'abrasion f.
Abrasionsfläche f.   surface d'abrasion f.
abrasiv   abrasif
abreagieren   abréagir
Abreaktion f.   abréaction f.
abreiben   frotter
Abreibung f.   friction f.
Abrieb m.   abrasion f.
Abriss m.   arrachement m.
Abrufbeatmung f.   ventilation assistée à la demande f.
Abrufprogramm n.   programme disponible m.
Abrufschrittmacher m.   stimulateur cardiaque à la demande m.
abrunden   arrondir
abrupt   abrupt
Absauganlage f.   système d'aspiration m.
absaugen   aspirer, sucer
Absaugrohr n.   tube d'aspiration m.
abschaben   racler
Abschälungsfraktur f.   fracture clivée f.
abscheiden   sécréter
Abscherung f.   cisaillement m.
abschilfern   exfolier
Abschilferung f.   exfoliation f.
abschirmen   protéger
Abschirmung f.   protection f.
abschleifen   meuler
Abschlusskontrolle f.   contrôle final m.
Abschlusslinie f.   ligne de finition f. (dent.)
abschneiden   couper, sectionner
Abschnürbinde f.   garrot m.
abschrägen   couper en biseau
abschuppen   desquamer
Abschuppung f.   desquamation f., exfoliation f.
Abschürfung f.   écorchure f., éraflure f.
abschweifen   s'écarter
abschwellen   désenfler
abschwellend   décongestionnant
abschwellendes Mittel n.   anticongestif m.
Abschwellung f.   désenflement m., détumescence f.
Absentismus m.   absentéisme m.
Absetzen einer Behandlung n.   interruption d'une thérapeutique f.
Absicht f.   intention f.
absichtlich   intentionnel
absolut   absolu
absoluter Alkohol m.   alcool absolu m.
absondern (ausscheiden)   sécréter
absondern (isolieren)   isoler, séparer
Absonderung (Ausscheidung) f.   excrétion f., exsudat m., sécrétion f.
Absonderung (Isolierung) f.   isolation f., séparation f.
Absorbens n.   absorbant m.
absorbieren   absorber
absorbierend   absorbant
Absorptiometrie f.   absorptiométrie f.
Absorption f.   absorption f.
Absorptionsfähigkeit f.   absorbabilité f.
abspalten   dédoubler, diviser
Abspaltung f.   division f., scission f.
absplittern   faire des éclats, se fendre
absprengen   pratiquer une divulsion
Absprengung f.   divulsion f.
abspulen   débobiner, rincer
abstammen   descendre de
Abstammungswahn m.   délire de filiation m.
Abstand m.   distance f.
Abstand halten   garder la distance
absteigen   descendre
absteigend   descendant, décroissant
absterben   se nécroser
absterben (gefühllos werden)   perdre la sensibilité
Abstieg m.   descente f.
abstillen   sevrer
Abstillen n.   sevrage m.
abstinent   abstinent
Abstinenz f.   abstinence f.
abstöpseln   boucher
Abstöpselung f.   bouchage f.
abstoßend   repoussant
Abstoßung f.   détachement m., répulsion f.
Abstoßung eines Transplantates f.   rejet d'une greffe m.
abstrahlen, mit Sand   sabler (dent.)
Abstrahlgebläse n.   sableuse f.
abstrakt   abstrait
Abstraktion f.   abstraction f.
Abstrich m.   frottis m., préparation microscopique f.
Abstrich, einen A. machen   faire un frottis
abstumpfen   devenir indifférent (psychique), assourdir
Abstumpfung, psychische f.   apathie f.
Abstützung f.   support m.
Abszess m.   abcès m., collection purulente f.
Abszess, kalter m.   abcès froid m.
Abszessmesser n.   lancette f.
Abszisse f.   abscisse f.
Abt-Letterer-Siwesche Krankheit f.   maladie d'Abt-Letterer-Siwe f.
Abtastmethode f.   méthode de palpation f.
Abteilung f.   département m., section f., service m.

Abteilung, geschlossene/offene f. service fermé/ouvert m.
abtragen enlever
abtreiben expulser
abtreiben (gyn.) faire un avortement
Abtreibung (gyn.) f. avortement m.
abtupfen éponger, tamponner
Abulie f. aboulie f.
abulisch aboulique
Abulomanie f. aboulomanie f.
Abundanz f. abondance f.
abwaschen laver
Abwaschung f. ablution f.
Abwasser n. eaux sales f. pl.
Abwehr (immunol.) f. défense f.
Abwehr (psych.) résistance f.
Abwehrferment n. ferment de défense m.
Abwehrkraft f. potentiel de défense m.
Abwehrmechanismus m. mécanisme de défense m.
Abwehrreaktion f. réaction de défense f.
Abwehrspannung f. tension de défense abdominale f.
Abweichung f. aberration f., déviation f.
abwenden détourner
abwerten dévaluer
abwischen essuyer
abzapfen percer, ponctionner
Abzugkanal (dent.) m. canal d'évacuation m.
Abzweigung f. bifurcation f.
Abzweigung f. (shunt) shunt m.
Acamprosat n. acamprosate m.
Acantholyse f. acantholyse f.
acantholytisch acantholytique
Acanthosis nigricans f. acanthosis nigricans f.
Acarapis m. acarapis m.
Acarbose f. acarbose m.
Accretio f. accrétion f.
ACE (Angiotensin-Conversions-Enzym) n. enzyme de conversion de l'angiotensine (ECA) f.
Acebutolol n. acébutolol m.
Aceclofenac n. acéclofénac m.
Acedapson n. acédapsone f.
Acelidin n. acélidine f.
Acemetacin n. acémétacine f.
Acenocoumarol n. acénocoumarol m.
Acet… siehe auch voir aussi Azet…
Acetanilid n. acétanilide m., antifibrine f.
Acetat n. acétate m.
Acetazolamid n. acétazolamide m.
Aceton n. acétone m.
Acetonid n. acétonide m.
Acetophenitidin n. acétophénétidine f.
Acetrizoat n. acétrizoate m.
Acetyl… siehe auch voir aussi Azetyl…
Acetylcholin n. acétylcholine f.
Acetyldigoxin n. acétyldigoxine f.
Acexamat n. acéxamate m.
Achalasie f. achalasie f.
Achat m. agate f.
Acheilie f. acheilie f.
Aschenbach-Syndrom n. syndrome d'Aschenbach m.
Achillessehne f. tendon d'Achille m.
Achillessehnenreflex m. réflexe achilléen m.
Achillodynie f. achillodynie f.
Achillorrhaphie f. suture du tendon d'Achille f.
Achillotomie f. achillotomie f.
Achlorhydrie f. achlorhydrie f.
achlorhydrisch achlorhydrique
Acholie f. acholie f.
Acholurie f. acholurie f.
acholurisch acholurique
Achondrogenesis f. achondrogenèse f.
Achondroplasie f. achondroplasie f.
Achorese f. achorèse f.
achrestisch achrestique
Achromasie f. achromasie f.
Achromat m. achromate m.
achromatisch achromatique
Achromatopsie f. achromatopsie f.
Achromatozyt m. achromatocyte m.
Achromie f. achromie f.
Achromobacter m. achromobacter m.
Achse f. axe m.
Achselhöhle f. aisselle f.
Achsendrehung f. torsion axiale f.
Achsenhyperopie f. hyperopie axiale f.
Achsenmyopie f. myopie axiale f.
Achsenverschiebung f. déplacement axial m.
Achsenzugzange f. forceps de Tarnier m.
Achsenzylinder m. cylindre-axe m.
Achsenzylinderfortsatz m. axone m., prolongement de Deiters m.
achteckig octogonal
Achtertourenverband m. bandage croisé en huit m.
achtwertig octovalent
Achylie f. achylie f.
achylisch achylique
Achymie f. achymie f.
ächzen geindre, gémir
Aciclovir n. aciclovir m.
Acidimeter n. acidimètre m.
Acidocillin n. acidocilline f.
Acidose f. acidose f.
Acidothymidin n. acidothymidine f.

Adenovirusinfektion

acidotisch d'acidose
Acitretin n. acitrétine f.
Aclarubicin n. aclarubicine f.
Aclutacil n. acluracile m.
Acne f. acné f.
Aconitan n. aconit m.
Aconitin n. aconitine f.
Acrisorcin n. acrisorcine f.
Acrocyanose f. acrocyanose f.
Acrodermatitis f. acrodermatite f.
Acrolein n. acroléine f.
Acryl… siehe auch voir aussi Akryl…
Acrylamid n. acrylamide m.
Acrylat n. acrylate m.
Acrylatkrone f. couronne acrylique f.
ACTH (adrenocorticotropes Hormon) n. hormone adrénocorticotrope (ACTH) f.
ACTH freisetzender Faktor m. facteur de libération de l'ACTH
Actinid n. actinide m.
Actinomyces m. actinomyces m.
Actinomycin n. actinomycine f.
Actinomycose f. actinomycose f.
Acycloguanosin n. acycloguanosine f.
Acyl… siehe auch voir aussi Azyl…
Acyldehydrogenase f. acyldéhydrogénase f.
Acyldecarboxylase f. acyldécarboxylase f.
Acylethanolamin n. acyléthanolamine f.
Acylguanidin n. acylguanidine f.
Acylierung f. acylation f.
Acyltransférase f. acyltransférase f.
Acylureidomethylpenicillin n. acyluréi dométhylpénicilline f.
Acylureidopenicillin n. acyluréidopénicilline f.
Adaktylie f. adactylie f.
Adalinumab n. adalinumab m.
Adamantanamin n. adamantanamine f.
Adamantin n. adamantine f.
Adamantinom n. adamantinome m., améloblastome m.
Adamantoblast m. adamantoblaste m.
adamantodentinal amélodentinal
Adamantoylcytarabin n. adamantoylcytarabine f.
Adams-Stokessches Syndrom n. syndrome d'Adams-Stokes m.
Adamsapfel m. pomme d'Adam f.
Adapalen n. adapalène m.
Adamsit n. adamsite f.
Adaptation f. adaptation f.
Adaptationssyndrom n. syndrome d'adaptation m.
Adapter m. adaptateur m.
adaptieren adapter
Adaptinose f. adaptinose f.
adäquat adéquat
Addisonismus m. addisonisme m.
Addisonsche Krankheit f. maladie d'Addison f.
Additiv n. additif m.
Adduktion f. adduction f.
Adduktor m. adducteur m.
Adduktorenkanal m. canal fémoral m.
adduzieren mettre en adduction
Adefovir n. adéfovir m.
adelomorph adélomorphe
Ademetionin n. adémétionine f.
Adenin n. adénine f.
Adenitis f. adénite f.
adenitisch adénitique
Adenoacanthom n. adénoacanthome m.
Adenoangiosarkom n. adénoangiosarcome m.
Adenoblast m. adénoblaste m.
Adenocarcinom n. adénocarcinome m.
Adenochondrom n. adénochondrome m.
Adenofibrom n. adénofibrome m.
Adenographie f. adénographie f.
Adenohypophyse f. lobe antérieur de l'hypophyse m.
adenoid adénoïde, adénoïdien
adenoide Vegetationen f. pl. végétations adénoïdes f. pl.
Adenoidektomie f. adénoïdectomie f.
Adenoiditis f. adénoïdite f.
Adenolipomatose f. adénolipomatose f.
Adenolymphom n. adénolymphome m.
Adenom n. adénome m.
Adenom des Inselgewebes n. insulinome m.
Adenoma sebaceum n. adénome sébacé m.
Adenoma sudoriferum n. adénome sudorifère m.
adenomatös adénomateux
Adenomyom n. adénomyome m.
Adenosin n. adénosine f.
Adenosindiphosphat (ADP) n. acide adénosinediphosphorique m. (ADP)
Adenosinmonophosphat n. (AMP) acide adénosinemonophosphatique (AMP) m.
Adenosintriphosphat n. (ATP) adénosine triphosphate f.
Adenosklerose f. adénosclérose f.
adenosquamös adénosquameux
Adenotom n. adénotome m., curette à adénoïdes f.
Adenotomie f. adénotomie f.
Adenovirus n. adénovirus m.
Adenovirusinfektion f. infection à adénovirus f.

Adenozele f. adénocèle f.
Adenylat n. adénylate m.
Adenylcyclase f. adénylcyclase f.
Adeps lanae m. adeps lanae m.
Adeps lanae anhydricus m. adeps lanae anhydricus m.
Aderhaut f. choroïde f.
Aderlass m. saignée f.
Adermin n. adermine f., pyridoxine f.
ADH (antidiuretisches Hormon) n. ADH (hormone antidiurétique)
Adhäsin n. adhésine f.
Adhäsion f. adhésion f.
adiabatisch adiabatique
Adiadochokinesie f. adiadococinésie f.
Adiaphorese f. adiaphorèse f.
Adieches Syndrom n. syndrome d'Adie m.
Adinazolam n. adinazolam m.
Adipocire n. adipocire f.
Adiponekrose f. adiponécrose f.
adipös adipeux, gras
Adipokin n. adipokine f.
Adiponectin n. adiponectine f.
Adipositas f. adiposité f.
Adipositas dolorosa f. adiposité douloureuse f.
adiposogenital adiposogénital
Adiposogigantismus m. adiposogigantisme m.
Adipostat n. adipostate m.
Adipozyt m. adipocyte m.
Adipsie f. adipsie f.
Adiuretin n. adiurétine f.
Adjuvans n. adjuvant m.
adjuvant adjuvant
Adjuvantizität f. propriété d'adjuvant f.
Adnex m. annexe f.
Adnexheftung f. annexopexie f.
Adoleszent m. adolescent m.
Adoleszentenkropf m. goitre pubertaire m.
Adonidin n. adonidine f.
Adonit n. adonite f.
Adontie f. adontie f.
Adoption f. adoption f.
adoptiv adoptif
adrenal surrénal
Adrenalektomie f. surrénalectomie f.
adrenalektomieren surrénalectomier
Adrenalin n. adrénaline f., épinéphrine f.
Adrenalin-Test (kardiol.) m. test de stress (cardio) m.
adrenergisch adrénergique
Adrenochrom n. adrénochrome m.
adrenogenital adrénogénital

adrenogenitales Syndrom n. syndrome adrénogénital m.
adrenokortikotrop adrénocorticotrope
adrenokortikotropes Hormon n. adréno corticotrophine f.
adrenolytisch adrénolytique
adrenomedullär adrénomédullaire
Adrenorezeptor m. récepteur adrénergique m.
adrenotrop adrénotrope
Adriamycin n. adriamycine f.
adsorbieren adsorber
Adsorption f. adsorption f.
Adstringens n. astringent m.
adstringierend astringent
adult adulte
ÄDTA (Äthylen-Diamin-Tetra-Azetat) n. EDTA (éthyléne diamine tétra-acétate) m.
Adventitia f. tunique adventice f.
Adventitiazelle f. cellule adventicielle f.
Adynamie f. adynamie f.
aerob aérobie
Aerobier m. aérobie m.
Aerodynamik f. aérodyamique f.
aerodynamisch aérodynamique
Aerogramm n. aérogramme m.
Aerographie f. aérographie f.
aerographisch aérographique
Aeromammographie f. aéromammographie f.
Aeroneurose f. aéroneuropathie f.
Aerophagie f. aérophagie f.
Aerosol m. aérosol m.
Aerosolapparat m. appareil pour aérosol m.
Aerosyringitis f. aérosyringite f.
Aerozystoskopie f. aérocystoscopie f.
aerozystoskopisch aérocystoscopique
Affe m. singe m.
Affekt m. affect m.
Affektabstumpfung f. perte d'affectivité f.
Affektepilepsie f. crise convulsive psychasthénique f.
Affekthandlung f. action en état d'émotion f.
Affektinkontinenz f. incontinence affective f.
Affektion f. affection f., maladie f.
affektiv affectif
Affektivität f. affectivité f.
Affektkrampf m. convulsion émotive f.
Affektlabilität f. labilité affective f.
Affektschwäche f. insuffisance affective f.
Affektstauung f. blocage de l'expression affective m.
affenartig simiesque

Affenfurche f. dermatoglyphe simiesque m.
Affenhand f. main de singe f.
Affenpocken f. pl. variole du singe f.
Affenspalte f. scissure perpendiculaire externe f.
afferent afférent
Afferenz f. afférence f.
Affinität f. affinité f.
affizieren affecter
Afflux m. afflux m.
Afibrinogenämie f. afibrinogénémie f.
Aflatoxin n. aflatoxine f.
AFP (Alpha-1-Foetoprotein) n. AFP (alpha-1-foetoprotéine) f.
AFR (Antifibrinolysinreaktion) f. AFR (réaction d'antifibrinolysine) f.
After m. anus m.
Afterklaue (veter.) f. ergot m.
Agalaktie f. agalactie f.
Agammaglobulinämie f. agammaglobulinémie f.
Aganglionose f. aganglionose f.
Agar m. agar m.
Agarizin n. agaricine f.
Agarose f. agarose m.
agastrisch agastrique
Agenitalismus m. agénitalisme m.
Agens n. agent m.
Ageusie f. agueusie f.
Agglomerat n. agglomération f.
agglutinabel agglutinable
agglutinieren agglutiner
Agglutinin n. agglutinine f.
Aggravation f. aggravation f.
aggravieren aggraver
Aggregat n. agrégat m.
Aggregation f. agrégation f.
aggregationsfördernd proagrégant, favorisant l'agrégation
aggregieren agréger
Aggregierfähigkeit f. agrégabilité f.
Aggressin n. agressine f.
Aggression f. agression f.
Aggressiv agressif
Agressivität f. agressivitée f.
Agitation f. agitation f.
agitiert agité
Aglossie f. aglossie f.
Aglukon n. aglycone m.
Aglykon n. aglycone m.
Agnathie f. agnathie f.
Agnosie f. agnosie f.
agonal agonal
Agonie f. agonie f.
Agonist m. agoniste m.

Ägophonie f. égophonie f.
Agoraphobie f. agoraphobie f.
Agrammatismus m. agrammatisme m.
agranulozytär agranulocytaire
Agranulozytose f. agranulocytose f.
Agraphie f. agraphie f.
Agrypnie f. agrypnie f.
AGS (adrenogenitales Syndrom) n. AGS (syndrome adrénogénital) m.
Agyrie f. agyrie f.
AHA-Regeln (Abstand, Hygiene, Alltag mit Maske) f. pl. gestes barrière m. pl.
Ahle f. alène f.
Ahlfeld-Zeichen n. signe d'Ahlfeld m.
ähnlich semblable
Ahornsirupkrankheit f. leucinose f., maladie des urines à odeur de sirop f. d'érable
AIDS (akquiriertes Immundefizienzsyndrom) n. SIDA (Syndrome d'Immuno Déficience Acquise) m.
Ajmalin n. ajmaline f.
ajustieren ajuster
Akademie f. académie f.
Akademiker m. académicien m.
Akademikerin f. académicienne f.
akademisch académique
akademischer Beruf m. profession exigeant un diplome universitaire f.
Akalkulie f. calculie f.
Akantholyse f. acantholyse
akantholytisch acantholytique
Akanthom n. acanthome m.
Akanthopapillom m. acanthopapillome m.
Akanthose f. acanthose f.
Akanthozephalus m. acanthocéphalus m.
Akanthozyanose f. acanthocyanose f.
Akapnie f. acapnie f.
Akardie f. acardie f.
Akatalasie f. acatalasie f.
Akataphasie f. acataphasie f., agrammatisme m.
AKG (Angiocardiogramm) m. angiocardiogramme m.
AKG (Apexkardiogramm) n. ACG (apexcardiogramme) m.
Akinästhesie f. acinesthésie f.
Akinesie f. akinésie f.
akinetisch akinétique
Akinospermie f. acinésie spermique f.
akklimatisieren acclimater
Akklimatisierung f. acclimatation f.
Akkommodation f. accommodation f.
Akkommodationsreflex m. réflexe à l'accomodation m.
akkommodieren accommoder

akkumulieren accumuler
Akladiose f. acladiose f.
Akne f. acné f.
Aknemie f. acnémie f.
Akoasma n. acoasme m.
Akonit n. aconit m.
Akonitan n. aconit m.
Akonitin n. aconitine f.
Akridin n. acridine f.
Akriflavin n. acriflavine f.
Akroasphyxie f. acroasphyxie f.
Akrodynie f. acrodynie f.
Akrogerie f. acrogérie f.
Akrohyperhidrose f. acrohyperhidrose f.
Akrokeratose f. acrokératose f.
akromegal acromégalique
Akromegalie f. acromégalie f.
Akromikrie f. acromicrie f.
akromioklavikulär acromioclaviculaire
akromioskapulär acromioscapulaire
akromiothorakal acromiothoracal
Akroosteolyse f. acroostéolyse f.
Akropachie f. acropachie f.
Akroparästhesie f. acroparesthésie f.
akroparästhetisch acroparesthésique
Akrosin n. acrosine f.
Akrosom n. acrosome m.
akrozentrisch acrocentrique
Akrozephalie f. acrocéphalie f.
Akrozephalosyndaktylie f. acrocéphalosyndactylie f.
Akrozyanose f. acrocyanose f.
akrozyanotisch acrocyanotique
Akryl n. acryle m.
Akrylamid n. acrylamide m.
Akrylat n. acrylate m.
Akrylharz n. résine acrylique f.
Akrylonitril n. acrylonitrile m.
Aktinid n. actinide m.
aktinisch actinique
Aktinium n. actinium m.
Aktinobazillose f. actinobacillose f.
Aktinomycin n. actinomycine f.
Aktinomykose f. actinomycose f.
aktinomykotisch actinomycosique
Aktinomyzetom n. actinomycétome m.
Aktinotherapie f. actinothérapie f.
Aktinouran n. actinouranium m.
Aktion f. action f.
Aktionsstrom m. courant d'action m.
aktiv actif
Aktivator m. activateur m.
aktivieren activer
Aktivierung f. activation f.

Aktivierungssystem, retikuläres n. système réticulaire facilitateur m.
Aktivität f. activité f.
Aktivkohle f. charbon activé m.
Aktol n. actol m.
Aktomyosin n. actomyosine f.
aktualisieren actualiser
Akuität f. acuité f.
Akupressur f. acupression f.
Akupunktur f. acuponcture f.
Akustik f. acoustique f.
akustikofazial acousticofacial
Akustikusreizgerät n. stimulateur acoustique m.
Akustikusneurinom n. neurinome acoustique m.
akustisch acoustique
akut aigu
akute gelbe Atrophie f. atrophie jaune aigue du foie f.
akute lymphatische Leukose f. (ALL) leucémie lymphoblastique aigue f.
akute myeloische Leukose f. (AML) leucémie myéloïde aigue f.
akute nichtlymphozytäre Leukämie f. (ANLL) leucémie aigue non lymphocytaire f.
akutkranke Person f. personne atteinte d'une maladie aigue f.
Akzeleration f. accélération f.
akzelerieren accélérer
Akzent m. accent m.
Akzentuation f. accentuation f.
akzentuieren accentuer
Akzeptor m. accepteur m.
Alabamin n. alabamine f.
Alabaster m. albâtre m.
alanieren alaniser
Alanin n. alanine f.
Alantolakton n. alantolactone f.
Alanylalanin n. alanylalanine f.
Alanylhistidin n. alanylhistidine f.
Alanylleucin n. alanylleucine f.
Alarm m. alarme f.
Alarmbereitschaft f. état d'alerte m.
alarmieren alarmer, alerter
Alarmklingel f. sonnette d'alarme f.
Alarmsystem n. système d'alarme m.
Alarmzeichen n. pl. signes d'alerte m. pl.
Alastrim n. alastrim m.
Alastrofloxacin n. alastrofloxacine f.
Alaun n. alun m.
Albdrücken n. cauchemard m.
Albentazol n. albentazole m.

Albers-Schönbergsche Marmorknochenkrankheit f. maladie d'Albers-Schönberg f.
Albinismus m. albinisme m.
Albino m. albinos m.
albinotisch albinos
Albrightsches Syndrom n. syndrome d'Albright m.
Albtraum m. cauchemard m.
Albuginea f. albuginée f.
Albugineotomie f. albuginéotomie f.
Albumin n. albumine f.
Albuminometer n. albuminomètre m.
Albuminoid albuminoïde
Albuminurie f. albuminurie f.
albuminurisch albuminurique
Albumose f. albumose f.
Alcianblau n. bleu alcian m.
Alclofenac n. alclofénac m.
Alcuronium n. alcuronium m.
Aldehyd m. aldéhyde f. ou m.
Aldicarb n. aldicarb m.
Aldohexose f. aldohexose m.
Aldokortikosteron n. aldocorticostérone f.
Aldol n. aldol m.
Aldolase f. aldolase f.
Aldometason n. aldométasone f.
Aldose f. aldose m.
Aldosteron n. aldostérone f.
Aldosteronismus m. aldostéronisme m.
Aldrin n. aldrine f.
Alendronat n. alendronate m.
Aleppobeule f. bouton d'Alep m.
Aleudrin n. aleudrine f.
Aleukämie f. leucémie aleucémique f.
aleukämisch aleucémique
Aleukie f. aleucie f.
Aleurat n. aleurate m.
Aleuronat n. aleuronate m.
Aleutenkrankheit f. maladie d'Aléutian f.
Alexander-Adams-Operation f. opération d'Alexander f.
Alexie f. alexie f.
Alexin n. alexine f.
Alfacalcidol n. alfacalcidol m.
Alfadolon n. alfadolone m.
Alfuzosin n. alfuzosine f.
Alge f. algue f.
Algenvergiftung f. empoisonnement par les algues m.
Alfentanil n. alfentanil m.
Algesie f. algésie f.
Algesimeter n. algésimètre m.
Algie f. algie f.
Alginat n. alginate m.
Algodystrophie f. algodystrophie f.
Algolagnie f. algolagnie f.
Algophobie f. algophobie f.
Algorithmus m. algorithme m.
Algose f. algose f.
Algurie f. algurie f.
Alifedrin n. alifédrine f.
Alimemazin n. alimémazine f.
alimentär alimentaire
Alinidin n. alinidine f.
aliphatisch aliphatique
Alizaprid n. alizapride f.
Alizarin n. alizarine f.
Alizaringelb n. jaune d'alizarine m.
alizyklisch alicyclique
Alkali n. alcali m.
Alkaligehalt m. teneur alcaline f.
Alkalinität f. alcalinité f.
Alkalireserve f. réserve alcaline f.
Alkalisation f. alcalinisation f.
alkalisch alcalique
alkalisieren alcaliniser
Alkalisierung f. alcalinisation f.
Alkaloid n. alcaloïde m.
Alkalose f. alcalose f.
alkalotisch en état d'alcalose
Alkan n. alcane m.
Alkapton n. alcaptone m.
Alkaptonurie f. alcaptonurie f.
Alken n. alcène m.
Alkin n. alkyne f.
Alkohol m. alcool m.
Alkohol, absoluter m. alcool absolu
Alkohol, Allyl m. alcool allylique
Alkohol, Amyl m. alcool amylique
Alkohol, Äthyl m. alcool éthylique
Alkohol, aromatischer m. alcool aromatique m.
Alkohol, Butyl- m. alcool butylique
Alkohol, Cetyl- m. acool cétylique
Alkohol, dehydrierter m. alcool déshydraté
Alkohol, gesättigter m. alcool saturé
Alkohol, Methyl- m. alcool méthylique
Alkohol, primärer m. alcool primaire
Alkohol, Propyl- m. alcool propylique
Alkohol, sekundärer m. alcool szcondaire
Alkohol, tertiärer m. alcool tertiaire
Alkohol, ungesättigter m. alcool insaturé
Alkohol, verdünnter m. alcool dilué
Alkohol, vergällter m. alcool amer f.
Alkoholblockade f. bloc à l'alcool m.
Alkoholgegner m. antialcoolique m.
Alkoholgegnerin f. antialcoolique f.
Alkoholiker m. alcoolique m.
Alkoholikerin f. alcoolique f.

alkoholisch alcoolique
alkoholisches Getränk n. boisson alcoolisée f.
Alkoholismus m. alcoolisme m.
Alkoholsucht f. alcoolodépendance f.
Alkoxid n. alkoxyde m.
Alkyl n. alcoyle m., alkyle m.
Alkylamin n. alkylamine f.
alkylieren alkyler
alkylierende Substanz f. substance alkylante f.
Allantoin n. allantoïne f.
Allantoinat n. allantoïnate m.
Allantoisflüssigkeit f. liquide allantoïde m.
allel allèle
Allel m. allèle m.
Allelie f. allélomorphisme m.
allelomorph allélomorphe
Allelomorphie f. allélomorphie f.
Allen-Doisy-Test m. test d'Allen et Doisy m.
Allergen n. allergène m.
Allergie f. allergie f.
allergisch allergique
allergisieren provoquer une allergie
Allergisierung f. hypersensibilisation f.
Allergologe m. allergologue m.
Allergologie f. allergologie f.
Allergologin f. allergologue f.
allergologisch allergologique
Allergose f. maladie allergique f., maladie atopique f.
Allerweltsmittel n. médicament universel m.
Alles-oder-Nichts-Gesetz n. loi du tout ou rien f.
Allgemeinbefinden n. état général m.
Allgemeingefühl n. sentiment d'ensemble m.
Allgemeinmedizin f. médecine générale f.
Allgemeinnarkose f. anesthésie générale f.
Allgemeinpraktiker m. médecin généraliste m.
Allgemeinpraxis f. cabinet de médecine générale m.
Allgemeinzustand m. état général m.
Allheilmittel n. panacée f.
Allicin n. allicine f.
Allithiamin n. allithiamine f.
Alloantigen n. alloantigène m.
Alloantikörper m. alloanticorps m.
Allobiose f. allobiose f.
allobiotisch allobiotique
allogen allogénique, homologue
Allokation f. allocation f.
Allokinese f. allocinésie f.
Allopath m. allopathe m.
Allopathie f. allopathie f.

Allopathin f. allopathe f.
allopathisch allopathique
Allopregnan n. alloprégnane f.
Allopregnandiol n. alloprégnandiol m.
Allopregnanolon n. alloprégnanolone f.
allopsychisch allopsychique
Allopsychose f. allopsychose f.
Allopurinol n. allopurinol m.
Allorhythmie f. allorythmie f.
allorhythmisch allorythmique
Allose f. allose m.
Allotransplantat n. greffe allogénique f., homotransplantation f.
allotrop allotropique
Allotropie f. allotropie f.
allotypisch allotypique
Alloxan n. alloxane m.
Alloxanthin n. alloxanthine f.
Alloxazin n. alloxazine f.
Alloxin n. alloxine f.
allozentrisch allocentrique
Allyl n. allyle m.
Allylalkohol m. alcool allylique m.
Allylestrenol n. allylestrénol m.
Allzweckmaschine f. appareil à usages multiples m.
Almadrat n. almadrate m.
Almotriptan n. almotriptane m.
Aloe f. aloès m.
Aloin n. aloïne f.
alopecia areata f. alopecia areata f., pelade f.
Alopezie f. alopécie f.
Alpdrücken n. cauchemars m. pl.
Alpha-1-foetoprotein (AFP) n. alpha-1-foetoprotéine f. (AFP)
Alpha-1-Rezeptorenblocker m. inhibiteur des récepteurs alpha 1 m.
alphaadrenergisch alphaadrénergique
Alpha-Agonist m. alpha-agoniste m.
alphabetisch alphabétique
Alphacalcidol f. alphacalcidole f.
Alphaglobulin n. alphaglobuline f.
Alphalipoprotein f. alphalipoproteine f.
Alpha-Methyldopa n. alphaméthyldopa m.
alphamimetisch alphamimétique
Alpha-Rezeptor m. récepteur alpha m.
Alpha-Rezeptorenblocker m. alphabloquant m.
Alpha-Rhythmus m. rythme alpha m.
Alpha-Strahl m. rayon alpha m.
Alpha-Strahler m. émetteur de rayons alpha m.
Alpha-Welle f. onde alpha f.
Alpha-Zelle f. cellule alpha f.

Alport-Syndrom m.   syndrome de Alport m. alprénoloII
Alprazolam n.   alprazolam m.
Alprenolol n.   alprénolol m.
Alptraum m.   cauchemard m.
ALS (amyotrophe Lateralsklerose) f.   sclérose latérale amyotrophique f.
altbewährt   éprouvé depuis longtemps
Altenfürsorge f.   assistance aux personnes âgées f.
Altenheim n.   maison de retraite f.
Altenpflegerin f.   infirmière de gériatrie f.
Ateplase f.   altéplase f.
Alter n.   âge m.
Alter, höheres n.   âge avancé m.
Alteration f.   altération f.
altern   vieillir
Altern n.   sénescence f., vieillissement m.
alternd   vieillissant
alternierend   alternant, alternatif
altersabhängig   dépendant de l'âge
altersbezogen   correspondant à l'âge
Altersdemenz f.   démence sénile f.
Altersgrenze f.   limite d'âge f.
Altersheim n.   maison de retraite f.
Altersherz n.   coeur sénile m.
Alterspsychiatrie f.   psychogériatrie f.
Altersrente f.   retraite f.
altersschwach   sénile
alterssichtig   presbyte
Alterssichtigkeit f.   presbytie f.
altersspezifisch   spécifique de l'âge
Altersstar m.   cataracte sénile f.
Altersveränderungen f. pl.   altérations séniles f. pl.
Alterung f.   vieillissement m.
Altgedächtnis n.   mémoire rétrograde f.
Altretamin n.   altrétamine f.
Altrose f.   altrose m.
Alttuberkulin n.   tuberculine ancienne de Koch f.
Aluminat n.   aluminate m.
Aluminium n.   aluminium m.
Aluminiumoxyd n.   oxyde d'aluminium m.
Aluminose f.   aluminose f.
Alveobronchiolitis f.   alvéobronchiolite f.
alveolär   alvéolaire
Alveolarabszess m.   abcès alvéolaire m.
Alveolarbogen f.   arcade alvéolaire f.
Alveolarfortsatz m.   rebord alvéolaire m.
Alveolarkamm m.   crête alvéolaire f.
Alveolarkanal m.   canal alvéolaire m.
Alveolarluft f.   air alvéolaire m.
Alveolarproteinose f.   proteïnose alvéolaire f.
Alveolarpunkt m.   point alvéolaire m.

Alveolarpyorrhö f.   alvéolyse f., pyorrhée alvéolaire f.
Alveolarrand m.   bord alvéolaire m.
Alveolarschleimhaut f.   muqueuse alvéolaire f.
Alveolarspalte f.   poche alvéolaire f.
Alveolarwand f.   paroi alvéolaire f.
Alveole f.   alvéole f.
Alveolektomie f.   alvéolectomie f.
Alveolitis f.   alvéolite f.
alveoloarteriell   alvéoloartériel
alveolodental   alvéolodentaire
alveolokapillär   alvéolocapillaire
Alveoloklasie f.   alvéoloclasie f.
alveololabial   alvéololabial
alveololingual   alvéololingual
alveolonasal   alvéolonasal
alveolopalatal   alvéolopalatin
Alveoloplastik f.   alvéoloplastie f.
Alveolotomie f.   alvéolotomie f.
alveolovenös   alvéoloveineux
Alveolyse f.   alvéolyse f.
Alymphie f.   alymphie f.
Alymphoplasie f.   alymphoplasie f.
Alymphozytose f.   alymphocytose f.
Alzheimersche Krankheit f.   maladie d'Alzheimer f.
Alzheimersche Zelle f.   cellule d'Alzheimer f.
Amalgam n.   amalgame m.
Amalgamfüllung f.   amalgame m.
amalgamieren   amalgamer
Amalgamlöffel m.   spatule à amalgame f.
Amalgammischer m.   vibrateur à amalgame m.
Amalgamstopfer m.   fouloir à amalgame m.
Amalgamträger m.   porte-amalgame m.
Amantadin n.   amantadine f.
Amastie f.   amastie f.
Amaurose f.   amaurose f.
amaurotisch   amaurotique
Ambenonium n.   ambénonium f.
ambivalent   ambivalent
Ambivalenz f.   ambivalence f.
Amblyopie f.   amblyopie f.
Amboss (med.) m.   enclume f.
Ambroxol n.   ambroxol m.
ambulant   ambulant
ambulante Behandlung f.   traitement ambulatoire m.
ambulante Patientin f.   patiente externe f.
ambulanter Patient m.   patient externe m.
Ambulanz f.   service des consultations externes m.
Amcinonid n.   amcinonide m.
Ameisenlaufen n.   fourmillement m.

amelanotisch amélanotique
Amelie f. amélie f.
Ameloblast m. améloblaste m.
Ameloblastom n. améloblastome m.
amelodentinal amélodentinal
Amelogenese f. amélogenèse f.
Amenorrhö f. aménorrhée f.
amenorrhoisch aménorrhéique
Americium n. américium m.
Ametropie f. amétropie f.
Amezinium n. amézinium m.
Amicillin n. amicilline f.
Amid n. amide f.
Amidase f. amidase f.
Amidotrizoat n. amidotrizoate m.
Amifostin n. amifostine f.
Amikacin n. amikacine f.
Amikrobiose f. amicrobiose f.
Amilorid n. amiloride m.
Amimie f. amimie f.
Amin n. amine f.
Aminase f. aminase f.
Aminoacridin n. aminoacridine f.
Aminoazidurie f. aminoacidurie f.
Aminobenzoat n. aminobenzoate m.
Aminobiphosphat n. aminobiphosphate m.
Aminochinolin n. aminoquinoléine f.
Aminofluorid n. aminofluoride m.
Aminoglutethimid n. aminoglutéthimide m.
Aminoglykosid n. aminoglucoside m.
Aminolävulinsäure f. (ALS) acide aminolévulinique m. (ALA)
Aminomethan n. aminométhane m.
Aminonitrothiazol n. aminonitrothiazol m.
Aminopeptidase f. aminopeptidase f.
Aminophenazol n. aminophénazol m.
Aminophenazon n. aminophénazone f.
Aminophyllin n. aminophylline f.
aminoplastisch aminoplastique
Aminoprotease f. aminoprotéase f.
Aminopyrin n. aminopyrine f.
Aminosalizylat n. aminosalicylate m.
Aminosäure f. acide aminé m.
Aminosäure, verzweigtkettige f. acide aminé à chaine ramifiée m.
Aminothiazol n. aminothiazole m.
aminoterminal aminoterminal
Aminotransferase f. aminotransférase f.
Amiodaron n. amiodarone f.
Amisulprid n. amisulpride m.
Amitose f. amitose f.
amitotisch amitotique
Amitryptilin n. amitryptiline f.
AML (akute myeloische leukose) f. leucémie aigue myéloide f.

Amme f. nourrice f.
Ammoniak n. ammoniaque gaz m.
ammoniakalisch ammoniacal
ammoniakhaltig ammoniacal
Ammoniämie f. ammoniémie f.
Ammonium n. ammoniaque f.
Ammoniumbituminosulfonat n. ichtammol m.
Ammoniumbromid n. bromide d'ammonium m.
Ammoniumchlorid n. chlorure d'ammonium m.
Ammonshorn n. corne d'Ammon f., grand hippocampe m.
Amnesie f. amnésie f.
amnestisch amnésique
amniogen amniogène
amniographisch amniographique
Amnion n. enveloppe amniotique f.
Amnionitis f. amnionite f.
Amnioskop n. amnioscope m.
Amnioskopie f. amnioscopie f.
amnioskopisch amnioscopique
amniotisch amniotique
Amniotomie f. amniotomie f.
Amniozentese f. amniocentèse f.
Amobarbital n. amobarbital m.
Amöbe f. amibe f.
Amöbenruhr f. dysenterie amibienne f.
amöbizid amibicide
amöbizides Mittel n. amibicide m.
amöboid amiboïde
Amodiaquin n. amodiaquine f.
amorph amorphe
Amorphosynthese f. amorphosynthèse f.
Amoss-Zeichen n. signe d'Amoss m.
Amotiochirurgie f. amotiochirurgie f.
Amoxicillin n. amoxicilline f.
AMP (Adenosinmonophosphat) n. AMP (adénosine monophosphate) f.
Amper n. ampère m.
Amphetamin n. amphétamine f.
Amphiarthrosis f. amphiarthrose f.
Amphibie f. amphibien m.
amphibol amphibole
amphorisch amphorique
amphorisches Atmen n. souffle amphorique m.
amphoter amphotère
Amphotericin n. amphotéricine f.
Ampicillin n. ampicilline f.
Amplitude f. amplitude f.
Amprenavir n. amprenavir m.
Amprolium n. amprolium m.
ampullär ampullaire

Ampulle f. ampoule f. (pharm.), ampoule f. (anatom.)
ampullieren ampouler
Amputation f. amputation f.
Amputationsmesser n. couteau à amputation m.
Amputationssäge f. scie à amputation f.
Amputationsstumpf m. moignon d'amputation m.
amputieren amputer
Amputierte(r) f./m. amputé(e) m./(f.)
Amrinon n. amrinone f.
Amsacrin n. amsacrine f.
Amtsarzt m. médecin de santé publique m.
Amtsärztin f. médecin de santé publique m. (Madame le)
Amusie f. amusie f.
amusisch atteint d'amusie
Amygdalin n. amygdaline f.
Amyl n. amyle m.
Amylalkohol m. alcool amylique m.
Amylen n. amylène m.
Amylenhydrat n. amylène hydraté m.
Amylnitrit n. nitrite d'amyle m.
amyloid amyloïde
Amyloid n. amyloïde m.
Amyloidnephrose f. néphrose amyloïde f.
Amyloidose f. amyloïdose f.
amyloidotisch amyloïdotique
Amylolyse f. amylolyse f.
Amylomaltase f. amylomaltase f.
Amylopektin n. amylopectine f.
Amylopektinose f. amylopectinose f.
Amylose f. amyloïdose f.
Amylosulfat n. amylosulfate m.
Amyoplasie f. amyoplasie f.
amyostatisch amyostatique
Amyotrophie f. amyotrophie f.
amyotrophisch amyotrophique
amyotrophische Lateralsklerose f. sclérose latérale amyotrophique f.
Anabiose f. anabiose f.
Anabolikum n. anabolique m.
anabolisch anabolique
Anabolismus m. anabolisme m.
Anacholie f. anacholie f.
Anachorese f. anachorèse f.
anachoretisch anachorétique
anaerob anaérobie
Anaerobier m. anaérobie m.
anaklitisch anaclitique
Anakousie f. anacousie f.
anal anal
Analbuminämie f. analbuminémie f.
Analeptikum n. analeptique m.

analeptisch analeptique
analeptisches Mittel n. analeptique m.
Analfissur f. fissure anale f.
Analfistel f. fistule anale f.
Analgesie f. analgésie f.
Analgetikum n. analgésique m., antalgique m.
analgetisch analgésique, antalgique
analgetisches Mittel n. analgésique m., antalgique m.
Analkanal m. canal anal m.
analog analogue
Analogie f. analogie f.
Analogon n. analogue m.
Analreflex m. réflexe anal m.
Analysator m. analyseur m.
Analyse f. analyse f.
analysieren analyser
analytisch analytique
Anämie f. anémie f.
Anämie, durch Eisenmangel f. anémie ferriprive f.
Anämie, perniziöse f. anémie pernicieuse f., maladie de Biermer f.
Anämisch anémique
Anamnese f. anamnèse f.
anamnestisch anamnestique
Anamorphose f. anamorphose f.
anankastisch obsessionnel
Anaphase f. anaphase f.
Anaphorese f. anaphorèse f.
anaphylaktisch anaphylactique
anaphylaktoid anaphylactoïde
Anaphylatoxin n. anaphylatoxine f.
Anaphylaxie f. anaphylaxie f.
Anaplasie f. anaplasie f., cataplasie f.
Anaplasmose f. anaplasmose f.
anaplastisch anaplastique
Anarthrie f. anarthrie f.
Anasarka f. anasarque f.
Anästhesie f. anesthésie f.
Anästhesienadel f. aiguille d'anesthésie f.
Anästhesiepfleger m. infirmier d'anesthésie m.
anästhesieren anesthésier
Anästhesieschwester f. infirmière d'anesthésie f.
Anästhesiologie f. anesthésiologie f.
anästhesiologisch anesthésiologique
Anästhesist(in) m./(f.) anesthésiste m./f.
Anästhetikum n. anesthésique m.
anästhetisch anesthésique
Anastigmat m. anastigmate m.
anastigmatisch anastigmate, anastigmatique
Anastomose f. anastomose f.

Anastomosenschenkel m. anse d'anastomose f.
anastomosieren anastomoser
Anastomositis f. anastomosite f.
anastomotisch anastomotique
Anatom m. anatomiste m.
Anatomie f. anatomie f.
Anatomin f. anatomiste f.
anatomisch anatomique
Anatoxin n. anatoxine f.
Anavenin n. anavenin m.
anazid anacide
Anazidität f. anacidité f.
anbehandeln initier le traitement
anbringen placer
Anbringen n. mise en place f.
Andeutung f. suggestion f.
Andradiol n. andradiol m.
androgen androgène
Androgen n. androgène m.
Androgenisierung f. androgénisation f.
Androgynie f. androgynie f., pseudohermaphroditisme partiel m.
Andrologie f. andrologie f.
andrologisch andrologique
Androstan n. androstane m.
Androstanazol n. androstanazole m.
Androstandiol n. androstanediol m.
Androstandion n. androstanedione f.
Androsteron n. androstérone f.
androtrop androtrope
Androtropie f. androtropie f.
aneinanderstoßen se toucher
Aneinanderstoßen n. rencontre f.
Anenzephalie f. anencéphalie f.
Anergie f. anergie f.
anergisch anergique
Anetodermie f. anétodermie f.
aneuploid aneuploïde
Aneuploidie f. aneuploïdie f.
Aneurin n. aneurine f., thiamine f.
Aneurysma n. anévrisme m.
aneurysmatisch anévrismal
Aneurysmektomie f. anévrismectomie f.
Aneusomie f. aneusomie f.
ANF (antinukleärer Faktor) m. ANF (facteur antinucléaire) m.
Anfall m. accès m., attaque f., crise f.
Anfall, zerebraler vaskulärer m. attaque vasculaire cérébrale (AVC) m.
anfällig prédisposé
Anfälligkeit f. disposition à f., prédisposition à f.
Anfänger m. débutant m.
Anfängerin f. débutante f.
Anfängerkurs m. cours pour débutants m.
Anfangsstadium n. stade initial m.
anfeuchten humidifier
Anfeuchtung f. humectation f., humidification f.
angeboren congénital, inné
Angelhakenmagen m. estomac en hameçon m.
angenehm agréable, plaisant
angestellter Arzt m. médecin salarié m.
angewandte Biologie f. biologie appliquée f.
Angiektasie f. angiectasie f.
Angiektomie f. angiectomie f.
angießen couler
Angiitis f. angéite f.
angiitisch angéitique
Angina f. angine f.
Angina agranulocytica f. angine agranulocytaire f.
Angina follicularis f. angine folliculaire f.
Angina lacunaris f. angine lacunaire f.
Angina Ludovici f. angine de Ludwig f.
Angina pectoris f. sténocardie f., angine de poitrine f.
Angina Plaut-Vincent f. angine de Vincent f.
anginös angineux
Angioblast m. angioblaste m.
Angioblastom n. angioblastome m.
Angioendothelium n. angioendothélium m.
Angiofibrom n. angiofibrome m.
Angiographie f. angiographie f.
angiographisch angiographique
angioimmunoblastisch angioimmunoblastique
Angiokardiogramm n. angiocardiogramme m.
Angiokardiographie f. angiocardiographie f.
angiokardiographisch angiocardiographique
Angiokeratom n. angiokératome m.
Angiokeratose f. angiokératose f.
Angiolipomatose f. angiolipomatose f.
Angiologie f. angiologie f.
angiologisch angiologique
Angiolymphom n. angiolymphome m.
Angiolyse f. angiolyse f.
Angiom n. angiome m.
Angioma serpiginosum n. angiome serpigineux de Hutchinson m.
Angiomatose f. angiomatose f.
Angiomyom n. angiomyome m.
Angiomyoneurom n. angiomyoneurome m.
Angiomyosarkom n. angiomyosarcome m.
Angioneurose f. névrose vasculaire f.
angioneurotisch angionévropathique

Angiopathie f. angiopathie f.
Angioplastik f. angioplastie f.
Angiorezeptor m. angiorécepteur m.
Angiosarkom n. angiosarkome m.
Angioskop n. angioscope m.
angioskopisch angioscopique
Angiospasmus m. angiospasme m.
angiospastisch angiospastique
Angiostomie f. angiostomie f.
Angiostrongyliasis f. angiostrongylose f.
Angiotensin n. angiotensine f.
Angiotensinase f. angiotensinase f.
Angiotensin-Converting-Enzym-Hemmer (ACE-Hemmer) m. inhibiteur de l'enzyme conversion m.
Angiotensinhemmer m. inhibiteur de l'angiotensine m.
Angiotensinogen n. angiotensinogène m.
Angiotomie f. angiotomie f.
Angiotonin n. angiotonine f.
Angleichung f. ajustement m., assimilation f., adaptation f.
Anglesche Einteilung f. classification d'Angle f.
angreifen affecter
angrenzen toucher
Angriffspunkt m. point d'attaque m.
Angst f. angoisse f., peur f.
Angstäquivalent n. équivalent phobique m.
Angstgefühl n. peur f.
Angsthierarchie f. névrose hiérarchique f.
angstlösend anxiolytique
angstlösendes Mittel n. anxiolytique m.
Angstneurose f. névrose d'angoisse f.
Angstroem-Einheit f. unité Angstroem f.
Angstzustand m. état d'angoisse m.
Angusstechnik f. technique de coulée f.
Anhänger m. cantilever m. (dent.)
Anhangsgebilde n. appendice m.
anheben soulever, surélever
Anhebung f. surélévation f.
Anhedonie f. anhédonisme m.
anhepatisch anhépathique
Anhidrose f. anhidrose f.
anhidrotisch anhidrotique
Anhiebsdiagnose f. diagnostic immédiat m.
Anhydrämie f. anhydrémie f.
anhydrämisch anhydrémique
Anhydrase f. anhydrase f.
Anhydrid n. anhydride m.
anhydrisch anhydrique
Anhydromethylenzitrat n. anhydrométhylènecitrate m.
anikterisch anictérique
Anileridin n. aniléridine f.

Anilin n. aniline f.
Anilinvergiftung f. intoxication par l'aniline f., anilisme m.
animalisch animal
Anion n. anion m.
Aniridie f. aniridie f.
Anis m. anis m.
Anisakiasis f. anisakiase f.
Anisat n. anisate m.
Anisin n. anisine f.
Anisindion n. anisindione f.
Anisochromasie f. anisochromasie f.
anisochromatisch anisochromatique
anisodont anisodonte
anisognath anisognathe
Anisokorie f. anisocorie f.
Anisol n. anisol m.
Anisöl n. huile d'anis f.
Anisomastie f. anisomastie f.
Anisomelie f. anisomélie f.
anisomerisch anisomérique
anisometrop anisométrope
Anisometropie f. anisométropie f.
anisoperistaltisch anisopéristaltique
Anisophygmie f. anisophygmie f.
anisotonisch anisotonique
anisotrop anisotrope
Anisotropin n. anisotropine f.
Anisozytose f. anisocytose f.
Anker m. ancrage m. (dent.)
Ankerkrone f. couronne ancré f. (dent.)
Ankerrinne f. rainure d'ancrage f. (dent.)
Ankerschiene f. attelle d'ancrage f. (dent.)
Ankerstift m. pivot d'ancrage m. (dent.)
Ankerzahn m. dent d'ancrage f. (dent.)
ankleiden habiller
ankündigen annoncer
Ankyloblepharon n. ankyloblépharon m.
Ankyloglossie f. ankyloglossie f.
ankylopoetisch ankylopoïétique
Ankylose f. ankylose f.
ankylosierend ankylosant
Ankylostoma duodenale n. Ancylostoma duodenale f.
Ankylostomiasis f. ankylostomiase f.
ankylotisch ankylosé
Anlage (angeborene Eigenschaft) f. ébauche f. (embryol.), germe m.
Anlage (Konstruktion) f. installations m. pl.
Anlage f. (Talent n.) disposition f.
anlagebedingt constitutionnel
Anlassofen m. four de haute fréquence m. (dent.)
Anlauffestigkeit f. résistance f. (dent.)
Anlegung f. application f.

ANLL (akute nichtlymphozytäre Leukämie) ANLL (leucémie aigue non lymphocytaire) f.
anmischen (dent.) mélanger
Annäherung f. approche f.
Annahme (Vermutung) supposition f.
Annahme (Zulassung) f. admission f.
annuloaortal annuloaortique
Annuloplastik f. annuloplastie f.
Anode f. anode f., anticathode f.
Anodenöffnungszuckung f. secousse d'ouverture anodique f.
Anodenschließungszuckung f. secousse de fermeture anodique f.
Anodenteller m. disque anodique m.
Anodenwinkel m. angle anodique m.
Anodontie f. anodontie f.
anogenital anogénital
anomal anormal
Anomalie f. anomalie f.
anomer anomérique
anonym anonyme
Anonyme Alkoholiker (A.A.) m. pl. Alcooliques Anonymes m. pl.
anoperineal anopérinéal
Anopheles f. anophèle m.
Anophthalmie f. anophtalmie f.
Anopsie f. anopsie f.
Anorchie f. anorchidie f., anorchie f.
Anorchismus m. anorchidie f.
anorektal anorectal
Anorexie f. anorexie f.
anorexigen anorexigène
anorganisch anorganique, inorganique
anormal anormal
Anoskop n. anuscope m.
Anoskopie f. anuscopie f.
Anosmie f. anosmie f.
Anosognosie f. anosognosie f.
Anostose f. anostose f.
Anotie f. anotie f.
anovesikal anovésical
Anovulation f. anovulation f.
anovulatorisch anovulatoire
Anoxämie f. anoxémie f., anoxie f.
anoxämisch anoxémique
Anoxie f. anoxie f.
anpassen adapter, ajuster
Anpassung f. adaptation f., ajustement m.
Anpassungsfähigkeit f. capacité d'adaptation f.
anpolieren prépolir
Anprobe f. essayage m.
anregen (reizen) stimuler
Anregung f. (Reizung f.) stimulation f.
Anregung f. (Vorschlag m.) suggestion f.
anreichern enrichir, supplémenter
Anreicherung f. enrichissement m., supplémentation f.
Anrührplatte f. plaque de mixage f. (dent.)
ansammeln accumuler
Ansatz m. (Insertion f.) insertion f.
ansäuern acidifier
Anschlagfläche f. aire d'arrêt f. (dent.)
Anschlagschraube f. vis d arrêt f. (dent.)
Anschlussspannung f. voltage de branchement m.
anschwellen enfler
Anschwellung f. enflure f.
Anspannung, psychische f. tension psychique f.
Anspannungszeit f. période de mise en tension f., période présphygmique f.
Ansprechbarkeit f. réactivité à la parole f.
Anstaltspackung f. présentation modèle hôpital f.
Anstaltspsychiatrie f. psychiatrie hospitalière f.
anstecken contaminer, infecter
ansteckend contagieux, infectieux
Ansteckung f. contagion f.
ansteckungsfähig infectable
Ansteckungsquelle f. source d'infection f.
ansteigendes Bad n. bain gradué m.
Anstrengung f. effort m.
antacid antacide
Antacidum n. antacide m.
Antagglutinin n. antagglutinine f.
Antagonismus m. antagonisme m.
Antagonist m. antagoniste m.
antagonistisch antagoniste
antazid antiacide
Antazolin n. antazoline f.
Antefixation f. antéfixation f.
Anteflexion f. antéflexion f.
antegrad antégrade
antenatal anténatal
Antenne f. antenne f.
Anteposition f. antéposition f.
anteroapikal antéroapical
anterodorsal antérodorsal
anterograd antérograde
anteroinferior antéro-inférieur
anteroposterior antéropostérieur
anteroseptal antéroseptal
anterosuperior antérosupérieur
Anteversion f. antéversion f.
antevertiert antéverti
Anthapten n. anthaptène m.
Anthelix f. anthélix m.

Anthelminthikum n. vermifuge m., anthelminthique m.
anthelminthisch anthelminthique
antherpetisch antiherpétique
Anthidrotikum n. anhidrotique m., antiperspirant m.
anthidrotisch anhidrotique
Anthrachinon n. anthraquinone f.
Anthracyclin n. anthracycline f.
Anthrakose f. anthracose f.
anthrakotisch anthracosique
Anthralin n. anthraline f.
Anthramin n. anthramine f.
Anthrarobin n. anthrarobine f.
Anthrax m. anthrax m.
Anthrazen n. anthracène m.
Anthrazyklin n. antracycline f.
Anthropologe m. anthropologue m.
Anthropologin f. anthropologue m.
anthropologisch anthropologique
Anthropometrie f. anthropométrie f.
anthropometrisch anthropométrique
Antroposophie f. antroposophie f.
Anthropozoonose f. anthropozoonose f.
antiadhäsiv antiadhésif
Anti-Antikörper m. antianticorps m.
Anti-Rh-Serum n. sérum anti Rh m.
Antiallergikum n. antiallergique m.
antiallergisch antiallergique
antianämisch antianémique
Antiandrogen n. antiandrogène m.
antianginös antiangineux
Antiangiogenese f. antiangiogenèse f.
Antiantitoxin n. antiantitoxine f.
antiapoplektisch antiapoplectique
Antiarrhythmikum n. antiarythmisant m.
antiarrhythmisch antiarythmique
antiarthritisch antiarthritique
Antiasthmatikum n. antiasthmatique m.
antiasthmatisch antiasthmatique
Antibabypille f. contraceptif oral m., pilule contraceptive f.
antibakteriell antibactériel, antibactérien
antibiliös antibiliaire
Antibiotikum n. antibiotique m.
antibiotisch antibiotique
antibradykard antibradycardique
Anticholinergikum n. anticholinergique m.
anticholinergisch anticholinergique
Anticholinesterase f. anticholinestérase m.
Antichymotrypsin n. antichymotrypsine f.
Anticodon m. anticodon m.
antidementiell antidémential
Antidementikum n. antidémentique m.
Antidementivum n. antidémentif m.
antidepressiv antidépressif
Antidepressivum n. antidépresseur m.
Antidiabetikum n. antidiabétique m.
antidiabetisch antidiabétique
antidiabetogen antidiabétogène
antidiphtherisch antidiphthérique
Antidiuretikum n. antidiurétique m.
antidiuretisch antidiurétique
antidiuretisches Hormon (ADH) n. hormone antidiurétique f.
Antidot n. antidote m.
antidrom antidromique
antidyspeptisch antidyspeptique
Antiemetikum n. antiémétique m.
antiemetisch antiémétique
Antienzym n. antienzyme f.
Antiepileptikum n. antiépileptique m.
antiepileptisch antiépileptique
Antiestrogen n. antiestrogène m.
antifebril antifébrile
Antiferment n. antiferment m.
antifibrillatorisch antifibrillatoire
Antifibrinolysin n. antifibrinolysine f.
antifibrinolytisch antifibrinolytique
antifibrotisch antifibrotique
Antifolat n. antifolate m.
Antiflussmittel n. antiflux m.
antifungal antifongique, antifungique
antigen antigénique
Antigen n. antigène m.
Antigen-Antikörper-Reaktion f. réaction antigène-anticorps m.
Antigen, Kern- antigène nucléaire
Antigen, Oberflächen- antigène de surface
Antigen, Partial- antigène partiel
Antigen, karzinoembryogenes n. antigène carcino-embryonnaire (CEA) m. antigène de Gold m.
Antigen, prostataspezifisches n. PSA (prostate specific antigen) m.
Antigenität f. antigénicité f.
Antigenüberschuss m. excédent antigénique m.
Antigenumkehr f. inversion antigénique f.
Antigenverlust m. délétion antigénique f.
Antigenwechsel m. variation antigénique f.
Antigenzuwachs m. gain antigénique m.
Antiglobulin n. antiglobuline f.
Antiglukokorticoid n. antiglucocorticoïde m.
antigonotrhoisch antiblennorragique
antihämolytisch antihémolytique, antihémorragique
antihämophil antihémophilique
Antiherpeticum n. antiherpétique m.

Antihistaminikum n. antihistaminique m.
antihistaminisch antihistaminique
Antihyaluronidase f. antihyaluronidase f.
antihypertonisch antihypertenseu
antiidiotypisch anti-idiotipyque
antiinfektiös anti-infectieux
antiinflammatorisch anti-inflammatoire
antiischämisch anti-ischémique
antikariös anticarie
antikarzinogen anticarcinogène
antikatarrhalisch anticatarrhal
Antikathode f. anode f.
antiketogen anticétogène
Antikoagulans, direktes orales (DOAK) n. anticoagulant oraux direct (AOD) m.
antikoagulierend anticoagulant
Antikomplement n. anticomplément m.
antikomplementär anticomplémentaire
antikonvulsiv anticonvulsif
Antikonvulsivum n. anticonvulsivant m.
antikonzeptionell anticonceptionnel
Antikonzipiens n. contraceptif m.
Antikörper m. anticorps m.
Antikörper, bispezifische m. pl. anticorps bispécifiques m. pl.
Antikörper, monoklonale m. pl. anticorps monoclonaux m. pl.
Antikörper, PD-1- m. pl. anticorps anti PD-1 m. pl.
Antikörper, Peroxidase- m. pl. anticorps anti-peroxydase m. pl.
Antikörper, Thyreoglobulin- m. pl. anticorps anti-thyréoglobuline m. pl.
Antikörpermangel m. manque d'anticorps m.
Antikörperüberschuss m. excédent d'anticorps m.
Antikrebsmittel n. anticancéreux m.
Antilipolyse f. antilipolyse f.
antilipolytisch antilipolytique
Antilope f. antilope f.
Antiluetikum n. antisyphilitique m.
antilymphozytär antilymphocytaire
Antilymphozytenserum n. (ALS) sérum antilymphocytaire m.
antimetabolisch antimétabolique
Antimetabolit m. antimétabolite m.
antimikrobiell antimicrobien
Antimon n. antimoine m.
Antimonat n. antimoniate m.
Antimonbehandlung f. traitement stibié m.
antimonhaltig contenant de l'antimoine
Antimonvergiftung f. intoxication par l'antimoine f.

Antimonylglukonat n. antimonylgluconate m.
Antimuskarinmittel n. antimuscarinique m.
Antimykotikum n. antimycotique m.
antimykotisch antifongique, antimycotique
antineoplastisch antinéoplasique
Antineuralgikum n. antineuralgique m.
antineuralgisch antineuralgique
antineuritisch antinévritique
antineuronal antineuronal
antinoziceptiv antinociceptif
antinukleär antinucléaire
antinukleärer Faktor m. (ANF) facteur antinucléaire m. (ANA)
Antiöstrogen n. antiestrogène m.
antioxidativ antioxydatif
Antioxidativum n. antioxydatif m.
antioxidierendes Mittel n. antioxydant m.
antiparasitär antiparasitaire
Antipathie f. antipathie f.
Antiperistaltik f. antipéristaltisme m.
antiperistaltisch antipéristaltique
antiphagozytär antiphagocytaire
Antiphlogistikum n. antiphlogistique m.
antiphlogistisch antiphlogistique
Antiphospholipid n. antiphospholipide m.
Antiplasmin n. antiplasmine f.
antipolymer antipolymère
antiproliferativ antiprolifératif
Antiprotease f. antiprotéase f.
Antiprotozoen-Wirkung f. effet antiprotozoaire m.
antipruriginös antiprurigineux
antipsychotisch antipsychotique
antipsychotisches Mittel n. antipsychotique m.
Antipyretikum n. antipyrétique m.
antipyretisch antipyrétique
Antipyrin n. antipyrine f.
antirachitisch antirachitique
Antirheumatikum n. antirhumatismal m.
antirheumatisch antirhumatismal
Antiseborrhoikum n. antiséborrhéique m.
antiseborrhoisch antiséborrhéique
antisekretorisch antisécréteur
Antisense-DNS f. DNAanticodon m.
Antisense-Molekül n. molécule anticodon f.
Antisense-RNS f. RNA anticodon m.
Antisepsis f. antisepsie f.
Antiseptikum n. antiseptique m.
antiseptisch antiseptique
Antiserotonin n. antisérotonine f.
Antiserum n. antisérum m.
Antisom n. antisome m.
Antispastikum n. antispasmodique m.

antispastisch antispasmodique
Antistaphylolysin n. antistaphylolysine f.
Antistreptodornase f. antistreptodornase f.
Antistreptokinase f. antistreptokinase (AKS) f.
Antistreptolysin n. antistreptolysine f.
Antistreptolysintiter (AST) m. titre d'antistreptolysine (ASL) m.
Antisyphilitikum n. antisyphilitique m.
antisyphilitisch antisyphilitique
antitachycard antitachycardique
antitetanisch antitétanique
Antithrombin n. antithrombine f.
Antithrombokinase f. antithrombokinase f.
antithromboplastisch antithromboplastique
Antithrombotikum n. antithrombique m.
antithrombotisch antithrombique
antithrombozytäre Wirkung f. effet antithrombocytaire m.
Antithymozyten-Globulin n. globuline antithymocytes f.
Antithyreoglobulinantigen n. antigéne antithyréoglobuline m.
Antitoxin n. antitoxine f.
antitoxisch antitoxique
Antitragus m. antitragus m.
antituberkulös antituberculeux
Antiurokinase f. antiurokinase f.
Antivirusmittel n. antiviral m.
Antivitamin n. antivitamine f.
Antivitamin K n. AVK m.
antixerophthalmisch antixérophtalmique
antizellulär anticellulaire
antizyklisch anticyclique
Antizytokin n. anticytokine m.
Antizytolysin n. anticytolysine f.
antral antral
Antrektomie f. antrectomie f.
Antrieb m. impulsion f.
Antriebsschwäche f. manque d'entrain m.
antroduodenal antroduodénal
antronasal antronasal
Antroskop n. antroscope m.
Antroskopie f. antroscopie f.
antroskopisch antroscopique
Antrostomie f. antrostomie f.
Antrotomie f. antrotomie f.
antrotympanisch antrotympanique
Antrozystektomie f. antrocystectomie f.
Antrum n. antre m., antrum m.
Antwort f. réponse f.
Anurie f. anurie f.
anurisch anurique
Anus praeternaturalis m. anus contre nature m.

Anuskop n. anuscope m.
Anuskopie f. anuscopie f.
Anusplastik f. anoplastie f.
Anwendbarkeit f. applicabilité f.
anwenden appliquer, employer, utiliser
Anwendung f. application f., emploi m., utilisation f.
Anwendungsart f. mode d'emploi m.
Anxiolyse f. anxiolyse f.
anxiolytisch anxiolytique
anxiolytisches Mittel n. anxiolytique m.
Anzapfsyndrom n. steal syndrome m., syndrome de l'artère voleuse m.
anzeigen annoncer, indiquer
Anzeigepflicht f. devoir de déclarer m.
Anzeigestellung f. indication f.
anziehen attirer, habiller
Anziehung f. attraction f.
Aorta f. aorte f.
Aortaplastik f. plastie de l'aorte f.
Aortaprothese f. prothèse aortique f.
Aortenaneurysma n. anévrisme de l'aorte m.
Aortenbogen m. crosse de l'aorte f.
Aortenbogensyndrom n. syndrome de sténose aortique m.
Aortenendoprothese f. endoprothèse aortique f.
Aortenerweiterung f. dilatation de l'aorte f.
Aorteninsuffizienz f. insuffisance aortique f.
Aortenisthmusstenose f. coarctation de l'aorte f., sténose isthmique de l'aorte f.
Aortenklappe f. valvule aortique f.
Aortenplastik f. aortoplastie f.
Aortenstenose f. sténose de l'aorte f.
Aortitis f. aortite f.
aortofemoral aortofémoral
Aortographie f. aortographie f.
aortoiliakal aortoiliaque
aortoiliofemoral aortoiliofémoral
aortokoronar aortocoronaire
Apalcillin n. apalcilline f.
apallisch apallique
aparalytisch aparalytique
Apareunie f. apareunie f.
Apathie f. apathie f.
apathisch apathique
apathogen non pathogène
Apatit m. apatite f.
Apepsie f. apepsie f.
apeptisch apeptique
aperiodisch apériodique
Apertur f. ouverture f.
Apexkardiogramm (AKG) n. apexcardiogramme m. (ACG), apexogramme m.
Apexkardiographie f. apexcardiographie f.

apexkardiographisch apexographique
Aphagie f. aphagie f.
Aphakie f. aphakie f.
Aphasie f. aphasie f.
Aphasiologie f. aphasiologie f.
aphasisch aphasique
Aphonie f. aphonie f.
aphonisch aphone
Aphrodisiakum n. aphrodiasique m.
Aphthe f. aphte m.
apikal apical
Apikogramm n. apicogramme m.
Apikolyse f. apicolyse f.
Apikostomie f. apicostomie f.
Apikotomie f. apicotomie f.
Apiol n. apiol m.
Apixaban n. apixaban m.
Apizitis f. apicite f.
Aplanat m. aplanat m.
aplanatisch aplanétique
Aplanozytose f. aplanocytose f.
Aplasie f. aplasie f.
aplastisch aplasique
aplastische Anämie f. anémie aplasique f.
Apnoe f. apnée f.
apnoisch apnéique
Apoenzym n. apoenzyme f.
Apoferritin n. apoferritine f.
apokrin apocrine
Apolipoprotein n. apolipoprotéine f.
Apomorphin n. apomorphine f.
Aponeurose f. aponévrose f.
apophysär apophysaire
Apophyse f. apophyse f.
Apophysitis f. apophysite f.
apoplektiform apoplectiforme
apoplektisch apoplectique
Apoplexie f. apoplexie f.
Apoprotein n. apoprotéine f.
Apotheke f. pharmacie f.
Apotheker m. pharmacien m.
Apothekerin f. pharmacienne f.
Apotoxin n. anaphylatoxine f., apotoxine f.
Apparat m. appareil m.
Apparatur f. appareillage m.
Appendektomie f. appendectomie f.
Appendizitis f. appendicite f.
appendizitisch d'appendicite
Apperzeption f. distinction f., perception f.
apperzeptiv distinctif
Appetit m. appétit m.
appetitanregendes Mittel n. stimulant de l'appétit m.
Appetitlosigkeit f. inappétence f., manque d'appétit m.
Appetitzügler m. anorexiant m.
Applanation f. aplanation f.
applanatorisch applanatoire
Applikation f. administration f., application f.
Applikator m. applicateur m.
applizieren administrer, appliquer
Apposition f. apposition f.
appositional appositionnel
Approbation f. examen final (univ.) m.
approximal proximal
Approximalfläche f. surface proximale f.
Approximalklammer f. clamp proximal m.
Apraclonidin n. apraclonidine f.
apraktisch apraxique
Apraxie f. apraxie f.
Aprindin n. aprindine f.
Aprobarbital n. aprobarbital m.
Aprosexie f. aprosexie f.
Aptamer n. aptamère m.
Aprotinin n. aprotinine f.
Aptyalismus m. aptyalisme m.
APUD-System n. système APUD m.
Apudom n. apudome m.
aqua distillata f. eau distillée f.
Aquaeductus Sylvii m. aqueduc de Sylvius m., aqueduc du mésencéphale m.
Aquaporin n. aquaporine f.
Aquaedukt m. aqueduc m.
aquaeduktal aqueduc, de l'
äquilibrieren équilibrer
Äquilibrierung f. équilibration f.
Äquilibriometrie f. équilibrométrie f.
äquimolar équimolaire
äquimolekular équimoléculaire
äquipotent équipotent
äquivalent équivalent
Äquivalent n. équivalent m.
Äquivalenz f. équivalence f.
Aquokobalamin n. aquocobalamine f.
Arabinofuranose f. arabinofuranose m.
Arabinofuranosidase f. arabinofuranosidase f.
Arabinogalaktan n. arabinogalactane m.
Arabinose f. arabinose m.
Arabinosid n. arabinoside m.
Arabinosurie f. arabinosurie f.
Arabinoxylan n. arabinoxylane m.
Arabit (Alkohol) m. arabitol m.
Arachidonat n. arachidonate m.
Arachnida n. pl. arachnides m. pl.
Arachnitis f. arachnite f., arachnoïdite f.
Arachnodaktylie f. arachnodactylie f.
Arachnoiditis f. arachnoïdite f.
Arachnophobie f. arachnophobie f.

Aragonit m. aragonite f.
Aramin n. aramite f.
ARB (Angiotensin-Rezeptorblocker) m. bloquant des récepteurs à l'angiotensine m.
Arbeit f. travail m.
arbeitbedingt dû au travail
arbeitsfähig apte au travail
Arbeitsfähigkeit f. aptitude au travail f.
Arbeitshypertrophie f. surmenage m.
Arbeitsmedizin f. médecine du travail f.
Arbeitsplatz m. poste de travail m.
Arbeitsraum m. pièce de travail f.
Arbeitstemperatur f. température de travail f.
Arbeitstherapie f. ergothérapie f.
Arbeitstisch m. table de travail f.
arbeitsunfähig inapte au travail
Arbeitsunfähigkeit f. arrêt de travail m., incapacité de travailler f.
Arbeitsunfall m. accident de travail (AT) m.
Arbeitsversäumnis n. absentéisme m.
Arbeitswille m. volonté de travailler f.
Arborisation f. arborisation f.
Arbutin n. arbutine f.
archaisch archaïque
Archetyp m. archétype m.
Architektonik f. architectonie f.
architektonisch architectonique
Archiv n. archive f.
Arcus senilis m. arc sénile de la cornée m., gérontoxon m.
Arecaidin n. arécaïdine f.
Arecolin n. arécoline f.
Areflexie f. aréflexie f.
aregenerativ arégénératif
ateolär aréolaire
argentaffin argentaffine
Argentaffinom n. argentaffinome m.
Argentamin n. argentamine f.
argentophil argentophile
argentum proteinicum n. argentum proteinicum m.
Arginase f. arginase f.
Arginin n. arginine f.
Argininosukzinase f. argininosuccinase f.
Argininosukzinat n. argininosuccinate m.
Argon n. argon m.
Argyrie f. argyrie f., argyrose f.
argyrophil argyrophile
Ariboflavinose f. ariboflavinose f.
Arimidex n. arimidex m.
Arithmomanie f. arithmomanie f.
Arkade f. arcade f.
Arkansasabziehstein m. pierre d'Arkansas f.
Arm m. bras m.
Armbad n. bain de bras m.
Armstütze f. brassard m.
Armtonusreaktion f. réaction de tonus brachial f.
Armtrageschlinge f. écharpe f.
Armut f. pauvreté f.
Arndt-Schulzsches Gesetz n. loi d'Arndt-Schulz f.
Arningsche Tinktur f. teinture d'Arning f.
Aroma n. arome m.
Aromatherapie f. aromathérapie f.
aromatisch aromatique
aromatischer Alkohol m. alcool aromatique m.
Arretierung f. système d'arrêt m.
Arrhenoblastom n. arrhénoblastome m.
Arrhythmie f. arythmie f.
arrhythmieerzeugend arythmisant
arrhythmisch arythmique
Arrosion f. arrosion f.
Arsanilat n. arsanilate m.
Arsen n. arsenic m.
Arsenat n. arsenate m.
Arsenbehandlung f. traitement arsenical m.
arsenhaltig (dreiwertig) arsénieux
arsenhaltig (fünfwertig) arsénical
Arsenik n. arsenic trioxydé m.
Arsenit n. arsenite f.
Arsin n. arsine f.
Arsonat n. arsonate m.
Art f. espèce f., manière f., sorte f.
Artefakt n. artefact m.
Arteria anonyma f. tronc brachiocéphalique m.
Arteria axillaris f. artère axillaire f.
Arteria basilaris f. artère basilaire f.
Arteria brachialis f. artère brachiale f., artère humérale f.
Arteria carotis communis f. artère carotide primitive f.
Arteria carotis externa f. artère carotide externe f.
Arteria carotis interna f. artère carotide interne f.
Arteria centralis retinae f. artère centrale de la rétine f.
Arteria cerebelli f. artère cérébelleuse f.
Arteria cerebri f. artère cérébrale f.
Arteria circumflexa femoris f. artère circonflexe fémorale f.
Arteria communicans f. artère communicante f.
Arteria coronaris f. artère coronaire f.
Arteria epigastrica f. artère épigastrique f.

Arteria femoralis f. artère crurale f., artère fémorale f.
Arteria fibularis f. artère péronière f.
Arteria frontalis f. artère frontale f.
Arteria gastrica f. artère gastrique f.
Arteria gastroepiploica f. artère gastro épiploïque f.
Arteria haemorrhoidalis f. artère hémor roïdale f.
Arteria hepatica f. artère hépatique f.
Arteria hypogastrica f. artère hypogastrique f.
Arteria ileocolica f. artère iléocolique f.
Arteria iliaca f. artère iliaque f.
Arteria infraorbitalis f. artère sousorbitaire f.
Arteria intercostalis f. artère intercostale f.
Artetia labialis f. artère labiale f.
Arteria lacrimalis f. artère lacrymale f.
Arteria laryngea f. artère laryngée f.
Arteria lienalis f. artère splénique f.
Arteria lingualis f. artère linguale f.
Arteria mammica f. artère mammaire f.
Arteria meningica f. artère méningée f.
Arteria mesenterica f. artère mésentérique f.
Arteria obturatoria f. artère obturatrice f.
Arteria occipitalis f. artère occipitale f.
Arteria ophthalmica f. artère ophtalmi que f.
Arteria ovarica f. artère ovarienne f.
Arteria palatina f. artère palatine f.
Arteria pancreaticoduodenalis f. artère pancréatico-duodénale f.
Arteria perinealis f. artère périnéale f.
Arteria peronea f. artère péronière f.
Arteria phrenica f. artère diaphragmati que f.
Arteria poplitea f. artère poplitée f.
Arteria profunda femoris f. artère fémorale profonde f.
Arteria pudendalis f. artère honteuse f.
Arteria pulmonalis f. artère pulmonaire f.
Arteria radialis f. artère radiale f.
Arteria renalis f. artère rénale f.
Arteria spermatica f. artère spermatique f.
Arteria subclavia f. artère sousclavière f.
Arteria supraorbitalis f. artère susorbitaire f.
Arteria temporalis f. artère temporale f.
Arteria thoracalis f. artère thoracique f.
Arteria thyreoidea f. artère thyroïdienne f.
Arteria tibialis f. artère tibiale f.
Arteria umbilicalis f. artère ombilicale f.
Arteria uterina f. artère utérine f.
Arteria vertebralis f. artère vertébrale f.
arterialisieren artérialiser

Arterialisierung f. artérialisation f., hématose f.
arteriell artériel
arterielle Verschlusskrankheit (AVK) f. maladie artérielle oblitérante f.
Arterienklemme f. pince hémostatique f.
Arteriennaht f. suture artérielle f.
Arterienverschluss m. obstruction artérielle f.
Arteriitis f. artérite f.
Arteriogramm n. artériogramme m.
Arteriographie f. artériographie f.
arteriographisch artériographique
arteriokapillär artériocapjllaire
arteriolär artériolaire
Arteriole f. artériole f.
arteriolosklerotisch artérioloscléreux
Arteriosklerose f. artériosclérose f.
arteriosklerotisch artérioscléreux
arteriovenös artérioveneux
Arthralgie f. arthralgie f.
arthralgisch arthralgique
Arthrektomie f. arthrectomie f.
Arthritis f. arthrite f.
Arthritis f., **im Alter beginnende** arthrite tardive f.
arthritisch arthritique
Arthritismus m. arthritisme m.
Arthrodese f. arthrodèse f.
Arthrogramm n. radiographie articulaire f.
Arthrographie f. arthrographie f.
arthrographisch arthrographique
Arthrogrypose f. arthrogrypose f.
Arthrolyse f. arthrolyse f.
Arthropathie f. arthropathie f.
Arthropathie, klimakterische f. arthropathie climactérique f.
Arthroplastie f. arthroplastie f.
Arthropoda n. pl. arthropodes m. pl.
Arthrosis deformans f. arthrose déformante f.
Arthroskop n. arthroscope m.
arthroskopisch arthroscopique
Arthrotomie f. arthrotomie f.
Arthrozentese f. arthrocentèse f.
Arthus-Phänomen n. phénomène d'Arthus m.
artifiziell artificiel
artikulär articulaire
Artikulation f. articulation f.
Artikulator m. articulateur m.
artikulieren articuler
Artischocke f. artichaud m.
aryepiglottisch aryépiglottique

Aryknorpel m. cartilage aryténoïde m., cartilage aryténoïdien m.
Aryl n. aryle m.
Arylamidase f. arylamidase f.
Arylarsonat n. arylarsonate m.
Arylierung f. arylation f.
Arylsulfat n. arylsulfate m.
Arylsulfatase f. arylsulfatase f.
Arylzyklohexylamin n. arylcyclohexylamine f.
Arznei f. remède m.
Arzneibuch n. Pharmacopée f.
Arzneibuchpräparat n. médicament inscrit à la Pharmacopée m.
Arzneimittel n. médicament m., préparation pharmaceutique f.
Arzneimittelabhängigkeit f. dépendance médicamenteuse f.
arzneimittelbedingt d'origine médicamenteuse
Arzneimittellabor n. laboratoire pharmaceutique m.
Arzneimittelprüfung f. essai thérapeutique médicamenteux m.
Arzneimittelprüfung am lebenden Tier f. essai médicamenteux in vivo chez l'animal m.
Arzneimittelreaktion f. réaction médicamenteuse f.
Arzneimittelresistenz f. résistance au médicamènt f.
Arzneimittelspezialität f. spécialité médicamenteuse f.
Arzneimittelsucht f. toxicomanie médicamenteuse f.
Arzneimitteltherapie f. thérapeutique médicamenteuse f.
Arzneipflanze f. plante médicinale f.
Arzneischrank m. armoire à pharmacie f.
Arzneiwaage f. trébuchet m.
Arzneiware f. produit médicamenteux m.
Arzt m. docteur m., médecin m.
Arzt, beratender m. médecin consultant m.
Ärztemuster n. échantillon médical m.
Ärztetasche f. valise de médecin f.
Ärzteverein m. association médicale f.
Arztgeheimnis n. secret médical m.
Arzthelfer m. assistant médical m.
Arzthelferin f. assistante médicale f.
Ärztin f. médecin (Madame le) m.
ärztlich médical
ärztliche Berufsordnung f. code d'éthique juridique f., code de déontologie médicale m.
ärztlicher Rat m. avis médical m.
ärztliches Zeugnis n. certificat médical m.
Arztpraxis f. cabinet de consultation m., cabinet médical m.
Arzttasche f. valise de médecin f.
asa foetida f. asa foetida f.
Asbest m. amiante f.
Asbestose f. asbestose f.
Asche f. cendre f.
Aschheim-Zondek-Test m. test d'Aschheim et Zondek m.
Aschoff Tawara-Knoten m. noeud d'Aschoff Tawara m.
Aschoffsches Knötchen n. nodule d'Aschoff m.
Ascites-Agar m. agar-liquide d'ascite m.
Ascorbat n. ascorbate m.
Äsculetin n. esculétine f.
Äsculin n. esculine f.
Asemie f. asémie f.
Asepsis f. asepsie f.
aseptisch aseptique
Asesamie f. asésamie f.
Ash-Geschiebe n. attachement de Ash m. (dent.)
Asher-Syndrom n. syndrome de Asher m.
Ashman-Phänomen n. phénomène de Ashman m.
Asialie f. asialie f.
asiatische Grippe f. grippe asiatique f.
Asiderose f. asidérose f.
Askaridiasis f. ascaridiase f.
Askaris m. ascaris m.
Askorbat n. ascorbate m.
Asocainol n. asocaïnol m.
asozial asocial
Asparagin n. asparagine f.
Asparaginase f. asparaginase f.
Asparaginat n. asparaginate m.
Aspart n. asparte m.
Aspartat n. aspartate m.
Aspartataminotransferase f. aspartate-aminotransférase f.
Asperger-Syndrom n. syndrome d'Asperger m.
Aspartylglycosylamin n. aspartylglycosylamine f.
Aspergillose f. aspergillose f.
Aspermatismus m. aspermatisme m., aspermie f.
Aspermie f. aspermie f.
asphyktisch asphyxique
Asphyxie f. asphyxie f.
Aspidinol n. aspidinol m.
Aspirat n. produit aspiré m.
Aspiration f. aspiration f.

Aspirationspneumonie f. pneumonie de déglutition f.
Aspirationsrohr n. tube d'aspiration m.
Aspirationszytologie f. cytologie d'aspiration f.
Aspirator m. aspirateur m.
aspirieren aspirer
ASR (Achillessehnenreflex) m. réflexe du tendon d'Achille (RTA)
ASS (Acetylsalizylsäure) f. ASA (acide acétylsalicylique) m.
Assembly (virol.) assembly
asservieren sauvegarder
Asservierung f. sauvegarde f.
Assimilation f. assimilation f.
Assimilationsbecken n. bassin dystrophique m.
assimilieren assimiler
Assistent m. assistant m.
Assistenz f. assistance f.
Assistenzarzt m. médecin hospitalier m.
Assistenzärztin f. médecin hospitalier m.
assistieren assister
assistierte Beatmung f. ventilation assistée f.
Assoziation f. association f.
assoziativ associatif
assoziieren associer
Ast m. branche f.
AST (Antistreptolysintiter) m. ASL (titre d'antistreptolysine) m.
Astasie f. astasie f.
Astat n. astatine f.
astatisch astatique
Asteatose f. astéatose f.
Astemizol n. astémizole m.
Aster m. aster m.
Astereognosie f. agnosie tactile f., astéréognosie f.
Asthenie f. asthénie f.
asthenisch asthénique
Asthenopie f. asthénopie f.
Ästhesioneuroblastom n. esthésioneuroblastome m.
ästhetisch esthétique
Asthma n. asthme m.
Asthma bronchiale n. asthme bronchique m.
Asthma cardiale n. asthme cardiaque m.
Asthmatiker(in) m./(f.) asthmatique m./f.
asthmatisch asthmatique
astigmatisch astigmatique
Astigmatismus m. astigmatisme m.
Astigmometer n. astigmomètre m.
Astroblastom n. astroblastome m.
Astronautik f. astronautique f.
Astrozyt m. astrocyte m.
astrozytär astrocytaire
Astrozytom n. astrocytome m.
Asyl n. asile m.
Asymmetrie f. asymétrie f.
asymmetrisch asymétrique
Asymmetrogammagramm n. asymétrogammagramme m.
asymptomatisch asymptomatique
asynchron asynchrone
Asynchronie f. asynchronie f.
Asynergie f. asynergie f.
asynergisch asynergique
asynklitisch asynclitique
Asynklitismus m. asynclitisme m.
Asystolie f. asystolie f.
aszendierend ascendant
Aszites m. ascite f.
Aszitesabflussrohr n. tuyau de drainage d'ascite m.
ataktisch ataxique
Ataraktikum n. ataractique m.
Ataraxie f. ataraxie f.
Atavismus m. atavisme m.
atavistisch atavique
Ataxie f. ataxie f.
Atazanavir n. Atazanavir m.
Atelektase f. atélectasie f.
atelektatisch atélectasique
Atem m. respiration f.
Atem, schwerer m. respiration pénible f.
Atemäquivalent n. équivalent respiratoire m.
Atembeutel m. masque respiratoire à ballon m.
Atemgeräusch n. bruit respiratoire m.
Atemgeräusch, bronchovesikuläres n. bruit respiratoire bronchovésiculaire m.
Atemgrenzwert m. capacité respiratoire maximum f.
atemlos essoufflé, hors d'haleine
Atemlosigkeit f. essoufflement m.
Atemminutenvolumen n. volume respiratoire/minute m.
Atemnot f. détresse respiratoire f.
Atemreserve f. réserve respiratoire f.
Atemschutz m. protection respiratoire f.
Atemschutzgerät n. masque à gaz m.
Atemstromstärke, exspiratorische f. volume expiratoire maximum/seconde (VEMS) m.
Atemstromstärke, inspiratorische f. volume inspiratoire maximum/seconde (VIMS) m.
Atemübung f. exercice respiratoire m.
Atemvolumen n. volume respiratoire m.
Atemzentrum n. centre respiratoire m.
Atenolol n. aténolol m.
Äthambutol n. éthambutol m.

Äthan n. éthane m.
Äthanol m. éthanol m.
Äthanolamin n. éthanolamine f.
Äthanolat n. éthanolate m.
Äther m. éther m.
atherogen athérogène
Atherom n. athérome m.
atheromatös athéromateux
Atherosklerose f. athérosclérose f.
atherosklerotisch athérosclérotique
Atherothrombose f. athérothrombose f.
Athetose f. athétose f.
athetotisch athétosique
Äthinyl n. éthinyle m.
Äthionamid n. éthionamide m.
Äthioporphyrin n. éthioporphyrine f.
Äthionat n. éthionate m.
Athlet m. athlète m.
athletisch athlétique
athmosphärisch athmosphérique
Äthyl n. éthyle m.
Äthylalkohol m. alcool éthylique m., éthanol m.
Äthylamid n. éthylamide m.
Äthylen n. éthylène m.
Äthylendiamin n. éthylènediamine f.
Äthylenimino-Gruppe f. groupe éthylène-imine m.
Äthylester m. éthylester m.
Äthylierung f. éthylation f.
Äthylismus m. éthylisme m.
Äthylmorphinhydrochlorid n. hydrochlorure d'éthylmorphine f.
Äthylsukzinat n. éthylsuccinate m.
Athyreose f. athyréose f., athyroïdie f.
Ätiandiolon n. étiandiolone f.
Ätioanolon n. étioanolone f.
Ätiocholanolonfieber n. fièvre étiocholanoloseptique f.
Ätiologie f. étiologie f.
ätiologisch étiologique
Ätioporphyrin n. étioporphyrine f.
atlantoepistropheal atlantoaxial
atlantomastoidal atlantomastoïdien
atlanto-odontoid atlanto-odontoïdien
atlantookzipital atlantooccipital
Atlas m. atlas m.
atmen respirer
Atmen n. souffle m.
Atmen, pueriles n. respiration puérile f.
Atmen, unbestimmtes n. respiration indéfinie f.
Atmokausis f. atmokausis f.
Atmosphere f. atmosphère f.
Atmung f. respiration f.

Atmungsgeräusch n. bruit respiratoire m., murmure respiratoire m.
Atmungskette f. chaine respiratoire f.
Atmungszentrum n. centre respiratoire m.
Atom n. atome m.
atomar atomique
Atomgewicht n. poids atomique m.
Atomisierung f. atomisation f.
Atonie f. atonie f.
atopisch atopique
Atorvastatin n. atorvastatine f.
Atovaquon n. atovaquone f.
Atoxyl n. atoxyle m.
ATP (Adenosintriphosphat) n. ATP (acide adénosine triphosphorique) m.
Atransferrinämie f. atransferrinémie f.
atraumatisch atraumatique
Atresie f. atrésie f.
atresisch atrésique
atrial atrial
Atrichie f. atrichie f.
Atrioseptopexie f. atrioseptopexie f.
Atrioseptostomie f. atrioseptostomie f.
atrioventrikulär atrioventriculaire, auriculo-ventriculaire (A.V.)
Atrophie f. atrophie f.
atrophisch atrophique
Atrophoderma n. atrophoderma m.
Atropin m. atropine f.
Atropinisierung f. atropinisation f.
Attacke f. attaque f.
Attest n. attestation f., certificat m.
attestieren attester
Atticoantrotomie f. atticoantrotomie f.
Atypie f. atypie f.
atypisch atypique
ätzen cautériser, corroder
ätzend caustique, corrosif
ätzendes Mittel n. caustique m., corrosif. m.
Ätzkali n. hydrate de potasse m., potasse caustique f.
Atzmittel n. caustique m., cautère m.
Ätznatron n. soude caustique f.
AU (Arbeitsunfähigkeit) f. arrêt de travail m.
Audiologie f. audiologie f.
audiologisch audiologique
Audiometer n. audiomètre m.
Audiometrie f. audiométrie f.
audiometrisch audiométrique
audiopsychisch audiopsychique
audiovisuell audiovisuel
auditorisch auditif
Auerbachscher Plexus m. plexus d'Auerbach m.

Auerstäbchen n. corps d'Auer m.
Aufbewahrung f. conservation f.
Aufbiss m. (dent.) occlusion f.
Aufbisskrone f. couronne occlusale f.
Aufblasballon m. ballon gonflable m.
aufblasen gonfler, insuffler
Aufblasung f. gonflage m., insufflation f.
Aufbrauch m. consumption f., usure f.
aufbrennen faire un alliage par fusion (dent.)
Aufbrenntechnik f. alliage en fusion (dent.)
Aufeinanderfolge f. séquence f., succession f.
auffällig remarquable
Auffassung f. compréhension f.
aufflackern exacerber
Aufflackern n. exacerbation f.
Auffrischimpfung f. vaccination de rappel f.
aufgedunsen bouffi, gonflé
aufgehobenes Atmen n. absence de bruit respiratoire f.
aufgeregt sein être excité
aufgetrieben distendu, gonflé
aufhalten arrêter
aufhellen éclairer, élucider
Aufhellschirm m. écran d'éclairage m.
Aufhellung f. éclaircissement m.
aufhören cesser, finir
Aufhören n. cessation f.
Aufklärung f. information f.
Auflage f. revêtement m. (dent.)
Auflagefläche f. surface d'appui f.
Auflageklammer f. agrafe d'appui f.
auflösen dissoudre
Auflösung f. dissolution f.
Auflösungsvermögen n. pouvoir séparateur m.
Aufmerksamkeit f. attention f.
Aufmerksamkeitsdefizit n. hyperkinésie f. défaut de concentration m.
Aufnahme (z. B. Medikament) f. prise de médicament f.
Aufnahme, erneute prise répétée, reprendre le médicament
Aufnahme, Röntgen- radiographie f., cliché m.
Aufnahme ins Krankenhaus f. hospitalisation f.
Aufnahmebefund m. observations à l'admission f. pl.
Aufnahmestation f. service des entrées m.
aufpfropfen greffer
aufputschen doper
Aufputschen n. dopage m.
Aufputschmittel n. doping m.
aufrauhen rendre rugueux
aufrecht debout, droit

Aufrechterhaltung f. maintien m.
Aufregung f. excitation f.
aufreizend irritant
aufrichten redresser
aufsättigen saturer
aufsaugen absorber, résorber
aufschneiden inciser
aufspalten fendre, séparer
Aufspaltung f. scissure f.
Aufsplitterung f. éclatement m.
aufsteigen monter
aufsteigend ascendant
aufsteigendes aktivierendes System n. système facilitateur ascendant m.
Aufstellplatte f. plaque de base f. (dent.)
Aufstellung f. base f. (dent.)
Aufstiegsneurose f. névrose de carrière f.
aufstoßen (rülpsen) éructer, faire un renvoi
Aufstoßen n. éructation f.
Aufstoßen, saures n. régurgitation acide f.
Auftauen n. dégel m.
aufwachen s'éveiller
Aufwachen n. réveil m.
Aufwachepilepsie f. épilepsie matinale f.
Aufwachraum m. salle de réveil f.
Aufwand m. dépense f.
aufwecken éveiller
aufwickeln enrouler
aufzeichnen noter
Aufzeichnung f. notes f. pl.
Aufzucht f. élevage m.
Augapfel m. globe oculaire m.
Auge n. æil m.
Augenabteilung f. service d'ophtalmologie m.
Augenarzt m. oculiste m., ophtalmologue m.
Augenärztin f. oculiste f., ophtalmologue m.
Augenbindehautentzündung f. conjonctivite f.
augenblicklich instantanément
Augenbraue f. sourcil m.
Augenbrauenkrampf m. ophryosis m.
Augenchirurgie f. chirurgie optique f.
Augendiagnose f. iridodiagnostic m.
Augenhintergrund m. fond d'aeil m.
Augenhöhle f. orbite f.
Augeninnendruck m. pression intraoculaire f.
Augenkammer, hintere f. chambre postérieure de l'œil f.
Augenklappe f. œillère f.
Augenlanzette f. lancette ophtalmique f.
Augenlaser m. laser de l'œil m.
Augenlid n. paupière f.
Augenlid, fehlendes n. ablépharie f.

Augenlidhalter m. blépharostat m.
Augenlupe f. loupe oculaire f.
Augenmagnet m. aimant oculaire m.
Augenmuskel m. muscle oculomoteur m.
Augensalbe f. pommade ophtalmique f.
Augenschlinge f. anse oculaire f.
Augenschutz m. protection de l'aeil f.
Augenspezialist m. spécialiste des yeux m.
Augenspezialistin f. spécialiste des yeux f.
Augenspülflüssigkeit f. lotion oculaire f.
Augentropfen f. collyre m.
Augentrübung f. vue trouble f.
Augenwasser n. humeur aqueuse f.
Augenwimper f. cil m.
Augenwinkel m. angle de l'oeil m.
Augenzahn m. dent de l'oeil f.
Aujeszkysche Krankheit f. pseudorage bovine f.
Aura f. aura f.
Auranofin n. auranofine f.
aurikulär auriculaire
Aurikulomedizin f. auriculomédecine f.
Aurikulotherapie f. auriculothérapie f.
aurikuloventrikulär auriculoventriculaire
Auroallylthioureidobenzoat n. auroallylthiouréidobenzoate m.
Aurothioglukose f. aurothioglucose m.
Aurothiomalat n. aurothiomalate m.
ausagieren réaliser
ausatmen expirer
Ausatmung f. expiration f.
ausbalancieren équilibrer
ausbessern améliorer
ausbilden former, développer
Ausbildung f. formation f., développement n.
ausblasen souffler
ausbleiben manquer
ausblenden collimater
Ausblendung f. collimation f.
ausblocken bloquer
ausbluten exsanguiner, perdre son sang
ausbreiten étendre, propager
Ausbreiter m. étendeur m.
Ausbreitung f. étendue f., propagation f.
ausbrennen cautériser
Ausbruch m. envahissement m., éruption f.
Ausbruch einer Krankheit m. moment où la maladie éclate m.
ausbrüten incuber
Ausdauer f. endurance f.
ausdehnbar extensible
ausdehnen dilater, distendre, étendre
Ausdehnung f. dilatation f., distension f. étendue f.
Ausdruck m. expression f.

ausdrücken exprimer
Ausdrücken n. expression f.
Ausdrucksmangel m. manque d'expressivité m.
ausdünsten exhaler, perspirer
Ausdünstung f. exhalaison f., perspiration f.
Ausfallquote f. taux de perte m.
Ausflockung f. floculation f.
Ausfluss m. écoulement m.
Ausfuhr (med.) f. excrétion f., élimination f.
Ausflussröhrchen n. tubule d'écoulement m.
Ausgang m. issue f., sortie f.
Ausgangrichtung f. sens de sortie m.
Ausgangsbeschränkung f. confinement m.
Ausgangsbeschränkungen, Abbau der m. déconfinement m.
Ausgangspunkt m. point de départ m.
Ausgangsspannung f. voltage m.
ausgeblutet exsangue
ausgedehnt étendu
ausgießen verser
ausgleichen compenser, égaliser, équilibrer
ausglühen consumer, se, flamber
Ausgusskörper m. forme f.
aushöhlen évider, excaver
Auskleidung f. déshabillage m., revêtement m.
Auskratzung f. curettage m., curage m.
Auskultation f. auscultation f.
auskultatorisch auscultatoire
auskultieren ausculter
ausküvettieren verser
auslöschen effacer, éteindre
Auslöschphänomen n. réaction de Schultz-Charlton f.
auslösen causer, déclancher, provoquer
Auslöser m. facteur déclanchant m.
ausnahmebedingt dérogatoire
Ausnahmezustand m. état d'exception m.
ausnutzen exploiter
Ausnutzung f. exploitation f.
auspressen exprimer, presser
auspumpen pomper
Ausräucherung f. fumigation f.
ausrenken disloquer
ausrotten éliminer, extirper
Ausrottung f. éradication f.
Ausrüstung f. équipement m.
aussaugen vider en suçant
ausschaben abraser
Ausschabung f. abrasion f., curettage m.
ausschälen décortiquer, énucléer
ausschalten exclure
Ausschaltung f. coupure f., exclusion f.
Ausschälung f. décortication f., énucléation f.

ausscheiden excréter
Ausscheidung f. excrétion f.
Ausscheidungsurographie f. urographie par voie intraveineuse f.
Ausschlag m. éruption f., exanthème m.
ausschleichen diminuer progressivement
ausschleichend behandeln traitement dégressif
Ausschluss m. exclusion f.
Ausschlussprinzip n. principe d'exclusion m.
Ausschneidung f. excision f.
Ausschuhen n. exongulation f.
Ausschusswunde f. blessure de sortie du projectile f.
ausschütten renverser
Ausschüttung f. vidage m.
Ausschwemmung f. élimination de liquide f.
Ausschwitzung f. exsudation f.
Außenfürsorge f. assistance externe f.
Ausstülpung der Backe (vétér.) f. inversion de la joue (veter.) f.
Außenmaß n. dimension externe f.
Außenohr n. oreille externe f.
Außenschicht f. couche externe f.
außerehelich hors mariage
außersinnlich extrasensoriel
Aussparung f. cavité f.
ausspritzen injecter pour déboucher
ausspucken cracher, expectorer
ausspülen laver, rincer
Ausstattung f. équipement m.
ausstopfen bourrer, tamponner
Ausstopfung f. bourrage m.
Ausstoß m. output m., production f.
ausstoßen éliminer
Ausstoßung f. expulsion f.
Ausstrahlung f. émission f., radiation f.
Ausstülpung f. protrusion f.
Austausch m. échange m.
austauschbar interchangeable
Austauscher m. échangeur m.
Austauschtransfusion f. exsanguinotransfusion f.
Australiaantigen n. antigène Australie m.
austreiben expulser
Austreibung f. expulsion f.
Austreibungszeit (kardiol.) f. période d'évacuation f., période d'expulsion f.
Austreibungszeit (obstetr.) f. période d'expulsion f.
Austrittsblock m. bloc complet m., bloc de branche m.
Austrittsdosis f. dose de sortie f.
austrocknen dessécher

Austrocknung f. déssèchement m., séchage m.
austupfen tamponner
Auswahlfragen-Examen n. examen par questions à choix multiples (QCM) m.
Auswärtsdrehung f. rotation externe f.
Auswaschmethode f. méthode de lavage à épuisement f., méthode de wash out f.
auswechselbar interchangeable
Auswechseloptik f. lentilles échangeables f. pl.
auswerfen expectorer
auswerten évaluer
Auswertung f. évaluation f.
auswischen effacer
Auswuchs m. excroissance f.
Auswurf m. crachat m., expectoration f.
Auszählung f. dénombrement m.
Auszehrung f. consomption f.
Auszubildende f. apprentie f.
Auszubildender m. apprenti m.
Autismus m. autisme m.
autistisch autiste, autistique
autistisches Denken n. pensée autistique f.
Autoabgas n. gaz d'échappement m.
autoadaptione f. autoadaptione f.
autoadaptiv autoadaptif
Autoagglutination f. autoagglutination f.
Autoagression f. autoagression f.
Autoanalyse f. autoanalyse f.
Autoanalyzer m. autoanalyseur m.
Autoantigen n. autoantigène m.
Autoantikörper m. autoanticorps m.
autochthon autochtone
autoerotisch autoérotique
Autofahren n. conduite automobile f.
autogen autogène
autogenes Training n. training autogène de Schulz m.
Autohämolyse f. autohémolyse f.
Autohämolysin n. autohémolysine f.
autohämolytisch autohémolytique
Autohypnose f. autohypnose f.
autoimmun autoimmun
Autoimmunglobulin n. globuline autoimmune f.
Autoimmunisation f. autoimmunisation f.
Autoimmunität f. autoimmunité f.
Autoimmunkrankheit f. maladie autoimmune f.
Autoinfektion f. autoinfection f.
Autointoxikation f. autointoxication
Autoisolysin n. autoisolysine f.
Autokannibalismus m. autocannibalisme m.
Autokastration f. autocastration f.

Autoklav m. autoclave m.
Autokrankheit f. maladie des transports f.
autolog autologue
Autolysat n. autolysat m.
Autolyse f. autolyse f.
autolysieren autolyser
Autolysin n. autohémolysine f., autolysine f.
autolytisch autolytique
Automatik f. automatisme m.
Automatisation f. automatisation f.
automatisch automatique
automatisieren automatiser
Automatisierung f. automatisation f.
Automatismus m. automatisme m.
autonom autonome
Autonomie f. autonomie f.
autopharmakologisch autopharmacologique
Autophonie f. autophonie f.
Autoplastie f. autoplastie f.
Autopolymerisat n. autopolymère m.
Autopräzipitin n. autoprécipitine f.
autopsychisch autopsychique
Autopsychose f. autopsychose f.
Autor m. auteur m.
Autoradiographie f. autoradiographie f.
autoradiographisch autoradiographique
autoreaktiv autoréactif
Autoregulation f. autorégulation f.
Autorezeptor m. autorécepteur m.
Autorin f. auteur f.
Autoskopie f. autoscopie f.
Autosom n. autosome m.
autosomal autosomique
Autosomie f. autosomie f.
Autosuggestion f. autosuggestion f.
Autotoxin n. autotoxine f.
Autotransfusion f. autotransfusion f.
Autotransplantat n. autogreffe f.
Autotransplantation f. autotransplantation f.
autotroph autotrophique
Autovakzination f. autovaccination f.
Autovakzine f. autovaccin m.
auxiliär auxiliaire
Auxin n. auxine f.
Avenin n. avenine f.
aviär aviaire
Avidität f. avidité f.
avirulent avirulent
avital avital
Avitaminose f. avitaminose f.
AVK (arterielle Verschlusskrankheit) f. maladie artérielle obstructive f.
Avogadrosches Gesetz n. loi d'Avogadro f.
Axanthopsie f. axanthopsie f.
axenisch axenique

Axerophthol n. axérophtol m.
axial axial, axile
Axialrotationsgelenk n. articulation à rotation axiale f.
Axillär axillaire
Axillarlinie, vordere/hintere f. ligne axillaire antérieure/postérieure f.
axillobilateral axillobilatéral
axillofemoral axillofémoral
axillounilateral axillounilatéral
axiobukkogingival axiobuccogingival
axiobukkolingual axiobuccolingual
axiobukkozervikal axiobuccocervical
axiodistal axiodistal
axiodistogingival axiodistogingival
axiodistoinzisal axiodistoincisal
axiodistookklusal axiodistoocclusal
axiodistozervikal axiodistocervical
axiogingival axiogingival
axioinzisal axioincisal
axiomesiodistal axiomésiodistal
axiomesiozervikal axiomésiocervical
axiopulpal axiopulpaire
Axioversion f. axioversion f.
Axolotl m. axolotl m.
Axolotleinheit f. unité axolotl f.
Axon n. axone m.
Axonreflex m. réflexe d'axone m.
Axoplasma n. axoplasme m.
Axotomie f. axotomie f.
Ayerzasche Krankheit f. syndrome d'Ayersa m.
Ayurveda m. Ayurvéda m.
Azaadenin n. azaadénine f.
Azaconazol n. azaconazole m.
Azahypoxanthin n. azahypoxanthine f.
Azapetin n. azapétine f.
Azapropazon n. azapropazone f.
Azarabin n. azarabine f.
Azathioprin n. azathioprine f.
Azauracil n. azauracil m.
Azauridin n. azauridine f.
Azebutolol n. acébutolol m.
Azedapson n. acédapsone f.
Azelastin n. acélastine f.
Azelat n. acélate m.
Azephalie f. acéphalie f.
Azetabuloplastie f. acétabuloplastie f.
Azetal n. acétal m.
Azetaldehyd m. acétaldéhyde m.
Azetamid n. acétamide m.
Azetamidin n. acétamidine f.
Azetaminofluoren n. acétaminofluoréne m.
Azetanilid n. acétanilide m.
Azetarson n. acétarsone f.

Azetat n. acétate m.
Azetazetat n. acétacétate m.
Azetazetyl n. acétacétyle m.
Azetazolamid n. acétazolamide m.
Azetessigsäure f. acide diacétique m.
Azetidin n. acétidine f.
Azetobromanilid n. acétobromanilide m.
Azetobutolol n. acétobutolol m.
Azetoglykosurie f. acétoglycosurie f.
Azetohexamid n. acétohexamide m.
Azetol n. acétol m.
Azetolase f. acétolase f.
Azetomenadion n. acétoménaphtone f.
Azetonämie f. acétonémie f.
azetonämisch acétonémique
Azetonaphthon n. acétonaphtone f.
Azetonid n. acétonide m.
Azetonitrat n. acétonitrate m.
Azetonitril n. acétonitrile m.
Azetonkörper m. corps acétonique m.
Azetonresorzin n. acétonorésorcinol m.
Azetonurie f. acétonurie f.
Azetonyl n. acétonyle m.
Azetophenazin n. acétophénazine f.
Azetophenitidin n. acétophénétidine f.
Azetophenon n. acétophénone f.
Azetopyrin n. acétopyrine f.
Azetosal n. acétosal m.
Azetrizoat n. acétrizoate m.
Azetylazeton n. acétylacétone f.
Azetylcholin n. acétylcholine f.
Azetyldigitoxin n. acétyldigitoxine f.
Azetyldigoxin n. acétyldigoxine f.
Azetylen n. acétylène m.
Azetylglucosamin n. acétylglucosamine f.
Azetylglyzin n. acétylglycine f.
Azetylhistidin n. acétylhistidine f.
Azetylhydrazin n. acétylhydrazine f.
azetylieren acétyler
Azetylierung f. acétylation f.
Azetyllysin n. acétyllysine f.
Azetylmethadol n. acétylméthadol m.
Azetylphenylhydrazin n. acétylphénylhydrazine f.
Azetylsalizylamid n. acétylsalicylamide m.
Azetylserotonin n. acétylsérotonine f.
Azetyltannin n. acétyltannin m.

Azetylthymol n. acétylthymol m.
Azetyltransferase f. acétyltransférase f.
Azetylzystein n. acétylcystéine f.
Azetylzytidin n. acétylcytidine f.
Azidalbumin n. acidalbumine f.
Azidämie f. acidémie f.
azidämisch acidémique
Azidimeter n. acidomètre m.
Azidodesoxythymidin n. acidodéoxythymidine f.
azidophil acidophile
Azidose f. acidose f.
Azidothymidin n. acidothymidine f.
azidotisch en état d'acidose
Azidurie f. acidurie f.
azinös acineux
azinotubulär acinotubulaire
Azipramin n. azipramine f.
Azo-Farbstoff m. colorant azoïque m.
Azo-Gruppe f. groupe azoïque m.
Azo-Verbindung f. combinaison azoïque f.
Azobenzen n. azobenzène m.
Azol n. azole m.
Azol-Antimykotikum n. azolantimycotique m.
Azolitmin n. azolitmine f.
Azoospermie f. azoospermie f.
Azorubinprobe f. épreuve à l'azorubine f.
Azosemid n. azosémide m.
Azotämie f. azotémie f.
azotämisch azotémique
Azothiopin n. Azothiopine f.
Azouridin n. azouridine f.
Aztreonam n. azthréonam m.
Azulen n. azulène m.
Azur m. azur m.
Azurgranulom n. élément figuré azurophile m.
azurophil azurophile
Azurophilie f. azurophilie f.
Azygographie f. azygographie f.
azyklisch acyclique
Azyl… siehe auch voir aussi acyl…
Azyl n. acyle m.
Azylase f. acylase f.
Azyldehydrogenase f. acyldéhydrogenase f.

B

Baastrupsche Krankheit f. arthrose interépineuse f., maladie de Baastrup f.
Babesiose f. babésiose f.
Babinski-Reflex m. réflexe de Babinski m.
Babinski-Zeichen n. signe de Babinski m.
Babymulde f. creux de la fontanelle m.
Bacampicillin n. bacampicilline f.
Bacillus m. siehe auch voir aussi Bazillus m.
Bacillus anthracis m. bacillus anthracis m.
Bacillus botulinus m. Clostridium botulinum m.
Bacillus Calmette-Guérin m. bacille de Calmette et Guérin m.
Bacillus coli communis m. Escherichia coli m.
Bacillus enteridis Gärtner m. Salmonella enteridis m.
Bacillus faecalis alcaligenes m. Alcaligenes faecalis m.
Bacillus lactis aerogenes m. Aerobacter aerogenes m.
Bacillus oedematis maligni m. Clostridium oedematis maligni m.
Bacillus pneumoniae m. Klebsiella pneumoniae f.
Bacillus putrificus m. Clostridium putrificum m.
Bacillus pyoceaneus m. Pseudomonas aeruginosa m.
Bacillus tetani m. Clostridium tetani m.
Bacillus typhi murium m. Salmonella typhimurium f.
Bacitracin n. bacitracine f.
Backe f. joue f.
Backe, Ausstülpung der (veter.) f. inversion de la joue (vétér.) f.
Backenhalter m. écarteur des joues m.
Backenschützer m. protection de la joue m.
Backentasche f. cavité vestibulaire f.
Backenzahn m. molaire f.
Backwith-Wiedemann-Syndrom n. syndrome de Backwith-Wiedemann m.
Baclofen n. baclofène m.
Bacterium n. siehe auch voir aussi Bakterium n., Bakterie f.
Bacterium ozenae n. Klebsiella ozenae m.
Bacterium tularense n. pasteurella tularensis m.
Bad n. bain m.
baden baigner, prendre un bain
Bäderabteilung f. bains m. pl.
Badetuch n. serviette de bain f.
Badewanne f. baignoire f.
Bagasoße f. bagasosse f.
Bahn f. voie f.
bahnen désinhiber une voie
Bahnung f. désinhibition d'une voie f.
Bainbridge-Reflex m. réflexe de Bainbridge m.
Bajonettverschluss m. fermeture baïonnette f.
BAK (Blutalkoholkonzentration) f. concentration d' alcool dans le sang f.
Bakteriämie f. bactériémie f.
bakteriämisch bactériémique
Bakterie f. bactérie f.
bakteriell bactérien
Bakteriocholie f. bactériocholie f.
Bakteriologe m. bactériologue m.
Bakteriologie f. bactériologie f.
Bakteriologin f. bactériologue f.
bakteriologisch bactériologique
Bakteriolyse f. bactériolyse f.
bakteriolytisch bactériolytique
Bakteriophage m. bactériophage m.
Bakteriophagie f. bactériophagie f.
Bakteriophobie f. bactériophobie f.
bakteriostatisch bactériostatique
bakteriotropisch bactériotrope
Bakterium n. bactérie f.
Bakteriurie f. bactériurie f.
bakterizid bactéricide
bakterizides Mittel n. bactéricide m.
Bakterizidin n. substance bactéricide f.
Bakteroides n. Bacteroïdes m.
Balanitis f. balanite f.
balanitisch balanitique
Balanoposthitis f. balanoposthite f.
Balantidiasis f. balantidiase f.
Balantidium coli n. Balantidium coli m.
Baldrian n. valériane f.
Baldriantinktur f. teinture de valériane f.
Balkenblase f. vessie à colonnes f.
Ballastmaterial n. matière de lest f.
Ballen (Paket) m. paquet m.
Ballismus m. ballisme m.
Ballistokardiogramm n. balistocardiogramme m.
Ballistokardiographie f. balistocardiographie f.
ballistokardiographisch balistocardiographique
Ballon m. ballon m.
Ballonkanüle f. canule à ballonnet f.

Ballonkatheter m.   cathéter à ballonnet m.
Ballottement n.   ballottement m.
Balneologie f.   balnéologie f.
balneologisch   balnéologique
Balneotherapie f.   balnéothérapie f.
Balsam m.   baume m.
Bambusstabwirbelsäule f.   image de colonne vertébrale „en bambou" f.
Band n.   bande f., bride f., ligament m.
Bandage f.   bandage m.
bandagieren   bandager
Bandagist m.   bandagiste m.
Bandanpassung f.   adaptation d'un bandeau f.
Bändelung f.   attache f.
Bändererschlaffung f.   laxité ligamentaire m.
Bänderriss m.   déchirure des ligaments f.
Bänderzerrung f.   froissement ligamentaire m.
Bandkeratitis f.   kératite en bandelette f.
Bandkrone f.   couronne à bandeau f.
Bandlsche Furche f.   anneau de Bandl m.
Bandmaß n.   mètre à ruban m.
Bandscheibe f.   disque intervértebral m.
Bandscheibenprolaps m.   hernie discale f.
Bandspeicherelektrokardiogramm n.   électrocardiogramme enregistré sur bande m.
Bandtreiber m.   repoussoir pour bandeau m. (dent.)
Bandwurm m.   ténia m., ver solitaire m.
Bandwurm, Fisch-   ténia du poisson m.
Bandwurm, Fuchs-   ténia du renard m.
Bandwurm, Hunde-   ténia du chien m.
Bandwurm, Rinder-   ténia bovin m.
Bandwurm, Schweine-   ténia du cochon m., ténia du porc m.
Bandwurmbefall m.   téniase f.
Bandwurmglied n.   anneau de ténia m., cucurbitin m., proglottis m.
Bandwurmmittel n.   produit de traitement du ténia m.
bandwurmtötend   ténicide
bandwurmtötendes Mittel n.   ténicide m.
bandwurmtreibend   ténifuge
bandwurmtreibendes Mittel n.   ténifuge m.
Bangsche Krankheit f.   brucellose f., maladie de Bang f.
Banisterin n.   banistérine f.
Banthin n.   banthine f.
Bantisches Syndrom n.   maladie de Banti m.
BAO (basale Magensäuresekretion) f.   sécrétion basale d'acide gastrique f.
Bar m.   Bar m.
Baragnosie f.   baragnosie f.
Baranyscher Versuch m.   épreuve de Barany f.

Barbiturat n.   barbiturique m.
Barbotage n.   barbotage m.
Barcookrankheit f.   maladie de Barcoo f.
Bardet-Biedl-Syndrom m.   syndrome de Bardet-Biedl m.
Baresthesie f.   baresthésie f.
Barium n.   baryum m.
Bariumsulfat n.   sulfate de baryum m.
Bärlappsamen m.   poudre de lycopode f.
Barodontalgie f.   barodontalgie f.
Baroreflex m.   baroréflexe m.
Barorezeptor m.   baro-récepteur m.
Barret Mukosa f.   muqueuse de Barret f.
Barrett Ösophagus m.   oesophagus de Barret
Barrett-Syndrom n.   syndrome de Barrett m.
Barosinusitis f.   sinusite baro-traumatique f.
Barotitis f.   otite baro-traumatique f.
Barotrauma n.   baro-traumatisme m.
Barriere f.   barrière f.
Bart m.   barbe f.
Bartholinitis f.   bartholinite f.
Bartholinsche Drüse f.   glande de Bartholin f.
Bartonella f.   bartonella m.
Bartonelliasis f.   bartonellose f.
Barylalie f.   barylalie f.
basal   basal
basale Magensäuresekretion (BAO) f.   sécrétion de base d'acide gastrique f.
Basaliom n.   basaliome m.
Basalkörperchen n.   corpuscule basal m.
Basalmembran f.   membrane basale f.
Basalzelle f.   cellule basale f.
Basalzellenepitheliom n.   épithélioma basocellulaire m.
Basalzellenkarzinom n.   épithélioma basocellulaire m.
Base f. (chem.)   base f.
Basedowsche Krankheit f.   goitre exophtalmique m., maladie de Basedow f.
basenbildend   basifiant
Basenüberschuss m.   base excess (BE) m.
Basidie f.   baside f.
Basidiospore f.   basidiospore m.
basilär   basilaire
Basilikum m.   basilic m.
Basiliximab m.   basiliximab m.
basinasal   basinasal
Basion n.   basion m.
Basiotripsie f.   basiotripsie f.
Basis f.   base f.
basisch   alcalin, basique
Basisfläche f.   surface de base f.
Basisnarkose f.   narcose de base f.
Basisplatte f.   plaque de base f.

basitemporal basitemporal
basivertebral basivertébral
Basizität f. basicité f.
basophil basophile
Basophilie f. basophilie f.
Basophobie f. basophobie f.
basozellulär basocellulaire
Bassini-Operation f. opération de Bassini f.
Bastard m. bâtard m., hybride m.
Bataviafieber n. fièvre des rizières f.
bathmotrop bathmotrope
Bathochromie f. bathochromie f.
Bathyästhesie f. bathyesthésie f.
bathyprismatisch bathyprismique
Batist m. batiste f.
Batterie f. batterie f., pile f.
Bau m. construction f., local m.
Bauch m. abdomen m., ventre m.
Bauchaorta f. aorte abdominale f.
Bauchatmung f. respiration abdominale f.
Bauchbinde f. bandage abdominal m.
Bauchchirurgie f. chirurgie abdominale f.
Bauchdecke f. paroi abdominale f.
Bauchdeckenreflex m. reflexe cutané abdominal m.
Bauchdeckenspannung f. tension de défense abdominale f.
Bauchdeckenspannung, brettharte f. abdomen dur m.
Bauchfell n. péritoine m.
Bauchfellentzündung f. péritonite f.
Bauchgrimmen n. tranchées abdominales f. pl.
Bauchhalter m. ceinture abdominale f.
Bauchhöhle f. cavité abdominale f.
Bauchhöhlenschwangerschaft f. grossesse abdominale f.
Bauchlage f. position de décubitus ventral f.
Bauchschmerz m. douleur abdominale f.
Bauchschnitt m. incision abdominale f.
Bauchspeicheldrüse f. pancréas m.
Bauchspeicheldrüsenentzündung f. pancréatite f.
Bauchwand f. paroi abdominale f.
Bauhinsche Klappe f. valvule iléo-colique de Bauhin f.
Baumwollbinde f. bande en coton f.
Baumwolle f. coton m.
Baumwollsamenöl n. huile de graine de cotonnier f.
Bausch m. pelote f., tampon m.
Bayonett n. baïonnette f.
Bazillämie f. bacillémie f.
bazillär bacillaire
Bazillenruhr f. dysenterie bacillaire f.
bazilliform bacilliforme
bazillogen bacillogène
Bazillophobie f. bacillophobie f.
Bazillose f. bacillose f.
Bazillurie f. bacillurie f.
Bazillus m. bacille m.
BCG-Impfung f. vaccination BCG f.
BCG-Vakzine f. vaccin BCG m.
beabsichtigt intentionnel
beamteter Arzt m. médecin fonctionnaire m.
Beatin n. béate f.
Beatmung f. ventilation f.
Beatmung, kontrollierte f. ventilation côntrolée f.
Beatmung, künstliche f. respiration artificielle f.
Beatmungsgerät n. respirateur m.
Beatmungsmaschine f. respirateur m.
beaufsichtigen surveiller
Beaufsichtigung f. surveillance f.
Beau-Reilsche Linie f. sillon inguéal de Beau m.
Beausche Furche f. ligne de Beau f.
bebrüten incuber
Bebrütung f. incubation f.
Becherglas n. gobelet m.
Becherzelle f. cellule calciforme f.
Bechterewsche Krankheit f. maladie de Bechterew f.
Bechterewscher Reflex m. réflexe de Bechterew m.
Becken n. bassin m.
Becken n. (anatom.) bassin m., pelvis m.
Becken der Niere n. bassinet m.
Becken, allgemein erweitertes n. bassin généralement élargi m.
Becken, allgemein verengtes n. bassin généralement rétréci m.
Beckenachse f. axe du bassin m.
Beckenausgang m. détroit inférieur du bassin m.
Beckenboden m. plancher pelvien m.
Beckenbodensonographie f. échographie pelvienne f.
Beckendurchmesser m. diamètre du bassin m.
Beckenebene f. plan pelvien m.
Beckeneingang m. détroit supérieur du bassin m.
Beckengibsverband m. platre du bassin m.
Beckenkamm m. crête iliaque f.
Beckenmessung f. pelvigraphie f., pelvimétrie f.
Beckenniere f. ectopie rénale pelvienne f.
Beckenobliquität f. obliquité pelvienne f.

Beckenöffnung f.   détroit du bassin m.
Beckenring m.   anneau du bassin m.
Beckenvenenthrombose f.   thrombose veineuse iliaque f.
Beckenverengung f.   rétrécissement du bassin m.
Beckenzirkel m.   pelvimètre à compas m.
Beclomethason n.   béclométhasone f.
Becquerel n.   Becquerel m.
bedachen   couvrir
Bedarf m.   besoin m., demande f., nécessaire m.
bedecken   couvrir
bedeckt   couvert
Bedeckung f.   couverture f.
bedingt   conditionné, conditionnel, dépendant
Bedingtheit f.   dépendance f.
Bedingung f.   condition f.
Bedrängnis f.   embarras m.
Bedürfnis n.   besoin m., exigence f.
Bedürfnis verrichten, ein   satisfaire un besoin
Bedürfnisanstalt f.   toilettes publiques f. pl.
beeinflussen   influencer
Beeinflussung f.   influence f.
Beeinflussungswahn m.   syndrome délirant d'action extérieure m.
beendigen   achever, finir
Beendigung f.   achèvement m.
beerdigen   enterrer
Beerdigung f.   enterrement m.
Befähigung f.   qualification f.
Befall m.   affection f., atteinte f.
befallen   attaquer, atteindre
befallen sein   être atteint
Befestigung f.   attache f., attachement m. (dent.), fixation f.
Befestigungsklammer f.   agrafe de fixation f.
Befestigungsschraube f.   écrou de fixation m.
befeuchten   humecter, mouiller
Befeuchtung f.   humidification f.
Befinden n.   état de santé m.
befriedigen   satisfaire
befriedigend   satisfaisant
Befriedigung f.   satisfaction f.
Befriedigung, sexuelle f.   satisfaction sexuelle f.
befruchten   féconder
Befruchtung f.   fécondation f.
Befruchtung, extrakorporale f.   fécondation in vitro f.
Befund m.   observations f. pl., résultat de l'examen m.
Befund, ohne (oB)   RAS
Befund, psychischer m.   état mental m.
begasen   gazer
begatten   acoupler
Begattung f.   acouplement m.
Begehrungsneurose f.   névrose de revendication f.
begleitend   associé, concomitant
Begleiterscheinung f.   manifestation associée f.
begrenzen   limiter
Begrenzung f.   limitation f.
begutachten   faire une expertise
Begutachtung f.   expertise f.
Behälter m.   réservoir m.
behandeln   traiter
Behandlung f.   traitement m.
–, ambulante   traitement ambulatoire m.
–, stationäre   traitement hospitalier m.
Behandlung, eine – absetzen   interrompe un traitement
behandlungsbedürftig   exigeant un traitement
Behandlungsdauer f.   durée du traitement m.
Behandlungskosten f.   coût du traitement m.
Behandlungsprotokoll n.   protocole de soins m.
Behandlungsraum m.   salle de soins f.
Behandlungsschema n.   schéma de traitement m.
Behandlungsstation f.   service des soins m.
Behandlungsvorschrift f.   prescriptions thérapeutiques f. pl.
Behandlungszentrum n.   centre de soins m.
Behandlungszone f.   zone de traitement f.
Behcet-Syndrom n.   syndrome de Behcet m.
Behcetsche Krankheit f.   maladie de Behcet f.
behelfsmäßig   de fortune, improvisé, palliatif
Behelfsprothese f.   prothèse provisoire f.
Behenat n.   béhénate m.
behindern   empêcher, gêner
behindert   gêné, handicapé
behinderte erwachsene Person f.   adulte handicapé m.**Behinderung f.**   handicap m.
Behindertenausweis m.   papillon d'handicapé m.
beiderseitig   bilatéral, réciproque
beidseitig   bilatéral
Beidseitigkeit f.   bilatéralité f.
Beikost f.   régime additionnel m.
Beil n.   hachette f.
Beilexkavator m.   excavateur m.
Beimischung f.   addition f.
Bein n. (Extremität)   jambe f.
Beinhalter m.   jambière f.
Beinstütze f.   appui à la marche m.

Beinverkürzung f. racourcissement du membre inférieur m.
Beißblock m. mordus en cire m.
beißen mordre
Beitrag m. contribution f.
beizen appliquer un mordant (dent.)
Bekehrungswahn m. syndrome délirant de conversion m.
Beklemmung f. oppression f.
bekömmlich digeste
beladen charger
Belästigung f. dérangement m., harcèlement m.
Belag m. dépot m., revêtement m.
Belastbarkeit f. résistance à l'épreuve f.
belasten charger
Belastung f. charge f., épreuve f., stress m.
Belastung, körperliche f. effort physique m.
Belastungs-EKG n. ECG avec épreuve d'effort m.
Belastungsfähigkeit f. endurance f.
Belastungsharninkontinenz f. incontinence urinaire d'effort f.
Belastungsangina f. angor d'effort m.
Belastungsdyspnoe f. dyspnée d'effort f.
Belastungszone f. zone de stress f.
beleben animer
belebt animé
Belegarzt m. médecin libéral et hospitalier m.
Belegärztin f. médecin libéral et hospitalier m.
Belegkrankenhaus n. clinique dépendante de médecins libéraux f.
belegt (bedeckt) recouvert
Belegzelle f. cellule de revêtement f., cellule délomorphe f.
beleuchten éclairer
Beleuchtung f. éclairage m.
Belichtung f. exposition radiologique f.
Belichtungsautomatik f. automatisme de la prise de cliché m.
Belichtungsdosis f. dose d'exposition f.
Belichtungsspielraum m. latitude d'exposition f.
Belichtungstabelle f. table des expositions f.
Belichtungszeit m. temps de pose m.
Belladonna f. belladone f.
Bellocqsche Röhre f. canule de Belloc f.
Bellsches Phänomen n. signe de Charles Bell m.
belüften aérer
Belüftung f. aération f.
Bemegrid n. bémégride m.
Bemetizid n. bémétizide m.

benachbart voisin
Benazin n. bénazine f.
Bence-Jonesscher Eiweißkörper m. protéines de Bence-Jones f. pl
Bendamustin n. bendamustine f.
Bendazol n. bendazol m.
Bendrofluazid n. bendrofluazide m.
Bendroflumethiazid n. bendrofluméthiazide m.
Benedict-Probe f. test de Benedict m.
Benehmen n. comportement m.
Benetonid n. bénétonide m.
benetzen asperger
Benetzung f. aspersion f.
Benfotiamin n. benfotiamine f.
Bengalrot n. rouge de bengale m.
Bennett-Fraktur f. fracture de Bennett f.
Benommenheit f. obnubilation f., torpeur m.
Benorilat n. bénorilate m.
Benoxaprofen n. benoxaprofène m.
Benserazid n. bensérazide f.
Bentyl n. bentyl m.
Benzaldehyd m. benzaldéhyde f.
Benzalkonium n. benzalkonium m.
Benzanilid n. benzanilide m.
Benzanthren n. benzanthrène m.
Benzanthron n. benzanthrone m.
Benzatropin n. benzatropine f.
Benzbromaron n. benzbromarone f.
Benzethonium n. benzéthonium m.
Benzidin n. benzidine f.
Benzilat n. benzilate m.
Benzimidazol n. benzimidazole m.
Benzin (chem.) n. benzine f.
Benziodaron n. benziodarone f.
Benznidazol n. benznidazole m.
Benzoat n. benzoate m.
Benzocain n. benzocaïne f.
Benzochinon n. benzoquinone f.
Benzodiazepin n. benzodiazépine f.
Benzodioxan n. benzodioxane m.
Benzoe n. benjoin m.
Benzoesäurebenzylester n. benzylbenzoate m.
Benzofuran n. benzofurane m.
Benzol n. benzol m.
Benzonaphthol n. benzonaphtol m.
Benzonatat n. benzonatate m.
Benzonitril n. benzonitrile m.
Benzophenon n. benzophénone f.
Benzothiazidin n. benzothiazidine f.
Benzothiazepin n. benzothiazépine f.
Benzoyl n. benzoyle m.
Benzozykloheptathiophen n. benzocycloheptathiophène m.

Benzphetamin n. benzphétamine f.
Benzpyren n. benzopyrène m.
Benztropin n. benzotropine f.
Benzydamin n. benzydamine f.
Benzyl n. benzyle m.
Benzylmorphin n. benzylmorphine f.
Benzylorange n. benzylorange m.
Benzylpyrimidin n. benzylpyrimidine f.
Beobachtung f. observation f.
Beobachtungsfenster n. fenêtre d'observation f.
Beobachtungswahn m. syndrome délirant d'observation m.
Beobachtungszeitraum m. période d'observation f.
beraten conseiller
Bephenium n. béphénium m.
Bepridil n. bépridil m.
beratender Arzt m. médecin consultant m.
Beratung f. conseil., consultation f.
Beratungsstelle f. centre d'information m.
Beraubung f. spoliation f.
berauschen énivrer
Berauschungsprüfung f. test d'ivresse m.
Berechnung f. calcul m.
Bereich m. domaine m., ordre m.
bereinigen assainir
Bereitschaft f. disposition f.
Bereitschaftsdienst m. garde f.
bergen mettre en sûreté
Bergkrankheit f. mal de montagne m.
Bergmannsnystagmus m. nystagmus des mineurs m.
Berger-Rhythmus m. rythme alpha m.
Bergung f. sauvetage m.
Bergungsmannschaft f. équipe de sauvetage f.
Beriberi f. béribéri m.
Bericht m. compte rendu m., rapport m.
Berkefeldfilter m. bougie Berkefeld f.
Berkelium n. berkélium m.
Berlinblau n. bleu de Berlin m.
Beruf m. métier m., profession f.
beruflich professionnel
berufsbedingt professionnel
Berufskrankheit f. maladie professionnelle f.
Berufung f. vocation f.
beruhigen calmer
beruhigend calmant, sédatif
Beruhigung f. apaisement m.
Beruhigungsmittel n. calmant m., sédatif m.
berühren toucher
Berührung f. contact m., toucher m.
Berührungsempfindlichkeit f. sensibilité au toucher f.
Berührungshalluzination f. hallucination tactile f.
Berührungssinn m. sens du toucher m.
Berylliose f. bérylliose f.
Beryllium n. béryllium m., glucinium m.
Besamung f. insémination f.
beschädigen détériorer, endommager
Beschaffenheit f. constitution f., qualité f.
Beschäftigung f. occupation f.
Beschäftigungsneurose f. névrose professionnelle f.
Beschäftigungstherapie f. traitement par l'activité m.
beschälen saillir
beschallen sonoriser
Beschälseuche f. dourine f., mal du coït m.
beschlagnahmen réquisitionner
Beschleunigung f. accélération f.
Beschneidung f. circoncision f.
beschreiben décrire
Beschreibung f. description f.
Beschriftung f. inscription f.
beschwerdefrei ne se plaint de rien
Beschwerden f. pl. doléances f. pl.
Beschwerden f. pl. mal m., maux m. pl., plaintes f. pl.
Besessenheit f. obsession f.
Besilat n. bésilate m.
Besinnung f. réflexion f.
besonnen (bestrahlen) ensoleiller
Besonnung f. ensoleillement m., hélioexposition f.
bessern améliorer
Besserung f. amélioration f., progrès m.
Bestandteil m. élément m.
Bestattung f. funérailles f.
Besteck n. instruments m. pl.
Besteckkasten m. boite à instruments f.
Bestellpraxis f. consultations sur rendezvous f. pl.
Bestimmung f. définition f., destination f., dosage m.
bestrafen sanctionner
bestrahlen irradier
Bestrahlung f. irradiation f.
Bestrahlungsdosis f. dose d'exposition f.
Besuch m. visite f.
Besuchszeit f. heures de visite f. pl.
beta-adrenerg béta-adrénergique
Beta-Agonist m. béta-agoniste m.
Beta-Alaninämie f. béta-alaninémie f.
Beta-Amyloid-Peptid n. peptide bêtaamyloïde m.
Betacarotin n. bêtacarotène m.
Beta-Sekretase f. béta-sécrétase f.

Beta-Zelle f. cellule bêta f.
Betaglobulin n. bétaglobuline f.
Betahistidin n. béthistidine f.
Betain n. bétaïne f.
Betalactam n. bétalactame m.
Betalactamase f. bétalactamase f.
Betamethason n. bétaméthasone f.
Betaoxybuttersäure f. acide bétaoxybutyrique m.
Beta-Rezeptor m. récepteur béta m., récepteur béta-adrénergique m.
Beta-Rezeptorenblocker m. bétabloquant m.
Betastrahl m. rayon béta m.
Betastrahler m. émetteur béta m.
Betatron n. bétatron m.
betatron-Therapie f. bétathérapie f., électronothérapie f.
betäuben stupéfier
betäuben (narkotisieren) anesthésier, narcotiser
Betäubung f. anesthésie f., narcose f.
Betäubungsmittel n. anesthésique m., narcotique m., stupéfiant m.
Betawelle f. onde béta f.
Betaxolol n. bétatoxol m.
Betazol n. bétazole m.
Beteiligung f. participation f.
Betelnuss f. noix de bétel f.
Bethanidin n. béthanidine f.
Betrachtungsweise f. façon de voir f.
Betriebsamkeit f. acticité f.
Betriebsanleitung f. consigne d'emploi f.
Betriebsarzt m., Betriebsärztin f. médecin du travail m./f.
Betriebsmaterial n. équipement m.
Betriebsspannung f. voltage d'utilisation m.
betrunken en état d'ébriété, ivre
Bett n. lit m.
betten coucher, mettre au lit
Betten n. mise au lit f.
Bettenaufzug m. ascenseur réservé aux lits m.
Bettenbelegung f. occupation des lits f.
Bettenkapazität f. nombre de lits m.
Bettensterilisierraum m. salle de désinfection f.
Bettenzentrale f. réserve centrale de lits f.
Bettgalgen m. potence f.
bettlägerig alité
Bettnässen n. énurésie f.
Bettnässer m. énurésique m.
Bettnässerin f. énurésique f.
Bettruhe f. repos au lit m.
Bettschüssel f. bassin m.
Bettwanze f. punaise f.

Bettzeug n. literie f.
Beugekontraktur f. contracture de flexion f.
beugen fléchir
Beugung (opt.) f. diffraction f.
Beugung f. courbure f., flexion f.
Beule f. bosse f., voussure f.
Beulenpest f. peste bubonique f.
Beutelbeatmung f. insufflations avec un masque à ballon f. pl.
Beuteltier n. marsupial m.
Bevacizumab n. bévacizumab n.
Bevantolol n. bévantolol m.
bewegen mobiliser
beweglich mobile
Beweglichkeit f. mobilité f.
Bewegung f. mouvement m.
Bewegungsapparat m. appareil locomoteur m.
Bewegungsbahn f. voie motrice f.
Bewegungsbestrahlung f. irradiation à champs mobile f.
Bewegungstherapeut m. kinésithérapeute m.
Bewegungstherapeutin f. kinésithérapeute f.
Bewegungstherapie f. kinésithérapie f.
Bewegungsunschärfe f. perte de précision f.
Bewerber m. candidat m.
Bewerberin f. candidate f.
Bewerbung f. candidature f.
Bewertung f. évaluation f.
bewirken causer
Bewusstheit f. conscience intentionnelle f.
bewusstlos inconscient, sans connaissance
Bewusstlosigkeit f. inconscience f.
Bewusstsein n. conscience f.
Bewusstseinserweiterung f. élargissement du champ de conscience m.
bewusstseinsgetrübt désorienté
Bewusstseinslücke f. lacune circonscripte de la conscience f.
Bewusstseinsspaltung f. division de la conscience f.
Bewusstseinstrübung f. désorientation f., obnubilation f.
Bewusstseinsverlust m. perte de conscience f.
Bezafibrat n. bézafibrate m.
Beziehung f. référence f., relation f.
Beziehungswahn m. délire d'interprétation m.
Bezirk m. région f.
Bezirkskrankenhaus n. hôpital régional m.
Bezold-Jarisch-Reflex m. réflexe de Bezold-Jarisch m.
Bezoldsche Mastoiditis f. mastoïdite de Bezold f.

Bezugsperson f.   personne de référence f.
Bibliothek f.   bibliothèque f.
Bibliotherapie f.   bibliothérapie f.
Bichlorid n.   bichlorure m.
bidirektional   bidirectionnel
biegen   courber
Biegungsfraktur f.   fracture d'hyperextension f.
Bienengift n.   venin d'abeille m.
Bienenstich m.   piqûre d'abeille f.
Bienenwachs m.   cire d'abeille f.
Biermersche perniziöse Anämie f.   maladie de Biermer f.
bifaszikulär   bifasciculaire
Bifidusbakterium n.   bacillus bifidus m.
Bifidusfaktor m.   bifidus facteur m.
bifokal   bifocal
Bifonazol n.   bifonazole m.
Bifurkation f.   bifurcation f.
Bigeminie f.   bigéminisme m.
Biguanid n.   biguanide m.
Bikarbonat n.   bicarbonate m.
biklonal   biclonal
bikonkav   biconcave
bikonvex   biconvexe
bilabial   bilabial
Bilanzselbstmord m.   suicide rationnel m.
bilateral   bilatéral
Bild n.   image f.
bildgebendes System, medizinisches n.   système de médicographie m.
bildgebendes Verfahren n.   imagerie médicale f.
Bildgeber m.   source d'images f.
Bildgebung f.   mise en images f., illustration f.
Bildqualität f.   qualité d'image f.
Bildschirm-Sucht f.   addiction à l'écran f.
Bildung (Entstehung) f.   formation f.
Bildverstärker m.   écran amplificateur d'image m.
Bildwandler m.   convertisseur d'image m.
Bildwinkel m.   angle de prise de vue m.
Bilharziom n.   bilharzie f.
Bilharziose f.   bilharziose f.
biliär   biliaire
Biliflavin n.   biliflavine f.
Bilifuszin n.   bilifuscine f.
biliös   bilieux
Bilirubin n.   bilirubine f.
Bilirubin, direkt reagierendes n.   bilirubine directe f.
Bilirubin, indirekt reagierendes n.   bilirubine indirecte f.
Bilirubinämie f.   bilirubinémie f.
Bilirubinurie f.   bilirubinurie f.
Biliverdin n.   biliverdine f.
Billroth I/II Operation f.   opération de Billroth I/II f.
bilophodont   bilophodonte
bimanuell   bimanuel
bimaxillär   bimaxillaire
Bimetall n.   bimétal m.
Bimsstein m.   pierre ponce f.
binär   binaire
binaural   binaural
Binde f.   bandage m., bande f.
Bindegewebe n.   tissu conjonctif m.
Bindehaut f.   conjonctive f.
Bindehautentzündung f.   conjonctivite f.
Bindehautplastik f.   conjonctivoplastie f.
Bindemittel n.   liant m.
Bindenwickler m.   enrouleur m.
Bindung f.   fixation f., liaison f., linkage m.
Bindungskapazität f.   capacité de fixation f.
Bindungsstelle f.   site de fixation m.
Binet-Simon-Test m.   test de Binet-Simon m.
binokulär   binoculaire
Bioassay m.   bio-essai m.
Biochemie f.   biochimie f.
Biochemiker m.   biochimiste m.
Biochemikerin f.   biochimiste f.
biochemisch   biochimique
bioelektrisch   bioélectrique
Bioethik f.   bioéthique f.
bioethisch   bioéthique
Biofeedback m.   biofeedback m.
biogen   biogène
Biogenese f.   biogenèse f.
biogenetisch   biogénétique
Biokatalysator m.   biocatalyseur m.
Bioklimatologie f.   bioclimatologie f.
Biologe m.   biologiste m.
Biologie f.   biologie f.
Biologie, angewandte f.   biologie appliquée f.
Biologin f.   biologiste f.
biologisch   biologique
Biolumineszenz f.   bioluminiscence f.
Biomasse f.   biomasse f.
Biomaterial n.   matériel biologique m.
biomechanisch   biomécanique
Biomedizin f.   biomédecine f.
biomedizinisch   biomédical
Biometeorologie f.   biométéorologie f.
biometeorologisch   biométéorologique
Biometrie f.   Biométrie f.
Biometrik f.   biométrique f.
biometrisch   biométrique
Biomikroskopie f.   biomicroscopie f.
Biomonitoring n.   biomonitoring m.
Bionator m.   bionateur m.

Bionik f. bionique f.
Biopharmazie f. biopharmacie f.
Biophor n. biophore m.
Biophysik f. biophysique f.
Bioprothese f. bioprothèse f.
Biopsie f. biopsie f.
Biopsiezange f. pince à biopsie f.
bioptisch bioptique
Bioskopie f. bioscopie f.
Biosphäre f. biosphère f.
Biostabilität f. biostabilité f.
Biostatistik f. biostatistique f.
biostatistisch biostatistique
Biosynthese f. biosynthèse f.
biosynthetisch biosynthétique
Biotelemetrie f. biotélémétrie f.
Biotin n. biotine f.
Biotinidase f. biotinidase f.
Biotonus m. énergie vitale f.
Biotop n. biotope m.
Biotransformation f. biotransformation f.
biotrop bitropique
Biotropie f. biotropisme m.
Biotsche Atmung f. respiration de Biot f.
Bioverfügbarkeit f. biodisponibilité f.
Bioxidation f. bioxydation f.
biparietal bipariétal
Biperiden n. bipéridène m.
biphasisch biphasique
Biphenyl n. biphényle m.
biplan biplan
bipolar bipolaire
bipupillär bipupillaire
Bipyridin n. bipyridine f.
birnenförmig piriforme
Bisacodyl n. bisacodyl m.
Bisamratte f. rat musqué m.
Bis-Chlorethyl-Nitroso-Harnstoff m. bischloréthyl-nitroso-urée f.
bisdiazotiert bisazoté
bisexuell bisexuel
Bishydroxycoumarin n. bishydroxycoumarine f., dicoumarol m.
Biskuit m. biscuit m.
Bismarckbraun n. brun de Bismarck m.
Bismut n. bismuth m.
Bismutum subgallicum n. bismuth subgallique m.
Bismutum subnitricum n. bismuth subnitrique m.
Bismutum subsalicylicum n. subsalicylate de bismuth m.
Bison m. bison m.
bispezifisch bispécifique

Biss m. articulé dentaire m. (dent.), morsure f., occlusion f. (dent.)
Bissabdruck m. empreinte sur cire mordue f. (dent.)
Bissanalyse f. bilan occlusif m. (dent.)
Bissanomalie f. malocclusion dentaire f.
Bissflügel m. mandibule f.
Bissform f. forme occlusale f.
Bissgerät n. articulateur m.
Bisslage f. position occlusale f.
Bissnahme f. prise d'empreinte sur cire mordue f. (dent.)
Bissplatte f. plaque d'occlusion f. (dent.)
Bisswachswall m. bord de cire mordue f. (dent.)
Bisswall m. bord occlusal m. (dent.)
Bisswunde f. plaie par morsure f.
bistabil bistable
Bistouri m. bistouri m.
Bisulfat n. bisulfate m.
Bisulfid n. bisulfure m.
Bisulfit n. bisulfite m.
Bitartrat n. bitartrate m.
bitemporal bitemporal
bitemporale Abblassung f. décoloration bitemporale f.
Bithionat n. bithionate m.
Bitionolat n. bitionolate m.
bitter amer
Bittersalz n. sulfate de magnésie m.
Bitterstoff m. substance amère f.
Bituminat n. bituminate m.
Bituminose f. bituminose f.
Bituminosulfonat n. bituminosulfonate m.
Biuret n. biuret m.
Biuretprobe f. réaction du biuret f.
bivalent bivalent
Bivalenz f. bivalence f.
Bivalirudin n. bivalirudine f.
biventral biventral
biventrikulär biventriculaire
bizentrisch bicentrique
Bizeps m. biceps m.
Bizepsreflex m. réflexe bicipital m.
bizyklisch bicyclique
BKS (Blutkörperchensenkungsgeschwindigkeit) f. VS f.
Blähbauch m. abdomen météorisé m.
Blähdruck m. pression météorique f.
blähend flatulent
Blähluft f. air météorisant m.
Blähung f. flatulence f., météorisme m.
blähungswidrig carminatif
blähungswidriges Mittel n. carminatif m.
Bläschen n. vésicule f.

Bläschenatemgeräusch n.   murmure vésiculaire respiratoire m.
Bläschenatmung f.   murmure vésiculaire respiratoire m.
Bläschenausschlag m.   exanthème vésiculaire m.
Bläschenbildung f.   formation vésiculaire f.
Blase f.   ampoule f., bulle f.
Blase (Organ) f.   vessie f.
Blasenbildung f.   vésiculation f.
Blasenbruch m.   cystocèle f.
Blasendarmfistel f.   fistule recto-vésicale f.
Blasenfixation f.   cystopexie f.
blasenfrei   sans vésicules
Blasenhals m.   col de la vessie m.
Blasenmole f.   môle hydatiforme f.
Blasennaht f.   cystorraphie f.
Blasenplastik f.   cystoplastie f.
Blasenreflex m.   réflexe vésical m.
Blasenscheidenfistel f.   fistule vésicovaginale f.
Blasenscheidenplastik f.   colpocystoplastie f.
Blasensprung m.   rupture de la poche des eaux f.
Blasenstein m.   calcul vésical m.
blasentreibend   pustulant
blasentreibendes Mittel n.   produit pustulant m.
blasenziehend   vésicant
blasenziehendes Mittel n.   produit vésicant m.
blass   pâle
Blässe f.   pâleur f.
Blässe-Hyperthermie-Syndrom n.   syndrome de pâleur-hyperthermie m.
Blättermagen (veter.) m.   Omasum psalterium m.
Blast m.   blaste m.
Blastem n.   blastème m.
Blasticidin n.   blasticidine f.
blastisch   blastique
Blastoderm n.   blastoderme m.
Blastogenese f.   blastogenèse f.
blastogenetisch   blastogénétique
Blastom n.   blastome m.
blastomatös   blastomateux
Blastomatose f.   blastomatose f.
Blastomere f.   blastomère m.
Blastomykose f.   blastomykose f.
Blastopathie f.   blastopathie f.
Blastophthorie f.   blastophtorie f.
Blastozyste f.   blastocyste m.
Blastula f.   blastula f.
Blastulation f.   blastulation f.
Blastzelle f.   blaste m., cellule jeune f.

Blatter f.   pustule variolique f.
Blattern f.   variole f.
Blatternvakzine f.   vaccine variolique f.
Blätterpilz m.   agaric m.
blau   bleu
Blaublindheit f.   acyanoblepsie f.
Blaugelbblindheit f.   cécité au jaune et au bleu f.
Blausucht f.   cyanose f.
Blechschere f.   ciseaux à métal m. pl.
Blei n.   plomb m.
Bleiazetat n.   acétate de plomb m.
bleich   pâle
Bleichmittel n.   blanchissant m.
Bleichsucht f.   chlorose f.
bleichsüchtig   chlorotique
bleihaltig   saturnin
Bleihandschuh m.   gant de plomb m.
Bleiplattennaht f.   suture plaques de plomb f.
Bleisaum (am Zahnfleisch) m.   liseré gingival saturnin m.
Bleischürze f.   tablier en caoutchouc plombifèxe m.
Bleischutz m.   protection plombée f.
Bleistiftkot m.   selles en forme de crayon f. pl.
Bleivergiftung f.   intoxication saturnine f.
Blende (roentg.) f.   diaphragme m.
blenden   éblouir
Blendung f.   éblouissement m.
Blennorhagie f.   blennorragie f.
blennorrhagisch   blennorragique
Blennorrhö f.   conjonctivite blennorragique f.
Bleomycin n.   bléomycine f.
Blepharektomie f.   blépharectomie f.
Blepharitis f.   blépharite f.
Blepharoplastie f.   blépharoplastie f.
Blepharoptose f.   blépharoptose f.
Blephatospasmus m.   blépharospasme m.
Blickkrampf m.   spasme visuel m.
Blickwinkel m.   angle visuel m.
Blinatumomab n.   blinatumomab n.
blind   aveugle
Blinddarm m.   caecum m.
Blinde f.   aveugle f.
blinde Schlinge f.   anse aveugle f.
Blindenschrift f.   écriture braille m.
blinder Fleck m.   tache aveugle f.
Blinder m.   aveugle m.
Blindheit f.   cécité f.
Blindversuch, einfacher/doppelter m.   essai en simple/double aveugle m.
blinzeln   cligner, clignoter
Blinzelreflex m.   clignement réflexe m.
blitzartig   fulgurant
Blitzschlag m.   fulguration f.

Bloch-Sulzberger-Syndrom n.   maladie de Bloch et Sulzberger m.
Block m.   bloc m.
Block, Arborisations- m.   bloc d'arborisation m.
Block, atrioventrikulärer m.   bloc atrioventriculaire m.
Block, Austritts- m.   bloc de sortie m.
Block, His-Bündel- m.   bloc de branche m.
Blockade f.   blocage m.
blockieren   bloquer
blockierendes Mittel n.   produit bloquant m.
Blockierung   blocage m.
Blockpolymerisat n.   bloc de polymérisation m.
Blockwirbel m.   bloc vertébral m.
Blockzahn m.   dent retenue f.
blond   blond
Bloom-Syndrom n.   syndrome de Bloom m.
Blumenkohltumor m.   tumeur en chou fleur f.
Blut n.   sang m.
Blut im Stuhl, Untersuchung auf f.   hémocult m.
Blut stillen   étancher le sang
Blut, konserviertes n.   sang conservé m.
Blutableitung f.   révulsion f.
Blutalkoholbestimmung f.   dosage de l'alcoolémie f.
Blut-Agar m.   agar-sang m.
Blutandrang m.   congestion f.
blutarm   anémique
Blutarmut f.   anémie f.
Blutausstrich m.   frottis sanguin m.
Blutaustausch m.   exsanguino-transfusion f.
Blutaustritt m.   épanchement de sang m., extravasation f.
Blutbank f.   banque du sang f.
Blutbild (BB) n.   formule sanguine f., hémogramme f.
Blutbild, rotes n.   formule érythrocytaire f.
Blutbild, weißes n.   formule leucocytaire f.
blutbildend   hématopoïétique
Blutbildung f.   hématopoïèse f.
Blutblase f.   vésicule hématique f.
Blutdruck m.   pression sanguine f., tension f.
Blutdruckabfall m.   chute de tension f.
Blutdruckanstieg m.   augmentation de la tension f.
Blutdruckapparat m.   appareil à tension m.
Blutdruckmessung f.   prise de la tension f.
Blutegel m.   sangsue f.
Bluteindickung f.   hémoconcentration f.
Blutempfänger m.   transfusé m.
Blutempfängerin f.   transfusée f.
bluten   saigner
Blutentnahme f.   prélèvement de sang m., prise de sang f.
Blutentnahmekanüle f.   canule pour le prélèvement de sang f.
Blutentnahmelanzette f.   lancette f.
Bluter m.   hémophile m.
Bluterbrechen n.   hématémèse f., vomissement de sang m.
Bluterguss m.   épanchement sanguin m.
Blutersatz m.   succédané du sang m.
Blutgas n.   gaz du sang m.
Blutgasmessung f.   dosage des gaz du sang m.
Blutgefäß n.   vaisseau sanguin m.
Blutgerinnsel m.   caillot sanguin m.
Blutgerinnung f.   coagulation sanguine f.
Blutgift n.   hémotoxine f.
Blutgruppe f.   groupe sanguin m.
Blutgruppenbestimmung f.   détermination du groupe sanguin f.
bluthaltig   hématique
Blutharnstoff m.   urée sanguine f.
blutig (blutbefleckt)   sanglant
Blutkonserve f.   conserve de sang f.
Blutkörperchen n.   élément figuré du sang m.
Blutkörperchensenkungsgeschwindigkeit f. (BKS)   vitesse de sédimentation des hématies f. (VS)
Blutkreislauf m.   circulation sanguine f.
Blutkultur f.   hémoculture f.
blutleer   exsangue
blutleer machen   exsanguiner
Blut-Liquorschranke f.   barrière hématoencéphalique f.
Blutmelken (veter.) n.   traite hémorragique f.
Blutmole f.   môle sanglante f.
Blutplättchen n.   plaquette (sanguine) f., thrombocyte m.
Blutprobe f.   échantillon de sang m.
Blutprobenentnahme f.   prise de sang f.
blutreich   pléthorique
blutreinigend   dépuratif
Blutschwamm m.   hémangiome m.
Blutsenkung f.   sédimentation du sang f.
Blutsenkungsgeschwindigkeit f.   vitesse de sédimentation du sang f.
Blutserum n.   sérum (sanguin) m.
Blutspender m.   donneur de sang m.
Blutspenderin f.   donneuse de sang f.
blutstillend   styptique
blutstillendes Mittel n.   hémostatique m., styptique m.
blutstrotzend   sanguin
Blutsturz m.   hémoptysie violente f.
Bluttransfusion f.   transfusion sanguine f.

Bluttransfusion, Apparat zur indirekten m. appareillage pour transfusion indirecte m.
Bluttransfusionsreaktion f. réaction de transfusion f.
Blutung f. hémorragie f., saignement m.
Blutung, menstruelle f. hémorragie menstruelle f.
Blutung, okkulte f. hémorragie occulte f.
Blutung, punktförmige f. points hémorragiques m. pl.
Blutungsneigung f. diathèse hémorragique f.
Blutungsrückfall m. récidive hémorragique f.
Blutungszeit f. temps de saignement m.
Blutuntersuchung f. examen du sang m.
Blutvergiftung f. empoisonnement du sang m.
Blutverlust m. perte de sang f.
Blutversackung f. congestion f.
Blutversorgung f. apport de sang m.
Blutverwandtschaft f. consanguinité f., parenté f.
Blutvolumen n. volume sanguin m.
Blutzucker (BZ) m. sucre sanguin m.
Boasscher Druckpunkt m. point de Boas m.
Bock m. bouc m.
Bodenmarkierungen f. pl. marquage au sol m.
Boecksches Sarkoid n. sarcoïde de Boeck f.
Bogen m. arc m.
Bogen (Gewölbe) m. arcade f.
Bogengang m. canal semicirculaire m.
Bogenschnitt m. incision semicirculaire f.
bogig arciforme, arqué
Böhler-Schiene f. gouttière de Boehler f.
bohren percer
Bohren n. forage m.
Bohrer m. fraise f., trépan m., vrille f.
Bohrmaschine, zahnärztliche f. tour à fraiser m.
Bohrstaub m. poussière de freisage f.
Boldin n. boldine f.
Bolometer n. bolomètre m.
Boltonscher Punkt m. point de Bolton m.
Bolus m. bolus m.
Bolzen m. cheville f.
bombardieren bombarder
Bombardierung f. bombardement m.
Bombesin n. bombésine f.
Bopindolol n. bopindolol m.
Bor n. bore m.
Boran n. borane m.
Borat n. borate m.
Borax n. borate de soude m.

Bordet-Gengouscher Keuchhustenbazillus m. bacille de Bordet-Gengou m.
Borderlinesyndrom n. syndrome de borderline m.
Borglyzerin n. borglycérine f.
Borke (botan.) f. écorce f.
Borke (med.) f. croute f.
Bornasche Krankheit f. maladie de Borna m.
Borneol n. bornéol m.
Bornholmkrankheit f. maladie de Bornholm f.
Bornyval n. bornyval m.
Borsalbe f. pommade boriquée f.
Bortesomid n. bortésomib m.
Borvergiftung f. borisme f.
Bosetan n. bosétane m.
bösartig malin
Boswellia f. boswellia f.
Botalloscher Gang m. canal artériel de Botal m.
Botallosches Loch n. trou de Botal m.
Botanik f. botanique f.
Botaniker m. botaniste m.
Botanikerin f. botaniste f.
botanisch botanique
Bothriocephalus latus m. Diphyllobothrium latum m.
Botox n. botox m.
Botriomykom n. botriomycome m.
Botryomykose f. botryomykose f.
Botschafter-RNS f. ARN messager m.
Botulinumtoxin n. botulinumtoxine f.
Botulismus m. botulisme m.
Botulismustoxin n. toxine du botulisme f.
Bougie f. bougie m.
Bougierung f. bougirage m., cathétérisme par bougie m.
Bouillon f. bouillon m.
Boutonneuse-Fieber n. fièvre boutonneuse méditérranéenne f.
bovin bovin
Bowensche Krankheit f. maladie de Bowen f.
Bowmansche Kapsel f. capsule de Bowman f.
Boxerenzephalopathie f. encéphalopathie traumatique du boxeur f.
Boydenkammer f. chambre de Boyden f.
Boyle-Mariottesches Gesetz n. loi de Boyle-Mariotte f.
BPH (benigne Prostatahypertrophie) f. hypertrophie prostatique begnine f.
Brachialgie f. brachialgie f.
brachiozephal brachiocéphale
Brachydaktylie f. brachydactylie f.
Brachygnathie f. brachygnathie f.
Brachymetropie f. brachymétropie f.

brachyzephal brachycéphale
Brachyzephalie f. brachycéphalie f.
Bradsot m. bradsot m.
Bradyarrhythmie f. brady-arythmie f.
bradykard bradycardique
Bradykardie f. bradycardie f.
Bradykardie-Tachykardie-Syndrom n. syndrome de bradycardie-tachycardie m.
Bradykinesie f. bradykinésie f., cinésie paradoxale f.
bradykinetisch bradycinétique
Bradykinin n. bradykinine f.
Bradylalie f. bradylalie f.
Bradyphrasie f. bradyphrasie f.
Bradyphrenie f. bradyphrénie f.
Bradypnoe f. bradypnée f.
Bradyteleokinese f. bradytéléocinèse f.
bradytroph bradytrophique
Bradytrophie f. bradytrophie f.
Bradyurie f. bradyurie f.
Branche (med.) f. branche f.
Branche f. mâchoire f.
branchial branchial
branchiogen branchial
Brandblase f. phlyctène de brûlure f.
brandig gangréneux
Brandigwerden n. sphacélation f.
Brandschorf m. escarre de brûlure f.
Brandverletztenklinik f. clinique des brulûres f.
Branntwein m. eau de vie f.
braten rôtir
Braue f. sourcil m.
Braune (veter.) f. cheval bai m.
Bräune f. bronzage f., couleur brune f.
bräunen bronzer, brunir
Braunsche Anastomose f. jéjuno-jéjunostomie complémentaire f.
Brausepulver n. poudre effervescente f.
Brechdurchfall m. association de diarrhée et vomissements, f.
brechen casser, briser, rompre
brechen (Optik) réfracter
brechen (erbrechen) vomir
Brechkraft f. puissance réfringente f.
Brechmittel n. émétique m., vomitif m.
Brechreiz m. nausée f.
brechreizverursachend émétisant
Brechschale f. cuvette f., haricot m.
Brechwurzel f. ipéca m.
Bregma n. bregma m.
Brei m. bouillie f., purée f.
Breikost f. alimentation par purées f.
breitbasig aufsitzend sessile
Breite f. largeur f.
Breite, therapeutische f. marge de sécurité thérapeutique f.
Breitspektrum n. spectre large m.
Breiumschlag m. cataplasme m.
Bremse (Fliege) f. taon m.
Bremse f. frein m.
Bremsstrahlung f. rayonnement de freinage m.
Brenner m. bec à gaz m.
Brenner-Tumor m. tumeur de Brenner f.
Brennfleck m. spot focal m.
Brennpunkt m. foyer m.
Brennstoff m. combustible m.
Brenntechnik f. technique de cuisson f.
Brennweite f. distance focale f.
Brennwert m. valeur thermique f.
Brenzkatechin n. oxyphénol m., pyrocétéchine f.
Brenzkatechinamin n. catécholamine f.
Brenztraubensäure f. acide pyruvique m.
Brenztraubensäureschwachsinn m. oligophrénie phénylpyruvique f.
Brett n. planche f.
brettharte Bauchdeckenspannung f. abdomen dur m.
Bretyliumtosilat n. tosylate de brétylium m.
Bride f. bride f., adhérence f.
Brill-Symmerssche Krankheit f. maladie de Brill-Symmers f.
brillantgrün coloré au vert brillant
Brillantgrün n. vert brillant m.
Brillantgrün-Agar m. agar-vert brillant m.
Brille f. lunettes f. pl.
Brille, Bifokal- f. lunettes bifocales f. pl.
Brille, getönte f. lunettes teintées f. pl.
Brille, Schutz- f. lunettes de protection f. pl.
Brillenanpassen n. adaptation des lunettes f.
Brillenbestimmung f. examen pour prescription des verres m.
Brillengestell n. monture de lunettes f.
Brillenglas n. verre de lunettes m.
Brillenhämatom n. hématome en lunettes m.
Brillsche Krankheit f. maladie de Brill Zinsser f.
Brittle-Diabetes m. diabète de Brittle m.
Broadbent-Zeichen n. signe de Broadbent m.
Brocasches Zentrum n. centre moteur du langage de Broca m.
Brocqsche Krankheit f. affection de Brocq f.
Brodiescher Abszess m. abcès de Brodie m.
Brom n. brome m.
Bromat n. bromate m.
Bromazepam n. bromazépam m.
Bromazeton n. bromacétone f.

Brombenzol n. bromobenzène m.
Bromelain n. bromélaïne f.
Bromelin n. broméline f.
bromhaltig bromique
Bromhexin n. bromhexine f.
Bromid n. bromure m.
Bromindion n. bromindione f.
Bromismus m. bromisme m.
Bromkresolgrün n. vert de bromocrésol m.
Bromkresolpurpur m. pourpre de bromocrésol m.
Bromocriptin n. bromocriptine f.
bromoform bromoforme
Bromoprid n. bromopride m.
Brompheniramin n. bromphéniramine f.
Bromphenolblau n. bleu de bromophénol m.
Bromphenolrot n. rouge de bromophénol m.
Bromsalizylat n. bromosalicylate m.
Bromsulfaleintest m. épreuve à la bromosulfonephtaléïne f.
Bromthymolblau n. bleu de bromothymol m.
Bronchadenitis f. bronchadénite f.
bronchial bronchial
Bronchialasthma n. asthme bronchique m.
Bronchialatmen n. bruit respiratoire bronchique m.
Bronchialbaum m. arbre bronchique m.
Bronchialkarzinom n. cancer bronchique m.
Bronchialkatarrh m. bronchite f.
Bronchialspasmus m. spasme bronchique m.
Bronchialstenose f. sténose bronchique f.
Bronchiektase f. bronchiectasie f.
Bronchiektasie f. bronchiectasie f.
bronchiektatisch bronchiectasique
Bronchiloquie f. bronchiloquie f.
bronchioalveolär bronchioalvéolaire
bronchiolär bronchiolaire
Bronchiolitis f. bronchiolite f.
bronchitisch bronchitique
Bronchoadenitis f. bronchoadénite f.
bronchoalveolär bronchoalvéolaire.
bronchogen de genèse bronchique
Bronchogramm n. bronchogramme m.
Bronchographie f. bronchographie f.
bronchographisch bronchographique
Bronchokonstriktion f. bronchoconstriction f.
Broncholithiasis f. broncholithiase f.
Bronchologie f. bronchologie f.
bronchologisch bronchologique
Broncholyse f. broncholyse f.
broncholytisch broncholytique
bronchomotorisch bronchomoteur
Bronchophonie f. bronchophonie f.
Bronchoplastik f. bronchoplastie f.
bronchopleural bronchopleural
Bronchopleuropneumonie f. bronchopleuropneumonie f.
Bronchopneumonie f. bronchopneumonie f.
bronchopneumonisch bronchopneumonique
Bronchoskop n. bronchoscope m.
Bronchoskopie f. bronchoscopie f.
bronchoskopisch bronchoscopique
Bronchospirometrie f. bronchospirométrie f.
Bronchostenose f. bronchosténose f.
bronchostenotisch de bronchosténose
Bronchotomie f. bronchotomie f.
bronchovesikulär bronchovésiculaire
bronchovesikuläres Atemgeräusch n. bruit respiratoire bronchovésiculaire m.
Bronchusklemme f. clamp bronchique m.
Bronzediabetes m. cirrhose pigmentaire diabétique f.
Broschüre f. brochure f.
Brotizolam n. brotizolam m.
Brown-Séquardsche Halbseitenlähmung f. syndrome d'hémisection de la moelle de Brown-Séquard m.
Brownsche Molekularbewegung f. mouvement brownien m.
Broxuridin n. broxuridine f.
Brucella abortus f. Brucella abortus f.
Brucella melitensis f. Brucella melitensis m.
Brucelle f. brucella f.
Brucellose f. brucellose f.
Bruch (Fraktur) m. fracture f.
Bruch (Hernie) m. hernie f.
Bruchband n. bandage herniaire f.
brüchig fragile
Brüchigkeit f. fragilité f.
Bruchkanal m. canal herniaire m.
Bruchpforte f. orifice herniaire m.
Bruchsack m. sac herniaire m.
Brücke (anatom.) f. pont de Varole m.
Brücke f. bridge m. (dent.)
Brücke, abnehmbare f. bridge amovible m.
Brücke, Ausleger- f. bridge cantilever m.
Brücke, Bügel- f. bridge arc m.
Brücke, festsitzende f. bridge fixé m.
Brücke, Fingerhut- f. thimble bridge m.
Brücke, Freiend- f. bridge free-end m.
Brücke, Front- f. bridge antérieure m.
Brücke, Gold- f. bridge en or m.
Brücke, Hänge- f. bridge-suspension m.
Brücke, Jacketkronen- f. bridge-couronne jacket m.
Brücke, Krag- f. bridge-cantilever m.

Brücke, Kunststoff f.   bridge en matière synthétique m.
Brücke, Kurzspann- f.   bridge à intercourt m.
Brücke, mehrspannige f.   bridge à plusieurs inters m.
Brücke, Pontic- f.   bridge pontique m.
Brücke, Schwebe- f.   bridge cantilever m.
Brücke, Vollguss- f.   bridge coulé monolithique m.
Brücke, Zweipfeiler- f.   bridge à deux piliers m.
Brückenanker m.   ancrage de bridge m.
Brückenarbeit f.   élaboration du bridge m.
Brückenbefestigung f.   fixation du bridge m.
Brückengerüst n.   armature du bridge f.
Brückenguss m.   moulage du bridge m.
Brückenkörper m.   corps du bridge m.
Brückenpfeiler m.   pilier de bridge m.
Brückensattel m.   selle f.
Brückenscharnier n.   charnière du bridge m.
Brückenträger m.   pilier du bridge m.
Brückenverankerung f.   ancrage du bridge m.
Brudzinski-Zeichen n.   signe de Brudzinski m.
Brugada-Brugada-Syndrom n.   syndrome de Brugada-Brugada m.
Brühe f.   bouillon m.
Brunnen (Mineralwasser) m.   eau minérale f.
Brunnersche Drüse f.   glande de Brunner m.
Brunst f.   oestrus m.
Brushit m.   brushite f.
Brust f.   poitrine f., sein m.
Brustabtragung f.   mastectomie f.
Brustatmung f.   respiration thoracique f.
Brustbein n.   sternum m.
Brustdrüse f.   glande mammaire f.
Brustfell n.   plèvre f.
Brustfellentzündung f.   pleurésie f.
Brusthalter m.   soutien gorge m.
Brusthöhle f.   cavité thoracique f.
Brustkasten m.   cage thoracique f.
Brustkind n.   nourrisson m.
Brustkorb m.   thorax m.
Brustkrebs m.   cancer du sein m.
Brustmuskel m.   muscle pectoral m.
Brustpulver n.   poudre pectorale f.
Brustschmerz m.   douleur thoracique f.
Brustumfang m.   périmètre thoracique m., tour de poitrine m.
Brustwand f.   paroi thoracique f.
Brustwandelektrode f.   électrode thoracique f.
Brustwandelektrokardiogramm n.   électrocardiogramme précordial m.
Brustwarze f.   mamelon m.
Brustwarzenentzündung f.   thélite f.
Brustwarzenhütchen n.   bout de sein m.
Brustwirbel m.   vertèbre dorsale m.
Brustwirbelkörper (BWK) m.   vertèbre thoracique (corps) m.
Brustwirbelsäule (BWS) f.   colonne vertébrale thoracique f.
Brut f.   couvée f.
Brutapparat m.   incubateur m.
brüten   couver
Bruxomanie f.   bruxomanie f.
Bryantsches Dreieck n.   triangle de Bryant m.
BSE (bovine spongiforme Enzephalopathie) f.   encéphalopathie spongiforme bovine f.
BSG (Blutsenkungsgeschwindigkeit) f.   VS (vitesse de sédimentation des hématies) f.
Bubo m.   bubon m.
Bubonenpest f.   peste bubonique f.
Buchmagen (veter.) m.   omasum m.
Bücherei f.   librairie f.
Buchweizenvergiftung f.   intoxication par le blé sarasin f.
Bucindolol n.   bucindolol m.
Buckyblende f.   diaphragme de Bucky m.
Buclosamid n.   buclosamide f.
Budd-Chiari-Syndrom n.   syndrome de Budd-Chiari m.
Budinsche Regel f.   règle de Budin f.
Budipin n.   budipine f.
Bufetolol n.   bufétolol m.
Bufetonin n.   bufétonine f.
Bufexamac n.   buféxamac m.
Buformin n.   buformine f.
Bügel m.   barre f.
bukkal   buccal
bukkoaxial   buccoaxial
bukkoaxiozervikal   buccoaxiocervical
bukkodistal   buccodistal
bukkogingival   buccogingival
bukkolabial   buccolabial
bukkolingual   buccolingual
bukkomesial   buccomésial
bukkonasal   bucconasal
bukkookklusal   bucco-occlusal
bukkopharyngeal   buccopharyngé
bukkopulpal   buccopulpaire
Bülausche Drainage f.   drainage de Buelau m.
bulbär   bulbaire
Bulbärparalyse, progressive f.   paralysie bulbo-spinale progressive f.
Bulbitis f.   bulbite f.
Bulbogastron n.   bulbogastrone f.
bulbomimisch   bulbomimique
bulbonuklear   bulbonucléaire
Bulboskop n.   bulboscope m.

Bulboskopie f. bulboscopie f.
bulboskopisch bulboscopique
bulbourethral bulbo-uréthral
bulboventrikulär bulboventriculaire
Bulimie f. boulimie f.
Bulldogklemme f. pince à papier f.
bullös bulleux
Bullose f. bullose f.
Bumerangnadel f. aiguille boomerang f.
Bumetanid n. bumétanide m.
Bündel n. faisceau m.
Bundesinstitut für Arzneimittel n. Haute Autorité de Santé f.
Bungarotoxin n. bungarotoxine f.
Bunitrolol n. bunitrolol m.
bunodont bunodonte
Bunolol n. bunolol m.
bunolophodont bunolophodonte
bunoselenodont bunosélénodonte
Bunsenbrenner m. bec Bunsen m.
Buphenin n. buphénine f.
Buphthalmus m. buphtalmie f.
Bupivacain n. bupivacaïne f.
Bupranolol n. bupranolol m.
Buprenorphin n. buprénorphine f.
Bupropion n. bupropion m.
Burdachscher Strang m. faisceau de Burdach m.
Bürette f. burette f.
Bürgersche Krankheit f. maladie de Léo Buerger f.
Burimamid n. burimamide m.
Burkholderie f. burkholderie f.
Burkitt-Tumor m. lymphome de Burkitt m.
Burning-feet-Syndrom n. burning feet syndrome m.
Burn-out n. burnout m.
Burritusche f. colorant de Burri m.
Bursa f. bourse f.
Bursektomie f. bursectomie f.
bursektomieren pratiquer une bursectomie
Bursitis f. bursite f.
Bursopathie f. bursopathie f.
Bürstenabstrich m. prélevement à la brosse m.

Buschfleckfieber n. typhus tacheté tropical m.
Buschgelbfieber n. fièvre jaune tropicale f.
Busen m. sein m.
Buserelin n. buséréline f.
Busulfan n. busulfan m.
Butaclamol n. butaclamol m.
Butadien n. butadiène m.
Butalamin n. butalamine f.
Butamben n. butambène m.
Butamin n. butamine f.
Butan n. butane m.
Butandiol n. butandiol m.
Butaperazin n. butapérazine f.
Butazon n. butazone f.
Butenal n. butenal m.
Butoprozin n. butoprozine f.
Buttermilch f. babeurre m.
Butylacrylat n. butylacrylate m.
Butylalkohol m. alcool butylique m.
Butyldopamin n. butyldopamine f.
Butylen n. butylène m.
Butylparaben n. butylparabène m.
Butylpiperidin n. butylpipéridine m.
Butyramid n. butyramide m.
Butyrat n. butyrate m.
Butyrocholinesterase f. butyrocholinestérase f.
Butyrolakton n. butyrolactone f.
Butyrophenon n. butyrophénone f.
Butyryl n. butyryl m.
Butyrylcholinesterase f. butyrylcholinestérase f.
Butyryldehydrogenase f. butyryldéhydrogénase f.
BWK (Brustwirbelkörper) m. corps vertébral dorsal m.
BWS (Brustwirbelsäule) f. colonne vertébrale dorsale (ou thoracique) f.
Bypass m. by-pass m.
Byssinose f. byssinose f.
B-Zelle f. cellule B f.
BZ (Blutzucker) m. glycémie f.

C

Cabergolin n. cabergoline f.
Cabotscher Ring m. anneau de Cabot m.
Cadaverin n. cadavérine f.
Cadmium n. cadmium m.
Caerulein n. céruléine f.
Caesium n. césium m.
Caissonkrankheit f. aérémie des caissons f.
Calabarbeule f. oedème de Calabar m.
Calabarbohne f. fève de Calabar f.
calcaneoplantar calcanéoplantaire
Calcidol n. calcidol m.
Calciductin n. calciductine f.
Calcifediol n. calcifédiol m.
Calciferol n. calciférol m.
Calcineurin n. calcineurine f.
Calcinose f. calcinose f.
Calciphylaxie f. calciphylaxie f.
Calcipotriol n. calcipotriol m.
Calcitonin n. calcitonine f.
Calcitoninom n. calcitoninom f.
Calcitriol n. calcitriol m.
Calcium n., siehe auch voir aussi Kalzium m.
calciumbindendes Protein (CaBP) n. calci-protéine f.
Calciumcarbonat n. carbonate de calcium m.
Calciumchlorid n. chlorure de calcium m.
Calciumglukonat n. gluconate de calcium m.
Calciumhydroxid n. hydroxyde de calcium m.
Calciumlaktat n. lactate de calcium m.
Caldwell-Luc-Operation f. opération de Caldwell-Luc f.
Californium n. californium m.
Callositas f. callosité f.
Calmodulin n. calmoduline f.
Calorose f. dermatite calorique f.
Camazepam n. camazépam m.
CAMP (cyclisches Adenosinmonophosphat) n. AMP cyclique (acide adénosine monophosphate cyclique) m.
Campher m. camphre m.
Camptothecin n. camptothécine f.
Campylobacter m. Campylobacter m.
Camsilat n. camsilate m.
Camsylat n. camsylate m.
Canadabalsam m. baume de Canada m.
Canalis pterygoideus m. canal vidien m.
Candela f. candela f.
Candicidin n. candicidine f.
Cannabin n. cannabine f.
Cannabinol n. cannabinol m.
Cannabinoid n. cannabinoïde m.
Cannabiosis f. fièvre du chanvre f.
Cannabismus m. cannabisme m.
Cannonring m. anneau de Cannon m.
Cantharidin n. cantharidine f.
Canthaxanthin n. canthaxanthine f.
Capecitabin n. capécitabine f.
Capistrum n. chevêtre m.
Capobenat n. capobénate m.
Capreomycin n. capréomycine f.
caprinisieren faire un apport caprinique
Caproat n. caproate m.
Caprofen n. caprofene m.
Caprylat n. caprylate m.
Caprylsäure f. acide caprylique m.
Capsicum n. capsicum m.
Capsid n. capside f.
Captodiamin n. captodiamine f.
Captopril n. captopril m.
Caput femoris n. tête du fémur f.
Caput medusae n. tête de méduse f.
Carbachol m. carbachol m.
Carbamazepin n. carbamazépine f.
Carbamazin n. carbamazine f.
Carbamidsäure f. acide carbamique m.
Carbamylphosphat n. carbamylphosphate m.
Carbapenem n. carbapénem m.
Carbaril n. carbaril m.
Carbecillin n. carbécilline f.
Carbenoxolon n. carbénoxolone f.
Carbidopa n. carbidopa f.
Carbimazol n. carbimazol m.
Carbinol n. carbinol m.
Carbo medicinalis f. charbon activé m.
Carboanhydrase f. anhydrase carbonique f.
Carboanhydrasehemmer m. inhibiteur de l'anhydrase carbonique m.
Carbomycin n. carbomycine f.
Carbonyl n. carbonyle m.
Carbo-Pemetrexed n. carbo-pémétrexed m.
carbophil carbophile
Carboxamid n. carboxamide m.
Carboxy… siehe auch voir aussi Karboxy…
Carboxylase f. carboxylase f.
Carboxypeptidase f. carboxypeptidase f.
carboxyterminal carboxyterminal
Carbromal n. carbromal m.
Carbutamid n. carbutamide m.
Carbuterol n. carbutérol m.

carcinoembryonales Antigen n. antigène carcino-embryonnaire m.
carcinoembryonal carcinoembryonnaire
cardio… siehe auch voir aussi kardio…
Cardiolipin n. cardiolipine f.
Cardiospasmus m. cardiospasme m.
Carenon n. carénone f.
Careonat n. caréonate m.
Carfluzepat n. carfluzépate m.
carinal carinoïde
Carinamid n. carinamide m.
Carindacillin n. carindacilline f.
Carisoprodol n. carisoprodol m.
carminativ carminatif
Carminativum n. carminatif m.
Carmustin n. carmustine f.
Carnitin n. carnitine f.
Carnosin n. carnosine f.
Carotissinus m. sinus carotidien m.
Carrageen n. carragheen m.
Carteolol n. catéolol m.
Cartrizoat n. cartrizoate m.
CAR-T-Zellen (chimäre Antigenrezeptor-T-Zellen) f. pl. cellules CAR-T f. pl.
Cascara-sagrada-Extrakt m. extrait de nerprun m., de casara sagrada
Casoni-Test m. test de Casoni m.
Caspase f. caspase f.
Caspofungin n. caspofungine f.
Castle-Faktor m. facteur intrinsèque de Castle m.
Catalase f. catalase f.
Cataracta f. cataracte f.
Cataracta acereta f. cataracte adhérente f.
Cataracta capsularis f. cataracte capsulaire m.
Cataracta corticalis f. cataracte corticale f.
Cataraeta fusiformis f. cataracte fusiforme m.
Cataracta hypermatura f. cataracte hypermûre f.
Cataracta incipiens f. cataracte débutante m.
Cataracta intumescens f. cataracte tumescente f.
Cataracta lamellaris f. cataracte lamellaire m.
Cataracta lenticularis cataracte lenticulaire f.
Cataracta matura f. cataracte mûre f.
Cataracta nuclearis f. cataracte nucléaire m.
Cataracta polaris f. cataracte polaire f.
Cataracta punctata f. cataracte ponctuée f.
Cataracta zonularis f. cataracte zonulaire m.
Catechin n. catéchine f.
Catgut n. catgut m.
Cavographie f. cavographie f.

CCK (Cholecystokinin) n. cholécystokinine f.
CCP n. CCP (cyclic citrullinated peptide) m.
CCP (cyclisches citrulliniertes Peptid) n CCP (peptide cycliqué citrulliné) m.
CEA (carcinoembryonales Antigen) n. ACE (antigène carcino-embryonnaire) m.
Cefa… siehe auch voir aussi Cepha…
Cefacetril n. céfacétrile m.
Cefaclor m. céfaclor m.
Cefadroxil n. céfadroxil m.
Cefalexin n. céfalexine f.
Cefaloridin n. céfaloridine f.
Cefamandol n. céfamandole m.
Cefapyrin n. céfapirine f.
Cefazolin n. céfazoline f.
Cefdinir n. cefdinir m.
Cefmenoxim n. céfménoxime m.
Cefoperazon n. céfopérazone f.
Cefotaxin n. céfotaxine f.
Cefotetan n. céfotétane m.
Cefotiam n. céfotiam m.
Cefoxitin n. céfoxitine f.
Cefradin n. céfradine f.
Ceftazidim n. céftazidime m.
Ceftisoxim n. céftisoxime m.
Ceftriaxon n. céftriaxone f.
Cefuroxim n. céfuroxime m.
Cefluroximaxetil n. céfluroximaxétil m.
Celecoxib n. célécoxib m.
Cephadrin n. céphadrine f.
Cephalalgie f. céphalalgie f.
Cephalexin n. céphalexine f.
Cephalhämatom n. hématome céphalique m.
Cephalin n. céphaline f.
Cephaloridin n. céphaloridine f.
Cephalosporin n. céphalosporine f.
Cephalosporinase f. céphalosporinase f.
Cephalotin n. céphalotine f.
Cephalozin n. céphalozine f.
Cer n. cérium m.
Ceramid n. céramide f.
cerebral cérébral
Cerebralthrombose f. thrombose cérébrale f.
Cerivastatin n. cérivastatine f.
Ceroid n. céroïde m.
Certoparin n. certoparine f.
Ceruletid n. cérulétide m.
Cerumen obturans n. bouchon de cérumen m.
Cervix m. col m.
Cestode m. cestode m.
Cetiprolol n. cétiprolol m.
Cetobemidon n. cétobémidone f.

Chirurgie

Cetylalkohol m.   alcool cétylique m.
Cetylpyridinium n.   cétylpyridinium m.
CG (Chondrogonadotropin) n.   hCG (gonadotrophine chorioniquc) f.
cGMP (cyclisches Guanosin-Monophosphat) n.   guanosine monophosphate cyclique f.
Chagas-Krankheit f.   maladie de Chagas f.
Chalarose f.   chalarose f.
Chalazion n.   chalazion m.
Chalazionpinzette f.   pince à chalazion f.
Chalikose f.   chalicose f.
Chaoulsche Nahbestrahlung f.   traitement de Chaoul m.
Charakter m.   caractère m.
charakterisieren   caractériser
charakteristisch   caractéristique
Charakteristik f.   caractéristique f.
Charakterkunde f.   caractérologie f.
Charcot-Leydenscher Kristall m.   cristal de Charcot-Leyden m.
Charge, Herstellungs- f.   charge de production f.
Charrière-Skala f.   filière Charrière f.
Chaulmoograöl n.   huile de Chaulmoogra f.
Chefarzt m., Chefärztin f.   chef de clinique m., chef de service m.
Chefchirurg m.   chirurgien chef du service m.
Cheilektomie f.   chéilectomie f.
Cheilitis f.   chéilite f.
Cheilose f.   chéilose f.
Chelat n.   chélate m.
Chelatase f.   chélatase f.
Chelatbildner m.   chélateur m.
Chelidonium n.   chélidoine f.
Chelometrie f.   complexométrie f., dosage par chélation m.
Chemie f.   chimie f.
Chemie, physiologische f.   chimie physiologique f.
Chemikalie f.   produit chimique m.
Chemiker m.   chimiste m.
Chemikerin f.   chimiste f.
chemisch   chimique
Chemismus m.   chimisme m.
Chemodektom n.   chimiodectome m.
Chemoembolisation f.   chimioembolisation f.
Chemokin n.   chimiokine f.
Chemokinetik f.   chimiocinétique f.
chemokinetisch   chimiocinétique
Chemonukleolyse f.   chimionucléolyse f.
Chemoprophylaxe f.   chimioprophylaxie f.
Chemoprotektor m.   chimioprotecteur m.
Chemioradiotherapie f.   chimioradiothérapie f.
chemoresistent   chimiorésistant
Chemoresistenz f.   chimiorésistance f.
Chemorezeptor m.   chimiorécepteur m.
chemosensitiv   chimiosensitif
chemosensorisch   chimiosensoriel
Chemosis f.   chémosis m.
chemotaktisch   chimiotactique
Chemotaxis f.   chimiotactisme m., chimiotaxie f.
chemotherapeutisch   chimiothérapeutique
Chemotherapie f.   chimiothérapie f.
Chenotherapie f.   chénothérapie f.
Cheoplastik f.   chéoplastie f.
cheoplastisch   chéoplastique
Cherubismus m.   chérubinisme m.
Cheyne-Stokessche Atmung f.   respiration de Cheyne-Stokes f.
Cheyne-Stokessches Atmen n.   dyspnée de Cheyne-Stokes f.
Chiasma n.   chiasma m.
chiasmatisch   chiasmatique
Chilaiditi-Syndrom n.   déplacement subphrénique du colon m.
Chilifolin n.   quiliforine f.
Chimäre f.   chimère f.
chimärisch   chimérique
Chinaldin n.   quinaldine f.
Chinarinde f.   écorce de quinquina f.
Chinestrol n.   quinestrol m.
Chinethazon n.   quinéthazone f.
Chinidin n.   quinidine f.
Chinin n.   quinine f.
Chininbisulfat n.   bisulfate de quinine m.
Chininhydrochlorid n.   hydrochlorure de quinine m.
Chininsulfat n.   sulfate de quinine m.
Chinon n.   chinone f., quinone f.
Chinosid n.   chinoside m.
Chinosol n.   chinosol m.
Chiragra f.   chiragra f.
chiral   chiral
Chiropraktiker m.   chiropraticien m.
chiropraktisch   chiropraxique
Chiropraxis f.   chiropraxie f.
Chirotherapie f.   chirothérapie f.
Chirurg m.   chirurgien m.
Chirurgie f.   chirurgie f.
Chirurgie am offenen Herzen f.   chirurgie à coeur ouvert f.
Chirurgie, allgemeine f.   chirurgie générale f.
Chirurgie, Bauch- f.   chirurgie abdominale f.
Chirurgie, große- f.   chirurgie majeure f.
Chirurgie, Kiefer- f.   chirurgie maxillaire m.

Chirurgie

Chirurgie, Kinder- f.   pédochirurgie f.
Chirurgie, kleine f.   petite chirurgie f.
Chirurgie, plastische f.   chirurgie esthétique f.
Chirurgie, Thorax- f.   chirurgie thoracique f.
Chirurgie, Wiederherstellungs- f.   chirurgie reconstructive f.
Chirurgin f.   chirurgienne f.
chirurgisch   chirurgical
Chitin n.   chitine f.
Chitosamin n.   chitosamine f.
Chlamydie f.   Chlamydia f.
Chloasma n.   chloasma m.
Chlor n.   chlore m.
Chlorakne f.   acné chlorique f.
Chloral n.   chloral m.
Chloralamid n.   amide de chloral m.
Chloralhydrat n.   hydrate de chloral m.
Chloralose f.   chloralose f.
Chlorambucil n.   chlorambucil m.
Chloramin n.   chloramine f.
Chloramphenicol n.   chloramphénicol m.
Chlorat n.   chlorate m.
Chlorazetat n.   chloracétate m.
Chlordan n.   chlordane m.
Chlordantoin n.   chlordantoïne f.
Chlordecon n.   chlordécone f.
Chlordiazepoxid n.   chlordiazépoxide m.
Chlordinitrobenzol n.   chlordinitrobenzène m.
Chlorethyl n.   chloréthyle m., chlorure d'éthyle m.
Chlorethyl-cyclohexyl-nitroso-harnstoff m.   chloréthyl-cyclohexyl-nitroso-urée f.
Chlorhexadol n.   chlorhexadol m.
Chlorhexidin n.   chlorhexidine f.
Chlorid n.   chlorure m.
Chloridkanal m.   canal chloride m.
chlorieren   chlorer
Chlorit n.   chlorite f.
Chlorkalium n.   chlorure de potassium m.
Chlorkalk m.   chlorure calcique m., chlorure de chaux m.
Chlorkalzium n.   chlorure de calcium m.
Chlormadinon n.   chlormadinone f.
Chlormethiazol n.   chlorméthiazole m.
Chlorodontie f.   chlorodontie f.
Chloroform n.   chloroforme m.
Chloroformierung f.   chloroformisation f.
Chloroguanid n.   chloroguanide m.
Chlorolymphosarkom n.   chlorolymphosarcome m.
Chlorom n.   chlorome m.
Chloromyelom n.   chloromyélome m.
Chlorophenol n.   chlorphénol m.

Chloropren n.   chloroprène m.
chloropriv   chloroprive
Chloropurin n.   chloropurine f.
Chloroquin n.   chloroquine f.
Chlorose f.   chlorose f.
Chlorothiazid n.   chlorothiazide m.
chlorotisch   chlorotique
Chlorotrianisen n.   chlorotrianisène m.
Chloroxazon n.   chloroxazone f.
Chlorozyt m.   chlorocyte m.
Chlorphenesin n.   chlorphénésine f.
Chlorpheniramin n.   chlorphéniramine f.
Chlorphenol n.   chlorphénol m.
Chlorphenolrot n.   rouge de chlorphénol m.
Chlorphenoxamin n.   chlorphénoxamine f.
Chlorphentermin n.   chlorphentermine f.
Chlorpromazin n.   chlorpromazine f.
Chlorpropamid n.   chlorpropamide m.
Chlorprotixen n.   chlorprotixène m.
Chloroquin n.   chloroquine f.
Chlorquinaldol n.   chlorquinaldol m.
Chlortalidon n.   chlortalidone f.
Chlortetracyclin n.   chlortétracycline f.
Chlorwasserstoff m.   hydrogène chloruré m.
Chlorzotocin n.   chlorzotocine f.
Chlorzoxazon n.   chlorzoxazone f.
Chlumskysche Lösung f.   solution de Chlumsky f.
choanal   choanal
Choane f.   choane f.
cholagog   cholagogue
Cholagogum n.   cholagogue m.
Cholämie f.   cholémie f.
cholämisch   cholémique
Cholan n.   cholane m.
Cholangiogramm n.   cholangiogramme m.
Cholangiographie f.   cholangiographie f.
cholangiographisch   cholangiographique
Cholangiolitis f.   cholangiolite f.
Cholangiom n.   cholangiome m.
Cholangiometrie f.   cholangiométrie f.
Cholangiopankreatikographie f.   cholangiopancréaticographie f.
Cholangioskopie f.   cholangioscopie f.
Cholangiostomie f.   cholangiostomie f.
Cholangiotomie f.   cholangiotomie f.
cholangiozellulär   cholangiocellulaire
Cholangitis f.   cholangite f.
cholangitisch   cholangitique
Cholanthren n.   cholanthrène m.
Cholat n.   cholate m.
Cholecalciferol n.   cholécalciférol m.
Cholecystokinin (CCK) n.   cholécystokinine f.
Choledochektomie f.   choledochoectomie m.

Choledochoduodenostomie f. cholédochoduodénostomie f.
Choledochoenterostomie f. cholédochoentérostomie f.
Choledochojejunostomie f. cholédochojéjunostomie f.
Choledocholithiasis f. cholédocholithiase m.
Choledocholithotomie f. cholédocholithotomie f.
Choledochoskopie f. cholédochoscopie f.
Choledochostomie f. cholédochostomie f.
Choledochotomie f. cholédochotomie f.
Choledochusplastik f. cholédochoplastie m.
Cholelithiasis f. cholélithiase f.
Cholelitholyse f. cholélitholyse f.
Cholera asiatica f. choléra asiatique m.
Cholerese f. cholérèse f.
Choleretikum n. cholérétique m.
choleretisch cholérétique
cholerisch coléreux, colérique
Cholestase f. cholestase f.
cholestatisch cholestatique
Cholesteatom n. cholestéatome m.
Cholesterase f. cholestérase f.
Cholesterin n. cholestérol m.
Cholestyramin n. cholestyramine f.
Cholezystektomie f. cholécystectomie f.
Cholezystitis f. cholécystite f.
cholezystitisch cholécystitique
Cholezystoduodenostomie f. cholécystoduodénostomie f.
Cholezystogastrostomie f. cholécystogastrostomie f.
Cholezystogramm n. cholécystogramme m.
Cholezystographie f. cholécystographie f.
cholezystographisch cholécystographique
Cholezystoileostomie f. cholécystoiléostomie f.
Cholezystojejunostomie f. cholécystojéjunostomie f.
Cholezystolithiasis f. cholécystolithiase f.
Cholezystopathie f. cholécystopathie f.
Cholezystopexie f. cholécystopexie f.
Cholezystostomie f. cholécystostomie f.
Cholin n. choline f.
cholinergisch cholinergique
Cholinesterase f. cholinestérase f.
cholinesterasehemmend inhibant la cholinestérase
Cholostase f. cholostase f.
cholostatisch cholostatique
Cholurie f. cholurie f.
Chondrin n. chondrine f.
Chondriom n. chondriome m., mitochondries f. pl.
Chondritis f. chondrite f.
Chondroadenom n. chondroadénome m.
Chondroangiom n. chondroangiome m.
Chondroblast m. chondroblaste m.
Chondroblastom n. chondroblastome m.
Chondrodermatitis f. chondrodermite f.
Chondrodysplasie f. chondrodysplasie f.
Chondrodystrophie f. chondrodystrophie f.
chondroektodermal chondroectodermique
chondrogen chondrogène
Chondrogenese f. chondrogenèse f.
Chondroitin n. chondroïtine f.
Chondroitinase f. chondroïtinase f.
Chondrokalzinose f. chondrocalcinose f.
Chondroklast m. chondroclaste m.
Chondrolyse f. chondrolyse f.
Chondrom n. chondrome m.
Chondromalazie f. chondromalacie f.
Chondromatose f. chondromatose f.
Chondromyxom n. chondromyxome m.
Chondroosteodystrophie f. chondroostéodystrophie f.
Chondroplastik f. chondroplastie f.
chondroplastisch chondroplastique
Chondrosarkom n. chondrosarcome m.
Chondrotomie f. chondrotomie f.
Chondrozyt m. chondrocyte m.
Chopartsche Amputation f. opération de Chopart f.
Chopartsches Gelenk n. articulation de Chopart f.
Chorda f. corde f., cordon m., ligament m.
Chordata n. pl. chordés m. pl.
Chorditis f. chordite f.
Chordoblastom n. chordoblastome m.
Chordom n. chordome m.
Chordotomie f. chordotomie f., cordotomie f.
Chorea Sydenham f. „danse de saint Guy" f., chorée de Sydenham f.
choreatisch choréique
choreiform choréiforme
choreoathetoid choréo-athétoïde
Choreoathetose f. choréo-athétose f.
Choreomanie f. choréomanie f.
chorial chorial
Chorioallantois f. chorio-allantoïde m.
Chorioangiom n. chorioangiome m.
Chorioidea f. choroïde f.
Chorioidektomie f. chorioïdectomie f.
Chorioiditis f. chorioïdite f.
Chorioidopathie f. chorioïdopathie f.
chorioidopathisch chorioïdopathique
Choriom n. chorio-épithéliome m.
Choriomeningitis f. chorioméningite f.

Chorion n. chorion m.
Choriongonadotropin n. gonadotropine chorionique f.
Chorionkarzinom n. chorio-épithéliome m., choriocarcinome m.
Chorioptesräude f. gale chorioptique f.
chorioretinal choriorétinien
Chorioretinitis f. choriorétinite f.
Choristie f. choristie f.
Choristom n. choristome m.
choroidal choroïdien
Christmas-Faktor m. facteur de Christmas m.
Chrom n. chrome m.
chromaffin chromaffine
Chromaffinom n. chromaffinome m.
chromargentaffin chromargentaffine
Chromat n. chromate m.
Chromatekzem n. eczéma aux sels de chrome m.
Chromatide f. chromatide f.
Chromatin n. chromatine f.
chromatisch chromatique
chromatogen chromatogène
Chromatographie f. chromatographie f.
chromatographisch chromatographique
Chromatolyse f. chromatolyse f.
chromatophil chromatophile
Chromatophilie f. chromatophilie f.
Chromatophor n. chromatophore m.
Chromatopsie f. chromatopsie f.
Chromatose f. chromatose f.
Chromatoskiameter n. chromatoskiamètre m.
Chromhidrose f. chromhidrose f.
Chromitose f. chromitose f.
Chrom-Nickel-Legierung f. alliage chrome-nickel m.
Chromoblast m. chromoblaste m.
Chromoendoskopie f. chromoendoscopie f.
chromogen chromogène
Chromogen n. chromogén m.
Chromogranin n. chromogranine f.
Chromomer n. chromomère m.
Chromonema n. chromonéma m.
chromophil chromophile
chromophob chromophobe
Chromoprotein n. chromoprotéïne f.
Chtomoskop n. chromoscope m.
Chromoskopie f. chromoscopie f.
chromoskopisch chromoscopique
Chromosom n. chromosome m.
chromotrop chromotrope
Chromozym n. chromozyme m.
Chromozystoskopie f. chromocystoscopie m.
chromozystoskopisch chromocystoscopique
Chromsäure f. acide chromique m.
Chronaxie f. chronaxie f.
Chronaximeter n. chronaximètre m.
Chronaximetrie f. chronaximétrie f.
chronaximetrisch chronaximétrique
chronifizieren chronifier
chronisch chronique
Chronizität f. chronicité f.
Chronobiologie f. chronobiologie f.
Chronokinetik f. chronocinétique f.
Chronomedizin f. chronomédecine f.
Chronopathologie f. chronopathologie f.
Chronopharmakologie f. chronopharmacologie f.
chronopharmakologisch chronopharmacologique
chronotrop chronotrope
Chrysarobin n. chrysarobine f.
Chrysen n. chrysène m.
Chrysoidin n. chrysoïdine f.
Chrysophanat n. chrysophanate m.
Chrysotoxin n. chrysotoxine f.
Chvostek-Zeichen n. signe de Chvostek m.
Chylomicron n. chylomicron m.
Chyloperikard n. chylopéricarde m.
Chyloperitoneum n. chylopéritoine m.
chylös chyleux
Chylothorax m. chylothorax m.
Chylurie f. chylurie f.
Chylus m. chyle m.
Chymase f. présure f.
Chymopapain n. chymopapaïne f.
chymös chymeux
Chymotrypsin n. chymotrypsine f.
Chymus m. chyme m.
Cibenzolin n. cibenzoline f.
Cicl… siehe auch voir aussi Cycl…, Zycl…
Ciclosonid n. ciclosonide m.
Ciclacillin n. ciclacilline f.
Ciclosporin n. cyclosporine f.
Cicatoxin n. cicatoxine f.
Cidofovir n. cidofovir m.
Ciguatera f. ciguatera f.
Ciguatoxin n. ciguatoxine f.
Cilastatin n. cilastatine f.
Cilazapril n. cilazapril m.
Cilexetil n. cilexetil m.
Ciliarkörper m. corps ciliaire m.
Ciliata n. pl. infusoire cilié m.
Cimetidin n. cimétidine f.
Cimex lectularius m. Cimex lectularius m.
Cinnamat n. cinnamate m.

Cinnarizin n. cinnarizine f.
Cinoxacin n. cinoxacine f.
Cipionat n. cipionate m.
Ciprofloxacin n. ciprofloxacine f.
Ciproximid n. ciproximide m.
Circulus arteriosus m. hexagone artériel de Willis m.
Circulus vitiosus m. cercle vicieux m.
Circumsporozoit n. circumsporozoïte m.
Cirrhose f. cirrhose f.
cirrhotisch cirrhotidue
Cis-Platinum n. cisplatine m.
Cistron n. cistron m.
Citalopram n. citalopram m.
Citrochlorid n. citrochlorure m.
Citrovorum-Faktor m. facteur citrovorum m.
Citrullin n. citrulline f.
Citrullinämie f. citrullinémie f.
citrullinieren citruliner
citrulliniertes Peptid n. peptide citrullé m.
Citrullinierung f. citrullinisation f.
Citrullinurie f. citrullinurie f.
CK (Creatinkinase) n. creatine kinase f.
Cladosporiose f. cladosporiose f.
Cladotrichose f. cladotrichose f.
Cladribin n. cladribine f.
Clara-Zelle f. cellule de Clara f.
Clarkesche Säule f. colonne de Clarke f.
Claubergscher Nährboden m. milieu de culture de Clauberg m.
Claudicatio intermittens f. claudication intermittente f.
Claustrophilie f. claustrophilie f.
Claustrophobie f. claustrophobie f.
Clavicepsin n. clavicepsine f.
Clavulanat n. clavulanate m.
Clavus m. cor m., oeil de perdrix m.
Clemizol n. clémizole m.
Clenbuterol n. clenbutérol m.
Clinafloxacin n. clinafloxacine f.
Clioquinol n. clioquinol m.
CLL (chronische lymphatische Leukose) f. leucose lymphatique chronique (LLC) f.
Clobazam n. clobazam m.
Clidinium n. clidinium m.
Clindamycin n. clindamycine f.
Clioquinol n. clioquinol m.
Clobetam n. clobazam m.
Clobetason n. clobétasone f.
Clobutinol n. clobutinol m.
Clocortolon n. clocortolone f.
Clodantoin n. clodantoïne f.
Clodronat n. clodronate m.
Clofazimin n. clofazimine f.

Clofenapat n. clofénapate m.
Clofenotan n. clofénotane m.
Clofibrat n. clofibrate m.
Clomethiazol n. clométhiazole m.
Clomifen n. clomifène m.
Clomipramin n. clomipramine f.
Clonazepam n. clonazépam m.
Clonidin n. clonidine f.
Cloning n. clonage m.
Clonorchiose f. clonorchiase f.
Clonorchis sinensis m. Clonorchis sinensis m.
Clopamid n. clopamide m.
Cloperidol n. clopéridol m.
Clopidogrel n. clopidogrel m.
Clopenthixol n. clopenthixol m.
Clorazepat n. clorazépate m.
Clorgylin n. clorgyline f.
Clorindion n. clorindione f.
Clorophyll n. chlorophylle f.
Clortermin n. clortermine f.
Closilat n. closilate m.
Clostridie f. clostridie f.
Clostridiopeptidase f. clostridiopeptidase f.
Clostridium botulinum n. Clostridium botulinum m.
Clostridium oedematis maligni n. Clostridium oedematis maligni m.
Clostridium putrificum n. Clostridium putrificum m.
Clostridium tetani n. Clostridium tetani m.
Clostridium welchii n. Clostridium welchii m.
Clothixamid n. clothixamide m.
Clotiazepam n. clotiazépam m.
Clotrimazol n. clotrimazole m.
Clownismus m. clownisme m.
Cloxacillin n. cloxacilline f.
Clozapin n. clozapine f.
Clusterkopfschmerz m. céphalée de Cluster f.
CML (chronische myeloische Leukose) f. leucémie myéloïde chronique f.
CMT (Cardiolipin-Mikroflockungstest) m. VDRL (réaction d'agglutination syphilitique) f.
Co-Agglutination f. coagglutination f.
Coamoxiclav n. coamoxiclave m.
Cobalamin n. cobalamine f.
Cobalt n. cobalt m.
Cobamid n. cobamide m.
Cocain n. cocaïne f.
Cocarboxylase f. cocarboxylase f.
Coccidioidomykose f. coccidioïdomycose f.
Coccidiose f. coccidiose f.

Coccidiostaticum n.   coccidiostatique m.
coccidiostatisch   coccidiostatique
Coccidium n.   coccidie f.
Coccygodynie f.   coccygodynie f.
cochleär   cochléaire
Cochleitis f.   cochléite f.
Cochleographie f.   cochléographie f.
cochleovestibulär   cochléovestibulaire
Cockayne-Syndrom n.   syndrome de Cockayne m.
Cocoamphoazetat n.   cocoamphoacétate m.
Cocoat n.   cocoate m.
Code m.   code m.
Codehydrogenase f.   codéhydrogénase f.
Codein n.   codéïne f.
codieren   coder
Codierung f.   codage m.
Codon n.   codon m.
Coecum n.   caecum m.
Coelenterata n. pl.   coelentéré m.
Coeliakie f.   maladie coeliaque f.
Coenurose f.   taeniase f.
Coenzym n.   coenzyme m.
Coeruloplasmin n.   céruloplasmine f.
Coffein n.   caféine f.
Coffeinum citricum n.   caféine citratée f.
Coformycin n.   coformycine f.
Cohydrogenase f.   cohydrogénase f.
Coitus m.   coït m.
Colchizin n.   colchicine f.
Colecalciferol n.   colécalciférol m.
Colektomie f.   colectomie f.
Colestipol n.   colestipol m.
Colestyramin n.   coléstyramine f.
Colibazillus m.   colibacille m., Fscherichia-coli m.
Colica mucosa f.   colica mucosa f.
Colipyelitis f.   colipyélite f.
Colistin n.   colistine f.
Colistinmethansulfonat-Natrium n.   colistiméthanesulfonate de sodium m.
Colitis f.   colite f.
Colitis ulcerosa f.   colite ulcéreuse f.
colitisch   colitique
Collagenose f.   collagénose f.
Colliculitis seminalis f.   inflammation du veru montanum f.
Collip-Einheit f.   unité de Collip f.
Collodium n.   collodion m.
Colloid n.   colloïde m.
colloidal   colloïdal
Collyrium n.   collyre m.
Colo…   siehe auch   voir aussi Kolo…
Colocynthe f.   coloquinte f.
Colonoskop n.   colonoscope m.
Colonoskopie f.   colonoscopie f.
colonoskopisch   colonoscopique
Colopexie f.   colopexie f.
Coloplicatio f.   coloplication f.
Coloptose f.   coloptose f.
Coloradozeckenfieber n.   fièvre rouge f.
Colostrum n.   colostrum m.
Columella f.   columelle f.
colorektal   colorectal
Coloskop n.   coloscope m.
Coloskopie f.   coloscopie f.
coloskopisch   coloscopique
Colostomie f.   colostomie f.
Colotomie f.   colotomie f.
Coma n.   coma m.
comatös   comateux
Commotio cerebri f.   commotion cérébrale f.
Computer m.   ordinateur m.
Computertomographie f.   tomodensitométrie f.
Computertomographie, ophthalmologische f.   tomographie par cohérence optique (OCT) f.
computerassistiert   avec contrôle informatisée
Conchotom n.   conchotome m.
Conchotomie f.   conchotomie f.
Concretio pericardii f.   péricardite constrictive f.
Condurango f.   condurango m.
Condyloma acuminatum n.   condylome acuminé m.
Conglutinin n.   conglutinine f.
Coniin n.   conine f.
Conjugata diagonalis f.   diamètre promonto-sous pubien m.
Conjugata externa f.   diamètre externe du bassin m.
Conjugata vera f.   diamètre antéropostérieur du détroit supérieur m.
conjunctival   conjonctival
Conjunctivitis f.   conjonctivite f.
Conn-Syndrom n.   syndrome de Conn m.
Connorrhinus majestus m.   triatome m.
Continentia alvi f.   continence intestinale f.
Contrecoup m.   contrecoup m.
Contusio cerebri f.   contusion cérébrale f.
Convallamarin n.   convallamaroside m.
Convallarin n.   convallarine f.
Convallatoxin n.   convallatoxine f.
Convertase f.   convertase f.
Cooleysche Anämie f.   anémie de Cooley f.
Coombs-Test m.   test de Coombs m.
Cooper-Fraktur f.   fracture de Cooper f.
Cor nervosum n.   neurose cardiaque f.

Cordektomie f. cordectomie f.
Cordotomie f. cordotomie f.
Corea Huntington f. chorée de Huntington f.
Corepressor m. corépresseur m.
Cornutin n. cornutine f.
coronar coronaire
Coronarinfarkt m. infarctus coronarien m.
Coronarsklerose f. sclérose coronarienne f.
Coronarthrombose f. thrombose coronarienne f.
Coronarverschluss m. oblitération coronarienne f.
Corpus callosum n. corps calleux m.
Corpus luteum n. corps jaune m.
Corpus-luteum-Hormon n. progestérone f.
Corpus striatum n. corps strié m.
Corrin n. corrine f.
Corrinoid n. corrinoïde m.
Cortexolon n. cortexolone f.
Cortexon n. cortexone f.
Corticoliberin n. corticolibérine f.
Corticosteroid n. corticoïde m., corticostéroïde m.
Corticosteron n. corticostérone f.
Corticotropin (ACTH) n. ACTH (hormone corticotrope) f., corticotrophine f.
Corticotropin-freisetzender Faktor m. CRF (corticotrophin-releasing factor) m.
Cortin n. cortine f.
Cortisches Organ n. organe de Corti m.
Cortisol n. cortisol m.
Cortison n. cortisone f.
Cortodoxon n. cortodoxone f.
Corynebakterie f. corynébactérie f.
Costa fluctuans f. côte flottante f.
Costen-Syndrom n. syndrome de Costen m.
Cosynthase f. cosynthase f.
Cotarnin n. cotarnine f.
Cotrimaxol n. cotrimaxole m.
Coulomb n. Coulomb m.
Coumarin n. coumarine f.
Coumaryl n. coumaryl f.
Courvoisier-Zeichen n. loi de Courvoisier f.
Couveuse f. couveuse f.
Cover denture m. cover denture f. (dent.)
COVID-19 (Coronavirus-Erkrankung 2019) f. COVID-19 m.
Cowperitis f. cowpérite f.
Cowpersche Drüse f. glande bulbo-urétrale de Méry f.
Coxa valga f. coxa valga f.
Coxa vara f. coxa vara f.
Coxiella f. Coxiella f.
Coxitis f. coxite f.
coxitisch coxitique

Coxsackievirus m. coxsackie virus m.
Cozymase f. cozymase f.
CPK (Creatininphosphokinase) f. CPK (créatininephosphokinase) f.
C-reaktives Protein n. protéine C réactive m.
Cramer-Schiene f. attelle de Cramer f.
Craniocorpographie f. craniocorpographie f.
Crataegin n. crataegine f.
Crataegus oxyacantha m. aubépine f.
Creatin n. créatine f.
Creatinin n. créatinine f.
Creatininkinase (CK) f. créatinine kinase (CK) f.
Creatinkinase f. créatine kinase f.
Crédéscher Handgriff m. méthode de Gibson-Crédé f.
Cremasterreflex m. réflexe crémastérien m.
Crepitatio f. crépitation f.
Crescendo n. crescendo m.
CREST-Syndrom n. CREST Syndrome m.
Creutzfeldt-Jakobsche Krankheit f. maladie de Kreutzfeldt-Jacob f.
CRF (Corticotropin-freisetzender Faktor) m. CRF (corticotropin releasing factor) m.
Cristobalit n. cristobalite f.
Cristothermographie f. cristothermographie f.
cristothermographisch cristothermographique
Crohnsche Krankheit f. maladie de Crohn f.
Cromesilat n. cromesilate f.
Cromoglykat n. cromoglycate m.
Croscarmellose f. croscarmellose f.
Crospovidon n. crospovidon m.
Crotonyl n. crotonyle m.
Croup m. croup m.
croupös croupal
Cruorgerinnsel n. caillot cruorique m.
Crush-Syndrom n. syndrome de Bywatter m.
Crustacea n. pl. crustacés m. pl.
Cryoglobulin n. cryoglobuline f.
Cryopräzipitat n. cryoprécipité m.
Cryotherapie f. cryothérapie f.
CT (Computertomographie) f. scanographie f.
Culdoskopie f. culdoscopie f.
Cumarin n. coumarine f.
Cunnilingus m. cunnilingus m.
Cuprein n. cupréine f.
Cuproxilin n. cuproxiline f.
Curarin n. curarine f.
Curarisierung f. curarisation f.
Curettage f. curettage f.
Curette f. curette f.

Curie n. Curie m.
Curium n. curium m.
Curschmannsche Spirale f. spirale de Curschmann m.
Cushingsche Krankheit f. maladie de Cushing f.
Cyanamid n. cyanamide m.
Cyanid n. cyanide m.
Cyanidin n. cyanidine f.
Cyanit n. cyanite m.
Cyanoacrylat n. cyanoacrylate m.
Cyanoformat n. cyanoformate m.
Cyanose f. cyanose f.
cyanotisch cyanotique
Cyclamat n. cyclamate m.
Cyclandelat n. cyclandélate m.
Cyclase f. cyclase f.
Cyclazocin n. cyclazocine f.
cyclisch cyclique
Cyclitis f. cyclite f.
Cyclizin n. cyclizine f.
Cyclobenzaprin n. cyclobenzaprine m.
Cyclodextrin n. cyclodextrine f.
Cyclodien n. cyclodiène m.
Cycloguanil n. cycloguanil m.
Cyclohexan n. cyclohexane m.
Cycloheximide n. cycloheximide m.
Cyclooxygenase f. cyclo-oxygénase f.
Cyclopenthiazid n. cyclopenthiazide m.
Cyclopentolat n. cyclopentolate m.
Cyclophosphamid n. cyclophosphamide m.
Cyclopropan n. cyclopropane m.
Cycloserin n. cyclosérine f.
Cyclosporin n. cyclosporine f.
Cyclothiazid n. cyclothiazide m.

Cyclotron n. cyclotron m.
Cynarin n. cynarine f.
Cypionat n. cypionate m.
Cyproheptadin n. cyproheptadine f.
Cyproteron n. cyprotérone f.
Cyproximid n. cyproximide m.
Cystadenom n. cystadénome m.
Cyste f. kyste m., vésicule f.
Cystenniere f. rein kystique m.
Cysticercosis f. cysticercose f.
cystisch cystique, kystique, vésiculeux
Cystitis f. cystite f.
cystitisch cystitique
Cystocele f. cystocèle f.
Cystom n. cystome m.
Cystoskop n. cystoscope m.
Cystoskopie f. cystoscopie f.
cystoskopisch cystoscopique
Cytarabin n. cytarabine f.
Cytase f. cytase f.
Cytidin n. cytidine f.
Cytidylat n. cytidylate m.
Cytochalasin n. cytochalasine f.
Cytochrom n. cytochrome m.
Cytochrom P450 n. cytochrome-P450 m.
Cytoglobin n. cytoglobine f.
Cytokin n. cytokine f.
Cytokinin n. cytokinine f.
Cytoplasma n. cytoplasme m.
Cytosin n. cytosine f.
Cytosin-Arabinosid n. cytosine-arabinoside f.
cytotoxisch cytotoxique
Cytotoxizität f. cytotoxicitée f.
C-Zelle f. cellule C f.

D

Dabigatran n. dabigatran m.
Dach des vierten Ventrikels n. toit du quatrième ventricule m.
Dachziegelverband m. bandage imbriqué m.
Daclizumab n. daclizumab m.
Dactinomycin n. dactinomycine f.
Dactylolysis f. dactylolysis f.
Dacuronium n. dacuronium m.
Daidzein n. daïdcéine f.
Dakarbazin n. dacarbazine f.
Dakinsche Lösung f. liqueur de Dakin m.
Dakryoadenitis f. dacryo-adénite f.
Dakryographie f. dacryographie f.
Dakryokanalikulitis f. dacryocanaliculite f.
Dakryozystektomie f. dacryocystectomie f.
Dakryozystitis f. dacryocystite f.
Dakryozystotomie f. dacryocystotomie f.
Daktyloskopie f. dactyloscopie f.
Dalfopristin n. dalfopristine f.
Dalteparin n. daltéparine f.
Dalton n. dalton m.
Damivudin n. damivudine f.
Damm (anatom.) m. périnée m.
Dammar n. dammar m.
Dämmerschlaf m. somnolence f.
Dämmerungssehen n. vision scotopique f.
Dämmerzustand m. état crépusculaire m.
Dammnaht f. suture du périnée f.
Dammplastik f. périnéoplastie f.
Dammschnitt m. épisiotomie f.
Dampf m. buée f., vapeur f.
Dampfbad n. bain de vapeur m.
Dämpfigkeit f. poussivité f. (vétér.)
Dampfsterilisation f. stérilisation à l'autoclave f.
Danaparoid n. danaparoid m.
Danazol n. danazol m.
Dane-Partikel f. particule de Dane f.
Danke für Ihr Verständnis merci de votre compréhension
Dantrolen n. dantrolène m.
Dantron n. dantrone m.
Dapson n. dapsone m.
Darbepoetin n. darbepoetine f.
Darm m. entrailles f. pl., intestin m.
Darmbein n. aile iliaque f., ilion m.
Darmbeinkamm m. crête iliaque f.
Darmblutung f. hémorragie intestinale f.
Darmfasszange f. pince dentée d'Asch f.
Darmgeräusch n. bruits intestinaux m. pl.
Darmgrimmen n. irritation intestinale f.
Darmklemme f. clamp intestinal m.
Darmkolik f. colique intestinale f.
Darmnaht f. entérorraphie f.
Darmreizung f. irritation intestinale f.
Darmrohr n. tube intestinal m.
Darmschere f. entérotome m.
Darmverschlingung f. torsion de l'intestin f.
Darreichung f. administration f.
Darreichungsform f. forme d'administration f.
Darstellung, bildliche f. expression graphique f., graphique m.
darunterliegend subjacent
Dasein n. existence f.
Daseinsanalyse f. ontoanalyse f.
Dasselfliege f. mouche du varron f.
Datei f. fichier m.
Datenbank f. fichier d'informations m.
Datenpiraterie f. piratage de données m.
Datenübertragung, elektronische f. télétransmission f.
Datenverarbeitung f. télétraitement m.
Dauer f. durée f.
Dauerausscheider m. porteur de germes chronique m.
Dauerbad n. bain permanent m.
Dauerbehandlung f. traitement à long terme m.
Dauerbelastung f. charge permanente f.
dauerhaft durable
Dauerheilung f. guérison définitive f.
Dauerkatheter m. sonde à demeure f.
Dauerprothese f. prothèse définitive f.
Dauerschaden m. détérioration permanente f.
Dauerschmerz m. douleur permanente f.
Dauerspülkatheter m. sonde d'irrigation à demeure f.
Dauertropfinfusion, intravenöse f. perfusion intraveineuse continue f.
Daumen m. pouce m.
Daumenballen m. éminence thénar m.
Daumenlutscher m. sujet qui suce son pouce m.
Daunomycin n. daunomycine f.
Dazadrol n. dazadrol m.
Dazilamin n. dazilamine f.
Dazolicin n. dazolicine f.
Deafferentierung f. désafférence f.
Deazetyl n. déacétyle m.
Deazetylase f. déacétylase f.
Deboxamet n. déboxamet m.
Debrisochin n. débrisoquine f.

Decanoat n. décanoate m.
Decidua f. caduque f.
Decidua basalis f. caduque utéro-placentaire f.
Decidua capsularis f. caduque foetale f.
Decidua graviditis f. caduque gravidique f.
Decidua marginalis f. caduque marginale f.
Decidua menstruationis f. caduque menstruelle f.
Decidua parietalis f. caduque pariétale f.
decidual caduque
Decimemid n. décimémide m.
Decitropin n. décitropine f.
Deckbiss m. occlusion attritionnelle f. (dent.)
Decke f. couverture f.
Deckel n. couvercle m.
decken couvrir
Deckglas n. couvre-objet m., lamelle f.
Deckglaspinzette f. pince de Cornet f.
Deckprothese f. prothèse de couverture f.
Deckzellenepitheliom n. épithélioma squameux m.
Decloxizin n. décloxicine f.
Decominol n. décominol m.
Decrescendo n. decrescendo m.
Dectaflur n. dectaflur m.
Deditonium n. déditonium m.
Defäkation f. défécation f.
defäkieren évacuer les selles
Defensin n. défensine f.
defensiv défensif
Defensor m. défenseur m.
Deferentitis f. déférentite f.
Deferoxamin n. déféroxamine f.
Deferveszenz f. défervescence f.
Defibrillation f. défibrillation f.
Defibrillator m. défibrillateur m.
defibrillieren défibriller
Defibrillierung f. défibrillation f.
Defibrination f. défibrination f.
Defibrotid n. défibrotide m.
Definition f. définition f.
Defizit n. déficit m.
Deflazacort n. déflazacort m.
Deflexion f. déflexion f.
Defloration f. défloration f.
Deformität f. difformité f.
Defosfamid n. défosfamide m.
defribinieren défibriner
Degeneration f. dégénérescence f.
degenerativ dégénératif
degenerieren dégénérer
Deglobulinisierung f. déglobulinisation f.
Deglykosylierung f. déglycosylation f.
degradieren dégrader

Degradierung f. dégradation f.
Degranulation f. dégranulation f.
Degranulator m. dégranulateur m.
degranulieren dégranuler
Dehiszenz f. déhiscence f.
Dehnbarkeit f. extensibilité f.
dehnen distendre, étendre
Dehnschraube f. vis d'extension f.
Dehnung f. élargissement m., extension f.
Dehnungsbogen m. arc d'extension f. (dent.)
Dehnungsfraktur f. fracture par hyperextension f.
Dehnungsreflex m. réflexe de dilatation m.
Dehnungsrezeptor m. récepteur de l'étirement m.
Dehnungschraube f. jackscrew m. (dent.)
Dehnzange f. pince d'alaisage f.
Dehydrase f. déhydrase f., déhydrogénase m.
dehydrierter Alkohol m. alcool déshydraté m.
Dehydrierung déshydrogénation f.
Dehydrocholat n. déhydrocholate m.
Dehydroemetin m. déhydroémétine f.
Dehydroepiandrosteron (DHEA) n. DHEA f.
Dehydroepiandrosteron (DHA) n. déhydroépiandrostérone f.
Dehydrogenase f. déhydrogénase f.
Dehydrokortikosteron n. déhydrocorticostérone f.
Dehydropeptidase f. déhydropeptidase f.
Dehydrostilböstrol f. déhydrostilboestrol m.
Dehydroxylierung f. déhydroxylation f.
Deitersscher Kern m. noyau de Deiters m.
déjà vu déjà vu
Déjérine-Zeichen n. signe de Déjérine m.
Deiodase f. déiodase f.
Dejodinase f. déiodinase f.
Dekamethonium n. décaméthonium m.
Dekan m. doyen m.
dekantieren décanter
Dekantierung f. décantation f.
Dekapeptid n. décapeptide m.
Dekapeptyl n. décapeptyl m.
Dekapitation f. décapitation f.
Dekapsulation f. décapsulation f., décortication f.
dekapsulieren décapsuler
Dekarboxylase f. décarboxylase f.
dekarboxylieren décarboxyler
Dekarboxylierung f. décarboxylation f.
Deklinierung f. déclinaison f.
Dekompensation f. décompensation f., insuffisance f.
dekompensieren décompenser

Dekomplementierung f. décomplémentation f.
Dekompression f. décompression f.
dekomprimieren décomprimer
Dekontamination f. décontamination f.
dekontaminieren décontaminer
Dekortikation f. décortication f.
Dekrudeszenz f. décroissance f.
Dekubitalgeschwür n. escarre f., escarre de décubitus f.
Dekubitus m. décubitus (attitude de) m.
Delanteron n. délantérone f.
Delavirdin n. délavirdine f.
Delergotril n. délergotrile m.
deletär délétère
Deletion f. délétion f.
delirant délirant
Delirium n. délire m.
Delirium tremens n. délirium tremens m.
Delle f. fossette f.
Dellwarze f. molluscum contagiosum m.
Délormesche Operation f. opération de Délorme f.
Delprostenat n. delprosténate m.
Deltawelle f. onde delta f.
Demand-Schrittmacher m. stimulateur cardiaque à la demande m.
Demarkation f. démarcation f.
Demarkationslinie f. ligne de démarcation f.
Demecarium n. démécarium m.
Demeclocyclin n. déméclocycline f.
Demecolein n. démécoléine f.
Demecyclin n. démécycline f.
dement dément
demente Person f. dément(e) m./(f.)
Dementia paralytica f. paralysie générale de Bayle f.
dementiell démentiel
Demenz f. démence f.
Demetasin n. démétasine f.
Demethylation f. déméthylation f.
Demethylchlortetrazyklin n. déméthylchlortétracycline f.
demethylieren déméthyler
Demethylierung f. déméthylation f.
Demethylimipramin n. déméthylimipramine f.
Demexiptilin n. démexiptiline f.
Demineralisation f. déminéralisation f.
Democonazol n. démoconazole m.
Demodexausschlag m. dermite à Demodex folliculorum f.
Demodulation f. démodulation f.
demodulieren démoduler
Demonstration f. démonstration f.
demonstrativ démonstratif
demonstrieren démontrer
Demoxepam n. démoxépam m.
Demoxytocin n. démoxytocine f.
Denatonium n. dénatonium m.
denaturieren dénaturer
Denaturierung f. dénaturation f.
Denaverin n. dénavérine f.
Dendrit m. dendrite f.
Denervierung f. dénervation f.
Dengue f. dengue f., fièvre rouge f.
Dengue-Fieber f. fièvre Dengue f.
Denken n. pensée f.
Denpidazon n. denpidazone f.
Densiographie f. densigraphie f.
Densiometrie f. densimétrie f.
Densitometer n. densitomètre m.
Densitometrie f. densitométrie f.
densitometrisch densitométrique
dental dentaire, dental
Dentalartikel m. article dentaire m.
Dentaldepot n. dépôt dentaire m.
Dentalfilm m. radiopellicule dentaire f.
Dentalgie f. douleur dentaire f.
dentatorubral dentatorubral
Dentimeter n. dentimètre m.
Dentin n. dentine f., ivoire m.
Dentinbildung f. dentinogenèse f.
Dentinitis f. dentinite f.
Dentinoblast m. dentinoblaste m.
Dentinoblastom n. dentinoblastome m.
Dentinom n. dentinome m.
dentinozemental dentinocémentaire
Dentist m. dentiste m.
Dentistin f. dentiste m.
dentoalveolär alvéolodentaire
dentobukkal buccodentaire
dentofazial dentofacial
dentogen odontogène
dentogingival dentogingival
dentolabial labiodentaire
dentozemental dentocémentaire
Denudation f. dénudation f.
Denys-Drach-Syndrom n. syndrome de Denys-Drach m.
Deoxyglucose f. désoxyglucose m.
Deoxypyridoxin n. déoxypyridoxine f.
Depersonalisation f. dépersonnalisation f.
Depersonalisationssyndrom n. syndrome de dépersonnalisation m.
Dephosphamid n. déphosphamide m.
Dephosphorylation f. déphosphorylation f.
dephosphorylieren déphosphoryler
Dephosphorylierung f. déphosphorylation f.
depigmentieren dépigmenter

Depigmentierung

Depigmentierung f. dépigmentation f.
Depletion f. déplétion f.
Depolarisation f. dépolarisation f.
depolarisieren dépolariser
Depolymerase f. dépolymérase f.
depolymerisieren dépolymériser
Depolymerisierung f. dépolymérisation f.
Depot n. dépôt m.
Depotform eines Arzneimittels f. forme retard d'un médicament f.
Depotinsulin n. insuline retard f.
Depotpenicillin n. penicilline retard f.
Depramin n. dépramine f.
Depression f. dépression f.
Depression, reaktive f. dépression réactionnelle f.
depressiv dépressif
Deprodon n. déprodon f.
Deprostil n. déprostil m.
Deptropin n. déptropine f.
Depyridinierung f. dépyrinisation f.
Dequalinium n. déqualinium m.
Dercumsche Krankheit f. maladie de Dercum f.
Dereismus m. déréisme m.
Derepression f. dérépression f.
Derivat n. dérivé m.
Dermatan n. dermatane m.
Dermatitis f. dermatite f.
Dermatitis actinica f. dermatite actinique f.
Dermatitis exfoliativa f. dermatite exfoliative f.
Dermatitis herpetiformis f. dermatite herpétiforme f.
dermatitisch dermatitique
Dermatoautoplastie f. dermatoautoplastie f.
Dermatofibrom n. dermatofibrome m.
Dermatofibrosarkom n. dermatofibrosarcome m.
Dermatologe m. dermatologue m.
Dermatologie f. dermatologie f.
Dermatologin f. dermatologue f.
dermatologisch dermatologique
Dermatolyse f. dermatolyse f.
Dermatom n. dermatome m.
Dermatomanie f. dermatomanie f.
Dermatomykose f. dermatomycose f.
Dermatomyositis f. dermatomyosite f.
Dermatophiliasis f. streptotrichose f.
Dermatophobie f. dermatophobie f.
Dermatophyt m. dermatophyte m.
Dermatophytie f. dermatophytose f., teigne f.
Dermatose f. dermatose f.
Dermatosklerose f. dermatosclérose f.
Dermatoskopie f. dermatoscopie f.

dermatotrop dermatotrope
Dermatozoenwahn m. névrose d'infestation f.
dermochondrokorneal dermochondrocornéen
Dermographismus m. dermographisme m.
Dermoidzyste f. kyste dermoïde m.
Dermolipektomie f. dermolipectomie f.
Dermolipoklerose f. dermoliposclérose f.
desalanieren désalaniser
Desamidase f. désamidase f.
Desamidierung f. désamidation f.
Desaminase f. désaminase f.
Desaminierung f. désamination f.
Desandrogenisierung f. désandrogénisation f.
Desaturase f. désaturase f.
Desault-Verband m. bandage de Desault m.
Desazetyl n. désacétyle m.
Desazetylase f. désacétylase f.
Desazylase f. désacylase f.
Descemetitis f. descémétite f., kératite ponctuée f.
Descemetsche Membran f. membrane (lame élastique postérieure) de Descemet f.
Descensus testis m. migration testiculaire f.
Deschamps-Nadel f. passe-fil de Deschamps m.
Descinolon n. descinolone f.
desensibilisieren désensibiliser
Desensibilisierung f. désensibilisation f.
Deserpidin n. déserpidine f.
Desethyloxybutidin n. desethyloxybutidine f.
Desferrioxamin n. desferrioxamine f.
Desfluran n. desflurane m.
Desglugastrin n. desglugastrine f.
Desinfektion f. désinfection f.
Desinfektionsmittel n. désinfectant m.
desinfizieren désinfecter
desinfizieren von Klingeln désinfecter les sonnettes
desinfizieren von Schaltern und Tasten désinfecter les boutons
desinfizieren von Schreibstiften désinfecter les stylos
desinfizieren von Sitzflächen désinfecter les sièges
desinfizierend désinfectant
Desinsertion f. désinsertion f.
Desintegration f. désintégration f.
Desipramin n. désipramine f.
Desirudin n. désirudine f.
Deslanosid n. deslanoside m.
Desloratadin n. desloratadine f.

Desmodont m.   desmodonte m.
desmodontal   desmodontal
Desmolase f.   desmolase f.
Desmologie f.   desmologie f.
Desmoplakin n.   desmoplakine f.
desmoplastisch   desmoplastique
Desmopressin n.   desmopressine f.
Desmosom n.   desmosome m.
Desmoteplase f.   desmotéplase f.
Desmozyt m.   desmocyte m.
Desobliteration f.   désoblitération f.
desodorieren   déodoriser
desodorierend   déodorant
desodorierendes Mittel n.   déodorant m.
Desodorierung f.   déodorisation f.
Desogestrel n.   désogestrel m.
Desomorphin n.   désomorphine f.
Desonid n.   désonide m.
Desorganisation f.   désorganisation f.
desorientiert   désorienté
Desorientierung f.   désorientation f.
Desorption f.   désorption f.
Desoxycholat n.   désoxycholate m.
Desoxydation f.   désoxydation f.
desoxydieren   désoxyder
Desoxyglukose f.   désoxyglucose m.
Desoxykortikosteron n.   désoxycorticostérone f.
Desoxypyridoxin n.   désoxypyridoxine f.
Desoxyribonuklease f.   désoxyribonucléase f.
Desoxyribonukleotid n.   désoxyribonucléotide m.
Desoxyribose f.   désoxyribose m.
Desoxyribosid n.   désoxyriboside m.
Desoxystreptamin n.   désoxystreptamine f.
Desoxyuridin n.   désoxyuridine f.
Despezifizierung f.   despécification f.
Despiralisierung f.   déspiralisation f.
Desquamation f.   desquamation f.
desquamativ   desquamatif
Destillat n.   distillat m.
Destillierapparat m.   appareil à distiller m.
destillieren   distiller
Destruktor m.   destructeur m.
Desynchronisation f.   désynchronisation f.
deszendierend   descendant
Deterenol n.   détérénol m.
Detergens n.   détersif m.
Detergentien n. pl.   détersifs m. pl.
Determann-Syndrom n.   syndrome de Determann m.
Determinante f.   déterminant m.
Detorubicin n.   détorubicine f.
Detralfat n.   détralfate m.
Detritus m.   détritus m.

Deuteranopie f.   deutéranopie f.
Deuterium n.   deutérium m.
Deuteron n.   deutéron m.
devaskularisieren   dévasculariser
Deviation f.   déviation f.
devitalisieren   dévitaliser
Devitalisierung f.   dévitalisation f.
Dexamethason n.   dexaméthasone f.
Dexamisol n.   dexamisole m.
Dexbrompheniramin n.   dexbromphéniramine f.
Dexibuprofen n.   dexibuprofène m.
Dexivacain n.   dexivacaïne f.
Dexketoprofen n.   dexcétoprofène m.
Dexoxadrol n.   dexoxadrol m.
Dexpanthenol n.   dexpanthénol m.
Dexpropanolol n.   dexpropanolol m.
Dextilidin n.   dextilidine f.
Dextran n.   dextran m.
Dextranomer n.   dextranomère m.
Dextrin n.   dextrine f.
Dextroamphetamin n.   dextroamphétamine f.
Dextrofemin n.   dextrofémine f.
Dextrokardie f.   dextrocardie f.
Dextrokardiographie f.   dextrokardiographie f.
Dextromethorphan n.   dextrométhorphane m.
Dextromoramid n.   dextromoramide m.
dextroponiert   en dextroposition
Dextroposition f.   dextroposition f.
Dextropropoxyphen n.   dextropropoxyphène m.
Dextrorphan n.   dextrorphane m.
Dextrose f.   dextrose m.
Dextrose-Agar m.   agar-dextrose m.
Dextrothyroxin n.   dextrothyroxine f.
Dextroversion f.   dextroversion f.
dextrovertiert   en dextroversion
Dezibel n.   décibel m.
Dezidua f.   caduque f.
dezidual   décidual
Deziliter m.   décilitre m.
Dezimeter n.   décimètre m.
DHA (Dehydroepiandrosteron) n.   DHA (déshydroépiandrostérone) f.
Diabetes insipidus m.   diabète insipide m.
Diabetes mellitus m.   diabète sucré m.
Diabetes, Phosphat- m.   diabète rénal des phosphates m.
Diabetes renalis m.   diabète rénal m.
Diabetes, einen D. einstellen   stabiliser un diabète

Diabetes

Diabetes, Einstellung eines f. stabilisation d'un diabète f.
Diabetiker m. diabétique m.
Diabetikerin f. diabétique f.
diabetisch diabétique
diabetogen diabétogène
Diabetologe m., Diabetologin f. diabétologue m./f.
Diabetologie f. diabétologie f.
Diacetamat n. diacétamate m.
Diacetolol n. diacétolol m.
Diacyl n. diacyle m.
Diadochokinese f. diadococinésie f.
Diagnose f. diagnostic m.
Diagnose, endgültige f. diagnostic définitif m.
Diagnose, vorläufige f. diagnostic provisoire m.
Diagnostik f. art du diagnostic m.
Diagnostiker m. médecin qui diagnostique m.
Diagnostikerin f. médecin qui diagnostique m.
Diagnostikum n. diagnostic m.
diagnostisch diagnostique
diagnostizieren diagnostiquer
diagonal diagonal
Diagramm n. diagramme m.
Diakinese f. diacinèse f., diakinèse f.
diakoptisch diacoptique
diakrin n. diacrine f.
Dialdehyd m. dialdéhyde f.
Diallyl n. diallyle m.
Dialysat n. produit dialysé m.
Dialysator m. dialyseur m.
Dialyse f. dialyse f.
Dialysestation f. service de dialyse m.
dialysieren dialyser
Diamantbohrer m. foret diamanté m.
Diamid n. diamide m.
Diamidin n. diamidine f.
Diamidomonoester m. diamidomonoester m.
Diamin n. diamine f.
Diaminobenzidin n. diaminobenzidine f.
Diaminodiphosphatid n. diaminodiphosphatide m.
Diaminomonophosphatid n. diaminomonophosphatide m.
Diaminozyklohexan n. diaminocyclohexane m.
Diamocain n. diamocaïne f.
Diamotphin n. diamorphine f.
Diampromid n. diampromide m.
Dianhydrogalaktikol n. dianhydrogalacticol m.
Dianisidin n. dianisidine f.
Dianisyl n. dianisyl m.
Diapedese f. diapédèse f.
Diaphanoskopie f. diaphanoscopie f.
Diaphorase f. diaphorase f.
Diaphorese f. diaphorèse f., transpiration m.
Diaphoretikum n. diaphorétique m., sudorifique m.
diaphoretisch diaphorétique
diaphragmatisch diaphragmatique
diaphysär diaphysaire
Diaphyse f. diaphyse f.
diaplazentar diaplacentaire
Diaquoferrat n. diaquoferrate m.
Diarginyl n. diarginyl m.
Diarrhö f. diarrhée f.
Diarrhose f. maladie diarrhéique f.
Diaskopie f. diascopie f.
Diastase (anatom.) f. diastasis m.
Diastase (enzymol.) f. amylase f.
Diastema n. diastème m.
diastereoisomer diastéréo-isomérique
Diastereoisomer n. diastéréo-isomère m.
Diastereoisomerie f. diastéréo-isomérie f.
Diastole f. diastole f.
diastolisch diastolique
Diät f. diète f., régime m.
Diät, eiweißarme f. régime hypoprotidique m.
Diät, eiweißreiche f. régime hyperprotéiné m.
Diät, glutenarme f. régime pauvre en gluten m.
Diät, glutenfreie f. régime sans gluten m.
Diät, kalziumreiche f. régime hypercalcique m.
Diät, ketogene f. régime cétogène m.
Diät, paläolithische f. régime paléolithique m.
Diät, vegetarische f. régime végétarien m.
Diät, vitaminreiche f. régime hypervitaminé m.
Diätbehandlung f. traitement diététique m.
Diätetik f. diététique f.
Diätetiker m. diététicien m.
Diätetikerin f. diététicienne f.
diätetisch diététique
Diätfehler m. faute de régime f.
Diathermie f. diathermie f.
Diathese f. diathèse f.
diathetisch diathétique
Diätküche f. cuisine de régime f.
Diatrizoat n. diatrizoate m.

Diätschema n. plan de régime m.
Diaveridin n. diavéridine f.
Diazepam n. diazépam m.
Diazepin n. diazépine f.
Diazepoxid n. diazépoxide m.
Diazetamat n. diacétamate m.
Diazetat n. diacétate m.
Diazethylmorphin n. diacétylmorphine f.
Diazetolol n. diacétolol m.
Diazetyl n. diacétyle m.
Diazin n. diazine f.
Diazoreaktion f. diazoréaction f.
diazotieren diazoter
Diazoverbindung f. diazocomposé m.
Diazoxid n. diazoxide m.
Diazyl n. diacyle m.
Dibemethin n. dibéméthine f.
Dibenamin n. dibénamine f.
Dibenzanthracen n. dibenzanthracéne m.
Dibenzazepin n. dibenzazépine f.
Dibenzodiazepin n. dibenzodiazépine f.
Dibenzodioxin n. dibenzodioxine f.
Dibenzoxazepin n. dibenzoxazépine f.
Dibromchlorpropan n. dibromochloropropane m.
Dibromid n. dibromure m.
Dibrompropamidin n. dibrompropamidine f.
Dibromsalan n. dibromsalan m.
Dibudinat n. dibudinate m.
Dibutyl n. dibutyle m.
Dibutyryladenosinmonophosphat n. monophosphate de dibutyryladénosine m.
Dicalutamid n. dicalutamide f.
Dichloramin n. dichloramine f.
Dichloräthan n. dichloréthane m.
Dichloracetat n. dichloracétate m.
Dichlorbenzol n. dichlorbenzène m.
Dichlorid n. dichlorure m.
Dichlorisoprenalin n. dichlorisoprénaline f.
Dichlorisopropylkarbonat n. dichlorisopropylcarbonate m.
Dichlorphenamid n. dichlorphénamide m.
Dichotomie f. dichotomie f.
Dichroismus m. dichromasie f.
dichromatisch dichromatique
Dichromatopsie f. dichromatopsie f.
dicht dense
Dichte f. densité f.
Dichtegradientelektrophorese f. électrophorèse de gradient de densité f.
Dichtung (techn.) f. joint m.
Diciferron n. diciferrone f.
Dick-Test m. réaction de Dick f.
Dickdarm m. côlon m., gros intestin m.
Dickdarmkrebs m. cancer du colon m.
Dickdarmscheide f. colpoplastie colique f.
Dickdarmwand f. paroi colique f.
dickleibig corpulent
Diclofenac n. diclofénac m.
Diclofensin n. diclofensine f.
Diclofurim n. diclofurime m.
Diclometid n. diclométide m.
Diclonixin n. diclonixine f.
Diclophenamid n. diclophénamide m.
Dicloxacillin n. dicloxacilline f.
Dicumarin n. dicoumarine f.
Dicumarol n. dicoumarol m.
Dicyandiamid n. dicyandiamide m.
Dicycloverin n. dicyclovérine f.
didaktisch didactique
Didrovaldrat n. didrovaldrate m.
Dieldrin n. dieldrine f.
dielektrisch diélectrique
Dielektrizitätskonstante f. constante diélectrique f.
Dien n. diène m.
Dienestrol n. diénoestrol m.
diensttuender Arzt m. médecin de service m.
dienzephal diencéphalique
Diester m. diester m.
Diesterase f. diestérase f.
Diethazin n. diéthazine f.
Diethyl n. diéthyle m.
Diethylamid n. diéthylamide m.
Diethylenglykol n. diéthylèneglycol m.
Diethylkarbamazin n. diéthylcarbamazine f.
Diethylpropionat n. diéthylpropionate m.
Diethylstilböstrol n. diéthylstilboestrol m.
Dietroxin n. diéthadione f.
Dieudonné-Agar m. agar de Dieudonné m.
Difenoxin n. difénoxine f.
different différent
differential différentiel
Differentialdiagnose (DD) f. diagnostic différentiel m.
Differenz f. différence f.
differenzieren différencier
Differenzierung f. différenciation f.
Diffraktion f. diffraction f.
Diffraktometrie f. diffractométrie f.
diffundieren diffuser
diffus diffus
Diffusion f. diffusion f.
Diffusionskammer f. chambre de diffusion f.
Diffusionskapazität f. capacité de diffusion f.
Diflorason n. diflorasone f.
Difluanazin n. difluanazine f.

Difluprednat n. difluprednate m.
digestiv digestif
Digestivum n. digestif m.
Diginatigenin n. diginatigénine f.
Digipurpidase f. digipurpidase f.
digital digital
Digitalanzeige f. affichage numérique m.
digitale Subtraktionsangiographie (DAS) f. soustractionangiographie digitale f.
Digitalin n. digitaline f.
Digitalis n. digitale f.
digitalisieren digitaliser
Digitalisierung f. digitalisation f.
Digitaloid n. cardiotonique accessoire m.
Digitalose f. digitalisme m.
Digitogenin n. digitogénine f.
Digitonin n. digitonine f.
Digitoxigenin n. digitoxigénine f.
Digitoxin n. digitaline f.
Digitoxose f. digitoxose m.
Diglukonat n. digluconate m.
Diglukosid n. diglucoside m.
Diglykol n. diglycol m.
Dignität f. dignité f.
Digoxigenin n. digoxigénine f.
Digoxin n. digoxine f.
Diguanidin n. diguanidine f.
Dihexose n. dihexose m.
Dihexosidase f. dihexosidase f.
Dihexyverin n. dihexyvérine f.
Dihydralazin n. dihydralazine f.
Dihydrat n. dihydrate m.
Dihydroalprenol n. dihydroalprénol m.
Dihydrochlorid n. dihydrochloride m.
Dihydrocodein n. dihydrocodéine f.
Dihydrocodeinon n. dihydrocodéinone f.
Dihydrodigoxin n. dihydrodigoxine f.
Dihydroergocryptin n. dihydroergocryptine f.
Dihydroergotamin n. dihydroergotamine f.
Dihydrofolat n. dihydrofolate m.
Dihydrophenylalanin n. dihydrophénylalanine f.
Dihydropyridin n. dihydropyridine f.
Dihydrostreptomycin n. dihydrostreptomycine f.
Dihydrotachysterin n. dihydrotachystérol m.
Dihydrotestosteron n. dihydrotestostérone f.
Dihydroxycholcalciferol n. dihydroxycholcalciférol m.
Diimid n. diimide m.
Diisobutylphthalat n. diisobutylphthalte m.
Diisopropylphenol n. diisopropylphénol m.
Diisozyanat n. diisocyanate m.
Dijodid n. diiodide m.
Dijodthyronin n. diiodothyronine f.
Dijodthyrosin n. diiodothyrosine f.
Dikarbamat n. dicarbamate m.
dikrot dicrote
Dikrotie f. dicrotisme m.
Dikrozöliose f. dicrocéliase f.
diktieren dicter
Diktiergerät n. dictaphone f.
Dikumarin n. dicoumarine f.
Dikumarol n. dicoumarol m.
Dilatation f. dilatation f.
dilatativ dilatant, dilatateur
Dilatator m. dilatateur m.
dilatieren dilater
Dilaurat n. dilaurate m.
Dilazep n. dilazep m.
Diloxanid n. diloxanide m.
Diltiazem n. diltiazem m.
Dimalcat n. dimalcate m.
Dimenhydrinat n. dimenhydrinate m.
Dimension f. dimension f.
dimer dimère
Dimercaprol n. dimercaprol m.
Dimerisat n. dimérisate m.
Dimérisation f. dimérisation f.
Dimesna f. dimesna f.
Dimethoxyamphetamin n. diméthoxyamphétamine f.
Dimethylamin n. diméthylamine f.
Dimethylaminoazobenzol n. diméthylaminoazobenzène m.
Dimethylaminophenazon n. aminopyrine f.
Dimethylaminophenol n. diméthylaminophénol m.
Dimethylarginin n. diméthylarginine f.
Dimethylbiguanid n. diméthylbiguanide m.
Dimethyldithiokarbamat n. diméthyldithiocarbamate m.
Dimethylguanidin n. diméthylguanidine f.
Dimethylnitrosamin n. diméthylnitrosamine f.
Dimethylsulfoxid n. diméthylsulfoxide m.
Dimethyltriazen n. diméthyltriazène m.
Dimethylzystein n. diméthylcystéine f.
dimorph dimorphe
Dimorphismus m. dimorphisme m.
Dinatriumsalz n. sel disodique m.
Dinikotinat n. dinicotinate m.
Dinitrat n. dinitrate m.
Dinitrobenzol n. dinitrobenzène m.
Dinitrofluorbenzol n. fluorodinitrobenzène m.
Dinitrokresol n. dinitrocrésol m.
Dinitrophenol n. dinitrophénol m.
Dinitrotoluol n. dinitrotoluène m.

Dinoproston n. dinoprostone f.
Dinukleotid n. dinucléotide m.
Dinukleotidase f. dinucléotidase f.
Dioctyl n. dioctyle m.
Diode f. diode f.
Diodon n. diodone f.
Diol n. diol m.
Dioleat n. dioléate m.
Dion n. dione f.
Dioptrie f. dioptrie f.
diotisch binauriculaire
Dioxadrol n. dioxadrol m.
Dioxamat n. dioxamate m.
Dioxan n. dioxane f.
Dioxanon n. dioxanone f.
Dioxin n. dioxine f.
Dioxyd n. dioxyde m.
Dioxygenase f. dioxygénase f.
Dipantoylferrat n. dipantoylferrate m.
Dipeptid n. dipeptide m.
Dipeptidase f. dipeptidase f.
diphasisch diphasique
Diphenhydramin n. diphénydramine f.
Diphenicillin n. diphénicilline f.
Diphenoxylat n. diphénoxylate m.
Diphenyl n. diphényle m.
Diphenylamin n. diphénylamine f.
Diphenylhydantoin n. diphénylhydantoïne f.
Diphenylmethan n. diphénylméthane m.
Diphosphat n. diphosphate m.
Diphosphatase f. diphosphatase f.
Diphosphoglyzerat n. diphosphoglycérate m.
Diphosphoglyzeromutase f. diphosphoglycéromutase f.
Diphosphonat n. diphosphonate m.
Diphosphonukleosid n. diphosphonucléoside m.
Diphosphoramidat n. diphosphoramidate m.
Diphosphorodithioat n. diphosphorodithioate m.
Diphoxazid n. diphoxazide m.
Diphtherie f. diphtérie f.
Diphtherieantitoxin n. antitoxine diphtérique f.
Diphtheriebazillus m. bacille diphtérique m., Corynebacterium diphteriae m.
diphtherisch diphtérique
diphtheroid diphtéroïde
Dipikrylamin n. dipicrylamine f.
Dipipanon n. dipipanone f.
Dipiproverin n. dipiprovérine f.
Dipivalylepinephrin n. dipivalylepinéphrine f.

Diplakusis f. diplacousie f.
Diplegie f. diplégie f.
diplegisch diplégique
Diplobazillus m. diplobacille m.
Diploe f. diploé f.
diploid diploïde
Diplokokkus m. diplococcus m., diplocoque m.
Diplokokkus Morax-Axenfeld m. bacille de Morax et Axenfeld m., Moraxella lacunata f.
Diplophonie f. diplophonie f.
Diplopie f. diplopie f.
dipolar dipolaire
Diponium n. diponium m.
Diprenorphin n. diprénorphine f.
Diprobutin n. diprobutine f.
Diprophyllin n. diprophylline f.
Dipropionat n. dipropionate m.
Diprotrizoat n. diprotrizoate m.
Diproxadol n. diproxadol m.
Dipsomanie f. dipsomanie f.
Dipyridamol n. dipyridamole f.
Dipyron n. dipyrone f.
direkt direct
direkt reagierendes Bilirubin n. bilirubine directe f.
Dirithromycin f. dirithromycine f.
Disaccharid n. disaccharide m.
Disaccharidase f. disaccharidase f.
Discoiden n. discoïdène m.
Disjunktion f. disjonction f.
diskal discal
Disklination f. disclination f.
Diskographie f. discographie f.
diskordant discordant
Diskordanz f. discordance f.
Diskrepanz f. divergence f.
diskret discret
Diskussion f. discussion f.
Dislokation f. dislocation f.
Dismutase f. dismutase f.
Disobutamid n. disobutamide m.
Disopyramid n. disopyramide m.
Dispensarium n. dispensaire m.
dispensieren dispenser
dispers dispersé
Dispersion f. dispersion f.
Disposition f. disposition f.
Disproportion f. disproportion f.
disproportional disproportionnel
Dissektion f. dissection f.
disseminiert disséminé
Disseminierung f. dissémination f.
Dissertation f. dissertation f.
Dissescher Raum m. espace de Disse m.

Dissimilation f. dissimilation f.
dissimilieren dissimiler
Dissoziation f. dissociation f.
dissoziative Identitätstörung f. trouble dissociatif de l'identité m.
dissoziieren dissocier
distal distal
Distalbiss m. distocclusion f.
Distalfeder f. ressort distal m.
Distalneigung f. inclinaison distale f.
distalwärts en direction distale
Distanz f. distance f.
Distanzunterricht m. téléenseignement m.
Distigmin n. distigmine f.
distoangulär distoangulaire
distobukkal distobuccal
distobukkookklusal distobuccooclusal
distobukkopulpal distobuccopulpaire
Distokklusion f. distocclusion f.
distolabial distolabial
distolingual distolingual
Distomer n. distomère m.
Distomiasis f. distomatose f.
distomolar distomolaire
Distomum haematobium n. Schistosoma haematobium m.
Distomum hepaticum n. Fasciola hepatica f.
Distomum pulmonale n. Paragonimus westermani m.
Distorsion f. distorsion f.
Distoversion f. distoversion f.
Distraktion f. distraction f.
Disulergin n. disulergine f.
Disulfat n. disulfate m.
Disulfid n. disulfure m.
Diszission f. clivage m.
Ditazepat n. ditazépate m.
Diterpen n. diterpène m.
Dithiokarbamat n. dithiocarbamate m.
Dithiokarbamoylhydrazin n. dithiocarbamoylhydrazine f.
Dithiokarbonat n. dithiocarbonate m.
Dithiol n. dithiol m.
Dithionat n. dithionate m.
Dithizon n. dithizone f.
Dithranol n. dithranol m.
Dithymol n. dithymol m.
Ditolamid n. ditolamide m.
Dittrichscher Pfropf m. bouchon de Dittrich m.
Diurese f. diurèse f.
Diuretikum n. diurétique m.
diuretisch diurétique
divergent divergent
Divergenz f. divergence f.

Diversion f. diversion f.
Divertikel n. diverticule m.
Divertikulektomie f. diverticulectomie f.
Divertikulitis f. diverticulite f.
Divertikulose f. diverticulose f.
Dixanthogen n. dixanthogène m.
Dizyandiamid n. dicyandiamide m.
dizygot dizygote
Dizyklovetin n. dicyclomine f.
DL (dosis letalis) f. DL (dose létale) f.
DMSO (Dimethylsulfioxid) n. diméthylsulfioxide m.
DNS (Desoxyribonukleinsäure) f. ADN (acide désoyxyribonucléique) m.
Dobesilat n. dobésilate m.
Dobutamin n. dobutamine f.
DOAK (direktes orales Antikoagulans n.) AOD (anticoagulant oraux direct) m.
DOC (Desoxycorticosteron) n. DOC (désoxycorticostérone) f.
DOCA (Desoxycorticosteronazetat) n. DOCti (désoxycortone) f.
Docetaxel n. docétaxel m.
Docetrizoat n. docétrizoate m.
Doconazol n. doconazole m.
Döderleinscher Bazillus m. bacille de Doederlein m.
Dodezyl n. dodécyl m.
Dofamium n. dofamium m.
Dogma n. dogme m.
dogmatisch dogmatique
Dokumentation f. documentation f.
Dolasetron n. dolasétrone f.
Döhlesches Einschlusskörperchen n. corps de Doehle m.
Doktor m. docteur m.
Doktorat n. doctorat m.
Doktrin n. doctrine f.
Dokument n. document m.
Dold-Test m. test de Dold m.
Dolichomelie f. dolichomélie f.
Dolichostenomelie f. dolichosténomélie f.
dolichozephal dolichocéphale
Dolichozephalie f. dolichocéphalie f.
dominant dominant
Dominanz f. dominance f.
Domiphen n. domiphène m.
Domperidon n. dompéridone f.
Donath-Landsteiner-Test m. test de Donath et Landsteiner m.
Donepecil n. donepecil m.
Donovanie f. donovanie f.
Dopa n. dopa f.
Dopamin n. dopamine f.
dopaminergisch dopaminergique

Dopaoxydase f. dopaoxydase f.
Doping n. dopage m.
Doppelarmklammer f. agrafe double f.
Doppelbelichtung f. double exposition f.
Doppelbild n. double image f.
Doppelbindung f. double liaison f.
Doppelblindversuch m. essai en double aveugle m., essai en double insu m.
doppelbrechend biréfracteur, biréfringent
Doppeldiffusion f. double diffusion f.
Doppelelektrode f. double électrode f.
Doppelfärbung f. coloration double f.
Doppelinstrument n. instrument à double usage m.
Doppelkanüle f. double canule f.
Doppelkinn n. double menton m.
Doppelkontrasteinlauf m. lavement baryté double m.
Doppellappenverschluss m. double fermeture de Collin f.
Doppelmembranstethoskop n. stéthoscope à double membrane m.
Doppelmissbildung f. double malformation f.
doppelseitig bilatéral
Doppelstrang m. double bride f.
doppelt double
doppeltbrechend biréfringent
doppeltkammerig bicaméré
Doppelton m. double ton m.
Doppeltsehen n. diplopie f.
Doppelung f. dédoublement m., duplication f.
Doppler-Effekt m. effet Doppler m.
Doppler-Sonographie mit kontinuierlicher Schallemission f. Doppler-sonographie à émission continue m.
Doppler-Sonographie, gepulste f. Doppler-sonographie pulsé m.
Dornase f. dornase f.
Dornfortsatz m. apophyse épineuse f.
dornig épineux
dorsal dorsal
dorsalwärts en direction dorsale
dorsoanterior dorsoantérieur
dorsolatéral dorsolatéral
dorsolumbal dorsolombaire
dorsomedial dorsomédian
dorsoposterior dorsopostérieur
dorsoventral dorsoventral
dorsovolar dorsopalmaire
Dorzolamid n. dorzolamide f.
Dosiergerät n. doseur m.
Dosierung f. dosage m., posologie f.
Dosierung, erhöhte f. dosage augmenté m.
Dosierung, erniedrigte f. dosage diminué m.
Dosierung, hohe f. dosage élevé m.
Dosierung, niedrige f. dosage faible m.
Dosimeter n. dosimètre m.
Dosimetrie f. dosimétrie f.
dosimetrisch dosimétrique
Dosis f. dose f.
dosisabhängig dépendant de la dose
Dosulepin n. dosulépine f.
Dotter m. jaune d'oeuf m.
Dottersack poche vitelline f.
doublieren doubler
Douglasseher Raum m. cul-de-sac de Douglas m.
Doversches Puder n. poudre de Dover f.
Down-Syndrom n. syndrome de Down m.
Doxapram n. doxapram m.
Doxepin n. doxépine f.
Doxibetasol n. doxibétasol m.
Doxifluridin n. doxifluridine f.
Doxorubicin n. doxorubicine f.
Doxycyclin n. doxycycline f.
Doxylamin n. doxylamine f.
Dozent m. maître de conférences m., professeur d'université m.
Dozentin f. chargée de cours f., enseignante universitaire f.
Dragée n. dragée m.
Draht m. fil métallique m.
Drahtbiegezange f. pince tord-fil f.
Drahtbogen m. arc métallique m.
Dtahtextension f. extension par broche m.
Drahtklammer f. agrafe métallique f.
Drahtligatur f. ligature par fil métallique m.
Drahtnaht f. suture métallique f.
Drahtpuls m. pouls métallique m.
Drahtschere f. coupe fil m.
Drahtschiene f. attelle métallique f.
Drahtschlinge f. anse métallique f.
Drahtschneider m. cutter-fil métallique m.
Drahtspanner m. tendeur de la broche m.
Drahtspannzange f. pince de tension f.
Drahtumschlingung f. boucle métallique m.
Drahtzug m. broche d'extension f.
Drain m. drain m.
Drainage f. drainage m.
Drainageklammer f. agrafe drainage f.
Drainagerohr n. tube de drainage m.
drainieren drainer
Drakunkulose f. dracontiase f., dracunculose f.
Drall m. torsion f.
dramatisch dramatique
Drän m. drain m.
Dränage f. drainage m.

Dränageklammer f. agrafe drainage f.
Dränagerohr n. tube de drainage m.
Drang m. besoin m., pression f.
drängen presser
drängend urgent
dränieren drainer
drastisch drastique, énergique
drastisches Mittel n. drastique m.
Drehanode f. anode tournante f.
drehen tordre, tourner
drehen, sich s'enrouler, se tourner
Drehgelenk n. articulation en pivot f.
Drehkraft f. force de rotation f.
Drehkrampf m. crampe rotatoire f.
Drehkrankheit f. tournis m.
Drehkurbel f. manivelle f.
Drehmeißel m. ciseau rotatif m.
Drehmoment n. couple de rotation m.
Drehschwindel m. vertige rotatoire m.
Drehstrom m. courant triphasé m.
Drehung f. rotation f.
Drehung, optische f. polarisation f.
Drehzahlregler m. régulateur de vitesse m.
dreibasig tribasique
dreidimensional à trois dimensions
Dreieck n. triangle m.
dreieckig triangulaire
Dreifach-Impfstoff m. vaccin trivalent m.
Dreifachkombination f. triple combinaison f.
Dreifuß m. trépied m.
Dreifußzeichen n. signe d'Amoss m., signe du trépied m.
Dreigefäßerkrankung f. trivasculopathie f.
dreigeteilt tripartite
Dreigläserprobe f. épreuve des trois verres f.
dreikernig trinuclé
dreilappig trilobé
dreiphasig triphasé
Dreitagefieber n. fièvre des trois jours des jeunes enfants f.
Dreiviertelkrone f. couronne trois quarts m.
Dreiwegehahn m. robinet à trois voies m.
Dreiwegespritze f. seringue à trois voies m.
dreiwertig trivalent
dreiwertiges Element n. élément trivalent m.
Dreiwertigkeit f. trivalence f.
dreizellig tricellulaire
dreizipfelig tricuspidien
Drepanozyt m. drépanocyte m.
Drigalski-Agar m. agar de Drigalski m.
Drigalski-Nährboden m. milieu de Drigalski m.
Drillbohrer m. foret m.
Drilling m. trijumeau m.
dringlich urgent

Dringlichkeit f. urgence f.
drittgebärend tripare
Drittgebärende f. tripare f.
Dr. med. (Doktor der Medizin) m. docteur en médecine m/f.
Dr. med. dent. m. docteur en chirurgie dentaire m./f.
Droge f. drogue f.
drogenabhängig drogué
Drogenabhängigkeit f. toxicomanie f.
Drogist m. droguiste m.
Drogistin f. droguiste f.
drohend (bevorstehend) imminent
Drometrizol n. drométrizole m.
Dromographie f. dromographie f.
Dromostanolon n. dromostanolone f.
dromotrop dromotrope
Droperidol n. dropéridol m.
Dropropizin n. dropropizine f.
Drossel (techn.) f. blocage m.
drosseln (verengen) étrangler, réduire
drosseln (verlangsamen) freiner
Drostanolon n. drostanolone f.
Drotaverin n. drotavérine f.
Drotebanol n. drotébanol m.
Drotrecogin m. drotrécogine f.
Droxypropin n. droxypropine f.
Druck m. compression f., pression f., tension f.
Druckabfall m. baisse de pression f.
Druckanstieg m. augmentation de pression f.
Druckatrophie f. atrophie de compression m.
Drückeberger m. tire au flanc m.
Drückebergerin f. lâcheuse f.
druckempfindlich sensible à la pression
Druckgeschwulst n. tuméfaction de compression f. (vétér.)
Druckgeschwür n. ulcération de compression f.
Druckgussgerät n. appareil à couler sous pression m.
Druckklemme f. pince de forcipressure f.
Drucklähmung f. paralysie par compression f.
Druckluft f. air comprimé m.
Dtuckluftbeatmungsgerät n. respirateur hyperbare m.
Druckpuls m. pouls dur d'hypertension intracranienne m.
Druckpunkt m. point de pression m.
Druckregler m. régulateur de pression m.
Druckschmerz m. douleur à la pression f.
druckschmerzhaft douloureux à la pres sion
Druckschwankung f. variation de pres sion f.

Drucksensibilität f.   piézoesthésie f.
Drucktaste f.   touche-poussoir f.
Druckverband m.   pansement compressif m.
Drüse f.   glande f., gourme f. (vétér.)
Druse f. (med.)   druse f., verrucosité hyaline f.
Drüsenepithel n.   épithélium glandulaire m.
Drüsengewebe n.   tissu glandulaire m.
drüsig   glandulaire
dual   binaire
Dualismus m.   dualisme m.
dualistisch   dualiste
Duazomycin n.   duazomycine f.
Dübel m.   cheville f.
Dübelkrone f.   couronne à tenon f.
Dubin-Johnson-Syndrom n.   maladie de Dubin-Johnson f.
dubiös   douteux
Duchennesche Krankheit f.   maladie de Duchenne f.
Ductographie f.   ductographie f.
Ductus arteriosus m.   canal artériel m.
Ductus arteriosus Botalli m.   canal artériel de Botal m.
Ductus choledochus m.   canal cholédoque m.
Ductus cysticus m.   canal cystique m.
Ductus hepaticus m.   canal hépatique m.
Ductus lacrimalis m.   canal lacrymal m.
Ductus pancreaticus m.   canal pancréatique m.
Ductus thoracicus m.   canal thoracique m.
Ductus thyreoglossus m.   canal thyréoglosse m.
Ductus wirsungianus m.   canal de Wirsung m.
Duft m.   odeur f., parfum m.
Duftlockstoff m.   odeur attirante f.
dulden   tolérer
Dulofibrat n.   dulofibrate m.
Duloxetin n.   duloxétine f.
dumm   bête, stupide
Dummheit f.   stupidité f.
Dumpingsyndrom n.   dumping syndrome m.
Dunkelanpassung f.   adaptation à l'obscurité f.
Dunkelfeld n.   champ obscur m.
dunkelgelb   jaune foncé
Dunkelkammer f.   chambre noire f.
Dünndarm m.   intestin grêle m.
Dünndarmspiegelbildung f.   niveaux liquides intestinaux m. pl.
Dünnschichtelektrophorese f.   électrophorèse en couche mince f.
Dunst m.   vapeur f.
dünsten   étuver

duodenal   duodénal
Duodenalgeschwür n.   ulcère duodénal m.
Duodenalpapille f.   papille duodénale f.
Duodenalsonde f.   sonde duodénale f.
Duodenitis f.   duodénite f.
duodenobiliär   duodénobiliaire
Duodenocholedochotomie f.   duodénocholédochotomie f.
Duodenocholezystostomie f.   duodénocholécystostomie f.
duodenogastroösophagal   duodénogastrooesophagien
duodenojejunal   duodénojéjunal
Duodenopankreatektomie f.   duodénopancréatectomie f.
Duodenostomie f.   duodénostomie f.
Duodenum n.   duodénum m.
Duplex n.   duplex m.
Duplexsystem f.   procédé duplex m.
Duplikation f.   duplication f.
Dupracetam n.   dupracétam m.
Dupuytrensche Kontraktur f.   maladie de Dupuytren f.
dural   dural
Duraplastik f.   duraplastie f.
Durcharbeitung f.   travail approfondi m.
durchblutet, gut/schlecht   bien/mal vascularisé
Durchblutung f.   irrigation sanguine f., vascularisation f.
durchbohren   perforer
Durchbruch m.   éruption f., perforation f., rupture f.
Durchdringung f.   pénétration f.
Durchflusselektrophorese f.   électrophorèse à flux continu f.
Durchflussmesser m.   débitmètre m.
Durchgang m.   passage m.
durchgängig   perméable
Durchgängigkeit f.   perméabilité f.
Durchgangsarzt m.   médecin habilité à traiter les accidents, du travail m.
Durchgangssyndrom n.   syndrome psychique transitoire tumoral m.
Durchlässigkeit f.   perméabilité f.
Durchleuchtung, röntgenologische f.   radioscopie f.
Durchmesser m.   diamètre m.
durchmischen   mélanger
Durchschlafmittel n.   somnifère à action prolongée m.
durchschlagend   décisif
durchschneiden   sectionner
durchschneidend   tranchant
Durchschnitt (Mittelwert) m.   moyenne f.

Durchschnittswert m. valeur moyenne f.
durchsichtig transparent
durchstechen percer
Durchsteckverschluss m. fermeture à verrou f.
durchtrennen détacher par trans-section
Durchtrennung f. séparation f.
Durchtreten des Kopfes sub partu n. émergence de la tête f.
Durchwanderung f. transmigration f.
Duroziezsches Doppelgeräusch n. signe de Duroziez m.
Durst m. soif f.
dürsten avoir soif
durstig assoiffé
Dusche f. douche f.
Düse f. injecteur m.
Dydrogesteron n. dydrogestérone f.
Dynamik f. dynamique f.
dynamisch dynamique
Dynamo m. dynamo f.
Dynamometer n. dynamomètre m.
Dynorphin n. dynorphine f.
Dysästhesie f. dysesthésie f.
Dysakusis f. dysacousie f.
Dysarthrie f. dysarthrie f.
Dysautonomie f. dysautonomie f.
Dysbasia f. dysbasie f.
Dysbasia intermittens f. claudication intermittente f.
Dyschezie f. dyschézie f.
Dyschondroplasie f. dyschondroplasie f.
dyschromatisch dyschromatique
Dyschromatopsie f. Dyschromatopsie f.
Dyschromie f. dyschromie f.
Dysdiadochokinese f. dysdiadococinésie f.
Dysenterie f. dysenterie f.
dysenterisch dysentérique
Dysenzephalie f. dysencéphalie f.
Dysergie f. dysergie f.
dysergisch dysergique
Dysfunktion f. dysfonction f.
Dysgenese f. dysgénésie f.
Dysgerminom n. séminiome m.
Dysgeusie f. dysgeusie f.
Dysglossie f. dysglossie f.
Dysgnathie f. dysgnathie f.
Dysgrammatismus m. dysgrammatisme m.
Dyshidrie f. dyshidrie f.
Dyshidrose f. dyshidrose f.
Dyskeratose f. dyskératose f.
Dyskinesie f. dyskinésie f.
dyskinetisch dyscinétique
Dyskranie f. dyscranie f.
Dyskrasie f. dyscrasie f.
dyskrasisch dyscrasique
Dyslalie f. dyslalie f.
Dyslexie f. dyslexie f.
Dyslogomathie f. dyslogomathie f.
Dysmelie f. dysmélie f.
Dysmenorhö f. dysménorrhée f.
Dysmnesie f. dysmnésie f.
Dysmorphie f. dysmorphie f.
Dysmorphophobie f. dysmorphophobie f.
Dysopsie f. dysopsie f.
Dysostose f. dysostose f.
Dysovarismus m. dysovarisme m.
Dyspareunie f. dyspareunie f.
Dyspepsie f. dyspepsie f.
dyspeptisch dyspeptique
Dysphagie f. dysphagie f.
Dysphasie f. dysphasie f.
Dysphonie f. dysphonie f.
Dysphorie f. dysphorie f.
dysphorisch dysphorique
Dysplasie f. dysplasie f.
dysplastisch dysplasique
Dyspnoe f. dyspnée f.
Dyspnoe, paroxysmale f. halètement m. (vétér.)
dyspnoisch dyspnéique
Dyspraxie f. dyspraxie f.
dysprosium n. dysprosium m.
Dysproteinämie f. dysprotéinémie f.
Dysrhaphie f. dysraphie f.
dysrhaphisch dysraphique
Dysrhythmie f. dysrythmie f.
dysrhythmisch dysrythmique
Dyssynergie f. dyssynergie f.
Dystelektase f. dystélectasie f.
dystelektatisch dystélectasique
Dysthymie f. dysthymie f.
Dysthyreose f. dysthyroïdie f.
Dystokie f. dystocie f.
Dystonie f. dystonie f.
Dystonie, vegetative f. dystonie neurovégétative f.
dystonisch dystonique
Dystopie f. dystopie f.
dystopisch dystopique
Dystrophia adiposogenitalis f. syndrome hypophysaire adiposogénital m.
Dystrophia musculorum progressiva (Erb) f. dystrophie musculaire progressive f.
Dystrophie f. dystrophie f.
Dystrophie, reflektorische sympathische f. dystrophie sympathique réflexe f.
dystrophisch dystrophique
Dysurie f. dysurie f.
dysurisch dysurique

E

Eales-Syndom n. syndrome d'Eales
EAR (Entartungsreaktion) f. réaction de dégénération (RD) f.
EBCT (Elektronenstrahlcomputertomographie) f. tomographie électronique f.
eben plan
Ebene f. plan m.
EBK (Eisenbindungkapazität) f. capacité de fixation du fer f.
ebnen aplanir
Ebola-Fieber m. fièvre Ebola (virus) f.
Ebsteinsche Anomalie f. maladie d'Ebstein f.
Ebullismus m. ébullisme m.
Eburnisation f. éburnation f.
Ecarteur m. écarteur m.
Ecdyson n. ecdysone f.
ECF (extracelluläre Flüssigkeit) f. liquide extracellulaire m.
Ecgonin n. ecgonine f.
Echinacea f. echinacea f.
Echinococcus cysticus m. Echinococcus cysticus m.
Echinokokkenkrankheit f. affection à échinocoque f.
Echinostomiasis f. échinostomiase f.
Echinuriose f. échinuriose f.
Echo n. écho m.
ECHO-Virus n. ECHO virus m.
Echoakusis f. échoacousie f.
Echoenzephalograh m. échoencéphalographe m.
Echoenzephalographie f. échoencéphalographie f.
echoenzephalographisch échoencéphalographique
Echofenster n. fenêtre échographique f.
echofrei sans écho
Echographie f. échographie f.
Echographie, eindimensionale f. échographie en mode M f.
Echographie, zweidimensionale f. échographie bidimensionnelle f.
echographisch échographique
Echokardiographie f. échocardiographie m., écho-cœur m.
echokardiographisch échocardiographique
Echolalie f. écholalie f.
Echomammographie f. échomammographie f.
Echoophthalmographie f. échoophtalmographie f.
Echopraxie f. échopraxie f.

Echoskopie f. échoscopie f.
echoskopisch échoscopique
echosonisch échosonique
Echothiopat n. échothiopate m.
Echotomographie f. échotomographie f.
Echoventrikulographie f. échoventriculographie f.
echoventrikulographisch échoventriculographique
Echtzeit f. temps réel m.
eckig angulaire
Ecksche Fistel f. fistule d'Eck f.
Eckzahn m. canine f.
Econazol n. éconazole m.
Ecothiopat n. écothiopate m.
ECT (Emissionscomputertomographie) f. ECT (tomographie informatisée) f.
Ecthyma n. ecthyma m.
Eczema vaccinatum n. eczéma vaccinatoire m.
Edelgas n. gaz rare m.
Edelmetall n. métal précieux m.
Edelstahl m. acier spécial m.
Edelstein m. pierre précieuse f.
Edetat n. édétate m.
Edingerscher Kern m. noyau d'Edinger Westphal m.
Edisylat n. édisylate m.
Edoxudin n. édoxudine f.
EDTA (Ethylendiamintetraazetat) n. EDTA (éthylènediaminetétraacétate) m.
EEG (Elektroenzephalogramm) n. EEG (électroencéphalogramme) m.
EEG-Überwachung f. EEG monitoring m.
Efavirenz f. éfavirenze f.
Efegatran n. éfégatran m.
Efeu m. lierre m.
Edrophonium n. édrophonium m.
Edwardsielle f. Edwardsielle f.
Effektorzelle f. cellule effectrice f.
efferent efférent
Effloreszenz f. efflorescence f.
Effort-Syndrom n. syndrome d'Effort m.
Efloxat n. éfloxate m.
egozentrisch égocentrique
Ehe f. mariage m.
Eheberatung f. consultation du conseiller conjugal f.
ehelich conjugal
Ehrendoktor m. docteur honoris causa m.
Ehrenmitglied n. membre honoraire m.
Ehrlichiose (veter.) f. ehrlichiose (vétér.) f.

Ehrlich-Reaktion f. diazoréaction d'Ehrlich f.
Ei n. oeuf m.
Ei (med.) n. ovule m.
Eichel (med.) f. gland m.
eichen étalonner
Eichkurve f. courbe d'étalonnage f.
Eichmaß n. étalon m., jauge f.
Eichung f. calibrage m., étalonnage m.
Eicosanoid n. eicosanoïde m.
Eid des Hippokrates m. serment d'Hippocrate m.
eidetisch éidétique
Eierschalenfraktur f. fracture esquilleuse m.
Eierstock m. ovaire m.
Eierstockentfernung f. ovarectomie f.
Eierstockschwangerschaft f. grossesse ovarienne f.
Eifersucht f. jalousie f.
Eifersuchtswahn m. jalousie maniaque f.
Eigelb n. jaune d'œuf m.
Eigenblut n. propre sang m.
Eigenreflex m. réflexe proprioceptif m.
Eigenschaft f. propriété f., qualité f.
Eigentum n. propriété f.
eigentümlich caractéristique
Eigentümlichkeit f. particularité f.
Eihaut f. membrane ovulaire f.
Eiklar n. blanc de l'œuf m.
Eileiter m. trompe de Fallope f., trompe utérine f.
Eileiterschwangerschaft f. grossesse tubaire f.
Eimer m. seau m.
einarmig manchot
Einäscherung f. incinération f.
einatmen inhaler, inspirer
Einatmung f. inhalation f., inspiration f.
einäugig borgne
einbalsamieren embaumer
Einbalsamierung f. embaumement m.
einbetten enrober
Einbettung f. implantation f., inclusion f.
Einbeziehung f. implication f.
einbilden, sich s'imaginer
Einbildung f. imagination f.
einblasen insuffler
Einblasung f. insufflation f.
Einblick m. vue f.
einbrennen brûler, recuire
eindicken épaissir
eindimensional à une dimension
eindringen pénétrer
Eindringungsvermögen n. invasivité f.
Eindruck m. impression f.
einiig uniovulaire
einengen rétrécir
Einengung f. rétrécissement m.
einfach simple
Einfalldosis f. dose incidente f.
einfarbig monochrome
Einfassung f. bordure f.
einfetten graisser
einführen introduire
Einführgerät n. appareil d'insertion m.
Einführung f. introduction f.
Eingabe f. entrée f.
Eingangsrichtung f. sens d'entrée m.
Eingangsspannung f. voltage d'entrée m.
eingeben donner
eingedrückt déprimé
Eingefäßerkrankung f. monovasculopathie f.
eingekeilt enclavé
eingeklemmt pincé
eingeklemmt (Bruch) étranglé
Eingeschlafensein n. état de sommeil m.
eingewachsen incarné
Eingeweide n. pl. entrailles f. pl., viscères m. pl.
Eingeweideparasit m. parasite intestinal m.
Eingeweidewurm m. ver intestinal m.
Eingriff m. intervention chirurgicale f.
Einheit f. unité f.
Einhorn-Sonde f. sonde doudénale f.
Einhufer m. équidés m. pl.
einhüllen envelopper
einimpfen inoculer
einkapseln encapsuler
Einkapselung f. enkystement m.
einkeilen coincer
Einkeilung f. coincement m.
einkernig mononucléée
einklemmen étrangler, incarcérer, serrer
Einklemmung f. étranglement m.
Einkohlenstoff Fragment n. unité monocarbonique f.
Einlage (Zahneinlage) f. obturation temporaire f.
Einlage (Stütze) f. support m.
Einlauf m. clystère m., lavement m.
Einmalanzug m. combinaison jetable f.
Einmalartikel m. article à usage unique m.
Einmalhandschuhe m. pl. gants jetables m. pl.
Einmalkleidung f. vêtement jetable m.
Einmalspritze f. seringue à usage unique f.
Einmaltaschentücher n. pl. mouchoirs jetables m. pl.
Einmündung f. embouchure f., entrée f.

Einnahme (z. B. Medikament) f.   prise f.
Einnahme, erneute   prise répétée, reprendre le médicament
einnehmen   prendre
einreiben   frictionner
Einreibung f.   friction f.
einrenken   réduire, remettre
einrichten (z. B. eine Verrenkung)   réduire
Einrichtung f.   réduction f.
Einriegelgeschiebe n.   attachement à verrou f.
Einrollkatheter m.   cathéter enroulable m.
einsaugen   aspirer
einschalten   mettre en circuit
einschlafen   s'endormir
Einschlafmittel n.   somnifère à effet de courte durée m.
einschleifen   meuler
Einschleifen n.   meulage m.
Einschluss m.   inclusion f.
Einschluss, zytomegaler m.   inclusion cytomégalique f.
Einschlusskörperchen n.   inclusion f.
einschmelzen   fondre
Einschmelzung f.   liquéfaction f., raréfaction f.
einschneiden   inciser
Einschneiden (obstetr.) n.   tête fixée à la vulve f.
Einschnitt m.   incision f.
Einschnürung f.   constriction f., étranglement m.
Einschränkung f.   restriction f.
Einschusswunde f.   blessure d'entrée du projectile f.
Einschwemmkatheter m.   cathéter flottant m.
einseitig   unilatéral
Einsicht f.   point de vue m., examen m.
Einsichtsfähigkeit f.   capacité de discernement f.
Einsichtsfähigkeit, mangelnde f.   manque de discernement m.
einsparen   économiser
Einsparung f.   compression f., économie f.
einspeicheln   insaliver
Einspeichelung f.   insalivation f.
einspritzen   injecter
einstechen   ponctionner
einstechen (Nadel)   planter
Einsteinium n.   einsteinium m.
einstellen, einen Diabetes   stabiliser un diabète
Einstellnystagmus m.   nystagmus de fixation m.
Einstich m.   piqûre f., ponction f.
Einstülpung f.   invagination f.

eintragen   enregistrer, porter
Eintragung f.   inscription f.
einträufeln   instiller
Eintritt m.   entrée f.
Eintrittspforte f.   porte d'entrée f.
einverleiben   incorporer
Einverleibung f.   incorporation f.
Einverständniserklärung f.   consentement m.
Einverständniserklärung nach Aufklärung f.   consentement informé m.
einwandern   immigrer
Einwanderung f.   immigration f.
Einwegartikel m.   article à usage unique m.
Einweisung, stationäre f.   hospitalisation m.
Einweisungsschein m.   lettre pour hospitalisation f.
einwertig   univalent
einwickeln   envelopper
Einwilligung f.   consentement m.
einzählig   unique
Einzeldosis f.   dose simple f.
einzellig   unicellulaire
Einzelnaht f.   suture point par point f.
Einzelstrang m.   bride isolée f.
einzipfelig   unicuspide
Eis n.   glace f.
Eisbeutel m.   vessie de glace f.
Eisen n.   fer m.
Eisenammoniumsulfat n.   sulfate d'ammonium ferrique m.
Eisenbahnkrankheit f.   mal des transports m.
Eisenbindungskapazität (EBK) f.   capacité de fixation en fer de sérum f.
Eisendraht m.   fil métallique m.
eisenhaltig   ferrugineux
eisenhaltig (dreiwertig)   ferrique
eisenhaltig (zweiwertig)   ferreux
Eisenmangel m.   carence en fer f., sidéropénie f.
Eisenmengerkomplex m.   complexe d'Eisenmenger m.
Eisentherapie f.   ferrothérapie f.
Eisenverbindung, dreiwertige f.   composé ferrique m.
Eisenverbindung, zweiwertige f.   composé ferreux m.
Eiserne Lunge f.   poumon d'acier m.
Eisessig m.   acide acétique glacial m.
Eiteil, vorangehender m.   présentation f.
Eiter m.   pus m.
Eiterbildung f.   suppuration f.
eiterig   purulent
eitern   suppurer
Eiterung f.   suppuration f.

Eiterzelle f.   pyocyte m.
Eiweiß (Protein) n.   protéine f., protide m.
Eiweiß n.   albumine f., blanc d'oeuf m.
eiweißarme Kost f.   régime hypoprotidique m.
Eiweißfraktion f.   fraction protéiquc f.
eiweißfrei   sans protéines
eiweißgebunden   protéino-composé
Eiweißharnen n.   protéinurie f.
eiweißspaltend   décomposant les protéines
Eiweißstoffwechsel m.   métabolisme protidique m.
Eizelle f.   aeuf m., ovule m.
Ejakulat n.   éjaculation f.
Ejakulation f.   éjaculation f.
ejakulieren   éjaculer
Ejektion f.   éjection f.
Ekchondrom n.   ecchondrome m.
Ekchymose f.   ecchymose f.
Ekel m.   dégoût m., nausée f.
ekelhaft   répugnant
ekeln   provoquer le dégoût
ekeln, sich   être dégoûté
EKG (Elektrokardiogramm) n.   ECG (électrocardiogramme) m.
EKG, Ableitung I, II, III f.   ECG, dérivation I, II, III f.
EKG, Brustwandableitung f.   ECG, dérivation précordiale f.
EKG, Extremitätenableitung f.   ECG, dérivation périphérique f.
EKG, P-Zacke f.   ECG, onde P f.
EKG, QRS-Komplex m.   ECG, complexe QRS m.
EKG, T-Welle f.   ECG, onde T f.
EKG, U-Welle f.   ECG, onde U f.
EKG-Bandspeichergerät n.   appareil d'électrocardiographie à enregistrement sur bande m.
Ekgonin n.   ecgonine f.
ekkrin   eccrine
Eklampsie f.   éclampsie f.
eklamptisch   éclamptique
Ekmnesie f.   ecmnésie f.
Ekstase f.   extase f.
Ektasie f.   ectasie f.
ektatisch   ectatique
Ektebin n.   ektébine f.
Ekthym n.   ecthyma m.
Ektoderm n.   ectoderme m.
ektodermal   ectodermique
Ektodermaldysplasie f.   dysplasie ectodermale f.
Ektodermose f.   ectodermose f.
Ektoglia f.   ectoglie f.
Ektomie f.   ectomie f.

Ektoparasit m.   ectoparasite m.
Ektopie f.   ectopie f.
ektopisch   ectopique
Ektoplasma n.   ectoplasme m.
Ektropion n.   ectropion m.
ektropionieren   s'éverser
Ekzem n.   eczéma m.
Ekzem, allergisches n.   eczéma allergique m.
Ekzem, endogenes n.   eczéma atopique m.
Ekzematisierung f.   eczématisation f.
ekzematös   eczémateux
ekzentrisch   excentrique
Elaidin n.   élaïdine f.
elaidinisieren   élaïdiniser
Elastanz f.   élastance f.
Elastase f.   élastase f.
Elastin n.   élastine f.
Elastinase f.   élastinase f.
elastisch   élastique
Elastizität f.   élasticité f.
Elastofibrose f.   élastofibrose f.
Elastogenese f.   élastogenèse f.
Elastolysat n.   élastolysat m.
Elastomer n.   élastomère m.
Elastoproteinase f.   élastoprotéinase f.
Elastorrhexis f.   élastorrhexie f.
Elastose f.   élastose f.
elektiv   électif
elektrifizieren   électrifier
elektrisch   électrique
elektrisieren   électriser
Elektrisierung f.   électrisation f.
Elektrizität f.   électricité f.
Elektroakustik f.   électroacoustique f.
elektroakustisch   électroacoustique
Elektroanalyse f.   électroanalyse f.
elektroanalytisch   électroanalytique
Elektroatriogramm n.   électroatriogramme m.
Elektrobiologie f.   électrobiologie f.
elektrobiologisch   électrobiologique
elektrochemisch   électrochimique
Elektrochirurgie f.   électrochirurgie f.
elektrochirurgisch   électrochirurgique
Elektrode f.   électrode f.
Elektrodenhalter m.   fixation de l'électrode f.
Elektrodenstrom m.   courant d'électrode m.
Elektroendosmose f.   électroendosmose f.
elektroendosmotisch   électroendosmotique
Elektroenterographie f.   électroentérographie f.
Elektroenzephalogramm (EEG) n.   élèctroencéphalogramme (EEG) m.
Elektroenzephalograph m.   électroencéphalographe m.

Elektroenzephalographie f. électroencéphalographie f.
elektroenzephalographisch électroencéphalographique
Elektrofokussierung f. électrofocalisation f.
Elektrogastrographie f. électrogastrographie f.
Elektrogramm n. électrogramme m.
Elektrogastrometrie f. électrogastrométrie f.
Elektrokardiogramm (EKG) n. électrocardiogramme (FCG) m.
Elektrokardiograph m. électrocardiographe m.
Elektrokardiographie f. électrocardiographie f.
elektrokardiographisch électrocardiographique
Elektrokardiophonographie f. électrocardiophonographie f.
Elektrokaustik f. diathermie f.
Elektrokauterisation f. électrocautérisation f.
Elektrokoagulation f. électrocoagulation f.
Elektrokoagulator m. électrocoagulateur m.
Elektrokochleographie f. électrocochléographie f.
Elektrokortikographie f. électrocorticographie f.
elektrokortikographisch électrocorticographique
Elektrokrampfbehandlung f. électrochoc m.
Elektrokyrnographie f. électrokymographie f.
Elektrolyse f. électrolyse f.
Elektrolyt m. électrolyte m.
elektrolytisch électrolytique
Elektromagnet m. électroaimant m.
elektromagnetisch électromagnétique
Elektromassage f. électromassage m.
elektromechanisch électromécanique
elektromedizinisch électromédical
Elektrometer n. électromètre m.
Elektromyogramm n. électromyogramme m.
Elektromyographie f. électromyographie m.
elektromyographisch électromyographique
Elektron n. électron m.
Elektron, schnelles n. électron accéléré m.
Elektronarkose f. électronarcose f.
elektronegativ électronégatif
Elektronenbeschleuniger m. accélérateur d'électrons m.
Elektronengehirn n. cerveau électronique m.
Elektronenmikroskop n. microscope électronique m.
Elektronenstrahl m. rayon électronique m.
Elektroneurolyse f. électroneurolyse f.
elektronisch électronique
elektronisch (virtuell) dématérialisé
elektronische Zigarette (E-Zigarette) f. cigarette électronique f.
Elektronystagmographie f. électronystagmographie f.
Elektropharmakologie f. électropharmacologie f.
Elektropherogramm n. électrophérogramme m.
elektrophil électrophile
Elektrophorese f. électrophorèse f.
Elektrophotometer n. électrophotomètre m.
Elektrophotometrie f. électrophotométrie m.
Elektrophysiologie f. électrophysiologie m.
elektrophysiologisch électrophysiologique
elektropositiv électropositif
Elektropupillographie f. électropupillographie f.
elektropupillographisch électropupillographique
Elektroretinographie f. électrorétinographie f.
Elektrorezeptor m. électrorécepteur m.
Elektroschock m. électrochoc m.
Elektrospektographie f. électrospectographie f.
elektrostatisch électrostatique
elektrotechnisch éléctrotechnique
Elektrothalamographie f. électrothalamographie f.
Elektrotherapeut m. électrothérapeute m.
elektrotherapeutisch électrothérapeutique
Elektrotherapie f. électrothérapie f.
Elektrothermometer n. thermomètreélectrique m.
Elektrotokographie f. électrotocographie f.
elektrotokographisch électrotocographique
elektrotonisch électrotonique
Elektrotonus m. électrotonus m.
Elektroventrikulogramm n. électroventriculogramme m.
Elektrozytochemie f. électrocytochimie f.
elektrozytochemisch électrocytochimique
Elektuarium n. électuaire m.
Element n. élément m.
Element, dreiwertiges n. élément trivalent m.
elementar élémentaire
Elemicin n. élémicine f.
Elephantiasis f. éléphantiasis m.
elephantiastisch éléphantiasique

Elevation f. élévation f.
Elevator m. élévateur m.
Elevatorium n. élévateur m., levier m.
Eliminase f. éliminase f.
eliminieren éliminer
ELISA (Enzymimmunoassay) m. ELISA (titrage immunoenzymatique utilisant un antigène adsorbé) m.
Elixier n. élixir m.
Ellbogen m. coude m.
Ellenbogen m. coude m.
Ellenbogenhygrom n. hygrome du coude m. (vétér.)
Ellipsoidgelenk n. articulation éllipsoïde f.
elliptisch elliptique
Elliptozyt m. elliptocyte m.
Elliptozytose f. elliptocytose f.
Ellis-Garlandsche Linie f. ligne d'EllisGarland f.
elterlich parental
Eltern n. pl. parents m. pl.
Eluat n. éluat m.
eluieren éluer
Elution f. élution f.
Emanation f. émanation f.
Embolalie f. embolalie f.
Embolektomie f. embolectomie f.
Embolie f. embolie f.
Embolie, Zustand nach m. état postembolique m.
embolisch embolique
Embolus m. caillot m., embole m., embolus m.
Embonat n. embonate m.
Embramin n. embramine f.
Embrutamid n. embutramide m.
Embryoblast m. embryoblaste m.
Embryogenese f. embryogenèse f.
Embryokardie f. embryocardie f., rythme foetal m.
Embryologie f. embryologie f.
embryologisch embryologique
Embryon n. embryon m.
embryonal embryonnaire
Embryotomie f. embryotomie f.
Emepronium n. émépronium m.
Emesis f. vomissement m.
Emetin n. émétine f.
Emetomanie f. émétomanie f.
EMG (Elektromyogramm) n. EMG (électromyogramme) m.
Emilium n. émilium m.
Emission f. émission f.
Emissionscomputertomographie (ECT) f. tomodensitométrie f.

emmenagog emménagogue
Emmenagogum n. emménagogue m.
emmetrop emmétrope
Emmetropie f. emmétropie f.
Emodin n. émodine f.
Emorfazon n. émorfazone f.
Emotionalität f. émotivité f.
emotionell émotionnel
Empfänger m. hôte m., receveur m.
empfänglich réceptif
Empfänglichkeit f. réceptivité f.
Empfängnis f. conception f.
empfängnisfähig en état de concevoir
empfängnisverhütend anticonceptionnel
Empfängnisverhütung f. contraception f.
empfinden éprouver, ressentir
empfindlich sensible
empfindsam émotif
Empfindung f. sensation f., sentiment m.
Emphysem n. emphysème m.
emphysematös emphysémateux
Empirie f. empirisme m.
Empyem n. empyème m.
Emulgator m. émulsifiant m.
emulgieren émulsionner
Emulsion f. émulsion f.
Emulsionssalbe f. pommade émulsifiée f.
en bloc en bloc
Enalapril n. énalapril m.
Enantat n. énantate m.
Enanthem n. énanthème m.
enanthemathös énanthémateux
enanthiomorph énanthiomorphe
Enarthrose f. énarthrose f.
Enbucrilat n. enbucrilate m.
Encainid n. ecaïnide m.
Encephal... siehe voir Enzephal...
Enchondrom n. enchondrome m.
Enciprazin n. enciprazine f.
Enclomifen n. enclomifène m.
Encyprat n. encyprate m.
End-zu-End-Anastomose f. anastomose termino-terminale f.
End-zu-Seit-Anastomose f. anastomose termino-latérale f.
Endabdruck m. empreinte finale f. (dent.)
Endangiitis f. endangéite f.
Endangiitis obliterans f. endangéite oblitérante f.
endangiitisch endangéitique
Endarterektomie f. endartériectomie f.
Endarterie f. artère terminale f.
enddiastolisch télédiastolique
Endemie f. endémie f.
endemisch endémique

endexpiratorisch en fin d'expiration
Endhirn n. télencéphale m.
Endigung f. terminaison f.
Endkontrolle f. contrôle final m.
Endoamnioskopie f. endoamnioscopie f.
endoamnioskopisch endoamnioscopique
Endoantitoxin n. endoantitoxine f.
endobronchial endobronchique
Endocard... siehe voir Endokard...
endochondral endochondral
Endodontie f. endodontie f.
endodontisch endodontique
Endodontologie f. endodontologie f.
Endoenzym n. endoenzyme f.
endogen endogène
Endognathion n. endognathion m.
Endoimplantat n. endo-implant m.
Endokard n. endocarde m.
endokardisch endocardique
Endokarditis f. endocardite f.
Endokarditis lenta f. endocardite bactérienne f., endocardite d'Osler f.
endokarditisch d'endocardite
Endokardkissen n. bourrelet endocardique m.
endokochleär endocochléaire
endokranial endocranien
endokrin endocrine
Endokrinologie f. endocrinologie f.
endokrinologisch endocrinologique
Endokrinopathie f. endocrinopathie f.
Endolabyrinthitis f. endolabyrinthite f.
endolaryngeal endolaryngé
Endoleakage n. endoleak m.
endolumbal endolombaire
Endolymphe f. endolymphe f.
endometrial de l'endomètre
Endometriose f. endométriose f.
Endometritis f. endométrite f.
Endometrium n. endomètre m.
Endomitose f. endomitose f.
endomyokardial endomyocardiaque
Endomyokarditis f. endomyocardite f.
endomysial endomysial
Endonährboden m. milieu d'Endo m.
endonasal endonasal
endoneural endoneural
Endonuklease f. endonucléase f.
endonukleolytisch endonucléolytique
endoperitoneal endopéritonéal
Endoperoxid n. endoperoxyde m.
Endophasie f. endophasie f.
Endophlebitis f. endophlébite f.
Endophotographie f. endophotographie f.
Endophthalmitis f. endophtalmite f.

Endophyt m. endophyte m.
Endoplasma n. endoplasme m.
endoplasmatisch endoplasmatique
Endoprothese f. endoprothèse f.
endoprothetisch endoprothétique
endoreaktiv endoréactif
Endorgan n. organe terminal m.
Endorphin n. endorphine f.
Endosalpingitis f. endosalpingite f.
Endoskop n. endoscope m.
Endoskopie f. endoscopie f.
endoskopisch endoscopique
Endosmose f. endosmose f.
endosmotisch endosmotique
endostal endostal
Endosteom n. endostéome m.
Endostitis f. endostite f.
Endothel n. endothélium m.
endothelial endothélial
Endotheliitis f. endothéliite f.
Endothelioblastom n. endothélioblastome m.
Endotheliom n. endothéliome m.
Endotheliose f. endothéliose f.
endotherm endothermique
endothym endothyme
Endotoxin n. endotoxine f.
endotoxisch endotoxique
endotracheal endotrachéal
Endotrachealnarkose f. anesthésie endotrachéale f.
Endotransplantat n. endogreffe f.
endourethral endouréthral
endouterin endoutérin
endovaskulär endovasculaire
endovesikal endovésical
endozervikal endocervical
Endozytose f. endocytose f.
Endpfeiler m. butée f.
Endplatte f. plaque terminale f.
Endralazin n. endralazine f.
Endrison n. endrisone f.
Endschwankung f. oscillation terminale f.
Endstadium n. stade final m.
endsystolisch télésystolique
Endverstärker m. amplificateur terminal m.
endwärts en direction terminale
Endzahn m. dernière dent f.
energetisch énergétique
Energie f. énergie f.
Energielehre f. énergétique f.
energiereiches Phosphat n. phosphate à haute énergie m.
Enestebol n. énestébol m.
Enfluran n. enflurane m.

eng étroit
ENG (Elektronystagmogramm) n. ENG (électronystagmogramme) m.
engbrüstig à thorax étroit
Englische Krankheit f. rachitisme m.
engmaschig à mailles serrées
Engramm n. empreinte mnésique f., engramme m.
Eniclobrat n. éniclobrate m.
Enilconazol n. énilconazole m.
Enuliracil n. énuliracil m.
Enkephalin n. enképhaline f.
Enkephalinamid n. enképhalinamide m.
Enkopresis f. encoprésie f.
Enol n. énol m.
Enolase f. énolase f.
Enolicam n. énolicam m.
Enophthalmie f. énophtalmie f.
Enostose f. énostose f.
Enoxacin n. énoxacine f.
Enoxolon n. énoxolone f.
Enpiprazol n. enpiprazole m.
Enprazepin n. enprazépine f.
Entamoeba histolytica f. Entamoeba histolytca f.
entarten dégénérer
Entartung f. dégénérescence f.
Entartungsreaktion (EAR) f. réaction de dégénérescence f.
entbinden accoucher
Entbindung f. accouchement m.
Entbindungsabteilung f. service d'obstétrique m.
Entbindungsanstalt f. maternité f.
entbleien déplomber
entblockieren débloquer
entbluten exsanguiner
Entblutung f. exsanguination f.
Entchlorung f. déchloration f.
entcholesterinisieren décholestériniser
Entdeckung f. découverte f.
entdifferenzieren dédifférencier
Entdifferenzierung f. dédifférenciation f.
Entelechie f. entéléchie f.
enteral entéral
Enteritis f. entérite f.
enteritisch entéritique
Enteroanastomose f. entéroanastomose f.
enterobiliär entérobiliaire
Enterocholezystostomie f. entérocholécystostomie f.
Enterocholezystotomie f. entérocholécystotomie f.
enterochromaffin entérochromaffine
Enterogastron n. entérogastrone f.

Enteroglukagon n. entéroglucagon m.
enterohepatisch entérohépatique
Enterohepatitis f. entérohépatite f.
Enterohormon n. entérohormone f.
Enterokinase f. entérokinase f.
Enteroklyse f. entéroclyse f.
Enterokokkus m. entérocoque m.
Enterokolitis f. entérocolite f.
Enterokolostomie f. entérocolostomie f.
enterokutan entérocutané
Enterolithiasis f. entérolithiase f.
Enterologie f. entérologie f.
entéromesial entéromésial
Enteropathie f. entéropathie f.
Enteropathie, eiweißverlierende f. entéropathie exsudative f.
Enteropexie f. entéropexie f.
Enteroptose f. entéroptose f.
Enterorezeptor m. entérorécepteur m.
Enteroskopie f. entéroscopie f.
enteroskopisch entéroscopique
enterostomal entérostomal
Enterostomie f. entérostomie f.
Enterotomie f. entérotomie f.
Enterotoxämie f. entérotoxémie f.
Enterotoxin n. entérotoxine f.
Enterovirus n. entérovirus m.
Enterozele f. entérocèle f.
Enterozyste f. entérokystome m.
Enterozyt m. entérocyte m.
entfärben décolorer
entfermentieren dézymotiser
entfernen enlever
Entfernung (Abstand) f. distance f., éloignement m.
Entfernung (Beseitigung) f. ablation f., élimination f.
entfetten dégraisser
Entfettungskur f. cure d'amaigrissement f.
entfremden détourner
Entfremdung f. désaffection f.
entgasen dégazer
Entgasung f. dégazage m.
entgegengesetzt opposé
entgiften désintoxiquer
Entgiftung f. désintoxication f.
Entgranulierung f. dégranulation f.
enthaaren épiler
Enthaarung f. épilation f.
Enthaarungsmittel n. dépilatoire m.
enthalten contenir
enthalten, sich s'abstenir
enthaltsam abstinent
Enthaltsamkeit f. tempérance f., abstinence f.

Enthärtungsmittel n. adoucisseur m.
enthaupten décapiter
Enthauptung f. décollation f.
enthemmen désinhiber
Enthemmung f. désinhibition f.
Enthese f. enthèse f.
Enthesiopathie f. (Gelenkkrankheit f.) enthésopathie f.
Enthesitis f. enthésite f.
enthirnen décérébrer
Enthirnung f. décérébration f.
Entität f. entité f.
Entjodierung f. déiodation f.
entkalken décalcifier
Entkalkung f. décalcification f.
entkleiden déshabiller
entkoppeln découpler
entkräften débiliter
entladen décharger
entlassen congédier, laisser sortir
entlassen (kündigen) licencier
Entlassung f. sortie f.
Entlassung (Kündigung) f. licenciement m.
Entlassungsschein m. bulletin de sortie m.
entlasten soulager
Entlastung f. soulagement m.
Entlastungszone f. zone de décharge f.
Entlausung f. épouillage m.
Entlausungsmittel n. pédiculicide m.
entleeren évacuer, vider
Entleerung f. évacuation f.
entleiben, sich se suicider
entlüften ventiler
Entlüftung f. évacuation de l'air f.
entmannen émasculer
Entmännlichung f. démasculinisation f.
Entmannung f. castration f., émasculation f.
entmarken extraire la moelle
Entmarkung f. émédullation f.
Entmethylierung f. déméthylation f.
Entmündigung f. mise sous tutelle f.
entmyelinisieren démyéliniser
Entmyelinisierung f. démyélinisation f.
entnerven dénerver, énerver
Entnervung f. dénervation f.
entnikotisieren dénicotiser
Entoderm n. endoderme m., entoderme m.
Entokon n. entocone m.
Entokonid n. pointe interne et postérieure de la molaire inférieure f.
Entomologie f. entomologie f.
Entomophthoramykose f. mycose à entomophtora f.
entopisch entopique
Entpersönlichung f. dépersonnalisation f.

Entropion n. entropion m.
Entropionpinzette f. pince à entropion f.
entrunded irrégulier
entsalzen déssaler
Entsalzung f. déssalinisation f.
entsäuern désacidifier
Entsäuerung f. désacidification f.
Entschädigungsneurose f. névrose d'indemnisation f.
entspannen se détendre
entspannend décontractant, relaxant
Entspannung f. détente f.
Entspannungsmittel n. relaxant m.
Entspannungszeit (kardiol.) f. temps de relâchement postsphygmique m.
entstellen défigurer
Entstellung f. déformation f.
entstören dépanner
entvaskularisieren dévasculariser
entwässern déhydrater
Entwässerung f. déhydratation f.
Entweiblichung f. perte de féminité f.
entwickeln développer
Entwickler m. révélateur m.
Entwicklung f. développement m., évolution f.
entwicklungsmäßig selon l'évolution
Entwicklungsstörung f. probléme de développement m.
entwöhnen désintoxiquer, sevrer
Entwurf m. ébauche f.
Entwurzelung f. déracinement m.
entziehen retirer
Entziehung f. privation f.
Entziehungsbeschwerden f. pl. symptomes de privation m. pl.
Entziehungsmethode f. méthode de sevrage f.
Entzug m. désintoxication f., privation f.
Entzugsblutung f. hémorragie de privation f.
entzünden, sich développer une inflammation
entzündlich inflammatoire
Entzündung f. inflammation f.
entzündungshemmend antiinflammatoire
entzündungswidrig antiinflammatoire
Entzweigungsenzym n. enzyme débranchante f.
Enukleation f. énucléation f.
enukleieren énucléer
Enuresis f. énurésie f.
Environtologe m. écologiste m.
Environtologie f. écologie f.
Environtologin f. écologiste f.

environtologisch écologique, concernant l'environnement
Enviroxim n. enviroxime m.
Enzephalitis f. encéphalite f.
Enzephalitis lethargica f. encéphalite léthargique de Von Economo f.
enzephalitisch encéphalitique
enzephalitogen à l'origine d'encéphalites
Enzephaloarteriographie f. encéphaloartériographie f.
Enzephalogramm n. encéphalogramme m.
Enzephalograph m. encéphalographe m.
enzephalographisch encéphalographique
Enzephalomalazie f. encéphalomalacie f.
Enzephalomeningitis f. encéphaloméningite f.
Enzephalomeningitis, disseminata f. encéphaloméningite disséminée f.
Enzephalomyelopathie f. encéphalomyélopathie f.
enzephalo-ophthalmisch encéphalo-ophthalmique
Enzephalopathie f. encéphalopathie f.
Enzephalose f. encéphalose f.
enzephalotrigeminal encéphalotrigéminal
enzootisch enzootique
enzygot enzygote
Enzym n. enzyme f.
Enzymblock m. blocage enzymatique m.
Enzymdefekt n. anomalie enzymatique f.
Enzymimmunoassay n. épreuve immuno-enzymatique f.
Enzymmuster m. modèle enzymatique m.
Enzymologie f. enzymologie f.
Enzymolyse f. enzymolyse f.
Enzymopathie f. enzymopathie f.
Enzymregulation f. enzymo-régulation f.
EOG-Gerät n. électro-oculographe m.
Eosin n. éosine f.
Eosinopenie f. éosinopénie f.
eosinophil éosinophile
eosinophiler Leukozyt n. leucocyte éosinophile m.
Eosinophilie f. éosinophilie f.
Eosinophilie-Myalgie-Syndrom n. syndrome d'éosinophilie-myalgie m.
Ependym m. épendyme m.
ependymal épendymal
Ependymitis f. épendymite f.
Ependymom m. épendymome m.
Ependymzelle f. cellule épendymère f.
EPF (Exophthalmus-produzierender Faktor) m. facteur ophthalmo-inducteur m.
Ephapse f. éphapse f.
Ephedrin n. éphédrine f.

ephemer éphémère
Ephetonin n. éphétonine f.
Epiblast m. épiblaste m.
Epicainid n. épicainide f.
Epicanthus m. épicanthus m.
Epicardia f. épicardia f.
Epicillin n. épicilline f.
Epicondylitis f. épicondylite f.
Epidemie f. épidémie f.
Epidemiologie f. épidémiologie f.
epidemiologisch épidémiologique
epidemisch épidémique
epidemische mukopurulente Konjunktivitis f. conjonctivite épidémique mucopurulente f.
epidermal épidermique
Epidermis f. épiderme m.
Epidermolysis bullosa f. épidermolyse bulleuse f.
Epidermophytid m. épidermophytide f.
Epidermophytie f. épidermophytose f.
Epidiaskop m. épidiascope m.
Epididymitis f. épididymite f.
Epididymoorchitis f. épididymo-orchite f.
epidural épidural
Epiduroskopie f. épiduroscopie f.
epifaszial épifascial
epifaszikulär épifasciculaire
epigastrisch épigastrique
Epigastrium n. région épigastrique f.
epigenetisch épigénétique
Epigenom n. épigénome m.
Epiglottis f. épiglotte f.
epiglottisch épiglottique
Epiglottitis f. épiglottite f.
Epignathus m. épignathe m.
Epikanthus m. épicanthus m.
Epikard n. épicarde m.
Epikardektomie f. épicardectomie f.
Epikardia f. épicardia m.
epikardial épicardial
Epikarin n. épicarine f.
Epikondylitis f. épicondylite f.
Epikonus m. épicône médullaire m.
epikranial épicranien
Epikrise f. épicrise f.
epikritisch épicritique
Epikutantest m. test épicutané m.
Epilation f. épilation f.
Epilationspinzette f. pince à épiler f.
Epilepsie f. épilepsie f.
Epilepsie, Aufwach- f. épilepsie de réveil f.
Epilepsie, genuine f. épilepsie essentielle f., mal comitial m.

Epilepsie, Jacksonsche f. épilepsie jacksonienne f.
Epilepsie, morgendliche f. épilepsie matinale f.
Epilepsie, nächtliche f. épilepsie nocturne f.
Epilepsie, Reflex- f. épilepsie réflexe f., épilepsie tardive f.
Epilepsie, traumatische f. épilepsie secondaire traumatique f.
epileptiform épileptiforme
Epileptiker m. épileptique m.
Epileptikerin f. épileptique f.
epileptisch épileptique
epileptisches Äquivalent n. équivalent d'épilepsie m.
epileptoid épileptoïde
epilieren épiler
Epimer n. épimère m.
Epimerase f. épimérase f.
Epimerie f. épimérie f.
Epimerisation f. épimérisation f.
Epimestrol n. épimestrol m.
Epinephrin n. épinéphrine f.
epineural épineural
Epineurium n. épinèvre f.
Epineurotomie f. épineurotomie f.
Epipharyngitis f. épipharyngite f.
Epipharynx m. rhino-pharynx m.
Epiphora f. épiphora f.
epiphysär épiphysaire
Epiphyse (endokrinol.) f. épiphyse f., glande pinéale f.
Epiphyse (osteol.) f. épiphyse f.
Epiphysenlinie f. ligne épiphysaire f.
Epiphysenlösung f. épiphysiolyse f.
Epiphysiodese f. épiphysiodèse f.
Epiphysitis f. épiphysite f.
Epiploon n. épiploon m.
Epiplopexie f. épiplopexie f.
Epiplozele f. épiplocèle f.
Epipodophyllotoxin n. épipodophyllotoxine f.
Epirizol n. épirizole m.
Epirubicin n. épirubicine f.
Episiotomie f. épisiotomie f.
episkleral épiscléreux
Episkleritis f. épisclérite f.
Episkop n. épiscope m.
episodisch épisodique
Episom n. épisome m.
Epispadie f. épispadias m.
Epistase f. épistasis m.
epistatisch épistatique
Epistaxis f. épistaxis f.
Epitarsus m. épitarse m.
Epitestosteron n. épitestostérone f.
epithalamisch épithalamique
Epithalamus m. épithalamus m.
Epithalaxie f. desquamation épithéliale f.
Epithel n. épithélium m.
Epithel, kubisches n. épithélium cubique m.
Epithel, mehrschichtiges n. épithélium stratifié m.
epithelial épithélial
Epitheliose f. épithéliose f.
epithelisieren épithéliser
Epithelisierung f. épithélisation f.
Epithelknospe f. bourgeon épithélial m.
Epithelkörperchen n. glande parathyroïde f.
Epithelkörperchenüberfunktion f. hyperparathyroïdie f.
Epithelkörperchenunterfunktion f. hypoparathyroïdie f.
epitheloid épithéloïde
Epithem n. épithème m.
Epithese f. correction chirurgicale de la difformité f.
Epitizid n. épitizide m.
Epitop n. épitope m.
Epitrochlea f. épitrochlée f.
epitrochlear épitrochléaire
Epitrochleitis f. épitrochléite f.
Epituberkulose f. épituberculose f.
epitympanal épitympanal
Epitympanitis f. épitympanite f.
Epitympanum n. attique f., étage supérieur de la cavité tympanique m.
Epityp f. épitype m.
Epizoonose f. épizoonose f.
epizootisch épizootique
Eplerenon n. éplérénon m.
Epoetin n. époétine f.
Eponychium n. éponychium m.
Eponym n. éponyme m.
Epoprostenol n. époprosténol m.
Epoxid n. époxyde m.
Epoxidation f. époxydation f.
Epoxidharz n. époxyrésine f.
Eprazinon n. éprazinone f.
Eprosartan n. éprosartan m.
Eptazocin n. eptazocine f.
Eptifibatid n. eptifibatide m.
Epulis f. épulide f.
equin équin
Eradikation f. éradication f.
Erbanlage f. disposition héréditaire f.
Erbgang m. héritage m.
Erbgrind m. favus m.
Erbium n. erbium m.
Erbkrankheit f. maladie héréditaire f.

erblich héréditaire
Erblichkeit f.   hérédité f.
erblinden   devenir aveugle
Erblindung f.   cécité f., perte de la vue f.
erbrechen   vomir
Erbrechen n.   vomissement m.
Erbrechen, blutiges n.   hématémèse f.
Erbrechen, galliges n.   vomissement bilieux m.
Erbschaden m.   défaut génétique m.
Erbsche Lähmung f.   paraplégie d'Erb f.
Erbscher Punkt m.   point sus-claviculaire d'Erb m.
Erbsches Zeichen n.   signe d'Erb m.
erbsengroß   gros comme un pois
Erbsensuppenstuhl m.   diarrhée en purée de pois f.
ERCP (endoskopische retrograde Cholangiopankreatikographie) f.   cholangiopancréatographie endoscopique par voie rétrograde f.
Erdalkalie f.   terre alcaline f.
Erdbeerzunge f.   langue framboisée f.
Erde, seltene f.   terre rare f.
erden   mettre la prise de terre
erdig   terreux
Erdnussöl n.   huile d'arachide f.
Erdphosphat n.   phosphate terreux m.
erdrosseln   étrangler
Erdrosselung f.   strangulation f.
erdulden   subir
Erdung f.   mise à la masse f., prise de terre f.
erektil   érectile
Erektiometer n.   érectiomètre m.
Erektion f.   érection f.
Erepsin n.   érepsine f.
erethisch   irritable
Erethismus m.   éréthisme m.
erfahren   apprendre, faire l'expérience subir
erfahren (adject.)   expérimenté, expert
Erfahrung f.   expérience f.
Erfolg m.   succès m.
erfolglos   en vain, sans succès
erfolgreich   avec succès
Erforschung f.   exploration f., investigation f.
erfrieren   geler, périr de froid
Erfrierung f.   gelure f.
erfrischen   rafraîchir
erfroren   gelé
ERG (Elektroretinogramm) n.   ERG (éléctrorétinogramme) m.
Erg n.   erg m.
ergänzend   complémentaire
Ergänzung f.   complément m.
Ergasiomanie f.   manie hyperactive f.
Ergastoplasma n.   ergastoplasme m.

ergiebig   productif
Ergobasin n.   ergométrine f.
Ergochrysin n.   ergochrysine f.
Ergoclavin n.   ergoclavine f.
Ergocornin n.   ergocornine f.
Ergocristin n.   ergocristine f.
Ergograph m.   ergographe m.
Ergographie f.   ergographie f.
ergographisch   ergographique
Ergokryptin n.   ergocryptine f.
Ergometer n.   ergomètre m.
Ergometrie f.   ergométrie f.
Ergometrin n.   ergométrine f.
ergometrisch   ergométrique
Ergomonamin n.   ergomonamine f.
Ergonomie f.   ergonomie f.
Ergosin n.   ergosine f.
Ergosinin n.   ergosinine f.
Ergospirometrie f.   ergospirométrie f.
ergospirometrisch   ergospirométrique
Ergosterin n.   ergostérol m.
Ergosterin, bestrahltes n.   viostérol m.
Ergotamin n.   ergotamine f.
Ergotaminin n.   ergotaminine f.
Ergotherapie f.   ergothérapie f.
Ergothionein n.   ergothionéine f.
Ergotin n.   ergotine f.
Ergotinin n.   ergotinine f.
Ergotismus m.   ergotisme m.
Ergotoxin n.   ergotoxine f.
ergotrop   ergotrope
Erguss m.   épanchement m.
Erguss, Samen- m.   éjaculation f.
Erhaltung f.   conservation f.
Erhaltungsdosis f.   dose d'entretien f.
Erhaltungstherapie f.   traitement d'entretien m.
erhitzen   chauffer
erhöhen   augmenter, surélever
Erhöhung f.   élévation f., majoration f.
Erholung f.   rétablissement m.
Erholungsheim n.   maison de repos f.
erigieren   ériger
Erinnerung f.   mémoire f., souvenir m.
Erinnerungsfälschung f.   paramnésie de certitude f.
Eriodictin n.   ériodictine f.
Eriodictyol n.   ériodictyol m.
erkälten, sich   prendre froid
Erkältung f.   refroidissement m., rhume m.
Erkältungsinfekt m.   rhume m.
Erkenntnis f.   cognition f., constatation f.
Erkenntniskritik f.   épistémiologie f.
Erkenntnistheorie f.   théorie de la connaissance f.

Erkenntnisvermögen n. cognition f.
Erkennung f. dépistage m., identification f.
Erkennungsstelle f. site d'identiocation m.
Erklärungswahn m. délire d'explication m.
Erkrankung f. affection f., maladie f.
Erlebnis n. événement m., expérience f.
Erleichterung f. soulagement m.
Erlenmeyerkolben m. flacon d'Erlenmeyer m.
Erlöschen n. extinction f.
Ermattung f. fatigue f.
Ermüdbarkeit f. fatigabilité f.
ermüden fatiguer
Ermüdung f. fatigue f., lassitude f.
Ermüdungsfraktur f. fracture de fatigue f.
Ermüdungssyndrom n. syndrome de fatigue m.
ernähren nourrir
Ernährung f. alimentation f., nutrition f.
ernährungsbedingt d'origine alimentaire
Ernährungsfistel f. fistule alimentaire f.
Ernährungskrankheit f. maladie nutritionnelle f.
Ernährungslehre f. diététique f.
ernährungsmäßig concernant l'alimentation
Ernährungssonde f. sonde d'alimentation f.
Ernährungsstörung f. trophopathie f., trouble alimentaire m.
Ernährungswissenschaftler m. spécialiste de diététique m.
Ernährungswissenschaftlerin f. spécialiste de l'alimentation f.
Ernährungszustand m. état nutritionnel f.
erneuern renouveler
Erneuerung f. renouvellement m.
Eröffnungsperiode (obstetr) f. période de dilatation du col f.
erogen érotogène
Erosion f. érosion f.
Erotik f. érotisme m.
erotisch érotique
Erotomanie f. érotomanie f.
Erprobung f. épreuve f., essai m., test m.
erregbar excitable
Erregbarkeit f. excitabilité f.
erregen exciter, stimuler
erregend excitant
Erregung f. excitation f.
Erregung, kreisende f. tournoiement m.
Erregungsleitungssystem n. système de conduction cardiaque m.
Erregungsmittel n. excitant m.
Erregungsrückbildung f. repolarisation f.
erröten rougir
Erröten n. rougissement m.

Ersatz m. compensation f., prothèse f., remplacement m., succédané m.
Ersatzfixierungspunkt m. point de fixation de suppléance m.
Ersatzhandlung f. action de remplacement f.
Ersatzrhythmus m. rythme d'échappement m.
Ersatzschlag m. échappement m.
Ersatzstoff m. matériau de substitution m.
Ersatzteil n. élément de rechange m.
Erscheinungszeit f. temps d'apparition m.
erschlaffen s'affaiblir, relâcher
Erschlaffung f. atonie f., relâchement m.
erschöpft épuisé
Erschöpfung f. épuisement m., exténuation f.
erschrecken effrayer
erschüttern secouer
Erschütterung f. secousse f.
erschweren aggraver, compliquer
ersetzen remplacer
erstarken se fortifier
Erste Hilfe f. secourisme m.
erste Wahl f. première intention (de) f.
erstechen percer
erstgebärend primipare
Erstgebärende f. primipare f.
ersticken étouffer
Erstickung f. asphyxie f., suffocation f.
Erstickungsanfall m. accès d'étouffement m.
Ertapenem n. ertapénem m.
Ertaubung f. perte d'acuité auditive f.
ertragen supporter
Ertragen n. endurance f., tolérance f.
erträglich tolérable
ertränken noyer
ertrinken se noyer
Ertrinken n. noyade f.
Eruption f. éruption f.
eruptiv éruptif
erwachen s'éveiller
Erwachen n. réveil m.
erwachsen adulte
erwachsene Person f. adulte m.
Erwachsenenalter n. âge adulte m.
Erwartungsneurose f. névrose d'appréhension f.
Erweiterer m. dilatateur m.
erweitern dilater
Erweiterung f. dilatation f., élargissement m.
erweiterungsfähig extensible
erwerbsfähig capable de gagner sa vie
Erwerbsfähigkeit f. capacité de gagner sa vie f.
erwerbsunfähig incapable de gagner sa vie
Erwinie f. Erwinia f.

erworben acquis
erwürgen étrangler
Erysipel n. érysipèle m.
Erysipeloid n. érysipéloïde f.
Erysipelothrix insidiosa f. Erysipelothrix insidiosa f.
Erythem n. érythème m.
Erythema arthriticum epidemicum n. érythème arthritique épidémique m.
Erythema exsudativum multiforme n. érythème polymorphe m.
Erythema induratum n. érythème induré de Bazin m.
Etythema infectiosum n. érythème infectieux m.
Erythema nodosum n. érythème noueux m.
Erythematodes m. lupus érythémateux m.
Erythemdosis f. dose érythème f.
Erythermalgie f. érythermalgie f.
Erythrämie f. érythrémie f., maladie de Vaquez f.
erythrämisch érythrémique
Erythrit n. érythritol m.
Erythroblast m. érythroblaste m.
Erythroblastenanämie f. anémie érythroblastique f.
erythroblastisch érythroblastique
Erythroblastom n. érythroblastome m.
Erythroblastose f. érythroblastose f.
Erythrodermie f. érythrodermie f.
erythrodermisch érythrodermique
Erythrodontie f. érythrodontie f.
Erythrogenese f. érythrogenèse f.
erythrogenetisch érythrogénétique
erythrohepatisch érythrohépatique
Erythrokeratodermie f. érythrokératodermie f.
erythrokinetisch érythrokinétique
Erythrokont m. érythroconte m.
Erythroleukämie f. érythroleucémie f.
Erythroltetranitrat n. érythroltétranitrate m.
Erythrom n. hémorragie traumatique du cerveau moyen, f.
Erythromelalgie f. érythromélalgie f.
Erythromelie f. érythromélie f.
Erythromycin n. érythromycine f.
Erythrophagozytose f. érythrophagocytose f.
Erythrophobie f. érythrophobie f.
Erythroplakie f. plaque érythémateuse f.
Erythroplasie f. érythroplasie f.
Erythropoese f. érythropoïèse f.
erythropoetisch érythropoïétique
Erythroprosopalgie f. érythroprosopalgie f.
Erythropsie f. érythropsie f.
Erythropsin n. pourpre visuel m.
Erythrose (chem.) f. érythrose f.
Erythrose (dermatol.) f. érythrose f.
Erythrotrichie f. érythrotrichie f.
Erythrozyanose f. érythrocyanose f.
Erythrozyt m. érythrocyte m., globule rouge m., hématie f.
erythrozytär érythrocytaire
Erythrozytenresistenz f. résistance globulaire f.
Erythrozytenvolumen n. volume globulaire m.
Erythrozytose f. érythrocytose f.
Erythrulose f. érythrulose f.
Erythrurie f. érythrurie f.
erzeugen fabriquer, produire
erzeugen (zeugen) engendrer
Escherichia Escherichia
Escherichie f. Escherichia m.
Escherichiose f. infection à Escherichia f.
Escitalopram n. escitalopram m.
Esculetin n. esculétine f.
Eserinium sulfuricum n. sulfate d'ésérine m.
Esmarchsche Binde f. bande élastique d'Esmarch f.
Esmolol n. esmolol m.
Esophorie f. ésophorie f.
esoterisch ésotérique
Espine (d')-Zeichen n. signe de d'Espine m.
essbar comestible
essen manger
essentiell essentiel
Essenz f. essence f.
Essig m. vinaigre m.
essigsaure Tonerde f. acétate d'aluminium m.
Esskastanie f. marron m.
Esslöffel m. cuillère f.
Essstörung f. trouble de l'alimentation m.
Esteolat n. estéolate m.
Ester m. ester m.
Esterase f. estérase f.
Esterolyse f. estérolyse f.
esterolytisch estérolytique
Estradiol n. estradiol m.
Estramucin n. estramucine f.
Estramustin n. estramustine f.
Estran n. oestrane f.
Estriol n. oestriol m.
estrogen estrogénique
Estrogen n. estrogène m.
Estron n. oestrone f.
Etacrynat n. étacrynate m.
Etafedrin n. étafédrine f.
Etamiran n. étamirane f.
Eth… siehe auch voir aussi Äth…
Ethambutol n. éthambutol m.

Ethamoxytriphetol n. éthamoxytriphétol m.
Ethan n. éthane m.
Ethanercept n. éthanercept m.
Ethanol n. éthanol m.
Ethanolamin n. éthanolamine f.
Ethanolaminose f. éthanolaminose f.
Ethanolat n. éthanolate m.
Etharin n. étharine f.
Ethazolat n. étazolate m.
Ether m. éther m.
Ethik f. éthique f.
Ethinamat n. éthinamate m.
Ethinodioldiazetat n. diacétate d'éthinodiol m.
Ethinyl n. éthinyle m.
Ethinylestradiol n. éthinyloestradiol m.
Ethionamid n. éthionamide m.
Ethionat n. éthionate m.
ethisch éthique
Ethisteron n. éthistérone f.
ethmoidal ethmoïdal
Ethmoidektomie f. ethmoïdectomie f.
Ethmoiditis f. sinusite ethmoïdale f.
ethnisch ethnique
Ethnographie f. ethnographie f.
ethnographisch ethnographique
Ethnologie f. ethnologie f.
ethnologisch ethnologique
Ethoheptazin n. éthoheptazine f.
Ethologie f. éthologie f.
Ethosuximid n. éthosuximide m.
Ethyl n. éthyle m.
Ethyl… siehe auch voir aussi Äthyl…
Ethylalkohol m. éthanol m.
Ethylamid n. éthylamide m.
Ethylen n. éthylène m.
Ethylendiamid n. éthylènediamide f.
Ethylenimino-Gruppe f. groupe imino-éthylène
Ethylester m. ester éthylique m.
Ethylierung f. éthylation f.
Ethylismus m. éthylisme m.
Ethylmorphinhydrochlorid n. éthylmorphinehydrochloride m.
Ethylsukzinat n. éthylsuccinate m.
Etidocain n. étidocaïne f.
Etidronat n. étidronate m.
etikettieren étiqueter
Etodimat n. étodimate m.
Etonorgestrel n. étonorgestrel m.
Etofibrat n. étofibrate m.
Etoposid n. étoposide m.
Etoprin n. étoprine m.
Etoricoxib n. étoricoxib m.
Etorphin n. étorphine f.
Etoxadrol n. étoxadrol m.
Etozolin n. étozoline f.
Etretinat n. étrétinate m.
Eubiotik f. eubiotique f.
Euchinin n. euchinine f.
Euchromatin n. euchromatine f.
Euchromatopsie f. euchromatopsie f.
Euchylie f. euchylie f.
Euchymie f. euchymie f.
Eugenik f. eugénisme m.
eugenisch eugénique
Eugenol n. eugénol m.
Eugenolat n. eugénolate m.
Euglobulin n. euglobuline f.
Euglobulinlysistest m. test de lyse des euglobulines m.
eugnath eugnathe
Eukain n. eucaïne f.
Eukalyptusöl n. essence d'eucalyptus f.
Eukapnie f. eucapnie f.
eumetabolisch eumétabolique
Eumydrin n. eumydrine f.
Eunuch m. eunuque m.
eunuchoid eunuchoïde
Eunuchoidismus m. eunuchoïdisme m.
Eupareunie f. eupareunie f.
Eupatorin n. eupatorine f.
eupeptisch eupeptique
Euphorie f. euphorie f.
euphorisch euphorique
euphorisierend euphorisant
euploid euploïde
Euploidie f. euploïdie f.
Eupocrin n. eupocrine f.
Eurhythmie f. eurythmie f.
eurhythmisch eurythmique
Europium n. europium m.
Euryopie f. euryopie f.
eurytherm eurytherme
Eusomie f. eusomie f.
Eustachische Röhre f. trompe d'Eustache f.
Eustachitis f. eustachite f.
eutektisch eutectique
Euter n. pis m.
Euthanasie f. euthanasie f.
euthyreot euthyroïdien
Eutomer n. eutomère m.
Eutrophie f. eutrophie f.
eutrophisch eutrophique
Evakuation f. évacuation f.
Evans-Blau n. bleu Evans m.
Eventration f. éventration f.
Everninomycin n. éverninomycine f.
Eversion f. éversion f.
evidenzbasiert évident

Eviration f.   émasculation f.
Eviszeration f.   éviscération f.
Evolution f.   évolution f.
evolutiv   évolutif
evozieren   évoquer
Ewing-Tumor m.   sarcome d'Ewing m.
exakt   exact
exaltiert   exalté
Exaltiertheit f.   exaltation f.
examinieren   examiner
Examinierung f.   examen m.
Exanthem n.   exanthème m.
Exanthema subitum n.   exanthème subit m.
Exanthema vesiculosum n.   exanthème vésiculaire m.
exanthematisch   exanthémateux
Exartikulation f.   exarticulation f.
exartikulieren   désarticuler
Exazerbation f.   exacerbation f.
Excimerlaser m.   laser excimer m.
Exemestan n.   exemestane m.
Exenteration f.   exentération f.
exergonisch   exergue
Exerzierknochen m.   myostéome traumatique m.
Exfoliation f.   exfoliation f.
exfoliativ   exfoliatif
Exhairese f.   exérèse f.
Exhalation f.   exhalation f., perspiration f.
Exhibitionismus m.   exhibitionisme m.
Exhibitionist m.   exhibitioniste m.
exhumieren   exhumer
Exhumierung f.   exhumation f.
existentiell   existentiel
Existenz f.   existence f.
existieren   exister
Exkavation f.   excavation f.
Exkavator m.   excavateur m.
exkavieren   excaver
Exkochleation f.   excochléation f.
Exkoriation f.   excoriation f.
Exkret n.   excreta m. pl.
Exkretion f.   excrétion f.
exkretorisch   excrétoire
Exkursion f.   excursion f.
Exoantigen n.   exoantigène m.
Exodontie f.   exodontie f.
Exoenzym n.   enzyme exocellulaire f.
exogen   exogène
Exognathie f.   exognathie f.
exokrin   exocrine
Exon n.   exon m.
Exonuklease f.   exonucléase f.
exonukleolytisch   exonucléolytique
Exophorie f.   exophorie f.

exophthalmisch   exophtalmique
Exophthalmus m.   exophtalmie f.
exophytisch   exophytique
Exosmose f.   exosmose f.
exosmotisch   exosmotique
Exospore f.   conidiospore f.
Exostose f.   exostose f.
Exozytose f.   exocytose f.
Expander m.   extenseur m., remplissage volumique m.
expandieren   faire une expansion
Expansion f.   expansion f.
Expansionsdraht m.   broche d'extension f.
Expansionsguss m.   moulage d'expansion m.
expansiv   expansif
Expektorans n.   expectorant m.
Expektoration f.   expectoration f.
expektorieren   expectorer
Experiment n.   expérience f.
Experimentator m.   expérimentateur m.
experimentell   expérimental
experimentieren   expérimenter
Explantat n.   explant m.
Explantation f.   explantation f.
explantieren   explanter
explodieren   exploser
Exploration f.   exploration f.
exploratorisch   exploratoire
Explosion f.   explosion f.
Explosionsschock m.   choc d'explosion m.
explosiv   explosif
Explosivität f.   explosibilité f.
Exponent m.   exposant m.
Expression f.   expression f.
exprimieren   exprimer
Exsikkation f.   dessication f., exsiccation f.
Exsikkose f.   exsiccose f.
Exspiration f.   expiration f.
Exspirationsvolumen n.   volume expiratoire m.
exspiratorisch   expiratoire
exspiratorische Atemstromstärke f.   volume expiratoire maximum/seconde (VEMS) m.
exspirieren   expirer
Exspirium n.   expiration f.
Exstirpation f.   extirpation f.
exstirpieren   extirper
Exsudat n.   exsudat m.
Exsudation f.   exsudation f., suintement m.
Extension f.   extension f.
Extensionsbügel m.   arc d'extension m.
Extensionsvorrichtung f.   appareil extenseur m.
Extensor m.   extenseur m.
extern   externe

exterozeptiv extérocepteur
Extinktion f. extinction f.
Extorsion f. extorsion f.
extraalveolär extraalvéolaire
extraamniotisch extraamniotique
extraartikulär extraarticulaire
extrabulbär extrabulbaire
extrachromosomal extrachromosomique
Extractum Filicis n. oléorésine d'aspidium f.
Extractum secalis cornuti fluidum n. extrait fluide d'ergot m.
extraduktal extracanalaire
extradural extradural
extrafaszial extrafascial
extrafokal extrafocal
extrafoveal extrafovéal
extragastral extragastrique
extragenital extragénital
extrahepatisch extrahépatique
extrahierbar extractible
extrahieren extraire
extrahypophysär extrahypophysaire
extraintestinal extraintestinal
extrakanalikulär extracanaliculaire
extrakapillär extracapillaire
extrakapsulär extracapsulaire
extrakardial extracardiaque
extrakavitär extracavitaire
extrakoronal extracoronal
extrakorporal extracorporel
extrakortikal extracortical
extrakranial extracranien
Extrakt m. extrait m.
Extraktion f. extraction f.
Extraktionszange f. pince à extraction f.
Extraktor m. extracteur m.
extralobär extralobaire
extralymphatisch extralymphatique
extramaxillär extramaxillaire
extramedullär extramédullaire
extramitochondrial extramitochondrique
extramural extramural
extranodal extranodal
extranodulär extranodulaire
extranukleär extranucléaire
extraoral extraoral
extraorbital extraorbitaire
extraossär extraosseux
extraovariell extraovarien
extrapankreatisch extrapancréatique
extrapapillär extrapapillaire
extrapelvin extrapelvien
extraperitoneal extrapéritonéal
extrapleural extrapleural
extrapolieren extrapoler

extraprostatisch extraprostatique
Extrapolierung f. extrapolation f.
extrapulmonal extrapulmonaire
extrapyramidal extrapyramidal
Extrareiz m. extrastimulation f.
extrarenal extrarénal
extraserös extraséreux
extrasphinkterisch extrasphinctérien
extrasynovial extrasynovial
Extrasystole f. extrasystole f.
Extrasystole, supraventrikuläre f. extrasystole supraventriculaire f.
Extrasystole, ventrikuläre f. extrasystole ventriculaire f.
Extrasystole, Vorhof f. extrasystole auriculaire f.
extratemporal extratemporal
extratracheal extratrachéal
extratubal extratubaire
extrauterin extrautérin
Extrauteringravidität f. grossesse extrautérine f.
extravaginal extravaginal
Extravasat n. extravasation f.
extravaskulär extravasculaire
extraventrikulär extraventriculaire
extravertebral extravertébral
extravertieren faire une extraversion
extravesikal extravésical
extrazellulär extracellulaire
extrazelluläre Flüssigkeit (ECF) f. liquide extracellulaire m.
extraziliär extraciliaire
extrem extrême
Extremität f. extrémité f.
Extremitätenelektrode f. électrode périphérique f.
extrinsic factor m. facteur extrinsèque m.
extrophie f. extrophie f.
Extroversion f. extroversion f.
extrudieren réaliser une extrusion
Extrusion f. extrusion f.
Extubation f. extubation f.
Extubator m. extubateur m.
extubieren extuber
exzéntrisch excentrique
Exzess m. excès m.
exzessiv excessif
exzidieren exciser
Exzipiens n. excipient m.
Exzision f. excision f.
Exzyklophorie f. excyclophorie f.
Ezetimib n. ézétimib m.
E-Zigarette (elektronische Zigarette) f. cigarette électronique f.

F

Fab n. fab m.
Fabella f. fabella f.
Fabrysche Krankheit f. maladie de Fabry f.
Facette f. facette f.
Facettenkrone f. couronne à facette f.
facettiert facetté
Facharzt m. spécialiste m.
Facharzt für Anästhesie m. anesthésiste m.
Facharzt für Augenkrankheiten m. ophtalmologue m.
Facharzt für Bakteriologie m. bactériologue m.
Facharzt für Chirurgie m. chirurgien m.
Facharzt für Frauenkrankheiten m. gynécologue m.
Facharzt für Geschlechtskrankheiten m. vénérologue m.
Facharzt für Gynäkologie m. gynécologue m.
Facharzt für Hals-Nasen-Ohrenleiden m. oto-rhino-laryngologiste (ORL) m.
Facharzt für Hygiene m. spécialiste d'hygiène et médecine préventive m.
Facharzt für innere Medizin m. spécialiste de médecine interne m.
Facharzt für Kinderkrankheiten m. pédiatre m.
Facharzt für Neurologie m. neurologue m.
Facharzt für Orthopädie m. orthopède m.
Facharzt für Pathologie m. spécialiste d'anatomo-pathologie m.
Facharzt für Psychiatrie m. psychiatre m.
Facharzt für Radiologie m. radiologue m.
Facharzt für Röntgenologie m. roentgenologue m.
Facharzt für Urologie m. urologue m.
Fachärztin f. spécialiste f.
Fachweiterbildung f. spécialisation f.
Fachzeitschrift f. revue spécialisée f.
Facioliasis f. facioliasis f.
FAD (Flavin-Adenin-Dinukleotid) n. FAD (flavine adéninedinucléotide) f.
Faden m. fil m., filament m.
Fadenabschneider m. coupe-fil m.
fadenbildend filamenteux
Fadeneiterung f. suppuration d'une suture f.
Fadenfänger m. pêche-fil m.
fadenförmig filiforme
Fadenführer m. porte-fil m.
Fadengabel f. griffe f.
Fadenwurm m. filaire f.
Fadrozol n. fadrozole m.

Fagopyrismus m. fagopyrisme m.
fähig capable
Fähigkeit f. aptitude f., capacité f., faculté f.
Fahrrad-Ergometrie f. ergométrie (bicyclette) f.
Fahrstuhlschwindel m. vertige d'ascension m.
Fahrtauglichkeit f. aptitude à conduire f.
fäkal fécal
Faktor m. facteur m.
Faktor, pathogener m. facteur pathogène m.
Faktor, thrombozytenaktivierender m. facteur d'activation des plaquettes (PAF) m.
Faktor-Xa-Inhibitor m. bloquant du facteur Xa m.
fäkulent féculent
Fakultät f. faculté f.
fakultativ facultatif
Fall (Casus) m. cas m.
Fall (Sturz) m. chute f.
fällen (chem.) précipiter
Fallfuß m. pied ballant m.
Fallhand f. main ballante f.
Fallotsche Pentalogie f. pentalogie de Fallot f.
Fallotsche Tetralogie f. tétralogie de Fallot f.
Fallotsche Trilogie f. trilogie de Fallot f.
Fallstudie f. étude de cas f.
Fallsucht f. épilepsie f.
fallsüchtig épileptique
falsch artificiel, érroné, faux
falsch-negativ faussement négatif
falsch-positiv faussement positif
Fälschung f. faux m.
Faltapparat m. plieuse f.
Falte f. pli m., repli m.
falten froncer, plier
Faltung f. pliage m., plissement m.
familiär familier
Familienplanung f. planing familial m.
Famotidin n. famotidine f.
fanatisch fanatique
Fango m. fango m.
Fangzahn m. dent qui saisit la proie f.
Farad n. farad m.
Faradayscher Käfig m. cage de Faraday f.
Faradisation f. faradisation f.
faradisch faradique
faradisieren faradiser
Farbanpassung f. adaptation de la teinte f. (dent.)
färbbar colorable

Farbe f. couleur f., teinte f.
Färbeindex m. index globulaire m.
Färbemethode f. méthode de coloration f.
färben colorer, teindre
Färben n. coloration f.
farbenblind daltonien
farbenblinde Person f. daltonien m., personne ayant une achromasie f.
Farbenblindheit f. achromasie f., daltonisme m.
Farbensinn m. sens des couleurs m.
Farbentüchtigkeit f. bonne vision des couleurs f.
Färbeschale f. coupelle de coloration f.
Farbstoff m. colorant m., teinture f.
Farbstoffverdünnungskurve f. courbe de dilution du colorant f.
Färbung f. coloration f., teinture f.
Farmerhaut f. dermatite du fermier f.
Farmerlunge f. poumon du fermier m.
Farn m. fougère f.
Farnesyldiphosphat n. farnésyldiphosphate m.
Farren m. jeune taureau m.
Färse f. génisse f.
Fasciola hepatica f. Fasciola hepatica f.
Fasciolopsiasis f. affection à Fasciolopsis f.
Faser f. fibre f.
Faserknorpel m. fibrocartilage m.
Fasernetz n. réseau fibreux m.
Faserwerk n. réseau fibreux m.
Fassungsvermögen n. contenance f.
Fasszange f. davier m., pince à séquestre f.
fasten jeûner
Faszie f. aponévrose f., fascia m.
Fasziektomie f. fasciectomie f.
Fasziendoppelung f. duplication aponévrotique f.
Faszienfensterung f. fistule aponévrotique f.
Faszienplastik f. aponévroplastie f.
Fasziitis f. fasciite f.
faszikulär fasciculé
Fasziodese f. fasciodèse f.
Faszioliasis f. atteinte par Fasciola f.
Fasziotomie f. fasciotomie f.
Faulbrut f. couvée putride f. (vétér.)
Faulecke f. perlèche f.
faulen se corrompre
faulig putride
Fäulnis f. pourriture f., putréfaction f.
Fäulnisstuhl m. selles putrides f. pl.
Faulschlamm m. boue sapropélique f.
Fauna f. faune f.
Faust f. poing m.
Faustregel f. règle approximative f.

Favismus m. favisme m.
Favus m. favus m.
Fazadinium n. fazadinium m.
Fazette f. facette f.
fazettiert facetté
Fazialis-Nerv m. nerf facial m.
Fazialislähmung f. paralysie faciale de Bell f.
faziobrachial faciobrachial
faziolingual faciolingual
fazioskapulohumeral facioscapulohuméral
Fazioversion f. facioversion f.
faziozervikal faciocervical
Febantel n. fébantel m.
Febarbamat n. fébarbamate m.
Febris undulans f. fièvre ondulante f.
Fechterstellung f. projection droite antérieure oblique f.
Feder (Tierfeder) f. plume f.
Feder (z. B. Uhrfeder) f. ressort m.
Federallergie f. allergie à la plume f.
Federklemme f. clamp à ressort m.
Federschloss n. fermeture à ressort f.
Fedrilat n. fédrilate m.
Feersche Krankheit f. acrodynie infantile de Selter-Swift-Feer f.
Fehlassimilation f. malassimilation f.
Fehlbehandlung f. traitement inadéquat m.
Fehlbelichtung f. mauvaise exposition f.
Fehlbildung f. malformation f.
Fehldiagnose f. diagnostic erroné m.
fehlen manquer
Fehlen des Augenlides n. ablépharie f.
Fehlentwicklung f. trouble du développement m.
Fehler m. défaut m., faute f.
Fehlerbereich m. zone d'erreur f.
fehlerhaft défectueux, incorrect
Fehlernährung f. malnutrition f.
Fehlfunktion f. dysfonction f.
Fehlgeburt f. avortement m., fausse couche f.
Fehlgeburt, drohende f. avortement imminent m.
Fehlgeburt, künstliche f. avortement artificiel m.
Fehlgeburt, septische f. avortement septique m.
Fehlgeburt, verhaltene f. missed abortion m.
Fehlguss m. moulage défectueux m. (dent.)
Fehlhaltung, psychische f. mauvaise attitude psychique f.
Fehling-Probe f. test de Fehling m.
Fehllage (obstetr.) f. présentation pathologique f.
Fehlleistung f. acte manqué m.
Fehlstellung f. malposition f.

feien (gegen)   immuniser (contre)
Feigwarze f.   condylome acuminé m.
Feile f.   lime f.
feilen   limer
Feineinstellung f.   adaptation exacte f.
Feinfokus m.   foyer précis m.
Feinnadelbiopsie f.   biopsie à l'aiguille fine f.
Feinstfokus m.   foyer de haute précision m.
Feinstruktur f.   structure fine f.
Felbamat n.   felbamate m.
Felbinac n.   felbinac m.
Feldbestrahlung f.   radiothérapie de champ f.
Feldemission f.   émission de champ f.
Feldstärke f.   intensité du champ f.
Feldstudie f.   étude clinique f.
Feldversuch m.   essai sur le terrain m.
Fell n.   pelage m.
Fellatio f.   fellation f.
Felodipin n.   félodipine f.
Felsenbein n.   rocher m.
Felty-Syndrom n.   syndrome de Felty m.
Felypressin n.   félypressine f.
Fenconazol n.   fenconazole f.
feminisieren   féminiser
Feminisierung f.   féminisation f.
femoral   fémoral
femorofemoral   fémorofémoral
femoropopliteal   fémoropoplité
Fenchel m.   fenouil m.
Fendilin n.   fendiline f.
Fenetyllin n.   fénétylline f.
Fenfluramin n.   fenfluramine f.
Fenofibrat n.   fénofibrate m.
Fenoverin n.   fénovérine f.
Fenoxypropazin n.   fénoxypropazine f.
Fenozolon n.   fénozolone f.
Fenpipramid n.   fenpipramide m.
Fenquizon n.   fenquizone f.
fenstern   pratiquer une fénestration
Fensterung f.   fénestration f., trépanation f.
Feredetat n.   férédétate m.
Ferkel n.   porcelet m.
Ferment n.   enzyme m. oder f., ferment m.
fermentativ   fermentaire
fermentieren   fermenter
Fermentlehre f.   enzymologie f.
Fermium n.   fermium m.
Fernbedienung f.   télécommande f.
Fernbehandlung f.   traitement à distance m.
Fernbestrahlung f.   téléradiothérapie f.
Fernbrille f.   lunettes pour la vision à distance f. pl.
Fernmessung f.   mesure télémétrique f.
Fernmetastase f.   métastase à distance f.
Fernschmerz m.   douleur rapportée f.
Fernsehen n.   télévision f.
Fernsehkette f.   chaîne de télévision f.
fernsichtig   hypermétrope
Fernthermometer n.   téléthermomètre m.
Ferratazelle f.   cellule de Ferrata f.
Ferricytochrom n.   ferricytochrome m.
Ferrioxamin n.   ferrioxamine f.
Ferrit n.   ferrite f.
Ferritin n.   ferritine f.
Ferrizyanid n.   ferricyanure m.
Ferrizytochrom n.   ferricytochrome m.
Ferrochelat n.   ferrochélate m.
Ferrocholinat n.   ferrocholinate m.
Ferroglyzin n.   ferroglycine f.
Ferrokinetik f.   ferrocinétique f.
ferrokinetisch   ferrocinétique
Ferrolaktat n.   ferrolactate m.
Ferrum reductum n.   fer réduit m.
Ferse f.   talon m.
Fersensporn m.   éperon du calcanéum m.
Fertigkrone f.   couronne préformée f.
Ferulat n.   férulate m.
Fessel f.   entrave f. (vétér.)
Fesselgelenk n.   paturon m.
fest   ferme
festhaftend   adhésif
Festphase f.   phase solide f.
festsitzend   fixé
feststehend   établi, fixé
Fetischismus m.   fétichisme m.
fetofetal   foetofoetal
fetomaternal   foetomaternel
Fetopathie f.   foetopathie f.
fetoplazentar   foetoplacentaire
Fetoprotein n.   foetoprotéine f.
Fetoskopie f.   foetoscopie f.
fetotoxisch   foetotoxique
fett   adipeux, gras
Fett n.   graisse f.
Fettdepot n.   dépôt de graisse m.
Fettembolie f.   embolie graisseuse f.
Fettgewebe n.   tissu adipeux m.
Fettgewebeentzündung f.   inflammation du tissu adipeux f.
Fettherz n.   coeur gras m.
fettig   adipeux, graisseux
Fettleber f.   stéatose du foie f.
fettleibig   obèse
Fettleibigkeit f.   embonpoint m., obésité f.
fettlöslich   liposoluble
Fettphanerose f.   lipophanérose f.
Fettpneumonie f.   lipopneumopathie f.
fettspaltend   dissociant les graisses
Fettspeicherzelle f.   cellule chargée en lipide f.

Fettstoffwechsel m. métabolisme lipidique m.
Fettstuhl m. stéatorrhée f.
Fettsucht f. adipose f., obésité f.
Fettzelle f. adipocyte m.
Fettzirrhose f. cirrhose adipeuse f.
Fettzylinder m. cylindre adipeux m.
Fetuin n. glycoprotéine foetale f.
feucht humide, mouillé
Feuchtigkeit f. humidité f.
Feuchtigkeitsgrad m. degré hygrométrique m.
feuerfest résistant au feu
feuergefährlich inflammable
Feuersteinleber f. foie silex m.
FFS (freie Fettsäuren) f. pl. NEFA (acides gras non estérifiés) m. pl.
FI (Färbeindex) m. index de coloration m.
Fiberoptik f. fibro-optique f.
fibrillär fibrillaire
Fibrille f. fibrille f.
fibrillieren fibriller
Fibrillose f. fibrillose f.
Fibrin n. fibrine f.
fibrinogen fibrinogène
Fibrinogen n. fibrinogène m.
Fibrinogenopenie f. fibrinogénopénie f.
fibrinoid fibrinoïde
Fibrinokinase f. fibrinokinase f.
Fibrinolyse f. fibrinolyse f.
Fibrinolysin n. fibrinolysine f.
Fibrinolysokinase f. fibrinolysokinase f.
fibrinolytisch fibrinolytique
fibrinolytisch fibrinolytique
Fibrinopenie f. fibrinopénie f.
Fibrinopeptid n. fibrinopeptide m.
fibrinös fibrineux
Fibroadenie f. fibroadénie f.
Fibroadenom n. fibroadénome m.
fibroareolär fibroaréolaire
Fibroblast m. fibroblaste m.
Fibroblastom n. fibroblastome m.
Fibroelastose f. fibroélastose f.
Fibroendoskopie f. fibroscopie f.
fibroendoskopisch fibroscopique
Fibroepitheliom n. fibroépithéliome m.
Fibrogliom n. fibrogliome m.
Fibrohistiozytom n. fibrohistiocytome m.
fibrohyalin fibrohyalin
fibroid fibroïde
fibrokartilaginös fibrocartilagineux
Fibrokarzinom n. fibrocarcinome m.
Fibrokeratom n. fibrokératome m.
fibrolamellär fibrolamellaire
Fibrolipom n. fibrolipome m.

Fibrolysin n. fibrolysine f.
Fibrom n. fibrome m.
fibromatös fibromateux
Fibromatose f. fibromatose f.
fibromuskulär fibromusculaire
Fibromyalgie f. fibromyalgie f.
Fibromyom n. fibromyome m.
fibromyxoid fibromyxoïde
Fibromyxom n. fibromyxome m.
Fibromyxosarkom n. fibromyxosarcome m.
Fibronectin n. fibronectine f.
Fibroosteoklasie f. fibro-ostéoclasie f.
Fibroostitis f. fibro-ostéite f.
Fibroplasie f. fibroplasie f.
Fibroplastin n. fibroplastine f.
fibroplastisch fibroplastique
fibrös fibreux
Fibrosarkom n. fibrosarcome m.
Fibrose f. fibrose f.
Fibrositis f. fibrosite f.
fibrozystisch fibrocystique
Fibrozyt m. fibrocyte m.
fibulär fibulaire
Fichtennadelbad n. bain aux extraits de pin m.
Fieber n. fièvre f.
Fieber der Mittelmeerländer, gehäuft auftretendes n. fièvre méditerranéenne familiale (FMF) f.
Fieber, Katayama n. fièvre Katayama f.
Fieber, Krim-Kongo n. fièvre du Congo f.
Fieber, Lassa n. fièvre de Lassa f.
Fieber, Marburg n. fièvre de Marburg f.
Fieber, hitziges n. hyperthermie avec frisson f.
Fieber, undulierendes n. fièvre ondulante f.
Fieber ungeklärter Ursache n. fièvre d'étiologie inconnue f.
Fieberanfall m. accès de fièvre m.
fiebererzeugend pyrétogène
fieberhaft fébrile
Fieberhitze f. chaleur fébrile f.
fieberkrank fiévreux
Fieberkurve f. courbe de température f.
Fiebermittel n. antipyrétique m.
fiebern fièvre, avoir la
fiebersenkend antipyrétique
Fiebertherapie f. pyrétothérapie f.
Fieberthermometer n. thermomètre médical m.
Fiebertraum m. rêve fébrile m.
fiebrig fébrile
filamentös filamenteux
Filaria bancrofti f. Wucheria bancrofti f.
Filaria loa f. loa-loa f.

Filariasis f. filariose f.
Filarie f. filaire f.
Filgrastim n. filgrastim m.
filial filial
filiform filiforme
Film m. film m., film radiographique m.
Filmbeschriftung f. marquage du film m.
Filmbetrachtungsgerät n. vidéoécran (radiologique) m.
Filmdosimeter n. dosimètre (de film radiographique) m.
Filmempfindlichkeit f. sensibilité du film f.
Filmentwicklung f. développement du film m.
Filmentwicklungsmaschine f. système de développement des films radiographiques m.
Filmformat n. format du film m.
Filmhalter m. porte film m.
Filmtrockengestell n. support de séchage m.
Filmtrockner m. sèche-film m.
Filmwechsler m. changeur de film m.
Filter n. filtre m.
Filterpapier n. papier filtre m.
filtrabel filtrable
Filtrat n. produit filtré m.
Filtration f. filtration f.
filtrierbar filtrable
filtrieren filtrer
Filtrierpumpe f. pompe de filtrage f.
Filtrierung f. filtration f.
Filzlaus f. pou du pubis m.
Filzlausbefall m. phtiriase inguinale f.
Fimbria f. fimbria f.
Fimbriolyse f. fimbriolyse f.
final final
Finder m. chercheur m.
Finger m. doigt m.
Finger, schnellender m. doigt à ressort m.
Fingerabdruck m. dactylogramme m., empreinte digitale f.
Fingeragnosie f. agnosie digitale f.
Fingergelenk n. articulation du doigt f.
Fingerhut (botan.) m. digitale f.
Fingerhutkrone f. couronne „thimble crown" f.
Fingerknöchelpolster n. bourrelet des jointures des doigts m.
Fingerling m. doigtier m.
Fingernagel m. ongle du doigt m.
Fingernägelbeißen n. rongement des ongles m.
Finger-Nasen-Versuch m. épreuve doigt-nez f.
Fingerschützer m. protection du doigt f.

Fingerspitze f. bout du doigt m.
Fingerverwachsung f. syndactylie f.
fingieren simuler
Finierbohrer m. fraise de finition f.
finieren réaliser la finition
Finierer m. moyen de finition m.
Finierfeile f. polissoir de finition m.
Finierinstrument n. instrument de finition m.
Finne f. bouton m. (dermatol.), cysticerque m. (parasitol.)
Finsenlampe f. lampe de Finsen f.
Fipexid n. fipexide m.
Fischbandwurm m. ténia du poisson m.
Fischmaulschnitt m. incision en „bouche de poisson" f.
Fischvergiftung f. empoisonnement par le poisson m.
Fischwirbel m. vertèbre aplatie-concave f.
Fissur f. fissure f.
Fissurenbohrer m. fraise à fissure f.
Fistel f. fistule f.
Fistel, arteriovenöse f. fistule artérioveineuse f.
Fistelbildung f. formation d'une fistule f.
Fistulektomie f. fistulectomie f.
Fistulographie f. fistulographie f.
fistulös fistuleux
Fistulotomie f. fistulotomie f.
Fixationsnystagmus m. nystagmus optocinétique m.
Fixator m. fixateur m.
Fixierbad n. bain de fixage m.
fixieren fixer
Fixiermittel n. fixateur m.
Fixierpinzette f. pince à fixation f.
Fixierung f. fixation f.
Fixiervorrichtung f. système de contention m.
Flachbrust f. poitrine plate f.
Fläche f. surface f.
Flächenvektor m. vecteur de surface m.
Flachmeißel m. ciseau plat m.
Flachrücken m. dos plat m.
Flachschraube f. vis plate f.
flachzellig planocellulaire
Flagellation f. flagellation f.
Flagellin n. flagelline f.
Flaggellata n. pl. flagellés m. pl.
Flammenphotometer n. photomètre de flamme m.
Flammenphotometrie f. photométrie de flamme f.
flammig d'aspect flammé
Flanellbinde f. bande de flanelle f.

Flanke f. flanc m.
Flankenschnitt m. incision dorso-lombaire f.
Fläschchen n. flacon m.
Flasche f. bouteille f.
Flaschenkind n. enfant au biberon m.
Flaschenverschluss m. fermeture de bouteille f.
Flattern n. battement m., flutter m.
Flatulenz f. flatulence f.
Flavan n. flavane f.
Flavanon n. flavanone f.
Flavin n. flavine f.
Flavin-Adenin-Dinukleotid n. flavine adénine dinucléotide f.
Flavobacterium n. Flavobacterium m.
Flavon n. flavone f.
Flavonat n. flavonate m.
flavonoid flavonoïde
Flavonolignan n. flavonolignane m.
Flavoprotein n. flavoprotéine f.
Flavoxat n. flavoxate m.
Flecainid n. flécaïnide m.
Flechsigsches Bündel n. faisceau de Flechsig m.
Flechte f. dartre m., lichen m.
flechtenartig lichenoïde
Fleck m. macule f., plaque f., tache f.
Fleck, blinder m. papille optique f., tache aveugle f., tache de Mariotte f.
Fleckfieber n. typhus pétéchial m.
fleckfieberartig typhoïde
fleckfieberförmig typhoïdiforme
fleckig maculé, tacheté
Flecktyphus m. fièvre typhoïde f.
Fleisch n. chair f.
Fleisch, wildes n. bourgeon charnu m., granulation f.
Fleischbeschauer m. inspecteur sanitaire des abattoirs m.
Fleischbrühe f. bouillon de viande m.
Fleischerscher Kornealring m. anneau cornéen de Fleischer m.
fleischfressend carnivore
fleischig charnu
Fleischkost f. régime carné m.
Fleischmole f. môle charnue f.
Flexibilität f. flexibilité f.
Flexion f. flexion f.
Flexner-Bazillus m. bacille de Flexner m.
Flexor m. muscle fléchisseur m.
Flexur f. angle m.
Fliederblüte f. fleur de lilas f.
Fliege f. mouche f.
Fliegenpilz m. agaric tue-mouche m.
Fliegerkrankheit f. mal des aviateurs m.
fliegertauglich apte au vol
Fließeigenschaft f. tendance à couler f.
Fließgleichgewicht n. état d'équilibre „steady state" m.
Fließmittel (chromatogr.) n. système solvant m.
Fließpapier n. papier buvard m.
Flimmerepithel n. épithélium vibratile m.
Flimmerflattern n. fibrillo-flutter m.
flimmern fibriller (cardiol.), scintiller
Flimmern n. fibrillation f., scintillation f., scintillement m.
Flimmerskotom n. scotome scintillant m.
Flintsches Geräusch n. roulement de Flint m.
Floccilegium n. carphologie f.
Flocke f. flocon m.
Flockenlesen n. carphologie f., crocidisme m.
flockig floconneux
Flockung f. floculation f.
Flockungsreaktion f. réaction de floculation f.
Floh m. puce f.
floppy valve prolapsus mitral du syndrome de Barlow m.
Flora f. flore f.
Florenal n. fluorénal m.
Flotation f. flottation f.
Flottieren n. flottation f.
Floxacin n. floxacine f.
Fluacizin n. fluacizine f.
Flubendazol n. flubendazole m.
flüchtig volatil
flüchtig, leicht très volatil
flüchtig, schwer peu volatil
Fluchtreflex m. réflexe de défense m.
Fluclorolon n. fluclorolone f.
Fluconazol n. fluconazole m.
Flucytosin n. flucytosine f.
Fludrocortison n. fludrocortisone f.
Fludroxycortid n. flurandrénolide m.
Flufenamat n. flufénamate m.
Flügel m. aile f., lobe m.
Flügelbissfilm m. „bitewing" m.
Flügelfell n. ptérygion m.
Flügelkanüle f. canule à ailettes f.
Flügelplatte f. plaque ailiforme f.
Fluidextrakt m. extrait liquidien m.
Fluidographie f. fluidographie f.
fluidographisch fluidographique
Fluktuation f. fluctuation f.
fluktuieren fluctuer
fluktuierend fluctuant
Flumazenil n. flumazénil m.
Flumethason n. fluméthasone f.

Flumethiazid n. fluméthiazide m.
Flunarizin n. flunarizine f.
Flunisolid n. flunisolide m.
Flunitrazepam n. flunitrazepam m.
Fluocinolon n. fluocinolone f.
Fluocortolon n. fluocortolone f.
Fluor m. écoulement m., fluor m., flux m.
Fluor albus m. leucorrhée f.
Fluoranil n. fluoranile m.
Fluorapatit m. fluoroapatite f.
Fluorazetat n. fluoroacétate m.
Fluorbenzid n. fluorbenside m.
Fluorchinolon n. fluoroquinolone f.
Fluorchlorkohlenwasserstoff m. fluorochlorohydrocarbone m.
Fluorchromierung f. coloration fluorescente f.
Fluorodesoxyglucose m. fluorodesoxyglucose m.
Fluordesoxyglucosetest (roentg.) m. test au fluordesoxyglucose m.
Fluordesoxythymidin n. fluordésoxythymidine f.
Fluorodesoxyuridin n. fluorodesoxyuridine f.
Fluoren n. fluorène m.
Fluorenal n. fluorénal m.
Fluorenon n. fluorénone f.
Fluorenylazetamid n. fluorénylacétamide m.
Fluoreszein n. fluorescéine f.
Fluoreszenz f. fluorescence f.
Fluorid n. fluorure m.
fluorieren fluorer
Fluorierung f. fluoration f.
Fluorit n. fluorite f.
Fluoroborat n. fluoroborate m.
Fluorohydrocortison n. fluorohydrocortisone f.
Fluorometholon n. fluorométholone f.
Fluorophosphat n. fluorophosphate m.
Fluoroprednisolon n. fluoroprednisolone f.
Fluoropyrimidin n. fluoropyrimidine f.
Fluorose f. fluorose f.
Fluoroskopie f. fluoroscopie f.
fluoroskopisch fluoroscopique
Fluorouracil n. fluorouracile m.
Fluorozyt m. fluorocyte m.
Fluorozytosin n. fluorocytosine f.
Fluorvergiftung f. intoxication fluorée f.
Fluoxacin n. fluoxacine f.
Fluoxamin n. fluoxamine f.
Fluoxetin n. fluoxétine f.
Fluran n. flurane m.
Flurocitabin n. flurocitabine f.
Flurophat n. flurophate m.

Flurotyl n. flurotyle m.
Fluroxen n. fluroxène m.
Flush m. flush m.
Fluspirilen n. fluspirilène m.
Fluss m. flux m., rhume m.
flüssig fluide, liquide
Flüssigkeit f. fluide m., liquide m.
Flüssigkeit, extrazelluläre f. liquide extracellulaire m.
Flüssigkeitsansammlung f. collection liquide f.
Flüssigkeitschromatograph m. chromatographe à phase liquidienne
Flüssigkeitschromatographie f. chromatographie à phase liquidienne f.
Flüssigkeitsersatz m. remplissage liquidien m.
Flüssigkeitslunge f. poumon oedémateux m.
Flüssigkeitsretention f. rétention liquidienne f.
Flüssigkeitsspiegel m. niveau liquidien m.
Flüssigkeitsverlust m. perte liquidienne f.
Flüssigkristallthermographie f. cristothermographie liquide f.
Flussmesser m. débimètre m.
Flussmittel n. flux m., fondant m.
flüstern chuchoter
Flüsterprobe f. test de chuchotement m.
Flüstersprache f. voix chuchotée f.
Flutamid n. flutamide m.
Flutwelle f. raz de marée m.
Fluvograph m. fluviographe m.
fluvographisch fluviographique
Fluzytosin n. flucytosine f.
Fogarty-Katheter m. cathéter de Fogarty m.
fohlen pouliner
fokal focal
Fokalinfektion f. infection focale f.
Fokaltoxikose f. toxicose focale f.
Fokus m. foyer m.
Fokus-Filmabstand m. distance foyer-film f.
Fokus-Objektabstand m. distance foyer-objet f.
Fokus-Schirmabstand m. distance foyer-écran f.
fokussieren focaliser
Fokussierung f. focalisation f.
Folat n. folate m.
Folgeerscheinung f. séquelle f., suite f.
Folgerung f. déduction f., implication f.
Folie f. feuille f.
Folienabdruck m. impression sur feuille f.
Folienträger m. porteur de feuille m.
Folinat n. folinate m.
Folinerin n. folinérine f.

Folliculitis decalvans f. folliculite épilante f.
Follikel m. follicule m.
Follikelhormon n. folliculine f., oestrone f.
Follikelphase f. phase folliculaire proliférative f.
Follikelreifungshormon n. hormone de maturation folliculaire f.
follikulär folliculaire
Follikulitis f. folliculite f.
Fomivirsen n. fomivirsène m.
Fontanelle f. fontanelle f.
Forage f. forage m.
Foraminotomie f. foraminotomie f.
forbidden clones forbidden clones
forciert forcé
forcierte Vitalkapazität f. capacité vitale forcée f.
Förderung f. facilitation f., favorisation f.
forensisch médico-légal
Form f. forme f., moule m.
Formaldehyd m. formaldéhyde f.
Formamid n. formamide m.
Formamidase f. formamidase f.
Formamidin n. formamidine f.
Format n. format m.
Formband n. liseré matriciel m. (dent.)
Formebolon n. formébolone f.
Formel f. formule f.
Formelsammlung f. formulaire m.
Formiat n. formiate m.
Formiminotransferase f. formiminotransférase f.
Forminitrazol n. forminitrazole f.
Formolgelreaktion f. formol-gélification f.
Formoterol n. formotérol m.
Formothion n. formothione f.
Formular n. formulaire m.
Formyl n. formyle m.
Formylase f. formylase f.
Formylglutamat n. formylglutamate m.
Formylkynurenin n. formylkynurénine f.
Formyltransferase f. formyltransférase f.
Fornikotomie f. fornicotomie f.
forschen explorer, rechercher
Forscher m. chercheur m.
Forschung f. investigation f., recherche f.
Forschungslabor n. laboratoire de recherche m.
Förstersche Operation f. rhizotomie postérieure de Foerster f.
Fortbewegung f. locomotion f.
Fortbildung f. formation continue f., perfectionnement m.
fortdauernd perpétuel
fortpflanzen propager, reproduire

Fortpflanzung f. reproduction f.
Fortpflanzung, medizinisch unterstützte f. procréation médicalement assistée (PMA) f.
Fortpflanzungs… reproducteur
Fortsatz m. prolongement m.
fortschreiten progresser
Fortschritt m. progrès m.
Fortschritte m. pl. progrès m. pl.
Foscarnet foscarnet
Fosfat n. phosphate m.
Fosmidomycin n. fosmidomycine f.
Fosfomycin n. fosfomycine f.
fötal foetal
Fotemustin n. fotemustine f.
fötid fétide
fötomaternal foetomaternel
Fötopathie f. foetopathie f.
fotoplazentar foetoplacentaire
Fötoprotein n. faetoprotéine f.
Fötor m. foetor m.
Fötoskopie f. foetoscopie f.
fötotoxisch foetotoxique
Fötus m. foetus m.
Fovea f. fovea f.
foveal fovéal
Fowlersche Lösung f. soluté de Fowler m.
Fox-Fordycesche Krankheit f. hidrosadénomes de Fox-Fordyce m. pl.
Fragilität f. fragilité f.
Fragilozyt m. fragilocyte m.
Fragment n. fragment m.
Fragmentation f. fragmentation f.
Fraktion f. fraction f.
fraktionieren fractionner
fraktioniert fractionné
Fraktionierung f. fractionnement m.
Fraktur f. fracture f.
Fraktur, Abschälungs- f. fracture clivée f.
Fraktur, Abspreng- f. fracture en écaille f.
Fraktur, Bennettsche f. fracture de Bennett f.
Fraktut, Biegungs- f. fracture d'hyperextension f.
Fraktur, Cooper- f. fracture de Cooper f.
Fraktur, Eierschalen- f. fracture esquilleuse f.
Fraktur, einfache f. fracture simple f.
Fraktur, eingekeilte f. fracture impactée f.
Fraktur, Ermüdungs- f. fracture de fatigue f.
Fraktur, extraartikuläre f. fracture extraarticulaire f.
Fraktur, extrakapsuläre f. fracture extra capsulaire f.
Fraktur, Gelenk- f. fracture articulaire f.

Fraktur, Gosselinsche f. fracture de Gosselin f.
Fraktur, Impressions- f. fracture du crâne avec enfoncement de la table interne f.
Fraktur, intrakapsuläre f. fracture intracapsulaire f.
Fraktur, komplizierte f. fracture complexe f.
Fraktur, komplizierte Splitter- f. fracture ouverte comminutive f.
Fraktur, Längs- f. fracture longitudinale f.
Fraktur, Loch- f. fracture en boutonnière f.
Fraktur, Marsch- f. fracture de marche f.
Fraktur, Monteggia- f. fracture de Monteggia f.
Fraktur, offene f. fracture ouverte f.
Fraktur, periartikuläre f. fracture péri-articulaire f.
Fraktur, pertrochantere f. fracture pertrochantérienne f.
Fraktur, Quer- f. fracture transversale f.
Fraktur, Quetsch- f. fracture par contusion f.
Fraktut, Schipper- f. fracture des marins f.
Fraktur, Schuss- f. fracture par projectile f.
Fraktur, Spiral- f. fracture spiroïde f.
Fraktur, Splitter- f. fracture comminutive f.
Fraktur, Spontan- f. fracture spontanée f.
Fraktur, Stieda- f. fracture de Stieda f.
Fraktur, subkapitale f. fracture subcapitale f.
Fraktur, suprakondyläre f. fracture supracondylaire f.
Fraktur, Trümmer- f. fracture broyéé f.
Frambösie f. framboesia f., pian m.
Frambösie-Exanthem n. framboesia cutanée f.
Framycetin n. framycétine f.
Franceschetti-Zwahlen-Syndrom n. syndrome de Franceschetti-Zwahlen m.
Francisella f. francisella f.
Francium n. francium m.
Frangulin n. franguloside m.
Frankenhäusersches Ganglion n. ganglion de Frankenhäuser m.
Frankfurter Horizontale f. plan otoorbital de Francfort m.
Franzbrandwein m. camphre mentholé m.
fräsen fraiser
Fraß m. (med.) carie f.
Frauenarzt m. gynécologue m.
Frauenärztin f. gynécologue f.
Frauenheilkunde f. gynécologie f.
Frauenklinik f. clinique gynécologique f.
Frauenkrankheit f. affection gynécologique f.
Frauenmilch f. lait humain m.

Fraunhofersche Linie f. ligne de Fraunhofer f.
Fra-X-Syndrom n. fragile X syndrome m.
Fraxiparin n. fraxiparine f.
Freiendprothese f. prothèse dentaire free-end f. (dent.)
freigeben libérer
freilegen découvrir, dénuder
Freilegung f. dénudation f.
freiliegend exposé
Freiluft f. plein air m.
Freiname (eines Medikamentes) m. dénomination commune f.
Freische Probe f. réaction de Frei f.
freisetzen libérer, produire
Freisetzung f. excrétion f., libération f.
freiwillig volontaire
Fremdkörper m. corps étranger m.
Fremdkörperzange f. pince à extraction f.
Fremdneurose f. névrose exogène f.
Fremdreflex m. réflexe extérorécepteur m.
Fremdstoff m. substance étrangère f.
Fremitus m. frémissement m.
Frenulotomie f. frénulotomie f.
Frenzelbrille f. lunettes d'exploration du nystagmus f. pl.
frequent fréquent
Frequenz f. fréquence f.
frequenzabhängig dépendant de la fréquence
fressen (veter.) dévorer, manger
Fressgier f. voracité f.
fressgierig vorace
Fressreflex m. mouvement réflexe de mastication m.
Fressstörung (veter.) f. trouble de l'alimentation m.
Fresszelle f. phagocyte m.
Frettchen n. furet m.
Freudscher Versprecher m. lapsus (Freud) m.
frieren avoir froid
frigid frigide
Frigidität f. frigidité f.
Friktion f. friction f.
Friktionismus m. perversion de frottement d'étoffes f.
Frischblut n. sang frais m.
Frischzelle f. cellule nouvelle f.
Fröhlichsches Syndrom n. dystrophie adiposo-génitale de Babinski-Froehlich f.
frontal frontal
Frontalebene f. plan frontal m.
Frontallappen m. lobe frontal m.
frontobasal frontobasal

frontonasal frontonasal
frontookzipital frontooccipital
frontoparietal frontopariétal
frontotemporal frontotemporal
frontozygomatisch frontozygomatique
Frontzahn m. dent de devant f.
Frosch m. grenouille f.
Froschbauch m. ventre de batracien m.
Froschgesicht n. face de grenouille f.
Froschherz n. coeur de grenouille m.
Frostbeule f. engelure f., érythème pernio m.
frösteln avoir des frissons
Frösteln n. frissonnement m.
fröstelnd frissonnant
frottieren frotter
Frovatriptan n. frovatriptane m.
Frucht (obstetr.) f. embryon m., foetus m.
Frucht f. fruit m.
fruchtbar fertile
fruchtbar machen fertiliser
Fruchtbarkeit f. fécondité f., fertilité f.
Fruchtblase f. membranes de l'oeuf m. pl.
Frucheinstellung f. présentation foetale f.
Fruchthaltung f. attitude intra-utérine f.
Fruchtschädigung f. embryopathie f.
Fruchttod m. mort foetale f.
Fruchttötung f. embryocide m.
Fruchtwasser n. liquide amniotique m.
Fruchtzucker m. fructose m.
früh prématuré, tôt
Frühantigen n. antigène précoce m.
Frühbehandlung f. traitement précoce m.
frühdiastolisch prédiastolique
Frühentdeckung f. détection précoce f.
Früherkennung f. diagnostic précoce m.
frühgeborenes Kind n. enfant né avant terme m., prématuré m.
Frühgeburt f. naissance prématurée f.
Frühjahrskonjunktivitis f. conjonctivite printannière f.
Frühjahrsmüdigkeit f. fatigue du printemps f.
frühkindlich de la petite enfance
Frühoperation f. opération réalisée tôt f.
frühreif précoce
Frühreife f. maturité précoce f.
Frühschwangerschaft f. début de grossesse m.
Frühsommermeningoenzephalitis f. méningo-encéphalite verno-estivale f.
Frühstadium n. stade précoce m.
Frühsyphilis, latente f. syphilis précoce latente f.
Fruktofuranosidase f. fructofuranosidase f.
Fruktokinase f. fructokinase f.

Fruktolyse f. fructolyse f.
Fruktose f. fructose m.
Fruktosurie f. fructosurie f.
frustran frustrant
Frustration f. frustration f.
FSH (follikelstimulierendes Hormon) n. FSH (hormone folliculo-stimulante) f.
FSME (Frühsommermeningoenzephalitis) f. méningo-encéphalite verno-estivale f.
FTA-Abs-Test (Fluoreszenz-Treponema-pallidum-Antikörper-Absorptionstest) m. FTA-ABS (fluorescent treponemal antibody adsorbed serum) m.
Ftalofyn n. ftalofyne f.
Fuadin n. fuadine f.
Fuberidazol n. fubéridazole m.
Fuchsbandwurm m. ténia du renard m.
Fuchsin n. fuchsine f.
Fuchsin-Agar m. agar-fuchsine m.
fuchsinophil fuchsinophile
Fuconat n. fuconate m.
Fucopentaose f. fucopentaose m.
Fucosamin n. fucosamine f.
Fucose f. fucose f.
Fucosedehydrogenase f. fucosedéhydrogénase f.
Fucosid n. fucoside m.
Fucosidase f. fucosidase f.
Fucosidose f. fucosidose m.
Fucosyllaktose f. fucosyllactose m.
Fucosyltransferase f. fucosyltransférase f.
Fuge f. jointure f.
Fugue f. fugue f.
fühlen ressentir, sentir
Fühler m. antenne f., tentacule (zool.) m.
Führungsdraht m. guide métallique m.
Fukos… siehe / voir Fucos…
Fulguration f. fulguration f.
füllen remplir
Füllkörper m. cellule de remplissage f.
Füllung f. obturation f., plombage m., remplissage m.
Füllungsdefekt m. défaut de remplissage m.
Füllungsdruck m. pression de remplissage f.
Füllungszeit f. temps de remplissage m.
fulminant fulminant
Fumarase f. fumarase f.
Fumarat n. fumarate m.
Fumigation f. fumigation f.
Fundament n. fondement m.
fundamental fondamental
Fundektomie f. fundusectomie f.
Fundoplicatio f. gastroplication f.
Fundus m. fond m., fundus m.
Funduskop n. ophtalmoscope m.

Funduskopie f. ophtalmoscopie f.
funduskopisch ophtalmoscopique
Fungämie f. fongémie f.
Fünfling m. quintuplé m.
Fünftagefieber n. fièvre de cinq jours f.
fünfwertig pentavalent
fungistatisch fungistatique
fungizid fungicide
fungös fongueux, spongieux
Fungus m. fungus m.
Funiculus spermaticus m. cordon spermatique m.
funikulär funiculaire
funikuläre Myelose f. myélose funiculaire f.
Funikulitis f. funiculite f.
Funikulus m. cordon m., funiculus m.
Funktion f. fonction f.
funktionell fonctionnel
funktionieren fonctionner
Funktionsdiagnostik f. diagnostic fonctionnel m.
Funktionskreis m. circuit fonctionnel m.
Funktionspfleger m. infirmier spécialisé m.
Funktionsschwester f. infirmière spécialisée f.
Funktionsstörung f. trouble fonctionnel m.
Furaltadon n. furaltadone f.
Furan n. furane m.
Furanocumarin n. furanocoumarine f.
Furanon n. furanone m.
Furanose f. furanose m.
Furanosid n. furanoside m.
Furazon n. furazone f.
Furche f. fente f., scissure f., sillon m.
furchen se segmenter
Furcht f. crainte f., peur f.
Furchung f. clivage m., segmentation f.
Furetonid n. furétonide m.
Furoat n. furoate m.
Furosemid n. furosémide m.
Fürsorge f. assistance f.
Fürsorgeerziehung f. éducation disciplinaire f.
Fürsorger m. assistant social m.
Fürsorgerin f. assistante sociale f.
Furunkel n. furoncle m.
furunkulös furonculaire
Furunkulose f. furonculose f.
Furylalanin n. furylalanine f.
Fuscin n. fuscine f.
Fuselöl n. alcool amylique m.
Fusidat n. fusidate m.
fusiform fusiforme
Fusion f. fusion f.
Fusobacterium fusiforme n. Fusobacterium fusiforme m.
Fusoborreliose f. fusoborréliose f.
fusospirillär fusospirillaire
Fuß m. pied m.
Fuß- und Handpflege f. pédicure-manicure f.
Fuß verstauchen, den fouler le pied
Fußbad n. bain de pied m.
Fußballen m. pl. éminences du gros et du petit orteil f. pl.
Fußekzem n. eczéma du pied m. (vétér.)
Fußgelenk n. cheville f.
Fußgewölbe n. voûte plantaire f.
Fußhebel m. levier à pédale m.
Fußklonus m. clonus du pied m.
Fußpflege f. pédicure f.
Fußpfleger m. pédicure m.
Fußpflegerin f. pédicure f.
Fußpuder n. poudre pour les pieds f.
Fußpuls m. pouls pédieux m.
Fußrücken m. dos du pied m.
Fußschalter m. commande à pied f.
Fußsohle f. plante du pied f.
Fußstütze f. repose-pied m.
Fußwurzel f. tarse m.
Fuszin n. fuscine f.
Futter n. mandrin m. (dent.), fourriture f. (vétér.)
Fütterung f. distribution de nourriture f.
Futurologie f. futurologie f.

G

Gabel f. fourche f., fourchette f.
Gabelrippe f. côtes soudées f. pl.
Gabelung f. bifurcation f.
Gabexat n. gabexate m.
GABS (Gammaaminobuttersäure) f. GABA (acide gamma-aminobutyrique) m.
Gadolinium n. gadolinium m.
gähnen bâiller
Gähnen n. bâillement m.
Gähnkrampf m. bâillement convulsif m.
galaktagog galactagogue
Galaktagogum n. galactagogue m.
Galaktan n. galactane m.
Galaktase f. galactase f.
Galaktit n. dulcitol m.
Galaktoflavin n. galactoflavine f.
Galaktokinase f. galactokinase f.
Galaktolipid n. galactolipide m.
Galaktopoese f. galactogenèse f.
Galaktorrhö f. galactorrhée f.
Galaktosämie f. galactosémie f.
Galaktosamin n. galactosamine f.
Galaktosaminyltransferase f. galactosaminyltransférase f.
Galaktose f. galactose m.
Galaktosebelastungsprobe f. épreuve de galactosurie provoquée f.
Galaktosetoleranz f. tolérance au galactose f.
Galaktosid n. galactoside m.
Galaktosidase f. galactosidase f.
Galaktosurie f. galactosurie f.
Galaktosyl n. galactosyle m.
Galaktosylhydroxylysyl n. galactosylhydroxylysyle m.
Galaktosyltransferase f. galactosyltransférase f.
Galaktozerebrosid n. galactocérébroside m.
Galaktozerebrosidose f. galactocérébrosidose m.
Galenik f. galénique f.
galenisch galénique
galenisches Mittel n. produit galénique m.
Galeotomie f. galéotomie f.
Gallamin n. gallamine f.
Gallat n. gallate m.
Galle f. bile f.
Gallen f. pl. vessigon m. (vétér.)
Gallenbildung f. formation de la bile f.
Gallenblase f. vésicule biliaire f.
Gallenfarbstoff m. pigment biliaire m.
Gallenfieber n. fièvre bilieuse f.
Gallenfistel f. fistule biliaire f.

Gallengang m. canal biliaire m., canal cholédoque m.
Gallengangsdränage f. drainage cholédoque m.
Gallenkolik f. colique hépatique f.
Gallenpulver n. poudre biliaire f.
Gallensalz n. sel biliaire m.
Gallensalz-Agar m. agar-sel biliaire m.
Gallenstein m. calcul biliaire m.
Gallensteinfasszange f. pince à mors fenêtré (pour calculs biliaires) f.
Gallentrakt m. tractus biliaire m.
Gallenwege f. pl. voies biliaires f. pl.
Gallerte f. gélatine f., pulpe f.
gallertig gélatineux
Gallertkrebs m. épithélioma mucipare m.
gallig biliaire, bilieux
galliges Erbrechen n. vomissement bilieux m.
Gallium n. gallium m.
Gallone f. gallon m.
Gallopamil n. gallopamil m.
Galmei m. calamine f.
Galopprhythmus m. bruit de galop m.
Galtonsche Pfeife f. sifflet de Galton m.
galvanisch galvanique
Galvanokaustik f. galvanocautérisation f.
Galvanometer n. galvanomètre m.
galvanotaktisch galvanotactique
Gambiafieber n. fièvre à Trypanosoma gambiense f.
Gamet m. gamète m.
Gametogonie f. gamétogonie f.
Gametopathie f. gamétopathie f.
Gametozyt m. gamétocyte m.
Gamma-GT (Gamma-Glutamyltransferase) f. gamma-GT (gammaglutamyltransférase) f.
Gammaglobulin n. gammaglobuline f.
Gammakamera f. gammacaméra f.
Gammaspektrometrie f. gammaspectrométrie f.
Gammastrahl m. rayon gamma m.
Gammastrahler m. émetteur gamma m.
Gammatron n. gammatron m.
Gammawelle f. onde gamma f.
Gammopathie f. gammopathie f.
Gamon n. gamone f.
Ganciclovir n. ganciclovir m.
Gang (Durchgang) m. canal m., conduit m., méat m.
Gang (Gehen) m. démarche f., marche f.

Gang

Gang, ataktischer m. démarche atactique f.
Gang, schlurfender m. marche en trainant les pieds f.
Gang, schwankender m. démarche tibutante f.
Gang, Stepper- m. steppage m.
Gang, watschelnder m. dandinement m.
Gang, zirkulärer m. marche en cercle f.
Gangart f. démarche f.
Gangliektomie f. gangliectomie f.
Ganglienblocker m. ganglioplégique m.
Ganglienzelle f. cellule ganglionnaire f.
Gangliogliom n. gangliogliome m.
Gangliom n. gangliome m.
Ganglion Gasseri n. ganglion de Gasser m.
Ganglion stellatum n. ganglion stellaire m.
Ganglionektomie f. ganglionectomie f.
Ganglioneuroblastom n. ganglioneuroblastome m.
Ganglioneurom n. ganglioneurome m.
Ganglionitis f. ganglionite f.
Ganglioplegikum n. ganglioplégique m.
Gangliosid n. ganglioside m.
Gangliosidose f. gangliosidose f.
Gangliozyt m. gangliocyte m.
Gangosa f. gangosa f.
Gangrän n. gangrène f.
gangränös gangréneux
Gangsystem n. système de passage m.
Gänsehaut f. chair de poule f.
Gänsehautreflex m. réflexe pilomoteur m.
Ganzglasspritze f. seringue tout verre f.
Ganzheit f. intégralité f.
Ganzkörper-Computertomographie f. scanographie générale f.
ganzkörperbestrahlt totalement irradié
Ganzkörperbestrahlung f. irradiation totale f.
Ganzmetallkrone f. couronne métallique f.
Gapicomin n. gapicomine f.
Gardnerelle f. Gardnerella f.
Gargoylismus m. gargoylisme m.
Garlandsches Dreieck n. angle de Garland m.
Garn n. fil m.
Gärung f. fermentation f.
Gärungsdyspepsie f. dyspepsie de fermentation f.
Gärungsprobe f. réaction de fermentation f.
Gas n. gaz m.
Gasanalysator m. gazoanalyseur m.
Gasanalyse f. analyse de gaz f.
gasartig gazeux
Gasaustausch m. échange gazeux m.
Gasbazillus m. Clostridium welchii m.
Gasbrand m. gangréne gazeuse f.
Gaschromatograph m. chromatographe en phase gazeuse m.
Gaschromatographie f. chromatographie gazeuse f.
Gasflasche f. bouteille de gaz f.
gasförmig gazeux
Gasrangrän n. gangrène gazeuse f.
Gasgangränantitoxin n. antitoxine de gangrène gazeuse f.
gasgefüllt rempli de gaz
Gassersches Ganglion n. ganglion de Gasser m.
Gastralgie f. gastralgie f.
gastralgisch gastralgique
Gastrektasie f. gastrectasie f.
Gastrektomie f. gastrectomie f.
Gastrin n. gastrine f.
Gastrinom n. gastrinome m.
gastrisch gastrique
Gastritis f. gastrite f.
gastritisch gastritique
Gastrocamera f. gastrocaméra f.
Gastrodisciasis f. entérite à Gastrodiscoïdes hominis f.
Gastrodiscoides m. gastrodiscoïdes m.
gastroduodenal gastroduodénal
Gastroduodenitis f. gastroduodénite f.
Gastroduodenostomie f. gastroduodénostomie f.
Gastroenteritis f. gastroentérite f.
Gastroenterokolitis f. gastroentérocolite f.
Gastroenterologe m. gastroentérologue m.
Gastroenterologie f. gastroentérologie f.
Gastroenterologin f. gastroentérologue f.
gastroenterologisch gastroentérologique
Gastroenteroptose f. gastroentéroptose f.
Gastrogastrostomie f. gastrogastrostomie f.
gastrogen gastrogène
gastrojejunal gastrojéjunal
Gastrojejunostomie f. gastrojéjunostomie f.
Gastrokamera f. gastrocaméra f.
gastrokardial gastrocardiaque
gastrokinetisch gastrocinétique
gastrokolisch gastrocolique
Gastrokolostomie f. gastrocolostomie f.
gastrolienal gastrosplénique
Gastron n. gastrone f.
Gastroparese f. gastroparésie f.
gastroparetisch gastroparétique
Gastropathie f. gastropathie f.
gastropathisch de gastropathie
Gastropexie f. gastropexie f.
Gastrophiliasis f. gastrophiliase f.
gastrophrenisch gastrophrénique

Gastroplastik f. gastroplastie f.
Gastroplegie f. gastroplégie f.
Gastroplicatio f. gastroplication f.
Gastroptose f. gastroptose f.
Gastroskop n. gastroscope m.
Gastroskopie f. gastroscopie f.
gastroskopisch gastroscopique
Gastrostomie f. gastrostomie f.
Gastrosukkorrhö f. gastrosuccorrhée de Reichmann f.
Gastrotomie f. gastrotomie f.
Gastrula f. gastrula f.
Gastrulation f. gastrulation f.
Gatifloxacin n. gatifloxacine f.
Gatte m. époux m., mari m.
Gattin f. épouse f., femme f.
Gattung f. espèce f., genre m., sorte f.
Gauchersche Krankheit f. maladie de Gaucher f.
Gaumen m. palais m.
Gaumen, harter m. voute palatine osseuse f.
Gaumen, weicher m. voile du palais m.
Gaumenbogen m. pilier du voile du palais m.
Gaumengeschwulst n. lampas m. (vétér.)
Gaumengewölbe n. voute du palais f.
Gaumenindex m. indice palatin m.
Gaumenmandel f. amygdale palatine f.
Gaumenplastik f. uranoplastie f.
Gaumenplatte (eines künstlichen Gebisses) f. base (d'une prothèse dentaire) f.
Gaumensegel n. voile du palais m.
Gaumensegellähmung f. paralysie du voile du palais f.
Gaumenspalte f. palatoschizis m.
Gay-Lussacsches Gesetz n. loi de Gay-Lussac f.
Gaze f. gaze f.
Gazestreifen m. mèche de gaze f.
GE (Gastroenterostomie) f. gastroentérostomie f.
Gebärde f. geste m.
gebären enfanter, mettre au monde
Gebären n. accouchement m.
gebärend en cours d'accouchement
Gebärende f. parturiente f.
Gebärmutter f. matrice f., utérus m.
Gebärmutterhals m. col de l'utérus m.
Gebärmutterplastik f. utéroplastie f.
Gebiet n. région f.
Gebilde n. formation f.
Gebiss n. dentier m., denture f.
Gebiss, bleibendes n. dents définitives f. pl.
Gebiss, festsitzendes künstliches n. dentier fixé m.
Gebiss, herausnehmbares n. dentier enlevable m.
Gebiss, künstliches n. dentier m., prothèse dentaire f.
Gebiss, Milch- n. dents de lait f. pl.
Gebiss, natürliches n. dents f. pl.
gebläht tympanisé
Gebläse n. soufflerie f.
gebogen courbé
Gebrechen n. infirmité f.
gebrechlich infirme, invalide
Gebrechlichkeit f. caducité f., infirmité f.
Gebühr f. taxe f.
gebührenpflichtig verwarnen verbaliser
Geburt f. accouchement m., délivrance f., naissance f.
Geburt, schmerzlose f. accouchement sans douleur m.
Geburtenhäufigkeit f. natalité f.
Geburtenkontrolle f. contrôle des naissances m.
Geburtenrückgang m. baisse de la natalité f.
Geburtenüberschuss m. natalité trop élevée f.
Geburtenziffer f. taux des naissances m.
Geburtsakt m. acte d'accoucher m.
Geburtsanzeigepflicht f. obligation de déclarer la naissance f.
Geburtsbeginn m. engagement m.
Geburtseinleitung f. provocation de l'accouchement f.
Geburtsfehler m. malformation congénitale f.
Geburtsgewicht n. poids à la naissance m.
Geburtshelfer m. obstétricien m.
Geburtshelferhand f. main d'accoucheur f.
Geburtshelferin f. obstétricienne f.
Geburtshilfe f. obstétrique f.
geburtshilflich obstétrical
Geburtshindernis n. dystocie f.
Geburtsjahr n. année de naissance f.
Geburtskanal m. filière pelvienne f.
Geburtslähmung f. paralysie obstétricale f.
Geburtstermin m. date de l'accouchement f.
Geburtstrauma n. traumatisme obstétrical m.
Geburtsvorgang m. déroulement de l'accouchement m.
Geburtswehe f. douleur (de l'accouchement) f.
Geburtszange f. forceps m.
Geburtsziffer f. taux de naissance m.
Gedächtnis n. mémoire f.
Gedächtnislücke f. amnésie ponctuelle f.

Gedächtnisschwäche f. défaillance de la mémoire f.
Gedächtnisstörung f. trouble de la mémoire m.
Gedächtnisverlust m. amnésie f.
Gedächtniszelle f. cellule mémorisante f.
Gedanke m. idée f., pensée f.
Gedankenflucht f. fuite des idées f.
Gedankenlesen n. lecture de la pensée f.
Gedankenlosigkeit f. irréflexion f.
Gedankenübertragung f. transmission de la pensée f.
gedeihen se développer
gedrückt déprimé
Geduld f. patience f.
gedunsen bouffi, boursoufflé
Gefängniskrankenhaus n. hôpital de prison m.
Gefäß n. vaisseau m.
Gefäß (Behälter) n. réceptacle m.
Gefäßanomalie f. anomalie vasculaire f.
Gefäßanordnung f. répartition vasculaire f.
Gefäßbaum m. arbre vasculaire m.
Gefäßbeweglichkeit f. vasomotricité f.
Gefäßbewegung f. vasomotricité f.
Gefäßchirurgie f. chirurgie vasculaire f.
Gefäßerkrankung f. vasculopathie f.
Gefäßerweiterer m. vasodilatateur m.
gefäßerweiternd vasodilatateur
Gefäßerweiterung f. angiectasie f., vasodilatation f.
Gefäßklemme f. pince hémostatique f.
Gefäßkrampf m. spasme vasculaire m.
Gefäßkrankheit f. maladie vasculaire f.
Gefäßlähmung f. paralysie vasculaire f., vasoplégie f.
Gefäßneubildung f. néovascularisation f.
gefäßneutral vaso-inerte
Gefäßpermeabilität f. perméabilité vasculaire f.
Gefäßplastik f. angioplastie f.
Gefäßreichtum m. degré de vascularisation m.
Gefäßschwäche f. insuffisance vasculaire f.
Gefäßspasmus m. angiospasme m.
Gefäßsystem n. système vasculaire m.
Gefäßton m. bruit vasculaire m.
gefäßverengend vasoconstricteur
Gefäßverschluss m. occlusion vasculaire f.
Gefäßversorgung f. vascularisation f.
Gefäßversorgung, kapilläre f. microvascularisation f.
Gefäßwand f. paroi vasculaire f.
Gefäßwiderstand m. résistance vasculaire f.
gefäßwirksam vasoactif

Gefäßzerreißung f. déchirure vasculaire f.
Gefieder n. plumage m.
gefiedert penné
Geflecht n. plexus m., réseau m.
Flügel n. volaille f.
Geflügelcholera f. choléra des volailles m.
Geflügelpasteurellose f. pasteurellose aviaire f.
Geflügelpest f. avia influenza f., grippe aviaire f.
Geflügelpest, atypische f. peste atypique de la volaille f.
Geflügelpest, klassische f. peste classique de la volaille f.
Geflügelpockendiphtherie f. diphtérie des volailles f.
geformt formé
Gefrierapparat m. appareil frigorifique m.
gefrieren geler
gefrieren lassen faire geler
Gefriermikrotom n. microtome à congélation m.
Gefrierplasma n. plasma congelé m.
Gefrierpunkt m. point de congélation m.
Gefrierschnitt m. coupe à la congélation f.
Gefriertrocknung f. lyophilisation f.
Gefüge n. assemblage m., structure f.
Gefühl n. sensation f., sentiment m.
Gefühl, brennendes n. sensation de brûlure f.
gefühllos insensible
Gefühllosigkeit f. insensibilité f.
Gefühlsverarmung f. manque de réponse émotionnelle m.
gefurcht sillonné
Gegenanzeige f. contre-indication f.
Gegenbesetzung f. contre-occupation f.
Gegenextension f. contre-extension f.
gegenfärben faire une coloration différentielle
Gegenfärbung f. coloration différentielle f.
gegengeschlechtlich contrasexuel
Gegengift n. antidote m., antivénéneux m.
Gegeninzision f. contre-incision f.
Gegenlicht n. contre-jour m.
Gegenmaßnahme f. contre-mesure f.
Gegenöffnung f. contre-ouverture f.
Gegenpulsation f. contre-pulsation f.
Gegenregulation f. contre-régulation f.
gegenregulatorisch controrégulateur
gegenseitig mutuel, réciproque
Gegenstoß m. contrecoup m.
Gegenstrom m. contre-courant m., courant inverse m.

Gegenstromelektrophorese f.   contreélectrophorèse f.
gegenüberliegend   en position opposée
Gegenübertragung f.   contre-transfert m.
Gegenzug m.   contre-traction f.
gegliedert   articulé
Gehalt m. (phys.)   contenance f., teneur f.
gehemmt   inhibé
Gehen n.   marche f.
Gehgipsverband m.   plâtre de marche m.
Gehilfe m.   aide m.
Gehilfin f.   aide f.
Gehirn n.   cerveau m.
Gehirnerschütterung f.   commotion cérébrale f.
Gehirnerweichung f.   cérébromalacie f.
Gehirnimplantat, therapeutisches n.   implant cérébral thérapeutique m.
Gehirnpeptid n.   peptide cérébral m.
Gehirnprellung f.   contusion cérébrale f.
Gehirnschlag m.   apoplexie cérébrale f.
Gehirnstiel m.   pédoncule cérébral m.
Gehirnstimulation, externe f.   stimulation cérébrale externe f.
Gehirnstimulation, tiefe f.   stimulation cérébrale profonde f.
Gehirnwindung f.   circonvolution cérébrale f.
Gehör n.   ouïe f.
Gehörgang m.   conduit auditif m.
Gehörknöchelchen n.   osselet m.
Gehörshalluzination f.   hallucination auditive f.
Gehschiene f.   attelle de marche f.
Gehwagen m.   appareil d'aide à la marche m.
Geiger-Zählrohr n.   compteur Geiger m.
Geißel f. (biol.)   cil vibratile m., flagelle m.
Geist m.   esprit m.
geistesgestört   aliéné, malade mentalement
Geistesgestörtheit f.   trouble mental m.
Geisteskranke f.   malade mentale f.
Geisteskranker m.   malade mental m.
Geisteskrankheit f.   maladie mentale f.
geistesschwach   faible d'esprit
Geistesschwäche f.   déficience mentale f.
Geistesstörung f.   aliénation mentale f.
Geistesverwirrung f.   confusion mentale f.
geistig   mental
geistig behindert   handicapé mentalement
geistige Arbeit f.   travail intellectuel m.
geistiger Abbau m.   détérioriation mentale f.
gekreuzt   croisé
Gekröse n.   mésentère m.
Gel n.   gel m.
Gel-Chromatographie f.   gel chromatographie f.
Gel-Diffusion f.   gel diffusion f.
Gel-Filtration f.   gel filtration f.
Gel-Kunstharz n.   gel-résine artificielle m.
gelähmt   paralytique
gelähmte Person f.   paralytique m./f.
gelappt   lobé
Gelatine f.   gélatine f.
Gelatine-Agar m.   agar-gélatine m.
Gelatinekapsel f.   capsule gélatineuse f.
Gelatinase f.   gélatinase f.
gelatinieren   gélatiniser
gelatinös   gélatineux
Gelbblindheit f.   axanthopsie f.
Gelbfieber n.   fièvre jaune f.
Gelbgold n.   or jaune m.
Gelbkörper m.   corps jaune m.
Gelbkörperhormon n.   progestérone f.
Gelbkörperphase f.   phase progestative f.
Gelbsehen n.   xanthopsie f.
Gelbsucht f.   ictère m., jaunisse f.
gelbsüchtig   ictérique
Geldrollenbildung f.   héematies empilées f. pl.
gelegentlich   occasionnel, occasionnellement
Gelenk n.   articulation f.
Gelenkarm m.   bras ballant m.
Gelenkerguss, blutiger m.   hémarthrose f.
Gelenkerguss, wässeriger m.   hydarthrose f.
Gelenkersatz m.   prothèse articulaire f.
Gelenkfraktur f.   fracture articulaire f.
Gelenkfortsatz m.   apophyse articulaire f.
Gelenkhöhle f.   cavité articulaire f.
gelenkig   souple
Gelenkigkeit f.   souplesse f.
Gelenkkapsel f.   capsule articulaire f.
Gelenkknacken n.   craquement articulaire m.
Gelenkknorpel m.   cartilage articulaire m.
Gelenkknacken n.   craquement articulaire m.
Gelenkkontraktur f.   contracture articulaire f.
Gelenkmaus f.   arthrophyte m., souris articulaire f.
Gelenkpfanne f.   cavité glénoïde f.
Gelenkplastik f.   arthroplastie f.
Gelenkprothese f.   prothèse articulaire f.
Gelenkrheumatismus m.   rhumatisme articulaire m.
Gelenkrheumatismus, akuter m.   rhumatisme articulaire aigu (R.A.A.) m.
Gelenkrheumatismus, primär chronischer m.   arthrite rhumatoïde f.
Gelenkrheumatismus, sekundär chronischer m.   rhumatisme articulaire secondaire chronique m.
Gelenkschiene f.   attelle articulaire f.
Gelenkschmerz m.   arthralgie f.

Gelenkschmiere f. synovie f.
Gelenkspalt m. interligne articulaire m.
Gelenktuberkulose f. tuberculose articulaire f.
Gelierung f. gélification f.
Gelose f. gélose f.
Gelotripsie f. gélotripsie f.
Gelsemin n. gelsémine f.
Gelseminin n. gelséminine f.
Geltungstrieb m. tendance impulsive à se faire valoir f.
Gemazocin n. gémazocine f.
Gemeindeschwester f. infirmière de la commune f.
Gemeingefährlichkeit f. danger public m.
Gemeinschaftsarbeit, wissenschaftliche, mehrerer Kliniken f. étude multicentrique f.
Gemeinschaftspraxis f. cabinet de groupe m.
Gemenge n. agrégat m., mélange m.
Gemeprost n. géméprost m.
Gemisch n. mixture f.
Gemtuzumab n. gemtuzumab m.
Gemüt n. âme f., coeur m., sentiment m.
Gemütsarmut f. hypo-affectivité f.
gemütskrank aliéné
Gemütskrankheit f. maladie mentale f.
Gemütslage f. situation émotionnelle f.
Gemütsverfassung f. disposition d'esprit f.
Gemütsverfassung, ausgeglichene f. stabilité émotionnelle f.
Gemütsverfassung, unausgeglichene f. instabilité émotionnelle f.
Gemütsverstimmung f. humeur triste f.
Gen n. gène m.
Gen, stilles n. gène inexprimé m.
Genamplifikation f. amplification de gène f.
genau exact, précis
Genauigkeit f. exactitude f., précision f., rigueur f.
Genauigkeitsprüfung f. contrôle de la précision m.
Generalisation f. généralisation f.
generalisiert généralisé
Generation f. génération f.
Generator m. générateur m.
generell général
Generikum m. générique m.
Genese f. genèse f.
genesen se rétablir
genesende Person f. personne convalescente f.
Genesung f. convalescence f.
Genetik f. génétique f.
Genetiker m. généticien m.
Genetikerin f. généticienne f.
genetisch génétique
Genick n. nuque f.
genikulokalkarin géniculocalcarinien
geniohyoidal géniohyoïdien
genital génital
Genitalien f. pl. organes génitaux m. pl.
genitopelvisch gémtopelvien
genitospinal génitospinal
Genoblast m. génoblaste m.
Genodermatose f. génodermatose f.
Genom n. génome m.
Genomik f. génomique f.
Genopathie f. génopathie f.
Genosse m. camarade m.
Genossin f. compagne f.
genotoxisch génotoxique
Gentamycin n. gentamycine f.
Gentechnologie f. génie génétique m.
Gentianaviolett n. violet de gentiane m.
Gentiobiose f. gentiobiose f.
Gentisat n. gentisate m.
Genu recurvatum n. genu recurvatum m.
Genu valgum n. genu valgum m.
Genu varum n. genu varum m.
Genuss m. jouissance f.
Genussmittel n. produit de luxe m.
Genusssucht f. goût du plaisir m.
genusssüchtig avide de plaisir
Geomedizin f. géomédecine f.
geomedizinisch géomédical
Geometrie f. géométrie f.
geometrisch géométrique
Geophagie f. géophagisme m.
Geotrichose f. géotrichose f.
gepaart conjugué, couplé
Geradblickoptik f. système optique en vision linéaire m.
gerade droit, juste
Geradeausblick m. vision en ligne droite f.
Gerät n. appareil m., équipement m., instrument m.
Geräusch n. bruit m., murmure m., râle m.
Geräusch, blasendes n. souffle m.
Geräusch, Herz- n. bruit du coeur m.
Geräusch, schnurrendes n. frémissement m.
gerben tanner
Gerbillus m. gerbille f.
Gerbsäure f. acide tannique m.
Gerbstoff m. tannin m.
gereinigt purifié
Gerhardtsche Probe f. réaction de Gerhardt f.
Geriater m. spécialiste de gériatrie m.
Geriaterin f. spécialiste de gériatrie f.

Geriatrie f. gériatrie f.
geriatrisch gériatrique
Gerichtsmedizin f. médecine légale f.
gerichtsmedizinisch médicolégal
geringgradig peu important
gerinnen coaguler
Gerinnsel n. caillot m.
Gerinnung f. coagulation f.
Gerinnungskaskade f. cascade de coagulation f.
Gerinnungsmessgerät n. appareil de mesure de coagulation m.
Gerinnungsstörung f. coagulopathie f.
Gerinnungszeit f. temps de coagulation m.
Gerippe n. squelette m.
Germanium n. germanium m.
germinal germinal
germinativ germinatif
germinoblastisch germinoblastique
Germinoblastom n. germinoblastome m.
Germinom n. germinome m.
Geröllzyste f. kyste subchondral m.
Gerontologe m. gérontologue m.
Gerontologie f. gérontologie f.
gerontologisch gérontologique
Gerontoneurologie f. gérontoneurologie f.
Gerontopsychiatrie f. gérontopsychiatrie f.
Gerstenkorn n. (med.) orgelet m.
Gerstmann-Syndrom n. syndrome de Gerstmann m.
Geruch m. odeur f.
geruchlos inodore
Geruchshalluzination f. hallucination olfactive f.
Geruchsinn m. odorat m.
Geruchsorgan n. organe olfactif m.
Geruchsvermögen n. capacités olfactives f. pl.
Gerüst n. structure f., trame f.
Gesamtazidität f. acidité totale f.
Gesamtbilirubin n. bilirubine totale f.
Gesamtcholesterin n. cholestérol total m.
Gesamteiweiß n. protéines totales f. pl.
Gesäß n. fesses f. pl.
Gesäßbacke f. fesse f.
gesättigt saturé
Gesäuge n. tétine f.
Geschäftsfähigkeit f. capacité de contracter une affaire f.
Geschäftsunfähigkeit f. incapacité de contracter une affaire f.
geschichtet stratifié
Geschiebe n. attachement m. (dent.)
Geschiebetechnik f. technique d'attachement f. (dent.)
Geschlecht n. sexe m.
geschlechtlich sexuel
Geschlechtsbestimmung f. détermination du sexe f.
Geschlechtschromatinkörper m. chromatine sexuelle f., corpuscule chromatinien de Moore m.
Geschlechtschromosom n. hétérochromosome m.
Geschlechtsdrüse f. glande génitale f., gonade f.
geschlechtsgebunden lié au sexe
Geschlechtshormon n. hormone sexuelle f.
Geschlechtskrankheit f. maladie vénérienne f.
Geschlechtskrankheit, vierte f. maladie de Nicolas-Favre f.
geschlechtslos asexué
geschlechtsloses Lebewesen n. être asexué m.
Geschlechtsmerkmal n. caractère sexuel m.
Geschlechtsorgan n. organe génital m.
Geschlechtsreife f. maturité sexuelle f., puberté f.
Geschlechtsteile n. pl. organes génitaux m. pl.
Geschlechtstrieb m. désir sexuel m., libido f.
Geschlechtsverkehr m. rapport sexuel m.
geschlossen fermé
geschlossene Abteilung f. service fermé m.
Geschmack m. goût m., saveur f.
geschmacklich gustatif
geschmacklos insipide
Geschmacklosigkeit f. insipidité f., manque de goût m.
Geschmackshalluzination f. hallucination gustative f.
Geschmacksinn m. sens du goût m.
Geschmacksknospe f. papille gustative f.
Geschmacksorgan n. organe du goût m.
Geschmacksstoff m. arome m.
Geschmackszelle f. cellule gustative f.
Geschmackszentrum n. centre gustatif m.
geschmackwidrig contraire au goût
geschmiedet forgé
Geschwätzigkeit f. loquacité f.
Geschwindigkeit f. rapidité f., vitesse f.
Geschwindigkeitsmessung f. tachymétrie f.
Geschwindigkeitsregler m. régulateur de vitesse m.
Geschwister (biol.) n. frères et soeurs m. pl.
Geschwulst n. tuméfaction f., tumeur f.
Geschwulstbildung f. oncogenèse f.
Geschwür n. ulcère m.
geschwürig ulcéreux

Gesellschaft

Gesellschaft f. assemblée f., société f.
Gesicht n. face f., visage m.
Gesichtsausdruck m. expression du visage f.
Gesichtsblindheit f. prosopagnosie f.
Gesichtsbogen m. arc facial m.
Gesichtsfarbe f. teint m.
Gesichtsfeld n. champ visuel m.
Gesichtskreis m. horizon m.
Gesichtslähmung f. paralysie faciale f., prosoplégie f.
Gesichtsmaske f. masque facial m.
Gesichtsmuskel m. muscle facial m.
Gesichtsplastik f. facioplastie f.
Gesichtsrötung f. rougeur du visage f.
Gesichtswinkel m. angle visuel m.
Gesichtszug m. trait du visage m.
Gestagen n. progestatif m.
Gestalt f. figure f., forme f., stature f.
gestaltisch formel, statural
Gestalttherapie f. gestaltisme m., morphothérapie f.
Gestank m. mauvaise odeur f., puanteur f.
Gestation f. gestation f.
gestational gestationel
gestielt pédonculé
Gestoden n. gestodène m.
Gestose f. gestose f.
Gestose mit Ödemen, Proteinurie und Hochdruck f. grossesse avec oedèmes, protéinurie et hypertension f.
gestreift strié
gesund bien portant, sain
gesunden guérir
Gesundheit f. santé f.
Gesundheitsamt n. service de santé publique m.
Gesundheitsbeamter m. fonctionnaire de santé publique m.
Gesundheitsbehörde f. services de santé publique m. pl.
Gesundheitsfürsorge f. médecine préventive f.
Gesundheitsfürsorger m. employé des services de médecine préventive m.
Gesundheitsfürsorgerin f. employée des services de médecine préventive f.
Gesundheitskosten f. pl. coûts de santé f. pl.
Gesundheitskrise f. crise sanitaire f.
Gesundheitslage f. situation sanitaire f.
Gesundheitsministerium n. ministère de la santé publique m.
Gesundheitspflege f. hygiène f.
Gesundheitspflegerin f. employée des services d'hygiène f.
Gesundheitspolitik f. politique sanitaire f.
Gesundheitspolizei f. police sanitaire f.
Gesundheitsrisiko n. risque sanitaire m.
gesundheitsschädlich insalubre, malsain
Gesundheitsschutz m. protection de la santé f.
Gesundheitsschutz m. protection sanitaire f.
Gesundheitsüberwachung f. contrôle de santé m.
Gesundheitswesen, öffentliches n. santé publique f.
Gesundheitswesen, Skandal im m. scandale sanitaire m.
Gesundheitszustand m. état de santé m.
Gesundschreiben n. faire un certificat d'aptitude au travail
Gesundung f. guérison f.
getönt teinté
Getränk n. boisson f.
Getränk, alkoholisches n. boisson alcoolisée f.
Getränk, hochprozentiges n. spiritueux m.
getüpfelt ponctué
Gewalttätigkeit f. violence f.
Gewebe n. tissu m.
Gewebe-Halbwerttiefe f. couche de demi-absorption du tissu f.
Gewebe-Klebstoff m. histoadhésif m.
Gewebe, Binde- f. tissu conjonctif m.
Gewebe, Drüsen- n. tissu glandulaire m.
Gewebe, Fett- n. tissu adipeux m.
Gewebe, interstitielles n. tissu interstitiel m.
Gewebe, Narben- n. tissu cicatriciel m.
Gewebe, Stütz- n. tissu de soutien m.
Gewebebank f. banque de greffons tissulaires f.
Gewebehaken m. écarteur m.
Gewebelymphe f. lymphe tissulaire f.
gewebeverträglich histocompatible
Gewebeverträglichkeit f. histocompatibilité f.
geweblich tissulaire
Gewebshormon n. hormone tissulaire f.
Gewebskultur f. culture de tissu f.
Gewebslappen m. lambeau de tissu m.
Gewebsplasminogenaktivator m. activateur tissulaire du plasminogène m.
Gewebspolypeptidantigen n. antigène-polypeptide tissulaire m.
Gewebsthrombokinase f. thromboplastine tissulaire f.
gewerbeärztlicher Dienst m. service de médecine du travail m.
Gewerbemedizin f. médecine industrielle f.
Gewicht n. poids m.
Gewicht, spezifisches n. poids spécifique m.

Gewichtsabnahme f. amaigrissement m.
Gewichtskontrolle f. controle du poids m.
Gewichtsverlust m. perte de poids f.
Gewichtsverminderung f. réduction du poids f.
Gewichtszunahme f. gain du poids m.
Gewinde n. pas de vis m.
Gewindestift m. broche vissée f.
Gewissen n. conscience f.
gewissenhaft consciencieux
gewöhnen accoutumer
gewöhnen, sich s'accoutumer
Gewohnheit f. habitude f.
Gewöhnung f. accoutumance f.
Gewölbe n. arceau m., voûte f.
Gewölbe n. (anatom.) trigone cérébral m.
gewölbt cintré
Gewürz n. épice f.
gezackt crénelé, déchiqueté, denté
gezahnt pourvu de dents
Gezeitenwelle f. marée f.
GFR (glomeruläre Filtrationsrate) f. GFR (filtration glomérulaire) f.
Ghonscher Tuberkel m. tubercule de Ghon m.
GHRIH (Hemmhormon der Wachstumshormonfreisetzung) n. GHRIH (somatostatine) f.
Gibbus m. gibbosité pottique f.
Gicht f. goutte f.
gichtig goutteux
Gichtniere f. rein des goutteux m.
Giemen n. rhonchus m.
Giemsafärbung f. coloration de Giemsa f.
Gierkesche Krankheit f. maladie glycogénique de Gierke f.
Gieson-Färbung f. coloration de van Gieson f.
gießen faire un moulage
Gießerfieber n. fièvre des fondeurs f.
GIF (Hemmfaktor für Somatotropin) m. facteur inhibiteur de la somatotropine m.
Gift n. poison m.
Gift n. (tierisches) venin m.
giftbildend toxique, vénéneux, venimeux
Giftgas n. gaz toxique m.
giftig toxique
Giftigkeit f. toxicité f.
Giftmord m. meurtre par empoisonnement m.
Giftpflanze f. plante vénéneuse f.
Giftpilz m. champignon vénéneux m.
Giftschlange f. serpent venimeux m.
Giftspinne f. araignée venimeuse f.
Giftzahn m. dent à venin f.
Gigantismus m. gigantisme m.
Gigantoblast m. gigantoblaste m.
Gigantozyt m. gigantocyte m.
Giglische Säge f. fil-scie de Gigli m.
Gilbert-Zeichen n. signe de Gilbert m.
Gilbertsyndrom n. syndrome de Gilbert m.
Gilchristische Krankheit f. maladie de Gilchrist f.
Gillespiesyndrom n. syndrome de Gillespie m.
Gimbernatsches Band n. ligament de Gimbernat m.
gingival gingival
Gingivaspalte f. sillon gingival m.
Gingivektomie f. gingivectomie f.
Gingivitis f. gingivite f.
gingivitisch de gingivite
gingivodental dentogingival
gingivolabial gingivolabial
Gingivoplastik f. gingivoplastie f.
Gingivostomatitis f. gingivostomatite f.
Gingko biloba-Extrakt m. extrait de Gingko biloba m.
Ginseng-Wurzel f. racine de ginseng f.
GIP (gastrisch inhibierendes Polypeptid) n. GIP (gastric inhibitory peptide) m.
Gipfel m. pic m.
Gipfelzeit f. moment du pic m.
Gipom n. gipome m.
Gips m. plâtre m.
Gipsabdruck m. empreinte en plâtre f.
Gipsbett n. lit plâtré m.
Gipsbohrer m. vrille à plâtre f.
gipsen plâtrer
Gipsmesser n. couteau à plâtre m.
Gipsmodell n. modèle en plâtre m.
Gipsraum m. salle des plâtres f.
Gipssäge f. scie à plâtre f.
Gipsschere f. cisailles à plâtre f. pl.
Gipsspat m. gypse-spath m.
Gipsspreitzer m. écarteur m.
Gipstisch m. table à plâtrer f.
Gipsverband m. bandage plâtré m.
Gitalin n. gitaline f.
Gitaloxigenin n. gitaloxigénine f.
Gitaloxin n. gitaloxine f.
Gitelmansyndrom n. syndrome de Gitelman m.
Gitoformat n. gitoformate m.
Gitogenin n. gitogénine f.
Gitoxigenin n. gitoxigénine f.
Gitoxin n. gitoxine f.
Gitter n. grille f.
Gitterbett n. lit à barreaux m.

Gitterfaser f. fibre grillagée f.
Glafenin n. glafénine f.
glandotrop glandotrope
glandulär glandulaire
Glanzauge n. oeil luisant m.
Glanzhaut f. „glossy-skin" m., peau vernie f.
Glanzstreifen m. striation brillante f.
Glargin n. glargine f.
Glarometer n. glaromètre m.
Glarometrie f. glarométrie f.
glarometrisch glarométrique
Glas n. verre m.
Glasbläserstar m. cataracte des souffleurs de verre f.
Glaselektrode f. électrode en verre f.
Glasfaser f. fibre optique f.
glasieren émailler, vernir
glasig vitreux
Glaskörper m. corps vitré m.
Glaskörperentzündung f. hyalite f.
Glaskörpertrübung f. opacité du corps vitreux f.
Glasschale f. coupe en verre f.
Glasspatel m. spatule en plexiglas f.
Glasspritze f. seringue en verre f.
Glasstange f. bâtonnet en verre m.
Glastrichter m. entonnoir en verre m.
Glasur f. émail m.
Glasurbrand m. émaillage m. (dent.)
Glaszylinder m. cylindre en verre m.
Glatiramerazetat n. glatiramer-acétate m.
glatt lisse
Glatze f. tête chauve f.
Glaubersalz n. sel de Glauber m., sulfate de soude m.
glaubhaft convaincant, croyable
Glaucarubin n. glaucarubine f.
Glaukobilin n. glaucobiline f.
Glaukom n. glaucome m.
Glaukomanfall m. accès de glaucome aigu m.
glaukomatös glaucomateux
Glaziovin n. glaziovine f.
GLDH (Glutamatdehydrogenase) f. glutamate déhydrogénase f.
gleichartig homogène
gleichgeschlechtlich homosexuel
Gleichgewicht n. équilibre m.
Gleichgewicht, ins – bringen équilibrer
Gleichgewichtsprüfung f. examen de l'équilibre m.
Gleichgewichtssinn m. sens statique m.
Gleichgewichtsstörung f. trouble de l'équilibration m.
gleichmäßig homogène, régulier

Gleichrichter m. rectificateur m.
gleichseitig équilatéral
Gleichstrom m. courant direct m.
Gleichung f. équation f.
Gleitbiss m. occlusion variable f.
Gleitbruch m. hernie adhérente avec glissement f.
Gleithernie f. hernie de glissement f.
Glenardsche Krankheit f. viscéroptose f.
glenohumeral glénohuméral
glenoidal glénoïde
Gleptoferron n. gleptoferrone f.
Gletscherbrand m. dermite des neiges f.
Glia f. névroglie f.
Gliadin n. gliadine f.
Gliaknötchen n. glionodule m.
Gliastift m. cylindre astrocytaire m.
Gliazelle f. cellule de la névroglie f.
Glibenclamid n. glibenclamide m.
Glibutimin n. glibutimine f.
Gliclazid n. gliclazide m.
Glied n. membre m.
Glied, ein – absetzen amputer un membre
Glied, männliches n. penis m., verge f.
Gliederung f. classification f.
Gliedmaßen f. pl. membres m. pl.
Glimepirid n. glimépiride m.
Glimid n. glimide m.
Glioblast n. cellule épendymaire f.
Glioblastom n. glioblastome m.
Glioblastose f. glioblastose f.
Gliom n. gliome m.
Gliomatose f. gliomatose f.
glioneuronal glioneuronal
Gliosarkom n. gliosarcome m.
Gliose f. gliose f.
Glipentid n. glipentide m.
Glipizid n. glipizide m.
Gliquidon n. gliquidone f.
Glisoxepid n. glisoxépide m.
Glissonsche Kapsel f. capsule de Glisson f.
Glisson-Schlinge f. appareillage d'extension de la colonne vertébrale de Glisson m.
Glitazon n. glitazone f.
Glitzerzelle f. cellule brillante f.
Glockenkrone f. couronne creuse de revêtement f.
global global
Globalisierung f. mondialisation f.
Globin n. globine f.
Globoidzelle f. cellule globoïde f.
Globosid n. globoside m.
Globulin n. globuline f.
Globusgefühl n. impression de boule f.
Glomangiom n. glomangiome m.

Glomangiose f. glomangiose f.
Glomektomie f. glomectomie f.
glomerulär glomérulaire
Glomerulitis f. glomérulite f.
Glomerulonephritis f. glomérulonéphrite f.
Glomerulopathie f. glomérulopathie f.
Glomerulosklerose f. glomérulosclérose f.
Glomus caroticurn n. glande intercarotidienne f.
Glomustumor m. tumeur glomique f.
Glossektomie f. glossectomie f.
Glossina morsitans f. Glossina morsitans f.
Glossina palpalis f. Glossina palpalis f.
Glossitis f. glossite f.
glossitisch de glossite
Glossodynie f. glossodynie f.
glossoepiglottisch glossoépiglottique
glossolabial glossolabial
Glossolalie f. glossolalie f.
Glossomanie f. glossomanie f.
glossopalatinal glossopalatin
glossopharyngeal glossopharyngien
Glossoplegie f. glossoplégie f.
Glossoptose f. glossoptose f.
Glossospasmus m. glossospasme m.
Glossotomie f. glossotomie f.
Glottis f. glotte f.
glottisch glottique
Glotzauge n. exophtalmie f.
Gloxazon n. gloxazone f.
Glucaldrat n. glucaldrate m.
Glucaspaldrat n. glucaspaldrate m.
Glühapparat m. appareil de recuit m.
Glubionat n. glubionate m.
Glühdraht m. filament à incandescence m.
Glüheisen n. fer rouge m. (vétér.)
Glüheisen n. (med.) cautère m.
Glühkathode f. cathode incandescente f.
Glühlampe f. ampoule f.
Glühofen m. four de recuit m. (dent.)
Glukagon n. glucagon m.
Glukagonom n. glucagonome m.
Glukamin n. glucamine f.
Glukan n. glucane m.
Glukeptat n. gluceptate m.
Glukogenese f. glucogenèse f.
Glukokinase f. glucokinase f.
Glukokinin n. glucokinine f.
Glukokortikoid n. glucocorticoïde m.
Glukometer n. glucomètre m.
Glukonat n. gluconate m.
Glukonazol n. gluconazole m.
Glukoneogenese f. gluconéogenèse f.
glukoplastisch glucoplastique
Glukoprotein n. glucoprotéine f.

Glukopyranose f. glucopyranose m.
Glukosamin n. glucosamine f.
Glukosaminidase f. glucosaminidase f.
Glukosazon n. glucosazone f.
Glukose f. glucose m.
Glukose-Agar m. agar-glucose m.
Glukosebelastung f. hyperglycémie provoquée f.
Glukosephosphat n. glucose phosphate m.
Glukosephosphatase f. glucose phosphatase f.
Glukosid n. glucoside m.
Glukosidase f. glucosidase f.
Glukosurie f. glucosurie f.
Glukosyltransferase f. glucosyltransférase f.
Glukozerebrosid n. glucocérébroside m.
Glukozerebrosidase f. glucocérébrosidase f.
Glukozerebrosidose f. glucocérébrosidose f.
Glukurolakton n. glucurolactone f.
Glukuronat n. glucuronate m.
Glukuronid n. glucuronide m.
Glukuronidase f. glucuronidase f.
glukuronieren glucuroniser
Glukuronosyltransferase f. glucuronosyltransférase f.
Glukuronosylzyklotransferase f. glucuronosylcyclotransférase f.
glutäal fessier
Glutamat n. glutamate m.
glutamaterg glutamatergique
Glutamin n. glutamine f.
Glutaminase f. glutaminase f.
Glutaminsäure f. acide glutamique m.
Glutaminsäure-Brenztraubensäure-Transaminase f. transaminase glutamo-pyruvique f.
Glutaminsäure-Oxalessigsäure-Transaminase f. transaminase glutamo-oxa-loacétique f.
Glutamyl n. glutamyl m.
Glutamyltransferase f. glutamyltransférase f.
Glutamylzyklotransferase f. glutamylcyclotransférase f.
Glutamylzystein n. glutamylcystéine f.
glutäofemoral fémoro-fessier
glutäoinguinal inguino-fessier
Glutaral n. glutaral m.
Glutaraldehyd m. glutaraldéhyde m.
Glutarat n. glutarate m.
Glutarazidurie f. acidurie glutarique f.
Glutardialdehyd m. glutardialdéhyde f.
Glutathion n. glutathion m.
Glutelin n. glutéline f.
Gluten n. gluten m.
Glutenallergie f. allergie au gluten f.
glutenfrei sans gluten

Gluthetimid n. gluthétimide m.
Glyburid n. glyburide m.
Glyc… siehe auch voir aussi Glyz…, Glyk…
Glycan n. glycane m.
Glycerin n. glycérol m.
Glycerol n. glycérol m.
Glycin n. glycine f.
Glycodiazin n. glycodiazine f.
Glykämie f. glycémie f.
glykämisch glycémique
Glykodiazin n. glycodiazine f.
Glykogen n. glycogène m.
Glykogenase f. glycogénase f.
Glykogenese f. glycogenèse f.
Glykogenie f. glycogenèse f.
Glykogenolyse f. glycogénolyse f.
glykogenolytisch glycogénolytique
Glykogenose f. glycogénose f.
Glykogenspeicherkrankheit f. glycogénose f.
Glykogeusie f. glycémie f.
Glykokalix m. glycocalyx m.
Glykokoll n. glycine f., glycocolle m.
Glykol n. glycol m.
Glykolether m. glycoléther m.
Glykolipid n. glycolipide m.
Glykolyse f. glycolyse f.
glykolytisch glycolytique
Glykoneogenese f. glyconéogenèse f.
Glykopeptid n. glycopeptide m.
Glykophorin n. glycophorine f.
glykopriv glycoprive
Glykoprotein n. glycoprotéine f.
Glykopyrrolat n. glycopyrrolate m.
Glykosaminoglykan n. glycosaminoglycane m.
Glykosid n. glycoside m.
Glykosidase f. glycosidase f.
Glykosyltransferase f. glycosyltransférase f.
Glykozeramidose f. glycocéramidose f.
Glykozyamin n. glycocyamine f.
Glymidin n. glymidine f.
Glyoxal n. glyoxal m.
Glyoxalase f. glyoxalase f.
Glyoxalat n. glyoxalate m.
Glyoxalylharnstoff m. glyoxalyl urée f.
Glysobuzol n. glysobuzole m.
Glyzeraldehyd m. glycéraldéhyde m.
Glyzerat n. glycérate m.
Glyzerat ämie f. glycératémie f.
Glyzerid n. glycéride m.
Glyzerin n. glycérine f.
Glyzerinaldehyd m. aldéhyde de glycérine m.
Glyzerit n. glycérite m.
Glyzerokinase f. glycérokinase f.
Glyzerol n. glycérol m.
Glyzerophosphat n. glycérophosphate m.
Glyzerophosphatase f. glycérophosphatase f.
Glyzerophosphatdehydrogenase f. glycérophosphate déhydrogénase f.
Glyzerophosphatid n. glycérophosphatide m.
Glyzerophosphorylcholin n. glycérophosphoryl choline f.
Glyzeryl n. glycéryl m.
Glyzidaldehyd m. glycidaldéhyde f.
Glyzin n. glycine f.
Glyzinamid n. glycinamide m.
Glyzinat n. glycinate m.
Glyzinose f. glycinose f.
Glyzinurie f. glycinurie f.
Glyzyl n. glycyle m.
Glyzylglyzin n. glycylglycine f.
Glyzylhistidin n. glycylhistidine f.
Glyzylleuzin n. glycylleucine f.
Glyzylnorleuzin n. glycylnorleucine f.
Glyzylserin n. glycylsérine f.
Glyzyrrhizin n. glycyrrhizine f.
Gmelin-Probe f. réaction de Gmelin f.
Gnathion n. gnathion m.
Gnathometrie f. gnathométric f.
Gnatostomiasis f. gnatostomiasis m.
Gneiß m. eczéma séborrhéique m.
Gnitze f. moucheron m.
gnotobiotisch gnotobiotique
GnRH (Gonadotropin-Releasing-Hormon) n. GnRH (lulibérine) f.
Go (Gonorrhö) f. gonorrhée f.
Gold n. or m.
Goldbehandlung f. chrysothérapie f.
Goldberger-Ableitung f. dérivation de Goldberger f.
Goldblat-Hypertonie f. hypertension artérielle de type Goldblat f.
Goldhamster m. hamster doré m.
Goldlegierung f. alliage d'or m.
Goldsalz n. sel d'or m.
Goldsolreaktion f. réaction à l'or colloïdal f.
Goldzahn m. dent en or f.
Golfspielerarm m. syndrome du bras des joueurs de golf m.
Golgi-Apparat m. appareil de Golgi m.
Golgi-Körper m. corpuscule de Golgi m.
Gomphose f. gomphose f.
Gon m. degré m., gon m.
Gonadektomie f. gonadectomie f.
Gonadendysgenesie f. dysgénésie gonadique f.
Gonadenschutz m. protection des gonades f.
Gonadoblastom n. gonadoblastome m.

Gonadoliberin n. gonadolibérine (LH-RH) f.
Gonadorelin n. gonadoréline f.
gonadotrop gonadotrope
Gonadotropin n. gonadotropine f.
Gonadotropin-releasing-Hormon n. hormone de stimulation gonadotrope f.
Gonarthritis f. gonarthrite f.
Gonarthrose f. gonarthrose f.
Gongylonema n. gongylonéma m.
Gongylonemiasis f. gongylonémose f.
Goniometer n. gonimètre m.
Gonion n. gonion m.
Gonioskop n. gonioscope m.
Gonioskopie f. gonioscopie f.
gonioskopisch gonioscopique
Goniotomie f. goniotomie f.
Gonitis f. gonarthrite f.
Gonoblennorrhö f. conjonctivite blennorragique f.
Gonokokkeninfektion f. infection à gonocoque f.
Gonokokkus m. gonocoque m., Neisseria gonorrhoeae f.
Gonomerie f. gonomérie f.
Gonorrhö f. gonorrhée f.
Gonosom n. gonosome m.
gonosomal gonosomal
Gonozyt m. gonocyte m.
Gonozytom n. gonocytome m.
Goodpasture-Syndrom n. syndrome de Goodpasture m.
Gordonscher Reflex m. réflexe pyramidal de Gordon m.
Gordonsches Zeichen n. signe de Gordon m.
Gorlin-Syndrom n. syndrome de gorlin m.
Goserelin n. goseréline f.
Gosselin-Fraktur f. fracture de Gosselin f.
GOT (Glutaminsäure-Oxalessigsäure-Transaminase) f. SGOT (sérum glutamo-oxaloacétique transaminase) f.
Gowersches Bündel n. faisceau de Gowers m.
GPT (Glutaminsäure-Brenztraubensäure-Transaminase) f. SGPT (sérum glutamopyruvique transaminase) f.
Graafscher Follikel m. follicule de Graaf m.
Grad m. degré m.
Gradenigo-Syndrom n. syndrome de Gradenigo m.
Gradient m. gradient m.
Gradierung f. graduation f.
graduell graduel
graduieren graduer
Graduierung f. graduation f.
Graefe-Zeichen n. signe de Graefe m.

Gramfärbung f. coloration de Gram f.
Gramicidin n. gramicidine f.
Graminol n. graminol m.
Gramm n. gramme m.
Grammäquivalent n. équivalent-gramme m.
gramnegativ Gram négatif
grampositiv Gram positif
granulär granuleux
Granularatrophie f. atrophie granuleuse f.
Granularzelle f. cellule granuleuse f.
Granulation f. bourgeon charnu m., granulation f.
Granulationsgewebe n. tissu de granulation m.
granulieren granuler
Granulom n. granulome m.
Granuloma annulare n. granulome annulaire m.
Granuloma venereum n. granulome ulcéreux des organes génitaux m.
granulomatös granulomateux
Granulomatose f. granulomatose f.
Granulomer n. granulomère m.
Granulosazelltumor m. tumeur de la granulosa f.
Granulose f. granulose f.
Granulozyt m. granulocyte m.
Granulozytopenie f. granulopénie f.
granulozytopenisch granulopénique
Granulozytopoese f. granulopoïèse f.
Grapefruit n. pamplemousse m.
graphisch graphique
graphische Darstellung f. représentation graphique f.
Graphitose f. mélanodermie f.
Graphologie f. graphologie f.
graphologisch graphologique
Graphomanie f. graphomanie f.
Graskrankheit f. maladie des herbes f.
Grat m. arête f.
Gratioletsche Sehstrahlung f. radiation optique de Gratiolet f.
grau gris
graue Salbe f. onguent gris m.
graue Substanz des Nervensystems f. substance grise du système nerveux f.
grauhaarig aux cheveux gris
Grauschleier m. brouillard m.
Gravimeter n. gravimètre m.
Gravimetrie f. gravimétrie f.
gravimetrisch gravimétrique
Gravitation f. gravitation f.
Grawitztumor m. hypernéphrome m., tumeur de Grawitz f.
grazil gracile

Greifreflex m. réflexe de saisie m.
Greifzange f. pince à séquestre f.
Grenze f. limite f., lisière f.
Grenze (Abgrenzung) f. délimitation f.
Grenzfall m. cas limite m.
Grenzgebiet n. région limitrophe f.
Grenzlinie f. ligne de démarcation f., limite f.
Grenzsperrung f. fermeture des frontières f.
Grenzstrahl m. rayons limites de Bucky m. pl.
Grenzstrang m. tronc du nerf grand sympathique m.
Grepafloxacin n. grépafloxacine f.
GRF (wachstumshormonfreisetzender Faktor) m. GH-RF (growth hormone releasing factor) m.
Griesinger-Zeichen n. signe de Griesinger m.
Grieß m. gravier m., semoule f.
Grieß, Nieren- m. gravelle f.
Griff m. poignée f., prise f.
Grimassieren n. fait de grimacer m.
grippal grippal
Grippe f. grippe f.
Griseofulvin n. griséofulvine f.
Grittische Amputation f. amputation du membre inférieur d'après Gritti f.
Grocco-Rauchfußsches Dreieck n. triangle de Grocco f.
Größe f. grandeur f.
Größenordnung f. ordre de grandeur m.
Größenwahn m. mégalomanie f.
Großfleckenkrankheit f. mégalérythème épidémique m.
großfollikulär macrofolliculaire
Großwuchs m. macrosomie f.
großzellig macrocellulaire
Grübchen n. fossette f.
Grube f. cavité f., fosse f.
Gruber-Widal-Reaktion f. sérodiagnostic de Widal-Felix m.
Grünblindheit f. daltonisme m., deutéranopsie f.
Grundangst f. anxiété de base f.
Grundgeräusch n. bruit de fond m.
Grundlagenforschung f. recherche de base f.
Grundlinie f. ligne de base f.
Grundpflege f. soins de base m. pl.
Grundstrahlung f. radiation de fond f.
Grundsubstanz f. substance fondamentale f.
Grundumsatz m. métabolisme basal m.
Grundversorgung, medizinische f. soins médicaux de base m. pl.
Grünholzfraktur f. fracture en bois vert f.
Gruppe f. groupe m.
Gruppenpflege f. soins de groupe m. pl.
Gruppenpraxis f. cabinet de groupe m.
Gruppenpsychotherapie f. psychothérapie de groupe f.
gruppenspezifisch spécifique du groupe
Gruppentherapie f. thérapeutique de groupe f.
Gruppierung f. classification f., groupement m.
GU (Grundumsatz) m. métabolisme basal m.
Guabenxan n. guabenxane m.
Guaiakol n. guaïacol m.
Guaiazulen n. guaïazulène m.
Guamecyclin n. guamecycline f.
Guanase f. guanase f.
Guanethidin n. guanéthidine f.
Guanfacin n. guanfacine f.
Guanid n. guanide m.
Guanidase f. guanidase f.
Guanidin n. guanidine f.
Guanin n. guanine f.
Guanosin n. guanosine f.
Guanoxan n. guanoxan m.
Guanyl n. guanyle m.
Guanylat n. guanylate m.
Guanylhistamin n. guanylhistamine f.
Guanylyl n. guanylyl m.
Guargummi m. gomme de protection f.
Guarnierisches Körperchen n. corpuscule de Guarnieri m.
Güdel-Tubus m. tube pharyngien de Güdel m.
Guillain-Barré-Syndrom n. syndrome de Guillain et Barré m.
Gullstrandsche Spaltlampe f. lampe de Gullstrand f.
Gulose f. gulose m.
Gumma f. gomme f.
Gummi m. caoutchouc m.
Gummi arabicum n. gomme arabique f.
Gummihandschuh m. gant en caoutchouc m.
Gummikeil m. ouvre-bouche en caoutchouc m.
Gummisaugnapf m. ventouse en caoutchouc f.
Gummischlauch m. tuyau en caoutchouc m.
Gummischürze f. tablier en caoutchouc m.
Gummischutz (Kondom) m. préservatif m.
Gummischwamm m. éponge en caoutchouc f.
Gummistöpsel m. bouchon en caoutchouc m.
Gummistrumpf m. bas élastique m.

Gummituch n. tissu caoutchouté m.
gummös gommeux
Gummose f. lésions gommeuses f. pl.
Gumprechtsche Scholle f. lambeaux leucocytaires de Gumprecht m. pl.
Gunnsches Kreuzungsphänomen n. signe du croisement de Gunn m.
günstig favorable, propice
Günzburg-Probe f. test de Günzburg m.
Gurgel f. gorge f.
gurgeln gargariser
Gurgelwasser n. gargarisme m.
Gurren n. roucoulement m.
Gürtel m. ceinture f.
Gürtelrose f. zona m.
Guss (nach Kneipp) m. affusion (d'après Kneipp) f.
Gussenbauersche Naht f. suture de Gussenbauer f.
Gussform f. forme f., moule m.
Gussfüllung f. inlay m.
Gusskanal m. canal de coulée m. (dent.)
Gusskanal, zentraler m. canal central de coulée m.
Gusskrone f. couronne coulée f.
Gussmaschine f. appareil à moulage m.
Gussprothese f. prothèse coulée f.
Gussschleuder f. vibrateur (matériau coulé) m.
Gustometer n. gustomètre m.
gustometrisch gustométrique
Gutachten, ärztliches n. expertise médicale f.
Gutachten, ärztliches – abgeben faire une expertise médicale
Gutachten, ärztliches – einholen demander une expertise médicale
Gutachter m. expert m.
Gutachterin f. experte f.
Gutachtertätigkeit f. expertise f.
gutachtlich d'expertise
gutartig bénin
Gutartigkeit f. bénignité f.
Guttapercha f. guttapercha f.
guttural guttural
Gymnastik f. gymnastique f.
Gymnophobie f. gymnophobie f.
Gynäkologe m. gynécologue m.
Gynäkologie f. gynécologie f.
Gynäkologin f. gynécologue f.
gynäkologisch gynécologique
Gynäkomastie f. gynécomastie f.
Gynandroblastom n. gynandroblastome m.
Gynatresie f. gynatrésie f.
Gyrase f. gyrase f.
Gyrasehemmer m. inhibiteur de la gyrase m.
Gyrus m. circonvolution f.
Gyrus paracentralis m. circonvolution frontale ascendante f.

H

Haar n.   cheveu m., poil m.
Haaransatz m.   racine des cheveux f.
Haarausfall m.   alopécie f., chute des cheveux f.
Haarbalg m.   follicule pileux m.
Haarbalgdrüse f.   glande pilosébacée f.
haarentfernend   dépilatoire
Haarentfernung f.   épilation f.
Haarentfernungsmittel n.   dépilatoire m.
Haargefäß n.   vaisseau capillaire m.
haarlos   chauve, glabre
Haarnadelklammer f.   agrafe en épingle à cheveux f.
Haarpapille f.   papille pileuse f.
Haarschneidemaschine f.   tondeuse f.
Haarschuppenkrankheit f.   pelliculose f.
Haarverlust m.   chute de cheveux f.
Haarzelle des Cortischen Organes f.   cellule auditive de l'organe de Corti f.
Haarzelle, pathologisehe f.   cellule chevelue f.
Haarzunge f.   langue hirsute f.
Haarzunge, schwarze f.   langue noire pileuse f.
habenulär   habénulaire
Habichtschnabel m.   bec crochu m.
habituell   habituel
Habronemiasis f.   habronémose f.
Hachimycin n.   hachimycine f.
Hacke (Ferse) f.   talon m.
Hackenfuß m.   pied bot talus m.
Hadernkrankheit f.   maladie des chiffonniers f.
Hafermehl n.   farine d'avoine f.
Haferschleim m.   crème d'avoine f.
Haferzelle f.   petite cellule épithéliomateuse f.
Haffkrankheit f.   maladie du Haff f.
Hafnie f.   hafnia m.
Hafnium n.   hafnium m.
Haftbarkeit f.   responsabilité f.
Haftfestigkeit f.   pouvoir adhésif m.
Haftlack m.   apprêt m. (dent.)
Haftpflicht f.   responsabilité civile f.
Haftpflichtversicherung f.   assurance responsabilité civile f.
Haftprothese f.   prothèse adhésive f.
Haftpsychose f.   psychose par incarcération prolongée f.
Haftschale f.   lentilles de contact f. pl.
Haftstiel m.   pédoncule d'attache m.
Haftzone f.   zone d'adhésion f.
Hagelkorn n.   chalazion m.
Hageman-Faktor m.   facteur Hageman m.
hager   maigre
Hahn m.   cocq m.
Hahnentritt m.   chalaze f. (vétér.)
Häkchen n.   petit crochet m.
Haken m.   crochet m.
Haken, scharfer m.   crochet pointu m.
hakenförmig   crochu
Hakenpinzette f.   pince à griffes f.
Hakenwurm m.   ankylostome m.
Hakenzange f.   pince à crochets f.
Halbantigen n.   haptène m.
halbautomatisch   semi-automatique
halbaxial   semi-axial
Halbbad n.   demi-bain m.
halbbewusst   semiconscient
halbdirekt   semidirect
Halbedelmetall n.   métal semi-précieux m.
halbfest   semi-solide
Halbleiter m.   semi-conducteur m.
Halbmilch f.   lait dilué à 50 % m.
halbmondförmig   semi-lunaire
halboffen   à demi ouvert
halbquantitativ   semi-quantitatif
Halbsättigung f.   demi-saturation f.
Halbseitenchorea f.   hémichorée f.
Halbseitenepilepsie f.   hémi-épilepsie f.
Halbseitenhypertrophie f.   hémihypertrophie f.
Halbseitenlähmung f.   hémiplégie f.
Halbseitensyndrom n.   syndrome u.nilatéral m.
halbsynthetisch   semisynthétique
halbverhungert   à demi mort de faim
halbwach   à demi éveillé
Halbwelle f.   demi onde f.
Halbwertzeit f.   demi vie f.
Halfterverband m.   chevêtre m.
Halid n.   sel haloïde m.
Halisterese f.   halistérèse f.
Hallervorden-Spatzsche Krankheit f.   maladie de Hallervorden-Spatz f.
Hallux valgus m.   hallux valgus m.
Hallux varus m.   hallux varus m.
Halluzination f.   hallucination f.
Halluzination, Berührungs- f.   hallucination tactile f.
Halluzination, Gehörs- f.   hallucination auditive f.
Halluzination, Geruchs- f.   hallucination olfactive f.

Halluzination, Geschmacks- f. hallucination gustative f.
Halluzination, optische f. hallucination optique f.
halluzinogen hallucinogène
Halluzinogen n. hallucinogéne m.
Halluzinose f. délire hallucinatoire m.
Halofantrin n. halofantrine f.
Halofenat n. halofénate m.
Halogen n. halogène m.
Halogenid n. sel haloïde m.
halogenieren halogéner
Halogenkohlenwasserstoff m. hydrocarbone halogéné m.
Halometer n. halomètre m.
Halometrie f. halométrie f.
halometrisch halométrique
Haloperidol n. halopéridol m.
Halopredon n. halopredone f.
Haloprogesteron n. haloprogestérone f.
Halothan n. halothane m.
Hals m. cou m.
Hals, rauher m. enrouement m.
Hals-Nasen-Ohrenarzt m. otorhinolaryngologue m.
Hals-Nasen-Ohrenärztin f. otorhinolaryngologue f.
hals-nasen-ohrenärztlich otorhinolaryngologique
Hals-Nasen-Ohrenheilkunde f. otorhinolaryngologie f.
Halsentzündung f. pharyngite f.
Halslymphknotenschwellung f. adénopathie cervicale f.
Halsmark n. moelle cervicale f.
Halsrippe f. côte cervicale f.
Halsstütze f. appui cervical m.
Halstedsche Operation f. opération de Halsted f.
Halsvenenstauung f. congestion veineuse cervicale f.
Halswirbel m. vertèbre cervicale f.
Halswirbelsäule f. colonne vertébrale cervicale f.
Haltbarkeitsdauer (bei Lagerung) f. durée de conservation f.
Halteapparart m. appareil de contention m.
Haltefaden m. suture de consolidation f.
Halter m. clamp m., porte… m.
Halteschraube f. vis de serrage f.
Haltung f. attitude f., posture f.
haltungsbedingt dû à l'attitude
haltungsmäßig postural
Haltungsreflex m. réflexe de posture m.

Haltungsschaden m. lésion d'origine posturale f.
Häm n. hème m.
Hämagglutination f. hémagglutination f.
Hämagglutinin n. hémagglutinine f.
Hamamelin n. hamaméline f.
Hamamelis f. hamamélis m.
Hämangioendotheliom n. hémangioendothéliome m.
Hämangiom n. hémangiome m.
Hämangioperizytom n. hémangiopéricytome m.
Hämarginat n. hémarginate m.
Hämarthrose f. hémarthrose f.
Hamartie f. dysembryoplasie f.
Hamartom n. hamartome m.
Hämatemesis f. hématémèse f.
Hämatin n. hématine f.
Hämatinurie f. hématinurie f.
Hämatoblast m. hématoblaste m.
hämatogen hématogène
Hämatogonie f. hématogonie f.
Hämatoidin n. hématoïdine f.
Hämatokolpos m. hématocolpos m.
Hämatokrit m. hématocrite m.
Hämatologe m. hématologue m.
Hämatologie f. hématologie f.
Hämatologin f. hématologue f.
hämatologisch hématologique
Hämatom n. hématome m.
Hämatom, subdurales n. hématome sousdural m.
Hämatomyelie f. hématomyélie f.
Hämatoporphyrin n. hématoporphyrine f.
Hämatospermie f. hématospermie f.
Hämatothorax m. hémothorax m.
hämatotoxisch hématotoxique
Hämatoxylin n. hématoxyline f.
Hämatozele f. hématocèle f.
Hämatozyturie f. hématocyturie f.
Hämaturie f. hématurie f.
Hämazytometer n. hématimètre m.
Hamburg-Wechsler-Test m. test de Wechsler m.
Hämin n. hémine f.
Hamman-Rich-Syndrom n. syndrome de Hamman et Rich m.
Hammarsten-Probe f. épreuve de Hammarsten f.
Hammel m. agneau m.
Hammer (aus Holz) m. maillet m.
Hammer (aus Metall) m. marteau m.
Hammer (Ohr) m. marteau de l'oreille moyenne m.
Hammerzehe f. orteil en marteau m.

Hämobilie f. hémobilie f.
Hämoblast m. hémoblaste m.
Hämoblastose f. hémoblastose f.
Hämochromatose f. hémochromatose f.
Hämochromometer n. hémochromomètre m.
Hämodialyse f. hémodialyse f.
Hämodialysegerät n. hémodialyseur m.
Hämodilution f. hémodilution f.
Hämodynamik f. hémodynamique f.
hämodynamisch hémodynamique
Hämofiltration f. hémofiltration f.
Hämoglobin n. hémoglobine f.
Hämoglobin, glykiertes n. hémoglobine glyquée f.
Hämoglobinolyse f. hémoglobinolyse f.
Hämoglobinometer n. hemoglobinomètre m.
Hämoglobinopathie f. hémoglobinopathie f.
Hämoglobinurie f. hémoglobinurie f.
Hämolysat n. produit d'hémolyse m.
Hämolyse f. hémolyse f.
hämolysieren hémolyser
Hämolysierung f. processus d'hémolyse m.
Hämolysin n. hémolysine f.
hämolytisch hémolytique
Hämometer n. hémomètre m.
Hämoperfusion f. hémoperfusion f.
Hämoperikard n. hémopéricarde m.
hämophil hémophile
hämophile Person f. hémophile m./f.
Hämophilie f. hémophilie f.
Hämophthalmus m. hémophtalmie f.
Hämopoese f. hématopoïèse f.
hämopoetisch hématopoïétique
Hämoptoe f. hémoptysie f.
Hämoptyse f. hémoptysie f.
Hämopyrrol n. hémopyrrol m.
Hämorrhagie f. hémorragie f.
hämorrhagisch hémorragique
hämorrhoidal hémorroïdal
Hämorrhoide f. hémorroïde f.
Hämorrhoidektomie f. hémorroïdectomie f.
Hämosiderin n. hémosidérine f.
Hämosiderose f. hémosidérose f.
Hämostase f. hémostase f.
Hämostaseologie f. hémostaséologie f.
Hämostatikum n. hémostatique m.
hämostatisch hémostatique
Hämostyptikum n. hémostyptique m.
hämostyptisch hémostyptique
Hämothorax m. hémothorax m.
Hämotoxin n. hémotoxine f.
hämotoxisch hémotoxique
Hämoxygenase f. hémoxygénase f.
Hämozytoblast m. hémocytoblaste m.
Hamster m. hamster m.
Hand f. main f.
Hand, sich die H. geben serrer les mains
Hand-Schüller-Christiansche Krankheit f. maladie de Hand-Schüller-Christian f.
Hand- und Fußpflege f. manicure-pédicure f.
Handballen m. éminences thénar et hypothénar f. pl.
Handbeatmungsgerät n. insufflateur manuel m.
Handbohrer m. perceuse à main f., tourniquet m.
Handbuch n. manuel m.
Händedesinfektion f. désinfection des mains f.
Handelsform f. forme commercialisée f., présentation f.
Handelsname m. nom commercial m., nom de spécialité m.
Handfläche f. paume de la main f.
Handfurche f. pli palmaire m.
Handgelenk n. poignet m.
Handgelenkmanschette f. manchette f.
Handgriff m. poignée f.
Handgriff (Manipulation) m. manoeuvre f.
Handharmonika-Phänomen n. phénomène d'harmonica f.
Handhygiene f. hygiène de la main f.
Handinstrument n. instrument manuel m.
Handlungsweise f. procédure f.
Handrücken m. dos de la main m.
Handstück n. réalisation manuelle f.
Handteller m. région palmaire de la main f.
handtellergroß grand comme la paume de la main
Handverkaufsmedikament n. médicament en vente libre m.
Handwaschbecken n. lave-main m.
Handwurzel f. carpe m.
Hanf m. chanvre m.
Hanganatziu-Deicher-Test m. réaction de Paul-Bunnell f.
Hangbein (veter.) n. patte pendante f.
Hängebauch m. ventre en besace m.
hängen pendre
Hanotsche Zirrhose f. maladie de Hanot f.
Haphalgesie f. haphalgésie f.
haplodont à dent cônique
haploid haploïde
Haploidie f. haploïdie f.
Haplotyp m. haplotype m.
Hapten n. haptène m.
haptisch tangible

Haptoglobin n. haptoglobine f.
Haptophor n. haptophore m.
Harada-Syndrom n. syndrome de Harada m.
Harmin n. harmine f.
Harn- und Geschlechtsorgane n. pl. organes génito-urinaires m. pl.
Harnanalyse f. analyse d'urine f.
Harnauffangbeutel m. poche d'urine f.
Harnausscheidung f. excrétion urinaire f.
harnbildend urinogène
Harnbildung f. urinogénèse f.
Harnblase f. vessie f.
Harndrang, schmerzhafter m. dysurie f.
harnen uriner
harnfähig urinable
Harnfluss m. flux urinaire m.
Harnglas n. urinal m.
Harngrieß m. gravelle f.
Harninkontinenz f. incontinence urinaire f.
Harnkanälchen n. tubule rénal m.
Harnkanälchen, gestrecktes n. tubule rénal droit m.
Harnkanälchen, gewundenes n. tubule rénale contourné m.
Harnkanälchen, Schaltstück- n. tubule rénal collecteur m.
harnleitend urinifère
Harnleiter m. uretère m.
Harnleiterkatheter m. cathéter urétéral m.
Harnleiterplastik f. urétéroplastie f.
Harnleiterstein m. calcul de l'urétère m.
harnpflichtig élimination urinaire, à
Harnretention f. rétention urinaire f.
Harnröhre f. urètre m.
Harnröhrenplastik £. urétroplastie f.
Harnsammelperiode f. période de collecte des urines f.
harnsäurespaltend uricolytique
harnsäuretreibend uricosurique
harnsäuretreibendes Mittel n. uricosurique m.
Harnsperre f. anurie f.
Harnstein m. calcul urinaire m.
Harnstoff m. urée f.
Harnstoffbildung f. uréopoïèse f.
Harnstoffclearance f. clearance de l'urée f.
Harnstoffstickstoff m. azote de l'urée m.
Harntrakt m. appareil urinaire m.
Harnverhaltung f. rétention urinaire f.
Harnwegsinfektion f. infection des voies urinaires f.
Harnzucker m. sucre urinaire m.
Harnzwang m. strangurie f., ténesme vésical m.
Harnzylinder m. cylindre urinaire m.

Harpune f. harpon m.
Hartalabaster n. enduit dur de finition m. (dent.)
Härte f. dureté f.
Härten durcir, tremper
Härten n. durcissement m., trempe f.
Härter m. durcisseur m.
Härterlösung f. solution durcissante f.
Hartgips m. plâtre dur m.
Hartgummi m. caoutchouc vulcanisé m.
Hartleibigkeit f. constipation f.
Hartlot n. brasure f. (dent.)
Hartnup-Syndrom n. syndrome de Hartnup m.
Hartstrahltechnik f. technique des rayons pénétrants f.
Harz n. résine f.
harzartig résinoïde
harzig résineux
Haschisch m. haschisch m.
Haschischsucht f. cannabisme m.
Hase m. lièvre m.
Hasenscharte f. bec-de-lièvre m.
Hashimoto-Thyreoiditis f. thyroïdite chronique de Hashimoto f.
Hassalsches Körperchen n. corpuscule de Hassal m.
Haube f. coiffe f.
Haubenkreuzung f. croisement tegmentaire m.
Haudeksche Nische f. niche de Haudek f.
Häufigkeitsquote f. fréquence f., incidence f.
Haupt n. tête f.
Hauptgusskanal m. canal central de coulée m.
Hauptlot n. brasure majeure f. (dent.)
Hauptschalter m. commutateur central m.
Hauptverbandplatz m. centre de pansements m.
Hauptwirt m. hôte de prédilection m.
Hauptzelle f. cellule adélomorphe f., cellule de Heidenhain f., cellule principale f.
Hausarzt m. médecin de famille m.
häuslich domestique, sédentaire
Hauspflege f. soins domestiques m. pl.
Hausstaub m. poussières domestiques f. pl.
Haustier n. animal domestique m.
Haustrierung f. haustration f.
Haut f. peau f., tégument m.
Hautabschürfung f. écorchure f.
Hautarzt m. dermatologue m.
Hautärztin f. dermatologue f.
Hautatrophie f. atrophie cutanée f.
Hautausschlag m. éruption cutanée f., exanthème m.

Hautausschlag, flüchtiger m. rash m.
Hautbank f. banque de peau f.
Häutchen n. cuticule f.
Hautdosis f. dose érythème f.
häuten, sich se peler
Hautfenster n. fenêtre cutanée f.
hautfreundlich eudermique
Hautgrieß m. acné miliaire f.
Hautinnervationsbezirk, segmentaler m. dermatome m.
Hautkrankheit f. dermatose f.
Hautkrebs m. cancer cutané m.
Hautkrebs, schwarzer m. mélanome malin m.
Hautlappen (für plastische Chirurgie) m. lambeau (de peau pour chirurgie plastique) m.
Hautlappen, doppelt gestielter m. lambeau bipédiculé m.
Hautlappen, freier m. lambeau ouvert m.
Hautlappen, gestielter m. lambeau pédiculé m.
Hautlappen, Insel- m. lambeau insulaire m.
Hautlappen, Roll- m. lambeau cylindrique m.
Hautlappen, Rotations- m. lambeau de rotation m.
Hautlappen, Verschiebe- m. lambeau de glissement m.
Hautleishmaniose f. leishmaniose cutanée f.
Hautmadenfraß m. myiase cutanée f.
Hautplastik f. dermatoplastie f.
Hautreaktion f. réaction cutanée f.
Hautreflex m. réflexe cutané m.
hautrötend rubéfiant
hautrötendes Mittel n. rubéfiant m.
Hautschaden durch Kälte m. engelure f.
Hautschnitt m. incision cutanée f.
Hautschwiele f. callosité f.
Hauttemperaturmessgerät n. thermomètre cutané m.
Hauttest m. test cutané m.
Hautverträglichkeit f. tolérance cutanée f.
Hautwiderstand m. résistance cutanée f.
Hautwiderstandsmessgerät n. appareil de mesure de la résistance cutanée f.
HAV (Hepatitis-A-Virus) n. HAV (virus de l'hépatite A) m.
Haverssches Kanälchen n. canal de Havers m.
Hayemsche Lösung f. solution de Hayem f.
Hb (Hämoglobin) n. Hb (hémoglobine) f.
HBDH (Hydroxybutyratdehydrogenase) f. hydroxybutyrate déshydrogénase f.
HBV (Hepatitis-B-Virus) m. virus de l'hépatite B m.
HCG (humanes Choriongonadotropin) n. hCG (hormone chorionique gonadotrophique) f.
HCS (humanes Choriosomatomammotropin) f. chorionsomatomammotropine humaine (HCS) f.
HCV (Hepatitis-C-Virus) m. virus de l'hépatite C m.
HDV (Hepatitis-Delta-Virus) n. HDV (virus de l'hépatite delta) m.
Headsche Zone f. zone de Head f.
Hebamme f. sage-femme f.
Hebammenschule f. école de sages-femmes f.
Hebel m. levier m.
Hebelkraft f. effet levier m., moment (physikal.) m.
Hebelwirkung f. effet de levier m.
heben lever, soulever
hebephren hébéphrène
Hebephrenie f. hébéphrénie f.
Heber m. élévateur m., siphon m.
Heberdenscher Knoten m. nodosité d'Eberden f.
Heboidie f. héboïdie f.
Hebosteotomie f. opération de Gigli f., pubiotomie f.
hecheln (veter.) haleter
Hedingersches Syndrom n. syndrome carcmoïde intestinal m.
Heerfordtsche Krankheit f. syndrome de Heerfordt m.
Hefe f. levure f.
Hefter m. classeur m.
Heftigkeit f. intensité f.
Heftpflaster n. adhésif m., emplâtre m., leucoplaste m., sparadrap m.
Hegarstift m. bougie de Hegar f.
Heilanstalt f. sanatorium m.
heilbar curable
Heilbarkeit f. curabilité f.
heilbringend bénéfique, salutaire
heilen (intransitiv) guérir
heilen (transitiv) guérir
Heilfürsorge f. soins médicaux m. pl.
Heilgymnastik f. gymnastique médicale f.
Heilkraft f. pouvoir curatif m.
Heilkunde f. thérapeutique f.
Heilkunst f. art de guérir m.
Heilmittel n. médicament m., remède m.
heilpädagogisch médico-pédagogique
Heilpraktiker m. guérisseur m.
Heilquelle f. source médicinale f.
heilsam salutaire

Heilschlaf m. cure de sommeil f., sommeil réparateur m.
Heilschlafgerät n. équipement pour cure de sommeil f.
Heilserum n. sérum antitoxique m.
Heilung f. cure f., guérison f.
Heilung per primam intentionem f. guérison de primière intention f.
Heilung per secundam intentionem f. guérison de seconde intention f.
heilungsfördernd favorisant la guérison
Heilungsprozess m. processus de guérison m.
Heilverfahren n. traitement m.
Heimdialyse f. dialyse à domicile f.
Heimweh n. mal du pays m.
Heinzsches Innenkörperchen n. corps de Heinz m.
heiser enroué
Heiserkeit f. enrouement m.
heißer Abszess m. abcès chaud m.
Heißhunger m. faim dévorante f.
Heißluft f. air chaud m.
Heizgerät n. appareil de chauffage m.
Heizkissen n. coussin électrique m.
Heizstrom m. courant de chauffage m.
hektisch hectique
Hektoliter n. hectolitre m.
Helferin, zahnärztliche f. assistante dentaire f.
Helferzelle f. cellule T helper f.
Helicobacter m. hélicobacter m.
Heliotherapie f. héliothérapie f.
Helium n. hélium m.
Helix f. hélix m.
Helleborus m. hellébore f.
hellgelb jaune clair
Helligkeitsumfang m. intervalle de contraste m.
Hellp-Syndrom n. syndrome de Hellp m.
Helmholtzsche Theorie f. théorie de Helmholtz f.
Helminthiasis f. helminthiase f.
Helminthologie f. helminthologie f.
helminthologisch helminthologique
Hemeralopie f. héméralopie f.
Hemiachromatopsie f. hémiachromatopsie f.
Hemialgie f. hémialgie f.
Hemiamblyopie f. hémiamblyopie f.
Hemianästhesie f. hémianesthésie f.
Hemianopsie f. hémianopsie f.
Hemianopsie, binasale f. hémianopsie binasale f.
Hemianopsie, bitemporale f. hémianopsie bitemporale f.
Hemianopsie, heteronyme f. hémianopsie hétéronyme f.
Hemianopsie, homonyme f. hémianopsie homonyme f.
Hemianopsie, Quadranten- f. hémianopsie en quadrant f.
hemianoptisch hémianoptique
Hemiapraxie f. hémiapraxie f.
Hemiataxie f. hémiataxie f.
Hemiathetose f. hémiathétose f.
Hemiatrophie f. hémiatrophie f.
Hemiazetal n. hémiacétal m.
Hemiballismus m. hémiballisme m.
Hemiblock m. hémibloc m.
Hemichorea f. hémichorée f.
Hemicraniektomie f. hémicraniectomie f.
Hemidesmosom n. hémidesmosome m.
Hemiepilepsie f. hémiépilepsie f.
hemifazial hémifacial
Hemifumarat n. hémifumarate m.
Hemigastrektomie f. hémigastrectomie f.
Hemignathie f. hémignathie f.
Hemihydrat n. hémihydrate m.
Hemihydrochlorid n. hémihydrochlorure m.
Hemihyperhidrose f. hémihyperhidrose f.
Hemihypertrophie f. hémihypertrophie f.
Hemikorporektomie f. hémicorporectomie f.
Hemilaminektomie f. hémilaminectomie f.
Hemilaryngektomie f. hémilaryngectomie f.
Hemilumbalisation f. hémilombalisation f.
Heminephrektomie f. héminéphrectomie f.
Hemiparaplegisch hémoparaplégique
Hemiparästhesie f. hémiparesthésie f.
Hemiparese f. hémiparésie f.
hemiparetisch hémiparésique
Hemipelvektomie f. hémipelvectomie f.
Hemiplegie f. hémiplégie f.
hemiplegisch hémiplégique
Hemisakralisation f. hémisacralisation f.
Hemispasmus m. hémispasme m.
Hemisphäre f. hémisphère f.
Hemisphärektomie f. hémisphérectomie f.
hemisphärisch hémisphérique
Hemisukzinat n. hémisuccinate m.
Hemisulfat n. hémisulfate m.
Hemitartrat n. hémitartrate m.
Hemizellulase f. hémicellulase f.
Hemizellulose f. hémicellulose f.
hemizygot hémizygote
hemmen inhiber
hemmend gênant, inhibiteur
Hemmer m. inhibiteur m.
Hemmkörper m. substance inhibitrice f.
Hemmstoff m. agent inhibiteur m.

Hemmung f. inhibition f.
Hemmungsmissbildung f. défaut par inhibition m.
Hengst m. étalon m.
Hengstfohlen m. poulain mâle m.
Henlesche Schleife f. anse de Henle f.
Hennaöl n. huile de henné f.
Henne f. glousse f.
Henry n. henry m.
Hepacidin n. hépacidine f.
Heparan n. héparane m.
Heparin n. héparine f.
Heparinhemmer m. antihéparinique m.
heparinisieren hépariniser
Heparinisierung f. héparinisation f.
Heparinoid n. héparinoïde m.
Hepatargie f. insuffisance hépathique f.
Hepatektomie f. hépatectomie f.
Hepatikocholezystojejunostomie f. hépaticocholécystojéjunostomie f.
Hepatikoduodenostomie f. hépaticoduodénostomie f.
Hepatikogastrostomie f. hépaticogastrostomie f.
Hepatikojejunal hépaticojéjunal
Hepatikojejunostomie f. hépaticojéjunostomie f.
Hepatikostomie f. hépaticostomie f.
Hepatikotomie f. hépaticotomie f.
Hepatisation f. hépatisation f.
hepatisch hépatique
hepatisiert hépatisé
Hepatitis f. hépatite f.
Hepatitis A/B/nonA/nonB f. hépatite A/B/nonA/nonB f.
Hepatitis-B-Impfstoff m. vaccin antihépatite B m.
hepatobiliär hépatobiliaire
Hepatocholangioduodenostomie f. hépatocholangioduodénostomie f.
Hepatocholangitis f. hépatocholangite f.
hepatoerythropoetisch hépato-érythropoïésique
Hepatogastrisch hépatogastrique
hepatogen hépatogène
hepatographie f. hépatographie f.
hepatokardial hépatocardiaque
hepatolentikulär hépatolenticulaire
hepatolienal hépatosplénique
Hepatologie f. hépatologie f.
Hepatomegalie f. hépatomégalie f.
Hepatopathie f. hépatopathie f.
hepatorenal hépatorénal
Hepatose f. hépatose f.
hepatosplenisch hépatosplénique
Hepatosplenomegalie f. hépatosplénomégalie f.
hepatotoxisch hépatotoxique
Hepatotoxizität f. hépatotoxicité f.
hepatotrop hépatotrope
hepatozellulär hépatocellulaire
Hepatozyt m. hépatocyte m.
Heptachlor n. heptachlore m.
Heptadecyl… heptadécyl…
Heptaen n. heptaène m.
Heptahydrat n. heptahydrate m.
Heptaminol n. heptaminol m.
Heptan n. heptane m.
Heptanoat n. heptanoate m.
Heptathiophen n. heptathiophène m.
Heptaverin n. heptavérine f.
Heptolamid n. heptolamide m.
Heptose f. heptose m.
Heptulose f. heptulose m.
Heptyl n. heptyle m.
Herausgeberartikel m. éditorial m.
heraustreiben expulser
herb acerbe, âpre
herbizid herbicide
Herbivore m. herbivore m.
Herbstzeitlose f. colchique m.
Herbizid n. herbicide m.
Herd (med.) m. foyer m.
Herdentrieb m. instinct de troupeau m.
Herdinfektion f. infection focale f.
Herdnephritis f. néphrite en foyer f.
Heredität f. hérédité f.
Heredoataxie f. hérédoataxie f.
Heredodegeneration f. hérédodégénérescence f.
Herkunft f. origine f.
Hermaphroditismus m. hermaphrodisme m.
hermetisch hermétique
Hernia obturatoria f. hernie obturatrice f.
Hernie f. hernie f.
Hernie, direkte f. hernie directe f.
Hernie, eingeklemmte f. hernie étranglée f.
Hernie, epigastrische f. hernie épigastrique f.
Hernie, Gleit- f. hernie de glissement f.
Hernie, Hiatus- f. hernie hiatale f.
Hernie, indirekte f. hernie indirecte f.
Hernie, inkarzerierte f. hernie incarcérée f.
Hernie, innere f. hernie interne f.
Hernie, irreponible f. hernie irréductible f.
Hernie, Leisten- f. hernie inguinale f.
Hernie, Littresche f. hernie de Littre f.
Hernie, Nabel- f. hernie ombilicale f.
Hernie, Narben- f. hernie cicatricielle f.
Hernie, reponible f. hernie réductible f.

Hernie, Schenkel- f. hernie crurale f., hernie fémorale f.
Hernie, skrotale f. hernie scrotale f.
Hernie, Spieghelsche f. hernie de Spieghel f.
Hernie, Treitzsche f. hernie de Treitz f.
Hernie, unvollständige f. herniation incomplète f.
Hernie, Zwerchfell- f. hernie diaphragmatique f.
Hernienbildung f. herniation f.
Herniorrhaphie f. herniorraphie f.
Herniotomie f. herniotomie f.
Heroin n. héroïne f.
Heroinsucht f. héroïnomanie f.
heroisch héroïque
Herpangina f. herpangine f.
Herpes m. herpès m.
Herpes labialis m. herpès labial m.
Herpes progenitalis m. herpès cutanéomuqueux génital m.
Herpes simplex m. herpès simplex m.
Herpes tonsurans m. tinea tonsurans f.
Herpes zoster m. zona m.
herpetiform herpétiforme
herpetisch herpétique
Herpetismus m. affection herpétique f.
Herstellungscharge f. série de production f.
Herter-Heubnersche Krankheit f. maladie coeliaque de Herter f.
Hertz n. hertz m.
HERV (humanes endogenes Retrovirus) m. rétrovirus endogène humain m.
hervorrufen causer, rappeler
Herxheimer-Reaktion f. réaction de Herxheimer f.
Herz n. cœur m.
Herz-Lungen-Maschine f. appareil cardiorespiratoire m.
Herz- und Kreislaufkrankheit f. maladie cardio-vasculaire f.
Herzachse f. axe électrique du coeur m.
Herzaneurysma n. anévrisme cardiaque m.
Herzangst f. cardiophobie f.
Herzarbeit f. activité cardiaque f.
Herzasthma n. asthme cardiaque m.
Herzattacke f. attaque cardiaque f.
Herzautomatismus m. automatisme cardiaque m.
Herzbehandlung f. cardiothérapie f.
Herzbeklemmung f. oppression cardiaque f.
Herzbeschleunigung f. cardioaccélération f.
Herzbeutel m. péricarde m.
Herzbeutelerguss m. épanchement péricardique m.
Herzblock m. bloc cardiaque m.

Herzchirurgie f. chirurgie cardiaque f.
Herzdilatation f. dilatation cardiaque f.
Herzechokardiographie, transösophageale f. échographie cardiaque transœsophagienne f.
Herzerkrankung f. maladie cardiaque f.
Herzerweichung f. cardiomalacie f.
Herzfehler m. affection valvulaire du coeur f.
Herzfehlerzelle f. cellule cardiaque de lésion f.
Herzfernaufnahme f. téléradiographie cardiaque f.
herzförmig en forme de coeur
Herzfrequenz f. fréquence cardiaque f.
Herzfunktionsprüfung f. exploration cardiaque fonctionnelle f.
Herzgegend f. région cardiaque f.
Herzgeräusch n. bruit pathologique du coeur m., souffle cardiaque m.
Herzglykosid n. glucoside cardiotonique m.
Herzgrube f. creux épigastrique m.
Herzhypertrophie f. hypertrophie cardiaque f.
Herzinfarkt m. infarctus du myocarde m.
Herzinfarkt-Intensivstation f. unité de soins intensifs cardiologiques: infarctus f.
Herzinsuffizienz f. insuffisance cardiaque f.
Herzinsuffizienz, dekompensierte Rechts- f. insuffisance cardiaque droite décompensée f.
Herzinsuffizienz, muskuläre f. insuffisance myocardique f.
Herzkatheter m. cathéter cardiaque m.
Herzkatheterisierung f. cathétérisme cardiaque m.
Herzklappe f. valvule cardiaque f.
Herzklappenerkrankung f. valvulopathie cardiaque f.
Herzklappenfehler m. affection valvulaire cardiaque f.
Herzklappengeräusch n. bruit valvulaire m.
Herzklopfen n. palpitation cardiaque f.
Herzkrankheit f. cardiopathie f.
Herzkrankheit, hyperthyreotische f. cardiotoxicose hyperthyroidienne f.
Herzkrankheit, rheumatische f. rhumatisme cardiaque f.
Herzleiden n. affection cardiaque f., maladie cardiaque f.
Herzleistung f. débit cardiaque m.
Herzleistungsmessgerät n. appareil de mesure du débit cardiaque m.
Herzmassage f. massage cardiaque m.
Herzmassage, äußere f. massage cardiaque à thorax fermé m.

Herzmassage, direkte f. massage cardiaque direct m.
Herzminutenvolumen n. volume-minute (coeur) m.
Herzmuskel m. muscle cardiaque m., myocarde m.
Herzmuskelinfarkt m. infarctus du myocarde m.
Herzmuskelinsuffizienz f. insuffisance myocardique f.
Herzmuskelschaden m. lésion myocardique f.
Herzneurose f. névrose cardiaque f.
Herzohr n. appendice auriculaire cardiaque m.
Herzrhythmus m. rythme cardiaque m.
Herzruptur f. rupture cardiaque f.
Herzschallschreibung f. phonocardiographie f.
Herzschatten m. ombre cardiaque f.
Herzschlag m. battement cardiaque m.
Herzschlag (pathol.) m. cardioplégie f.
Herzschlagen n. battement cardiaque m.
Herzschrittmacher m. stimulateur cardiaque m.
Herzsilhouette f. silhouette cardiaque f.
Herzsonographie f. écho-cœur m.
Herzspezialist(in) m./(f.) cardiologue m./f.
Herzspitze f. pointe du coeur f.
Herzspitzenstoß m. battement apexial m.
herzstärkend cardiotonique
Herzstillstand m. arrêt cardiaque m.
Herzsyndrom, hyperkinetisches n. syndrome cardiaque hyperkinétique m.
Herztod m. mort par arrêt cardiaque f.
Herzton m. bruit du coeur m.
Herzton, gespaltener m. bruit dédoublé m.
Herztransplantation f. transplantation cardiaque f.
Herzultraschall m. écho-cœur m.
Herzuntersuchung f. examen cardiaque m.
Herzvergrößerung f. cardiomégalie f.
Herzversagen n. défaillance cardiaque f.
Herzvorhof m. oreillette cardiaque f.
Herzwand f. paroi cardiaque f.
Herzwasser (veter.) liquide cardiaque m.
Hesperidin n. hespéridine f.
HET (Hormonersatztherapie) f. THS (traitement hormonal substitutif) m.
Hetacillin n. hétacilline f.
Hetaflur n. hétaflur n.
Heteroagglutination f. hétéroagglutination f.
Heteroantigen n. hétéroantigène m.
Heteroantikörper m. hétéroanticorps m.
Heteroautoplastik f. hétéroautoplastie f.

heterochrom hétérochrome
Heterochromatin n. hétérochromatine f.
heterochromatisch hétérochromatique
Heterochromie f. hétérochromie f.
Heterochromosom n. hétérochromosome m.
heterodesmotisch hétérodesmotique
heterodimer n. hétérodimère m.
heterodont hétérodonte
heteroduplex hétéroduplex
heterogen hétérogène
Heterogonie f. hétérogonie f.
Hetetoimmunität f. hétéroimmunité f.
Heteroinfektion f. hétéroinfection f.
Heteroinokulation f. hétéroinoculation f.
Heterointoxikation f. hétérointoxication f.
Heterokinese f. hétérokinèse f.
Heterokomplement n. hétérocomplément m.
Heterokomplex m. hétérokomplexe m.
Heterolalie f. hétérolalie f.
heterolog hétérologue
Heterologie f. hétérologie f.
heteromorph hétéromorphe
Heteromorphie f. hétéromorphie f.
Heteronium n. hétéronium m.
heteronom hétéronome
heteronym hétéronyme
Heterophagie f. hétérophagie f.
heterophil hétérophile
heterophon hétérophonique
Heterophorie f. hétérophorie f.
Heteroplasie f. hétéroplasie f.
Heteroplastik f. hétéroplasie f.
heteroplastisch hétéroplastique
heteroploid hétéroploïde
Heteropolysaccharid n. hétéropolysaccharide m.
Heterosaccharid n. hétérosaccharide m.
heterosexuell hétérosexuel
Heteroskopie f. hétéroscopie f.
Heterosom n. hétérosome m.
heterospezifisch hétérospécifique
Heterosuggestion f. hétérosuggestion f.
Heterotoxin n. hétérotoxine f.
Heterotransplantat n. hétrogreffe f.
Heterotransplantation f. hétérotransplantation f.
heterotrop hétérotrope
heterotroph hétérotrophe
Heterotrophie f. hétérotrophie f.
Heterotropie f. hétérotropie f.
heterotypisch hétérotypique
heteroxen hétéroxène
heterozentrisch hétérocentrique
heterozygot hétérozygote

heterozygotes Individuum n.   individu hétérozygote m.
Heterozygotie f.   hétérozygotie f.
heterozyklisch   hétérocyclique
Hetrazepin n.   hétrazépine f.
heterogenetisch   hétérogénétique
Hetzseuche f.   adénomatose pulmonaire f. (vétér.)
Heubnersche Krankheit f.   maladie de Heubner f.
Heufieber n.   rhume des foins m.
HEV (Hepatitis-E-Virus) m.   virus de l'hépatite E (HEV) m.
Hexacetonid n.   hexacétonide m.
Hexachlorid n.   hexachlorure m.
Hexachlorophen n.   hexachlorophène m.
Hexachlorozyklohexan n.   hexachlorocyclohexane m.
Hexachlorphenol n.   hexachlorphénol m.
Hexafluorid n.   hexafluorure m.
Hexafluronium n.   hexafluronium m.
Hexahydrat n.   hexahydrate m.
hexahydrisch   hexahydrique
Hexahydrobenzoat n.   hexahydrobenzoate m.
hexamer   hexamérique
Hexamer n.   hexamère m.
Hexamethonium n.   hexaméthonium m.
Hexamethoniumbromid n.   bromure d'hexaméthonium m.
Hexamethylen n.   cyclohexane m., hexaméthylène m.
Hexamethylendiamin n.   hexaméthylènediamine f.
Hexamethylentetramin n.   hexaméthylènététramine f.
Hexamethylmelamin n.   hexaméthylmélamine f.
Hexamethylphosphamid n.   hexaméthylphosphamide m.
Hexamethylpropylenaminoxim n.   hexaméthylpropylène-aminoxime m.
Hexamid n.   hexamide m.
Hexan n.   hexane m.
Hexanikotinat n.   hexanicotinate m.
Hexanitrat n.   hexanitrate m.
Hexanoat n.   hexanoate m.
Hexanol n.   hexanol m.
Hexaose f.   hexaose m.
Hexapeptid n.   hexapeptide m.
hexaploid   hexaploïde
Hexapropymat n.   hexapropymate m.
Hexazyklonat n.   hexacyclonate m.
Hexedrin n.   hexédrine f.
Hexenmilch f.   lait de sorcière m.
Hexenschuss m.   lumbago m.
Hexestrol n.   hexoestrol m.
Hexetidin n.   hexétidine f.
Hexidin n.   hexidine f.
Heximid n.   heximide m.
Hexit n.   hexitol m.
Hexobarbital n.   hexobarbital m.
Hexobendin n.   hexobendine f.
Hexokinase f.   hexokinase f.
Hexon n.   hexon m.
Hexopeptidase f.   hexopeptidase f.
Hexoprenalin n.   hexoprénaline f.
Hexopyrronium n.   hexopyrronium m.
Hexosamin n.   hexosamine f.
Hexosaminidase f.   hexosaminidase f.
Hexosan n.   hexosane m.
Hexosazon n.   hexosazone f.
Hexose f.   hexose m.
Hexosediphosphat n.   hexosediphosphate m.
Hexosediphosphatase f.   hexosediphosphatase f.
Hexosidase f.   hexosidase f.
Hexosyltransferase f.   hexosyltransférase f.
Hexuronat n.   hexuronate m.
Hexyl n.   hexyle m.
Hexylamin n.   hexylamine f.
Hexylcain n.   hexylcäine f.
Hexylresorzin n.   hexylrésorcine f.
HHL (Hypophysenhinterlappen) m.   lobe postérieur de l'hypophyse m.
HF (Herzfrequenz) f.   fréquence cardiaque f.
HHL (Hypophysenhinterlappen) m.   lobe postérieur de l'hypophyse m.
HHR (Hinterherzraum) m.   espace rétrocardiaque m.
HIAP (humanes inhibitorisches Apoptose-Protein) n.   HIAP (human inhibitory apoptose protein) f), protéine humaine d'apoptose inhibitrice f.
Hiatopexie f.   hiatopexie f.
Hiatushernie f.   hernie hiatale f.
Hiatusplastik f.   plastie hiatale f.
Hibernation f.   hibernation f.
hibernieren   hiberner
Hibernom n.   hibernome m.
Hidradenitis f.   hidradénite f.
Hidradenom n.   hidradénome m.
Hidrose f.   hidrose f.
hidrotisch   hidrotique
Hierarchie f.   hiérarchie f.
hierarchisch   hiérarchique
HIES (Hydroxyindolessigsäure) f.   acide hydroxyindolacétique m.
hilär   hilaire
Hilfe, erste f.   secourisme m.

hilflos impuissant
Hilflosigkeit f. impuissance f.
Hilfsschule f. école pour enfants inadaptés f.
hilfsweise auxiliairement
hilifugal hilifuge
hilipetal hilipète
Hilitis f. hilite f.
Hilus m. hile m.
Hiluslymphknotenerkrankung f. adénopathie hilaire f.
Himbeerzunge f. langue framboisée f.
hindern empêcher, encombrer
hinken boiter
Hinken n. claudication f.
hintere Augenkammer f. chambre postérieure de l'oeil f.
Hintergrund m. arrière-plan m.
Hinterhauptshaltung, hintere f. position occipitale postérieure f.
Hinterhauptshaltung, vordere f. positionoccipitale antérieure f.
Hinterhirn n. métencéphale m.
Hinterhorn n. corne occipitale des ventricules latéraux du cerveau f.
Hinterkammer f. chambre postérieure
Hinterkopf m. occiput m.
Hintersäule (der grauen Rückenmarkssubstanz) f. corde postérieure de la moelle grise f.
Hinterstrang (der weißen Rückenmarkssubstanz) m. cordon dorsal de la moelle blanche m.
Hinterteil n. derrière m.
Hinterwand f. paroi postérieure f.
Hinterwandinfarkt m. infarctus du myocarde postérieur m.
Hinterwurzel f. racine postérieure f.
Hiob-Syndrom n. syndrome de Job m.
Hippel-Lindau-Syndrom n. syndrome de von Hippel-Landau m.
Hippokampektomie f. hippocampectomie f.
Hippokrates, Eid des m. serment d'Hippocrate m.
Hippotherapie f. hippothérapie f.
Hippurat n. hippurate m.
Hippurie f. hippurie f.
Hirn n. cerveau m.
Hirnaktionsstrom m. courant d'activité électrique cérébrale m.
Hirnanhangdrüse f. hypophyse f.
Hirnblutung f. hémorragie cérébrale f.
Hirndruck m. tension cranienne f.
Hirnforschung f. recherche sur le cerveau f.
hirngeschädigt avec lésions cérébrales
Hirnhaut f. méninge f.

Hirnhautentzündung f. méningite f.
Hirnmantel m. manteau des hémisphères m., pallium m.
Hirnmasse f. substance cérébrale f.
Hirnnerv m. nerf cranien m.
Hirnrinde f. cortex cérébral m.
Hirnrindenatrophie f. atrophie du cortex cérébral f.
Hirnschale, knöcherne f. crâne osseux m.
Hirnstamm m. tronc cérébral m.
Hirnstromkurve f. tracé électrique cérébral m.
Hirntätigkeit f. activité cérébrale f.
Hirntod m. mort cérébrale f.
hirnverletzt ayant une lésion cérébrale
Hirnverletzung f. lésion cérébrale f.
Hirschhornsalz n. carbonate d'ammoniaque m.
Hirschsprungsche Krankheit f. maladie de Hirschsprung f.
Hirsutismus m. hirsutisme m.
Hirudin n. hirudine f.
Hirudinea f. hirudinea f.
His-Bündel n. faisceau de His m.
His-Bündel-Ablation f. ablation du faisceau de His f.
His-Bündel-Block m. bloc de branche m.
His-Bündels, oberhalb des sus-hissien
His-Bündels, unterhalb des sous-hissien
Hissches Bündel n. faisceau de His m.
Histamin n. histamine f.
Histaminase f. histaminase f.
histaminergisch histaminergique
Histidase f. histidase f.
Histidin n. histidine f.
Histidinämie f. histidinémie f.
Histidinase f. histidinase f.
Histidyl n. histidyle m.
Histidylglyzin n. histidylglycine f.
Histioblast m. histioblaste m.
Histiochemie f. histiochimie f.
histiochemisch histiochimique
histiotrop histiotrope
Histiozyt m. histiocyte m.
histiozytär histiocytaire
Histiozytom n. histiocytome m.
Histiozytose f. histiocytose f.
Histogenese f. histogenèse f.
Histogramm n. histogramme m.
Histokompatibilität f. histocompatibilité f.
Histologe m. histologue m.
Histologie f. histologie f.
histologisch histologique
Histolyse f. histolyse f.
histolytisch histolytique

Histomorphologie f.   histomorphologie f.
histomorphologisch   histomorphologique
Histomorphometrie f.   histomorphométrie f.
histomorphometrisch   histomorphométrique
Histon n.   histone f.
Histopathologie f.   histopathologie f.
histopathologisch   histopathologique
Histoplasmose f.   histoplasmose f.
Histotomographie f.   histotomographie f.
histotomographisch   histotomographique
histotoxisch   histotoxique
histotrop   histotrope
Hitze f.   chaleur f.
Hitze-Schockprotein n.   protéine du choc thermique f.
hitzebeständig   thermorésistant
Hitzekoagulation f.   thermocoagulation f.
Hitzekollaps m.   collapsus circulatoire dû à la chaleur m.
Hitzesterilisation f.   stérilisation par la chaleur f.
Hitzestrahlung f.   thermoradiation f.
Hitzewallung f.   bouffée de chaleur f.
Hitzschlag m.   coup de chaleur m., insolation f.
HIV (humanes Immundefizienz-Virus) n.   HIV (Human Immunodeficiency Virus) m.
HK (Hämatokrit) m.   Ht (hématocrite) f.
HKS (hyperkinetisches Syndrom) n.   syndrome hyperkinétique m.
HLA-Histokompatibilitätssystem n.   système HLA d'histocompatibilité m.
HMG (menschliches Menopausen-Gonadotropin) n.   HMG (human menopausal gonadotropin) f.
HMG-CoA-Reduktase f.   réductase du HMG-CoA f.
HNO (Hals, Nase, Ohren)   ORL (oreille, nez, gorge)
hochdosiert   fort dosé
Hochdruck m.   hypertension f., hypertonie f.
Hochdruck, blasser m.   hypertension avec pâleur f.
Hochdruck, roter m.   hypertension avec rougeur congestive f.
Hochdruckflüssigkeitschromatographie f.   chromatographie liquidienne de pression élevée f.
Hochfeld n.   champ élevé m.
hochfieberhaft   très fébrile
hochfrequent   très fréquent
Hochfrequenz f.   haute fréquence f.
Hochfrequenzstrom m.   courant de haute fréquence m.

hochlagern   surélever
Hochlagerung f.   mise en position surélevée f.
hochmolekular   polymoléculaire
hochprozentig   spiritueux
hochprozentiges Getränk n.   spiritueux m.
hochschwanger   en état de grossesse avancée
Hochsingersches Zeichen n.   phénomène de Hochsinger m.
Hochspannung (elektr.) f.   haute tension f.
Hochspannungselektrophorese f.   électrophorèse à haute tension f.
Hochstand (des Zwerchfells) m.   position haute du diaphragme f.
Höchstwert m.   valeur maximum f.
Hochtourenbohrer m.   fraise de haute fréquence rotative f.
Hochvakuum-Sterilisationsapparat m.   stérilisateur sous vide m.
Hochvolt-Röntgentherapie f.   roentgenthérapie à haute tension f.
hocken   être accroupi
Hockstellung f.   position accroupie f.
Höcker m.   bosse f., protubérance f., tubérosité f.
Hoden m.   testicule m.
Hodenentfernung f.   orchidectomie f.
Hodenkrebs m.   cancer testiculaire m.
Hodensack m.   bourses f. pl., scrotum m.
Hodge-Pessar n.   pessaire de Hodge m.
Hodgkinsche Krankheit f.   maladie de Hodgkin f.
Hoffmann-Werdnig-Syndrom n.   syndrome de Hoffmann-Werdnig m.
hohe Abklingquote f.   quotient d'élimination élevé m.
Höhenangst f.   dinophobie f.
Höhenkrankheit f.   mal d'altitude m.
Höhenkurort m.   station climatique en altitude f.
Höhenverstellung f.   changement de hauteur m.
Höhepunkt m.   paroxysme m., point culminant m.
höheres Alter n.   âge avancé m.
hohl   concave, creux
hohläugig   aux yeux enfoncés
Hohlbohrer m.   évidoir m.
hohlbrüstig   poitrine creuse, à
Höhle f.   cavité f., creux m., sinus m.
Höhlenbildung f.   formation de cavité f.
Hohlfuß m.   pied creux m.
Hohlguss m.   moulage cannelé m.
Hohlkreuz n.   hyperlordose f.
Hohlkrone f.   demi couronne f.
Hohlmeißel m.   gouge f.

Hohlmeißelzange f. pince-gouge f.
Hohlorgan n. organe creux m.
Hohlraum m. espace vide m.
Hohlrücken m. dos creux m.
Hohlsonde f. sonde cannelée f.
Hohlspiegel m. miroir concave m.
holandrisch holandrique
Höllenstein m. nitrate d'argent m.
Holmium n. holmium m.
holoblastisch holoblastique
holodiastolisch holodiastolique
Hologamie f. hologamie f.
Holographie f. holographie f.
hologyn hologynique
holokrin holocrine
Holoparasit m. holoparasite m.
holosystolisch holosystolique
Holotyp m. holotype m.
holoxenisch holoxénique
Holozellulose f. holocellulose f.
Holter m. holter m.
Holter-Blutdruckmessung m. holter tensionnel m.
Holter-EKG n. holter ECG m.
Holzknechtscher Raum m. espace de Holzknecht m.
Holzkohle f. charbon de bois m.
Holzspatel m. spatule en bois f.
Homalographie f. homalographie f.
Homarginin n. homarginine f.
Homatropin n. homatropine f.
Home-Office n. télétravail m.
Homescher Lappen m. lobe de Home m.
Homochlorcyclizin n. homochlorcyclisine f.
Homocitrullin n. homocitrulline f.
Homodesmotisch homodesmotique
homoerotisch homoérotique
Homofenazin n. homofénazine f.
homogen homogène
Homogenat n. produit homogénéisé m.
homogenisieren homogénéiser
Homogenisierung f. homogénéisation f.
Homogenität f. homogénéité f.
Homogentisat n. homogentisate m.
homoioplastisch homoïoplastique
homolateral homolatéral
homolog homologue
Homolog n. homologue m.
Homologie f. homologie f.
Homomerie f. homomérie f.
homonom homonome
homonym homonyme
Homöopath m. homéopathe m.
Homöopathie f. homéopathie f.
Homöopathin f. homéopathe f.

homöopathisch homéopathique
Homöostase f. homéostase f.
Homöotransplantat n. homéogreffe f.
Homöotransplantation f. homéotransplantation f.
homöotypisch homéotypique
Homophenazin n. homophénazine f.
Homoplastik f. homoplastie f.
homoplastisch homoplastique
Homoprolin n. homoproline f.
Homosalat n. homosalate m.
Homoserin n. homosérine f.
Homosexualität f. homosexualité f.
homosexuell homosexuel
Homotaurin n. homotaurine f.
homothermisch homothermique
Homotransplantat n. allogreffe f., homogreffe f.
Homotransplantation f. homotransplantation f.
homozentrisch homocentrique
homozygot homozygote
homozygotes Individuum n. individu homozygote m.
Homozygotie f. homozygotie f.
homozyklisch homocyclique
Homozystein n. homocystéine f.
Homozysteinurie f. homocystéinurie f.
homozytotrop homocytotrope
Honigwabenlunge f. poumon en ruche d'abeilles m.
Honorar n. honoraire m.
honorieren (Honorar bezahlen) payer l'honoraire
Hopfen m. houblon m.
Hörapparat m. appareil acoustique m.
Hörbahn f. voie acoustique f.
hörbar audible
Hörbarkeit f. audibilité f.
Hörbereich m. champ auditif m.
Hörbrille f. lunettes acoustiques f. pl.
Hordein n. hordéine f.
Hordenin n. hordénine f.
Hordeolum n. orgelet m.
hören entendre
Hören n. audition f., ouïe f.
Hörgerät n. prothèse auditive f.
Hörgrenze f. limite d'audibilité f.
Hörigkeit f. sujétion f.
Hörinsel f. reste auditif m.
Hörknöchelchen n. osselet m.
Hörlücke f. trou auditif m.
Hörverlust m. perte d'acuité auditive f.
Horizont m. horizon m.
horizontal horizontal

Hormon n.   hormone f.
Hormon, aglanduläres n.   substance autacoïde f.
Hormonbehandlung f.   hormonothérapie f., traitement hormonal m.
hormonell   hormonal
Hormonersatztherapie (HET) f.   traitement hormonal substitutif (THS) m.
Hormonsuppression f.   hormonosuppression f.
Horn n.   corne f.
hornartig   corné
Hornersches Syndrom n.   syndrome de Horner m.
hornförmig   corniculé
Hornhaut (der Oberhaut) f.   couche cornée de la peau f.
Hornhaut (des Auges) f.   cornée f.
Hornhautgeschwür n.   ulcère de la cornée m.
Hornhautmikroskop n.   microscope cornéen m.
Hornhautreflex m.   réflexe cornéen m.
Hornhautstaphylom n.   staphylome de la cornée m.
Hornhauttrübung f.   opacité de la cornée f.
hornig   calleux, corné
Hornisse f.   frelon m.
Hornperle f.   perle épithéliale f.
Horopter m.   horoptère f.
Hörprüfung f.   examen de l'ouïe m.
Hörrest m.   résidu auditif m.
Hörrohr n.   stéthoscope m.
Hörschwelle f.   seuil auditif m.
Hörstörung f.   trouble auditif m.
Hörsturz m.   perte brutale de l'audition f.
Hörvermögen n.   capacité auditive f.
Hörzentrum n.   centre de l'audition m.
Hospitalismus m.   hospitalisme m.
Hottentottenschürze f.   tablier m.
Howell-Jolly-Körper n.   corps de Howell-Jolly m.
HPL (menschliches Plazentalaktogen) n.   hPL (hormone lactogène placentaire) f.
HSV (Herpes-simplex-Virus) n.   HSV (virus de l'Herpès simplex) m.
HTLV (humanes T-Zell-Leukämie-Virus) n.   HTLV (Human T Leucémia Virus) m.
Huf m.   ongle m., sabot m.
Hufabszess m.   abcès du pied m.
Hufballen m.   bourrelet périoplique m.
Hufbein n.   os du pied m.
Hufeisen n.   fer à cheval m.
Hufeisenniere f.   rein en fer à cheval m.
Huffett n.   périople m.
Hufgelenk n.   articulation du pied f.
Hufgeschwür n.   ulcération du pied f.
Hufhaar n.   fanon m.
Hufknorpel m.   cartilage du sabot m.
Hufknorpelfistel f.   fistule du cartilage du sabot f.
Hufkrebs m.   pododermatite verruqueuse f.
Hufkrone f.   couronne du sabot f.
Hufpolster n.   coussinet plantaire m.
Hufrehe f.   fourbure f. (vétér.), inflammation du tissu feuilleté f.
Hufrollenentzündung f.   podotrochilite f.
Hufschlag m.   battement de sabots m.
Hufspalte f.   fente du sabot f.
Hufstiefel m.   guêtre f.
Hufstrahl m.   fourchette du sabot f.
Hüfte f.   hanche f.
Hüfte, schnappende f.   hanche à ressort de Morel-Lavallée f.
Hüftgelenk n.   articulation de la hanche f.
Hüftgelenkspfanne f.   cavité cotyloïde f.
Hüftgelenkspfannendach n.   toit du cotyle m.
Huftier n.   ongulé m.
Hüftknochen m.   os iliaque m.
Hüftprothese f.   prothèse de la hanche f.
Hühnerauge n.   cor m., oeil-de-perdrix m.
Hühnerbrust f.   thorax en carène m.
Hühnerei n.   oeuf de poule m.
hühnereigroß   de la taille d'un oeuf
Hühnereiweiß n.   albumine de l'oeuf f.
Hühnerpest f.   peste aviaire f.
Hühnerpest, atypische f.   maladie de Newcastle f.
Hülle f.   enveloppe f., gaine f.
Hülse f.   gousse f.
Hülsenkrone f.   couronne de revêtement f.
Humanalbumin n.   albumine humaine f.
Humaninsulin n.   insuline humaine f.
Humanplasma n.   plasma humain m.
humeroskapulär   huméroscapulaire
humoral   humoral
humpeln   boiter
Hundebandwurm m.   Taenia echinococcus m., ténia du chien m.
Hundebiss m.   morsure de chien f.
Hundestaupe f.   morve des chiens f.
Hunger m.   faim f.
Hungerazidose f.   acidose de jeûne f.
Hungerkur f.   cure de diète absolue f.
hungern   avoir faim
Hungerödem n.   oedème de dénutrition m.
Hungerzustand m.   état de dénutrition m.
hungrig   affamé
Hunt-Test m.   test de Hunt m.
Huntersche Glossitis f.   glossite de Hunter f.

Huntingtonsche Chorea f.   chorée de Huntington f.
Hurler-Syndrom n.   maladie de Hurler f.
Hürthlezelle f.   cellule de Hürthle f.
hüsteln   toussoter
husten   tousser
Husten m.   toux f.
Husten, in die Armbeuge   tousser dans le coude
hustenlindernd   antitussif
Hustenreflex m.   réflexe tussigène m.
hustenstillend   antitussif, béchique, pectoral
hustenstillendes Mittel n.   antitussif m.
Hustensynkope f.   syncope de toux f.
Hutchinson-Syndrom n.   syndrome de Hutchinson m.
Hutchinsonsche Trias f.   triade de Hutchinson f.
HVL (Hypophysenvorderlappen) m.   lobe antérieur de l'hypophyse m.
HWK (Halswirbelkörper) m.   vertèbre cervicale f.
HWS (Halswirbelsäule) f.   colonne vertébrale cervicale f.
HWZ (Halbwertzeit) f.   demi-vie f.
hyalin   hyalin
Hyalin n.   substance hyaline f.
hyaliner Zylinder m.   cylindre hyalin m.
hyalinisieren   hyaliniser
Hyalinisierung f.   hyalinisation f.
Hyalinose f.   hyalinose f.
Hyalitis f.   hyalite f.
hyaloid   hyaloïde
Hyalomer n.   hyalomère m.
Hyaloplasma n.   hyaloplasme m.
Hyaluronat n.   hyaluronate m.
Hyaluronidase f.   hyaluronidase f.
Hyaluronsäureinjektion f.   injection d'acide hyaluronique f.
Hybridation f.   hybridation f.
Hybride m.   hybride m.
Hybridom n.   hybridome m.
Hycanthon n.   hycanthone f.
Hyclat n.   hyclate m.
Hydantoin n.   hydantoïne f.
Hydantoinat n.   hydantoïnate m.
Hydarthrose f.   hydarthrose f.
Hydatide f.   hydatide f.
Hydatidenschwirren n.   frémissement hydatique m.
Hydrabamin n.   hydrabamine f.
Hydracarbazin n.   hydracarbazine f.
hydragog   hydragogue
Hydralazin n.   hydralazine f.
Hydrämie f.   hydrémie f.
Hydramin n.   hydramine f.
hydrämisch   hydrémique
Hydramnion n.   hydramnion m.
hydramniotisch   hydramniotique
Hydrargyrum oxydatum flavum n.   précipité d'oxyde jaune de mercure m.
Hydrargyrum praecipitatum album n.   précipité de chlorure mercureuse m.
Hydrase f.   hydrase f.
Hydrastin n.   hydrastine f.
Hydrat n.   hydrate m.
Hydratase f.   hydratase f.
Hydration f.   hydration f.
hydraulisch   hydraulique
Hydrazid n.   hydrazide m.
Hydrazin n.   hydrazine f.
Hydrazinophthalazin n.   hydrazinophthalazine f.
Hydrazon n.   hydrazone f.
Hydrid n.   hydride m.
hydrieren   hydrogéner
Hydrierung f.   hydrogénation f.
Hydriodat n.   hydriodate m.
Hydroa vacciniforme n.   hydroa vacciniforme m.
Hydrobilirubin n.   hydrobilirubine f.
Hydrobromat n.   hydrobromate m.
Hydrobromid n.   hydrobromure m.
Hydrobulbie f.   hydrobulbie f.
Hydrocarbazin n.   hydrocarbazine f.
Hydrocephalus externus m.   hydrocéphalie externe f.
Hydrochinon n.   hydroquinone f.
Hydrochlorid n.   hydrochlorure m.
Hydrochlorothiazid n.   hydrochlorothiazide m.
Hydrocholesterin n.   hydrocholestérol m.
Hydrocodon n.   hydrocodone f.
Hydrocortison n.   hydrocortisone f.
Hydrocuprein n.   hydrocupréine f.
Hydrodynamik f.   hydrodynamique f.
Hydrodynamisch   hydrodynamique
hydroelektrisch   hydroélectrique
Hydroflumethiazid n.   hydroflumethiazide m.
Hydrogel m.   hydrogel m.
Hydrogenase f.   hydrogénase f.
Hydrogenlyase f.   hydrogènelyase f.
Hydrokolloid n.   hydrocolloïde m.
hydrokolloidal   hydrocolloïdal
Hydrokuprein n.   hydrocupréine f.
hydrolabil   hydrolabile
Hydrolabilität f.   hydrolabilité f.
Hydrolase f.   hydrolase f.
hydrolysabel   hydrolysable

Hydrolysat n.　produit d'hydrolyse m.
Hydrolyse f.　hydrolyse f.
hydrolysieren　hydrolyser
hydrolytisch　hydrolytique
Hydromediastinum n.　hydromediastin m.
Hydromelie f.　hydromélie f.
Hydtometra f.　hydrométrie f.
Hydromorphon n.　hydromorphone f.
Hydronephrose f.　hydronéphrose f.
Hydronephrotisch　hydronéphrotique
Hydronium n.　hydronium m.
Hydropathie f.　hydropathie f.
hydropektisch　hydropectique
Hydroperikard n.　hydropéricarde m.
hydrophil　hydrophile
Hydrophilie f.　hydrophilie f.
hydrophob　hydrophobe
Hydrophobie f.　hydrophobie f.
Hydrophthalmie f.　hydrophtalmie f.
hydropisch　hydropique
Hydrops m.　hydrops m.
Hydrorrhö f.　hydrorrhée f.
Hydrosalpinx f.　hydrosalpinx m.
hydrostatisch　hydrostatique
Hydrotalcit n.　hydrotalcite m.
hydrotherapeutisch　hydrothérapeutique
Hydrotherapie f.　hydrothérapie f.
Hydrothorax m.　hydrothorax m.
Hydrotomie f.　hydrotomie f.
Hydrotropie f.　hydrotropie f.
Hydrotubation f.　hydrotubation f.
Hydroureter m.　hydrouretère m.
Hydroxid n.　hydroxyde m.
Hydroxindasol m.　hydroxindasol m.
Hydroxonium n.　hydroxonium m.
Hydroxyapatit n.　hydroxyapatite f.
Hydroxybenzoat n.　hydroxybenzoate m.
Hydroxybutyrat n.　hydroxybutyrate m.
Hydroxycalciferol n.　hydroxicalciférol m.
Hydroxychinolin n.　hydroxyquinoléine f.
Hydroxycholecalciferol n.　hydroxycholécalciférol m.
Hydroxyd n.　hydroxyde m.
Hydroxydopamin n.　hydroxydopamine f.
Hydroxyethylstärke f.　hydroxyéthylamidon m.
Hydroxykarbamid n.　hydroxyurée f.
Hydroxykobalamin n.　hydroxycobalamine f.
Hydroxykodein n.　hydroxycodéine f.
Hydroxykortikosteroid n.　hydroxycorticostéroïde m.
Hydroxyl n.　hydroxyle m.
Hydroxylamin n.　hydroxylamine f.
Hydroxylapatit m.　hydroxylapatite f.
Hydroxylase f.　hydroxylase f.
hydroxylieren　hydroxyler
Hydroxylierung f.　hydroxylation f.
Hydroxylysin n.　hydroxylysine f.
Hydroxymethyl-Glutaryl-Coenzym-A-Reduktase f.　hydroxyméthyl-glutaryl-Coenzyme-A-réductase f.
Hydroxynervon n.　hydroxynervone f.
Hydroxynitril n.　hydroxynitrile m.
Hydroxyprogesteron n.　hydroxyprogestérone f.
Hydroxyprolin n.　hydroxyproline f.
Hydroxyprolinämie f.　hydroxyprolinémie f.
Hydroxyprolinurie f.　hydroxyprolinurie f.
Hydroxypropyliden n.　hydroxypropylidène m.
Hydroxypropylmethylzellulose f.　hydroxypropylméthylcellulose f.
Hydroxysteroid n.　hydroxystéroïde m.
Hydroxytoluol n.　hydroxytoluène m.
Hydroxytryptamin n.　hydroxytryptamine f.
Hydroxytryptophan n.　hydroxytryptophane m.
Hydroxyzin n.　hydroxyzine f.
Hydrozele f.　hydrocèle f.
Hygiene f. (Gesundheitspflege f.)　hygiène corporelle f.
Hygiene f. (Lehrfach)　hygiène f.
Hygieniker m.　spécialiste d'hygiène et médecine préventive m.
Hygienikerin f.　spécialiste d'hygiène et de médecine préventive f.
hygienisch　hygiénique, sanitaire
Hygrom n.　hygrome m.
Hygromatose f.　hygromatose f.
Hygrometer n.　hygromètre m.
Hygrometrie f.　hygrométrie f.
hygrometrisch　hygrométrique
Hygronium n.　hygronium m.
hygroskopisch　hygroscopique
Hymecromon n.　hymécromone f.
Hymen n.　hymen m.
hymenal　hyménal
Hymenektomie f.　hymenectomie f.
Hymenitis f.　hyménite f.
Hymenolepsiasis f.　hyménolepsiase f.
hyobranchial　hyobranchial
hyoglossal　hyoglossique
Hyoscin n.　hyoscine f.
Hyoscyamin n.　hyoscyamine f.
Hyoscyamus m.　hyoscyamus m.
hyothyroidal　hyothyroïdien
Hypakusis f.　hypacousie f.
Hypalbuminämie f.　hypoprotidémie f.
Hypalgesie f.　hypoalgésie f.
hypalgetisch　hypoalgésique

Hypästhesie f. hypoesthésie f.
hypästhetisch hypoesthétique
hypazid hypoacide, hypochlrhydrique
Hypazidität f. hypoacidité f.
Hyperabduktion f. hyperabduction f.
Hyperadrenalismus m. hyperadrénalisme m.
hyperaktiv hyperactif
Hyperaktivität f. hyperactivité f.
Hyperakusis f. hyperacousie f.
hyperakut hyperaigu
Hyperalbuminämie f. hyperalbuminémie f.
Hyperaldosteronismus m. hyperaldostéronisme m.
Hyperalgesie f. hyperalgésie f.
hyperalgetisch hyperalgésique
Hyperalgie f. hyperalgie f.
Hyperalphalipoproteinämie f. hyperalphalipoproteïnémie f.
Hyperämie f. hyperémie f.
Hyperaminoazidurie f. hyperaminoacidurie f.
hyperämisch hyperémique, hyperhémique
Hyperammoniämie f. hyperammoniémie f.
Hyperargininämie f. hyperargininémie f.
Hyperästhesie f. hyperesthésie f.
hyperästhetisch hyperesthétique
hyperazid hyperacide
Hyperazidität f. hyperacidité f.
hyperbar hyperbare
Hyperbel f. hyperbole f.
Hyperbetalipoproteinämie f. hyperbétalipoprotéinémie f.
Hyperbilirubinämie f. hyperbilirubinémie f.
Hyperbilirubinämie, konstitutionelle f. maladie de Gilbert f.
hyperbilirubinämisch hyperbilirubinémique
Hypercalcämie f. hypercalcémie f.
Hypercalcitonismus m. état d'hypercalcitonie m.
Hyperchlorämie f. hyperchlorémie f.
hyperchlorämisch hyperchlorémique
Hyperchlorhydrie f. hyperchlorhydrie f.
hyperchlorhydrisch hyperchlorhydrique
Hypercholesterinämie f. hypercholestérolémie f.
hyperchrom hyperchrome
Hyperchromasie f. hyperchromie f.
hyperchromatisch hyperchromatique
Hypercortisolismus m. hypercortisolisme m.
Hypercuprämie f. hypercuprémie f.
hyperdens hyperdense
Hyperdikrotie f. hyperdicrotisme m.
hyperdiploid hyperdiploïde
Hyperemesis f. hyperémèse f.
Hypereosinophilie f. hyperéosinophilie f.

Hyperergie f. hyperergie f.
hypetergisch hyperergique
Hyperexie f. hyperexie f.
Hyperextension f. hyperextension f.
Hyperfibrinolyse f. hyperfibrinolyse f.
hyperfibrinolytisch hyperfibrinolytique
Hyperflexibilität f. hyperflexibilité f.
Hyperflexion f. hyperflexion f.
Hyperforin n. hyperforine f.
Hyperfunktion f. hyperfonction f.
Hypergalaktie f. hypergalactie f.
Hypergenitalismus m. hypergénitalisme m.
Hypergeusie f. hypergeusie f.
Hyperglobulie f. hyperglobulie f.
Hyperglobulinämie f. hyperglobulinémie f.
Hyperglukagonämie f. hyperglucagonémie f.
Hyperglykämie f. hyperglycémie f.
hyperglykämisch hyperglycémique
Hyperglyzinämie f. hyperglycinémie f.
Hypergonadismus m. hypergonadisme m.
Hyperhidration f. hidrorrhée f.
Hyperhidrose f. hyperhidrose f.
Hyperhomozysteinämie f. hyperhomocysteïnémie f.
Hypericin n. hypéricine f.
hyperimmun hyperimmun
Hyperimmunglobulin n. hyperimmunoglobuline f.
Hyperinsulinismus m. hyperinsulinisme m.
Hyperkaliämie f. hyperkaliémie f.
hyperkalorisch hypercalorique
Hyperkalzitoninismus m. hypercalcitonisme m.
Hyperkalziurie f. hypercalciurie f.
Hyperkapnie f. hypercapnie f.
hyperkapnisch hypercapnique
Hyperkeratose f. hyperkératose f.
Hyperkinesie f. hypercinésie f., hyperkinésie f.
hyperkinetisch hyperkinétique
Hyperkoagulabilität f. hypercoagulabilité f.
Hyperkortizismus m. hypercorticisme m.
Hyperkuprämie f. hypercuprémie f.
Hyperlaktazidämie f. hyperlactacidémie f.
Hyperleptinämie f. hyperleptinémie f.
Hyperleukozytose f. hyperleucocytose f.
Hyperlipämie f. hyperlipémie f.
Hyperlipidämie f. hyperlipidémie f.
Hyperluteinisierung f. hyperlutéinisation f.
Hyperlysinämie f. hyperlysinémie f.
Hypermagnesiämie f. hypermagnésiémie f.
Hypermenorrhö f. hyperménorrhée f.
Hypermethioninämie f. hyperméthioninémie f.
hypermetrop hypermétrope

Hypermetropie f. hypermétropie f.
Hypermineralisation f. hyperminéralisation f.
Hypermotilität f. hypermotilité f.
Hypernasalität f. hypernasalité f.
Hypernatriämie f. hypernatriémie f.
Hypernephrom n. hypernéphrome m.
hypernormal   hypernormal
Hyperopie f. hyperopie f.
hyperopisch   hypermétrope
Hyperornithinämie f. hyperornithinémie f.
hyperorthognath   hyperorthognathe
Hyperosid n. hyperoside m.
Hyperosmie f. hyperosmie f.
hyperosmolar   hyperosmolaire
Hyperosmolarität f. hyperosmolarité f.
Hyperosmose f. hyperosmose f.
Hyperostose f. hyperostose f.
Hyperovarie f. point ovarien hypersensible m.
Hyperoxalurie f. hyperoxalurie f.
hyperoxalurisch   hyperoxalurique
Hyperoxie f. hyperoxémie f., hyperoxie f.
Hyperparathyreoidismus m. hyperparathyroïdisme m.
Hyperpathie f. hyperpathie f.
Hyperperistaltik f. hyperpéristaltique f.
Hyperphagie f. hyperphagie f.
Hyperphenylalaninämie f. hyperphénylalaninémie f.
Hyperphosphatämie f. hyperphosphatémie f.
Hyperpigmentation f. hyperpigmentation f.
Hyperplasie f. hyperplasie f.
hyperplastisch   hyperplastique
hyperploid   hyperploïde
Hyperpnoe f. hyperpnée f.
Hyperpolarisation f. hyperpolarisation f.
Hyperproinsulinämie f. hyperproinsulinémie f.
Hyperprolaktinämie f. hyperprolactinémie f.
Hyperprolinämie f. hyperprolinémie f.
Hyperproteinämie f. hyperprotéinémie f.
hyperpyretisch   hyperpyrétique
Hyperreaktivität f. hyperréactivité f.
Hyperreflexie f. hyperréflexie f.
Hypersalivation f. hypersalivation f.
Hypersarkosinämie f. hypersarcosinémie f.
Hypersegmentation f. hypersegmentation f.
hypersegmentiert   hypersegmenté
Hypersekretion f. hypersécrétion f.
hypersekretorisch   hypersécréteur, hypersécrétoire
hypersensibel   hypersensible
Hypersensibilität f. hypersensibilité f.

Hypersexualität f. hypersexualité f.
Hypersignal (roentg.) n. hypersignal (imagerie) m.
Hypersomnie f. hypersomnie f.
Hypersplenie f. hypersplénisme m.
Hypersthenurie f. hypersthénurie f.
Hypersystole f. hypersystole f.
Hypertelorismus m. hypertélorisme m.
Hypertensin n. angiotensine f., hypertensine f.
Hypertension f. hypertension f.
hypertensiv   hypertensif
Hyperthermie f. hyperthermie f.
hyperthym   hyperthymique
Hyperthymie f. hyperthymie f.
Hyperthyreose f. hyperthyréose f., hyperthyroïdie f.
hyperthyreotisch   hyperthyroïdien
Hypertonie f. hypertonie f.
Hypertonie, essentielle f. hypertension essentielle f.
Hypertonie, nephrogene f. hypertension néphrogène f.
Hypertonie, portale f. hypertension portale f.
hypertonisch   hypertonique
Hypertrichose f. hypertrichose f.
Hypertriglyzeridämie f. hypertriglycéridémie f.
hypertriploid   hypertriploïde
Hypertrophie f. hypertrophie f.
hypertrophisch   hypertrophique
Hyperurikämie f. hyperuricémie f.
Hyperurikosurie f. hyperuricosurie f.
Hypervalinämie f. hypervalinémie f.
hypervariabel   hypervariable
Hypervaskularisation f. hypervascularisation f.
Hyperventilation f. hyperventilation f.
hyperviskös   hypervisqueux
Hyperviskosität f. hyperviscosité f.
Hypervitaminose f. hypervitaminose f.
Hypervolämie f. hypervolémie f.
Hyperzementose f. hypercémentose f.
Hyphäma n. hyphéma m., hypohéma m.
Hyphe f. hyphe f.
Hyphomykose f. hyphomycose f.
Hyphomyzet m. hyphomycète m.
Hypinose f. hypinose f.
hypnagog   hypnagogique
Hypnoanalyse f. hypnoanalyse f.
hypnoanalytisch   hypnoanalytique
hypnogen   hypnogène
hypnoid   hypnoïde
Hypnokatharsis f. hypnocatharsis f.

hypnopomp hypnopompique
Hypnose f. hypnose f.
Hypnotherapie f. hypnothérapie f.
Hypnoticum n. hypnotique m.
hypnotisch hypnotique
Hypnotiseur m. hypnotiseur m.
hypnotisieren hypnotiser
Hypnotisierung f. hypnotisation f.
Hypnotismus m. hypnotisme m.
Hypoaldosteronismus m. hypoaldostéronisme m.
hypoallergen n. hypoallergène m.
Hypoalphalipoproteinämie f. hypoalphalipoprotéinémie f.
Hypoandrogenismus m. hypoandrogénie f.
hypobar hypobare
Hypobarismus m. hypobarie f.
Hypobetalipoproteinämie f. hypobétalipoprotéinémie f.
Hypoblast m. hypoblaste m.
Hypobromit n. hypobromite m.
Hypobulie f. hypoboulie f.
Hypochlorämie f. hypochlorémie f.
hypochlorämisch hypochlorémique
Hypochlorhydrie f. hypochlorhydrie f.
hypochlorhydrisch hypochlorhydrique
Hypochlorit n. hypochlorite m.
Hypocholesterinämie f. hypocholestérolémie f.
Hypochonder m. hypocondriaque m.
Hypochondrie f. hypocondrie f.
hypochondrisch hypocondriaque
Hypochondrium n. hypocondre m.
hypochrom hypochrome
Hypochromasie f. hypochromasie f.
hypochromatisch hypochromatique
Hypochromie f. hypochromie f.
Hypochylie f. hypochylie f.
Hypocortisolismus m. hypocortisolisme m.
hypodens hypodense
Hypodermose f. hypodermose f.
Hypodipsie f. hypodipsie f.
Hypodontie f. hypodontie f.
hypodynamisch hypodynamique
Hypoestrogenämie f. hypo-oestrogénémie f.
Hypofunktion f. hypofonction f.
Hypogalaktie f. hypogalactie f.
Hypogammaglobulinämie f. hypogammaglobulinémie f.
hypogastrisch hypogastrique
Hypogastrium n. région hypogastrique f.
Hypogenesie f. hypogénésie f.
Hypogenie f. hypogénie f.
Hypogenitalismus m. hypogénitalisme m.
Hypogeusie f. hypogueusie f.

Hypoglykämie f. hypoglycémie f.
hypoglykämisch hypoglycémique
hypognath hypognathe
Hypognathie f. hypognathie f.
hypogonadal hypogonadique
Hypogonadismus m. hypogonadisme m.
Hypokaliämie f. hypokaliémie f.
hypokalorisch hypocalorique
Hypokalzämie f. hypocalcémie f.
hypokalzämisch hypocalcémique
Hypokapnie f. hypocapnie f.
Hypokinese f. hypocinésie f.
hypokinetisch hypocinétique
Hypokoagulabilität f. hypocoagulabilité f.
Hypokomplementämie f. hypocomplémentémie f.
Hypokonid n. hypoconide m.
Hypokonulid n. hypoconulide m.
Hypokonvertinämie f. hypoconvertinémie f.
Hypolipidämie f. hypolipidémie f.
Hypolipoproteinämie f. hypolipoprotéinémie f.
Hypoliquorrhö f. hypoliquorrhée f.
Hypologie f. hypologie f.
Hypomagnesiämie f. hypomagnésémie f.
Hypomanie f. hypomanie f.
hypomanisch hypomane
Hypomastie f. hypomastie f.
Hypomelanose f. hypomélanose f.
Hypomenorrhö f. hypoménorrhée f.
Hypometrie f. hypométrie f.
Hypometropie f. hypométropie f.
Hypomimie f. hypomimie f.
Hypomineralisation f. hypominéralisation f.
Hypomnesie f. hypomnésie f.
Hypomotilität f. hypomotilité f.
Hyponasalität f. hyponasalité f.
Hyponatriämie f. hyponatrémie f.
Hyponatriurie f. hyponatriurie f.
Hyponoia f. hyponoïa f.
hypoosmotisch hypo-osmotique
Hypopallästhesie f. hypopallesthésie f.
Hypoparathyreoidismus m. hypoparathyroïdie f.
Hypophalangie f. hypophalangie f.
hypopharyngeal hypopharyngien
Hypopharyngoskopie f. hypopharyngoscopie f.
Hypopharynx m. partie laryngienne du pharynx f.
Hypophonie f. hypophonie f.
Hypophosphat n. hypophosphate m.
Hypophosphatämie f. hypophosphatémie f.
Hypophosphatasie f. hypophosphatasie f.
Hypophosphaturie f. hypophosphaturie f.

Hypophosphit n. hypophosphite m.
Hypophrasie f. hypophrasie f.
hypophysär hypophysaire
Hypophyse f. hypophyse f.
Hypophysektomie f. hypophysectomie f.
hypophysektomieren hypophysectomiser
Hypophysenfunktionsstörung f. trouble de la fonction hypophysaire m.
Hypophysenhinterlappen m. lobe postérieur de l'hypophyse m., neurohypophyse f.
Hypophysenhinterlappenhormon n. hormone du lobe postérieur de l'hypohyse f.
Hypophysenhinterlappenüberfunktion f. hyperfonction neurohypophysaire f.
Hypophysenhinterlappenunterfunktion f. hypofonction neurohypophysaire f.
Hypophysenstiel m. tige pituitaire f.
Hypophysenüberfunktion f. hyperfonction hypophysaire f.
Hypophysenunterfunktion f. hypofonction hypophysaire f.
Hypophysenvorderlappen m. adénohypophyse f., lobe antérieur de l'hypophyse m.
Hypophysenvorderlappenextrakt m. extrait hypophysaire du lobe antérieur m.
Hypophysenvorderlappenüberfunktion f. hyperfonction adénohypophysaire f.
Hypophysenvorderlappenunterfunktion f. hypofonction adénohypophysaire f.
Hypophysin n. extrait total du lobe postérieur de l'hypophyse m.
hypophysio-sphenoidal hypophysiosphénoïdien
Hypophysitis f. hypophysite f.
Hypopion n. hypopion m.
Hypoplasie f. hypoplasie f., hypoplastie f.
hypoplastisch hypoplasique, hypoplastique
Hypoploidie f. hypoploïdie f.
Hypopraxie f. hypopraxie f.
Hypoproteinämie f. hypoprotéinémie f.
Hypoprothrombinämie f. hypoprothrombinémie f.
Hyporchidie f. hypo-orchidie f.
Hyporeaktivität f. hyporéactivité f.
Hyporeflexie f. hyporéflexie f.
Hyposalie f. hyposalie f.
Hyposalivation f. hyposalivation f.
Hyposensibilisierung f. hyposensibilisation f.
Hyposiderämie f. hyposidérémie f.
Hyposignal (roentg.) n. hyposignal (imagerie) m.
Hyposmie f. hypoosmie f.
hyposmotisch hypoosmotique
Hyposomie f. hyposomie f.
Hyposmose f. hyposmose f.
Hypospadie f. hypospadias m.
Hypospermie f. hypospermie f.
Hypostase f. hypostase f.
hypostatisch hypostatique
Hyposthenurie f. hyposthénurie f.
Hypotaxie f. hypotaxie f.
Hypotelorismus m. hypotélorisme m.
Hypotension f. hypotension f.
hypotensiv hypotenseur
hypothalamisch hypothalamique
hypothalamo-hypophysiogonadal hypothalamo-hypophysiogonadique
Hypothalamotomie f. hypothalamotomie f.
Hypothermie f. hypothermie f.
hypothermisch hypothermique
Hypothese f. hypothèse f.
hypothetisch hypothétique
Hypothiocyanit n. hypothiocyanite m.
Hypothyreose f. hypothyréose f., hypothyroïdie f., hypothyroïdisme m.
hypothyreotisch hypothyroïdien
Hypotonie f. hypotonie f.
hypotonisch hypotonique
Hypotrichose f. hypotrichose f.
hypotroph hypotrophique
Hypotrophie f. hypotrophie f.
Hypotympanotomie f. hypotympanotomie f.
Hypotympanum n. récessus hypotympanique m.
Hypoventilation f. hypoventilation f.
Hypovitaminose f. hypovitaminose f.
Hypovolämie f. hypovolémie f.
hypovolämisch hypovolémique
Hypovolie f. hypovolition f.
Hypoxämie f. hypoxémie f., hypoxie f.
hypoxämisch hypoxémique
Hypoxanthin n. hypoxanthine f.
Hypoxie f. hypoxie f.
hypoxisch hypoxique
Hypozoospermie f. hypozoospermie f.
Hyprolose n. hyprolose m.
Hypromellose f. hypromellose f.
Hypsarrhythmie f. hypsarythmie f.
Hypsochromie f. hypsochromie f.
hypsodont hypsodonte
Hypsophobie f. hypsophobie f.
Hysterektomie f. hystérectomie f.
Hysterektomie, abdominale f. hystérectomie par voie abdominale f.
Hysterese f. hystérésis f.
Hysterie f. hystérie f.
Hysterieanfall m. crise d'hystérie f.
Hysteriker m. hystérique m.
Hystetikerin f. hystérique f.

hysterisch hystérique
Hysteroepilepsie f. hystéroépilepsie f.
Hysterographie f. hystérographie f.
hysterographisch hystérographique
Hysteromukographie f. hystéromucographie f.
Hysteronarkolepsie f. hystéronarcolepsie f.
Hysteropexie f. hystéropexie f.
Hysteroptose f. hystéroptose f.
Hysterosalpingektomie f. hystérosalpingectomie f.
Hysterosalpingographie f. hystérosalpingographie f.
Hysterosalpingostomie f. hystérosalpingostomie f.
Hysterosalpingotomie f. hystérosalpingotomie f.
Hysteroskop n. hystéroscope m.
hysteroskopisch hystéroscopique
Hysterostomatotomie f. hystérostomatotomie f.
Hysterotomie f. hystérotomie f.
Hysterotomie, abdominale f. hystérotomie abdominale f.
Hysterotonin n. hystérotonine f.
Hysterozele f. hystérocèle f.
Hysterozervikotomie f. hystérocervicotomie f.

I

i. a. (intraarteriell) intraartériel
IABP (intra-aortale Ballonpumpe) f. pompe à ballon intraaortique f.
Ianthinopsie f. ianthinopsie f.
iatrogen iatrogène
Ibandronat n. ibandronate m.
Ibudilast n. ibudilast m.
Ibuverin n. ibuvérine f.
ICF (intracelluläre Flüssigkeit) f. liquide intracellulaire m.
Ich-Komplex m. égo-complexe m.
Ichbewusstsein n. conscience de Soi f.
Ichthyosarkotoxismus m. ichtyosarcotoxisme m.
Ichthyose f. ichthyose f.
ichthyosiform ichthyosiforme, ichthyotique
ichthyotisch ichthyotique
Icosanoat n. icosanoate m.
Icosanoid n. icosanoïde m.
ICR (Intercostalraum) m. espace intercostal m.
ICSH (Leydigzellstimulierendes Hormon) n. ICSH (interstitial cell stimulation hormone) f.
ideal idéal
Ideal n. idéal m.
Ideation f. idéation f.
ideatorisch idéel
Idee f. idée f.
Ideenflucht f. fuite des idées f.
identifizieren identifier
Identifizierung f. identification f.
identisch identique
Identität f. identité f.
Identitätdissoziation f. dissociation de l'identité f.
ideogenetisch idéogène
ideokinetisch psycho-moteur
ideomotorisch psycho-moteur
Idioagglutinin n. idioagglutinine f.
Idiochromatin n. idiochromatine f.
idiochromatisch idiochromatique
Idiochromidie f. idiochromidie f.
idioelektrisch idioélectrique
Idiogramm n. idiogramme m.
Idioisoagglutinin n. idioisoagglutinine f.
Idioisolysin n. idioisolysine f.
idiokinetisch idiocinétique
idiokratisch idiocratique
Idiolalie f. idiolalie f.
Idiologismus m. idiologisme m.
Idiolysin n. idiolysine f.

idiomuskulär idiomusculaire
idiopathisch idiopathique
Idiophrasie f. idiophrasie f.
Idiosynkrasie f. idiosyncrasie f.
idiosynkratisch idiosyncrasique
Idiot m. idiot m.
Idiotie f. idiotie f.
Idiotopie f. idiotopie f.
idiotopisch idiotopique
idiotrop idiotrope
Idiotyp m. idiotype m.
idiotypisch idiotypique
idioventrikulär idioventriculaire
Idit n. idite f., iditol m.
Idose f. idose m.
Iduronat n. iduronate m.
Iduronidase f. iduronidase f.
IE (Internationale Einheit) f. unité internationale (IU) f.
Ifosfamid n. ifosfamide m.
IFT (Immunfluoreszenztest) m. test d'immunofluorescence m.
IG (Immunglobulin) n. Ig (immunoglobuline) f.
Ignipunktur f. ignipuncture f.
IHSS (idiopathische hypertrophische Subaortenstenose) f. rétrécissement subaortique hypertrophique congénital m.
ikterisch ictérique
Ikterus m. ictère m., jaunisse f.
ILA (insulinartige Aktivität) f. activité insulinoïde f.
Ileitis f. iléite f.
Ileitis terminalis f. iléite terminale f.
ileoanal iléoanal
Ileoileostomie f. iléoiléostomie f.
Ileojejunostomie f. iléojéjunostomie f.
ileokolisch iléocolique
Ileokolitis f. iléocolite f.
Ileokolostomie f. iléocolostomie f.
Ileokolotomie f. iléocolotomie f.
Ileoproktostomie f. iléoproctostomie f.
ileorektal iléorectal
Ileorrhaphie f. iléorraphie f.
ileosakral iléosacré
Ileosigmoidostomie f. iléosigmoïdostomie f.
Ileostomie f. iléostomie f.
Ileotomie f. iléotomie f.
Ileotransversostomie f. iléotransversostomie f.
ileozökal iléocaecal
Ileozystoplastie f. iléocystoplastie f.

Ileozystostomie f. iléocystostomie f.
Ileozystotomie f. iléocystotomie f.
Ileum n. iléon m.
Ileus m. iléus m.
iliakal iliaque
iliofemoral iliofémoral
ilioinguinal ilioinguinal
iliokokzygeal iliococcygien
iliopelvin iliopelvien
iliopubisch iliopubien
iliosakral iliosacré
iliotibial iliotibial
Illaqueation f. correction chirurgicale de la direction des cils f.
Illusion f. illusion f.
illusionär illusoire
Ilomedin n. ilomédine f.
Iloprost n. iloprost m.
i. m. (intramuskulär) i. m. (intramusculaire)
imaginär imaginaire
Imagination f. imagination f.
Imatimib n. imatimibe m.
Imbezillität f. imbécilité f.
Imiclopazin n. imiclopazine f.
Imid n. imide m.
Imidapril n. imidapril m.
Imidazol n. imidazol m.
Iminglucerase f. Imiglucérase f.
Iminodipeptidurie f. iminodipeptidurie f.
Iminoglycinurie f. iminoglycinurie f.
Iminophenimid n. iminophénimide m.
Iminostilben n. iminostilbène m.
Imipramin n. imipramine f.
Imitation f. imitation f.
imitatorisch imitatif
Immatrikulation f. immatriculation f.
immatrikulieren immatriculer
Immediatgedächtnis n. mémoire immédiate f.
Immediatprothese f. prothèse dentaire immédiate (dent.) f.
Immission f. immission f.
immobil immobile
immobilisieren immobiliser
Immobilität f. immobilité f.
immun immun
Immunadhärenz f. immunoadhérence f.
Immunadsorption f. immunoadsorption f.
Immunantwort f. réponse immunitaire f.
Immunchemie f. immunochimie f.
immunchemisch immunochimique
Immundefizienzsyndrom, akquiriertes n. syndrome d'immunodéficience acquis m.
Immundermatologie f. immunodermatologie f.
immundermatologisch immunodermatologique
Immunelektrophorese f. immunoélectrophorèse f.
Immunfluoreszenz f. immunofluorescence f.
Immunglobulin n. immunoglobuline f.
Immunhämatologie f. immunohématologie f.
Imrnunhistochemie f. immunohistochimie f.
Immunhistopathologie f. immunohistopathologie f.
immunisieren immuniser
Immunisierung f. immunisation f.
Immunität f. immunité f.
Immunitätslehre f. immunologie f.
immunkompetent immunocompétent
Immunkomplex m. complexe immun m.
Immunmangel m. déficience immunitaire f.
Immunmodulation f. immunomodulation f.
Immunmodulator m. immunomodulateur m.
immunmodulatorisch immunomodulateur
Immunoassay m. immunoessai m.
Immunoblast m. immunoblaste m.
immunoblastisch immunoblastique
Immunoblot m. immunoblot m.
Immunochromatographie f. immunochromatographie f.
Immunodiffusion f. immunodiffusion f.
Immunofluoreszenz f. immunofluorescence f.
Immunologie f. immunologie f.
immunologisch immunologique
Immunonephelometrie f. immunonéphélométrie f.
immunonephelometrisch immunonéphélométrique
Immunoperoxidase f. immunoperoxydase f.
Immunopharmakologie f. immunopharmacologie f.
immunopharmakologisch immunopharmacologique
immunoproliferativ immunoprolifératif
Immunoradiometrie f. immunoradiométrie f.
immunoradiometrisch immunoradiométrique
Immunoreaktion f. immunoréaction f.
Immunosuppression f. immunosuppression f.
Immunotherapie f. immunothérapie f.
Immunotoxin n. immunotoxine f.

Immunozyt m. immunocyte m.
Immunozytom n. immunocytome m.
Immunreaktionsfähigkeit f. immunoréactivité f.
immunreaktiv immunoréactif
Immunreaktivität f. immunoréactivité f.
Immunstimulans n. immunostimulant m.
Immunstimulation f. stimulation immunitaire f.
immunstimulierend immunostimulant
immunsuppressiv immunosuppressif
Immunsystem n. système immunitaire m.
Immuntechnik f. immunotechnique f.
immuntherapeutisch immunothérapeutique
Immuntherapie f. immunothérapie f.
Immunzytologie f. immunocytologie f.
Imolamin n. imolamine f.
Imparcazin n. imparcazine f.
Impedanz f. impédance f.
Imperativ m. impératif m.
Impetiginisierung f. impétiginisation f.
impetiginös impétigineux
Impetigo m. impétigo m.
Impfarzt m. vaccinateur m.
Impfbesteck n. nécessaire de vaccination m.
impfen vacciner
impffähig vaccinable
Impffeder f. scarificateur m.
Impffederhalter m. porte lancette m.
Impffieber n. fièvre vaccinale f.
Impfgegner m. personne s'opposant à la vaccination f.
Impfliste f. registre de vaccination m.
Impfpustel f. pustule vaccinale f.
Impfschein m. certificat de vaccination m.
Impfstoff m. vaccin m.
Impfstoff, gefährlicher m. vaccin dangereux m.
Impfstoff, gegen Krebs f. pl. vaccin anticancer m. pl.
Impfstoff, mit Risiken m. vaccin à risque m.
Impfstoff, mRNA- m. vaccin à ARN messager (ARNm)
Impfstoff, RNA- m. vaccin à ARN m.
Impfung f. vaccination f.
implantabel implantable
Implantat n. greffe f., implant m.
Implantation f. implantation f.
implantieren greffer, implanter
Implantologie f. implantologie f.
Implikation f. implication f.
impotent impuissant
Impotenz f. impuissance f.
Imprägnation f. imprégnation f.
imprägnieren imprégner
Impression f. impression f.
Impressionsfraktur f. fracture du crâne avec enfoncement de la table interne f.
Impromidin n. impromidine f.
Impuls f. impulsion f.
Impulsator m. générateur d'impulsions m.
Impulsbetrieb m. réalisation en pulsion f.
impulsiv impulsif
IMRT (intensitätsmodulierte Radiotherapie) f. radiothérapie d'intensité modulée f.
in Präsenz en présenciel
in vitro in vitro
in vivo in vivo
Inadäquanz f. caractère inadéquat m.
inadäquat inadéquat
inaktiv inactif
Inaktivator m. inactivateur m.
inaktivieren inactiver
Inaktivierung f. inactivation f.
Inaktivität f. inactivité f.
Inaktivitätsatrophie f. atrophie par inactivité f.
Inanition f. inanition f.
Inappetenz f. inappétence f.
Indandion n. indanedione f.
Indapamid n. indapamide m.
Indenolol n. indénolol m.
Index m. index m., indice m.
indifferent indifférent
Indifferenz f. indifférence f.
Indigestion f. indigestion f.
Indigo n. indigo m.
Indigoblau n. bleu d'indigo m.
Indigokarmin n. indigocarmine f.
Indigotin n. indigotine f.
Indikan n. indican m.
Indikanurie f. indicanurie f.
Indikation f. indication f.
Indikator m. indicateur m.
Idinavir n. idinavir m.
indirekt indirect
indirekt reagierendes Bilirubin n. bilirubine indirecte f.
Indium n. indium m.
individualisieren individualiser
Individualität f. individualité f.
Individuation f. individuation f.
individuell individuel
indizieren indiquer
Indol n. indol m.
Indolamin n. indolamine f.
Indolazeturie f. indolacéturie f.
indolent indolent
Indolenz f. indolence f.
Indolon n. indolone f.

Indomethacin n. indométacine f.
Indoxyl n. indoxyle m.
Indoxylurie f. indoxylurie f.
Indozyaningrün n. vert d'indocyanine m.
Indrilin n. indriline f.
Inducer m. inducteur m.
Induktion f. induction f.
Induktionsspule f. bobine d'induction f.
induktiv inductif
Induktor m. inducteur m.
Induratio penis plastica f. maladie de Peyronie f.
Induration f. induration f.
indurativ induré
indurieren indurer
induzieren induire
ineinandergreifen avoir des domaines communs
inert inerte
infantil infantile
Infantilismus m. infantilisme m.
Infarkt m. infarctus m.
Infarkt, frischer m. infarctus récent m.
Infarkt, stummer m. infarctus asymptomatique m.
Infarkt, Zustand nach m. état de postinfarctus m.
Infarktpneumonie f. pneumonie secondaire à l'infarctus pulmonaire f.
infarzieren infarcir
Infarzierung f. infarcissement m.
Infarzierung, stumme f. infarctus asymptomatique m.
infaust défavorable, mauvais
Infekt m. infection f.
Infektanämie f. anémie infectieuse f.
Infektarthritis f. arthrite infectieuse f.
Infektion f. infection f.
Infektionsabteilung f. service des maladies contagieuses m.
Infektionskrankheit f. maladie infectieuse f.
infektiös infectieux
Infektiologie f. infectiologie f.
Infektiosität f. caractère infectieux m., contagiosité f.
inferolateral inférolatéral
inferomedian inféromédian
inferoposterior inféropostérieur
inferotemporal inférotemporal
Infiltrat n. infiltrat m.
Infiltration f. infiltration f.
infiltrieren infiltrer
Infiltrierung f. infiltration f.
infinitesimal infinitésimal
infizieren infecter
inflammatorisch inflammatoire
Inflexibilität f. inflexibilité f.
Infliximab n. infleximab m.
Influenza f. influenza f.
Influenzabazillus m. bacille de Pfeiffer m.
Information f. information f.
Informosom n. informosome m.
infraapikal infra-apical
infraaurikulär infraauriculaire
infraaxillär sousaxillaire
infrachiasmatisch infrachiasmatique
infradiaphragmatisch infradiaphragmatique
Infraduktion f. infraduction f.
infraglottisch infraglottique
infrahyoidal infrahyoïdien
infrakarinal infracarènien
infrakapsulär infracapsulaire
infraklavikulär sousclaviculaire
inframammär inframammaire
inframandibulär inframandibulaire
inframaxillär sousmaxillaire
infranukleär infranucléaire
Infraokklusion f. infraclusion f., infraocclusion f.
infraorbital sousorbitaire
infrapatellär infrapatellaire
infrarot infrarouge
Infrarot n. infrarouge m.
Infrarotstrahl m. rayon infrarouge m.
Infrarotthermographie f. thermographie infrarouge f.
infrasellär infrasellaire
infraspinal infraspinal
infrasternal infrasternal
Infrastruktur f. infrastructure f.
infratemporal infratemporal
infratentoriell sous la tente du cervelet
infratonsillär sousamygdalien
infratracheal infratrachéal
infratrochleär infratrochléen
infratubar infratubaire
infraturbinal infraturbinal
infraumbilikal infraombilical
infravalvulär infravalvulaire
Infravergenz f. infravergence f.
Infraversion f. infraversion f.
infundibulär infundibulaire
Infundibulektomie f. infundibulectomie f.
infundieren infuser, perfuser
Infus m. infusion f.
Infusion f. infusion f., perfusion f.
Infusion, subkutane f. perfusion par voie sous-cutanée f.
Infusionsbeutel m. poche de perfusion f.
Infusionsflasche f. bouteille de perfusion f.

Infusionsgerät n. appareil à perfusion m.
Infusionspumpe f. pompe à perfusion f.
Infusionsständer m. support de la perfusion m.
Infusorien f. pl. infusoires m. pl.
Ingangkommen n. mise en train f.
ingangsetzen mettre en marche
Ingangsetzen n. mise en marche f.
Ingestion f. ingestion f.
Ingestionstuberkulose f. tuberculose par ingestion f.
inguinal inguinal
Inguinalring m. anneau inguinal m.
inguinoabdominal inguinoabdominal
inguinokrural inguinocrural
inguinolabial inguinolabial
inguinoskrotal inguinoscrotal
INH (Isoniazid) n. INH (isoniazide) f.
Inhalation f. inhalation f.
Inhalationsapparat m. appareil à inhalations m.
Inhalationsnarkose f. anesthésie par inhalation f.
inhalieren inhaler
Inhalt m. capacité f., contenu m.
inhibieren inhiber
Inhibin n. inhibine f.
Inhibition f. inhibition f.
Inhibitor m. inhibiteur m.
inhomogen inhomogène
Inhomogenität f. inhomogénité f.
Inion n. inion m., protubérance occipitale externe f.
initial initial
Initialstadium n. stade initial m.
Initiation f. initiation f., provocation f.
Initiator m. promoteur m.
Injektion f. injection f., piqûre f.
Injektor m. injecteur m.
injizierbar injectable
injizieren injecter
Inkarzeration f. incarcération f.
inkarzerieren incarcérer
Inklination f. inclinaison f.
inkohärent incohérent
Inkohärenz f. incohérence f.
inkompatibel incompatible
Inkompatibilität f. incompatibilité f.
inkongruent incongruent
inkontinent incontinent
Inkontinenz f. incontinence f.
Inkorporation f. incorporation f.
inkorporieren incorporer
Inkrement n. incrément m.
Inkretion f. incrétion f., sécrétion interne f.
inkretorisch endocrine
Inkubation f. incubation f.
Inkubationszeit f. période d'incubation f.
Inkubator m. incubateur m.
inkubieren incuber
Inkudektomie f. incudectomie f.
inkudomalleal incudomalléaire
inkudostapedial incudostapédien
Inlay n. inlay m.
Inlayabdruck m. empreinte pour inlay f.
Inlayeinbettung f. pose de l'inlay £
Inlayguss m. incrustation coulée f.
Inlayhalter m. porte inlay m.
Inlaytechnik f. technique de l'inlay f.
Innenband n. ligament collatéral médial m.
Innenohr n. oreille interne f.
Innenohrprothese, elektronische f. implant cochléaire m.
Innenschicht f. couche interne f.
Innenschichtinfarkt m. infarctus endocardique m.
Innere Medizin f. médecine interne f.
Inneres n. intérieur m.
innerlich interne
innersekretorisch endocrine
Innervation f. innervation f.
innervieren innerver
Inodilatator m. inodilatateur m.
Inokulation f. inoculation f.
inokulieren inoculer
ionisieren ioniser
inoperabel inopérable
Inoperabilität f. inopérabilité f.
Inosin n. inosine f.
Inosit n. inositol m.
inotrop inotrope
Inotropie f. inotropie f.
Inozyt m. cellule conjonctive f., fibrocyte m.
Inproquon n. inproquone f.
Insalivation f. insalivation f.
Insekt n. insecte m.
Insektenpulver n. poudre insecticide f.
Insektenstich m. piqûre d'insecte
Insektenvernichtung f. élimination des insectes f.
Insektenvertilgungsmittel n. insecticide m.
insektizid insecticide
Insektizid n. insecticide m.
Insel, Langerhanssche f. îlot pancréatique de Langerhans m.
Inselgewebe n. tissu des îlots pancréatiques m.
Inselhautlappen m. lambeau insulaire m.
Insemination f. insémination f.

Insemination, künstliche f. insémination artificielle f.
Insertion f. insertion f.
Insertionstendinitis f. tendinite d'insertion f.
Inskription f. inscription f.
Insomnie f. insomnie f.
Inspektion f. inspection f.
Inspiration f. inspiration f.
inspiratorisch inspiratoire
inspiratorische Atemstromstärke f. volume inspiratoire maximum/seconde (VIMS) m.
inspirieren inspirer
instabil instable
Instabilität f. instabilité f.
instandsetzen mettre en état
Instandsetzung f. mise en état f.
Instillation f. instillation f.
instillieren instiller
Instinkt m. instinct m.
instinktiv instinctif
Institut n. institut m.
Institut, virologisches n. institut de virologie m.
Instrument n. instrument m.
instrumentell instrumental
Instrumentenhalter m. porte instruments m.
Instrumentenkorb m. plateau à instruments m.
Instrumentenschrank m. armoire à instruments f.
Instrumentierschwester f. infirmière assistante opératoire f.
Instrumentierung f. instrumentation f.
Insudation f. exsudation dans la tunique interne f.
insuffizient insuffisant
Insuffizienz f. insuffisance f.
Insufflation f. insufflation f.
insulär insulaire
Insulin n. insuline f.
Insulin, Alt- n. insuline ordinaire f.
Insulin, Depot- n. insuline retard f.
Insulin, Human- n. insuline humaine f.
Insulin, Rinder- n. insuline bovine f.
Insulin, Schweine- n. insuline de porc f.
Insulin-Zinksuspension f. suspension d'insuline-zinc f.
Insulinase f. insulinase f.
insulinbedürftig insulinodépendant
Insulinbehandlung f. insulinothérapie f.
Insulindetemir n. insulinedétémir m.
Insulinglargin n. insulineglargine f.
insulinisieren insuliniser
Insulinisierung f. insulinisation f.

Insulinmangeldiabetes m. diabète insulinoprive m.
Insulinom n. insulinome m.
insulinotrop insulinotrope
Insulintherapie f. insulinothérapie f.
integral intégral
Integration f. intégration f.
Integrelin n. intégréline f.
integrieren intégrer
Integrität f. intégrité f.
Intellekt m. intellect m.
intelligent intelligent
Intelligenz f. intelligence f.
Intelligenzquotient (IQ) m. quotient intellectuel (QI) m.
Intelligenztest m. test d'intelligence m.
Intensimeter n. intensimètre m.
Intensimetrie f. intensimétrie f.
intensimetrisch intensimétrique
Intensität f. intensité f.
intensiv intensif
Intensivbehandlung f. réanimation f., traitement intensif m.
intensivieren intensifier
Intensivierung f. intensification f.
Intensivmedizin f. médecine intensive f.
Intensivpflege f. soins intensifs m. pl.
Intensivpflegestation f. service des soins intensifs m.
Intensivstation, Herzinfarkt- f. unité de soins intensifs cardiologiques: infarctus f.
Intentionstremor m. tremblement intentionnel m.
Interaktion f. interaction f.
interalveolär interalvéolaire
Interalveolarraum m. espace interalvéolaire m. (dent.)
interaural interauriculaire
interaurikulär interauriculaire
interchromosomal interchromosomique
interdental interdental
Interdentaleinziehung f. embrasure interdentaire f.
Interdentalkanal m. canal interdentaire m.
Interdentalraum m. interligne dentaire m.
Interdentium n. espace interdentaire m.
interdigital interdigital
interdisziplinär interdisciplinaire
interfazial interfacial
interfazikulär interfaciculaire
Interferenz f. interférence f.
interferieren interférer
Interferometer n. interféromètre m.
Interferometrie f. interférométrie f.
Interferon n. interféron m.

Interferon alpha 2b n. interféron alpha 2b m.
interganglionär interganglionnaire
interglobulär interglobulaire
Interimprothese f. prothèse provisoire f.
interindividuell interindividuel
interkalär intercalaire
interkarpal intercarpien
Interkinese f. intercinésie f.
interkolumnär intercolumnaire
interkondylär intercondylaire
Interkonversion f. interconversion f.
interkorporell intercorporel
interkostal intercostal
Interkostalneuralgie f. névralgie intercostale f.
Interkostalraum m. espace intercostal m.
interkostobrachial intercostobrachial
interkostohumeral intercostohuméral
Interkrikothyreotomie f. intercricothyréotomie f.
interkurrent intercurrent
Interkuspidation f. intercuspidation f.
interlabial interlabial
Interleukin n. interleukine f.
Interleukin-2 n. interleukine 2 f.
interlobär interlobaire
interlobulär interlobulaire
intermaxillär intermaxillaire
intermediär intermédiaire
Intermediärstoffwechsel m. métabolisme intermédiaire m.
Intermedin n. hormone dilatatrice des mélanophores f., intermédine f.
intermediolateral intermédiolatéral
Intermenstruum n. période intermenstruelle f.
Intermission f. intermission f., intermittence f.
intermittieren être en intermittence
intermittierend intermittent
intermolekular intermoléculaire
intern interne
interneuronal interneuronal
Internist m. interniste m.
Internistin f. interniste f.
internodal internodal
internukleär internucléaire
interokklusal interocclusal
interozeptiv intéroceptif
interparietal interpariétal
interpedikulär interpédiculaire
interpedunkulär interpédonculaire
interphalangeal interphalangien
Interphase f. intraphase f.
interpolieren interpoler
interponieren interposer
Interposition f. interposition f.
interprismatisch interprismatique
interproximal interproximal
interradikulär interradiculaire
Interrenalismus m. interrénalisme m.
intersegmentär intersegmentaire
Intersex m. intersexué m.
Intersexualität f. intersexualité f.
intersphinktorisch intersphinctérien
Interstitium n. interstice m., interstitium m.
intertarsal intertarsien
interthalamisch interthalamique
intertrabekulär intertrabéculaire
intertransversal intertransversal
intertriginös intertrigineux
Intertrigo m. intertrigo m.
intertrochanterisch intertrochantérien
Intervall n. intervalle m.
intervalvulär intervalvulaire
Intervention f. intervention f.
interventionell d'intervention
interventrikulär interventriculaire
intervertebral intervertébral
intervillös intervilleux
interzellulär intercellulaire
Interzeption f. interception f.
interzeptiv interceptif
Interzeptor m. intercepteur m.
intestinal intestinal
intim intime
Intima f. intima f., tunique interne f.
intimal de l'intima
Intimitis f. inflammation de l'intima f.
intolerant intolérant
Intoleranz f. intolérance f.
Intonation f. intonation f.
Intorsion f. intorsion f.
Intoxikation f. intoxication f.
Intoxikation, septische f. intoxication septique f.
intraabdominell intra-abdominal
intraalveolär intra-alvéolaire
intraamniotisch intra-amniotique
iritraaortal intra-aortique
intraarteriel intra-artériel
intraartikulär intra-articulaire
intraatrial intra-auriculaire
intraazinös intraacineux
intrabronchial intrabronchique
intrachromosomal intrachromosomique
intradermal intradermique
intraduktal intracanalaire
intraduodenal intraduodénal
intradural intradural

intraepithelial intraépithélial
intrafokal intrafocal
intragastral intragastrique
intraglandulär intraglandulaire
intraglomerulär intraglomérulaire
intrahepatisch intrahépatique
intrahypophysär intrahypophysaire
intraindividuell intraindividuel
intrakanalikulär intracanaliculaire
intrakapillär intracapillaire
intrakapsulär intracapsulaire
intrakardial intracardiaque
intrakavitär intracavitaire
intrakoronal intracoronal
intrakoronar intracoronaire
intrakorporal intracorporel
intrakortikal intracortical
intrakraniell intracrânien
intrakutan intracutané
intralaryngeal intralaryngé
intralienal intrasplénique
intralingual intralingual
intralobär intralobaire
intralobulär intralobulaire
intralumbal intralombaire
intraluminal intraluminaire
intramammär intramammaire
intramaxillär intramaxillaire
intramedullär intramédullaire
intrameningeal intraméningé
intramitochondrial intramitochondrique
intramukosal intramuqueux
intramural intramural
intramuskulär intramusculaire
intraaösophagal intraoesophagien
intramyokardial intramyocardique
intranasal intranasal
intraneural intraneural
intranodal intranodal
intranodulär intranodulaire
intranukleär intranucléaire
intraokulär intraoculaire
intraoral intraoral
intraorbital intraorbital
intraossal intraosseux
intraossär intraosseux
intrapankreatisch intrapancréatique
intrapapillär intrapapillaire
intrapartal intrapartal
intrapelvin intrapelvien
intraperikardial intrapéricardique
intraperitoneal intrapéritonéal
intraplazentar intraplacentaire
intrapleural intrapleural
intraprostatisch intraprostatique

intrapulmonal intrapulmonaire
intrarektal intrarectal
intrarenal intrarénal
intraskrotal intrascrotal
intrasphinkterisch intrasphinctérien
intraspinal intraspinal
intrasplenisch intrasplénique
intrasternal intrasternal
intrasynovial intrasynovial
intrathekal intrathécal
intrathorakal intrathoracique
intrathyreoidal intrathyroïdien
intratracheal intratrachéal
intratubär intratubaire
inttaurethral intrauréthral
intrauterin intrautérin
Intrauterinspirale f. stérilet m.
intravaginal intravaginal
intravalvulär intravalvulaire
intravasal intravasculaire
intravenös intraveineux
intraventrikulär intraventriculaire
intravesikal intravésical
intravital in vivo
intravitreal intravitreux
intrazellulär intracellulaire
intrazerebellar intracérébelleux
intrazerebral intracérébral
intrazervikal intracervical
intraziliär intraciliaire
intrazisternal intracisternal
intrinsic factor m. facteur intrinsèque m.
Intriptylin n. intriptyline f.
Introduktion f. introduction f.
Introjektion f. introjection f.
Intron (intervenierende Region) n. intron m.
Introversion f. introversion f.
introvertieren introvertir
Intrusion f. intrusion f.
Intubation f. cathétérisme laryngé m., intubation f., tubage m.
Intubationsbesteck n. nécessaire pour intubation m.
Intubationsnarkose f. narcose par intubation f.
intubieren intuber
Intumeszenz f. gonflement m., intumescence f.
Intussuszeption f. intussusception f., invagination f.
Inulase f. inulase f.
Inulin n. inuline f.
Inunktion f. friction f.
Invagination f. invagination f.

invalid invalide
Invalide m. invalide m.
Invalidenrente f. pension d'invalidité f.
Invalidenversicherung f. assurance invalidité f.
Invalidität f. invalidité f.
Invasion f. invasion f.
Invasionsvermögen n. invasivité f.
invasiv invasif
invers inverse
Inversion f. inversion f.
Invertin n. invertase f., invertine f.
Invertzucker m. sucre interverti m.
inveteriert invétéré
Involution f. involution f.
Involutionspsychose f. psychose régressive f.
involutiv régressif
Inzest m. inceste m.
Inzidenz f. incidence f.
inzisal incisif
Inzision f. incision f.
Inzisur f. incisure f.
Inzucht f. consanguinité f.
Inzyklophorie f. incyclophorie f.
Inzyklovergenz f. incyclovergence f.
Iod n. iode m.
Iod… siehe auch voir aussi Jod…
Iodamid n. jodamide m.
Iodamphetamin n. iodamphétamine f.
Iodat n. iodate m.
Iodchloroxychinolin n. chloroiodoquine f., clioquinol m.
Iodhippurat n. iodohippurate m.
Iodid n. iodure m.
Iodobenzylguanidin n. iodobenzylguanidine f.
Iodostearat n. iodostéarate m.
Iodthiouracil n. iodothiouracile m.
Ion n. ion m.
Ionenautauscher m. échangeur d'ions m.
Ionenkanal m. canal ions m.
Ionisation f. ionisation f.
ionisieren ioniser
Ionium n. ionium m.
Ionogramm n. ionogramme m.
Ionometer n. ionomètre m.
Ionometrie f. ionométrie f.
ionometrisch ionométrique
Iontophorese f. iontothérapie f.
iontophoretisch ionothérapeutique
Iopamidol n. iopamidol m.
Iophendylat n. iophendylate m.
Iopodat n. iopodate m.
Iopydol n. iopydol m.
Iopydon n. iopydone f.

Iosulamid n. iosulamide m.
Iothalamat n. iotalamate m.
Iotrolan n. iotrolane m.
Iovastatin n. iovastatine f.
Ipatropiom n. ipatropiume m.
Ipexidin n. ipexidine f.
Ipilimumab n. ipilimumab n.
Ipragratin n. ipragratine f.
Ipratropiumbromid n. bromure d'ipratropium m.
Iprazochrom n. iprazochrome m.
Iprindol n. iprindole m.
Ipronidazol n. ipronidazole m.
Iproxamin n. iproxamine f.
Iprozilamin n. iprozilamine f.
Ipsation f. onanie f.
ipsilateral ipsolatéral
ipsiversiv ipsoversé
IQ (Intelligenzquotient) m. quotient intellectuel (QI) m.
Irbesartan n. irbésartane m.
Iridektomie f. iridectomie f.
Iridektomiemesser n. bistouri m.
iridektomieren pratiquer une iridectomie
Iridektropium n. iridectropion m.
Iridenkleisis f. iridencleisis m.
Iridentropion n. iridentropion m.
Iridesis f. moditication chirurgicale de la position de la pupille f.
Iridium n. iridium m.
Iridochoroiditis f. iridochoroïdite f.
Iridodialyse f. iridodialyse f.
iridokorneal iridocornéen
Iridonesis f. iridonésis f.
Iridoplegie f. iridoplégie f.
Iridosklerotomie f. iridosclérotomie f.
Iridoskop n. iridoscope m.
iridoskopisch iridoscopique
Iridotomie f. iridotomie f.
Iridozele f. iridocèle f.
Iridozyklitis f. iridocyclite f.
Irinodecan n. irinodécane m.
Irinotecan n. irinotécane m.
Iris f. iris m.
Irisblende f. diaphragme de l'iris m.
Irisdiagnose f. iridodiagnostic m.
Irispinzette f. pince-ciseaux f.
Irisprolaps m. prolapsus de l'iris m.
Irisschlottern n. hippus pupillaire m., iridonesis m.
Iritis f. irite f.
irrational irrationnel
irre aliéné, fou
irregulär irrégulier
Irregularität f. irrégularité f.

Irremazol n. irrémazole m.
irreversibel irréversible
Irrigation f. irrigation f.
Irrigator m. irrigateur m.
irritieren irriter
irritierend irritant
Irrsinn m. aliénation mentale f., démence f., folie f.
ISA (intravenöse Subtraktionsangiographie) f. angiographie intraveneuse avec soustraction osseuse f.
Ischämie f. ischémie f.
Ischämie, Zustand nach m. état-postischémique m.
ischämisch ischémique
Ischiassyndrom n. sciatique f.
ischiokrural ischiocrural
ischiopubisch ischiopubien
ischiorektal ischiorectal
Ischuria paradoxa f. ischurie paradoxale f.
Isetionat n. isétionate m.
Isoagglutination f. isoagglutination f.
Isoagglutinin n. isoagglutinine f.
Isoalloxazin n. isoalloxazine f.
Isoamylamin n. isoamylamine f.
Isoantigen n. isoantigène m.
Isoantikörper m. isoanticorps m.
Isoarecaidin n. isoarécaïdine f.
Isoäthionat n. isétionate m.
Isobornyl n. isobornyle m.
Isobutyrat n. isobutyrate m.
Isocarboxazid n. isocarboxacide m.
Isochinolin n. isoquinoline f.
Isochromatide n. isochromatide m.
isochromatisch isochromatique
Isochromosom n. isochromosome m.
isochron isochrone
Isochronie f. isochronie f.
isodens isodense
isodontisch isodontique
Isodosis f. isodose f.
isodynamisch isodynamique
isoelektrisch isoélectrique
isoenergetisch isoénergétique
Isoenzym n. isoenzyme f.
Isoetarin n. isoétarine f.
Isoethionat n. isoéthionate m.
Isofamid n. isofamide f.
Isofluran n. isoflurane m.
isogam isogame
Isohämolysin n. isohémolysine f.
Isohydrie f. isohydrie f.
Isoikonie f. iso-iconie f.
Isoimmunisation f. iso-immunisation f.
Isoionie f. iso-ionie f.

Isokoproporphyrin n. isocoproporphyrine f.
Isokaproat n. isocaproate m.
Isolat n. isolat m.
Isolezithal n. isolécithal m.
Isoliereinheit f. unité d'isolement en milieu stérile f.
isolieren . isoler
Isolierstation f. service d'isolement m.
Isolierung f. isolement m.
isolog isologue
Isolysin n. isolysine f.
Isomaltase f. isomaltase f.
Isomaltose f. isomaltose m.
isomer isomère
Isomer n. isomère m.
Isomerase f. isomèrase f.
Isomerie f. isomérie f.
Isomethadon n. isométhadone f.
Isomethepten n. isométheptène m.
Isometrie f. isométrie f.
isometrisch isométrique
Isometropie f. isométropie f.
isomorph isomorphe
Isomylamin n. isomylamine f.
Isomyosin n. isomyosine f.
Isoniazid n. isoniazide f.
Isonitril n. isonitrile m.
isoonkotisch iso-oncotique
isoosmotisch isoosmotique
isopathisch isopathique
Isopentenyl n. isopenténanyle m.
isoperistaltisch isopéristaltique
Isophorie f. isophorie f.
Isophosphamid n. isophosphamide m.
Isopie f. isopie f.
isoplastisch isoplastique
Isopotential n. isopotentiel m.
Isopren n. isoprène m.
Isoprenalin n. isoprénaline f.
Isoprinosin n. isoprinosine f.
isoprismatisch isoprismatique
Isopropamid n. isopropamide m.
Isopropanol n. isoproponal m.
Isopropyl n. isopropyle m.
Isopropylarterenol n. isopropylartérénol m.
Isopropylhydrazin n. isopropylhydrazine f.
Isopropylnoradrenalin n. isoprénaline f., isopropylnoradrénaline f.
Isoptere f. isoptère m.
isopyknose f. isopyknose f.
isopyknotisch isopyknotique
isorhythmisch isorythmique
Isoserum n. isosérum m.
isosexuell isosexuel
Isosorbiddinitrat n. dinitrate d'isosorbide m.

Isosorbidmononitrat n. mononitrate d'isosorbide m.
Isospora belli f. Isospora belli f.
Isospora hominis f. Ispospora hominis f.
Isosporiasis f. isosporiase f.
Isosterie f. isostérie f.
isosterisch isostérique
Isosthenurie f. isosthénurie f.
isosthenurisch isosthénurique
Isostimulation f. isostimulation f.
Isosulprid n. isosulpride m.
Isotachophorese f. isotachophorèse f.
isotachophoretisch isotachophorétique
isothermisch isotherme
Isothiazin n. isothiazine f.
Isothiazol n. isothiazole m.
Isothiozyanat n. isothiocyanate m.
Isothiphendyl n. isothiphendyl m.
isoton isotone
Isotonie f. isotonie f.
isotonisch isotonique
Isotop n. isotope m.
Isotopennephrogramm n. néphrogramme isotopique m.
Isotransplantation f. isotransplantation f.
isotrop isotrope
Isotyp m. isotype m.
isotypisch isotypique
Isovalerylglyzin n. isovalérylglycine f.
Isovolämie f. isovolémie f.
isovolumetrisch isovolumétrique
isovolumisch isovolumique
Isoxazol n. isoxazole m.
Isoxazolidon n. isoxazolidone f.
lsoxsuprin n. isoxsuprine f.
Isozitrat n. isocitrate m.
Isozyanat n. isocyanate m.
Isozyanid n. isocyanure m.
isozygot isozygote
Isozym n. isozyme m.
Isozytose f. isocytose f.
Israpidin n. israpidine f.
Isthmektomie f. isthmectomie f.
isthmisch isthmique
Isthmus m. détroit m., isthme m.
Istwert m. valeur réelle f.
Itanoxon n. itanoxone f.
Iteration f. itération f.
iterativ itératif
Itraconazol n. itraconazole m.
i.v. (intravenös) i.v. (intraveineux)
Ivermectin n. ivermectine f.
Ixodes m. ixodidé m.
Ixodiasis f. affection à ixodidés f.

J

Jaborin n. extrait de Jaborandi m.
Jacketkrone f. couronne jacket f.
Jakob-Creutzfeldsche Krankheit f. maladie de Creutzfeld-Jacob f.
Jacobsonsche Anastomose f. anastomose du nerf de Jacobson f.
Jaktation f. jactation f.
Jalapin n. extrait de jalap m.
Janusgrün n. vert de Janus m.
Jarisch-Herxheimer-Reaktion f. réaction de Herxheimer f.
jauchig putride
Javal-Ophthalmometer n. kératomètre de Javal m.
jejunal jéjunal
Jejunitis f. jéjunite f.
jejunoileal iléojéjunal
Jejunoileostomie f. jéjunoiléostomie f.
Jejunojejunostomie f. jéjunojéjunostomie f.
Jejunokolostomie f. jéjunocolostomie f.
Jejunostomie f. jéjunostomie f.
Jejunum n. jéjunum m.
Jendrassikscher Handgriff m. manoeuvre de Jendrassik f.
Jochbogen m. arcade zygomatique f.
Jochfortsatz m. apophyse zygomatique f.
Jod n. iode m.
Jod… siehe auch voir aussi Iod…
Jod, proteingebundenes n. iode fixé aux protéines m.
Jodamid n. iodamide m.
Jodamphetamin n. iodoamphétamine f.
Jodat n. iodate m.
Jodchloroxychinolin n. clioquinol m.
jodhaltig iodé
Jodhippurat n. iodohippurate m.
Jodid n. iodide m.
jodieren ioder
Jodierung f. iodation f.
Jodobenzylguanidin n. iodobenzylguanidine f.
Jododermie f. iodide f., toxidermie iodée f.
Jodoform n. iodoforme m.
Jodöl n. huile iodée f.
Jodometrie f. iodométrie f.
jodometrisch iodométrique
Jodopsin n. iodopsine f.
Jodostearat n. iodostéarate m.
Jodothiouracil n. iodothio-uracile m.
Jodtinktur f. teinture d'iode f.
Joghurt n. yaourt m.
Johanniskraut n. millepertuis m.
Jokastekomplex m. complexe de Jokaste m.
Jollykörper m. pl. corps de Jolly m. pl.
Josamycin n. josamycine f.
Joule n. joule m.
jucken démanger
Jucken n. démangeaison f., prurit m.
juckreizstillend antiprurigineux
jugendlich juvénile
jugendlicher Leukozyt m. cellule leucocytaire jeune f.
Juglon n. juglon m.
jugomaxillär jugulomaxillaire
jugulär jugulaire
Jungfrau f. vierge f.
jungfräulich virginal
Jungfräulichkeit f. virginité f.
Jünglingsalter n. adolescence f.
Jünglingsche Krankheit f. maladie de Jüngling f.
Jugend f. jeunesse f.
justieren ajuster
Justierung f. ajustement m., réglage m.
juvenil juvénile
juxtaartikulär juxtaarticulaire
juxtaepiphysär juxtaépiphysaire
juxtafoveal juxtafovéal
juxtaglomerulär juxtaglomérulaire
Juxtaglomerularzelle f. cellule juxtaglomérulaire f.
juxtamedullär juxtamédullaire
juxtamembranös juxtamembraneux
juxtaoral juxtaoral
juxtapapillär juxtapapillaire
Juxtaposition f. juxtaposition f.
juxtapylorisch juxtapylorique
juxtaspinal juxtaspinal

K

Kabel n.   câble m.
Kabelgriff m.   poignée (du câble) f.
Kabine f.   cabine f.
kachektisch   cachectique
Kachexie f.   cachexie f.
Kadaverin n.   cadavérine f.
kaffeesatzartig   en marc de café
kahl   chauve
Kahlersche Krankheit f.   maladie de Kahler f.
Kahlkopf m.   tête chauve f.
kahlköpfig   chauve
Kahnbauch m.   ventre en bateau m.
Kahnbein n.   os scaphoïde m.
kahnförmig   scaphoïde
Kahnschädel m.   scaphocéphalie f.
Kaiserschnitt m.   césarienne f.
Kakao m.   cacao m.
Kakaobutter f.   beurre de cacao m.
Kakerlak n..   cancrelat m.
Kakodyl n.   cacodyle m.
Kakodylat n.   cacodylate m.
Kala-Azar f.   Kala-Azar m.
Kalabarbeule f.   oedème de Calabar m.
Kalabarbohne f.   fève de Calabar f.
Kalb m.   veau m.
kalben   vêler
Kälberruhr, weiße f.   diarrhée blanche du veau f.
Kaliber n.   calibre m.
kalibrieren   calibrer
Kalibrierung f.   calibration f.
Kalium n.   potassium m.
Kaliumazetat n.   acétate de potassium m.
Kaliumbikarbonat n.   bicarbonate de potassium m.
Kaliumbitartrat n.   bitartrate de potassium m.
Kaliumbromid n.   bromide de potassium m., bromure de potassium m.
Kaliumchlorid n.   chlorure de potassium m.
kaliumhaltig   contenant du potassium
Kaliumhydroxyd n.   hydroxyde de potassium m.
Kaliumjodid n.   iodure de potassium m.
Kaliumkarbonat n.   carbonate de potassium m.
Kaliumnatriumtartrat n.   tartrate de potassium et de sodium m.
Kaliumnitrat n.   nitrate de potassium m.
Kaliumpermanganat n.   permanganate de potassium m.
kaliumsparend   retenant le potassium

Kaliumsulfat n.   sulfate de potassium m.
kaliumverlierend   perdant le potassium
Kaliurese f.   kaliurie f.
Kaliuretikum n.   kaliurétique m.
kaliuretisch   de kaliurie
Kalk m.   chaux f.
kalkaneal   calcanéen
Kalkaneodynie f.   calcanéodynie f.
kalkaneofibular   calcanéopéronéen
kalkaneokuboid   calacanéocuboïdien
kalkaneonavikular   calcanéonaviculaire
kalkaneoplantar   calcanéoplantaire
Kalkaneussporn m.   éperon du calcanéum m.
Kalkarina-Rinde f.   cortex de la scissure calcarine m., cortex visuel m.
kalkarme Kost f.   régime pauvre en calcium m.
Kalkgicht f.   goutte calcique f.
Kalkmangel m.   calcipéme f.
kalkreiche Kost f.   régime riche en calcium m.
Kalkwasser n.   eau de chaux f.
Kallidin n.   kallidine f.
Kallidinogen n.   kallidinogène m.
Kallidinogenase f.   kallidinogénase f.
Kallikrein n.   kallicréine f.
Kallikreinogen n.   kallicréinogène m.
Kallmannsyndrom n.   syndrome de Kallmann m.
kallös   calleux
Kallosotomie f.   callosotomie f.
Kallus m.   cal m.
Kallusbildung f.   formation calleuse f.
Kalomel n.   calomel m., chlorure mercureux m.
Kalorie, große f.   kilocalorie f.
Kalorie, kleine f.   calorie f.
kalorigen   calorigène
Kalorimeter n.   calorimètre m.
Kalorimetrie f.   calorimétrie f.
kalorimetrisch   calorimétrique
kalorisch   calorique
Kalotte f.   calotte f., voûte crânienne f.
kalt   froid
Kaltblüter m.   animal à sang froid m.
Kälteagglutination f.   agglutination froide f.
Kälteagglutinin n.   agglutinine froide f.
Kälteanästhesie f.   anesthésie par le froid f.
Kälteantikörper m.   anticorps froid m.
Kälteanwendung f.   cryothérapie f.
Kälteempfindlichkeit f.   sénsibilité au froid f.
Kälteglobulin n.   cryoglobuline f.

Kältegrad m. degré de froid m.
Kälte-Urtikaria f. uricaire au froid m.
kalter Abszess m. abcès froid m.
Kältesonde f. cryosonde f.
kaltgehärtet durci à froid (dent.)
kalthärtend durcissant à froid (dent.)
Kaltlicht n. lumière froide f.
Kaltwasserbehandlung f. traitement par l'eau froide m.
Kalzifikation f. calcification f.
kalzifizieren calcifier
Kalzination f. calcination f.
Kalzinose f. calcinose f.
Kalziphylaxie f. calciphylaxie f.
kalzipriv calciprive
Kalzium n. calcium m.
Kalzium… siehe auch voir aussi Calcium…
Kalziumantagonist m. antagoniste du calcium m., inhibiteur calcique m.
Kalziumchlorid n. chlorure de calcium
Kalziumglukonat n. gluconate de calcium m.
Kalziumhydroxid n. chaux éteinte f., hydrate de calcium m.
Kalziumkarbonat n. carbonate de calcium m.
Kalziumlaktat n. lactate de calcium m.
Kalziumoxalat n. oxalate de calcium m.
Kalziumoxid n. oxyde de calcium m.
Kalziurie f. calciurie f.
Kambium n. cambium m.
Kamille f. camomille f.
Kamillentee m. tisane de camomille f.
Kammer f. chambre f., ventricule m.
Kammeranfangsschwankung f. complexe QRS m., onde rapide f., ondes initiales du complexe ventriculaire f. pl.
Kammerendschwankung f. onde T f., phase terminale f.
Kammerflattern n. flutter ventriculaire m.
Kammerflimmern n. fibrillation ventriculaire f.
Kammerscheidewand f. septum interventriculaire m.
Kammerwasser des Auges n. humeur aqueuse f.
Kammerwinkel des Auges m. angle de la chambre antérieure m., angle iridocornéen m.
Kampfer m. camphre m.
Kampferöl n. huile camphrée f.
Kampimeter n. campimètre m.
Kampimetrie f. campimétrie f.
kampimetrisch campimétrique
Kamptodaktylie f. camptodactylie f.
Kanal m. canal m., conduit m.

kanalikulär canaliculaire
Kanalisation f. canalisation f.
Kanamycin n. kanamycine f.
kankroid cancroïde
Kankroid n. cancroïde m.
Kanne f. pichet m., pot m.
kannelieren canneler
Kannibalismus m. cannibalisme m.
Kantenbogen m. arc Edgewise m.
Kantharide f. mouche cantharide f.
Kanthoplastie f. canthoplastie f.
Kanüle f. canule f.
Kanülenentfernung f. décanulation f.
Kanülenhalter m. porteur de canule m.
kanzerogen cancérogène
Kanzerogenese f. cancérogenèse f.
Kanzerostasemittel n. cancérostatique m.
kanzerostatisch caricérostatique
kanzerotoxisch cancérotoxique
Kaolin n. kaolin m.
Kaolinose f. kaolinose f.
Kapazität f. capacité f.
Kapazitation f. capacitation f.
kapillär capillaire
Kapillare f. capillaire m.
Kapillarität f. capillarité f.
Kapillarmikroskopie f. capillaroscopie f.
kapillarmikroskopisch capillaroscopique
Kapnographie f. capnographie f.
kapnographisch capnographique
Kapillarpuls m. pouls capillaire m.
Kapnometer n. capnimètre m.
Kapnometrie f. capnimétrie f., carbométrie f.
kapnometrisch capnimétrique
Kaposi-Syndrom n. acrosarcomatose de Kaposi f.
Kappe f. bonnet m.
Kappenbildung f. capping m.
Kaproat n. caproate m.
Kaprylat n. caprylate m.
Kapsel f. capsule f.
Kapselbazillus m. bacille encapsulé m.
Kapselblutung f. hémorrhagie capsulaire f.
Kapselfärbung f. coloration capsulaire f.
Kapselmesser n. capsulotome m.
Kapselstar m. cataracte capsulaire f.
Kapselzelle f. amphicyte f.
Kapsid n. capside f.
Kapsomer n. capsomère m.
Kapsulektomie f. capsulectomie f.
Kapsulotomie f. capsulotomie f.
Karayagummi m. gomme de Karaya f.
Karbachol n. carbachol m.
Karbakrylamin n. carbacrylamine f.
Karbamat n. carbamate m.

Karbamazepin n. carbamazépine f.
Karbamazin n. carbamazine f.
Karbamoylbetamethylcholin n. carbamoylbétaméthylcholine f.
Karbamoylphosphat n. carbamoylphosphate m.
Karbamoyltransferase f. carbamoyltransférase f.
Karbamyl n. carbamyle m.
Karbamylase f. carbamylase f.
Karbaryl n. carbaryle m.
Karbazid n. carbazide m.
Karbazon n. carbazone f.
Karbenicillin n. carbénicilline f.
Karbenoxolon n. carbénoxolone f.
Karbimazol n. carbimazol m.
Karbimid n. carbimide m.
Karbinol n. carbinol m.
Karboanhydrase f. anhydrase carbonique f.
Karboanhydrasehemmer m. inhibiteur de l'anhydrase carbonique m.
Karbodiimid n. diimide carbonique m.
Karbohydrase f. carbohydrase f.
Karbolfuchsin n. fuchsine phéniquée f.
Karboligase f. carboligase f.
Karbolin n. carboline f.
Karbonat n. carbonate m.
Karbonyl n. carbonyle m.
karbophil carbophile
Karborund n. carborundum m.
Karboxamid n. carboxamide m.
Karboxy… siehe auch voir aussi Carboxy…
Karboxyhämoglobin n. carboxyhémoglobine f.
Karboxykinase f. carboxykinase f.
Karboxyl n. carboxyle m.
Karboxylase f. carboxylase f.
Karboxyesterase f. carboxyestérase f.
karboxylieren carboxyler
Karboxylierung f. carboxylation f.
Karboxymethylsin n. carboxyméthylsine f.
Karboxymethylzellulose f. carboxyméthylcellulose f.
Karboxypeptidase f. carboxypeptidase f.
karboxyterminal carboxyterminal
Karbunkel m. anthrax m.
Karbutamid n. carbutamide m.
Kardamom n. cardamome f.
Kardia f. cardia m.
kardial cardiaque
kardinal cardinal
kardio… siehe auch voir aussi cardio…
kardiogen cardiogénique
Kardiogramm n. cardiogramme m.
Kardiographie f. cardiographie f.
kardiographisch cardiographique
Kardiologe m. cardiologue m.
Kardiologie f. cardiologie f.
Kardiologin f. cardiologue f.
kardiologisch cardiologique
Kardiolyse f. cardiolyse f.
Kardiomalazie f. cardiomalacie f.
Kardiomegalie f. cardiomégalie f.
Kardiomyopathie f. cardiomyopathie f.
Kardiomyoplastie f. cardiomyoplastie f.
Kardiomyozyt m. cardiomyocyte m.
Kardioomentopexie f. cardiooméntopexie f.
kardioösophageal cardiooesophagien
Kardiopathie f. cardiopathie f.
kardiopathisch cardiopathique
Kardiophobie f. phobie cardiaque f.
Kardioplegie f. cardioplégie f.
kardioportal cardioportal
kardioprotektiv cardioprotecteur
kardiopulmonal cardiopulmonaire
kardiorespiratorisch cardiorespiratoire
kardioselektiv cardiosélectif
Kardioselektivität f. cardiosélectivité f.
Kardiosklerose f. cardiosclérose f.
Kardiothermographie f. cardiothermographie f.
Kardiotokograph m. cardiotocographe m.
Kardiotokographie f. cardiotocographie f.
kardiotokographisch cardiotocographique
kardiotonisch cardiotonique
kardiotoxisch cardiotoxique
Kardiotoxizität f. cardiotoxicité f.
kardiovaskulär cardiovasculaire
Kardioversion f. cardioversion f.
Karditis f. cardite f.
Karenz f. carence f.
Karies f. carie f.
karieserzeugend provoquant des caries
kariesverhütend anticaries
Karina f. carène f.
karinal carénal
Kariogramm n. caryogramme m.
kariös carié
Karlsbader Salz n. sel de Carlsbad m.
Karmin n. carmin m.
Karnaubawachs m. cire de carnauba f.
Karnifikation f. carnification f., carnisation f.
karnifizieren carnifier
Karnitin n. carnitine f.
Karnivore m. carnivore m.
Karnosin n. carnosine f.
Karnosinase f. carnosinase f.
Karotin n. carotène m.
Karotinase f. caroténase f.

Karotinoid n. caroténoïde m.
Karotisgabel f. bifurcation carotidienne f.
Karotispuls m. pouls carotidien m.
Karotispulskurve f. carotidogramme m.
Karotissinus m. sinus carotidien m.
Karotissinusreflex m. réflexe sinocarotidien m.
Karotte f. carotte f.
karpal carpien
Karpaltunnelsyndrom n. syndrome du tunnel carpien m.
karpometakarpal carpométacarpien
karpopedal carpopédal
Kartagenersches Syndrom n. syndrome de Kartagener m.
Kartei f. fichier m.
Kartierung der elektrischen Hirntätigkeit f. carte de l'activité électrique cérébrale f.
kartilaginär cartilagineux
Kartoffel-Blut-Agar m. agar-pomme de terre-sang m.
Kartoffelkultur f. culture de pomme de terre f.
Kartothek f. cartothèque f.
Karunkel m. caroncule f.
Karyoblast m. caryoblaste m.
Karyogamie f. caryogamie f.
Karyokinese f. caryocinèse f., mitose f.
Karyoklasie f. caryoclasie f.
Karyolyse f. caryolyse f.
karyolytisch caryolytique
Karyometrie f. caryométrie f.
Karyoplasma n. nucléoplasme m.
Karyorrhexis f. caryorrhexis m.
Karyosom n. caryosome m.
karyotrop caryotrope
Karyotyp m. caryotype m.
karyotypisch caryotypique
karzinoembryogenes Antigen n. antigène carcino-embryonnaire (CEA) m., antigène de Gold m.
karzinoembryonal carcino-embryonnaire
karzinogen cancérigène
Karzinogen n. produit cancérigène m.
Karzinogenese f. carcinogenèse f.
Karzinoid n. carcinoïde m.
Karzinolyse f. carcinolyse f.
karzinolytisch carcinolytique
Karzinom n. carcinome m., épithélioma m.
Karzinom, Basalzellen- n. épithélioma basocellulaire m.
Karzinom, kleinzelliges n. épithélioma à petites cellules m.
Karzinom, Kolloid- n. épithélioma colloïde m.
Karzinom, Riesenzellen n. épithélioma à cellules géantes m.
Karzinom, szirrhöses n. carcinome cirrhotique m.
Karzinom, zystisches n. épithélioma cystique m.
karzinomatös carcinomateux
Karzinomatose f. carcinomatose f.
Karzinophobie f. cancérophobie f.
Karzinosarkom n. carcinosarcome m.
Karzinose f. carcinose f.
Karzinostase f. cancérostase f.
Kasein n. caséine f.
Kaseinat n. caséinate m.
Kaseinogen n. caséinogène m.
Kaseinogenat n. caséinogénate m.
käsig caséeux
Kaskade f. cascade f.
Kaskadenmagen m. estomac en cascade m.
Kassabar-Merrit-Syndrom n. syndrome de Kassabar-Merrit m.
Kassenarzt m. médecin conventionné m.
Kassenärztin f. médecin conventionné m.
Kassenersatz, Ausschluss aus dem m. déremboursement m.
Kassenpatienten m. pl. patients assurés sociaux m. pl.
kassenzulässig conventionné
Kassette (radiol.) f. cassette f.
Kassettenhalter m. support de cassette m.
Kassettenwagen m. glissière f.
Kassettenwechsler m. c changeur de cassette m.
Kastanie f. châtaigne f.
kastaniengroß gros comme une chataigne
Kastrat m. castrat m., eunuque m.
Kastration f. castration f.
kastrieren châtrer
kasuistisch casuistique
Katabiose f. catabiose f.
katabiotisch catabiotico
Katabolikum n. catabolisant m.
katabolisch catabolique
katabolisieren cataboliser
Katabolismus m. catabolisme m.
Katabolit m. catabolite m.
Katal n. katal m.
Katalase f. catalase f.
Katalepsie f. catalepsie f.
kataleptisch cataleptique
Katalog m. catalogue m.
Katalysator m. catalysateur m.
Katalyse f. catalyse f.
katalysieren catalyser
katalytisch catalytique

Katamnese f. catamnèse f.
katamnestisch catamnestique
Kataphorese f. cataphorèse f., électrophorèse f.
kataphoretisch cataphorétique
Kataphorie f. strabisme inférieur m.
Kataplasie f. cataplasie f.
Kataplasma n. cataplasme m.
kataplastisch cataplastique
Kataplexie f. cataplexie f.
Katarakt m. cataracte f.
Katarrh m. catarrhe m.
katarrhalisch catarrhal
Katatonie f. catatonie f.
katatonisch catatonique
Katechin n. catéchine f.
Katechol n. catéchol m.
Katecholamin n. catécholamine f.
Katechu n. cachou m.
Kategorie f. catégorie f.
Kater (schlechtes Befinden) m. état de malaise m.
Kater (Tier) m. matou m.
Katgut n. catgut m.
Katharsis f. catharsis f.
kathartisch cathartique
Kathepsin n. cathepsine f.
Katheter m. cathéter m.
Katheter, Ballon- m. sonde à ballonnet f.
Katheter, Bozemanscher m. cathéter de Bozeman m.
Katheter, Dauer- m. cathéter à demeure m.
Katheter, Einroll- m. cathéter enroulable m.
Katheter, Einschwemm- m. cathéter flottant m.
Katheter, Fogarty- m. cathéter Fogarty m.
Katheter, Harnleiter- m. cathéter urétéral m.
Katheter, Herz- m. cathéter cardiaque m.
Katheter, Mercierscher m. cathéter de Mercier m.
Katheter, Nélatonscher m. cathéter de Nélaton m.
Katheter, Pezzerscher m. cathéter de Pezzer m.
Katheter, Spül- m. cathéter d'irrigation m.
Katheter, Zentralvenen- m. cathéter veineux central m.
Katheterfieber n. fièvre secondaire au cathétérisme f.
katheterisieren cathétériser
Katheterismus m. cathétérisme m.
Katheterspanner m. tendeur du cathéter m.
Kathode f. cathode f.
Kathodenöffnungszuckung f. secousse d'ouverture cathodique f.
Kathodenschließungszuckung f. secousse de fermeture cathodique f.
Kathodenstrahl m. rayon cathodique m.
Kation n. cation m.
Kationenaustausch m. échange cationique m.
kationisch cationique
Katze f. chat m.
katzenartig félin
Katzenbandwurm m. ténia du chat m.
Katzenkratzkrankheit f. lymphadénite virale f.
Katzenschnurren n. ronronnement m.
Katzenschrei-Syndrom n. maladie du cri du chat f.
Kauakt m. mastication f.
Kauapparat m. masticateur m.
kaudal caudal
kaudalwärts en direction caudale
Kaudasyndrom n. syndrome de la queue de cheval m.
Kaudruck m. pression masticatoire f.
kauen mastiquer
Kauen n. mastication f.
Kaufläche f. surface occlusale f.
Kaufmannscher Versuch m. test de Kaufmann m.
Kaufunktion f. fonction de mastication f.
Kaugelenk n. articulation temporomandibulaire f.
Kaulquappe f. têtard m.
kausal causal, étiologique
Kausalgie f. causalgie f.
kausalgisch causalgique
Kaustik f. cautérisation f.
Kaustikum n. cautérisant m.
kaustisch caustique
Kautablette f. comprimé à mâcher m.
Kauter m. cautère m.
Kauterisation f. cautérisation f.
kauterisieren cautériser
Kautschuk m. caoutchouc m.
Kautüchtigkeit f. efficacité masticatoire f.
Kavaligatur f. cavoligature f.
Kaverne f. caverne f.
Kavernisierung f. formation de caverne f.
Kavernom n. cavernome m.
kavernös caverneux
Kavernoskopie f. cavernoscopie f.
Kavernosographie f. cavernosographie f.
Kavernosometrie f. cavernosométrie f.
Kavernostomie f. cavernostomie f.
kavitär cavitaire
Kavität f. cavité f.
Kavitätenbohrer m. fraise pour cavité f.

Kavitätenlack m. fond de cavité m.
Kavitätenschutzlack m. protecteur fond de cavité m.
Kavographie f. cavographie f.
Kawasaki-Syndrom n. maladie de Kawasaki f.
KBR (Komplementbindungsreaktion) f. réaction de fixation du complément f.
KE (Kontrasteinlauf) m. lavernent opaque m.
Kefir m. kéfir m.
Kegel m. cône m.
Kegelbohrer m. fraise conique f.
Kegelfinierer m. fraise conique à finir f.
Kegelkrone f. couronne cônique f.
Kehlkopf m. larynx m.
Kehlkopflähmung f. paralysie laryngée f.
Kehlkopfplastik f. laryngoplastie f.
Kéhlkopfreflex m. réflexe laryngé m.
Kehlkopfspiegel m. laryngoscope m.
Kehlkopfstenose f. sténose laryngée f.
Keil m. cale f., coin m.
Keilbein (Fuß, Hand) n. os cunéiforme m.
Keilbein (Kopf) n. os sphénoïde m.
Keilbeinhöhle f. sinus sphénoïdal m.
Keilbeinhöhlenentzündung f. sinusite sphénoïdale f.
Keilexzision f. excision cunéiforme f.
keilförmig cunéiforme
Keilwirbelbildung f. vertèbre cunéiforme f.
Keim m. embryon m., germe m.
Keim, Pflanzen- m. cotylédon m.
Keimblatt n. feuillet blastodermique m.
Keimdrüse f. glande génitale f., gonade f.
Keimdrüsenentfernung f. gonadectomie f.
Keimdrüsenhormon, männliches n. hormone testiculaire f.
Keimdrüsenhormon, weibliches n. hormone ovarienne f.
Keimdrüsenüberfunktion f. hypergonadisme m.
Keimdrüsenunterfunktion f. hypogonadisme m.
keimen germer
Keimepithel n. épithélium germinatif m.
keimfrei stérile
keimfrei machen stériliser
Keimgehalt m. teneur en germe f.
Keimplasma n. plasma germinatif m.
Keimscheibe f. blastoderme m.
Keimschicht f. couche de Malpighi f.
keimtötend antiseptique, germicide
keimtötendes Mittel n. germicide m.
Keimträger m. porteur de germe m.
Keimzahl f. nombre de germes m.

Keimzelle f. cellule germinative f.
Keimzentrum n. centre germinal m.
Keith-Flackscher Knoten m. noeud de Keith m.
Kelch m. calice m.
Kelchstein m. calcul du calice m.
Keloid n. chéloïde f.
Kelotomie f. kélotomie f.
Kelvin n. kelvin m.
Kennedysyndrom n. syndrome de Kennedy m.
Kennzeichen n. marque f., signe m., symptôme m.
kennzeichnend caractéristique
Kentsches Bündel n. faisceau de Kent m.
Kephalhämatom n. céphalhématome m.
Kephalin n. céphaline f.
Kephalometer n. céphalomètre m.
Kephalometrie f. céphalométrie f.
kephalometrisch céphalométrique
Kephalopagus m. craniopage m.
Kephalotomie f. céphalotomie f.
Kephalotripsie f. céphalotripsie f.
Kephalozele f. céphalocèle f.
Keramik f. céramique f.
Keramik-Metall-Krone f. couronne céramo-métallique f.
Keramiker m. céramiste m.
Keramikerin f. céramiste f.
Keramikkrone f. couronne en céramique f.
keramisch en céramique
Kerasin n. cérasine f.
Keratan n. kératane m.
Keratin n. kératine f.
Keratinisierung f. kératinisation f.
Keratinozyt m. kératinocyte m.
Keratitis f. kératite f.
Keratitis, Band- f. kératite en bandelette f.
Keratitis intersticialis f. kératite interstitielle f.
Keratitis neuroparalytica f. kératite neuroparalytique f.
Keratitis phlyctaenulosa f. kératite phlycténulaire f.
keratitisch de kératite
Keratodermie f. kératodermie f.
keratohyalin kératohyalin
Keratoiritis f. kératoiritis f.
keratokochleär kératocochléaire
Keratokonjunktivitis f. kératoconjonctivite f.
Keratokonus m. kératocône m.
Keratolyse f. kératolyse f.
keratolytisch kératolytique
Keratom n. kératome m.
Keratomalazie f. kératomalacie f.

Kieferhöhle

Keratoprothese f.   kératoprothèse f.
Keratose f.   kératose f.
Keratoskop n.   kératoscope m.
keratoskopisch   kératoscopique
keratotisch   de kératose
Keratotomie f.   kératotomie f.
Keratozentese f.   kératocentèse f.
Kerckringsche Falte f.   valvule connivente f.
Kerion Celci n.   kérion m.
Kerma n.   kerma m.
Kermesbeere f.   kermès m.
Kern m.   noyau m.
Kernantigen n.   antigène nucléaire m.
Kernfärbung f.   coloration du noyau f.
kerngesund   plein de santé
kernhaltig   nucléé
Kernig-Zeichen n.   signe de Kernig m.
Kernikterus m.   ictère nucléaire m.
Kernladungszahl f.   nombre atomique m.
kernlos   anucléée
kernmagnetisch   nucléomagnétiqne
Kernmembran f.   membrane nucléaire f.
Kernphysik f.   physique nucléaire f.
Kernreaktor m.   réacteur nucléaire m.
Kernspaltung f.   fission nucléaire f.
Kernspin m.   spin nucléaire m.
Kernspinresonanztomographie f.   remnographie f.
Kernspintomographie (MRT), der Wirbelsäule f.   IRM de la colonne vertébrale m.
Kernspintomographie (MRT), des Gehirns f.   IRM cérébral m.
Kernspintomographie (MRT), des Knies f.   IRM du genou m.
Kernstar m.   cataracte nucléaire f.
Kernteilung f.   division nucléaire f.
Kerntemperatur f.   température centrale f.
Ketamin n.   kétamine f.
Ketanserin n.   kétansérine f.
Ketazocin n.   kétazocine f.
Ketazolam n.   kétazolam m.
Ketimipramin n.   kétimipramine f.
Ketoazidose f.   acéto-acidose f.
Ketobemidon n.   kétobémidone f.
Ketobutyrat n.   kétobutyrate m.
Ketoconazol n.   kétoconazole m.
ketogen   cétogène
Ketoglutarat n.   cétoglutarate m.
Ketoheptose f.   cétoheptose m.
Ketohexokinase f.   cétohexokinase f.
Ketohexose f.   cétohexose m.
Ketoisokaproat n.   cétoisocaproate m.
Ketoisovaleriat n.   cétoisovalériate m.
Ketolaurat n.   cétolaurate m.

ketolytisch   cétolytique
Keton n.   cétone f.
Ketonämie f.   acétonémie f., cétonémie f.
Ketonkörper m.   corps cétonique m.
Ketonkörper m. pl.   corps cétoniques m. pl.
Ketonurie f.   acétonurie f., cétonurie f.
Ketopiperazin n.   cétopipérazine f.
ketoplastisch   cétoplastique
Ketoprofen n.   kétoprofène m.
Ketorolaktromethamin n.   kétorolactrométhaminé f.
Ketose (Azidose) f.   cétose (acidocétose} f.
Ketose (Ketozucker) f.   cétose m., sucre cétonique m.
Ketosteroid n.   cétostéroïde m.
Ketotetrose f.   cétotétrose m.
Ketothiolase f.   cétothiolasé f.
Ketotifen n.   kétotifen m.
ketotisch   cétosique
Ketoverbindung f.   cétocomposé m.
Ketoxal n.   kétoxal m.
Ketozucker m.   cétose m.
Kette f.   chaîne f.
Kette, geschlossene f.   chaîne fermée f.
Kette, kurze f.   chaîne courte f.
Kette, lange f.   chaîne longue f.
Kette, leichte f.   chaîne légère f.
Kette, offene f.   chaîne ouverte f.
Kette, schwere f.   chaîne lourde f.
kettenartig   en chaîne
Kettenhaken m.   crochet chaîne m.
Kettenreaktion f.   réaction en chaîne f.
Kettenreflex m.   chaîne réflexe f.
Kettensäge f.   scie de Gigli f.
keuchen   haleter
Keuchhusten m.   coqueluche f.
Keuchhustenanfall m.   quinte coquelucheuse f.
Keuschlamm m.   mouton m.
KH (Kohlenhydrat) n.   hydrate de carbone m.
Khellidin n.   khellidine f.
Khellin n.   khelline f.
Khellinin n.   khellinine f.
KHK f. (koronare Herzkrankheit)   cardiopathie coronariènne f.
Kiefer m.   mâchoire f.
Kieferchirurgie f.   chirurgie maxillaire f.
Kieferfraktur f.   fracture maxillaire f.
Kieferfrakturschiene f.   attelle pour fracture maxillaire f.
Kiefergelenk n.   articulation temporomaxillaire f.
Kieferhöhle f.   antre de Highmore m., sinus maxillaire m.

Kieferkamm m. procès alvéolaire m.
Kieferklemme f. trismus m.
Kieferknebel m. baîllon m.
Kieferorthopäde m., Kieferorthopädin f. orthodentiste m./f.
Kieferorthopädie f. orthodentie f.
kieferorthopädisch orthodentaire
Kieferplastik f. plastie de la mâchoire f.
Kieferspalte f. gnathoschisis m.
Kiefersperre f. trismus m.
Kieferwinkel m. angle de la mâchoire m.
Kieferzyste f. kyste maxillaire m.
Kielbrust f. thorax en carène m.
Kielschädel m. scaphocéphalie f.
Kieme f. branchie f.
Kiemenbogen m. arc branchial m.
Kiemengang m. fente branchiale f.
Kienböcksche Krankheit f. maladie de Kienböck f.
Kieselgur m. terre d'infusoires f.
Kiesselbachscher Ort m. zone de Kiesselbach f.
Killerzelle f. cellule NK (natural killer cell) f.
Killiansche Operation f. opération de Killian f.
Kilobase f. kilobase f.
Kilocurie n. kilocurie m.
Kilogramm n. kilogramme m.
Kilohertz n. kilohertz m.
Kilokalorie f. kilocalorie f.
Kiloliter m./n. kilolitre m.
Kilometer m./n. kilomètre m.
Kilometergeld n. indemnité kilométrique f.
Kilovolt n. kilovolt m.
Kilowatt n. kilowatt m.
Kinase f. kinase f.
Kinästhesie f. cinesthésie f.
kinästhetisch kinesthésique
Kindbett n. couches f. pl.
Kindbettfieber n. fièvre puerpérale f.
Kinderarzt m. pédiatre m.
Kinderärztin f. pédiatre f.
Kinderbeihilfe f. allocation familiale f.
Kinderchirurgie f. chirurgie infantile f.
Kindergarten m. école maternelle f., jardin d'enfants m.
Kindergärtnerin f. jardinière d'enfants f.
Kindergeld n. allocation familiales f.
Kinderheilkunde f. pédiatrie f.
Kinderklinik f. clinique pédiatrique f.
Kinderkrankenschwester f. infirmière de puériculture f.
Kinderkrippe f. crèche f.
Kinderlähmung f. poliomyélite f.
Kinderpflegerin f. aide puéricultrice f.
Kindesalter n. enfance f.
Kindheit f. enfance f.
kindisch enfantin
kindlich infantile
Kindsbewegung f. (obstetr.) mouvement foetal m.
Kindslage f. présentation du foetus f.
Kindslage: Beckenendlage f. présentation du siège f.
Kindslage: Fußvorlagerung f. procidence du pied f.
Kindslage: Geradstand m. présentation droite f.
Kindslage: Gesichtslage f. présentation de la face f.
Kindslage: Hinterhauptslage f. présentation du sommet f.
Kindslage: Kopflage f. présentation de la tête f.
Kindslage: Längslage f. présentation droite f.
Kindslage: Nabelschnurvorlagerung f. procidence du cordon f.
Kindslage: Querlage f. présentation transversale f.
Kindslage: Schädellage f. présentation céphalique f.
Kindslage: Schulterlage f. présentation de l'épaule f.
Kindslage: Steißlage f. présentation du siège f.
Kindslage: Stirnlage f. présentation du front f.
Kindsmisshandlungsfolgen f. pl. syndrome des enfants battus m.
Kindstod, plötzlicher m. mort subite du nourrisson f.
Kindsvernachlässigungsfolgen f. pl. suites d'insuffisance de soin de l'enfant f. pl.
Kineangiographie f. cinéangiographie f.
kineangiographisch cinéangiographique
Kinematographie f. cinématographie f.
Kineradiographie f. cinéradiographie f.
Kineröntgenographie f. cinéradiographie f.
Kinesiologie f. cinésiologie f.
kinesiologisch cinésiologique
Kinetik f. cinétique f.
kinetisch cinétique
Kinetochor n. centromère m., kinétochore m.
Kinetoplasma n. ergastoplasme m.
Kinetose f. cinétose f.
Kinetoskopie f. kinétoscopie f.
Kinin n. kinine f.
Kininase f. kininase f.
Kininogen n. kininogène m.

Kininogenase f. kininogénase f.
Kinn n. menton m.
Kinn, Doppel- n. double menton m.
Kinnschleuder f. bandage mentonnière m.
Kinnstütze f. mentonnière f.
kippen pencher
Kippschalter m. interrupteur culbuteur m.
Kipptisch m. table basculante f.
Kissen n. coussin m.
Kittniere f. rein mastic m.
kitzeln chatouiller
Kitzeln n. chatouillement m.
Kitzler m. clitoris m.
Kjelandzange f. pince de Kjeland f.
Kjeldahlverfahren n. méthode de mesure de l'azotémie de Kjeldahl f.
Kladosporiose f. cladosporiose f.
Kladotrichose f. cladotrichose f.
klagen über se plaindre de
Klammer f. agrafe f., clamp m., clip m.
Klammer-Zahnteilprothese f. prothèse à crochet f.
Klammeranlegezange f. pince à poser les agrafes f.
Klammerentfernungszange f. pince à enlever les agrafes f.
klammern agrafer
Klammernahtinstrument n. appareil de suture par agrafe m.
Klang m. son m.
Klangfarbe f. tonalité f.
Klappe f. couvercle m., valvule f.
Klappenerkrankung f. valvulopathie f.
Klappenersatz m. prothèse valvulaire f.
Klappenfehler m. affection valvulaire f.
klappenförmig valviforme
Klappenplastik f. valvuloplastie f.
Klappentasche f. poche valvulaire f.
Klapperschlange f. serpent à sonnettes m.
klar clair
klären clarifier, dépurer, élucider
Klärung f. clarification f., décantation f., éclaircissement m.
Klarzelle f. cellule claire f.
Klasmatozyt m. clasmatocyte m.
Klasse f. classe f.
Klassifikation f. classification f.
klassifizierbar se prêtant à la classification
klassifizieren classifier
klassisch classique
klastisch clastique
Klatskintumor m. tumeur de Klatskin f.
Klaue f. griffe f.
Klauenfuß m. pied en griffe m.
Klauengeschwür n. ulcère de l'ongle m.
Klauenhand f. main en griffe f.
Klaustrophilie f. claustrophilie f.
Klaustrophobie f. claustrophobie f.
klavipektoral clavipectoral
Klebeband n. ruban adhésif m.
Klebepflaster n. emplâtre adhésif m.
Kleber (Gluten) m. gluten m.
Kleber (Klebematerial) m. colle f., glue f.
klebrig collant, visqueux
Klebsiella f. klebsiella f.
Kleeblattschädel m. oxycéphalie f.
Kleiderlaus f. pou du corps m.
kleidokranial cléidocrânien
Kleidotomie f. cléidotomie f.
Kleie f. son m.
Kleinpilzflechte f. pityriasis versicolor m.
Kleine-Levinsches Syndrom n. syndrome de Kleine-Levin m.
Kleinheitswahn m. micromanie f.
Kleinhirn n. cervelet m.
Kleinhirnbrückenwinkel m. angle ponto-cérébelleux m.
Kleinkind n. petit enfant m.
Klein-Waardenburg-Syndrom n. syndrome de Klein-Waardenburg m.
Kleinwuchs m. microsomie f.
kleinzellig microcellulaire
Kleinzotte f. microvillosité f.
kleinzystisch microcystique
Klemme f. clamp m., pince f.
klemmen pincer, serrer
Klemmring m. anneau de serrage m.
Klemmrolle f. rouleau de compression m.
Kleptomane m. kleptomane m.
Kleptomanie f. kleptomanie f.
Kleptomanin f. kleptomane f.
kleptomanisch kleptomaniaque
Kletterfaser f. fibre ascendante f.
Klick m. bruit d'éjection protosystolique m.
Klient m. client m.
Klientel n. clientèle f.
Klientin f. cliente f.
Klima n. climat m.
Klimaanlage f. climatiseur m., condionnement de l'air m.
Klimabehandlung f. climatothérapie f.
Klimakammer f. chambre climatique f.
klimakterisch climactérique
klimakterische Arthropathie f. arthropathie climactérique f.
Klimakterium n. ménopause f.
klimatisch climatique
klimatisieren climatiser
Klimatologie f. climatologie f.
klimatologisch climatologique

Klinefelter-Syndrom n.   syndrome de Klinefelter m.
Klingen n.   tintement m.
Klinik f.   clinique f.
Klinikaufenthalt m.   hospitalisation f.
Kliniker m.   clinicien m.
Klinikerin f.   clinicienne f.
klinisch   clinique
klinisch-pathologisch   clinico-pathologique
klinischer Verlauf m.   évolution clinique f.
klinisches Bild n.   tableau clinique m.
Klinodaktylie f.   clinodactylie f.
Klippel-Feilsche Krankheit f.   syndrome de Klippel-Feil m.
Klistier n.   clystère m., lavement m.
klitoral   clitoridien
Klitoris f.   clitoris m.
kloakal   cloacal
Kloake f.   cloaque m.
kloakogen   cloacogène
Klon m.   clone m.
klonal   clonal
Klonalität f.   clonalité f.
klonen   cloner
klonieren   isoler en clone
Klonierung f.   clonage m.
klonisch   clonique
klonisch-tonisch   clono-tonique
Klonus m.   clonus m.
klopfend   palpitant
klopfend (Abszess)   avec lancements
Klopfschall m.   bruit à la percussion m.
Klosettbett n.   lit sanitaire m.
Klosettmatratze f.   matelat sanitaire m.
Kloßgefühl n.   sensation de globe f.
Klumpfuß m.   pied bot m.
Klumphand f.   main bote f.
Klumpkesche Lähmung f.   syndrome de Déjerine-Klumpke m.
Kneifzange f.   pince f., tenailles f. pl.
Kneippbehandlung f.   cure Kneipp f.
Knemidokoptiasis f.   affection à knémidokoptes f.
kneten   malaxer, masser
Knetung f.   massage m., pétrissage m.
Knick m.   coude m., brisure f., pliure f.
Knickfuß m.   cheville en valgus f.
Knickung f.   angulation f., flexion f.
Knidariasis f.   urticaire f.
Knie-Ellenbogen-Lage f.   position genucubitale f.
Knie-Hackenversuch m.   épreuve talongenou f.
Kniebeuge f.   jarret m.
Kniegelenk n.   articulation du genou f.
Kniegelenkentzündung f.   gonarthrite f.
Kniehöcker m.   corps genouillé m.
Kniekehle f.   creux poplité m.
knien   s'agenouiller
Kniescheibe f.   rotule f.
Knieschiene f.   attelle du genou f.
Kniesehne f.   tendon du genou m.
knirschen   craquer, grincer
Knirschen n.   crissement m.
Knoblauch n.   ail m.
Knöchel, äußerer m.   malléole externe f.
Knöchel, innerer m.   malléole interne f.
Knochen m.   os m.
Knochenbank f.   banque des os f.
knochenbildend   ostéogénique
Knochenbildung f.   ostéogénèse f.
Knochenbohrer m.   foret m., perforateur m.
Knochenbruch m.   fracture f.
Knochendichte f.   densité osseuse f.
Knochenfasszange f.   davier m., pince à os f.
Knochengerüst n.   charpente osseuse f., ossature f.
Knochenhaut f.   périoste m.
Knochenhörer m.   vibrateur (conduction osseuse) m.
Knochenleitung des Schalls f.   conduction osseuse du son f.
Knochenleitung f.   conduction osseuse f.
Knochenlöffel, scharfer m.   curette à os f.
Knochenmark n.   moelle osseuse f.
Knochenmarkinsuffizienz f.   insuffisance médullaire f.
Knochenmarkskultur f.   culture de moelle osseuse f.
Knochenmarksnagel m.   clou intramédullaire pour ostéosynthèse m.
Knochenmarkstransplantation f.   greffe de moelle osseuse f.
Knochenmeißel m.   ostéotome m.
Knochennagel m.   clou d'ostéosynthèse m.
Knochenplastik f.   plastie osseuse f.
Knochenplatte f.   plaque pour ostéosynthèse f.
Knochenschaber m.   grattoir m.
Knochenschraube f.   vis pour fracture osseuse f.
Knochenschraubenhaltezange f.   pince porte-vis f.
Knochenspan m.   éclat osseux m., esquille f.
Knochensplitter m.   fragment osseux m.
Knochenumbau m.   remaniement osseux m.
Knochenvorsprung m.   apophyse f.
Knochenwachs n.   cire osseuse f.
Knochenzange f.   gouge f., pince à os f.
Knöchel m.   cheville f.

Knöchelchen n. osselet m.
knochig décharné
Knollenblätterpilz m. amanite phalloïde f.
Knopf m. bouton m., noeud m.
Knopflochstenose f. sténose en boutonnière f.
Knopfnaht f. suture en boutonnière f.
Knopfsonde f. sonde boutonnée f.
Knorpel m. cartilage m.
Knorpelbildung f. chondrification f., chondrogenèse f.
knorpelig cartilagineux
Knorpelmesser n. couteau à cartilage m.
Knorpelplastik f. plastie cartilagineuse f.
Knorpelverkalkung f. calcification cartilagineuse f.
Knospe f. bourgeon m.
Knospung f. blastogénèse f., bourgeonnement m.
Knötchen n. nodule m.
Knoten m. nodosité f., noeud m., tubercule m.
Knoten, chirurgischer m. noeud chirurgical m.
Knoten, heißer m. nodule chaud m.
Knoten, kalter m. nodule froid m.
Knoten, Schiffer- m. noeud plat m.
Knoten, warmer m. nodule toxique m,
Knoten, Weiber- m. noeud d'ajust m.
Knotenkropf m. goitre nodulaire m.
Knotenrhythmus m. rythme nodal m.
knotig nodulaire, noueux
Ko-Faktor m. cofacteur m.
Koagel n. caillot m.
Koagglutination f. coagglutination f.
Koagglutinin n. coagglutinine f.
Koagulabilität f. coagulabilité f.
Koagulans n. coagulant m.
Koagulase f. coagulase f.
Koagulation f. coagulation f.
Koagulationsélektrode f. électrode de coagulation f.
koagulationsfördernd coagulant
Koagulationsgerät n. coagulateur m.
koagulativ coagulateur
koagulieren coaguler
koagulierend coagulant
Koagulogramm n. coagulogramme m.
Koagulopathie f. coagulopäthie f.
Koaktivation f. coactivation f.
koaktivieren coactiver
Koartikulation f. coarticulation f.
koaxial coaxial
Kobalamin n. cobalamine f.
Kobalt m. cobalt m.

Kobaltbestrahlung f. irradiation au cobalt f.
Kobra f. cobra m.
Kobragift n. venin de cobra m.
Koch-Weecks-Bazillus m. Haemophilus conjunctivitidis m.
kochen cuire
Köcherfliege f. trichoptera f.
Kocherklemme f. pince artérielle de Kocher f.
Kocherrinne f. gouttière de Kocher f.
Kochkessel m. bouilloire f.
kochleär cochléaire
Kochleographie f. cochléographie f.
kochleovestibulär cochléovestibulaire
Kochprobe f. épreuve de chauffage des urines f.
Kochsalz n. chlorure de sodium m.
kochsalzähnlich haloïde
Kochsalzlösung, physiologische f. sérum physiologique m.
Kochscher Bazillus m. bacille de Koch m.
Kode m. code m.
Kodehydrase f. codéhydrase f.
Kodehydrogenase f. codéhydrogénase f.
Kodein n. codéine f.
kodieren coder
Kodierung f. codage m.
kodominant codominant
Kodominanz f. codominance f.
Koeffizient m. coefficient m.
Koenzynn n. coenzyme m.
koexistieren coexister
Koferment n. coferment m.
Koffein n. caféinè . f.
Kofferdam m. digue caoutchouc f.
Kofferdam-Instrument n. instrument pour pose de digue en caoutchouc m. (dent.)
kognitiv cognitif
Kohabitation f. cohabitation f., coït m.
kohärent cohérent
Kohärenztomographie, optische f. tomographie par cohérence optique (OCT) f.
Kohäsion f. cohésion f.
Kohäsionsvermögen n. capacité de cohésion f.
Kohlenbogenlampe f. lampe à arc f.
Kohlendioxid n. dioxyde de carbone m.
Kohlendioxidbad n. bain carbo-gazeux m.
Kohlenhydrat n. hydrate de carbone m.
Kohlenmonoxid n. monoxyde de carbone m., oxyde de carbone m.
Kohlensäureschnee m. neige carbonique f.
Kohlenstoff m. carbone m.
Kohlenwasserstoff m. carbure d'hydrogène m., hydrocarbure m.

Köhlersche Krankheit f. maladie de Köhler f.
Kohlrauschsche Falte f. valvule de Kohlrausch f.
Kohortenstudie f. étude en cohorte f.
Koilonychie f. coïlonychie f.
Koilozytose f. coïlocytose f.
Koinzidenz f. coïncidence f.
Koitus m. coït m.
Kokain n. cocaïne f.
kokainisieren cocaïniser
Kokainisierung f. apport de cocaïne m.
Kokainismus m. cocaïnomanie f.
Kokainist m. cocaïnomane m.
Kokainistin f. cocaïnomane f.
Kokarzinogenese f. cocancérogenèse f.
Kokon m. cocon m.
Kokosnuss f. noix de coco f.
Kokzidie f. coccidie f.
Kokzidioidomykose f. coccidioïdomycose f.
Kokzidiose f. coccidiose f.
Kokzidiostatikum n. coccidiostatique m.
kokzidiostatisch coccidiostatique
Kokzygodynie f. coccygodynie f.
Kola f. cola m.
Kolation f. colation f., colature f.
Kolben (Flasche) m. ballon en verre m., flacon m.
Kolchizin n. colchicine f.
Kolektomie f. colectomie f.
Kolibazillus m. colibacille m.
Kolik f. colique f.
colinear co-linéaire
Kolipyelitis f. pyélite à colibacille f.
Kolitis f. colite f.
Kolizin n. colicine f.
kollagen collagène
Kollagen n. collagène m.
Kollagenase f. collagénase f.
Kollagenfaser f. fibre collagène f.
Kollagenose f. collagénose f.
Kollaps m. collapsus m.
Kollapstherapie f. collapsothérapie f.
kollateral collatéral
kollaterisieren collatéraliser
Kollaterisierung f. collatéralisation f.
Kollateralkreislauf m. circulation collatérale f.
Kollege m. collègue m.
Kollege XY, Sehr geehrter Herr – m. cher collègue XY m.
Kollegin f. collègue f.
Kollegin **XY, Sehr geehrte Frau – f.** chère collègue XY f.
Kollektivneurose f. névrose collective f.

Kollermühle f. broyeur m.
Kollimator m. collimateur m.
Kolliquation f. liquéfaction f.
kolliquativ colliquatif
Kollmanndilatator m. dilatateur de Kollmann m.
Kollodium n. collodion m.
Kolloid n. colloïde m.
kolloidal colloïdal
Kolloidchemie f. chimie des colloïdes f.
Kolloidkrebs m. cancer colloïdal m.
Kolloidkarzinom n. épithélioma colloide m.
Kolloidkropf m. goitre colloïdal m.
kolloidosmotisch colloïdoosmotique
Kollumkarzinom n. cancer du col de l'utérus m.
koloanal coloanal
Kolobom n. coloboma m.
Kolocynthe f. coloquinte f.
Kologastrostomie f. cologastrostomie f.
Kolokolostomie f. colocolostomie f.
Kolonfaltung f. coloplication f.
Kolonie f. colonie f.
koloniestimulierender Faktor m. facteur stimulant une colonie m.
Klonographie f. colonographie f.
Kolonoskop n. colonoscope m.
Kolonoskopie f. colonoscopie f.
kolonoskopisch colonoscopique
Kolopexie f. colopexie f.
Kolophonium n. colophane f.
Koloproktosomie f. coloproctostomie f.
Koloptose f. coloptose f.
kolorektal colorectal
Kolorimeter n. colorimètre m.
Kolorimetrie f. colorimétrie f.
kolorimetrisch colorimétrique
Koloskop n. coloscope m.
Koloskopie f. coloscopie f.
koloskopisch coloscopique
Kolostomie f. colostomie f.
Kolostrum n. colostrum m.
Kolotomie f. colotomie f.
Kolozynthe f. coloquinte f.
Kolpeurynter m. colpeurynter m.
Kolpitis f. cervicite f.
kolpitisch de cervicite
Kolpodynie f. colpodynie f.
Kolpokleisis f. colpocléisis f.
Kolpoperineoplatik f. colpopérinéoplastie f.
Kolpophotographie f. colpophotographie f.
Kolporrhaphie f. colporraphie f.
Kolposkop n. colposcope m.
Kolposkopie f. colposcopie f.
kolposkopisch colposcopique

Kolpostat m.   colpostat m.
Kolpotomie f.   colpotomie f.
Kolpozele f.   colpocèle f.
Kolpozöliotomie f.   colpocoeliotomie f.
Kolpozystozele f.   colpocystocèle f.
Koma n.   coma m.
Koma, künstliches n.   coma artificiel m.
komatös   comateux
Komazylinder m.   cylindre de Külz m.
Kombinationszange f.   pince universelle f.
Komedo m.   comédon m.
Komitee n.   comité m.
Kommensalismus m.   commensalisme m.
Kommissur f.   commissure f.
kommissural   commissural
Kommissurotomie f.   commissurotomie f.
Kommunikation f.   communication f.
kommunizieren   communiquer
kompakt   compact
Kompartiment n.   compartiment m.
kompatibel   compatible
Kompatibilität f.   compatibilité f.
Kompensation f.   compensation f.
kompensatorisch   compensateur, compensatoire
kompensieren   compenser
kompetent   compétent
Kompetenz f.   compétence f.
kompetitiv   compétitif
Kompetitivhemmung f.   inhibition compétitive f.
Komplement n.   complément m.
komplementär   complémentaire
Komplementärfarbe f.   couleur complémentaire f.
Komplementärluft f.   air complémentaire m.
Komplementbildung f.   formation du complément f.
komplex   complexe
Komplex m.   complexe m.
Komplexbildner m.   formateur de complexe m.
Komplexometrie f.   complexométrie f.
komplexometrisch   complexométrique
Komplikation f.   complication f.
komplikationslos   sans complications
kompliziert   compliqué
Komponente f.   composante f.
Kompresse f.   compresse f.
Kompression f.   compression f.
Kompressionsfraktur f.   fracture par compression f.
Kompressionslähmung f.   paralysie par compression f.

Kompressionsstrumpf m.   bas élastique compressif m.
Kompressionsverband m.   bandage compressif m.
Kompressor m.   compresseur m.
Kompressorium n.   presse f.
komprimieren   comprimer
Konchektomie f.   turbinectomie f.
Konchoskopie f.   conchoscopie f.
Konchotom n.   conchotome m.
Konchotomie f.   conchotomie f.
Kondensat n.   concentré m., condensé m.
Kondensation f.   condensation f.
Kondensor m.   condensateur m.
Kondition f.   condition f.
konditional   conditionnel
konditionell   conditionnel
Konditionierung f.   conditionnement m.
Kondom n.   condom m.
Konduktion f.   conduction f.
Konduktor m.   conducteur m.
Konduktorin f.   conductrice f.
Konduktometrie f.   conductométrie f.
kondylär   condylaire
Kondylom n.   condylome m.
kondylomatös   condylomateux
Kondylomatose f.   condylomatose f.
Konfabulation f.   confabulation f.
konfabulatorisch   confabulatoire
konfabulieren   confabuler
Konferenz f.   conférence f.
Konfiguration f.   configuration f.
Konfiguration des fötalen Kopfes sub partu f.   forme de la tête à la naissance f.
konfigurieren   configurer
Konflikt m.   conflit m.
Konfluenz f.   confluence f.
konfluierend   confluent
Konfusion f.   confusion f.
kongenital   congénital
Kongestion f.   congestion f.
kongestiv   congestif
Konglomerat n.   conglomérat m.
Konglutination f.   conglutination f.
Konglutinin n.   conglutinine f.
Konglutinogen n.   conglutinogène m.
Kongorot n.   rouge congo m.
Kongress m.   congrès m.
kongruent   congruent
Konidie f.   conidie f.
Königswasser n.   acide nitromuriatique m.
Koniin n.   conine f.
Koniometer n.   coniomètre m.
Koniosporose f.   coniosporose f.
Koniotomie f.   coniotomie f.

Konisation f. conisation f.
konisch conique
Konjugase f. conjugase f.
Konjugat n. conjugué m.
Konjugata f. diamètre du bassin m.
Konjugation f. conjugaison f.
konjugieren conjuguer
konjugiert conjugué
Konjunktiva f. conjonctive f.
konjunktival conjonctival
Konjunktivalreflex m. réflexe conjonctival m.
Konjunktivalsack m. cul-de-sac conjonctival m.
Konjunktivitis f. conjonctivite f.
konjunktivitisch de conjonctivite
konjunktivoglandulär conjonctivoglandulaire
konkav concave
Konkavität f. concavité f.
konkavkonvex concavoconvexe
Konklination f. conclinaison f.
konkordant concordant
Konkordanz f. concordance f.
Konkrement n. concrétion f.
konkret concret
Konkretion f. concrétion f.
Konkurrenz f. concurrence f.
konotrunkal conotronculaire
Konsens m. consensus m.
konsensuell consensuel
konservativ conservateur
Konserve f. conserve f.
Konservenblut n. sang conservé m.
konservieren conserver
Konservierungsmittel n. conservateur m.
Konsiliararzt m. consultant m.
Konsiliarärztin f. consultante f.
Konsilium n. consultation f., tenue d'un conseil f.
Konsistenz f. consistance f.
Konsistometrie f. consistométrie f.
konsistometrisch consistométrique
konsolidieren consolider
Konsolidierung f. consolidation f.
Konsonant m. consonne f.
konstant constant
Konstante f. constante f.
Konstitution f. constitution f.
konstitutionell constitutionnel
konstitutiv constitutif
Konstriktion f. constriction f.
Konstriktor m. constricteur m.
konstriktorisch constricteur, constrictif
konstruktiv constructif

Konsultation f. consultation f.
Kontakt m. contact m.
Kontaktbestrahlung f. irradiation de contact f.
Kontaktfläche f. surface de contact f.
Kontaktlinse f. lentille de contact f.
Kontaktperson f. personne de contact f.
Kontamination f. contamination f.
kontaminieren contaminer
Kontiguität f. contiguité f.
kontinent continent
Kontinenz f. continence f.
kontinuierlich continuellement
Koritinuität f. continuité f.
kontrahieren contracter
Kontraindikation f. contreindication f.
kontraindiziert contreindiqué
kontrainsulär contrainsulaire
kontraktil contractile
Kontraktilität f. contractilité f.
Kontraktion f. contraction f.
Kontraktur f. contracture f.
kontralateral controlatéral
Kontrast m. contraste m.
Kontrastdarstellung f. (roentg.) radiographie de contraste f.
Kontrasteinlauf m. lavement opaque m.
Kontrastflüssigkeit f. liquide de contraste m.
kontrastgebend opacifiant
Kontrastmittel n. substance de contraste f.
Kontrastverstärkung f. augmentation du contraste f.
kontraversiv en contraversion
Kontrazeption f. contraception f.
Kontrazeptivum n. contraceptif m.
Kontrazeptivum, orales n. contraceptif oral m.
Kontrolle f. contrôle m.
kontrollieren contrôler
kontrollierte Beatmung f. ventilation côntrolée f.
Kontrollperson f. sujet contrôle m.
Kontrolluntersuchung f. examen de contrôle m.
Kontrollzwang m. obligation de contrôle f.
kontrovers controversé
Kontur f. contour m.
konturiert contourné, défini
Kontusion f. contusion f.
Konus m. cône m.
Konvention f. convention f.
konvergent convergent
Konvergenz f. convergence f.
Konvergenzbestrahlung f. irradiation convergente f.

körperbehinderte Person

konvergieren converger
Konversion f. conversion f.
Konvertase f. convertase f.
konvertieren convertir
Konvertin n. convertine f.
konvex convexe
Konvexität f. convexité f.
konvexokonkav convexoconcave
Konvulsion f. convulsion f.
konvulsiv convulsif
Konzentrat n. concentré m.
Konzentration f. concentration f.
Konzentration, maximal zulässige f. concentration maximale admissible f.
Konzentrationsvermögen n. capacité de concentration f.
Konzentrationsversuch m. épreuve de concentration f.
konzentrieren concentrer
konzentrisch concentrique
Kooperation f. coopération f.
Kooperationsbereitschaft f. compliance f., observance f.
Kooperationsfähigkeit f. coopérativité f.
kooperativ coopératif
kooperieren coopérer
Koordinate f. coordonnée f.
Koordination f. coordination f.
koordinieren coordonner
Kopf m. tête f.
Kopf, fötaler, Konfiguration sub partu forme de la tête à la naissance f.
Kopfbiss m. occlusion bout à bout f. (dent.), occlusion centrique f. (dent.), rétroclusion f. (dent.)
Kopfhalter m. appui tête m.
Kopfhaube f. coiffe f. (dent.)
Kopfhaut, behaarte f. cuir chevelu m.
Kopfhautelektrode f. électrode céphalique f.
Kopfhochstand m. (obstetr.) absence de descente de la tête f.
Kopfhörer m. écouteur m.
Kopflage f. présentation céphalique f.
Kopflaus f. pou de la tête m.
Kopflicht n. éclairage céphalique m.
Kopflichtbad n. bain électrolumineux de la tête m.
Kopfschmerz m. céphalée f., mal de tête m.
Kopftieflage f. position de Trendelenburg f.
kopfverletzt blessé à la tête
Kopfverletzung f. blessure de la tête f.
Kopie-DNS f. ADN complémentaire (ADNc) f.
kopiös copieux

Kopliksche Flecken m. pl. énanthème de Koplik m.
Kopolymer n. copolymère m.
Kopolymerisation f. copolymérisation f.
koppeln coupler
Koprämie f. coprémie f., stercorémie f.
Kopräzipitation f. coprécipitation f.
Koprolagnie f. coprolagnie f.
Koprolalie f. coprolalie f.
Koprophagie f. coprophagie f.
koprophil coprophile
Koprophilie f. coprophilie f.
Koproporphyrin n. coproporphyrine f.
Koprostan n. coprostane m.
Koprostase f. coprostase f.
Koprosterin n. coprostanol m.
korakoakromial coraco-acromial
korakobrachial coraco-brachial
korakoklavikulär coraco-claviculaire
Korallenstein m. calcul en corail m.
Korbzelle f. cellule en panier f.
Korezeptor m. corécepteur m.
kören inspecter vétér.
Koriander m. coriandre m.
Korkzieherarterie f. artère hélicine f.
Kornährenverband m. spica m.
Körnchen n. granule m.
korneal cornéen
Kornealreflex m. réflexe cornéen m.
Körnelung f. granulation f.
korneoskleral cornéoscléreux
Körnerschicht f. couche granuleuse f.
Körnigkeit f. caractère grenu m.
Körnung f. granulation f., grenure f.
Kornutin n. cornutine f.
Kornzange f. pince à pansement f.
koronal coronaire, coronal
Koronalzone f. zone coronale f.
koronar coronarien
Koronarangioplastie f. angioplastie coronarienne f.
Koronarinfarkt m. infarctus coronarien m.
Koronaritis f. coronarite f.
Koronarographie f. coronarographie f.
koronarographisch coronarographique
Koronarsklerose f. artériosclérose coronaire f.
Koronarthrombose f. thrombose coronaire f.
Koronarverschluss m. occlusion coronaire f.
Korotkoff-Ton m. bruit de Korotkoff m.
Körper m. corps m., substance f.
Körperbau m. conformation physique f.
körperbehindert physiquement handicapé
körperbehinderte Person f. handicapé(e) m./(f.)

Körperbeschaffenheit

Körperbeschaffenheit f. caractères physiques m. pl.
Körperchen n. corpuscule m.
Körperebene f. plan corporel m.
Körperflüssigkeit f. volume humoral m.
Körpergewicht n. poids du corps m.
Körperhaltung f. tenue f.
Körperlänge f. longueur f., taille f.
körperlich physiquement
körperliche Belastung f. effort physique m.
Körperoberfläche f. surface corporelle f.
Körperpflege f. hygiène corporelle f.
Körperpflegemittel n. produit de soins corporels m.
Körperschwäche f. faiblesse physique f.
Körpersprache f. expression du corps f.
Körperteile, edle n. pl. parties vitales f. pl.
Körpertemperatur f. température du corps f.
Körperverfassung f. constitution f.
Körperwärme f. chaleur du corps f.
korpulent corpulent
Korpulenz f. corpulence f.
Korpuskarzinom n. cancer du corps de l'utérus m.
Korpuskel n. corpuscule m.
korpuskulät corpusculaire
Korrektur f. correction f.
Korrelat n. état de corrélation m.
Korrelation f. corrélation f.
korrelativ corrélatif
korrespondieren correspondre
Korrigens n. correctif m.
korrigieren corriger
korrigierend correctif
Korrosion f. corrosion f.
korrosiv corrosif
Korsakoffsche Psychose f. syndrome de Korsakoff m.
Korsett n. corset m.
kortikal cortical
kortikobasal corticobasal
kortikofugal corticofuge
kortikomedullär corticomédullaire
kortikopetal corticopète
kortikospinal corticospinal
Kortikosteroid n. corticostéroïde m.
Kortikosteron n. corticostérone f.
kortikostriatospinal corticostriatospinal
kortikotrop corticotrope
Kortikotropin n. adrénocorticotrophine (ACTH) f. corticotrophine f., hormone corticotrope f.
Korund n. corindon m.
korymbiform corymbé
Kosmetik f. cosmétique f.

kosmetisch cosmétique
kosmetisches Mittel n. cosmétique m.
kosmisch cosmique
Kost f. alimentation f., régime m.
Kost, eiweißarme f. régime hypoprotidique m.
Kost, kalkarme f. régime pauvre en calcium m.
Kost, kalkreiche f. régime riche en calcium m.
kostal costal
Kosten senken réduire les dépenses
Kostenanalyse f. analyses des dépenses f.
kostoklavikulär costoclaviculaire
Kostotomie f. costectomie f.
kostovertebral costovertébral
kostozervikal costocervical
Kosynthase f. cosynthase f.
Kot m. excrément m., fèces f. pl., selle f.
Kotabszess m. abcès stercoral m.
Kotarnin n. cotarnine f.
Koteinklemmung f. incarcération stercorale f.
Koterbrechen n. vomissement fécaloïde m.
Kotfistel f. fistule intestinale f., fistule stercorale f.
kotig fécal, stercoral
Kotstein m. coprolithe m.
Kotyledone f. cotylédon m.
kovalent covalent
Kovalenz f. covalence f.
Kovarianz f. covariance f.
Kox… siehe voir Cox…
Kozymase f. cozymase f.
Kraft f. force f.
kräftig fort, solide
kräftigen fortifier
Kräftigung f. réconfortement m.
Kraftmesser m. ergomètre m.
Kraftsteigerung f. augmentation des forces f.
Kraftstoff m. carburant m., essence f.
Kragenschnitt m. incision en cravatte f.
Kralle f. griffe f.
Krallenhand f. main en griffe f.
Krallenheber m. cale griffe m.
Krallenzehe f. orteil en griffe m.
Kramerschiene f. attelle métallique f.
Krampf m. convulsion f., crampe f., spasme m.
Krampfader f. varice f.
Krampfaderverödung f. injections intravariqueuses sclérosantes f. pl
Krampfanfall m. crise de convulsions f.
krampfauslösend convulsivant

Krankenpflege

krampfauslösendes Mittel n. convulsivant m.
krampfhaft convulsif, spasmodique
krampflösend antispasmodique, spasmolytique
Krampfreflex m. réflexe convulsif m.
Krampusneurose f. névrose à crampes douloureuses f.
kranial crânial, crânien
Kraniektomie f. crâniectomie f.
kraniofazial crâniofacial
Kraniofenestrie f. trépanation crânienne f.
kraniohypophysär crâniohypophysaire
kraniokarpotarsal crâniocarpotarsien
kraniokaudal crâniocaudal
Kranioklast m. crânioclaste m.
kraniokleidal crânioclaviculaire
Kraniokorpographie f. craniocorpographie f.
kraniometaphysär crâniométaphysaire
Kraniometrie f. crâniométrie f.
kraniometrisch crâniométrique
kraniopharyngeal crâniopharyngé
Kraniopharyngiom n. crâniopharyngiome m.
kranioplastisch crânioplastique
kraniosakral crâniosacral
Kraniosynostose f. crâniosynostose f.
Kraniotabes f. crâniotabès m.
Kraniotomie f. crâniotomie f.
kraniozerebral crâniocérébral
kraniozervikal crâniocervical
krank (attributiv) malade
krank (prädikativ) malade
krank (von Körperteilen) malade
krank werden tomber malade
Kranke(r) f./(m.) malade f./m.., patient(e) m./(f.)
kränkeln être maladif
kranken souffrir
Krankenabteilung f. infirmerie f.
Krankenakten f. pl. dossier médical m.
Krankenanstalt f. hôpital m.
Krankenanstalt f. (private) clinique f.
Krankenbericht m. rapport médical m.
Krankenbett n. lit du malade m.
Krankenblatt n. fiche de maladie f.
Krankenfahrstuhl m. fauteuil roulant m.
Krankengeld n. prestation de maladie f.
Krankengeschichte f. anamnèse f.
Krankengut n. ensemble de cas cliniques m.
Krankengymnastik f. gymnastique thérapeutique f.
Krankenhaus n. hôpital m.
Krankenhaus, einliefern in ein faire hospitaliser
Krankenhaus, gemeinnütziges n. hôpital (financé par la communauté publique) m.
Krankenhausabteilung f. service hospitalier m.
Krankenhaus-Apotheke f. pharmacie de l'hôpital f.
Krankenhausapotheker(in) m./(f.) pharmacien(ne) de l'hôpital m./(f.)
Krankenhausarzt m. médecin hospitalier m.
Krankenhausärztin f. médecin hospitalier m.
Krankenhausaufenthalt m. séjour à l'hôpital m.
Krankenhausaufnahme f. admission à l'hôpital f., hospitalisation f.
Krankenhausausschuss m. comité de gestion de l'hôpital m.
Krankenhausbelegarzt m. médecin libéral et hospitalier m.
Krankenhausbelegärztin f. médecin libéral et hospitalier f.
Krankenhausbibliothek f. bibliothèque de l'hôpital f.
Krankenhausdirektor m. directeur de l'hôpital m.
Krankenhauseinzugsgebiet n. zone desservie par l'hôpital f.
Krankenhausgesellschaft f. association hospitalière f.
Krankenhaushebamme f. sage-femme hospitalière f.
Krankenhaushilfsarzt m. interne m.
Krankenhaushilfsärztin f. interne f.
Krankenhausküche f. cuisine de l'hôpital f.
Krankenhauspersonal n. personnel de l'hôpital m.
Krankenhauspflege f. soins hospitaliers m. pl.
Krankenhausseelsorge f. aumônerie de l'hôpital f.
Krankenhaussozialarbeiter m. travailleur social à l'hôpital m.
Krankenhausversicherung f. assurance de l'hôpital f.
Krankenhausverwaltung f. administration hospitalière f.
Krankenhausverweildauer f. durée de l'hospitalisation f.
Krankenhausvorstand m. comité de direction de l'hôpital m.
Krankenkasse f. caisse d'assurance maladie f.
Krankenpflege f. soins aux malades m. pl.

Krankenpflegeausbildung f. formation pour profession soignante f.
Krankenpflegehelfer m. aide soignant m.
Krankenpflegehelferin f. aide soignante f.
Krankenpflegeperson f. personne soignante f.
Krankenpflegepraktikant f. infirmier stagiaire m.
Krankenpflegepraktikantin f. infirmière stagiaire f.
Krankenpfleger m. infirmier m.
Krankenpflegerin f. infirmière f.
Krankenpflegeschule f. école d'infirmières f.
Krankenpflegeschüler m. élève infirmier m.
Krankenpflegeschülerin f. élève infirmière f.
Krankenpflegevorschule f. préparation à l'entrée à l'école d'infirmière f.
Krankensaal m. salle d'hôpital f.
Krankenschein m. feuille de maladie f.
Krankenschwester f. infirmière f.
Krankenstation f. service hospitalier m.
Krankentransport m. transport des malades m.
Krankentransportwagen m. chariot (pour le transport des malades) m.
Krankenunterlage f. alèze f.
Krankenversicherung f. assurance maladie f.
Krankenwagen m. ambulance f.
Krankenwärter m. infirmier m.
Krankenzimmer n. chambre du patient f.
Kranker m. malade m., patient m.
kranker Sinusknoten-Syndrom n. syndrome sinusal m.
Krankheit f. maladie f.
Krankheit f. (Gebrechen, Siechtum) état maladif m., infirmité f.
Krankheit f. (leichte Gesundheitsstörung) indisposition f.
Krankheit f. (Leiden, Leidenszustand) maladie f., affection f.
Krankheit f. (mit näherer Bezeichnung) maladie f., syndrome m.
Krankheit zuziehen, sich eine contracter une maladie
Krankheit, fünfte f. cinquième maladie f., mégalérythème épidémique m.
Krankheit, seltene f. maladie orpheline f.
Krankheit, vierte f. parascarlatine f.
Krankheitsbericht m. rapport médical m.
Krankheitserreger m. agent pathogène m.
Krankheitserscheinung f. aspect clinique m.
Krankheitsgewinn m. indemnité f.
Krankheitsstoff m. élément pathogène m.
Krankheitsverlauf m. évolution clinique f.

krankheitsverursachender Faktor m. facteur pathogène m.
Krankheitszeichen n. signe m., symptôme m.
kränklich maladif
krankmachend pathogène
krankschreiben faire un arrêt de travail
Krater m. cratère m.
Kratometer n. cratomètre m.
Krätze f. gale f.
Krätzeheilmittel n. médicament antipsorique m.
Krätzemilbe f. acare m., sarcopte de la gale m.
kratzen égratigner, gratter
Krätzephobie f. acarophobie f.
Kratzer m. égratignure f.
Kraurose f. kraurosis f.
Kraut n. herbe f.
Kräuterbuch n. herbier m.
Kreatin n. créatine f.
Kreatinin n. créatinine f.
Kreatinkinase f. créatine kinase f.
Kreatinphosphat n. créatine phosphate f.
kreativ créatif
Kreativität f. créativité f.
Kreatur f. créature f.
Krebs m. (med.) cancer m.
krebsartig cancéreux
krebserzeugend cancérogène
Krebsforschung f. recherche sur le cancer f.
Krebsklinik f. centre anticancéreux m.
Krebsmilch f. suc cancéreux m.
Krebsvorbeugung f. prévention du cancer f.
Krebszentrum m. cancéropole m.
Krebszyklus m. cycle de Krebs m.
Kreide f. craie f.
Kreis m. cercle m.
kreisförmig circulaire
Kreiskrankenhaus n. hôpital régional m.
Kreislauf m. circulation f.
Kreislauf, großer m. circulation systémique f.
Kreislauf, kleiner m. circulation pulmonaire f.
Kreislauffunktion f. fonction circulatoire f.
Kreislaufkollaps m. collapsus circulatoirc m.
Kreislaufschock m. choc par insuffisance circulatoire aigue m.
Kreislaufstillstand m. arrêt circulatoire m.
Kreislaufstörung f. trouble circulatoire m.
Kreislaufversagen n. décompensation circulatoire f.
Kreislaufzeit f. temps de circulation m.

Kreislaufzentralisierung f. centralisation circulatoire f.
kreißen être en période de travail
Kreißende f. parturiente f.
Kreißsaal m. salle d'accouchement f.
Krematorium n. crématorium m.
Kreosol n. créosol m.
Kreosot n. créosote m.
Krepitation f. crépitation f.
krepitierend crépitant
Kresol n. crésol m.
Kresolphthalein n. crésol phtaléine f.
Kresolpurpur m. pourpre de crésol m.
Kresolrot n. rouge de crésol m.
Kresolseifenlösung f. solution de crésol savonneux f.
Kresyl n. crésyle m.
Kretin m. crétin m.
Kretinismus m. crétinisme m.
kretinoid crétinoïde
Kreuzallergie f. allergie croisée f.
Kreuzband n. ligament croisé m.
Kreuzbiss m. morsure cruciale f.
kreuzen croiser
kreuzlahm éreinté
Kreuzotter f. vipère commune f.
Kreuzprobe f. épreuve croisée donneur receveur f.
Kreuzreaktion f. réaction croisée f.
Kreuzschmerz m. mal aux reins m.
Kreuzschnitt m. incision cruciale f.
Kreuzung f. croisement m., décussation f.
Kreuzungsphänomen n. signe de croisement m.
kriechen ramper
Kriechtier n. animal rampant m.
krikoarytänoid cricoaryténoïde
Krikoidektomie f. cricoïdectomie f.
krikopharyngeal cricopharyngé
krikothyreoidal cricothyroïdien
Krikothyreoidotomie f. cricothyrotomie f.
Krikotomie f. cricotomie f.
kriminell criminel
Krise f. crise f.
Krisis f. crise f.
Kristall m. cristal m.
Kristallampulle f. ampoule cristalline f.
Kristallgitter n. grille de cristal f.
Kristallisation f. cristallisation f.
kristallisch cristallin
kristallisieren cristalliser
Kristallographie f. cristallographie f.
kristallographisch cristallographique
kristalloid cristalloïde
Kristalloid n. cristalloïde m.

Kristallthermographie f. cristalthermographie f.
Kristallurie f. cristallurie f.
Kristallviolett n. violet cristal m.
Kristellerscher Handgriff m. manoeuvre de pression du fond de l'utérus de Kristeller f.
Kritik f. critique f.
Kritikschwäche f. manque de sens critique m.
kritisch critique
Kromayerlampe f. lampe de dermothérapie de Kromayer f.
Krone f. couronne f. (dent.)
Krone, Acrylat- f. couronne acrylique f.
Krone, Aufbiss- f. couronne occlusale f.
Krone, Band- f. couronne à bandeau f.
Krone, Dreiviertel- f. couronne trois quarts f.
Krone, Dübel- f. couronne à tenon f.
Krone, Facetten- f. couronne à facette f.
Krone, Fertig- f. couronne préformée f.
Krone, Fingerhut- f. couronne „thimble crown„ f.
Krone, Ganzmetall- f. couronne métallique f.
Krone, gefensterte f. couronne avec évent f.
Krone, Glocken- f. couronne creuse de revêtement f.
Krone, Guss- f. couronne coulée f.
Krone, Hohl- f. demi couronne f.
Krone, Hülsen- f. couronne de revêtement f.
Krone, Kegel- f. couronne cônique f.
Krone, Keramik- f. couronne en céramique f.
Krone, Keramik-Metall- f. couronne céramo-métallique f.
Krone, Kunststoff f. couronne en matière synthétique f.
Krone, Mantel- f. couronne jacket f.
Krone, Metall- f. couronne métallique f.
Krone, Pfeiler- f. couronne à pilier f.
Krone, Plastik- f. couronne en plastique f.
Krone, Porzellan- f. couronne en porcelaine f.
Krone, Primär- f. couronne primaire f.
Krone, Schulter- f. couronne à épaulement f.
Krone, schulterlose f. couronne sans épaulement f.
Krone, sekundäre f. couronne secondaire f.
Krone, Stift- f. couronne à pivot f.
Krone, Teleskop- f. couronne téléscope f.
Krone, Vollguss- f. couronne coulée en un seul temps f.
Kronenabdruck m. empreinte f.
Kronenband n. bandeau m.
Kronenbasis f. base de la couronne f.

Kronendeckel m. faces de la couronne f. pl.
Kronenkern m. core de la couronne m.
Kronenmantel m. jacket m.
Kronenpulpa f. pulpe f.
Kronenrand m. collet gingival m.
Kronenschiene f. attelle péricoronaire f.
Kronenschlitzer m. ciseaux à couronne m. pl.
Kronensetzer m. pousse couronne en buis m.
Krönleinsche Operation f. gastrectomie de Krönlein f.
Kropf m. goitre m.
Kropf, Adoleszenten- m. goitre pubertaire m.
Kropf, Knoten- m. goitre nodulaire m.
Kropf, Kolloid- m. goitre colloïde m.
Kropf, Parenchym- m. goitre parenchymateux m.
Kropf, Tauch- m. goitre plongeant m.
Kropf, toxischer m. goitre toxique m.
kropferzeugend strumigène
kropfig goitreux
Kröte f. crapaud m.
Krotonase f. crotonase f.
Krotonat n. crotonate m.
Krotonöl n. huile de croton f.
Krotonyl n. crotonyle m.
Krozidismus m. carphologie f., crocidisme m.
Krücke f. béquille f.
Krukenbergarm m. amputation du bras d'après Krukenberg f.
Krümmung f. courbure f., incurvation f.
Krupp m. croup m.
Krüppel m. estropié m.
kruppös croupal
krural crural
Kruste f. croûte f.
Krustenbildung f. formation de croûtes f.
Krustenentfernung f. ablation de la croûte f.
Kryästhesie f. cryesthésie f.
Kryochirurgie f. cryochirurgie f.
kryochirurgisch cryochirurgical
Kryodessikation f. cryodessication f.
kryogen cryogène
Kryoglobulin n. cryoglobuline f.
Kryoglobulinämie f. cryoglobulinémie f.
Kryopräzipitat n. cryoprécipité f.
Kryoskopie f. cryoscopie f.
Kryothalamotomie f. cryothalamotomie f.
Kryotherapie f. cryothérapie f.
Kryptantigen n. antigène cryptique m.
Krypte f. crypte f.
kryptisch cryptique
Kryptitis f. cryptite f.
kryptogenetisch cryptogénétique
Kryptokokkose f. cryptococcose f.
Kryptomerie f. cryptomérie f.
Krypton n. krypton m.
Kryptorchismus m. cryptorchidie f.
Kryptospermie f. cryptospermie f.
Kryptosporidiose f. cryptosporidiose f.
KST f. (Kernspintomographie) remnographie (RMN) f.
Kübel m. baquet m.
Kubikmeter m. mètre cube m.
kubital cubital
Kuchenniere f. rein en galette m.
Kügelchen n. globule m.
Kugelgelenk n. articulation orbiculaire f.
kugelig globulaire, sphérique
Kugelschiene f. attachement à boule m. dent.
Kugelherz n. coeur globuleux m.
Kugelthrombose f. caillot rond m.
Kuh f. vache f.
Kuhhornschnabel m. bec en corne de vache m.
kühl frais
Kühle f. fraîcheur f.
kühlen refroidir.
Kühlmittel n. réfrigérant m.
Kühlsalbe f. pommade réfrigérante f.
Kühlschrank m. réfrigérateur m.
Kühlung f. réfrigération f.
Kühlwasser n. eau de refroidissement f.
Kuhmilch f. lait de vache m.
Kuhnsche Maske f. masque facial à valve de Kuhn m.
Kuhpocken f. vaccine f.
Küken n. poussin m.
Kükenruhr f. diarrhée bacillaire des poussins f.
Kuldoskop n. culdoscope m.
Kuldoskopie f. culdoscopie f.
kuldoskopisch culdoscopique
Kuldotomie f. culdotomie f.
Kulenkampff-Tarnow-Syndrom n. syndrome de Kulenkampff-Tarnow m.
kultivieren cultiver
Kultivierung f. mise en culture f.
Kultur f. culture f.
Kultur, bakteriologische f. culture bactérienne f.
kulturell culturel
Kumarin n. coumarine f.
Kümmel m. carvi m.
Kümmel, römischer m. cumin m.
Kumulation f. cumulation f.
kumulativ cumulatif
kumulieren cumuler

Kundendienst m. service après vente m.
Kunstafter m. anus artificiel m.
Kunstafterbandage f. bandage pour anus artificiel m.
Kunstfehler m. faute professionnelle f.
Kunstglied n. membre artificiel m.
Kunstgriff m. manoeuvre f.
Kunstharz n. résine artificielle f.
Kunstherz n. coeur artificiel m.
künstliche Beatmung f. respiration artificielle f.
Kunstprodukt n. artéfact m.
Kunststoff m. matière plastique f.
Kunststoffkrone f. couronne en matière synthétique f.
Kunstzahn m. dent artificielle f.
Kupfer n. cuivre m.
Kupferazetat n. acétate de cuivre m.
Kupferdraht m. fil de cuivre m.
Kupferdrahtarterie f. image d'artériosclérose en fil de cuivre (FO) f.
kupferhaltig (einwertig/univalent) cuivreux
Kupferoxyphosphat n. oxyphosphate de cuivre m.
Kupferphosphat n. phosphate de cuivre m.
Kupfersulfat n. sulfate de cuivre m.
Kupffersche Sternzelle f. cellule étoilée de Kupffer f.
Kuprein n. cupréine f.
Kupulogramm n. cupulogramme m.
Kupulolithiasis f. cupulolithiase f.
Kupulometrie f. cupulométrie f.
Kur f. cure f.
Kuranstalt f. établissement de cure m.
Kurare n. curare m.
Kurarin n. curarine f.
Kurarisierung f. curarisation f.
kurativ curatif
Kürbis m. courge f.
Kürette f. curette f.
kürettieren curetter
Kürettierung f. curettage m.
Kurmittel n. moyen curatif m.
Kurort m. station climatique f.
Kurs m. cours m.
Kurs für Anfänger m. cours pour débutants m.
Kurs für Fortgeschrittene m. cours de perfectionnement m.
Kursivanfall m. crise épiléptique cursive f.
Kuru-Syndrom n. kuru m.
Kurvatur, große f. grande courbure de l'estomac f.
Kurvatur, kleine f. petite courbure de l'estomac f.

Kurve f. courbe f.
kurzatmig dyspnéique, essoufflé
Kurzatmigkeit f. essoufflement m.
Kurzbehandlung f. traitement de courte durée m.
kurzkettige Verbindung f. complexe à chaîne courte m.
Kurznarkotikum n. narcotique à effet de courte durée m.
Kurzschluss m. court circuit m.
kurzsichtig myope
Kurzsichtigkeit f. myopie f.
Kurzwelle f. onde courte f.
Kurzwellen f. pl. ondes courtes f. pl.
Kurzwellentherapiegerät n. appareil à ondes courtes m.
kurzwirkend à effet court
Kurzzeitbehandlung f. traitement de courte durée m.
Kurzzeitgedächtnis n. mémoire à court terme f.
Kußmaulsche Atmung f. dyspnée de Kußmaul f.
Kußmaulsches Atmen n. dyspnée de Kußmaul f.
Küstersche Operation f. opération de Küster f.
Küstner-Zeichen n. signe de Küstner m.
Kutikularsaum m. plateau strié m.
Kutislappen m. lambeau de peau m.
kutiviszeral dermatoviscéral
Küvette f. cuvette f.
küvettieren verser dans un ballon
Kwashiorkor m. kwashiorkor m.
Kybernetik f. cybernétique f.
kybernetisch cybernétique
Kymogramm n. kymogramme m.
Kymograph m. kymographe m.
Kymographie f. kymographie f.
kymographisch kymographique
Kynurenin n. kynurénine f.
Kynureninase f. kynuréninase f.
Kyphomycosis f. cyphomycose f.
Kyphoplastie cyphoplastie f.
Kyphose f. cyphose f.
Kyphoskoliose f. cyphoscoliose f.
kyphoskoliotisch cyphoscoliotique
kyphotisch cyphosique
Kyrlesche Hyperkeratose f. hyperkératose de Kyrle f.
Kyst… siehe auch voir aussi Zyst…
Kystadenom n. cystadénome m.
Kystom n. kystitome m.

L

L.A. (linkes Atrium) n. OG (oreillette gauche) f.
Lab n. presure f.
Labferment n. chymosine f., lab-ferment m.
labial labial
Labialverschiebung f. déplacement labial m.
labil labile
Labilität f. labilité f.
labioalveolar labioalvéolaire
labiodental labiodentaire
labioglossolaryngeal labioglossolaryngé
labiomental labiomentonnier
labionasal labionasal
labiopalatinal labiopalatin
Labmagen (veter.) m. abomasus m.
Labmagenentzündung f. abomasite f.
Labor n. laboratoire m.
Labor, zahntechnisches n. laboratoire de prothèse dentaire m.
Laborant m. laborantin m.
Laborantin f. laborantine f.
Laborassistent, medizinisch-technischer m. technicien assistent de laboratoire médical m.
Laborassistentin, medizinisch-technische f. technicienne assistante de laboratoire médical f.
Laboratorium n. laboratoire m.
Labotbefund m. résultat de laboratoire m.
Labortisch m. table de laboratoire f.
Labung f. rafraîchissement m., réconfort m.
Labyrinth n. labyrinthe m.
labyrinthär labyrinthique
Labyrinthektomie f. labyrinthectomie f.
Labyrinthitis f. labyrinthite f.
Labyrinthotomie f. labyrinthotomie f.
Labyrinthschwerhörigkeit f. surdité labyrinthique f.
Labyrinthschwindel m. vertige labyrinthique m.
Labyrinthstörung f. trouble labyrinthique m.
lachen rire
Lachen n. rire m.
Lachesin n. lachésine f.
Lachgas n. gaz hilarant m.
Lachkrampf m. fou rire m.
Lachsöl n. huile de saumon f.
Lacipidin n. lacipidine f.
Lack m. laque f.
Lackmus m. tournesol m.
Lactam n. lactame m.
Lactamase f. lactamase f.
Lactenin n. lacténine f.
Lactim n. lactime m.
Lactobacillus acidophilus m. Lactobacillus acidophilus m.
Lactobacillus bifidus m. Lactobacillus bifidus m.
Lactobacillus bulgaricus m. Lactobacillus bulgaricus m.
Lactoseallergie f. allergie au lactose f.
Lactulose f. lactulose m.
laden charger
Ladung f. charge f.
Laennecsche Zirrhose f. cirrhose de Laennec f.
Lage f. position f., situation f.
Lageanomalie f. anomalie de position f.
lagemäßig d'attitude
Lagenystagmus m. nystagmus aux changements de position de la tête m.
Lagerung (Aufbewahrung) f. stockage m.
Lagerung f. (in eine Lage bringen) positionnement m.
Lagerungsregel f. (obstetr.) règle de positionnement f.
Lagerungstest m. test positionnel m.
Lageveränderung f. changement de position m.
Lagophthalmus m. lagophtalmie f.
lahm paralytique
lahmen boiter, paralyser
Lahmheit f. lenteur f., paralysie f.
Lähmung f. paralysie f.
Lähmung, fortschreitende supranukleäre f. paralysie supra nucléaire progressive f.
Lähmungswut f. rage f. (vétér.)
Laich m. frai m.
Laie m. laïque m., profane m.
laienhaft en amateur
Lakrimotomie f. lacrymotomie f.
Lakritze f. réglisse f.
laktagog galactagogue
Laktagogum n. galactagogue m.
Laktalbumin n. lactalbumine f.
Laktamase f. lactamase f.
Laktase f. lactase f.
Laktat n. lactate m.
Laktatazidose f. acidose lactique f.
Laktation f. lactation f.
Laktationshormon n. prolactine f.
Laktazidogen n. lactacidogène m.
Laktazidose f. acidose lactique f.
Laktodensimeter n. lactodensimètre m.

Laktoferrin n. lactoferrine f.
Laktoflavin n. lactoflavine f.
laktogen lactogène
Laktogluconase f. lactogluconase f.
Lakton n. lactone f.
Laktose f. lactose m.
Laktosidose f. lactosidose f.
Laktosurie f. lactosurie f.
laktotrop lactotrope
laktovegetabil lactovégétarien
Laktovegetarier(in) m./(f.) lactovégétarien(ne) m./(f.)
Laktulose f. lactulose m.
lakunär lacunaire
Lakune f. lacune f.
Lallen n. balbutiement infantile m., lallation f.
Lalopathie f. lalopathie f.
Lalophobie f. lalophobie f.
Laloplegie f. laloplégie f.
Lambdanaht f. suture lambdoïde f.
Lambdawelle f. onde lambda f.
Lambdazismus m. lambdacisme m.
Lambert n. lambert m.
Lamblia intestinalis m. Lamblia intestinalis f.
Lambliasis f. giardiase f., lambliase f.
Lamdazismus m. lallation f.
lamellär lamellaire
Lamellenluftstrom m. courant d'air lamellaire m.
Lamifiban n. lamifibane m.
laminar laminaire
Laminarstift m. laminaire f.
Laminektomie f. laminectomie f.
Laminographie f. tomographie f.
laminographisch tomographique
Laminotomie f. laminotomie f.
Lamivudin n. lamivudine f.
Lamm n. agneau m.
lammen agneler
Lamofiban n. lamofibane m.
Lampe f. lampe f.
Lamziekte f. lamziekte f.
Lanatosid n. lanatoside m.
Landbevölkerung f. population rurale f.
Landkartenzunge f. langue géographique f.
ländlich rural
Landrysche Paralyse f. syndrome de Landry m.
langdauernd de longue durée f.
Langenbecksche Operation f. opération de Langenbeck f.
Längenverstellung f. réglage de longueur m.

Langerhanssche Insel f. ilot pancréatique de Langerhans m.
Langerhanssche Zelle f. cellule de Langerhans f.
langkettige Verbindung f. complexe à chaîne longue m.
Langlebigkeit f. longévité f.
langsam wachsend à croissance lente
Längsband n. ligament longitudinal m.
Längsfraktur f. fracture longitudinale f.
Längslage (obstetr.) f. présentation droite f.
Längsschnitt m. incision longitudinale f.
Langwelle f. onde longue f.
langwirkend à effet prolongé
Langzeitbeatmung f. assistance respiratoire de longue durée f.
Langzeitbehandlung f. traitement de longue durée m.
Langzeitdialyse f. dialyse à long terme f.
Langzeitelektrokardiogramm n. monitoring électrocardiographique prolongé m.
Langzeiterkrankung (kassenärztl.) affection de longue durée (ALD) f.
Langzeitgedächtnis n. mémoire à long terme f.
Langzeitpatient(in) m./(f.) patient(e) chronique m./(f.)
Langzeitpflege f. soins à long terme m. pl.
Langzeitschreibung f. enregistrement graphique prolongé m.
Lanolin n. lanoline f.
Lanolol n. lanolol m.
Lanosterin n. lanostérol m.
Lansoprazol n. lansoprazole m.
Lanthan n. lanthane m.
Lanthanid n. lanthanide m.
Lanthionin n. lanthionine f.
Lanugo n. lanugo m.
Lanzette f. lancette f.
lanzinierend lancinant
LAP (Leucin-Aminopeptidase) f. LAP (leucine aminopeptidase) f.
Laparoskop n. laparoscope m.
Laparoskopie f. laparoscopie f.
laparoskopisch laparoscopique
Laparotomie f. laparotomie f.
laparotomieren laparotomiser
Läppchen n. lobule m.
Läppchenkrankheit f. maladie du barbillon f. (vétér.)
Läppchenprobe f. test d'allergie m.
Lappen m. lambeau m., lobe m.
Lappen, gestielter m. lambeau pédiculé m.
Lappenatelektase f. atélectasie lobaire f.
Lappenmesser n. bistouri m.

Lappenplastik f. plastie par lambeau f.
Lappenverschluss m. occlusion par lambeau f.
Laronidase f. laronidase f.
Lappung f. lobulation f.
Lärchenschwamm m. agaric du mélèze m.
Lärmapparat m. appareil d'alarme m.
Lärmtrauma n. traumatisme acoustique m.
Larva migrans f. larva migrans f.
Larve f. larve f.
Larvenvertilgungsmittel n. larvicide m.
larvieren prendre une forme larvée
larviert larvé
laryngeal laryngé
Laryngektomie f. laryngectomie f.
laryngektomieren laryngectomiser
Laryngitis f. laryngite f.
laryngitisch de laryngite
Laryngographie f. laryngographie f.
laryngographisch laryngographique
Laryngologe m. laryngologue m.
Laryngologie f. laryngologie f.
Laryngologin f. laryngologue f.
laryngologisch laryngologique
Laryngomalazie f. laryngomalacie f.
laryngopharyngeal laryngopharyngien
Laryngopharyngitis f. laryngopharyngite f.
Laryngoskop n. laryngoscope m.
Laryngoskopie f. laryngoscopie f.
laryngoskopisch laryngoscopique
Laryngospasmus m. laryngospasme m.
Laryngostomie f. laryngostomie f.
Laryngotomie f. laryngotomie f.
Laryngotracheitis f. laryngotrachéite f.
Laryngotracheobronchitis f. laryngotrachéobronchite f.
Laryngotracheoskopie f. laryngotrachéoscopie f.
Laryngozele f. laryngocèle f.
Larynx m. larynx m.
Larynxspasmus m. spasme du larynx m.
Lasalocid n. lasalocide m.
Lasche f. languette f.
Lasègue-Zeichen n. signe de Lasègue m.
Laser m. laser m.
Laser-Peeling n. peeling au laser m.
LASER-Ngioplastie f. angioplastie au LASER f.
LASER-Koagulation f. coagulation au LASER f.
LASER-Koagulationsgerät n. coagulateur LASER m.
LASER-Lithotripsie f. lithotripsie au LASER f.

LASER-Stimulation f. stimulation localisée au LASER f.
LASER-Strahl m. rayon LASER m.
Läsion f. lésion f.
Läsionektomie f. lésionectomie f.
Lassar-Paste f. pâte de Lassar f.
Last f. charge f.
Latamoxef n. latamoxam m.
Lanatoprost n. lanatoprost m.
latent latent
Latenz f. latence f.
Latenzzeit f. phase de latence f.
lateral latéral
Lateralinfarkt m. infarctus du myocarde latéral m.
Lateralisation f. latéralisation f.
lateralisieren latéraliser
Lateralität f. latéralité f.
Lateralsklerose f. sclérose latérale f.
Lateroflexion f. latéroflexion f.
Laterognathie f. latérognathie f.
Lateroposition f. latéroposition f.
Lateropulsion f. latéropulsion f.
Laterotorsion f. latérotorsion f.
Laterotrusion f. latérotrusion f.
lateroventral latéroventral
Lateroversion f. latéroversion f.
Latex-Tropfentest m. réaction au latex f.
Lathyrismus m. lathyrisme m.
Latrine f. latrines f. pl.
Latrodectismus m. lactrodectisme m.
LATS (langwirkender Schilddrüsenstimulator) m. LATS (long acting thyroïd stimulator) m.
Latwerge f. électuaire m.
Laufgestell n. cadre d'aide à la marche m.
Laufzeit f. durée f.
Lauge f. lessive f.
Lauralkonium n. lauralkonium m.
Laurat n. laurate m.
Laurence-Moon-Biedl-Syndrom n. syndrome de Laurence-Moon-Bardet-Biedl m.
Lauroguadin n. lauroguadine f.
Lauryl n. lauryle m.
Laus f. pou m.
läusetötend pédiculicide
läusetötendes Mittel n. pédiculicide m.
LAV (lymphadenopathieassoziiertes Virus) n. LAV (Lymphadenopathy Associated Virus) m.
Läv... siehe auch voir aussi Lev...
Lävallorphan n. lévallorphane m.
Lavendel m. lavande f.
Laveransches Körperchen n. hématozoaire de Laveran m.

Lävokardiogramm n. lévocardiogramme m.
Lävorotation f. lévorotation f.
Lävoversion f. lévoversion f.
Lävulinat n. lévulinate m.
Lävulose f. lévulose m.
Lävulosurie f. lévulosurie f.
Laxans n. laxatif m.
Laxativum n. laxatif m.
laxierend laxatif
Lazarett n. hôpital militaire m.
Lazarettzug m. train sanitaire m.
LCAT (Lecithin-Cholesterin-Acyltransferase) f. LCAT (lécithine-cholestérol acyltransférase) f.
LDH (Laktatdehydrogenase) f. LDH (lacticodéshydrogénase) f.
LE (Lupus erythematodes) m. LE (lupus érythémateux) m.
LE-Zelle f. cellule de Hargrave f., cellule LE f.
leben vivre
Leben n. vie f.
lebend vivant
Lebendgeburt f. naissance d'un enfant viable f.
Lebendimpfstoff m. vaccin vivant m.
Lebendspende f. don du vivant m.
Lebensalter n. âge m.
lebensbedrohlich mettant la vie en danger
Lebensdauer f. durée de vie f.
Lebenserwartung f. espoir de vie m.
lebensfähig viable
Lebensfähigkeit f. viabilité f., vitalité f.
Lebensgefahr f. danger mortel m.
Lebensmitte f. midi de la vie m.
Lebensmittel n. pl. produits alimentaires m. pl.
Lebensmittelvergiftung f. intoxication alimentaire f.
lebensrettend qui sauve la vie
Lebensverlängerung f. prolongement de la vie m.
Lebensverlängerung um jeden Preis f. acharnement thérapeutique m.
Lebensversicherung f. assurance vie f.
Lebensweise f. mode de vie m.
Lebenszeichen n. signe de vie m.
Leber f. foie m.
Leber- und Gallenwege m. pl. voie hépatiques et biliaires f. pl.
Leberabszess m. abcès du foie m.
Leberbiopsie f. biopsie hépatique f.
Leberegel m. douve du foie f.
Leberegelbefall m. distomatose f.
Leberextrakt m. extrait de foie m.
Leberextraktinjektion f. injection d'extrait de foie f.
Leberfleck m. tache hépatique f.
Leberfunktionsprüfung f. examen de la fonction hépatique m.
leberkrank malade du foie
Lebertherapie f. traitement du foie m.
Lebertran m. huile de foie de morue f.
Lebertransplantation f. transplantation du foie f.
Leberzirrhose f. cirrhose du foie f.
Leber-Zytokine n. pl. cytokines hépatiques f. pl.
Leblosigkeit f. absence de vie f.
Lecksein n. fuite f.
Lederersche Anämie f. maladie de Brill-Lederer f.
Lederhaut f. derme m.
Lederhaut f. (ophthalm.) sclérotique f.
Lederhaut des Hufs f. derme du pied m.
Lederknarren n. bruit de cuir neuf m.
leer vide
Leeraufnahme (roentg.) f. cliché sans préparation f.
Leerversuch m. test blanc m.
Leflunomid n. léflunomide m.
Legal-Probe f. réaction de Legal f.
Legasthenie f. dyslexie f.
legieren faire un alliage
Legierung f. alliage m.
Legionärskrankheit f. maladie des légionnaires f.
Legionella pneumophila f. Legionella pneumophila f.
Legionellose f. légionellose f.
Legumin n. légumine f.
leguminös légumineux
Lehrkrankenhaus n. hôpital avec enseignement universitaire m.
Lehrling m. apprenti m.
Lehrveranstaltung, elektronische f. téléenseignement m.
Leib m. corps m.
Leibarzt m. médecin personnel m.
Leibbinde f. ceinture médicale f.
Leibesbeschaffenheit f. caractéristiques physiques f. pl.
Leibesfrucht f. embryon m., foetus m.
Leibesgestalt f. stature f.
Leibesgröße f. taille f.
Leibesübung f. exercice physique m.
Leibschmerzen m. pl. mal au ventre m.
Leibwäsche f. linge de corps m.
Leichdorn m. durillon m.
Leiche f. cadavre m.

Leichenablegetisch m. table où l'on dépose les cadavres f.
Leichenbeschauer m. médecin légiste m.
Leichenblut n. sang de cadavre m.
Leichenfleck m. tache cadavérique f.
Leichengeburt f. délivrance post mortem f.
Leichengeruch m. odeur de cadavre f.
Leichengift n. ptomaïne f.
Leichenhalle f. maison mortuaire f.
Leichenkühlraum m. chambre froide pour les corps f.
Leichenmulde f. chariot pour les corps m.
Leichennadel f. aiguille f.
Leichenöffnung f. autopsie f.
Leichenschau f. examen du cadavre m.
Leichenschauhaus n. morgue f.
Leichenstarre f. rigidité cadavérique f.
Leichentuch n. linceul m.
Leichenverbrennung f. incinération f.
Leichenwachs n. adipocire f.
Leichtkette f. chaîne légère f.
Leichtmetall n. métal léger m.
leiden endurer, souffrir
Leiden n. mal m., maladie f.
Leidenschaft f. passion f.
leimartig collant
Leinöl n. huile de lin f.
Leinsamen m. graines de lin f. pl.
Leiomyom n. léiomyome m.
Leiomyosarkom n. léiomyosarcome m.
Leiopyrrol n. léiopyrrole m.
Leishmania donovani f. Leishmania donovani f.
Leishmaniose f. leishmaniose f.
Leiste (med.) f. aine f.
Leistenband n. arcade fémorale f.
Leistenbruch m. hernie inguinale f.
Leistenhernie f. hernie inguinale f.
Leistenhoden m. ectopie inguinale du testicule f.
Leistenkanal m. canal inguinal m.
Leistenlymphknoten m. ganglion inguinal m.
Leistenring m. anneau inguinal m.
Leistung f. débit m., efficience f., performance f., réalisation f.
leistungsfähig efficace
Leistungsfähigkeit f. capacité de réalisation f.
leitfähig conductible
Leitfähigkeit f. pouvoir conducteur m.
Leitgeschwindigkeit f. vitesse de conduction f.
Leitmaterial n. matériel de conduction m.
Leitsymptom n. symptome majeur m.
Leitung f. (Direktion) direction f.
Leitung f. (phys.) conduction f.
Leitungsanästhesie f. anesthésie régionale f.
Leitungsbahn f. voie de conduction f.
Leitungsstörung f. trouble de la conduction m.
Lektin n. lectine f.
Lembertnaht f. suture de Lembert f.
Lemnozyt m. lemnocyte f.
Lende f. lombes f. pl.
Lendengegend f. région lombaire f.
Lendenrippe f. côte lombaire f.
Lendenwirbel m. vertèbre lombaire m.
Lendenwirbelsäule f. colonne vertébrale
Lennox-Gastaut-Syndrom n. syndrome de Lennox-Gastaut m.
Lentiginose f. lentiginose f.
Lentigo m. lentigo m.
Lentikonus m. lenticône m.
lentikulothalamisch lenticulothalamique
Leontiasis f. léontiasis m.
Lepidose f. lépidose f.
Lepirudin n. lépirudine f.
Lepra f. lèpre f.
Lepra anaesthetica f. lèpre anesthésique f.
Lepra tuberosa f. lèpre nodulaire f.
Lepra, Mittel gegen n. médicament contre la lèpre m.
Leprabazillus m. bacille de Hansen m.
leprakranke Person f. personne atteinte de la lèpre f.
Leprid n. lépride f.
Leprologe m. léprologue m.
Leprologie f. léprologie f.
Leprologin f. léprologue f.
Leprom n. léprome m.
Lepromin n. lépromine f.
leprös lépreux
Leprosorium n. léproserie f.
Leptaclin n. leptacline f.
Leptin n. leptine f.
Leptodaktylie f. leptodactylie f.
Leptomeningitis f. léptoméningite f.
Leptomeningitis, Staphylokokken- f. leptoméningite à staphylocoque f.
leptomeningitisch leptoméningitique
Leptophos m. leptophos m.
leptosom longiligne
Leptospira autumnalis f. Leptospira autumnalis f.
Leptospira canicola f. Leptospira canicola f.
Leptospira grippotyphosa f. Leptospira grippotyphosa f.
Leptospira icterogenes f. Leptospira icterohaemorrhagiae f.

Leptospirose f. leptospirose f.
Leptotän n. leptotène m.
Leptothrikose f. leptothricose f.
Leptothrix m. leptothrix m.
Leptozyt m. leptocyte m.
Lercanidipin n. lercanidipine f.
Lergotril n. lergotrile m.
lesbisch lesbien
lesbische Liebe f. relation lesbienne f.
Lesebrille f. lunettes pour la lecture f. pl.
LET (linearer Energietransfer) m. TLE (transfert linéaire d'énergie) m.
letal létal
Letalität f. létalité f.
Lethargie f. léthargie f.
Letimid n. létimide m.
Letrozol n. létrozole m.
Letterer-Siwesche Krankheit f. maladie de Letterer-Siwe f.
Leuchtfeld n. champ lumineux m.
Leuchtgas m. gaz lumineux m.
Leuchtkraft f. luminosité f.
Leuchtschirm m. écran fluoroscopique m.
Leucin n. leucine f.
Leucin-Aminopeptidase f. leucine aminopeptidase f.
Leucinose f. leucinose f.
Leucocianidol n. leucocianidol m.
Leucomycin n. leucomycine f.
Leucosin n. leucosine f.
Leukämie f. leucémie f.
Leukämie, lymphatische f. leucémie lymphoïde f.
Leukämie, Monozyten- f. leucémie monoblastique f.
Leukämie, myeloische f. leucémie myéloïde f.
Leukämie, Plasmazellen- f. leucémie plasmocytaire f.
leukämisch leucémique
leukämoid leucémoïde
Leukanemie f. leucanémie f.
Leukin n. leukine f.
Leukoblast m. leucoblaste m.
Leukodermie f. leucodermie f.
Leukodystrophie f. leucodystrophie f.
Leukoenzephalitis f. leucoencéphalite f.
Leukoenzephalopathie f. leucoencéphalopathie f.
Leukolysin n. leucolysine f.
Leukom n. leucome m.
Leukomain n. leucomaïne f.
Leukomalazie f. leucomalacie f.
Leukomyelitis f. leucomyélite f.
Leukonychie f. leuconychie f.

Leukopenie f. leucopénie f.
leukopenisch leucopénique
Leukopherese f. leucophérèse f.
Leukoplakie f. leucokératose f., leucoplasie f.
Leukopoese f. leucopoïèse f.
leukopoetisch leucopoïétique
Leukopsin n. leucopsine f.
Leukorrhö f. leucorrhée f.
Leukosarkomatose f. leucosarcomatose f.
Leukose f. leucose f.
Leukotaxin n. leucotaxine f.
Leukotaxis f. leucotaxie f.
Leukotoxin n. leucotoxine f.
leukotoxisch leucotoxique
Leukotrichie f. leucotrichie f.
Leukotrien n. leucotriène f.
Leukozidin n. leucocidine f.
Leukozyt m. globule blanc m., leucocyte m.
Leukozyt, basophiler m. polynucléaire basophile m.
Leukozyt, eosinophiler m. polynucléaire éosinophile m.
Leukozyt, granulierter m. granulocyte m.
Leukozyt, jugendlicher m. cellule leucocytaire jeune f.
Leukozyt, neutrophiler m. polynucléaire neutrophile m.
Leukozyt, polymorphkerniger m. leuco cyte à noyau polymorphe m., leucocyte polymorphonucléaire m.
Leukozyt, segmentkerniger m. polynucléaire m.
Leukozyt, stabkerniger m. leucocyte à noyau en bâtonnet m.
Leukozyt, ungranulierter m. leucocyte non granulé m.
leukozytär leucocytaire
leukozytoklastisch leucocytoclasique
Leukozytolyse f. leucocytolyse f.
Leukozytopenie f. leucocytopénie f.
Leukozytose f. leucocytose f.
leukozytotoxisch leucocytotoxique
Leukozyturie f. leucocyturie f.
Leuprolid n. leuprolide m.
Leuzin n. leucine f.
Leuzinose f. leucinose f.
Lev… siehe auch voir aussi Läv…
Levallorphan n. lévallorphan m.
Levamisol n. lévamisole m.
Levamphetamin n. lévamphétamine f.
Levarterenol n. lévartérénol m.
Levitation f. lévitation f.
Levocabastin n. lévocabastine f.
Levocarnitin n. lévocarnitine f.
Levocetirizin n. lévocétirizine f.

Levodopa n. lévodopa f.
Levofacetoperan n. lévophacétopérane m.
Levofloxacin n. lévofloxacine f.
Levofuraltadon n. lévofuraltadone f.
Levomepromazin n. lévomépromazine f.
Levomethadon n. lévométhadone f.
Levometioprazin n. lévométioméprazine f.
Levothyrox-Skandal m. scandale du Lévothyrox m.
Levothyroxin n. lévothyroxine f.
Levulinat n. lévulinate m.
Lewysches Körperchen n. corps de Lewy m.
Leydigsche Zwischenzelle f. cellule interstitielle de Leydig f.
Lezithin n. lécithine f.
Lezithinase f. lécithinase f.
LGL-Syndrom n. (Lown-Ganong-Levine-Syndrom) syndrome de Lown-Ganong Levine m.
LH (luteinisierendes Hormon) n. LH (hormone lutéinisante) f.
LHRH (LH-freisetzendes Hormon) n. LH-RH (LH Releasing Hormon) f.
Libecillid n. libécillide m.
libidinös libidineux
Libido f. libido f.
Libidobesetzung f. investissement de la libido m.
Libman-Sacks-Syndrom n. syndrome de Libman-Sacks m.
Lichen m. lichen m.
Lichen chronicus simplex m. Lichen chronicus simplex m.
Lichen niditus m. Lichen niditus m.
Lichen ruber planus m. Lichen ruber planus m.
Lichen scrofulosus m. Lichen scrofulosus m.
Lichenifizierung f. lichénification f.
lichenoid lichénoïde
Licht n. lumière f.
Lichtbad n. bain de lumière m.
Lichtdermatose f. photodermatose f.
lichtempfindlich photosensible
Lichtempfindlichkeit f. photosensibilité f.
Lichtgeschwindigkeit f. vitesse de la lumière f.
lichthärtend (dent.) durcissant à la lumière
Lichtkoagulation f. photocoagulation f.
Lichtreflex m. réflexe photomoteur m.
Lichtreflex, konsensueller m. réflexe pupillaire consensuel m.
Lichtscheu f. photophobie f.
Lichtschutz m. photoprotection f.
Lichtschwelle f. seuil lumineux m.
Lichtstimulation f. photostimulation f.
Lichtstrahl m. rayon lumineux m.
Lichttherapie photothérapie f.
lichtundurchlässig opaque à la lumière
Lid n. paupière f.
Lidamidin n. lidamidine f.
Liddrüsenentzündung f. blépharo-adénite f.
Lidhalter m. blépharostat m.
Lidknorpel m. tarse (de la paupière) m.
Lidocain n. lidocaïne f.
Lidoflazin n. lidoflazine f.
Lidspalte f. fente palpébrale f.
Lidwinkel m. angle de la paupière m.
Liebensche Probe f. test de Lieben m.
Lieberkühnsche Krypte f. glande de Lieberkühn f.
Liebesvorspiel n. rituel amoureux m.
Liegekur f. cure de repos f.
Liegen n. position allongée f.
liegend allongé
lienal splénique
lienopankreatisch liénopancréatique
lienorenal liénorénal
Lienterie f. lientérie f.
Ligament n. ligament m.
Ligament, Gimbernatsches n. ligament de Gimbernat m.
Ligament, Poupartsches n. ligament de Poupart m.
Ligand m. ligand m.
Ligase f. ligase f.
Ligatur f. ligature f.
Ligaturenführer m. guide ligature m.
Ligaturenhalter m. porte ligature m.
Ligaturmesser n. bistouri (coupe ligature) m.
ligieren faire une ligature
Lignin n. lignine f.
Lignocain n. lignocaïne f.
limbisch limbique
Lime-Krankheit f. borreliose de Lime f.
limitieren limiter
Lincomycin n. lincomycine f.
Lindan n. lindane m.
Lindenblütentee m. infusion de tilleul f.
lindern adoucir, atténuer, calmer
Linderung f. soulagement m.
Linderungsmittel n. lénitif m.
linear linéaire
Linearbeschleuniger m. accélérateur linéaire m.
Lingua geographica f. langue géographique f.
Lingua scrotalis f. langue plicaturée f.
lingua-alveolär linguoalvéolaire
linguadental linguodentaire
lingual lingual

Linguatula serrata f.   linguatula serrata f.
Linguaversion f.   linguoversion f.
Linguistik f.   linguistique f.
linguistisch   linguistique
Lingula f.   lingula f.
linguoaxial   linguoaxial
linguodental   linguodental
linguodistal   linguodistal
linguofazial   linguofacial
linguogingival   linguogingival
Linguokklusion f.   linguocclusion f.
linguolabial   linguolabial
Linie f.   ligne f.
Liniment n.   liniment m.
Linitis f.   linite f.
linksanterior   antérieur-gauche
Links-Rechts-Shunt m.   shunt gauche-droite m.
linksdrehend   lévogyre
Linksdrehung f.   lévorotation f.
linkshändig   gaucher
Linkshändigkeit f.   fait d'être gaucher m.
Linksherzinsuffizienz f.   insuffisance cardiaque gauche f.
linksposterior   postérieur-gauche
Linksschenkelbloek m.   bloc de branche gauche m.
Linkstyp m.   type gauche m.
linksventrikulär   ventriculaire gauche
Linksverschiebung f.   déviation à gauche f.
Linksverspätung f.   (cardiol.) retard de la conduction ventriculaire gauche m.
Linoleat n.   linoléate m.
Linolein n.   linoléine f.
Linse (Auge) f.   lentille f.
Linse f.   (anatom.) cristallin m.
Linsenaufhängeapparat m.   zonule de Zinn f.
Linsenentzündung f.   phacite f.
Linsenerweichung f.   phocomalacie f.
Linsenimplantat n.   implant de cristallin m.
Linsenoptik f.   système de lentilles optiques m.
Linsenschlottern n.   iridodonésis m.
Linsenstar m.   cataracte lenticulaire f.
Linsentrübung f.   opacité du cristallin f.
Linsenverhärtung f.   phacosclérose f.
Liothyronin n.   liothyronine f.
Lipamid n.   lipoamide m.
Lipämie f.   lipémie f.
lipämisch   lipémique
Lipatrophie f.   lipoatrophie f.
Lipazidurie f.   lipacidurie f.
Lipid n.   lipide m.
Lipidose f.   lipidose f.
Lipoat n.   lipoate m.

Lipoatrophie f.   lipoatrophie f.
lipoatrophisch   lipoatrophique
Lipoblast m.   lipoblaste m.
Lipoblastom n.   lipoblastome m.
Lipocaic-Faktor m.   facteur clarifiant m.
Lipochondrodystrophie f.   lipochondrodystrophie f.
Lipochondrom n.   lipochondrome m.
Lipochrom n.   lipochrome m.
Lipodystrophie f.   lipodystrophie f.
Lipödem n.   lipoedème m.
Lipofuscin n.   lipofuscine f.
Lipofuscinose f.   lipofuscinose f.
lipogen   lipogène
Lipoglykoproteinose f.   lipoglucoprotéinose f.
Lipogranulomatose f.   lipogranulomatose f.
Lipoid n.   lipoïde m.
lipoidal   lipoïdique
Lipoidkalzinogranulomatose f.   lipoïdocalcinogranulomatose f.
Lipoidnephrose f.   néphrose lipoïdique f.
Lipoidose f.   lipoïdose f.
Lipoidproteinose f.   lipoïdoprotéinose f.
Lipoidurie f.   lipoïdurie f.
Lipolyse f.   lipolyse f.
lipolytisch   lipolytique
Lipom n.   lipome m.
lipomatös   lipomateux
Lipomatose f.   lipomatose f.
Lipomukopolysaccharidose f.   lipomucopolysaccharidose f.
Lipomyom n.   lipomyome m.
Lipooligosaccharid n.   lipo-oligosaccharide m.
Lipooxygenase f.   lipo-oxygénase f.
Lipomyxom n.   lipomyxome m.
Lipopeptid n.   lipopeptide m.
Lipopexie f.   lipopexie f.
Lipophagie f.   lipophagie f.
Lipophagozytose f.   lipophagocytose f.
lipophil   lipophile
Lipopolysaccharid n.   lipopolysaccharide m.
Lipoprotein n.   lipoprotéine f.
Lipoprotein mit hoher/niedriger/sehr niedriger Dichte n.   lipoprotéine de haute/basse/très basse densité f.
Lipoproteinämie f.   lipoprotéinémie f.
Lipoproteinlipase f.   lipoprotéine lipase f.
Liposarkom n.   liposarcome m.
Liposom n.   gouttelette lipidique intracellulaire f.
Liposuktion f.   liposuccion f.
lipotrop   lipotrope
Lipotropin n.   lipotropine f.

Lipoxygenase f.   lipoxygénase f.
Lipozyt m.   adipocyte m.
Lippe (obere/untere) f.   lèvre (supérieure/inférieure) f.
Lippen-Kieferspalte f.   bec de lièvre m.
Lippenfurunkel n.   furoncle de la lèvre m.
Lippenhalter m.   écarteur labial m.
Lippenlaut m.   labiale f.
Lippenlesen n.   lecture sur les lèvres f.
Lippenplastik f.   chéiloplastie f.
Lippenspalte f.   chéiloschizis m.
Lippitudo f.   aeil qui coule m.
Lipurie f.   lipurie f.
lipurisch   lipurique
Liquidum n. (galen.)   solution orale f.
Liquor cerebrospinalis m.   liquide céphalorachidien m. (LCR)
Liquordruck m.   pression du liquide céphalorachidien f.
Liquoreiweiß n.   protéines du liquide céphalorachidien f.
Liquorrhö f.   liquorrhée f.
Lisfrancsches Gelenk n.   articulation de Lisfranc f.
Lisinopril n.   lisinopril m.
lispeln   zézayer
Lispeln n.   zézaiement m.
Lissenzephalie f.   lissencéphalie f.
Listeria monocytogenes f.   Listeria monocytogenes m.
Listeriolysin n.   listériolysine f.
Listeriose f.   listériose f.
Lisurid n.   lisuride m.
Liter m.   litre m.
Literatur f.   littérature f.
Literaturquelle f.   source bibliographique f.
Literaturübersicht f.   revue de la littérature f.
Lithium n.   lithium m.
Lithiumoxalat n.   oxalate de lithium m.
Lithocholat n.   lithocholate m.
lithogen   lithogène
Lithogenese f.   lithogenèse f.
lithogenetisch   de lithogenèse
Litholapaxie f.   litholapaxie f.
Litholyse f.   litholyse f.
litholytisch   litholytique
Lithotripsie f.   lithotripsie f., lithotritie f.
Lithotripter m.   lithotriteur m.
Lithozystotomie f.   lithocystotomie f.
Lithurie f.   élimination urinaire de concrétion f.
Littlesche Krankheit f.   maladie de Little f.
Littresche Hernie f.   hernie de Littre f.
Litzmannsche Obliquität f.   asynclitisme postérieur m.

Livedo f.   livedo m.
livid   livide
Lividomycin n.   lividomycine f.
Lizenz f.   licence f.
lobär   lobaire
Lobärpneumonie f.   pneumonie lobaire f.
Lobektomie f.   lobectomie f.
Lobelin n.   lobéline f.
Lobendazol n.   lobendazole m.
Lobostomie f.   lobostomie f.
Lobotomie f.   lobotomie f.
lobulär   lobulaire
Loch n.   foramen m., trou m.
Lochbrille f.   lunettes sténopéiques f. pl.
Locheisen n.   emporte-pièce m.
Lochfraktur f.   fracture en boutonnière f.
lochial   de lochies
Lochien f. pl.   lochies f. pl.
Lochienstauung f.   lochiostase f.
Lochiometra f.   lochiométrie f.
Lochkarte f.   carte perforée f.
Lochkartenverfahren n.   technique de cartes perforées f.
Lochlöffel m.   porte empreinte perforé m.
löchrig   troué
locker   détendu
lockern   relâcher
Lodiperon n.   lodipérone f.
Lodoxamid n.   lodoxamide m.
Loeys-Dietz-Syndrom n.   syndrome de Loeys-Dietz m.
Lofepramin n.   lofépramine f.
Lofexidin n.   lofexidine f.
Löffel m.   cuillère f.
Löffel, scharfer m.   curette f.
Löffelabdruck m.   empreinte au porte-empreinte f.
Löffelplatte f.   porte-empreinte métallique non perforé m.
Löffelzange f.   pince-gouge f.
Löffler-Agar m.   agar de Löffler m.
Löfflerfärbung f.   coloration de Löffler f.
Loflazepat n.   loflazépate m.
Logasthenie f.   logasthénie f.
logisch   logique
Logoklonie f.   logoclonie f.
Logopäde(in) m./(f.)   logopédiste m./f.
Logopädie f.   logopédie f.
logopädisch   logopédique
Logopathie f.   logopathie f.
Logophobie f.   logophobie f.
Logorrhö f.   logorrhée f.
logosemantisch   logosémantique
Logotherapeut(in) m./(f.)   logothérapeute m./f.

lumboperitoneal

logotherapeutisch logothérapeutique
Logotherapie f. logothérapie f.
Loiasis f. loase f.
lokal local
Lokalanästhesie f. anesthésie locale f.
Lokalhormon n. autacoïde m.
Lokalisation f. localisation f.
Lokalisator m. localisateur m.
lokalisieren localiser
Lokomotivgeräusch n. bruit de locomotive m.
lokomotorisch locomoteur
Lomustin n. lomustine f.
longitudinal longitudinal
Longuette f. long morceau de bandage m.
Lonidamin n. lonidamine f.
Lopagnosie f. lopagnosie f.
Loperamid n. lopéramide m.
Loraprid n. lorapride m.
Loratadin n. loratadine f.
Lorbamat n. lorbamate m.
Lordose f. lordose f.
lordotisch lordotique
Lormetazepam n. lormétazépam m.
Losartan n. losartane m.
Loschmidt-Konstante f. constante d'Avogadro f.
Löschung f. annulation f.
lösen dissoudre, solubiliser
Losindol n. losindole f.
Loslassschmerz m. douleur au relâchement f.
löslich soluble
Löslichkeit f. solubilité f.
loslösen détacher
Lossensche Regel f. règle de Lossen f.
Lösung f. solution f.
Lösung, in – bringen mettre en solution
Lösung, wässrig-alkoholische f. solution hydroalcoolique f.
Lösungsmittel n. solvant m.
Lösungsvermittler m. dissolvant m.
löten souder
Lötgerät n. appareil à soudure m.
Lotifazol n. lotifazole m.
Lötmittel n. métal à souder
Lotucain n. lotucaïne f.
Lötwasser n. liquide de soudure m.
Lötzinn n. étain à souder m.
Lovastatin n. lovastatine f.
Lowesyndrom n. syndrome de Lowe m.
Loxapin n. loxapine f.
Loxiglumid n. loxiglumide m.
LP (Lumbalpunktion) f. PL (ponction lombaire) f.
LSD (Lysergsäurediethylamid) n. LSD (lysergide) m.
LTH (luteotropes Hormon) n. hormone lutéotrope f.
Lucanthon n. lucanthone f.
Luciferase f. luciférase f.
Luciferin n. luciférine f.
Lücke f. brèche f., hiatus m., lacune f.
Lückenhalter m. maintenance d'espace f. (dent.)
Lückenöffner m. ouverture d'espace f. (dent.)
Lückenschädel m. dysplasie cranienne f.
Lückenschluss m. fermeture d'un espasce f. (dent.)
Luer-Ansatz m. cône de Luer m.
Lues f. syphilis f.
Luetiker m. syphilitique m.
Luetikerin f. syphilitique f.
luetisch syphilitique
Luft f. air m.
Luftbad n. bain d'air m.
Luftblase f. bulle d'air f.
luftdicht hermétique
Luftdruck m. pression de l'air f.
Lufteinblasung f. insufflation d'air f.
Luftembolie f. embolie gazeuse f.
lüften aérer
Luftfahrtmedizin f. médecine de l'aviation f.
luftfahrtmedizinisch médico-aéronautique
Luftfeuchtigkeit f. humidité atmosphérique f.
Luftfilter m. filtre à air m.
luftgekühlt refroidi à l'air
lufthaltig contenant de l'air
Lufthunger m. besoin d'air m.
Luftkissen n. coussin d'air m.
Luftleitung f. conduite d'air f.
Luftröhre f. trachée f., trachée-artère f.
Luftröhrenplastik f. trachéoplastie f.
Luftsack (veter.) m. poche à air f.
Luftschlucken n. aérophagie f.
Luftstrom m. courant d'air m.
Lüftung f. aération f.
Luftverunreinigung f. pollution de l'air f.
Luftweg m. voie aérienne f.
Lugolsche Lösung f. soluté de Lugol f.
Lumbago m. lumbago m.
lumbal lombaire
Lumbalisation f. lombalisation f.
Lumbalpunktion f. ponction lombaire f.
Lumbalpunktionsnadel f. aiguille de ponction lombaire f.
lumbodorsal lombodorsal
lumbosakral lombosacré
lumboperitoneal lombopéritonien

lumbrikal ombilical
Lumefantrin n. luméfantrine f.
Lumen n. lumen m.
Luminal n. phénobarbital m.
Lumineszenz f. luminescence f.
Luminometer n. luminomètre m.
Lumiracoxib n. lumiracoxibe m.
Lunge f. poumon m.
Lunge, eiserne f. poumon d'acier m.
Lungenabszess m. abcès du poumon m.
Lungenblähung f. emphysème pulmonaire m.
Lungenbiopsie f. biopsie pulmonaire f.
Lungenblutung f. hémorragie pulmonaire f.
Lungenchirurgie f. chirurgie pulmonaire f.
Lungenegel m. Paragonimus westermani m.
Lungenembolie f. embolie pulmonaire f.
Lungenemphysem n. emphysème pulmonaire m.
Lungenentzündung f. pneumonie f.
Lungenfasszange f. pince dentée pour saisir le poumon f.
Lungenfeld n. champ pulmonaire m.
Lungenfunktionsprüfung f. épreuve fonctionnelle pulmonaire f.
Lungengangrän n. gangréne pulmonaire f.
Lungeninfarkt m. infarctus pulmonaire m.
Lungeninfiltrat n. infiltration pulmonaire f.
lungenkrank pulmonaire
Lungenkrebs m. cancer du poumon m.
Lungenkreislauf m. circulation pulmonaire f.
Lungenlappen m. lobe pulmonaire m.
Lurigenmalaria f. paludisme pulmonaire f.
Lungenmittellappen m. champ pulmonaire moyen m.
Lungenoberfeld n. champ pulmonaire supérieur m.
Lungenödem n. oedème pulmonaire m.
Lungenpest f. peste pneumonique f.
Lungenschwindsucht f. phtisie pulmonaire f.
Lungenspitzenfeld n. champ pulmonaire apical m.
Lungenstauung f. congestion pulmonaire f.
Lungentuberkulose f. tuberculose pulmonaire f.
Lungenunterfeld n. champ pulmonaire inférieur m.
Lungenunterlappen m. lobe pulmonaire inférieur m.
Lungenvenentransposition f. transposition des veines pulmonaires f.
Lungenvolumen n. volume pulmonaire m.
Lunker m. retassure f.
Lupe f. loupe f.
lupoid lupoïde
Lupom n. lupome m.
Lupus m. lupus m.
Lupus erythematodes m. lupus érythémateux m.
Lupus erythematodes, generalisierter m. lupus érythémateux disséminé m.
Lupus pernio m. lupus pernio m.
Lupus vulgaris m. lupus tuberculeux m.
Luschkascher Knorpel m. cartilage de Luschka m.
Luschkasches Loch n. foramen de Luschka m.
Lutealphase f. phase progestative f.
Lutein n. progestérone f.
luteinisieren lutéiniser
Luteinisierung f. lutéinisation f.
Luteinisierungshormon n. hormon lutéinisante f. (LH)
Lutenbachersyndrom n. syndrome de Lutenbacher m.
Luteohormon n. progestérone f.
luteotrop lutéotrope
Lutetium n. lutétium m.
Lux n. lux m.
Luxation f. luxation f.
luxieren luxer
luzid lucide
LV (linker Ventrikel) m. ventricule gauche m. (VG)
LWK (Lendenwirbelkörper) m. corps vertébral lombaire m.
LWS (Lendenwirbelsäule) f. colonne vertébrale lombaire f.
Lyase f. lyase f.
Lycopodium n. lycopode m.
Lydase f. lydase f.
Lykopin n. lykopène m.
Lyme-Borreliose f. maladie de Lyme f.
Lyme-Krankheit f. arthrite de Lyme f.
Lymphadenektomie f. lymphadénectomie f.
Lymphadenitis f. lymphadénite f.
lymphadenitisch lymphadénitique
Lymphadenom n. lymphadénome m.
Lymphadenose f. lymphadénose m.
Lymphadenose, aleukämische f. lymphadénose aleucémique f.
Lymphadenose, leukämische f. lymphadénose leucémique f.
Lymphangiektasie f. lymphangiectasie f.
Lymphangioendotheliom n. lymphangio-endothéliome m.
Lymphangiologie f. lymphangiologie f.
Lymphangiom n. lymphangiome m.
Lymphangiomyomatose f. lymphangiomyomatose f.

Lymphangiosarkom n.   lymphangiosarcome m.
Lymphangitis f.   lymphangite f.
lymphangitisch   lymphangitique
lymphatisch   lymphatique
Lymphatismus m.   tempérament lymphatique m.
Lymphdränage f.   drainage lymphatique m.
Lymphe f.   lymphe f.
Lymphgang m.   canal lymphatique m.
Lymphgefäß n.   vaisseau lymphatique m.
Lymphknoten m.   ganglion lymphatique m.
Lymphknotenerkrankung f.   lymphadénopathie f.
Lymphoblast m.   lymphoblaste m.
Lymphoepithelial   lymphoépithélial
lymphoblastisch   lymphoblastique
Lymphoblastom n.   lymphoblastome m.
lymphogen   lymphogène
Lymphogranulom n.   lymph, ogranulome m.
Lymphogranuloma inguinale n.   lymphogranulomatose vénérienne f.
lymphogranulomatös   lymphogranulomateux
Lymphogranulomatose f.   lymphogranulomatose f., maladie de Hodgkin m.
Lymphogranulomatosis X f.   syndrome lymphoprolifératif lié au chromosome X m.
lymphoid   lymphoïde
Lymphoidzelle f.   cellule lymphoïde f.
Lymphokin n.   lymphokine f.
Lymphologe m., Lymphologin f.   lymphologue m./f.
Lymphologie f.   lymphologie f.
Lymphom n.   lymphome m.
Lymphom, gemischtzelliges n.   lymphome à cellules polymorphes m.
Lymphom, nicht lymphogranulomatöses n.   lymphome non hodgkinien m.
lymphomatös   lymphomateux
Lymphomatose f.   lymphomatose f.
Lymphonodektomie f.   lymphonodektomie f.
Lymphopenie f.   lymphopénie f.
lymphopenisch   lymphopénique
Lymphoplasmapherese f.   lymphoplasmaphérèse f.
lymphoplasmatisch   lymphoplasmatique
lymphoplasmazytär   lymphoplasmacytaire
lymphoplasmozytoid   lymphoplasmocytoïde
Lymphopoese f.   lymphopoïèse f.
lymphopoetisch   lymphopoïétique
lymphoproliferativ   lymphoprolifératif
lymphoretikulär   lymphoréticulaire
Lymphoretikulose f.   lymphoréticulose f.
Lymphorrhö f.   lymphorragie f.
Lymphosarkom n.   lymphosarcome m.
Lymphosarkomatose f.   lymphosarcomatose f.
lymphospezifisch   lymphospécifique
Lymphotoxin n.   lymphotoxine f.
Lymphozele f.   lymphocèle f.
Lymphozyt m.   lymphocyte m.
lymphozytär   lymphocytaire
Lymphozytopenie f.   lymphocytopénie f.
Lymphozytophthise f.   lymphocytophtisie f.
Lymphozytopoese f.   lymphocytopoïèse f.
Lymphozytose f.   lymphocytose f.
Lymphozytotoxin n.   lymphocytotoxine f.
lymphozytotrop   lymphocytotrope
Lymphsinus m.   sinus lymphatique m.
Lymphspalte f.   espace lymphatique m.
Lymphstauung f.   stase lymphatique f.
Lymphzyste f.   lymphocèle f.
Lynch-Syndrom n.   syndrome de Lynch m.
Lynestrenol n.   lynestrénol m.
Lyonisierung f.   fluidification f.
lyophil   lyophile
lyophilisieren   lyophiliser
Lyophilisierung f.   lyophilisation f.
lyophob   lyophobe
lyotrop   lyotrope
Lypressin n.   lypressine f.
Lysat n.   lysate m.
Lyse f.   lysis f.
Lysergamid n.   lysergamide f.
Lysergid n.   lysergide m.
Lysin (Antikörper) n.   lysine (anticorps) f.
Lysin n. (Aminosäure)   lysine f.
Lysinat n.   lysinate m.
Lysinhydroxylase f.   lysine hydroxylase f.
Lysis f.   lysis f.
Lysoform n.   lysoforme m.
lysogen   lysogène
Lysogenie f.   lysogénie f.
Lysokinase f.   lysokinase f.
Lysolezithin n.   lysolécithine f.
Lysolipid n.   lysolipide m.
Lysophosphoglyzerid n.   lysophosphoglycéride m.
Lysophospholipid n.   lysophospholipide m.
Lysosom n.   lysosome m.
lysosomal   lysosomal
Lysozym n.   lysozyme m.
Lysyl n.   lysyle m.
Lysyllysin n.   lysyllysine f.
Lysyloxidase f.   lysyloxidase f.
lytisch   lytique
lyxoketose f.   lyxokétose f.
Lyxulose f.   lyxylose m.

M

Machado-Josephsche Krankheit f.   maladie de Machado-Joseph f.
Machtstreben n.   ambition f.
Macrogol n.   macrogol m.
Made f.   asticot m.
Madelungsche Krankheit f.   maladie de Madelung f.
Madelungscher Fetthals m.   lipomatose cervicale de Madelung f.
Madenwurm m.   oxyure m.
madig   plein de vers
Madurafuß m.   pied de Madura m.
MAF (makrophagenaktivierender Faktor) m.   MAF (facteur d'activation des macrophages) m.
Mafenid n.   mafénide m.
Maffucisyndrom n.   syndrome de Maffuci m.
Magaldrat n.   magaldrate m.
Magen m.   estomac m.
Magen-Darm-Passage f. (roentg.)   passage baryté m.
Magenatonie f.   atonie gastrique f.
Magenaushebung f.   siphonage de l'estomac m.
Magenaushebung, fraktionierte f.   siphonage fractionné de l'estomac m.
Magenauspumpung, f.   siphonage de l'estomac m.
Magenbeschwerden f. pl.   trouble gastrique m.
Magenblase f.   poche à air de l'estomac f.
Magendarmkanal m.   tube digestif m.
Magendrehung   courbure gastrique f.
Magendrücken n.   sensation de lourdeur épigastrique f.
Magendrüse   glande gastrique f.
Magenfistel f.   fistule gastrique f.
Magenfistelernährung f.   apport alimentaire par gastrostomie f.
Magenfunktionsprüfung f.   test de la fonction gastrique m.
Magengeschwür n.   ulcère gastrique m.
Magengrube f.   creux épigastrique m.
Magenkrampf m.   gastrospasme m.
Magenkrebs m.   cancer de l'estomac m.
Magenlähmung f.   gastroparésie f.
Magenleiden n.   gastropathie f.
Magenneurose f.   névrose gastrique f.
Magenpararauschbrand m.   bradsot m.
Magenplastik f.   gastroplastie f.
Magenresektion f.   gastrorésection f.
Magensaft m.   suc gastrique m.
Magensaftresistenz f.   résistence au suc gastrique f.
Magensäure f.   acidité gastrique f.
Magensäuresekretion, basale f.   sécrétion de base d'acide gastrique f.
Magenschlauch m.   tube d'exploration gastrique m.
Magenschrittmacher m.   stimulateur gastrique m.
Magenspülung f.   lavage d'estomac m.
Magenta n.   magenta m.
Magentropfen m. pl.   gouttes pour l'estomac f. pl.
Magenverträglichkeit f.   tolérance gastrique f.
Magenverwachsung f.   adhérences gastriques f. pl.
mager   maigre
Magerkeit f.   maigreur f.
Magermilch f.   lait écrémé m.
magistral   magistral
Magnesia f.   magnésie f.
Magnesiamilch f.   lait de magnésie m.
Magnesium n.   magnésium m.
Magnesiumkarbonat n.   carbonate de magnésium m.
Magnesiumoxid n.   magnésium calciné m., oxyde de magnésium m.
Magnesiumperoxid n.   peroxyde de magnésium m.
Magnesiumsulfat n.   sulfate de magnésium m.
Magnet m.   aimant m.
Magnetelektrophorese f.   magnétoélectrophorèse f.
Magnetenzephalographie f.   magnétoencéphalographie f.
Magnetfeld n.   champ magnétique m.
Magnetfrequenz f.   fréquence magnétique f.
magnetisch   magnétique
magnetisieren   magnétiser
Magnetokardiographie f.   cardiographie magnétoscopique f.
Magnetopneumographie f.   pneumographie magnétoscopique f.
Magnetoresoanz f.   résonance magnétique f.
Magnetprothese f.   prothèse magnétique f.
Magnetschließvorrichtung f.   fermeture magnétique f.
Magnetsonde f.   sonde magnétique f.
Mahl n.   repas m.
Mahler-Zeichen n.   signe de Mahler m.

Mahlzahn m. molaire f. (dent.)
Mahlzeit f. repas m.
Mähne f. crinière f. (vétér.)
Maische f. trempe f.
MAK (maximal akzeptable Arbeitsplatzkonzentration) f. MAC (concentration maximale sur le lieu de travail) f.
MAK (minimale alveoläre Konzentration) f. MAC (concentration alvéolaire minimale) f.
Makake m. macaque m.
Makroamylase f. macroamylase f.
Makroblast m. macroblaste m.
Makrocheilie f. macrochéilie f.
Makrokreatinkinase f. macro-créatinekinase f.
Makrocreatinkinase f. macrocréatinekinase f.
Makrodontie f. macrodontie f.
Makroenzym n. macroenzyme f.
Makrogamet m. macrogamète m.
Makrogenitalismus m. macrogénitosomie f.
Makroglobulin n. macroglobuline f.
Makroglobulinämie f. macroglobulinémie f.
Makroglossie f. macroglossie f.
Makrognathie f. macrognathie f.
Makrogol n. condensat éthylène-eau m.
Makrogyrie f. macrogyrie f.
Makrohämaturie f. macrohématurie f.
makrolezithal macrolécithiné
Makrolid m. macrolide m.
Makrolymphozyt m. macrolymphocyte m.
Makromelie f. macromélie f.
Makromolekül n. macromolécule f.
makromolekular macromoléculaire
Makronukleus m. macronucleus m.
Makrophage m. macrophage m.
Makrophagenmigrationstest m. test de migration des manophages m.
Makrophthalmie f. macrophtalmie f.
Makroprolaktinom n. macroprolactinome m.
Makropsie f. macropsie f.
Makrosigmoid n. mégasigmoïde m.
makroskopisch macroscopique
Makrosomie f. macrosomie f.
Makrostomie f. macrostomie f.
Makrothrombozyt m. macrothrombocyte m.
Makrotie f. macrotie f.
Makrotraumatismus m. macrotraumatisme m.
makrozephal macrocéphalique
Makrozirkulation f. macrocirculation f.
makrozyklisch macrocyclique
Makrozyt m. macrocyte m.
makrozytär macrocytaire
Makula f. macula f.
Makuladegeneration f. dégénérescence maculaire f.
Makuladegeneration, altersbedingte (AMD) f. DLMA (dégénérescence maculaire liée à l'âge) f.
makulär maculaire
makulopapulös maculopapuleux
Makulopathie f. maculopathie f.
makulös maculaire
makulovesikulär maculovésiculaire
makulozerebral maculocérébral
Mal n. stigmate m., tache f.
Mal de Caderas n. mal de Cardeiras m.
Malabsorption f. malabsorption f.
Malachit m. malachite f.
Malakoplakie f. cystite en plaque f.
malakotisch malacotique
Malaria f. malaria f., paludisme m.
Malaria quartana f. fièvre quarte f.
Malaria quotidiana f. paludisme à accès quotidiens m.
Malaria subtertiana f. fièvre subtierce f.
Malaria tertiana f. fièvre tierce f.
Malaria tropica f. paludisme tropical m.
Malariafieber n. fièvre paludéenne f.
Malariakachexie f. cachexie palustre f.
Malariamittel n. antipaludéen m.
Malariatherapie f. malariathérapie f.
Malassezia f. malassezia f.
Malat n. malonate m.
Malatenzym n. enzyme malique f.
Malatestasyndrom n. syndrome de l'apex orbitaire de Rollet m.
Malathion n. malathion m.
Malazie f. malacie f.
malazisch malacique, ramolli
Maldigestion f. maldigestion f.
Maleat n. maléate m.
Maleimid n. maléimide m.
Malgaignesche Hernie f. hernie de Malgaigne f.
maligne malin
Malignität f. malignité f.
Malignolipin n. malignolipine f.
Malignom n. tumeur maligne f.
malleal malléaire
Mallein n. malléine f.
malleolär malléollaire
Malleolus m. malléole f.
Malleus m. marteau de l'oreille moyenne m.
Mallory-Weiß-Syndrom n. syndrome de Mallory-Weiss m.

Malokklusion f. malocclusion f.
Malondialdehyd m. malonyldialdéhyde f.
Malonyl n. malonyle m.
Malotilat n. malotilate m.
Malpighisches Körperchen n. corps de Malpighi m.
Malrotation f. malrotation f.
Maltafieber n. fièvre de Malte f.
Maltase f. maltase f.
Malthusianismus m. malthusianisme m.
Maltose f. maltose m.
Malum perforans pedis n. mal perforant plantaire m.
Malum Potti n. mal de Pott m.
Malz n. malt m.
Malzzucker m. maltose m.
mamillär mamillaire
Mamille f. mamelle f.
mamillotegmental mamillotêctal
mamillothalamisch mamillothalamique
Mamma f. glande mammaire f., sein m.
Mammaabtragung f. mammectomie f., mastectomie f.
Mammakarzinom n. cancer du sein m.
Mammaplastik f. mammoplastie f.
mammär mammaire
Mammographie f. mammographie f.
Mammographiegerät n. mammographe m.
mammographisch mammographique
Mammotropin n. mammotropine f.
Manchester-Einteilung f. classification de Manchester f.
Mandel f. (med.) amygdale f.
Mandelabszess m. abcès amygdalien m.
Mandelat n. mandélate m.
Mandelöl n. huile d'amande f.
Mandibula f. mandibule f.
mandibulär mandibulaire
Mandibularkanal m. canal mandibulaire m.
mandibulofazial mandibulofacial
mandibulookulofazial mandibulooculofacial
mandibulopharyngeal mandibulopharyngien
Mandlsche Lösung f. solution de Mandl f.
Mandrell m. mandrill m.
Mandrin m. mandrin m.
Mangan n. manganèse m.
Manganismus m. manganisme m.
Mangel m. carence f., déficience f.
Mangelernährung f. malnutrition f.
Mangelkrankheit f. maladie carencielle f.
mangeln faire défaut, manquer
Manie f. manie f.
Manieriertheit f. maniérisme m.

Manifest n. manifeste m.
Manifestation f. manifestation f.
Manipulation f. manipulation f.
manisch maniaque
manisch-depressive Psychose f. psychose maniacodépressive f.
Mann m. homme m.
Mannan n. mannane m.
mannbar pubère
Mannbarkeit f. puberté f.
Männchen n. (Tier) mâle m.
Mannit n. mannitol m.
männlich mâle, masculin, viril
Männlichkeit f. virilité f.
Mannokinase f. mannokinase f.
Mannosamin n. mannosamine f.
Mannose f. mannose m.
Mannosid n. mannoside m.
Mannosidase f. mannosidase f.
Mannosidose f. mannosidose m.
Mannweib n. virago f.
Manometer n. manomètre m.
Manometrie f. manométrie f.
manometrisch manométrique
Manöver n. manoeuvre f.
Manschette f. manchette f.
Mansonelle f. mansonella f.
Mansonelliasis f. filariose à mansonella f.
Mantelantigen n. antigène d'enveloppe m.
Manteldentin n. dentine couvrante f.
Mantelkrone f. couronne jacket f.
Mantelzelle f. cellule capsulaire f.
Mantoux-Probe f. réaction de Mantoux f.
manubriosternal manubriosternal
manuell manuel
MAO (Monoaminooxydase) f. MAO (monoamine oxydase) f.
Maprotilin n. maprotiline f.
marantisch marastique
Marasmus m. marasme m.
Marciafava-Micheli-Syndrom n. syndrome de Marchiafava-Micheli m.
Mareksche Krankheit f. maladie de Marek f. (vétér.)
Marfan-Syndrom n. syndrome de Marfan m.
marginal marginal
Margination f. margination f.
Mariendistel m. chardon de Marie m.
Marihuana n. marihuana f.
Mark n. moelle f.
Marke f. marque f., repère m.
Markenpräparat n. produit de marque m.
Marker m. marqueur m.
Markergen m. gène marqueur m.
Markfibrose f. myélofibrose f.

markhaltig myélinisé
markieren marquer
Markierung f. marquage m.
Markierung, radioaktive f. marquage radioactif m.
Markknochen m. os à moelle m.
Markkultur f. culture de moelle f.
marklos sans moelle
Marknagel m. clou d'ostéosynthèse intramédullaire m.
Marksinus m. cavité médullaire f.
Markstrang m. cordon médullaire m.
Marmorgips m. plâtre dur m.
Marmorierung f. marbrure f.
Marmorisierung f. marbrure f.
Marmorknochenkrankheit f. maladie d'Albers-Schönberg f.
Marmorpulver n. poudre de marbre f.
Maronage f. craquelure f.
Marsch-Probe f. épreuve de Marsch f.
Marschfraktur f. fracture de marche f.
Marsupialisation f. marsupialisation f.
MASA (Morgagni-Adams-Stokesscher Anfall) m. syndrome de MorgagniAdams-Stokes m.
Masche f. maille f.
Maschentransplantat n. greffe de réseau de peau f.
MASER-Strahl m. rayon MASER m.
Masern f. rougéole f.
Maske f. masque m.
Maskengesicht n. facies myopathique m.
Maskenpflicht f. masque obligatoire m.
maskieren masquer
maskiert masqué
maskulin masculin
maskulinisieren masculiniser
Maskulinisierung f. virilisation f.
Masochismus m. masochisme m.
Masochist m. masochiste m.
Masochistin f. masochiste f.
masochistisch masochiste
Maß n. mesure f.
Massage f. massage m.
Massagebank f. banc de massage m.
Masse f. masse f.
Massenbewegung f. mouvement de masse m.
Massenblutung f. hémorragie massive f.
massenhaft en masse
Massenpsychose f. psychose de foule f.
Massenreflex m. réflexe de masse m.
Massenspektrometer n. spectromètre de masse m.
massenspektrometrisch spectométrie de masse, en

Massenwirkungsgesetz n. loi d'action de masse f.
Masseur m. masseur m.
Masseuse f. masseuse f.
massieren masser
mäßig modéré
massiv massif
Mastdarm m. rectum m.
Mastdarmbiopsie f. biopsie rectale f.
Mastdarmbiopsiezange f. pince à biopsie rectale f.
Mastdarmkrebs m. cancer rectal m.
Mastektomie f. mastectomie f.
Mastfettsucht f. obésité alimentaire f.
mastikatorisch masticatoire
Mastitis f. mastite f.
mastitisch mastitique
Mastix m. mastic m.
Mastixreaktion f. réaction de mastix f.
Mastkur f. cure de suralimentation f.
Mastodynie f. mastodynie f.
Mastoid n. apophyse mastoïde f.
mastoidal mastoïdien
Mastoidektomie f. mastoïdectomie f.
Mastoiditis f. mastoïdite f.
Mastoidotomie f. mastoïdotomie f.
Mastoidotympanektomie f. mastoïdotympanectomie f.
Mastopathie f. mastopathie f.
Mastoptose f. mastoptose f.
Mastose f. mastose f.
Mastotomie f. mastotomie f.
Mastozyt m. mastocyte m.
Mastozytom n. mastocytome m.
Mastozytose f. mastocytose f.
Masturbation f. masturbation f.
masturbatorisch de masturbation
masturbieren masturber
Mastzelle f. mastocyte m.
Material n. matériel m.
materiell matériel
maternofötal maternofoetal
mathematisch mathématique
Matraze f. matelas m.
Matratzennaht f. suture en capiton f.
Matrize f. matrice f.
matt faible
Mattigkeit f. lassitude f.
Mauke f. malandre f.
Maul (veter.) m. gueule f.
Maul- und Klauenseuche f. fièvre aphteuse f.
Maulbeerstein m. calcul mûriforme m.
Maulbeerherzkrankheit f. cardiopathie mûriforme f.
Maulbeerzelle f. cellule mûriforme f.

Maultier n. mulet m.
Mauserung f. mue f.
Maxilla f. maxillaire m.
maxillär maxillaire
Maxillarkanal m. canal maxillaire m.
maxillofazial maxillofacial
maxillomandibulär maxillomandibulaire
maxillonasal maxillonasal
maximal maximal, maximum
maximal zulässige Konzentration f. concentration maximale admissible (CMA) f.
Maximalversorgung f. (med.) soins maximum m. pl.
maximieren maximaliser
Maximum n. maximum m.
Maytansinoide n. maytansinoïde m.
Mayerscher Grundreflex m. réflexe de Mayer de la phalange basale m.
Mazerat n. macération f.
Mazeration f. macération f.
mazerieren macérer
Mazipredon n. maziprédone f.
MB-Isoenzym n. isoenzyme-MB f.
McBurneyscher Punkt m. point de Mac Burney m.
MCL (Medioclavicularlinie) f. ligne médio-claviculaire f.
MCS (multiple Chemikaliensensitivität) f. MCS (sensibilité chimique multiple) f.
MdE (Minderung der Erwerbsfähigkeit) f. restriction de l'aptitude au travail f.
MDP (Röntgen-Magen-Darm-Passage) f. transit gastro-intestinal m. (radiol.)
Meatotom n. méatotome m.
Meatotomie f. méatotomie f.
Mebanazin n. mébanazine f.
Mebendazol n. mébendazole m.
Mebenosid n. mébénoside m.
Mebeverin n. mébévérine f.
Mebolazin n. mébolazine f.
Mebutamat n. mébutamate m.
Mebutizid n. mébutizide m.
Mecamylamin n. mécamylamine f.
Mecarbinat n. mécarbinate m.
Mechanik f. mécanique f.
Mechanismus m. mécanisme m.
Mechanokardiographie f. mécanocardiographie f.
Mechanorezeptor m. mécanorécepteur m.
Mechanotherapie f. mécanothérapie f.
Mecilinam n. mécilinam m.
Meckelsches Divertikel n. diverticule de Meckel m.
Meclizin n. méclizine f.
Meclocyclin n. méclocycline f.

Meclofenoxat n. méclofénoxate m.
Meclorison n. méclorisone f.
Mecloxamin n. mécloxamine f.
Mecrylat n. mécrylate m.
medial interne, médial
medialwärts dirigé vers l'intérieur
median médian
Medianekrose f. médianécrose f.
medianwärts en direction médiane
Mediasklerose f. médiasclérose f.
mediastinal médiastinal
Mediastinalflattern n. flutter médiastinal m.
Mediastinitis f. médiastinite f.
Mediastinoperikarditis f. médiastinopéricardite f.
Mediastinoskop n. médiastinoscope m.
Mediastinoskopie f. médiastinoscopie f.
Mediastinotomie f. médiastinotomie f.
Mediastinum n. médiastin m.
Mediator m. médiateur m.
Mediatorin f. médiatrice f.
Mediator-Skandal m. scandale du Médiator m.
Medifoxamin n. médifoxamine f.
Medikament n. médicament m., remède m.
Medikament, zur Abhängigkeit führendes n. médicament addictif m.
medikamentinduziert iatrogène
Medikamentenschrank m. armoire à pharmacie f.
Medikation f. médication f.
medikolegal médicolégal
medikomechanisch mécanothérapeutique
medioaxillär médioaxillaire
mediokarpal médiocarpien
Medioklavikularlinie f. ligne médioclaviculaire f.
mediolateral médiolatéral
mediosagittal médiosagittal
Medium n. milieu m.
Medizin f. médecine f.
Medizinalassistent(in) m./(f.) médecin assistant des hôpitaux en stage m.
Medizinalbad n. bain traitant m.
Medizingeschichte f. histoire de la médecine f.
medizinisch médical
medizinisch-technisch médicotechnique
medizinisches bildgebendes System n. système de médicographie m.
Medizinstudent(in) m./(f.) étudiant(e) en médecine m./(f.)
Medizintechnik f. technique médicale f.
Medoxomil n. médoxomil m.
Medrogeston n. médrogestone f.

Medronat n. médronate m.
Medroxyprogesteron n. médroxyprogestérone f.
Medrylamin n. médrylamine f.
Medryson n. médrysone f.
Medulla f. moelle f.
medullär médullaire
Medulloblast m. médulloblaste m.
Medulloblastom n. médulloblastome m.
Medullographie f. médullographie f.
Medusenhaupt n. tête de méduse f.
Meerschweinchen n. cobaye m.
Mefenamat n. méfénamate m.
Mefentidin n. méfentidine f.
Mefloquin n. méfloquine f.
Mefrusid n. méfruside m.
MEG (Magneto-Enzephalogramm) n. magnétoencéphalogramme m.
Megabulbus m. mégabulbe m.
Megahertz n. mégahertz m.
Megakaryoblast m. mégacaryoblaste m.
Megakaryozyt m. mégacaryocyte m.
Megakolon n. mégacôlon m.
Megalerythema epidemicum n. mégalérythème épidémique m.
megalezithal mégalécithique
Megaloblast m. mégaloblaste m.
Megaloblastenanämie f. anémie mégaloblastique f.
Megaloblastose f. mégaloblastose f.
Megalozyt m. mégalocyte m.
megalozytär mégalocytaire
Megalozytose f. mégalocytose f.
Megaösophagus m. mégaoesophage m.
Megasigma n. mégasigmoïde m.
Megavolt-Strahlentherapie f. radiothérapie en mégavoltage f.
Megestrol n. mégestrol m.
Meglitinid n. méglitinide m.
Meglumin n. méglumine f.
Mehl n. farine f.
Mehlallergie f. allergie à la farine f.
mehlig farineux
Mehlnährschaden m. dystrophie farineuse f.
Mehltau m. mildiou m.
mehrdimensional multidimensionnel
mehrfach transfundiert polytransfusé
mehrfach ungesättigt polyinsaturé
Mehrfachimpfstoff m. vaccin polyvalent m.
Mehrgebärende f. multipare f.
Mehrgefäßerkrankung f. maladie polyvasculaire f.
Mehrkammerig pluriloculaire
Mehrkanalsystem n. système pluricanalaire m.

mehrkernig polynucléaire
Mehrlingsschwangerschaft f. grossesse pluriembryonnaire f.
mehrphasig multiphasique
Mehrpunktkontakt m. multicontacts m. pl.
Mehrschichtfilm m. film à plusieurs couches m.
mehrschichtig pluristratifié
Mehrschichtspirale spirale pluristratifiée f.
mehrtorig à plusieurs entrées
Mehrzweck m. objet à usages multiples m.
Meibomsche Drüse f. glande de Meibomius f.
Meigs-Syndrom n. syndrome de Meigs m.
Meile f. lieue f., mile m.
Meinickereaktion f. réaction de Meinicke f.
Meiose f. méiose f.
Meißel m. burin m., ciseau m.
meißeln travailler au ciseau
Meissnerscher Plexus m. plexus de Meissner m.
Mekkabalsam m. baume d'Algérie m.
Mekonium n. méconium m.
Meladrazin n. méladrazine f.
Melaena f. méléna m.
Melamin n. mélamine f.
Melancholie f. mélancolie f.
Melancholiker m. mélancolique m.
Melancholikerin f. mélancolique f.
melancholisch mélancolique
Melanin n. mélanine f.
Melanoblast m. mélanoblaste m.
Melanoblastom n. mélanome m.
Melanocortin n. mélanocortine f.
Melanodendrozyt m. mélanodendrocyte m.
Melanodermie f. mélanodermie f.
Melanodontie f. mélanodontie f.
Melanogen n. mélanogène m.
Melanoglossie f. mélanoglossie f.
Melanokarzinom n. mélanocarcinome m.
Melanoliberin n. hormone mélanostimulante (MSH) f.
Melanom n. mélanome m.
Melanophage m. mélanophage m.
Melanophor m. mélanophore m.
Melanoplakie f. mélanokératose f.
Melanosarkom n. mélanosarcome m.
Melanose f. mélanose f.
Melanostatin n. mélatonine f.
melanotisch mélanique
Melanotrichia f. mélanotrichie f.
Melanotrichia linguae f. langue noire pileuse f.
Melanotropin n. hormone mélanotrope f.
Melanozyt m. mélanocyte m.

melanozytenstimulierendes Hormon n. hormone mélanostimulante f.
Melanurie f. mélanurie f.
Melarsonyl n. mélarsonyl m.
Melasma n. mélasme m.
Melatonin n. mélatonine f.
Meldepflicht f. obligation de déclarer f.
meldepflichtig à déclaration obligatoire
Meletimid n. mélétimide m.
Melibiose f. mélibiose f.
Melinamid n. mélinamide m.
Melioidose f. mélioïdose f.
Melisse f. mélisse f.
Melissengeist m. eau de mélisse f.
melken traire
Melkerknoten m. nodule des trayeurs m.
Meloplastik f. méloplastie f.
Melorheostose f. mélorhéostose f.
Meloxicam n. méloxicam m.
Melperon n. melpérone f.
Melphalan n. melphalan m.
Memantin n. mémantine f.
Membran f. membrane f.
Membranfilter m. filtre de membrane m.
membranös membraneux
membranprolifertaiv membranoprolifératif
Menadiol n. ménadiol m.
Menadion n. ménadione f.
Menarche f. ménarché f.
Menatetrenon n. ménatétrénone f.
Menbuton n. menbutone f.
Mendel-Bechterewscher Reflex m. réflexe de Mendel-Bechterew m.
Mendel-Mantoux-Probe f. test de Mantoux m.
Mendelevium n. mendélévium m.
mendeln se conformer aux lois de Mendel
Mendelsches Gesetz n. loi de Mendel f.
Mennell-Zeichen n. signe de Mennell m.
Menge f. quantité f.
Menge-Pessar m. pessaire en massue m.
Menhidrose f. menhidrose f.
Ménièrescher Symptomenkomplex m. maladie de Ménière f.
meningeal méningé
Meningeom n. méningiome m.
Meningiom n. méningiome m.
Meningiose f. affection méningée f.
Meningismus m. méningisme m.
Meningitis f. méningite f.
Meningitis, akute aseptische f. méningite aigue à liquide clair f.
Meningitis, eitrige f. méningite purulente f.
Meningitis, epidemische f. méningite épidémique f.
Meningitis, lymphozytäre f. méningite lymphocytaire f.
Meningitis, tuberkulöse f. méningite tuberculeuse f.
Meningitis, Virus- f. méningite virale f.
meningitisch méningitique
Meningoenzephalitis f. méningoencéphalite f.
Meningoenzephalomyelitis f. méningoencéphalomyélite f.
Meningokokkenserum n. sérum antiméningococcique m.
Meningokokkus m. méningocoque m.
Meningomyelozele f. myélomémngocèle f.
Meningoradikuloneuritis f. méningoradiculonévrite f.
Meningose f. méningiopathie f.
Meningovaskulär méningovasculaire
Meningozele f. méningocèle f.
Meniskektomie f. méniscectomie f.
Meniskotomie f. méniscotomie f.
Meniskus m. ménisque m.
Meniskusdislokation am Knie f. dislocation du ménisque (genou) f.
Meniskusmesser n. méniscotome m.
Menitrazepam n. ménitrazépam m.
Menkes-Syndrom n. maladie de Menkes f.
Menocton n. ménoctone f.
Menolyse f. ménolyse f.
Menometrorrhagie f. ménométrorragie f.
menopausal ménopausique
Menopause f. ménopause f.
Menorrhagie f. ménorragie f.
menschlich humain
Menschlichkeit f. humanité f.
Mensingapessar m. pessaire occlusif de Mensinga m.
Menstruation f. menstruation f.
Menstruationszyklus m. cycle menstruel m.
menstruell menstruel
menstruieren avoir les règles
mental mental
Mentalität f. mentalité f.
Menthol n. menthol m.
mentoanterior mentoantérieur
mentodorsoposterior mentodorsopostérieur
mentolabial mentolabial
mentoposterior mentopostérieur
Meobentin n. méobentine f.
Mepacrin n. quinacrine f.
Mepazin n. mépazine f.
Mepenzolat n. mépenzolate m.
Meperidin n. mépéridine f.
Mephentermin n. méphentermine f.
Mepivacain n. mépivacaïne f.

Meprobamat n. méprobamate m.
Mepyramin n. mépyramine f.
Mequitazin n. méquitazine f.
Meralgie f. méralgie f.
Meralgia paraesthetica f. méralgie paresthésique f.
Merbromin n. merbromine f.
Mercierscher Katheter m. cathéter de Mercier m.
Mercurobutol n. mercurobutol m.
Meridian m. méridien m.
meridional méridien
Meristom n. cytoblastome néoplasique m.
Merkaptan n. mercaptan m.
Merkaptoethansulfonat n. mercaptoéthansulfonate m.
Merkaptoethylalkohol m. mercaptoéthanol m.
Merkaptopurin n. mercaptopurine f.
Merkaptovalin n. mercaptovaline f.
Merkmal n. signe caractéristique m.
Merkschwäche f. manque de mémoire m.
Merkurialismus m. hydrargyrisme m.
Merkurochlorid n. chlorure mercuriel m.
Merkursalizylat n. salicylate mercuriel m.
meroblastisch méroblastique
Merogonie f. mérogonie f.
merokrin mérocrine
Merozoit m. mérozoïte m.
Merseburger Trias f. triade symptomatique de la maladie de Basedow f.
Merzbacher-Pelizaeussche Krankheit f. maladie de Pelizaeus-Merzbacher f.
Mesabolon n. mésabolone f.
Melasamin n. mélasamine f.
mesangial du mésangium
mesangiokapillär mésangiocapillaire
mesangioproliferativ mésangioprolifératif
Mesangium n. mésangium m.
Mesaortitis f. mésaortite f.
Meseclazon n. méséclazone f.
Mesenchym n. mésenchyme m.
mesenchymal mésenchymateux
Mesenchymom n. mésenchymome m.
mesenterial mésentérique
Mesenterialvenenthrombose f. thrombose veineuse mésentérienne f.
Mesenterikographie f. mésentérographie f.
mesenterisch mésentérique
Mesenterium n. mésentère m.
mesenzephal mésencéphalique
Mesenzephalitis f. mésencéphalite f.
mesial mésial
Mesialbiss m. articulé mésiodistal m.
Mesialstellung f. mésioposition f.

Mesialwinkel m. angle mésial m.
Mesilat n. mésilate m.
mesioangulär mésioangulaire
mesiobukkal mésiobuccal
mesiodistal mésiodistal
Mesiokklusion f. mésiocclusion f.
mesiolingual mésiolingual
mesiookklusal mésocclusif
mesiookklusodistal mésiocclusodistal
Mesioversion f. mésioversion f.
Meskalin n. mescaline f.
Mesna n. mesna m.
Mesobilifuscin n. mésobilifuscine f.
Mesobilirubin n. mésobilirubine f.
Mesobilirubinogen n. mésobilirubinogène m.
Mesoblast m. mésoblaste m.
Mesoderm n. mésoderme m.
mesodiastolisch mésodiastolique
mesodienzephal mésodiencéphalique
Mesogastrium n. mésogastre m.
Mesoinosit n. mésoinositol m.
mesokaval mésocaval
mesomel mésogénien
Mesomerie f. mésomérie f.
Mesometritis f. annexite juxta-utérine f.
Mesopharynx m. mésopharynx m.
Mesoridazin m. mésoridazine f.
mesosystolisch mésosystolique
Mesotheliom n. mésothéliome f.
Mesothelium n. mésothélium m.
Mesotympanum n mésotympan m.
Mesoxalat n. mésoxalate m.
Mesotil n. mésotil m.
mesotympanisch mésotympana1
Mesotympanum n. caisse du tympan f.
Messanordnung f. technique de mesure f.
Messband n. ruban métrique m.
Messbecher m. verre gradué m.
Messbereich m. intervalle de mesure m.
messen mesurer
Messenger-RNS f. ARN messager m.
Messer n. bistouri m., couteau m., scalpel m.
Messerbänkchen n. pose-bistouri m.
Messergebnis n. résultat de mesure m.
Messerstich m. coup de couteau m.
Messfehler m. erreur de mesure f.
Messfühler m. capteur m.
Messgenauigkeit f. précision de la mesure f.
Messgerät n. instrument de mesure m.
Messing m. laiton m.
Messkammer f. cellule de comptage f.
Messlöffel m. cuillère mesure f.
Messmethode f. méthode de mesure f.
Messplatz m. endroit de mesure m.

Messpunkt m. point de mesure m.
Messstelle f. localisation de la mesure f.
Messung f. mensuration f., mesure f.
Messvorrichtung f. appareil de mesure m.
Messzylinder m. cylindre gradué m.
Mestanolol n. mestanolol m.
Mesterolon n. mestérolone f.
Mestranol n. mestranol m.
Mesuprin n. mésuprine f.
Mesuximid n. mésuximide m.
Mesylat n. mésylate m.
metaanalytisch méta-analytique
Meta-Stellung f. paraposition f.
metabolisch métabolique
metabolisierbar métabolisable
metabolisieren métaboliser
Metabolisierungstyp m. type de métabolisme m.
Metabolit m. métabolite m.
Metacholin n. métacholine f., métacholinium m.
Metachromasie f. métachromasie f.
metachromatisch métachromatique
Metaclazepam n. métaclazépam m.
Metahexamid n. métahexamide m.
metakarpal métacarpien
Metakinese f. métacinèse f.
Metall n. métal m.
Metallchelatchromatographie f. métal chélate chromatographie f.
Metallfüllung, gegossene f. inlay métal m. (dent.)
metallisch métallique
Metallkeramik f. métallocéramique f. (dent.)
Metallkrone f. couronne métallique f.
metallophil métallophile
Metalloproteinase f. métalloprotéinase f.
Metallothionein n. métallothioneïne f.
Metallspritze f. seringue métallique f.
Metallständer m. support en métal m.
Metallurgie f. métallurgie f.
Metamfazon n. métamfazone f.
Metamizol n. métamizole m.
Metamorphopsie f. métamorphopsie f.
Metamorphose f. métamorphose f.
Methamphetamin n. méthamphétamine f.
Metamyelozyt m. métamyélocyte m.
Metanephrin n. métanéphrine f.
Metanilgelb n. jaune de paranilinium m.
Metaphase f. métaphase f.
Metaphylaxe f. métaphylaxie f.
metaphysär métaphysaire
Metaphyse f. métaphyse f.
Metapiprilen n. méthapiprilène m.
Metaplasie f. métaplasie f.

metaplastisch métaplasique
metapneumonisch métapneumonique
Metarteriole f. métartériole f.
Metastase f. métastase f.
Metastasenbildung f. production de métastases f.
metastasieren métastasier
metastatisch métastatique
Metastrongylus m. métastrongylus m.
Metasyphilis f. parasyphilis f.
metasyphilitisch parasyphilitique
metatarsal métatarsien
Metatarsalgie f. métarsalgie f.
Metatarsalköpfchen n. tête métatarsienne f.
Metaxalen n. métaxalène m.
Metaxenie f. métaxénie f.
metazentrisch métacentrique
Metazerkarie f. métacercaire f.
Metazid n. métazide m.
Metazocin n. métazocine f.
Metazoon n. métazoaire m.
Meteneprost n. méténéprost m.
Metenolon n. méténolone f.
Meteorologie f. météorologie f.
meteorologisch météorologique
meteorotrop météorotrope
Meter n. mètre m.
Metergolin n. métergoline f.
Metescufyllin n. métescufylline f.
Methadol n. méthadol m.
Methadon n. méthadone f.
Methakrylat n. méthacrylate m.
Methämoglobin n. méthémoglobine f.
Methamphetamin n. méthamphétamine f.
Methan n. méthane m.
Methananthelin n. méthananthéline f.
Methandrostenolon n. méthandrosténolone f.
Methansulfonat n. sulfonate de méthane m.
Methaqualon n. méthaqualone f.
Methazon n. méthasone f.
Methergolin n. méthergoline f.
Methiaminodiazepoxid n. méthaminodiazépoxide m.
Methiazid n. méthiazide m.
Methiazol n. méthiazole m.
Methicillin n. méthicilline f.
Methimazol n. méthimazole m.
Methionin n. méthionine f.
Methobromid n. méthobromure m.
Methode f. méthode f.
Methodologie f. méthodologie f.
methodologisch méthodologique
Methomanie f. dipsomanie f.
Methopterin n. méthoptérine f.

Methopyrapon n.   méthopyrapone f.
Methotrexat n.   méthotrexate m.
Methoxalen n.   méthoxalène m.
Methoxamin n.   méthoxamine f.
Methoxyfluran n.   méthoxyflurane m.
Methoxypsoralen n.   méthoxalène m.
Methylalkohol m.   alcool méthylique m., méthanol m.
Methylamin n.   méthylamine f.
Methylarginin n.   méthylarginine f.
Methylat n.   méthylate m.
Methylbenzethonium n.   méthylbenzéthonium m.
Methylbromid n.   méthylbromure m.
Methylcholantren n.   méthylcholantrène m.
Methylcholin n.   méthylcholine f.
Methyldigoxin n.   méthyldigoxine f.
Methyldimethoxyamphetamin n.   méthyldiméthoxyamphétamine f.
Methyldiphenhydramin n.   méthyldiphenhydramine f.
Methyldopa n.   méthyldopa f.
Methyldopat n.   méthyldopate m.
Methylen n.   méthylène m.
Methylenblau n.   bleu de méthylène m.
Methylendioxymetamphetamin n.   methylènedioxymétamphétamine f.
Methylentetrahydrofolatreduktase f.   méthylènetétrahydrofolate-réductase f.
Methylester m.   ester méthylique m.
Methylglykosid n.   méthylglycoside m.
Methylhistamin n.   méthylhistamine f.
Methylhistidin n.   méthylhistidine f.
Methylhydrocortison n.   méthylhydrocortisone f.
methylieren   méthyler
Methylierung f.   méthylation f.
Methyliodid n.   méthyliodure m.
Methylkrotonylglyzin n.   méthylcrotonylglycine f.
Methylnitrat n.   nitrate de méthyle m.
Methylnitrosoharnstoff m.   méthylnitroso-urée f.
Methylorange n.   orange méthylique m.
Methylphenidat n.   méthylphénidate m.
Methylphenylhydrazin n.   méthylphénylhydrazine f.
Methylprednisolon n.   méthylprednisolone f.
Methylrosanilin n.   méthylrosanilinium m.
Methylrot n.   rouge méthylique m.
Methylsufat n.   sulfate de méthyle m.
Methyltertbutylether n.   méthyltertbutyléther m.
Methylthiouracil n.   méthylthiouracile m.
Methyltransferase f.   méthyltransférase f.

Methylvalerat n.   valérate de méthyle m.
Methylviolett n.   violet méthylique m.
Methysergid n.   méthysergide m.
Metiamid n.   métiamide m.
Metil n.   méthyle m.
Metixen n.   métixène m.
Metizolin n.   métizoline f.
Metmyoglobin n.   myoglobine oxydée f.
Metoclopramid n.   métoclopramide m.
Metolazon n.   métolazone f.
Metopimazin n.   métopimazine f.
Metopismus m.   métopisme m.
Metoprolol n.   métoprolol m.
Metoxan n.   métoxane m.
Metoxenie f.   métoxénie f.
Metreurynter m.   ballon intra-utérin m., métreurynter m.
Metrifonat n.   métrifonate m.
metrisch   métrique
Metritis f.   métrite f.
Metrizoat n.   métrizoate m.
Metronidazol n.   métronidazole m.
Metropathia haemorrhagica f.   métropathie hémorragique f.
metropathisch   métropathologique
Metropenem n.   métropenem m.
Metrorrhagie f.   métrorragie f.
Metrosalpingographie f.   hystérosalpingographie f.
Mettaloid n.   métalloïde m.
Metypranol n.   métypranol m.
Metyrapon n.   métyrapone f.
Metyrosin n.   métyrosine f.
Meulengrachtsche Krankheit f.   maladie de Meulengracht f.
MEV (mittleres Erythrozytenvolumen) n.   MCV (volume globulaire moyen) m.
Mevalonat n.   mévalonate m.
Mexiletin n.   mexilétine f.
Mexreonat n.   mexréonate m.
Meynertsches Bündel n.   faisceau de Meynert m.
Mezepin n.   mézépine f.
MF (maximale Flussrate) f.   PEF (pic du volume expiratoire maximal/seconde) m.
MHK (minimale Hemmkonzentration) f.   concentration minimale inhibitrice (MIC) f.
Mianserin n.   miansérine f.
Mibefradil n.   mibéfradil m.
Miboleron n.   mibolérone f.
Micelle f.   micelle f.
Michaelische Raute f.   losange de Michaélis m.
Miconazol n.   miconazole m.

Midrodin n. midodrine f.
Mieder n. corset m.
MIF (migrationsinhibierender Faktor) m. MIF (facteur inhibiteur de la migration) m.
MIF (MSH-hemmender Faktor) m. facteur inhibiteur de la MSH m.
Mifepriston n. mifépristone f.
Migerose f. migérose m.
Migräne f. migraine f.
Migration f. migration f.
Mikroabszess m. microabscès m.
Mikroaggregat n. microagrégat m.
Mikroanalyse f. microanalyse f.
mikroanalytisch microanalytique
Mikroaneurysma n. microanévrisme m.
Mikroangiopathie f. microangiopathie f.
Mikrobe m. microbe m.
Mikrobestimmung f. microdétermination f.
mikrobiell microbien
Mikrobiologe m. microbiologiste m.
Mikrobiologie f. microbiologie f.
Mikrobiologin f. microbiologiste f.
mikrobiologisch microbiologique
mikrobizid microbicide
Mikroblast m. microblaste m.
Mikrobohrer m. microfraise f.
Mikrobulbus m. microbulbe m.
Mikrochemie f. microchimie f.
mikrochemisch microchimique
Mikrochirurgie f. microchirurgie f.
mikrochirurgisch microchirurgique
Mikrocomputer m. microordinateur m.
Mikrocurie n. microcurie m.
Mikrodaktylie f. microdactylie f.
Mikrodensitometer n. microdensitomètre m.
Mikrodensitometrie f. microdensitométrie f.
mikrodensitometrisch microdensitométrique
Mikrodialyse f. microdialyse f.
Mikrodontie f. microdontie f.
Mikrodosiergerät n. appareil de microdosage m.
Mikroeinheit f. micro unité f.
Mikroelektrode f. microélectrode f.
Mikroelektrophorese f. microélectrophorèse f.
Mikroelement n. microélément m.
Mikroembolus f. microembole m.
Mikrofibrille f. microfibrille f.
Mikrofilament n. microfilament m.
Mikrofilarie f. microfilaire f.
Mikrofilm m. microfilm m.
Mikrofilter m. microfiltre m.
Mikrofiltration f. microfiltration f.
Mikroflockung f. microfloculation f.
Mikrofraktur f. microfracture f.
Mikrogamet m. microgamète m.
Mikrogenie f. microgénie f.
Mikroglia f. microglie f.
Mikrogliomatose f. microgliomatose f.
Mikroglobulin n. microglobuline f.
Mikroglossie f. microglossie f.
Miktognathie f. micrognathie f.
Mikrogramm n. microgramme m.
Mikrogyrie f. microgyrie f.
Mikrohämaturie f. microhématurie f.
Mikrohärte f. microinduration f.
Mikroheiztisch m. microplaque de chauffe f.
Mikroinfarkt m. microiinfarctus m.
Mikroinjektion f. microiinjection f.
Mikrokalorimeter n. microcalorimètre m.
Mikrokalorimetrie f. microcalorimétrie f.
mikrokalorimetrisch microcalorimétrique
Mikrokapsel f. microcapsule f.
Miktokern m. micronucléus m.
Mikroklima n. microclima m.
Mikrokokkus m. microcoque m.
Mikrokokkus tetragenus m. Gaffkya tetragena m.
Mikrokorie f. microcorie f.
Mikrokorn n. micrograin m.
Mikrokörper m. corps microscopique m.
Mikrokranie f. microcrânie f.
Mikrokristall m. microcristal m.
mikrokristallinisch microcristallin
Mikrokultur f. microculture f.
Mikrolaryngoskopie f. Microlaryngoscopie f.
mikrolezithal microlécithique
Mikrolissenzephalie f. microlissencéphalie f.
Mikroliter m. microlitre m.
Mikromanie f. micromanie f.
Mikromanipulator m. micromanipulateur m.
Mikromanometer n. micromanomètre m.
Mikromanometrie f. micromanométrie f.
mikromanometrisch micromanométrique
Mikromastie f. micromastie f.
Mikromelie f. micromélie f.
Mikromessung f. micromesure f.
Mikrometer m. micromètre m.
Mikromethode f. microméthode f.
Mikromol n. micromole f.
Mikromolekül n. micromolécule f.
mikromolekular micromoléculaire
Mikromyelie f. micromyélie f.
Mikromyeloblast m. micromyéloblaste m.
Mikromyelozyt m. micromyélocyte m.

Mikron n. micron m.
Mikroneurochirurgie f. microneurochirurgie f.
mikroneurochirurgisch microneuro chirurgical
Mikroorchidie f. microrchidie f.
Mikroorganismus m. microorganisme m.
Mikroparaproteinose f. microparaprotéinose f.
Mikropartikel f. microparticule f.
Mikroperfusion f. microperfusion f.
Mikrophage m. microphage m.
Mikrophakie f. microphakie f.
Mikrophon n. microphone m.
Mikrophthalmie f. microphtalmie f.
Mikrophysik f. microphysique f.
Mikrophyt m. microphyte m.
Mikropinozytose f. micropinocytose f.
Mikropolyadenie f. micropolyadénie f.
Mikropolygyrie f. micropolygyrie f.
Mikropsie f. micropsie f.
Mikropunktion f. microponction f.
Mikroquantität f. microquantité f.
Mikroradiographie f. microradiographie f.
mikroradiographisch microradiographique
Mikroradiologie f. microradiologie f.
mikroradiologisch microradiologique
Mikroreaktion f. microréaction f.
Mikrorheologie f. microrhéologie f.
mikrorheologisch microrhéologique
Mikrosatellit m. microsatellite m.
Mikroskop (binokuläres/monokuläres) n. microscope (binoculaire/monoculaire) m.
Mikroskopie f. microscopie f.
Mikroskopiebesteck n. nécessaire de microscopie m.
mikroskopisch microscopique
mikroskopisch untersuchen examiner au microscope
Mikrosom n. microsome m.
mikrosomal microsomique
mikrosomatisch microsomatique
Mikrosomie f. microsomie f.
Mikrospektrophotometer n. microspectrophotomètre m.
Mikrospektrophotometrie f. microspectrophotométrie f.
mikrospektrophotometrisch microspectrophotométrique
Mikrospiration f. microspiration f.
Mikrosporidie f. microsporidium m.
Mikrosporidiose f. microsporidiose f.
Mikrosporie f. microsporie f.
Mikrosporon Audouini n. Microsporon audouini m.
Mikrosporon furfur n. Microsporon furfur m., Pityrosporum orbiculare m.
Mikrosporon mentagrophytes n. Microsporon mentagrophytes m.
Mikrosporon minutissimum n. Microsporon minutissimum m.
Mikrostomie f. microstomie f.
Mikrothelie f. microthélie f.
Mikrothrombose f. microthrombose f.
mikrothrombotisch microthrombosé
Mikrothrombus m. microcaillot m.
Mikrotie f. microtie f.
Mikrotiter m. microtitrage m.
Mikrotom n. microtome m.
mikrotoxisch microtoxique
Mikrotoxizität f. microtoxicité f.
Mikrotrabekel m. microtrabécule m.
Mikrotransfusion f. microtransfusion f.
Mikrotrauma n. microtraumatisme m.
mikrotubulär microtubulaire
Mikroverkapselung f. microencapsulement m.
Mikrowelle f. microonde f.
Mikrowellentherapiegerät n. appareil à micro-ondes m.
Mikrozentrifuge f. microcentrifugeuse f.
mikrozephal microcéphalique
Mikrozephalie f. microcéphalie f.
Mikrozirkulation f. microcirculation f.
mikrozirkulatorisch microcirculatoire
Mikrozyt m. microcyte m.
mikrozytär microcytaire
Mikrozytose f. microcytose f.
Miktion f. miction f.
Miktionsstörung f. trouble de la miction m.
Mikuliczsche Krankheit f. syndrome de Mikulicz m.
Mikuliczsche Zelle f. cellule vacuolochromatique du rhinosclérome f.
Milbe f. acare m., mite f.
Milbenfleckfieber n. typhus des broussailles m.
Milbenseuche der Biene f. maladie acarienne de l'abeille
Milch f. lait m.
Milch-Alkali-Syndrom n. syndrome de Burnett m.
milchbildend galactogène
Milchbrustgang m. canal thoracique m.
Milchfieber n. fièvre de la montée de lait f.
Milchfistel f. fistule mammaire f.
Milchgangentzündung f. galactophorite f.
Milchgebiss n. première dentition f.

Milchglaszelle f.   cellule vitreuse f.
milchig   laiteux
Milchkrankheit f.   milksickness f. (vétér.), tremblante f. (vétér.)
Milchleiste f.   crête mammaire f.
Milchpumpe f.   téterelle f.
Milchschorf m.   croûte de lait f.
Milchstauung f.   galactostase f.
milchtreibend   galactogogue
milchtreibendes Mittel n.   galactogogue m.
Milchzahn m.   dent de lait f.
Milchzucker m.   lactose m.
Milchzyste f.   galactocèle f.
miliar   miliaire
Miliaria cristallina f.   miliaire à bulles claires f.
Miliaria rubra f.   miliaire sur fond érythémateux f.
Miliartuberkulose f.   tuberculose miliaire f.
Milieu n.   milieu m.
Milipertin n.   milipertine f.
Militärkrankenhaus n.   hôpital militaire m.
Militracen n.   militracène m.
Milium n.   milium m.
Milkman-Syndrom n.   syndrome de Milkman m.
Miller-Abbott-Sonde f.   sonde intestinale à ballon de Miller-Abbott f.
Milliamper n.   milliampère m.
Milliäquivalent n.   milliéquivalent (mEq) m.
Millibar n.   millibar m.
Millicurie n.   millicurie m.
Milligramm n.   milligramme m.
Milliliter n.   millilitre m.
Millimeter n.   millimètre m.
Millimikron n.   millimicron m.
Millimol n.   millimole f.
Millisievert n.   millisievert m.
Millivolt n.   millivolt m.
Millon-Probe f.   test de la tyrosine urinaire de Millon m.
Milnacipram n.   milnacipram m.
Milrinon n.   milrinone f.
Milz f.   rate f.
Milzbrand m.   charbon m.
milzlos   sans rate
Milzruptur f.   rupture de la rate f.
Milzvene f.   veine splénique f.
Mimban n.   mimbane m.
Mimetikum n.   mimétique m.
mimetisch   mimétique
Mimikry n.   mimétisme m.
Minaprin n.   minaprine m.
Minaxolon n.   minaxolone f.
Minderwertigkeitskomplex m.   complexe d'infériorité m.
Mindestwert m.   valeur minimum f.
Mindoperon n.   mindopérone f.
Minepentat n.   minépentate m.
Mineral n.   minéral m.
Mineralbad n.   bain minéral m.
mineralisch   minéral
Mineralisierung f.   minéralisation f.
Mineralokortikoid n.   minéralocorticoïde m.
Mineralöl n.   huile minérale f.
Mineralogie f.   minéralogie f.
Mineralsalz n.   sel minéral m.
Mineralwachs n.   cire minérale f.
Mineralwasser n.   eau minérale f.
Miniaturbohrer m.   miniforet m.
minimal   minimal, minimum
minimalinvasiv   peu invasif
minimieren   minimiser
Minimum n.   minimum m.
Minimum, striktes m.   strict minimum m.
ministerielle Vorgaben f. pl.   dispositions ministérielles f. pl.
Minocyclin n.   minocycline f.
Minoxidil n.   minoxidil m.
Minute-Chromosom n.   chromosome de duplication m.
Minutenvolumen n.   volume minute m.
miolezithal   miolécithique
Miosis f.   myosis m.
Miotikum n.   myotique m.
miotisch   myotique
Miristalkonium n.   miristalkonium m.
Mirtazapin n.   mirtazapine f.
mischbar   miscible
Mischbarkeit f.   miscibilité f.
Mischblock m.   composite de calage m. (dent.)
mischen   mélanger
Mischer m.   mélangeur m.
Mischinfektion f.   infection mixte f.
Mischinsulin n.   complexe insulinique m.
Mischkollagenose f.   collagénose mixte f.
Mischplatte f.   plaque de mélange f. dent.
Mischpolymerisat n.   complexe polymère m.
Mischpolymerisation f.   copolymérisation f.
Mischpsychose f.   psychose atypique f.
Mischscan m.   scanner complexe m.
Mischtumor m.   tumeur mixte f.
Mischung f.   mélange m.
Mischzyanose f.   cyanose de shunt f.
Miserere n.   colique de miséréré f.
Misonidazol n.   misonidazole m.
Missbildung f.   difformité f., malformation f.
Missbrauch m.   abus m.

Misserfolg m. échec m.
Missgeburt f. monstre m.
misshandeln maltraiter
Misshandlung f. mauvais traitement m.
misstrauisch méfiant
Missverhältnis n. disproportion f.
Mistel f. gui m.
Mitarbeiter m. collaborateur m.
Mitarbeiterin f. collaboratrice f.
Mitbewegung f. syncinésie f.
Mitella f. écharpe f.
Mitesser m. comédon m.
Mitglied n. membre m.
mitochondrial mitochondrique
Mitochondrien n. pl. mitochondries f. pl.
mitogen mitogène
Mitogen n. mitogène m.
Mitogenese f. mitogenèse f.
Mitoguazon n. mitoguazone f.
Mitom n. mitome m.
Mitomycin n. mitomycine f.
Mitoplasma n. mitoplasme m.
Mitopodozid n. mitopodozide m.
Mitose f. mitose f.
Mitosegift n. toxique mitotique m.
Mitosehemmstoff m. antimitotique m.
Mitosespindel f. fuseau mitotique m.
Mitosom n. mitosome m.
Mitostatikum n. mitostatique m.
mitostatisch mitostatique
Mitotan n. mitotane m.
Mitotenamin n. mitoténamine f.
mitotisch mitotique
Mitoxantron n. mitoxantrone f.
Mitralinsuffizienz f. insuffisance mitrale f.
Mitralisation f. mitralisation f.
Mitralklappe f. valvule mitrale f.
Mitralklappenprolaps m. ptose mitrale f.
Mitralklappensehnenfadenabriss m. déchirure mitrale des cordages f.
Mitralsegel n. valvule mitrale f.
Mitralstenose f. rétrécissement mitral m.
Mitralzelle f. cellule mitrale f.
Mitteilung, persönliche f. communication personnelle f.
Mittelbauch m. région mésogastrique f.
Mitteldruck m. pression moyenne f.
mittelexspiratorisch mésoexpiratoire
Mittelfell n. médiastin m.
Mittelfinger m. médius m.
Mittelfuß m. métatarse m.
mittelgelb jaune moyen
Mittelhand f. métacarpe m.
Mittelhirn n. mésencéphale m.
mittelinspiratorisch méso-inspiratoire

Mittellage f. position moyenne f.
Mittellappen m. lobe moyen m.
Mittellinie f. ligne médiane f.
Mittelmeeranämie f. anémie érythroblastique f.
Mittelohr n. oreille moyenne f.
Mittelpunkt m. centre m.
Mittelschmerz m. syndrome du quinzième jour m.
Mittelschnitt m. incision médiane f.
Mittelstrahlharn m. jet moyen d'urine m.
Mittelwert m. moyenne f.
Mixidin n. mixidine f.
Mixoplasma n. plasma sec m.
Mixoskopie f. mixoscopie f.
Mixtur f. mixture f.
Miyagawanella f. Miyagawanella f.
Mizelle f. micelle f.
Mizolastin n. mizolastine f.
Mizoribin n. mizoribine f.
MMA (Mastitis, Metritis, Agalaktie) (veter.) f. MMA (mastite, métrite, agalactie) (vétér.) f.
M-Mode-Echographie f. échographie en mode M f.
Mnemotechnik f. mnémotechnique f.
mnestisch mnésique
Mobecarb m. mobécarb m.
Mobentoxamin n. mobentoxamine f.
mobil mobile
mobilisieren mobiliser
Mobilisierung f. mobilisation f.
Mobilität f. mobilité f.
Mobitz-Block m. bloc cardiaque fonctionnel dissocié de Mobitz m.
Möbius-Zeichen n. signe de Moebius m.
Moctamid n. moctamide m.
modal modal
Modalität f. modalité f.
Modell n. modèle m.
Modell, anatomisches n. modèle anatomique d'étude m.
Modellgusstechnik f. technique de coulage des modèles f.
modellieren modeler
Modellierinstrument n. instrument de modelage m.
Modifikation f. modification f.
Modifikator m. modificateur m.
modifizieren modifier
Modiolus m. columelle f.
Modul m. module m.
Modulation f. modulation f.
Modulator m. modulateur m.
modulieren moduler

Moeller-Barlowsche Krankheit f.   maladie de Barlow f.
Mofebutazon n.   mofébutazone f.
Mofetil n.   mofétil m.
Mofloverin n.   moflovérine f.
Mofoxim n.   mofoxime m.
Mohnkapsel f.   tête de pavot f.
Mol n.   mol (mole) f.
Mol. Gew. (Molekulargewicht) n.   poids moléculaire (PM) m.
Molalität f.   molalitë f.
molar   molaire
Molar m.   molaire f.
Molarität f.   molarité f.
Moldine f.   moldine f.
Mole f.   môle f.
Mole, Blasen- f.   môle hydatiforme f.
Mole, Blut- f.   môle sanglante f.
Mole, Fleisch- f.   môle charnue f.
Molekül n.   molécule f.
molekular   moléculaire
Molekularbiologie f.   biologie moléculaire f.
molekulargenetisch   moléculo-génétique
Molekulargewicht n.   poids moléculaire m.
Molindon n.   molindone f.
Molke f.   petit-lait m.
Mollsche Drüse f.   glande de Moll f.
Molluscum contagiosum n.   Molluscum contagiosum m.
Molluske f.   mollusque m.
molluskizid   détruisant les mollusques
Molsidomin n.   molsidomine f.
Molybdän n.   molybdène m.
molybdänhaltig (dreiwertig)   molybdéneux
molybdänhaltig (sechswertig)   molybdénique
Molybdat n.   molybdate m.
momentan   momentanément
Monakowsches Bündel n.   faisceau rubrospinal de von Monakow m.
Monalazon n.   monalazone f.
Monaldidrainage f.   drainage pariétal de Monaldi m.
Monamid n.   monoamide m.
Monamin n.   monoamine f.
Monaminoxidase n.   monoamine oxydase f.
monamniotisch   monoamniotique
monartikulär   monoarticulaire
Monaster n.   couronne équatoriale f.
monatlich   mensuel
Monatsbinde f.   protection périodique f.
Monatsblutung f.   règles f. pl.
monaural   monaural
Mönckebergsche Sklerose f.   médiasclérose f.
mondförmig   lunaire

Mondgesicht n.   visage lunaire m.
monodisziplinär   monodiciplinaire
Mondorsche Krankheit f.   syndrome de Mondor m.
mondsüchtig   lunatique
Mongolismus m.   mongolisme m.
mongoloid   mongoloïde
Monilethrix f.   moniléthrix m.
Monilia f.   candida m.
Moniliasis f.   moniliase f.
Monitor m.   moniteur m.
Monitoring n.   monitoring m.
Monoamin n.   monoamine f.
monoaminergisch   monoaminergique
Monoarthritis f.   monoarthrite f.
Monoazetat n.   monoacétate m.
monobasisch   monobasique
Monobenzon n.   monobenzone f.
Monoblast m.   monoblaste m.
Monobrachie f.   monobrachie f.
monochromatisch   monochromatique
monochromatophil   monochromatophile
monochromatophile Zelle f.   cellule monochromatophile f.
Monochromator m.   monochromateur m.
Monodaktylie f.   monodactylie f.
monofaszikulär   monofasciculaire
monogen   monogénique
monogenetisch   monogénétique
Monohybride f.   monohybride m.
Monohydrat n.   monohydrate m.
Monohydrolase f.   monohydrolase f.
Monojodtyrosin n.   tyrosine mono-iodée f.
Monokin n.   monokine f.
monoklonal   monoclonal
monokrotisch   monocrote
monokulär   monoculaire
Monolaurat n.   monolaurate m.
Monomanie f.   monomanie f.
monomer   monomère
Monomer n.   monomère m.
monomolekular   monomoléculaire
monomorph   monomorphe
Monomorphie f.   monomorphie f.
Monomphalus m.   monomphalien m.
Mononatriumurat n.   urate monosodé m.
Mononeuritis f.   mononévrite f.
Mononitrat n.   mononitrate m.
mononukleär   mononucléaire
Mononukleose f.   mononucléose f.
Mononukleotid n.   mononucléotide m.
monoovulatorisch   monoovulatoire
Monooxygenase f.   monooxygénase f.
Monoparese f.   monoparésie f.
monophasisch   monophasique

Monophenol n. monophénol m.
Monophobie f. monophobie f.
Monophosphat n. monophosphate m.
Monophosphothiamin n. monophosphothiamine f.
Monophthalmie f. monophtalmie f.
Monopie f. monophtalmie f.
monoplasmatisch monoplasmatique
Monoplegie f. monoplégie f.
Monorchismus m. monorchidie f.
Monosaccharid n. monosaccharide m.
Monosialogangliosid n. monosialoganglioside m.
Monosom n. monosome m.
monosomal monosomal
Monosomie f. monosomie f.
Monospeziesinsulin n. monoinsuline f.
monospezifisch monospécifique
Monosporiose f. monosporiose f.
monostotisch monostotique
Monosulfat n. monosulfate m.
monosymptomatisch monosymptomatique
monosynaptisch monosynaptique
Monothioglyzerin n. monothioglycérol m.
Monothiopyrophosphat n. monothiopyrophosphate m.
monotisch monaural
monotrich monotriche
monotrop monotrope
Monoureid n. monouréide m.
monovalent monovalent
monoxen monoxène
Monoxid n. monoxyde m.
monozygot monozygote
monozyklisch monocyclique
Monozyt m. monocyte m.
monozytär monocytaire
Monozytenleukämie f. leucémie monoblastique f.
Monozytose f. monocytose f.
Monro-Richtersche Linie f. ligne iléoombilicale de Monro f.
Monteggia-Fraktur f. fracture de Monteggia f.
Montgomerysche Drüse f. tubercule de Montgomery m.
montieren monter
Moorbad n. bain de boue m.
Moos n. mousse f.
Moos, Irländisches n. carragéen m.
Moos, Isländisches n. lichen d'Islande m.
Moperon n. mopérone f.
Mopidamol n. mopidamol m.
Moprolol n. moprolol m.
moralisch moral

Morax-Axenfeldscher Bazillus m. bacille de Morax m.
Moraxella f. moraxella f.
Morazon n. morazone f.
morbid morbide
Morbidität f. morbidité f.
morbiliform morbiliforme
Morbus Addison m. maladie d'Addison f.
Morbus Bang m. maladie de Bang f.
Morbus Basedow m. maladie de Basedow f.
Morbus Behcet m. maladie de Behcet f.
Morbus Boeck m. syndrome de Boeck m.
Morbus Crohn m. maladie de Crohn f.
Morbus Hodgkin m. maladie de Hodgkin f.
Morbus maculosus Werlhofi m. purpura thrombopénique de Werlhof m.
Morbus Ormund m. maladie de Ormund f.
Morbus Parkinson m. maladie de Parkinson f.
Morbus Roger m. maladie de Roger f.
Morbus Wegner m. maladie de Wegner f.
Morcellement n. morcellement m.
Mord m. meurtre m.
Morgagnische Krypte f. crypte de Morgagni f.
Morgagnisches Syndrom m. syndrome de Morgagni m.
morgendlich matinal
Morgensteifigkeit f. rigidité matinale f.
moribund moribond
Moroprobe f. test de Moro m.
Mororeflex m. reflexe de Moro m., reflexe d'étreinte m.
Moroxydin n. moroxydine f.
Morphem n. morphème m.
Morphin n. morphine f.
Morphinbehandlung f. traitement morphinique m.
Morphinismus m. morphinisme m.
Morphinsucht f. morphinomanie f.
Morphium n. morphine f.
Morphogenese f. morphogenèse f.
morphogenetisch morphogénétique
Morphologie f. morphologie f.
morphologisch morphologique
Morphometrie f. morphométrie f.
morphometrisch morphométrique
Morphopsie f. morphopsie f.
Morquio-Syndrom n. maladie de Morquio f.
Morrhuat n. morrhuate m.
Mörser m. mortier m.
Morsuximid n. morsuximide m.
mortal mortel
Mortalamputation f. nécrorésection f.
Mortalität f. mortalité f.

Morula f. morula f.
Morulation f. morulation f.
Mosaik n. mosaïque f.
Moschcowitz-Syndrom n. syndrome de Moschcowitz m.
Moschus m. musc m.
Moskito m. moustique m.
Moskitoklemme f. pince à drap f.
Motilin n. motiline f.
Motilität f. motilité f.
motivieren motiver
Motivierung f. motivation f.
Motoneuron n. neurone moteur m.
Motor m. moteur m.
Motorik f. motricité f.
motorisch moteur
Motretinid n. motrétinide m.
Mott-Zelle f. cellule de Mott f.
Mottenfraßnekrose f. nécrose parcellaire f.
Moulage m. moulage m.
Mövenschrei-Geräusch n. bruit de caille m.
Moxa m. moxa m.
Moxalactam n. moxalactam m.
Moxaprindin n. moxaprindine f.
Moxastin n. moxastine f.
Moxaverin n. moxavérine f.
Moxazocin n. moxazocine f.
Moxibustion f. moxibustion f.
Moxifloxacin n. moxifloxacine f.
Moxipraquin n. moxipraquine f.
Moxisylyt n. moxisylyte m.
Moxnidazol n. moxnidazole m.
MRF (MSH-freisetzender Faktor) m. MSF (facteur stimulant de la MSH) m.
mRNA-Impfstoff m. vaccin à ARN messager (ARNm)
MPS (Mukopolysaccharidose) f. mucopolysaccharidose f.
MRT (Magnetresonanztomographie) f. IRM (imagerie par résonance magnétique) f.
MS (Multiple Sklerose) f. sclérose en plaques (SEP) f.
MSH (melanozytenstimulierendes Hormon) n. MSH (hormone mélanotrope) f.
Mucilago n. mucilage m.
Mucin n. mucine f.
Mucinose f. mucinose f.
Mückensehen n. myodésopsie f.
Mückenvergiltungsmittel n. insecticide m.
Mucosa f. muqueuse f.
müde fatigué
Müdigkeit f. fatigue f.
Mühlradgeräusch n. bruit de moulin m.
Muffel f. moufle f.

Muir-Torre-Syndrom n. syndrome de Muir-Torre m.
mukoepidermoid mucoépidermoïde
mukogingival mucogingival
Mukoglobulin n. mucoglobuline f.
mukoid mucoïde
Mukoid n. mucoïde m.
Mukoitin n. mucoïtine f.
mukokutan mucocutané
Mukolipidose f. mucolipidose f.
Mukolyse f. mucolyse f.
Mukolytikum n. mucolytique m.
Mukopeptid n. mucopeptide m.
mukoperiostal mucopériostal
Mukopolysaccharid n. mucopolysaccharide m.
Mukoproteid n. mucoproteïde m.
Mukopolysaccharidose f. mucopolysaccharidose f.
Mukoprotein n. mucoprotéine f.
Mukormycose f. mucormycose f.
mukös muqueux
Mukosa f. muqueuse f.
Mukosa-Block m. bloc muqueux m.
Mukosaccharid n. mucosaccharide m.
mukosal mucosien
Mukosektomie f. mucosectomie f.
Mukositis f. mucosite f.
Mukostatikum n. mucostatique m.
mukostatisch mucostatique
Mukosulfatidose f. mucosulfatidose f.
Mukoviszidose f. mucoviscidose f.
Mukozele f. mucocèle f.
mukoziliar mucociliaire
Mukozyt m. mucocyte m.
Mulde f. dépression f.
Mull m. gaze f.
Mullbinde f. bande de gaze f.
Mülldeponie f. dépôt d'ordures m.
multiartikulär multiarticulaire
multiaxial multiaxial
multidisziplinär multidisciplinaire
multifaktoriell multifactoriel
Multifidus-Dreieck-Syndrom n. neuralgie du muscle multifide f.
multifokal multifocal
multiglandulär multiglandulaire
multikapsulär multicapsulaire
multilobulär multilobulaire
multilokulär pluriloculaire
Multimer n. multimère m.
multinodal multinodal
Multimorbidität f. multimorbidité f.
multinodulär multinodulaire
multinukleär multinucléaire

Muskulatur

Multipara f. multipare f.
multipel multiple
multiphasisch multiphasique
multiple Chemikaliensensitivität f. multichimiosensibilité f.
Multiple Sklerose f. sclérose en plaques f.
multiples Organversagen n. multidécompensation organique f.
multipolar multipolaire
Multiresistenz f. multirésistence f.
multisensorisch multisensoriel
multivalent multivalent
multivalvulär multivalvulaire
Multivitamin n. multivitaminé m.
multizellulär multicellulaire
multizentrisch multicentrique
multizentrische wissenschaftliche Arbeit f. étude multicentrique f.
multizystisch multicystique
Mumifizierung f. momification f.
Münchmeyer-Syndrom n. syndrome de Münchmeyer m.
Mund m. bouche f.
Mundatmung f. respiration buccale f.
Mundboden m. plancher de la bouche m.
Mundchirurgie f. chirurgie buccale f.
Mundduschengerät n. appareil pour rinçage de bouche m.
Mundflora f. flore buccale f.
Mundgeruch m. mauvaise haleine f.
Mundhöhle f. cavité buccale f.
Mundhygiene f. hygiène buccale f.
Mundkeil m. coin ouvre-bouche m.
Mundlampe f. lampe pour examiner la bouche f.
mündlich oral
Mund-Nasen-Bedeckung f. masque m.
Mundpflege f. soin de la bouche m.
Mundschleimhaut f. muqueuse buccale f.
Mundschutztuch n. masque buccal m.
Mundsepsis f. stomatite f.
Mundspatel f. abaisse-langue m.
Mundsperrer m. ouvre-bouche m.
Mundspiegel m. miroir buccal m.
Mundspülung f. bain de bouche m.
Mundspülwasser n. lotion buccale f.
Mundstück n. embouchure f.
Mundtrockenheit f. sécheresse de la bouche f.
Mundulzeration f. ulcération buccale f.
Mündung f. orifice m.
Mundwinkel m. commissure des lèvres f.
Mund-zu-Mund-Beatmung f. bouche à bouche m.
Mund-zu-Nase-Beatmung f. insufflation bucconasale f.
münzenartig nummulaire
münzenförmig nummuliforme
münzenförmige Lungenverschattung f. opacité pulmonaire en pièce de monnaie f.
mural mural
Muramidase f. muramidase f.
Muraminidase f. muraminidase f.
Muramyldipeptid n. muramyldipeptide m.
Murein n. muréine f.
Murexid n. murexide m.
Murexidprobe f. test au murexide m.
muriatisch chlorhydrique
Muromonab n. muromonabe m.
Muschelvergiftung f. intoxication par les coquillages f.
Muscimol n. muscimol m.
musikalisch musical
Musiktherapie f. musicothérapie f.
Muskarin n. muscarine f.
Muskatnuss f. noix muscade f.
Muskel m. muscle m.
Muskel, glatter m. muscle lisse m.
Muskel, quergestreifter m. muscle strié m.
Muskelatrophie f. amyotrophie f.
Muskelatrophie, progressive f. atrophie musculaire progressive f.
Muskelbiopsie f. biopsie musculaire f.
Muskeldehnungsreflex m. réflexe d'extension musculaire m.
Muskeldystrophie f. myodystrophie f.
muskelelektrisch myoélectrique
Muskelfaser f. fibre musculaire f.
Muskelflimmern n. fibrillation musculaire f.
Muskelgruppe f. groupe de muscles m.
Muskelhaken m. écarteur du muscle m.
Muskelhernie f. hernie musculaire f.
Muskelkraft f. force musculaire f.
Muskelkrampf m. spasme musculaire m.
Muskelplastik f. myoplastie f.
Muskelreflex m. réflexe musculaire m.
Muskelrelaxans n. myorelaxant m.
Muskelrheumatismus m. rhumatisme musculaire m.
Muskelriss m. déchirure musculaire f.
Muskelschwund m. myoatrophie f.
Muskelspannung f. tension musculaire f.
Muskelspasmus m. spasme musculaire m.
Muskelwogen n. myokymie f.
Muskelzelle f. cellule musculaire f.
Muskelzerrung f. distorsion musculaire f.
muskulär musculaire
Muskulatur f. musculature f.

Muskulatur

Muskulatur, glatte f. système musculaire lisse m.
Muskulatur, quergestreifte f. système musculaire strié m.
muskulokutan musculocutané
muskulomembranös musculomembraneux
muskulös musculeux
muskuloskeletal musculosquelétaire
muskulotrop musculotrope
Musselin m. mousseline f.
Musselinbinde f. bande de gaze f.
Muster n. modèle m.
mutagen mutagène
Mutagen n. mutagène m.
Mutagenese f. mutagénèse f.
mutagenetisch mutagénétique
Mutagenität f. caractère mutagène m.
Mutante mutant m.
Mutarotase f. mutarotase f.
Mutarotation f. mutarotation f.
Mutase f. mutase f.
Mutation f. mutation f.
Mutatorgen n. gène mutateur m.
Mutismus m. mutisme m.
Muton n. muton m.
Mutter f. mère f.
Mutter, werdende f. future maman f.
Mutterband, breites n. ligament large de l'utérus m.
Mutterband, rundes n. ligament rond de l'utérus m.
Mutterberatungszentrum n. centre de consultation maternelle m.
Mutterbindung f. attachement à la mère m.
Muttergen m. gène-mère m.
Muttergewebe n. tissu maternel m.
Mutterinstinkt m. instinct maternel m.
Mutterkomplex m. complexe maternel m.
Mutterkorn n. ergot de seigle m.
Mutterkuchen m. placenta m.
Mutterlauge f. eau mère f.
mütterlich maternel
Muttermal n. naevus m.
Muttermilch f. lait maternel m.
Muttermund, äußerer m. orifice externe de l'utérus m.
Muttermund, innerer m. orifice interne de l'utérus m.
Mutterschaft f. maternité f.
Mutterschutz m. protection maternelle f.
Muttersubstanz f. substance mère f.
Mutterzelle f. cellule mère f.
Mutualismus m. mutualisme m.
Muzin n. mucine f.
Muzinase f. mucinase f.
muzinös mucineux
Muzinose f. mucinose f.
Muzolimin n. muzolimine f.
Myalgie f. myalgie f.
Myasthenia gravis pseudoparalytica f. myasthénie d'Erb-Goldflam f.
myasthenisch myasthénique
Myatonie f. myatonie f.
Myatrophie f. myatrophie f.
myatrophisch myatrophique
Mycobacterium n. Mycobactérium m.
Mycobacterium avium n. Mycobactérium avium m.
Mycobacterium bovis n. Mycobactérium bovis m.
Mycobacterium leprae n. Mycobactérium leprae m.
Mycobacterium smegmatis n. Mycobactérium smegmatis m.
Mycobacterium tuberculosis n. Mycobactérium tuberculosis m.
Mycophenolat n. mycophenolate m.
Mycophenolatmofetil n. mycophénolatemofétil m.
Mycoplasma n. mycoplasma m.
Mycosis fungoides f. mycosis fongoïde f.
Mydriasis f. mydriase f.
Mydriatikum n. mydriatique m.
mydriatisch mydriatique
Myektomie f. myotomie f.
Myelin n. myéline f.
myelinfrei non myélinisé
Myelinisierung f. myélinisation f.
Myelinolyse f. myélinolyse f.
Myelinopathie f. myélinopathie f.
Myelinose f. dégénérescence protoplasmatique myéliniforme f.
Myelinscheide f. gaine de myéline f.
Myelitis f. myélite f.
myelitisch myélitique
Myeloablation f. myéloablation f.
myeloablativ myéloablatif
Myeloarchitektonik f. myéloarchitectonie f.
Myeloblast m. myéloblaste m.
Myeloblastom n. myéloblastome m.
Myeloblastose f. myéloblastose f.
Myelodysplasie f. myélodysplasie f.
Myelofibrose f. myélofibrose f.
myelogen myélogène
Myelogenese f. myélogenèse f.
Myelogramm m. myélogramme m.
Myelographie f. myélographie f.
myelographisch myélographique
myeloid myéloïde
Myelokathexis f. myélocathexis f.

Myelolipom n. myélolipome m.
Myelolyse f. myélolyse f.
Myelom n. myélome m.
Myelomalazie f. myélomalacie f.
Myelomatose f. myélomatose f.
Myelooptikoneuropathie f. myéloopticoneuropathie f.
Myelopathie f. myélopathie f.
Myeloperoxidase f. myéloperoxydase f.
Myelophthise f. myélophtisie f.
myeloproliferativ myéloprolifératif
Myeloradikulopathie f. myéloradiculopathie f.
Myelosarkom n. myélosarcome m.
Myelose f. myélose f.
Myelose, aleukämische f. myélose aleucémique f.
Myelose, funikuläre f. myélose funiculaire f.
Myelose, leukämische f. myélose érythrémique aigue f.
Myelosklerose f. myélosclérose f.
Myeloszintigraphie f. myéloscintigraphie f.
Myelotomie f. myélotomie f.
Myelozele f. myélocèle f.
Myelozyt m. myélocyte m.
Myiasis f. myiase f.
Mykobakterie f. mycobactérie f.
mykobakteriell mycobactérien
Mykologe m. mycologue m.
Mykologie f. mycologie f.
Mykologin f. mycologue f.
mykologisch mycologique
Mykophenolat n. mycophénolate m.
Mykose f. mycose f.
mykotisch mycétique
Mykotoxikose f. mycotoxicose f.
Mykotoxin f. mycotoxine f.
mykotoxisch mycotoxique
Mykotoxizität f. mycotoxicité f.
mylohyoidal mylohyoïdien
Myoadenylat n. myoadénylate m.
myoarchitektonisch myoarchitectonique
Myoblast m. myoblaste m.
Myoblastom n. myoblastome m.
Myodegeneration f. myodégénérescence f.
myoendokardial myoendocardiaque
myofaszial myofascial
Myofibrille f. myofibrille f.
Myofibroblast m. myofibroblaste m.
Myofibrom n. myofibrome m.
Myofibrose f. myofibrose f.
Myogelose f. myogélose f.
myogen myogène
Myoglobin n. myoglobine f.
Myoglobinämie f. myoglobinémie f.

Myoglobinurie f. myoglobinurie f.
Myoglobulin n. myoglobuline f.
Myograph m. myographe m.
Myographie f. myographie f.
myographisch myographique
Myohämoglobin n. myohémoglobine f.
myoid myoïde
Myokard n. myocarde m.
myokardial myocardique
Myokarditis f. myocardite f.
myokarditisch myocarditique
Myokardose f. myocardopathie f.
Myokardschaden m. lésion myocardique f.
Myokardszintigraphie f. scintigraphie myocardique f.
Myokinase f. myokinase f.
Myoklonie f. myoclonie f.
myoklonisch myoclonique
Myoklonusepilepsie f. épilepsie myoclonique f.
Myokulator m. myoculateur m.
Myokymie f. myokymie f.
Myolipom n. myolipome m.
Myologie f. myologie f.
Myolyse f. myolyse f.
Myom n. myome m.
Myomalazie f. myomalacie f.
myomatös myomateux
Myomektomie f. myomectomie f.
Myometritis f. myométrite f.
Myometrium n. myomètre m.
Myomheber m. vis calante f.
Myon n. myone f.
Myonekrose f. myonécrose f.
Myonem n. myonème m.
myoneural myoneural
Myoneurom n. myoneurome m.
myop myope
Myopathie f. myopathie f.
myopathisch myopathique
myope Person f. personne myope f.
Myophosphorylase f. myophosphorylase f.
Myopie f. myopie f.
myopisch myope
Myoplasma n. myoplasma m.
Myosalpingitis f. myosalpingite f.
Myosarkom n. myosarcome m.
Myosin n. myosine f.
Myositis f. myosite f.
Myositis ossificans f. myosite ossifiante f.
Myotenotomie f. myoténotomie f.
myothermal myothermique
Myotom n. myotome m.
Myotomie f. myotomie f.

Myotonia congenita (Thomsen) f. myotonie congénitale de Thomsen f.
Myotonie f. myotonie f.
myotonisch myotonique
Myotonometer n. myotonomètre m.
myotrop myotrope
myovaskulär myovasculaire
Myozyt m. myocyte m.
Myringitis f. myringite f.
Myringoplastik f. myringoplastie f.
Myringostomie f. myringostomie f.
Myringotom n. myringotome f.
Myringotomie f. myringotomie f.
Myristat n. myristate m.
Myristicin n. myristicine f.
Myristin n. myristine f.
Myristizismus m. intoxication myristique f.
Myrophin n. myrophine f.
Myrrhe f. myrrhe f.
Myrtecain n. myrtécaïne f.
Myrtol n. myrtol m.
Mysophobie f. mysophobie f.
Mythomanie f. mythomanie f.
Mytilotoxin n. mytilotoxine f.
Myxadenom n. adénome myxoïde m.
Myxoblastom n. myxoblastome m.
Myxochondrofibrosarkom n. myxochondrofibrosarcome m.
Myxochondrom n. myxochondrome m.
Myxochondrosarkom n. myxochondrosarcome m.
Myxödem n. myxoedème m.
myxödematös myxcedémateux
Myxoendotheliom n. endothéliome myxoïde m.
Myxofibrom n. myxofibrome m.
Myxofibrosarkom n. myxofibrosarcome m.
Myxogliom n. gliome muqueux m.
myxoid myxoïde
Myxolipom n. myxolipome m.
Myxom n. myxome m.
myxomatös myxomateux
Myxomatose f. myxomatose f.
Myxomyom n. myxomyome m.
Myxoneurom n. myxonévrome m.
Myxoneurose f. myxonévrose f.
Myxosarkom n. myxosarcome m.
Myxovirus n. myxovirus m.
Myxozyt m. myxocyte m.
Myzel n. mycélium m.

N

Nabel m. nombril m.
Nabelbinde f. bande ombilicale f.
Nabelbruch m. omphalocèle f.
Nabelring m. anneau ombilical m.
Nabelhernie f. hernie ombilicale f.
Nabelschnur f. cordon ombilical m.
Nabelschnurblut n. sang du cordon m.
Nabelschnurschere f. ciseaux pour couper le cordon m. pl.
Nabelschnurvorfall m. procidence du cordon f.
Nabelstumpf m. moignon ombilical m.
Nabothsches Ei n. oeuf de Naboth m.
Nabumeton n. nabumétone m.
Nachamputation f. réamputation f.
Nachbarorgan n. organe voisin m.
Nachbehandlung f. traitement consécutif m.
Nachbelastung f. charge consécutive f.
Nachbeobachtung f. suivi m.
Nachbestrahlung f. irradiation consécutive f.
Nachbild n. image consécutive f.
Nachblutung f. hémorragie secondaire f.
nachdenklich pensif
Nachdenklichkeit f. préoccupation f.
Nacherregung f. postdécharge f.
Nachfolge f. succession f.
nachfolgend subséquent
Nachfüllpackung f. recharge f.
Nachgeburt f. délivrance f.
Nachgeburtsblutung f. hémorragie de la délivrance f.
Nachgeburtsperiode f. période de la délivrance f.
Nachgiebigkeit f. flexibilité f.
Nachhinken n. retardement m.
Nachhirn n. bulbe rachidien m.
Nachkomme m. descendant m.
Nachkommenschaft f. descendance f.
Nachkondensation f. postcondensation f.
Nachkur f. postcure f.
Nachlassen n. diminution f.
Nachlast f. résistance vasculaire f.
Nachlot n. soudure de réparation f.
Nachniere f. métanéphros m.
Nachoperation f. réopération f.
nachoperieren réopérer
Nachpotential n. postpotentiel m.
Nachprüfung f. vérification f.
Nachreflex m. réflexe secondaire m.
Nachsorge f. suivi de postcure m.
Nachsorgekrankenhaus n. centre de soins de postcure m.

Nachstar m. cataracte secondaire f.
nachstationäre Behandlung f. traitement
Nachtangst f. peur de la nuit f.
Nachtarbeit f. travail de nuit m.
Nachtblindheit f. héméralopie f.
Nachtessersyndrom n. syndrome d'orexie nocturne m.
Nachtklinik f. hôpital de nuit f.
nächtlich nocturne
Nachtmyopie f. myopie crépusculaire f.
Nachträufeln (des Harns) n. goutte à goutte postmictionnel m.
Nachtschiene f. attelle de nuit f.
Nachtschmerz m. douleur nocturne f.
Nachtschweiß m. sueur nocturne f.
Nachtstuhl m. chaise percée f.
Nachtwache f. garde de nuit f.
nachuntersuchen faire un examen de contrôle
Nachuntersuchung f. examen de contrôle m.
Nachwehen f. pl. douleurs postpartales f. pl.
Nachwirkung f. effet tardif m.
Nachwuchs m. rejeton m.
Nachwuchserzeugung f. procréation f.
Nachwuchsgeneration f. jeune génération f.
Nacken m. nuque f.
Nackenrolle f. repose tête m.
Nackensteife f. raideur de la nuque f.
Nackenstütze f. support pour la nuque m.
nackt nu
Nacktheit f. nudité f.
NAD (Nikotinamid-Adenin-Dinukleotid) n. NAD (nicotinamide adenine dinucléotide) m.
Nadel f. aiguille f.
Nadel, chirurgische f. aiguille de suture f.
Nadel, Untersuchungs- f. aiguille d'exploration f.
Nadelbiopsie f. biopsie à l'aiguille f.
Nadelhalter m. pince porte-aiguille f.
Nadid n. nadide m.
Nadolol n. nadolol m.
Nadoxolol n. nadoxolol m.
Nadroparin n. nadroparine f.
Naepain n. naépaïne f.
Naevobasaliom n. naevobasaliome m.
Naevobasaliomatose f. naevobasaliomatose f.
naevoid naevoïde
Naevolipom n. naevolipome m.
Naevoxanthoepitheliom n. naevoxanthoépithéliome m.

Naevozyt m.   cellule naevique f.
Naevus m.   naevus m.
Naevuszelle f.   cellule naevique f.
Nafarelin n.   nafaréline, LHRH f.
Nafiverin n.   nafivérine f.
Nafomin n.   nafomine f.
Nafoxidin n.   nafoxidine f.
Nafronyl n.   nafronyl m.
Naftalin n.   naphtaline f.
Naftazon n.   naphtazone f.
Naftifin n.   naftifine f.
Naftypramid n.   naftypramide m.
Nagana f.   maladie de la mouche tsé-tsé f.
Nagel (anatom.) m.   ongle m.
Nagel (Stift) m.   clou m.
Nagel, eingewachsener m.   ongle incarné m.
Nagelbett n.   lit de l'ongle m.
Nagelbrüchigkeit f.   onychorrhexis m.
Nägelebecken n.   bassin de Nägele m.
Nägelesche Obliquität f.   obliquité du bassin de Nägele f.
Nagelextraktionszange f.   pince pour ablation de l'ongle f.
Nagelfalz m.   sillon latéral de l'ongle m.
Nagelfeile f.   lime à ongles f.
Nagelhaut f.   éponychium m.
Nagelkauen n.   onychophagie f.
Nagelmatrix f.   matrice unguéale f.
nageln   clouer
Nagelplatte f.   corps de l'ongle m.
Nagelpuls m.   pouls capillaire sur l'ongle m.
Nagelreiniger m.   cure-ongles m.
Nagelschere f.   ciseaux à ongles m. pl.
Nageltritt m.   ongle piqueté m. (vétér.)
Nagelung f.   fixation par clou f.
Nagelwall m.   repli unguéal m.
Nagelwurzel f.   racine unguéale f.
Nagelzange f.   pince à ongles f.
Nagelzieher m.   tire-clou m.
nagen   ronger
Nagetier n.   rongeur m.
Nähapparat m.   appareil de suture m.
Nahaufnahme (roentg.) f.   cliché en gros plan m.
Nahbestrahlung f.   radiothérapie de contact f.
nähen   coudre, faire une suture
Nähen n.   suture f.
Nahesehen n.   vision rapprochée f.
Nährboden m.   milieu de culture m.
nähren   nourrir
nährend   nourrissant
nahrhaft   nourrissant
Nahrhaftigkeit f.   qualités nutritives f. pl.
Nährklistier n.   lavement alimentaire m.
Nährkraft f.   efficacité nutritive f.

Nährstoff m.   substance nutritive f.
Nahrung f.   nourriture f.
Nahrungsaufnahme f.   ingestion de nourriture f.
Nahrungsmittel n.   produit alimentaire m.
Nahrungsmittelallergie f.   allergie alimentaire f.
Nahrungsmittelentzug m.   privation de nourriture f.
Nährwert m.   valeur nutritive f.
Nähseide, chirurgische f.   fil de suture en soie m.
Naht f.   couture f., suture f.
Naht, Bleiplatten- f.   suture plaques de plomb f.
Naht, Einzel- f.   suture point par point f.
Naht, evertierende f.   suture en éversion f.
Naht, fortlaufende f.   suture continue f.
Naht, Gussenbauersche f.   suture de Gussenbauer f.
Naht, invertierende f.   suture en inversion f.
Naht, Knopf f.   suture en boutonnière f.
Naht, Lembert- f.   suture de Lembert f.
Naht, Nerven- f.   suture d'un nerf f.
Naht, Primär- f.   suture primaire f.
Naht, Sekundär- f.   suture secondaire f.
Naht, Tabakbeutel- f.   suture en bourse f.
Naht, versenkte f.   suture à points perdus f.
Nahtinsuffizienz f.   déficience de la suture f.
nahtlos   sans suture
Nahtmaterial n.   matériel de suture m.
Nalbuphin n.   nalbuphine f.
Naled n.   naled m.
Nalidixin n.   nalidixine f.
Nalmexon n.   nalmexone m.
Nalorphin n.   nalorphine f.
Naloxan n.   naloxane m.
Naloxon n.   naloxone f.
Naltrexon n.   naltrexone f.
Nandrolon n.   nandrolone f.
Nanogramm n.   nanogramme m.
Nanomelie f.   nanomélie f.
Nanopartikel f.   nanoparticule f.
Nanosomie f.   nanisme m.
NAP (Nervenaustrittspunkt) m.   point de sortie du nerf m.
Napfkucheniris f.   iris bombé m.
Naphazolin n.   naphazoline f.
Naphtalin n.   naphtaline f.
Naphthochinon n.   naphtoquinone f.
Naphtholat n.   naphtolate m.
Naphtholphthalein n.   naphtolphtaléine f.
Naphtholviolett n.   violet de naphtol m.
Naphthonon n.   naphtonone f.
Naphthyl n.   naphtyle m.

Naphtidin n. naphtidine f.
Naphtoat n. naphtoate m.
Naprodoxim n. naprodoxime m.
Naproxol n. naproxol m.
Napsilat n. napsilate m.
Napsylat n. napsylate m.
Naratriptan n. naratriptane m.
Narbe f. cicatrice f.
narbenähnlich d'aspect cicatriciel
Narbenbildung f. cicatrisation f.
Narbenbruch m. hernie cicatricielle f.
Narbengewebe n. tissu cicatriciel m.
Narbenhernie f. hernie cicatricielle f.
Narbenkeloid n. chéloïde cicatricielle f.
Narbenkontraktur f. contracture cicatricielle f.
Narbenverunstaltung f. difformité cicatricielle f.
narbig cicatriciel
Narcotin n. noscapine f.
Narcylen n. narcyléne m.
Narkoanalyse f. narcoanalyse f.
Narkolepsie f. narcolepsie f.
narkoleptisch narcoleptique
Narkose f. narcose f.
Narkose, Allgemein- f. anesthésie générale f.
Narkose, endotracheale f. anesthésie endotrachéale f.
Narkoseapparat m. appareil d'anesthésie m.
Narkoseeinleitung f. induction de l'anesthésie f.
Narkoseether m. éther pour narcose m.
Narkosegemisch n. mélange anesthésique m.
Narkosemaske f. masque d'anesthésie m.
Narkosetiefe f. profondeur de l'anesthésie f.
Narkosetubus m. tube d'anesthésie
Narkosewagen m. chariot d'anesthésie m.
Narkotikum n. narcotique m.
narkotisch narcotique
Narkotiseur m. narcotiseur m.
narkotisieren narcotiser
Narzissmus m. narcissisme m.
narzisstisch narcistique
nasal nasal
Nase f. nez m.
Näseln n. nasillement m.
Nasenatmung f. respiration nasale f.
Nasenbein n. os propre du nez m.
Nasenbluten n. épistaxis f.
Nasendeformität f. difformité du nez f.
Nasenelevatorium n. élévateur nasal m.
Nasenflügel m. aile du nez f.
Nasenhöhle f. fosse nasale f.
Nasenknochenhautelevator m. élévateur périostique nasal m.

Nasenloch n. narine f.
Nasenmuschel f. cornet nasal m.
Nasennebenhöhle f. sinus nasal m.
Nasenplastik f. rhinoplastie f.
Nasen-Rachen-Abstrich m. test oro-pharyngé m.
Nasenrachenraum m. région rhinopharyngée f.
Nasenrücken m. dos du nez m.
Nasensalbe f. pommade nasale f.
Nasenscheidewand f. cloison nasale f.
Nasenschiene f. attelle nasale f.
Nasenschleim m. mucus nasal m.
Nasenschleimhautpolyp m. polype de la muqueuse nasale m.
Nasenschlinge f. anse nasale f.
Nasenseptum n. cloison nasale f.
Nasensonde f. sonde nasale f.
Nasenspekulum n. spéculum nasal m.
Nasenspiegel m. rhinoscope m.
Nasenspitze f. bout du nez m.
Nasentamponpinzette f. pincette à tampon nasal f.
Nasentropfen f. pl. gouttes pour le nez f. pl.
Nasenwurzel f. racine du nez f.
Nasion n. nasion m.
nasoalveolär nosoalvéolaire
nasofrontal nasofrontal
nasolabial nasolabial
nasolakrimal nasolacrymal
nasookular nasooculaire
nasooral nasooral
nasopalatinal nasopalatin
nasopalpebral nasopalpébral
nasopharyngeal nasopharyngien
Nasopharyngitis f. rhinopharyngite f.
Nasopharynx m. rhinopharynx m.
nasotracheal nasotrachéal
nasoziliar nasociliaire
nass mouillé
Nassbohren n. hydrofraisage m.
nässen mouiller
Nassschleifen n. hydromeulage m.
Nateglinid n. natéglinide m.
nativ natif
Natrium n. sodium m.
Natrium, indigosulfonsaures n. indigo tinedisulfonate de sodium m.
Natriumbenzoat n. benzoate de sodium m.
Natriumbikarbonat n. bicarbonate de sodium m.
Natriumbiphosphat n. biphosphate de sodium m.
Natriumbisulfat n. bisulfate de sodium m.
Natriumbisulfit n. bisulfite de sodium m.

Natriumborat n. borate de sodium m.
Natriumbromid n. bromure de sodium m.
Natriumchlorid n. chlorure de sodium m.
Natriumdioctylsulfosukzinat n. dioctylsulfosuccinate de sodium m.
Natriumfluoreszein n. fluorescéine de sodium f.
Natriumhydroxid n. hydroxyde de sodium m.
Natriumhypochlorit n. hypochlorite de sodium m.
Natriumhyposulfit n. hyposulfite de sodium m.
Natriumjodid n. iodure de sodium m.
Natriumkakodylat n. cacodylate de sodium m.
Natriumkarbonat n. carbonate de sodium m.
Natriummolybdat n. molybdate de sodium m.
Natriumnitrat n. nitrate de sodium m.
Natriumnitrit n. nitrite de sodium m.
Natriumperborat n. perborate de sodium m.
Natriumphosphat n. phosphate de sodium m.
Natriumpyrophosphat n. pyrophosphate de sodium m.
Natriumsalizylat n. salicylate de sodium m.
Natriumsulfat n. sulfate de sodium m.
Natriumthiosulfat n. thiosulfate de sodium m.
natriumverlierend perdant du sodium
Natriumzitrat n. citrate de sodium m.
Natriurese f. natriurèse f.
natriuretisch natriurique
natriuretisches Peptid Typ B (kardiol.) n. peptide natriuretique B m.
Natron, doppeltkohlensaures n. bicarbonate de soude m.
Natron, kaustisches n. soude caustique f.
Natronkalk n. chaux sodée f.
Natronlauge f. lessive de soude f.
Naturarznei f. médicament naturel m.
naturgemäß conforme à la nature
Naturgesetz n. loi naturelle f.
Naturheilkunde f. médecine naturiste f.
Naturheilkundige f. médecin naturopathe m.
Naturheilkundiger m. médecin naturopathe m.
natürlich naturel
Naturwissenschaft f. sciences naturelles f. pl.
Naupathie f. mal de mer m.
Nausea f. nausée f.
navikular naviculaire
Nebel m. brume f.

Nebel mit Rauch m. brouillard avec fumée m.
Nebel, dichter m. brouillard épais m.
Nebelfieber m. fièvre dûe au froid humide f.
Nebenbefund m. observation accessoire f.
Nebenhoden m. épididyme m.
Nebenhöhle, Nasen- f. sinus nasal m.
Nebenleitung f. shunt m.
Nebenniere f. glande surrénale f.
Nebennierenblutung f. hémorragie surrénale f.
Nebennierenentfernung f. surrénalectomie f.
Nebenniereninsuffizienz f. insuffisance surrénalienne f.
Nebennierenmark n. médullosurrénale f.
Nebennierenrinde f. corticosurrénale f.
Nebennierenrindenhormon n. hormone corticosurrénale f.
Nebennierenrindenüberfunktion f. hyperfonction corticosurrénale f.
Nebennierenrindenunterfunktion f. hypocorticisme m.
Nebenreaktion f. réaction secondaire f.
Nebenschilddrüse f. glande parathyroïde f.
Nebenschilddrüsenextrakt m. extrait parathyroïdien m.
Nebenschluss m. shunt m.
Nebenschlussreaktion f. effet shunt m.
Nebenwirkung f. effet secondaire m.
Nebenwirkungen, gelegentliche f. pl. effets secondaires peu fréquents m. pl.
Nebenwirkungen, häufige f. pl. effets secondaires fréquents m. pl.
Nebenwirkungen, sehr häufige f. pl. effets secondaires très fréquents m. pl.
Nebenwirkungen, sehr seltene f. pl. effets secondaires très rares m. pl.
Nebenwirkungen, seltene f. pl. effets secondaires rares m. pl.
Nebenwirkungen, unbekannte f. pl. effets secondaires inconnus m. pl.
Nebenwirt m. hôte paraténique m.
Nebidrazin n. nébidrazine f.
Nebivolol n. nébivolol m.
Necator americanus m. Necator americanus m.
Nedocromil n. nédocromil m.
Neenzephalon n. néencéphale m.
Negation f. négation f.
negativ négatif
Negativismus m. négativisme m.
Negrisches Körperchen n. corps de Negri m. pl.

Nehbsches Dreieck n. dérivation ECG de Nehb f.
Neigung f. inclinaison f., tendance f.
Nekrobiose f. nécrobiose f.
nekrobiotisch nécrobiotique
Nekrolyse f. nécrolyse f.
nekrolytisch nécrolytique
nekrophil nécrophile
Nekrophilie f. nécrophilie f.
Nekropsie f. nécropsie f.
Nekrose f. nécrose f.
Nekrospermie f. nécrospermie f.
nekrotisch nécrotique
nekrotisieren nécroser
Nekrotomie f. nécrotomie f.
Nélatonkatheter m. cathéter de Nélaton m.
Nélatonsche Linie f. ligne de Nélaton f.
Nelfinavir n. Nelfinavir m.
Nelkenöl n. essence de girofle f.
Nelson-Test m. test de Nelson m.
Nemalin n. némaline f.
Nemathelminth m. némathelminthe m.
Nematode m. nématode m.
Nematodenbefall m. affection par nématodes f.
Nennwert m. valeur nominale f.
neoadjuvant néoadjuvant
Neoantigen n. néoantigène m.
Neoarsphenamin n. novarsénobenzol m.
Neodym n. néodymium m.
Neogenese f. néogenèse f.
Neohexaose f. néohexaose m.
neokortikal néocortical
Neologismus m. néologisme m.
Neon n. néon m.
neonatal néonatal
Neonatologie f. néonatologie f.
neonatologisch néonatologique
Neophobie f. néophobie f.
Neoplasie f. néoplasie f.
Neoplasma n. néoplasme m.
neoplastisch n. néoplastique
Neopterin n. néoptérine f.
Neostigmin n. néostigmine f.
Neostomie f. néostomie f.
neostriatal néostriatal
Neostriatum n. néostriatum m.
Neotenie f. néoténie f.
Neotetraose f. néotétraose m.
Neothalamus m. néothalamus m.
Neovaskularisation f. néovascularisation f.
Neovaskularisierung f. néovascularisation f.
Nephalometer n. néphalomètre m.
Nephalometrie f. néphalométrie f.
nephalometrisch néphalométrique

Nephelopsie f. néphélopsie f.
Nephrektomie f. néphrectomie f.
nephrektomieren nephrectomiser
Nephritis f. néphrite f.
Nephritis mit nephrotischem Einschlag f. néphrosonéphrite f.
nephritisch néphritique
Nephroblastom n. néphroblastome m.
nephrogen néphrogène
Nephrographie f. néphrographie f.
Nephrokalzinose f. néphrocalcinose f.
Nephrokapsektomie f. exérèse du rein et de la capsule rénale f.
Nephrolithiasis f. lithiase rénale f.
Nephrologe m. néphrologue m.
Nephrologie f. néphrologie f.
Nephrologin f. néphrologue f.
nephrologisch néphrologique
Nephron n. néphron m.
Nephronophthïse f. néphronophthise f.
Nephropathie f. néphropathie f.
Nephropexie f. néphropexie f.
nephroprotektiv néphroprotecteur
Nephroptose f. néphroptose f.
Nephrose f. néphrose f.
Nephrosklerose f. néphrosclérose f.
nephrosklerotisch néphrosclérotique
Nephrostomie f. néphrostomie f.
nephrotisch néphrotique
Nephrotomie f. néphrotomie f.
nephrotoxisch néphrotoxique
Nephrotoxizität f. néphrotoxicité f.
nephrotrop néphrotrope
Nephroureterektomie f. néphro-urétérectomie f.
Neptunium n. neptunium m.
Nerium n. nérium m.
Nerv m. nerf m.
nerval nerveux
Nervenaustritt m. sortie du nerf f.
Nervenbahn f. voie nerveuse f.
Nervendehnung f. élongation d'un nerf f.
Nervenendigung f. terminaison nerveuse f.
Nervenfaser f. fibre nerveuse f.
Nervenfieber f. fièvre typhoïde f.
Nervengewebe n. tissu nerveux m.
Nervengift n. neurotoxine f.
Nervenkanalerweiterer m. élargisseur du canal de passage du nerf m.
nervenkrank neuropathique
Nervenkrankheit f. maladie nerveuse f.
Nervenleiden n. névropathie f.
nervenleidend névropathe
Nervenleitgeschwindigkeit f. vitesse de transmission nerveuse f.

Nervennaht

Nervennaht f. neurorraphie f., suture d'un nerf f.
Nervenplastik f. neuroplastie f.
Nervenreizung f. stimulation nerveuse f.
Nervenschmerz m. neuralgie f.
Nervenschock m. choc nerveux m.
Nervenschwäche f. neurasthénie f.
Nervenstamm m. tronc nerveux m.
Nervensystem n. système nerveux m.
Nervensystem, vegetatives n. système nerveux autonome m., système nerveux végétatif m.
Nervenwachstumsfaktor m. facteur de croissance des cellules nerveuses (NGF) m.
Nervenwurzel f. racine d'un nerf f.
Nervenwurzelreizung f. radiculite f.
Nervenzelle f. cellule nerveuse f.
Nervenzentrum n. centre nerveux m.
Nervenzusammenbruch m. épuisement nerveux m.
Nervnadel f. aiguille neurologique f.
Nervon n. nervone f.
nervös nerveux
Nervosität f. nervosité f.
Nervus m. nerf m.
Nervus abducens m. nerf moteur oculaire externe m.
Nervus accelerans m. nerf cardiaque sympathique accélérateur m.
Nervus acusticus m. nerf auditif m.
Nervus cochlearis m. nerf cochléen m.
Nervus facialis m. nerf facial m.
Nervus femoralis m. nerf crural m.
Nervus genitofemoralis m. nerf génitocrural m.
Nervus glossopharyngeus m. nerf glossopharyngien m.
Nervus hypoglossus m. nerf grand hypoglosse m.
Nervus iliohypogastricus m. nerf iliohypogastrique m.
Nervus ilioinguinalis m. nerf petit abdominoscrotal m.
Nervus infraorbitalis m. nerf sousorbitaire m.
Nervus intercostalis m. nerf intercostal m.
Nervus intermedius m. nerf intermédiaire de Wrisberg m.
Nervus ischiadicus m. nerf grand sciatique m.
Nervus medianus m. nerf médian m.
Nervus obturatorius m. nerf obturateur m.
Nervus oculomotorius m. nerf moteur oculaire commun m.
Nervus olfactorius m. nerf olfactif m.

Nervus opticus m. nerf optique m.
Nervus peronaeus m. nerf péronier m.
Nervus phrenicus m. nerf phrénique m.
Nervus radialis m. nerf radial m.
Nervus recurrens m. nerf récurrent du pneumogastrique m.
Nervus splanchnicus m. nerf splanchnique m.
Nervus sympathicus m. nerf grand sympathique m.
Nervus tibialis m. nerf sciatique poplité interne avec le nerf tibial postérieur m.
Nervus trigeminus m. nerf trijumeau m.
Nervus trochlearis m. nerf pathétique m.
Nervus ulnaris m. nerf cubital m.
Nervus vagus m. nerf pneumogastrique m.
Nervus vestibulocochlearis m. nerf vestibulocochléaire m.
Nesidioblastom n. nésidioblastome m.
Nessel f. ortie f.
Nesselfieber n. urticaire fébrile m.
Nesselsucht f. urticaire f.
Netilmycin n. nétilmicine f.
Netz (elektr.) n. secteur m.
Netz (med.) n. épiploon m.
Netzanheftung f. omentopexie f.
Netzanschluss m. branchement m.
netzartig réticulaire
Netzeinklemmung f. incarcération épiploïque f.
netzförmig réticuliforme
Netzhaut f. rétine f.
Netzhautablösung f. décollement de la rétine m.
Netzhautangiomatose f. angiomatose de la rétine de von Hippel f.
Netzhautbild n. image rétinienne f.
Netzhernie f. hernie épiploïque f.
Netzkabel m. cable de secteur m.
Netzmagen (veter.) m. reticulum m.
Netzmittel n. produit humidifiant m.
Netzplastik f. omentoplastie f.
Netzstecker m. prise de secteur f.
Neubildung f. néoformation f.
neugeboren venant de naitre
Neugeborenenbettchen n. petit lit du nouveau-né m.
Neugeborenendiabetes m. diabète néonatal m.
Neugeborenenikterus m. ictère néonatal m.
Neugeborenenperiode f. période néonatale f.
Neugeborenes n. nouveau-né m.
Neugedächtnis n. mémoire à court terme f.
Neugrad m. grade m.
neural neural

Neuralgie f. névralgie f.
neuralgiform névralgique
neuralgisch névralgique
Neuralleiste f. crête neurale f.
Neuralplatte f. plaque neurale f.
Neuralrinne f. sillon neural m.
Neuralrohr n. tube neural m.
Neuralsegment n. segment nerveux m.
Neuralwulst m. renflement netveux m.
Neuraminidase f. neuraminidase f.
Neurapraxie f. neurapraxie f.
Neurasthenie f. neurasthénie f.
Neurastheniker m. neurasthénique m.
Neurasthenikerin f. neurasthénique f.
neurasthenisch neurasthénique
neuraxonal cylindraxile
Neurektomie f. névrectomie f.
Neurilemm n. gaine de Schwann f.
Neurin n. neurine f.
Neurinom n. neurinome m.
Neurit m. neurite m.
Neuritis f. névrite f.
Neuritis nervi optici f. névrite optique f.
Neuritis, alkoholische f. névrite alcoolique f.
Neuritis, diphtherische f. névrite diphtérique f.
Neuritis, retrobulbäre f. névrite rétrobulbaire f.
neuritisch névritique
Neuroblast m. neuroblaste m.
Neuroblastom n. neuroblastome m.
Neuroborreliose f. neuroborréliose f.
Neurochirurg m. neurochirurgien m.
Neurochirurgie f. neurochirurgie f.
neurochirurgisch neurochirurgical
Neurodegeneration f. neurodégénérescence f.
Neurodermatitis f. lichen simplex m.
Neurodermatose f. neurodermatose f.
Neurodermitis f. neurodermatite f.
Neurodystrophie f. neurodystrophie f.
neurodystrophisch neurodystrophique
neuroektodermal neuroectodermique
neuroendokrin neuroendocrinien
Neuroendokrinium n. neuroendocrinium m.
Neuroendokrinologie f. neuroendocrinologie f.
Neuroenhancement-Gehirnimplantat n. implant d'augmentation cérébrale m.
neuroenterochordal neuroentérochordal
Neuroepithel n. neuroépithélium m.
neuroepithelial neuroépithélial
Neuroepitheliom n. neuroépithéliome m.
neurofibrillär neurofibrillaire

Neurofibrille f. neurofibrille f.
Neurofibrom n. neurofibrome m.
Neurofibromatose f. neurofibromatose f.
Neurofibrosarkom n. neurofibrosarcome m.
Neurofilament n. neurofilament m.
neurogen neurogène
Neuroglia f. névroglie f.
Neurogliom n. neurogliome m.
Neurogliomatose f. neurogliomatose f.
Neurogliozytom n. neurogliocytome m.
Neuroglykämie f. neuroglycémie f.
Neurographie f. neurographie f.
Neurohormon n. hormone neurocrine f.
neurohormonal neurohormonal
neurohumoral neurohumoral
neurohypophysär neurohypophysaire
Neurohypophyse f. neurohypophyse f.
Neuroimmunologie f. neuro-immunologie f.
neuroimmunologisch neuro-immunologique
neuroinsulär neuro-insulaire
Neurokeratin n. neurokératine f.
Neurokinin n. neurokinine f.
neurokutan neurocutané
Neurolabyrinthitis f. neurolabyrinthite f.
Neurolemm n. neurilecnme m.
Neuroleptanalgesie f. neuroleptanalgésie f.
Neuroleptanästhesie f. neuroleptanalgésie f.
Neuroleptikum n. neuroleptique m.
neuroleptisch neuroleptique
Neurologe m. neurologue m.
Neurologie f. neurologie f.
Neurologin f. neurologue f.
neurologisch neurologique
Neurolues f. neurosyphilis f.
Neurolyse f. neurolyse f.
Neurom n. névrome m.
Neuromikrochirurgie f. neuromicrochirurgie f.
neuromikrochirurgisch neuromicrochirurgical
Neuromodulation f. neuromodulation f.
Neuromodulator m. neuromodulateur m.
Neuromonitoring n. neuromonitoring m.
neuromuskulär neuromusculaire
Neuromyelitis f. neuromyélite f.
Neuromyositis f. neuromyosite f.
Neuromyotonie f. neuromyotonie f.
Neuron n. neurone m.
Neuron, motorisches n. neurone moteur m.
Neuron, sensorisches n. neurone sensitif m.
neuronal neuronal
Neuronavigation f. neuronavigation f.
Neuronitis f. polyneuroradiculoganglionite f.
Neuropathie f. neuropathie f.

Neuronophagie f. neuronophagie f.
Neuroophtalmologie f. neuroophtalmologie f.
Neurootologie f. neurootologie f.
Neuropädiatrie f. neuropédiatrie f.
Neuropapillitis f. neuropapilite f.
Neuroparalyse f. neuroparalysie f.
neuroparalytisch neuroparalytique
Neuropath m. névropathe m.
Neuropathie f. neuropathie f.
Neuropathin f. névropathe f.
neuropathisch neuropathique
Neuropathologie f. neuropathologie f.
neuropathologisch neuropathologique
Neuropeptid n. neuropeptide m.
Neuropharmakologie f. neuropharmacologie f.
Neurophonie f. délire des aboyeurs m.
Neurophrenie f. neurophrénie f.
Neurophysin n. neurophysine f.
Neurophysiologie f. neurophysiologie f.
neurophysiologisch neurophysiologique
Neuropilem n. neuropile m.
Neuroplasma n. neuroplasme m.
Neuroplastizität f. neuroplasticité f.
Neuroplegikum n. neuroplégique m.
neuroplegisch neuroplégique
Neuroporus m. neuropore m.
Neuroprotektion f. neuroprotection f.
neuroprotektiv neuroprotecteur
Neuropsychiatrie f. neurospychiatrie f.
Neuropsychopharmakologie f. neuropsychopharmacologie f.
Neuroradiologie f. neuroradiologie f.
neuroradiologisch neuroradiologique
Neuroretinitis f. neurorétinite f.
Neurorezeptor m. neurorécepteur m.
Neurose f. névrose f.
Neurosebereitschaft f. neurosotropie f.
Neurosekretion f. neurosécrétion f.
neurosekretomotorisch neurocrinomoteur
neurosekretorisch neurosécrétoire
Neurosom n. neurosome m.
Neurospora f. neurospore m.
Neurosteroid n. neurostéroïde m.
Neurostimulation f. neurostimulation f.
Neurostimulator m. neurostimulateur m.
Neurosyphilis f. neurosyphilis f.
neurosyphilitisch neurosyphilitique
Neurotensin n. neurotensine f.
Neurotiker m. névrosé m.
Neurotikerin f. névrosée f.
neurotisch névropathique
Neurotmesis f. neurotmésis f.
Neurotomie f. neurotomie f.

Neurotoxikologie f. neurotoxicologie f.
Neurotoxin n. neurotoxine f.
neurotoxisch neurotoxique
Neurotransducer m. neurotransducteur m.
Neurotransmission f. neurotransmission f.
Neurotransmitter m. neurotransmetteur m.
neurotrop neurotrope
neurotroph neurotrophique
neurotropher Faktor des Gehirns (BDNF) m. BDNF (brain-derived neurotrophic factor) m.
Neurotrophie f. neurotrophie f.
Neurotropie f. neurotropisme m.
Neurotubulus m. neurotubule m.
Neurovakzine f. neurovaccine f.
neurovaskulär neurovasculaire
neurovegetativ neurovégétatif
neuroviszeral neuroviscéral
neurozirkulatorisch neurocirculatoire
Neurozyt m. neurone m.
Neurula f. neurula f.
Neusilber n. maillechort m.
Nevirapin n. névirapine f.
neutral neutre
Neutralbiss m. occlusion normale f.
Neutralfett n. corps gras neutre m.
neutralisieren neutraliser
Neutralisierung f. neutralisation f.
Neutralrot n. rouge neutre m.
Neutramycin n. neutramycine f.
Neutrino n. neutrino m.
Neutron n. neutron m.
Neutropenie f. neutropénie f.
neutropenisch neutropénique
neutrophil neutrophile
neutrophiler Leukozyt m. neutrophile m.
Neutrophilie f. neutrophilie f.
Neutrozyt m. neutrocyte m.
Neutrozytose f. neutrocytose f.
Nevritis, retrobulbäre f. névrite rétrobulbaire f.
Newcastle-Krankheit f. maladie de Newcastle f.
Newton (N) n. newton (N) m.
Newtonscher Ring m. anneau de Newton m.
Nexin n. nexine f.
Nialamid n. nialamide m.
Niaprazin n. niaprazine f.
Nicametat n. nicamétate m.
Nicardipin n. nicardipine f.
Nicergolin n. nicergoline f.
Niceverin n. nicévérine f.
nichtanginös non-angineux
Nichtdermatophyt m. non-dermatophyte
nicht lebensfähig non-viable

nicht resezierbar pas de résection possible
nicht reversibel non-réversible
nicht tastbar non-palpable
nicht unterdrückbar non-supprimable
nichtanginös non-angineux
nichteitrig non-purulent
nichthörbar inaudible
nichtidentisch non-identique
Nichtigkeitswahn m. psychose nihiliste f.
nichtinfarziert sans infarctus
nichtinvasiv non-invasif
nichtkleinzellig non-microcellulaire
Nichtleiter m. non-conducteur m.
nichtlinear non-linéaire
Nichtmetall n. métalloïde m.
nichtpathologisch non-pathologique
Nichtraucher m. non-fumeur m.
Nichtraucherin f. non-fumeuse f.
nichtsedierend non-sédatif
nichtspezifisch non-spécifique
nichtsteroidal non-stéroïdien
nichttastbar impalpable
nichttraumatisch atraumatique
nichttropisch non-tropical
nichtvenerisch non-vénérien
nichtverestert non-estérifié
Nickel n. nickel m.
Nickkrampf m. tic de salaam m.
Niclosamin n. niclosamine f.
Nicoclonat n. nicoclonate m.
Nicocortonid n. nicocortonide m.
Nicofuranose n. nicofuranose m.
Nicofurat n. nicofurate m.
Nicolsches Prisma n. prisme de Nicol m.
Nicomorphin n. nicomorphine f.
Niconazol n. niconazole m.
Nicothiazon n. nicothiazone f.
Nictindol n. nictindole m.
Nidation f. nidation f.
Nidroxyzon n. nidroxyzone f.
Niederdruck m. basse pression f.
Niederfrequenz f. basse fréquence f.
Niederkunft f. accouchement m.
niedermolekular de basse molécularité
niederschlagen (chem.) précipiter
Niederspannung f. faible voltage m.
Niedervolt-Röntgentherapie f. roentgenthéraphie à faible tension f.
Niednagel m. envie f.
niedrigdosiert bas-dosé
Niemann-Picksche Krankheit f. maladie de Niemann-Pick f.
Niere f. rein m.
Niere, künstliche f. rein artificiel m.
Nierenbank f. banque d'organes: reins f.
Nierenbecken n. bassinet m.
Nierenbeckenausgussstein m. calcul en bois de cerf m.
Nierenbiopsie f. biopsie rénale f.
Nierendekapsulation f. décortication du rein f.
Nierenentfernung f. néphrectomie f.
Nierenfunktionsprüfung f. test de fonction rénale m.
Nierengrieß m. gravelle f.
Nierenkolik f. colique néphrétique f.
Nierenkrankheit f. maladie du rein f.
Nierenkrebs m. cancer du rein m.
Nierenlager n. loge rénale f.
Nierenschaden m. lésion rénale f.
Nierenschale f. haricot m.
Nierenstein m. calcul rénal m.
Nierentransplantation f. transplantation rénale f.
Nierentuberkulose f. tuberculose rénale f.
Nierenversagen n. insuffisance rénale f.
Nierenverschlag (veter.) paralysie équine myoglobulinurique f.
niesen éternuer
niesen, in den Ellbogen éternuer dans le coude
Niesen n. éternuement m.
Nieswurz f. hellébore m.
Nifedipin n. nifédipine f.
Nifenazon n. nifénazone f.
nigrostriär nigrostrié
Nihilismus m. nihilisme m.
Nikethamid n. nikéthamide m.
Nikonazol n. niconazole m.
Nikotin n. nicotine f.
Nikotinamid n. nicotinamide m.
Nikotinamid-Adenin-Dinukleotid (NAD) n. nicotinamide adénine dinucléotide (NAD) m.
Nikotinat n. nicotinate m.
Nikotinoyl n. nicotinoyle m.
Nikotinsäureamid n. nicotinamide m.
Nikotinsäuresalz n. nicotinate m.
Nikotinvergiftung f. intoxication nicotinique f.
Niktitation f. nictitation f.
Niludipin n. niludipine f.
Nilutamid n. nilutamide f.
Nimesulid n. nimésulide m.
Nimidan n. nimidane m.
Nimodipin n. nimodipine f.
Nimorazol n. nimorazole m.
Nimustin n. nimustine f.
Niob n. niobium m.
Niprofazon n. niprofazone f.

Niridazol n. niridazole m.
Nische f. niche f.
Nisobamat n. nisobamate m.
Nisoldipin n. nisoldipine f.
Nisoxetin n. nisoxétine f.
Nisse f. lente f.
Nisslsches Körperchen n. corps de Nissl m.
Nitabuch-Streifen m. strie de Nitabuch f.
Nitacrin n. nitacrine f.
Nitarson n. nitarsone f.
Nitavirus n. nitavirus m.
Nitazoxanid n. nitazoxanide m.
Niträmie f. nitrémie f.
Nitramin n. nitramine f.
Nitramisol n. nitramisol m.
Nitrat n. nitrate m.
Nitrazepat n. nitrazépate m.
Nitrendipin n. nitrendipine f.
Nitrid n. nitride m.
Nitrifikation f. nitrification f.
nitrifizieren nitrifier
Nitril n. nitrile m.
Nitrit n. nitrite m.
Nitroalkyl n. nitroalkyle m.
Nitroanilin n. nitroaniline f.
Nitroaryl n. nitroaryle m.
Nitrobenzol n. nitrobenzène m.
Nitrobenzylthioinosin n. nitrobenzylthio-inosine f.
Nitroblau n. nitrobleu m.
Nitrocholin n. nitrocholine f.
Nitrofuran n. nitrofurane m.
Nitrofurantoin n. nitrofurantoïne f.
Nitrofurazon n. nitrofurazone f.
Nitroglyzerin n. nitroglycérine f.
Nitroimidazol n. nitroïmidazole m.
Nitromannit mannitol hexanitrate m.
Nitrophenol n. nitrophénol m.
Nitroprussid n. nitroprusside m.
Nitroreduktase f. nitroréductase f.
nitros nitreux
Nitrosamin n. nitrosamine f.
Nitrosoharnstoff m. nitrosourée f.
Nitrostigmin n. nitrostigmine f.
Niveau n. niveau m.
Niveaubett n. lit réglable m.
Nivolumab n. nivolumab m.
Nizatidin n. nizatidine f.
Nizofenon n. nizofénone f.
NLA (Neuroleptanalgesie) f. neuroleptanalgésie f.
NNH (Nasennebenhöhlen) f. pl. cavités pneumatiques paranasales f. pl.
NNR (Nebennierenrinde) f. corticosurrénale f.

Nobelium n. nobélium m.
Nobelpreis m. prix Nobel m.
Nocardia f. Nocardia f.
Nocardiose f. nocardiose f.
nociceptiv nociceptif
Nocizeptor n. stimulus nociceptif m.
Nocodazol n. nocodazole m.
nodal nodal
Nodoc n. nodoc m.
nodoventrikulär nodoventriculaire
nodulär nodulaire
noëtisch noétien
Nofecainid n. nofécaïnide m.
Noguchia f. Noguchia f.
Noguchia granulosis f. Bacterium granulosis m.
Noktambulismus m. noctambulisme m.
Noma n. noma m.
Nomenklatur f. nomenclature f.
Nomogramm m. nomogramme m.
nomothetisch nomothétique
nomotrop nomotrope
Nonapeptid n. nonapeptide m.
Nonaperon n. nonapérone f.
Nonapyrimin n. nonapyrimine f.
Nonivamid n. nonivamide m.
Nonne-Apelt-Reaktion f. réaction de Nonne-Apelt f.
Nonnensausen n. bruit veineux de nonnes m.
Nonoxinol n. nonoxynol m.
Noopsyche f. noopsyché f.
nootrop nootrope
nootropes Mittel n. produit nootrope m.
Noracimethadol n. noraciméthadol m.
Noradrenalin n. noradrénaline f.
noradrenergisch noradrénergique
Noramidopyrin n. noramidopyrine f.
Norandrostenolon n. norandrosténolone f.
Noräthandrolon n. noréthandrolone f.
Norboleton n. norbolétone f.
Norbornen n. norbornène m.
Norbudrin n. norbudrine f.
Norcodein n. norcodéine f.
Nordirion n. nordinone f.
Norephedrin n. noréphédrine f.
Norepinephrin n. norépinéphrine f.
Norethandrolon n. noréthandrolone f.
Norethiridron n. noréthindrone f.
Norethisteron n. noréthistérone f.
Norgestimat n. norgestimate m.
Norleucin n. norleucine f.
Norm f. norme f.
normal normal
Normalbefund m. résultat normal m.

Normalbiss m.   normocclusion f.
Normaldruckhydrozephalus m.   hydrocéphale normotensif m.
Normalgewicht n.   poids normal m.
normalisieren   normaliser
Normalisierung f.   normalisation f.
Normalität f.   normalité f.
Normalkost f.   alimentation normale f.
Normalmaß n.   étalon m.
Normalsichtigkeit f.   emmétropie f.
Normalwert m.   valeur normale f.
normergisch   normergique
Normethadon n.   norméthadone f.
Normoblast m.   normoblaste m.
normochrom   normochrome
Normochromasie f.   normochromasie f.
Normochromie f.   normochromie f.
Normogeusie f.   normogeusie f.
normoglykämisch   normoglycémique
Normorphin n.   normorphine f.
Normosmie f.   normosmie f.
Normospermie f.   normospermie f.
Normothermie f.   normothermie f.
normothermisch   normothermique
normoton   normotensif
Normovolämie f.   normovolémie f.
normoxisch   normoxique
Normozyt m.   normocyte m.
Normwert m.   valeur normale de référence f.
Norpipanon n.   norpipanone f.
Norprogesteron n.   norprogestérone f.
Norpseudoephedrin n.   norpseudoéphédrine f.
Nortestosteron n.   nortestostérone f.
Northern Blot m.   northern blot m.
Nortilidin n.   nortilidine f.
Nortriptylin n.   nortriptyline f.
Noscapin n.   noscapine f.
Nosematose f.   nosémose f.
Nosiheptid n.   nosiheptide m.
nosokomial   nosocomial
Nosologie f.   nosologie f.
nosologisch   nosologique
Not f.   nécessité urgente f.
Notarzt m.   médecin des urgences m.
Notärztin f.   médecin des urgences m.
Notarztwagen m.   ambulance médicalisée f. (SAMU) m.
Notatin n.   notatine f.
Notaufnahme f.   hospitalisation d'urgence f.
Notenblindheit f.   cécité musicale f.
Notfall m.   urgence f.
Notfallbesteck n.   trousse d'urgence f.
Notfallchirurgie f.   chirurgie d'urgence f.
Notfallendoskopie f.   endoscopie d'urgence f.

Notfallmedizin f.   médecine des urgences f.
Notfallversorgung f.   soins d'urgence m. pl.
Notlage f.   situation d'urgence f.
Notoperation f.   opération d'urgence f.
Notverband m.   pansement d'urgence m.
Notzucht f.   viol m.
Noxe f.   agent nocif m.
Noxiptilin n.   noxiptiline f.
NSAR (nichtsteroidales Antirheumatikum) n.   antirhumatismal non-stéroïdien m.
NSE (neuronenspezifische Enolase) f.   énolase spécifique des neurones f.
NSILA (nicht unterdrückbare insulinartige Aktivität) f.   NSILA (nonsuppressible insulinlike activity) f.
Nubecula f.   effet de nébulosité m.
nuchal   nucal
nüchtern (mit leerem Magen)   à jeun
nüchtern (nicht trunken)   sobre
Nüchternblutzucker m.   glycémie à jeun f.
Nucleon n.   nucléon m.
Nucleus caudatus m.   noyau caudé m.
Nuclotixen n.   nuclotixène m.
Nudophobie f.   phobie de la nudité f.
Nuhnsche Drüse f.   glande de Nuhn f.
nukleär   nucléaire
Nuklearmedizin f.   médecine nucléaire f.
nuklearmedizinisch   de médecine nucléaire
Nuklease f.   nucléase f.
Nuklein n.   nucléine f.
Nukleinat n.   nucléinate m.
Nukleoalbumin n.   nucléoalbumine f.
Nukleohiston n.   nucléohistone f.
nukleoid   nucléoïde
Nukleoid n.   nucléoïde m.
Nukleokapsid n.   nucléocapside f.
nukleolär   nucléolaire
Nukleolonema n.   nucléolonème m.
Nukleolus m.   nucléole f.
Nukleolyse f.   nucléolyse f.
Nukleon n.   nucléon m.
nukleophil   nucléophile
Nukleophosphatase f.   nucléotidase f.
Nukleoplasma n.   nucléoplasme m.
Nukleoproteid n.   nucléoprotéine f.
Nukleoprotein n.   nucléoprotéine f.
Nukleosid n.   nucléoside m.
Nukleosidase f.   nucléosidase f.
Nukleosom n.   nucléosome m.
Nukleotid n.   nucléotide m.
Nukleotidase f.   nucléotidase f.
Nukleotidyltransferase f.   nucléotide transférase f.
Nuklid n.   nuclide m.
Null f.   zéro m.

Nullipara f. nullipare f.
Nullisomie f. nullisomie f.
Null-Linie f. ligne zéro f.
Nullpunktabweichung f. erreur au point zéro f.
Nullpunkteinstellung f. réglage du point zéro m.
Nullstrich m. ligne zéro f.
Nullzelle f. cellule lymphoïde nulle f.
nummulär nummulaire
Nussgelenk n. articulation orbiculaire f.
nutritionell nutritionnel
nutritiv nutritif
Nutzlast f. charge utile f.
Nutzstrahlenbündel n. faisceau de radiation utile m.
Nux vomica f. noix vomique f.
Nyktalopie f. nyctalopie f.
Nyktometer n. nyctomètre m.
Nyktometrie f. nyctométrie f.
nyktometrisch nyctométrique
Nykturie f. nycturie f.

Nylander-Probe f. mise en évidence de glucosurie d'après Nylander f.
Nylidrin n. nylidrine f.
nympholabial nympholabial
Nymphomanie f. nymphomanie f.
nystagmogen nystagmogène
Nystagmogramm n. nystagmogramme m.
Nystagmograph m. nystagmographe m.
Nystagmographie f. nystagmographie f.
nystagmographisch nystagmographique
Nystagmus m. nystagmus m.
Nystagmus, Bergmanns- m. nystagmus des mineurs m.
Nystagmus, Fixation- m. nystagmus optocinétique m.
Nystagmus, Pendel- m. nystagmus pendulaire m.
Nystagmus, rotatorischer m. nystagmus rotatoire m.
Nystagmus, Ruck- m. nystagmus saccadé m.
Nystatin n. nystatine f.

O

OAF (Osteoklasten-aktivierender Faktor) m. facteur d'activation des ostéoclastes m.
o.B. (ohne Befund) sans particularités
O-Bein n. jambe arquée f., genu varum m.
Obduktion f. autopsie f.
Obduktionsbesteck n. matériel d'autopsie m.
obduzieren autopsier
Obelion n. obélion m.
Oberarm m. bras m.
Oberarzt m. chef de clinique m.
Oberärztin f. chef de clinique m.
Oberbauch m. épigastre m.
Oberfläche f. surface f.
Oberfläche, auf der – schwimmend sur nageant
oberflächenaktiv actif en surface
Oberflächenanästhesie f. anesthésie superficielle f.
Oberflächenantigen n. antigène de surface m.
Oberflächenspannung f. tension de surface f.
Oberflächentemperatur f. température superficielle f.
Oberflächentherapie f. traitement de surface m.
oberflächlich superficiel
Oberhaut f. épiderme m.
Oberin f. infirmière chef du personnel soignant f.
Oberkiefer m. mâchoire supérieure f.
Oberkiefer-Teilprothese f. prothèse partielle supérieure
Oberkiefer-Vollprothese f. prothèse totale supérieure f.
Oberkörper m. partie supérieure du corps f.
Oberlappen m. lobe supérieur m.
Obermayer-Probe f. test d'Obermayer m.
Oberpfleger m. infirmier chef m.
Oberschenkel m. cuisse f.
Oberschenkelbruch m. fracture du fémur f.
Oberschwester f. infirmière chef f.
Obertischröntgenaufnahme f. radiographie sur plaque f.
Oberton m. son dominant m.
Obex m. obex m.
Obidoxim n. obidoxime m.
Objekt n. objet m.
Objektbesetzung f. investissement de l'objet m.
Objektebene f. plan de l'objet m.
objektiv objectif
Objektiv n. objectif m.
Objektträger m. lame (porte-objet) f.
Objektträgerpinzette f. pince de Cornet f.
Objektverlust m. perte d'objet (psych.) f.
Objektwahl f. choix de l'objet m.
Oblativität f. oblativité f.
Obliteration f. oblitération f.
obliterieren oblitérer
Oblongata f. medulla oblongata f.
obsolet obsolète
Obstipation f. constipation f.
obstipiert constipé
Obstruktion f. obstruction f.
obstruktiv obstructif
Obturation f. obturation f.
Obturator m. obturateur m.
Obtusion f. obtusion f.
Ochratoxin f. ochratoxine f.
Ochronose f. ochronose f.
Ochse m. boeuf m.
Ocker n. ocre m.
Ocrase f. ocrase f.
Ocrilat n. ocrilate m.
Octabenzon n. octabenzone f.
Octadecyl n. octadécyle m.
Octamylamin n. octamylamine f.
Octan n. octane m.
Octana f. fièvre octane f.
Octanoat n. octanoate m.
Octastin n. octastine f.
Octatropin n. octatropine f.
Octaverin n. octavérine f.
Octazamid n. octazamide m.
Octenidin n. octénidine f.
Octocrilen n. octocriléne m.
Octodrin n. octodrine f.
Octopamin n. octopamine f.
Octotiamin n. octotiamine f.
Octriptylin n. octriptyline f.
Octrizol n. octrizole m.
Odditis f. oddite f.
Ödem n. oedème m.
Ödem, Quinckesches n. oedème de Quincke m.
ödematös oedémateux
Ödipismus m. oedipisme m.
Ödipuskomplex m. complexe d'Oedipe m.
Odontalgie f. odontalgie f.
Odontoameloblastome n. odontoameloblastome m.
Odontoblast m. odontoblaste m.
Odontoblastom n. odontoblastome m.

odontogen odontogène
Odontograph m. odontographe m.
Odontoid n. odontoïde m.
Odontoklast m. odontoclaste m.
Odontom n. odontome m.
Odontophobie f. odontophobie f.
Odontotomie f. odontotomie f.
Odontotrypsis f. odontotripsie f.
Odynophagie f. odynophagie f.
OES (Oxalessigsäure) f. acide oxalacétique m.
offen ouvert
Offenbarungswahn m. délire de révélation m.
offene Abteilung f. service ouvert m.
offener Biss m. inocclusion dentaire f.
Offenstehen n. ouverture f.
offenstehend être ouvert, être béant
Öffentliches Gesundheitswesen n. Santé Publique f.
offiziell officiel
offizinell officinal
olfaktogenital (veter.) olfactogénital
Öffnung f. ouverture f.
Öffnungsachse f. axe d'ouverture m.
Öffnungston m. bruit d'ouverture m.
Oftascein n. oftascéine f.
Ohm n. ohm m.
ohne Befund (o.B.) sans anomalie
Ohnmacht f. évanouissement m.
ohnmächtig évanoui
ohnmächtig werden s'évanouir
Ohnmachtsanfall m. syncope f.
Ohr n. oreille f.
Ohr, abstehendes n. oreille décollée f.
Öhr n. trou m.
Ohr-Augen-Ebene f. plan ceil-oreille m.
Ohrblock m. bloc auriculaire m.
Ohrenarzt spécialiste des oreilles m.
Ohrenärztin f. spécialiste des oreilles f.
Ohrenfluss m. otorrhée f.
Ohrgeräusch n. acouphène m.
Ohrenklappe f. couvre-oreille m.
Ohrenleiden n. affection des oreilles f.
Ohrensausen n. bourdonnements d'oreilles m. pl.
Ohrenschmalz m. cérumen m.
Ohrenspiegel m. otoscope m.
Ohrenzeckenkrankheit f. affection auriculaire par les tiques f.
Ohrläppchen n. lobule de l'oreille m.
Ohrloch n. orifice externe de l'oreille m.
Ohrlöffel m. cure-oreille m.
Ohrlupe f. loupe otologique f.
Ohrmuschel f. pavillon de l'oreille m.

Ohrplastik f. otoplastie f.
Ohrpolypenschlinge f. anse pour ablation de polypes de l'oreille f.
Ohrschmalz m. cérumen m.
Ohrschmalzpfropf m. bouchon de cérumen m.
Ohrspeicheldrüse f. glande parotide f.
Ohrspiegel m. otoscope m.
Ohrspritze f. seringue otologique f.
Ohrtoilette f. lavage d'oreille m.
Ohrtrichter m. spéculum de l'oreille m.
Ohrtrompete f. trompe d'Eustache f.
Oidiomykose f. oïdiomycose f.
Oidium n. oïdium m.
Oikologie f. écologie f.
Okkludator m. occluseur m.
okklusal occlusal
Okklusalfläche f. surface occlusale f.
Okklusallage f. position occlusale f.
okklusif occlusif
Okklusion f. occlusion f.
Okklusion, laterale f. occlusion latérale f.
Okklusion, protrale f. occlusion protrusive f.
Okklusion, retrale f. occlusion en rétropulsion f.
Okklusionsabdruck m. empreinte occlusale f.
Okklusionsausgleich m. occlusion balancée f.
Okklusionsbereich m. zone d'occlusion f.
Okklusionsebene f. plan d'occlusion m.
Okklusionskontakt m. contact des faces occlusales m.
Okklusionslage f. position occlusale f.
Okklusionszone f. aire d'occlusion f.
Okklusivverband m. pansement occlusif m.
Okklusometer m. occlusomètre m.
Okklusometrie f. occlusométrie f.
okklusometrisch occlusométrique
Ökologie f. écologie f.
Ökonomie économie f.
Ökotaxis f. écotaxie f.
Oktan n. octane m.
Oktana f. fièvre octane f.
Oktanoat n. octanoate m.
oktavalent octavalent
Oktopamin n. octopamine f.
Oktyl… siehe voir Octyl…
okulär oculaire
Okular n. oculaire m.
okuloaurikulär oculoauriculaire
okulodental oculodental
okulodentodigital oculodentodigital
okulokardial oculocardiaque
okulokutan oculocutané

okulomandibulofazial oculomandibulofacial
okulomotorisch oculomoteur
okulootokutan oculootocutané
okulopharyngeal oculopharyngien
okulopupillär oculopupillaire
okulovaskulär oculovasculaire
okulovertebral oculovertébral
okulozerebtal oculocérébral
okzipital occipital
okzipitoanterior occipitoantérieur
okzipitobregmatisch occipitobregmatique
okzipitofrontal occipitofrontal
okzipitomental mentooccipital
okzipitoparietal occipitopariétal
okzipitoposterior occipitopostérieur
okzipitotemporal occipitotemporal
okzipitozervikal occipitocervical
Öl n. huile f.
Öl, ätherisches n. huile essentielle f.
Öl-in-Wasser-Emulsion f. émulsion hydro-huileuse f.
öllöslich liposoluble
Ölpumpstuhl (dent.) m. fauteuil hydrolique m.
Ölsyndrom, toxisch n. syndrome oléotoxique m.
Olamin n. éthanolamine f.
Olanzapin n. Olanzapine f.
Ölbad n. bain d'huile m.
Öldiffusionspumpe f. pompe à diffusion d'huile f.
Oleander m. laurier-rose m.
Oleandrin n. oléandrine f.
Oleat n. oléate m.
Olefin n. oléfine f.
Olein n. oléine f.
Oleom n. oléome m.
Oleoresin n. oléorésine f.
Oleostearat n. oléostéarate m.
Oleothorax m. oléothorax m.
Oleum Chenopodü anthelminthici n. huile de chénopode f.
Oleum Ricini n. huile de ricin f.
Olfaktometer n. olfactomètre m.
olfaktorisch olfactif
Oligämie f. oligémie f.
oligämisch oligémique
Oligoanurie f. oligoanurie f.
Oligoastrozytom n. oligoastrocytome m.
Oligodaktylie f. oligodactylie f.
Oligodendroblastom n. oligodendroblastome m.
Oligodendroglia f. oligodendroglie f.
Oligodendrozyt m. oligodendrocyte m.
Oligodipsie f. oligodipsie f.
Oligodontie f. oligodontie f.
oligodynamisch oligodynamique
Oligoepilepsie f. oligoépilepsie f.
oligogen oligogène
oligoklonal oligoclonal
oligolezithal oligolécithique
Oligomenorrhö f. oligoménorrhée f.
oligomer oligomérique
Oligomer n. oligomère m.
Oligomerie f. oligomérie f.
oligomorph oligomorphe
Oligonukleotid n. oligonucléotide m.
Oligopeptid n. oligopeptide m.
Oligophrenia phenylpyruvica f. oligophrénie phénylpyruvique f.
Oligophrenie f. oligophrénie f.
Oligosaccharid n. oligosaccharide m.
Oligosaccharidose f. oligosaccharidose f.
Oligosialie f. oligosialie f.
Oligospermie f. oligospermie f.
oligosymptomatisch oligosymptomatique
Oligotrichie f. oligotrichie f.
oligotroph oligotrophique
Oligozoospermie f. oligozoospermie f.
Oligozythämie f. oligocytémie f.
Oligurie f. oligurie f.
oligurisch oligurique
Ölimmersion f. immersion huileuse f.
Olive f. olive (bulbaire) f.
Olivenöl n. huile d'olive f.
Oliver-Cardarelli-Zeichen n. signe de Cardarelli m.
olivopontozerebellar olivopontocérébelleux
olivozerebellar olivocérébelleux
Olmesartan n. olmésartan m.
öllöslich liposoluble
Olmersche Krankheit f. maladie d'Olmer f.
Ölpumpstuhl m. fauteuil à hydraulique à huile m. (dent.)
Olsalazin n. olsalazine f.
Omagra f. goutte localisée à l'épaule f.
Omalgie f. omalgie f.
Omalizumab n. omalizumab m.
Omarthritis f. omarthrite f.
Omasitis f. omasite f.
Omapatrilat n. omapatrilate m.
Ombrédanne-Maske f. masque d'Ombrédanne m.
omental épiploïque
Omentitis f. épiploïte f.
Omentopexie f. omentopexie f.
Omeprazol n. oméprazole m.
omnipotent omnipotent
Omoconazol n. omoconazole m.

omohyoidal omohyoïdien
omoklavikulär omoclaviculaire
Omonastein n. omonastéine f.
Omphalektomie f. omphalectomie f.
Omphalitis f. omphalite f.
Omphalocele f. omphalocèle f.
Omphalopagus m. omphalopage m.
Omphalophlebitis f. omphalophlébite f.
Omphalotomie f. omphalotomie f.
Omphalotripsie f. omphalotripsie f.
Omphalozele f. omphalocèle f.
Onanie f. onanisme m.
onanieren se masturber
Önanthat n. énanthate m.
Önanthotoxin n. énanthotoxine f.
Onchozerkiasis f. onchocercose f.
Onchozerkom n. onchocercome m.
Ondiriitis f. maladie d'Ondiri f.
Oneirismus m. onirisme m.
oneirogen onirogène
oneiroid oniroïde
Oneirophrenie f. onirophrénie f.
onkofetal oncofœtal
onkoföetal oncofœtal
onkogen oncogène
Onkogen n. facteur oncogène m.
Onkogenese f. oncogenèse f.
onkogenetisch oncogénétique
Onkologie f. oncologie f.
onkologisch oncologique
Onkolyse f. oncolyse f.
onkolytisch oncolytique
Onkostatin n. oncostatine f.
onkotisch oncotique
Onkozyt m. oncocyte m.
Onlay n. onlay m.
online en absenciel
Ontogenese f. ontogenèse f.
ontogenetisch ontogénétique
Onychauxis f. onychauxis f.
Onychie f. onychie f.
Onychodystrophie f. onychodystrophie f.
Onychogrypose f. onychogrypose f.
Onychoklasie f. onychoclasie f.
Onycholyse f. onycholyse f.
Onychomalazie f. onychomalacie f.
Onychomykose f. onychomycose f.
Onychophagie f. onychophagie f.
Onychopathie f. onychopathie f.
Onychophym n. épaississement d'un ongle m.
Onychorrhexis f. onychorrhexie f.
Onychoschisis f. onychoschizis m.
Onychose f. onychose f.
Onychotillomanie f. mutilation névrotique des ongles f.
Onyx m. onyx m.
Ooblast m. ooblaste m.
Oogenese f. oogenèse f.
Oogonie f. oogonie f.
Ookinet m. oocinète m.
Oolemm n. membrane ovocytaire f.
Oophorektomie f. oophorectomie f.
oophorektomieren ovarectomier
Oophoritis f. ovarite f.
Oophorohysterektomie f. ovarohystérectomie f.
Oophyt m. oophyte m.
Oosporose f. oosporose f.
Oozephalus m. oocéphale m.
Oozyste f. oocyste m.
Oozyt m. oocyte m.
opak opaque
Opaleszenz f. opalescence f.
opaleszierend opalescent
Opalgie f. névralgie faciale f.
Opazität f. opacité f.
operant opérant
Operateur m. opérateur m.
Operation f. opération f.
Operation, eine – vornehmen opérer
Operation, sich einer – unterziehen subir une opération
Operation, Zustand nach m. état postopératif m.
Operationsbesteck n. instruments chirurgicaux m. pl.
Operationsbesteckkasten m. boite à instruments chirurgicaux f.
Operationsgastroskop n. gastroscopeperopératoire m.
Operationsgebiet n. champ opératoire m.
Operationshandschuhe m. pl. gants de chirurgie m. pl.
Operationshemd n. blouse d'OP f.
Operationskleidung f. vêtements d'OP m. pl.
Operationslampe f. scialytique m.
Operationsmikroskop n. microscope chirurgical m.
Operationsmütze f. calot d'OP m.
Operationsnarbe f. cicatrice postopératoire f.
Operationssaal m. salle d'opération f.
Operationsschere f. ciseaux de chirurgie m. pl.
Operationsschwester f. imirmière assistante opératoire f.
Operationsskalpell n. scalpel chirurgical m.
Operationsstuhl m. fauteuil d'opération m.

Operationstisch m.   table d'opération f.
operativ   opératif, opératoire
Operator-Gen n.   opérateur (gène) m.
operieren   opérer
operieren, den Finger   opérer le doigt
operieren, einen Patienten   opérer un patient
operieren, einen Patienten wegen Appendizitis   opérer un patient de l'appendicite
operieren, sich – lassen   se faire opérer
Operon n.   opéron m.
Ophiasis f.   ophiase f.
Ophidismus m.   ophidisme m.
Ophryon n.   ophryon m.
ophryospinal   ophryospinal
Ophthalmie f.   ophtalmie f.
Ophthalmitis f.   ophtalmite f.
Ophthalmoangiotonometer n.   ophtalmoangiotonomètre m.
Ophthalmodiaphanoskop n.   ophtalmodiaphanoscope m.
Ophthalmodiaphanoskopie f.   ophtalmodiaphanoscopie f.
Ophthalmodynamometer n.   ophtalmodynamomètre m.
Ophthalmodynamometrie f.   ophtalmodynamométrie f.
Ophtalmogenetik f.   ophtalmogénétique f.
Ophthalmologe m.   ophtalmologiste m.
Ophthalmologie f.   ophtalmologie f.
Ophthalmologin f.   ophtalmologiste f.
ophthalmologisch   ophtalmologique
Ophthalmometer n.   ophtalmomètre m.
Ophthalmomyiasis f.   ophtalmomyase f.
Ophthalmopathie f.   ophtalmopathie f.
Ophthalmophakometer n.   ophtalmophacomètre m.
Ophthalmophakometrie f.   ophtalmophacométrie f.
Ophthalmophantom n.   ophtalmofantôme m.
Ophthalmoplastie f.   ophtalmoplastie f.
Ophthalmoplegie f.   ophtalmoplégie f.
ophthalmoplegisch   ophtalmoplégique
Ophthalmoskop n.   ophtalmoscope m.
Ophthalmoskopie f.   ophtalmoscopie f.
ophthalmoskopisch   ophtalmoscopique
Ophthalmospektroskop n.   ophtalmospectroscope m.
Ophthalmospektroskopie f.   ophtalmospectroscopie f.
Ophthalmostat m.   ophtalmostat m.
Ophthalmotomie f.   ophtalmotomie f.
Opiat n.   opiate f.
Opiniazid n.   opiniazide m.
Opioid n.   opioïde m.
opisthiobasal   opisthiobasal
Opisthion n.   opisthion m.
opisthionasal   opisthionasal
Opisthogenie f.   opisthogénie f.
Opisthognathie f.   opisthognathie f.
Opisthorchiasis f.   opistorchiase f.
Opisthorchis m.   opistorchis m.
Opisthotonus m.   opisthotonus m.
Opium n.   opium m.
Opiumsucht f.   opiomanie f.
Opiumtinktur f.   teinture d'opium f.
Opodeldok, fester n.   opodeldoc liniment m.
Opodeldok, flüssiger n.   opodeldoc fluide m.
Oppenheimscher Reflex m.   réflexe d'Oppenheim m.
Oppenheim-Zeichen n.   signe d'Oppenheim m.
opportun   opportun
opportunistisch   opportuniste
Opsin n.   opsine f.
Opsiurie f.   opsiurie f.
Opsoklonie f.   opsoclonie f.
Opsomanie f.   opsomanie
Opsonin n.   opsonine f.
opsonisieren   opsoniser
Opsonisierung f.   opsonisation f.
Opsonozytophagie f.   opsonocytophagie f.
opsonozytophagisch   opsonocytophagique
Optik f.   optique f.
Optiker m.   opticien f.
Optikerin f.   opticienne f.
optikochiasmatisch   opticochiasmatique
Optikusatrophie f.   atrophie optique f.
Optikusgliom n.   gliome optique m.
Optikuspapille f.   papille optique f.
optimal   optimal
optimieren   optimiser
Optimierung f.   optimalisation f.
optimistisch   optimiste
Optimum n.   optimum m.
optisch   optique
Optodynamometer n.   optodynamomètre m.
Optogramm n.   optogramme m.
optokinetisch   optocinétique
Optometer n.   optomètre m.
Optometrie f.   optométrie f.
optometrisch   optométrique
Optometrist(in) m./(f.)   spécialiste d'optométrie m./f.
Optotype f.   optotype m.
Oseltamivir n.   oseltamivir m.
oral   oral
Oraldesensibilisierung f.   désensibilisation orale f.

orales Kontrazeptivum n. contraceptif oral m.
oralwärts en direction orale
Orange f. orange f.
Orange (Farbe) n. orange m.
orangefarben orange
Orangenblüte f. fleur d'oranger f.
Orangenschalenhaut f. peau d'orange f.
Orazamid n. orazamide m.
orbikulär orbiculaire
orbikuloanterokapsulär orbiculoantérocapsulaire
orbikuloposterokapsulär orbiculopostérocapsulaire
orbikuloziliär orbiculociliaire
Orbita f. orbite f.
orbital orbitaire
Orbitale f. orbitale f.
Orbitaspitzensyndrom n. syndrome de l'apex orbitaire m.
orbitofrontal orbitofrontal
orbitonasal orbitonasal
Orbitonometer n. orbitonomètre m.
Orbitonometrie f. orbitonométrie f.
Orbitopathie f. orbitopathie f.
orbitotemporal orbitotemporal
Orbitotomie f. orbitotomie f.
Orchidometer n. orchidomètre m.
Orchiektomie f. orchidectomie f.
Orchiopexie f. orchidopexie f.
Orchitis f. orchite f.
Orcin n. orcine f.
Orciprenalin n. orciprénaline f.
Orconazol n. orconazole m.
Ordinate f. ordonnée f.
Ordnungszahl f. nombre atomique (chem.) m.
orexigen orexigène
Organ n. organe m.
Organ, Geschlechts- n. organe sexuel m.
Organ, inneres n. organe interne m.
Organbildung f. organogenèse f.
Organfortpflanzung f. reproduction organique f.
Organell n. organite m.
Organelle f. organule m.
Organentwicklung f. développement organique m.
organerhaltend organoprotecteur
Organisation f. organisation f.
Organisator m. organisateur m.
organisch organique
organisieren organiser
Organismus m. organisme m.
Organkultur f. culture d'organe f.
Organneurose f. névrose viscérale f.
organoid organoïde
Organoid n. organoïde m.
organoleptisch organoleptique
Organon n. manuel m.
Organophosphat n. phosphate organique m.
organotherapeutisch organothérapeutique
Organotherapie f. organothérapie f.
organotrop organotrope
Organotropie f. organotropisme m.
Organspender m. donneur d'organe m.
organspezifisch spécifique de l'organe
Organtherapeutikum n. médicament opothérapeutique m.
Orgasmus m. orgasme m.
orgastisch orgastique
Orgotein n. orgotéine f.
Orientbeule f. bouton d'Alep m.
Orientierung f. orientation f.
Oripavin n. oripavine f.
Orlistat n. orlistat m.
Ormetoprim n. ormétoprime m.
Ornidazol n. ornidazole m.
Ornipressin n. ornipressine f.
Ornithin n. ornithine f.
Ornithodorus moubata m. Ornithodorus moubata m.
Ornithose f. ornithose f.
orobasal orobasal
orofazial orofacial
orofaziodigital orofaciodigital
Orohypopharynx m. orohypopharynx m.
oronasal oronasal
oropharyngeal oropharyngien
Oropharynx m. oropharynx m.
Orosomukoid n. orosomucoïde m.
Orotase f. orotase f.
Orotat n. orotate m.
Orotidin n. orotidine f.
Orotidylat n. orotidylate m.
Orotidyldekarboxylase f. orotidyldécarboxylase f.
Orotidylpyrophosphorylase f. orotidylpyrophosphorylase f.
orotracheal orotrachéal
Oroyafieber n. fièvre de Oroya f.
Orpanoxin n. orpanoxine f.
Orphenadrin n. orphénadrine f.
Ortenamin n. orténamine f.
Orthese f. orthèse f.
orthochrom orthochrome
Orthochromasie f. orthochromie f.
orthochromatisch orthochrome
Orthochromie f. orthochromie f.
Orthodontie f. orthodontie f.

Orthodontiezange f. pince orthodontique f.
orthodontisch orthodontique
orthodrom orthodromique
Orthogenese f. orthogenèse f.
orthognath orthognathe
orthogonal orthogonal
orthograd orthograde
Orthokin n. orthokine f.
Orthologie f. orthologie f.
orthologisch orthologique
orthomolekular orthomoléculaire
Orthopäde m., Orthopädin f. orthopédiste m.
Orthopädie f. orthopédie f.
Orthopädin f. orthopédiste f.
orthopädisch orthopédique
Orthopantomographie (dent.) f. orthopantomographie f.
Orthophenylphenol n. orthophénylphénol m.
Orthophorie f. orthophorie f.
Orthophosphat n. orthophosphate m.
Orthophrenie f. orthophrénie f.
Orthopnoe f. orthopnée f.
Orthoptik f. orthoptique f.
Orthoptist m. orthoptiste m.
Orthoptistin f. orthoptiste f.
Orthoptoskop n. orthoptoscope m.
Orthoptoskopie f. orthoptoscopie f.
orthorhythmisch orthorythmique
Orthoskop n. orthoscope m.
Orthoskopie f. orthoscopie f.
orthoskopisch orthoscopique
Orthostase f. orthostase f.
orthostatisch orthostatique
Orthostellung f. orthoposition f.
orthotonisch orthotonique
orthotopisch orthotopique
orthotrop orthotrope
Orthovanadat n. orthovanadate m.
örtlich local
Ortsdosis f. dose locale f.
Ortswechselbescheinigung f. attestation de déplacement f.
Ortung f. repérage m.
Orzein n. orcéine f.
Orziprenalin n. orciprénaline f.
Osazon n. osazone f.
Ozeltamivir n. ozeltamivir m.
Öse f. oeillet m.
Osgood-Schlattersche Krankheit f. maladie de Osgood-Schlatter f.
Oslersche Krankheit f. maladie d'Osler f.
Osmadizon n. osmadizone f.
Osmat n. osmate m.

osmiophil osmiophile
Osmium n. osmium m.
Osmol n. osmole m.
Osmolalität f. osmolalité f.
Osmolarität f. osmolarité f.
Osmologie f. osmologie f.
Osmometer n. osmomètre m.
Osmometrie f. osmométrie f.
osmometrisch osmométrique
Osmophorese f. osmophorèse f.
Osmoregulation f. osmorégulation f.
Osmorezeptor m. osmorécepteur m.
Osmose f. osmose f.
Osmotherapie f. osmothérapie f.
Osmotisch osmotique
ösophagal œsophagien
Ösophagektasie f. œsophagectasie f.
Ösophagitis f. œsophagite f.
Ösophagoduodenostomie f. œsophagoduodénostomie f.
ösophagogastrisch œsophagogastrique
Ösophagogastrostomie f. œsophagogastrostomie f.
Ösophagojejunogastrostomie f. œsophagojéjunogastrostomie f.
ösophagokolisch œsophagocolique
Ösophagoskop n. œsophagoscope m.
Ösophagoskopie f. œsophagoscopie f.
ösophagoskopisch œsophagoscopique
Ösophagostomie f. œsophagostomie f.
Ösophagus m. œsophage m.
Ösophagusplastik f. œsophagoplastie f.
Ösophagusvarizen f. pl. varices œsophagiennes f. pl.
osseofibrös osséofibreux
Ossifikation f. ossification f.
ossifizieren s'ossifier
Ossikulektomie f. ossiculectomie f.
Ostektomie f. ostectomie f.
Osteoangiolathyrismus m. ostéoangiolathyrisme m.
Osteoarthritis f. ostéoarthrite f.
Osteoarthropathie f. ostéoarthropathie f.
Osteoarthrose f. ostéoarthrose f.
Osteoarthrosis interspinalis f. ostéoarthrose interépineuse de Baastrup f.
Osteoblast m. ostéoblaste m.
osteoblastisch ostéoblastique
Osteoblastom n. ostéoblastome m.
Osteocalcin n. ostéocalcine f.
Osteochondritis f. ostéochondrite f.
Osteochondrofibrom n. ostéochondrofibrome m.
Osteochondrom n. ostéochondrome m.

Osteochondromatose f. ostéochondromatose f.
Osteochondrosarkom n. ostéochondrosarcome m.
Osteochondrose f. ostéochondrose f.
Osteochondrosis juvenilis Scheuermann f. ostéochondrose vertébrale de Scheuermann f.
Osteodentin n. ostéodentine f.
Osteodentinom n. ostéodentinome m.
Osteodesmose f. formation interosseuse f.
Osteodynie f. ostéodynie f.
Osteodystrophie f. ostéodystrophie f.
Osteofibrom n. ostéofibrome m.
osteogen ostéogénique
Osteogenese f. ostéogenèse f.
Osteogenesis imperfecta f. ostéogenèse imparfaite f.
osteogenetisch ostéogénétique
osteoid ostéoïde
Osteoid n. ostéoïde m.
Osteokalzin n. ostéocalcine f.
Osteokampsis f. redressement osseux chirurgical m.
Osteoklasie f. ostéoclasie f.
Osteoklast m. ostéoclaste m.
osteoklastenaktivierender Faktor (OAF) m. facteur d'activation des ostéoclastes m.
osteoklastisch ostéoclastique
Osteoklastom n. ostéoclastome m.
Osteologie f. ostéologie f.
osteologisch ostéologique
Osteolyse f. ostéolyse f.
Osteolyse, kryptogenetische progressive f. ostéolyse massive idiopathique f.
osteolytisch ostéolytique
Osteom n. ostéome m.
Osteomalazie f. ostéomalacie f.
osteomalazisch ostéomalacique
Osteomyelitis f. ostéomyélite f.
osteomyelitisch ostéomyélitique
Osteomyelofibrose f. ostéomyélofibrose f.
Osteon n. ostéon m.
Osteonekrose f. ostéonécrose f.
osteoneuroendokrin ostéoneuroendocrine
Osteopathie f. ostéopathie f.
Osteopetrosis f. ostéopétrose f.
Osteophyt m. ostéophyte m.
Osteoplastik f. ostéoplastie f.
osteoplastisch ostéoplastique
Osteopoikilie f. ostéopoïkilie f.
Osteoporose f. ostéoporose f.
osteoporotisch ostéoporotique
Osteoprotegerin n. ostéoprotégérine f.
Osteopsathyrose f. ostéopsathyrose f.

Osteosarkom n. ostéosarcome m.
Osteosklerose f. ostéosclérose f.
osteosklerotisch ostéosclérotique
Osteosynthese f. ostéosynthèse f.
Osteotom n. ostéotome m.
Osteotomie f. ostéotomie f.
Osteozyt m. ostéocyte m.
Ostitis f. ostéite f.
Ostitis deformans f. ostéite déformante f.
Östradiol n. oestradiol m.
Östran n. cestrane m.
Ostreogrycin n. ostréogrycine f.
Östriol n. oestriol m.
östrogen oestrogène
Östrogen n. oestrogène m.
Östron n. aestrone f.
Oszillation f. oscillation f.
Oszillator m. oscillateur m.
Oszillogramm n. oscillogramme m.
Oszillograph m. oscillographe m.
Oszillographie f. oscillographie f.
oszillographisch oscillographique
Oszillometer n. oscillomètre m.
Oszillometrie f. oscillométrie f.
oszillometrisch oscillométrique
Oszillopsie f. oscillopie f.
Otalgie f. otalgie f.
Otektomie f. otectomie f.
Othämatom n. othématome m.
Otiatrie f. otologie f.
otiatrisch otologique
Otiobiose f. otiobiose f.
Otitis f. otite f.
Otitis externa f. otite externe f.
Otitis interna f. otite labyrinthique f.
Otitis media f. otite moyenne f.
otodental otodental
Otodynie f. otodynie f.
otogen otogène
Otolith m. otolithe m.
otolithisch otolithique
Otologe m., Otologin f. otologiste m.
Otologie f. otologie f.
Otologin f. otologiste f.
otologisch otologique
otomandibulär otomandibulaire
Otomastoiditis f. otomastoïdite f.
Otomykose f. otomycose f.
Otorhinolaryngologie f. otorhinolaryngologie f.
Otosklerose f. otosclérose f.
Otoskop n. otoscope m.
Otoskopie f. otoscopie f.
otoskopisch otoscopique
ototoxisch ototoxique

otovertebral otovertébral
Otozephalie f. otocéphalie f.
Ovalbumin n. ovalbumine f.
Ovalozyt m. ovalocyte m.
Ovalozytose f. ovalocytose f.
Ovarektomie f. ovariectomie f.
Ovarialgeschwulst f. tumeur ovarienne f.
Ovarialsyndrom, Gonadotropin-resistentes n. syndrome ovarien gonadotropinerésistant m.
Ovarialsyndrom, polyzystisches n. syndrome polykystique ovarien m.
Ovarialzyste f. kyste ovarien m.
ovatiektomieren ovariectomier
ovariell ovarien
Ovariohysterektomie f. ovariohystérectomie f.
Ovariopexie f. ovariopexie f.
Ovariosalpingektomie f. ovariosalpingectomie f.
Ovariotomie f. ovariotomie f.
ovariotubal ovariotubaire
Ovariozentese f. ovariocentèse f.
ovaripriv ovariprive
Ovarium n. ovaires f. pl.
overlay revêtement m.
ovulär ovulaire
Ovulation f. ovulation f.
Ovulationshemmer m. inhibiteur de l'ovulation m.
ovulatorisch ovulatoire
Ovulum n. ovule m.
Oxabarzol n. oxabarzole m.
Oxabolon n. oxabolone f.
Oxacepam n. oxacépam m.
Oxacarbazepin n. oxacarbazépine f.
Oxadimedin n. oxadimédine f.
Oxalat n. oxalate m.
Oxalazetat n. oxalacétate m.
Oxalose f. oxalose f.
Oxalosukzinat n. oxalosuccinate m.
Oxalurie f. oxalurie f.
Oxanamid n. oxanamide m.
Oxandrolon n. oxandrolone f.
Oxaprotilin n. oxaprotiline f.
Oxazin n. oxazine f.
Oxazon n. oxazone f.
Oxdralazin n. oxdralazine f.
Oxendolon n. oxendolone f.
Oxantil n. oxantil m.
Oxazaphosphorin n. oxazaphosphorine f.
Oxazepam n. oxazépam m.
Oxazolam n. oxazolam m.
Oxazolidonon n. oxazolidonone f.
Oxetoron n. oxétorone f.

Oxi… siehe auch voir aussi Oxy…
Oxibendazol n. oxibendazole m.
Oxibenzon n. oxibenzone f.
Oxichinolin n. oxiquinoline f.
Oxiclipin n. oxiclipine f.
Oxiclozanid n. oxiclozanide m.
Oxiconazol n. oxyconazole m.
Oxid n. oxyde m.
Oxidans n. oxydant m.
Oxidase f. oxydase f.
oxidasenegativ oxydase-négatif
oxidasepositiv oxydase-positif
Oxidation f. oxydation f.
Oxidationszahl f. nombre d'oxydation m.
oxidativ oxydant
oxidieren oxyder
Oxidimetrie f. oxydimétrie f.
Oxidopamin n. oxidopamine f.
Oxidoreduktase f. oxydoréductase f.
Oxidose f. oxydose f.
Oxifedrin n. oxyfédrine f.
Oxifenamat n. oxifénamate m.
Oxim n. oxime m.
Oxiramid n. oxiramide m.
Oxitriptylin n. oxitriptyline f.
Oxmetidin n. oxmétidine f.
Oxogeston n. oxogestone f.
Oxoglutaramid n. oxoglutaramide m.
Oxoglutarat n. oxoglutarate m.
Oxolamin n. oxolamine f.
Oxomenazin n. oxoménazine f.
Oxonazin n. oxonazine f.
Oxophenarsin n. oxophénarsine f.
oxophil oxophile
Oxoprolin n. oxoproline f.
Oxoprolinurie f. oxoprolinurie f.
Oxosteroid n. oxostéroïde m.
Oxotremorin n. oxotrémorine f.
Oxybenzon n. oxybenzone f.
Oxybuprocain n. oxybuprocaïne f.
Oxybutinin n. oxybutinine f.
Oxychinolin n. oxyquinoline f.
Oxyclipin n. oxyclipine f.
Oxyclozanid n. oxyclozanide m.
Oxycodon n. oxycodone f.
Oxyconazol n. oxyconazole m.
Oxyd n. oxyde m.
Oxydase f. oxydase f.
oxydasenegativ oxydase-négatif
oxydasepositiv oxydase-positif
Oxydation f. oxydation f.
oxydativ oxydant
oxydieren oxyder
Oxydipentonium n. oxydipentonium m.
Oxyfedrin n. oxyfédrine f.

Oxyfenamat n. oxyfénamate m.
Oxygenase f. oxygénase f.
Oxygenator m. oxygénant m.
oxygenieren oxygéner
Oxygenierung f. oxygénation f.
Oxyhämoglobin n. oxyhémoglobine f.
Oxymesteron n. oxymestérone f.
Oxymetazolin n. oxymétazoline f.
Oxymeter n. oxymètre m.
Oxymetholon n. oxymétholone f.
Oxymetrie f. oxymétrie f.
oxymetrisch oxymétrique
Oxynitrilase f. oxynitrilase f.
Oxypertin n. oxypertine f.
Oxyphenbutazon n. oxyphenbutazone f.
Oxyphenylurie f. oxyphénylurie f.
oxyphil oxyphile
Oxyphosphat n. oxyphosphate m.
Oxypurin n. oxypurine f.
Oxypurinol n. oxypurinol m.
Oxysulfid n. oxysulfure m.
Oxytetracyclin n. oxytétracycline f.
Oxytocin n. oxytocine f.
Oxytropiumbromid n. oxytropiumbromure m.
Oxyuriasis f. oxyurose f.
Oxyuris vermicularis f. oxyure vermiculaire m.
Oxyzephalie f. oxycéphalie f.
Ozaena f. ozène f.
Ozokerit m. ozocérite f.
Ozon n. ozone m.

P

Paar n.   couple m.
Paardenziekte f.   peste équine f.
paaren   accoupler, apparier
Paartherapie f.   thérapie de couple f.
Paarhufer m. pl.   artiodactyles m. pl.
Paarung f.   accouplement m., appariement m.
Pacemakerzelle f.   cellule pacemaker f.
Pachydaktylie f.   pachydactylie f.
Pachydermie f.   pachydermie f.
Pachyglossie f.   pachyglossie f.
Pachygyrie f.   pachygyrie f.
Pachymeningitis f.   pachyméningite f.
Pachymeningose f.   pachyméningopathie f.
Pachytän n.   stade pachytène m.
Pachyzephalie f.   pachycéphalie f.
Pacinisches Körperchen n.   corpuscule de Pacini m.
Packet n.   paquet m.
Packung f.   enveloppement m.
Packung, feuchte f.   enveloppement humide m.
Packung, heiße f.   enveloppement chaud m.
Paclitaxel n.   paclitaxel m.
Pacrinolol n.   pacrinolol m.
Pädatrophie f.   atrophia infantum f.
Päderastie f.   pédérastie f.
Pädiater m.   pédiatre m.
Pädiaterin f.   pédiatre f.
Pädiatrie f.   pédiatrie f.
pädiatrisch   pédiatrique
Padimat n.   padimate m.
Pädoaudiologie f.   pédoaudiologie f.
pädoaudiologisch   pédoaudiologique
pädophil   pédophile
Pädophilie f.   pédophilie f.
Pagetsche Krankheit f.   maladie de Paget f.
Paget-von-Schroetter-Syndrom n.   syndrome de Paget-Schroetter m.
PAH (Paraaminohippursäure) f.   PAH (acide paraaminohippurique) m.
paläokinetisch   paléocinétique
Paläoneurologie f.   paléoneurologie f.
Paläontologie f.   paléontologie f.
Paläopathologie f.   paléopathologie f.
Paläostriatum n.   paléostriatum m.
Paläothalamus m.   paléothalamus m.
palatal   palatal
palatin   palatin
palatinal   palatal
palatoglossal   glossopalatin
palatomaxillär   palatomaxillaire
palatonasal   palatonasal

palatopharyngeal   palatopharyngien
Palatoplegie f.   palatoplégie f.
palatoproximal   palatoproximal
Palilalie f.   palilalie f.
Palimpsest m.   palimpseste m.
Palindrom n.   palindrome m.
palindromisch   palindromique
Palingraphie f.   palingraphie f.
Palinopsie f.   paliopsie f.
Palinphrasie f.   palinphrasie f.
Palisade f.   palissade f.
Palladium n.   palladium m.
Pallanästhesie f.   pallanesthésie f.
Pallästhesie f.   pallesthésie f.
palliativ   palliatif
Palliativum n.   palliatif m.
pallidal   du pallidum
Pallidektomie f.   pallidectomie f.
pallidoansal   pallidoansolenticulaire
pallidofugal   pallidofuge
pallidomesenzephalisch   pallidomésencéphalique
pallidostriär   pallidostrié
Pallidotomie f.   pallidotomie f.
palmar   palmaire
Palmitamid n.   palmitamide m.
Palmitat n.   palmitate m.
Palmitin n.   palmitine f.
palmoplantar   palmoplantaire
palpabel   palpable
Palpation f.   palpation f.
palpebral   palpébral
palpieren   palper
Palpation f.   palpation f.
Pamaquin n.   pamaquine f.
Pamidronat n.   pamidronate m.
Pamoat n.   embonate m.
pampiniform   en forme de pampre
panagglutinabel   panagglutinable
Panagglutination f.   panagglutination f.
Panagglutinin n.   panagglutinine f.
Panaritium n.   panaris m.
Panarteritis f.   panartérite f.
Panästhesie f.   panesthésie f.
Panazee f.   panacée f.
panchromatisch   panchromatique
Pancoasttumor m.   cancer de Pancoast m.
pancrea… siehe auch   voir aussi pankrea…
Pancreatin n.   pancréatine f.
pancreo… siehe auch   voir aussi pankreo…
Pandemie f.   pandémie f.
pandemisch   pandémique

Pandysautonomie f.   pandysautonomie f.
Pandy-Probe f.   test d'hyperalbuminorachie de Pandy m.
Panendoskop n.   panendoscope m.
Panenzephalitis f.   panencéphalite f.
Panethsche Zelle f.   cellule de Paneth f.
Panidazol n.   panidazole m.
Panik f.   panique f.
panisch   panique
Pankarditis f.   pancardite f.
Pankreas n.   pancréas m.
Pankreaskopf m.   tête du pancréas f.
Pankreasschwanz m.   queue du pancréas f.
Pankreasstein m.   calcul pancréatique m.
Pankreastransplantation f.   transplantation pancréatique f.
Pankreatektomie f.   pancréatectomie f.
pankreatektomieren   pancréatectomiser
Pankreatikocholezystostomie f.   pancréaticocholécystostomie f.
pankreatikoduodenal   pancréaticoduodénal
Pankreatikoduodenostomie f.   pancréaticoduodénostomie f.
Pankreatikographie f.   pancréatographie f.
pankreatikojejunal   pancréaticojéjunal
pankreatisch   pancréatique
Pankreatitis f.   pancréatite f.
pankreatitisch   pancréatitique
pankreatoduodenal   pancréatoduodénal
Pankreatoduodenektomie f.   pancréatoduodénectomie f.
Pankreatoenterostomie f.   pancréatoentérostomie f.
pankreatogen   pancréatogène
Pankreatographie f.   pancréatographie f.
pankreatotrop   pancréatotrope
Pankreolauryl-Test m.   test du pancréolauryl m.
Pankreolithiasis f.   pancréolithiase f.
pankreolytisch   pancréolytique
pankreotrop   pancréotrope
Pankreozymin n.   pancréozymine f.
Panleukopenie f.   panleucopénie f.
Panmixie f.   panmixie f.
Panmyelopathie f.   panmyélopathie f.
Panmyelophthise f.   panmyélophtisie f.
Pannikulektomie f.   panniculectomie f.
Pannikulus m.   pannicule f.
Pannus m.   pannus m.
Pannusoperation f.   péritomie f.
Panophthalmitis f.   panophtalmite f.
panoptisch   panoptique
Panoramaröntgenaufnahme f.   radiographie panoramique f.
Panoramasonographie f.   sonographie panoramique f.
Panostitis f.   panostéite f.
Panotitis f.   panotite f.
Panplegie f.   panplégie f.
Pansen m.   panse f.
Pansinusitis f.   pansinusite f.
Pantalgie f.   pantalgie f.
Panthenol m.   panthénol m.
Pantograph m.   pantographe m.
Pantomographie f.   pantomographie f.
Pantomorphie f.   pantomorphie f.
Pantoprazol n.   pantoprazol m.
pantoskopisch   pantoscopique
Pantothenat n.   pantothénate m.
pantotrop   pantotrope
Pantoyltaurin n.   pantoyltaurine f.
Panuveitis f.   panuvéite f.
Panzerherz n.   péricardite calcifiante f.
Panzerkrebs m.   cancer en cuirasse m.
panzootisch   panzootique
Panzytopenie f.   pancytopénie f.
Papageienkrankheit f.   psittacose f.
Papain n.   papaïne f.
Papanicolaoufärbung f.   coloration de Papanicolaou f.
Papatasi-Fieber n.   fièvre papatasi f.
Papaverin n.   papavérine f.
Papaverolin n.   papavéroline f.
Papayotin n.   papayotine f.
Papel f.   papule f.
Papelbildung f.   formation de papules f.
Papier n.   papier m.
Papierelektrophorese f.   électrophorèse sur papier f.
Papilla Vateri f.   papille de l'ampoule de Vater f.
papillär   papillaire
Papillarmuskel m.   muscle papillaire m.
Papille f.   papille f.
Papillektomie f.   papillectomie f.
Papillennekrose f.   nécrose papillaire f.
Papillenödem n.   oedème papillaire m.
Papillitis f.   papillite f.
Papillom n.   papillome m.
papillomakulös   papillomaculaire
papillomatös   papillomateux
Papillomatose f.   papillomatose f.
Papilloretinitis f.   papillorétinite f.
Papillosphinkterotomie f.   papillosphinctérotomie f.
Papillotomie f.   papillotomie f.
Pappatacifieber n.   fièvre à pappataci f.
Pappenheimfärbung f.   coloration panoptique de Pappenheim f.

Pappschiene f. attelle en papier maché f.
papulär papuleux
papuloerythematös papuloérythémateux
papulopustulös papulopustuleux
papulös papuleux
Papulose f. papulose f.
papulosquamös papulosquameux
papulovesikulär papulovésiculaire
Paraaminobenzoat n. paraaminobenzoate m.
paraannulär paraannulaire
Parabel f. parabole f.
Paraben n. parabène m.
Parabiose f. parabiose f.
parabiotisch parabiotique
Parablast m. parablaste m.
Parablastom n. parablastome m.
Paracentese f. paracentèse f.
Paracetamol n. paracétamol m.
Parachloromercuribenzoat n. parachloromercuribenzoate m.
Parachlorophenol n. parachlorophénol m.
Parachromatin n. parachromatine f.
Paracoccidioidomykose f. paracoccidioïdomycose f.
paradental paradentaire
Paradentitis f. parodontite f.
Paradentopathie f. périodontopathie f.
Paradentose f. paradentose f.
Paradesmose f. paradesmose f.
Paradigma n. paradigme m.
Paradimethylaminobenzaldehyd m. paradiméthylaminobenzaldéhyde m.
Paradipsie f. paradipsie f.
paradox paradoxal
Paradoxon n. paradoxe m.
paraduodenal paraduodénal
Parafentizid n. parafentizide m.
Paraffin n. paraffine f.
Paraffinom n. paraffinome m.
parafollikulär parafolliculaire
Paraform n. paraforme f.
Paragammazismus m. paragammacisme m.
Paragranulom n. paragranulome m.
Paragangliom n. paragangliome m.
Paraganglion n. paraganglion m.
Parageusie f. paragueusie f.
Paragglutination f. paragglutination f.
Paraglobulin n. paraglobuline f.
Paragonimiasis f. paragonimose f.
Paragonimus Ringeri m. Paragonimus Ringeri m.
Paragonimus Westermani m. Paragonimus Westermani m.

Paragrammatismus m. paragrammatisme m.
Paragraphie f. paragraphie f.
Parahämophilie f. parahémophilie f.
parahepatisch parahépatique
parahiatal parahiatal
Parahypnose f. parahypnose f.
Parainfektion f. parainfection f.
parainfektiös parainfectieux
Parainfluenza f. parainfluenza f.
parakardial paracardiaque
Parakeratose f. parakératose f.
Parakinese f. parakinésie f.
parakinetisch parakinésique
parakortikal paracortical
parakorporal paracorporel
parakrin paracrine
Parakusis f. paracousie f.
Paralalie f. paralalie f.
Paralambdazismus m. paralambdacisme m.
Paraldehyd m. paraldéhyde f.
Paraleukoblast m. paraleucoblaste m.
Paralexie f. paralexie f.
paralingual paralingual
Parallaxe f. parallaxe f.
parallel parallèle
Parallelgeschiebe n. attachement parallèle m.
Parallelschaltung f. montage en parallèle m.
Parallergie f. coallergie f.
parallergisch coallergique
Paralogie f. paralogie f.
Paralymphoblast m. paralymphoblaste m.
Paralyse f. paralysie f.
Paralyse, progressive f. paralysie générale f.
paralysieren paralyser
Paralysis agitans f. paralysie extrapyramidale f.
Paralytiker m. paralytique m.
Paralytikerin f. paralytique f.
paralytisch paralytique
paralytogen paralysant
paramagnetisch paramagnétique
Paramastitis f. paramastite f.
Paramastoiditis f. paramastoïdite f.
paramedian paramédian
paramedizinisch paramédical
Parameter n. paramètre m.
Paramethadion n. paraméthadione f.
Paramethason n. paraméthasone f.
parametran juxtautérin
parametrisch juxtautérin
Parametritis f. paramétrite f.
parametritisch paramétritique
Parametrium n. paramètre m.

Parametropathie, spastische f. congestion pelvienne f.
Paramimie f. paramimie f.
Paramnesie f. paramnésie f.
paramolar paramolaire
Paramphistomiasis f. paramphistomose f.
Paramunisierung f. paramunition f.
Paramunität f. paramunition f.
Paramuzin n. paramucine f.
Paramyelin n. paramyéline f.
Paramyeloblast m. paramyéloblaste m.
paramyeloblastisch paramyéloblastique
Paramyoklonus multiplex m. Paramyoclonus multiplex m.
Paramyotonie f. paramyotonie f.
paranasal paranasal
paraneoplastisch paranéoplasique
paranephrisch paranéphrétique
paranephritisch paranéphritique
paraneural paraneural
Paranitrosulfathiazol n. paranitrosulfathiazole m.
Patanoia f. paranoïa f.
paranoid paranoïde
Paranoiker m. paranoïaque m.
Paranoikerin f. paranoïaque f.
paranoisch paranoïaque
Paranomie f. paranomia f.
paranormal paranormal
paraösophageal paracesophagien
Paraoxon n. paraoxone f.
Paraoxonase f. paraoxonase f.
parapankreatisch parapancréatique
Paraparese f. paraparésie f.
Parapedese f. parapédèse f.
Parapemphigus m. parapemphigus m.
Parapenzolat n. parapenzolate m.
parapharyngeal parapharyngien
Paraphasie f. paraphasie f.
paraphasisch paraphasique
paraphil paraphilique
paraphile Person f. paraphilique m./f.
Paraphilie f. paraphilie f.
Paraphimose f. paraphimosis f.
Paraphonie f. paraphonie f.
Paraphrasie f. paraphrasie f.
Paraphrenie f. paraphrénie f.
paraphrenisch paraphrénique
paraplazentar paraplacentaire
Paraplegie f. paraplégie f.
paraplegisch paraplégique
parapneumonisch parapneumonique
Patapraxie f. parapraxie f.
paraprostatisch paraprostatique
Paraprostatitis f. périprostatite f.

Paraprotein n. paraprotéine f.
Paraproteinämie f. paraprotéinémie f.
Paraproteinurie f. paraprotéinurie f.
Parapsis f. trouble tactile m.
Parapsoriasis f. parapsoriasis m.
Parapsychologie f. parapsychologie f.
parapsychologisch parapsychologique
parapulpal parapulpaire
parapyknomorph parapycnomorphe
pararektal périrectal
Pararhizoklasie f. pararhizoclasie f.
Pararhotazismus m. pararhotacisme m.
Pararosanilin n. pararosaniline f.
parasagittal parasagittal
parasakral parasacral
Parasalpingitis f. parasalpingite f.
Parasialom n. parasialome m.
Parasigmatismus m. parasigmatisme m.
Parasit m. parasite m.
parasitär parasitaire
Parasitenbefall m. infestation parasitaire f.
parasitentötend parasiticide
parasitentötendes Mittel n. parasiticide m.
Parasitismus m. parasitisme m.
parasitizid parasiticide
Parasitologie f. parasitologie f.
parasitologisch parasitologique
Parasitophobie f. parasitophobie f.
Parasitose f. parasitose f.
parasitotrop parasitotrope
Parasomnie f. parasomnie f.
Paraspadie f. paraspadias m.
Paraspastik f. paraspasme m.
Parastellung f. paraposition f.
parasternal parasternal
Parästhesie f. paresthésie f.
parästhetisch paresthésique
parasympathikolytisch parasympatholytique
parasympathikomimetisch parasympathomimétique
Parasympathikus m. parasympathique m.
parasympathisch parasympathique
Parasynapse f. parasynapse f.
Parasyphilis f. parasyphilis f.
parasyphilitisch parasyphilitique
Parasystole f. parasystolie f.
Parathion n. parathion m.
Parathormon n. parathormone f.
Parathymie f. parathymie f.
parathyreoidal parathyroïdien
Parathyreoidektomie f. parathyroïdectomie f.
parathyreopriv parathyréoprive
parathyreotrop parathyréotrope

Paratrachom n. paratrachome m.
paratroph paratrophique
paratuberkulös paratuberculeux
Paratuberkulose f. paratuberculose f.
Paratyp m. paratype m.
Paratyphlitis f. paratyphlite f.
paratyphlitisch paratyphlitique
Paratyphus m. paratyphus m.
Paratyphus-A-Bazillus m. bacille paratyphique A m.
Paratyphus-B-Bazillus m. bacille paratyphique B m.
Paratyphus-C-Bazillus m. bacille paratyphique C m.
paratypisch paratypique
paraumbilikal paraombilical
paraungual paraunguéal
paraurethral paraurétral
paravaginal paravaginal
paravavulär paravalvulaire
Paravasat n. paravasation f.
paravenös paraveineux
paravertebral paravertébral
paravesikal paravésical
Paraxazon n. paraxazone f.
parazellulär paracellulaire
Parazentese f. paracentèse f.
Parazentese des Trommelfells f. paracentèse tympanique f.
parazentral paracentral
parazervikal paracervical
Parazetamol n. paracétamol m.
parazyklisch paracyclique
Parazystitis f. paracystite f.
Parazyt m. paracyte m.
parazytär paracytaire
Parazytose f. paracytose f.
Parbendazol n. parbendazole m.
Parconazol n. parconazole m.
Pardee-Q n. onde Q de Pardee f.
Parecoxib n. parecoxib m.
Pareidolie f. douleur de la joue f.
Parenchym n. parenchyme m.
parenchymatös parenchymateux
Parenchymkropf m. goitre parenchymateux m.
parental parental
patenteral parentéral
Pareptid n. pareptide m.
Parese f. parésie f.
Parethoxycain n. paréthoxycaïne f.
paretisch parésique
Pargeverin n. pargévérine f.
Pargylin n. pargyline f.
Paridocain n. paridocaïne f.
parietal pariétal
Parietallappen m. lobe pariétal m.
parietofrontal pariétofrontal
parietookzipital pariétooccipital
parietotemporal pariétotemporal
parietoviszeral pariétoviscéral
Parinaudsyndrom n. syndrome de Parinaud m.
Parkinson, Mittel gegen n. antiparkinsonien m.
Parkinson-Patient m. patient parkinsonien m.
Parkinson-Patientin f. patiente parkinsonienne f.
Parkinsonismus m. parkinsonisme m.
Parodont n. parodonte m.
parodontal parodontal
Parodontitis f. parodontite f.
Parodontium n. paradentium m.
Parodontologie f. paradontologie f.
parodontologisch paradontologique
Parodontom n. parodontome m.
Parodontopathie f. parodontopathie f.
Parodontose f. parodontose f.
Paromphalozele f. paromphalocèle f.
Paronychie f. paronychose f.
Paroophoritis f. paroophorite f.
Parophthalmie f. parophtalmie f.
Parosmie f. parosmie f.
Parostitis f. parostéite f.
Parotidektomie f. parotidectomie f.
Parotis f. glande parotide f.
Parotitis f. parotidite f.
Parotitis epidemica f. oreillons m. pl.
parovarial paraovarien
Parovarium n. époophore m.
Paroxetin n. paroxétine f.
Paroxypropion n. paroxypropione f.
paroxysmal paroxysmal
paroxysmale Tachykardie f. tachycardie paroxystique f.
Paroxysmus m. paroxysme m.
Parrot-Zeichen n. signe de Parrot m.
Parsalmid n. parsalmide m.
Parthenogenese f. parthénogenèse f.
Partialantigen n. antigène partial m.
Partialdruck m. pression partielle f.
Partikel f. particule f.
partikulär particulaire
Partner m. partenaire m.
Partnerin f. partenaire f.
Parulis f. parulie f.
parumbilikal parombilical
parungual périunguéa1
Parvispermie f. parvispermie f.

PAS (Paraaminosalizylsäure) f. PAS (acide paraaminosalicylique) m.
Pascal n. pascal m.
Paschensches Körperchen n. corps élémentaire de Paschen-Borrel m.
Passage f. passage m.
Passavantscher Wulst m. bourrelet de Passavant m.
Passgenauigkeit f. exactitude d'adaptation f.
passierbar perméable
passiv passif
Passivität f. passivité f.
Paste f. pâte f.
Pasteurelle f. pasteurella f.
pasteurisieren pasteuriser
Pasteurisierung f. pasteurisation f.
Pastille f. pastille f.
Patching n. patching m.
patellar patellaire
Patellarklonus m. clonus de la rotule m.
Patellarsehnenreflex m. réflexe rotulien m.
Patellektomie f. patellectomie f.
Patellitis f. patellite f.
Patent n. brevet de spécialité m.
patentiert breveté
Pathergie f. pathergie f.
pathergisch pathergique
pathetisch pathétique
pathoanatomisch pathoanatomique
Pathobiochemie f. pathobiochimie f.
Pathobiologie f. pathobiologie f.
pathobiologisch pathobiologique
pathogen pathogène
pathogener Faktor m. facteur pathogène m.
Pathogenese f. pathogénie f.
pathogenetisch pathogénétique
pathogenfrei sans élément pathogène
pathognomonisch pathognomonique
Pathographie f. pathographie f.
Pathologe m. pathologiste m.
Pathologie f. pathologie f.
Pathologin f. pathologiste f.
pathologisch pathologique
Pathomimie f. pathomimie f.
Pathomorphose f. pathomorphologie f.
Pathophysiologie f. pathophysiologie f.
Patient m. patient m.
Patient in mittlerem Lebensalter m. patient d'âge moyen m.
Patient, ambulanter m. patient externe m.
Patient, stationär liegender m. patient hospitalisé m.
Patientendurchgang m. nombre de patients vus m.
Patientenhebegerät n. équipement pour soulever le patient m.
Patientenkartei f. fichier des patients m.
patientenorientiert orienté vers le patient
Patientenüberwachung, dezentrale f. monitoring au lit du malade m.
Patientenverfügung f. dispositions anticipées f. pl.
Patientin f. patiente f.
Patrize f. modèle m. (dent.)
Paukenboden m. étage inférieur de la cavité tympanique m.
Paukendach n. attique m.
Paukenhöhle f. caisse du tympan f.
Paukenspülröhrchen n. canule tympanique f.
Paul-Bunnell-Test m. réaction de Paul Bunnell f.
Palivizumab n. palivizumab m.
Pause f. pause f.
Pause, kompensatorische f. pause compensatrice f.
Pavian m. pavian m.
Pawlowscher Reflex m. réflexe de Pavlov m.
Payrsches Darmkompressorium n. clamp intestinal de Payr m.
PBG (progesteronbindendes Globulin) n. PBG (progesterone binding globulin) f.
PCP (primär chronische Polyarthritis) f. PCE (polyarthrite chronique évolutive) f.
Péansche Klemme f. pince de Péan f.
Pectenitis f. inflammation périanale f.
pedal pédieux
Pedikulose f. pédiculose f.
pedunkulär pédonculaire
Pedunkulotomie f. pédonculotomie f.
Pefloxacin n. péfloxacine f.
PGE (perkutane endoskopische Gastrostomie) f. gastrostomie endoscopique percutanée f.
Pefilgastrim n. pefilgastrime m.
Peginterferon n. peginterférone f.
Pegylierung f. pegylation f.
Peitschenwurm m. trichocéphale m.
Pektase f. pectine estérase f.
Pektin n. pectine f.
Pektinase f. pectinase f.
pektoral pectoral
Pektoriloquie f. pectoriloquie f.
Pel-Ebsteinsche Krankheit f. maladie de Pel-Ebstein f.
Pelgersche Kernanomalie f. anomalie nucléaire de Pelger-Hüet f.
pegylieren pegyler

Peliom n. péliome m.
Peliosis rheumatica f. purpura de Schönlein m.
Pelizaeus-Merzbachersche Krankheit f. maladie de Pelizaeus-Merzbacher f.
Pellagra f. pellagre f.
pellagragen pellagrogène
pellagroid pellagroïde
pellagrös pellagreux
Pellagrose f. affection pellagreuse f.
Pelletierin n. pelletiérine f.
pellikulär pelliculaire
Pellotin n. pellotine f.
peloid peloïde
Peloid n. péloïde m.
Pelotte f. pelote f.
Pelveoperitonitis f. pelvipéritonite f.
Pelvigraphie f. pelvigraphie f.
Pelvimetrie f. pelvimétrie f.
pelvimetrisch pelvimétrique
pelvin pelvien
Pelviostomie f. pelvistomie f.
Pelviotomie f. pelvitomie f.
Pelvipathie, spastische f. pelvipathie spasmodique f.
Pelviperitonitis f. pelvipéritonite f.
pelvirektal pelvirectal
pelvisakral pelvisacré
Pelviskopie f. pelviscopie f.
pelviskopisch pelviscopique
pelvitrochanterisch pelvitrochantérien
pelviurethral pelviurétral
Pemolin n. pémoline f.
pemphigoid pemphigoïde
Pemphigoide n. pemphigoïde m.
Pemphigus m. pemphigus m.
Pempidin n. pempidine f.
Penalisation f. pénalisation f.
Penbrolizumab n. pembrolizumab m.
Penbutolol n. penbutolol m.
Pendelatmungssystem n. système de haut et bas (narcose) m.
Pendelbestrahlung f. irradiation pendulaire f.
Pendelblut n. sang en circulation aller-retour m.
Pendelhoden m. testicule mobile m.
Pendelluft f. air repulsé m.
Pendelnystagmus m. nystagmus pendulaire m.
Pendeltherapie f. traitement en alternance f.
Pendred-Syndrom n. syndrome de Pendred m.
Penektomie f. pénectomie f.
Penetrabilität f. pénétrabilité f.

penetrant pénétrant
Penetranz f. pénétrance f.
Penetration f. pénétration f.
penetrieren pénétrer
Penflutizid n. penflutizide m.
Penicillamin n. pénicillamine f.
Penicillanat n. pénicillanate m.
Penicillin n. pénicilline f.
Penicillinase f. pénicillinase f.
penil pénil m.
Penimepicyclin n. pénimépicycline f.
Penis m. pénis m.
Penis palmatus m. palmure pénienne f.
Penisklemme f. clamp urétral m.
Penisneid m. envie f.
Penisplastik f. phalloplastie f.
Penisschwellung f. enflure du pénis f.
Penitis f. pénitis f.
penoskrotal pénoscrotal
Penprosten n. penprostène m.
Pentabamat n. pentabamate m.
pentabasisch pentabasique
Pentaborat n. pentaborate m.
Pentabromazeton n. pentabromacétone f.
Pentabromid n. pentabromure m.
Pentachlorid n. pentachlorure m.
Pentachlornitrobenzol n. pentachlornitrobenzène m.
Pentagastrin n. pentagastrine f.
Pentagestron n. pentagestrone f.
Pentahydrat n. pentahydrate m.
Pentalamid n. pentalamide m.
Pentalogie f. pentalogie f.
pentamer pentamère
Pentamer n. pentamère m.
Pentamidin n. pentamidine f.
Pentan n. pentane m.
Pentapeptid n. pentapeptide m.
Pentapiperid n. pentapipéride m.
pentaploid pentaploïde
Pentaquin n. pentaquine f.
Pentasaccharid n. pentasaccharide m.
Pentasomie f. pentasomie f.
Pentastomiasis f. pentastomiase f.
Pentatrichomonas m. pentatrichomonas m.
Pentazocin n. pentazocine f.
pentazyklisch pentacyclique
Pentdyopent n. pentdyopent m.
Pentenoat n. penténoate m.
Pentetat n. pentétate m.
Pentetrazol n. pentétrazol m.
Pentit n. pentitol m.
Pentizidon n. pentizidone f.
Pentolat n. pentolate m.
Pentomon n. pentomone f.

Pentose f. pentose m.
Pentosid n. pentoside m.
Pentosidin n. pentosidine f.
Pentosurie f. pentosurie f.
Pentoxid n. pentoxide m.
Pentoxifyllin n. pentoxifylline f.
Pentoxyverin n. pentoxyvérine f.
Pentulose f. pentulose m.
Pentyl n. pentyle m.
Pentylentetrazol n. pentylènetétrazol m.
Peotomie f. péotomie f.
Peplomer n. péplomère m.
Peplos m. peplos m.
Pepsin n. pepsine f.
Pepsinogen n. pepsinogène m.
Pepstatin n. pepstatine f.
Peptase f. peptase f.
Peptid n. peptide m.
Peptidase f. peptidase f.
peptidergisch peptidergique
Peptidhormon n. hormone peptidique f.
Peptidoglykan n. peptidoglycane m.
Peptidyl n. peptidyl m.
peptisch peptique
Peptokokkus m. peptocoque m.
Pepton n. peptone m.
Peptonurie f. peptonurie f.
Peradoxim n. péradoxime m.
Perafensin n. pérafensine f.
perakut hyperaigu
Peraloprid n. péralopride m.
Peratizol n. pératizole m.
Perazetat n. peracétate m.
Perazin n. pérazine f.
Perchlorat n. perchlorate m.
Perchlorethylen n. perchloréthylène m.
Perchlorid n. perchlorure m.
Perchlormethylmerkaptan n. perchlorométhylmercaptane m.
Perflunafen n. perflunafène m.
Perforation f. perforation f.
Perforatorium n. perforateur m.
perforieren perforer
perfundieren perfuser
Perfusat n. perfusé m.
Perfusion f. perfusion f.
Perfusionsfähigkeit f. possibilité de perfusion f.
Perfusionsgerät n. perfuseur m.
Pergolid n. pergolide m.
Perhexilin n. perhexiline f.
Periadenitis f. périadénite f.
periampullär périampullaire
perianal périanal
periapikal périapical

Periappendizitis f. périappendicite f.
periarteriell périartériel
Periarthritis f. périarthrite f.
Periarteritis nodosa f. périartérite noueuse f.
Periarthritis humeroscapularis f. périarthrite scapulo-humérale f.
Periarthropathie f. périarthropathie f.
periaurikulär périauriculaire
periaxial périaxial
periaxillär périaxillaire
periaxonal périaxonial
periazinös périacineux
peribronchial péribronchial
peribronchiektatisch péribronchiectasique
peribronchiolär péribronchiolaire
Peribronchitis f. péribronchite f.
peribulbär péribulbaire
Pericholangitis f. péricholangite f.
pericholezystisch péricholécystique
Pericholezystitis f. péricholécystite f.
pericholezystitisch péricholécystitique
perichondral périchondral
Perichondrium n. périchondre m.
Perichondritis f. périchondrite f.
peridental péridental
Peridivertikulitis f. péridiverticulite f.
Periduodenitis f. périduodénite f.
periduodenitisch de périduodénite
peridural péridural
Periektomie f. péridectomie f.
perifokal périfocal
perifollikulär périfolliculaire
Perifollikulitis f. périfolliculite f.
perigastrisch périgastrique
Perigastritis f. périgastrite f.
periglandulär périglandulaire
perihepatisch périhépathique
Perihepatitis f. périhépatite f.
perikanalikulär péicanaliculaire
perikapillär péricapillaire
perikapsulär péricapsulaire
Perikard n. péricarde m.
Perikardektomie f. péricardectomie f.
Perikardiozentese f. péricardiocentèse f.
Perikarderguss m. épanchement péricardique m.
perikardial péricardique
Perikardiektomie f. péricardiectomie f.
perikardiodiaphragmatisch péricardiodiaphragmatique
Perikardiolyse f. péricardiolyse f.
perikardiopleural péricardopleural
Perikardiostomie f. péricardostomie f.
Perikardiotomie f. péricardotomie f.
Perikarditis f. péricardite f.

perikarditisch   péricarditique
Perikardreiben n.   frottement péricardique m.
Perikolitis f.   péricolite f.
Perikolpitis f.   périvaginite f.
perikorneal   péricornéen
Perikoronitis f.   péricoronite f.
Perilabyrinthitis f.   périlabyrinthite f.
perilaryngeal   périlaryngé
Perilaryngitis f.   périlaryngite f.
perilobär   périlobaire
perilobulär   périlobulaire
Perilymphe f.   périlymphe f.
perimandibulär   périmandibulaire
Perimastitis f.   périmastite f.
perimembranös   périmembraneux
Perimetazin n.   périmétazine f.
Perimeter n.   périmètre m.
Perimetrie f.   périmétrie f.
perimetrisch   périmétrique
Perimetritis f.   périmétrite f.
perimetritisch   périmétritique
Perimetrium n.   revêtement péritonéal de l'utérus m.
perimuskulär   périmusculaire
perimysial   du pérymisium
Perimysium n.   périmysium m.
perinatal   périnatal
Perinatologie f.   périnatologie f.
perinatologisch   périnatologique
Perindropil n.   périndropil m.
perineal   périnéal
Perinephritis f.   périnéphrite f.
perinephritisch   périnéphritique
Perineum n.   périnée m.
perineural   périneural
Perineuritis f.   périnévrite f.
Perineurium n.   périnèvre m.
perinukleär   périnucléaire
Periode f.   période f.
periodisch   périodique
Periodizität f.   périodicité f.
periodontal   périodontaire
Periodontitis f.   périodontite f.
Periodontoklasie f.   périodontoclasie f.
periokulär   périoculaire
perioperativ   péripératoire
perioral   périoral
periorbital   périorbital
Periorchitis f.   périorchite f.
Periost n.   périoste m.
periostal   périostique
Periostreflex m.   réflexe périostal m.
Periostitis f.   périostite f.
periostitisch   périostitique

Periostose f.   périostose f.
peripankreatisch   péripancréatique
Peripankreatitis f.   péripancréatite f.
peripapillär   péripapillaire
peripharyngeal   péripharyngien
peripher   périphérique
Peripherie f.   périphérie f.
Periphlebitis   périphlébite f.
peripleural   péripleural
Peripleuritis f.   péripleurite f.
Peripolese f.   péripolèse f.
periportal   périporte
periproktisch   périrectal
Periproktitis f.   périproctite f.
periproktitisch   périproctitique
Periprostatitis f.   périprostatite f.
periprothetisch   périprothétique
peripylorisch   péripylorique
periradikulär   périradiculaire
perirenal   périrénal
Perirhizoklasie f.   périrhizoclasie f.
Perisalpingitis f.   périsalpingite f.
perisellär   périsellaire
Perisigmoiditis f.   périsigmoïdite f.
Perisinusitis f.   périsinusite f.
perisinusoidal   périsinusoïdal
Perisplenitis f.   périsplénite f.
perisplenitisch   périsplénitique
Peristaltik f.   péristaltisme m.
peristaltisch   péristaltique
Peristase f.   péristase f.
peristatisch   péristatique
Peristole f.   gastropéristaltisme m.
peristolisch   gastropéristaltique
Peritendinitis f.   péritendinite f.
peritoneal   péritonéal
Peritonealdialyse f.   dialyse péritonéale f.
peritonalisieren   péritonaliser
Peritoneoskopie f.   péritonéoscopie f.
peritoneovenös   péritonéoveineux
Peritoneum n.   péritoine m.
Peritonismus m.   pseudopéritonite f.
Peritonitis f.   péritonite f.
Peritonitis, gallige f.   cholépéritonite f.
peritonitisch   péritonitique
peritonsillär   périamygdalien
Peritonsillarabszess m.   abcès péritonsillaire m.
Peritonsillitis f.   périamygdalite f.
peritracheal   péritrachéal
Perityphlitis f.   pérityphlite f.
perityphlitisch   pérityphlitique
periumbilikal   périombilical
periungual   périunguéal
periurethral   périurétral

perivaginal périvaginal
perivalvulär périvalvulaire
perivaskulär périvasculaire
perivenolär périveinulaire
perivenös périveineux
periventrikulär périventriculaire
perivesikal périvésical
perizellulär péricellulaire
perizemental péricémentique
Perizementitis f. péricémentite f.
Perizementoklasie f. péricémentoclasie f.
perizentral péricentral
Perizystitis f. péricystite f.
Perizyt m. péricyte m.
Perizytom n. péricytome m.
Perkolat n. produit de percolation m.
Perkolation f. percolation f.
Perkolator m. percolateur m.
perkolieren percoler
Perkussion f. percussion f.
Perkussionshammer m. marteau de percussion m.
perkutan percutané
perkutieren percuter
Perlapin n. perlapine f.
Perlèche f. perlèche f.
perlingual perlingual
perlschnurartig moniliforme
Perlsucht f. tuberculose bovine f.
permanent permanent
Permanenz f. permanence f.
permeabel perméable
Permeabilität f. perméabilité f.
Permeation f. perméation f.
Perna n. dermatose de la perchlornaphtaline f.
pernasal pernasal
Pernio f. érythème pernio m.
Perniosis f. engelures f. pl.
perniziös pernicieux
perniziöse Anämie f. anémie pernicieuse f., maladie de Biermer f.
Peromelie f. péromélie f.
Peronäusnerv m. nerf sciatique poplité externe m.
peroral peroral
Peroxid n. peroxyde m.
Peroxisom n. peroxysome m.
Peroxydase f. peroxydase f.
Peroxynitrit n. peroxynitrite m.
Perphenazin n. perphénazine f.
Perseveration f. persévération f.
persistieren persister
persistierend persistant
Person f. personne f.
Person, bevorrechtigte f. personne prioritaire f.
Person, gefährdete f. personne vulnérable f.
Personal, medizinisches n. personnel médical m.
Persönlichkeit f. personnalité f.
Persönlichkeitsdissoziation f. dissociation de la personnalité f.
Persönlichkeitsveränderungen f. pl. altérations de la personnalité f. pl.
Persorption f. persorption f.
Perspiration f. perspiration f.
Persuasion f. persuasion f.
Persufflation f. persufflation f.
Persulfat n. persulfate m.
Pertactin n. pertactine f.
Pertechnetat n. pertechnétate m.
Perthessche Krankheit f. maladie de Perthes f.
pertrochanter pertrochantérien
pertuberkulär pertuberculaire
Perturbation f. perturbation f.
Pertussis f. coqueluche f.
Perubalsam m. baume du Pérou m.
Perücke f. perruque f.
Peruvosid n. péruvoside m.
Peruwarze f. verruga du Pérou f.
pervers pervers
Perversion f. perversion f.
Perversität f. perversité f.
Pervigilium n. insomnie f.
perzeptiv perceptif
perzeptuell de perception
Pes calcaneovalgus m. pied bot talus valgus m.
Pes calcaneovarus m. pied bot talus varus m.
Pes calcaneus m. pied bot talus m.
Pes cavus m. pied creux m.
Pes equinovalgus m. pied bot valgus équin m.
Pes equinovarus m. pied bot varus équin m.
Pes equinus m. pied bot équin m.
Pes planovalgus m. pied plat valgus m.
Pes planus m. pied plat m.
Pes valgus m. pied bot valgus m.
Pes varus m. pied bot varus m.
Pessar n. pessaire m.
Pessimismus m. pessimisme m.
Pest f. peste f.
pestartig pestilent
Pestbazillus m. bacille de Yersin f.
Pestbeule f. bubon de la peste m.
Pestsepsis f. peste septicémique f.
PET (Positronenemissionstomographie) f. TEP (tomographie par émission de positrons) f.

PET/CT (Positronenemissionstomographie/ Computertomographie) mit 18-Fluordesoxyglukose als Marker f. scintigraphie TEP/TDM au 18-FDG f.
petechial pétéchial
Petechie f. pétéchie f.
Pethidin n. mépiridine f.
petit mal n. petit mal épileptique m.
PETN (Pentaerythrityltetranitrat) n. tétranitrate de pentaérythrityle m.
Petrichloral n. pétrichloral m.
Petrischale f. boîte de Petri f.
Petroapizitis f. pétroapicite f.
Petroleum n. pétrole m.
petrookzipital pétrooccipital
Petrositis f. pétrosite f.
petrosphenoidal pétrosphénoïdien
petrosquamös pétrosquameux
petrotympanisch pétrotympanique
Petruschkysche Lackmusmolke f. lait de tournesol de Petruschky m.
Peutz-Jeghers-Syndrom n. syndrome de Peutz-Jeghers m.
Peyerscher Lymphfollikelhaufen m. plaque de Peyer f.
Peyotl m. peyotl m.
Pezzerscher Katheter m. cathéter de Pezzer m.
Pfählung f. empalement m.
Pfannengelenk n. articulation cotyloïde f.
Pfannenstielscher Querschnitt m. incision de Pfannenstiel f.
Pfaundler-Hurlersche Krankheit f. maladie de Hurler f.
Pfeffer m. poivre m.
Pfefferminze f. menthe poivrée f.
Pfefferminztee m. tisane de menthe f.
Pfeife f. sifflet m.
Pfeife, Galtonsche f. sifflet de Galton m.
Pfeifenraucherkrebs m. cancer des fumeurs de pipe m.
Pfeiffersches Drüsenfieber n. mononucléose infectieuse f.
Pfeilerkrone f. couronne à pilier f.
Pfeilgift n. curare m.
Pfeilnaht f. suture sagittale f.
Pfeilrichtung f. sens des flèches m.
Pferdeegel m. sangsue du cheval f.
Pferdeenzephalomyelitis f. encéphalomyélite équine f.
Pferdeknie m. genou raide m.
Pferdepest f. peste équine f.
Pferdepocken f. pl. vaccine du cheval f.
Pferdeserum n. sérum de cheval m.
Pferdestaupe f. gourme équine f.

Pflanze f. plante f.
pflanzenfressend herbivore
Pflanzenfresser m. herbivore m.
Pflanzenkeim m. germe de plante m.
Pflanzenöl n. huile végétale f.
Pflanzenschutzmittel n. produit phytosanitaire m.
pflanzlich végétal
Pflaster n. emplâtre m.
Pflasterepithel n. épithélium pavimenteux m.
Pflasterprobe f. test d'allergies m.
Pflasterspatel m. spatule à plâtre f.
Pflasterverband m. sparadrap m.
Pflasterzelle f. cellule pavimenteuse f.
Pflege f. soins m. pl.
Pflegeanstalt f. hospice m.
Pflegebedürftigkeit f. nécessité de soins f.
Pflegedienst m. service de soins m.
Pflegeheim m. maison de soins f.
Pflegeheim n. EHPAD (etablissement d'hébergement pour personnes âgées dépendantes) m.
Pflegeinstitution für ältere behinderte Patienten f. EHPAD (etablissement d'hébergement pour personnes âgées dépendantes) m.
Pflegehelfer m. aide-soignant m.
Pflegehelferin f. aide-soignante f.
pflegen soigner
Pflegeperson f. personne chargée des soins f.
Pflegepersonal n. personnel soignant m.
Pfleger m. infirmier m.
Pflegerin f. infirmière f.
pflegerisches Hilfspersonal n. auxiliaires soignants m. pl.
Pflegschaft f. curatelle f.
Pflegestufe f. degré de dépendance m.
Pflicht f. obligation f.
Pflichtimpfung f. vaccination obligatoire f.
pflichtversicherte Person f. personne assurée obligatoirement f.
Pflock m. cheville f.
Pfortader f. veine porte f.
Pfortaderhochdruck m. hypertension portale f.
Pfortaderkreislauf m. circulation porte f.
Pfortaderthrombose f. thrombose de la veine porte f.
Pfote f. patte f.
Pfropf m. bouchon m.
Pfropfhebephrenie f. hébéphrénie secondaire f.
Pfropfschizophrenie f. schizophrénie secondaire f.

Pfützenphänomen n.   phénomène de flaque m.
Phagedänismus m.   phagédénisme m.
Phagolyse f.   phagolyse f.
Phagophobie f.   phagophobie f.
Phagosom n.   phagosome m.
Phagozyt m.   phagocyte m.
phagozytär   phagocytaire
phagozytieren   phagocyter
Phagozytolyse f.   phagocytolyse f.
Phagozytose f.   phagocytose f.
Phakitis f.   phakitis f.
Phakoemulsifikation f.   phako-émulsifikation f.
phakogen   phacogénique
Phakom n.   phacome m.
Phakomalazie f.   phacomalacie f.
Phakomatose f.   phacomatose f.
Phakometer n.   phacomètre m.
phakometrisch   phacométrique
Phakoskopie f.   phacoscopie f.
Phakoskotasmus m.   phacoscotasmus m.
Phakozele f.   phacocèle f.
phalangeal   phalangien
Phalanx f.   phalange f.
phallisch   phallique
Phallitis f.   phallite f.
Phalloidin n.   phalloïdine f.
Phallotoxin n.   phallotoxine f.
Phallus m.   verge f.
Phanerose f.   atteinte des phanères f.
Phaneroskop n.   diaphanoscope m.
Phaneroskopie f.   diaphanoscopie f.
phaneroskopisch   diaphanoscopique
Phänokopie f.   phénocopie f.
Phänologie f.   phénologie f.
Phänomen n.   phénomène m.
Phänomen, Argyll-Robertsonsches n.   pupille d'Argyll-Robertson f.
Phänomen der kreisenden Erregung n.   phénoméne de réentrée m.
Phänomenologie f.   phénoménologie f.
phänomenologisch   phénoménologique
Phänotyp m.   phénotype m.
phänotypisch   phénotypique
Phanquinon n.   phanquinone f.
Phantasie f.   imagination f.
Phantom n.   mannequin m.
Phantomglied n.   membre fantôme m.
Phantomschwangerschaft f.   pseudogrossesse f.
Pharmaberater m.   visiteur médical m.
Pharmaberaterin f.   visiteuse médicale f.
Phäochromozytom n.   phéochromocytome m.

Pharmakochemie f.   pharmacochimie f.
Pharmakochemiker(in) m./(f.)   pharmacochimiste m./f.
pharmakochemisch   pharmacochimique
Pharmakodynamik f.   pharmacodynamie f.
pharmakodynamisch   pharmacodynamique
Pharmakognosie f.   pharmacognosie f.
pharmakognostisch   pharmacognosique
Pharmakokinetik f.   pharmacocinétique f.
pharmakokinetisch   pharmacocinétique
Pharmakologe m.   pharmacologue m.
Pharmakologie f.   pharmacologie f.
Pharmakologin f.   pharmacologue f.
pharmakologisch   pharmacologique
Pharmakomanie f.   pharmacomanie f.
Pharmakon n.   préparation pharmaceutique f.
Pharmakopöe f.   pharmacopée f.
Pharmakopsychiatrie f.   pharmacopsychiatrie f.
Pharmakopsychose f.   pharmacopsychose f.
pharmakoresistent   pharmacorésistant
pharmakotherapeutisch   pharmacothérapeutique
Pharmakotherapie f.   pharmacothérapie f.
Pharmazeut m.   pharmacien m.
Pharmazeutik f.   pharmaceutique f.
Pharmazeutin f.   pharmacienne f.
pharmazeutisch   pharmaceutique
Pharmazie f.   pharmacie f.
Pharyngitis f.   pharyngite f.
pharyngitisch   pharyngitique
pharyngokonjunktival   pharyngoconjonctival
pharyngolaryngeal   pharyngolaryngien
pharyngopalatinal   pharyngopalatin
Pharyngoskop n.   pharyngoscope m.
Pharyngoskopie f.   pharyngoscopie f.
pharyngoskopisch   pharyngoscopique
Pharyngospasmus m.   pharyngospasme m.
Pharyngotomie f.   pharyngotomie f.
Pharyngotonsillitis f.   pharyngoamygdalite f.
Pharynx m.   pharynx m.
Phase f.   phase f.
Phase, orale f.   phase orale f.
Phase, postmitotische f.   phase postmitotique f.
Phase, prämitotische f.   phase prémitotique f.
phasengesteuert   selon la phase
Phasenkontrastmikroskop n.   microscope en contraste de phase m.
Phasenverschiebung f.   décalage de phase m.
Phasin n.   phasine f.
phasisch   phasique
Phenacemid n.   phénacémide m.

Phenadoxon n.   phénadoxone m.
Phenamazolin n.   phénamazoline f.
Phenampromid n.   phénampromide m.
Phenanthren n.   phénanthrène m.
Phenanthrolin n.   phénanthroline f.
Phenazapyridin n.   phénazapyridine f.
Phenazetin n.   phénacétine f.
Phenazin n.   phénazine f.
Phenazocin n.   phénazocine f.
Phenazon n.   phénazone f.
Phenazopyridin n.   phénazopyridine f.
Phenbrobamat n.   phenbrobamate m.
Phenbutazon n.   phenbutazone f.
Phencyclidin n.   phencyclidine f.
Phendimetrazin n.   phendimétrazine f.
Phenelzin n.   phénelzine f.
Phenethylamin n.   phénétylamine f.
Pheneturid n.   phénéturide m.
Phenglutarimid n.   phenglutarimide m.
Phenicarbazid n.   phénicarbazide m.
Phenidat n.   phénidate m.
Phenindamin n.   phénindamine f.
Phenindion n.   phénindione f.
Pheniprazin n.   phéniprazine f.
Pheniramin n.   phéniramine f.
Phenmetrazin n.   phenmétrazine f.
Phenobarbital n.   phénobarbital m.
Phenol n.   phénol m.
Phenolase f.   phénolase f.
Phenolat n.   phénolate m.
phenolieren   phénoler
Phenolphthalein n.   phénolphtaléine f.
Phenolrot n.   phénolsulfonephtaléine f.
Phenoltetrachlorphtalein n.   phénoltétrachlorphtaléine f.
Phenolum liquefactum n.   phénol liquéfié m.
Phenotan n.   phénotane m.
Phenothiazin n.   phénothiazine f.
Phenoxetol n.   phénoxétol m.
Phenoxybenzamin n.   phénoxybenzamine f.
Phenprocoumon n.   phenprocoumone m.
Phenpropionat n.   phenpropionate m.
Phensuximid n.   phensuximide m.
Phentermin n.   phentermine f.
Phentolamin n.   phentolamine f.
Phenyl n.   phényle m.
Phenylalanin n.   phénylalanine f.
Phenylalaninase f.   phénylalaninase f.
Phenylalkylamin n.   phénylalkylamine f.
Phenyläthanolamin n.   phényléthanolamine f.
Phenyläthyl… siehe   voir Phenylethyl…
Phenylazetylguanidin n.   phénylacétylguanidine f.
Phenylbutazon n.   phénylbutazone f.

Phenylbutyrat n.   phénylbutyrate m.
Phenylchinolin n.   phénylquinoline f.
Phenylen n.   phénylène m.
Phenylendiamin n.   phénylènediamine f.
Phenylephrin n.   phényléphrine f.
Phenylethanolamin n.   phényléthanolamine f.
Phenylethylamin n.   phényléthylamine f.
Phenylethylbiguanid n.   phényléthylbiguanide m.
Phenylethylhydrazin n.   phényléthylhydrazine f.
Phenylhydrazin n.   phénylhydrazine f.
Phenylketonurie f.   phénylcétonurie f.
Phenylmerkuriborat n.   phénylmercuriborate m.
Phenylpropanolamin n.   phénylpropanolamine f.
Phenylpyruvat n.   phénylpyruvate m.
Phenylsulfonat n.   phénylsulfonate m.
Phenylthioharnstoff m.   phénylthiourée f.
Phenylzyklopropylamin n.   phénylcyclopropylamine f.
Phenythilon n.   phénythilone f.
Phenytoin n.   phénytoïne f.
Phenzyklidin n.   phencyclidine f.
Pherormon n.   phérormone f.
Phialide f.   phialide f.
Philosophie f.   philosophie f.
philosophisch   philosophique
Philtrum n.   sillon médian sous-nasal m.
Phimose f.   phimosis m.
Phlebektasie f.   phlébectasie f.
Phlebektomie f.   phlébectomie f.
Phlebitis f.   phlébite f.
phlebitisch   phlébitique
Phlébodynamometrie f.   phlébodynamométrie f.
Phlebogramm n.   phlébogramme m.
Phlebographie f.   phlébographie f.
phlebographisch   phlébographique
Phlebolith m.   phlébolithe m.
Phlebothrombose f.   phlébothrombose f.
Phlebotomie f.   phlébotomie f.
Phlebotomus papatasü m.   phlebotomus papatasü m.
Phlegmasie f.   phlegmatia f.
phlegmatisch   flegmatique
Phlegmone f.   phlegmon m.
phlegmonös   phlegmoneux
phlogistisch   phlogistique
Phloretin n.   phlorétine f.
Phlorhizin n.   phlorhizine f.
Phlorogluzin n.   phloroglucine f.
Phlorhizin n.   phlorhizine f.

Phloxin n. phloxine f.
Phlyktäne f. phlyctène f.
Phobie f. phobie f.
phobisch phobique
Phobophobie f. phobophobie f.
Phokomelie f. phocomélie f.
Pholcodin n. pholcodine f.
Phon n. phon m.
Phonangiographie f. pbonoangiographie f.
Phonasthenie f. phonasthénie f.
Phonation f. phonation f.
phonatorisch phonique
Phonem n. phonème m.
Phonendoskop m. phonendoscope m.
Phonetik f. phonétique f.
phonetisch phonétique
Phoniater m. spécialiste de phoniatrie m.
Phoniaterin f. spécialiste de phoniatrie f.
Phoniatrie f. phoniatrie f.
phonieren prononcer
Phonogramm n. phonogramme m.
Phonographie f. phonographie f.
phonographisch phonographique
Phonokardiogramm n. phonocardiogramme m.
Phonokardiograph m. phonocardiographe m.
Phonokardiographie f. phonocardiographie f.
phonokardiographisch phonocardiographique
Phonologie f. phonologie f.
phonologisch phonologique
Phonophobie f. phonophobie f.
Phonopsie f. phonopsie f.
Phonoskop n. phonoscope m.
Phorbol n. phorbol m.
Phoropter m. phoromètre m.
Phosgen n. phosgène m.
Phosphagen n. phosphagène m.
Phosphamid n. phosphamide m.
Phosphan n. phosphane m.
Phosphat n. phosphate m.
Phosphat, energiereiches n. phosphate hautement énergétique m.
Phosphatase f. phosphatase f.
phosphatbildend phosphatogène
Phosphatdiabetes m. diabète rénal des phosphates m.
phosphathaltig phosphaté
Phosphatid n. phosphatide m.
Phosphatidat n. phosphatidate m.
Phosphatidyl n. phosphatidyle m.
Phosphatin n. phosphatine f.
Phosphaturie f. phosphaturie f.

Phosphid n. phosphide m.
Phosphin n. phosphine f.
Phosphit n. phosphite m.
Phosphoadenosin n. phosphoadénosine f.
Phosphodiester m. phosphodiester m.
Phosphodiesterase f. phosphodiestérase f.
Phosphoenolpyruvat n. phosphoénolpyruvate m.
Phosphofruktokinase f. phosphofructokinase f.
Phosphoglukomutase f. phosphoglucomutase f.
Phosphoglukonat n. phosphogluconate m.
Phosphoglukose f. phosphoglucose m.
Phosphoglyzerat n. phosphoglycérate m.
Phosphoglyzerid n. phosphoglycéride m.
Phosphokinase f. phosphokinase f.
Phosphokreatin n. phosphocréatine f.
Phospholamban n. phospholambane m.
Phospholipase f. phospholipase f.
Phospholipid n. phospholipide m.
Phosphomannoisomerase f. Phosphomanno-isomérase f.
Phosphonat n. phosphonate m.
Phosphonoformat n. phosphonoformate m.
Phosphoprotein n. phosphoprotéine f.
Phosphopyridin n. phosphopyridine f.
Phosphor m. phosphore m.
Phosphor, organischer m. phosphore organique m.
Phosphoreszenz f. phosphorescence f.
phosphorhaltig (dreiwertig) phosphoreux
phosphorhaltig (fünfwertig) phosphorique
Phosphoribosylpyrophosphat n. phosphoribosylpyrophosphate m.
Phosphoribosyltransferase f. phosphoribosyltransférase f.
phosphorieren phosphorer
Phosphorofluoridat n. phosphoroeluoridate m.
Phosphoryl n. phosphoryle m.
Phosphorylase f. phosphorylase f.
Phosphorylethanolamin n. phosphoryléthanolamine f.
phosphorylieren phosphoryler
Phosphorylierung f. phosphorylation f.
Phosphoserin n. phosphosérine f.
Phosphosulfat n. phosphosulfate m.
Phosphothiamin n. phosphothiamine f.
Phosphotransferase f. phosphotransférase f.
Phosphowolframat n. phosphowolframate m.
Phot n. phot m.
photisch photique
Photoallergie f. photoallergie f.

photoallergisch photoallergique
Photobiologie f. photobiologie f.
photochemisch photochimique
Photochemotherapie f. photochimiothérapie f.
photochromogen photochromogène
Photodermie f. photodermie f.
Photodynamik f. photodynamique f.
photodynamisch photodynamique
Photodynie f. photoalgie f.
photoelektrisch photoélectrique
Photogastroskopie f. photogastroscopie f.
photogen photogénique
Photographie f. photographie f.
photographisch photographique
Photoheterotrophie f. photohétérotrophie f.
Photoinaktivierung f. photoinactivation f.
Photokinese f. photokinésie f.
photokinetisch photokinésique
Photokoagulation f. photocoagulation f.
Photolyse f. photolyse f.
photolytisch photolytique
Photometer n. photomètre m.
Photometrie f. photométrie f.
photometrisch photométrique
Photomikroskopie f. photomicroscopie f.
Photomorphose f. photomorphose f.
Photon n. photon m.
Photooxidation f. photooxydation f.
Photopherese f. photophérèse f.
Photophobie f. photophobie f.
Photophosphorylierung f. photophosphorylation f.
Photopie f. Photopie f.
photopisch photopique
Photopsie f. photopsie f.
Photopsin n. photopsine f.
Photorezeptor m. photorécepteur m.
photosensibel photosensible
Photosensibilisierung f. photosensibilisation f.
Photosensibilität f. photosensibilité f.
Photosynthese f. photosynthèse f.
Photoszintigraphie f. photoscintigraphie f.
Phototaxis f. phototaxie f.
Phototherapie f. photothérapie f.
Photothermolyse f. photothermolyse f.
Photothrombose f. photothrombose f.
Phototimer m. phototimer m.
phototoxisch phototoxique
Phototoxizität f. phototoxicité f.
phototoxisch phototoxique
phototrop phototrope
phototroph phototrophique
Photozelle f. photocellule f.

phrenikokolisch phrénicocolique
Phrenikotomie f. phrénicotomie f.
Phrenikotripsie f. phrénicotripsie f.
Phrenikusexairese f. exérèse du phrénique f.
phrenokolisch phrénocolique
Phrenologe m. phrénologue m.
Phrenologie f. phrénologie f.
Phrenologin f. phrénologue f.
phrenologisch phrénologique
Phrenosin n. phrénosine f.
phrygische Mütze f. bonnet phrygien m.
Phrynodermie f. phrynodermie f.
Phthalamat n. phtalamate m.
Phthalamidin n. phtalamidine f.
Phthalanilid n. phtalanilide m.
Phthalat n. phtalate m.
Phthalazin n. phtalazine f.
Phthalein n. phtaléine f.
Phthalidolon n. phtalidolone f.
Phthalylsulfathiazol n. phtalylsulfathiazol m.
Phthiriasis inguinalis f. phtiriase pubienne f.
Phthise f. phtisie f.
Phthisiogenese f. phtisiogenèse f.
phthisisch phtisique
Phykomykose f. phycomycose f.
Phylaxis f. phylaxie f.
Phyllochinon n. phylloquinone f.
Phyllopyrrol n. phyllopyrrol m.
Phylogenese f. phylogenèse f.
phylogenetisch phylogénétique
Phylum n. phylum m.
Physalide f. physalis m.
Physik f. physique f.
physikalisch physique
physikalisch-chemisch physicochimique
Physiker m. physicien m.
Physikerin f. physicienne f.
Physiologe m. physiologiste m.
Physiologie f. physiologie f.
Physiologin f. physiologiste f.
physiologisch physiologique
physiologisch-chemisch physiochimique
physiologische Chemie f. physiochimie f.
physiopsychisch physiopsychique
Physiotherapeut(in) m./(f.) physiothérapeute m./f.
physiotherapeutisch physiothérapique
Physiotherapie f. physiothérapie f.
physisch physique
Physostigmin n. physostigmine f.
Phytase f. phytase f.
Phytat n. phytate m.
Phytin n. phytine f.
Phytoagglutinin n. phytoagglutinine f.

Phytobezoar m. phytobézoar m.
Phytoestrogen n. phyto-estrogène m.
Phytoestrol n. phyto-estrol m.
Phytoglobulin n. phytoglobuline f.
Phytohämagglutinin n. phytohémagglutinine f.
Phytohormon n. phytohormone f.
Phytol n. phytol m.
Phytomenadion n. phytoménadione f.
Phytonose f. dermatose phytotoxique f.
Phytopharmakologie f. phytopharmacologie f.
Phytopharmakon n. substance phytopharmacologique f.
Phytosterin (Phytosterol) n. phytostérol m.
Phytotherapeutikum n. substance phytothérapeutique f.
phytotherapeutisch phytothérapique
Phytotherapie f. phytothérapie f.
Phytotoxin n. phytotoxine f.
phytotoxisch phytotoxique
pial pial
Pica f. pica m.
Picafibrat n. picafibrate m.
Pickel (med.) m. bouton m.
Picksche Atrophie f. atrophie cérébrale de Pick f.
Pickwick-Syndrom n. syndrome de Pickwick m.
Piclonidin n. piclonidine f.
Picloxydin n. picloxydine f.
Picobenzid n. picobenzide m.
Picodralazin n. picodralazine f.
Picofarad n. picofarad m.
Picofosfat n. picophosphate m.
Picolamin n. picolamine f.
Picoperin n. picopérine f.
Picophosphat n. picophosphate m.
Picoprazol n. picoprazole m.
Picosulfat n. picosulfate m.
Pidolat n. pidolate m.
Piedra f. piedra f.
Piercing n. piercing m.
Piezochemie f. piézochimie f.
piezoelektrisch piézoélectrique
piezogen piézogène
piezokeramisch piézocéramique
PIF (prolaktininhibierender Faktor) m. PIF (prolactin inhibiting factor) m.
Pifarnin n. pifarnine f.
Pifenat n. pifénate m.
Pifexol n. pifexol m.
Pifoxim n. pifoxime m.
Pigment n. pigment m.
Pigmentation f. pigmentation f.

pigmentationsfördernd favorisant la pigmentation
Pigmentatrophie f. atrophie pigmentaire f.
Pigmentglaukom n. glaucome pigmentaire m.
pigmentieren pigmenter
pigmentiert pigmenté
Pigmentierung f. pigmentation f.
Pigmentinkontinenz f. incontinence pigmentaire f.
Pigmentophage m. macrophage chromophagocytaire m.
Pigmentzelle f. cellule pigmentaire f.
Pigmentzirrhose f. cirrhose pigmentaire f.
Pikrat n. picrate m.
Pikrin n. picrine f.
Pikrogeusie f. picrogueusie f.
Pikrotoxin n. picrotoxine f.
pilar pilaire
Pillchen n. pellet m.
Pille f. pilule f.
Pillendreherbewegung f. mouvement parkinsonien de roulement entre le pouce et l'index m.
Pilojektion f. pilojection f.
Pilokarpin n. pilocarpine f.
pilomotorisch pilomoteur
pilonidal subsacré
Pilot-Studie f. étude pilote f.
Pilozyt m. pilocyte m.
pilozytisch pilocytaire
Pilz m. champignon m.
Pilz, essbarer m. champignon comestible m.
Pilz, Blätter- m. agaric m.
Pilz, giftiger m. champignon vénéneux m.
Pilz, Schimmel- m. moisissure f.
Pilzfaden m. hyphe m.
Pimeclon n. piméclone f.
Pimefyllin n. piméfylline f.
Pimethixen n. piméthixène m.
Pimetin n. pimëtine f.
Pimetremid n. pimétrémide m.
Piminodin n. piminodine f.
Pimozid n. pimozide m.
Pimpernelle f. pimpernelle f.
Pinealektomie f. pinéalectomie f.
Pinealom n. pinéalome m.
Pinealozyt m. pinéalocyte m.
Pinen n. pinène m.
Pinguecula f. pinguecula f.
Pinolcain n. pinolcaïne f.
Pinozyt m. pinocyte m.
Pinozytose f. pinocytose f.
Pinta f. pinta f.
Pinto-Krankheit f. mal de Pinto m.
Pinzette, anatomische f. pince à disséquer f.

Pinzette, chirurgische f.   pince chirurgicale f.
Pinzette f.   pincette f.
Pioglitazon n.   pioglitazone f.
Pipacyclin n.   pipacycline f.
Pipamazin n.   pipamazine f.
Pipamperon n.   pipampérone f.
Pipebuzon n.   pipébuzone f.
Pipecolat n.   pipécolate m.
Pipemid n.   pipémide m.
Pipenzolat n.   pipenzolate m.
Piperacetazin n.   pipéracétazine f.
Piperamid n.   pipéramide m.
Piperazin n.   pipérazine f.
Piperidin n.   pipéridine f.
Piperidolat n.   pipéridolate m.
Piperin n.   pipérine f.
Piperocain n.   pipérocaïne f.
Pipethamat n.   pipéthamate m.
Pipette f.   pipette f.
Pipettenspülgerät n.   rince-pipettes m.
Pipettenständer m.   statif pour pipettes
pipettieren   pipetter
Pipettiergerät n.   appareil à pipetter m.
Pipoctanon n.   pipoctanone f.
Pipofezin n.   pipofézine f.
Pipotiazin n.   pipothiazine f.
Pipoxizin n.   pipoxizine f.
Piprazol n.   piprazole m.
Piprinhydrinat n.   piprinhydrinate m.
Pirenzepin n.   pirenzépine f.
Piretanid n.   pirétanide f.
Piridocain n.   piridocaïne f.
Pirinidazol n.   pirinidazole m.
Piritramid n.   piritramide m.
Pirlindol n.   pirlindol m.
Pirocton n.   piroctone f.
Piroglirid n.   pirogliride m.
Pirogoffsche Amputation f.   Amputation de Pirogoff f.
Piroheptin n.   piroheptine f.
Pirolat n.   pirolate m.
Pirolazamid n.   pirolazamide m.
Piroplasmose f.   piroplasmose f.
Piroxicam n.   piroxicam m.
Piroximon n.   piroximone f.
Pirquet-Probe f.   cutiréaction de Pirguet f.
Piskaceksche Ausladung f.   signe de boursouflure de l'utérus gravide de Piskacek m.
Pistill n.   pilon m.
Pit-Zelle f.   cellule de Pit f.
Pitofenon n.   pitofénonc f.
Pituizyt m.   cellule gliale fusiforme post hypophysaire f.
Pituizytom n.   gliome posthypophysaire m.
Pituxat n.   pituxate m.

Pityrosporum n.   pityrosporum m.
Pivalat n.   pivalate m.
Pivaloylindandion n.   pivaloylindandione f.
Pivenfrin n.   pivenfrine f.
Pix liquida f.   goudron de pin m.
Pizotifen n.   pizotifène m.
PKG (Phonokardiogramm) n.   phonocardiogramme m.
Placebo n.   placebo m.
Placenta praevia f.   placenta praevia m.
Placidosche Scheibe f.   disque de Placido m.
Plakode f.   placode f.
Planigraphie f.   planigraphie f.
planigraphisch   planigraphique
Planimetrie f.   planimétrie f.
Plankton n.   plancton m.
planokonkav   planconcave
planokonvex   planconvexe
planozellulär   planocellulaire
Planozyt m.   planocyte m.
Planozytose f.   planocytose f.
Plantain m.   plantain m.
plantar   plantaire
Plaque f.   plaque f.
Plasma n.   plasma m.
Plasmaaustausch m.   échange plasmatique m.
Plasmablast m.   plasmoblaste m.
Plasmaeiweiß n.   protide plasmatique m.
Plasmaersatzmittel n.   succédané du plasma m.
Plasmaexpander m.   liquide de remplissage plasmatique m.
Plasmaglobulin n.   globuline plasmatique f.
Plasmakinin n.   kinine plasmatique f.
Plasmakonserve f.   conserve de plasma f.
Plasmal n.   plasmal m.
Plasmalogen n.   plasmalogène m.
Plasmapherese f.   plasmaphérèse f.
Plasmathrombokinase f.   thromboplastine intrinsèque f.
plasmatisch   plasmatique
Plasmazelle f.   plasmocyte m.
Plasmazellenleukämie f.   leucémie plasmocytaire f.
Plasmazellenvermehrung f.   plasmocytose f.
plasmazytoid   plasmacytoïde
Plasmid n.   plasmide m.
Plasmin n.   plasmine f.
Plasminogen n.   plasminogène m.
Plasmodesma n.   plasmodesme m.
plasmodientötend   plasmodicide
Plasmodium falciparum n.   Plasmodium falciparum m.
Plasmodium immaculatum n.   Plasmodium immaculatum m.

Plasmodium malariae n. Plasmodium malariae m.
Plasmodium vivax n. Plasmodium vivax m.
Plasmodizid n. plasmodicide m.
Plasmogamie f. plasmogamie f.
Plasmolyse f. plasmolyse f.
plasmolytisch plasmolytique
Plasmom n. plasmome m.
plasmozytär plasmocytaire
plasmozytoid plasmocytoïde
Plasmozytom n. plasmocytome m.
Plastid n. plastide m.
Plastik (Material) n. plastique m.
Plastik (Operation) f. plastie f.
Plastikbeutel m. sac en plastique m.
Plastikkrone f. couronne en plastique f.
plastisch plastique
Plastizität f. plasticité f.
Plastogamie f. plastogamie f.
Plastomer n. plastomère m.
Plastosom n. plastosome m.
Plateau n. plateau m.
Plathelminth m. plathelminthe m.
Platin n. platine m.
Platin-Gold-Legierung f. alliage orplatine m.
Platinat n. platinate m.
Platinektomie f. opération de l'étrier f.
Platinmatrize f. matrice en platine f.
Platinöse f. anse en platine f.
Plätschergeräusch n. clapotement m.
Plättchen n. plaquette f.
Plättchenaggregationshemmer m. antiaggrégant plaquettaire m.
Plättchenfaktor m. facteur plaquettaire m.
Platte f. plaque f.
Plattenatelektase f. atélectasie en plaque f.
Plattenelektrode f. électrode plaque f.
Plattenepithel n. épithélium pavimenteux m.
Plattenthermographie f. thermographie de plaque f.
plattes Becken n. bassin aplati m.
Plattfuß m. pied plat m.
Plattfußeinlage f. semelle-support f.
Plattwurm m. plathelminthe m.
Platybasie f. platybasie f.
Platykranie f. platycranie f.
Platymorphie f. platymorphisme m.
Platyzephalie f. platycéphalie f.
Platzangst f. agoraphobie f.
Platzbauch m. déhiscence après laparotomie f.
Platzhalter (dent.) m. maintenance d'espace f. dent.
Plazebo n. placebo m.
Plazenta f. placenta m.
Plazenta-Laktationshormon, menschliches n. hormone lactogène-placentaire humaine f.
plazentar placentaire
Plazentaschranke f. barrière placentaire f.
Plazentation f. placentation f.
Plazentitis f. placentite f.
Plazentographie f. placentographie f.
Plazentom n. placentome m.
Plazentotoxin n. placentotoxine f.
pleiochrom pléiochromique
Pleiochromie f. pléiochromie f.
pleiotrop pléiotrope
pleomorph pléomorphe
Pleomorphie f. pléomorphisme m.
Pleonexie f. pléonexie f.
Pleonostose f. pléonostéose f.
Pleoptik f. pléoptique f.
Pleozytose f. pléocytose f.
Plerozerkoid n. plérocercoïde m.
Plesiomonas f. plésiomonas m.
Plessimeter n. plessimètre m.
Plethora f. pléthore f.
plethorisch pléthorique
Plethysmogramm n. pléthysmogramme m.
Plethysmograph m. pléthysmographe m.
Plethysmographie f. pléthysmographie f.
plethysmographisch pléthysmographique
Pleura f. plèvre f.
Pleuraadhäsion f. adhésion pleurale f.
Pleuraerguss m. épanchement pleural m.
Pleurakuppel f. dôme pleural m.
pleural pleural
Pleurapunktion f. ponction pleurale f.
Pleurareiben n. frottement pleural m.
Pleuraschwarte f. fibrothorax m.
Pleurektomie f. pleurectomie f.
Pleuritis f. pleurésie f.
pleuritisch pleurésique
Pleurodese f. pleurodèse f.
Pleurodynie f. pleurodynie f.
pleurogen pleurogène
Pleuromulin n. pleuromuline f.
pleuroperikardial pleuropéricardique
Pleuroperikarditis f. pleuropéricardite f.
pleuroperitoneal pleuropéritonéal
Pleuroperitoneostomie f. pleuropéritonéostomie f.
Pleuropneumolyse f. pleuropneumolyse f.
Pleuropneumonie f. pleuropneumonie f.
Pleuroskopie f. pleuroscopie f.
Pleurotomie f. pleurotomie f.
pleuroviszeral pleuroviscéral
Plexus m. plexus m.

Plexus brachialis m. plexus brachial m.
Plexus cervicalis m. plexus cervical m.
Plexus sacralis m. plexus sacré m.
Plexus solaris m. plexus solaire m.
Plexuserkrankung f. atteinte plexique f.
Plikation f. plication f.
Plikotomie f. plicotomie f.
Ploidie f. ploïdie f.
Plombe f. plombage (dent.) m.
plombieren plomber
Plombierung f. obturation f.
Plummer-Vinson-Syndrom n. syndrome de Plummer-Vinson m.
Plummern n. traitement préopératoire iodé de Plummer m.
pluriglandulär pluriglandulaire
pluriorifiziell pluriorificiel
Pluripara f. multipare f.
pluripolar multipolaire
pluripotent multipotent
Pluripotenz f. multicapacité f.
Plutonium n. plutonium m.
Pneumarthrogramm n. pneumarthrogramme m.
Pneumarthrographie f. pneumarthrographie f.
pneumarthrographisch pneumarthrographique
Pneumarthrose f. pneumarthrose f.
pneumatisch pneumatique
pneumatisieren pneumatiser
Pneumatisierung f. pneumatisation f.
Pneumatose f. pneumatose f.
Pneumatozele f. pneumatocèle f.
Pneumaturie f. pneumaturie f.
Pneumektomie f. pneumectomie f.
Pneumenzephalographie f. pneumoencéphalographie f.
Pneumobazillus Friedländer m. pneumobacille de Friedländer m.
Pneumocystis carinii f. Pneumocystis carinii f.
Pneumograph m. pneumographe m.
Pneumographie f. pneumographie f.
pneumographisch pneumographique
pneumokardial cardiopulmonaire
Pneumokokkus m. pneumocoque m.
Pneumokolon n. pneumocolon m.
Pneumokoniose f. pneumoconiose f.
Pneumolith m. pneumolithe m.
Pneumologie f. pneumologie f.
pneumologisch pneumologique
Pneumolyse f. pneumolyse f.
Pneumomediastinum n. pneumomédiastin m.
Pneumometer n. pneumomètre m.
Pneumometrie f. pneumométrie f.
pneumometrisch pneumométrique
Pneumonektomie f. pneumonectomie f.
Pneumonie f. pneumonie f.
Pneumonie, akute interstitielle f. pneumonie aigue interstitielle f.
Pneumonie, biliöse f. pneumonie bilieuse f.
Pneumonie, Broncho- f. bronchopneumonie f.
Pneumonie, croupöse f. pneumonie lobaire f.
pneumonie, fibröse f. pneumonie fibreuse f.
Pneumonie, hypostatische f. pneumonie hypostatique f.
Pneumonie, käsige f. pneumonie caséeuse f.
pneumonisch pneumonique
Pneumonose f. détérioration du parenchyme pulmonaire f.
Pneumopathie f. pneumopathie f.
Pneumoperikard n. pneumopéricarde m.
Pneumoperitoneographie f. pneumopéritonéographie f.
Pneumoperitoneum n. pneumopéritoine m.
Pneumopyelographie f. pneumopyélographie f.
Pneumoradiographie f. pneumoradiographie f.
Pneumoretroperitoneum n. pneumorétropéritoine m.
Pneumoskrotum n. pneumoscrotum m.
Pneumotachogramm n. pneumotachogramme m.
Pneumotachograph m. pneumotachographe m.
Pneumotachographie f. pneumotachographie f.
pneumotachographisch pneumotachographique
Pneumothorax m. pneumothorax m.
Pneumothoraxapparat m. appareil à pneumothorax m.
pneumotrop pneumotrope
Pneumozystographie f. pneumocystographie f.
Pneumozystose f. pneumocystose f.
Pneumozyt m. pneumocyte m.
Pocken f. pl. variole f.
Pockenlymphe f. vaccin variolique m.
Pockenschutzimpfung f. vaccination antivariolique f.
Podagra n. podagre f.
Podologie f. podologie f.
Podopathie f. podopathie f.
Podophyllin n. podophylline f.

Podophyllotoxin n.   podophyllotoxine f.
Podopompholyx m.   dermatose bulleuse f.
Podotrochilitis f.   podotrochilite f.
Podozyt m.   podocyte m.
Poikiloderma f.   poïkilodermie f.
Poikilodermie f.   poïkilodermie f.
Poikiloploidie f.   poïkiloïdie f.
Poikilosmose f.   poïkilosmose f.
Poikilothermismus m.   poïkilothermie f.
poikilothym   poïkilothymique
Poikilozyt m.   poïkilocyte m.
Poikilozytose f.   poïkilocytose f.
Poiseuillesches Gesetz n.   loi de Poiseuille f.
Pojektion f.   projection f.
Pol m.   pôle m.
Polaksches Granulom n.   granulome de Polak m.
polar   polaire
Polarimeter n.   polarimètre m.
Polarimetrie f.   polarimétrie f.
polarimetrisch   polarimétrique
Polarisation f.   polarisation f.
polarisieren   polariser
Polarisierung f.   polarisation f.
Polariskopie f.   polariscopie f.
Polarität f.   polarité f.
Polarkardiographie f.   cardiographie polaire f.
Polarograph m.   polarographe m.
Polarographie f.   polarographie f.
polarographisch   polarographique
Polemik f.   polémique f.
Polidicanol n.   polidicanol m.
polieren   polir
Polierinstrument n.   brunissoir m.
Poliermittel n.   agent polisseur m.
Polihexanid n.   polyhexanide m.
Poliklinik f.   policlinique f.
Poliodystrophie f.   poliodystrophie f.
Polioenzephalitis f.   polioencéphalite f.
Poliomyelitis anterior acuta f.   poliomyélite antérieure aigue f.
Poliomyélitis- Impfstoff m.   vaccin antipoliomyélitique m.
poliomyelitisch   poliomyélitique
Poliose f.   poliose f.
poliradikulär   polyradiculaire
Polisaponin n.   polisaponine f.
Politur f.   poli m.
politzern   faire l'épreuve de Politzer
Politzerverfahren n.   épreuve d'insufflation naso-otique de Politzer f.
Polkörperchen n.   globule polaire m.
Pollakisurie f.   pollakiurie f.
Pollen m.   pollen m.

Pollenkrankheit f.   pollinose f.
Pollinose f.   pollinose f.
Pollution f.   pollution f.
Polonium n.   polonium m.
Poloxalen n.   poloxalène m.
Polresektion f.   résection polaire f.
Polstar m.   cataracte polaire f.
Polster n.   réserve f.
polstern   rembourrer
Polya-Operation f.   gastrectomie de Polya f.
Polyacryl n.   polyacryl m.
Polyadenitis f.   polyadénite f.
Polyagglutination f.   polyagglutination f.
Polyakryl n.   polyacryl m.
Polyakrylamid n.   polyacrylamide m.
Polyakrylat n.   polyacrylate m.
Polyakrylonitril n.   polyacrylonitrile m.
Polyalgesie f.   polyalgie f.
Polyamid n.   polyamide m.
Polyamin n.   polyamine f.
Polyanionenpräzipitation f.   polyanionprécipitation f.
Polyarteritis f.   polyartérite f.
Polyarthritis f.   polyarthrite f.
Polyarthritis, primär chronische f.   polyarthrite chronique rhumatismale f.
Polyarthritis, sekundär chronische f.   rhumatisme articulaire chronique m.
Polyarthritis rheumatica acuta f.   polyarthrite rhumatoide aigue f.
polyarthritisch   polyarthritique
polyartikulär   polyarticulaire
Polyase f.   polyase f.
Polyästhesie f.   polyesthésie f.
Polyäthylen n.   polyéthylène m.
Polyavitaminose f.   polyavitaminose f.
polyaxial   polyaxial
polybasisch   polybasique
polychemotherapeutisch   polychimiothérapeutique
Polychemotherapie f.   polychimiothérapie f.
polychlorieren   polychlorer
Polycholie f.   polycholie f.
Polychondritis f.   polychondrite f.
Polychromasie f.   polychromasie f.
polychromatisch   polychrome
polychromatophil   polychromatophile
Polychromatophilie f.   polychromatophilie f.
Polydaktylie f.   polydactylie f.
Polydesoxyribonukleotid n.   polydésoxyribonucléotide m.
Polydioxanon n.   polydioxanone f.
Polydipsie f.   polydipsie f.
Polyendokrinopathie f.   polyendocrinopathie f.

Polyelektrolyt m. polyélectrolyte m.
Polyen n. polyène m.
polyepiphysär polyépiphysaire
polyergisch polyergique
Polyetaden n. polyétadène m.
Polyethylen n. polyéthylène m.
Polygalaktie f. polygalactie f.
Polygalakturonase f. polygalacturonase f.
Polygalakturonat n. polygalacturonate m.
Polygéminie f. polygéminie f.
polygen polygénique
polyglandulär polyglandulaire
Polyglobulie f. polyglobulie f.
polygonal polygonal
polyhydroxypolyzyklisch polyhydroxypolycyclique
Polyhypermenorrhö f. polyhyperménorrhée f.
Polyhypomenorrhö f. polyhypoménorrhée f.
Polyisopren n. polyisoprène m.
Polykaryozyt m. polycaryocyte m.
polyklonal polyclonal
Polykrotie f. caractère polycrote m.
Polymedikation f. polymédication f.
Polymenorrhö f. polyménorrhée f.
polymer polymère
Polymer n. polymère m.
Polymerase f. polymérase f.
Polymerase-Kettenreaktion f. polymérases réaction en chaîne f.
Polymerie f. polymérie f., polymérisme m.
Polymerisat n. produit de polymérisation m.
Polymerisation f. polymérisation f.
polymerisieren polymériser
Polymerisierung f. polymérisation f.
Polymethylen n. polyméthylène m.
polymikrobiell polymicrobien
polymorph polymorphe
Polymorphie f. polymorphisme m.
polymorphkerniger Leucozyt m. leucocyte polymorphonucléaire m., leucocyte à noyau polymorphe m.
Polymyalgie f. polymyalgie f.
Polymyositis f. polymyosite f.
Polynesie f. multiplication des cellules de Langerhans f.
polynesisch polyinsulaire
polyneural polyneural
Polyneuritis f. polynévrite f.
polyneuritisch polynévritique
Polyneuropathie f. polyneuropathie f.
polynukleär polynucléaire
Polynukleotid n. polynucléotide m.
Polyol n. polyol m.
Polyopsie f. polyopsie f.
Polyorchidie f. polyorchidie f.
Polyosteochondritis f. polyostéochondrite f.
Polyostose f. polyostose f.
polyostotisch concernant de nombreux os
Polyöstradiol n. polyoestradiol m.
Polyotie f. polyotie f.
Polyovulation f. polyovulation f.
Polyp m. polype m.
Polypathie f. polypathie f.
Polypektomie f. polypectomie f.
polypektomieren enlever le polype
Polypenzange f. pince pour ablation de polypes f.
Polypeptid n. polypeptide m.
Polypeptidase f. polypeptidase f.
Polyphagie f. polyphagie f.
polyphasisch polyphasique
Polyphenol n. polyphénol m.
Polyphosphat n. polyphosphate m.
polyploid polyploïde
Polyploidie f. polyploïdie f.
Polypnoe f. polypnée f.
polypoid polypoïde
polypös polypeux
Polypose f. polypose f.
Polypragmasie f. polypragmasie f.
Polyprenyl n. polyprényle m.
Polypropylen n. polypropylène m.
Polyradikulitis f. polyradiculite f.
Polyradikuloneuritis f. polyradiculonévrite f.
Polyribonukleotid n. polyribonucléotide m.
Polyribosom n. polyribosome m.
Polysaccharid n. polysaccharide m.
Polyserositis f. polysérosite f.
Polysiloxan n. polysiloxane m.
Polyskleradenitis f. polyscléradénite f.
polysom polysomique
Polysomie f. polysomie f.
Polysomnographie f. polysomnographie f.
polysomnographisch polysomnographique
Polysorbat n. polysorbate m.
Polyspermie f. polyspermie f.
Polystichiasis f. polystichiasis f.
Polystyrol n. polystyrène m.
Polysulfat n. polysulfate m.
polysymptomatisch polysymptomatique
polysynaptisch polysynaptique
Polythelie f. polythélie f.
Polythiazid n. polythiazide m.
Polytopie f. polytopie f.
polytopisch polytopique
Polytoxikomanie f. polytoxicomanie f.
Polytrauma n. polytraumatisme m.
polytrop polytrope

Polyurethan n. polyuréthane m.
Polyurie f. polyurie f.
polyvalent polyvalent
Polyvinyl n. polyvinyle m.
polyxen polyxène
polyzentrisch polycentrique
polyzyklisch polycyclique
polyzystisch polycystique
Polyzystographie f. polycystographie f.
Polyzythämie f. polycythémie f.
Polyzytose f. polycytose f.
Pomade f. pommade f.
Pompholyx m. dermatose bulleuse f.
Poncetsches Rheumatoid n. polyarthrite tuberculeuse de Poncet f.
Ponfibrat n. ponfibrate m.
Pontiacfieber n. fièvre de Pontiac f.
pontin pontique
pontomedullär pontomédullaire
pontozerebellär pontocérébelleux
popliteal poplité
popliteokrural poplitéocrural
Population f. population f.
Poradenitis f. poradénite f.
Pore f. pore m.
Porenzephalie f. porencéphalie f.
Poriomanie f. automatisme ambulatoire m.
Porion m. porion m.
Porokeratose f. porokératose f.
porös poreux
Porose f. porose f.
Porozephalose f. porose cérébrale f.
Porphin n. porphine f.
Porphobilinogen n. porphobilinogène m.
Porphyrie f. porphyrie f.
Porphyrin n. porphyrine f.
Porphyrinämie f. porphyrinémie f.
Porphyrinurie f. porphyrinurie f.
Porphyrismus m. porphyrie f.
Porphyrmilz f. rate porphyre f.
Porphyropsin n. porphyropsine f.
Porro-Operation f. césarienne de Porro f.
portal porte
Portio f. portion vaginale du col de l'utérus f.
Portion f. portion f.
Portographie f. portographie f.
portokaval portocaval
portokavale Anastomose f. anastomose portocavale f.
Porzellan n. porcelaine f.
Porzellangallenblase f. vésicule porcelaine f.
Porzellanverblendung f. plaquage en porcelaine m.
Porzellanvollkrone f. couronne en porcelaine f.

Position f. position f.
Positioner m. positionneur m.
positiv positif
Positron n. positron m.
Positronencomputertomographie f. positrontomographie f.
Positronenemissionstomograhie (PET) f. tomographie par émission de positons (TEP) f.
Positronenemissionstomographie f. PET scan (tomographie par émission de positons) m.
Positronenemissionstomographie/Computertomographie (PET/CT) f. tomographie par émission de positons/tomodensitométrie (TEP/TDM) f.
Positrozephalogramm n. positrocéphalogramme m.
positrozephalographisch positrocéphalographique
Poskin n. poskine f.
Posologie f. posologie f.
postabortiv postavortif
postaggressiv postagressif
postakut après la phase aigue
postalimentär postalimentaire
postapoplektisch postapoplectique
Postcholezystektomiesyndrom n. syndrome postcholécystectomique m.
postdental postdental
postdiastolisch postdiastolique
postdiphtherisch postdiphtérique
postenzephalitisch postencéphalitique
postepileptisch postépileptique
posteroinferior postéroïnférieur
posterolateral postérolatéral
posteromedial postéromédial
posteromedian postéromedian
posteroparietal postéropariétal
posterotemporal postérotemporal
posterovesikulär postérovésiculaire
postexpositionell postexpositionnel
postextrasystolisch postextrasystolique
postfebril postfébrile
postganglionär postganglionnaire
Postgastrektomie-Syndrom n. syndrome postgastrectomique m.
postglomerulär postglomérulaire
postgrippal postgrippal
posthämorrhagisch posthémorragique
posthepatisch posthépatique
posthepatitisch posthépatitique
postherpetisch postherpétique
Posthitis f. posthite f.
posthum posthume

posthypnotisch posthypnotique
Postikusparese f. paralysie des abducteurs des cordes vocales f.
postischämisch postischémique
postjunktional postjonctionnel
Postkardiotomiesyndrom n. syndrome post-cardiotomique m.
postklimakterisch postclimactérique
postkoital postcoïtal
postkommissural postcommissural
Postkommissurotomie-Syndrom n. syndrome de postcommissurotomie m.
Postkommotionssyndrom n. syndrome postcommotionnel m.
Postkontusionssyndrom n. syndrome postcontusionnel m.
postlaktal de postlactation
Postmastektomiesyndrom n. syndrome de postmastectomie m.
postmenopausal postménopausal
postmenopausales Syndrom n. syndrome post-ménopausique m.
Postmenstruum n. période postmenstruelle f.
postmitotisch postmitotique
postmortal après la mortel
Postmyokardinfarkt-Syndrom n. syndrome de postinfarctus du myocarde m.
postnasal postnasal
postnatal postnatal
postoperativ postopératoire
postorbital postorbitaire
postpartal postpartum
Postperikardiotomiesyndrom n. syndrome de postpéricardiotomie m.
postphlebitisch postphlébitique
postpneumonisch postpneumonique
postpoliomyelitisch postpoliomyélitique
Postposition f. postposition f.
postprandial postprandial
postpubertär postpubertaire
postsinusoidal postsinusoïdal
Postsplenektomieinfektion f. infection postsplénectomique f.
Postsplenektomiesepsis f. septicémie postsplénectomique f.
poststenotisch poststénosique
postsynaptisch postsynaptique
postthrombotisch postthrombosique
posttraumatisch posttraumatique
postvakzinal postvaccinal
postviral postviral
postzentral postcentral
postzosterisch postzostérique
postzygotisch postzygotique

Potainscher Apparat m. aspirateur d'épanchement Potain m.
potent puissant
Potential n. potentiel m.
Potential, provoziertes n. potentiel évoqué m.
potentiell potentiel
Potentiometer n. potentiomètre m.
Potentiometrie f. potentiométrie f.
potentiometrisch potentiométrique
Potenz f. puissance sexuelle f.
potenzieren potentialiser
potenzieren (homöop.) dynamiser
Potenzierung (homöop.) f. dynamisation f.
Potenzierung (pharm.) f. potentialisation f.
Potomanie f. potomanie f.
Pottasche f. potasse f.
Potter-Syndrom n. syndrome de Potter m.
Pottscher Buckel m. mal vertébral de Pott m.
Poupartsches Band n. arcade fémorale f.
Povidon n. povidone f.
Prader-Willi-Syndrom n. syndrome de Prader-Willi m.
präagonal préagonique
Präalbumin n. préalbumine f.
präanalytisch préanalytique
präanaphylaktisch préanaphylactique
präantral préantral
präaurikulär préauriculaire
Präbetalipoprotein n. prébétalipoprotéine f.
Prädentin n. prédentine f.
Prädiabetes m. prédiabète m.
prädiabetisch prédiabétique
prädiastolisch prédiastolique
Prädilektion f. préférence f.
prädisponierend prédisposant
Prädisposition f. prédisposition f.
Prädominanz f. prédominance f.
prädominant prédominant
prädominieren prédominer
Präeklampsie f. prééclampsie f.
präeklamptisch prééclamptique
präepileptisch prééileptique
präexpositionell préexpositionnel
Präexzitation f. préexcitation f.
Präformation f. préformation f.
präformieren préformer
präfrontal préfrontal
präganglionär préganglionnaire
Prager Handgriff m. manoeuvre obstétricale de Prague f.
Pragmatagnosie f. pragmatagnosie f.
pragmatisch pragmatique
Pragmatismus m. pragmatisme m.
prähepatisch préhépatique

prähypertonisch préhypertonique
prähypophysär préhypophysaire
Präimplantationsdiagnostik m. diagnostic préimplantatoire m.
Präimplantationsphase f. phase préimplantatoire f.
präinvasiv préinvasif
präischämisch préischémique
präjunktional préjonctionnel
präkanzerös précancéreux
Präkanzerose f. précancérose f.
präkapillär précapillaire
Präkapillare f. précapillaire m.
präkariös précarieux
präkarzinomatös précarcinomateux
präklimakterisch préménopausal
präklinisch préclinique
präkoital précoïtal
Präkoma n. précoma m.
präkomatös précomateux
präkommissural précommissural
Präkonditionierung f. préconditionnement m.
präkordial précordial
praktisch pratique
praktischer Arzt m. médecin praticien généraliste m., praticien m.
praktizieren pratiquer
Pramipexol n. pramipexol m.
prälimbisch prélimbique
prämaxillar prémaxillaire
Prämedikation f. prémédication f.
Prämelanose f. prémélanose f.
prämenopausal préménopausique
prämenstruell prémenstruel
prämitotisch prémitotique
Pramiverin n. pramivérine f.
Pramocain n. pramocaïne f.
Prämolar m. prémolaire f.
prämonitorisch prémonitoire
prämorbid prémorbide
prämortal prémortel
Pramoxin n. pramoxine f.
Prampin n. prampine f.
Prämunität f. prémunition f.
pränatal prénatal
präneoplastisch prénéoplasique
präoperativ préopératoire
präoptisch préoptique
präovulatorisch préovulatoire
präparalytisch préparalytique
Präparat n. préparation f.
Präparat, zusammengesetzes n. préparation composée f.
Präparation f. préparation f.

Präparation (anatom.) f. dissection f.
Präparierbesteck n. étui à dissection m.
präparieren préparer
präparieren (anatom.) disséquer
präpatellar prépatellaire
präperitoneal prépéritonéal
Präponderanz f. prépondérance f.
präpontin prépontique
präprandial préprandial
präpsychotisch prépsychotique
präpubertär prépubertaire
Präpubertät f. prépuberté f.
präputial préputial
Präputiotomie f. préputiotomie f.
präpylorisch prépylorique
präpyramidal prépyramidal
prärenal prérénal
präsakral présacré
präsellär présellaire
präsenil présénile
Präsenilität f. présénilité f.
Praseodym n. praséodyme m.
Präservativ n. préservatif m.
präsinusoidal présinusoïdal
Präsklerose f. présclérose f.
präsklerotisch présclérotique
prästenotisch présténosé
Prasteron n. prastérone f.
präsuizidal présuicidaire
präsumptiv présomptif
präsynaptisch présynaptique
präsystolisch présystolique
präthyreoidal préthyroïdien
prätibial prétibial
prätracheal prétrachéal
prävalent prévalent
Prävalenz f. prévalence f.
Pravazsche Spritze f. seringue de Pravaz f.
Prävention f. prévention f.
prävertebral prévertébral
prävesikal prévésical
Praxadin n. praxadine f.
Praxis, ärztliche f. cabinet médical m.
Praxis, fehlerhafte f. mauvaise pratique f.
Praxisräume des Arztes f. pl. cabinet du médecin m.
präzentral précentral
Prazepin n. prazépine f.
Präzipitat n. précipité m.
Präzipitation f. précipitation f.
Präzipitin n. précipitine f.
Präzipitinogen n. précipitinogène m.
Praziquantel n. praziquantel m.
präzirrhotisch précirrhotique
Präzision f. précision f.

präzygotisch prézygotique
Preclotting n. préformation de caillot f.
Predigerhand f. main de prédicateur f.
Prednazat n. prednazate m.
Prednazolin n. prednazoline f.
Prednicarbat n. prednicarbate m.
Prednimustin n. prednimustine f.
Prednisolamat n. prednisolamate m.
Prednisolon n. prednisolone f.
Prednison n. prednisone f.
Prednyliden n. prednylidène m.
Prefenamat n. préfénamate m.
Pregabalin n. prégabaline f.
Preglsche Lösung f. solution de Pregl f.
Pregnan n. prégnane m.
Pregnanolon n. prégnanolone m.
Pregnen n. prégnène m.
Pregnenolon n. prégnénolone f.
Preisträger m. lauréat m.
Preisträgerin f. lauréate f.
Prellung f. contusion f.
Prenistein n. prénistéine f.
Prenoverin n. prénovérine f.
Prenylamin n. prénylamine f.
Presbyakusis f. presbyacousie f.
presbyop presbyte
Presbyophrenie f. presbyophrénie f.
Presbyopie f. presbyopie f.
Presenilin n. préséniline f.
Pressatmung f. respiration forcée f.
Pressluft f. air comprimé m.
pressorezeptiv pressoréceptif
Pressorezeptor m. pressorécepteur m.
Pressorsubstanz f. substance hypertensive f.
Presswehe f. douleur expulsive f.
Pretiadil n. prétiadil m.
Preußisch Blau n. bleu de Prusse m.
PRF (prolaktinfreisetzender Faktor) m. PRF (facteur de libération de la prolactine) m.
Priapismus m. priapisme m.
Pribecain n. pribécaïne f.
Price-Jonessche Kurve f. courbe de Price-Jones f.
Pridefin n. pridéfine f.
Prießnitzwickel m. compresse humide d'après Priessnitz f.
Prifurolin n. prifuroline f.
Prilocain n. prilocaïne f.
Primaquin n. primaquine f.
primär primaire
Primäraffekt, syphilitischer m. chancre syphilitique m.
Primärdentin n. dentine primaire f.
primärer Alkohol m. alcool primaire m.

Primärkrone f. couronne primaire f.
Primärnaht f. suture primaire f.
Primärstrahl m. rayon primaire m.
Primat m. primate m.
Primidon n. primidone f.
Primipara f. primipare f.
Primitivsegment n. somite m.
Primitivstreifen m. ligne primitive f.
primordial primordial
Primverose f. primvérose f.
Pringlesche Krankheit f. maladie de Pringle f.
Prinzip n. principe m.
Prinzmetal-Angina f. syndrome angineux de Prinzmetal m.
Prion (proteinartige infektiöse Partikel) f. Prion (particule protéinique infectieuse) m.
prioritär, vorrangig prioritaire
Priorität f. priorité f.
Prisma n. prisme m.
prismatisch prismatique
Prismenoptometer n. prismooptomètre m.
PRIST (Papier-Radioimmunosorbens-test) m. test sur papier radioimmunosorbent m.
Pristinamycin n. pristinamycine f.
privat privé
Privatbehandlung f. traitement privé m.
Privatklinik f. clinique privée f.
Privatkrankenversicherung f. assurance maladie privée f.
Privatpatient(in) m./(f.) client(e) privé(e) m./(f.)
Proaktivator m. proactivateur m.
Proakzelerin n. proaccélérine f.
Proband, gesunder, freiwilliger m. volontaire sain m.
Probarbital n. probarbital m.
Probe (Test) f. épreuve f.
Probe (Untersuchungsmaterial) f. prélèvement-échantillon m.
Probe (Versuch) f. essai m.
Probeexzision f. excision exploratrice f.
Probeexzisionszange f. pince à biopsie f.
Probefrühstück n. déjeuner d'épreuve m.
Probelaparotomie f. laparotomie exploratrice f.
Probemahlzeit f. repas d'épreuve m.
Probenecid n. probénécide m.
Probenwechsler m. changeur d'échantillon m.
Probepunktion f. ponction exploratrice f.
Proberohling m. préforme test f. (dent.)
Probilifuszin n. probilifuscine f.
Probiotikum n. probiotique m.

probiotisch probiotique
problemorientiert orienté en fonction du problème
Problempatient(in) m./(f.) patient(e) posant des problèmes m./(f.)
Procain n. procaïne f.
Procainamid n. procäinamide m.
Procalcitonin n. procalcitonine f.
Procarbazin n. procarbazine f.
Processus coracoideus m. apophyse coracoïde f.
Processus mastoideus m. éminence mastoïdienne f.
Processus zygomaticus m. apophyse zygomatique f.
Prochlorperazin n. prochlorpérazine f.
Prochromosom n. prochromosome m.
Prochymosin n. prochymosine f.
Procinonid n. procinonide m.
Procodazol n. procodazole f.
Proconvertin n. proconvertine f.
Procyclidin n. procyclidine f.
Prodilitin n. prodilitine f.
Prodrom n. prodrome m.
prodromal prodromique
Prodromalstadium n. phase prodromale f.
Produkt n. produit m.
Produktion f. production f.
produktiv productif
Proenzym n. proenzyme f.
Proerythroblast m. proérythroblaste m.
Proesterase f. proestérase f.
Profenamin n. profénamine f.
Proferment n. proferment m.
professionell professionnel
Professor(in) m./(f.) professeur m./f.
Profibrin n. profibrine f.
Profibrinolysin n. profibrinolysine f.
Profil n. profil m.
profus profus
Progabid n. progabide m.
progam progame
Progastrin n. progastrine f.
Progenie f. progénie f.
progenital progénital
Progenitor m. progéniteur m.
Progerie f. progérie f.
Progestagen n. progestagène m.
progestativ progestatif
Progesteron n. progestérone f.
Proglukagon n. proglucagon m.
Proglumetacin n. proglumétacine f.
Proglumid n. proglumide m.
Prognathie f. prognathie f.
Prognose f. pronostic m.

Prognostiker(in) m./(f.) médecin donnant un pronostic m./f.
prognostisch pronostique
prognostizieren faire un pronostic
programmgesteuert sous contrôle programmé
programmierbar programmable
programmieren programmer
Programmierer m. programmateur m.
Programmiergerät n. programmateur m.
programmiert programmé
Programmierung f. programmation f.
Programmwähler m. sélectionneur de programme m.
progredient progressif
Progredienz f. progression f.
Progression f. progression f.
progressiv progressif
progressive Bulbärparalyse f. paralysie bulbaire progressive f.
progressive Muskelatrophie f. atrophie musculaire progressive f.
progressive Paralyse f. paralysie générale syphilitique f.
Proheptazin n. proheptazine f.
Prohormon n. prohormone f.
proinflammatorisch proinflammatoire
Proinsulin n. proinsuline f.
Prokain n. procaïne f.
Prokainamid n. procaïnamide m.
Prokainhydrochlorid n. hydrochlorure de procaïne m.
Prokarbazin n. procarbazine f.
Prokaryot m. procaryote m.
Prokoagulans n. procoagulant m.
Prokollagen n. procollagène m.
Prokonvertin n. proconvertine f.
Proktalgie f. proctalgie f.
Proktektomie f. proctectomie f.
Prokteuryse f. dilatation de l'intestin par voie rectale f.
Proktitis f. rectite f.
proktitisch proctitique
proktogen proctogène
Proktokolektomie f. proctocolectomie f.
Proktokolitis f. rectocolite f.
Proktologe m. proctologue m.
Proktologie f. proctologie f.
proktologisch proctologique
Proktopexie f. proctopexie f.
Proktosigmoidektomie f. proctosigmoïdectomie f.
Proktosigmoidoskopie f. proctosigmoïdoscopie f.

proktosigmoidoskopisch proctosigmoïdoscopique
Proktoskopie f. proctoscopie f.
proktoskopisch proctoscopique
Proktostomie f. proctostomie f.
Proktotomie f. proctotomie f.
Proktozystotomie f. proctocystotomie f.
Prokursivanfall m. épilepsie cursive f.
prolabieren prolaber
Prolaktin n. prolactine f.
Prolaktinom n. prolactinome m.
Prolaktoliberin n. prolactolibérine f.
Prolamin n. prolamine f.
Prolan n. prolan m.
Prolaps m. polapsus m.
Prolidase f. prolidase f.
Proliferation f. prolifération f.
Proliferator m. proliférateur m.
proliferativ prolifératif
proliferieren proliférer
Proligeston n. proligestone f.
Prolin n. proline f.
Prolinamid n. prolinamide m.
Prolinase f. prolinase f.
Prolinoxidase f. proline oxydase f.
Prolintan n. prolintane m.
Prolinurie f. prolinurie f.
prolongieren prolonger
Prolylhydroxylase f. prolylhydroxylase f.
Prolylhydroxyprolin n. prolylhydroxyproline f.
Prolymphozyt m. prolymphocyte m.
Promazin n. promazine f.
Promegakaryozyt m. promégacaryocyte m.
Promegaloblast n. promégaloblaste m.
Promegeston n. promégestone f.
Promesobilifuszin n. promésobilifuscine f.
Prometaphase f. prométaphase f.
Promethazin n. prométhazine f.
Promethium n. prométhium m.
prominent éminent
Prominenz f. éminence f.
Promiskuität f. promiscuité f.
Promolat n. promolate m.
Promonozyt m. promonocyte m.
Promontorium n. promontoire m.
Promotion f. doctorat m., promotion f.
Promotor m. promoteur m.
promovierte Person f. personne titulaire d'un doctorat f.
Promoxolan n. promoxolane m.
prompt prompt
Promyelozyt m. promyélocyte m.
promyelozytär promyélocytaire
Pronation f. pronation f.
pronieren mettre en pronation
Propädeutik f. propédeutique f.
propädeutisch propédeutique
Propafenon n. propafénone f.
Propagation f. propagation f.
Propamid n. propamide m.
Propamidin n. propamidine f.
Propan n. propane m.
Propandiol n. propanediol m.
Propanocain n. propanocaïne f.
Propanol n. propanol m.
Propanolamin n. propanolamine f.
Propanolol n. propanolol m.
Propanthelin n. propanthéline f.
Proparacain n. proparacaïne f.
Propatylnitrat n. propatylnitrate m.
Propazolamid n. propazolamide m.
Propenidazol n. propénidazole m.
Propentdyopent n. propentdyopent m.
Properdin n. properdine f.
Prophage m. prophage m.
Prophase f. prophase f.
Prophenamin n. prophénamine f.
prophylaktisch prophylactique
Prophylaxe f. prophylaxie f.
Propinetidin n. propinétidine f.
Propiolakton n. propiolactone f.
Propiomazin n. propiomazine f.
Propion n. propion m.
Propionat n. propionate m.
Propionazidämie f. acidémie propionique f.
Propionibakterium n. propionibactérium m.
Propionitril n. propionitrile m.
Propionyl n. propionyle m.
Propiophenon n. propiophénone f.
Propipocain n. propipocaïne f.
Propisergid n. propisergide m.
Propiverin n. propivérine f.
Propizepin n. propizépine f.
Propofol n. propofol m.
Proportion f. proportion f.
proportional proportionnel
Propoxat n. propoxate m.
Propoxycain n. propoxycaïne f.
Propoxyphen n. propoxyphène m.
Propranolol n. propranolol m.
Propriozeption f. proprioception f.
propriozeptiv proprioceptif
Propriozeptor m. propriocepteur m.
Propulsion f. propulsion f.
propulsiv propulsif
Propyl n. propyle m.
Propyl-Alkohol m. alcool propylique m.
Propylamin n. propylamine f.

Propylbutyldopamin n. propylbutyldopamine f.
Propylen n. propylène m.
Propylgallat n. propylgallate m.
Propylhexedrin n. propylhexédrine f.
Propyliden n. propylidène m.
Propyliodon n. propyliodone f.
Propylrot n. rouge propyl m.
Propylthiouracil n. propylthiouracile m.
Propyperon n. propypérone f.
Propyphenazon n. propyphénazone f.
Propyromazin n. propyromazine f.
Proquazon n. proquazone f.
Proquinolat n. proquinolate m.
Prorenin n. prorénine f.
Prorenoat n. prorénoate m.
Proscillaridin n. proscillaridine f.
Prosekretin n. prosécrétine f.
Prosektor m. prosecteur m.
Prosopagnosie f. prosopagnosie f.
Prosopalgie f. prosopalgie f.
Prosopoplegie f. prosopoplégie f.
prospektiv prospectif
Prostaglandin n. prostaglandine f.
Prostalen n. prostalène m.
Prostanoid n. prostanoïde m.
Prostata f. prostate f.
Prostataadenom n. adénome prostatique m.
Prostatahypertrophie f. hypertrophie prostatique f.
Prostatakarzinom n. cancer de la prostate m.
Prostataphosphatase f. phosphatase acide f.
prostataspezifische saure Phosphatase f. phosphatase acide prostatique f.
Prostatektomie f. prostatectomie f.
prostatikovesikal vésicoprostatique
prostatisch prostatique
Prostatitis f. prostatite f.
prostatitisch de prostatite
Prostatorrhö f. prostatorrhée f.
Prostatotomie f. prostatotomie f.
Prostatovesikulektomie f. prostatovésiculectomie f.
Prostazyklin n. prostacycline f.
prosthetisch prosthétique
Prostitution f. prostitution f.
Prosulprid n. prosulpride m.
Prosultiamin n. prosultiamine f.
Protaktinium n. protactinium m.
Protamin n. protamine f.
Protaminase f. protaminase f.
Protanopie f. protanopie f.
Protease f. protéase f.
Proteasom n. protéasome m.
Proteid n. protéide m.
Protein n. protéine f.
Protein, C-reaktives f. CRP (C-réactive protéine) f.
Proteinase f. protéinase f.
proteingebundenes Jod n. iode fixé aux protéines m.
Proteinkörpertherapie f. protéinothérapie f.
Proteinose f. protéinose f.
protektiv protecteur
Protektor m. protecteur m.
Proteoglykan n. protéoglycane m.
Proteohormon n. protéohormone f.
Proteolipid n. protéolipide m.
Proteolyse f. protéolyse f.
proteolytisch protéolytique
Proteom n. protéome m.
Proteose f. protéose f.
Proteotoxin n. protéotoxine f.
Proteus vulgaris m. Proteus vulgaris m.
Protheobromin n. prothéobromine f.
Prothese f. prothèse f.
Prothese, Behelfs- f. prothèse provisoire f.
Prothese, Dauer- f. prothèse définitive f.
Prothese, Deck- f. prothèse de couverture f.
Prothese, festsitzende f. prothèse fixée
Prothese, Freiend- f. prothèse free-end f.
Prothese, Guss- f. prothèse coulée f.
Prothese, herausnehmbare f. prothèse amovible f.
Prothese, Magnet- f. prothèse magnétique f.
Prothese, Oberkieferteil- f. prothèse partielle supérieure f.
Prothese, Oberkiefervoll- prothèse totale supérieure f.
Prothese, provisorische f. prothèse temporaire f.
Prothese, Teil- f. prothèse partielle f.
Prothese, Unterkieferteil- f. prothèse partielle inférieure f.
Prothese, Unterkiefervoll- f. prothèse totale inférieure f.
Prothese, Voll- f. prothèse totale f.
Prothesenanmessung f. prise de mesures f.
Prothesendruckstelle f. point de compression dû à la prothèse m.
Prothesenfuss m. base de prothèse f.
Prothesenhaftung f. adhèsion de la prothèse f.
Prothesenplatte f. plaque de prothèse f.
prothesenstützend renforçant la prothèse
Prothesenträger m. porteur de prothèse m.
Prothesenträgerin f. porteuse de prothèse f.
Prothetik f. prothèse f.
Prothetik, zahnärztliche f. prothèse dentaire f.

Prothetiker m. prothésiste m.
Prothetikerin f. prothésiste f.
prothetisch prothétique
Prothixen n. prothixène m.
Prothrombin n. prothrombine f.
Prothrombinase f. prothrombinase f.
Prothrombinmangel m. prothrombinopénie f.
Prothrombinopenie f. prothrombinopénie f.
Prothrombinzeit f. temps de prothrombine m.
Protiofat n. protiofate m.
Protionamid n. protionamide m.
Protirelin n. protiréline f.
Protoblast m. protoblaste m.
protodiastolisch protodiastolique
Protokoll n. protocole m.
Protokonus m. protocône m.
Proton n. proton m.
Protonpumpenhemmer m. inhibiteur de la pompe à protons m.
Protoplasma n. protoplasme m.
protoplasmatisch protoplasmatique
Protoplast m. protoplaste m.
Protoporphyrin n. protoporphyrine f.
Protoporphyrinogen n. protoporphyrinogène m.
protosystolisch protosystolique
Prototoxin n. prototoxine f.
Prototyp m. prototype m.
Protoveratrin n. protovératrine f.
Protozoon n. protozoaire m.
Protozoonose f. protozoose f.
protrahieren retarder
Protraktion f. protraction f.
Protriptylin n. protriptyline f.
Protrusion f. protrusion f.
Protuberanz f. protubérance f.
Provirus m. provirus m.
Provitamin n. provitamine f.
Provokation f. provocation f.
provozieren provoquer
Proxazöl n. proxazole m.
Proxetil n. proxétil m.
Proxibuten n. proxibutène m.
proximal proximal
proximalwärts en direction proximale
proximobukkal buccoproximal
proximolabial labioproximal
proximolingual linguoproximal
Proxymetacain n. proxymétacaïne f.
Proxyphyllin n. proxyphylline f.
Prozapin n. prozapine
Prozedur f. procédure f.
Prozent n. pourcentage m.
Prozentsatz m. taux pour cent m.
Prozess m. procès m.
Prozesspsychose f. psychose de plaideur f.
Prozone f. prozone f.
PRP-Eigenblutbehandlung (rheumatol.) f. injection de facteur PRP (rhumato.) f.
prüfen examiner
Prüfer m. examinateur m.
Prüferin f. personne pratiquant le contrôle f.
Prüfling m. candidat m.
Prüfung f. examen m., test m.
pruriginös prurigineux
Prurigo mitis/nodularis m. prurigo nodulaire m.
Pruritus m. prurit m.
Prussiat n. prussiate m.
PSA (prostataspezifisches Antigen) n. PSA (antigène prostatique spécifique, APS) m.
Psaltermagen m. psalterium m.
Psammokarzinom n. psammocarcinome m.
Psammom n. psammome m.
Psammosarkom n. psammosarcome m.
Psellismus m. psellisme m.
Pseudarthrose f. pseudarthrose f.
Pseudoagglutination f. pseudoagglutination f.
Pseudoagraphie f. pseudoagraphie f.
Pseudoaneurysma n. pseudoanévrysme m.
Pseudoangina f. fausse angine f.
pseudobinaural pseudobinaural
Pseudobradykardie f. pseudobradycardie f.
pseudobulbär pseudobulbaire
Pseudodemenz f. pseudodémence f.
Pseudodiphtherie f. pseudodiphtérie f.
Pseudodiphtheriebazillus m. bacille pseudodiphtérique m.
Pseudodiploidie f. pseudodiploïdie f.
Pseudoephedrin n. pseudoéphédrine f.
Pseudofraktur f. pseudofracture f.
Pseudogeusie f. pseudogueusie f.
Pseudogicht f. pseudogoutte f.
Pseudoglaukom n. pseudoglaucome m.
Pseudogliom n. pseudogliome m.
Pseudoglobulin n. pseudoglobuline f.
Pseudogonorrhö f. pseudogonorrhée f.
Pseudographie f. pseudographie f.
Pseudohalluzination f. pseudohallucination f.
Pseudohermaphroditismus m. pseudohermaphrodisme m.
Pseudohernie f. pseudohernie f.
Pseudohypertrophie f. pseudohypertrophie f.
pseudohypertrophisch pseudohypertrophique

Pseudohypoparathyreodismus m. pseudohypoparathyroïdie f.
Pseudohypoglykämie f. pseudohypoglicémie f.
Pseudohypoparathyreoidismus m. pseudohypoparathyroïdisme m.
Pseudohypokalzämie f. pseudohypocalcémie f.
Pseudoikterus m. faux ictère m.
pseudoisochromatisch pseudoisochromatique
Pseudokokain n. pseudococaïne f.
Pseudokrupp m. faux croup m.
Pseudoläsion f. pseudolésion f.
Pseudoleukämie f. pseudoleucémie f.
Pseudologie f. pseudologie f.
Pseudolymphom n. pseudolymphome m.
Pseudomasturbation f. pseudomasturbation f.
Pseudomembran f. fausse membrane f.
pseudomembranös pseudomembraneux
Pseudomonas m. pseudomonas m.
Pseudomonas aeruginosa m. Pseudomonas aeruginosa m.
Pseudomyxom n. pseudomyxome m.
Pseudoobstruktion f. pseudoobstruction f.
Pseudoparalyse f. pseudoparalysie f.
Pseudophakie f. pseudophakie f.
Pseudopodie f. pseudopode m.
pseudoprimär pseudoprimaire
Pseudoreaktion f. pseudoréaction f.
pseudoserös pseudoséreux
Pseudosklerose f. pseudosclérose f.
Pseudostruktur f. pseudostructure f.
Pseudotabes f. pseudotabes m.
Pseudotyp m. pseudotype m.
Pseudotuberkulose f. pseudotuberculose f.
pseudounipolar pseudounipolaire
Pseudouridinurie f. pseudouridinurie f.
Pseudowut f. pseudorage bovine f.
Pseudoxanthom n. pseudoxanthome m.
Pseudozyste f. pseudokyste m.
Psicain n. psicaïne f.
Psilocybin n. psilocybine f.
Psilose f. psilosis m.
Psoasabszess m. abcès du psoas m.
Psoralen n. psoralène m.
psoriasiform psoriasiforme
Psoriasis f. psoriasis m.
psoriatisch psoriasique
PSV (proximale selektive Vagotomie) f. vagotomie sélective proximale f.
Psychalgie f. psychalgie f.
psychalgisch psychalgique
Psychasthenie f. psychasthénie f.

psychasthenisch psychasthénique
Psychataxie f. psychataxie f.
Psyche f. psychisme m.
Psyche, Noo- f. noopsychisme m.
Psyche, Thymo- f. thymopsychisme m.
psychedelisch psychédélique
Psychiater m. psychiatre m.
Psychiaterin f. psychiatre f.
Psychiatrie f. psychiatrie f.
psychiatrisch psychiatrique
psychisch psychique
psychischer Befund m. psychisme m.
psychoaktiv psychoactif
Psychoakustik f. psychoacoustique f.
psychoakustisch psychoacoustique
Psychoanalyse f. psychanalyse f.
Psychoanalytiker m. psychanalyste m.
psychoanalytisch psychanalytique
Psychoandrologie f. psychoandrologie f.
Psychobiologie f. psychobiologie f.
Psychochemie f. psychochimie f.
Psychochirurg m. psychochirurgien m.
Psychochirurgie f. psychochirurgie f.
psychochirurgisch psychochirurgical
Psychochromästhesie f. audition colorée f.
psychodelisch psychédélique
Psychodiagnostik f. psychodiagnostic m.
psychodiagnostisch psychodiagnostique
Psychodrama n. psychodrame m.
Psychodynamik f. psychodynamique f.
psychodynamisch psychodynamique
psychogalvanisch psychogalvanique
psychogen psychogène
Psychogenie f. psychogénèse f.
Psychogynologie f. psychogynologie f.
Psychokinesie f. psychocinésie f.
psychokinetisch psychocinétique
Psycholinguistik f. psycholinguistique f.
Psychologe m. psychologue m.
Psychologie f. psychologie f.
Psychologin f. psychologue f.
psychologisch psychologique
Psycholyse f. psycholyse f.
Psychometrie f. psychométrie f.
psychometrisch psychométrique
psychomotorisch psychomoteur
Psychoneurose f. psychonévrose f.
psychoneurotisch psychonévrotique
Psychopath m. psychopathe m.
Psychopathie f. psychopathie f.
Psychopathin f. psychopathe f.
psychopathisch psychopathique
psychopathische Persönlichkeit f. personnalité psychopathique f.
Psychopathie f. psychopathie f.

psychopathologisch   psychopathologique
Psychopharmakologie f.   psychopharmacologie f.
psychopharmakologisch   psychopharmacologique
Psychopharmakon n.   médicament psychotrope m.
Psychophonie f.   psychophonie f.
psychophysisch   psychophysique
Psychoprophylaxe f.   psychoprophylaxie f.
Psychoreaktion f.   réaction psychique f.
psychoreaktiv   psychoréactif
Psychose f.   psychose f.
Psychose, manisch-depressive f.   psychose maniacodépressive f.
Psychose, schizophrene f.   psychose schizophrénique f.
psychoseimitierend   psychotomimétique
psychosensorisch   psychosensoriel
psychosexuell   psychosexuel
Psychosomatik f.   médecine psychosomatique f.
psychosozial   psychosocial
Psychosyndrom n.   syndrome psychique m.
Psychotherapeut(in) m./(f.)   psychothérapeute m./f.
psychotherapeutisch   psychothérapeutique
Psychotherapie f.   psychothérapie f.
Psychotisch   psychotique
psychotogen   psychotogénique
psychotomimetisch   psychotomimétique
Psychotoxikologie f.   psychotoxicologie f.
psychotisch   psychotique
Psychotraumatologie f.   psychotraumatologie f.
psychotrop   psychotrope
psychovegetativ   psychovégétatif
Psychrometer n.   psychromètre m.
Psychrotherapie f.   psychrothérapie f.
Ptarmus m.   crise d'éternuements f.
PTC (perkutane transhepatische Cholangiographie) f.   cholangiographie transhépatique percutanée f.
PTCA (perkutane transluminale coronare Angioplastik) f.   angioplastie coronaire transluminale percutanée f.
Pteridin n.   ptérine f.
Pterygium n.   ptérygion m.
pterygomandibulär   ptérygomandibulaire
pterygomaxillär   ptérygomaxillaire
pterygopalatin   ptérygopalatin
pterygotympanisch   ptérygotympanique
PTH (Parathormon) n.   parathormone f.
Ptilose f.   ptilosis m.
Ptomain n.   ptomaïne f.

Ptose f.   ptose f.
ptotisch   ptosé
PTT (partielle Thromboplastinzeit) f.   temps de prothrombine partiel m.
Ptyalin n.   ptyaline f.
Ptyalismus m.   ptyalisme m.
Ptyalolithiasis f.   lithiase salivaire f.
Ptyalozele f.   ptyalocèle f.
Pubarche f.   apparition de la pilosité pubienne f.
puberal   pubertaire
pubertal   pubertaire
pubertär   pubertaire
Pubertas praecox f.   puberté précoce f.
Pubertät f.   puberté f.
pubertierend   pubère
Pubiotomie f.   pubiotomie f.
pubisch   pubien
pubofemoral   fémoropubien
pubokokzygeal   coccygopubien
puboprostatisch   puboprostatique
puborektal   puborectal
pubotibial   pubotibial
pubovesikal   pubovésical
pudendal   vulvaire
Puder n.   poudre f.
pudern   poudrer
pueril   puéril
pueriles Atmen n.   respiration puérile f.
Puerpera f.   femme accouchée f.
puerperal   puerpéral
Puerperalfieber n.   fièvre puerpérale f.
Puerperalsepsis f.   septicémie puerpérale f.
Puerperium n.   puerpéralité f.
Puff (med.) m.   choc m.
Puffer m.   tampon m.
puffern   tamponner
Pufferung f.   action tampon f.
Pufferungsvermögen n.   valeur tampon f.
Pulex irritans m.   puce de l'homme f.
pulmoaortal   pulmoaortique
Pulmologe m.   pneumologue m.
Pulmologie f.   pneumologie f.
Pulmologin f.   pneumologue f.
pulmologisch   pneumologique
pulmonal   pulmonaire
Pulmonalarterienstenose f.   sténose artérielle pulmonaire f.
Pulmonalinsuffizienz f.   insuffisance pulmonaire f.
Pulmonalklappe f.   valvule sigmoïde de l'artère pulmonaire f.
Pulmonalstenose f.   rétrécissement pulmonaire m.

Pulmonalton m.   bruit de fermeture des valvules pulmonaires m.
pulmoplantarisch   pulmoplantaire
pulmorenal   pulmorénal
Pulpa f.   pulpe f.
pulpal   pulpaire
pulpuell   pulpaire
pulpär   pulpaire
Pulpektomie f.   pulpectomie f.
Pulpenhöhle f.   cavité pulpaire f.
Pulpenkammer f.   chambre pulpaire f.
Pulpenkanal m.   canal pulpaire m.
Pulpenprüfgerät n.   appareil d'exploration pulpaire m.
Pulpentod m.   perte de la vitalité pulpaire f.
Pulpitis f.   pulpite f.
Pulpom n.   pulpome m.
Pulpose f.   pulpose f.
Pulpotomie f.   pulpotomie f.
Puls m.   pouls m.
Puls, fadenförmiger m.   pouls filiforme m.
Puls, gespannter m.   pouls dur m.
Puls, Kapillar- m.   pouls capillaire m.
Puls, Karotis- m.   pouls carotidien m.
Puls, Nagel- m.   pouls sur l'ongle m.
Puls, Radialis- m.   pouls radial m.
Puls, Venen- m.   pouls veineux m.
Pulsatilla f.   pulsatille f.
Pulsation f.   pulsation f.
Pulsdefizit n.   pouls déficitaire m.
Pulsfrequenz f.   fréquence du pouls f.
pulsieren   battre
pulsierend   pulsatile
Pulsionsdivertikel n.   diverticule de pulsion m.
pulslos   sans pouls
Pulslosigkeit f.   absence de pouls f.
Pulsmessgerät n.   sphygmomètre m.
Pulsschlag m.   pulsation f.
Pulsus alternans m.   pouls alternant m.
Pulsus bigeminus m.   pouls bigéminé m.
Pulsus paradoxus m.   pouls paradoxal m.
Pulver n.   poudre f.
Pulverbläser m.   lance-poudre m.
pulverisieren   pulvériser
Pulverisierung f.   pulvérisation f.
Pulverschmauch m.   poudre brûlée f.
Pulvis Ipecacuanhae opiatus m.   poudre ipéca-opium f.
Pumpe f.   pompe f.
pumpen   pomper
Pumpfunktion f.   fonction pompe f.
Pumpoxygenator m.   oxygénateur pompe m.
punctum maximum m.   point maximum m.
Punkt m.   point m.
Punktat n.   liquide obtenu par ponction m.
Punktelektrode f.   électrode ponctuelle f.
punktförmig   en forme de point
punktieren   ponctionner
Punktion f.   ponction f.
Punktionsnadel f.   aiguille à ponction f.
punktuell   ponctuel
pupillär   pupillaire
Pupillatonie f.   atonie pupillaire f.
Pupille f.   pupille f.
Pupillenreflex m.   réflexe pupillaire m.
Pupillenstarre f.   aréflexie pupillaire f.
Pupillographie f.   pupillographie f.
pupillographisch   pupillographique
Pupillometer n.   pupillomètre m.
Purging n.   purging m.
Purin n.   purine f.
Purinase f.   purinase f.
Purkinje-Faser f.   fibre de Purkinje f.
Puromycin n.   puromycine f.
Purpura f.   purpura m.
Purpura, Henochsche f.   purpura de Henoch m.
Purpura, thrombopenische f.   purpura thrombopénique m.
Purpureaglykosid n.   glucoside de la digitale pourprée m.
purulent   purulent
Pustel f.   pustule f.
Pustelbildung f.   pustulation f.
Pustula maligna f.   pustule maligne f.
pustulös   pustuleux
Pustulose f.   pustulose f.
Putreszin n.   putrescine f.
Putzer m.   nettoyeur m.
PVC-Gerüst-Tablette f.   comprimé sur PVC m.
Pyämie f.   pyémie f.
pyämisch   pyémique
Pyarthrosis f.   pyarthrose f.
Pyelektasie f.   pyélectasie f.
Pyelitis f.   pyélite f.
pyelitisch   pyélitique
Pyelogramm n.   pyélogramme m.
Pyelographie f.   pyélographie f.
Pyelographie, intravenöse f.   pyélographie intraveineuse f.
Pyelographie, retrograde f.   pyélographie ascendante f.
pyelographisch   pyélographique
Pyelolithotomie f.   pyélolithotomie f.
Pyeloneostomie f.   pyélonéostomie f.
Pyelonephritis f.   pyélonéphrite f.
pyelonephritisch   pyélonéphritique
Pyeloskopie f.   pyéloscopie f.
Pyelostomie f.   pyélostomie f.

Pyelotomie f.   pyélotomie f.
pyelovenös   pyéloveineux
pyelovenöser Reflux m.   reflux pyéloveineux m.
Pygopagus m.   pygopage m.
pyknisch   pycnoïde
Pyknodysostose f.   pycnodysostose f.
Pyknolepsie f.   pycnolepsie f.
pyknoleptisch   pycnoleptique
pyknomorph   pycnomorphe
Pyknose f.   pycnose f.
pyknotisch   pycnotique
Pyknozyt m.   pycnocyte m.
Pylephlebitis f.   pyléphlébite f.
Pylorektomie f.   pylorectomie f.
pylorisch   pylorique
Pylorogastrektomie f.   pylorogastrectomie f.
Pyloromyotomie f.   pylorotomie f.
Pylorospasmus m.   pylorospasme m.
Pylorus m.   pylore m.
Pylorusinsuffizienz f.   insuffisance pylorique f.
Pylorusplastik   pyloroplastie f.
Pylorusstenose f.   sténose du pylore f.
Pyodermie f.   pyodermie f.
pyogen   pyogène
Pyometra f.   pyométrie f.
Pyometritis f.   pyométrite f.
Pyomyositis f.   pyomyosite f.
Pyonephrose f.   pyonéphrose f.
Pyopneumothorax m.   pyopneumothorax m.
Pyorrhö f.   pyorrhée f.
Pyosalpingitis f.   pyosalpingite f.
Pyosalpingo-Oophoritis f.   pyosalpingoovarite f.
Pyosalpinx m.   pyosalpinx m.
Pyospermie f.   pyospermie f.
Pyothorax m.   pyothorax m.
Pyozele f.   pyocèle f.
pyramidal   pyramidal
Pyramidenbahn f.   faisceau pyramidal m.
Pyramidenbahnzeichen n.   signe pyramidal m.
Pyramidenzelle f.   cellule pyramidale f.
Pyran n.   pyranne m.
Pyranose f.   pyrannose f.
Pyranosid n.   pyranoside m.
Pyrantel n.   pyrantel m.
Pyrazin n.   pyrazine f.
Pyrazionat n.   pyrazionate m.
Pyrazol n.   pyrazole m.
Pyrazolon n.   pyrazolone f.
Pyrethrum n.   pyrèthre m.

Pyribenzamin n.   pyribenzamine f.
Pyricarbat n.   pyricarbate m.
Pyridin n.   pyridine f.
Pyridinium n.   pyridinium m.
Pyridofyllin n.   pyridofylline f.
Pyridostigmin n.   pyridostigmine f.
Pyridoxal n.   pyridoxal m.
Pyridoxamin n.   pyridoxamine f.
Pyridoxin n.   pyridoxine f.
Pyrilamin n.   pyrilamine f.
Pyrimethamin n.   pyriméthamine f.
Pyrimidin n.   pyrimidine f.
Pyrimidopyrimidin n.   pyrimidopyrimidine f.
Pyrithiamin n.   pyrithiamine f.
Pyrithion n.   pyrithione f.
Pyrithioxin n.   pyrithioxine f.
Pyrithyldion n.   pyrithyldione f.
Pyrogallol n.   pyrogallol m.
pyrogen   pyrogène
Pyrogen n.   pyrogène m.
pyrogenfrei   sans pyrogènes
Pyroglobin n.   pyroglobine f.
Pyroglobulin n.   pyroglobuline f.
Pyroglutamylamid n.   pyroglutamylamide m.
Pyrolagnie f.   pyrolagnie f.
Pyrolyse f.   pyrolyse f.
Pyromanie f.   pyromanie f.
Pyron n.   pyrone f.
Pyronin n.   pyronine f.
pyroninophil   pyroninophile
Pyrophobie f.   pyrophobie f.
Pyrophosphat n.   pyrophosphate m.
Pyrophosphatase f.   pyrophosphatase f.
Pyrophosphokinase f.   pyrophosphokinase f.
Pyrophosphorylase f.   pyrophosphorylase
Pyropoikilozytose f.   pyropoïkilocytose f.
Pyrotoxin n.   pyrotoxine f.
Pyrovaleron n.   pyrovalérone f.
Pyroxamin n.   pyroxamine f.
Pyrrocain n.   pyrrocaïne f.
Pyrrol n.   pyrrole m.
Pyrrolase f.   pyrrolase f.
Pyrrolidin n.   pyrrolidine f.
Pyrrolidon n.   pyrrolidone f.
Pyrrolin n.   pyrroline f.
Pyrrolnitrin n.   pyrrolnitrine f.
Pyruvat n.   pyruvate m.
Pyruvatkinase f.   pyruvate kinase f.
Pyrvinium n.   pyrvinium m.
Pyurie f.   pyurie f.
pyurisch   pyurique

Q

Q-Fieber n. fièvre Q f.
QF (querfingerbreit) large d'un doigt
Quacksalber m. charlatan m.
Quacksalberei f. charlatanisme m.
Quacksalberin f. charlatane f.
quacksalbern faire le charlatan
Quaddel f. papule f.
Quadrant m. quadrant m.
Quadrantektomie f. exérèse en quadrant f.
Quadrantenanopsie f. quadranopsie f.
Quadrat n. carré m.
Quadrigeminie f. quadrigéminie f.
Quadratmeter m. mètre carré m.
Quadratwurzel f. racine carrée f.
Quadripara f. quadrupare f.
Quadriplegie f. quadriplégie f.
quälen tourmenter
Quälerei f. tourments m. pl.
Qualifikation f. qualification f.
qualifizieren qualifier
Qualität f. qualité f.
qualitativ qualitatif
Qualitätskontrolle f. contrôle de qualité f.
Qualitätssicherung f. garantie de la qualité f.
Quallengift n. venin cnidaire m.
Quant n. quantum m.
Quantentheorie f. théorie des quanta f.
quantifizieren quantifier
Quantifizierung f. quantification f.
Quantität f. quantité f.
quantitativ quantitatif
Quantum n. quantité f.
Quarantäne f. quarantaine f.
Quarantäne (Isolierung) f. isolement en quarantaine m.
Quarantäne, in – legen mettre en quarantaine
quartär quaternaire
Quarz m. quartz m.
Quatacain n. quatacaïne f.
quaternär quaternaire
Quazepam n. quazépam m.
Quazodin n. quazodine f.
Quebrachitol n. québrachitol m.
Quecksilber n. mercure m.
Quecksilberbehandlung f. traitement mercuriel m.
Quecksilberbichlorid n. bichlorure de mercure m.
Quecksilberchlorid n. chlorure mercureux m.
Quecksilberdampfquarzlampe f. lampe à quartz mercurielle f.
quecksilberhaltig (einwertig) mercureux
quecksilberhaltig (zweiwertig) mercurique
Quecksilberoxid n. oxyde de mercure m.
quellen gonfler
Quellkraft f. pouvoir d'imbibition m.
Quellstoff m. substance expansive f.
Querbügel (dent.) m. barre transversale f. (dent.)
Quercetin n. quercétine f.
Querdurchmesser m. diamètre transverse m.
querfingerbreit, zwei- large de deux doigts
Querfortsatz m. apophyse transverse f.
Querfraktur f. fracture transversale f.
Querkavitätenbohrer m. fraise pour cavités f.
Querlage (obstetr.) f. présentation transversale f.
Querlagerung f. mise en position transversale f.
Querschnitt m. section transversale f.
Querschnittslähmung f. paralysie par section médullaire f.
Querstand (obstetr.) m. position transversale f.
Querulant m. revendicateur m.
Querulantin f. revendicatrice f.
querulatorisch revendicatif
Querverlagerung f. déplacement transversal m.
querverlaufend transverse
Quervernetzung f. réseau croisé m.
Quetiapin n. quétiapine f.
quetschen écraser
Quetschfraktur f. fracture par contusion f.
Quetschhahn m. clamp à position ouverte ou fermée m.
Quetschklemme f. clamp compressif m.
Quetschpinzette f. pince compressive f.
Quetschpräparat n. préparation écrasée f.
Quetschung f. meurtrissure f.
Quetschwunde f. blessure par contusion f.
Quicktest m. temps de Quick m.
Quifenadin n. quifénadine f.
Quilifolin n. quilifoline f.
Quinaldin n. quinaldine f.
Quinagolid n. quinagolide m.
Quinapril n. quinapril m.
Quinbolon n. quinbolone f.
Quinckesche Krankheit f. maladie de Quincke f.

Quinckesches Ödem m. oedème de Quincke m.
Quinetalat n. quinétalate m.
Quinethazon n. quinéthazone f.
Quinfamid n. quinfamide m.
Quinisocain n. quinisocaïne f.
Quinocid n. quinocide m.
Quinolinol n. quinolinol m.
Quinprenalin n. quinprénaline f.
quinquivalent quinquavalent
Quinupramin n. quinupramine f.
Quinupristin n. quinupristine f.
Quipazin n. quipazine f.
Quirler (dent.) m. vibrateur m.
Quote f. taux m.
Quotient m. quotient m.

R

RA (rechtes Atrium) n. oreillette droite f.
RAAS (Renin-Angiotensin-Aldosteron-System) n. système-rénine-angiotensine-aldostérone m.
RA-Zelle f. ragocyte m.
rabenschnabelartig coracoïde
Rabeprazol n. rabéprazole m.
Rabies f. rage f.
Racefemin n. racéfémine f.
Racemase f. racémase f.
Racemat n. racémate m.
Racemetirosin n. racémétirosine f.
racemisch racémique
Racemoramid n. racémoramide m.
racemös racémeux
Racepinefrin n. racépinéfrine f.
Rachen m. gorge f.
Rachenmandel f. amygdale pharyngienne f.
Rachenring m. anneau de Waldeyer m.
Rachischisis f. rachischisis m.
Rachitis f. rachitisme m.
rachitisch rachitique
rachitisches Becken n. bassin rachitique m.
Rad n. roue f.
Rad (radiol.) n. rad m.
Radar m. radar m.
Radgelenk n. articulation en pivot f.
radial radial
Radialispuls m. pouls radial m.
radialwärts en direction radiale
Radiant m. radian m.
radikal radical
Radikal n. radical m.
Radikalität f. caractère radical m.
radikulär radiculaire
Radikulitis f. radiculite f.
Radikulographie f. radiculographie f.
Radikuloneuritis f. radiculonévrite f.
Radikulopathie f. radiculopathie f.
Radikulotomie f. radiculotomie f.
Radioaktinium n. radioactinium m.
radioaktiv radioactif
radioaktiv markieren faire un marquage radioactif
radioaktive Markierung f. marquage radioactif m.
radioaktive Substanz f. substance radioactive f.
Radioaktivität f. radioactivité f.
Radioallergosorbent-Test m. RAST (radioallergosorbent-test) m.
Radioanalyse f. radioanalyse f.

radioanalytisch radioanalytique
Radiobiologie f. radiobiologie f.
Radiochemie f. radiochimie f.
radiochemisch radiochimique
Radiochrom n. radiochrome m.
Radiochromat n. radiochromate m.
Radiochromatographie f. radiochromatographie f.
Radioeisen n. fer radioactif m.
radiogen radiogène
Radioglukose f. radioglucose m.
Radiogold n. or radioactif m.
Radiographie f. radiographie f.
radiographisch radiographique
radiohumeral radiohuméral
Radioimaging n. imagerie radiographique f.
Radioimmunoassay m. radioimmunoessai m.
Radioimmunologie f. radioimmunologie f.
Radioimmunosorbent-Test m. RIST (radioimmunosorbent-test) m.
Radioindikator m. radiomarqueur m., radiotraceur m.
Radioisotop n. radioisotope m.
Radiojod n. radioiode m.
Radiojod, mit – versehen radioioder
Radiokardiographie f. radiocardiographie f.
radiokardiographisch radiocardiographique
radiokarpal radiocarpien
Radiokobalt m. radiocobalt m.
Radiokolloid n. radiocolloïde m.
Radioligand m. radioligand m.
Radiologe m., Radiologin f. radiologue m./f.
Radiologie f. radiologie f.
radiologisch radiologique
Radiolyse f. radiolyse f.
Radiometer n. radiomètre m.
Radionekrose f. radionécrose f.
Radionuklid n. radionuclide m.
Radioonkologie f. radio-oncologie f.
Radiopharmakologie f. radiopharmacologie f.
Radiopharmakon n. produit radiopharmaceutique m.
Radiophosphor m. radiophosphore m.
Radiophotographie f. radiophotographie f.
radiophysikalisch radiophysique
Radioportographie f. radioportographie f.
Radiorezeptorassay m. radiorécepteuressai m.
Radiostrontium n. radiostrontium m.
Radiothallium n. radiothallium m.

Radiothorium n. radiothorium m.
Radiotracer m. radiotraceur m.
radioulnar radiocubital
Radium n. radium m.
Radium-Ei n. radium ovoïde m.
Radiumbestrahlung f. irradiation au radium f.
Radiumemanation f. émanation du radium f.
Radiummenolyse f. radiumménolyse f.
Radiumnadel f. aiguille de radium f.
Radiumspickung f. implantation de radium f.
Radiumträger m. applicateur de radium m.
Radiusperiostreflex m. réflexe radial m.
Radix Althaeae f. racine de guimauve f.
Radon n. radon m.
raffinieren raffiner
Raffinose f. raffinose m.
Rafoxanid n. rafoxanide m.
Rahm m. crème f.
Rahmen m. cadre m.
Raillietina f. Raillietina f.
Raloxifen n. raloxifène m.
Raltitrexed n. raltitrexed m.
Raman-Effekt m. Raman effet m.
Ramifikation f. ramification f.
Ramikotomie f. ramicotomie f.
Ramipril n. ramipril m.
Ramnodigin n. ramnodigine f.
Ramstedt-Webersche Operation f. opération de Ramstedt-Weber f.
Rand m. bord m.
Randabschluss m. liséré marginal m. (dent.)
Randatelektase f. atélectasie marginale f.
randomisieren randomiser
Randpsychose f. psychose marginale f.
Randunschärfe f. flou périphérique m.
Randwulstbildung f. bourrelet marginal m.
Randzone f. zone marginale f.
Ranelat n. ranélate m.
Ranibizum n. ranibizum m.
Ranitidin n. ranitidine f.
Rankenangiom n. angiome cirsoïde m.
Rankenaneurysma n. anévrisme racémeux m.
Ranula f. ranule f.
Ranviersche Einschnürung f. étranglement de Ranvier m.
Ranviersche Membran f. membrane de Ranvier f.
ranzig rance
Rapamycin n. rapamycine f.
Raphe f. raphé m.
Rapport m. rapport m.
Raptus m. raptus m.
Rarefizierung f. raréfaction f.
Rasburicase f. rasburicase f.
rasen faire rage
Raserei f. frénésie f.
rasieren raser
Rasiermesser m. lame rasoir f.
Raspatorium n. rugine f.
Raspel f. râpe f.
Rasse f. race f.
Rasselgeräusch n. râle m.
Rasselgeräusch, feuchtes n. râle humide m.
Rasselgeräusch, trockenes n. râle sec m.
rasseln râler
rassisch racial
RAST (Radioallergosorbent-Test) m. test de radioallergoadsorption m.
Raster (roentg.) m. grille f.
Rasterblende f. grille antidiffusante f.
Rasterelektronenmikroskop n. microscope électronique à scintigraphie f.
Rastlosigkeit f. agitation f.
Rat m. conseil m.
Rate f. proportion f.
raten (einen Rat geben) conseiller
Rathkesche Tasche f. poche de Rathke f.
Rathyronin n. rathyronine f.
Ratimeter n. proportiomètre m.
Ration f. ration f.
rational rationnel
Rationalisierung f. rationalisation f.
rationell rationnel
Ratte f. rat m.
Rattenbisskrankheit f. sodoku m.
Rattengift n. raticide m.
Raubmord m. vol et assassinat
Rauch m. fumée f.
rauchen fumer
Raucher m. fumeur m.
Raucherin f. fumeuse f.
Raucherbein n. jambe de fumeur f.
Raucherkrebs m. cancer du fumeur m.
räuchern faire des fumigations
Rauchfuß-Groccosches Dreieck n. triangle de Grocco m.
Rauchinhalation f. inhalation de fumée f.
Räude f. gale f.
räudig galeux
Räumahle f. alésoir m.
Raumdesinfektion f. désinfection du local f.
Raumfahrerkrankheit f. cinétose des astronautes f.
Raumfahrtmedizin f. médecine spatiale f.
raumfordernd exigeant de l'espace
Raumgitter n. grille de cristal f.

räumlich spatial
Raumluft f. air ambiant m.
Raumsinn m. perception spatiale f.
Raumtemperatur f. température ambiante f.
Rausch m. énivrement m.
Rauschbrand m. charbon symptomatique m.
Rauschgift n. stupéfiant m.
Rauschmittel n. stupéfiant m.
Räuspern n. raclement de gorge m.
räuspern, sich se racler la gorge
Raute f. losange m.
Rautenhirn n. rhombencéphale m.
Rauwolfia f. rauwolfia f.
Raymond-Syndrom n. syndrome de Raymond m.
Raynaudsche Gangrän n. maladie nécrosante de Raynaud f.
RA-Zelle f. ragocyte m.
Razemase f. racémase f.
Razemat n. racémate m.
razemisch racémique
razemös racémeux
Razoxan n. razoxane f.
RBP (retinolbindendes Protein) n. RBP (retinol binding protein) f.
Readsche Formel f. formule du métabolisme de base de Read f.
Reafferenz f. réafférence f.
Reagens n. réactif m.
Reagenzglas n. éprouvette f.
Reagenzpapier n. papier test m.
reagieren réagir
reagierend, langsam à réaction lente
reagierend, schnell à réaction rapide
Reagin n. réagine f.
Reaktanz f. réactance f.
Reaktion f. réaction f.
Reaktionsfähigkeit f. réactivité f.
Reaktionsunfähigkeit f. aréactivité f.
Reaktionsvermögen n. réactivité f.
reaktiv réactif
reaktive Depression f. dépression réactionnelle f.
reaktivieren réactiver
Reaktivierung f. réactivation f.
Reaktor m. réacteur m.
Realisator m. réalisateur m.
realisieren réaliser
Realität f. réalité f.
Reamputation f. réamputation f.
Reanimation f. réanimation f.
reanimieren réanimer
Reattachement m. réattachement m.
Reboxetin n. réboxétine f.
Rechenmaschine f. calculatrice f.

rechteckig rectangulaire
Rechts-Links-Shunt m. shunt droite gauche m.
Rechtsmedizin f. médecine légale f.
rechtsdrehend dextrogyre
Rechtsdrehung f. dextrorotation f.
rechtshändig droitier
Rechtsherzinsuffizienz f. insuffisance cardiaque droite f.
Rechtsherzinsuffizienz, dekompensierte f. insuffisance cardiaque droite décompensée f.
Rechtsschenkelblock m. bloc de branche droit m.
Rechtsstreit m. litige m.
Rechtstyp m. type droit m.
rechtsventrikulär ventriculaire droit
Rechtsverspätung (kardiol.) f. retard de la conduction ventriculaire droite m.
Rechtswissenschaft f. droit m.
Recklinghausensche Krankheit f. maladie de von Recklinghausen f.
Rekombinase f. recombinase f.
Recon n. recon m.
Recruitment n. recrutement m.
Redestillation f. redistillation f.
Redislokation f. redislocation f.
Redondrainage f. drainage aspirant de Redon m.
Redoxsystem n. système redox m.
Redressement n. redressement m.
redressieren redresser
Redseligkeit f. locacité f.
Reduktanz f. réductance f.
Reduktase f. réductase f.
Reduktion f. réduction f.
Reduktionsteilung f. division réductionnelle f.
Redundanz f. excès d'apport m.
Reduplikation f. reduplication f.
reduzieren réduire
Reexposition f. re-exposition f.
Reexpression re-expression f.
Referat n. rapport m.
Referenz f. référence f.
Refertilisierung f. refertilisation f.
Refixation f. refixation f.
reflektieren refléter
Reflektometer n. réflectomètre m.
Reflektometrie f. réflectométrie f.
reflektometrisch réflectométrique
Reflektor m. réflecteur m.
reflektorisch réflexe
reflektorische sympathische Dystrophie f. dystrophie sympathique réflexe f.

Reflektoskop n.   réflectoscope m.
Reflektoskopie f.   réflectoscopie f.
reflektoskopisch   réflectoscopique
Reflex m.   réflexe m.
Reflex, Achillessehnen- m.   réflexe achilléen m.
Reflex, Akkomodations- m.   réflexe pupillaire à l'accomodation m.
Reflex, Anal- m.   réflexe anal m.
Reflex, Axon- m.   réflexe d'axone m.
Reflex, Babinski- m.   réflexe de Babinski m.
Reflex, Bainbridge- m.   réflexe de Bainbridge m.
Reflex, Bauchdecken- m.   réflexe cutané abdominal m.
Reflex, Bechterewscher m.   réflexe de Bechterew-Mendel m.
Reflex, bedingter m.   réflexe conditionné m.
Reflex, Bizeps- m.   réflexe bicipital m.
Reflex, Blasen- m.   réflexe vésical m.
Reflex, Cremaster- m.   réflexe crémastérien m.
Reflex, Dehnungs- m.   réflexe de dilatation m.
Reflex, Eigen- m.   réflexe proprioceptif m.
Reflex, erworbener m.   réflexe acquis m.
Reflex, fehlender m.   réflexe absent m.
Reflex, Flucht- m.   réflexe de défense m.
Reflex, Fremd- m.   réflexe extéroceptif m.
Reflex, Fress- m.   réflexe alimentaire m.
Reflex, Gänsehaut- m.   réflexe pilomoteur m.
Reflex, gekreuzter m.   réflexe croisé m.
Reflex, Gordonscher m.   réflexe pyramidal de Gordon m.
Reflex, Greif m.   réflexe de saisie m.
Reflex, Haltungs- m.   réflexe de posture m.
Reflex, Haut- m.   réflexe cutané m.
Reflex, Hornhaut- m.   réflexe cornéen m.
Reflex, Karotissinus- m.   réflexe sinocarotidien m.
Reflex, Kehlkopf m.   réflexe laryngé m.
Reflex, Ketten- m.   chaîne réflexe f.
Reflex, Konjunktival- m.   réflexe conjonctival m.
Reflex, konsensueller Licht- m.   réflexe pupillaire consensuel m.
Reflex, koordinierter m.   réflexe coordonné m.
Reflex, Korneal- m.   réflexe cornéen m.
Reflex, Krampf- m.   réflexe convulsif m.
Reflex, Licht- m.   réflexe photomoteur m.
Reflex, Massen- m.   réflexe de masse m.
Reflex, Mayerscher Grund- m.   réflexe de Mayer de la phalange basale m.
Reflex, Mendel-Bechterewscher m.   réflexe de Mendel-Bechterew m.
Reflex, Muskel- m.   réflexe musculaire m.
Reflex, Muskeldehnungs- m.   réflexe d'extension musculaire m.
Reflex, Oppenheimscher m.   réflexe d'Oppenheim m.
Reflex, Patellarsehnen- m.   réflexe rotulien m.
Reflex, pathologischer   réflexe pathologique m.
Reflex, Periost- m.   réflexe périostal m.
Reflex, psychogalvanischer m.   réflexe psychogalvanique m.
Reflex, Pupillen- m.   réflexe pupillaire m.
Reflex, Radiusperiost- m.   réflexe radial m.
Reflex, renorenaler m.   réflexe rénorénal m.
Reflex, Rossolimo- m.   réflexe pyramidal de Rossolimo m.
Reflex, Saug- m.   réflexe de succion m.
Reflex, Schluck- m.   réflexe de déglutition m.
Reflex, Schreck- m.   réflexe de frayeur m.
Reflex, Sehnen- m.   réflexe tendineux m.
Reflex, Sexual- m.   réflexe sexuel m.
Reflex, Stell- m.   réflexe d'attitude m.
Reflex, Strümpellscher m.   phénomène pyramidal de Strümpell m.
Reflex, Summations- m.   réflexe de sommation m.
Reflex, Trizeps- m.   réflexe tricipital m.
Reflex, Umarmungs- m.   réflexe de Moro m.
Reflex, Vagus- m.   réflexe vagal m.
Reflex, verzögerter m.   réflexe retardé m.
Reflex, viszeraler m.   réflexe viscéral m.
Reflex, Wahrnehmungs- m.   réflexe de perception m.
Reflex, Würg- m.   réflexe pharyngien m.
Reflex, Ziliar- m.   réflexe ciliaire m.
Reflexbewegung f.   mouvement réflexe m.
Reflexbogen m.   arc réflexe m.
Reflexepilepsie f.   épilepsie réflexe f., épilepsie tardive f.
Reflexhammer m.   marteau à réflexes m.
Reflexion f.   réflexion f.
reflexlos   aréflexique
Reflexmuster n.   modalité réflexe f.
reflexogen   réflexogène
Reflextherapie f.   réflexothérapie f.
Reflexzentrum n.   centre réflexe m.
Reflexzone f.   zone réflexe f.
Reflux m.   reflux m.
Refluxösophagitis f.   œsophagite de reflux f.
refraktär   réfractaire
Refraktäreigenschaft f.   caractère réfractaire m.

Refraktion f. réfraction f.
refraktiv réfractif
Refraktometer n. réfractomètre m.
Refraktometrie f. réfractométrie f.
refraktometrisch réfractométrique
Refraktur f. refracture f.
Refsum-Syndrom n. maladie de Refsum f.
Regel (Menstruation) f. règles f. pl.
Regel f. règle f.
Regelbereich m. ordre de normalité m.
Regelbetrag m. valeur régulière f.
Regelkreis m. circuit contrôle m.
regelmäßig régulier
regelrecht conforme aux règles
Regelstörung (gyn.) f. troubles des règles m. pl.
Regelung f. règlement m.
Regelversorgung f. soins réguliers m. pl.
regelwidrig anormal
Regeneration f. régénération f.
regenerativ régénératif
regenerieren régénérer
Regierungsbehörde f. autorités gouvernementales f. pl.
Regierungsmaßnahmen f. pl. mesures gouvernementales f. pl.
Region f. région f.
regional régional
regionär régional
Register n. registre m.
registrieren enregistrer
Registrierpapier n. papier enregistreur m.
Regler m. régulateur m.
Regression f. régression f.
regressiv régressif
regulär régulier
Regulation f. régulation f.
Regulator m. régulateur m.
Regulatorgen n. gène régulateur m.
regulatorisch régulateur
Regulierdraht m. fil régulateur m.
regulieren régler
Regulierschraube f. vis de réglage f.
Regulierung f. réglage m.
regungslos inerte
Regurgitation f. régurgitation f.
Rehabilitation f. réhabilitation f.
rehabilitieren réhabiliter
Rehe f. inflammation laminaire f. (vétér.)
Rehydratation f. réhydratation f.
Reibahle f. équarrissoir m.
reiben frotter
Reibegeräusch n. bruit de frottement m.
Reibgeschiebe n. attachement-friction m. (dent.)

Reibung f. friction f.
Reibungswiderstand m. résistance de frottement f.
Reichert-Syndrom n. syndrome de Reichert m.
Reichmannsche Krankheit f. maladie de Reichmann f.
Reichweite f. rayon d'action m.
reif mûr
Reife f. maturité f.
Reifung f. maturation f.
Reifungshemmung f. inhibition de la maturation f.
Reifungsstillstand m. arrêt de maturation m.
Reifungsteilung f. méiose f.
reihenmäßig sériel
Reihenuntersuchung f. examen en série m.
Reilsche Insel f. insula de Reil f.
Reimplantation f. réimplantation f.
rein pur
Reinduktion f. réinduction f.
Reinfarkt m. réinfarctus m.
Reinfektion f. réinfection f.
Reinfusion f. réinfusion f.
Reinglykosid n. glucoside pur m.
Reinheit f. pureté f.
Reinheitsgrad m. degré de pureté m.
Reiniger m. nettoyant m.
Reinigung f. nettoyage m.
Reinigung der Toiletten f. nettoyage des WC m.
Reinigung, häufige f. nettoyage fréquent m.
Reinigungseinlauf m. lavement de nettoyage m.
Reinigungsmittel n. produit de nettoyage m.
Reinkultur f. culture pure f.
Reinnervation f. réinnervation f.
Reintegration f. réintégration f.
Reintonaudiometrie f. audiométrie tonale f.
Reintubation f. réintubation f.
Reis m. riz m.
Reisebescheinigung f. attestation de déplacement f.
Reisediarrhö f. diarrhée des voyageurs f.
Reisekrankheit f. mal des transports m.
Reisemedizin f. médecine des transports f.
Reisfeldfieber n. fièvre des rizières f.
Reiskleie f. son de riz m.
Reiskörper m. grain riziforme m.
Reisschleim m. soupe de farine de riz f.
reißen déchirer
Reißnersche Membran f. membrane de Reissner f.
Reiswasserstuhl m. selles riziformes f. pl.

Reiterknochen m. ossification musculaire des cavaliers f.
Reitersche Krankheit f. syndrome de Reiter m.
Reiterverankerung f. ancrage cavalier m. (dent.)
Reithosenanästhesie f. anesthésie en selle f.
Reittherapie f. hippothérapie f.
Reiz m. stimulus m.
reizbar irritable
Reizbarkeit f. excitabilité f.
Reizblase f. cystodynie f.
Reizdarm m. intestin irritable m.
reizen irriter
Reizerscheinung f. symptome irritatif m.
Reizgelenk n. articulation irritée f.
Reizhusten m. toux irritative f.
Reizleitungssystem n. système de conduction m.
reizlos non-irritant
reizmildernd adoucissant
Reizmittel n. stimulant m.
Reizschwelle f. seuil d'excitabilité m.
Reizstrom m. courant de stimulation m.
Reiztherapie f. stimulation thérapeutique f.
Reizung f. irritation f.
rekalzifizieren recalcifier
Rekalzifizierung f. recalcification f.
Rekanalisation f. recanalisation f.
rekanalisieren recanaliser
Reklination f. réclinaison f.
rekombinant recombinant
Rekombinant m. recombinant m.
Rekombinanten-DNS f. ADN recombinant m.
Rekombination f. recombinaison f.
Rekompensation f. recompensation f.
Rekompression f. recompression f.
Rekonstruktion f. reconstruction f.
rekonstruktiv reconstructeur
Rekonvaleszent m. convalescent m.
Rekonvaleszentin f. convalescente f.
Rekonvaleszenz f. convalescence f.
Rekord m. record m.
Rekordspritze f. seringue de Pravaz f.
Rekristallisation f. recristallisation f.
rekristallisieren recristalliser
Rekrudeszenz f. recrudescence f.
rektal rectal
rektifizieren rectifier
Rektifizierung f. rectification f.
rektoabdominal rectoabdominal
Rektoromanoskop n. proctosigmoïdoscope m.

Rektoromanoskopie f. proctosigmoïdoscopie f.
Rektosigmoid n. rectosigmoïde m.
Rektoskop n. rectoscope m.
Rektoskopie f. rectoscopie f.
rektoskopisch rectoscopique
Rektostomie f. rectostomie f.
rektoureteral rectourétéral
Rektoureteralfistel f. fistule recto-urétérale f.
rektouterin rectoutérin
rektovaginal rectovaginal
rektovesikal rectovésical
Rektozele f. rectocèle f.
Rektum n. rectum m.
Rektumstriktur f. rétrécissement rectal m.
Rektusdiastase f. diastasis des muscles grands droits de l'abdomen m.
Rektusschnitt m. incision du grand droit de l'abdomen f.
Rekurarisierung f. recurarisation f.
Rekurrensparese f. paralysie récurrentielle f.
rekurrierend récurrent
Rekurvation f. recourbure f.
Relaparotomie f. rélaparotomie f.
Relaps m. rechute f.
Relaxans n. relaxant m.
relaxieren relaxer
Relaxin n. relaxine f.
Relief n. amélioration f., relief m.
Relikt n. vestige m.
rem n. rem m.
Remak-Zeichen n. signe de Remak m.
Remineralisation f. reminéralisation f.
Remission f. rémission f.
remittierend rémittent
renal rénal
Renin n. rénine f.
Reninom n. réninome m.
Rennin n. lab m.
Rennmaus f. gerbille f.
renofazial rénofacial
Renographie f. rénographie f.
renorenal rénorénal
Renoskopie f. néphroscopie f.
renotrop néphrotrope
renovaskulär rénovasculaire
Rentenneurose f. névrose de revendication f.
Renytolin n. rénytoline f.
Reokklusion f. réocclusion f.
Reorganisation f. réorganisation f.
Reoperation f. réopération f.
Reoxidation f. réoxydation f.
reoxidieren réoxyder
Repaglinid n. répaglinide m.
Reparatur f. réparation f.

Reparaturenzym n. enzyme réparante f.
reparieren réparer
Reperfusion f. reperfusion f.
Reperkolation f. repercolation f.
Replantation f. réimplantation f.
replantieren réimplanter
Replikase f. replicase f.
Replikation f. replication f.
Replikon n. replicon m.
repolarisieren repolariser
Repolarisierung f. repolarisation f.
reponieren réduire
Reportergen n. gène rapporteur m.
Reposition f. réduction f.
Repression f. répression f.
Repressor m. répresseur m.
Reproduktion f. reproduction f.
Reproduktionsmedizin f. médecine de la procréation f.
reproduktiv reproductif
reproduzibel reproductible
reproduzierbar reproductible
Reproduzierbarkeit f. reproductibilité f.
Reptil n. reptile m.
Repulsion f. répulsion f.
RES (retikuloendotheliales System) n. système réticulo-endothélial m.
Rescinnamin n. rescinnamine f.
Resektion f. résection f.
Resektoskop n. résectoscope m.
Reserpin n. réserpine f.
Reserve f. réserve f.
Reserveluft f. air de réserve m.
Reservevolumen n. volume de réserve m.
reserviert réservé
Reservoir n. réservoir m.
resezierbar résection possible
Resezierbarkeit f. possibilité de résection f.
resezieren pratiquer la résection
residual résiduel
Residualkapazität f. capacité résiduelle f.
Residualluft f. air résiduel m.
Residualvolumen n. volume résiduel m.
Residualwahn m. psychose résiduelle f.
resilient résilient
Resilienz f. résilience f.
Resinat n. savon de résine m.
Resistance f. résistance f.
resistent résistant
Resistenz f. résistance f.
Resistenz, gekreuzte f. résistance croisée f.
Resistenzbestimmung f. détermination de la résistance f.
Resistin n. résistine f.
Resonanz f. résonance f.

Resonanz, kernmagnetische f. résonance magnétique nucléaire (RMN) f.
Resorantel n. résorantel m.
resorbierbar résorbable
resorbieren résorber
Resorption f. résorption f.
resorptionsfähig capable de résorption
Resorptionsfähigkeit f. capacité de résorption f.
Resorptionsstörung, intestinale f. malabsorption intestinale f.
Resorzin n. résorcine f.
respektieren respecter
Respiration f. respiration f.
Respirationstrakt m. appareil respiratoire m.
Respirator m. respirateur m.
respiratorisch respiratoire
respirieren respirer
Respirophonogramm n. respirophonogramme m.
Respirophonographie f. respirophonographie f.
respirophonographisch respirophonographique
Rest m. reste m.
Restblutmenge (kardiol.) f. volume télésystolique m.
Restchlor n. chlore résiduel m.
Restenose f. resténose f.
Restgebiss n. dentition restante f.
Restharn m. urine résiduelle f.
Restitution f. restitution f.
Restkreislauf m. circulation résiduelle f.
Restless-legs-Syndrom n. syndrome d'hyperkinésie des membres inférieurs (restless legs) m.
restlich restant
Restriktionsendonuklease f. endodésoxyribonucléase de restriction f.
restriktiv restrictif
Reststickstoff m. azote restant m.
Resynchronisierung f. resynchronisation f.
resynchronisieren resynchroniser
Retard-Arzneimittel n. médicament retard m.
Retardation f. retardement m.
retardiert retardé
Retention f. rétention f.
Retentionsfestigkeit f. capacité de rétention f.
Retentionszyste f. kyste de rétention m.
Rethrombosierung f. rethrombose f.
retikulär réticulaire
Retikuloendothel n. réticuloendothélium m.
retikuloendothelial réticuloendothélial

retikuloendotheliales System n. système réticuloendothélial m.
Retikuloendotheliom n. réticuloendothéliome m.
Retikuloendotheliose f. réticuloendothéliose f.
Retikulogranulomatose f. réticulogranulomatose f.
retikulohistiozytär réticulohistiocytaire
Retikulohistiozytose f. réticulohistiocytose f.
Retikulum n. réticulum m.
Retikulosarkom n. réticulosarcome m.
Retikulose f. réticulose f.
Retikulozyt m. réticulocyte m.
Retikulozytenkrise f. crise réticulocytaire f.
Retikulozytose f. réticulocytose f.
Retikulumzelle f. cellule du tissu réticulé f.
Retina f. rétine f.
retinal rétinien
Retinal n. rétinal m.
Retinalarterie f. artère rétinienne f.
Retinitis f. rétinite f.
Retinoblastom n. rétinoblastome m.
Retinodialyse f. rétinodialyse f.
Retinographie f. rétinographie f.
Retinoid n. rétinoïde m.
Retinol n. rétinol m.
Retinopathie f. rétinopathie f.
Retinoskop n. rétinoscope m.
Retinoskopie f. rétinoscopie f.
retinoskopisch rétinoscopique
Retorte f. cornue f.
Retothelsarkom n. réticulosarcome m.
Retraining n. ré-entrainement m.
retraktil rétractile
Retraktion f. rétraction f.
Retraktor m. rétracteur m.
retroaurikulär rétroauriculaire
retrobulbär rétrobulbaire
retrokolisch rétrocolique
Retroejakulation f. rétroéjaculation f.
retroflektiert rétrofléchi
Retroflexion f. rétroflexion f.
Retrognathie f. rétrognathie f.
retrograd rétrograde
retrokardial rétrocardiaque
Retrokardialraum m. espace rétrocardiaque m.
retrokaval rétrocaval
retrokochleär rétrocochléaire
retrokolisch rétrocolique
retrokursiv rétrocursif
retrolabyrinthär rétrolabyrinthique
retrolental rétrolental
retromamillär rétromamillaire
retromammär rétromammaire
retromandibulär rétromandibulaire
retromaxillär rétromaxillaire
retromolar rétromolaire
retronasal rétronasal
retrookular rétro-occulaire
retroorbital rétroorbitaire
retropatellar rétropatellaire
retropelvin rétropelvien
Retroperfusion f. rétroperfusion f.
Retroperistaltik f. péristaltisme rétrograde m.
retroperitoneal rétropéritonéal
retropharyngeal rétropharyngien
retroplazentar rétroplacentare
Retropneumoperitoneum n. rétropneumopéritoine m.
retroponiert en rétroposition
Retroposition f. rétroposition f.
retropubisch rétropubien
Retropulsion f. rétropulsion f.
retropulsiv rétropulsif
retrospektiv rétrospectif
Retrospondylolisthese f. rétrospondylolisthésis m.
retrosternal rétrosternal
retrotonsillär rétrotonsillaire
retrotympanal rétrotympanique
retrouterin rétroutérin
retrovaginal rétrovaginal
Retrovakzine f. rétrovaccin m.
Retroversioflexion f. rétroversion-flexion f.
Retroversion f. rétroversion f.
retrovertiert rétroversé
retroviral rétroviral
retrozökal rétrocaecal
Retrusion f. rétrusion f.
Rettung f. secours m.
Rettungsmannschaft f. équipe de secours f.
Rettungsmaßnahmen f. pl. mesures de sauvetage f. pl.
Rettungssanitäter m. infirmier des urgences m.
Rettungsstation f. urgences f. pl.
Revaskularisation f. revascularisation f.
revaskularisieren revasculariser
Reverdinsche Transplantation f. greffe de Reverdin f.
revers inverse
reversibel réversible
Reversibilität f. réversibilité f.
Reversion f. réversion f.
Revertase f. révertase f.
Rezept n. ordonnance f.
Rezeptgebühr f. frais d'ordonnance m. pl.

rezeptieren   prescrire
Rezeptor m.   récepteur m.
Rezeptorassay m.   essai récepteur m.
Rezeptorenblocker m.   inhibiteur des récepteurs m.
rezeptpflichtig   à prescription obligatoire
Rezeptur f.   prescription sur ordonnance f.
Rezepturarznei f.   formule médicamenteuse sur ordonnance f.
Rezess m.   récessus m.
rezessiv   récessif
Rezessivität f.   récessivité f.
Rezidivblutung f.   saignement récidivant m.
Rezidiv n.   récidive f.
rezidivieren   récidiver
reziprok   réciproque
Rezirkulation f.   recirculation f.
rezirkulierend   recirculant
rezyklieren   recycler
Rezyklierung f.   recyclage m.
Rh-Faktor m.   facteur Rh m.
Rhabarber f.   rhubarbe f.
rhabdoid   rhabdoïde
Rhabdomyolyse f.   rhabdomyolyse f.
Rhabdomyosarkom n.   rhabdomyosarcome m.
Rhabdophobie f.   rhabdophobie f.
Rhabdosarkom n.   rhabdosarcome m.
Rhachischisis f.   rachischisis m.
Rhagade f.   rhagade f.
Rhagozyt m.   ragocyte m.
Rhamnose f.   rhamnose m.
Rhamnosid n.   rhamnoside m.
Rhenium n.   rhénium m.
Rheobase f.   rhéobase f.
Rheograph m.   rhéographe m.
Rheographie f.   rhéographie f.
rheographisch   rhéographique
Rheologie f.   rhéologie f.
rheologisch   rhéologique
Rheoskop n.   rhéoscope m.
Rheoskopie f.   rhéoscopie f.
Rheostat m.   rhéostat m.
Rheostose f.   rhéostose f.
Rheotaxis f.   rhéotropisme m.
Rhesasthenie f.   phonasthénie f.
Rhesusaffe m.   singe Rhésus m.
Rhesusfaktor m.   facteur Rhésus m.
Rhesusunverträglichkeit f.   incompatibilité Rhésus f.
Rheumafaktor (RF) m.   facteur rhumatoïde m.
Rheumaknötchen n.   nodule rhumatismal m.
rheumatisch   rhumatismal
Rheumatismus m.   rhumatisme m.

Rheumatismus, fieberhafter akuter m.   rhumatisme aigu fébrile m.
rheumatoid   rhumatoïde
rheumatoide Arthritis f.   arthrite rhumatoïde f.
Rheumatoid n.   pseudorhumatisme infectieux m.
Rheumatologe m.   rhumatologue m.
Rheumatologie f.   rhumatologie f.
Rheumatologin f.   rhumatologue f.
rheumatologisch   rhumatologique
Rhinenzephalie f.   rhinencéphalie f.
Rhinitis f.   rhinite f.
Rhinitis atrophicans f.   rhinite atrophique f.
Rhinitis membranacea f.   rhinite membraneuse f.
Rhinitis vasomotoria f.   rhinite vasomotrice f.
rhinobasal   rhinobasal
rhinogen   rhinogène
Rhinolalie f.   rhinolalie f.
Rhinolith m.   rhinolithe m.
Rhinologe m./Rhinologin f.   rhinologue m./f.
Rhinologie f.   rhinologie f.
Rhinologin f.   rhinologue f.
rhinologisch   rhinologique
Rhinomanometrie f.   rhinomanométrie f.
rhinomanometrisch   rhinomanométrique
Rhinomyiasis f.   rhinomyiase f.
Rhinomykose f.   rhinomycose f.
Rhinopathie f.   rhinopathie f.
rhinopharyngeal   rhinopharyngien
Rhinopharyngitis f.   rhinopharyngite f.
Rhinopharynx m.   rhinopharynx m.
Rhinophonie f.   rhinophonie f.
Rhinophym n.   rhinophyma m.
Rhinoplastik f.   rhinoplastie f.
Rhinopneurnonitis f.   infection rhinopulmonaire f.
Rhinorrhö f.   rhinorrhée f.
Rhinosinusitis f.   rhinosinusite f.
Rhinosklerom n.   rhinosclérome m.
Rhinosklerombazillus m.   bacille de Frisch m.
Rhinoskop m.   rhinoscope m.
Rhinoskopie f.   rhinoscopie f.
rhinoskopisch   rhinoscopique
Rhinosporidiose f.   rhinosporidiose f.
Rhizobium n.   rhizobium m.
Rhizom n.   rhizome m.
Rhizoma filicis   racine d'aspidium f.
rhizomel   rhizomélique
Rhizopoda n. pl.   rhizopodes m. pl.
Rhizotomie f.   rhizotomie f.

Rhodamin n. rhodamine f.
Rhodan n. rhiocyanate de sodium m.
Rhodanat n. rhodanate m.
Rhodanit n. rhodanite m.
Rhodium n. rhodium m.
Rhodopsin n. rhodopsine f.
rhomboid rhomboïde
Rhythmik f. rythmique f.
rhythmisch rythmique
Rhytmisierung f. rythmisation f.
rhythmogen rythmogène
Rhythmologie f. rythmologie f.
rhythmologisch rythmologique
Rhythmus m. rythme m.
RIA (Radioimmunoassay) m. radioimmunoessai m.
Ribaminol n. ribaminol m.
Ribaverin n. ribavérine f.
Ribit n. ribitol m.
Riboflavin n. riboflavine f.
Ribofuranose f. ribofuranose m.
Ribofuranosid n. ribofuranoside m.
Ribohexose f. ribohexose m.
Ribonuklease f. ribonucléase f.
Ribonukleoprotein n. ribonucléoprotéine f.
Ribonukleosid n. ribonucléoside m.
Ribonukleotid n. ribonucléotide m.
Riboprin n. riboprine f.
Ribose f. ribose m.
Ribosid n. riboside m.
Ribosom n. ribosome m.
ribosomal ribosomal
Ribotid n. ribotide m.
Riboxin n. riboxine f.
Ribulose f. ribulose m.
Richtlinie f. ligne directrice f.
Richtungshören n. audition directionnelle f.
Rickettsia Burneti f. Coxiella burnetii f.
Rickettsia Prowazeki f. Rickettsia prowazekii f.
Rickettsie f. rickettsie f.
Rickettsiose f. rickettsiose f.
Ridolyse f. ridolyse f.
Riechbahn f. voie olfactive f.
riechen sentir
Riechepithel n. neuroépithélium olfactif m.
Riechhirn n. rhinencéphale m.
Riechsalz n. sel volatil m.
Riechschwelle f. seuil olfactif m.
Riechstift m. baton olfactif m.
Riechstoff m. substance odorante f.
Riechzelle f. cellule olfactive f.
Riechzentrum n. centre olfactif m.
Riedel-Struma f. thyroïdite de Riedel f.
Riederzelle f. cellule de Rieder f.

Riegelgeschiebe n. attachement à glissière m.
Riese m. géant m.
Riesenchromosom n. chromosome géant m.
Riesenwuchs m. gigantisme m.
Riesenzelle f. cellule géante f.
Riesenzellensarkom n. sarcome à cellules géantes m.
Rifapentin n. rifapentine f.
Rifttalfieber n. fièvre de la vallée du Rift f.
rigid rigide
Rigidität f. rigidité f.
Rigor m. rigidité f.
Rillensonde f. sonde rainurée f.
Rilmafazon n. rilmafazone f.
Rimantadin n. rimantadine f.
Rimexolon n. rimexolone f.
Rinde (botan.) f. écorce f.
Rinde (med.) f. cortex m.
Rindenblindheit f. cécité corticale f.
Rindenstar m. cataracte corticale f.
Rindentaubheit f. surdité corticale f.
Rinderalbumin n. albumine bovine f.
Rinderbandwurm m. ténia bovin m.
Rinderwahn m. maladie de la vache folle f.
Rindergalle f. fiel de boeuf m.
Rinderpest f. peste bovine f.
Rinderserum n. sérum bovin m.
Ring m. anneau m.
Ringanker m. ancrage annulaire m. (dent.)
Ringchromosom n. chromosome en anneau m.
Ringdeckelkrone f. couronne de Morrison f.
Ringelröteln f. pl. érythème infectieux m.
Ringerlösung f. solution de Ringer f.
ringförmig annulaire
Ringklammer f. agrafe annulaire f.
Ringknorpel m. cartilage cricoïde m.
Ringpessar n. pessaire en anneau m.
Ringstripper m. extracteur annulaire m.
Ringtest m. test de l'anneau m.
Ringwallkarzinom n. carcinome annulaire m.
Rinne f. gouttière f.
rinnen couler
Rinnescher Versuch m. épreuve de Rinne f.
Rippe f. côte f.
Rippe, echte f. vraie côte f.
Rippe, falsche f. fausse côte f.
Rippenbogen m. arc costal m.
Rippenraspatorium n. costorugine f.
Rippenschere f. costotome m.
Risedronat n. risédronate m.
Risiko n. risque m.
Risiko, gutes n. chance f.
Risiko, schlechtes n. mauvaise probabilité f.

Risikofaktor m. facteur de risque m.
risikoarme Maßnahme f. mesure à faible risque f.
Risikogruppe f. population à risque f.
risikoreiche Maßnahme f. mesure à haut risque f.
Riss m. arrachement m.
rissig crevassé
Risswunde f. lacération f.
RIST (Radioimmunosorbent-Test) m. test de radioimmunoadsorption m.
Rist m. région dorsale du pied f.
Ritgenscher Handgriff m. manoeuvre obstétricale de Ritgen f.
Ritodrin n. ritodrine f.
Ritonavir n. ritonavir m.
Ritual n. rituel m.
ritual rituel
Rituximab n. rituximab m.
Ritze f. fissure f.
ritzen érafler
Ritzhärte f. dureté (fente) f.
Riva-Rocci-Blutdtuckmesser m. sphygmomanomètre de Riva-Rocci m.
Rivastigmin n. rivastigmine f.
Rizatriptan n. rizatriptane m.
Rivaltaprobe f. réaction de Rivalta f.
Rizin n. ricin m.
Rizinismus m. ricinisme m.
Rizinoleat n. ricinoléate m.
Rizinusöl n. huile de ricin f.
Rizolipase f. rizolipase f.
RLS (Restless-legs-Syndrom) n. restless legs syndrome (RLS) m., syndrome des jambes agitées m.
RNA-Impfstoff m. vaccin à ARN m.
RNS (Ribonukleinsäure) f. ARN (acide ribonucléique) m.
Robenidin n. robénidine f.
Roborans n. fortifiant m.
roborierend fortifiant
Rochellesalz n. sel de la Rochelle m.
röcheln râler
Rociverin n. rocivérine f.
Rocky-Mountain-Fieber n. fièvre des Montagnes Rocheuses f.
rodentizid antirongeurs
Rodentizid n. produit contre les rongeurs m.
Rofluran n. roflurane m.
Rogelenk n. Roarticulation f.
Rohform f. ébauche f.
Rohkost f. régime cru m.
Rohmaterial n. matière première f.
Rohr n. tube m.
Röhrchen n. tubule m.

Röhre f. tube m.
Röhrensehen n. vision tubulaire f.
Röhrenspannung f. tension de tube f.
Röhrenstrom m. courant de tube m.
Roemheld-Syndrom n. syndrome de Roemheld m.
Rohrzucker m. sucre de canne m.
Roletamid n. rolétamide m.
Rolicyprin n. rolicyprine f.
Rolitetracyclin n. rolitétracycline f.
Rolle (anatom.) f. trochlée f.
Rollentherapie f. thérapeutique de rôle f.
Rollercoaster-Syndrom n. syndrome de roulis m.
Rollhautlappen m. lambeau cylindrique m.
Rollkur f. cure en décubitus alterné f.
Rollstuhl f. fauteuil roulant m.
Romberg-Zeichen n. signe de Romberg m.
Ropirinol n. ropirinol m.
Röntgenabteilung f. service de radiologie m.
Röntgenanlage f. équipement radiologique m.
Röntgenapparat m. appareil de radiologie m.
Röntgenarchiv n. archives radiologiques f. pl.
Röntgenassistent, medizinisch-technischer m. technicien assistant de radiologie m.
Röntgenassistentin, medizinisch-technische f. technicienne assistante de radiologie f.
Röntgenaufnahme f. cliché m., cliché radiologique m., radiogramme m.
Röntgenaufnahme, eine – anfertigen faire une radiographie
Röntgenbefund m. observations (radiographie) f. pl.
Röntgenbehandlung f. radiothérapie f.
Röntgenbericht m. compterendu de radiographie m.
röntgenbestrahlen irradier
Röntgenbestrahlung f. irradiation X f.
Röntgenbild n. radiographie f.
Röntgenbrille f. lunettes rayons X f. pl.
Röntgendermatitis f. radiodermite f.
Röntgendiagnose f. radiodiagnostic m.
Röntgendiagnostik f. radiodiagnostique f.
röntgendiagnostisch radiodiagnostique
Röntgendurchleuchtung f. radioscopie f.
Röntgeneinrichtung f. équipement radiologique m.
Röntgenfilm m. film radiologique m.
Röntgenfilm-Entwicklungsmaschine f. développeuse de films radiologiques f.
Röntgenfilmbetrachter m. visionneuse (films radiologiques) f.
Röntgenfilmlager n. rangement des films radiologiques m.

Röntgeninstitut n. institut de radiologie m.
Röntgenkater m. mal des rayons m.
Röntgenkontrastmittel n. produit de contraste m.
Röntgenkontrolle f. contrôle radiologique m.
Röntgenographie f. radiographie f.
Röntgenologe m. radiologue m.
Röntgenologie f. roentgenologie f.
Röntgenologin f. radiologue f.
röntgenologisch radiologique
Röntgenpapier n. papier radiographie m.
Röntgenphotographie f. radiographie f.
Röntgenreihenuntersuchung f. examen radiologique systématique m.
Röntgenröhre f. tube Roentgen m.
Röntgenschirm m. écran fluorescent m.
Röntgenstrahlen m. pl. rayons X m. pl.
Röntgenstrahlenschutz m. protection contre les rayons X f.
Röntgentherapie f. roentgenthérapie f.
Röntgentherapie, Hochvolt- f. rcentgen thérapie à haute tension f.
Röntgentherapie, Niedervolt- f. roentgenthérapie à faible tension f.
Röntgentiefenbestrahlung f. radiothérapie profonde f.
Röntgenüberwachung f. surveillance radiologique f.
Röntgenuntersuchung f. examen radiologique m.
Rorschachtest m. test de Rorschach m.
Rosanilin n. rosaniline f.
Rosazea f. acné rosacée f.
Rose f. érysipèle m.
Rosenbohrer m. fraise à rosette f. (dent.)
Rosenhonig m. miel de rose m.
Rosenkranz rachitischer m. chapelet rachitique m.
Rosenmüllersche Drüse f. ganglion de Cloquet m.
Roseole f. roséole f.
Rosette f. rosace f., rosette (histol.) f.
Rosiglitazon n. rosiglitazone f.
Rosskastanie f. marron d'Inde m.
Rossolimo-Reflex m. signe de Rossolimo m.
Rost m. rouille f.
rostbraun brun rouille
rösten griller
rostral rostral
Rostschutzmittel n. anti-rouille m.
Rotation f. rotation f.
Rotationsangioplastie f. angioplastie rotative f.
Rotationsarteriektomie f. artériectomie rotative f.
Rotationsbestrahlung f. irradiation rotative f.
Rotationshautlappen m. lambeau de rotation m.
rotatorisch rotatoire
Rotblindheit f. anérythropsie f.
Röte f. rougeur f.
Röteln f. pl. rubéole f.
röten rougir
Rötung f. rougeur f.
Rofecoxib n. rofécoxib m.
Rotenon n. roténone f.
Rotes Kreuz n. Croix Rouge f.
Rotgrünblindheit f. daltonisme rouge vert m.
rothaarig roux
Rothmund-Thomson-Syndrom n. syndrome de Rothmund-Thomson m.
rotieren tourner
Rotkreuzarmbinde f. brassard de la Croix Rouge m.
Rotlicht n. lumière infra-rouge f.
Rotor m. rotor m.
Rotoxamin n. rotoxamine f.
Rotsehen n. érythropsie f.
Rötung f. rougissement m.
Rotz m. morve f.
Rotzbazillus m. bacille de la morve m.
Rous-Sarkom n. sarcome de Rous m.
Routine f. routine f.
routinemäßig habituel
Rovsing-Zeichen n. signe d'appendicite de Rovsing m.
Roxarson n. roxarsone f.
Roxatidin n. roxatidine f.
Roxibolon n. roxibolone f.
Roxoperon n. roxopérone f.
RR (Blutdruck nach Riva-Rocci) m. TA (tension artérielle) f.
Rubefaciens n. rubéfiant m.
Rubeola scarlatinosa f. rubéole scarlatiniforme f.
Rubeose f. rubéose f.
Rubidazon n. rubidazone f.
Rubidecan n. rubidécane m.
Rubidium n. rubidium m.
Rubinstein-Taybi-Syndrom n. syndrome de Rubinstein-Taybi m.
Rubininstrument n. instrument en rubis m.
rubrospinal rubrospinal
rubrospinozerebellar rubrospinocérébelleux
Rückatmung f. rebreathing m.
Rückbildung f. régression f.

Rückbildungsmelancholie f. mélancolie d'involution f.
Rückbiss m. occlusion postnormale f.
Rücken m. dos m.
Rückenlage f. décubitus dorsal m.
Rückenmark m. moelle épinière f.
Rückenschmerz m. notalgie f.
Rückenstütze f. soutien du dos m.
Rückfall m. récidive f.
Rückfallfieber n. fièvre récurrente f.
rückfällig récidivant
rückfällig werden rechuter
Rückfluss m. reflux m.
Rückgrat n. rachis m.
Rückkopplung f. rétrocontrôle m.
Rückkreuzung f. rétrocroisement m.
Rucknystagmus m. nystagmus saccadé m.
Rückprall m. rebond m.
rückresorbieren réabsorber
Rückresorption f. réabsorption f.
Rucksacklähmung f. paralysie dorsale f.
Rucksackverband m. bandage en sac à dos m.
Rückschritt m. régression f.
Rückstand m. résidu m.
Rückstoß m. recul m.
Rücktitration f. rétrotitrage m.
Rückverlagerung f. rétrodéplacement m.
Rückwärtsbewegung f. mouvement de retrait m.
Rückwärtskrümmung f. rétrocourbure f.
Rückwärtsverlagerung f. rétrodéplacement m.
Rudiment n. rudiment m.
rudimentär rudimentaire
Rufbereitschaft f. garde (être de) f.
Ruhe f. repos m.
Ruhe-Angina f. angor au repos m.
Ruhe-EKG n. ECG au repos m.
Ruhedyspnoe f. dyspnée au repos f.
Ruhelage f. position de repos f.
Ruhelosigkeit f. inquiétude f.
ruhen reposer, se
Ruhestadium n. phase de repos f.
Ruhestoffwechsel n. métabolisme de repos m.
Ruhetätigkeit f. activité de repos f.
Ruhetremor m. tremblement de repos m.
Ruhezelle f. cellule en repos f., resting cell

ruhigstellen (sedieren) calmer
ruhigstellen (fixieren) immobiliser
Ruhigstellung (Fixation) f. immobilisation f.
Ruhigstellung (Sedierung) f. sédation f.
Ruhigstellung, forcierte f. sédation forcée f.
Ruhr f. dysenterie f.
Ruhr, Amöben- f. dysenterie amibienne f.
Ruhr, Bazillen- f. dysenterie bacillaire f.
Ruhrbazillus (Flexner) m. bacille dysentérique (Flexner) m.
Ruhrbazillus (Shiga-Kruse) m. bacille de Shiga m.
Ruhrbazillus (Sonne) m. Shigella Sonnei f.
Ruhrbazillus (Strong) m. Shigella paradysenteriae Strong f.
Rührmaschine f. agitateur m.
rülpsen éructer, roter
Rülpsen n. éructation f.
Rumination f. rumination f.
Rumpel-Leede-Phänomen n. phénomène de Rumpel-Leede m.
Rumpf m. tronc m.
Rundherd m. foyer rond m.
Rundrücken m. dos rond m.
Rundzelle f. cellule ronde f.
Rundzellensarkom n. sarcome globocellulaire m.
rundzellig globocellulaire
Runt-Krankheit f. immunodéficience expérimentale de l'animal f.
Runzel f. ride f.
runzelig ridé
Ruptur f. rupture f.
rupturieren rompre
Ruscogenin n. ruscogénine f.
Ruß m. suie f.
Rüssel m. trompe f.
Russellkörperchen n. corps de Russell m.
Ruthenium n. ruthénium m.
Rutherford Rutherford
Rutilismus m. erythrisme m.
Rutin n. rutoside m.
Rutinose f. rutinose f.
Rutosid n. rutoside m.
Ruvazon n. ruvazone f.
RV (rechter Ventrikel) n. ventricule droit m. (RV)
Rye-Syndrom n. syndrome de Rye m.

S

S-förmig en forme de S
SA-Block (sinuatrialer Block) m. bloc sino-auriculaire m.
Sabadille f. cévadille f.
Sabal serrulata f. sabal serrulata f.
Säbelscheidentibia f. platycnémie f.
Säbelscheidentrachea f. trachée en fourreau de sabre f.
Sabin-Feldmantest m. dye-test de Sabin et Feldman m.
Sabinaöl n. huile de sabine f.
Sabinaölvergiftung f. intoxication par l'huile de sabine f.
Sabinismus m. intoxication sabinique f.
Saccharase f. saccharase f.
Saccharat n. saccharate m.
Saccharid n. saccharide m.
Saccharimeter n. saccharimètre m.
Saccharogalaktorrhö f. saccharogalactorrhée f.
Saccharomyces m. saccharomycète m.
Saccharomykose f. saccharomycose f.
Saccharopin n. saccharopine f.
Saccharose f. saccharose m.
Sacharin n. saccharine f.
sachverständig expert
Sachverständige(r) f./(m.) expert f./m.
Sack m. poche f., sac m.
sackartig en poche
Säckchen n. saccule m.
sackförmig en forme de sac
Sacrum acutum n. malformation du sacrum en pointe f.
Sadismus m. sadisme m.
Sadist m. sadique m.
Sadistin f. sadique f.
sadistisch sadique
Safran m. safran m.
Safranin n. safranine f.
Saft m. suc m.
Saftfasten n. diète au jus de fruit f.
Säge f. scie f.
sagittal sagittal
Sagoleber f. foie sagou m.
Sagomilz f. rate sagou f.
Sahlische Desmoidreaktion f. réaction de Sahli f.
Sahne f. crème f.
Saitengalvanometer n. galvanomètre à corde m.
sakkulokochleär sacculocochléaire
sakral sacré
Sakralisation f. sacralisation f.
sakralwärts en direction sacrale
sakroanterior sacroantérieur
sakroiliakal sacroiliaque
Sakroiliakalgelenk n. articulation sacroiliaque f.
Sakroiliitis f. inflammation sacro-iliaque f.
sakroischiadisch sacrosciatique
sakrokokzygeal sacrococcygien
sakrolumbal sacrolombaire
sakropelvisch sacropelvien
sakroperineal sacropérinéal
sakroposterior sacropostérieur
sakrospinal sacrospinal
sakrouterin utérosacral
Saktosalpinx f. hydrosalpinx m.
Salaamkrampf m. tic de salaam m.
Salacetamid n. salacétamide m.
Salafibrat n. salafibrate m.
Salantel n. salantel m.
Salazodin n. salazodine f.
Salazosulfapyridin n. salazosulfapyridine f.
Salazosulfathiazol n. salazosulfathiazole m.
Salbe f. pommade f.
Salbe, einreiben mit frictionner avec une pommade
Salbei m. sauge f.
salben oindre
Salbenanwendung f. application de pommade f.
Salbengesicht n. séborrhée huileuse f.
Salbengrundlage f. excipient pour pâtes m.
Salbutamol n. salbutamol m.
Saletamid n. salétamide m.
Salfluverin n. salfluvérine f.
Salinazid n. salinazide m.
salinisch salin
Salipyrin n. salipyrine f.
Saliuretikum n. salidiurétique m.
saliuretisch salidiurétique
Salizyl n. salicyle m.
Salizylaldehyd n. salicylaldéhyde m.
Salizylamid n. salicylamide m.
Salizylanilid n. salicylanilide m.
Salizylat n. salicylate m.
Salizylazosulfapyridin n. salicylazosulfapyridine f.
Salizyltherapie f. salicylthérapie f.
Salmeterol n. salmétérol m.
Salmiak m. hydrochlorate d'ammoniaque m.
Salmiakgeist m. alkali volatil m.
Salmonella f. salmonella f.

Salmonelleninfektion f.   salmonellose f.
Salol n.   salol m.
Salpeter m.   salpêtre m.
Salpingektomie f.   salpingectomie f.
Salpingitis f.   salpingite f.
salpingitisch   de salpingite
Salpingographie f.   salpingographie f.
Salpingolyse f.   salpingolyse f.
Salpingo-Oophorektomie f.   salpingovarectomie f.
Salpingo-Oophoritis f.   salping-ovarite f.
Salpingostomie f.   salpingostomie f.
Salpingotomie f.   salpingotomie f.
Salpingoureterostomie f.   salpingourétérostomie f.
Salpinx f.   trompe utérine de Fallope f.
Salsalat n.   salsalate m.
Salsolinol n.   salsolinol m.
saltatorisch   sautant
Saluretikum n.   salurétique m.
saluretisch   salurétique
Salve f.   salve f.
Salz n.   sel m.
Salz, kohlensaures n.   carbonate m.
Salzagglutinin n.   agglutinine saline f.
Salzfieber n.   fièvre saline f.
salzhaltig   salé
Salzmangelsyndrom n.   syndrome de carence sodée m.
Salzsäure f.   acide chlorhydrique m.
Salzsäure, freie f.   acide chlorhydrique libre m.
Salzverlust m.   perte de sels f.
Salzwasser n.   eau salée f.
Samarium n.   samarium m.
Samen (botan.) m.   graine f.
Samen (med.) m.   sperme m.
Samenbank f.   banque du sperme f.
samenbildend   spermatogénique
Samenblase f.   vésicule séminale f.
Samenblasenentzündung f.   spermatocystite f.
Samenerguss m.   éjaculation f.
Samenflüssigkeit f.   liquide séminal m.
Samenleiter m.   canal déférent m.
Samenstrang m.   cordon spermatique m.
Samenzelle f.   cellule spermique f.
Sammelgefäß n.   récipient collecteur m.
sammeln   collecter
Sammelröhrchen, renales n.   tubule collecteur rénal m.
Sammelsucht f.   manie de collection f.
Sanatorium n.   sanatorium m.
Saquinavir n.   saquinavir m.
saphenojugular   saphénojugulaire

Saponaria f.   saponaire f.
Sandbad n.   arénation f.
Sandelöl n.   essence de santal f.
Sandfliegenfieber n.   fièvre à phlébotome f.
Sandfloh n.   chique f.
Sandsack m.   sac de sable m.
Sandstrahlgebläse n.   sableuse f.
Sanduhrmagen m.   estomac biloculaire m.
Sandwiching n.   technique du sandwich f.
Sängerknötchen n.   chordite tubéreuse (des chanteurs) f.
sanguinisch   sanguin
sanguinolent   sanguinolent
sanitär   sanitaire
Sanitäter m.   secouriste m.
Sanitätseinrichtung f.   infirmerie f.
Sanitätspolizei f.   police sanitaire f.
Santalin n.   santaline f.
Santonin n.   santonine f.
Santorinischer Knorpel m.   cartilage corniculé m.
Sapogenin n.   sapogénine f.
Saponin n.   saponine f.
Saprophyt m.   saprophyte m.
saprophytär   saprophytaire
Saralasin n.   saralasine f.
Sarcolysin n.   sarcolysine f.
Sarcoptes f.   sarcopte m.
Sarcosin n.   sarcosine f.
sardonisch   sardonique
Sarg m.   cercueil m.
Sargdeckelkristall m.   cristal de sulfate ammoniomagnésien m.
Sarkoid n.   sarcoïde m.
Sarkoidose f.   sarcoïdose f.
Sarkolemm n.   sarcolemme m.
Sarkom n.   sarcome m.
sarkomatös   sarcomateux
Sarkomatose f.   sarcomatose f.
Sarkomer n.   sarcomère m.
Sarkoplasma n.   sarcoplasme m.
sarkoplasmatisch   sarcoplasmatique
Sarkopsyllosis f.   sarcopsyllose f.
Sarkosom n.   sarcosome m.
Sarkosporidiose f.   sarcosporidiose f.
Sarkozele f.   sarcocèle f.
Sarkozystose f.   sarcocystose f.
Sarmentogenin n.   sarmentogénine f.
Sarmentose f.   sarmentose f.
Sarmentozymarin n.   sarmentocymarine f.
Sarmentusglykosid n.   sarmentus glycoside m.
Sarpicillin n.   sarpicilline f.
Sartan n.   sartane m.

SARS (schweres akutes respiratorisches Syndrom) n. syndrome respiratoire aigu sévère m.
SARS-Coronavirus 2 (SARS-CoV-2) n. coronavirus 2 du SRAS (SRAS-CoV-2)
Sarsaparille f. salsepareille f.
Sarzine f. sarcine f.
Sassafras m. sassafras m.
Sassafrasöl n. huile de sassafras f.
Satanpilz m. bolet satan m.
Satellit m. satellite m.
satt rassasié
Sattel m. selle f.
Sattelblock m. bloc en selle m.
Sattelbrücke (dent.) f. selle (bridge) f. (dent.)
Satteldruck (veter.) m. blessure par la selle f. (vétér.)
Sattelgelenk n. articulation par emboitement f.
Sattelnase f. nez concave m.
Sattheit f. satiété f.
sättigen saturer
Sättigung f. saturation f.
Sättigungsgefühl n. rassasiement m.
Saturnismus m. saturnisme m.
Satyriasis f. satyriasis m.
sauer acide
sauer machen acidifier
säuerlich acidulé
Sauermilch f. caillé m.
säuern acidifier
Sauerstoff m. oxygène m.
Sauerstoffatmung f. respiration d'oxygène f.
Sauerstoffbad n. bain oxygéné m.
Sauerstoffbeladung f. oxygénation f.
Sauerstoffbrille f. lunettes à oxygène f. pl.
Sauerstoffentladung f. désoxygénation f.
Sauerstoffflasche f. bouteille d'oxygène f.
Sauerstoffflaschenständer m. statif de la bouteille d'oxygène m.
sauerstoffhaltig contenant de l'oxygène
Sauerstoffsättigung f. saturation en oxygène f.
Sauerstoffschuld f. dette d'oxygène f.
Sauerstofftherapiegerät n. appareil d'oxygénothérapie m.
Sauerstoffverbrauch m. consommation d'oxygène f.
Saugapparat m. aspirateur m.
Saugbiopsie f. biopsie par aspiration f.
Saugdrainage f. drainage par aspiration m.
Saugelektrode f. électrode ventouse f.
säugen allaiter, sucer
Säugen n. lactation f., succion f.
Säugetier n. mammifère m.
Saugfläschchen n. biberon m.
Säugling n. nourrisson m.
Säuglingsalter n. âge d'être allaité m.
Säuglingsdystrophie f. dystrophie du nourrisson f.
Säuglingsekzem n. eczéma du nourrisson m.
Säuglingsfürsorge f. protection du nourrisson f.
Säuglingsheim m. pouponnière f.
Säuglingsmulde f. creux de la fontanelle m.
Säuglingspflegerin f. puéricultrice f.
Säuglingssterblichkeit f. mortalité des nourrissons f.
Säuglingstod, plötzlicher m. mort subite du nourrisson f.
Säuglingswaage f. pèse-bébé m.
Säuglingswäsche f. layette f.
Saugnapf m. ventouse f.
Saugplatte f. plaque aspirante f.
Saugpumpe f. pompe aspirante f.
Saugreflex m. réflexe de succion m.
Saugrohr n. tube d'aspiration m.
Saugschwäche f. insuffisance de succion f.
Säule f. colonne f.
Säulenchromatographie f. chromatographie en colonne f.
säulenförmig colonnaire
Saum m. bord m.
Sauna f. sauna m.
Saxitoxin n. saxitoxine f.
Säure f. acide m.
Säure, Abietin- f. acide abiétinique m.
Säure, Absinth- f. acide absinthique m.
Säure, Acylneuramin- f. acide acylneuraminique m.
Säure, Adenosindiphosphor- f. acide adénosine diphosphorique m.
Säure, Adenosinphosphor- f. acide adénosine phosphorique m.
Säure, Adenosintriphosphor- f. acide adénosine triphosphorique m.
Säure, Adenyl- f. acide adénylique m.
Säure, Adipin- f. acide adipique m.
Säure, Aetian- f. acide aétianique m.
Säure, Agarizin- f. acide agaricique m.
Säure, Akonit- f. acide aconitique m.
Säure, Akryl- f. acide acrylique m.
Säure, Aldar- f. acide aldarique m.
Säure, Alendron- f. acide alendronique m.
Säure, Aldon- acide aldonique m.
Säure, Algin- f. acide alginique m.
Säure, aliphatische f. acide aliphatique m.
Säure, Alkoxykarbon- f. acide alkoxycarboxylique m.

Säure, Allantoxan- f. acide allantoxanique m.
Säure, Allantur- f. acide allanturique m.
Säure, Alloxan- f. acide alloxanique m.
Säure, Ameisen- f. acide formique m.
Säure, Amid- f. acide aminé m.
Säure, Amidotrizoe- f. acide amidotrizoïque m.
Säure, Amino- f. acide aminé m.
Säure, Aminoadipin – f. acide aminoadipique m.
Säure, Aminoameisen- f. acide carbamique m.
Säure, Aminobaldrian- f. acide aminovalérianique m.
Säure, Aminobenzoe- f. acide aminobenzoïque m.
Säure, Aminobutter- f. acide aminobutyrique m.
Säure, Aminoessig- f. acide aminoacétique m.
Säure, Aminoglutar- f. acide aminoglutamique m., acide glutaminique m.
Säure, Aminohydroxybutter- f. acide aminohydroxybutyrique m.
Säure, Aminoisobutter- f. acide aminoisobutyrique m.
Säure, Aminokapron- f. acide aminocaproïque m.
Säure, Aminolävulin- f. acide aminolévulinique m.
Säure, Aminomethylzyklohexankarbon f. acide aminométhylcyclohexane carboxylique m.
Säure, Aminopenicillan- f. acide aminopénicillanique m.
Säure, Aminosalizyl- f. acide aminosalicylique m.
Säure, Anthranil- f. acide anthranilique m.
Säure, Antisense-Nuklein- f. acide antisense nucléïque m.
Säure, Äpfel- f. acide malique m.
Säure, Arachidon- f. acide arachidonique m.
Säure, Arachin- f. acide arachidique m.
Säure, Argininbernstein- f. acide argininosuccinique m.
Säure, Aristolochia- f. acide aristolochique m.
Säure, aromatische f. acide aromatique m.
Säure, Arsanil- f. acide arsanilique m.
Säure, Arsen- f. acide arsénique m.
Säure, arsenige f. acide arsénieux m.
Säure, Arsin- f. acide arsinique m.
Säure, Arson- f. acide arsonique m.
Säure, Aryloxyessig- f. acide aryloxyacétique m.
Säure, Askorbin- f. acide ascorbique m.
Säure, Asparagin- f. acide aspartique m.
Säure, Äthacryn- f. acide étacrynique m.
Säure, Äthylendiamintetraessig- f. acide éthylènediaminetétraacétique m.
Säure, Äthylmalon- f. acide éthylmalonique m.
Säure, Azetamidokapron- f. acide acéxamique m.
Säure, Azetessig- f. acide acéto-acétique m.
Säure, Azetylaminohydroxyphenylarson- f. acide acétylaminohydroxyphénylarsonique m.
Säure, Azetylen- f. acide acétylénique m.
Säure, Azetylepsilonaminokapron- f. acide acétylepsilonaminocaproïque m.
Säure, Azetylgerb- f. acide acétyltannique m.
Säure, Azetylneuramin- f. acide acétylneuraminique m.
Säure, Azetylsalizyl- f. acide acétylsalicylique m.
Säure, Baldrian- f. acide valérianique m.
Säure, Barbitur- f. acide barbiturique m.
Säure, Behen- f. acide béhénique m.
Säure, Benzil- f. acide benzilique m.
Säure, Benzoar- f. acide ellagique m.
Säure, Benzoe- f. acide benzoïque m.
Säure, Bernstein- f. acide succinique m.
Säure, Betaoxybutter- f. acide bétaoxybutyrique m.
Säure, Bichloressig- f. acide bichloracétique m.
Säure, Blau- f. acide cyanhydrique m.
Säure, Bor- f. acide borique m.
Säure, Borsalizyl- f. acide borosalicylique m.
Säure, Boswellia- f. acide boswellinique m.
Säure, Brenzschleim- f. acide pyromucique m.
Säure, Brenztrauben- f. acide pyruvique m.
Säure, Bromphenoxytropion- f. acide bromphénoxytropionique m.
Säure, Bromwasserstoff- f. acide hydrobromique m.
Säure, Butoxyessig- f. acide butoxyacétique m.
Säure, Butantrikarbon- f. acide butanetricarboxylique m.
Säure, Butter- f. acide butyrique m.
Säure, Butylethylbarbitur- f. acide butyléthylbarbiturique m.
Säure, Caprin- f. acide caprique m.
Säure, Capron- f. acide caproïque m.
Säure, Capryl- f. acide caprylique m.

Säure, Carbaminocarbon- f. acide carbaminocarboxylique m.
Säure, Carbon- f. acide carbonique m.
Säure, Cephalin- f. acide céphalinique m.
Säure, Cephalosporan- f. acide céphalosporanique m.
Säure, Cerebron- f. acide cérébronique m.
Säure, Cerotin- f. acide cérotinique m.
Säure, Cetyl- f. acide cétylique m.
Säure, Chalmoogra- f. acide chaulmoogrique m.
Säure, Chelidon- f. acide chélidonique m.
Säure, Chenodesoxychol- f. acide chénodésoxycholique m.
Säure, China- f. acide quinique m.
Säure, Chinolin- f. acide quinolinique m.
Säure, Chinolinkarbon- f. acide quinolinecarbonique m.
Säure, Chlor- f. acide chlorique m.
Säure, Chloressig- f. acide chloracétique m.
Säure, chlorige f. acide chloreux m.
Säure, Chlorogen- f. acide chlorogénique m.
Säure, Chol- f. acide cholique m.
Säure, Cholal- f. acide cholatique m.
Säure, Cholan- f. acide cholanique m.
Säure, Cholesterin- f. acide cholestérinique m.
Säure, Chondroitin- f. acide chondroïtique m.
Säure, Chondroitinschwefel- f. acide chondroïtine-sulfate m.
Säure, Chrom- f. acide chromique m.
Säure, Chromotrop- f. acide chromotropique m.
Säure, Chrysophan- f. acide chrysophanique m.
Säure, Clamidoxin- f. acide clamidoxique m.
Säure, Clavulan- f. acide clavulanique m.
Säure, Chlodron- f. acide clodronique m.
Säure, Clofibrin- f. acide clofibrique m.
Säure, Clupanodon- f. acide clupanodonique m.
Säure, Cromoglicin- f. acide cromoglicique m.
Säure, Cyan- f. acide cyanique m.
Säure, Cyanur- f. acide cyanurique m.
Säure, Cyclohexansulfamin- f. acide cyclohexane sulfamique m.
Säure, Cytidyl- f. acide cytidylique m.
Säure, Decan- f. acide décanoïque m.
Säure, Decen- f. acide décénoïque m.
Säure, Decyl- f. acide décylénique m.
Säure, Dehydrochol- f. acide déhydrocholique m.
Säure, Dehydroessig- f. acide déhydroacétique m.
Säure, Deltaaminolävulin- f. acide deltaaminolévulinique m.
Säure, Desoxychol- f. acide désoxycholique m.
Säure, Desoxyribonuklein- f. acide désoxyribonucléique m.
Säure, Dextron- f. acide dextronique m.
Säure, Di- f. diacide m.
Säure, Diaminoessig- f. acide diaminoacétique m.
Säure, Diaminokapron- f. lysine f.
Säure, Diaminopimelin- f. acide diaminopimélique m.
Säure, Diäthylbarbitur- f. acide diéthylbarbiturique m.
Säure, Dichloressig- f. acide dichloracétique m.
Säure, Diethylbarbitur- f. acide diéthylbarbiturique m.
Säure, Diethylentriaminpentaessig- f. acide diéthylène triamine pentaacétique m.
Säure, Dihydrofol- f. acide dihydrofolique m.
Säure, Dihydrolipon- f. acide dihydrolipoïque m.
Säure, Dihydroxybenzoe- f. acide dihydroxybenzoïque m.
Säure, Dihydroxybutter- f. acide dihydroxybutyrique m.
Säure, Dihydroxymandel-. f. acide dihydroxyphényl-glycolique m.
Säure, Dihydroxypalmitin- f. acide dihydroxypalmitique m.
Säure, Dihydroxyphenylessig- f. acide dihydroxyphénylacétique m.
Säure, Dihydroxypropion- f. acide dihydroxypropionique m.
Säure, Dikarbon- f. acide dicarboxylique m.
Säure, Dioxovalerian- f. acide dioxovaléranique m.
Säure, Diphenesen- f. acide xényhéxénique m.
Säure, Diphosphoglyzerin- f. acide diphosphoglycérique m.
Säure, Diphosphon- f. acide diphosphonique m.
Säure, Dithion- f. acide dithionique m.
Säure, Docosan- f. acide docosanoïque m.
Säure, Docosapentaen- f. acide docosapentaénoïque m.
Säure, Dodecan- f. acide dodécanoïque m.
Säure, Edetin- f. acide édétique m.
Säure, Eicosa- f. acide icosanique m.

Säure, Elaidin- f.   acide élaïdique m.
Säure, Ellag- f.   acide ellagique m.
Säure, Epsilonaminokapron- f.   acide epsilon-aminocaproïque m.
Säure, Ergotin- f.   acide ergotinique m.
Säure, Eruca- f.   acide érucique m.
Säure, Erythron- f.   acide érythronique m.
Säure, Essig- f.   acide acétique m.
Säure, Etacryn- f.   acide étacrynique m.
Säure, Ethoxyessig- f.   acide éthoxiacétique m.
Säure, Ethylendiamintetraessig- f.   acide éthylène diamine tétraacétique m.
Säure, Ethylmalon- f.   acide éthylmalonique m.
Säure, Etian- f.   acide étianique m.
Säure, Etidron- f.   acide étidronique m.
Säure, Eugen- f.   acide eugénique m.
Säure, Fett- f.   acide gras m.
Säure, Filix- f.   acide filicique m.
Säure, Flavaspid- f.   acide flavaspidique m.
Säure, Flufenamin- f.   acide flufénamique m.
Säure, Fluoressig- f.   acide fluoroacétique m.
Säure, Fluorkarbon- f.   acide fluorocarboxylique m.
Säure, Fluorwasserstoff- f.   acide hydrofluorique m.
Säure, Fluss- f.   acide hydrofluorique m.
Säure, Fol- f.   acide folique m.
Säure, Folin- f.   acide folinique m.
Säure, Formiminoglutamin- f.   acide formiminoglutamique m.
Säure, Formyltetrahydrofol- f.   acide formyltétrahydrofolique m.
Säure, freie f.   acide libre m.
Säure, Fumar- f.   acide fumarique m.
Säure, Fusidin- f.   acide fusidinique m.
Säure, Fytin – f.   acide phytique m.
Säure, Galakturon- f.   acide galacturonique m.
Säure, Gallen- f.   acide biliaire m.
Säure, Gallus- f.   acide gallique m.
Säure, Gammaaminobutter- f.   acide gammaaminobutyrique m.
Säure, Gammahydroxybutter- f.   acide gammahydroxybutyrique m.
Säure, Gentisin- f.   acide gentisique m.
Säure, Gerb- f.   acide tannique m.
Säure, gesättigte f.   acide saturé m.
Säure, Glukon- f.   acide gluconique m.
Säure, Glukozucker- f.   acide glucosaccharique m.
Säure, Glukuton- f.   acide glucuronique m.
Säure, Glutakon- f.   acide glutaconique m.
Säure, Glutamin- f.   acide glutamique m.
Säure, Glutamylglutamin- f.   acide glutamylglutaminique m.
Säure, Glutar- f.   acide glutarique m.
Säure, Glutin- f.   acide glutinique m.
Säure, Glycolur- f.   acide glycolurique m.
Säure, Glycyrrhizin- f.   acide glycyrrhizique m.
Säure, Glykochol- f.   acide glycocholique m.
Säure, Glykogallus- f.   acide glycogallique m.
Säure, Glykol- f.   acide glycolique m.
Säure, Glykolithochol- f.   acide glycolithocholique m.
Säure, Glyoxyl- f.   acide glyoxylique m.
Säure, Glyzerin- f.   acide glycérique m.
Säure, Glyzerophosphor- f.   acide glycérophosphorique m.
Säure, Gold- f.   acide aurique m.
Säure, Guanidinobernstein- f.   acide guanidinosuccinique m.
Säure, Guanidinoessig- f.   acide guanidinoacétique m.
Säure, Guanyl- f.   acide guanylique m.
Säure, Gulon- f.   acide gulonique m.
Säure, Harn- f.   acide urique m.
Säure, Helvella- f.   acide helvellique m.
Säure, Heptacosan- f.   acide heptacosanoïque m.
Säure, Heptan- f.   acide énanthique m.
Säure, Hexadecan- f.   acide hexadécanoïque m.
Säure, Hexadecen- f.   acide hexadécénoïque m.
Säure, Hexan- f.   acide hexanoïque m.
Säure, Hexon- f.   acide hexonique m.
Säure, Hexosediphosphor- f.   acide hexosédiphosphorique m.
Säure, Hexuron- f.   acide hexuronique m.
Säure, Hippur- f.   acide hippurique m.
Säure, Homogentisin- f.   acide homogentisique m.
Säure, Homopiperidin- f.   acide homopipéridinique m.
Säure, Homovanilin- f.   acide homovanilique m.
Säure, Humin- f.   acide humique m.
Säure, Hyaluron- f.   acide hyaluronique m.
Säure, Hydrakryl- f.   acide hydracrylique m.
Säure, Hydroxam- f.   acide hydroxamique m.
Säure, Hydroxy- f.   hydroxyacide m.
Säure, Hydroxyanthranil- f.   acide hydroxyanthranilique m.
Säure, Hydroxybutter- f.   acide hydroxybutyrique m.
Säure, Hydroxycholan- f.   acide hydroxycholanique m.

Säure, Hydroxyheptadecatrien- f. acide hydroxyheptadécatriénoïque m.
Säure, Hydroxyicosatetraen- f. acide hydroxyicosatétraénoïque m.
Säure, Hydroxyindolessig- f. acide hydroxyindolacétique m.
Säure, Hydroxykarbon- f. acide hydroxycarboxylique m.
Säure, Hydroxymethylglutar- f. acide hydoxyméthylglutarique m.
Säure, Hydroxyoxoadipin- f. acide hydroxyoxoadipique m.
Säure, Hydroxyoxoglutar- f. acide hydroxyoxoglutarique m.
Säure, Hydroxyphenylbrenztrauben- f. acide hydroxyphénylpyruvique m.
Säure, Hydroxyphenylessig- f. acide hydoxyphénylacétique m.
Säure, Hydroxyphenylmilch- f. acide hydroxyphényl-lactique m.
Säure, Hydroxytetradecan- f. acide hydroxytétradécanoïque m.
Säure, Ibandron- f. acide ibandronique m.
Säure, Hydroxyzyan- f. acide hydroxycyanique m.
Säure, Ichiba- f. acide ichiba m.
Säure, Icosan- f. acide icosanique m.
Säure, Icosapentaen- f. acide icosapentaénoïque m.
Säure, Icosatetraen- f. acide icosatétraénoïque m.
Säure, Icosatrien- f. acide icosatriénoïque m.
Säure, Idon- f. acide idonique m.
Säure, Idosamin- f. acide idosaminique m.
Säure, Iduron- f. acide iduronique m.
Säure, Igasur- f. acide igasurique m.
Säure, Imidazolessig- f. acide imidazolacétique m.
Säure, Imino- f. acide iminé m.
Säure, Indacryn- f. acide indacrynique m.
Säure, Indolessig- f. acide indolacétique m.
Säure, Inosin- f. acide inosique m.
Säure, Iobenzamin- f. acide iobenzaminique m.
Säure, Iocarmin- f. acide iocarmique m.
Säure, Iocetamin- f. acide iocétamique m.
Säure, Iodamino- f. iodamino acide m.
Säure, Iodgorgo- f. acide iodogorgoïque m.
Säure, Iodoxamin- f. acide iodoxamique m.
Säure, Iodwasserstoff f. acide hydriodé m.
Säure, Ioglicin- f. acide ioglicique m.
Säure, Ioglycamin- f. acide ioglycamique m.
Säure, Iopan- f. acide iopanoïque m.
Säure, Iophenoxin- f. acide iophénoxique m.
Säure, Iopron- f. acide iopronique m.
Säure, Iotalamin- f. acide iotalamique m.
Säure, Iotroxin- f. acide iotroxique m.
Säure, Ioxaglin- f. acide ioxaglique m.
Säure, Ioxitalamin- f. acide ioxitalamique m.
Säure, Isonikotin- f. acide isonicotinique m.
Säure, Isopropylessig- f. acide isopropylacétique m.
Säure, Isovalerian- f. acide isovalérianique m.
Säure, Isozitronen- f. acide isocitrique m.
Säure, Jod- f. acide iodique m.
Säure, Jodamino- f. iodaminoacide m.
Säure, Jodgorgo- f. acide iodogorgoïque m.
Säure, Jodwasserstoff f. acide hydriodique m.
Säure, Kakodyl- f. acide cacodylique m.
Säure, Kampfer- f. acide camphorique m.
Säure, Kamphoglukuron- f. acide camphoglucuronique m.
Säure, Kantharidin- f. acide cantharidique m.
Säure, Kaprin- f. acide caprique m.
Säure, Kapron- f. acide caproïque m.
Säure, Kapryl- f. acide caprylique m.
Säure, Karbamid- f. acide carbamique m.
Säure, Karbol- f. acide phénique m.
Säure, Karbon- f. acide carboxylique m.
Säure, Karboxylglutamin- f. acide carboxyglutamique m.
Säure, Karminessig- f. acide carminéacétique m.
Säure, Keto- f. cétoacide m.
Säure, Ketobernstein- f. acide cétosuccinique m.
Säure, Ketoglutar- f. acide cétoglutarique m.
Säure, Ketoisokapron- f. acide cétoisocaproïque m.
Säure, Ketolithochol- f. acide cétolithocholique m.
Säure, Kiesel- f. acide silicique m.
Säure, Klee- f. acide oxalique m.
Säure, Kohlen- f. acide carbonique m.
Säure, Kresyl- f. acide crésylique m.
Säure, Kroton- f. acide crotonique m.
Säure, Kynuren- f. acide kynurique m.
Säure, Laktobion- f. acide lactobionique m.
Säure, Laurin- f. acide laurique m.
Säure, Lävulin- f. acide lévulinique m.
Säure, Lebertranfett- f. acide morruique m.
Säure, Lignocerin- f. acide lignocérique m.
Säure, Linol- f. acide linoléique m.
Säure, Linolen- f. acide linolénique m.
Säure, Lipon- f. acide lipoïque m.
Säure, Lithochol- f. acide lithocholique m.
Säure, Lyserg- f. acide lysergique m.

Säure, Magen- f. acide gastrique m.
Säure, Malein- f. acide maléique m.
Säure, Malon- f. acide malonique m.
Säure, Mandel- f. acide phénylglycolique m.
Säure, Mangan- f. acide manganique m.
Säure, Mannit- f. acide mannitique m.
Säure, Mannuron- f. acide mannuronique m.
Säure, Margarin- f. acide margarique m.
Säure, Mefenamin- f. acide méfénamique m.
Säure, mehrfach ungesättigte f. acide polyinsaturé m.
Säure, Mekon- f. acide méconique m.
Säure, Melissin- f. acide mélissique m.
Säure, Merkaptoethansulfon- acide mercaptoéthanesulfonique m.
Säure, Merkaptur- f. acide mercapturique m.
Säure, Metaphosphor- f. acide métaphosphorique m.
Säure, Methakryl- f. acide méthacrylique m.
Säure, Methan- f. acide méthanoïque m.
Säure, Methylamino- f. méthylaminoacide m.
Säure, Methylmalon- f. acide méthylmalonique m.
Säure, Methyloktadecan- f. acide méthyloctadécanoïque m.
Säure, Mevalon- f. acide mévalonique m.
Säure, Milch- f. acide lactique m.
Säure, Monochloressig- f. acide monochloracétique m.
Säure, Monokarbon- f. acide monocarboxylique m.
Säure, Montan- f. acide octacosanoïque m.
Säure, Mukoitinschwefel- f. acide mucoïtine sulfurique m.
Säure, Muramin- f. acide muramique m.
Säure, Mykoceran- f. acide mycocéranique m.
Säure, Mykophenol- f. acide mycophénolique m.
Säure, Myristin- f. acide myristique m.
Säure, Nalidixin- f. acide nalidixique m.
Säure, Naphthalinsulfon- f. acide naphtalène sulfonique m.
Säure, Nervon- f. acide nervonique m.
Säure, Neuramin- f. acide neuraminique m.
Säure, Niflumin- f. acide niflumique m.
Säure, Nikotin- f. acide nicotinique m.
Säure, Nonacosan- f. acide nonacosanoïque m.
Säure, Nuklein- f. acide nucléique m.
Säure, Oktadecadien- f. acide octadécadiénoïque m.
Säure, Oktadecan- f. acide octadécanoïque m.
Säure, Oktadecatrien- f. acide octadécatriénoïque m.
Säure, Oktan- f. acide octanoïque m.
Säure, Öl- f. acide oléique m.
Säure, Orot- f. acide orotique m.
Säure, Orthoaminosalizyl- f. acideorthoaminosalicylique m.
Säure, Orthophospor- f. acide orthophosphorique m.
Säure, Osmium- f. acide osmique m.
Säure, Oxal- f. acide oxalique m.
Säure, Oxalbernstein- f. acide oxalosuccinique m.
Säure, Oxalessig- f. acide oxaloacétique m.
Säure, Oxo- f. oxoacide m.
Säure, Oxoadipin- f. acide oxoadipique m.
Säure, Oxobernstein- f. acide oxosuccinique m.
Säure, Oxobutter- f. acide oxobutyrique m.
Säure, Oxoisobaldrian- f. acide oxoisovalérianique m.
Säure, Oxoisokapron- f. acide oxoisocaproïque m.
Säure, Oxoisovalerian- f. acide oxoisovalérianique m.
Säure, Oxokarbon- f. acide oxocarboxylique m.
Säure, Oxolin- f. acide oxolinique m.
Säure, Oxyessig- f. acide oxyacétique m.
Säure, Oxymandel- f. acide oxyphényl glycolique m.
Säure, Palmitin- f. acide palmitique m.
Säure, Palmitolein- f. acide palmitoléique m.
Säure, Pantothen- f. acide pantothénique m.
Säure, Paraaminobenzoe- f. acide para aminobenzoïque m.
Säure, Paraaminohippur- f. acide para aminohippurique m.
Säure, Paraaminosalizyl- f. acide para aminosalicylique m.
Säure, Paraffin- f. acide paraffinique m.
Säure, Pelargon- f. acide pélargonique m.
Säure, Penicill- f. acide pénicilique m.
Säure, Penicillan- f. acide pénicillanique m.
Säure, Pentacosan- f. acide pentacosanoïque m.
Säure, Pentadecan- f. acide pentadécanoïque m.
Säure, Pentan- f. acide pentanoïque m.
Säure, Perbor- f. acide perborique m.
Säure, Perchlor- f. acide perchlorique m.
Säure, Peressig- f. acide peracétique m.
Säure, Permangan- f. acide permanganique m.

Säure, Phenolsulfon- f. acide phénolsulfonique m.
Säure, Phenylchinolinkarbon- f. acide phénylchinolinecarboxylique m.
Säure, Phenylessig- f. acide phénylacétique m.
Säure, Phenylethylbarbitur- f. acide phényléthylbarbiturique m.
Säure, Phenylsalicyl- f. acide phénylsalicylique m.
Säure, Phosphatid- f. acide phosphatidique m.
Säure, Phosphin- f. acide phosphinique m.
Säure, phosphinige f. acide phosphiné m.
Säure, Phosphon- f. acide phosphonique m.
Säure, Phosphonoameisen- f. acide phosphonoformique m.
Säure, Phosphonoessig- f. acide phosphonoacétique m.
Säure, Phosphor- f. acide phosphorique m.
Säure, Phosphoribosylimidazolessig- f. acide phosphoribosylimidazolacétique m.
Säure, phosphorige f. acide phosphoré m.
Säure, Phosphorwolfram- f. acide phosphotungstique m.
Säure, Phthal- f. acide phtalique m.
Säure, Phytan- f. acide phytanique m.
Säure, Phytin- f. acide phytique m.
Säure, Pikolin- f. acide picolinique m.
Säure, Pikrin- f. acide picrique m.
Säure, Pimelin- f. acide pimélique m.
Säure, Pipecolin- f. acide pipécolique m.
Säure, Pipemid- f. acide pipémidique m.
Säure, Piperidin- f. acide pipéridinique m.
Säure, Plasman- f. acide plasmanique m.
Säure, Polyakryl- f. acide polyacrylique m.
Säure, Polycytidyl- f. acide polycytidylique m.
Säure, Polyen- f. acide polyène m.
Säure, Polysulfon- f. acide polysulfonique m.
Säure, Polythymidyl- f. acide polythymidylique m.
Säure, Propion- f. acide propionique m.
Säure, Propylpentan- f. acide propylpentanoïque m.
Säure, Prostadien- f. acide prostadiénoïque m.
Säure, Prostan- f. acide prostanoïque m.
Säure, Pyrazol- f. acide pyrazolique m.
Säure, Pyridintrikarbon- f. acide pyridinetricarboxylique m.
Säure, Pyrogallus- f. acide pyrogallique m.
Säure, Pyroglutamin- f. acide pyroglutamique m.

Säure, Pyrophosphor- f. acide pyrophosphorique m.
Säure, Ranelic- f. acide ranélique m.
Säure, rauchende Salpeter- f. acide nitrosonitrique m.
Säure, rauchende Schwefel- f. acide pyrosulfurique m.
Säure, Resorzyl- f. acide résorcylique m.
Säure, Retin- f. acide rétinoïque m.
Säure, Rhodan- f. acide thiocyanique m.
Säure, Ribon- f. acide ribonique m.
Säure, Ribonuklein- f. acide ribonucléique m.
Säure, Risedron- f. acide risédronique m.
Säure, Rizinol- f. acide ricinolique m.
Säure, Rosol- f. acide rosolique m.
Säure, Salizyl- f. acide salicylique m.
Säure, salizylige f. acide salicylé m.
Säure, Salpeter- f. acide nitrique m.
Säure, salpetrige f. acide nitré m.
Säure, Salz- f. acide hydrochlorique m.
Säure, Santalin- f. acide santalinique m.
Säure, Santonin- f. acide santoninique m.
Säure, Schleim- f. acide mucique m.
Säure, schwache f. acide faible m.
Säure, Schwefel- f. acide sulfurique m.
Säure, schwefelige f. acide sulfuré m.
Säure, Sebazin- f. acide sébacique m.
Säure, Selen- f. acide sélénique m.
Säure, selenige f. acide séléneux m.
Säure, Sense-Nuklein- f. acide sens nucléïque m.
Säure, Sialin- f. acide sialique m.
Säure, Sorbin- f. acide sorbique m.
Säure, Sozojodol- f. acide sozoïodolique m.
Säure, starke f. acide fort m.
Säure, Stearin- f. acide stéarique m.
Säure, Stickstoffwasserstoff- f. acide hydrazoïque m.
Säure, Suberin- f. acide subérique m.
Säure, Sulfaloxin- f. acide sulfaloxique m.
Säure, Sulfamin- f. acide sulfaminique m.
Säure, Sulfanil- f. acide sulfanilique m.
Säure, Sulfin- f. acide sulfinique m.
Säure, Sulfo- f. sulfoacide m.
Säure, Sulfon- f. acide sulfonique m.
Säure, Sulfosalizyl- f. acide sulfosalicylique m.
Säute, Taurochol- f. acide taurocholique m.
Säure, Tauroursodeoxychol f. acide tauroursodésoxycholique m.
Säure, Teichon- f. acide téichoïque m.
Säure, Teichuron- f. acide téichuronique m.
Säure, Tellur- f. acide tellurique m.

Säure, Tetracosan- f. acide tétracosanoïque m.
Säure, Tetradecan- f. acide tétradécanoïque m.
Säure, Tetramethylhexadecan- f. acide tétraméthylhexadécanoïque m.
Säure, Thio- f. thioacide m.
Säure, Thioaminopropion- f. acide thioaminopropionique m.
Säure, Thioessig- f. acide thioacétique m.
Säure, Thiokt- f. acide thioctique m.
Säure, Thioschwefel- f. acide thiosulfurique m.
Säure, Thiothiazolidinkarbon- f. acide thiothiazolidinecarboxylique m.
Säure, Thiozyan- f. acide thiocyanique m.
Säure, Threon- f. acide thréonique m.
Säure, Thymidyl- f. acide thymidylique m.
Säure, Tiaprofen- f. acide tiaprofénique m.
Säure, Tienyl- f. acide tiénylique m.
Säure, Tiludron- n. acide tiludronique m.
Säure, Tranexam- f. acide tranexamique m.
Säure, Trichloressig- f. acide trichloroacétique m.
Säure, Tricosan- f. acide tricosanoïque m.
Säure, Trijodbenzoe- f. acide triiodobenzoïque m.
Säure, Trijodthyroessig- f. acide triiodothyroacétique m.
Säure, Trikarbon- f. acide tricarboxylique m.
Säure, Trimethylessig- f. acide triméthylacétique m.
Säure, Trimethyloktacosan- f. acide triméthyloctacosanoïque m.
Säure, Triphosphor- f. acide triphosphorique m.
Säure, Tropa- f. acide tropique m.
Säure, Tuberkulostearin- f. acide tuberculostéarique m.
Säure, Undecyl- f. acide undécylique m.
Säure, Undecylen- f. acide undécylénique m.
Säure, Uridindiphosphoglukuron- f. acide uridinediphosphoglucuronique m.
Säure, Uridyl- f. acide uridylique m.
Säure, Uron- f. acide uronique m.
Säure, Ursodesoxychol- f. acide ursodésoxycholique m.
Säure, Valerian- f. acide valérianique m.
Säure, Valproin- f. acide valproïque m.
Säure, Vanadin- f. acide vanadique m.
Säure, Vanille- f. acide vanillique m.
Säure, Vanillinmandel- f. acide vanylmandélique m.
Säure, verzweigtkettige Amino- f. acide aminé à chaînes ramifiée m.
Säure, Wein- f. acide tartrique m.
Säure, Wolframatokiesel- f. acide silicowolframique m.
Säure, Xanoxin- f. acide xanoxique m.
Säure, Xanthin- f. acide xanthique m.
Säure, Xanthuren- f. acide xanthurénique m.
Säure, Xanthyl- f. acide xanthylique m.
Säure, Xenazoe- f. acide xénazoïque m.
Säure, Xylon- f. acide xylonique m.
Säure, Zimt- f. acide cinnamique m.
Säure, Zitronen- f. acide citrique m.
Säure, Zoledron- f. acide zoledronique m.
Säure, Zucker- f. acide saccharique m.
Säure, Zyan- f. acide cyanique m.
Säure, Zyanwasserstoff f. acide cyanhydrique m.
Säure, Zystein- f. acide cystéique m.
Säure, Zysteinsulfon- f. acide cystéinesulfonique m.
Säureamid n. amide acide m.
Säureanhydrid n. anhydride acide m.
Säureäquivalent n. équivalent acide m.
Säure-Basen-Gleichgewicht n. équilibre acido-basique m.
säurebeständig acidorésistant
säurebildend formant des acides
säurefest résistant aux acides
säurefestes Stäbchen n. bacille acidorésistant m.
Säuregehalt m. acidité f.
säureresistent acidorésistant
Säureresistenz f. acidorésistance f.
Säurerest m. acide résiduel m.
saures Aufstoßen n. régurgitation acide f.
Säurezahl f. indice d'acide m.
s.c. (subcutan) s.c. (sous-cutané)
Scabies f. gale f.
Scadding-Syndrom n. syndrome de Scadding m.
Scan m. balayage m.
Scandium n. scandium m.
Scanner m. scanner m., scanographie f., tomodensitométrie f.
Scanner, CTS (Computertomographie) m. CTS (computer tomography scan) m.
Scanner, MRT (Magnetresonanztomographie) m. IRM (imagerie par résonance magnétique) f.
Scanner, PET (Positronenemissionstomographie) m. TEP (tomographie par émission de positrons) m.
Scarpasches Dreieck n. triangle de Scarpa m.
Schabemesser n. racloir m.
Schaber m. grattoir m.
Schablone f. patron m.

Schädel m. crâne m.
Schädelbasis f. base du crâne f.
Schädelbasisfraktur f. fracture basilaire f.
Schädelbohrer m. trépan m.
Schädelbruch m. fracture du crâne f.
Schädeldach n. voûte crânienne f.
Schädelhalter m. support céphalique m.
Schädelhirntrauma n. traumatisme cranio-cérébral m.
Schädelimpressionsfraktur f. fracture du crâne avec enfoncement de la table interne f.
Schädelmessung f. céphalométrie f.
Schädelplastik f. cranioplastie f.
Schädelzange f. forceps céphalique m.
Schaden m. dommage m.
schädlich nuisible
Schadstoff m. substance nocive f.
Schaf n. mouton m.
Schafbock m. bélier m.
Schaferythrozyt m. globule rouge de mouton m.
Schafgarbe f. achillée f.
Schafkotstuhl m. selles en crottes de mouton f. pl.
Schafspocken f. pl. clavelée f.
Schaft m. tige f.
Schale (Gefäß) f. coupe f.
Schale (Rinde) f. enveloppe extérieure f.
schälen peler
Schall m. son m.
Schalldämpfung f. insonorisation f.
schallleitend conducteur du son
Schallleitung f. conduction du son f.
Schallgeschwindigkeit f. vitesse du son f.
Schallkopf m. phonotransducteur m.
Schallwahrnehmung f. perception sonore f.
Schallwelle f. onde sonore f.
schalten connecter
Schalter m. commutateur m.
Schaltneuron n. interneurone m.
Schaltstück (Harnkanälchen) n. tubule rénal intermédiaire m.
Schalttisch m. tableau de distribution m.
Schaltuhr f. minuterie f.
Schambein n. pubis m.
Schamhaar n. pilosité pubienne f.
Schamhügel m. pénil m.
Schamlippe, große f. grande lèvre de la vulve f.
Schamlippe, kleine f. petite lèvre de la vulve f.
Schamteile f. pl. parties honteuses f. pl.
schänden souiller
Schanker m. chancre m.
Schanker, weicher m. chancroïde m.

schankrös chancreux
Schapiro-Zeichen n. signe d'atteinte myocardique de Schapiro m.
Schärfe (Sinnesorgan) f. acuité f.
schärfen aiguiser
Scharlach m. scarlatine f.
scharlachähnlich scarlatiforme
Scharlachrot n. écarlate m.
Scharnier n. charnière f.
Scharniergelenk n. articulation en charnière f.
Schatten m. ombre f.
schattengebend ombrageant
Schattengebung f. production d'une ombre f.
Schätzung f. estimation f.
Schauer m. frisson m.
schauern frissonner
Schaukelbett n. balancelle f.
Schaum m. mousse f.
Schaumbad n. bain moussant m.
schaumbildend moussant
Schaumgummi m. caoutchouc mousse m.
Schaumprobe f. test au peroxyde d'hydrogène m.
Schaumstoff m. mousse de nylon f.
Schaumzelle f. cellule à mucus f.
Schauta-Operation f. opération du cancer de l'utérus d'après Schauta f.
Scheibe f. disque m.
Scheibenmeniskus m. ménisque discoïde m.
Scheibenschnitt m. préparation en lamelle f.
Scheide f. vagin m.
Scheiden-Dammplastik f. colpopérinéoplastie f.
Scheidenfistel f. fistule vaginale f.
Scheidenflora f. flore vaginale f.
Scheidenplastik f. colpoplastie f.
Scheidenspekulum n. spéculum vaginal m.
Scheidenvorfall m. prolapsus du vagin m.
Scheidetrichter m. entonnoir de séparation m.
Scheidewand f. cloison f.
Scheinlähmung f. pseudoparalysie f.
Scheinschwangerschaft f. grossesse nerveuse f.
Scheintod m. mort apparente f.
Scheitel m. vertex m.
Schellack m. gomme laque f.
Schema n. schéma m.
schematisch schématique
Schenkel m. branche f., cuisse f.
Schenkelblock, linksseitiger m. bloc de branche gauche m.
Schenkelblock, rechtsseitiger m. bloc de branche droit m.

Schenkelhals m. col du fémur m.
Schenkelhernie f. hernie crurale f., hernie fémorale f.
Schere f. ciseaux m. pl.
Schere, anatomische f. ciseaux d'anatomie m. pl.
Schere, chirurgische f. ciseaux de chirurgie m. pl.
Scherengang m. démarche spasmodique f.
Scheuerdesinfektion f. désinfection au scrubber f.
Scheuermannsche Krankheit f. maladie de Scheuermann f.
scheuern frotter
Scheuerwunde f. écorchure f.
Scheuklappenhemianopsie f. hémianopsie bitemporale f.
Schi-Unfall m. accident de ski m.
Schicht (Lage) f. couche f.
Schichtarbeit f. travail posté m.
Schichtaufnahmeverfahren n. méthode tomographique f.
Schichtebene (röntgenol.) f. plan tomographique m.
schichten stratifier
Schichtstar m. cataracte zonulaire f.
Schichtung f. stratification f.
Schicktest m. réaction de Schick f.
Schiebelinse f. lentille glissante f.
schief oblique
Schiefhals m. torticolis m.
Schielamblyopie f. strabisme amblyopique m.
Schielbrille f. lunettes correctrices du strabisme f. pl.
schielen loucher
schielend, auswärts- avec strabisme divergent
schielend, einwärts- avec strabisme convergeant
Schieloperation f. strobotomie f.
Schielpinzette f. pince pour strabisme f.
Schienbein n. tibia m.
Schienbeinkante f. crête du tibia f.
Schiene f. attelle f.
schienen éclisser
Schienenverband m. pansement sur éclisse m.
Schienung f. éclissage m.
Schierling m. ciguë f.
Schießscheibenzelle f. cellule-cible f.
Schiff-Reagens n. réactif de Schiff m.
Schifferknoten m. noeud plat m.
Schiffsarzt m. médecin de marine m.
Schild n. panneau m.

Schilddrüse f. glande thyroïde f.
Schilddrüsenadenom n. adénome thyroïdien m.
Schilddrüsencalcitonin n. thyrocalcitonine f.
Schilddrüsenhormon n. hormone thyroïdienne f.
Schilddrüsentherapie f. thyroïdothérapie f.
Schildknorpel m. cartilage thyroïde m.
Schiller-Probe f. test de Schiller m.
Schimäre f. chimère f.
Schimmel (Pferd) m. cheval blanc m.
Schimmel (Pilz) m. moisissure f.
Schimmelpilz m. hyphomycète m.
Schinkenmilz f. amyloïdisme splénique m.
Schipper-Fraktur f. fracture des marins f.
Schirm, Röntgen- m. écran fluorescent m.
Schirmbild n. image sur écran f.
Schistose f. schistose f.
Schistosoma haematobium n. Schistosoma haematobium m.
Schistosomiasis f. schistosomiase f.
Schistozyt m. schistocyte m.
schizoaffektiv schizoaffectif
Schizogonie f. schizogonie f.
schizoid schizoïde
Schizont m. schizonte m.
schizophren m. schizophrène
Schizophrene f. schizophrène f.
Schizophrener m. schizophrène m.
Schizophrenie f. schizophrénie f.
Schizophrenie, Hebephrenie f. schizophrénie hébéphrène f.
Schizophrenie, Katatonie f. schizophrénie catatonique f.
Schizophrenie, paranoide f. schizophrénie paranoïaque f.
schizothym schizothymique
Schizothymie f. schizothymie f.
Schizotrichie f. trichoptilose f.
schlachten abattre
Schlachten n. abattage m.
Schlachthaus n. abattoir m.
Schlacke f. scorie f.
Schlaf m. sommeil m.
Schlaf, leichter, kurzer m. somnolence f.
Schlafapnoe f. apnée du sommeil f.
Schlaf-Apnoe-Syndrom n. syndrome d'apnée de sommeil m.
Schlafbehandlung f. hypnothérapie f.
schlafbringend somnifère
Schläfe f. tempe f.
schlafen dormir
schlaff atonique
Schlaffheit f. flaccidité f.

schlafgestört insomniaque
Schlafinduktoren m. pl. inducteurs du sommeil m. pl.
Schlafkrankheit f. maladie du sommeil f.
Schlafkrankheit, afrikanische f. léthargie d'Afrique f.
Schlafkrankheit, amerikanische f. maladie de Chagas f.
Schlafkur f. cure de sommeil f.
schlaflos souffrant d'insomnie
Schlaflosigkeit f. insomnie f.
Schlafmittel n. somnifère m.
Schlafmohn m. pavot m.
schläfrig somnolent
Schläfrigkeit f. somnolence f.
Schlafstörung f. trouble du sommeil m.
Schlafsucht f. hypersomnie f.
Schlafwandeln n. somnambulisme m.
Schlafwandler(in) m./(f.) somnambule m./f.
Schlag m. battement m., coup m.
Schlaganfall m. apoplexie cérébrale f.
schlagen battre
Schlagen n. battement m.
Schlagvolumen n. volume systolique m.
Schlamm m. boue f.
Schlammbad n. bain de boue m.
Schlammfieber n. fièvre des boues f.
Schlange f. serpent m.
Schlangenbiss m. morsure de serpent f.
Schlangenserum, antitoxisches n. sérum antivenimeux m.
Schlangesches Zeichen n. signe de Schlange m.
schlank mince
schlapp sans tonus
Schlattersche Krankheit f. ostéite apophysaire d'Osgood-Schlatter f.
Schlauch m. tuyau m.
Schlauchklemme f. clamp tubulaire m.
Schleier (radiol.) m. voile m.
Schleife f. anse f.
schleifen polir
Schleifendiuretikum n. diurétique de l'anse m.
Schleifgerät n. meule f.
Schleifmittel n. abrasif m.
Schleifstein m. pierre à aiguiser f.
Schleim m. mucosité f.
Schleimbeutel m. bourse séreuse f.
Schleimbeutelentzündung f. bursite f.
schleimbildend mucigène
Schleimbildung f. formation de mucus f.
Schleimdrüse f. glande mucipare f.
Schleimeinträufelung, postnasale intrabronchiale f. syndrome de dripping postnasal m.
Schleimfaden m. filament muqueux m.
Schleimfluss, retronasaler m. syndrome de dripping postnasal m.
Schleimhaut f. muqueuse f.
Schleimhautrelief n. relief de la muqueuse m.
schleimig muqueux
schleimlösend mucolytique
schleimlösendes Mittel n. mycolytique m.
Schleimpfropf m. bouchon muqueux m.
Schleimsuppe f. soupe de farine de céréales f.
Schlemmscher Kanal m. canal de Schlemm m.
Schlesinger-Probe f. test d'urobilinurie de Schlesinger m.
Schleudertrauma n. traumatisme par projection m.
Schleuse f. écluse f.
Schließmuskel m. sphincter m.
Schließvorrichtung f. système de fermeture m.
Schlinge f. anse f.
Schlinge, blinde f. anse aveugle f.
Schlinge, zuführende f. anse afférente f.
Schlitz m. fente f.
schlitzen fendre
Schlitzer m. inciseur m.
Schlitzgeschiebe n. attachement rainuré m.
Schlottergelenk n. articulation ballottante f.
schlotternd tremblant
schluchzen sangloter
Schluckakt m. déglutition f.
Schluckauf m. hoquet m.
Schluckbeschwerden f. pl. dysphagie f.
schlucken avaler
Schlucken n. déglutition f.
Schluckimpfung f. vaccination orale f.
Schlucklähmung f. paralysie de la déglutition f.
Schluckreflex m. réflexe de déglutition m.
Schlund m. gorge f.
Schlussdesinfektion f. désinfection finale f.
Schlüsselbein n. clavicule f.
Schlussleiste f. bandelette obturante f.
Schmalz n. graisse f.
Schmarotzer m. parasite m.
schmecken goûter
Schmecken n. sensation gustative f.
Schmeißfliege f. mouche à viande f.
Schmelz m. émail m.
Schmelz-Zement-Grenze f. limite adamanto-cémentale f.

schmelzbar, leicht facilement fusible
schmelzbar, schwer fusible à haute température
Schmelzbereich m. zone de fusion f.
Schmelzbildung f. adamantogenèse f.
schmelzen fondre
Schmelzepithel n. épithélium adamantin m.
Schmelzmatrix f. matrice adamantine f.
Schmelzmeißel m. ciseau à émail m.
Schmelzmesser n. adamantotome m.
Schmelzpunkt m. point de fusion m.
Schmelzschneider m. cutter à émail m.
Schmelzspalter m. adamantotome m.
Schmerz m. douleur f.
Schmerz, anhaltender douleur persistante f.
Schmerz, ausstrahlender douleur irradiante f.
Schmerz, beständiger m. douleur continue f.
Schmerz, blitzartiger douleur fulgurante f.
Schmerz, bohrender douleur perçante f.
Schmerz, brennender douleur brulante f.
Schmerz, dumpfer douleur sourde f.
Schmerz, fortgeleiteter douleur propagée f.
Schmerz, gürtelförmiger douleur en ceinture f.
Schmerz, klopfender douleur avec lancements f.
Schmerz, lanzinierender douleur lancinante f.
Schmerz, leichter m. douleur légère f.
Schmerz, pochender douleur congestive f.
Schmerz, starker douleur intense f.
Schmerz, stechender douleur piquante f.
Schmerz, wandernder douleur mobile f.
Schmerz, ziehender douleur qui tire f.
Schmerzäußerung f. manifestation de la douleur f.
schmerzempfindlichkeit f. sensibilité à la douleur f.
schmerzen faire mal
schmerzerzeugend à l'origine de douleur
schmerzhaft douloureux
Schmerzhaftigkeit f. caractère douloureux m.
schmerzlindernd antalgique
schmerzlos indolore
Schmerzlosigkeit f. absence de douleur f.
Schmerzpunkt m. point douloureux m.
schmerzstillend analgétique
schmerzstillendes Mittel n. antalgique m.
Schmetterlingswirbel m. vertèbre en papillon f.
schmiedbar malléable
Schmierblutung, uterine f. petites pertes sanglantes f.
schmieren étaler, graisser
Schmierinfektion f. infection par souillure f.
Schmirgel m. émeri m.
Schmirgelgeschiebe (dent.) n. attachement à poli m.
schmirgeln polir à l'émeri
schmoren étuver
Schmorlsches Knötchen n. nodule de Schmorl m.
Schmutz m. saleté f.
Schnabel m. bec m.
Schnabelbecken n. bassin en bec m.
Schnabeltasse f. canard m.
Schnake n. moustique m.
Schnappatmung f. respiration de suffocation f.
schnappen (Gelenk) faire ressort
schnappen, nach Luft suffoquer
Schnäpper m. scarificateur m.
schnarchen ronfler
schnarchend ronflant
Schnauze f. museau m.
Schnecke (anatom.) f. limaçon m.
Schnecke (biochem.) f. hélice f.
Schnecke (zool.) f. gastéropode m.
Schneeblindheit f. ophtalmie des neiges f.
Schneegestöberlunge f. poumon floconneux m.
schneiden couper
Schneidezahn m. incisive f.
Schnellbestimmung f. évaluation immédiate f.
Schnellentbindung f. accouchement accéléré m.
Schnellfärbung f. coloration immédiate f.
Schnelligkeit f. rapidité f.
Schnellschnitt f. incision rapide f.
Schnellserientechnik f. technique des séries accélérées f.
Schnelltest m. test immédiat m.
Schnellverband m. pansement de première urgence m.
schnellwachsend à croissance rapide
schnellwirkend agissant rapidement
schneuzen se moucher
Schniefen n. reniflement m.
Schnitt m. coupe (histol.) f., incision (chir.) f.
Schnittbild n. image de section f.
Schnittbildechographie f. échotomographie f.
Schnittentbindung f. césarienne f.
Schnittfänger m. support de coupe m.
Schnittführung f. méthode d'incision f.
Schnittwunde f. coupure f.
schnüffeln renifler

Schnuller m. tétine f.
Schnupfen m. corysa m.
Schnupfpulver m. poudre à éternuer f.
Schnydersche Dystrophie f. dystrophie de Schnyder f.
Schnürer m. garrot m.
Schnürnarbe f. cicatrice de constriction f.
Schock m. choc m.
Schockindex m. index de choc m.
Schockleber f. foie de choc m.
Schocklunge f. pneumopathie de choc f.
Schockniere f. néphropathie de choc f.
Schocksyndrom, toxisches n. syndrome de choc toxique m.
Schoemakersche Linie f. ligne de Schoemaker f.
Schokoladenzyste f. kyste hématique de l'ovaire m.
schonen épargner
Schonkost f. régime léger m.
Schonung f. ménagement m.
Schonungsbehandlung f. traitement par mise au repos m.
Schöpflöffel m. louche f.
Schorf m. escarre f.
schorfig escarrifié
Schornsteinfegerkrebs m. cancer des ramoneurs m.
schräg oblique
Schrägblickoptik f. système optique en vision oblique m.
Schrägdurchmesser, erster m. projection oblique antérieure droite f.
Schrägdurchmesser, zweiter m. projection oblique antérieure gauche f.
Schramme f. éraflure f.
Schranke f. barrière f.
Schraube f. vis f.
Schraubelektrode f. électrode vis f.
schrauben visser
Schraubenverbindung f. joint vissé m.
Schraubenzieher m. tournevis m.
Schraubgelenk n. articulation cochléaire f.
Schraubverschluss m. fermeture à vis f.
Schreck m. frayeur f.
Schrecken m. effroi m.
Schreckhaftigkeit f. impressionnabilité f.
Schreckreflex m. réflexe de frayeur m.
Schreiberscher Handgriff m. manoeuvre de Schreiber f.
Schreibkrampf m. graphospasme m.
Schreibstörung f. dysgraphie f.
Schreikrampf m. cris spasmodique m.
Schrittmacher m. pacemaker m., stimulateur m.
Schrittmacher, bifokaler m. pacemaker bifocal m.
Schrittmacher, Demand- m. pacemaker sentinelle m.
Schrittmacher, festfrequenter m. pacemaker à fréquence fixe m.
Schrittmacher, sequentieller m. pacemaker séquentiel m.
Schrittmacher, Stand-by- m. pacemaker stand-by m.
Schrittmacher, ventrikelinhibierter m. pacemaker à impulsions auriculaires m.
Schrittmacher, ventrikelsynchronisierter m. pacemaker à synchronisation ventriculaire m.
Schrittmacher, wandernder m. pacemaker mobile m.
Schrittmacherbehandlung des Herzens f. traitement par stimulation cardiaque m.
Schrittmacherbehandlung, Periode nach f. période post stimulation cardiaque f.
Schrittmacherbehandlung, vorhofgesteuerte f. stimulation cardiaque auriculaire f.
schroff rude
schröpfen ventouser
Schröpfkopf m. ventouse f.
Schrotkornlunge f. lésion miliaire du poumon f.
Schrumpfblase f. vessie rétrécie f.
schrumpfen se réduire
Schrumpfgallenblase f. vésicule biliaire fibroatrophique f.
Schrumpfleber f. cirrhose atrophique du foie f.
Schrumpfniere f. néphrosclérose f.
Schrumpfung f. rapetissement m.
Schrunde f. crevasse f.
Schub m. poussée f.
Schub, schizophrener m. épisode schizophrénique m.
Schubladenphänomen n. signe du tiroir m.
Schublehre f. pied à coulisse m.
Schüffnersche Tüpfelung f. granulations de Schüffner f. pl.
Schulalter n. âge scolaire m.
Schulangst f. peur de l'école f.
Schularzt m. médecin scolaire m.
Schulärztin f. médecin scolaire m.
Schuldgefühl n. sensation de culpabilité f.
Schulkind n. écolier m.
Schulmedizin f. médecine scolaire f.
Schulpfleger m. infirmier enseignant m.
Schulschwester f. infirmière enseignante f.
Schulter f. épaule f.

Schulter-Arm-Syndrom n. syndrome cervicobrachial m.
Schulterblatt n. omoplate f.
Schultergelenk n. articulation scapulohumérale f.
Schultergürtel m. ceinture scapulaire f.
Schulterkrone f. couronne à épaulement f.
Schulterlage f. présentation de l'épaule f.
Schultersteife f. ankylose de l'épaule f.
Schulterstütze f. soutien de l'épaule m.
Schultz-Charltonsches Auslöschphänomen n. phénomène de Schultz-Charlton m.
Schulzahnpflege f. hygiène dentaire à l'école f.
Schuppe f. pellicule f.
Schuppenausschlag m. eczéma squameux m.
Schuppenflechte f. psoriasis m.
Schuppenhaut f. peau squameuse f.
schuppig écailleux
Schuppung f. desquamation f.
Schürfwunde f. excoriation f.
Schurz m. tablier m.
Schürze f. tablier m.
Schussbruch m. fracture par arme à feu f.
Schussfraktur f. fracture par projectile f.
Schusswunde f. blessure par arme à feu f.
Schusterbrust f. thorax en entonnoir m.
Schüttelapparat m. agitateur m.
Schüttelfrost m. frisson m.
Schüttellähmung f. paralysie tremblante f.
Schüttelmixtur f. mixture à agiter f.
schütten verser
Schüttler m. shaker m.
Schutz m. protection f.
Schutzbrille f. lunettes de protection f. pl.
Schutzdosis f. dose protectrice f.
Schutzfilm m. film protecteur m.
Schutzhemmung f. inhibition protectrice f.
Schutzhülle f. enveloppe protectrice f.
Schutzimpfung f. immunisation préventive f.
Schutzkittel m. blouse de protection f.
Schutzklappe f. couvercle de protection m.
Schutzschale (Notfall) f. coque (urgences) f.
Sehutzschiene f. attelle protectrice f.
Schutzverband m. bandage protecteur m.
Schutzwirkung f. effet protecteur m.
Schwabachscher Versuch m. épreuve de Schwabach f.
schwach faible
schwach werden faiblir
Schwäche f. faiblesse f.
schwächen affaiblir
schwächlich délicat
Schwachsinn m. imbécilité f.
schwachsinnig faible d'esprit

Schwachstrom m. courant à basse tension m.
Schwächung f. affaiblissement m.
Schwalbenschwanz (dent.) m. queue d'aronde f. (dent.)
Schwamm m. éponge f.
Schwammbiopsie f. prélèvement à l'é ponge m.
schwammförmig spongiforme
schwammig spongieux
Schwammniere f. rein spongieux m.
Schwammschale f. coupelle à éponge f.
schwanger enceinte
Schwangerengymnastik f. gymnastique de préparation à l'accouchement f.
Schwangerenvorsorgeuntersuchung f. examen prénatal m.
schwängern rendre enceinte
Schwangerschaft f. gestation f.
Schwangerschaft, fortgeschrittene f. grossesse avancée f.
Schwangerschaftsabbruch m. interruption de grossesse f.
Schwangerschaftsblutung f. hémorragie de grossesse f.
Schwangerschaftserbrechen n. hyperémèse de la femme enceinte f.
Schwangerschaftsmitte f. moitié du temps de gestation f.
Schwangerschaftsniere f. rein de la femme enceinte m.
Schwangerschaftspsychose f. psychose gestationnelle f.
Schwangerschaftstest m. test de grossesse m.
Schwangerschaftstoxikose f. gestose f.
Schwangerschaftszeichen n. signe de grossesse m.
schwanken varier
Schwankschwindel m. vertige oscillant m.
Schwannom n. schwannome m.
Schwannsche Scheide f. gaine de Schwann f.
Schwanz m. queue f.
Schwarte f. couenne f.
schwarzhaarig brun
Schwärzung (röntgenol.) f. obscurcissement m.
Schwarzwasserfieber n. fièvre bilieuse hémoglobinurique f.
Schwebebrücke (dent.) f. bridge free end m. (dent.)
Schwebelaryngoskopie f. laryngoscopie en suspension f.
Schwebstoff m. substance en suspension f.
Schwefel m. soufre m.
Schwefelbad n. bain sulfureux m.
Schwefelblüte f. fleur de soufre f.

schwefelhaltig sulfuré
schwefelhaltig (sechswertig, vierwertig) sulfurique
schwefelhaltig (zweiwertig) sulfureux
Schwefelkohlenstoff m. carbone disulfide m.
Schwefelleber f. sulfure de potasse m.
Schwefelmilch f. lait de souffre m.
Schwefelsäureester m. ester de l'acide sulfurique m.
Schwefelwasserstoff m. hydrogène sulfuré m.
Schweigepflicht f. secret professionnel m.
Schwein m. porc m.
Schweinebandwurm m. ténia du porc m.
Schweinefett n. lard m.
Schweinepeitschenwurm m. trichine du cochon f.
Schweinepest f. choléra du porc
Schweinepest, afrikanische f. maladie de Montgomery f.
Schweinerotlauf m. érysipéloïde m.
Schweinfurter Grün n. vert de Paris m.
Schweinsberger-Krankheit f. maladie de Schweinsberger f.
Schweiß m. sueur f.
Schweißabsonderung f. sudation f.
schweißbildend sudoripare
Schweißbläschen n. pl. éruptions sudorales miliaires f. pl.
Schweißdrüse f. glande sudoripare f.
Schweißdrüsenabszess m. adénite sudoripare f.
schweißen souder
Schweißerophthalmie f. ophtalmopathie des soudeurs f.
Schweißflechte f. sudamina f.
Schweißfriesel m. miliaire f.
schweißtreibend diaphorétique
schweißtreibendes Mittel n. diaphorétique m.
Schweißzyste f. hydrocyste m.
schwelen couver
Schwelle f. seuil m.
schwellen gonfler
Schwellendosis f. dose seuil f.
Schwellenwert m. valeur seuil f.
Schwellkörper m. corps caverneux m.
Schwellstrom m. courant seuil m.
Schwellung f. tuméfaction f.
schwer lourd
schwer (ernst) sérieux
schwerbehindert gravement handicapé
schwerbehinderte Person f. personne gravement handicapée f.
schwerelos sans poids
Schwerelosigkeit f. apesanteur f.
schweres Wasser n. eau lourde f.
schwerhörig dur d'oreille
Schwerhörigkeit f. surdité f.
Schwerkettenkrankheit f. maladie des chaînes lourdes f.
schwerlöslich peu soluble
Schwermetall n. métal lourd m.
Schwermut f. mélancolie f.
Schwerpunktkrankenhaus n. hôpital central m.
Schwerspat m. spath m.
Schwertfortsatz m. appendice xiphoïde m.
schwerverletzt gravement blessé
schwerverletzte Person f. blessé grave m.
Schwesternausbildung f. formation d'infirmière f.
Schwesternkleidung f. vêtements d'infirmière m. pl.
Schwesternschule f. école d'infirmière f.
Schwesternschülerin f. élève infirmière f.
Schwesternwohnheim n. batiment de logement des infirmières m.
Schwiele f. callosité f.
Schwimmbadkonjunktivitis f. conjonctivite épidémique des piscines f.
Schwimmblase f. vessie natatoire f.
schwimmen nager
Schwimmhaut f. palmure f.
Schwimmprobe f. test hydrostatique m.
Schwindel (med.) m. vertige m.
Schwindel, leichter m. malaise m.
Schwindel, otogener m. vertige auditif m.
Schwindelanfall m. crise de vertige f.
Schwindelgefühl m. sensation de vertige f.
Schwindsucht f. consomption f.
schwindsüchtig phtisique
schwingen vibrer
Schwingung (elektr.) f. oscillation f.
Schwirren n. frémissement m.
Schwitzbad n. bain d'étuve m.
schwitzen suer
Schwitzen n. transpiration f.
Schwitzkur f. traitement par la sudation m.
Schwitzmittel n. sudorifique m.
Schwund m. atrophie f.
Scilla f. scille f.
Scimitarsyndrom n. anomalie vasculopulmonaire de Scimitar f.
Scirrhus m. cancer squirrheux m.
Scombrotoxin n. scombrotoxine f.
Scopolaminum hydrobromicum n. bromhydrate de scopolamine m.
Score m. score m.
Scoresystem n. système de scores m.

Screening n. dépistage m.
Scribner-Shunt m. shunt de Scribner m.
SDH (Sorbit-Dehydrogenase) f. SDH (sorbitol-déhydrogénase) f.
Seborrhö f. séborrhée f.
seborrhoisch séborrhéique
seborrhoische Alopezie f. alopécie séborrhéique f.
Sebostase f. sébostase f.
sebotrop sébotrope
Secale cornutum n. ergot de seigle m.
sechseckig hexagonal
Sechsventilgerät n. appareil à six valves m.
sechswertig hexavalent
Seclazon n. séclazone f.
Secoverin n. sécovérine f.
Secretagogum n. sécrétogogue m.
Secretin n. sécrétine f.
Securinin n. sécurinine f.
sedativ sédatif
Sedativum n. sédatif m.
sedieren calmer
Sedierung f. sédation f.
Sediment n. sédiment m.
Sedimentierung f. sédimentation f.
Sedoheptulose f. sédoheptulose m.
Seebad n. bain de mer m.
Seekrankheit f. mal de mer m.
Seele f. âme f.
Seelenblindheit f. agnosie visuelle f.
Seelentaubheit f. agnosie auditive f.
seelisch psychique
seelische Störung f. trouble psychique m.
Segment n. segment m.
segmental segmentaire
Segmentdegeneration f. dégénérescence segmentaire f.
segmentiert segmenté
Segmentierung f. segmentation f.
Segmentresektion f. résection segmentaire f.
Segregation f. ségrégation f.
Sehachse f. axe visuel m.
Sehbahn f. voie visuelle f.
sehen voir
Sehen n. vision f.
Sehen, verschwommenes n. vue trouble f.
Sehhügel m. thalamus m.
Sehkraft f. aptitude visuelle f.
Sehleistung f. capacités visuelles f. pl.
Sehne f. tendon m.
Sehnennaht f. ténorraphie f.
Sehnenplastik f. ténoplastie f.
Sehnenreflex m. réflexe tendineux m.
Sehnenscheide f. gaine synoviale tendineuse f.
Sehnenscheidenentzündung f. tendovaginite f.
Sehnenzerrung f. foulure tendineuse f.
Sehnervenscheibe f. papille optique f.
Sehnervpapille f. papille optique f.
sehnig tendineux
Sehprüfung f. examen de la vue m.
Sehpurpur m. pourpre visuel m.
Sehrtsches Kompressorium n. pince de compression aortique de Sehrt f.
Sehschärfe f. acuité visuelle f.
Sehstörung f. problème de vision m.
Sehtest m. test d'acuité visuelle m.
Sehvermögen n. aptitude visuelle f.
Sehweite f. distance de vision f.
Sehzeichen n. optotype m.
Sehzentrum n. centre visuel m.
Seide, chirurgische f. fil de suture en soie m.
Seife f. savon m.
Seifenstuhl m. selles savonneuses f. pl.
Seifenwasser n. eau savonneuse f.
seifig savonneux
Seignettesalz n. sel de la Rochelle m.
Seiher m. filtre m.
Sein n. être m.
Seit-zu-End-Anastomose f. anastomose latéroterminale f.
Seit-zu-Seit-Anastomose f. anastomose latérolatérale f.
Seitblickoptik f. système optique en vision latérale m.
Seite f. côté m.
Seitenband m. ligament collatéral m.
Seitenbiss m. occlusion latérale f.
Seitenhorn n. corne latérale f.
Seitenkette f. chaîne latérale f.
Seitenlage f. décubitus latéral m.
Seitenstechen n. point de côté m.
Seitenstrang (der weißen Rückenmarkssubstanz) m. cordon latéral de la moelle blanche m.
Seitenstrangangina f. pharyngite latérale f.
Seitenventrikel m. ventricule latéral m.
Seitenzahnokklusionszone f. zone d'occlusion latérale f.
seitlich latéral
Seitwärtsbewegung f. mouvement latéral m.
Seitzfilter m. filtre de Seitz m.
Sekret n. sécrétion f.
sekretagog sécrétagogue
Sekretase f. sécrétase f.
Sekretär m. secrétaire m.
Sekretärin f. secrétaire f.
Sekretin n. sécrétine f.
Sekretinom n. sécrétinome m.

Sekretion f. sécrétion f.
Sekretion, innere f. sécrétion interne f.
sekretionsfördernd favorisant la sécrétion
sekretionshemmend inhibant la sécrétion
Sekretolyse f. sécrétolyse f.
Sekretolytikum n. sécrétolytique m.
sekretolytisch sécrétolytique
Sekretor m. sécréteur m.
sekretorisch sécrétoire
Sekretsammelgefäß n. poche recevant les sécrétions f.
Sektion f. section f.
Sektion (anatom.) f. dissection anatomique f.
Sektionsbesteck n. instruments de dissection m. pl.
Sektionshandschuhe f. pl. gants d'anatomie m. pl.
Sektionsnadel f. aiguille d'autopsie f.
Sektionsraum m. salle d'anatomie pathologique f.
Sektor m. secteur m.
sekundär secondaire
Sekundärdentin n. dentine secondaire f.
Sekundärelektron n. émission électron m.
sekundärer Alkohol m. alcool secondaire m.
Sekundärheilung f. guérison secondaire f.
Sekundärinfektion f. infection secondaire f.
Sekundärnaht f. suture secondaire f.
Sekundenherztod m. mort par syncope cardique brusque f.
Selbstbeobachtung f. introspection f.
Selbstbeschädigung f. automutilation f.
Selbstentspannung f. autorelaxation f.
Selbstentwicklung f. évolution spontanée f.
Selbsterhaltung f. autopréservation f.
selbsthärtend (dent.) autodurcissant (dent.)
Selbstheilung f. autoguérison f.
Selbstimmunisierung f. autoimmunisation f.
Selbstinduktion f. autoinduction f.
Selbstkastration f. autocastration f.
Selbstkritik f. autocritique f.
Selbstmedikation f. automédication f.
Selbstmord m. suicide m.
Selbstmord verüben se suicider
Selbstmordversuch m. tentative de suicide f.
Selbstregulierung f. autorégulation f.
Selbstreinigung f. autonettoyage m.
Selbstschutz m. autoprotection f.
Selbsttötung f. suicide m.
Selbstverdammung f. autocondamnation f.
Selbstverdauung f. autodigestion f.
Selbstverletzungssyndrom n. syndrome d'automutilation m.
Selbstverstümmelung f. automutilation f.

Selbstwertgefühl n. sentiment de sa propre valeur m.
Seldingertechnik f. méthode de Seldinger f.
Selegenin n. sélégénine f.
Selektion f. sélection f.
selektiv sélectif
Selektivität f. sélectivité f.
Selen n. sélénium m.
Selenat n. sélénate m.
Selenid n. sélénide m.
Selenit n. sélénite m.
selenodont sélénodonte
Selenomethylcholesterin n. sélénométhylcholestérol m.
Selenvergiftung f. empoisonnement au sélénium m.
Seliwanow-Probe f. réaction de Selivanoff f.
Sella turcica f. selle turcique f.
sellär sellaire
Seltene Erde f. terre rare f.
Semantik f. sémantique f.
semantisch sémantique
Semenurie f. spermaturie f.
Semester n. semestre m.
Semialdehyd m. semialdéhyde m.
Semidekussation f. semidécussation f.
semidirekt semidirect
semiessentiell semiessentiel
Semiethanolat n. semiéthanolate m.
Semihydrat n. semihydrate m.
Semikarbazid n. semicarbazide m.
Semikarbazon n. semicarbazone f.
Semikastration f. castration unilatérale f.
semilunar semilunaire
semimaligne semimalin
semimembranös semimembraneux
Seminar n. cours m., séminaire m.
Seminom n. séminome m.
Seminurie f. spermaturie f.
Semiologie f. séméiologie f.
semiologisch séméiologique
Semiotik f. symptomatologie f.
semioval semiovale
semipermeabel semiperméable
semiquantitativ semiquantitatif
semisynthetisch semisynthétique
Semithiokarbazon n. semithiocarbazone f.
semiunipolar semiunipolaire
semivertikal semivertical
semizirkulär semicirculaire
Semliki-Wald-Fieber n. fièvre virale de Semliki f.
Semustin n. sémustine f.
Sendungswahn m. délire messianique m.

Senear-Ushersche Krankheit f. maladie de Senear-Usher f.
Seneszenz f. sénescence f.
Senfmehl n. farine de moutarde f.
Senföl n. huile de moutarde f.
Senfpapier n. sinapisme m.
Senfpflaster n. cataplasme de moutarde m.
senil sénile
Senilität f. sénilité f.
Senkfuß m. pied plat m.
Senkfußeinlage f. cambrillon m.
Senkung (BSG) f. vitesse de sédimentation f.
Senkung (Tiefertreten) f. descente f.
Senkungsabszess m. abcès hypostatique m.
Senna f. séné m.
Sennosid n. sennoside m.
Sensation f. sensation f.
sensibel sensible
sensibilisieren sensibiliser
Sensibilisierung f. sensibilisation f.
Sensibilität f. sensibilité f.
Sensibilität, unterschwellige f. subsensibilité f.
Sensibilitätsstörung f. trouble sensitif m.
Sensing n. sensing m.
sensitiv sensitif
Sensitivität f. sensitivité f.
Sensitometrie f. sensitométrie f.
sensitometrisch sensitométrique
sensomotorisch sensorimoteur
Sensor m. capteur m.
sensoriell sensoriel
sensorisch sensoriel
Sensorium n. sensorium m.
Sentinelllympknoten m. ganglion sentinelle m.
Separation f. séparation f.
Separator m. séparateur m.
separieren séparer
Separierinstrument n. instrument de séparation m.
Separiermittel n. moyen de séparation m.
Sepharose f. sépharose m.
Sepsis f. septicémie f.
Sepsis lenta f. septicémie lente f.
Sepsis, orale f. septicémie orale f.
Sepsis, puerperale f. septicémie puerpérale f.
septal septal
septieren cloisonner
septiert cloisonné
Septierung f. cloisonnement m.
Septikämie f. septicémie f.
Septikopyämie f. pyohémie f.
septisch septique
septonasal septonasal

septooptisch septooptique
Septostomie f. septostomie f.
Septum n. septum m.
Septum nasi n. cloison nasale f.
Septum pellucidum n. septum lucidum m.
Septumdefekt, kardialer m. anomalie septale cardiaque f.
Septumdeviation f. déviation septale f.
sequentiell séquentiel
Sequenz f. séquence f.
Sequenzszintigraphie f. scintigraphie séquentielle f.
Sequester m. séquestre m.
Sequesterbildung f. séquestration f.
Sequesterzange f. pince à séquestre f.
Sequestrektomie f. séquestrectomie f.
Sequestrotomie f. séquestrotomie f.
Serfibrat n. serfibrate m.
Serie f. série f.
Serienfraktur f. fracture en série f.
Serienkassette f. cassette sériée f.
serienmäßig en série
Serienschnitt m. coupe en série f.
Serin n. sérine f.
SERM (selektiver Estrogenrezeptorenmodulator) m. modulateur sélectif des récepteurs aux estrogènes m.
Sermetacin n. sermétacine f.
Sermorelin n. sermoréline f.
Serodiagnose f. sérodiagnostic m.
serofibrinös sérofibrineux
serofibrös sérofibreux
Serologie f. sérologie f.
serologisch sérologique
seromembranös séromembraneux
seromukös séromuqueux
seronegativ séronégatif
Seropneumothorax m. hydropneumothorax m.
seropositiv séropositif
Seroprävalenzf. séroprévalence f.
seropurulent séropurulent
Seroreaktion f. séroréaction f.
Serorezidiv n. récidive sérologique f.
serös séreux
serosanguinolent sérosanguinolent
seroserös séroséreux
Serositis f. sérosite f.
Serosynovitis f. sérosynovite f.
Serothorax m. hydrothorax m.
Serotonin n. sérotonine f.
serotoninerg sérotoninergique
Serotoninom n. sérotoninome m.

Serotonin-Wiederaufnahmehemmer, selektiver (SSRI) m.   ISRS (inhibiteur sélectif de la recapture de la sérotonine) m.
Serotympanum n.   sérotympan m.
Serotyp m.   type sérologique m.
Serovakzination f.   sérovaccination f.
serpiginös   serpigineux
Serrapeptase f.   serrapeptase f.
Serratie f.   serratia f.
Serratuslähmung f.   paralysie du muscle grand dentelé f.
Serresche Drüse f.   glande de Serre f.
Sertaconazol n.   sertaconazol m.
Sertolische Zelle f.   cellule de Sertoli f.
Sertralin n.   sertraline f.
Serum n.   sérum m.
Serum-Agar m.   agar-sérum m.
Serum-Glutaminsäure-Brenztraubensäure-Transaminase f.   transaminase glutamo-pyruvique sérique f.
Serum-Glutaminsäure-Oxalessigsäure-Transaminase f.   transaminase glutamo-oxaloacétique sérique f.
Serumbehandlung f.   sérothérapie f.
Serumeiweiß n.   protéine sérique f.
Serumkonversion f.   séroconversion f.
Serumkrankheit f.   maladie du sérum f.
Serumprophylaxe f.   séroprophylaxie f.
Serumvergiftung f.   intoxication sérique f.
Serviettenhalter m.   porte-serviettes m.
Sesambein n.   os sésamoïde m.
Sesamöl n.   huile de sésame f.
Sesquichlorid n.   sesquichlorure m.
Sesquihydrat n.   sesquihydrate m.
Sesquioleat n.   sesquioléate m.
Sesquiterpen n.   sesquiterpène m.
sessil   sessile
Setariasis f.   sétariase f.
Setazindol n.   sétazindol m.
Setiptilin n.   sétiptiline f.
Seuche f.   épidémie f.
Seuchenherd n.   foyer épidémique m.
Seuchenlage f.   situation sanitaire f.
seufzen   soupirer
Sevofluran n.   sévoflurane m.
Sexchromatin n.   chromatine sexuelle f.
sexchromosomal   des chromosomes sexuels
Sexologe m.   sexologue m.
Sexologie f.   sexologie f.
Sexologin f.   sexologue f.
sexologisch   sexologique
Sexualhormon n.   hormone sexuelle f.
Sexualität f.   sexualité f.
Sexualmedizin f.   sexologie médicale f.
Sexualneurose f.   névrose sexuelle f.
Sexualreflex m.   réflexe sexuel m.
Sexualwissenschaft f.   sexologie f.
sexuell   sexuel
Sézary-Syndrom n.   syndrome de Sézary m.
sezernieren   sécréter
sezernierend   sécrétant
sezieren   disséquer
Sfericase f.   sféricase f.
SHBG (sexualhormonbindendes Globulin) n.   SHBG (sex hormone binding globulin) f.
Sheehan-Syndrom n.   syndrome de Sheehan m.
Shiga-Kruse-Bazillus m.   bacille de Shiga m.
Shigelle f.   shigella f.
Shigellose f.   shigellose f.
Shoemakersche Linie f.   ligne de Shoemaker f.
Shprintzen-Goldberg-Syndrom n.   syndrome de Shprintzen-Goldberg m.
Shrapnellsche Membran f.   membrane flaccide de Shrapnell f.
Shunt m.   shunt m.
Shuntvolumen n.   volume shunt m.
Sia-Test m.   test de floculation de Sia m.
Sialadenitis f.   sialadénite f.
Sialadenographie f.   sialadénographie f.
sialagog   sialagogue
Sialagogum n.   sialagogue m.
Sialogramm n.   sialogramme m.
Sialographie f.   sialographie f.
sialographisch   sialographique
Sialolithiasis f.   sialolithiase f.
Sialom n.   sialome m.
Sialopenie f.   sialopénie f.
Sialorrhö f.   sialorrhée f.
Sialose f.   sialose f.
Sialyltransferase f.   sialyltransférase f.
Siamesische Zwillinge m. pl.   frères siamois m. pl.
Sibutramin n.   sibutramine f.
sich aufregen   s'inquiéter
sich die Hand geben   serrer les mains
Sichel f.   faux f.
sichelförmig   falciforme
Sichelzelle f.   drépanocyte m.
Sicherheit f.   sécurité f.
Sicherheitsabstand m.   distance de sécurité f.
Sicherheitsgurt m.   ceinture de sécurité f.
Sicherheitsvorschriften f. pl.   consignes de sécurité f. pl.
sichern   assurer
Sicherung f.   protection f.
Sicherung (elektr.) f.   fusible m.

Sichtanzeigegerät n. appareil à affichage visuel m.
sichtbar visible
sichtbar machen visualiser
Sichtbarkeit f. visibilité f.
Sick-Sinus-Syndrom n. syndrome sinusal m.
Sickerblutung f. microhémorragie f.
Sideramin n. sidéramine f.
sideroachrestisch sidéroachrestique
Sideroblast m. sidéroblaste m.
sideroblastisch sidéroblastique
Siderochrom n. sidérochrome m.
Sideropenie f. sidéropénie f.
sideropenisch sidéropénique
siderophil sidérophile
Siderose f. sidérose f.
siderotisch sidérotique
Siderozyt m. sidérocyte m.
Sieb n. crible m.
Siebbein n. os ethmoïde m.
Siebbeinhöhle f. sinus ethmoïdal m.
Siebbeinhöhlenausräumung f. ethmoïdectomie f.
Siebbestrahlung f. irradiation sous lamelles de plomb f.
siebenwertig heptavalent
Siebtest m. test de dépistage m.
siechen dépérir
sieden bouillir
Siedepunkt m. point d'ébulition m.
Siegelringzelle f. cellule en bague à sceau f.
Siemens n. siemens m.
Sievert n. sievert m.
Sigmatismus m. sigmatisme m.
Sigmoid n. anse sigmoïde f.
Sigmoidanheftung f. sigmoïdopexie f.
Sigmoidektomie f. sigmoïdectomie f.
Sigmoiditis f. sigmoïdite f.
Sigmoidoproktostomie f. sigmoïdoproctostomie f.
Sigmoidoskopie f. sigmoïdoscopie f.
Sigmoidostomie f. sigmoïdostomie f.
Signal n. signal m.
Signallampe f. lampe de signalisation f.
Signatur f. signature f.
signifikant significatif
Signifikanz f. significativité f.
Silandron n. silandrone f.
Silbenstolpern n. achoppement syllabique f.
Silber n. argent m.
Silber-Palladium-Legierung f. alliage argent-palladium m.
Silberdraht m. fil d'argent m.
Silberdrahtarterie f. artère rétinienne angiospastique argentée f.
Silberfolie f. feuille d'argent f.
Silberimprägnation f. imprégnation argyrique f.
Silberimprägnierung f. imprégnation argyrique f.
Silberlegierung f. alliage d'argent m.
Silbernitrat n. nitrate d'argent m.
Silber-Palladium-Legierung n. alliage argent-palladium m.
Sidenafil n. sidénafil m.
Silhouette f. silhouette f.
Silikat n. silicate m.
Silikatose f. silicatose f.
Silikatzement m. ciment de silicate m.
Silikoanthrakose f. silicoanthracose f.
Silikofluorid n. silicofluorure m.
Silikon n. silicone f.
Silikongummi m. gomme de silicone f.
Silikose f. silicose f.
Silikosiderose f. silicosidérose f.
silikotisch silicotique
Silikotuberkulose f. silicotuberculose f.
Silizium n. silicium m., silicone f.
Siliziumdioxid n. silice f.
Siliziumfluorid n. fluorure de silicium m.
Siliziumkarbid n. carbure de silicium m.
Silkwormgut n. fil de Florence m.
Silofüllerkrankheit f. maladie des ouvriers des silos f.
Silverman-Nadel f. aiguille de Silverman f.
Silydianin n. silydianine f.
Silymarin n. silymarine f.
Simfibrat n. simfibrate m.
Simmondssche Krankheit f. maladie de Simmonds f.
Simonartscher Strang m. adhérence foetomembraneuse f.
Simssches Spekulum n. spéculum de Sims m.
Simtrazen n. simtrazène m.
Simulant m. simulateur m.
Simulantin f. simulatrice f.
Simulation f. simulation f.
Simulator m. simulateur m.
simulieren simuler
simultan simultané
Simvastatin n. simvastatine f.
Sincalid n. sincalide m.
Sindbisfieber n. fièvre de Sindbis f.
Sinefungin n. sinéfungine f.
Single-Photon-Emissionscomputertomographie (SPECT) f. single photon emission computed tomographie (SPECT) f.
Singulettsauerstoff m. oxygène atome m.
Singultus m. hoquet m.

Sinistrokardie f. sinistrocardie f.
sinistroponiert en sinistroposition
Sinistroposition f. sinistroposition f.
Sinn m. sens m.
Sinnesepithel n. neuroépithélium m.
Sinnesorgan n. organe sensoriel m.
Sinnesphysiologie f. physiologie sensorielle f.
Sinnesreiz m. stimulus sensoriel m.
Sinnestäuschung f. hallucination sensorielle f.
Sinneswahrnehmung f. perception sensorielle f.
Sinneszelle f. cellule sensorielle f.
sinobronchial sinobronchique
Sinobronchitis f. sinobronchite f.
sinuatrial sinoauriculaire
sinuaortal sinuaortique
sinubronchial sinobronchique
Sinus m. sinus m.
Sinus cavernosus m. sinus caverneux m.
sinusal sinusal
Sinusarrhythmie f. arythmie sinusienne f.
sinusförmig sinusoïdal
Sinusitis f. sinusite f.
Sinusitis ethmoidalis f. sinusite ethmoïdale f.
Sinusitis frontalis f. sinusite frontale f.
Sinusitis maxillaris f. sinusite maxillaire f.
Sinusitis sphenoidalis f. sinusite sphénoïdale f.
Sinusknoten m. noeud sinusal de Keith et Flack m.
Sinusknotensyndrom n. maladie du sinus f.
Sinusoid n. sinusoïde f.
sinusoidal sinusoïdal
sinuspiral sinospiral
Sinusrhythmus m. rythme sinusal m.
Sinustachykardie f. tachycardie sinusale f.
Sinusvenenthrombose f. thrombose veineusesinusale f.
sinuventrikulär sinoventriculaire
Siphon m. siphon m.
Sipple-Syndrom n. syndrome de Sipple m.
Sipulecel-T n. sipulecel-T m.
Sirolismus m. sirolisme m.
Sirenomelie f. sirénomélie f.
Site, aktiver m. site actif m.
Sitofibrat n. sitofibrate m.
Sitoglusid n. sitogluside m.
Sitosterin n. sitostérine f.
sittlich éthique
Situation f. situation f.
Situationsangst f. phobie de situation f.
Situationsnaht f. suture de rétention f.

Situs m. situs m.
Situs inversus m. situs inversus m.
Situs transversus m. situs transversus m.
Sitzbad n. bain de siège m.
sitzend assis
Sitzgurt m. ceinture f.
Sitzung f. séance f.
Sitzwagen m. fauteuil roulant m.
Sjögren-Syndrom n. syndrome de Sjögren m.
Skabies f. gale f.
Skala f. échelle graduée f.
Skalenektomie f. scalénectomie f.
Skalenus-Lymphknotenbiopsie f. biopsie ganglionnaire scalénique f.
Skalenusdurchtrennung f. scalénotomie f.
Skalenuslücke f. espace scalénique m.
Skalenussyndrom n. syndrome du scalène m.
Skalpell n. scalpel m.
Skalpell, anatomisches n. scalpel de dissection m.
Skalpell, Operations- n. scalpel chirurgical m.
Skalpierung f. scalp m.
Skammonium n. gomme de scammonée f.
Skandal, im Gesundheitswesen m. scandale sanitaire m.
skandieren scander
skandierende Sprache f. parole saccadée f.
Skandium n. scandium m.
Skaphozephalie f. scaphocéphalie f.
skapular scapulaire
skapulohumeral scapulohuméral
skapuloklavikular scapuloclaviculaire
skapuloperoneal scapulopéronier
Skarifikation f. scarification f.
skarlatiniform scarlatiniforme
Skarlatinoid n. rubéole scarlatiniforme f.
Skatol n. scatole m.
Skelett n. squelette m.
skelettieren isoler un organe
Skelettierung f. isolement d'un organe m.
Skelettmuskel m. muscle strié m.
Skenesche Drüse f. glande paraurétrale de Skene f.
Skiaskop n. rétinoscope m.
Skiaskopie f. rétinoscopie f., skiascopie f.
skiaskopisch rétinoscopique
Sklera f. sclérotique f.
skleral scléreux
Skleralschale f. enveloppe scléreuse f.
Sklerektomie f. sclérectomie f.
Sklerem n. sclérème m.
Skleritis anterior f. sclérite antérieure f.

Sklerits posterior f. sclérite postérieure f.
skleritisch scléritique
Sklerodaktylie f. sclérodactylie f.
Sklerödem n. scléroedème m.
Sklerodermie f. sclérodermie f.
sklerokonjunktival scléroconjonctival
sklerokorneal sclérocornéen
Sklerom n. sclérome m.
Sklerophthalmie f. sclérophtalmie f.
Sklerose f. sclérose f.
Sklerose, multiple f. multiple sclérose f.
Sklerose, progressive System- f. sclérose systémique progressive f.
Sklerose, tuberöse f. sclérose tubéreuse f.
sklerosieren scléroser
Sklerosierung f. sclérose f.
Sklerotherapie f. sclérothérapie f.
sklerotisch sclérotique
Sklerotom n. sclérotome m.
Sklerotomie f. sclérotomie f.
Sklerozone f. zone scléreuse f.
Skolex m. scolex m.
Skoliose f. scoliose f.
skoliotisch scoliotique
Skopolamin n. scopolamine f.
Skopulariopsidose f. scopulariopsidose f.
Skorbut m. scorbut m.
skorbutisch scorbutique
Skorpion m. scorpion m.
Skotom n. scotome m.
Skotom, Flimmer- n. scotome scintillant m.
Skotom, negatives scotome négatif m.
Skotom, peripapilläres n. scotome péripapillaire m.
Skotom, Ring- n. scotome annulaire m.
Skotom, zentrales n. scotome central m.
Skotometrie f. scotométrie f.
Skotophobie f. scotophobie f.
Skotopie f. vision scotopique f.
skotopisch scotopique
Skotopsin n. scotopsine f.
Skrofeln f. pl. scrofule f.
Skrofuloderm n. scrofuloderme m.
skrofulös scrofuleux
Skrofulose f. scrofule f.
skrotal scrotal
Skrotum n. scrotum m.
Skybalum n. scybale f.
Slice cut m. préparation en coupes f.
Sluder-Neuralgie f. nevralgie de Sluder du ganglion ptérygopalatin m.
Smegma n. smegma m.
Smegmabazillus m. bacille du smegma m.
Snedden-Syndrom n. syndrome de Snedden m.

Snellensche Sehprobe f. test visuel de Snellen m.
Soda f. soude f.
Sodbrennen n. aigreurs f. pl.
Sodoku m. sodoku m.
Sodomie f. sodomie f.
Sofortmaßnahme f. mesure d'urgence f.
Sofortprothese (dent.) f. prothèse immédiate f. (dent.)
Sofortreaktion f. réaction immédiate f.
Sog m. aspiration f.
Sohlengänger m. plantigrade m.
Sokolow-Index m. index de Sokolow m.
Sol n. sol m.
Solanin n. solanine f.
Solaninvergiftung f. intoxication par la solanine f.
solat solaire
Solarium n. solarium m.
Solbad n. bain salé m.
Sole f. eau salée f.
solid solide
Solifenacin n. solifénacine f.
solitär solitaire
Sollwert m. valeur souhaitée f.
Solubilisierung f. solubilisation f.
Solvation f. solvation f.
Solypertin n. solypertine f.
somatisch somatique
somatogen somatogénique
Somatogramm n. somatogramme m.
Somatoliberin n. somatolibérine f.
Somatologie f. somatologie f.
Somatomammotropin n. somatomammotropine f.
Somatomedin n. somatomédine f.
Somatoneurose f. somatoneurose f.
Somatopause f. somatopause f.
somatosensorisch somatosensoriel
Somatostatin n. somatostatine f.
Somatostatinom n. somatostatinome m.
somatotrop somatotrope
Somatotropin n. somatotrophine f.
Sommerbrechdurchfall m. gastroentérite estivale f.
Sommersprosse f. tache de rousseur f.
somnambul somnambule
Somnambulismus m. somnambulisme m.
Somnographie f. somnographie f.
somnographisch somnographique
somnolent somnolent
Somnolenz f. somnolence f.
Sonde f. sonde f.
Sondenernährung f. gavage par sonde oesophagienne m.

Sonderkrankenpflege f. soins infirmiers spéciaux m. pl.
sondieren sonder
Sonnenbad n. bain de soleil m.
Sonnenbestrahlung f. irradiation solaire f.
Sonnenbestrahlung, der – aussetzen exposer aux rayons solaires
Sonnenbrand m. coup de soleil m.
Sonnenbräune f. bronzage solaire m.
Sonnenenergie f. énergie solaire f.
Sonnenschutzmittel n. protection solaire f.
Sonnenstich m. insolation f.
Sonographie f. sonographie f.
Sonographie, abdominale f. échographie abdominale f.
sonographisch sonographique
sonor sonore
Sonotomographie f. sonotomographie f.
Soor m. muguet m.
SOP (Subokzipitalpunktion) f. ponction sous-occipitale f.
Sophomanie f. sophomanie f.
Sopitazin n. sopitazine f.
soporös soporeux
Sorbat n. sorbate m.
Sorbinicat n. sorbinicate m.
Sorbit n. sorbitol m.
Sorbitan n. sorbitane m.
Sorbitanoleat n. sorbitanoléate m.
Sorbitdehydrogenase f. sorbitol déhydrogénase f.
Sorbose f. sorbose m.
sorgen, sich se soucier
Sortiment n. assortiment m.
Soyabohne f. haricot soja m.
sozial social
Sozialarbeiter m. travailleur social m.
Sozialarbeiterin f. travailleuse sociale f.
Sozialhilfe f. aide sociale f.
Sozialisation f. socialisation f.
sozialmedizinisch sociomédical
Sozialstation f. centre de médecine sociale m.
Sozialversicherung f. assurance sociale f.
soziodemograpisch sociodémographique
Soziologie f. sociologie f.
Soziopathie f. sociopathie f.
soziopathisch sociopathologique
soziosexual sociosexuel
Soziotherapie f. sociothérapie f.
Sozojodolat n. sozoiodolate m.
Spalt m. fente f., scissure f.
spaltbar clivable
Spalte f. fente f.
spalten décomposer (chem.), fendre

Spalter m. instrument de clivage m.
Spaltfuß m. pied fendu m.
Spalthand f. main fourche f.
Spaltlampe f. lampe à fente f.
Spaltprodukt m. produit de fission (atom.) m.
Spaltung f. dissociation f.
Spaltung eines Atomkerns f. fission nucléaire f.
Spaltung eines Herztones f. dédoublement d'un bruit du coeur m.
Spaltvakzine f. vaccin fractions antigéniques m.
Spaltwirbel m. spondyloschisis m.
Span m. éclat m.
Spange f. agrafe f.
Spannung f. tension f.
Spannung, elektrische f. voltage m.
spannungsfrei détendu
Spannungskopfschmerz m. céphalée de tension f.
Spannungspneumothorax m. pneumothorax sous tension m.
Spannungszustand m. état de tension m.
Sparganose f. sparganose f.
Spartein n. spartéine f.
Spasmoanalgetikum n. spasmoanalgésique m.
spasmoanalgetisch spasmoanalgésique
Spasmolyse f. spasmolyse f.
Spasmolytikum n. antispasmodique m.
spasmolytisch spasmolytique
spasmophil spasmophile
Spasmophilie f. spasmophilie f.
Spasmus m. spasme m.
Spastik f. spasticité f.
Spastiker(in) m./(f.) sujet avec hypertonie spastique m.
spastisch spastique
spastisch-ataktisch spasticoataxique
Spastizität f. spasticité f.
Spat (veter.) m. éparvin m. (vétér.)
Spätabszess m. abcès tardif m.
Spatel m. spatule f.
Spätepilepsie f. épilepsie tardive f.
Spätergebnis n. résultat postérieur m.
Spätfolgen f. pl. séquelles tardives f. pl.
Spätgeburt f. naissance après terme f.
Spätkomplikation f. complication tardive f.
Spätmanifestation f. manifestation tardive
Spätrachitis f. rachitisme tardif m.
Spätresultat n. résultat tardif m.
Spätschaden m. lésion tardive f.
Spätstadium n. stade avancé m.
Species diureticae f. pl. tisane diurétique f.

Speckhaut f. couenne f.
SPECT (Single-Photon-Emissionscomputertomographie) f. SPECT (single photon emission computed tomographie) f.
Spectinomycin n. spectinomycine f.
Speichel m. salive f.
Speicheldrüse f. glande salivaire f.
Speicheldrüsenentzündung f. sialadénite f.
Speicheldurchmischung f. insalivation f.
Speichelfistel f. fistule salivaire f.
Speichelfluss m. salivation f.
speichelhemmend antisialogogue
Speichelsaugrohr n. tube d'aspiration salivaire m.
Speichelstein m. calcul salivaire m.
Speicheltest test salivaire m.
speicheltreibend sialogogue
Speichelzieher m. sialoéjecteur m.
Speicher m. entrepôt m.
Speicherkrankheit f. thésaurismose f.
speichern stocker
Speicherung f. stockage m.
speien cracher
Speise f. aliment m.
Speiseröhre f. oesophage m.
Speiseröhrenektasie f. ectasie oesophagienne f.
Speiseröhrenentzündung f. oesophagite f.
Speiseröhrenkrebs m. cancer de l'oesophage m.
Speiseröhrenplastik f. oesophagoplastie f.
Speisezwiebel f. oignon m.
spektral spectral
Spektralanalyse f. analyse spectrale f.
Spektrallinie f. ligne spectrale f.
Spektrin n. spectrine f.
Spektrochemie f. spectrochimie f.
Spektrographie f. spectrographie f.
Spektrometer n. spectromètre m.
Spektrometrie f. spectrométrie f.
spektrometrisch spectrométrique
Spektrophotometer n. spectrophotomètre m.
Spektrophotometrie f. spectrophotométrie f.
spektrophotometrisch spectrophotométrique
Spektroskop n. spectroscope m.
Spektroskopie f. spectroscopie f.
spektroskopisch spectroscopique
Spektrum n. spectre m.
Spekulum n. spéculum m.
Spender m. donneur m.
Spenderin f. donneuse f.
Spergualin n. spergualine f.
Sperma n. sperme m.
Sperma-Antikörper m. anticorps spermique m.
Spermarche f. spermarché f.
Spermase f. spermase f.
Spermatin n. spermatine f.
Spermatoblast m. spermatoblaste m.
Spermatogenese f. spermatogenèse f.
Spermatogonium n. spermatogonie f.
Spermatolyse f. spermatolyse f.
spermatolytisch spermatolytique
Spermatorrhö f. spermatorrhée f.
Spermatozele f. spermatocèle f.
spermatozid spermicide
Spermatozoon n. spermatozoïde m.
Spermatozystitis f. spermatocystite f.
Spermatozyt m. spermatocyte m.
Spermaturie f. spermaturie f.
Spermidin n. spermidine f.
Spermin n. spermine f.
Spermiogenese f. spermiogénèse f.
Spermiozyt m. spermatocyte de premier ordre m.
spermizid spermicide
Sperrfilter m. filtre barrière m.
Sperrstunde f. couvre-feu m.
Sperrung f. blocage m.
Spezialgebiet n. spécialité f.
spezialisieren spécialiser
Spezialismus m. spécialisation f.
Spezialist(in) m./(f.) spécialiste m./f.
Spezialität f. spécialité f.
speziell spécial
spezifisch spécifique
spezifisch-dynamische Wirkung f. effet dynamique spécifique m.
spezifisches Gewicht n. poids spécifique m.
Spezifität f. spécificité f.
Sphaerophorus m. Sphaerophorus m.
Sphagiasmus m. épilepsie mineure f.
Sphakelismus m. présence de sphacèles f.
sphärisch sphérique
Sphärozyt m. sphérocyte
Sphärozytose f. sphérocytose f.
sphenofrontal sphénofrontal
sphenoidal sphénoïdal
sphenomaxillär sphénomaxillaire
sphenookzipital sphénooccipital
sphenoorbital sphénoorbital
sphenoparietal sphénopariétal
sphenotemporal sphénotemporal
sphenozygomatisch sphénozygomatique
Sphincter Oddi m. sphincter d'Oddi m.
Sphingogalaktosid n. sphingogalactoside m.
Sphingoglykolipid n. sphingoglucolipide m.
Sphingolipid n. sphingolipide m.

Sphingolipidose f.   sphingolipidose f.
Sphingomyelin n.   sphingomyéline
Sphingomyelinase f.   sphingomyélinase f.
Sphingomyelinose f.   sphingomyélinose f.
Sphingophospholipid n.   sphingophospholipide m.
Sphingosin n.   sphingosine f.
Sphingosylphosphorylcholin n.   sphingosylphosphorylcholine f.
Sphinkter m.   sphincter m.
Sphintkerektomie f.   sphinctérectomie f.
Sphinkterotomie f.   sphinctérotomie f.
Sphinkterplastik f.   sphinctéroplastie f.
sphinkterschonend   épargnant le sphincter
Sphinktersklerose f.   sclérose sphinctérienne f.
Sphygmobolometer n.   sphygmobolomètre m.
Sphygmogramm n.   sphygmogramme m.
Sphygmograph m.   sphygmographe m.
Sphygmographie f.   sphygmographie f.
sphygmographisch   sphygmographique
Sphygmomanometer n.   sphygmomanomètre m.
Sphygmometer n.   sphygmomètre m.
Sphygmotonometer n.   sphygmotonomètre m.
Spica f.   spica m.
Spiclomazin n.   spiclomazine f.
Spiegel m.   miroir m.
Spiegel (z. B. einer Flüssigkeit) m.   niveau m.
Spiegelbildung im Darm (radiol.) f.   image de niveaux liquides intestinaux f.
Spiegeloptik f.   système optique à miroirs m.
Spieghelsche Hernie f.   hernie de Spieghel f.
Spielmeyer-Vogt-Syndrom n.   syndrome de Spielmeyer-Vogt m.
Spielraum m.   marge f.
Spigelia f.   spigélia f.
Spigelin n.   spigéline f.
Spina bifida f.   spina bifida f.
spinal   spinal
Spinalerkrankung, funikuläre f.   myélose funiculaire f.
Spinaliom n.   spinaliome f.
Spinalkanal m.   canal vertébral m.
Spinalparalyse, spastische f.   paraplégie spastique familiale f.
Spindel f.   fuseau m.
Spindelstar m.   cataracte fusiforme f.
Spindelzelle f.   cellule fusiforme f.
Spindelzellensarkom n.   sarcome à cellules fusiformes m.
Spinne f.   araignée f.
Spinnengift n.   venin d'araignée m.
Spinngewebe n.   toile d'araignée f.
spinobulbär   spinobulbaire
spinokortikal   spinocortical
spinothalamisch   spinothalamique
spinozellulär   spinocellulaire
spinozerebellar   spinocérébelleux
Spiperon n.   spipérone f.
Spiralbohrer m.   foret hélicoïdal m.
Spirale f.   spirale f.
Spiralfraktur f.   fracture en spirale f., fracture spiroïde f.
Spiralisation f.   spiralisation f.
Spiramid n.   spiramide m.
Spiramycin n.   spiramicyne f.
Spirapril n.   spirapril m.
Spirgetin n.   spirgétine f.
Spirille f.   spirille f.
Spirillolyse f.   spirillolyse f.
Spirillose f.   affection à spirillum f.
Spirillum n.   spirillum m.
Spirillum buccale n.   Spirillum buccale m.
Spirillum minus n.   Spirillum minus m.
Spirillum morsus muris n.   Spirillum morsus muris m.
Spirillum Vincenti n.   Borrelia vincenti f.
Spirituose m.   spiritueux
Spiritus m.   alcool éthylique m.
Spirochaeta f.   Spirochaeta f.
Spirochaeta berbera f.   Spirochaeta berbera f.
Spirochaeta bronchialis f.   Spirochaeta bronchialis f.
Spirochaeta dentium f.   Spirochaeta dentium f.
Spirochaeta Duttoni f.   Borrelia duttonii f.
Spirochaeta forans f.   Spirochaeta forans f.
Spirochaeta morsus muris f.   Spirochaeta morsus muris f.
Spirochaeta Novyi f.   Borrelia novyi f.
Spirochaeta Obermeieri f.   Borrelia recurrentis f.
Spirochaeta pallida f.   Treponema pallidum f.
Spirochaeta pertenuis f.   Treponema pertenue f.
Spirochaeta refringens f.   Spirochaeta refringens f.
Spirochäte f.   spirochète f.
Spirochätose f.   spirochétose f.
Spirogermanium n.   spirogermanium m.
Spirographie f.   spirographie f.
spirographisch   spirographique
Spirolakton n.   spirolactone f.
Spirometer n.   spiromètre m.
Spirometrie f.   spirométrie f.
spirometrisch   spirométrique
Spironema f.   spirochète m.

Spironolakton n. spironolactone f.
Spirorenon n. spirorénone f.
Spirosaxon n. spiroxasone f.
Spiroxatrin n. spiroxatrine f.
Spitze f. pointe f.
Spitzenbelastung f. pic de charge m.
Spitzenbeschneidung f. incision de la pointe f.
Spitzenpotential (EKG) n. potentiel de pointe m.
Spitzenstoß m. choc de la pointe du coeur m.
Spitzenstoß, hebender m. choc en dôme m.
Spitzenwert m. valeur maximum f.
Spitzfuß m. pied bot équin m.
Splanchnikotomie f. splanchnicotomie f.
splanchnisch splanchnique
Splanchnoptose f. splanchnoptose f.
splanchnozystisch splanchnocystique
Splenektomie f. splénectomie f.
splenektomieren splénectomiser
Splenisation f. splénisation f.
splenisch splénique
Splenitis f. splénite f.
splenogen splénogène
Splenomegalie f. splénomégalie f.
Splenoportogramm n. splénoportogramme m.
Splenoportographie f. splénoportographie f.
splenoportographisch splénoportographique
Splenoptose f. splénoptose f.
splenorenal splénorénal
Splenorrhaphie f. splénorraphie f.
Splitter m. éclat m.
Splitterfraktur f. fracture comminutive f.
Splitterfraktur, komplizierte f. fracture ouverte comminùtive f.
Splitterpinzette f. pince à esquille f.
Splitterung f. éclatement m.
spodogen spodogène
Spondwenifieber n. fièvre Spondweni f.
Spondylarthritis f. spondylarthrite f.
Spondylarthritis ankylopoetica f. spondylarthrite ankylosante f.
Spondylarthrose f. spondylarthrose f.
Spondylarthrosis deformans f. spondylarthrose hypertrophique f.
Spondylitis f. spondylite f.
Spondylitis ankylopoetica f. spondylite ankylosante f.
Spondylitis tuberculosa f. spondylite tuberculeuse f.
spondylitisch spondylitique
Spondylodese f. spondylodèse f.
Spondylodiszitis f. spondylodiscite f.

spondyloepiphysär spondyloépiphysaire
spondylogen spondylogène
Spondylolisthese f. spondylolisthésis m.
Spondylolyse f. spondylolyse f.
spondylometaphysär spondylométaphysaire
Spondylopathie f. spondylopathie f.
Spondylophyt m. spondylophyte m.
Spondylose f. spondylose f.
Spondylosis deformans f. spondylite hypertrophique f.
Spondylosis hyperostotica f. hyperostose ankylosante vertébrale f.
spongiform spongiforme
Spongioblast m. spongioblaste m.
Spongioblastom n. spongioblastome m.
Spongioplasma n. spongioplasma m.
Spongiose f. spongiose f.
Spongiozyt m. spongiocyte m.
spontan spontané
Spontanatmung f. respiration spontanée f.
Spontanbewegung f. mouvement spontané m.
Spontaneität f. spontanéité f.
Spontanfraktur f. fracture spontanée f.
Spontangeburt f. naissance spontanée f.
Spontanheilung f. guérison spontanée f.
Spontanhypoglykämie f. hypoglycémie spontanée f.
Spontanhypothermie f. hypothermie spontanée f.
Spontanpneumothorax m. pneumothorax spontané m.
Spontanstrukturierung f. structuration spontanée f.
Spontanverlauf m. évolution spontanée f.
sporadisch sporadique
Sporangium n. sporange m.
Spore f. spore f.
sporenabtötend sporicide
Sporn m. éperon m.
Sporoblast m. sporoblaste m.
Sporogenie f. sporogénèse f.
Sporogonie f. sporogonie f.
Sporomykose f. sporomycose f.
Soront m. sporocyste m.
Sporotrichon n. sporotrichum m.
Sporotrichose f. sporotrichose f.
Sporozoit m. sporozoïte m.
Sporozoon n. sporozoaire m.
Sportarzt m. spécialiste de médecine sportive m.
Sportärztin f. spécialiste de médecine sportive f.
Sportherz n. coeur d'athléte m.
Sportmedizin f. médecine sportive f.

Sportverletzung f. blessure sportive f.
Sporulation f. sporulation f.
Sprache (Sprechweise) f. langage m.
Sprache, skandierende f. parole saccadée f.
Sprache, verwaschene f. parole mal articulée f.
Sprachfehler m. défaut de la parole m.
Sprachstörung f. trouble de la parole m.
Sprachverständnis n. compréhension verbale f.
Sprachzentrum n. centre cérébral du langage m.
Spray m. spray m.
Sprechen n. langage m.
Sprechkanüle f. canule de conversation f.
Sprechmechanismus m. mécanisme de la parole m.
Sprechprobe f. audition f.
Sprechstunde f. moment des consultations m.
Sprechstunde, elektronische f. télémédecine f.
Sprechventilkanüle f. canule larynx artificiel f.
Sprechzimmer n. cabinet de consultation m.
spreizen, die Beine écarter les jambes
Spreizfuß m. pied étalé m.
Spreizschritt m. jambes pas écartés m.
Springkrankheit der Schafe f. maladie motrice du mouton f.
spritzbereit prêt à injecter
Spritze f. seringue f.
spritzen injecter
Spritzenpumpe, elektrische f. pousse-seringue électrique m.
spritzfertig prêt à injecter
Sprosspilz m. blastomycète m.
Sprue f. sprue f.
Sprühtrocknung f. séchage au spray m.
Sprunggelenk, hinteres n. articulation talocalcanéenne f.
Sprunggelenk, oberes n. cheville f.
Sprunggelenk, vorderes n. articulation talocalcanéonaviculaire f.
sprunghaft incohérent
Spucktest m. test salivaire m.
Spülbecher n. gobelet de rinçage m.
Spule f. bobine f.
Spule, Induktions- f. bobine d'induction f.
spülen laver
Spulenniere f. rein artificiel en bobine m.
Spülflüssigkeit f. liquide de lavage m.
Spülinstrument n. instrument d'irrigation m.
Spülkanüle f. canule de lavage f.
Spülkatheter m. cathéter d'irrigation m.
Spüllösung f. solution de lavage f.
Spülung f. lavage m.
Spulwurm m. ascaride m.
Spur f. trace f.
Spurenanalyse f. oligoanalyse f.
Spurenelement n. oligoélément m.
Spürsubstanz f. traceur m.
Sputum n. crachat m.
Sputumbecher m. crachoir m.
Squalen n. squalène m.
squamomastoidal squamomastoïdien
squamoparietal squamopariétal
squamös syuameux
squamosphenoidal syuamosphénoïdal
squamotympanisch squamotympanique
SRIF (Hemmfaktor für Somatotropin) m. SRIF (somatostatine) f.
Staatsexamen n. examen d'Etat m.
Stab m. bâtonnet m.
Stäbchen (bakteriol.) n. bacille m.
Stäbchen und Zapfen der Netzhaut pl. bâtonnets et cônes de la rétine m. pl.
Stäbchenmyopathie f. myopathie congénitale à bâtonnets f.
stabförmig en forme de bâtonnet
stabil stable
Stabilisation f. stabilisation f.
Stabilisator m. stabilisateur m.
stabilisieren stabiliser
Stabilität f. stabilité f.
stabkerniger Leucozyt m. leucocyte à bâtonnet m.
Stabsichtigkeit f. astigmatisme m.
Stachel m. épine f.
Stacheldrahtkrankheit f. psychose du fil barbelé f.
Stachelzelle f. cellule de l'épiderme filamenteux f.
stachelzellig spinocellulaire
Stachyose f. stachyose f.
Stadieneinteilung f. classification par stades f.
Stadium n. stade m.
Stadtbevölkerung f. population urbaine f.
städtisch urbain
Stagnation f. stagnation f.
stagnieren stagner
Stahl m. acier m.
Stahl, rostfreier m. acier inoxydable m.
Stalagmometer n. stalagmomètre m.
Stalagmometrie f. stalagmométrie f.
Stalker m. stalker m.
Stalkerin f. stalker m.
Stalking n. stalking m.

Stamm (anatom.) tronc m.
Stamm (botan., zool.) m. lignée f.
Stamm (genet.) m. clone m.
Stammbaum m. arbre généalogique m.
Stammbaum (biol.) m. pédigree m.
Stammbronchus m. tronc bronchique m.
Stammeln n. balbutiement m.
Stammfettsucht f. obésité du tronc f.
Stammganglion n. ganglion du tronc cérébral m.
Stammlösung f. solution d'origine f.
Stammzelle f. cellule souche f.
Stanazol n. stanazol m.
Stand-by-Schrittmacher m. pacemaker stand-by m.
Standard m. standard m.
Standardableitung f. dérivation standard f.
Standardabweichung f. déviation standard f.
standardisieren standardiser
Standardisierung f. standardisation f.
Standardlösung f. solution standard f.
Ständer m. support m.
Standeskunde f. déontologie f.
Stangerbad n. bain hydroélectrique m.
Stannat n. stannate m.
Stanniussche Ligatur f. ligature de Stannius f.
Stanolon n. stanolone f.
Stanozolol n. stanozolol m.
Stanzbiopsie f. biopsie à l'emporte-pièce f.
Stanze f. emporte-pièce m.
Stapedektomie f. stapédectomie f.
stapedial stapédien
Stapediotenotomie f. stapédioténotomie f.
stapediovestibulär stapédiovestibulaire
Stapedolyse f. stapédolyse f.
Stapes m. étrier m.
Staphylococcus m. staphylocoque m.
Staphylococcus albus m. Staphylococcus albus m.
Staphylococcus aureus m. staphylococcus aureus m.
Staphylococcus citreus m. Staphylococcus citreus m.
Staphylococcus tetragenus m. Staphylococcus tetragenus m.
Staphylodermie f. staphylodermie f.
Staphylokinase f. staphylokinase f.
Staphylokoagulase f. staphylocoagulase f.
Staphylokokkus m. staphylocoque m.
Staphylom n. staphylome m.
staphylomatös staphylomateux
staphyloplastisch staphyloplastique
Staphylotoxin n. staphylotoxine f.
Star (med.) m. cataracte f.
Star, grauer m. cataracte f.
Star, grüner m. glaucome m.
Star, punktförmiger m. cataracte punctiforme f.
stark wirksam très efficace
Stärke (chem.) f. amidon m.
Stärke-Gel n. gel amidon m.
Stärkeagar m. agar amidon m.
Stärkebinde f. bande amidonnée f.
stärken fortifier
Stärkeverband m. bandage amidonné m.
Starkstrom m. courant force m.
Stärkung f. gain de force m.
Starlöffel m. curette f.
Starmesser n. scalpel à cataracte m.
Starre f. rigidité f.
Starter m. starter m.
Starterlösung f. solution starter f.
Stase f. stase f.
Statik f. statique f.
Statin n. statine f.
Station f. station f., unité de soins f.
stationär stationnaire
stationäre Behandlung f. traitement à l'hôpital m.
stationärer Patient m., stationäre Patientin f. patient(e) hospitalisé(e) m./(f.)
Stationsschwester f. infirmière responsable de l'unité de soins f.
statisch statique
Statistik f. statistique f.
statistisch statistique
Stativ n. pied m.
statokinetisch statocinétique
Statolith m. otolithe m.
Status m. état m.
Status lymphaticus m. constitution lymphatique f.
Staub m. poussière f.
Staubfilter n. filtre anti-poussière m.
Staubinde f. garrot m.
Stauchung f. compression f.
stauen congestionner
Staupe, Hunde- f. morve des chiens f.
Staupe, Pferde- f. gourme équine f.
Stauung f. congestion f.
Stauungsgastritis f. gastrite congestive f.
Stauungshyperämie f. hyperémie passive f.
Stauungsinsuffizienz, kardiale f. insuffisance cardiaque congestive f.
Stauungsleber f. foie cardiaque m.
Stauungslunge f. poumon congestif m.
Stauungspapille f. stase papillaire f.
Stauungszirrhose f. cirrhose congestive f.
Stavusin n. stavusine f.

Steal-Syndrom n. syndrome de l'artère voleuse m.
Steapsin n. lipase pancréatique f.
Steapsinogen n. stéapsinogène m.
Stearat n. stéarate m.
Stearin n. stéarine f.
Stearyl n. stéaryle m.
Steatadenom n. stéatadénome m.
Steatom n. stéatome m.
Steatorrhö f. stéatorrhée f.
Steatose f. stéatose f.
Stechapfelerythrozyt m. kératocyte m.
Stechmücke f. moustique m.
Steckbecken n. bassin m.
stecknadelkopfgroß gros comme une tête d'épingle
Steckschuss m. blessure avec rétention de la balle f.
Steffimycin n. steffimycine f.
Steg (dent.) m. barre de connexion f. (dent.)
Steggeschiebe (dent.) n. attachement barre conjonctrice m. (dent.)
Steh-EKG n. ECG orthostatique m.
stehend debout
Stehfeld n. champ fixé m.
Stehversuch m. épreuve orthostatique f.
steif raide
Steifheit f. rigidité f.
Steigbügel m. étrier m.
steigern élever
Steigerung f. accroissement m.
Steiltyp (EKG) m. position verticale (ECG) f.
Stein m. calcul m., pierre f.
Stein-Leventhal-Syndrom n. syndrome de Stein-Leventhal m.
Steinabsaugung f. aspiration de calcul f.
Steinauflösung f. litholyse f.
steinbildend formant des concrétions
Steinbildung f. formation de concrétions f.
Steineinklemmung f. calcul bloqué m.
Steinkohlenteer m. coaltar m.
Steinmole f. concrétion môlaire f.
Steinschnitt m. lithotomie f.
Steinschnittlage f. positionnement pour vésicotomie m.
Steinzertrümmerung f. lithotritie f.
Steiß m. siège m.
Steißbeinfistel f. fistule coccygienne f.
Steißgeburt f. accouchement par le siège m.
Steißlage f. présentation du siège f.
Stellatumblockade f. blocage du ganglion stellaire m.
Stellenwert m. valeur f.
Stellit n. stellite m.
Stellreflex m. réflexe d'attitude m.
Stellung f. posture f.
stellungsmäßig positionnel
Stellwag-Zeichen n. signe de Stellwag m.
stemmen appuyer
Stenbolon n. stenbolone f.
Stengel m. tige f.
stenographieren sténographier
Stenokardie f. sténocardie f.
stenopäisch sténopéique
Stenose f. sténose f.
stenosieren sténoser
stenotherm sténothermique
stenotisch sténosé
stenoxen sténoxénique
Stent m. stent m.
Steppergang m. steppage m.
sterben mourir
sterblich mortel
Sterblichkeit f. mortalité f.
Sterblichkeitsquote f. taux de mortalité m.
Sterblichkeitsstatistik f. statistique de mortalité f.
Stercuronium n. stercuronium m.
Stereoauskultation f. stéréoauscultation f.
Stereochemie f. stéréochimie f.
stereochemisch stéréochimique
Stereoelektroenzephalographie f. stéréoélectroencéphalographie f.
Stereoenzephalotom n. stéréoencéphalotome m.
Stereognosie f. stéréognosie f.
stereognostisch stéréognosique
Stereogramm n. stéréogramme m.
stereoisomer stéréoisomérique
Stereoisomer n. stéréoisomère m.
Stereoisomerie f. stéréoisomérie f.
Stereomerie f. stéréomérie f.
Stereomikroskop n. stéréomicroscope m.
Stereomikroskopie f. stéréomicroscopie f.
stereomikroskopisch stéréomicroscopique
Stereophotographie f. stéréophotographie f.
Stereopsis f. stéréopsie f.
Stereoröntgenographie f. stéréoradiographie f.
Stereoskop n. stéréoscope m.
Stereoskopie f. stéréoscopie f.
stereoskopisch stéréoscopique
stereospezifisch stéréospécifique
stereotaktisch stéréotactique
Stereotaxie f. stéréotaxie f.
stereotyp stéréotype
Stereotypie f. stéréotypie f.
Stereozilie f. stéréocil m.
steril stérile
Sterilisation f. stérilisation f.

Sterilisationsapparat m. stérilisateur m.
Sterilisationsmittel n. stérilisant m.
Sterilisator m. stérilisateur m.
sterilisieren stériliser
Sterilisierpinzette f. pince à stérilisation f.
Sterilität f. stérilité f.
Sterin n. stéride m.
sterisch stérique
Sterkobilin n. stercobiline f.
Sterkobilinogen n. stercobilinogène m.
sterkoral stercoral
Sterkorom n. tumeur stercorale f.
sterkorös stercoral
Stern m. étoile f.
sternal sternal
Sternalmark n. moelle sternale f.
Sternalpunktion f. ponction sternale f.
sternalwärts vers le sternum
Sternbergsche Riesenzelle f. cellule de Sternberg f.
sternoklavikular sternoclaviculaire
sternokostal sternocostal
sternoperikardial sternopéricardiaque
sternothyreoidal sternothyroïdien
Sternotomie f. sternotomie f.
Sternum n. sternum m.
Sterzelle f. cellule stellaire f.
Steroid n. stéroïde m.
steroidal stéroïdien
Steroidhormon n. hormone stéroïdienne f.
Steroidulkus m. ulcère par traitement stéroïdien m.
stertorös stertoreux
Stertz-Syndrom n. syndrome de Stertz m.
Stethophon n. stéthophone m.
Stethoskop n. stéthoscope m.
steuerbar contrôlable
Steuerbarkeit f. contrôlabilité f.
steuern diriger
steuern, biologisch biocontrôler
Steuerung f. régulation f.
Steuerung, biologische f. biocontrôle m.
Stevaladit n. stévaladite m.
Stevens-Johnson-Syndrom n. syndrome de Stevens-Johnson m.
STH (somatotropes Hormon) n. STH (hormone somatotrope) f.
sthenisch sthénique
Stibamin n. stibamine f.
Stibialismus m. intoxication stibiée f.
Stibocaptat n. stibocaptate m.
Stiboglukonat n. stibogluconate m.
Stich m. piqûre f.
Stich, giftiger m. piqûre venimeuse f.
Stichinzision f. incision perforante f.

Stichkultur f. culture par piqûre f.
Stichwunde f. blessure perforante f.
Stickoxid n. oxyde d'azote m.
Stickoxidul n. peroxyde d'azote m.
Stickstoff m. azote m.
Stickstoffdioxid n. dioxyde d'azote m.
stickstofffrei non azoté
stickstoffhaltig azoté
stickstoffhaltig (dreiwertig) nitreux
stickstoffhaltig (fünfwertig) nitrique
Stickstofflost m. moutarde à l'azote f.
Stieda-Fraktur f. fracture de Stieda f.
Stiel m. pédicule m.
Stieldrehung f. torsion axiale f.
Stiellappen m. lambeau pédiculé m.
Stielwarze f. verrue pédiculée f.
Stier m. taureau m.
Stierhornmagen m. estomac en corne m.
Stierlin-Zeichen n. signe de Stierlin m.
Stiernacken m. cou épaissi m.
Stift m. pivot m.
Stifthülse f. tube à pivot m.
Stiftkrone f. couronne à pivot f.
Stiftzieher m. extracteur de pivot m.
Stigma n. stigmate m.
stigmatisch stigmatique
stigmatisieren stigmatiser
Stigmatisierung f. stigmatisation f.
Stigmatometer n. stigmatomètre m.
Stilbamidin n. stilbamidine f.
Stilben n. stilbène m.
Stilbestrol n. stilboestrol m.
Stilett n. stylet m.
stillen (an der Brust ernähren) allaiter
stillen (beruhigen) apaiser
Stiller-Zeichen n. stigmate costal de Stiller m.
Stillfähigkeit f. capacité d'allaiter f.
Stillhindernis n. empêchement d'allaiter m.
Stillingscher Kern m. noyau de Stilling m.
Stillperiode f. période d'allaitement f.
Stillsche Krankheit f. maladie de Still f.
Stillstand m. arrêt m.
Stillstand, zum – bringen arrêter
Stimmband n. corde vocale f.
Stimmbruch m. mue f.
Stimme f. voix f.
Stimme, innere f. voix intérieure f.
Stimmenhören n. fait d'entendre des voix m.
Stimmfremitus m. vibrations thoraciques f. pl.
Stimmgabel f. diapason m.
stimmhaft sonore
Stimmlippe f. corde vocale f.
stimmlos aphone

Strahlenheilkunde

Stimmritze f. glotte f.
Stimmung f. humeur f.
Stimmungsaufhellung f. amélioration de l'humeur f.
Stimmungslage f. état d esprit m.
Stimmungsschwankung f. variations d'humeur f. pl.
Stimulans n. stimulant m.
Stimulation f. stimulation f.
Stimulator m. stimulateur m.
stimulieren stimuler
stimulierend stimulant
Stimulierung f. stimulation f.
stinken sentir mauvais
Stinknase f. ozène m.
Stinoprat n. stinoprate m.
Stintzingsche Tafel f. table de Stintzing f.
Stirimazol n. stirimazole m.
Stirn f. front m.
Stirnader f. veine frontale f.
Stirnhöhle f. sinus frontal m.
Stirnlage f. présentation du front f.
Stirnlampe f. lampe frontale f.
Stirnlappen m. lobe frontal m.
Stirnreflektor m. miroir frontal m.
Stöchiometrie f. stoechiométrie f.
Stockschnupfen m. nez bouché m.
Stoffwechsel m. métabolisme m.
stoffwechselgestört dysmétabolique
stoffwechselgesund eumétabolique
stoffwechselgestört dysmétabolique
Stoffwechselkrankheit f. maladie métabolique f.
stoffwechselmäßig métaboliquement
Stoffwechselprodukt n. métabolite m.
Stoffwechselstatus m. statut métabolique m.
stöhnen gémir
Stokes-Reagens n. réactif de Stokes m.
Stollbeule (veter.) f. furoncle du pied m. (vétér.)
stopern trébucher
stomachal stomacal
Stomachikum n. stomachique m.
Stomatitis f. stomatite f.
Stomatitis aphthosa f. stomatite à aphtes f.
Stomatitis catarrhalis f. stomatite catarrhale f.
Stomatitis fusospirillaris f. stomatite fusospirillaire f.
Stomatitis mercurialis f. stomatite mercurielle f.
Stomatitis syphilitica f. stomatite syphilitique f.
Stomatitis ulcerosa f. stomatite ulcéreuse f.
stomatitisch stomatitique
stomatogen stomatogène
Stomatologie f. stomatologie f.
Stomatozytose f. stomatocytose f.
stopfen, den Stuhlgang constiper
Stopfer m. fouloir m.
Stoppuhr f. chronomètre m.
Stöpsel m. bouchon m.
stören déranger, perturber
Störung f. perturbation f.
Stoß m. choc m.
Stoßbehandlung f. traitement à dose massive m.
Stoßeisen (dent.) n. poussoir m. (dent.)
Stoßwellen f. pl. ondes de choc f. pl.
Stoßwellentherapie f. traitement par ondes de choc m.
Stoßzahn m. défense (zool.) f.
stottern bégayer
Stottern n. bégaiement m.
Strabismus m. strabisme m.
Strabismus convergens m. strabisme convergent m.
Strabismus divergens m. strabisme divergent m.
Strabometrie f. strabométrie f.
Strabotomie f. strabotomie f.
straff serré
Straffheit f. raideur f.
Strahl m. rayon m.
Strahl (veter.) m. fourchette f. (vétér.)
Strahlbeinlahmheit f. podotrochléite f.
strahlen rayonner
Strahlenbehandlung f. traitement par irradiation m.
Strahlenbelastung f. radioexposition f.
Strahlenbiologie f. radiobiologie f.
Strahlenbrechung f. réfraction des rayons f.
Strahlendermatitis f. radiodermite f.
Strahlendosierung f. dosage de l'irradiation m.
strahlendurchgängig, partiell partiellement radiotransparent
Strahlendurchgängigkeit, partielle f. radiotransparence partielle f.
strahlendurchlässig radiotransparent
Strahlendurchlässigkeit f. radiotransparence f.
strahlenempfindlich radiosensible
Strahlenempfindlichkeit f. radiosensibilité f.
Strahlenexposition f. exposition aux rayons f.
Strahlenfibrose f. radiofibrose f.
Strahlenfrequenz f. radiofréquence f.
Strahlenheilkunde f. radiologie f.

Strahlenkastration f.   castration par irradiation f.
Strahlenkatarakt f.   cataracte d'irradiation f.
Strahlenkater m.   mal des rayons m.
Strahlenkunde f.   science des rayonnements f.
strahlenkundlich   actinologique
Strahlennekrose f.   radionécrose f.
strahlenresistent   radiorésistant
Strahlenresistenz f.   radiorésistance f.
Strahlenschaden m.   lésion d'irradiation f.
Strahlenschutz m.   radioprotection f.
Strahlenschutzplakette f.   plaquette de protection f.
Strahlenschutzwirkung f.   effet radioprotecteur m.
Strahlentherapie f.   actinothérapie f., radiothérapie f.
Strahlentoxizität f.   radiotoxicité f.
strahlenundurchlässig f.   radioopaque
Strahlenundurchlässigkeit f.   radioopacité f.
Strahlfäule (veter.) f.   nécrose de la fourchette f. (vétér.)
Strahlgebläse m.   soufflerie à jet f.
strahlig   radiaire
Strahlung f.   radiation f.
Stramonium n.   stramoine m.
Strang m.   bride f.
Strangulation f.   étranglement m.
strangulieren   étrangler
Strangurie f.   ténèsme vésical m.
Stratigraphie f.   stratigraphie f.
Straußsche Kanüle f.   canule de saignée de Strauß f.
Streblodaktylie f.   stréblodactylie f.
Streckbett n.   lit orthopédique à extension m.
strecken   allonger
Strecker m.   extenseur m.
Streckmuskel m.   muscle extenseur m.
Streckung f.   extension f.
Streifen m.   bande f.
Streifenzeichnung f.   striation f.
streifig   strié
Streifschuss m.   éraflure de balle f.
Streitfrage f.   différend m.
Strenge f.   sévérité f.
Strephosymbolie f.   strephosymbolie f.
Streptamin n.   streptamine f.
Streptidin n.   streptidine f.
Streptobacillus Ducrey-Unna m.   Haemophilus ducreyi m.
Streptobacterium ulceris mollis n.   Haemophilus ducreyi m.
Streptococcus acidi lactici m.   Streptococcus acidi lactici m.
Streptococcus anhaemolyticus m.   Streptococcus anhaemolyticus m.
Streptococcus brevis m.   Streptococcus brevis m.
Streptococcus erysipelatis m.   Streptococcus erysipelatis m.
Streptococcus haemolyticus m.   Streptococcus haemolyticus m.
Streptococcus longus m.   Streptococcus longus m.
Streptococcus mitior m.   Streptococcus mitior m.
Streptococcus mutans m.   Streptococcus mutans m.
Streptococcus puerperalis m.   Streptococcus puerperalis m.
Streptococcus pyogenes m.   Streptococcus pyogenes m.
Streptococcus salivarius m.   Streptococcus salivarius m.
Streptococcus scarlatinae m.   Streptococcus scarlatinae m.
Streptococcus viridans m.   Streptococcus viridans m.
Streptodermie f.   dermatite streptococcique f.
Streptodornase f.   streptodornase f.
Streptogramin n.   streptogramine f.
Streptokinase f.   streptokinase f.
Streptokokkus m.   streptocoque m.
Streptolysin n.   streptolysine f.
Streptomycin n.   streptomycine f.
Streptomykose f.   streptomykose f.
Streptothrikose f.   streptothricose f.
Streptothrix f.   streptothrix f.
Streptotrichose f.   streptothricose f.
Streptozyt m.   streptocyte m.
Stress m.   stress m.
Streu f.   litière f.
Streudose f.   saupoudreuse f.
streuen   répandre
Streustrahlen m. pl.   rayons diffusés m. pl.
Streuung f.   dispersion f.
striär   striaire
striatal   striaire
striatonigral   nigrostriaire
Striatoxin n.   striatoxine f.
Strichkultur f.   ensemencement en stries m.
Stridor m.   stridor m.
stridorös   stridoreux
Strieme f.   sugillation f.
Striemen m.   vergeture f.
Striktur f.   stricture f.
Strinolin n.   strinoline f.
striozerebellar   cérébellostriaire
Stripping n.   stripping m.

Stroboskop m. stroboscope m.
Stroboskopie f. stroboscopie f.
stroboskopisch stroboscopique
Stroganoffsche Behandlung f. traitement de Stroganoff m.
Strom m. flux m.
Strom, Drehstrom m. courant triphasé m.
Strom, elektrischer m. courant électrique m.
Strom, faradischer Strom m. courant faradique m.
Strom, galvanischer Strom m. courant galvanique m.
Strom, Wechselstrom m. courant alternatif m.
Stroma n. stroma m.
Stromatose f. stromatose f.
Stromausfall m. panne de courant f.
Strombahn, terminale f. système vasculaire terminal m.
Stromkreis m. circuit m.
Strommarke f. brûlure électrique f.
Stromuhr f. compteur du débit sanguin m.
Strömung f. courant m.
Strömungsgeschwindigkeit f. vitesse d'écoulement f.
Strömungswiderstand m. résistance d'écoulement f.
Stromversorgung f. électrification f.
Strongyloides stercoralis Strongyloides stercoralis
Strongyloidose f. strongyloïdose f.
Strontium n. strontium m.
Strophanthidin n. strophanthidine f.
Strophanthin (g-Stroph.) n. ouabaïne f.
Strophanthin (k-Stroph.) n. strophantine f.
Strophotnyzet m. strophomycète m.
Strophulus m. strophulus m.
Struktur f. structure f.
strukturell structural
Strukturformel f. formule structurale f.
Struma f. goitre m.
Strumektomie f. strumectomie f.
strumigen strumigène
strumipriv strumiprive
Strumitis f. strumite f.
Strümpellsche Krankheit f. paraplègie de Strümpell-Lorrain f.
Strümpellscher Reflex m. phénomène pyramidal de Strümpell m.
Strumpf, elastischer m. bas élastique m.
Strumpf, Gummi- m. bas en caoutchouc m.
Strumpf, Kompressions- m. bas de compression m.
Struvit m. struvite f.
Strychnin n. strychnine f.
Strychninsulfat n. sulfate de strychnine m.
Strychninvergiftung f. strychnisme m.
Stuart-Prower-Faktor m. facteur Stuart m.
Student m. étudiant m.
Studentin f. étudiante f.
Stufe f. degré m.
stufenlos sans paliers
Stufenphotometer n. photomètre à degrés m.
Stufenschalter m. commutateur séquentiel m.
stufenweise progressivement
Stuhldrang m. ténesme m.
Stuhlgang m. défécation f.
Stuhlimplantat m. implantation de selles f.
Stuhlinkontinenz f. incontinence fécale f.
Stuhltransplantation f. implantation de selles f.
Stuhlverstopfung f. constipation f.
stumm silencieux
Stummel m. moignon m.
Stummheit f. mutisme m.
stumpf émoussé
Stumpf m. moignon m.
Stumpfheit f. indifférence f.
Stumpfkarzinom n. carcinome d'amputation m.
Stumpfpräparation (dent.) f. préparation du moignon f. (dent.)
Stumpfschmerz m. douleur du moignon f.
stündlich par heure
Stützbein (veter.) n. jambe d'appui f.
Stupor m. stupeur f.
stuporös stuporeux
Sturge-Webersches Krankheit f. angiomatose encéphalotrigéminée de Sturge-Weber f.
Sturzanfall m. crise avec chute f.
Sturzgeburt f. accouchement précipité m.
Stute f. jument f.
Stutenfohlen m. poulain femelle m.
Stuttgarter Hundeseuche f. maladie épidémique des chiens f.
Stütze f. soutien m.
stützen soutenir
stützend soutenant
Stützgewebe n. tissu de soutien m.
Stützkorsett n. corset de soutien m.
Stützzahn m. dent d'ancrage f.
styloid styloïde
Styloiditis f. inflammation péristyloïdienne f.
stylomaxillär stylomaxillaire
Styptikum n. styptique m.
styptisch styptique
Styptol n. styptol m.
Styramat n. styramate m.
Styrol n. styrol m.

subacid subacide
Subacidität f. hypoacidité f.
subakromial subacromial
subakut subaigu
subaortal subaortique
subapikal subapical
subaponeurotisch subaponévrotique
subarachnoidal subarachnoïdien
Subarachnoidalblutung f. hémorragie sousarachnoïdienne f.
Subarachnoidalraum m. espace sousarachnoïdien m.
subareolär subaréolaire
Subathizon n. subathizone f.
subaurikulär subauriculaire
subaxillär subaxillaire
Subazetat n. subacétate m.
subazid subacide
Subazidität f. hypoacidité f.
subcarinal subcaréné
subchondral subchondral
subchorioidal subchoroïdien
subchronisch subchronique
subcutan hypodermique
Subcutis f. tissu cellulaire sous-cutané m.
subdermal hypodermique
subdiaphragmatisch subdiaphragmatique
subdural sousdural
subdurales Hämatom n. hématome sousdural m.
Subduralraum m. espace sousdural m.
subendokardial subendocardiaque
subendothelial subendothélial
subependymal subépendymal
subepikardial subépicardiaque
subepithelial subépithélial
Suberat n. subérate m.
Suberose f. subérose f.
subfaszial subfascial
subfebril subfébrile
subfertil subfertile
subfoveal subfovéal
Subfragment n. subfragment m.
Subfraktion f. subfraction f.
subfrontal subfrontal
subgingival subgingival
Subgingivalspalt m. sillon subgingival m.
subglottisch subglottique
subhepatisch subhépatique
subikterisch subictérique
Subinfektion f. subinfection f.
subintimal subintimal
Subinvolution f. subinvolution f.
Subjekt n. sujet m.
subjektiv subjectif

subkapital souscrânien
subkapsulär subcapsulaire
subkarinal souscaréné
Subkategorie f. souscatégorie f.
Subklasse f. sousclasse f.
subklavikulär subclaviculaire
subklinisch subclinique
subkortical souscortical
Subkortikographie f. souscorticographie f.
subkostal souscostal
Subkultur f. subculture f.
subkutan souscutané
Subkutis f. tissu cellulaire sous-cutané m.
subletal sublétal
Sublimat n. sublimé m.
Sublimation f. sublimation f.
sublimieren sublimer
Sublimierung f. sublimation f.
sublingual sublingual
Subluxation f. subluxation f.
submammär submammaire
submandibulär submandibulaire
submarin sousmarin
submaxillär submaxillaire
submetazentrisch submétacentrique
submikroskopisch submicroscopique
submitochondrial submitochondrique
submukös sousmuqueux
subnasal subnasal
subnarkotisch subnarcotique
subnormal subnormal
subokzipital sousoccipital
Subokzipitalpunktion f. ponction cisternale f.
suborbital suborbitaire
subparietal subpariétal
subpatellar souspatellaire
subpektoral subpectoral
subperikardial subpéricardique
subperiostal souspériosté
subperitoneal souspéritonéal
subphrenisch subphrénique
subpial subpial
subpleural souspleural
Subpopulation f. sous-population f.
subretinal subrétinaire
Subsekunde f. subsegonde f.
subserös subséreux
subskapulär sousscapulaire
subskleral subscléreux
subspezifisch subspécifique
Substantia reticulofilamentosa f. substance granulofilamenteuse des réticulocytes f.
substantiell substantiel
Substanz f. substance f.

Substanz, graue f. substance grise f.
Substanz, oberflächenaktive f. surfactant m.
Substanz, weiße f. substance blanche f.
substernal sousternal
substituieren substituer
Substitution f. substitution f.
Substrat n. substrat m.
Substruktur f. substructure f.
subsynaptisch subsynaptique
subtarsal subtarsien
subtemporal soustemporal
subtentorial sous la tente du cervelet
subthalamisch hypothalamique
subtil subtil
subtotal subtotal
Subtraktionsangiographie f. soustraction angiographique f.
subtrochanterisch subtrochantérien
Subtypus m. soustype m.
subungual sousunguéal
suburethral suburétral
subvaginal subvaginal
subvalvulär subvalvulaire
subvesikal subvésical
subvisuell subvisuel
subxiphoidal sousxiphoïdien
subzellulär subcellulaire
Subzitrat n. subcitrate m.
Succi… siehe auch voir aussi Sukzi…
Succinase f. succinase f.
Succinat n. succinate m.
Succussio Hippocratis f. succussion hippocratique f.
Sucht f. addiction f.
Sucht (krankhafte Begierde) f. manie f.
Sucht (Krankheit) f. état pathologique m.
Sucht, Arzneimittel- f. pharmacodépendance f.
Sucht erzeugend addictif
Suchtest m. test de détection m.
süchtig drogue-dépendant
suchtkranke Person f. sujet toxicomane m.
Suchtkrankheit f. toxicomanie f.
Suchtmittel n. drogue f.
Suclofenid n. suclofénide m.
Sucralfat n. sucralfate m.
Sudan n. soudan m.
Sudanophilie f. soudanophilie f.
Sudeck-Atrophie f. atrophie de Sudeck-Leriche f.
suffizient suffisant
Suffizienz f. suffisance f.
Suffokation f. suffocation f.
Suffusion f. suffusion f.
Sufosfamid n. sufosfamide m.

suggerieren suggérer
suggestibel suggestible
Suggestibilität f. suggestibilité f.
Suggestion f. suggestion f.
suggestiv suggestif
Sugillation f. sugillation f.
Suizid m. suicide m.
Suizidgen n. gène autodestructeur m.
suizidal suicidaire
Suizidneigung f. tendance suicidaire f.
Suizidversuch m. tentative de suicide f.
Sukkorrhö f. sécrétion abondante f.
sukkulent succulent
Sukkulenz f. succulence f.
Sukrase f. sucrase f.
Sukrose f. saccharose m.
sukzedan succédané
sukzessiv successif
Sukzinase f. succinase f.
Sukzinat n. succinate m.
Sukzinimid n. succinimide m.
Sukzinyl n. succinyle m.
Sukzinyltransferase f. succinyltransférase f.
Sulbutiamin n. sulbutiamine f.
Sulclamid n. sulclamide m.
Sulfabenz n. sulfabenz m.
Sulfacetamid n. sulfacétamide m.
Sulfadiazin n. sulfadiazine f.
Sulfadimethoxin n. sulfadiméthoxine f.
Sulfadimidin n. sulfadimidine f.
Sulfadoxin n. sulfadoxine f.
Sulfaethidol n. sulfaéthydol m.
Sulfaguanidin n. sulfaguanidine f.
Sulfamat n. sulfamate m.
Sulfamerazin n. sulfamérazine f.
Sulfamethoxazol n. sulfaméthoxazole m.
Sulfamethoxydiazin n. sulfaméthoxydiazine f.
Sulfamethoxypyrazin n. sulfaméthoxypyrazine f.
Sulfamethoxypyridazin n. sulfaméthoxypyridazine f.
Sulfamezathin n. sulfamézathine f.
Sulfanilamid n. sulfanilamide m.
Sulfanilat n. sulfanilate m.
Sulfaphenazol n. sulfaphénazol m.
Sulfapyridin n. sulfapyridine f.
Sulfapyrimidin n. sulfapyrimidine f.
Sulfasalazin n. sulfasalazine f.
Sulfasomidin n. sulfasomidine f.
Sulfasukzinat n. sulfasuccinate m.
Sulfat n. sulfate m.
Sulfatase f. sulfatase f.
Sulfathiazol n. sulfathiazol m.
Sulfatid n. sulfatide m.

Sulfatidose f. sulfatidose f.
sulfatisieren sulfatiser
Sulfhämoglobin n. sulfhémoglobine f.
Sulfhydrat n. sulfhydrate m.
Sulfhydryl n. sulfhydryle m.
Sulfid n. sulfure m.
Sulfinpyrazon n. sulfinpyrazone f.
Sulfisoxazol n. sulfisoxazol m.
Sulfit n. sulfure m.
Sulfitolyse f. sulfurolyse f.
Sulfitoxidase f. oxydase sulfurée f.
Sulfmethämoglobin n. sulfméthémoglobine f.
Sulfobituminat n. sulfobituminate m.
Sulfoglykoprotein n. sulfoglycoprotéine f.
Sulfoichthiolat sulfoichthiolate m.
Sulfokinase f. sulfokinase f.
Sulfomuzin n. sulfomucine f.
Sulfon n. sulfone m.
Sulfonamid n. sulfonamide m.
sulfonamidresistent résistant aux sulfonamides
Sulfonat n. sulfonate m.
Sulfonyl n. sulfonyle m.
Sulfonylharnstoff m. sulfonylurée f.
Sulformethoxin n. sulforméthoxine f.
Sulfosukzinat n. sulfosuccinate m.
Sulfotransferase f. sulfotransférase f.
Sulfoxid n. sulfoxyde m.
Sulfoximin n. sulfoximine f.
Sulfoxon n. sulfoxone f.
Sulfozystein n. sulfocystéine f.
Sulfur praecipitatum n. soufre précipité m.
Sulfur sublimatum n. soufre sublimé m.
Sulfurylase f. sulfurylase f.
Sulindac n. sulindac m.
Sulpirid n. sulpiride m.
Sultam-Verbindung f. composé sultam m.
Summation f. sommation f.
Summationsreflex m. réflexe de sommation m.
Summer m. vibrateur m.
Summierung f. sommation f.
Sumpffieber n. paludisme m.
Super-Ego n. surmoi m.
Superfamilie f. superfamille f.
Superaktivität f. hyperactivité f.
superazid hyperacide
Superazidität f. hyperacidité f.
Superfekundation f. superfécondation f.
superfiziell superficiel
Superfötitation f. superfoetation f.
superfrontal suprafrontal
Supergen n. supergène m.
Superhelix f. superhélice f.

Superhochfrequenz f. hyperhaute fréquence f.
Superinfektion f. surinfection f.
superinfizieren surinfecter
superletal supralétal
Supermobilität f. hypermobilité f.
supernormal hypernormal
Superovulation f. superovulation f.
Superoxid n. superoxyde m.
Superphosphat n. superphosphate m.
Supersekretion f. hypersécrétion f.
superselektiv hypersélectif
supervirulent hypervirulent
Supination f. supination f.
supinieren mettre en supination
supplementär supplémentaire
supportiv supportant
Suppositorium n. suppositoire m.
Suppression f. suppression f.
Suppressor m. suppresseur m.
supprimieren supprimer
supraanal supraanal
supraaortal supraaortique
supraapikal supraapical
supraaurikulär supraauriculaire
supraaxillär supraaxillaire
supracarinal supracaréné
suprachiasmatisch suprachiasmatique
supradiaphragmatisch susdiaphragmatique
Supraduktion f. supraconduction f.
suprafaszial suprafascial
supraglottisch supraglottique
suprahepatisch sushépatique
suprahyoidal suprahyoïdien
suprailiakal suprailiaque
suprainguinal susinguinal
suprakarinal supracarènien
supraklavikulär supraclaviculaire
suprakondylär supracondylaire
supramalleolär supramalléolaire
supramammär supramammaire
supramandibulär supramandibulaire
supramarginal supramarginal
supramaxillär supramaxillaire
supramolekular supramoléculaire
supranasal supranasal
supranukleär supranucléaire
Supraokklusion f. supraclusion f.
supraoptikohypophysär supraopticohypophysaire
supraorbital susorbitaire
suprapatellär suprapatellaire
suprapubisch suspubien
suprarenal suprarénal
suprasegmental suprasegmentaire

suprasellär suprasellaire
supraskapulär suprascapulaire
supraskleral suprascléreux
supraspinal supraspinal
suprasternal suprasternal
supratemporal sustemporal
supratentoriell au dessus de la tente du cervelet
suprathorakal suprathoracique
supratonsillär supratonsillaire
supratrochleär supratrochléen
supraumbilikal susombilical
supravaginal supravaginal
supravalvulär supravalvulaire
supraventrikulär supraventriculaire
Supravergenz f. supravergence f.
Supraversion f. supraversion f.
supravital supravital
suprazervikal supracervical
Suramin n. suramine f.
Surfactant n. surfactant m.
Surra f. surre m.
Surrogat n. succédané m.
Sursumduktion f. sursumduction f.
Sursumvergenz f. sursumvergence f.
Sursumversion f. sursumversion f.
Suspension f. suspension f.
Suspensorium n. suspensoir m.
süßen sucrer
Süßholzwurzel f. racine de réglisse f.
Süßstoff m. édulcorant m.
Sutur f. suture f.
Sycosis vulgaris f. sycosis vulgaire m.
Sykose f. sycosis m.
Symbiont m. symbiote m.
Symbiose f. symbiose f.
symbiotisch symbiotique
Symblepharon n. symblépharon m.
Symbol n. symbole m.
Symbolagnosie f. agnosie symbolique f.
Symbolisation f. symbolisation f.
symbolisch symbolique
symbolisieren symbolyser
Symbolisierung f. symbolisation f.
Symbolophobie f. symbolophobie f.
Symbolsprache f. langage symbolique m.
Symmelie f. symélie f.
Symmetrie f. symétrie f.
symmetrisch symétrique
Sympathektomie f. sympathectomie f.
Sympathikoblastom n. sympathicoblastome m.
sympathikolytisch sympathicolytique
sympathikomimetisch sympathicomimétique

Sympathikotonie f. sympathicotonie f.
sympathikotonisch sympathicotonique
sympathikotrop sympathicotrope
Sympathikus m. nerf grand sympathique m., système sympathique m.
Sympathikusblockade f. bloc sympathique m.
Sympathin f. sympathine f.
sympathisch (anatom.) sympathique (anatom.)
Sympathogonie f. sympathogonie f.
Symphalangie f. symphalangisme m.
Symphyse f. symphyse f.
Symphyseotomie f. symphyséotomie f.
Sympodie f. sympodie f.
Symposium n. symposium m.
Symptom n. symptôme m.
symptomatisch symptomatique
Symptomatologie f. symptomatologie f.
Symptomenkomplex m. complexe symptomatique m.
symptomlos asymptomatique
Sympus m. monstre sympodique m.
Synästhesie f. synesthésie f.
Synapse f. synapse f.
synaptisch synaptique
Synaptologie f. synaptologie f.
synarthrodial synarthrosique
Synarthrose f. synarthrose f.
Syncheilie f. syncheilie f.
Synchondrose f. synchondrose f.
synchron synchrone
Synchronie f. synchronisme m.
Synchronisation f. synchronisation f.
synchronisieren synchroniser
Synchrotron m. synchrotron m.
Synchrozyklotron m. synchrocyclotron m.
Synchyse f. synchysis f.
Syndaktylie f. syndactylie f.
Syndese f. syndèse f.
Syndesmitis f. syndesmite f.
Syndesmologie f. syndesmologie f.
Syndesmopexie f. syndesmopexie f.
Syndesmoplastie f. syndesmoplastie f.
Syndesmose f. synfibrose f.
Syndesmotom n. syndesmotome m.
Syndesmotomie f. syndesmotomie f.
Syndrom n. syndrome m.
Syndrom der eingedickten Galle n. syndrome de cholostase hémolytique m.
Syndrom der grauen Farbe n. syndrome gris m.
syndromisch syndromique
Syndromwechsel m. changement de syndrome m.

Synechie, hintere f. synéchie postérieure f.
Synechie, vordere f. synéchie antérieure f.
Synechiotomie f. synéchiotomie f.
synergetisch synergique
Synergie f. synergie f.
synergisch synergique
synergistisch synergique
syngam syngame
Syngamie f. syngamie f.
syngen syngénique
syngenesioplastisch syngénésioplastique
Synkanzerogenese f. syncancérogenèse f.
synkardial syncardiaque
Synkarzinogenese f. syncarcinogenèse f.
Synkinese f. syncinésie f.
synkinetisch syncinétique
synklitisch synclitique
Synklitismus m. synclitisme m.
synkopal syncopal
Synkope f. syncope f.
synonym synonyme
Synonym n. synonyme m.
Synophthalmie f. synophtalmie f.
Synoptoskop n. synoptoscope m.
Synorchidie f. synorchidie f.
Synostose f. synostose f.
Synovektomie f. synovectomie f.
synovektomieren synovectomier
Synovia f. synovie f.
synovial synovial
Synovialitis f. synovialite f.
Synovialom n. synovialome m.
Synoviom n. synoviome m.
Synoviorthese f. synoviorthèse f.
Synovitis f. synovite f.
Synsialom n. synsialome m.
syntaktisch syntaxique
Syntaxis f. syntaxe f.
Synthase f. synthase f.
Synthetase f. synthétase f.
synthetisch synthétique
synthetisieren synthétiser
synton syntonique
syntonisch syntonique
Syntropie f. syntropie f.
synzytial syncytial
Synzytiotrophoblast m. syncytiotrophoblaste m.
Synzytium n. syncytium m.
Syphilid n. syphilide f.
Syphilis f. syphilis f.
Syphilis, konnatale f. syphilis congénitale f.
Syphilis, latente Früh- f. syphilis précoce latente f.
Syphilis, primäre f. syphilis primaire f.
Syphilis, sekundäre f. syphilis secondaire
Syphilis, tertiäre f. syphilis tertiaire f.
syphilitisch syphilitique
Syphiloderma n. syphilide f.
syphilogen syphilogène
Syphilologe m. syphilologue m.
Syphilologie f. syphiligraphie f.
Syphilologin (oder -graphe) f. syphilologue (ou -graphe) f.
syphilologisch syphilologique
Syphilom n. syphilome m.
Syphilophobie f. syphilophobie f.
Syphilose f. affection syphilitique f.
Syphon m. syphon m.
Syringektomie f. syringectomie f.
Syringitis f. catarrhe tubaire m.
Syringobulbie f. syringobulbie f.
Syringom n. syringome m.
Syringomyelie f. syringomyélie f.
Syringotomie f. syringotomie f.
Syssarkose f. syssarcose f.
System n. système m.
System, retikuläres Aktivierungs- n. système réticulé activateur m.
Systematik f. systématique f.
systematisch systématique
systematisieren systématiser
Systematisierung f. systématisation f.
Systematologie f. systématologie f.
Systemerkrankung f. affection systémique f.
systemisch systémique
Systemsklerose, progressive f. sclérose systémique progressive f.
Systole f. systole f.
Systole nichtsinusalen Ursprungs f. contraction cardiaque ectopique f.
systolisch systolique
Szilla f. scilla f.
Szillaridin n. scillaridine f.
Szillin n. scilline f.
Szillitoxin n. scillitoxine f.
Szintigramm n. scintigramme m.
Szintigraphie f. scintigraphie f.
szintigraphisch scintigraphique
Szintimammographie f. scintimammographie f.
Szintillation f. scintillation f.
Szintillationszähler m. compteur à scintillation m.
Szintillator m. scintillateur m.
Szintiphotographie f. scintiphotographie f.
szirrhös squirrheux
Szirrhus m. squirrhe m.

T

T-Lymphozyt m. lymphocyte T m.
T-Zelle f. cellule T f.
Tabacose f. tabacosis m.
Tabak m. tabac m.
Tabak-Mosaikkrankheit f. mosaïque du tabac f.
Tabakangina f. angine tabagique f.
Tabakbeutelnaht f. suture en bourse f.
Tabakstaubvergiftung f. tabacosis m.
Tabakvergiftung f. tabagisme m.
Tabelle f. tableau m.
Tabes dorsalis f. tabes dorsal m.
Tabes mesaraica f. tabes mésentérique f.
Tabiker m. tabétique m.
Tabikerin f. tabétique f.
tabisch tabétique
Tablett n. plateau m.
Tablette f. comprimé m.
Taboparalyse f. taboparalysie f.
Tabu n. tabou m.
Tacalcitol n. tacalcitol m.
Tacazolat n. tacazolate m.
Tachitoskop n. tachitoscope m.
Tachitoskopie f. tachitoscopie f.
tachitoskopisch tachitoscopique
Tachophorese f. tachophorèse f.
Tachyarrhythmie f. tachyarythmie f.
tachykard tachycardique
Tachykardie f. tachycardie f.
Tachykinin n. tachykinine f.
Tachylalie f. tachylalie f.
Tachyphagie f. tachyphagie f.
Tachyphylaxie f. tachyphylaxie f.
Tachypnoe f. tachypnée f.
Tachysterin n. tachystérol m.
Tachysystolie f. tachysystolie f.
tachytroph tachytrophique
Tacrolimus n. tacrolime m.
Tacrolimusmonohydrat n. tacrolime monohydrate m.
Tadalafil n. tadalafil m.
Taenia echinococcus Taenia echinococcus
Taenia saginata Taenia saginata
Taenia solium Taenia solium
Tafel f. table f.
Täfelchen n. plaquette f.
Tagangst f. anxiété diurne f.
Tagblindheit f. nyctalopie f.
Tagesdosis f. dose journalière f.
Tagesklinik f. hôpital de jour m.
Tageslicht n. lumière du jour f.
Tagespflegesatz m. coût de la journée d'hôpital m.
Tagesprofil n. courbe dans la journée f.
Tagesschwankung f. variation dans la journée f.
Tagessedativum n. sédatif de jour m.
Tagung f. congrès m.
Taille f. taille f.
Takayasusche Krankheit f. maladie de Takayasu f.
taktil tactile
Talalgie f. talalgie f.
Talampicillin n. talampicilline f.
talar du talon
Talbutal n. talbutal m.
Talg m. suif m.
Talgdrüse f. glande sébacée f.
talgig sébacé
Talinolol n. talinolol m.
Talk m. talc m.
talofibular talofibulaire
talokrural talocrural
talonavikular talonaviculaire
Talose f. talose m.
talotibial talotibial
Tamarinde f. tamarin m.
Tampon m. tampon m.
Tamponade f. tamponnement m.
Tamponstopfer m. tampon occlusif m.
Tamponträger m. porte tampon m.
Tamponzange f. pince à tampon f.
Tamsulosin n. tamsulosine f.
Tanacetum n. tanaisie f.
Tandemduplikation f. duplication tandem f.
Tandemmassenspektrometrie f. spectrométrie de masse tandem f.
Tangente f. tangente f.
tangential tangentiel
Tangiersche Krankheit f. maladie de Tangier f.
Tänie f. taenia m.
Tank m. réservoir m.
Tannase f. tannase f.
Tannat n. tannate m.
Tannin n. tannin m.
Tantal n. tantale m.
tapetochorioidal tapétochoroïdien
tapetochoroidal tapétochoroïdien
tapetoretinal tapétorétinien
Tapirlippe f. bouche de tapir f.
Tarantel f. tarentule f.
Taraxein n. taraxéine f.

Tardieuscher Fleck m. tache de Tardieu f.
Tarniersche Zange f. pince de Tarnier f.
tarsal tarsien
Tarsalgie f. tarsalgie f.
Tarsaltunnelsyndrom n. syndrome du tunnel tarsien m.
Tarsitis f. tarsite f.
tarsometatarsal tarsométatarsien
Tarsotomie f. tarsotomie f.
Tart-Zelle f. tart-cell f.
Tartarus stibiatus m. tartrate d'antimoine et de potassium m.
Tartrat n. tartrate m.
Tasche f. poche f.
Tasche (anatom.) f. poche f.
Taschenapotheke f. trousse de pharmacie f.
Taschenband n. corde vocale supérieure f.
Taschenbesteck n. équipement de poche m.
Taschenfalte f. corde vocale supérieure f.
Taschenformat n. format de poche m.
Tascheninhalator m. inhalateur de poche m.
Taschenklappe des Herzens f. valvule semi-lunaire f.
tastbar palpable
Tastbarkeit f. palpabilité f.
tasten palper
Tasten n. palpation f.
Tastkörperchen f. corpuscule du tact m.
Tastleistenmuster der Haut n. dermatoglyphes m. pl.
Tastsinn m. sens du toucher m.
Tastzirkel m. esthésiomètre m.
Tätigkeit f. activité f.
Tätowierung f. tatouage m.
taub (gehörlos) sourd
taub (hypästhetisch) insensible
taubeneigroß gros comme un oeuf de pigeon
Taubenzüchterlunge f. pseudotuberculose aspergillaire f.
Taubheit (Gefühl) f. insensibilité f.
Taubheit (Gehör) f. surdité f.
taubstumm sourd-muet
Taubstummheit f. surdimutité f.
Taucherkrankheit f. maladie des caissons f.
Tauchkropf m. goitre plongeant m.
taumeln chanceler
Taupunkt m. point de fonte m.
Taurin n. taurine f.
Taurocholat n. taurocholate m.
Taurodontismus m. taurodontisme m.
Taurolidin n. taurolidine f.
täuschen tromper
Taussig-Syndrom n. syndrome de Taussig m.
Tautologie f. tautologie f.
tautomer tautomérique

Tautomerie f. tautomérie f.
Tawara-Knoten m. noeud atrio-ventriculaire de Tawara m.
Taxan n. taxane m.
Taxin n. taxine f.
Taxon n. taxon m.
Taxonomie f. taxonomie f.
taxonomisch taxonomique
Tay-Sachssche Krankheit f. maladie de Tay-Sachs f.
TBG (thyroxinbindendes Globulin) n. TBG (globuline fixant la thyroxine) f.
TE (Tonsillektomie) f. amygdalectomie f.
Tebutat n. tébutate m.
Technetat n. technétate m.
Technetium n. technétium m.
Technik (Verfahren) f. technique f.
Technik (Wissenschaft) f. technologie f.
Techniker m. technicien m.
technisch technique
Technologie f. technologie f.
technologisch technologique
Tee m. infusion f., thé m.
Teelöffel m. cuillère à thé f.
Teer m. goudron m.
Teerkrebs m. cancer du goudron m.
Teeröl n. huile de goudron f.
Teerstuhl m. selles couleur bitume f. pl.
Tefazolin n. téfazoline f.
Tefluran n. téflurane m.
Tegafur n. tégafur m.
tegmental de la calotte
Teichmannscher Kristall m. cristal de Teichmann m.
Teichopsie f. teichopsie f.
Teil m. partie f.
Teilabdruck m. empreinte partielle f. (dent.)
Teilabdrucklöffel m. porte empreinte partielle m.
Teilbad n. bain local m.
Teilchen n. particule f.
Teilchenbeschleuniger m. accélérateur de particules m.
Teilchengröße f. taille des particules f.
Teilchenzähler m. compteur de particules m.
Teilnehmer m. participant m.
Teilnehmerin f. participante f.
Teilprothese f. prothèse partielle f. (dent.)
Teilung f. division f.
Teilursache f. cause partielle f.
tektonisch tectonique
Teleangiektasie f. télangiectasie f.
teleangiektatisch télangiectasique
Telearbeit f. télétravail m.
telediastolisch télédiastolique

Telegamma-Therapie f. télégammathérapie f.
Telegonie f. télégonie f.
Telekobaltbestrahlung f. télécobaltothérapie f.
Telemedizin f. télémédecine f.
Telemetrie f. télémétrie f.
telemetrisch télémétrique
Teleologie f. téléologie f.
teleologisch téléologique
Teleopsie f. téléopsie f.
Telepathie f. télépathie f.
Teleradiologie f. téléradiologie f.
Teleröntgenogramm n. téléradiogramme m.
Teleröntgenographie f. téléradiographie f.
Teleskop n. téléscope m.
Teleskopkrone f. couronne téléscope f.
Teleskopoptik f. système téléscopique m.
telesystolisch télésystolique
Teletherapie f. téléthérapie f.
telezentrisch télécentrique
Telithromycin n. télithromycine f.
Tellur n. tellure m.
Tellurat n. tellurate m.
Tellurit n. tellurite m.
Telmisartan n. telmisartane m.
Teloblast m. téloblaste m.
Telodendron n. télodendrion m.
telolezithal télolécithique
Telomer n. télomère m.
Telomerase f. télomérase f.
Telopeptid n. télopeptide m.
Telophase f. télophase f.
Telosynapse f. télosynapse f.
Telotismus m. télotisme m.
telozentrisch télocentrique
Temazolamid n. témazolamide m.
Temperament n. tempérament m.
Temperatur f. température f.
Temperaturabfall m. dévervescence f.
Temperaturanstieg m. poussée de température f.
Temperaturmessung f. thermométrie f.
Temperatursinn m. sens thermique m.
temporal temporal
Temporallappen m. lobe temporal m.
temporär temporaire
temporoaurikulär temporoauriculaire
temporofrontal temporofrontal
temporomandibulär temporomandibulaire
temporomaxillär temporomaxillaire
temporookzipital temporooccipital
temporoparietal temporopariétal
Tenazität f. ténacité f.
Tendinitis f. tendinite f.

tendinös tendineux
Tendovaginitis f. tendovaginite f.
Tenecteplase f. ténectéplase f.
Tenesmus m. ténesme m.
Teniposid n. téniposide m.
Tennisellenbogen m. tennis elbow m.
Tenocyclidin n. ténocyclidine f.
Tenodese f. ténodèse f.
Tenonitis f. capsulite f.
Tenonsche Kapsel f. capsule de Tenon f.
Tenorrhaphie f. ténorraphie f.
Tenotom n. ténotome m.
Tenotomie f. ténotomie f.
tenotomieren ténotomiser
Tensid n. tenside m.
tentoriell de la tente du cervelet
Tenylidon n. ténylidone f.
Teoclat n. téoclate m.
Teoprolol n. téoprolol m.
TEP (Totalendoprothese) f. endoprothèse totale f.
Teprotid n. téprotide m.
teratisch tératoïde
Teratoblastom n. tératoblastome m.
teratogen tératogène
Teratogenese f. tératogénèse f.
teratogenetisch tératogénétique
Teratogenität f. effet tératogène m.
Teratom n. tératome m.
Teratose f. affection tératoïde f.
Terbutalin n. terbutaline f.
Terciprazin n. terciprazine f.
Terconazol n. terconazole m.
Terfenadin n. terfénadine f.
Teriparatid n. tériparatide m.
Terizidon n. térizidone f.
Termin m. date fixée f., rendezvous m.
terminal terminal
Terminal m. terminal m.
Terminatorcodon n. codon non sens m.
Terminologie f. terminologie f.
terminologisch terminologique
terminoterminal termino-terminal
Terminwahl f. choix des dates m.
Termon n. termone f.
ternär ternaire
Terodilin n. térodiline f.
Terofenamat n. térofénamate m.
Teroxalen n. téroxalène m.
Terpen n. terpène m.
Terpentin n. térébenthine f.
Terpentinöl n. essence de térébenthine f.
Terpinen n. terpinène m.
tertiär tertiaire
Tesimid n. tésimide m.

Tesla n. tesla m.
Test m. test m.
testieren attester, tester
Testierfähigkeit f. capacité de tester f.
Testikel m. testicule m.
testikulär testiculaire
Testolakton n. testolactone f.
Testosteron n. testostérone f.
Testovarium n. ovotestis m.
Teststreifenverfahren n. papier test m.
Tetanie f. tétanie f.
tetaniform tétaniforme
tetanisch tétanique
tetanoid tétanoïde
Tetanus n. tétanos m.
Tetanusantitoxin n. antitoxine tétanique f.
Tetanusserum n. sérum antitétanique m.
Tetanustoxoid n. toxoïde tétanique m.
Tetrabarbital n. tétrabarbital m.
tetrabasisch tétrabasique
Tetrabenazin n. tétrabénazine f.
Tetraborat n. tétraborate m.
Tetrabutyl n. tétrabutyle m.
Tetracain n. tétracaïne f.
Tetrachlorethylen n. tétrachloréthylène m.
Tetrachlorid n. tétrachlorure m.
Tetrachlorkohlenstoff m. tétrachlorure de carbone m.
Tetrachlorodibenzodioxin n. tétrachlorodibenzodioxine f.
Tetracosactid n. tétracosactide m.
Tetracosapeptid n. tétracosapeptide m.
Tetracyclin n. tétracycline f.
Tetrade f. tétrade f.
Tetradecanoat n. tétradécanoate m.
Tetradecapeptid n. tétradécapeptide m.
Tetradecylamin n. tétradécylamine f.
Tetradonium n. tétradonium m.
Tetraethylammoniumbromid n. bromure de tétraéthylammonium m.
Tetraethylblei n. tétraéthyle de plomb m.
Tetraethylpyrophosphat n. tétraéthylpyrophosphate m.
Tetrafluorid n. tétrafluorure m.
Tetrafluormethan n. tétrafluorométhane m.
tetragonal tétragonal
Tetrahydrat n. tétrahydrate m.
Tetrafluoroborat n. tétrafluoroborate m.
Tetrahydrocannabinol n. tétrahydrocannabinol m.
Tetrahydrodesoxycorticosteron n. tétrahydrodesoxycorticostérone f.
Tetrahydrofluran n. tétrahydroflurane m.
Tetrahydrofolat n. tétrahydrofolate m.
Tetrahydrofurfuryldisulfid n. tétrahydrofurfuryldisulfure m.
Tetrahydrogestrinon n. tétrahydrogestrinone f.
Tetrahydropteridin n. tétrahydroptéridine f.
Tetrahydrouridin n. tétrahydrouridine f.
Tetrajodthyronin n. tétraiodothyronine f.
Tetralogie f. tétralogie f.
tetralogisch tétralogique
tetramer tétramérique
Tetramethylammonium n. tétraméthylammonium m.
Tetramisol n. tétramisol m.
Tetranikotinat n. tétranicotinate m.
Tetranitrat n. tétranitrate m.
Tetranitrol n. tétranitrol m.
Tetranitromethan n. tétranitrométhane m.
Tetraose f. tétraose m.
tetraparental tétraparental
Tetraparese f. tétraparèsie f.
Tetrapeptid n. tétrapeptide m.
Tetraplegie f. tétraplégie f.
tetraploid tétraploïde
Tetraploidie f. tétraploïdie f.
Tetrapyrrol n. tétrapyrrol m.
Tetrasaccharid n. tétrasaccharide m.
tetrasom tétrasomique
Tetrasomie f. tétrasomie f.
Tetrazol n. tétrazole m.
tetrazyklisch tétracyclique
Tetridamin n. tétridamine f.
Tetrochinon n. tétroquinone f.
Tetrodotoxin n. tétrodotoxine f.
Tetroquinon n. tétrochinone f.
Tetrose f. tétrose m.
Tetroxid n. tétroxyde m.
Tetrylammonium n. tétrylammonium m.
Tetryzolin n. tétryzoline f.
Textur f. texture f.
TGA (totale gonadotrope Aktivität) f. activité gonadotrope totale f.
thalamisch thalamique
thalamokortikal thalamocortical
thalamolentikulär thalamolenticulaire
thalamomamillär thalamomamillaire
thalamotegmental thalamotectal
Thalamotomie f. thalamotomie f.
Thalamus m. thalamus m.
Thalamussyndrom n. syndrome thalamique m.
Thalassämie f. thalassémie f.
Thalassanämie f. thalassémie f.
Thalassotherapie f. thalassothérapie f.
Thalidomid n. thalidomide m.
Thallium n. thallium m.

Thalliumszintigraphie f.   scintigraphie au thallium f.
Thalliumvergiftung f.   intoxication au thallium f.
THAM (Trishydroxymethylaminomethan) n.   THAM (trishydroxyméthylaminométhane) m.
Thanatologie f.   thanatologie f.
Thanatophobie f.   thanatophobie f.
Thebacon n.   thébacone f.
Thebain n.   thébaïne f.
Thein n.   théine f.
thekal   thécal
Thekazelle f.   cellule thécale f.
Thekazellentumor m.   thécome m.
Thekom n.   thécome m.
tektospinal   tectospinal
Thelalgie f.   thélalgie f.
Thelarche f.   thélarché f.
Thelitis f.   thélite f.
thelytokisch   thélytoquien
Thenalidin n.   thénalidine f.
Thenium n.   thénium m.
Theobromin n.   théobromine f.
Theoclat n.   théoclate m.
Theodrenalin n.   théodrénaline f.
Theomanie f.   théomanie f.
Theophyllin n.   théophylline f.
Theophyllinat n.   théophyllinate m.
Theorem n.   théorème m.
theoretisch   théorique
Theorie f.   théorie f.
Theorie, der kreisenden Erregung f.   théorie des mouvements circulaires f.
Therapeut m.   thérapeute m.
Therapeutin n.   thérapeute f.
therapeutisch   thérapeutique
Therapie f.   thérapie f.
Therapie, hochdosierte f.   traitement haut dosé m.
Therapie, niedrigdosierte f.   traitement bas dosé m.
Therapie der Wahl f.   traitement de choix m.
Therapie, gezielte f.   traitement spécifique m.
therapieresistent   résistant au traitement
thermal   thermal
Thermalgesie f.   thermoalgésie f.
Thermalgie f.   thermalgie f.
Thermalquelle f.   source thermale f.
Thermanästhesie f.   thermoanesthésie f.
Thermästhesie f.   thermesthésie f.
Therme f.   thermes m. pl.
thermisch   thermique
Thermoablation f.   thermoablation f.
Thermoanalgesie f.   thermoanalgésie f.

Thermochemie f.   thermochimie f.
Thermochemotherapie f.   thermochimiothérapie f.
Thermodilution f.   thermodilution f.
Thermodynamik f.   thermodynamique f.
thermodynamisch   thermodynamique
thermoelektrisch   thermoélectrique
Thermoelement n.   thermocouple m.
thermogen   thermogène
Thermogenin n.   thermogénine f.
Thermographie f.   thermographie f.
thermographisch   thermographique
Thermokaustik f.   thermocautértsation f.
Thermokoagulation f.   thermocoagulation f.
thermolabil   thermolabile
Thermolabilität f.   thermolabilité f.
Thermolumineszenz f.   thermoluminescence f.
Thermometer n.   thermomètre m.
Thermometrie f.   thermométrie f.
thermometrisch   thermométrique
thermophil   thermophile
Thermophobie f.   thermophobie f.
Thermophor m.   thermophore m.
thermoplastisch   thermoplastique
Thermoplazentographie f.   thermoplacentographie f.
Thermopräzipitation f.   thermoprécipitation f.
Thermoregulation f.   thermorégulation f.
thermoregulatorisch   thermorégulateur
thermoresistent   thermorésistant
Thermorezeptor m.   thermorécepteur m.
thermostabil   thermostable
Thermostat m.   thermostat m.
Thermotherapie f.   thermothérapie f.
Thermotropie f.   thermotropisme m.
Thesaurismose f.   thésaurismose f.
Thetawelle f.   onde thêta f.
THG (Tetrahydrogetrinon) f.   tétrahydrogétrinone f.
Thiabendazol n.   thiabendazole m.
Thiabutazid n.   thiabutazide m.
Thiadiazol n.   thiadiazole m.
Thiamazol n.   thiamazole m.
Thiambuten n.   thiambutène m.
Thiambutosin n.   thiambutosine f.
Thiamin n.   thiamine f.
Thiaxanthen n.   thiaxanthène m.
Thiazetarsamid n.   thiacétarsamide m.
Thiazid n.   thiazide m.
Thiazin n.   thiazine f.
Thiazinium n.   thiazinium m.
Thiazol n.   thiazole m.
Thiazolidin n.   thiazolidine f.

Thiazolidindion n.   thiazolidinedione f.
Thiazosulfon n.   thiazosulfone f.
Thienodiazepin n.   thiénodiazépine f.
Thienopyridin n.   thienopyridine f.
Thiersch-Transplantation f.   greffe épidermique de Thiersch f.
Thiethylperazin n.   thiéthylpérazine f.
Thigenol n.   thigénol m.
thio… siehe auch   voir aussi tio…
Thioalkohol m.   thioalcool m.
Thioarsenit n.   thioarsénite m.
Thioat n.   thioate m.
Thioäther m.   thioéther m.
Thioazetal n.   thioacétal m.
Thioazetazon n.   amithiazone f.
Thiobarbiturat n.   thiobarbiturate m.
Thiocarlid n.   thiocarlide m.
Thiocetamid n.   thiocétamide m.
Thiochrom n.   thiochrome m.
Thiodeoxyguanosin n.   thiodésoxyguanosine f.
Thiodeoxyinosin n.   thiodésoxyinosine f.
Thiodiglykol n.   thiodiglycol m.
Thiodiphosphat n.   thiodiphosphate m.
Thioester m.   thioester m.
Thioether m.   thioéther m.
Thiofuraden n.   thiofuradène m.
Thioglukose f.   thioglucose m.
Thioglykolat n.   thioglycolate m.
Thioguanin n.   thioguanine f.
Thioharnstoff m.   thiourée f.
Thiohexamid n.   thiohexamide m.
Thioinosin n.   thioinosine f.
Thiokinase f.   thiokinase f.
Thiol n.   thiol m.
Thiolase f.   thiolase f.
Thiomalat n.   thiomalate m.
Thionein n.   thionéine f.
Thionin n.   thionine f.
Thiopenton n.   thiopentone f.
Thiophen n.   tiophène m.
Thiophosphoramid n.   thiophosphoramide m.
Thiopropazat n.   thiopropazate m.
Thioproperazin n.   thiopropérazine f.
Thiopurin n.   thiopurine f.
Thiopyrophosphat n.   thiopyrophosphate m.
Thioredoxin n.   thiorédoxine f.
Thioridazin n.   thioridazine f.
Thiosemikarbazon n.   thiosemicarbazone f.
Thiosulfat n.   thiosulfate m.
Thiotepa n.   thiotépa m.
Thiotetrabarbital n.   thiotétrabarbital m.
Thiotixen n.   thiotixène m.
Thiouracil n.   thiouracil m.

Thiozyanat n.   thiocyanate m.
Thiozyanoazetat n.   thiocyanoacétate m.
Thixotropie f.   thixotropie f.
Thoma-Zeiss-Zählkammer f.   hémocytomètre de Thoma-Zeiss m.
Thomas-Pessar n.   pessaire utérin de Thomas m.
Thomassyndrom n.   syndrome de Thomas m.
Thomsensche Krankheit f.   maladie de Thomsen f.
Thonzylamin n.   thonzylamine f.
thorakal   thoracique
thorakoabdominal   thoracoabdominal
thorakoakromial   thoracoacromial
thorakodorsal   thoracodorsal
Thorakokaustik f.   thoracocaustie f.
thorakolumbal   thoracolombaire
Thorakolyse f.   thoracolyse f.
Thorakopagus m.   thoracopagus m.
Thorakoplastik f.   thoracoplastie f.
Thorakoskopie f.   thoracoscopie f.
Thorakostomie f.   thoracostomie f.
Thorakotomie f.   thoracotomie f.
Thorax m.   thorax m.
Thorax-Röntgenaufnahme f.   radiographie thoracique f.
Thorax, fassförmiger m.   thorax en tonneau m.
Thoraxdurchleuchtung f.   fluoroscopie thoracique f.
Thorium n.   thorium m.
Thormählen-Probe f.   test de mélaninurie de Thormählen m.
Threonin n.   thréonine f.
Threose f.   thréose f.
Thrombangitis f.   thromboangéite f.
Thrombangitis obliterans f.   thromboangéite oblitérante f.
thrombangitisch   thromboangéitique
Thrombasthenie f.   thrombasthénie f.
Thrombektomie f.   thrombectomie f.
Thrombelastogramm n.   thromboélastogramme m.
Thrombelastographie f.   thromboélastographie f.
thrombelastographisch   thromboélastographique
Thrombendarterektomie f.   thromboendartériectomie f.
Thrombin n.   thrombine f.
Thrombocytopenie f.   thrombocytopénie f.
Thromboembolie f.   thromboembolie f.
thromboembolisch   thromboembolique
Thrombogenese f.   thrombogenèse f.

Thromboglobulin n.   thromboglobulin m.
Thrombokinase f.   thrombokinase f.
Thrombolyse f.   thrombolyse f.
thrombolytisch   thrombolytique
Thrombopathie f.   thrombopathie f.
Thrombopenie f.   thrombopénie f.
thrombopenisch   thrombopénique
Thrombophilie f.   thrombophilie f.
Thrombophilieanalyse f.   bilan de thrombophilie m.
Thrombophlebitis f.   thrombophlébite f.
thrombophlebitisch   thrombophlébitique
Thromboplastin n.   thromboplastine f.
thromboplastisch   thromboplastique
Thrombopoese f.   thrombopoïèse f.
thrombopoetisch   thrombopoïétique
Thrombose f.   thrombose f.
Thromboseneigung f.   thrombophilie f.
thrombosieren   thromboser
Thrombospondin n.   thrombospondine f.
Thrombosthenin n.   thrombosthénine f.
thrombotisch   thrombosé
Thromboxan n.   thromboxane f.
Thrombozyt m.   thrombocyte m.
Thrombozytenaggregationshemmer m.   antiagrégant plaquettaire m.
Thrombozythämie f.   thrombocytémie f.
Thrombozytolyse f.   thrombocytolyse f.
Thrombozytopathie f.   thrombocytopathie f.
thrombozytopenisch   thrombopénique
Thrombozytopherese f.   thrombocytophérèse f.
Thrombozytose f.   thrombocytose f.
Thrombus m.   thrombus m.
Thujaöl n.   huile de thuya f.
Thujon n.   thuyone f.
Thulium n.   thulium m.
Thymektomie f.   thymectomie f.
thymektomieren   thymectomiser
Thymian m.   thym m.
Thymidin n.   thymidine f.
Thymidinkinase f.   thymidine kinase f.
Thymidylat n.   thymidylate m.
Thymidylyl n.   thymidylyle m.
Thymin n.   thymine f.
Thymitis f.   inflammation du thymus f.
Thymol n.   thymol m.
Thymolblau n.   bleu de thymol m.
Thymoleptikum n.   thymoanaleptique m.
thymoleptisch   thymoanaleptique
Thymolphthalein n.   thymolphtaléine f.
Thymom n.   thymome m.
Thymopentin n.   thymopentine f.
Thymopoetin n.   thymopoïétine f.
thymopriv   thymoprive

Thymopsyche f.   affectivité f.
Thymosin n.   thymosine f.
Thymostimulin n.   thymostimuline f.
Thymotoxin n.   thymotoxine f.
Thymotropie f.   thymotropisme m.
Thymozyt m.   thymocyte m.
Thymusdrüse f.   thymus m.
Thymusdrüsenentfernung f.   thymectomie f.
Thymusdrüsenüberfunktion f.   hyperfonction du thymus f.
Thymushyperplasie f.   hyperplasie du thymus f.
Thymuszyste f.   kyste du thymus m.
thyreoarytänoidal   thyroaryténoïdien
Thyreocalcitonin n.   thyrocalcitonine f.
thyreoepiglottisch   thyroépiglottique
Thyreoglobulin n.   thyroglobuline f.
thyreohyoidal   thyrohyoïdien
Thyreoidea f.   glande thyroïde f.
Thyreoidektomie f.   thyroïdectomie f.
thyreoidektomieren   thyroïdectomiser
Thyreoidin n.   thyroïdine f.
Thyreoiditis f.   thyroïdite f.
Thyreoperoxidase f.   thyréoperoxydase f.
thyreopriv   thyréoprive
Thyreostatikum n.   thyréostatique m.
thyréostatique   thyréostatique
Thyreotoxikose f.   thyréotoxicose f.
thyreotoxisch   thyréotoxique
thyreotrop   thyréotrope
thyreotropes Hormon n.   hormone thyréotrope f.
Thyreotropin n.   thyréotrophine f.
thyreotropin-freisetzender Faktor m.   thyréolibérine f.
thyreozervikal   thyrocervical
Thyrotrophin n.   thyrotrophine f.
Thyroxin n.   thyroxine f.
TIA (transitorische ischämische Attacke) f.   ischémie cérébrale transitoire f.
Thiabendazol n.   thiabendazole m.
Tiafibrat n.   tiafibrate m.
Thiagabin n.   thiagabine f.
Tiamenidin n.   tiaménidine f.
Tiamiprin n.   tiamiprine f.
Tianeptin n.   tianeptine f.
Tiaprid n.   tiapride m.
Tiaramid n.   tiaramide m.
tibial   tibial
Tibialgie f.   tibialgie f.
Tibialis-anterior-Syndrom n.   syndrome tibial antérieur m.
tibiofemoral   tibiofémoral
tibiofibular   tibiopéronéen
Tibolon n.   tibolone f.

Tic m. tic m.
Ticlaton n. ticlatone f.
Ticlopidin n. ticlopidine f.
Tidaldränage f. remplissage-drainage de la vessie m.
Tiefbiss m. occlusion profonde f.
Tiefdruck m. basse pression f.
Tiefenblende f. collimateur m.
Tiefendosis f. dose en profondeur f.
Tiefenpsychologie f. psychologie du subconscient f.
Tiefenrausch m. ivresse de profondeur f., narcose d'azote f.
Tiefenschärfe f. profondeur de champ f.
Tiefensensibilität f. sensibilité profonde f.
Tiefentherapie f. traitement en profondeur m.
Tiefenwirkung f. effet en profondeur m.
tiefgefroren surgelé
Tiefkühlfrischplasma n. plasma frais surgelé m.
Tiefsinn m. mélancolie f.
tiefsinnig pensif
tiefsitzend localisé en profondeur
Tiefstand (des Zwerchfells) m. phrénoptose f.
Tiegel m. creuset m.
Tienopramin n. tienopramine f.
Tierarznei f. préparation vétérinaire f.
Tierarzt m. vétérinaire m.
Tierärztin f. vétérinaire m.
Tierchirurg(in) m./(f.) chirurgien vétérinaire m.
Tierchirurgie f. chirurgie vétérinaire f.
Tierexperiment n. expérience sur l'animal f.
Tierheilkunde f. médecine vétérinaire f.
tierisch animal
Tierkohle f. charbon animal m.
Tierkörperbeseitigungsanstalt f. service d'équarrissage m.
Tierpassage f. passage d'animaux m.
Tierpathologie f. pathologie animale f.
Tierphysiologie f. zoophysiologie f.
tierphysiologisch zoophysiologique
Tierpsychologie f. psychologie animale f.
Tierreich n. règne animal m.
Tierstall m. logement des animaux m.
Tierversuch m. expérience sur l'animal f.
Tietze-Syndrom n. syndrome de Tietze m.
Tifemoxon n. tifémoxone f.
Tiffeneautest m. épreuve de Tiffeneau f.
Tiflamizol n. tiflamizole m.
Tigerfellherz n. coeur tigré m.
Tigerung f. tigrure f.
Tigloidin n. tigloïdine f.

tigroid tigroïde
Tigrolyse f. lyse des corps de Nissl f.
Tilichinol n. tiliquinol m.
Tilidin n. tilidine f.
Tiliquinol n. tiliquinol m.
Tiloron n. tilorone f.
Tilozepin n. tilozépine f.
Timegadin n. timégadine f.
Timerfonat n. timerfonate m.
Timiperon n. timipérone f.
Timofibrat n. timofibrate m.
Timoprazol n. timoprazole m.
Tinctura Belladonnae f. teinture de belladone f.
Tinctura Benzoes f. teinture de benjoin f.
Tinctura Opii f. teinture d'opium f.
Tinctura Opii camphorata f. élixir parégorique m.
Tinctura Strychni f. teinture de noix vomique f.
Tinctura Valerianae f. teinture de valériane f.
Tinea nodosa f. piedra f.
tingible colorable
tingieren colorer
Tinidazol n. tinidazole m.
Tinisulprid n. tinisulpride m.
Tinktion f. coloration f.
Tinktur f. teinture f.
Tinnitus m. bourdonnements m. pl.
Tinofedrin n. tinofédrine f.
Tinoridin n. Tinoridine f.
Tinte f. encre f.
tio… siehe auch voir aussi thio…
Tiocarlid n. tiocarlide m.
Tioconazol n. tioconazole m.
Tioctilat n. tioctilate m.
Tioguanin n. tioguanine f.
Tiomergin n. tiomergine f.
Tiomesteron n. tioméstérone f.
Tiopineol n. tiopinéol m.
Tiopropamin n. tiopropamine f.
Tiosinamin n. tiosinamine f.
Tiotidin n. tiotidine f.
Tiotixen n. tiotixène m.
Tiotropium n. tiotropium m.
Tioxidazol n. tioxidazole m.
Tioxolon n. tioxolone f.
Tipepidin n. tipépidine f.
Tipindol n. tipindole m.
Tipranavir n. tipranavir m.
Tiquinamid n. tiquinamide m.
Tirofibran n. tirofibrane m.
Tiropramid n. tiropramide m.
Tisocromid n. tisocromide m.
Tisopurin n. tisopurine f.

Tisoquon n. tisoquone f.
Titan n. titane m.
Titer m. titre m.
Titration f. titrage m.
titrieren titrer
Titriergerät n. appareil de titrage m.
Titrimetrie f. volumétrie f.
titrimetrisch volumétrique
Tizanidin n. tizanidine f.
Tizolemid n. tizolémide m.
T-Lymphozyt m. T-lymphocyte m.
TMS (transkranielle Magnetstimulation) f. stimulation magnétique transcranienne f.
TNF (Tumornekrosefaktor) m. facteur de nécrose tumorale (TNF) m.
toben rager
Tobsucht f. agitation violente f.
Tocainid n. tocaïnide m.
Tochterblase f. vésicule fille f.
Tochterzelle f. cellule fille f.
Tocofenoxat n. tocofénoxate m.
Tocofibrat n. tocofibrate m.
Tocometrie f. tocométrie f.
Tod m. mort f.
todbringend mortel
Todesangst f. angoisse de la mort f.
Todesart f. mort (genre de) f.
Todesbescheinigung f. certificat de décès m.
Todesfall m. décès m.
Todesgefahr f. danger mortel m.
Todeskampf m. agonie f.
Todesstunde f. dernière heure f.
Todeszeichen n. signe de mort m.
Todeszeitpunktbestimmung f. détermination du moment de la mort f.
todkrank gravement malade
tödlich mortel
tödliches Ende n. issue fatale f.
Toilette f. toilette f.
Toilette (Klosett) f. toilettes f. pl.
Toilettenstuhl m. fauteuil percé m.
Tokograph m. tocographe m.
Tokographie f. tocographie f.
tokographisch tocographique
Tokologie f. tocologie f.
tokologisch tocologique
Tokolyse f. tocolyse f.
tokolytisch tocolytique
Tokometrie f. tocométrie f.
Tokopherol n. tocophérol m.
Tokophobie f. tocophobie f.
Tolazamid n. tolazamide m.
Tolazolin n. tolazoline f.
Tolboxan n. tolboxane m.
Tolbutamid n. tolbutamide m.
Tolcapon n. tolcapone f.
Tolciclat n. tolciclate m.
tolerant tolérant
Toleranz f. tolérance f.
tolerogen favorisant l'immunotolérance
Tolfamid n. tolfamide m.
Tolindat n. tolindate m.
Toliprolol n. toliprolol m.
Tollens-Probe f. test de glucuronoaciduride de Tollens m.
Tollkirsche f. belladone f.
Tollwut f. rage f.
tollwütig rabique
Tollwutschutzimpfung f. vaccin antirabique m.
Tolmesoxid n. tolmésoxide m.
Tolmetin n. tolmétine f.
Tolnaftat n. tolnaftate m.
Tolnidamin n. tolnidamine f.
Tolonidin n. tolonidine f.
Toloxamin n. toloxamine f.
Tolpentamid n. tolpentamide m.
Tolperison n. tolpérisone f.
Tolpiprazol n. tolpiprazole m.
Tolpronin n. tolpronine f.
Tolpropamin n. tolpropamine f.
Tolpyrramid n. tolpyrramide m.
Tolquinzol n. tolquinzole m.
Tolterodin n. toltérodine f.
Tolubalsam m. baume de tolu m.
Toluid n. toluide m.
Toluidin n. toluidine f.
Toluidinblau n. bleu de toluidine m.
Toluol n. toluène m.
Toluyl n. toluyle m.
Toluylen n. toluylène m.
Tolycain n. tolycaïne f.
Tolyl n. tolyle m.
Tomes-Faser f. fibre de Tomes f.
Tomessche Körnerschicht f. couche granuleuse de Tomes f.
Tomocholangiographie f. tomocholangiographie f.
Tomogramm n. tomogramme m.
Tomograph m. tomographe m.
Tomographie f. tomographie f.
tomographisch tomographique
Tomoszintigraphie f. tomoscintigraphie f.
Ton (Laut) m. son m.
Tonbandgerät n. magnétophone m.
Tonblende f. filtre acoustique m.
Tonerde f. alumine f.
Tonfrequenz f. audiofréquence f.
Tonikum n. tonique m.

tonisch tonique
tonisch-klonisch tonoclonique
tonisieren tonifier
Tonizität f. tonicité f.
Tonofibrille f. tonofibrille f.
Tonogramm n. tonogramme m.
Tonograph m. tonographe m.
Tonographie f. tonographie f.
tonographisch tonographique
Tonometer n. tonomètre m.
Tonometrie f. tonométrie f.
tonometrisch tonométrique
Tonsilla lingualis f. amygdale linguale f.
Tonsilla palatina f. amygdale palatine f.
Tonsilla pharyngea f. amygdale pharyngienne f.
tonsillär tonsillaire
Tonsille f. amygdale f.
Tonsillektomie f. tonsillectomie f.
tonsillektomieren amygdalectomiser
Tonsillenfasszange f. pince dentée amygdalienne f.
Tonsillenschlinge f. anse à amygdales f.
Tonsillenstein m. calcul tonsillaire m.
Tonsillitis f. amygdalite f.
Tonsillotom n. amygdalotome m.
Tonsillotomie f. amygdalotomie f.
Tonus m. tonus m.
Tonusverlust, affektiver m. cataplexie affective f.
Topektomie f. topectomie f.
Tophus m. tophus m.
tophusartig tophacé
Topiramat n. topiramate m.
topisch topique
Topodecan n. topodécane m.
Topographie f. topographie f.
topographisch topographique
Topologie f. topologie f.
Toprilidin n. toprilidine f.
Torasemid n. torasémide m.
Torf m. tourbe f.
Tormentille f. tormentille f.
Torontoeinheit f. unité Toronto f.
torpid torpide
Torpidität f. torpeur f.
Torricelli n. torricelli m.
Torsion f. torsion f.
Torsionswiderstand m. résistance torsionnelle f.
Torsiversion f. torsiversion f.
Tortikollis f. torticolis m.
Torulopsis f. torulopsis m.
Torulose f. torulose f.
Tosactid n. tosactide m.

Tosilat n. tosilate m.
Tosylat n. tosylate m.
Tosylchloramid n. tosylchloramide m.
tot mort
töten tuer
töten (abtöten) détruire
Totenbahre f. bière f.
totenblass livide
Totenfleck m. tache cadavérique f.
Totenkopf m. tête de mort f.
Totenlade f. séquestre osseux inclus m.
Totenschein m. certificat de décès m.
Totenstarre f. rigidité cadavérique f.
totgeboren mort-né
Totgeburt f. mort-né (enfant) m.
Totgeburt, verhaltene f. rétention de foetus mort f.
Totische Operation f. dacryorhinostomie de Toti f.
Totraum m. espace mort m.
Totschlag m. homicide m.
Tötung f. mise à mort f.
Toxämie f. toxémie f.
toxämisch toxémique
Toxikodendrol n. toxicodendrol m.
Toxikodermatitis f. toxicodermatite f.
Toxikodermose f. toxicodermatose f.
Toxikodermie f. toxicodermie f.
Toxikogenetik f. toxicogénétique f.
toxikogenetisch toxicogénétique
Toxikologe m. toxicologue m.
Toxikologie f. toxicologie f.
Toxikologin f. toxicologue f.
toxikologisch toxicologique
Toxikomanie f. toxicomanie f.
Toxikose f. toxicose f.
Toxin n. toxine f.
Toxinschocksyndrom n. syndrome de choc toxique m.
toxisch toxique
Toxisterin n. toxistérol m.
Toxizität f. toxicité f.
Toxocariasis f. toxocarose f.
Toxoid n. toxoïde m.
Toxonem n. rhoptrie f.
toxophor toxophore
Toxoplasma n. toxoplasma m.
Toxoplasmose f. toxoplasmose f.
Tozalinon n. tozalinone f.
TPHA (Treponema-pallidum-Hämagglutinationstest) m. TPHA (treponemal hemagglutination) f.
Trabekel n. trabécule m.
trabekulär trabéculaire
Traberkrankheit f. tremblante f.

Tracer m. traceur m.
Trachea f. trachée f.
tracheal trachéal
Trachealkanüle f. canule trachéale f.
Trachealkatheter m. cathéter trachéal m.
Trachealstenose f. sténose trachéale f.
Tracheitis f. trachéite f.
Trachelismus m. trachélisme m.
trachelobregmatisch trachélobregmatique
Trachelopexie f. trachélopexie f.
Tracheloplastik f. trachéloplastie f.
Trachelotomie f. trachélotomie f.
tracheobronchial trachéobronchique
Tracheobronchitis f. trachéobronchite f.
tracheolaryngeal trachéolaryngé
Tracheoskop n. trachéoscope m.
Tracheomalazie f. trachéomalacie f.
tracheopharyngeal trachéopharyngien
Tracheoskopie f. trachéoscopie f.
tracheoskopisch trachéoscopique
Tracheostomie f. trachéostomie f.
Tracheotomie f. trachéotomie f.
tracheotomieren trachéotomiser
Trachom n. trachome m.
trachomatös trachomateux
Trachtenwand f. sole f. (vétér.)
trächtig (veter.) gravide
traditionell traditionnel
Traganth m. adragant m.
tragbar portatif
träge paresseux
Trage f. brancard m., civière f.
tragen porter
Tragen n. port m.
Träger m. porteur m.
Trägerprotein n. protéine de transport f.
Tragezeit f. gestation f.
Tragus m. tragus m.
trainieren s'entrainer
Training n. entraînement m.
Training, autogenes n. relaxation autogène f.
Trakt m. système m.
Traktionsdivertikel n. diverticule de traction m.
Traktotomie f. tractotomie f.
Tralonid n. tralonide m.
Tramazolin n. tramazoline f.
Trance f. trance f.
Träne f. larme f.
tränen larmoyer
Tränen n. larmoiement m.
Tränendrüse f. glande lacrymale f.
Tränendrüsenentzündung f. dacryoadénite f.
Tränenfluss m. écoulement de larmes m.
Tränenflüssigkeit f. liquide lacrymal m.
Tränenflüssigkeit, künstliche f. larmes artificielles f. pl.
Tränengang m. conduit lacrymal m.
Tränengangentzündung f. dacryocanaliculite f.
Tränenpunkt m. point lacrymal m.
Tränensack m. sac lacrymal m.
Tränensackentzündung f. dacryocystite f.
Tränensee m. lac lacrymal m.
Trank m. potion f.
Trank (veter.) m. breuvage m. (vétér.)
Tranquilizer m. tranquillisant m.
transabdominal transabdominal
Transaldolase f. transaldolase f.
Transaminase f. transaminase f.
Transamination f. transamination f.
transatrial transatrial
transaurikulär transauriculaire
transaxial transaxial
transaxillär transaxillaire
Transazetylase f. transacétylase f.
Transazetylierung f. transacétylation f.
transbronchial transbronchique
Transcortin n. transcortine f.
transdermal transdermique
transdiaphragmatisch transdiaphragmatique
Transducer m. transducteur m.
Transduktion f. transduction f.
transduodenal transduodénal
transendothelial transendothélial
transethmoidal transethmoïdal
Transfektion f. transfection f.
Transfektom n. transfectome m.
transfemoral transfémoral
Transfer m. transfert m.
Transfer-RNS f. ARN de transfert m.
Transferase f. transférase f.
Transfer-Gen n. gène-transfer m.
Transferkappe f. couverture de transfert f.
Transferrin n. transferrine f.
Transformation f. transformation f.
Transformator m. transformateur m.
transformieren transformer
Transformylase f. transformylase f.
transfrontal transfrontal
transfundieren transfuser
transfundiert, mehrfach polytransfusé
Transfusion f. transfusion f.
Transfusionszwischenfall m. accident transfusionel m.
transgastral transgastrique
transgen transgénique
Transglukosidase f. transglucosidase f.

Transglutaminase f.   transglutaminase f.
transhepatisch   transhépathique
transhiatal   transhiatal
Transhydrase f.   transhydrogénase f.
Transhydrogenase f.   transhydrogénase f.
Transhydroxymethylase f.   transhydroxyméthylase f.
Transillumination f.   transillumination f.
Transistor m.   transistor m.
transistorisieren   transistoriser
transitorisch   transitoire
transjugulär   transjugulaire
transkapillär   transcapillaire
Transkarbamoylase f.   transcarbamoylase f.
transkardial   transcardiaque
Transkatheterembolisation f.   embolisation transcathétérienne f.
Transketolase f.   transcétolase f.
Transkobalamin n.   transcobalamine f.
Transkonfiguration f.   transconfiguration f.
transkortikal   transcortical
transkranial   transcranien
Transkript n.   transcript m.
Transkriptase f.   transcriptase f.
Transkription f.   transcription f.
Transkriptionsfaktor m.   facteur de transcription m.
transkutan   transcutané
translaryngeal   translaryngé
Translation f.   translation f.
Translokase f.   translocase f.
Translokation f.   translocation f.
transluminal   transluminaire
transmembranös   transmembranaire
Transmethylase f.   transméthylase f.
Transmethylierung f.   transméthylation f.
Transmineralisation f.   transminéralisation f.
Transmissionscomputertomographie f.   transmission-tomodensitographie f.
Transmitter m.   transmetteur m.
transmukosal   transmuqueux
transmural   transmural
Transmutation f.   transmutation f.
transmyokardial   transmyocardique
transneuronal   transneuronal
transorbital   transorbitaire
transösophageal   transoesophagien
transpalatal   transpalatin
transpapillär   transpapillaire
transparent   transparent
Transparenz f.   transparence f.
transparietookzipital   transpariétooccipital
Transpeptidase f.   transpeptidase f.
Transpeptidation f.   transpeptidation f.
transperitoneal   transpéritonéal

Transpiration f.   transpiration f.
transpirieren   transpirer
transplantabel   transplantable
Transplantat n.   greffon m.
Transplantat, exogenes n.   xénogreffe f.
Transplantat, synthetisches n.   greffon synthétique m.
Transplantation f.   transplantation f.
transplantieren   greffer
transplazentar   transplacentaire
transpleural   transpleural
Transportform f.   forme de transport f.
Transportgriff m.   manoeuvre de transport f.
Transportmetabolit n.   métabolite de transport m.
Transportprotein n.   protéine de transport f.
Transportwagen m.   chariot m.
Transposition f.   transposition f.
Transposition der großen Gefäße f.   transposition des gros vaisseaux f.
Transposon n.   transposon m.
transrektal   transrectal
Transsexualismus m.   transsexualisme m.
transsexuell   transsexuel
transsphenoidal   transsphénoïdal
transsonisch   transsonore
Transsudat n.   transsudat m.
Transsudation f.   transsudation f.
Transthyretin n.   transthyrétine f.
transthorakal   transthoracique
transtracheal   transtrachéal
transumbilikal   transombilical
transurethral   transuréthral
transuterin   transutérin
transvaginal   transvaginal
transvalvulär   transvalvulaire
transvenös   transveineux
transventrikulär   transventriculaire
transversal   transversal
Transversostomie f.   tranversostomie f.
Transversotomie f.   transversotomie f.
transvesikal   transvésical
transvesikulär   transvésiculaire
Transvestit m.   travesti m.
Transvestitin f.   travestie f.
Transvestitismus m.   transvestisme m.
transzellulär   transcellulaire
transzervikal   transcervical
Trantelinium n.   trantélinium m.
Tranylcypromin n.   tranylcypromine f.
trapezähnlich   trapézoïde
Trapezmuskel m.   trapèze (muscle) m.
Trastuzumab n.   trastuzumab m.
Traubenzucker m.   glucose m.
Traubescher Raum m.   espace de Traube m.

Trauer f. deuil m.
Trauerarbeit f. ouvrage funèbre m.
trauern être affligé
Traum m. rêve m., songe m.
Trauma n. traumatisme m.
Traumarbeit f. travail onirique m.
traumatisch traumatique
traumatisieren traumatiser
traumatisieren, mehrfach polytraumatiser
Traumatisierung f. événement traumatisant m.
Traumatologie f. traumatologie f.
Traumatophilie f. traumatophilie f.
Traumdenken n. pensée onirique f.
träumen rêver
Traumzustand m. état de rêve m.
traurig triste
Traurigkeit f. tristesse f.
Traxanox n. traxanox m.
Trazitilin n. trazitiline f.
Trazodon n. trazodone f.
Trehalase f. tréhalase f.
Trehalose f. tréhalose m.
Treibgas m. gaz propulsif m.
Treitzsche Hernie f. hernie de Treitz f.
Treloxinat n. tréloxinate m.
Trematode m. trématode m.
Tremor m. tremblement m.
Tremor, feinschlägiger m. petit tremblement m.
Tremor, grobschlägiger m. tremblement de grande amplitude m.
Trenbolon n. trenbolone f.
Trendelenburgscher Versuch m. manoeuvre de Trendelenburg f.
Trengeston n. trengestone f.
Trennung f. séparation f.
Treosulfan n. tréosulfan m.
Trepan m. trépan m.
Trepanation f. trépanation f.
trepanieren trépaner
Trephine f. trépan m.
Trepibuton n. trépibutone f.
Trepidation f. trépidation f.
Treponema pallidum n. Treponema pallidum m.
Treponema pertenue n. Treponema pertenue m.
Treponematose f. tréponématose f.
Treptilamin n. treptilamine f.
Tretamin n. trétamine f.
Tretinoin n. trétinoïne f.
TRF (thyreotropinfreisetzender Faktor) m. TRH (hormone de libération de la thyréostimuline) f.

Triacetin n. triacétine f.
Triacyl n. triacyle m.
Triade f. triade f.
Triallyl n. triallyle m.
Triamcinolon n. triamcinolone f.
Triamid n. triamide m.
Triamin n. triamine f.
Triaminophosphin n. triaminophosphine f.
Triampyzin n. triampyzine f.
Triamteren n. triamtérène m.
Triangel m. triangle m.
Triarylboran n. triarylborane m.
Triarylphosphat n. triarylphosphate m.
Trias f. triade f.
Triäthanol n. triéthanol m.
Triäthylen n. triéthylène m.
Triatoma f. triatome m.
Triazetat n. triacétate m.
Triazetyloleandomycin n. triacétyloléandomycine f.
Triazin n. triazine f.
Triaziquon n. triaziquone f.
Triazolam n. triazolam m.
Triazylglyzerin n. triacylglycérol m.
Tribade f. tribade f.
Tribadismus m. tribadisme m.
Tribenosid n. tribénoside m.
Triborat n. triborate m.
Tribromethylalkohol m. tribromoéthanol m.
Tribromid n. tribromure m.
Tribrommethan n. tribromométhane m.
Tribromphenol n. tribromophénol m.
Tribromsalan n. tribromsalan m.
Tributyl n. tributyle m.
Tributyrinase f. tributyrinase f.
Trichauxis f. trichauxis m.
Trichiasis f. trichiasis m.
Trichine f. trichine f.
Trichinella spiralis f. Trichinella spiralis f.
trichinös trichineux
Trichinose f. trichinose f.
Trichlorethanol n. trichloréthanol m.
Trichlorethylen n. trichloréthylène m.
Trichlorid n. trichlorure m.
Trichlorisobutylalkohol m. chlorobutanol m.
Trichlormethiazid n. trichlorméthiazide m.
Trichlormethin n. trichlorméthine f.
Trichlorphenol n. trichlorphénol m.
Trichobezoar n. trichobézoard m.
Trichocephalus dispar m. trichocéphale m.
trichodentoossär trichodento-osseux
Trichoepitheliom n. trichoépithéliome m.
Trichoglossie f. trichoglossie f.
Tricholeukozyt m. tricholeucocyte m.

Trichom n.   trichome m.
Trichomonadeninfektion f.   trichomonase f.
Trichomonadenmittel n.   antitrichomonas m.
Trichomonas f.   trichomonas m.
Trichomonas vaginalis f.   Trichomonas vaginalis m.
Trichomoniasis f.   trichomonase f.
Trichomykose f.   trichomycose f.
Trichonose f.   affection du système pilaire f.
Trichophytia barbae/capitis/corporis f.   trichophytie de la barbe/de la tête/du corps f.
Trichophytid n.   trichophytide f.
Trichophytie f.   trichophytie f.
Trichophytin n.   trichophytine f.
Trichophyton acuminatum n.   Trichophyton acuminatum m.
Trichophyton gypseum n.   Trichophyton gypseum m.
Trichophyton violaceum n.   Trichophyton violaceum m.
Trichopoliodystrophie f.   trichopoliodystrophie f.
Trichoptilose f.   trichoptilose f.
Trichorrhexis nodosa f.   trichorrhexie noueuse f.
Trichose f.   trichosis m.
Trichosporie f.   trichosporie f.
Trichosporon n.   trichosporon m.
Trichosporose f.   trichosporie f.
Trichostatin n.   trichstatine f.
Trichostrongyliasis f.   trichostrongylose f.
Trichostrongylose f.   trichostrongylose f.
Trichothiodystrophie f.   trichothiodystrophie f.
Trichotillomanie f.   trichotillomanie f.
Trichophyton tonsurans n.   Trichophyton tonsurans m.
Trichromasie f.   trichromasie f.
trichromatisch   trichromatique
Trichter m.   entonnoir m.
Trichterbrust f.   thorax en entonnoir m.
trichterförmig   infundibiliforme
Trichuriasis f.   trichocéphalose f.
Trichuris trichiura f.   Trichuris trichiura f.
Triclabendazol n.   triclabendazole m.
Triclazat n.   triclazate m.
Triclofenat n.   triclofénate m.
Triclofyllin n.   triclofylline f.
Tricosactid n.   tricosactide m.
Tricresol n.   tricrésol m.
Tricyclamol n.   tricyclamol m.
Tridihexethyl n.   tridihexéthyl m.
Trieb m.   instinct m.
Triebkraft f.   force d'impulsion f.

Triefauge n.   oeil chassieux m.
Trienol n.   triénol m.
Trientin n.   trientine f.
Triethanolamin n.   triéthanolamine f.
Triethylenmelamin n.   triéthylènemélamine f.
Triethylenphosphoramid n.   triéthylènephosphoramide m.
Triethylenthiophosphamid n.   triéthylènethiophosphamide m.
trifaszikulär   trifasciculaire
trifaszikulärer Block m.   bloc trifasciculaire m.
Triflumidat n.   triflumidate m.
Trifluomeprazin n.   trifluoméprazine f.
Trifluoperazin n.   trifluopérazine f.
Trifluopromazin n.   trifluopromazine f.
Trifluorid n.   trifluoride m.
Trifluridin n.   trifluridine f.
trifokal   trifocal
Trifurkation f.   trifurcation f.
Trigeminie f.   trigéminisme m.
Trigeminus, Nervus m.   nerf trijumeau m.
Trigeminusneuralgie f.   névralgie faciale f.
Triggerzone f.   zone détente f.
Triglycol n.   triglycol m.
Triglyzerid n.   triglycéride m.
Triglyzeridlipase f.   lipase triglycérique f.
trigonal   trigonal
Trigonitis f.   trigonite f.
trigonometrisch   trigonométrique
Trihexosid n.   trihexose m.
Trihexosidase f.   trihexosidase f.
Trihexyphenidyl n.   trihexyphénidyle m.
Trihydrat n.   trihydrate m.
Trihydroxymethylaminomethan n.   trihydroxyméthylaminométhane m.
Trijodid n.   triiodure m.
Trijodthyronin n.   triiodothyronine f.
Triketohydrindenhydrat n.   hydrate de trikétohydrindène m.
Trikresol n.   tricrésol m.
Trikresolamin n.   tricrésolamine f.
Trikresolformalin n.   tricrésolformaline f.
Trikresyl n.   tricrésyl m.
Trikrotie f.   tricrotie f.
Trikuspidalinsuffizienz f.   insuffisance tricuspide f.
Trikuspidalklappe f.   valvule tricuspide f.
Trikuspidalstenose f.   sténose tricuspide f.
Trilaktat n.   trilactate m.
trimalleolär   trimalléolaire
Trimebutim n.   trimébutime m.
Trimedoxim n.   trimédoxime m.
Trimenon n.   triménone f.

Trimeperidin n. trimépéridine f.
Trimeprazin n. triméprazine f.
Trimepropimin n. trimépropimine f.
trimer trimère
Trimer n. trimère m.
Trimester n. trimestre m.
Trimetamid n. trimétamide m.
Trimetazidin n. trimétazidine f.
Trimethadion n. triméthadione f.
Trimethobenzamid n. triméthobenzamide m.
Trimethyl n. triméthyle m.
Trimethylamin n. triméthylamine f.
Trimethylendiamin n. triméthylènediamine f.
Trimethylpsoralen n. triméthylpsoralène m.
Trimetotin n. trimétotine f.
Trimetrexat n. trimétrexate m.
Trimipramin n. trimipramine f.
Trimoxamin n. trimoxamine f.
Trinitrat n. trinitrate m.
Trinitrobenzol n. trinitrobenzène m.
Trinitrophenol n. trinitrophénol m.
Trinitrotoluol n. trinitrotoluol m.
trinkbar buvable
Trinkerheilstätte f. clinique de désintoxication f.
trinkfaul buvant mal
Trinkwasser n. eau potable f.
Triokinase f. triokinase f.
Trioleat n. trioléate m.
Triolein n. trioléine f.
Triolismus m. triolisme m.
Triorthokresylphosphat n. triorthocrésylphosphate m.
Triose f. triose m.
Triosephosphat n. triosephosphate m.
Trioxid n. trioxyde m.
Trioxifen n. trioxifène m.
Trioxopurin n. trioxopurine f.
Trioxsalen n. trioxsalène m.
Trioxymethylen n. trioxyméthylène m.
Trioxypurin n. trioxypurine f.
Tripamid n. tripamide m.
Tripelennamin n. tripélennamine f.
Tripelphosphat n. phosphate triple m.
Tripelvakzine f. triple vaccin m.
Tripeptid n. tripeptide m.
Triphenylethylen n. triphényléthylène m.
Triphenylmethan n. triphénylméthane m.
Triphosphat n. triphosphate m.
Triphosphatase f. triphosphatase f.
Triphosphonukleosid n. triphosphonucléoside m.
Triphosphopyridin n. triphosphopyridine f.
Triphosphopyridinnukleotid n. triphosphopyridinenucléotide m.
Triplegie f. triplégie f.
Triplett m. triplé m.
triploid triploïde
Triploidie f. triploïdie f.
Triplopie f. triplopie f.
Tripper m. gonorrhée f.
Triprolidin n. triprolidine f.
Tripropylen n. tripropylène m.
Tryptan n. tryptane m.
Tris-Puffer m. trométamol m.
Trisaccharid n. trisaccharide m.
Trishydroxymethylaminomethan n. trishydroxyméthylaminométhane m.
Trisialogangliosid n. trisialoglioside m.
Trisilikat n. trisilicate m.
Trismaleat n. trismaléate m.
Trismus m. trismus m.
trisom trisomique
Trisomie f. trisomie f.
Trisulfid n. trisulfure m.
Tritanomalie f. tritanomalie f.
Tritanopie f. tritanopie f.
Tritiozin n. tritiozine f.
Tritium n. tritium m.
Triton n. triton m.
Tritoqualin n. tritoqualine f.
Trituration f. trituration f.
triturieren triturer
Trityl n. trityl m.
trivalent trivalent
Trivialbezeichnung (eines Medikamentes) f. dénomination commune f.
trizentrisch tricentrique
Trizepsreflex m. réflexe tricipital m.
Trizoat trizoate m.
Trizoxim n. trizoxime m.
trizyklisch tricyclique
trochanterisch trochantérien
trochleär trochléen
trocken sec
Trockenbohren n. excavation à sec f.
Trockengerät n. séchoir m.
Trockenhitzesterilisation f. stérilisation par chaleur sèche f.
Trockenofen m. four de séchage m.
Trockenschleifen n. meulage à sec m.
Trockenschrank m. séchoir armoire m.
trocknen sécher
Troclosen n. troclosène m.
Trofosfamid n. trofosfamide m.
Trog m. auge f.
Troglitazon n. troglitazone f.
Trokar m. trocart m.

Troleandomycin n. troléandomycine f.
Trolnitrat n. trolnitrate m.
Tromantadin n. tromantadine f.
Trombicula f. trombicula f.
Tromethamin n. trométhamine f.
Trommel f. tympan m.
Trommelbauch m. ventre ballonné m.
Trommelfell n. membrane du tympan f.
Trommelfellplastik f. tympanoplastie f.
Trommelschlägelfinger m. doigt hippocratique m.
Trommer-Probe f. test de glucosurie de Trommer m.
Tropa-Alkaloid n. alcaloïde tropa m.
Tropabazat n. tropabazate m.
Tropakokain n. cocaïne tropa f.
Tropäolin n. tropéoline f.
Tropatepin n. tropatépine f.
Tropein n. tropéine f.
Tropen f. pl. tropiques m. pl.
Tropenkoller m. cafard tropical m.
Tropenkrankheit f. maladie tropicale f.
Tropenmedizin n. médecine tropicale f.
tropentauglich supportant les conditions tropicales
tropenuntauglich inadapté aux conditions tropicales
Tropenzilin n. tropenziline f.
Tröpfchen n. gouttelette f.
tröpfeln instiller
tropfen goutter
Tropfen m. goutte f.
Tropfen, dicker m. goutte épaisse f.
Tropfen, hängender m. goutte en suspension f.
Tropfenherz n. coeur en goutte m.
tropfenweise goutte à goutte
Tropfenzähler m. compte-gouttes m.
Tropfer m. compte-gouttes m.
Tropfflasche f. flacon compte-gouttes m.
Tropfrohr n. tube goutte à goutte m.
Tropherima wipplei n. Tropherima wipplei m.
Trophik f. trophisme m.
trophisch trophique
Trophoblast m. plastide m.
Trophochromidie f. trophochromidie f.
Trophödem n. oedème trophique m.
Trophologie f. trophologie f.
Trophoneurose f. trophonévrose f.
trophoneurotisch trophoneurotique
Trophonose f. trouble trophique m.
Trophopathie f. trophopathie f.
Trophoplasma n. trophoplasma m.
Trophoplast m. trophoplaste m.
trophotrop trophotrope
Trophozoit m. trophozoïte m.
Tropicamid n. tropicamide m.
Tropiglin n. tropigline f.
Tropin n. tropine f.
Tropirin n. tropirine f.
tropisch tropique
Tropodifen n. tropodifène m.
Tropokollagen n. tropocollagène m.
Tropomyosin n. tropomyosine f.
Troponin n. troponine f.
Trotzreaktion f. réaction d'opposition f.
Trousseau-Zeichen n. phénomène de Trousseau m.
Trovafloxacin n. trovafloxacine f.
Troxypyrrolium n. troxypyrrolium m.
trüb brouillé
Trübung f. état trouble m., opacité f.
Trugschluss m. fausse conclusion f.
Trümmerfraktur f. fracture comminutive f.
Truncus brachiocephalicus m. tronc brachiocéphalique m.
trunkal tronculaire
Trunkenheit f. ivresse f.
Trunksucht f. dipsomanie f.
trunksüchtige Person f. ivrogne m.
Trypaflavin n. trypaflavine f.
Trypanblau n. bleu trypane m.
Trypanosoma brucei n. Trypanosoma brucei m.
Trypanosoma cruzi n. Trypanosoma cruzi m.
Trypanosoma equiperdum n. Trypanosoma equiperdum m.
Trypanosoma rhodesiense n. Trypanosoma rhodesiense m.
Trypanosomiasis f. trypanosomiase f.
Trypanrot n. rouge trypane m.
Tryparsamid n. tryparsamide m.
Trypsin n. trypsine f.
Trypsinogen n. trypsinogène m.
Tryptamin n. tryptamine f.
Tryptase f. tryptase f.
tryptisch tryptique
Tryptophan n. tryptophane m.
Tryptophanmalabsorptionssyndrom n. syndrome de malabsorption du tryptophane m.
Tryptophanurie f. tryptophanurie f.
Tsetsefliege f. mouche tsé-tsé f.
TSH (thyreoideastimulierendes Hormon) n. TSH (hormone thyréotrope) f.
Tsutsugamusfieber n. fièvre fluviale du Japon f.
TTC (Triphenyltetrazoliumchlorid) n. chlorure de triphényltétrazolium m.

Tuaminoheptan n. tuaminoheptane m.
tubar tubaire
Tubarabort m. avortement tubaire m.
Tubargravidität f. grossesse tubaire f.
Tube (Eileiter) f. trompe de Fallope f.
Tube (Eustachische Röhre) f. trompe d'Eustache f.
Tubektomie f. salpingectomie f.
Tubenligatur f. ligature des trompes f.
Tubenruptur f. rupture de la trompe f.
Tuberculum majus n. trochiter m.
Tuberculum minus n. trochin m.
Tuberkel m. tubercule m.
Tuberkelbazillus m. bacille tuberculeux m.
Tuberkelbildung f. formation de tubercule f.
tuberkulär tuberculaire
Tuberkulid n. tuberculide m.
Tuberkulin n. tuberculine f.
Tuberkulinanwendung f. tuberculinisation f.
Tuberkuloderm n. tuberculoderme m.
Tuberkulofibrose f. tuberculofibrose f.
Tuberkulom n. tuberculome m.
Tuberkulomanie f. tuberculomanie f.
Tuberkulophobie f. tuberculophobie f.
tuberkulös tuberculeux
Tuberkulose f. tuberculose f.
Tuberkulose, fortschreitende f. tuberculose progressive f.
Tuberkulose, geschlossene f. tuberculose fermée f.
Tuberkulose, miliare f. tuberculose miliaire f.
Tuberkulose, zum Stillstand gekommene f. tuberculose ancienne non évolutive f.
tuberkulosekranke Person f. sujet tuberculeux m.
Tuberkulosilikose f. tuberculosilicose f.
Tuberkulostatikum n. tuberculostatique m.
tuberkulostatisch tuberculostatique
Tuberkulotoxin n. toxine tuberculeuse f.
tuberkulotoxisch tuberculotoxique
tuberkulozid tuberculocide
tuberoeruptiv tubéroéruptif
tuberohypophysär tubérohypophysaire
tuberoinfundibulär tubéroinfundibulaire
tuberös tubéreux
Tuberosität f. tubérosité f.
Tubocurarin n. tubocurarine f.
tuboovarial tuboovarien
tubulär tubulaire
Tubuli contorti m. pl. tubes contournés m. pl.
Tubulonekrose f. tubulonécrose f.
Tubulopathie f. tubulopathie f.
tubulotoxisch tubulotoxique
tubulovaskulär tubulovasculaire
tubulovillös tubulovilleux
Tubulus m. tubule m.
Tubus m. tube m.
Tubolysin n. tubolysine f.
Tuchklemme f. pince à drap f.
Tuclazepam n. tuclazépam m.
Tuftsin n. tuftsine f.
Tularämie f. tularémie f.
Tumenol n. tuménol m.
Tumor m. tumeur f.
tumorizid détruisant la tumeur
Tumornekrosefaktor m. facteur de nécrose tumorale m.
tumorös tumoral
Tumorsuppressor-Gen n. gène suppresseur tumoral m.
Tungiasis f. tungiasis m.
Tüpfelung f. moucheture f.
tupfen tamponner
Tupfer m. tampon m.
Tupfpräparat n. préparation par tamponnement f.
Turbellaria n. pl. turbellariés m. pl.
Turbidimeter n. turbidimètre m.
Turbidimetrie f. turbidimétrie f.
turbidimetrisch turbidimétrique
turbinal turbinal
Turbine f. turbine f.
Turbinenbohrer m. turbofraise f.
turbulent turbulent
Turbulenz f. turbulence f.
Türcksches Bündel n. faisceau de Türck-Meynert m.
Turgeszenz f. turgescence f.
Turgor m. turgor m.
Türkensattel m. selle turcique f.
Turmschädel m. hypsocéphalie f.
Turnbullblau n. bleu de Turnbull m.
Turner-Syndrom n. syndrome de Turner m.
Tutocain n. tutocaïne f.
Tybamat n. tybamate m.
Tylektomie f. tylectomie f.
Tylom n. tylome m.
Tylosin n. tylosine f.
Tylosis f. tylosis m.
tympanal tympanal
Tympanektomie f. tympanectomie f.
Tympanie f. tympanisme m., tympanite f.
Tympanie des Pansens f. météorisme de la panse m.
tympanisch tympanique
Tympanitis f. tympanite f.
tympanitisch de tympanite

tympanitischer Schall m.   son tympanique m.
tympanoeustachisch   tympanoeustachien
Tympanogramm n.   tympanogramme m.
Tympanograph m.   tympanographe m.
Tympanographie f.   tympanographie f.
tympanographisch   tympanographique
tympanomalleal   tympanomalléaire
tympanomandibulär   tympanomandibulaire
tympanomastoidal   tympanomastoïdien
Tympanomastoiditis f.   tympanomastoïdite f.
Tympanometrie f.   tympanométrie f.
Tympanoplastik f.   tympanoplastie f.
tympanosquamosal   tympanosquameux
Tympanotomie f.   tympanotomie f.
Tympanum n.   tympan m.
Tyndall-Phänomen n.   phénomène de Tyndall m.
Typ m.   type m.
Typhlatonie f.   typhlatonie f.
Typhlitis f.   typhlite f.
Typhlopexie f.   typhlopexie f.
Typhlostomie f.   typhlostomie f.
Typhloureterostomie f.   typhlourétérostomie f.
Typhobazillose f.   typhobacillose f.

typhös   typhoïde
Typhus abdominalis m.   typhoïde f.
Typhusbazillus m.   bacille d'Eberth m.
Typhusimpfstoff m.   vaccin antityphique m.
Typhusimpfung f.   vaccination antityphique f.
typisch   typique
typisieren   typer
Typisierung f.   typification f.
Typologie f.   typologie f.
typologisch   typologique
Tyramin n.   tyramine f.
Tyraminase f.   tyraminase f.
Tyrodelösung f.   solution de Tyrode f.
Tyrom n.   adénopathie caséeuse f.
Tyromedan n.   tyromédane m.
Tyropanoat n.   tyropanoate m.
Tyrose f.   caséification f.
Tyrosin n.   tyrosine f.
Tyrosinämie f.   tyrosinémie f.
Tyrosinase f.   tyrosinase f.
Tyrosinkinase f.   tyrosinekinase f.
Tyrosinose f.   tyrosinose f.
Tyrothricin n.   tyrothricine f.
Tysonsche Drüse f.   glande de Tyson f.

U

U-Welle f.   onde U f.
übel (krank)   mal
Übel (Krankheit) n.   maladie f.
Übelbefinden n.   indisposition f.
Übelkeit (Brechreiz) f.   nausée f.
übelriechend   malodorant
Über-Ich n.   surmoi m.
Überaktivität f.   hyperactivité f.
Überalterung f.   vieillissement m.
überanstrengen   surmener
Überanstrengung f.   surmenage m.
Überarbeitung f.   remaniement m.
Überbeanspruchung f.   effort excessif m.
Überbein n.   exostose f., kyste synovial m.
überbelichten   surexposer
Überbelichtung f.   surexposition f.
Überbiss m.   surocclusion f.
Überbleibsel n.   reste m.
Überblick m.   vue d'ensemble f.
Überbrückung f.   transition f.
überdachen   couvrir
überdehnen   distendre
Überdehnung f.   distension f.
überdosieren   surdoser
Überdosierung f.   surdosage m.
Überdosis f.   surdose f.
Überdruck m.   hyperpression f.
Überdruckkammer f.   cabine pressurisée f.
Überdruss m.   satiété f.
Übereinstimmung f.   concordance f.
überempfindlich   hypersensible
Überempfindlichkeit f.   hypersensibilité f.
überentwickelt   surdéveloppé
Überernährung f.   suralimentation f.
übererregbar   hyperexcitable
Übererregbarkeit f.   hyperexcitabilité f.
Übererregung f.   surexcitation f.
Überexpression f.   hyperexpression f.
überfärben   recolorer
überfetten   graisser
überfließen   déborder
Überfließen n.   débordement m.
Überfluss m.   surabondance f.
überflüssig   superflu
überfordern   surcharger
Überforderung f.   surcharge f.
überführen   transférer
überfüllen   trop remplir
Überfüllung f.   encombrement m.
Überfunktion f.   hyperfonction f.
überfüttern   suralimenter
Überfütterung f.   gavage m.

Übergangsepithel n.   épithélium de passage m.
Übergansphase f.   phase de transition f.
Übergangsstadium n.   stade intermédiaire m.
Übergangswirbel m.   vertèbre intermédiaire f.
Übergangszelle f.   cellule intermédiaire f.
Übergangszone f.   zone de transition f.
übergeben, sich   vomir
Übergewicht n.   excès de poids m.
Übergreifen n.   empiètement m.
Überhäutung f.   épidermisation f.
Überholung (Reparatur) f.   révision f.
Überkompensation f.   surcompensation f.
Überkorrektur f.   hypercorrection f.
überkronen   couronner
Überkronung f.   couronnement m.
überladen   surcharger
Überlagerung f.   superposition f.
Überlagerung, psychogene f.   interférence psychogène f.
Überlappung f.   recouvrement m.
überlasten   accabler
Überlastung f.   surcharge f.
Überlastungsschutz, elektrischer m.   coupe-circuit m.
Überlauf m.   trop-plein m.
Überlaufblase f.   miction par regorgement f.
überleben   survivre
Überlebende(r) f./m.   survivant(e) m./(f.)
Überlebensdauer f.   temps de survie m.
Überlebensrate f.   taux de survie m.
Überlebensstatistik f.   statistique de survie f.
überlegen (nachdenken)   considérer
überlegen (prävalierend)   prévalent
Überleitung f.   conduction f.
Überleitungszeit f.   temps de conduction m.
übermangansauer   permanganique
Übermaß n.   excès m.
übermäßig   excessif
übermenschlich   surhumain
übermüdet   épuisé
übernähen   couvrir (par suture)
übernormal   hypernormal
Überprotektion f.   surprotection f.
Überprüfung f.   vérification f.
überregional   dépassant la région
überreif   hypermature
überreizen   surexciter
Überrest m.   rémanence f.
übersättigen   sursaturer
Übersättigung f.   sursaturation f.

übersäuern hyperacidifier
Übersäuerung f. hyperacidité f.
Überschallgeschwindigkeit f. vitesse supersonique f.
überschießend exubérant
Überschuss m. excédent m.
überschwellig supraliminaire
Übersegmentation f. hypersegmentation f.
übersegmentiert hypersegmentaire
Übersichtsaufnahme f. radiographie (d'ensemble) f.
übersinnlich transcendant
Überspanntheit f. exaltation f.
Überspiralisierung f. superspiralisation f.
überstrecken mettre en hyperextension
Überstreckung f. hyperextension f.
Übertisch-Röntgenaufnahme f. cliché sur plaque m.
übertragbar transmissible
Übertragbarkeit f. transmissibilité f.
übertragen transmettre
Überträger m. intermédiaire m.
Übertragung f. dématérialisation f., transmission f.
übertrainieren surentraîner
Übertransfusion f. surtransfusion f.
übertreiben exagérer
überwachen surveiller
Überwachung f. surveillance f.
Überwachung, technische f. monitoring m.
Überwachungsanlage f. moniteur m.
Überwachungsgerät n. moniteur m.
Überwärmung f. hyperthermie f.
Überwärmungsbad n. bain hyperthermique m.
Überwässerung f. hyperhydratation f.
überweich très mou
überweisen envoyer
überweisen, einen Patienten envoyer un patient m.
Überweisung eines Patienten f. envoi d'un patient m.
überwertig prédominant
überwinden surmonter
Überwindung kosten demander un effort
überzählig surnuméraire
Überzehe f. orteil surnuméraire m.
überzogen (bedeckt) recouvert
Überzug m. revêtement m.
Ubichinon n. ubiquinone f.
ubiquitär ubiquitaire
Ubiquitin n ubiquitine f.
Ubisindin n. ubisindine f.
üblich usuel
übrigbleiben rester, être de reste

Übung f. exercice m.
Übungsgerät n. appareil d'entraînement m.
Uffelmann-Probe f. test d'Uffelmann m.
Uhlenhuthsches Verfahren n. méthode de Uhlenhuth f.
Uhrglasnagel m. ongle hippocratique m.
Ulcus corneae n. ulcère de la cornée m.
Ulcus duodeni n. ulcère duodénal m.
Ulcus jejuni pepticum n. ulcère peptique jéjunal m.
Ulcus ventriculi n. ulcère gastrique m.
Ulegyrie f. ulégyrie f.
Ulektomie f. ulectomie f.
Ulerythem n. ulérythème m.
Ulkus n. ulcère m.
Ulkusbildung f. ulcération f.
Ullrich-Syndrom n. syndrome d'Ullrich m.
ulnar cubital
Ulnartunnelsyndrom n. syndrome du canal cubital m.
ulnarwärts vers le cubitus
ulnokarpal cubitocarpien
ulnoradial cubitoradial
Ulopalatopharyngoplastie f. ulopalatopharyngoplastie f.
Ulorrhö f. gingivorrhée f.
ultimobranchial ultimobranchial
ultradünn ultrafin
ultrafein ultrafin
Ultrafilter n. ultrafiltre m.
Ultrafiltrat n. produit d'ultrafiltration m.
Ultrafiltration f. ultrafiltration f.
ultrahart ultradur
Ultrahochfrequenz f. ultrahaute fréquence f.
Ultrahochtemperatur f. ultrahaute température f.
Ultrahochvakuum n. ultravide m.
Ultrakurzwelle f. onde ultracourte f.
Ultramikroskop n. ultramicroscope m.
ultramikroskopisch ultramicroscopique
Ultramikrotom n. ultramicrotome m.
ultraradikal ultraradical
Ultraschall m. ultrason m.
Ultraschallbehandlung f. traitement par ultrasons m.
Ultraschallwelle f. onde ultrasonore f.
Ultrasonographie f. ultrasonographie f.
ultrasonographisch ultrasonographique
Ultrastruktur f. ultrastructure f.
ultrastrukturell ultrastructural
ultraviolett ultraviolet
ultraviolett bestrahlen irradier aux ultraviolets
ultraviolettempfindlich uviosensible
Ultraviolettlampe f. lampe à ultraviolets f.

ultraviolettresistent uviorésistant
Ultravirus n. ultravirus m.
ultravisible au delà du visible
Ultrazentrifugation f. ultracentrifugation f.
Ultrazentrifuge f. ultracentrifugeuse f.
ultrazentrifugieren ultracentrifuger
Ululation f. ululation f.
Ulzeration f. ulcération f.
ulzerativ ulcératif
ulzerieren ulcérer
ulzerogen ulcérogène
ulzeroglandulär ulcéroglandulaire
ulzeromembranös ulcéromembraneux
ulzeronekrotisch ulcéronécrotique
ulzerös ulcéreux
Umarmungen f. pl. embrassades f. pl.
Umarmungsreflex m. réflexe de Moro m.
Umbaugastritis f. gastrite métaplasique f.
Umbauzone f. zone métaplasique f.
Umbelliferon n. umbelliférone f.
Umbettvorrichtung f. équipement pour changement de lit m.
Umbilektomie f. omphalectomie f.
umbilikal ombilical
Umdrehung f. rotation f.
Umdrehungen pro Minute f. pl. tours par minute m. pl.
Umfang m. circonférence f., étendue f.
umfänglich bordant
umfangreich volumineux
umformen transformer
Umformung f. transformation f.
Umgangssprache f. langage familier m.
Umgebung f. environnement m.
umgehen contourner
Umgehung f. pontage m.
umgekehrt inversement
umgekehrt proportional inversement proportionnel
Umhüllung f. enveloppement m.
Umkehrsystole f. systole en écho f.
Umkehrung f. inversion f.
Umklammerungsreflex m. réflexe d'étreinte (Moro) m.
Umkleideraum m. cabine (de déshabillage) f.
Umlauf m. panaris m.
Umleitung f. déviation f.
Umpolung f. renversement m.
Umsatz m. métabolisme m.
Umschaltung f. commutation (electr.) f.
Umschlag (Änderung) m. changement m.
Umschlag (Kataplasma) m. cataplasme m.
umschlingen enlacer
Umschneidung f. circoncision f.
Umstechung f. ligature périvasculaire f.

umstellen permuter
Umstimmung f. modification f.
Umstimmungsbehandlung f. allassothérapie f.
umstülpen retourner
Umstülpung f. évagination f., retroussement m.
umwandeln convertir
Umwandlung f. transformation f.
Umwandlung, bösartige f. transformation maligne f.
Umwelt f. environnement m., milieu m.
Umweltbedingungen f. pl. conditions de l'environnement f. pl.
Umweltmedizin f. médecine de l'environnement
Umweltschutz m. protection de l'environnement f.
Umweltverschmutzung f. pollution f.
unabhängig indépendant
unabsichtlich non-intentionnel
unauflösbar insoluble
unauflöslich indissoluble
Unaufmerksamkeit f. inattention f.
unausbleiblich inévitable
unausgewählt insélectionné
unausgewählt anwenden randomiser
unbeeinflusst ininfluencé
Unbehagen n. gêne f.
unbehaglich incommode
unbehandelt intraité
unbelebt inanimé
unberechenbar inprévisible
unbeständig inconstant
Unbeständigkeit f. inconstance f.
unbestimmt indéterminé
unbestimmtes Atmen n. respiration indéfinie f.
unbeweglich immobile
Unbeweglichkeit f. immobilité f.
unbewusst inconscient
unblutig non sanglant
unbrauchbar inutile
Uncinariasis f. uncinariose f.
Undecanoat n. undécanoate m.
Undecenat n. undécénate m.
Undecylat n. undécylénate m.
undeutlich indistinct
Undichtigkeit f. fuite f.
Undichtigkeit, mikroskopische f. microfuite f.
undifferenziert indifférencié
undissoziiert indissocié
Undulation f. ondulation f.
undulieren onduler

undulierend ondulant
undulierendes Fieber n. fièvre ondulante f.
undurchdringlich impénétrable
Undurchdringlichkeit f. impénétrabilité f.
undurchgängig impénétrable
undurchlässig imperméable
uneben raboteux
Uneinsichtigkeit f. manque de discernement m.
unempfindlich insensible
Unempfindlichkeit f. insensibilité f.
unenthaltsam incontinent
unerforscht inexploré
unergiebig improductif
unerkannt non reconnu
unerregbar inexcitable
unerwartet inattendu
unerwünscht indésirable
unerziehbar inéducable
unfähig incapable
Unfall m. accident m.
Unfallfolge f. suite d'accident f.
Unfallheilkunde f. traumatologie f.
Unfallkrankenhaus n. clinique de traumatologie f.
Unfallpatient(in) m./(f.) patient(e) accidenté(e) m./(f.)
Unfallspezialist m. spécialiste de traumatologie m.
Unfallstation f. service des accidents m.
Unfallverhütung f. prévention des accidents f.
Unfallversicherung f. assurance accident f.
unfreiwillig involontaire
unfruchtbar infertile
Unfruchtbarkeit f. infécondité f.
ungebessert inamélioré
ungebraucht inutilisé
ungeeignet impropre
ungeheilt non guéri
ungeimpft non vacciné
ungeklärt inexpliqué
ungekocht cru
ungemildert non tempéré
ungenau imprécis
ungenießbar insipide
ungesalzen sans sel
ungesättigt insaturé
ungesättigt, mehrfach polyinsaturé
ungeschickt maladroit
ungestört sans dérangement
Ungeziefer n. vermine f.
Ungleichgewicht n. déséquilibre m.
ungleichmäßig irrégulier
Unglücksfall m. malheur m.

ungual unguéal
Unguis incarnatus m. ongle incarné m.
ungünstig défavorable
unheilbar incurable
unhygienisch insalubre
uniaxial uniaxial
unifaszikulär unifasciculaire
unifokal unifocal
Unigravida f. unigravide f.
unilateral unilatéral
unilokulär uniloculaire
unimodal unimodal
Unipara f. unipare f.
unipolar unipolaire
unipotential unipotentiel
univalent univalent
Univalenz f. univalence f.
univentrikulär univentriculaire
universell universel
Universität f. université f.
Universitätsklinik f. centre hospitalier universitaire (CHU) m.
Universitätslehrer(in) professeur de faculté m./f.
unizentrisch unicentrique
unkompliziert sans complications
unkontrollierbar incontrôlable
unkontrolliert incontrôlé
unkonventionell inconventionnel
unlösbar insoluble
unlöslich indissoluble
Unlust f. aversion f.
unmenschlich inhumain
Unmenschlichkeit f. inhumanité f.
unmerklich imperceptible
unmischbar non miscible
unmittelbar immédiat
unnötig inutile
Unoproston n. unoprostone f.
Unordnung f. désordre m.
unorganisiert desorganisé
unpassend inopportun
unpässlich indisposé
unpässlich sein être indisposé
Unpässlichkeit f. indisposition f.
unphysiologisch non physiologique
unpigmentiert non pigmenté
unpsychologisch peu psychologique
unregelmäßig irrégulier
Unregelmäßigkeit f. irrégularité f.
unreif immature
Unreife f. immaturité f.
unrein impur
Unreinheit f. impureté f.
unresezierbar de résection impossible

unrichtig incorrect
Unruhe f. agitation f.
Unruhe, motorische f. agitation motrice f.
unruhig agité
unsauber impur (chem.), malpropre
unschädlich inoffensif
unscharf flou
Unschärfe f. flou m.
unsicher (gefährlich) périlleux
unsicher (ungeschickt) maladroit
unsicher (zweifelhaft) incertain
Unsicherheit (Gefahr) f. péril m.
Unsicherheit (Ungeschicklichkeit) f. maladresse f.
Unsicherheit (Zweifel) f. doute m.
unsichtbar invisible
unsittlich immoral
unspezifisch aspécifique
unstabil instable
unstet changeant
unstillbar inapaisable
unsympathisch antipathique
Unterarm m. avant bras m.
Unterart f. sousespèce f.
Unterbauch m. région hypogastrique f.
unterbelichten sousexposer
unterbewusst subconscient
Unterbewusstsein n. subconscient m.
unterbinden ligaturer
Unterbindung f. ligature f.
Unterbindungsdraht m. ligature métallique f.
Unterbindungsfaden m. fil de ligature m.
unterbrechen interrompre
unterbrechen, eine Behandlung interrompre un traitement
Unterbrechung f. interruption f.
Unterbrechung einer Behandlung f. interruption d'un traitement f.
unterdosieren sousdoser
Unterdosierung f. sousdosage m.
Unterdruck m. hypotension f., pression négative f.
unterdrückbar répressible
unterdrücken réprimer
unterdrückend inhibant
unterdrückendes Mittel n. suppressif m.
Unterdruckkammer f. chambre hypobare f.
Unterdrückung f. inhibition f.
Untereinheit f. sousunité f.
unterentwickelt sousdéveloppé
Unterentwicklung f. sousdéveloppement m.
unterernährt sousalimenté
Unterernährung f. sousalimentation f.
untererregen substimuler

Unterfamilie f. sousfamille f.
unterfarben souscolorer
Unterfeld n. champ inférieur m.
Unterfüllung (dent.) f. protection pulpaire f. (dent.)
Unterfunktion f. hypofonction f.
unterfüttern (dent.) rebaser (dent.)
Unterfütterungsmaterial n. rebasage m.
Untergewicht m. manque de poids m.
Untergruppe f. sousgroupe m.
Unterhaut f. tissu souscutané m.
Unterhautfettgewebe n. tissu adipeux souscutané m.
unterhöhlen miner
Unterhorn n. corne inférieure f.
unterkalorisch hypocalorique
Unterkiefer m. maxillaire inférieur m.
Unterkiefer-Teilprothese f. prothèse partielle inférieure f.
Unterkiefer-Vollprothese f. prothèse totale inférieure f.
Unterkiefergelenk n. articulation temporo-mandibulaire f.
Unterklasse f. sousclasse f.
Unterkühlung f. hypothermie f.
Unterlappen m. lobe inférieur m.
unterlassen omettre
Unterlippe f. lèvre inférieure f.
unterminieren miner
unternormal subnormal
Unterricht m. enseignement m.
Unterricht am Krankenbett m. enseignement au chevet du malade m.
Unterricht, programmierter m. enseignement programmé m.
Unterrichtsschwester f. infirmière enseignante f.
Untersättigung f. sous-saturation f.
unterscheiden distinguer
Unterscheidung f. distinction f.
Unterschenkel m. jambe f.
Unterschenkelgeschwür n. ulcère crural m.
Unterschnitt (dent.) m. sousincision f. (dent.)
unterschwellig subliminaire
unterstützen soutenir
unterstützend soutenant
untersuchen examiner
untersuchen, einen Patienten gründlich faire un examen complet (du malade)
Untersuchende f. investigatrice f.
Untersuchender m. investigateur m.
Untersuchung f. examen m.
Untersuchungsbefund m. résultat d'examen m.

Untersuchungsliege

Untersuchungsliege f. banquette (d'examen) f.
Untersuchungsnadel f. aiguille d'exploration f.
Untersuchungsstuhl m. fauteuil gynécologique m.
Untersuchungstisch m. table d'examen f.
untertauchen plonger
Untertauchen n. immersion f.
Untertemperatur f. hypothermie f.
Untertisch-Röntgenaufnahme f. radiographie sous plaque f.
Untertischröhre f. tube sous plaque m.
Unterwassergymnastik f. gymnastique dans l'eau f.
unumkehrbar irréversible
ununterdrückbar irréductible
unverändert inchangé
unverdächtig non suspect
unverdaulich indigeste
unverdauliche Nahrungsbestandteile m. pl. aliments de lest m. pl.
Unverdaulichkeit f. indigestibilité f.
unverdaut indigéré
unverdünnt non dilué
unverestert non estérifié
unverletzt indemne
unvermischt pur
unveröffentlicht inédit
Unverricht-Lundberg-Syndrom n. syndrome de Unverricht-Lundberg m.
unversehrt intact
unverträglich incompatible
Unverträglichkeit f. incompatibilité f.
unverwundbar invulnérable
unvollständig incomplet
unvorhersehbar imprévisible
unweiblich peu féminin
unwiderruflich irrévocable
unwillkürlich involontaire
unwirksam inefficace
Unwohlsein n. malaise m.
unzerbrechlich incassable
unzerstörbar indestructible
unzugänglich inaccessible
unzurechnungsfähig irresponsable
Unzurechnungsfähigkeit f. irresponsabilité f.
unzureichend insuffisant
UpM (Umdrehungen pro Minute) nombre de tours par minute m.
urachal de l'ouraque
Uracil n. uracile m.
Uracil-Lost n. moutarde-uracile f.
Urämie f. urémie f.

urämisch urémique
Uramustin n. uramustine f.
Uran n. uranium m.
Uranoschisis f. uranoschisis f.
Uranyl n. uranyle m.
Urat n. urate m.
uratisch urique
Uratose f. uratose f.
Uratstein m. calcul uratique m.
Urea f. urée f.
Urease f. uréase f.
Urefibrat n. uréfibrate m.
Ureid n. uréide m.
Ureter m. uretère m.
ureteral urétéral
Ureterektomie f. urétérectomie f.
Ureterenge f. sténose urétérale f.
Ureteritis f. urétérite f.
Ureterkatheter m. sonde urétérale f.
Ureterknickung f. angulation urétérale f.
Ureterkolik f. colique urétérale f.
Ureterographie f. urétérographie f.
Ureterokolostomie f. urétérocolostomie f.
Ureterolithiasis f. lithiase urétérale f.
ureteropelvin urétéropelvien
Ureteropyeloneostomie f. urétéropyélonéostomie f.
Ureteropyelonephrostomie f. urétéropyélonéphrostomie f.
Ureterorektoneostomie f. urétérorectonéostomie f.
Ureterorenoskopie f. urétérorénoscopie f.
Ureterosigmoidostomie f. urétérosigmoïdostomie f.
Ureterostomie f. urétérostomie f.
Ureterotomie f. urétérotomie f.
ureterotrigonal urétérotrigonal
ureterotubar urétérotubaire
ureteroureteral urétérourétéral
ureterovaginal urétérovaginal
ureterovesikal urétérovésical
Ureterozele f. urétérocèle f.
Ureterozystoneostomie f. urétérocystonéostomie f.
Urethan n. uréthane m.
Urethra f. urèthre f., urètre m.
urethral urétral
Urethritis f. urétrite f.
Urethrographie f. urétrographie f.
Urethrometrie f. urétrométrie f.
urethrookuloartikulär urétrooculoarticulaire
Urethroskop n. urétroscope m.
Urethroskopie f. urétroscopie f.
urethroskopisch urétroscopique

Urethrostomie f. urétrostomie f.
Urethrotomie f. urétrotomie f.
Urethrozele f. urétrocèle f.
Urethrozystographie f. urétrocystographie f.
Urethrozystometrie f. urétrocystométrie f.
Uridin n. uridine f.
Uridinurie f. uridinurie f.
Uridyltransferase f. uridyltransférase f.
Uridylyl n. uridylyle m.
Urikosurikum n. uricosurique m.
Urimeter n. urimètre m.
Urin m. urine f.
Urinal n. urinal m.
Urinanalyse f. analyse d'urine f.
urinär urinaire
Urinauffangbeutel m. poche à urines f.
Urinflasche f. urinal m.
urinieren uriner
Urinieren n. miction f.
Urinom n. urinome m.
urinös urineux
Urinsammelperiode f. temps de collecte des urines m.
Urinverhaltung f. rétention urinaire f.
Urinzucker m. sucre urinaire m.
Urne f. urne f.
Urniere f. mésonéphros m.
Urning m. homosexuel m.
Urobilin n. urobiline f.
Urobilinämie f. urobilinémie f.
Urobilinikterus m. ictère hyperurobilinémique m.
Urobilinogen n. urobilinogène m.
Urobilinogenurie f. urobilinogénurie f.
Urobilinutie f. urobilinurie f.
Urochrom n. urochrome m.
Urodynamik f. urodynamique f.
urodynamisch urodynamique
Uroerythrin n. uroérythrine f.
urogenital urogénital
Urographie f. urographie f.
urographisch urographique
Urokinase f. urokinase f.
Urokinin n. urokinine f.
Urolagnie f. urolagnie f.
Urolith m. urolithe m.
Urolithiasis f. urolithiase f.
Urologe m. urologue m.
Urologie f. urologie f.
Urologin f. urologue f.
urologisch urologique
Urometer n. urinomètre m.
Uropepsin n. uropepsine f.
Uropepsinogen n. uropepsinogène m.
Uropoese f. uropoïèse f.
uropoetisch uropoïétique
Uroporphyrie f. uroporphyrie f.
Uroporphyrin n. uroporphyrine f.
Uroporphyrinogen n. uroporphyrinogène m.
Urosein n. urorhodine f.
Urosepsis f. fièvre urineuse f.
Urotensin n. urotensine f.
Urothel n. urothélium m.
Ursache f. cause f.
ursächlich causal
Urschmerz m. douleur primaire f.
Ursegment n. segment primordial m.
Ursotherapie f. ursothérapie f.
Ursprung m. origine f.
Urtikaria f. urticaire f.
urtikariell urticarien
Urtyp m. archétype m.
Urwirbelsäule f. notochorde f.
Urzeugung f. génération spontanée f.
Usher-Syndrom n. syndrome de Usher m.
Ustilagismus m. ustilaginisme m.
Usur f. érosion f.
uterin utérin
Uterinsegment n. isthme de l'utérus m.
uteroabdominal utéroabdominal
Uterographie f. hystérographie f.
uteroovariell utéroovarien
Uteropelvioplastik f. hystéropelvioplastie f.
uteroplazentar utéroplacentaire
uterosakral utérosacré
Uterothermographie f. hystérothermographie f.
uterovaginal utérovaginal
uterovesikal utérovésical
uterozervikal utérocervical
Uterus m. matrice f., utérus m.
Uterusblutung f. hémorragie utérine f.
Uterusfixation f. fixation utérine f.
Uteruskürette f. curette utérine f.
Uterusruptur f. rupture utérine f.
Uterussonde f. sonde utérine f.
Uterustamponzange f. pince à tamponnement utérin f.
Uterusverlagerung f. déviation de l'utérus f.
Utilisation f. utilisation f.
utilisieren utiliser
utrikulär utriculaire
utrikulosakkulär utriculosacculaire
Utrikulus m. utricule m.
Uvea f. uvée f.
Uveakolobom n. colobome uvéal m.
uveal uvéal
Uveaplastik f. uvéoplastie f.
Uveitis f. uvéite f.

uveomeningeal uvéoméningé
uveoparotisch uvéoparotidien
Uveoparotitis f. uvéoparotidite f.
uveoskleral uvéoscléreux
Uvula (vermis.) f. uvula f.
Uvula f. luette f., uvule f.

Uvulaödem n. oedème de la luette m.
Uvulaspalte f. staphyloschisis m.
Uvulitis f. uvulite f.
Uvulotomie f. uvulotomie f.
Uzara f. Gomphocarpus uzarae m.
Uzarin n. uzarine f.

V

Vagabund m. vagabond m.
Vagabundentum n. vagabondage m.
vagabundieren vagabonder
vagal parasympathique
Vagina f. vagin m.
vaginal vaginal
Vaginalatresie f. atrésie vaginale f.
Vaginalspekulum n. spéculum vaginal m.
Vaginalzäpfchen n. ovule (pharm.) m.
Vaginismus m. vaginisme m.
Vaginitis f. vaginite f.
vaginolabial vaginolabial
vaginoperineal vaginopérinéal
Vaginopexie f. vaginopexie f.
vaginovesikal vaginovésical
vagoglossopharyngeal vagoglossopharyngien
Vagolyse f. vagolyse f.
vagolytisch vagolytique
Vagotomie f. vagotomie f.
Vagotonie f. vagotonie f.
vagotonisch vagotonique
vagotrop vagotrope
vagovagal vagovagal
Vagus m. vague (nerf) m.
Vagusreflex m. réflexe vagal m.
vakuolär vacuolaire
Vakuole f. vacuole f.
vakuolisieren vacuoliser
Vakuolisierung f. vacuolisation f.
Vakuum n. vacuum m., vide m.
Vakuumbrennverfahren n. cuisson sous vide f. (dent.)
Vakuumextraktion f. extraction par ventouse obstétricale f.
Vakuumextraktor m. vacuum extractor m.
Vakuumguss m. moulage sous vide m. (dent.)
Vakuumkürettage f. curettage aspiratif m.
Vakuummischer m. mixeur sous vide m.
Vakuumpumpe f. pompe à vide f.
Vakuumversiegelung f. fermuture sous vide f.
vakzinal vaccinal
Vakzination f. vaccination f.
Vakzine f. vaccine f.
Vakzinebehandlung f. vaccinothérapie f.
Vakzinid n. vaccinide m.
vakziniform vacciniforme
Valamin n. valamine f.
Valaciclovir n. valaciclovir m.
Valconazol n. valconazole m.

Valdecoxib n. valdecoxibe m.
Valdipromid n. valdipromide m.
valent valentiel
Valenz f. valence f.
Valeramid n. valéramide m.
Valeranilid n. valéranilide m.
Valerat n. valérate m.
Valerianat n. valérianate m.
Valethamat n. valéthamate m.
Validität f. validité f.
Valin n. valine f.
Valleixscher Punkt m. point de Valleix m.
vallekulär valléculaire
Valnoctamid n. valnoctamide m.
Valofan n. valofane m.
Valperinol n. valpérinol m.
Valproat n. valproate m.
Valproinat n. valproïnate m.
Valpromid n. valpromide m.
Valsartan n. valsartane m.
valviform valviforme
Valvotom n. valvotome m.
Valvotomie f. valvotomie f.
valvulär valvulaire
Valvulitis f. valvulite f.
Valvulopathie f. valvulopathie f.
Valvuloplastie f. valvuloplastie f.
Valvulotom n. valvulotome m.
Valvulotomie f. valvulotomie f.
Valvyl n. valvyle m.
Vanadat n. vanadate m.
Vanadium n. vanadium m.
Vanillin n. vanilline f.
Vanitiolid n. vanitiolide m.
Vanyldisulfamid n. vanyldisulfamide m.
Vaquez-Oslersche Krankheit f. maladie de Vaquez f.
Vardenafil n. vardénafil m.
variabel variable
Variabilität f. variabilité f.
variant variant
Variante (virol.) f. variant m.
Varianz f. variance f.
Variation f. variation f.
Varietät f. variété f.
variieren varier
varikös variqueux
Varikose f. maladie variqueuse f.
Varikosität f. varicosité f.
Varikotomie f. varicotomie f.
Varikozele f. varicocèle f.
Variola vera f. variole f.

variolär varioleux
varioliform varioliforme
Variolois f. varioloïde f.
variolös varioleux
Varize f. varice f.
Varizellen f. pl. varicelle f.
varizenähnlich cirsoïde
Varizenbildung f. formation de varices f.
Varizenverödung f. injections intra-variqueuses sclérosantes f. pl.
Vas deferens n. canal déférent m.
vasal vasal
Vasalvascher Versuch m. épreuve de Vasalva f.
Vasektomie f. vasectomie f.
vasektomieren vasectomiser
Vaselin n. vaseline f.
Vaselin, gelbes n. vaseline jaune f.
Vaselin, weißes n. vaseline blanche f.
Vaskularisation f. vascularisation f.
vaskularisieren vasculariser
Vaskularisierung f. vascularisation f.
vaskulär vasculaire
Vaskulitis f. angéite f.
Vaskulopathie f. vasculopathie f.
vaskulotoxisch vasculotoxique
vasoaktiv vasoactif
Vasodilatation f. vasodilatation f.
Vasodilation f. vasodilation f.
vasodilativ vasodilateur
Vasoepididymographie f. vasoépididymographie f.
Vasoepididymostomie f. vasoépididymostomie f.
vasogen vasogène
Vasographie f. vangiographie f.
Vasokonstriktion f. vasoconstriction f.
vasokonstriktiv vasoconstricteur
Vasokonstriktor m. vasoconstricteur m.
Vasolabilität f. vasolabilité f.
vasomotorisch vasomoteur
Vasoneurose f. névrose vasculaire f.
vasoneurotisch vasoneuropathologique
vasookklusiv vasoocclusif
Vasoorchidostomie f. vasoorchidostomie f.
Vasopeptidase f. vasopeptidase f.
Vasopressin n. vasopressine f.
Vasopressor m. vasopresseur m.
vasopressorisch vasopresseur
Vasospasmus m. angiospasme m.
vasospastisch angiospastique
Vasostomie f. angiostomie f.
Vasotocin n. vasotocine f.
Vasotomie f. vasotomie f.
vasovagal vasovagal

Vasovesikulektomie f. vasovésiculectomie f.
Vater m. père m.
Vaterbindung f. fixation paternelle f.
väterlich paternel
Vaterschaft f. paternité f.
Vaterschaftsblutgruppenbestimmung f. recherche de paternité par le groupe sanguin f.
Vatersche Papille f. caroncule duodénale f.
vegane Diät f. régime végan m., régime végétalien m.
Vegetarier(in) m./(f.) végétarien(ne) m./(f.)
vegetarisch végétarien
Vegetation f. végétation f.
vegetativ végétatif
vegetative Dystonie f. dystonie neurovégétative f.
vegetatives Nervensystem n. système nerveux autonome m., système nerveux végétatif m.
Vehikel n. véhicule m.
Veit-Smelliescher Handgriff m. manoeuvre de Smellie f.
Veitstanz m. danse de Saint-Guy f.
Vektor m. vecteur m.
vektoriell vectoriel
Vektorkardiogramm n. vectocardiogramme m.
Vektorkardiographie f. vectocardiographie f.
velamentös vélamenteux
velopharyngeal vélopharyngien
Velpeauscher Verband m. bandage de Velpeau m.
Vena anonyma f. tronc brachiocéphalique m.
Vena azygos f. veine azygos f.
Vena basilica f. veine basilique f.
Vena cephalica f. veine céphalique f.
Vena circumflexa femoralis f. veine circonflexe fémorale f.
Vena epigastrica f. vcine épigastrique f.
Vena femoralis f. veine fémorale f.
Vena perforans f. branche perforante de la veine fémorale f.
Vena pulmonalis f. veine pulmonaire f.
Vena saphena f. veine saphène f.
Vena thyreoidea f. veine thyroïdienne f.
Vena umbilicalis f. veine ombilicale f.
Venasectio f. phlébotomie f.
Vene f. veine f.
Venektasie f. phlébectasie f.
Venendruck m. pression veineuse f.
Venenerweiterung f. dilation veineuse f.
Venenkatheter m. cathéter veineux m.
Venenklappe f. valvule veineuse f.
Venenpuls m. pouls veineux m.

Venenpunktion f. ponction veineuse f.
Venensektion f. phlébotomie f.
Venenstauung f. congestion veineuse f.
Venenstripping n. stripping veineux m.
Venenthrombose, oberflächliche/tiefe f. thrombose veineuse superficielle/profonde f.
Venenverschluss m. occlusion veineuse f.
Venereologe m. vénéréologue m.
Venereologie f. vénéréologie f.
Venereologin f. vénéréologue f.
venereologisch vénéréologique
venerisch vénérien
Venlafaxin n. venlafaxine f.
venoarteriell veinoartériel
venodilatorisch veinodilatateur
Venographie f. phlébographie f.
venographisch veinographiyue
Venokonstriktion f. veinoconstriction f.
venokonstriktorisch veinoconstricteur
Venole f. veinule f.
venös veineux
Ventil n. valve f.
Ventilation f. ventilation f.
Ventilation, maximale willkürliche f. ventilation volontaire maximum f.
Ventilator m. ventilateur m.
ventilatorisch ventilatoire
Ventilball m. valve (bulbe) f.
ventilieren ventiler
Ventilpneumothorax m. pneumothorax à soupape m.
ventral ventral
ventralwärts vers le ventre
Ventrikel m. ventricule m.
Ventrikel, dritter m. troisième ventricule m.
Ventrikel, linker m. ventricule gauche m.
Ventrikel, rechter m. ventricule droit m.
Ventrikel, vierter m. quatrième ventricule m.
Ventrikeldruck m. pression intraventriculaire f.
Ventrikelpunktion f. ponction ventriculaire f.
Ventrikelseptum n. septum interventriculaire m.
Ventrikelseptumdefekt m. anomalie du septum interventriculaire f.
ventrikulär ventriculaire
ventrikuloarteriell ventriculoartériel
ventrikuloatrial ventriculoauriculaire
Ventrikuloatriostomie f. ventriculoatriostomie f.
Ventrikulogramm n. ventriculogramme m.
Ventrikulographie f. ventriculographie f.
ventrikulographisch ventriculographique

Ventrikulomegalie f. ventriculomégalie f.
Ventrikulometrie f. ventriculométrie f.
Ventrikulomyotomie f. ventriculomyotomie f.
ventrikuloperitoneal ventriculopéritonien
Ventrikuloplastik f. ventriculoplastie f.
Ventrikuloskop n. ventriculoscope m.
Ventrikuloskopie f. ventriculoscopie f.
Ventrikulostomie f. ventriculostomie f.
ventrikulozisternal ventriculocisternal
Ventrikulozisternostomie f. ventriculocisternostomie f.
ventrodorsal ventrodorsal
ventrodorsalwärts en direction ventrodorsale
Ventrofixation f. ventrofixation de l'utérus f.
Ventrohysteropexie f. ventrohystéropexie f.
ventroinguinal abdominoinguinal
ventrokaudal ventrocaudal
ventrolateral ventrolatéral
ventromedial ventromédial
ventromedian abdominomédian
ventroposterior abdominopostérieur
verabreichen administrer
Verabreichung f. administration f.
Veralipid n. véralipide m.
Veränderung f. changement m.
verankern ancrer
Verankerung f. ancrage m.
Veranlagung f. disposition f.
Verantwortung f. responsabilité f.
Verapamil n. vérapamil m.
Verarbeitung f. assimilation f., traitement m.
Verarmung f. appauvrissement m.
Verarmungswahn m. névrose d'appauvrissement f.
veraschen incinérer
Veraschung f. incinération f.
Veraschungsgerät n. incinérateur m.
verästeln ramifier
Verästelung f. ramification f.
Veratmungspyelographie f. pyélographie en inspiration-expiration f.
Veratrin n. vératrine f.
Veratrum album n. vératre blanc m.
Veratrum viride n. vératre viride m.
Verätzung (therap.) f. cautérisation f.
Verätzung (traumatol.) f. brûlure par un acide f.
Verazid n. vérazide m.
verbal verbal
Verbalsuggestion f. suggestion verbale f.
Verband m. (Binde) bandage m., pansement m.
Verbandplatz m. poste de pansement m.

Verbandraum m. salle de pansement f.
Verbandschere f. ciseaux à pansement m. pl.
Verbandstoff m. gaze hydrophile f.
Verbandstofftrommel f. cylindre de gaze m.
Verbandsstoffeimer m. poubelle des pansements f.
Verbascum thapsus n. verbascum m.
Verbenon n. verbenone f.
verbessern améliorer
Verbesserung f. amélioration f.
Verbigeration f. verbigération f.
verbilden déformer
Verbildung f. déformation f.
verbinden (Verband anlegen) bander, panser
verbinden (vereinigen) relier
Verbindung f. liaison f.
Verbindung (chem.) f. composé m.
Verbindung, aliphatische f. composé aliphatique m.
Verbindung, eine – betreffend connectif
Verbindung, ungesättigte f. composé insaturé m.
Verbindung, zyklische f. composé cyclique m.
Verbindungskabel n. câble de raccordement m.
Verbindungsschlauch m. tuyau de jonction m.
Verbindungsstelle f. jonction f.
verblenden revêtir (dent.)
Verblendkrone f. revêtement (couronne) f.
Verblockung f. blocage m.
verbluten mourir d'hémorragie
Verblutung f. hémorragie massive f.
Verbomanie f. verbomanie f.
Verbot n. interdiction f.
Verbrauch m. consommation f.
Verbrauchskoagulopathie f. coagulation intravasculaire disséminée f.
Verbrechen n. méfait m.
Verbrecher(in) m./(f.) criminel(le) m./(f.)
verbreitern élargir
Verbreiterung f. propagation f.
verbrennen brûler
verbrennen, Leichen incinérer
Verbrennung f. brûlure f., combustion f.
Verbrennungen (ersten/zweiten/dritten Grades) f. pl. brûlures (premier/second/troisième degré) f. pl.
Verbrennungshalle f. crématoire m.
Verbrennungsofen m. incinérateur m.
verbrühen ébouillanter
Verbundkeramik f. fusion céramo-métallique f. (dent.)

Verdacht m. soupçon m.
verdächtig suspect
Verdachtsdiagnose f. diagnostic supposé m.
verdampfen évaporer
Verdampfung f. évaporation f.
verdauen digérer
verdaulich digestible
Verdaulichkeit f. digestibilité f.
Verdauung f. digestion f.
Verdauungsapparat m. appareil digestif m.
Verdauungsmittel n. digestif m.
Verdauungsstörung f. troubles digestifs m. pl.
Verdauungstrakt m. tube digestif m.
verderben gâter
verderblich destructif, périssable
verdichten concentrer
Verdichtung f. condensation f.
verdicken épaissir
Verdoglobin n. verdoglobine f.
Verdoppelung f. duplication f.
Verdrahtung f. pose de broche f.
verdrängen repousser
Verdrängung f. refoulement m.
verdummen (intrans.) s'abêtir
verdummen (trans.) abêtir
Verdunkelung f. obscurcissement m.
verdünnen diluer
Verdünnung f. dilution f.
Verdünnungskurve f. courbe de dilution f.
Verdünnungsmittel n. diluant m.
Verdünnungsversuch, renaler m. épreuve de dilution (Volhard) f.
verdunsten se volatiliser
Verdunstung f. évaporation f., volatilisation f.
verdursten mourir de soif
vereinfachen simplifier
vereinheitlichen unifier
Vereinheitlichung f. unification f.
vereinigen unir
Vereinigung f. union f.
vereinzelt isolé
vereisen geler
Vereisung f. givrage m.
vereitern suppurer
Vereiterung f. suppuration f.
verenden mourir
verengen rétrécir
Verengung f. resserrement m.
vererbbar héréditaire
vererben transmettre héréditairement
vererbt hérité
Vererbung f. hérédité f.
verestern estérifier

Veresterung f. estérification f.
Verfahren n. procédure f.
Verfahren, bildgebendes n. imagerie médicale f.
Verfall m. dégradation f.
verfallen déchoir
Verfallsdatum n. date limite d'utilisation f.
verfärben changer de couleur
Verfärbung f. altération de la couleur f.
Verfassung f. état m.
verfaulen pourrir
verfestigen solidifier
Verfestigung f. consolidation f.
Verfettung f. dégénérescence graisseuse f.
Verflachung f. aplatissement m.
verflüchtigen s'évaporer
Verflüchtigung f. volatilisation f.
verflüssigen liquéfier
Verflüssigung f. liquéfaction f.
Verfolgungswahn m. délire de persécution m.
Verformung f. déformation f.
Verformungswiderstand m. résistance à la déformation f.
verfügbar disponible
Verfügbarkeit f. disponibilité f.
Verfügbarkeit, biologische f. biodisponibilité f.
Verfügung f. disposition f.
vergällen dénaturer
Vergenz f. vergence f.
vergesslich oublieux
Vergesslichkeit f. manque de mémoire m.
vergewaltigen violer
Vergewaltigung f. viol m.
vergiften empoisonner
Vergiftung f. empoisonnement m.
vergleichbar comparable
vergleichen comparer
Vergleichsmessung f. mesure comparative f.
vergolden dorer
Vergreisung f. vieillissement m.
vergrößern agrandir
Vergrößerung f. agrandissement m.
Vergrößerungsglas n. loupe f.
vergüten traiter à chaud (dent.)
verhalten (zurückhalten) retenir
verhalten, sich se conduire
verhaltensbezogen comportemental
verhaltensmäßig comportemental
Verhalten n. conduite f.
Verhaltensstörung f. trouble du comportement m.
Verhaltenstherapie f. thérapeutique de comportement f.
Verhältnis n. rapport m.
Verhaltung f. rétention f.
Verhärtung f. durcissement m.
verheben, sich se donner un tour de reins
verhindern empêcher
verhornen kératiniser
Verhornung f. kératinisation f.
Verhungern n. inanition f.
verhütbar évitable
verhüten prévenir
Verhütung f. prévention f.
verifizieren vérifier
Verinnerlichung f. intériorisation f.
verjüngen rajeunir
Verjüngung f. rajeunissement m.
verkalken calcifier
Verkalkung f. calcification f., sclérose f.
Verkammerung f. cramponnement m.
verkanten pencher
verkapseln encapsuler
Verkapselung f. enkystement m.
verkäsen caséifier
Verkäsung f. caséification f.
Verkaufszulassung (pharm.) f. AMM (autorisation de mise sur le marché) (pharm.) f.
Verkaufszulassung (pharm.) f. autorisation de mise sur le marché (AAM) (pharm.) f.
Verkehr m. circulation f., relation f.
Verkehr, geschlechtlicher m. rapports (sexuels) m. pl.
verkehren, geschlechtlich avoir des rapports sexuels
Verkehrsunfall m. accident de la circulation m.
verkeilen coincer
Verkeilung f. cale f.
Verkeilungsdruck m. pression d'insertion f.
Verklammerung f. agrafage m.
verkleben coller
verklebend adhésif
verknöchern ossifier
Verknöcherung f. ossification f.
verknorpeln devenir cartilagineux
Verknorpelung f. chondrification f.
verkohlen carboniser
Verkohlung f. carbonisation f.
verkrüppeln s'atrophier
verkühlen, sich prendre froid
verkümmern dépérir
verkupfern cuivrer
verkürzen raccourcir
Verkürzung f. réduction f.
Verlagerung f. déplacement m.
Verlagerungsoperation f. opération de transposition f.

verlängern allonger
Verlängerung f. prolongation f.
verlangsamen ralentir
Verlangsamung f. ralentissement m.
Verlauf m. évolution f.
Verlauf, klinischer m. évolution clinique
Verlaufsstudie f. étude en suivi f.
Verlausung f. présence de poux f.
verlegen (perplex) embarrassé
verlegen (verstopfen) barrer
verlegen (weiterleiten) déplacer
Verlegung (Obstruktion) f. obstruction f.
Verlegung (Weiterleitung) f. transfert m.
verletzen blesser
verletzen, mehrfach polytraumatiser
Verletzung f. blessure f.
Verlust m. perte f.
vermännlichen viriliser
Vermännlichung f. virilisation f.
vermehren accroître, multiplier
vermeiden éviter
Vermeidung f. renoncement m.
vermengen mélanger
vermessen (messen) relever les mesures
vermindern amoindrir
Verminderung f. diminution f.
vermitteln servir d'intermédiaire
Vermittler m. intermédiaire m.
Vermittlung f. médiation f.
vermuten supposer
Vermutungsdiagnose f. diagnostic supposé m.
vernageln clouer
vernähen suturer
vernarben cicatriser
Vernarbung f. cicatrisation f.
vernebeln embrouiller
Vernebelung f. nébulisation f.
Vernebler m. nébulisateur m.
Verneinung f. négation f.
Verneinungswahn m. délire de négation m.
vernichten anéantir
Vernichtung f. destruction f.
vernickelt nickelé
veröden scléroser
Verödung f. oblitération f.
Verödungstherapie f. sclérothérapie f.
Verofyllin n. vérofylline f.
verordnen prescrire
Verordnung f. prescription f.
Verordnung, einmalige f. prescription non-renouvelable f.
Verotoxin n. vérotoxine f.
verpflanzen transplanter
Verpflanzung f. transplantation f.

Verpflegung f. approvisionnement m., nourriture f.
verpflichtend obligatoire
verpfuschen gâter
verreiben broyer
Verreibung f. trituration (pharm.) f.
verrenken luxer
Verrenkung f. dislocation f., entorse f.
Verruca peruviana f. verruga du Pérou f.
verrückt fou
Verrücktheit f. folie f.
Versagen n. défaillance f.
Versammlung f. rassemblement m.
Versandgefäß n. boite pour expédition f.
Versandgefäß für bakteriologische Zwecke n. matériel pour expédition bactériologique m.
Verschattung f. opacité f.
Verschiebung f. décalage m., report m.
Verschiebehautlappen m. lambeau de glissement m.
verschlacken se scorifier
Verschlafenheit f. état de demi-sommeil m.
verschlechtern détériorer
verschlechtern, sich empirer
Verschlechterung f. détérioration f.
verschleimen faire une obstruction muqueuse
verschleißen user
Verschleppung (Verzögerung) f. retardement m.
verschließen clore
verschlimmern aggraver
verschlimmern, sich aller plus mal
Verschlimmerung f. aggravation f.
verschlingen dévorer
verschlucken avaler
verschlucken, sich avaler de travers
Verschluss m. fermeture f.
Verschluss (Okklusion) m. occlusion f.
Verschluss (Schloss) m. fermoir m.
Verschluss (fotogr.) m. obturateur m.
Verschlussglas n. verre de fermeture m.
Verschlussikterus m. ictère rétentionnel m.
Verschlusskrankheit, arterielle f. maladie artérielle oblitérante f.
Verschmächtigung f. consomption f.
Verschmelzung f. fusion f.
Verschmelzungskern m. noyau en fusion m.
verschmutzen souiller
Verschmutzung f. souillure f.
verschorfen escarrifier
verschrauben visser
Verschraubung f. fixation par vis f.
verschreiben ordonner

Verschreibung f. ordonnance f.
Verschreibungspflicht f. devoir de prescrire m.
verschwinden disparaître
verschwommen flou
versehrt invalide
verseifen saponifier
Verseifung f. saponification f.
versengen flamber
Versenkbohrer m. fraise cylindrique f. (dent.)
verseuchen contaminer
versiegeln cacheter
versilbern argenter
Versorgung f. apport m., soins m. pl.
Versorgung, ärztliche f. soins médicaux m. pl.
Versorgungsbehörde, militärische f. services sociaux militaires m. pl.
Versorgungsgebiet n. aire déservie f.
Verspätung f. retard m.
verspüren sentir
Verstädterung f. urbanisation f.
Verstand m. compréhension f.
Verstärker m. amplificateur m.
Verstärkerröhre f. tube amplificateur m.
Verstärkung f. renforcement m.
Verstärkungsregelung f. régulation d'amplification f.
verstauchen fouler
Verstauchung f. entorse f.
verstehen comprendre
Verstehen n. entendement m.
versteifen raidir
Versteifung f. enraidissement m.
versteinern pétrifier
Versteinerung f. pétrification f.
verstellbar réglable
Verstimmung f. maussaderie f.
verstoffwechseln métaboliser
Verstoffwechselung f. métabolisation f.
verstopfen obstruer
verstopft (obstipiert) constipé
Verstopfung (Obstipation) f. constipation f.
verstümmeln mutiler
Verstümmelung f. mutilation f.
Versuch m. essai m.
Versuchsanordnung f. montage expérimental m.
Versuchsbedingung f. condition du test f.
Versuchsdauer f. durée de l'essai f.
Versuchsergebnis n. résultat de l'expérience m.
Versuchsperson f. sujet test m.
Versuchsperson, freiwillige gesunde f. volontaire sain m.
Versuchstier n. animal utilisé en expérience m.
Versündigungswahn m. délire de culpabilité m.
Vertebra f. vertèbre f.
vertebral vertébral
vertebroarterial vertébroartériel
vertebrobasiliär vertébrobasilaire
vertebrochondral vertébrochondral
vertebrofemoral vertébrofémoral
vertebrokostal vertébrocostal
vertebrosakral vertébrosacré
vertebrosternal vertébrosternal
Vertebrotomie f. vertébrotomie f.
Verteiler m. distributeur m.
Verteilung f. distribution f.
Verteilungskurve f. courbe de distribution f.
Verteporfin n. vertéporfine f.
vertiefen approfondir
Vertiefung f. approfondissement m.
Vertigo f. vertige m.
Vertigo ab aure laesa f. vertige auriculaire m.
vertikal vertical
vertikomental verticomentonnier
verträglich compatible
Verträglichkeit f. compatibilité f., tolérance f.
Vertrauensarzt m. médecin-conseil m.
Vertrauensärztin f. médecin-conseil m.
vertraulich confidentiel
vertraut (mit) expérimenté
verunglücken avoir un accident
verunreinigen souiller
Verunreinigung f. impureté f.
verunstalten défigurer
Verunstaltung f. déformation f.
verursachen provoquer
verursachend causal
Verursachung f. provocation f.
Vervollständigung f. complément m.
verwachsen cicatriser, s'entregreffer
Verwachsung f. adhérence f.
Verwahrlosung f. abandon m.
verwalten gérer
Verwalter m. administrateur m.
Verwaltung f. gestion f.
Verwandlung f. métamorphose f.
verwandt apparenté
Verwandte f. parente f.
Verwandter m. parent m.
Verwandtschaft f. affinité (chem.) f., parenté f.
verweiblichen féminiser
Verweiblichung f. efféminination f.

Verweilkatheter m. sonde à demeure f.
verwenden employer
verwerfen avorter
verwerten utiliser
Verwertung f. exploitation f.
verwesen se décomposer
verwesend putrescent
Verwesung f. décomposition f.
Verwindung f. torsion f.
Verwindungswiderstand m. résistance à la torsion f.
verwirrt confus
Verwirrung f. confusion f.
verwischt brouillé
Verwischung f. brouillage m.
verwundbar vulnérable
Verwundbarkeit f. vulnérabilité f.
verwunden blesser
verwundet blessé
verwundet, schwer gravement blessé
Verwundung f. blessure f.
Verwurmung f. état vermineux m.
Verzeichnung f. déformation f.
Verzerrung f. distorsion f.
verzögern ralentir
verzögert différé
Verzögerung f. délai m., retard m.
Verzuckerung f. saccharification f.
Verzweiflung f. désespoir m.
verzweigen se ramifier
verzweigt ramifié
verzweigtkettige Aminosäure f. acide aminé à chaîne ramifiée m.
Verzweigung f. ramification f.
Verzweigungsblock m. bloc d'arborisation m.
Verzweigungsenzym n. enzyme branchante f.
Vesicans n. vésicant m.
vesikal vésical
vesikoabdominal vésicoabdominal
vesikoperineal vésicopérinéal
vesikoprostatisch vésicoprostatique
vesikopubisch vésicopubien
vesikorektal vésicorectal
vesikorektovaginal vésicorectovaginal
vesikorenal vésicorénal
Vesikosigmoidostomie f. vésicosigmoïdostomie f.
vesikospinal vésicospinal
Vesikotomie f. vésicotomie f.
vesikoumbilikal vésicoombilical
vesikoureteral urétérovésical
vesikourethral vésicouréthral, vésicourétral
vesikouterin vésicoutérin
vesikovaginal vésicovaginal
Vesikozele f. cystocèle f.
vesikozervikal vésicocervical
vesikulär vésiculaire
Vesikulektomie f. vésiculectomie f.
Vesikulitis f. vésiculite f.
vesikulobronchial vésiculobronchique
vesikulobulbös vésiculobulbeux
Vesikulographie f. vésiculographie f.
vesikulopapulär vésiculopapuleux
Vesikuloprostatitis f. vésiculoprostatite f.
vesikulopustulär vésiculopustuleux
Vesikulotomie f. vésiculotomie f.
vestibulär vestibulaire
vestibulokochleär vestibulocochléaire
vestibulookulär vestibulooculaire
Vestibuloplastik f. vestibuloplastie f.
vestibulospinal vestibulospinal
Vestibulotomie f. vestibulotomie f.
vestibulourethral vestibulourétral
vestibulozerebellär vestibulocérébelleux
Vestibulum n. vestibule m.
Veterinär m. vétérinaire m.
Veterinärin f. vétérinaire m.
Veterinärmedizin f. médecine vétérinaire f.
Vetrabutin n. vétrabutine f.
Vibration f. vibration f.
Vibrator m. vibrateur m.
vibratorisch vibratoire
vibrieren vibrer
Vibrio comma n. vibrio comma m.
Vibrissa f. vibrisse f.
Viburnum prunifolium n. Viburnum prunifolium m.
Vicq d'Azyrsches Bündel n. faisceau de Vicq d'Azyr m.
Vidarabin n. vidarabine f.
Videoangiographie f. vidéoangiographie f.
videoangiographisch vidéoangiographique
Videoband n. bande vidéo f.
Videodensitometrie f. vidéodensitométrie f.
Videoendoskopie f. vidéoendoscopie f.
Videographie f. vidéographie f.
videographisch vidéographique
Videokonferenz f. vidéoconférence f.
Videosprechstunde f. télémédecine f.
Vieh n. bétail m.
Viehbremse f. taon m.
vielfarbig polychrome
vielkammerig multiloculaire
Vielsystembefall m. atteinte polysystémique f.
vielzipfelig multicuspidien
vierbeinig quadrupède
viereckig quadrangulaire

Vierfüßer m. quadrupède m.
vierfüßig quadrupède
Vierhügelplatte f. lame quadrijumelle f.
Vierhügelsyndrom n. syndrome des tubercules quadrijumeaux m.
Vierling m. quadruplé m.
Vierstoffamalgam n. amalgame quaternaire m.
vierte Geschlechtskrankheit f. quatrième maladie vénérienne f.
vierte Krankheit f. rubéole scarlatiforme f.
Vierventilgerät n. appareil à quatre valves m.
vierwertig quadrivalent
Vierzellenbad n. bain à quatre cellules m.
vierzipfelig quadricuspidien
Vigilambulismus m. vigilambulisme m.
Vigilanz f. vigilance f.
Vignette f. (Kontrollabschnitt für die Kostenerstattung durch die Krankenkasse) vignette f.
Vilikinin n. vilikinine f.
villonodulär villonodulaire
villös villeux
Viloxazin n. viloxazine f.
Vim-Silverman-Nadel f. aiguille à biopsie de Silverman f.
Viminol n. viminol m.
Vinbarbital n. vinbarbital m.
Vinblastin n. vinblastine f.
Vinburnin n. vinburnine f.
Vincaalkaloid n. alcaloïde de la pervenche m.
Vincaleukoblastin n. vincaleucoblastine f.
Vincamin n. vincamine f.
Vincristin n. vincristine f.
Vindesin n. vindésine f.
Vinformid n. vinformide m.
Vinglyzinat n. vinglycinate m.
Vinleurosin n. vinleurosine f.
Vinorelbin n. vinorelbine f.
vinös vineux
Vinpocetin n. vinpocétine f.
Vinpolin n. vinpoline f.
Vinrosidin n. vinrosidine f.
Vinyl n. vinyle m.
Vinylpyridin n. vinylpyridine f.
VIP (vasoaktives intestinales Polypeptid) n. VIP (vasoactive intestinal polypeptide) m.
Viper f. vipère f.
Vipom n. vipome m.
viral viral
Virämie f. virémie f.
Virchowsche Drüse f. glande de Virchow f.
virginell virginal

Virginität f. virginité f.
Viridofulvin n. viridofulvine f.
viril viril
virilisieren viriliser
Virilisierung f. virilisation f.
Virilismus m. virilisme m.
Virion n. virion m.
Virogen n. virogène m.
Virologe m. virologue m.
Virologie f. virologie f.
Virologin f. virologue f.
virologisch virologique
virologisches Institut n. institut de virologie m.
virostatisch virostatique
virozid virulicide
Virtopsie f. virtopsie f.
virtuell virtuel
virulent virulent
Virulenz f. virulence f.
Virus n. virus m.
Virus, Adeno- n. adénovirus m.
Virus, AIDS- n. virus HIV m.
Virus, Arbo- n. arbovirus m.
Virus, Arena- n. arénavirus m.
Virus, Astro- n. astrovirus m.
Virus, Baculo- n. baculovirus m.
Virus, Borna- n. Borna virus
Virus, Bunya- n. bunyavirus m.
Virus, Corona- n. coronavirus m.
Virus, Coxsackie- n. coxsackie virus m.
Virus, Delta- n. deltavirus m.
Virus, Dengue- n. virus de la fièvre dengue m.
Virus, Ebola- n. Ebola virus m.
Virus, ECHO- n. ECHO virus m.
Virus, Entero- n. entérovirus m.
Virus, Enzephalitis- n. virus de l'encéphalite m.
Virus, Epstein-Barr- n. virus d'Epstein-Barr m.
Virus, Flavi- n. flavivirus m.
Virus, Gelbfieber- n. virus de la fièvre jaune m.
Virus, Grippe- n. Myxovirus influenzae m.
Virus, Hanta- n. Hantaanvirus m.
Virus, Hepatitis- n. virus de l'hépatite m.
Virus, Herpes- n. herpèsvirus m.
Virus, humanes Immundefizienz- n. virus d'immunodéficience humaine m.
Virus, Influenza- n. influenzavirus m.
Virus, Katzenkratz- n. virus de la maladie des griffures de chat m.
Virus, LAV/HTLV-III- n. virus LAV/HTLV-III m.

Virus, Lenti- n. lentivirus m.
Virus, lymphozytäres Choriomeningitis n. virus de la chorioméningite lymphocytaire m.
Virus, Marburg- n. virus de Marburg m.
Virus, Masern- n. virus de la rougeole m.
Virus, Molluscum-contagiosum- n. virus du molluscum contagiosum m.
Virus, Mumps- n. virus des oreillons m.
Virus, Myxo- n. myxovirus m.
Virus, Nita- n. nitavirus m.
Virus, Oncorna- n. oncornavirus m.
Virus, Orbi- n. orbivirus m.
Virus, Orf- n. orfvirus m.
Virus, Orphan- n. orphanvirus m.
Virus, Orthomyxo- n. orthomyxovirus m.
Virus, Orthopox- n. orthopoxvirus m.
Virus, Papillom- n. papillomavirus m.
Virus, Papova- n. papovavirus m.
Virus, Paramyxo- n. paramyxovirus m.
Virus, Parvo- n. parvovirus m.
Virus, Phlebo- n. phlébovirus m.
Virus, Picorna- n. picornavirus m.
Virus, Pocken- n. virus de la variole m.
Virus, Poliomyelitis- n. virus de la poliomyélite m.
Virus, Polyoma- n. polyomavirus m.
Virus, Reo- n. réovirus m.
Virus, respiratorisches Synzytium- n. virus syncytial respiratoire m.
Virus, Retro- n. rétrovirus m.
Virus, Rhabdo- n. rhabdovirus m.
Virus, Rhino- n. rhinovirus m.
Virus, Rota- n. rotavirus m.
Virus, Röteln- n. virus de la rubéole m.
Virus, Ross-River n. virus Ross River m.
Virus, Simian- n. virus simien m.
Virus, Senai- n. virus senaï-virus m.
Virus, Spuma- n. virus spumeux m.
Virus, Toga- n. togavirus m.
Virus, Tollwut- n. virus de la rage m.
Virus, Vaccinia- n. vaccine (virus) f.
Virus, Varizellen-Zoster- n. virus de la varicelle et du zona m.
Virus, Visna-Maedi- n. virus visna-maedi m.
Virus, Warzen- n. virus des verrues m.
Virus, West-Nil- n. virus west nile m.
Virus, Zytomegalie- n. cytomégalovirus m.
Virus-Dichte f. densité virale f.
Virusforscher(in) m./(f.) virologue m./f.
Virushepatitis f. hépatite virale f.
Viruskrankheit f. maladie virale f.
Virusmeningitis f. méningite virale f.
Viruspneumonie f. pneumonie virale f.
viruzid virulicide
Visier n. visière f.
Vision f. vision f.
Visite (klinisch) f. visite f.
viskoelastisch viscoélastique
viskös visqueux
Viskosimeter n. viscosimètre m.
Viskosimetrie f. viscosimétrie f.
viskosimetrisch viscosimétrique
Viskosität f. viscosité f.
Viskosupplementation f. supplémentation cartilagineuse f.
Visnadin n. visnadine f.
Visnafyllin n. visnafylline f.
visuakustisch visioacoustique
visuell visuel
visuomotorisch visiomoteur
visuosensorisch visiosensoriel
Visuskop n. visuscope m.
viszeral viscéral
Vizerokranium n. viscérocranium m.
viszerokutan viscérocutané
viszeromotorisch viscéromoteur
viszeroparietal viscéropariétal
viszeropleural viscéropleural
Viszeroptose f. viscéroptose f.
viszerosensorisch viscérosensoriel
viszerotrop viscérotrope
Viszin n. viscine f.
vital vital
Vitalamputation f. amputation vitale f.
Vitalfärbung f. coloration vitale f.
Vitalgranulation f. granulation vitale f.
Vitalismus m. vitalisme m.
vitalistisch vitaliste
Vitalität f. vitalité f.
Vitalitätsprüfung f. test de la vitalité pulpaire f. (dent.)
Vitalkapazität f. capacité vitale f.
Vitalkapazität, forcierte f. capacité vitale forcée f.
Vitallium n. vitallium m.
Vitamer n. forme (d'une vitamine) f.
Vitamin (A/B/C/D/E/K) n. vitamine (A/B/C/D/E/K) f.
Vitamin B 12 n. vitamine B 12 f.
Vitamin-B-Komplex m. complexe vitamine B m.
vitaminarme Kost f. régime hypovitaminé m.
Vitaminmangelkrankheit f. maladie paravitaminose f.
Vitaminoid n. vitaminoïde m.
Vitaminologie f. vitaminologie f.
vitaminreiche Kost f. régime riche en vitamines m.

Vitaminträger m. porteur de vitamine m.
Vitellin n. vitelline f.
Vitellolutein n. vitellolutéine f.
vitiliginös vitiligineux
Vitiligo m. vitiligo m.
Vitrektomie f. vitrectomie f.
Vitriol n. vitriol m.
Vitronectin f. vitronectine f.
Vividialyse f. vividialyse f.
Vividiffusion f. vividiffusion f.
Vivisektion f. vivisection f.
VK (Vitalkapazität) f. CV (capacité vitale) f.
VKG (Vektorkardiogramm) n. VCG (vectocardiogramme) m.
Vleminckxsche Lösung f. solution de Vleminckx f.
vogelartig ornithoïde
Vogelgesicht n. profil d'oiseau m.
Vogelgrippe f. grippe aviaire f.
Vogelmilbe f. acare des oiseaux m.
Vogelmilbenkrätze f. gamasoïdose f.
Vogelpocken f. variole aviaire f.
Vogeltuberkulose f. tuberculose aviaire f.
Vögtlin-Einheit f. unité d'hormone posthypophysaire Vögtlin f.
Vogt-Spielmeyer-Syndrom n. syndrome de Vogt-Spielmeyer m.
vokal vocal
Vokalisation f. vocalisation f.
volar palmaire
volatil volatil
Volazocin n. volazocine f.
Volkmannschiene f. attelle de Volkmann f.
voll plein
Vollantigen n. antigène complet m.
Vollbad n. bain complet m.
vollblütig pléthorique
Vollblütigkeit f. pléthore f.
Vollbluttransfusion f. transfusion de sang complet f.
vollbrüstig à poitrine développée
Völle f. réplétion f.
Völlegefühl n. sentiment de réplétion m.
Vollgusskrone f. couronne coulée en un seul temps f.
Vollkost f. alimentation normale f.
Vollmondgesicht n. visage lunaire m.
Vollprothese f. prothèse totale f. (dent.)
vollständig complet
Vollwertkost f. alimentation hypernutritive f.
Volt n. volt m.
Voltmeter n. voltmètre m.
Volumen n. volume m.
Volumenbelastung f. charge volumique f.
Volumenersatz m. remplissage volumique m.
Volumenexpander m. succédané du plasma m.
Volumetrie f. volumétrie f.
volumetrisch volumétrique
voluminös volumineux
Volumprozent n. pourcentage volumique m.
Volutin n. volutine f.
Volvulus m. volvulus m.
vomerobasilär vomérobasilaire
vomeronasal vomeronasal
Vomeronasalknorpel m. cartilage vomeronasal m.
von Willebrand-Jürgenssche Krankheit f. maladie de von Willebrand f.
vorangehend avant
vorangehender Eiteil m. présentation du foetus f.
vorausgehend précédent
vorbehandeln prémédiquer
Vorbehandlung f. prémédication f., traitement préliminaire m.
vorbeireden éviter
Vorbereitung f. préparation f.
vorbestehend préexistant
vorbeugen prévenir
vorbeugend prophylactique
Vorbeugung f. prophylaxie f.
vorbewusst préconscient
Vorbissstellung f. antérocclusion f.
Vorbote m. signe précurseur m.
Vordergrund m. premier plan m.
Vorderhaupt n. sinciput m.
Vorderhauptshaltung f. présentation frontale f.
Vorderhorn n. corne frontale f.
Vorderkammer f. chambre antérieure f.
Vordersäule f. colonne antérieure f.
Vorderstrang m. cordon antérieur m.
Vorderwand f. paroi antérieure f.
Vorderwandinfarkt m. infarctus du myocarde antérieur m.
Vorderwurzel f. racine antérieure f.
vorehelich prénuptial
Vorfall (Ereignis) m. événement m.
Vorfall (Prolaps) m. prolapsus m.
Vorfuß m. partie antérieure du pied f.
vorgeburtlich anténatal
Vorgeburtsperiode f. période anténatale f.
vorgeschädigt préaltéré
Vorgeschichte f. anamnèse f., antécédants m. pl.
vorglasieren préémailler
Vorhaut f. prépuce m.
Vorhaut, überhängende f. prépuce pendant m.

vorherbestehend préexistant
Vorherbestimmung f. prédestination f.
vorhergehend précédent
vorherrschen prédominer
vorherrschend prédominant
vorhersagen prévoir
vorhersehbar prévisible
Vorhirn n. encéphale antérieur m.
Vorhof des Herzens, linker m. oreillette gauche f.
Vorhof des Herzens, rechter m. oreillette droite f.
Vorhofdruck m. pression auriculaire f.
Vorhofextrasystole f. extrasystole auriculaire f.
Vorhofflattern n. flutter auriculaire m.
Vorhofflimmern n. fibrillation auriculaire f.
Vorhofflimmern, nichtvalvuläres n. FANV (fibrillation auriculaire non valvulaire) f.
Vorhofscheidewand f. septum auriculaire m.
Vorhofseptum n. septum auriculaire m.
Vorhofseptumdefekt m. anomalie du septum auriculaire f.
Vorhofseptumdefekt, Primumtyp eines m. anomalie primaire du septum auriculaire f.
Vorhofseptumdefekt, Secundumtyp eines m. anomalie secondaire du septum auriculaire f.
Voriconazol n. voriconazole f.
Vorkehrungen treffen prendre des précautions
Vorkern m. pronucléus m.
vorklinisch préclinique
Vorkommen n. présence f.
Vorkrankheit f. maladie préliminaire f.
Vorlagerung f. antéposition f.
Vorlast f. précharge f.
Vorläufer m. précurseur m.
vorläufig provisoirement
Vorlesung f. cours m.
Vorlust f. plaisir anticipé m.
Vormilch f. colostrum m.
Vormundschaft f. tutelle f.
Vorniere f. pronéphros m.
Vorozol n. vorozol m.
Vorpolieren n. prépolissage m.
Vorpostenlymphknoten m. ganglion sentinelle m.

vorprogrammiert programmé à l'avance
vorreinigen prénettoyer
Vorrichtung f. dispositif m.
Vorsatzlinse f. lentille d'approche f.
Vorschlag m. suggestion f.
vorschlagen suggérer
Vorschulalter n. âge préscolaire m.
Vorsichtsmaßnahme f. précaution f.
Vorsichtsmaßregel f. mesure de précaution f.
Vorspiel n. prologue m.
vorstationäre Behandlung f. traitement avant hospitalisation m.
Vorsteherdrüse f. prostate f.
Vorstellung, geistige f. idée f.
Vorstellungsbild n. concept m.
Vorstufe f. stade précurseur m.
Vortreibung f. protrusion f.
vorübergehend passager
Vorverdauung f. prédigestion f.
Vorverstärker m. préamplificateur m.
Vorversuch m. essai préliminaire m.
Vorwärtsbeugung f. inclinaison en avant f.
Vorwärtsbewegung f. mouvement en avant m.
Vorwärtsverlagerung f. déplacement en avant m.
Vorwärtsversagen n. défaillance progressive f.
Vorwasser n. liquide de la poche des eaux m.
Vorwehe f. contraction prémonitoire f.
Vorwölbung f. proéminence f.
Vorwort n. préface f.
Vorzeichen (med.) n. prodrome m.
vorzeitig prématuré
Vulkanisator m. vulcanisateur m.
vulkanisieren vulcaniser
vulnerabel vulnérable
Vulnerabilität f. vulnérabilité f.
Vulsellum n. pince à griffes f.
vulvär vulvaire
Vulvektomie f. vulvectomie f.
Vulvitis f. vulvite, f.
vulvitisch de vulvite
vulvokrural vulvocrural
vulvovaginal vulvovaginal
Vulvovaginitis f. vulvovaginite f.
Vuzin n. vuzine f.

W

Waage f. balance f.
Waaler-Rose-Test m. réaction de Waaler-Rose f.
Wabe f. rayon de miel m.
Wabenlunge f. poumon aréolaire m.
Wabenschädel m. crâne perforé m.
wabig alvéolé
Wachanfall m. crise éveillé f.
wachen veiller
wachen, bei jemandem veiller une personne
Wacholder m. genièvre m.
Wachs m. cire f.
Wachsabdruck m. empreinte sur cire f.
Wachsarbeit f. travail de la cire m.
Wachsausbrennen n. cire brûlée f.
Wachsbad n. bain de cire m.
Wachsbasis f. base cire f.
wachsbeschichtet recouvert de cire
Wachsbiss m. cire perdue f.
wachsen pousser
wächsern cireux
Wachsfließer m. spatule à modeler la cire f.
Wachsgebiss n. modèle de prothèse en cire m.
Waehsgusskanal m. canal de coulée m.
Wachsinlay n. inlay cire m.
Wachsinlayabdruck m. empreinte inlay cire f.
Wachsmilz f. amyloïdisme splénique m.
Wachsmodell n. modèle en cire m.
Wachsschablone f. modèle en cire m.
Wachsschmelzer m. appareil pour fusion de la cire m.
Wachsstab m. bâton de cire m.
Wachstation f. salle de réveil f.
Wachstum n. croissance f.
Wachstumsfaktor m. facteur de croissance m.
Wachstumsfaktor BDNF m. BDNF (brain-derived neurotrophic factor) m.
Wachstumshormon n. hormone de croissance f.
wachstumsregulierend contrôlant la croissance
Wachstumszone f. zone de croissance f.
Wachswall m. rebord en cire m. (dent.)
Wachszange f. pinces à cire f. pl.
Wachszylinder m. cylindre cireux m.
Wachtraum m. rêve éveillé m.
Wackelgelenk n. articulation ballottante f.
Wackelkontakt m. faux contact m.
Wade f. mollet m.
Wadenbein n. péroné m.
Wadenschmerz m. douleur du mollet f.
Waffel f. cachet m. (dent.)
Wahl, erste f. première intention (de) f.
Wahl, zweite f. seconde intention (de) f.
Wahl-Zeichen n. signe d'occlusion intestinale de Wahl m.
Wahn m. folie f.
wahnhaft hallucinatoire
Wahnidee f. idée délirante f.
Wahnsinn m. folie f.
wahnsinnig insensé
wahrnehmbar perceptible
wahrnehmen percevoir
Wahrnehmung f. perception f.
Wahrnehmungsreflex m. réflexe de perception m.
Wahrnehmungsvermögen n. capacité de perception f.
Wahrscheinlichkeit f. probabilité f.
Walchersche Hängelage f. position de Walcher f.
Waldeyerscher Rachenring m. anneau de Waldeyer m.
Wallenbergsches Syndrom n. syndrome de Wallenberg m.
Wallersche Degeneration f. dégénérescence wallérienne f.
Wallung f. bouffée f., rush m.
Walrat m. spermaceti m.
Walzgold n. or laminé m.
Wamme (veter.) n. fanon m.
Wand f. mur m.
Wandermilz f. rate mobile f.
wandern migrer
wandernd migrateur
Wanderniere f. rein flottant m.
Wanderpneumonie f. pneumonie migratrice f.
Wanderung f. migration f.
Wanderzelle f. cellule migratrice f.
Wandler m. transformateur m.
wandlos sans paroi
wandständig mural, pariétal
Wange f. joue f.
Wangenhalter m. écarte-joues m.
Wangenschützer m. protège-joues m.
Wangentasche f. poche génienne f.
wanken branler
Wanze f. punaise f.
Wanzenstich m. piqure de punaise f.

Warburgsches Atmungsferment n. enzyme de Warburg f.
Warfarin n. warfarine f.
warm chaud
Warmblüter m. animal à sang chaud m.
warmblütig à sang chaud
Wärme f. chaleur f.
Wärmeaustauscher m. échangeur thermique m.
Wärmebehandlung f. thermothérapie f.
wärmebildend producteur de chaleur
Wärmebildung f. thermogénèse f.
Wärmeempfindlichkeit f. thermosensibilité f.
Wärmegrad m. degré de température m. huileuse f.
Wärmeleiter m. conducteur thermique m.
Wärmeleitfähigkeit f. conductibilité thermique f.
wärmen chauffer
Wärmeregulation f. thermorégulation f.
Wärmestrahlung f. radiation thermique f.
Wärmflasche f. bouillotte f.
Warnung f. Avertissement m.
Warnsignal n. signal d'avertissement m.
Warteliste f. liste d'attente f.
warten (pflegen) prendre soin de
Wartenberg-Zeichen n. signe du pouce de Wartenberg m.
Wärter m. garde m.
Wartezeit f. délai d'attente m.
Wartezimmer n. salle d'attente f.
Wartung f. entretien m.
Warze f. verrue f.
warzenförmig verruciforme
Warzenfortsatz m. apophyse mastoïde f.
Warzenfortsatzzelle f. cellule mastoïdienne f.
warzig verruqueux
waschbar lavable
Wäsche f. linge m.
waschen laver
Waschflüssigkeit f. liquide de lavage m.
Waschmittel n. produit de lavage m.
Waschung f. lavage m.
Waschzwang m. ablutiomanie f.
Wasser n. eau f.
Wasser, schweres n. eau lourde f.
wasserabstoßend hydrophobe
wasseranziehend hydrophile
Wasseraufnahme f. absorption d'eau f.
Wasserausscheidung f. élimination d'eau
Watt n. watt m./f.
Wasserbad n. bain-marie m.
Wasserbett n. matelas d'eau m.

wasserbindend hydroabsorbant
Wasserbruch m. hydrocèle f.
Wasserdampf m. vapeur d'eau f.
wasserdicht imperméable
Wasserdruck m. pression hydrauliyue f.
Wasserfilter n. filtre à eau m.
wassergekühlt refroidi à l'eau
wasserhaltig hydrique
Wasserhaushalt m. équilibre hydrique m.
wässerig aqueux
Wasserklosett n. W.-C. m.
Wasserkopf m. hydrocéphalie f.
Wasserkrebs m. noma m.
Wasserlassen n. miction f.
Wasserleiche f. noyé m.
Wasserleitung f. conduite d'eau f.
wasserlöslich hydrosoluble
wässern humecter
Wasser-Öl-Emulsion f. émulsion hydro
Wasserpocken f. pl. varicelle f.
Wasserretention f. rétention d'eau f.
Wasserstoff m. hydrogène m.
Wasserstoff, schwerer m. hydrogène lourd m.
Wasserstoff, überschwerer m. tritium m.
Wasserstoffionenkonzentration f. concentration d'ions hydrogène f.
Wasserstoffsuperoxid n. eau oxygénée f.
Wasserstrahlgebläse n. soufflerie à jet d'eau f.
Wasserstrahlpumpe f. pompe à jet d'eau f.
Wasserstrahlschnitt m. coupure au jet d'eau f.
Wassersucht f. hydrops m.
wassersüchtig hydropique
Wasserturbine f. turbine hydraulique f.
Wasserverbrauch m. consommation d'eau f.
Wasservergiftung f. empoisonnement de l'eau m.
Wasserverlust m. perte d'eau f.
Wasserversuch m. épreuve de dilution f.
wässrig aqueux
Waterhouse-Friderichsen-Syndrom n. syndrome de Waterhouse-Friderichsen m.
Watschelgang m. démarche dandinante f.
watschelig dandinant
watscheln se dandiner
Watson-Schwartz-Test m. test de Watson-Schwartz m.
Watte f. coton m.
Watterolle f. rouleau de coton m.
Wattestäbchen n. coton tige m.
Watteträger m. tige porte-coton f.
Webe f. tissu m.

Weber-Ramstedtsche Operation f. opération de l'hypertrophie pylorique de Weber-Ramstedt f.
Weberscher Versuch m. épreuve de Weber f.
Webersches Syndrom n. syndrome de Weber m.
Webinar m. séminaire en vidéo m.
Wechseldruckbeatmung f. ventilation en pression alternée f.
Wechselfieber n. fièvre intermittente f.
Wechselfußbad n. bain de pieds alterné m.
Wechseljahre f. pl. ménopause f.
Wechseljahresbeschwerden f. pl. problèmes climactériques m. pl.
Wechselstrom m. courant alternatif m.
Wechselwirkung f. interaction f.
Wechsler-Skala f. échelle d'intelligence de Wechsler-Bellevue f.
wecken éveiller
Weckmittel n. excitant m.
Weckreaktion f. réaction de réveil f.
Weddellit m. weddellite m.
wegbrennen cautériser
Wegegeld n. indemnité de déplacement f.
Wegener-Antikörper m. anticorps de Wegener f.
wegführen emmener
Wehen f. pl. douleurs de l'accouchement f. pl.
Wehen, Eröffnungs- f. pl. douleurs de la dilatation f. pl.
Wehen, Press- f. pl. douleurs d'expulsion f. pl.
Wehenhemmung f. tocolyse f.
Wehenmittel n. ocytocique m.
Wehenschwäche f. inertie utérine f.
Weibchen (veter.) n. femelle f.
Weiberknoten m. noeud d'ajust m.
weiblich féminin
Weiblichkeit f. féminité f.
Weichgold n. or doux m.
weichmachend émollient
weichmachendes Mittel n. émollient m.
Weichmetall n. métal doux m.
Weichschädel m. craniomalacie f.
Weichstrahltechnik f. rayonnement mou (technique du) m.
Weichteile f. pl. parties molles f. pl.
Weigertsche Färbemethode f. coloration de Weigert f.
Weihrauch m. encens m.
Weil-Felix-Reaktion f. réaction de Weil-Felix f.
Weil-Marchesani-Syndrom n. syndrome de Weil-Marchesani m.
Weilsche Krankheit f. maladie de Weil f.
Weinstein m. tartre m.
Weisel m. reine des abeilles f.
Weisheitszahn m. dent de sagesse f.
Weißdorn m. aubépine f.
weißen blanchir
Weißgold n. platine m.
weißhaarig aux cheveux blancs
Weiterbehandlung f. traitement ultérieur m.
Weiterbeobachtung f. suivi m.
Weiterbildung, ärztliche f. formation médicale post-universitaire f.
weitschweifig prolixe
weitsichtig hypermétrope
Weitsichtigkeit f. presbytie f.
weitverbreitet très répandu
Weitwinkel m. grand angle m.
Weizenkeimöl n. huile de germe de blé f.
Weizenkleie f. son de blé m.
welk flasque
Welle f. onde f.
Welle, steile (EEG) f. onde aigue f.
Wellenbereich m. gamme d'ondes f.
Wellenform f. forme de l'onde f.
Wellenlänge f. longueur d'onde f.
Welpe m. chiot m.
Wells-Syndrom n. syndrome de Wells m.
Weltgesundheitsorganisation (WHO) f. Organisation mondiale de la Santé (OMS) f.
Weltraumkrankheit f. mal de l'espace m.
Wenckebachsche Periode f. période de Wenckebach f.
wenden tourner
Wendepunkt m. point d'inflexion m., tournant m.
Wendung f. tour m., version f.
Wendung auf den Kopf f. version céphalique f.
Wendung, äußere f. version parmanoeuvre externe f.
Wendung, innere f. version parmanoeuvre interne f.
Werdnig-Hoffmann-Syndrom n. syndrome de Werdnig-Hoffmann m.
werfen mettre bas (vétér.)
Werksarzt m. médecin de l'entreprise m.
Werkstätte, beschützende f. pl. ateliers protégés m. pl.
Werkzeug n. outil m.
Werlhofsche Purpura f. maladie de Werlhof f.
Werner-Syndrom n. syndrome de Werner m.
Wermut m. vermouth m.
Wert m. valeur f.

Wertheimsche Operation f. opération de Wertheim f.
wertig (einwertig/zweiwertig/dreiwertig/ vierwertig/fünfwertig/sechswertig/siebenwertig/achtwertig) valent (monovalent/bivalent/trivalent/tétravalent/pentavalent/hexavalent/heptavalent/octavalent)
Wertigkeit f. valence f.
Wesensänderung f. altération de la personnalité f.
Wespe f. guêpe f.
Westphal-Zeichen n. signe de Westphal m.
Wettbewerb m. compétition f.
wettbewerbsfähig apte à participer à la compétition
wettbewerbsmäßig compétitivement
wetterfühlig sensible aux changements de temps
Wetterfühligkeit f. sensibilité aux changements de temps f.
Whartonsche Sulze f. gelée de Wharton f.
Wheatstonesche Brücke f. pont de Wheatstone m.
Whewellit m. whewellite f.
Whiteheadsche Operation f. intervention de Whitehead f.
Whitlockit m. whitlockite f.
WHO (Weltgesundheitsorganisation) f. OMS (Organisation mondiale de la Santé) f.
Wickel m. enveloppement m.
Wickel, feuchter m. enveloppement humide m.
Wickel, feuchtwarmer m. enveloppement humide chaud m.
wickeln emmailloter, rouler
Widder m. bélier m.
Widerlager n. butée f.
widerlich repoussant
Widerrist m. garrot (vétér.) m.
Widerstand m. résistance f.
Widerstandsfähigkeit f. capacité de résistance f.
Widerstandshochdruck m. hypertension d'impédance f.
widerstehen résister
Widerwille m. répugnance f.
Wiederanbindung f. réattachement m.
Wiederanfügung f. réemboîtement m.
Wiederanheftung f. refixation f.
wiederaufbereiten recycler
Wiederaufbereitung f. recyclage m.
wiederauffinden retrouver
Wiederauffindung f. recouvrement m.
Wiederaufleben n. renaissance f.

Wiederaufnahme (ins Krankenhaus) f. réhospitalisation f.
Wiederauswertung f. réévaluation f.
wiederbeleben réanimer
Wiederbelebung f. réanimation f.
Wiederbelebungsbett m. lit de réanimation m.
Wiederbesiedelung f. repopulation f., repeuplement m.
Wiedereinpflanzung f. réimplantation f.
Wiedereinrichtung f. réinstallation f.
Wiedereintritt m. rentrée f.
Wiedererwärmung f. réchauffement m.
Wiedererweckung f. retour à la vie m.
wiedergewinnen regagner
Wiedergewinnung f. récupération f.
wiederherstellbar réparable
wiederherstellen rétablir
Wiederherstellung f. rétablissement m.
Wiederholungsblutung f. hémorragie récidivante f.
Wiederholungsimpfung f. rappel de vaccination m.
Wiederimpfung f. revaccination f.
Wiederinbesitznahme f. recouvrement m.
Wiederkäuen n. rumination f.
Wiederkäuer m. ruminant m.
Wiedereröffnung f. réouverture
Wiederverschlimmerung f. redégradation f.
Wiege f. berceau m.
Wiegentod m. mort subite du nourrisson f.
Wiener-Spektrum n. spectre de Wiener m.
Wiesendermatitis f. dermatite des herbes f.
Wigandscher Handgriff m. manoeuvre obstétricale de Wigand f.
Wille m. volonté f.
Willebrand (von)-Jürgenssche Krankheit f. maladie de von Willebrand f.
Willensmangel m. aboulie f.
willensmäßig volitionnel
willentlich volitionnel
Williams-Beuren-Syndrom n. syndrome de Williams-Beuren m.
willkürlich arbitraire
Wilms-Tumor m. tumeur de Wilms f.
Wilsonsche Krankheit f. maladie de Wilson f.
Wimper f. cil m.
Windei n. oeuf sans coquille m.
Windel f. lange m.
Windkessel m. cellule de compression f.
Windpocken f. pl. varicelle f.
Windung f. enroulement m.
Winiwarter-Buergersche Krankheit f. maladie de Buerger f.

Winkel m. angle m.
Winkelbildung f. angulation f.
winkelig angulaire
Winkelstück n. coin m.
Wintergrünöl n. essence de wintergreen f.
Winterschlaf m. hibernation f.
Winterschlaf, künstlicher m. hibernation artificielle f.
Wintrischer Schallwechsel m. signe du changement de son de Wintrich (percussion) m.
Wipplesche Krankheit f. maladie de Wipple f.
Wirbel m. tourbillon m., vertèbre f.
Wirbelbogen m. arc vertébral m.
Wirbelbogenwurzel f. pédicule vertébral m.
Wirbelextraktion f. turboextraction f.
Wirbelgelenk n. articulation intervertébrale f.
Wirbelkanal m. canal rachidien m.
Wirbelkörper m. corps vertébral m.
wirbellos invertébré
Wirbelsäule f. colonne vertébrale f.
Wirbelsäulensäge f. rhachitome m.
Wirbelsäulenverbiegung f. scoliose f.
Wirbeltier n. vértébré m.
Wirbeltuberkulose f. tuberculose vertébrale f.
wirken agir
Wirkgruppe f. groupe fonctionnel m.
Wirklichkeitsverlust m. perte du réalisme f.
wirksam efficace
wirksam, stark (pharm.) puissant
Wirksamkeit f. efficacité f.
Wirkstoff m. principe actif m.
Wirkung f. effet m.
Wirkung, unerwünschte f. effet indésirable m.
Wirkungsdauer f. durée d'action f.
Wirkungsdosis f. dose efficace f.
wirkungslos inopérant
Wirkungslosigkeit f. inefficacité f.
Wirkungsmechanismus m. mécanisme d'action m.
Wirkungsort m. localisation de l'effet f.
Wirkungsspektrum n. spectre d'action m.
Wirkungsverlust m. perte d'efficacité f.
Wirkungsweise f. mode d'action m.
Wirt m. hôte m.
Wirtsorganismus m. organisme hôte m., organisme receveur m.
Wirtswechsel m. changement d'hôte m.
wischen essuyer
Wischer m. effaceur m.

Wiskott-Aldrich-Syndrom n. syndrome de Wiskott-Aldrich m.
Wismut n. bismuth m.
Wismutvergiftung f. intoxication par le bismuth f.
Wissen n. savoir m.
Wissenschaft f. science f.
Wissenschaftler(in) m./(f.) scientifique m./f.
wissenschaftlich scientifique
Wistar-Ratte f. rat Wistar m.
Wittepepton n. peptone de Witte f.
Witterungsumschlag m. changement de temps m.
Witzelfistel f. fistule d'alimentation de Witzel f.
Witzelsucht f. moria f.
Wochenbett n. couches f. pl.
Wochenbettgymnastik f. gymnastique postpartale f.
Wochenfieber n. fièvre puerpérale f.
Wochenfluss m. lochies f. pl.
Wochenpflege f. soins en période postpartale m. pl.
Wochenpflegerin f. infirmière du service de maternité f.
Wöchnerin f. femme en couches f.
Wohlbefinden n. bonne santé f.
Wohlfahrt f. aide sociale f.
Wohlgemuth-Probe f. test de la diastase urinaire de Wohlgemuth m.
Wolf (med.) m. intertrigo périnéal m.
Wolff-Parkinson-White Syndrom n. syndrome de Wolff-Parkinson-White m.
Wolffscher Gang m. canal de Wolff m.
Wolffscher Körper m. corps de Wolff m.
Wolfram m. tungstène m.
Wolframat n. wolframate m.
Wolfsrachen m. cheilognathouranoschizis m.
Wolhynisches Fieber n. fièvre de Wolhynie f.
Wollfett n. graisse de laine anhydre f.
Wollust f. volupté f.
wollüstig voluptueux
Wortblindheit f. cécité verbale f.
Wortfindungsstörung f. aphasie nominale f.
Worttaubheit f. surdité verbale f.
WPW-Syndrom n. syndrome de Wolff-Parkinson-White (WPW) m.
Wrisbergscher Knorpel m. cartilage cunéiforme de Wrisberg m.
Wucheria bancrofti f. filaire de Bancroft f.
wuchernd proliférant
Wucherung f. prolifération f.
Wuchs m. croissance f.
Wulst m. bourrelet m.

Wulstbruch m. fracture en motte de beurre f.
wund écorché
Wundausschneidung f. excision d'une plaie f.
Wundbehandlung f. traitement d'une blessure f.
Wunddiphtherie f. infection diphtérique d'une blessure f.
Wunde f. blessure f.
Wunde, Ausschuss- f. blessure de sortie du projectile f.
Wunde, Einschuss- f. blessure d'entrée du projectile f.
Wunde, Quetsch- f. blessure par contusion f.
Wunde, Riss- f. blessure lacérée f.
Wunde, Schnitt- f. coupure f.
Wunde, Schuss- f. blessure par arme à feu f.
Wunde, Stich- f. blessure perforante f.
Wundfieber n. fièvre traumatique f.
Wundhaken m. écarteur m.
Wundheilung (primäre/sekundäre) f. cicatrisation (primaire/secondaire) f.
Wundhöhle f. plaie cavitaire f.
Wundinfektion f. infection de la blessure f.
Wundklammer f. agrafe f.
Wundklammerpinzette f. pince de Michel f.
Wundliegen n. escarre f.
Wundmittel m. produit pour les blessures m.
Wundrand m. bord d'une plaie m.
Wundrandpinzette f. pince de Bernhard f.
wundreiben excorier
Wundreinigung f. nettoyage de la plaie m.
Wundschorf m. plaie escarrifiée f.
Wundsekret n. sécrétion de la plaie f.
Wundsepsis f. septicémie traumatique f.
Wundsperrer m. écarteur automatique m.
Wundstarrkrampf m. tétanos m.
Wundtoilette f. toilette d'une plaie f.
Wundverband m. pansement d'une plaie m.
Wundverschluss m. fermeture de la plaie f.
Wundversorgung f. soin de la plaie m.
Wunschdenken n. illusions f. pl.
Wurf (zool.) m. portée f.
Würgemal n. marque de strangulation f.
würgen étrangler/ (s'), faire des efforts de vomissement
Würgreflex m. réflexe pharyngien m.
Wurm m. ver m.
wurmartig vermiculaire
Wurmbefall m. helminthiase f.
wurmförmig vermiforme
Wurmfortsatz m. appendice vermiculaire m.
wurmig véreux
wurmkrank souffrant d'une helminthiase
Wurmkur f. traitement vermifuge m.
Wurmmittel n. anthelmintique m.
Wurmsamen m. semen-contra m.
Wurmsamenöl n. huile de chénopode f.
wurmtötend vermicide
wurmtötendes Mittel n. vermicide m.
wurmtreibend vermifuge
wurmtreibendes Mittel n. vermifuge m.
Wurstvergiftung f. botulisme m.
Würze f. arôme m.
Wurzel f. racine f.
Wurzelbehandlung f. traitement de la racine m.
Wurzelfragment n. fragment de racine m.
Wurzelfräse f. fraise pour racine f.
Wurzelfüllung f. obturation du canal radiculaire f.
Wurzelglättung f. nivellement de la racine m.
Wurzelhaut f. membrane alvéolodentaire f.
Wurzelhautabszess m. périodontite abcédée f.
Wurzelheber m. élévateur (pour racine) m.
Wurzelkanal m. canal radiculaire m.
Wurzelkanalerweiterer m. alaisoir (pour canal radiculaire) m.
Wurzelkanalfüllung f. obturation du canal radiculaire f.
Wurzelkanalinstrument n. instrument pour canal radiculaire m.
Wurzelkappe f. recouvrement radiculaire m.
wurzellos déraciné
Wurzelnadel f. aiguille (radiculaire) f.
Wurzelschmerz m. douleur radiculaire f.
Wurzelschraube f. vis radiculaire f.
Wurzelspitze f. apex radiculaire m.
Wurzelspitzenabszess m. abcès apical m.
Wurzelspitzenamputation f. résection apicale f.
Wurzelspitzengranulom n. granulome apical m.
Wurzelspitzenheber m. élévateur pour fragment apical m.
Wurzelspitzenresektion f. résection apicale f.
Wurzelsplitter m. fragment radiculaire m.
Wurzelstumpf m. moignon de racine m.
Wurzelsyndrom n. syndrome radiculaire m.
Wut f. fureur f., rage f.

X

X-Beine n. pl.   genoux cagneux m. pl.
Xamoterol n.   xamotérol m.
Xanthat n.   xanthate m.
Xanthelasma n.   xanthélasma m.
Xanthen n.   xanthène m.
Xanthin n.   xanthine f.
Xanthinoxidase f.   xanthineoxydase f.
Xanthinoxidasenhemmer m.   inhibiteur de la xanthineoxydase m.
Xanthinurie f.   xanthinurie f.
Xanthiol n.   xanthiol m.
Xanthoastrozytom n.   xanthoastrocytome m.
xanthochrom   xanthochrome
Xanthochromie f.   xanthochromie f.
Xanthodermie f.   xanthodermie f.
Xanthodontie f.   xanthodontie f.
Xanthofibrom n.   xanthofibrome m.
Xanthofibrosarkom n.   xanthofibrosarcome m.
Xanthogenat n.   xanthogénate m.
Xanthogranulom n.   xanthogranulome m.
Xanthom n.   xanthome m.
xanthomatös   xanthomateux
Xanthomatose f.   xanthomatose f.
Xanthomonas m.   xanthomonas m.
Xanthon n.   xanthone f.
Xanthophyll n.   xanthophylle f.
Xanthoprotein n.   xanthoprotéine f.
Xanthopsie f.   xanthopsie f.
Xanthopterin n.   xanthoptérine f.
Xanthosarkom n.   xanthosarcome m.
Xanthose f.   xanthosis m.
Xanthosin n.   xanthosine f.
Xanthotoxin n.   xanthotoxine f.
Xanthozyanopsie f.   xanthocyanopsie f.
Xantinol n.   xantinol m.
Xantocillin n.   xantocilline f.
Xenipenton n.   xénipentone f.
Xenoantigen n.   xénoantigène m.
Xenobioticum n.   xénobiotique m.
xenobiotisch   xénobiotique
Xenodiagnose f.   xénodiagnostic m.
xenodiagnostisch   xénodiagnostique
xenogen   xénogénique
Xenogenese f.   xénogenèse f.
xenogenetisch   xénogénique
Xenologie f.   xénologie f.
xenologisch   xénologique
Xenon n.   xénon m.
Xenoparasit m.   xénoparasite m.
Xenophobie f.   xénophobie f.
Xenophonie f.   xénophonie f.
Xenoplastie f.   xénoplastie f.
Xenopsylla f.   xénopsylla f.
Xenotransplantat n.   xénogreffe f.
Xenotyp m.   xénotype m.
Xenthiorat n.   xénthiorate m.
Xenygloxal n.   xénygloxal m.
Xenyrat n.   xényrate m.
Xenysalat n.   xénysalate m.
Xenytropium n.   xénytropium m.
Xeroderma n.   xérodermie f.
xerodermisch   xérodermique
Xerographie f.   xérographie f.
xerographisch   xérographique
Xerophthalmie f.   xérophtalmie f.
Xeroradiographie f.   xéroradiographie f.
xeroradiographisch   xéroradiographique
Xerose f.   xérose f.
Xerosebazillus m.   Corynebacterium xerosis m.
Xerostomie f.   xérostomie f.
Xerotomographie f.   xérotomographie f.
xerotomographisch   xérotomographique
Ximelagatran n.   ximélagatran m.
Xinafoat n.   xinafoate m.
Xinomilin n.   xinomiline f.
Xipamid n.   xipamide m.
Xiphodynie f.   xiphodynie f.
Xiphoid n.   appendice xiphoïde m.
xiphokostal   xiphocostal
Xylamidin n.   xylamidine f.
Xylan n.   xylane m.
Xilase f.   xilase f.
Xylenol n.   xylénol m.
Xylidin n.   xylidine f.
Xylit m.   xylite f.
Xylocoumarol n.   xylocoumarol m.
Xyloketose f.   xylocétose m.
Xylol n.   xylol m.
Xylometazolin n.   xylométazoline f.
Xylopyranose f.   xylopyranose m.
Xylose f.   xylose m.
Xyloseisomerase f.   xyloseisomérase f.
Xylosereduktase f.   xyloseréductase f.
Xylosurie f.   xylosurie f .
Xylosyltransferase f.   xylosyltransférase f.
Xylurie f.   xylosurie f.
Xylulokinase f.   xylulokinase f.
Xylulose f.   xylulose m.
Xylulosurie f.   xylulosurie f.

Y

Yamwurzel f. igname f.
Yersinia enterocolitica f. Yersinia enterocolitica f.
Yersinie f. yersinie f.
Yersiniose f. yersiniose f.
Yoga m. yoga m.

Yohimban n. yohimbane m.
Yohimbin n. yohimbine f.
Ytterbium n. ytterbium m.
Yttrium n. yttrium m.

Z

zackig   denté
Zähler m.   compteur m.
Zählkammer f.   cellule de comptage f.
Zählzwang m.   arithmomanie f.
Zahn m.   dent f.
Zahn-Röntgenuntersuchung f.   radiograhie dentaire f.
Zahn, ausgeschlagener m.   dent arrachée f.
Zahn, bleibender m.   dent permanente f.
Zahn, eingeklemmter m.   dent incluse f.
Zahn, verlagerter m.   dent mal placée f.
Zahnabdruck m.   empreinte dentaire f.
Zahnachse f.   axe de la dent m.
Zahnalveole f.   alvéole dentaire f.
Zahnarzt m.   dentiste m.
Zahnarzthelferin f.   assistante en chirurgie dentaire f.
Zahnärztin f.   dentiste m.
zahnärztlicher Stuhl m.   fauteuil dentaire m.
Zahnarztpraxisraum m.   cabinet du dentiste m.
Zahnausfall m.   manque de dents m.
Zahnausrichtung, normale f.   alignement normal des dents m.
Zahnbelag m.   tartre m.
Zahnbett n.   périodonte m.
Zahnbildung f.   odontogenèse f.
Zahnbogen m.   arcade dentaire f.
Zahnbohrer m.   fraise f.
Zahnbrücke f.   bridge m.
Zahndurchbruch m.   éruption dentaire f.
Zahneinlage f.   obturation dentaire f.
Zähneknirschen n.   grincement de dents m.
Zähnelung f.   aspect denté m.
Zahnersatz m.   prothèse dentaire f.
Zahnextraktion f.   avulsion d'une dent f.
Zahnextraktionslehre f.   science de l'avulsion dentaire f.
Zahnfarbenschlüssel m.   échantillonnier des couleurs d'émail m.
Zahnfäule f.   carie dentaire f.
Zahnfistel f.   fistule dentaire f.
Zahnfleisch n.   gencive f.
Zahnfleischabszess m.   abcès gingival m.
Zahnfleischblutung f.   gingivorragie f.
Zahnfleischentzündung f.   gingivite f.
Zahnfleischfistel f.   fistule gingivale f.
Zahnfleischkappenstanze f.   gingivotome m.
Zahnfleisch-Kürettage f.   curetage des gencives m.
Zahnfleischmesser n.   lancette gingivale f.
Zahnfleischrand m.   bord gingival m.
Zahnfleischrandwulst m.   bourrelet gingival m.
Zahnfleischsaum m.   liseré gingival m.
Zahnfleischschere f.   ciseaux à gencive m. pl.
Zahnfleischtasche f.   poche gingivale f.
Zahnfleischtaschensonde f.   sonde d'exploration (de la poche gingivale) f.
Zahnfokus m.   foyer dentaire m.
Zahnformel f.   formule dentaire f.
Zahnfüllung f.   obturation (dentaire) f.
Zahnfüllung, gegossene f.   inlay m.
Zahngold n.   or dentaire m.
Zahnhals m.   collet m.
Zahnhalteapparat m.   ligament alvéolo dentaire m.
Zahnheilkunde f.   chirurgie dentaire f., odontologie f.
Zahnheilkunde, konservierende f.   chirurgie dentaire conservatrice f.
Zahnheilkunde, prothetische f.   prothétique f.
Zahnimplantat n.   implant dentaire m.
Zahnkanal m.   canal dentaire m.
Zahnkapuze f.   odontoclamis m.
Zahnklinik f.   clinique dentaire f.
Zahnkrone f.   couronne (de la dent.) f.
Zahnleiste f.   lame dentaire f.
Zahnlockerung f.   dents branlantes f. pl.
zahnlos   édenté
Zahnnerv m.   nerf dentaire m.
Zahnpapille f.   papille dentaire f.
Zahnpflege f.   hygiène dentaire f.
Zahnpflegemittel n.   dentifrice m.
Zahnpoliergerät n.   brunissoir m.
Zahnprothese f.   prothèse dentaire f.
Zahnprothese, Oberkiefer- f.   prothèse dentaire supérieure f.
Zahnprothese, provisorische f.   prothèse dentaire provisoire f.
Zahnprothese, Teil- f.   prothèse dentaire partielle f.
Zahnprothese, Unterkiefer- f.   prothèse dentaire inférieure f.
Zahnprothese, Voll- f.   prothèse dentaire complète f.
Zahnprothesenanpassung f.   adaptation de la prothèse f.
Zahnprothesenplatte f.   plaque de prothèse dentaire f.
Zahnprothetik f.   prothétique (dentaire) f.
Zahnpulpa f.   pulpe dentaire f.
Zahnpulver n.   poudre dentifrice f.

Zahnregulierung f. correction de l'alignement des dents f.
Zahnregulierungsapparat m. appareil d'orthodontie m.
Zahnreihe f. rangée de dents f.
Zahnreihenschluss m. occlusion f.
Zahnsäckchen n. enveloppe conjonctive f.
Zahnschmelz, gesprenkelter m. émail fendillé m.
Zahnschmelz m. émail (des dents) m.
Zahnschmerz m. mal aux dents m., odontalgie f.
Zahnsequester m. séquestre dentaire m.
Zahnspiegel m. miroir dentaire m.
Zahnstatus m. statut dentaire m.
Zahnstein m. tartre dentaire m.
Zahnsteinentferner m. détartrant m.
Zahnsteinentfernung f. détartrage m.
Zahnstellung f. position de la dent f.
Zahnstellungsanomalie f. position anormale de la dent f.
Zahnstumpf m. chicot m.
Zahntechniker m. mécanicien dentiste m.
zahntragend portant des dents
Zahntrepanation f. odontotomie f.
Zahnung f. dentition f.
Zahnunregelmäßigkeit f. dents irrégulières f. pl.
Zahnwinkel m. coin de la dent m.
Zahnwurzel f. racine de la dent f.
Zahnwurzelhaut f. membrane alvéolodentaire f.
Zahnwurzelkanal m. canal radiculaire m.
Zahnwurzelspitze f. apex radiculaire (dent.) m.
Zahnzange f. davier m.
Zahnziehen n. extraction d'une dent f.
Zalcitabin n. zalcitabine f.
Zanamivir n. zanamivir m.
Zäk… siehe auch voir aussi Zök…
Zanderapparat m. appareil de Zander m.
Zange f. pince f.
Zange (obstetr.) f. forceps m.
Zange, hohe f. forceps au détroit supérieur m.
Zangemeisterscher Handgriff m. manoeuvre de Zangemeister f.
Zangenentbindung f. accouchement au forceps m.
Zäpfchen (anatom.) n. luette f.
Zäpfchen (pharm.) n. suppositoire m.
Zapfen m. pivot m. (dent.)
Zapfen (m.) und Stäbchen (n.) (der Retina) pl. cônes et bâtonnets (de la rétine) m. pl.
Zapizolam n. zapizolam m.

zart délicat
Zäsium n. césium m.
z. B. (zum Beispiel) par exemple
z. B. (zur Beobachtung) pour observation
ZE-Syndrom (Zollinger-Ellison-Syndrom) n. syndrome de Zollinger-Ellison m.
Zeatin n. zéatine f.
Zeaxanthin n. zéaxanthine f.
Zebozephalie f. cébocéphalie f.
Zecke f. tique f.
Zeckenbefall m. affection à ixodidé f.
Zeckenbiss m. piqûre de tique f.
Zeckenfieber n. fièvre à tique f.
Zeckenlähme f. paralysie à tiques f.
Zedernholzöl n. huile de cèdre f.
Zehe f. orteil m.
Zehe, schnellende f. orteil à ressort m.
Zehen, übereinanderstehende f. pl. orteils se recouvrant m. pl.
Zehenballen m. éminence de l'orteil f.
Zehennagel m. ongle du pied m.
Zehenverwachsung f. adhésion des orteils f.
Zehntagefieber n. fièvre à tiques d'Afrique du Sud f.
zehntelnormal décinormal
Zeichen n. signe m., symptôme m.
Zeichensprache f. langage gestuel m.
Zeichnung, streifige f. striation f.
Zeigefinger m. index m.
Zeigeversuch m. épreuve de l'index f.
Zein n. zéine f.
Zeit f. temps m.
zeitabhängig dépendant du temps
zeitraubend long
Zeitschalter m. minuterie f.
Zeitschrift f. revue f.
Zeitsinn m. sentiment du temps m.
zeitsparend économisant du temps
Zellantigen n. antigène cellulaire m.
zellarm pauvre en cellules
Zellatmung f. respiration cellulaire f.
Zellatypie f. atypie cellulaire f.
Zelle f. cellule f.
Zelle, monochromatophile. cellule monochromatophile f.
Zelleinschluss m. enclave cellulaire f.
Zellelektrophorese f. électrophorèse cellulaire f.
zellenförmig cellulaire
Zellenzym n. enzyme cellulaire f.
zellfrei dépourvu de cellules
Zellgewebe n. tissu cellulaire m.
Zellgewebsentzündung f. cellulite f.
Zellgift n. cytotoxine f.
Zellhormon n. hormone cellulaire f.

Zellkern m. noyau (cellulaire) m.
Zellklonierung f. clonage cellulaire m.
Zellkultur f. culture cellulaire f.
Zellmembran f. membrane cellulaire f.
Zellmetaplasie f. cytométaplasie f.
Zellmorphologie f. cytomorphologie f.
Zellnest n. nid de Betz m.
Zellobiase f. cellobiase f.
Zelloidin n. celloïdine f.
Zellpathologie f. cytopathologie f.
Zellphysiologie f. cytophysiologie f.
Zellplasma n. cytoplasme m.
zellreich riche en cellules
Zellskelett n. cytosquelette m.
zellständig cellulairement stable
Zellstoff m. cellulose f.
Zellteilung division cellulaire f.
Zelltherapie f. thérapie cellulaire f.
Zelltod m. mort cellulaire f.
zellulär cellulaire
Zellularchemie f. cytochimie f.
Zellularpathologie f. cytopathologie f.
Zellularphysiologie f. physiologie cellulaire f.
Zellulartherapie f. cytothérapie f.
Zellulase f. cellulase f.
Zellulose f. cellulose f.
Zellverband m. agglomération cellulaire f.
zellvermittelt à médiation cellulaire
Zellwand f. membrane cellulaire f.
Zellwolle f. fibranne f.
Zement m. cément (Zahn) m., ciment m.
Zementbildung f. cémentification f.
zementieren cémenter, cimenter
Zementitis f. cémentite f.
Zementoblast m. cémentoblaste m.
zementodentinal cémentodentinien
Zementoklasie f. cémentoclasie f.
Zementoklast m. cémentoclaste m.
Zementom n. cémentome m.
Zementose f. atteinte du cément f.
Zementozyt m. cémentocyte m.
Zenkersches Divertikel n. diverticule de Zenker m.
Zentigramm n. centigramme m.
Zentiliter n. centilitre m.
Zentimeter n. centimètre m.
zentral central
Zentralarchiv n. archives centrales f. pl.
zentrales Grau n. substance grise centrale f.
Zentralfibrillenmyopathie f. myopathie congénitale à axe central f.
Zentralisation f. centralisation f.
Zentralisierung f. centralisation f.
Zentralkanal m. canal central m.

Zentralkörper m. centrosome m.
Zentralkörperchen n. centriole m.
Zentralnervensystem n. système nerveux central m.
Zentralskotom n. scotome central m.
Zentralspindel f. fuseau achromatique m.
Zentralstar m. cataracte centrale f.
Zentralstrahl m. rayon central m.
Zentralvene f. veine centrale f.
Zentralvenenkatheter m. cathéter veineux central m.
Zentralversorgung (med.) f. soins médicaux centraux m. pl.
zentralwärts dirigé vers le centre
Zentralwindung, vordere f. circonvolution frontale ascendante f.
zentrenzephal centroencéphalique
Zentrierkonus m. cône focalisant m. (dent.)
zentrifugal centrifuge
Zentrifugat n. centrifugé m.
Zentrifuge f. centrifugeuse f.
zentrifugieren centrifuger
Zentrifugierung f. centrifugation f.
zentrilobulär centrolobulaire
Zentriol n. centriole m.
zentripetal centripète
Zentroblast m. centroblaste m.
zentroblastisch centroblastique
zentrolezithal centrolécithique
zentrolobär centrolobaire
Zentromer n. centromère m.
Zentroplasma n. centroplasme m.
Zentrosom n. centrosome m.
zentrotemporal centrotemporal
Zentrozyt m. centrocyte m.
zentrozytär centrocytaire
Zentrum n. centre m.
Zentrum, motorisches n. centre moteur m.
Zentrumsdialyse f. dialyse centrale f.
Zeolit n. zéolite f.
Zepastin n. zépastine f.
Zephalalgie f. céphalalgie f.
Zephalo… céphalo….
Zephalopankreatektomie f. céphalopancréatectomie f.
zephalomedullär céphalomédullaire
Zer n. cérium m.
Zeramid n. céramide f.
Zeramidase f. céramidase f.
Zeramidose f. neurolipidose f.
Zeranol n. zéranol m.
zerbeißen déchiqueter (avec les dents)
Zerbröckelung f. effritement m.
Zerealie f. céréale f.
zerebellar cérébelleux

zerebellopontin pontocérébelleux
zerebellorubrospinal cérébellorubrospinal
zerebellovestibulär cérébellovestibulaire
zerebral cérébral
Zerebralsklerose f. cérébrosclérose f.
zerebromakulär cérébromaculaire
zerebromeningeal cérébroméningé
Zerebron n. cérébrone f.
Zerebrosid cérébroside m.
Zerebrosidase f. cérébrosidase f.
Zerebrosidlipoidose f. sphingolipoïdose f.
Zerebrosidose f. cérébrosidose f.
zerebrospinal cérébrospinal
Zerebrospinalflüssigkeit f. liquide céphalo-rachidien m.
zerebrotendinös cérébrotendineux
zerebrovaskulär cérébrovasculaire
Zerfahrenheit f. distraction f.
Zerfall m. délabrement m.
zerfressen ronger
Zerkarie f. cercaire f.
Zerklage f. cerclage m.
Zerkosporose f. cercosporose f.
zermahlen écraser
zermalmen écraser
Zeroid n. céroïde m.
zerreissen lacérer
Zerreissung f. déchirement m.
Zerrung f. distorsion f.
Zerrüttung f. altération f.
zerschneiden découper
Zersetzung f. décomposition f.
Zerstäuber m. atomiseur m.
zerstörbar destructible
zerstören détruire
Zerstörung f. destruction f.
zerstreuen (phys.) disperser
zerstreuen (psych.) distraire
zerstreut distrait
Zerstreutheit f. inattention f.
Zerstreuung (phys.) f. dispersion f.
Zerstreuung (psych.) f. distraction f.
Zerstückelung f. morcellement m.
Zertation f. avance des spermatozoïdes Y sur les X f.
zertifizieren certifier
Zertifizierung f. certification f.
Zerumen n. cérumen m.
zeruminal cérumineux
Zeruminalpfropf m. bouchon de cérumen m.
zervikal cervical
Zervikalmatrize f. diaphragme cervical m.
Zervikalpolyp m. polype cervical m.
Zervikalsyndrom n. syndrome cervical m.
Zervikalzone f. zone cervicale f.
zervikoaxial cervicoaxial
zervikobrachial cervicobrachial
zervikobukkal cervicobuccal
zervikolingual cervicolingual
Zervikoskopie f. cervicoscopie f.
zervikothorakal cervicothoracique
zervikovaginal cervicovaginal
Zervix f. col (de l'utérus) m.
Zervixschleim m. glaire cervicale f.
Zervixstumpf m. moignon cervical m.
zerzupfen pincer
Zestode f. cestode m.
Zetawelle f. onde zêta f.
Zetidolin n. zétidoline f.
Zetobemidon n. cétobémidone f.
zeugen engendrer
Zeugmatographie f. zeugmatographie f.
Zeugnis n. certificat m.
Zeugung f. procréation f.
zeugungsfähig capable de procréer
Zeugungsfähigkeit f. capacité de procréer
Zeugungskraft f. puissance génératrice f.
Zeugungsorgane n. pl. organes génitaux m. pl.
Zeugungsunfähigkeit f. stérilité f.
Zidometacin n. zidométacine f.
Zidovudin n. zidovudine f.
Ziegelmehlsediment n. dépôt urinaire couleur de briques m.
Ziegenmilch f. lait de chèvre m.
Ziegenpeter m. oreillons m. pl.
ziehen tirer
Ziehen n. traction f.
Zieher m. extracteur m.
Ziehl-Neelsen-Färbung f. coloration de Ziehl-Neelsen f.
Ziel n. but m.
Zielaufnahme f. radiographie visée f.
zielgerichtet ciblé
Zielorgan n. organe cible m.
Zielscheibe f. cible f.
Zielscheibenzelle f. cellule-cible f.
Zielvorstellung f. intention f.
Zieve-Syndrom n. syndrome de Zieve m.
Zilantel n. zilantel m.
ziliar ciliaire
Ziliarkörper m. corps ciliaire m.
Ziliarreflex m. réflexe ciliaire m.
Zilie f. cil m.
Ziliektomie f. ciliectomie f.
ziliospinal ciliospinal
Zimmertemperatur f. température ambiante f.
Zimt m. cannelle f.
Zimtöl n. essence de cannelle f.

Zingulektomie f. cingulectomie f.
Zink n. zinc m.
Zinkazetat n. acétate de zinc m.
Zinkchlorid n. chlorure de zinc m.
Zinkleim m. gélatine de zinc f.
Zinkoxid n. oxyde de zinc m.
Zinkoxychlorid n. oxychlorure de zinc m.
Zinkpaste f. pâte de zinc f.
Zinksalbe f. pommade d'oxyde de zinc f.
Zinkschüttelmixtur f. lotion au zinc f.
Zinksilikatzement m. ciment silicate de zinc m.
Zinksulfat n. sulfate de zinc m.
Zinksuspension f. zinc en suspension m.
Zinkvergiftung f. intoxication par le zinc f.
Zinkzement m. ciment oxyde de zinc m.
Zinn n. étain m.
zinnhaltig stannifere
zinnhaltig (vierwertig) stannique
zinnhaltig (zweiwertig) stanneux
Zinnober m. cinabre m.
Zinostatin n. zinostatine f.
Zinviroxim n. zinviroxime m.
Zipfel m. pointe f.
Ziprasidon n. ziprasidone f.
Zirbeldrüse f. épiphyse f.
zirkadian circadien
zirkadisch circadien
Zirkel m. compas m.
Zirkonium n. zirconium m.
zirkulär circulaire
Zirkulation f. circulation f.
zirkulatorisch circulatoire
zirkulieren circuler
zirkumanal périanal
zirkumartikulär périarticulaire
zirkumbulbär péribulbaire
Zirkumduktion f. circumduction f.
Zirkumferenz f. circonférence f.
zirkumkorneal péricornéen
zirkumokulär périoculaire
zirkumoral péroral
zirkumorbital périorbitaire
zirkumpulpal péripulpaire
zirkumskript circonscrit
Zirkumsporozoit n. circumsporozoïte m.
zirkumvaskulär périvasculaire
zirkumventrikulär périventriculaire
Zirkumzision f. circoncision f.
Zirrhose f. cirrhose f.
zirrhotisch cirrhotique
zirzinär circiné
zischend sifflant
zisternal cisternal
Zisterne f. citerne f.
Zisternographie f. cisternographie f.
Zisternostomie f. cisternostomie f.
Zistron n. cistron m.
zitieren citer
Zitrat n. citrate m.
Zitrin n. citrine f.
Zitrochlorid n. citrochlorure m.
Zitronensäurezyklus m. cycle de l'acide citrique m.
Zitrullin n. citrulline f.
Zitterkrankheit, enzootische f. tremblante f. (vétér.)
zittern trembler
Zittern n. tremblement m.
Zitze f. mamelon m.
ZNS (Zentralnervensystem) n. SNC (système nerveux central) m.
Zocainon n. zocaïnone f.
Zoficonazol n. zoficonazol m.
Zogamicin n. zogamicine f.
zögern hésiter
zökal caecal
Zökum n. caecum m.
Zolamin n. zolamine f.
Zolertin n. zolertine f.
Zöliakie f. maladie coeliaque f.
Zöliakographie f. coeliacographie f.
Zollinger-Ellison-Syndrom n. syndrome de Zollinger-Ellison m.
Zolmitriptan n. zolmitriptane m.
Zölom n. coelome m.
Zoloperon n. zolopérone f.
Zolpidem n. zolpidem m.
Zomepirac n. zomépirac m.
zonal zonal
Zönästhesie f. cénesthésie f., paresthésie en ceinture f.
Zone f. zone f.
Zonenelektrophorese f. électrophorèse de zone f.
Zonierung f. zonage m.
Zonisamid n. zonisamide m.
Zonographie f. zonographie f.
Zonula Zinni f. zonule de Zinn f.
zonulär zonulaire
Zonulitis f. zonulite f.
Zonulolyse f. zonulolyse f.
Zönurose f. tournis m.
Zooanthroponose f. zooanthroponose f.
Zoogonie f. zoogonie f.
Zookinase f. zookinase f.
Zoologe m. zoologue m.
Zoologie f. zoologie f.
Zoologin f. zoologue f.
zoologisch zoologique

Zoonose f. zoonose f.
Zooparasit m. zooparasite m.
zoophil zoophile
Zoophilie f. zoophilie f.
Zoopsie f. zoopsie f.
Zoospermie f. zoospermie f.
Zoospore f. zoospore f.
Zoosterin n. zoostérol m.
Zootoxin n. zootoxine f.
Zopfbildung f. torsade f.
Zopiclon n. zopiclone f.
Zoster m. zona m.
zosterartig zostériforme
Zotepin n. zotépine f.
Zotte f. villosité f.
Zottenkarzinom n. carcinome villeux m.
zottig villeux
Zoxazolamin n. zoxazolamine f.
zubereiten préparer
Zubereitung f. préparation f.
Zucht (Aufzucht) f. élevage m.
Zuchtbulle m. taureau étalon m.
Zuchteber m. verrat étalon m.
Zuchthengst m. étalon (cheval) m.
Zuchthuhn n. poule d'élevage f.
Zuchtstute f. jument d'élevage f.
Zuchtvieh n. animaux reproducteurs m. pl.
zucken tressaillir
Zucker m. sucre m.
Zuckerersatz m. succédané du sucre m.
Zuckergussdarm m. intestin glacé m.
Zuckergussleber f. foie glacé m.
Zuckerkandlsches Organ n. corps de Zuckerkandl m.
zuckerkrank diabétique
Zuckerkranke(r) f./(m.) diabétique f./m.
zuckern sucrer
Zuckerrohrfieber n. fièvre des champs de canne à sucre f.
zuckerspaltend saccharolytique
Zuckerstoffwechsel n. métabolisme glucidique m.
Zuckertoleranz f. tolérance hydrocarbonée f.
Zuckung f. convulsion f.
Zuclopenthixol m. zuclopenthixol m.
Zufall m. hasard m.
zufällig accidentel
Zufallsauswahlverfahren n. randomisation f.
Zufallsbefund m. observation fortuite f.
Zufluss m. afflux m.
zufriedenstellend satisfaisant
zufügen ajouter
zuführend afférent
Zufuhr f. apport m.
Zug m. traction f.

Zugang m. abord m.
Zugang für Behinderte m. accès handicapé m.
Zugang, endoarterieller m. voie endoartérielle f.
Zugang, endogener m. voie endogène f.
Zugang, endovaskulärer m. voie endovasculaire f.
Zugang, endovenöser m. voie endoveineuse f.
Zugang, transthorakaler m. voie transthoracique f.
zugänglich accessible
Zugänglichkeit f. accessibilité f.
zügeln réfréner
Zugfestigkeit f. résistance à la traction f.
Zugklammer f. agrafe de tension f.
Zugkraft f. force de tension f.
Zugluft f. courant d'air m.
Zugpflaster n. emplâtre vésicatoire m.
zuheilen refermer, se
Zukunftserwartung f. espoirs m. pl.
Zulassung f. autorisation f.
Zunge f. langue f.
Zunge, belegte f. langue chargée f.
Zungenbändchen n. frein de la langue m.
Zungenbein n. os hyoïde m.
Zungenbiss m. morsure de la langue f.
Zungenbrennen n. glossopyrosis m.
Zungendrücker m. abaisse-langue m.
Zungenhalter m. pince tire-langue f.
Zungenkrebs m. cancer de la langue m.
Zungenlähmung f. glossoplégie f.
Zungenmandel f. amygdale linguale f.
Zungenplastik f. glossoplastie f.
Zungenrand m. bord de la langue m.
Zungenspitze f. pointe de la langue f.
Zungenwurzel f. racine de la langue f.
Zungenzange f. pince tire-langue f.
zupfen tirer
Zurechnungsfähigkeit f. responsabilité f.
zurückdrängen repousser
zurückgeblieben arriéré, retardé
zurückgewinnen recouvrer
zurückhalten retenir
zurückspulen rebobiner
zurückziehen retirer, rétracter
Zusammenballung f. conglomération f.
zusammendrücken comprimer
Zusammendrücken n. compression f.
Zusammenfassung f. résumé m.
Zusammenprall m. collision f.
Zusammensetzung f. composition f.
zusammenwachsen se souder
Zusammenwachsen n. soudure f.

zusammenziehen n.   se contracter
Zusammenziehung f.   contraction f.
Zusatz m.   additif m.
Zusatzwirt m.   hôte supplémentaire m.
zusätzlich   supplémentaire
Zustand m.   condition f., état m.
Zustand nach Ischämie m.   état postischémique m.
Zustimmung f.   consentement m.
Zustimmungserklärung nach Aufklärung f.   consentement informé m.
Zutritt m.   accès m.
Zwang m.   coercition f.
Zwang (psych.) m.   compulsion f., obsession f.
zwanghaft   forcé, involontaire
Zwangsdenken n.   pensée obsessionnelle f.
Zwangshandlung f.   acte compulsif m.
Zwangshospitalisierung f.   hospitalisation forcée f.
Zwangsjacke f.   camisole de force f.
Zwangslachen n.   rire convulsif m.
Zwangsmaßnahme f.   mesure de contrainte f.
Zwangsneurose f.   névrose d'obsession f.
Zwangsvorstellung f.   obsession f.
zwangsweise   forcément
Zwangszählen n.   arithmomanie f.
Zweck m.   intention f.
zweckbestimmt   fonctionnel
zwecklos   inutile
zweckmäßig   adéquat, pratique
zweibasig   dibasique
zweibeinig   bipède
zweidimensional   bidimensionnel
zweieiig   biovulaire
zweifach   double
Zweifachkombination f.   bicombinaison f.
zweifarbig   bicolore
Zweifüßer m.   bipède m.
zweifüßig   bipède
Zweig m.   branche f.
Zweigapotheke   pharmacie dépendance f.
Zweigefäßerkrankung f.   vasculopathie double f.
zweigeteilt   bipartite
Zweigläserprobe f.   épreuve des deux verres f.
zweikammerig   bicamérisé
Zweikohlenstoff-Fragment n.   unité de deux carbones f.
Zweiphasensystem n.   système biphasique m.
zweipolig   bipolaire
Zweiteilung f.   bipartition f.
zweite Wahl f.   seconde intention (de) f.
zweitgebärend   secondipare
Zweitgebärende f.   secondipare f.

Zweitimpfung f.   revaccination f.
Zweiwegehahn m.   robinet à deux voies m.
zweiwertig   bivalent
Zweiwertigkeit f.   bivalence f.
Zwerchfell n.   diaphragme m.
Zwerchfelllähmung f.   phrénoplégie f.
Zwerchfellatmung f.   respiration abdominale f.
Zwerchfellhernie f.   hernie diaphragmatique f.
Zwerchfellhochstand m.   phrénoélévation f.
Zwerchfellkuppel f.   voûte diaphragmatique f.
Zwerchfellrippenwinkel m.   angle costophrénique m.
Zwerchfelltiefstand m.   phrénoptose f.
Zwerg m.   nain m.
Zwergbandwurm m.   Hymenolepsis nana m.
Zwergwuchs m.   nanisme m.
zwergwüchsig   nain
zwicken   pincer
Zwickzange f.   pince coupante f.
Zwieback m.   biscotte f.
Zwiebel f.   bulbe m.
Zwiebel, Speise- f.   oignon m.
Zwielicht n.   demi-jour m.
Zwiemilch f.   combinaison de deux laits f.
Zwilling m.   jumeau m.
Zwillinge, eineiige m. pl.   jumeaux monozygotes m. pl., vrais jumeaux m. pl.
Zwillinge, Siamesische m. pl.   jumeaux Siamois m. pl.
Zwillinge, zweieiige m. pl.   faux jumeaux m. pl., jumeaux dizygotes m. pl.
Zwillingsbogen m.   arche géminée f.
Zwillingsforschung f.   gémellologie f.
Zwillingsschwangerschaft f.   grossesse gémellaire f.
Zwillingsspulenniere f.   double rein en bobine m.
Zwingerhusten (veter.) m.   toux des cages f.
Zwirn m.   fil (retors) m.
Zwischenbiss m.   occlusion intermédiaire f.
Zwischenblutung f.   hémorragie intermenstruelle f.
Zwischenergebnis n.   résultat provisoire f.
Zwischenfall m.   complication f., incident m.
Zwischenform f.   forme intermédiaire f.
zwischengelagert   en position intermédiaire
Zwischenglied n.   inter m. (dent.)
Zwischenhirn n.   diencéphale m.
Zwischenkiefer m.   os intermaxillaire m.
Zwischenkörper m.   corps intermédiaire m.
Zwischenmahlzeit f.   collation (entre les repas) f.

Zwischenraum m. intervalle m.
Zwischenreaktion f. réaction intermédiaire f.
Zwischenrippenraum m. espace intercostal m.
Zwischenschicht f. couche intermédiaire f.
Zwischenstadium n. stade intermédiaire m.
Zwischenumwandlung f. interconversion f.
Zwischenwirbelloch n. trou de conjugaison m.
Zwischenwirbelscheibe f. disque intervertébral m.
Zwischenwirbelraum m. espace intervertébral m.
Zwischenwirt m. hôte intermédiaire m.
Zwischenzelle f. cellule interstitielle f.
Zwitter m. hermaphrodite m.
Zwölffingerdarm m. duodénum m.
Zwölffingerdarmgeschwür n. ulcère duodénal m.
Zyanamid n. cyanamide m.
Zyanid n. cyanure m.
Zyanidanol n. cyanidanol m.
Zyanit n. cyanite m.
Zyankali n. cyanure de potassium m.
Zyanoakrylat n. cyanoacrylate m.
Zyanokobalamin n. cyanocobalamine f.
Zyanopindolol n. cyanopindolol m.
Zyanose f. cyanose f.
zyanotisch cyanosé
Zyantherapie (onkol.) f. traitement au cyanure m.
Zyclopentanperhydrophenanthren n. cyclopentaneperhydrophénanthrène m.
Zygodaktylie f. zygodactylie f.
zygomatikofazial zygomaticofacial
zygomatikofrontal zygomaticofrontal
zygomatikoorbital zygomaticoorbitaire
zygomatikosphenoidal zygomaticosphénoïdien
zygomatikotemporal zygomaticotemporal
zygomatisch zygomatique
zygomaxillär zygomaxillaire
Zygomykose f. zygomycose f.
Zygosporin n. zygosporine f.
Zygotän n. stade zygotène m.
Zygote f. zygote m.
zygotisch zygote
Zykl… siehe auch voir aussi cycl…
Zyklamat n. cyclamate m.
Zyklase f. cyclase f.
Zyklektomie f. cyclectomie f.
zyklisch cyclique
Zyklitis f. cyclite f.
Zyklodialyse f. cyclodialyse f.
Zykloduktion f. cycloduction f.
Zyklofuramin n. cyclofuramine f.
Zykloguanil n. cycloguanil m.
Zyklohexan n. cyclohexane m.
Zyklooxygenase f. cyclooxygénase f.
Zyklopentan n. cyclopentane m.
Zyklopenthiazid n. cyclopenthiazide m.
Zyklopentolat n. cyclopentolate m.
Zyklophorie f. cyclophorie f.
Zyklophosphamid n. cyclophosphamide m.
Zyklophrenie f. cyclophrénie f.
Zyklopie f. cyclopie f.
Zyklopropan n. cyclopropane m.
Zykloserin n. cyclosérine f.
Zyklospasmus m. cyclospasme m.
Zyklosporin n. cyclosporine f.
Zyklothiazid n. cyclothiazide m.
zyklothym cyclothymique
zyklothyme Person f. cyclothymique m./f.
Zyklothymie f. cyclothymie f.
Zyklotomie f. cyclotomie f.
Zyklotron n. cyclotron m.
Zyklovergenz f. cyclovergence f.
Zyklus m. cycle m.
Zylinder m. cylindre m.
Zylinder, granulierter m. cylindre granuleux m.
Zylinder, Harn- m. cylindre urinaire m.
Zylinder, hyaliner m. cylindre hyalin m.
Zylinder, Koma- m. cylindre de Külz m.
Zylinder, Wachs- m. cylindre cireux m.
Zylinderepithel n. épithélium à cellules cylindriques m.
Zylindermessglas n. cylindre gradué m.
zylindrisch cylindrique
Zylindrom n. cylindrome m.
Zylindrurie f. cylindrurie f.
Zymarin n. cymarine f.
Zymarose f. cymarose m.
Zymarosid n. cymaroside m.
Zymase f. zymase f.
Zymogen n. zymogène m.
Zymogramm n. zymogramme m.
Zymohexase f. zymohexase f.
Zymolyse f. zymolyse f.
Zymosterin n. zymostérol m.
Zyproteron n. cyprotérone f.
Zystadenokarzinom n. cystadénocarcinome m.
Zystadenolymphom n. cystadénolymphome m.
Zystadenom n. cystadénome m.
Zystathionin n. cystathionine f.
Zystathioninurie f. cystathioninurie f.
Zyste f. kyste m.
Zysteamin n. cystéamine f.

Zystein n. cystéine f.
Zystektomie f. cystectomie f.
Zystenniere f. rein kystique m.
Zystikusverschluss m. occlusion du canal cystique f.
Zystin n. cystine f.
Zystinose f. cystinose f.
Zystinspeicherkrankheit f. thésaurismose cystinique f.
Zystinurie f. cystinurie f.
zystisch cystique, kystique (kystes)
Zystitis f. cystite f.
zystitisch de cystite
Zystitom n. cystotome m.
Zystitomie f. cystotomie f.
Zystizerkose f. cysticercose f.
Zystographie f. cystographie f.
Zystojejunostomie f. cystojéjunostomie f.
Zystomanometer n. cystomanomètre m.
Zystometer n. cystomètre m.
Zystometrie f. cystométrie f.
Zystopyelitis f. cystopyélite f.
Zystoskop n. cystoscope m.
Zystoskopie f. cystoscopie f.
zystoskopisch cystoscopique
Zystostomie f. cystostomie f.
Zystourethroskop n. cystouréthroscope m.
Zystozele f. cystocèle f.
Zytase f. cytase f.
Zytidin n. cytidine f.
Zytoarchitektonik f. cytoarchitectonie f.
zytoarchitektonisch cytoarchitectonique
Zytochalasin n. cytochalasine f.
Zytochemie f. cytochimie f.
zytochemisch cytochimique
Zytochrom n. cytochrome m.
Zytochromperoxidase f. cytochrome peroxydase f.
Zytodiagnostik f. cytodiagnostic m.
zytodiagnostisch cytodiagnostique
Zytogenese f. cytogenèse f.
Zytogenetik f. cytogénétique f.
zytogenetisch cytogénétique

Zytoglobin n. cytoglobine f.
Zytohistomorphologie f. cytohistomorphologie f.
zytohistomorphologisch cytohistomorphologique
zytohormonal cytohormonal
Zytokeratin n. cytokératine f.
Zytokin n. cytokine f.
Zytokin CYP-1A n. CYP-1A f.
Zytokinetik f. cytocinèse f.
zytokinetisch cytocinétique
Zytokinin n. cytokinine f.
Zytolipin n. cytolipine f.
Zytologie f. cytologie f.
zytologisch cytologique
Zytolyse f. cytolyse f.
zytolytisch cytolytique
Zytomegalie f. cytomégalie f.
Zytomegaliezelle f. cellule cytomégalique f.
Zytometrie f. cytométrie f.
zytometrisch cytométrique
zytopathogen cytopathogène
Zytopathologie f. cytopathologie f.
Zytopempsis f. cytopempsis m.
Zytophage m. cytophage m.
zytophil cytophile
Zytoplasma n. cytoplasme m.
zytoplasmatisch cytoplasmique
Zytoprotektion f. cytoprotection f.
zytoprotektiv cytoprotecteur
Zytoreduktion f. cytoréduction f.
zytoreduktiv cytoréductif
Zytosin n. cytosine f.
Zytosom n. cytosome m.
Zytosphäre f. cytosphère f.
Zytostase f. stase leucocytaire f.
Zytostatikum n. cytostatique m.
zytostatisch cytostatique
Zytotaxin n. cytotaxine f.
zytotoxisch cytotoxique
Zytotoxizität f. cytotoxicité f.
zytotrop cytotrope
Zytotrophoblast m. cytotrophoblaste m.

Nomen est Omen

Von Beatrice Gehrmann
und Claus Tschirch
VIII, 383 Seiten. Gebunden.
ISBN 978-3-7692-4870-8

Gehrmann · Tschirch · Melzig · Gehrmann

Pharmazeutische Namen

Arzneistoffe, Drogen, Chemikalien
und Rezepturen

Salz, Bremer
Salz, Englisches
Salz, Bullrichs
Natrium bicarbonicum
Salz, Berliner
Natrium bicarbonicum

Deutscher Apotheker Verlag

Haifischleder, Nervensalbe, rotes Steinöl – hätten Sie's gekannt?

Nein? Ist nicht weiter schlimm! Dieses Nachschlagewerk weiß Rat und führt Sie auch bei ungewöhnlichen Begriffen zielsicher zum pharmazeutisch eindeutigen Namen.

Das Plus: 406 Rezepturen aus der Pharmacopoea Germanica und aus den Deutschen Rezeptformeln (DRF) ersparen Ihnen zeitraubendes Suchen nach bewährten Vorschriften.

Deutscher
Apotheker Verlag

www.deutscher-apotheker-verlag.de

Keine Ahnung von Latein?
Das muss nicht sein!

Von Annette Kerckhoff
3., überarbeitete und erweiterte Auflage. XII, 137 Seiten. 27 s/w Abbildungen. Kartoniert.
ISBN 978-3-8047-2677-2

Die medizinische Fachsprache ist gespickt mit Latein. Ob man will oder nicht, das muss man lernen. Die wichtigsten Grundlagen der lateinischen Grammatik und der medizinischen Terminologie werden hier sehr einfach und heiter erklärt. Sie lernen vieles über Präfixe, Suffixe und Wortstämme zum Körper und seinen Krankheiten:

- Was bedeutet postoperativer Hyperparathyreoidismus?
- Was heißt Hyperhidrosis?
- Was haben Prophylaxe, Provisorium und Prolaps gemeinsam?

Weiterhin erfahren Sie einiges über die Fremdwörter oder eingedeutschte Begriffe unserer Alltagssprache: über Supermarkt und Sympathie, Präludium und Präsidenten, über Problem, Produkt und Prothese, Epoche, Hypothek und Interesse. Genau dieses Interesse sowie das Verständnis will der Text für Latein wecken.

Und Sie werden sehen: Latein muss nicht langweilig sein!

Wissenschaftliche Verlagsgesellschaft Stuttgart

www.wissenschaftliche-verlagsgesellschaft.de

Male habet medicus, nemo si male habuerit

Von Axel Hinrich Murken
6., unveränderte Auflage.
XII, 230 Seiten. 30 s/w Abbildungen. Kartoniert.
ISBN 978-3-8047-3910-9

Axel Hinrich Murken

Lehrbuch der Medizinischen Terminologie

Grundlagen der ärztlichen Fachsprache

6. AUFLAGE

Wissenschaftliche Verlagsgesellschaft Stuttgart

Sie wissen nicht, was gemeint ist? Dann lesen Sie dieses Buch!*

Dieses Standardwerk der medizinischen Fachsprache bereitet nicht nur optimal auf Prüfungen vor, sondern ist auch ein wertvoller Begleiter bei der täglichen Arbeit. Denn nur mit Hilfe einer einheitlichen und präzisen Fachsprache ist ein schneller und eindeutiger Informationsfluss zwischen allen in Heilberufen Tätigen gewährleistet.

- Die wesentlichen Regeln der lateinischen Grammatik
- Die medizinische Fachsprache und ihre Anwendung in der Praxis
- Vokabelliste zur medizinischen Terminologie
- Übungsaufgaben mit Lösungen helfen, das erworbene Wissen zu überprüfen und zu festigen.

* Die Antwort finden Sie im Buch auf S. 134

Wissenschaftliche Verlagsgesellschaft Stuttgart

www.wissenschaftliche-verlagsgesellschaft.de